中华人民共和国质量技术监督法规汇编

(2002年11月～2007年12月)

国家质量监督检验检疫总局法规司　编

中国标准出版社

北　京

图书在版编目(CIP)数据

中华人民共和国质量技术监督法规汇编/国家质量监督检验检疫总局法规司编.—北京:中国标准出版社,2008

ISBN 978-7-5066-4888-2

Ⅰ.中…　Ⅱ.国…　Ⅲ.质量管理:技术管理-法规-汇编-中国　Ⅳ.D922.179

中国版本图书馆 CIP 数据核字(2008)第 063092 号

中 国 标 准 出 版 社 出 版 发 行
北京复兴门外三里河北街 16 号
邮政编码:100045

网址 www.spc.net.cn
电话:68523946　68517548
中国标准出版社秦皇岛印刷厂印刷
各地新华书店经销

*

开本 880×1230　1/32　印张 41.75　字数 1279 千字
2008 年 6 月第一版　2008 年 6 月第一次印刷

*

定价 100.00 元

编辑说明

一、根据国务院《法规汇编编辑出版管理规定》，为便于质量技术监督系统的广大干部及其他国家机关、社会团体、企事业单位和全体公民及时、准确地看到质量技术监督法律、法规和规章标准文本，我们自1991年开始编辑出版《中华人民共和国质量技术监督法规汇编》，每两年出版一次，到2002年10月，已编辑出版六册，本汇编是第七册。

二、本汇编收集了全国人大和全国人大常委会通过的法律11件，司法解释1件，国务院发布的行政法规、法规性文件32件，质量技术监督部门规章、规范性文件109件。

三、本汇编继1993年出版后，编入了地方人大、地方政府同期制定的地方性法规、地方政府规章。本汇编收入64件，以便各级质量技术监督部门了解地方的立法情况，相互借鉴。

四、本汇编今后将按年度继续编辑出版。

国家质量监督检验检疫总局法规司

2007年12月31日

目　　录

第一部分　法律　法律性文件

第二部分　行政法规　法规性文件

（一）行政法规

(二)法规性文件

第三部分　部门规章　规范性文件

(一)部门规章

（二）规范性文件

第四部分 地方性法规 地方政府规章

（一）计量

（二）标准化与条代码

（三）产品质量

（四）食品安全与生产监管

（五）特种设备安全监察

第一部分
法律　法律性文件

中华人民共和国刑法修正案(四)

(2002 年 12 月 28 日主席令第 83 号公布)

为了惩治破坏社会主义市场经济秩序、妨害社会管理秩序和国家机关工作人员的渎职犯罪行为,保障社会主义现代化建设的顺利进行,保障公民的人身安全,对刑法作如下修改和补充:

一、将刑法第一百四十五条修改为:“生产不符合保障人体健康的国家标准、行业标准的医疗器械、医用卫生材料,或者销售明知是不符合保障人体健康的国家标准、行业标准的医疗器械、医用卫生材料,足以严重危害人体健康的,处三年以下有期徒刑或者拘役,并处销售金额百分之五十以上二倍以下罚金;对人体健康造成严重危害的,处三年以上十年以下有期徒刑,并处销售金额百分之五十以上二倍以下罚金;后果特别严重的,处十年以上有期徒刑或者无期徒刑,并处销售金额百分之五十以上二倍以下罚金或者没收财产。”

二、在第一百五十二条中增加一款作为第二款:“逃避海关监管将境外固体废物、液态废物和气态废物运输进境,情节严重的,处五年以下有期徒刑,并处或者单处罚金;情节特别严重的,处五年以上有期徒刑,并处罚金。”

原第二款作为第三款,修改为:“单位犯前两款罪的,对单位判处罚金,并对其直接负责的主管人员和其他直接责任人员,依照前两款的规定处罚。”

三、将刑法第一百五十五条修改为:“下列行为,以走私罪论处,依照本节的有关规定处罚:(一)直接向走私人非法收购国家禁止进口物品的,或者直接向走私人非法收购走私进口的其他货物、物品,数额较大的;(二)在内海、领海、界河、界湖运输、收购、贩卖国家禁止进出口物品的,或者运输、收购、贩卖国家限制进出口货物、物品,数额较大,没有合法证明的。”

四、刑法第二百四十四条后增加一条,作为第二百四十四条之一:

“违反劳动管理法规，雇用未满十六周岁的未成年人从事超强度体力劳动的，或者从事高空、井下作业的，或者在爆炸性、易燃性、放射性、毒害性等危险环境下从事劳动，情节严重的，对直接责任人员，处三年以下有期徒刑或者拘役，并处罚金；情节特别严重的，处三年以上七年以下有期徒刑，并处罚金。

有前款行为，造成事故，又构成其他犯罪的，依照数罪并罚的规定处罚。”

五、将刑法第三百三十九条第三款修改为：“以原料利用为名，进口不能用作原料的固体废物、液态废物和气态废物的，依照本法第一百五十二条第二款、第三款的规定定罪处罚。”

六、将刑法第三百四十四条修改为：“违反国家规定，非法采伐、毁坏珍贵树木或者国家重点保护的其他植物的，或者非法收购、运输、加工、出售珍贵树木或者国家重点保护的其他植物及其制品的，处三年以下有期徒刑、拘役或者管制，并处罚金；情节严重的，处三年以上七年以下有期徒刑，并处罚金。”

七、将刑法第三百四十五条修改为：“盗伐森林或者其他林木，数量较大的，处三年以下有期徒刑、拘役或者管制，并处或者单处罚金；数量巨大的，处三年以上七年以下有期徒刑，并处罚金；数量特别巨大的，处七年以上有期徒刑，并处罚金。

违反森林法的规定，滥伐森林或者其他林木，数量较大的，处三年以下有期徒刑、拘役或者管制，并处或者单处罚金；数量巨大的，处三年以上七年以下有期徒刑，并处罚金。

非法收购、运输明知是盗伐、滥伐的林木，情节严重的，处三年以下有期徒刑、拘役或者管制，并处或者单处罚金；情节特别严重的，处三年以上七年以下有期徒刑，并处罚金。

盗伐、滥伐国家级自然保护区内的森林或者其他林木的，从重处罚。”

八、将刑法第三百九十九条修改为：“司法工作人员徇私枉法、徇情枉法，对明知是无罪的人而使他受追诉、对明知是有罪的人而故意包庇不使他受追诉，或者在刑事审判活动中故意违背事实和法律作枉法裁判的，处五年以下有期徒刑或者拘役；情节严重的，处五年以上十年以下有期徒刑；情节特别严重的，处十年以上有期徒刑。

在民事、行政审判活动中故意违背事实和法律作枉法裁判，情节严重的，处五年以下有期徒刑或者拘役；情节特别严重的，处五年以上十年以下有期徒刑。

在执行判决、裁定活动中，严重不负责任或者滥用职权，不依法采取诉讼保全措施、不履行法定执行职责，或者违法采取诉讼保全措施、强制执行措施，致使当事人或者其他人的利益遭受重大损失的，处五年以下有期徒刑或者拘役；致使当事人或者其他人的利益遭受特别重大损失的，处五年以上十年以下有期徒刑。

司法工作人员收受贿赂，有前三款行为的，同时又构成本法第三百八十五条规定之罪的，依照处罚较重的规定定罪处罚。”

九、本修正案自公布之日起施行。

全国人大常委会关于《中华人民共和国刑法》第九章渎职罪主体适用问题的解释

（2002 年 12 月 28 日第九届全国人民代表大会常务委员会第三十一次会议通过）

全国人大常委会根据司法实践中遇到的情况，讨论了刑法第九章渎职罪主体的适用问题，解释如下：

在依照法律、法规规定行使国家行政管理职权的组织中从事公务的人员，或者在受国家机关委托代表国家机关行使职权的组织中从事公务的人员，或者虽未列入国家机关人员编制但在国家机关中从事公务的人员，在代表国家机关行使职权时，有渎职行为，构成犯罪的，依照刑法关于渎职罪的规定追究刑事责任。

现予公告。

中华人民共和国行政许可法

（2003年8月27日主席令第7号公布）

第一章 总 则

第一条 为了规范行政许可的设定和实施，保护公民、法人和其他组织的合法权益，维护公共利益和社会秩序，保障和监督行政机关有效实施行政管理，根据宪法，制定本法。

第二条 本法所称行政许可，是指行政机关根据公民、法人或者其他组织的申请，经依法审查，准予其从事特定活动的行为。

第三条 行政许可的设定和实施，适用本法。

有关行政机关对其他机关或者对其直接管理的事业单位的人事、财务、外事等事项的审批，不适用本法。

第四条 设定和实施行政许可，应当依照法定的权限、范围、条件和程序。

第五条 设定和实施行政许可，应当遵循公开、公平、公正的原则。

有关行政许可的规定应当公布；未经公布的，不得作为实施行政许可的依据。行政许可的实施和结果，除涉及国家秘密、商业秘密或者个人隐私的外，应当公开。

符合法定条件、标准的，申请人有依法取得行政许可的平等权利，行政机关不得歧视。

第六条 实施行政许可，应当遵循便民的原则，提高办事效率，提供优质服务。

第七条 公民、法人或者其他组织对行政机关实施行政许可，享有陈述权、申辩权；有权依法申请行政复议或者提起行政诉讼；其合法权益因行政机关违法实施行政许可受到损害的，有权依法要求赔偿。

第八条 公民、法人或者其他组织依法取得的行政许可受法律保护，行政机关不得擅自改变已经生效的行政许可。

行政许可所依据的法律、法规、规章修改或者废止，或者准予行政许可所依据的客观情况发生重大变化的，为了公共利益的需要，行政机关可以依法变更或者撤回已经生效的行政许可。由此给公民、法人或者其他组织造成财产损失的，行政机关应当依法给予补偿。

第九条 依法取得的行政许可，除法律、法规规定依照法定条件和程序可以转让的外，不得转让。

第十条 县级以上人民政府应当建立健全对行政机关实施行政许可的监督制度，加强对行政机关实施行政许可的监督检查。

行政机关应当对公民、法人或者其他组织从事行政许可事项的活动实施有效监督。

第二章 行政许可的设定

第十一条 设定行政许可，应当遵循经济和社会发展规律，有利于发挥公民、法人或者其他组织的积极性、主动性，维护公共利益和社会秩序，促进经济、社会和生态环境协调发展。

第十二条 下列事项可以设定行政许可：

（一）直接涉及国家安全、公共安全、经济宏观调控、生态环境保护以及直接关系人身健康、生命财产安全等特定活动，需要按照法定条件予以批准的事项；

（二）有限自然资源开发利用、公共资源配置以及直接关系公共利益的特定行业的市场准入等，需要赋予特定权利的事项；

（三）提供公众服务并且直接关系公共利益的职业、行业，需要确定具备特殊信誉、特殊条件或者特殊技能等资格、资质的事项；

（四）直接关系公共安全、人身健康、生命财产安全的重要设备、设施、产品、物品，需要按照技术标准、技术规范，通过检验、检测、检疫等方式进行审定的事项；

（五）企业或者其他组织的设立等，需要确定主体资格的事项；

（六）法律、行政法规规定可以设定行政许可的其他事项。

第十三条 本法第十二条所列事项，通过下列方式能够予以规范的，可以不设行政许可：

（一）公民、法人或者其他组织能够自主决定的；

（二）市场竞争机制能够有效调节的；

（三）行业组织或者中介机构能够自律管理的；

（四）行政机关采用事后监督等其他行政管理方式能够解决的。

第十四条 本法第十二条所列事项，法律可以设定行政许可。尚未制定法律的，行政法规可以设定行政许可。

必要时，国务院可以采用发布决定的方式设定行政许可。实施后，除临时性行政许可事项外，国务院应当及时提请全国人民代表大会及其常务委员会制定法律，或者自行制定行政法规。

第十五条 本法第十二条所列事项，尚未制定法律、行政法规的，地方性法规可以设定行政许可；尚未制定法律、行政法规和地方性法规的，因行政管理的需要，确需立即实施行政许可的，省、自治区、直辖市人民政府规章可以设定临时性的行政许可。临时性的行政许可实施满一年需要继续实施的，应当提请本级人民代表大会及其常务委员会制定地方性法规。

地方性法规和省、自治区、直辖市人民政府规章，不得设定应当由国家统一确定的公民、法人或者其他组织的资格、资质的行政许可；不得设定企业或者其他组织的设立登记及其前置性行政许可。其设定的行政许可，不得限制其他地区的个人或者企业到本地区从事生产经营和提供服务，不得限制其他地区的商品进入本地区市场。

第十六条 行政法规可以在法律设定的行政许可事项范围内，对实施该行政许可作出具体规定。

地方性法规可以在法律、行政法规设定的行政许可事项范围内，对实施该行政许可作出具体规定。

规章可以在上位法设定的行政许可事项范围内，对实施该行政许可作出具体规定。

法规、规章对实施上位法设定的行政许可作出的具体规定，不得增设行政许可；对行政许可条件作出的具体规定，不得增设违反上位法的其他条件。

第十七条 除本法第十四条、第十五条规定的外，其他规范性文件一律不得设定行政许可。

第十八条 设定行政许可，应当规定行政许可的实施机关、条件、程序、期限。

第十九条 起草法律草案、法规草案和省、自治区、直辖市人民政府规章草案，拟设定行政许可的，起草单位应当采取听证会、论证会等形式听取意见，并向制定机关说明设定该行政许可的必要性、对经济和社会可能产生的影响以及听取和采纳意见的情况。

第二十条 行政许可的设定机关应当定期对其设定的行政许可进行评价；对已设定的行政许可，认为通过本法第十三条所列方式能够解决的，应当对设定该行政许可的规定及时予以修改或者废止。

行政许可的实施机关可以对已设定的行政许可的实施情况及存在的必要性适时进行评价，并将意见报告该行政许可的设定机关。

公民、法人或者其他组织可以向行政许可的设定机关和实施机关就行政许可的设定和实施提出意见和建议。

第二十一条 省、自治区、直辖市人民政府对行政法规设定的有关经济事务的行政许可，根据本行政区域经济和社会发展情况，认为通过本法第十三条所列方式能够解决的，报国务院批准后，可以在本行政区域内停止实施该行政许可。

第三章 行政许可的实施机关

第二十二条 行政许可由具有行政许可权的行政机关在其法定职权范围内实施。

第二十三条 法律、法规授权的具有管理公共事务职能的组织，在法定授权范围内，以自己的名义实施行政许可。被授权的组织适用本法有关行政机关的规定。

第二十四条 行政机关在其法定职权范围内，依照法律、法规、规章的规定，可以委托其他行政机关实施行政许可。委托机关应当将受委托行政机关和受委托实施行政许可的内容予以公告。

委托行政机关对受委托行政机关实施行政许可的行为应当负责监督，并对该行为的后果承担法律责任。

受委托行政机关在委托范围内，以委托行政机关名义实施行政许可；不得再委托其他组织或者个人实施行政许可。

第二十五条 经国务院批准，省、自治区、直辖市人民政府根据精简、统一、效能的原则，可以决定一个行政机关行使有关行政机关的行政许可权。

第二十六条 行政许可需要行政机关内设的多个机构办理的，该行政机关应当确定一个机构统一受理行政许可申请，统一送达行政许可决定。

行政许可依法由地方人民政府两个以上部门分别实施的，本级人民政府可以确定一个部门受理行政许可申请并转告有关部门分别提出意见后统一办理，或者组织有关部门联合办理、集中办理。

第二十七条 行政机关实施行政许可，不得向申请人提出购买指定商品、接受有偿服务等不正当要求。

行政机关工作人员办理行政许可，不得索取或者收受申请人的财物，不得谋取其他利益。

第二十八条 对直接关系公共安全、人身健康、生命财产安全的设备、设施、产品、物品的检验、检测、检疫，除法律、行政法规规定由行政机关实施的外，应当逐步由符合法定条件的专业技术组织实施。专业技术组织及其有关人员对所实施的检验、检测、检疫结论承担法律责任。

第四章 行政许可的实施程序

第一节 申请与受理

第二十九条 公民、法人或者其他组织从事特定活动，依法需要取得行政许可的，应当向行政机关提出申请。申请书需要采用格式文本的，行政机关应当向申请人提供行政许可申请书格式文本。申请书格式文本中不得包含与申请行政许可事项没有直接关系的内容。

申请人可以委托代理人提出行政许可申请。但是，依法应当由申请人到行政机关办公场所提出行政许可申请的除外。

行政许可申请可以通过信函、电报、电传、传真、电子数据交换和电子邮件等方式提出。

第三十条 行政机关应当将法律、法规、规章规定的有关行政许可的事项、依据、条件、数量、程序、期限以及需要提交的全部材料的目录和申请书示范文本等在办公场所公示。

申请人要求行政机关对公示内容予以说明、解释的，行政机关应当说明、解释，提供准确、可靠的信息。

第三十一条 申请人申请行政许可，应当如实向行政机关提交有关材料和反映真实情况，并对其申请材料实质内容的真实性负责。行政机关不得要求申请人提交与其申请的行政许可事项无关的技术资料和其他材料。

第三十二条 行政机关对申请人提出的行政许可申请，应当根据下列情况分别作出处理：

（一）申请事项依法不需要取得行政许可的，应当即时告知申请人不受理；

（二）申请事项依法不属于本行政机关职权范围的，应当即时作出不予受理的决定，并告知申请人向有关行政机关申请；

（三）申请材料存在可以当场更正的错误的，应当允许申请人当场更正；

（四）申请材料不齐全或者不符合法定形式的，应当当场或者在五日内一次告知申请人需要补正的全部内容，逾期不告知的，自收到申请材料之日起即为受理；

（五）申请事项属于本行政机关职权范围，申请材料齐全、符合法定形式，或者申请人按照本行政机关的要求提交全部补正申请材料的，应当受理行政许可申请。

行政机关受理或者不予受理行政许可申请，应当出具加盖本行政机关专用印章和注明日期的书面凭证。

第三十三条 行政机关应当建立和完善有关制度，推行电子政务，在行政机关的网站上公布行政许可事项，方便申请人采取数据电文等方式提出行政许可申请；应当与其他行政机关共享有关行政许可信息，提高办事效率。

第二节 审查与决定

第三十四条 行政机关应当对申请人提交的申请材料进行审查。

申请人提交的申请材料齐全、符合法定形式，行政机关能够当场作出决定的，应当当场作出书面的行政许可决定。

根据法定条件和程序，需要对申请材料的实质内容进行核实的，行政机关应当指派两名以上工作人员进行核查。

第三十五条 依法应当先经下级行政机关审查后报上级行政机关决定的行政许可,下级行政机关应当在法定期限内将初步审查意见和全部申请材料直接报送上级行政机关。上级行政机关不得要求申请人重复提供申请材料。

第三十六条 行政机关对行政许可申请进行审查时,发现行政许可事项直接关系他人重大利益的,应当告知该利害关系人。申请人、利害关系人有权进行陈述和申辩。行政机关应当听取申请人、利害关系人的意见。

第三十七条 行政机关对行政许可申请进行审查后,除当场作出行政许可决定的外,应当在法定期限内按照规定程序作出行政许可决定。

第三十八条 申请人的申请符合法定条件、标准的,行政机关应当依法作出准予行政许可的书面决定。

行政机关依法作出不予行政许可的书面决定的,应当说明理由,并告知申请人享有依法申请行政复议或者提起行政诉讼的权利。

第三十九条 行政机关作出准予行政许可的决定,需要颁发行政许可证件的,应当向申请人颁发加盖本行政机关印章的下列行政许可证件:

(一)许可证、执照或者其他许可证书;

(二)资格证、资质证或者其他合格证书;

(三)行政机关的批准文件或者证明文件;

(四)法律、法规规定的其他行政许可证件。

行政机关实施检验、检测、检疫的,可以在检验、检测、检疫合格的设备、设施、产品、物品上加贴标签或者加盖检验、检测、检疫印章。

第四十条 行政机关作出的准予行政许可决定,应当予以公开,公众有权查阅。

第四十一条 法律、行政法规设定的行政许可,其适用范围没有地域限制的,申请人取得的行政许可在全国范围内有效。

第三节 期 限

第四十二条 除可以当场作出行政许可决定的外,行政机关应当自受理行政许可申请之日起二十日内作出行政许可决定。二十日内不能作出决定的，经本行政机关负责人批准，可以延长十日，并应当将延长期限的理由告知申请人。但是，法律、法规另有规定的，依照其规定。

依照本法第二十六条的规定，行政许可采取统一办理或者联合办理、集中办理的，办理的时间不得超过四十五日；四十五日内不能办结的，经本级人民政府负责人批准，可以延长十五日，并应当将延长期限的理由告知申请人。

第四十三条 依法应当先经下级行政机关审查后报上级行政机关决定的行政许可，下级行政机关应当自其受理行政许可申请之日起二十日内审查完毕。但是，法律、法规另有规定的，依照其规定。

第四十四条 行政机关作出准予行政许可的决定，应当自作出决定之日起十日内向申请人颁发、送达行政许可证件，或者加贴标签、加盖检验、检测、检疫印章。

第四十五条 行政机关作出行政许可决定，依法需要听证、招标、拍卖、检验、检测、检疫、鉴定和专家评审的，所需时间不计算在本节规定的期限内。行政机关应当将所需时间书面告知申请人。

第四节 听 证

第四十六条 法律、法规、规章规定实施行政许可应当听证的事项，或者行政机关认为需要听证的其他涉及公共利益的重大行政许可事项，行政机关应当向社会公告，并举行听证。

第四十七条 行政许可直接涉及申请人与他人之间重大利益关系的，行政机关在作出行政许可决定前，应当告知申请人、利害关系人享有要求听证的权利；申请人、利害关系人在被告知听证权利之日起五日内提出听证申请的，行政机关应当在二十日内组织听证。

申请人、利害关系人不承担行政机关组织听证的费用。

第四十八条 听证按照下列程序进行：

（一）行政机关应当于举行听证的七日前将举行听证的时间、地点通知申请人、利害关系人，必要时予以公告；

（二）听证应当公开举行；

（三）行政机关应当指定审查该行政许可申请的工作人员以外的人员为听证主持人，申请人、利害关系人认为主持人与该行政许可事项有直接利害关系的，有权申请回避；

（四）举行听证时，审查该行政许可申请的工作人员应当提供审查意见的证据、理由，申请人、利害关系人可以提出证据，并进行申辩和质证；

（五）听证应当制作笔录，听证笔录应当交听证参加人确认无误后签字或者盖章。

行政机关应当根据听证笔录，作出行政许可决定。

第五节 变更与延续

第四十九条 被许可人要求变更行政许可事项的，应当向作出行政许可决定的行政机关提出申请；符合法定条件、标准的，行政机关应当依法办理变更手续。

第五十条 被许可人需要延续依法取得的行政许可的有效期的，应当在该行政许可有效期届满三十日前向作出行政许可决定的行政机关提出申请。但是，法律、法规、规章另有规定的，依照其规定。

行政机关应当根据被许可人的申请，在该行政许可有效期届满前作出是否准予延续的决定；逾期未作决定的，视为准予延续。

第六节 特别规定

第五十一条 实施行政许可的程序，本节有规定的，适用本节规定；本节没有规定的，适用本章其他有关规定。

第五十二条 国务院实施行政许可的程序，适用有关法律、行政法规的规定。

第五十三条 实施本法第十二条第二项所列事项的行政许可的，行政机关应当通过招标、拍卖等公平竞争的方式作出决定。但是，法律、行政法规另有规定的，依照其规定。

行政机关通过招标、拍卖等方式作出行政许可决定的具体程序，依照有关法律、行政法规的规定。

行政机关按照招标、拍卖程序确定中标人、买受人后，应当作出准予行政许可的决定，并依法向中标人、买受人颁发行政许可证件。

行政机关违反本条规定，不采用招标、拍卖方式，或者违反招标、拍卖程序，损害申请人合法权益的，申请人可以依法申请行政复议或者提起行政诉讼。

第五十四条 实施本法第十二条第三项所列事项的行政许可，赋予公民特定资格，依法应当举行国家考试的，行政机关根据考试成绩和其他法定条件作出行政许可决定；赋予法人或者其他组织特定的资格、资质的，行政机关根据申请人的专业人员构成、技术条件、经营业绩和管理水平等的考核结果作出行政许可决定。但是，法律、行政法规另有规定的，依照其规定。

公民特定资格的考试依法由行政机关或者行业组织实施，公开举行。行政机关或者行业组织应当事先公布资格考试的报名条件、报考办法、考试科目以及考试大纲。但是，不得组织强制性的资格考试的考前培训，不得指定教材或者其他助考材料。

第五十五条 实施本法第十二条第四项所列事项的行政许可的，应当按照技术标准、技术规范依法进行检验、检测、检疫，行政机关根据检验、检测、检疫的结果作出行政许可决定。

行政机关实施检验、检测、检疫，应当自受理申请之日起五日内指派两名以上工作人员按照技术标准、技术规范进行检验、检测、检疫。不需要对检验、检测、检疫结果作进一步技术分析即可认定设备、设施、产品、物品是否符合技术标准、技术规范的，行政机关应当当场作出行政许可决定。

行政机关根据检验、检测、检疫结果，作出不予行政许可决定的，应当书面说明不予行政许可所依据的技术标准、技术规范。

第五十六条 实施本法第十二条第五项所列事项的行政许可，申请人提交的申请材料齐全、符合法定形式的，行政机关应当当场予以登记。需要对申请材料的实质内容进行核实的，行政机关依照本法第三十四条第三款的规定办理。

第五十七条 有数量限制的行政许可，两个或者两个以上申请人的申请均符合法定条件、标准的，行政机关应当根据受理行政许可申请的先后顺序作出准予行政许可的决定。但是，法律、行政法规另有规定的，依照其规定。

第五章 行政许可的费用

第五十八条 行政机关实施行政许可和对行政许可事项进行监督检

查，不得收取任何费用。但是，法律、行政法规另有规定的，依照其规定。

行政机关提供行政许可申请书格式文本，不得收费。

行政机关实施行政许可所需经费应当列入本行政机关的预算，由本级财政予以保障，按照批准的预算予以核拨。

第五十九条 行政机关实施行政许可，依照法律、行政法规收取费用的，应当按照公布的法定项目和标准收费；所收取的费用必须全部上缴国库，任何机关或者个人不得以任何形式截留、挪用、私分或者变相私分。财政部门不得以任何形式向行政机关返还或者变相返还实施行政许可所收取的费用。

第六章 监督检查

第六十条 上级行政机关应当加强对下级行政机关实施行政许可的监督检查，及时纠正行政许可实施中的违法行为。

第六十一条 行政机关应当建立健全监督制度，通过核查反映被许可人从事行政许可事项活动情况的有关材料，履行监督责任。

行政机关依法对被许可人从事行政许可事项的活动进行监督检查时，应当将监督检查的情况和处理结果予以记录，由监督检查人员签字后归档。公众有权查阅行政机关监督检查记录。

行政机关应当创造条件，实现与被许可人、其他有关行政机关的计算机档案系统互联，核查被许可人从事行政许可事项活动情况。

第六十二条 行政机关可以对被许可人生产经营的产品依法进行抽样检查、检验、检测，对其生产经营场所依法进行实地检查。检查时，行政机关可以依法查阅或者要求被许可人报送有关材料；被许可人应当如实提供有关情况和材料。

行政机关根据法律、行政法规的规定，对直接关系公共安全、人身健康、生命财产安全的重要设备、设施进行定期检验。对检验合格的，行政机关应当发给相应的证明文件。

第六十三条 行政机关实施监督检查，不得妨碍被许可人正常的生产经营活动，不得索取或者收受被许可人的财物，不得谋取其他利益。

第六十四条 被许可人在作出行政许可决定的行政机关管辖区域外违法从事行政许可事项活动的，违法行为发生地的行政机关应当依法将被许可人的违法事实、处理结果抄告作出行政许可决定的行政机关。

第六十五条 个人和组织发现违法从事行政许可事项的活动，有权向行政机关举报，行政机关应当及时核实、处理。

第六十六条 被许可人未依法履行开发利用自然资源义务或者未依法履行利用公共资源义务的，行政机关应当责令限期改正；被许可人在规定期限内不改正的，行政机关应当依照有关法律、行政法规的规定予以处理。

第六十七条 取得直接关系公共利益的特定行业的市场准入行政许可的被许可人，应当按照国家规定的服务标准、资费标准和行政机关依法规定的条件，向用户提供安全、方便、稳定和价格合理的服务，并履行普遍服务的义务；未经作出行政许可决定的行政机关批准，不得擅自停业、歇业。

被许可人不履行前款规定的义务的，行政机关应当责令限期改正，或者依法采取有效措施督促其履行义务。

第六十八条 对直接关系公共安全、人身健康、生命财产安全的重要设备、设施，行政机关应当督促设计、建造、安装和使用单位建立相应的自检制度。

行政机关在监督检查时，发现直接关系公共安全、人身健康、生命财产安全的重要设备、设施存在安全隐患的，应当责令停止建造、安装和使用，并责令设计、建造、安装和使用单位立即改正。

第六十九条 有下列情形之一的，作出行政许可决定的行政机关或者其上级行政机关，根据利害关系人的请求或者依据职权，可以撤销行政许可：

（一）行政机关工作人员滥用职权、玩忽职守作出准予行政许可决定的；

（二）超越法定职权作出准予行政许可决定的；

（三）违反法定程序作出准予行政许可决定的；

（四）对不具备申请资格或者不符合法定条件的申请人准予行政许可的；

（五）依法可以撤销行政许可的其他情形。

被许可人以欺骗、贿赂等不正当手段取得行政许可的，应当予以撤销。

依照前两款的规定撤销行政许可，可能对公共利益造成重大损害的，不予撤销。

依照本条第一款的规定撤销行政许可，被许可人的合法权益受到损害的，行政机关应当依法给予赔偿。依照本条第二款的规定撤销行政许可的，被许可人基于行政许可取得的利益不受保护。

第七十条 有下列情形之一的，行政机关应当依法办理有关行政许可的注销手续：

（一）行政许可有效期届满未延续的；

（二）赋予公民特定资格的行政许可，该公民死亡或者丧失行为能力的；

（三）法人或者其他组织依法终止的；

（四）行政许可依法被撤销、撤回，或者行政许可证件依法被吊销的；

（五）因不可抗力导致行政许可事项无法实施的；

（六）法律、法规规定的应当注销行政许可的其他情形。

第七章 法律责任

第七十一条 违反本法第十七条规定设定的行政许可，有关机关应当责令设定该行政许可的机关改正，或者依法予以撤销。

第七十二条 行政机关及其工作人员违反本法的规定，有下列情形之一的，由其上级行政机关或者监察机关责令改正；情节严重的，对直接负责的主管人员和其他直接责任人员依法给予行政处分：

（一）对符合法定条件的行政许可申请不予受理的；

（二）不在办公场所公示依法应当公示的材料的；

（三）在受理、审查、决定行政许可过程中，未向申请人、利害关系人履行法定告知义务的；

（四）申请人提交的申请材料不齐全、不符合法定形式，不一次告知申请人必须补正的全部内容的；

（五）未依法说明不受理行政许可申请或者不予行政许可的理由的；

（六）依法应当举行听证而不举行听证的。

第七十三条 行政机关工作人员办理行政许可、实施监督检查，索取或者收受他人财物或者谋取其他利益，构成犯罪的，依法追究刑事责任；

尚不构成犯罪的，依法给予行政处分。

第七十四条 行政机关实施行政许可，有下列情形之一的，由其上级行政机关或者监察机关责令改正，对直接负责的主管人员和其他直接责任人员依法给予行政处分；构成犯罪的，依法追究刑事责任：

（一）对不符合法定条件的申请人准予行政许可或者超越法定职权作出准予行政许可决定的；

（二）对符合法定条件的申请人不予行政许可或者不在法定期限内作出准予行政许可决定的；

（三）依法应当根据招标、拍卖结果或者考试成绩择优作出准予行政许可决定，未经招标、拍卖或者考试，或者不根据招标、拍卖结果或者考试成绩择优作出准予行政许可决定的。

第七十五条 行政机关实施行政许可，擅自收费或者不按照法定项目和标准收费的，由其上级行政机关或者监察机关责令退还非法收取的费用；对直接负责的主管人员和其他直接责任人员依法给予行政处分。

截留、挪用、私分或者变相私分实施行政许可依法收取的费用的，予以追缴；对直接负责的主管人员和其他直接责任人员依法给予行政处分；构成犯罪的，依法追究刑事责任。

第七十六条 行政机关违法实施行政许可，给当事人的合法权益造成损害的，应当依照国家赔偿法的规定给予赔偿。

第七十七条 行政机关不依法履行监督职责或者监督不力，造成严重后果的，由其上级行政机关或者监察机关责令改正，对直接负责的主管人员和其他直接责任人员依法给予行政处分；构成犯罪的，依法追究刑事责任。

第七十八条 行政许可申请人隐瞒有关情况或者提供虚假材料申请行政许可的，行政机关不予受理或者不予行政许可，并给予警告；行政许可申请属于直接关系公共安全、人身健康、生命财产安全事项的，申请人在一年内不得再次申请该行政许可。

第七十九条 被许可人以欺骗、贿赂等不正当手段取得行政许可的，行政机关应当依法给予行政处罚；取得的行政许可属于直接关系公共安全、人身健康、生命财产安全事项的，申请人在三年内不得再次申请该行政许可；构成犯罪的，依法追究刑事责任。

第八十条 被许可人有下列行为之一的，行政机关应当依法给予行政处罚；构成犯罪的，依法追究刑事责任：

（一）涂改、倒卖、出租、出借行政许可证件，或者以其他形式非法转让行政许可的；

（二）超越行政许可范围进行活动的；

（三）向负责监督检查的行政机关隐瞒有关情况、提供虚假材料或者拒绝提供反映其活动情况的真实材料的；

（四）法律、法规、规章规定的其他违法行为。

第八十一条 公民、法人或者其他组织未经行政许可，擅自从事依法应当取得行政许可的活动的，行政机关应当依法采取措施予以制止，并依法给予行政处罚；构成犯罪的，依法追究刑事责任。

第八章 附 则

第八十二条 本法规定的行政机关实施行政许可的期限以工作日计算，不含法定节假日。

第八十三条 本法自 2004 年 7 月 1 日起施行。

本法施行前有关行政许可的规定，制定机关应当依照本法规定予以清理；不符合本法规定的，自本法施行之日起停止执行。

中华人民共和国道路交通安全法

（2003 年 10 月 28 日主席令第 8 号公布）

第一章 总 则

第一条 为了维护道路交通秩序，预防和减少交通事故，保护人身安全，保护公民、法人和其他组织的财产安全及其他合法权益，提高通行效率，制定本法。

第二条 中华人民共和国境内的车辆驾驶人、行人、乘车人以及与道路交通活动有关的单位和个人，都应当遵守本法。

第三条 道路交通安全工作，应当遵循依法管理、方便群众的原则，保障道路交通有序、安全、畅通。

第四条 各级人民政府应当保障道路交通安全管理工作与经济建设和社会发展相适应。

县级以上地方各级人民政府应当适应道路交通发展的需要，依据道路交通安全法律、法规和国家有关政策，制定道路交通安全管理规划，并组织实施。

第五条 国务院公安部门负责全国道路交通安全管理工作。县级以上地方各级人民政府公安机关交通管理部门负责本行政区域内的道路交通安全管理工作。

县级以上各级人民政府交通、建设管理部门依据各自职责，负责有关的道路交通工作。

第六条 各级人民政府应当经常进行道路交通安全教育，提高公民的道路交通安全意识。

公安机关交通管理部门及其交通警察执行职务时，应当加强道路交通安全法律、法规的宣传，并模范遵守道路交通安全法律、法规。

机关、部队、企业事业单位、社会团体以及其他组织，应当对本单位的人员进行道路交通安全教育。

教育行政部门、学校应当将道路交通安全教育纳入法制教育的内容。

新闻、出版、广播、电视等有关单位，有进行道路交通安全教育的义务。

第七条 对道路交通安全管理工作，应当加强科学研究，推广、使用先进的管理方法、技术、设备。

第二章 车辆和驾驶人

第一节 机动车、非机动车

第八条 国家对机动车实行登记制度。机动车经公安机关交通管理部门登记后，方可上道路行驶。尚未登记的机动车，需要临时上道路行驶的，应当取得临时通行牌证。

第九条 申请机动车登记，应当提交以下证明、凭证：

（一）机动车所有人的身份证明；

（二）机动车来历证明；

（三）机动车整车出厂合格证明或者进口机动车进口凭证；

（四）车辆购置税的完税证明或者免税凭证；

（五）法律、行政法规规定应当在机动车登记时提交的其他证明、凭证。

公安机关交通管理部门应当自受理申请之日起五个工作日内完成机动车登记审查工作，对符合前款规定条件的，应当发放机动车登记证书、号牌和行驶证；对不符合前款规定条件的，应当向申请人说明不予登记的理由。

公安机关交通管理部门以外的任何单位或者个人不得发放机动车号牌或者要求机动车悬挂其他号牌，本法另有规定的除外。

机动车登记证书、号牌、行驶证的式样由国务院公安部门规定并监制。

第十条 准予登记的机动车应当符合机动车国家安全技术标准。申请机动车登记时，应当接受对该机动车的安全技术检验。但是，经国家机动车产品主管部门依据机动车国家安全技术标准认定的企业生产的机动车型，该车型的新车在出厂时经检验符合机动车国家安全技术标准，获得检验合格证的，免予安全技术检验。

第十一条 驾驶机动车上道路行驶，应当悬挂机动车号牌，放置检验合格标志、保险标志，并随车携带机动车行驶证。

机动车号牌应当按照规定悬挂并保持清晰、完整，不得故意遮挡、污损。

任何单位和个人不得收缴、扣留机动车号牌。

第十二条 有下列情形之一的，应当办理相应的登记：

（一）机动车所有权发生转移的；

（二）机动车登记内容变更的；

（三）机动车用作抵押的；

（四）机动车报废的。

第十三条 对登记后上道路行驶的机动车，应当依照法律、行政法规的规定，根据车辆用途、载客载货数量、使用年限等不同情况，定期进行安全技术检验。对提供机动车行驶证和机动车第三者责任强制保险单的，机动车安全技术检验机构应当予以检验，任何单位不得附加其他条件。对符合机动车国家安全技术标准的，公安机关交通管理部门应当发给检验合格标志。

对机动车的安全技术检验实行社会化。具体办法由国务院规定。

机动车安全技术检验实行社会化的地方，任何单位不得要求机动车到指定的场所进行检验。

公安机关交通管理部门、机动车安全技术检验机构不得要求机动车到指定的场所进行维修、保养。

机动车安全技术检验机构对机动车检验收取费用，应当严格执行国务院价格主管部门核定的收费标准。

第十四条 国家实行机动车强制报废制度，根据机动车的安全技术状况和不同用途，规定不同的报废标准。

应当报废的机动车必须及时办理注销登记。

达到报废标准的机动车不得上道路行驶。报废的大型客、货车及其他营运车辆应当在公安机关交通管理部门的监督下解体。

第十五条 警车、消防车、救护车、工程救险车应当按照规定喷涂标志图案，安装警报器、标志灯具。其他机动车不得喷涂、安装、使用上述车辆专用的或者与其相类似的标志图案、警报器或者标志灯具。

警车、消防车、救护车、工程救险车应当严格按照规定的用途和条件使用。

公路监督检查的专用车辆，应当依照公路法的规定，设置统一的标志和示警灯。

第十六条 任何单位或者个人不得有下列行为：

（一）拼装机动车或者擅自改变机动车已登记的结构、构造或者特征；

（二）改变机动车型号、发动机号、车架号或者车辆识别代号；

（三）伪造、变造或者使用伪造、变造的机动车登记证书、号牌、行驶证、检验合格标志、保险标志；

（四）使用其他机动车的登记证书、号牌、行驶证、检验合格标志、保险标志。

第十七条 国家实行机动车第三者责任强制保险制度，设立道路交通事故社会救助基金。具体办法由国务院规定。

第十八条 依法应当登记的非机动车，经公安机关交通管理部门登记后,方可上道路行驶。

依法应当登记的非机动车的种类,由省、自治区、直辖市人民政府根据当地实际情况规定。

非机动车的外形尺寸、质量、制动器、车铃和夜间反光装置,应当符合非机动车安全技术标准。

第二节 机动车驾驶人

第十九条 驾驶机动车,应当依法取得机动车驾驶证。

申请机动车驾驶证,应当符合国务院公安部门规定的驾驶许可条件;经考试合格后,由公安机关交通管理部门发给相应类别的机动车驾驶证。

持有境外机动车驾驶证的人,符合国务院公安部门规定的驾驶许可条件,经公安机关交通管理部门考核合格的,可以发给中国的机动车驾驶证。

驾驶人应当按照驾驶证载明的准驾车型驾驶机动车;驾驶机动车时,应当随身携带机动车驾驶证。

公安机关交通管理部门以外的任何单位或者个人,不得收缴、扣留机动车驾驶证。

第二十条 机动车的驾驶培训实行社会化,由交通主管部门对驾驶培训学校、驾驶培训班实行资格管理,其中专门的拖拉机驾驶培训学校、驾驶培训班由农业(农业机械)主管部门实行资格管理。

驾驶培训学校、驾驶培训班应当严格按照国家有关规定,对学员进行道路交通安全法律、法规、驾驶技能的培训,确保培训质量。

任何国家机关以及驾驶培训和考试主管部门不得举办或者参与举办驾驶培训学校、驾驶培训班。

第二十一条 驾驶人驾驶机动车上道路行驶前,应当对机动车的安全技术性能进行认真检查;不得驾驶安全设施不全或者机件不符合技术标准等具有安全隐患的机动车。

第二十二条 机动车驾驶人应当遵守道路交通安全法律、法规的规定,按照操作规范安全驾驶、文明驾驶。

饮酒、服用国家管制的精神药品或者麻醉药品,或者患有妨碍安全驾驶机动车的疾病,或者过度疲劳影响安全驾驶的,不得驾驶机动车。

任何人不得强迫、指使、纵容驾驶人违反道路交通安全法律、法规和机动车安全驾驶要求驾驶机动车。

第二十三条 公安机关交通管理部门依照法律、行政法规的规定，定期对机动车驾驶证实施审验。

第二十四条 公安机关交通管理部门对机动车驾驶人违反道路交通安全法律、法规的行为，除依法给予行政处罚外，实行累积记分制度。公安机关交通管理部门对累积记分达到规定分值的机动车驾驶人，扣留机动车驾驶证，对其进行道路交通安全法律、法规教育，重新考试；考试合格的，发还其机动车驾驶证。

对遵守道路交通安全法律、法规，在一年内无累积记分的机动车驾驶人，可以延长机动车驾驶证的审验期。具体办法由国务院公安部门规定。

第三章　道路通行条件

第二十五条 全国实行统一的道路交通信号。

交通信号包括交通信号灯、交通标志、交通标线和交通警察的指挥。

交通信号灯、交通标志、交通标线的设置应当符合道路交通安全、畅通的要求和国家标准，并保持清晰、醒目、准确、完好。

根据通行需要，应当及时增设、调换、更新道路交通信号。增设、调换、更新限制性的道路交通信号，应当提前向社会公告，广泛进行宣传。

第二十六条 交通信号灯由红灯、绿灯、黄灯组成。红灯表示禁止通行，绿灯表示准许通行，黄灯表示警示。

第二十七条 铁路与道路平面交叉的道口，应当设置警示灯、警示标志或者安全防护设施。无人看守的铁路道口，应当在距道口一定距离处设置警示标志。

第二十八条 任何单位和个人不得擅自设置、移动、占用、损毁交通信号灯、交通标志、交通标线。

道路两侧及隔离带上种植的树木或者其他植物，设置的广告牌、管线等，应当与交通设施保持必要的距离，不得遮挡路灯、交通信号灯、交通标志，不得妨碍安全视距，不得影响通行。

第二十九条 道路、停车场和道路配套设施的规划、设计、建设，应当符合道路交通安全、畅通的要求，并根据交通需求及时调整。

公安机关交通管理部门发现已经投入使用的道路存在交通事故频发路段，或者停车场、道路配套设施存在交通安全严重隐患的，应当及时向当地人民政府报告，并提出防范交通事故、消除隐患的建议，当地人民政府应当及时作出处理决定。

第三十条 道路出现坍塌、坑漕、水毁、隆起等损毁或者交通信号灯、交通标志、交通标线等交通设施损毁、灭失的，道路、交通设施的养护部门或者管理部门应当设置警示标志并及时修复。

公安机关交通管理部门发现前款情形，危及交通安全，尚未设置警示标志的，应当及时采取安全措施，疏导交通，并通知道路、交通设施的养护部门或者管理部门。

第三十一条 未经许可，任何单位和个人不得占用道路从事非交通活动。

第三十二条 因工程建设需要占用、挖掘道路，或者跨越、穿越道路架设、增设管线设施，应当事先征得道路主管部门的同意；影响交通安全的，还应当征得公安机关交通管理部门的同意。

施工作业单位应当在经批准的路段和时间内施工作业，并在距离施工作业地点来车方向安全距离处设置明显的安全警示标志，采取防护措施；施工作业完毕，应当迅速清除道路上的障碍物，消除安全隐患，经道路主管部门和公安机关交通管理部门验收合格，符合通行要求后，方可恢复通行。

对未中断交通的施工作业道路，公安机关交通管理部门应当加强交通安全监督检查，维护道路交通秩序。

第三十三条 新建、改建、扩建的公共建筑、商业街区、居住区、大（中）型建筑等，应当配建、增建停车场；停车泊位不足的，应当及时改建或者扩建；投入使用的停车场不得擅自停止使用或者改作他用。

在城市道路范围内，在不影响行人、车辆通行的情况下，政府有关部门可以施划停车泊位。

第三十四条 学校、幼儿园、医院、养老院门前的道路没有行人过街设施的，应当施划人行横道线，设置提示标志。

城市主要道路的人行道，应当按照规划设置盲道。盲道的设置应当符合国家标准。

第四章 道路通行规定

第一节 一般规定

第三十五条 机动车、非机动车实行右侧通行。

第三十六条 根据道路条件和通行需要，道路划分为机动车道、非机动车道和人行道的，机动车、非机动车、行人实行分道通行。没有划分机动车道、非机动车道和人行道的，机动车在道路中间通行，非机动车和行人在道路两侧通行。

第三十七条 道路划设专用车道的，在专用车道内，只准许规定的车辆通行，其他车辆不得进入专用车道内行驶。

第三十八条 车辆、行人应当按照交通信号通行；遇有交通警察现场指挥时，应当按照交通警察的指挥通行；在没有交通信号的道路上，应当在确保安全、畅通的原则下通行。

第三十九条 公安机关交通管理部门根据道路和交通流量的具体情况，可以对机动车、非机动车、行人采取疏导、限制通行、禁止通行等措施。遇有大型群众性活动、大范围施工等情况，需要采取限制交通的措施，或者作出与公众的道路交通活动直接有关的决定，应当提前向社会公告。

第四十条 遇有自然灾害、恶劣气象条件或者重大交通事故等严重影响交通安全的情形，采取其他措施难以保证交通安全时，公安机关交通管理部门可以实行交通管制。

第四十一条 有关道路通行的其他具体规定，由国务院规定。

第二节 机动车通行规定

第四十二条 机动车上道路行驶，不得超过限速标志标明的最高时速。在没有限速标志的路段，应当保持安全车速。

夜间行驶或者在容易发生危险的路段行驶，以及遇有沙尘、冰雹、雨、雪、雾、结冰等气象条件时，应当降低行驶速度。

第四十三条 同车道行驶的机动车，后车应当与前车保持足以采取紧急制动措施的安全距离。有下列情形之一的，不得超车：

（一）前车正在左转弯、掉头、超车的；

（二）与对面来车有会车可能的；

（三）前车为执行紧急任务的警车、消防车、救护车、工程救险车的；

（四）行经铁路道口、交叉路口、窄桥、弯道、陡坡、隧道、人行横道、市区交通流量大的路段等没有超车条件的。

第四十四条 机动车通过交叉路口，应当按照交通信号灯、交通标志、交通标线或者交通警察的指挥通过；通过没有交通信号灯、交通标志、交通标线或者交通警察指挥的交叉路口时，应当减速慢行，并让行人和优先通行的车辆先行。

第四十五条 机动车遇有前方车辆停车排队等候或者缓慢行驶时，不得借道超车或者占用对面车道，不得穿插等候的车辆。

在车道减少的路段、路口，或者在没有交通信号灯、交通标志、交通标线或者交通警察指挥的交叉路口遇到停车排队等候或者缓慢行驶时，机动车应当依次交替通行。

第四十六条 机动车通过铁路道口时，应当按照交通信号或者管理人员的指挥通行；没有交通信号或者管理人员的，应当减速或者停车，在确认安全后通过。

第四十七条 机动车行经人行横道时，应当减速行驶；遇行人正在通过人行横道，应当停车让行。

机动车行经没有交通信号的道路时，遇行人横过道路，应当避让。

第四十八条 机动车载物应当符合核定的载质量，严禁超载；载物的长、宽、高不得违反装载要求，不得遗撒、飘散载运物。

机动车运载超限的不可解体的物品，影响交通安全的，应当按照公安机关交通管理部门指定的时间、路线、速度行驶，悬挂明显标志。在公路上运载超限的不可解体的物品，并应当依照公路法的规定执行。

机动车载运爆炸物品、易燃易爆化学物品以及剧毒、放射性等危险物品，应当经公安机关批准后，按指定的时间、路线、速度行驶，悬挂警示标志并采取必要的安全措施。

第四十九条 机动车载人不得超过核定的人数，客运机动车不得违反规定载货。

第五十条 禁止货运机动车载客。

货运机动车需要附载作业人员的，应当设置保护作业人员的安全措施。

第五十一条 机动车行驶时，驾驶人、乘坐人员应当按规定使用安全带，摩托车驾驶人及乘坐人员应当按规定戴安全头盔。

第五十二条 机动车在道路上发生故障，需要停车排除故障时，驾驶人应当立即开启危险报警闪光灯，将机动车移至不妨碍交通的地方停放；难以移动的，应当持续开启危险报警闪光灯，并在来车方向设置警告标志等措施扩大示警距离，必要时迅速报警。

第五十三条 警车、消防车、救护车、工程救险车执行紧急任务时，可以使用警报器、标志灯具；在确保安全的前提下，不受行驶路线、行驶方向、行驶速度和信号灯的限制，其他车辆和行人应当让行。

警车、消防车、救护车、工程救险车非执行紧急任务时，不得使用警报器、标志灯具，不享有前款规定的道路优先通行权。

第五十四条 道路养护车辆、工程作业车进行作业时，在不影响过往车辆通行的前提下，其行驶路线和方向不受交通标志、标线限制，过往车辆和人员应当注意避让。

洒水车、清扫车等机动车应当按照安全作业标准作业；在不影响其他车辆通行的情况下，可以不受车辆分道行驶的限制，但是不得逆向行驶。

第五十五条 高速公路、大中城市中心城区内的道路，禁止拖拉机通行。其他禁止拖拉机通行的道路，由省、自治区、直辖市人民政府根据当地实际情况规定。

在允许拖拉机通行的道路上，拖拉机可以从事货运，但是不得用于载人。

第五十六条 机动车应当在规定地点停放。禁止在人行道上停放机动车；但是，依照本法第三十三条规定施划的停车泊位除外。

在道路上临时停车的，不得妨碍其他车辆和行人通行。

第三节 非机动车通行规定

第五十七条 驾驶非机动车在道路上行驶应当遵守有关交通安全的规定。非机动车应当在非机动车道内行驶；在没有非机动车道的道路上，应当靠车行道的右侧行驶。

第五十八条 残疾人机动轮椅车、电动自行车在非机动车道内行驶时，最高时速不得超过十五公里。

第五十九条 非机动车应当在规定地点停放。未设停放地点的，非机动车停放不得妨碍其他车辆和行人通行。

第六十条 驾驭畜力车，应当使用驯服的牲畜；驾驭畜力车横过道路时，驾驭人应当下车牵引牲畜；驾驭人离开车辆时，应当拴系牲畜。

第四节 行人和乘车人通行规定

第六十一条 行人应当在人行道内行走，没有人行道的靠路边行走。

第六十二条 行人通过路口或者横过道路，应当走人行横道或者过街设施；通过有交通信号灯的人行横道，应当按照交通信号灯指示通行；通过没有交通信号灯、人行横道的路口，或者在没有过街设施的路段横过道路，应当在确认安全后通过。

第六十三条 行人不得跨越、倚坐道路隔离设施，不得扒车、强行拦车或者实施妨碍道路交通安全的其他行为。

第六十四条 学龄前儿童以及不能辨认或者不能控制自己行为的精神疾病患者、智力障碍者在道路上通行，应当由其监护人、监护人委托的人或者对其负有管理、保护职责的人带领。

盲人在道路上通行，应当使用盲杖或者采取其他导盲手段，车辆应当避让盲人。

第六十五条 行人通过铁路道口时，应当按照交通信号或者管理人员的指挥通行；没有交通信号和管理人员的，应当在确认无火车驶临后，迅速通过。

第六十六条 乘车人不得携带易燃易爆等危险物品，不得向车外抛洒物品，不得有影响驾驶人安全驾驶的行为。

第五节 高速公路的特别规定

第六十七条 行人、非机动车、拖拉机、轮式专用机械车、铰接式客车、全挂拖斗车以及其他设计最高时速低于七十公里的机动车，不得进入高速公路。高速公路限速标志标明的最高时速不得超过一百二十公里。

第六十八条 机动车在高速公路上发生故障时，应当依照本法第五十二条的有关规定办理；但是，警告标志应当设置在故障车来车方向一百五十米以外，车上人员应当迅速转移到右侧路肩上或者应急车道内，并且迅速报警。

机动车在高速公路上发生故障或者交通事故，无法正常行驶的，应当由救援车、清障车拖曳、牵引。

第六十九条 任何单位、个人不得在高速公路上拦截检查行驶的车辆，公安机关的人民警察依法执行紧急公务除外。

第五章 交通事故处理

第七十条 在道路上发生交通事故，车辆驾驶人应当立即停车，保护现场；造成人身伤亡的，车辆驾驶人应当立即抢救受伤人员，并迅速报告执勤的交通警察或者公安机关交通管理部门。因抢救受伤人员变动现场的，应当标明位置。乘车人、过往车辆驾驶人、过往行人应当予以协助。

在道路上发生交通事故，未造成人身伤亡，当事人对事实及成因无争议的，可以即行撤离现场，恢复交通，自行协商处理损害赔偿事宜；不即行撤离现场的，应当迅速报告执勤的交通警察或者公安机关交通管理部门。

在道路上发生交通事故，仅造成轻微财产损失，并且基本事实清楚的，当事人应当先撤离现场再进行协商处理。

第七十一条 车辆发生交通事故后逃逸的，事故现场目击人员和其他知情人员应当向公安机关交通管理部门或者交通警察举报。举报属实的，公安机关交通管理部门应当给予奖励。

第七十二条 公安机关交通管理部门接到交通事故报警后，应当立即派交通警察赶赴现场，先组织抢救受伤人员，并采取措施，尽快恢复交通。

交通警察应当对交通事故现场进行勘验、检查，收集证据；因收集证据的需要，可以扣留事故车辆，但是应当妥善保管，以备核查。

对当事人的生理、精神状况等专业性较强的检验，公安机关交通管理部门应当委托专门机构进行鉴定。鉴定结论应当由鉴定人签名。

第七十三条 公安机关交通管理部门应当根据交通事故现场勘验、检查、调查情况和有关的检验、鉴定结论，及时制作交通事故认定书，作为处理交通事故的证据。交通事故认定书应当载明交通事故的基本事实、成因和当事人的责任，并送达当事人。

第七十四条 对交通事故损害赔偿的争议，当事人可以请求公安机关交通管理部门调解，也可以直接向人民法院提起民事诉讼。

经公安机关交通管理部门调解，当事人未达成协议或者调解书生效后不履行的，当事人可以向人民法院提起民事诉讼。

第七十五条 医疗机构对交通事故中的受伤人员应当及时抢救，不得因抢救费用未及时支付而拖延救治。肇事车辆参加机动车第三者责任强制保险的，由保险公司在责任限额范围内支付抢救费用；抢救费用超过责任限额的，未参加机动车第三者责任强制保险或者肇事后逃逸的，由道路交通事故社会救助基金先行垫付部分或者全部抢救费用，道路交通事故社会救助基金管理机构有权向交通事故责任人追偿。

第七十六条 机动车发生交通事故造成人身伤亡、财产损失的，由保险公司在机动车第三者责任强制保险责任限额范围内予以赔偿。超过责任限额的部分，按照下列方式承担赔偿责任：

（一）机动车之间发生交通事故的，由有过错的一方承担责任；双方都有过错的，按照各自过错的比例分担责任。

（二）机动车与非机动车驾驶人、行人之间发生交通事故的，由机动车一方承担责任；但是，有证据证明非机动车驾驶人、行人违反道路交通安全法律、法规，机动车驾驶人已经采取必要处置措施的，减轻机动车一方的责任。

交通事故的损失是由非机动车驾驶人、行人故意造成的，机动车一方不承担责任。

第七十七条 车辆在道路以外通行时发生的事故，公安机关交通管理部门接到报案的，参照本法有关规定办理。

第六章　执法监督

第七十八条 公安机关交通管理部门应当加强对交通警察的管理，提高交通警察的素质和管理道路交通的水平。

公安机关交通管理部门应当对交通警察进行法制和交通安全管理业务培训、考核。交通警察经考核不合格的，不得上岗执行职务。

第七十九条 公安机关交通管理部门及其交通警察实施道路交通安全管理，应当依据法定的职权和程序，简化办事手续，做到公正、严格、文明、高效。

第八十条 交通警察执行职务时，应当按照规定着装，佩戴人民警察标志，持有人民警察证件，保持警容严整，举止端庄，指挥规范。

第八十一条 依照本法发放牌证等收取工本费，应当严格执行国务院价格主管部门核定的收费标准，并全部上缴国库。

第八十二条 公安机关交通管理部门依法实施罚款的行政处罚，应当依照有关法律、行政法规的规定，实施罚款决定与罚款收缴分离；收缴的罚款以及依法没收的违法所得，应当全部上缴国库。

第八十三条 交通警察调查处理道路交通安全违法行为和交通事故，有下列情形之一的，应当回避：

（一）是本案的当事人或者当事人的近亲属；

（二）本人或者其近亲属与本案有利害关系；

（三）与本案当事人有其他关系，可能影响案件的公正处理。

第八十四条 公安机关交通管理部门及其交通警察的行政执法活动，应当接受行政监察机关依法实施的监督。

公安机关督察部门应当对公安机关交通管理部门及其交通警察执行法律、法规和遵守纪律的情况依法进行监督。

上级公安机关交通管理部门应当对下级公安机关交通管理部门的执法活动进行监督。

第八十五条 公安机关交通管理部门及其交通警察执行职务，应当自觉接受社会和公民的监督。

任何单位和个人都有权对公安机关交通管理部门及其交通警察不严格执法以及违法违纪行为进行检举、控告。收到检举、控告的机关，应当依据职责及时查处。

第八十六条 任何单位不得给公安机关交通管理部门下达或者变相下达罚款指标；公安机关交通管理部门不得以罚款数额作为考核交通警察的标准。

公安机关交通管理部门及其交通警察对超越法律、法规规定的指令，有权拒绝执行，并同时向上级机关报告。

第七章 法律责任

第八十七条 公安机关交通管理部门及其交通警察对道路交通安全

违法行为,应当及时纠正。

公安机关交通管理部门及其交通警察应当依据事实和本法的有关规定对道路交通安全违法行为予以处罚。对于情节轻微,未影响道路通行的,指出违法行为,给予口头警告后放行。

第八十八条 对道路交通安全违法行为的处罚种类包括:警告、罚款、暂扣或者吊销机动车驾驶证、拘留。

第八十九条 行人、乘车人、非机动车驾驶人违反道路交通安全法律、法规关于道路通行规定的,处警告或者五元以上五十元以下罚款;非机动车驾驶人拒绝接受罚款处罚的,可以扣留其非机动车。

第九十条 机动车驾驶人违反道路交通安全法律、法规关于道路通行规定的,处警告或者二十元以上二百元以下罚款。本法另有规定的,依照规定处罚。

第九十一条 饮酒后驾驶机动车的,处暂扣一个月以上三个月以下机动车驾驶证,并处二百元以上五百元以下罚款;醉酒后驾驶机动车的,由公安机关交通管理部门约束至酒醒,处十五日以下拘留和暂扣三个月以上六个月以下机动车驾驶证,并处五百元以上二千元以下罚款。

饮酒后驾驶营运机动车的,处暂扣三个月机动车驾驶证,并处五百元罚款;醉酒后驾驶营运机动车的,由公安机关交通管理部门约束至酒醒,处十五日以下拘留和暂扣六个月机动车驾驶证,并处二千元罚款。

一年内有前两款规定醉酒后驾驶机动车的行为,被处罚两次以上的,吊销机动车驾驶证,五年内不得驾驶营运机动车。

第九十二条 公路客运车辆载客超过额定乘员的,处二百元以上五百元以下罚款;超过额定乘员百分之二十或者违反规定载货的,处五百元以上二千元以下罚款。

货运机动车超过核定载质量的,处二百元以上五百元以下罚款;超过核定载质量百分之三十或者违反规定载客的,处五百元以上二千元以下罚款。

有前两款行为的,由公安机关交通管理部门扣留机动车至违法状态消除。

运输单位的车辆有本条第一款、第二款规定的情形,经处罚不改的,对直接负责的主管人员处二千元以上五千元以下罚款。

第九十三条 对违反道路交通安全法律、法规关于机动车停放、临时停车规定的,可以指出违法行为,并予以口头警告,令其立即驶离。

机动车驾驶人不在现场或者虽在现场但拒绝立即驶离,妨碍其他车辆、行人通行的,处二十元以上二百元以下罚款,并可以将该机动车拖移至不妨碍交通的地点或者公安机关交通管理部门指定的地点停放。公安机关交通管理部门拖车不得向当事人收取费用,并应当及时告知当事人停放地点。

因采取不正确的方法拖车造成机动车损坏的,应当依法承担补偿责任。

第九十四条 机动车安全技术检验机构实施机动车安全技术检验超过国务院价格主管部门核定的收费标准收取费用的,退还多收取的费用,并由价格主管部门依照《中华人民共和国价格法》的有关规定给予处罚。

机动车安全技术检验机构不按照机动车国家安全技术标准进行检验,出具虚假检验结果的,由公安机关交通管理部门处所收检验费用五倍以上十倍以下罚款,并依法撤销其检验资格;构成犯罪的,依法追究刑事责任。

第九十五条 上道路行驶的机动车未悬挂机动车号牌,未放置检验合格标志、保险标志,或者未随车携带行驶证、驾驶证的,公安机关交通管理部门应当扣留机动车,通知当事人提供相应的牌证、标志或者补办相应手续,并可以依照本法第九十条的规定予以处罚。当事人提供相应的牌证、标志或者补办相应手续的,应当及时退还机动车。

故意遮挡、污损或者不按规定安装机动车号牌的,依照本法第九十条的规定予以处罚。

第九十六条 伪造、变造或者使用伪造、变造的机动车登记证书、号牌、行驶证、检验合格标志、保险标志、驾驶证或者使用其他车辆的机动车登记证书、号牌、行驶证、检验合格标志、保险标志的,由公安机关交通管理部门予以收缴,扣留该机动车,并处二百元以上二千元以下罚款;构成犯罪的,依法追究刑事责任。

当事人提供相应的合法证明或者补办相应手续的,应当及时退还机动车。

第九十七条 非法安装警报器、标志灯具的,由公安机关交通管理部门强制拆除，予以收缴，并处二百元以上二千元以下罚款。

第九十八条 机动车所有人、管理人未按照国家规定投保机动车第三者责任强制保险的，由公安机关交通管理部门扣留车辆至依照规定投保后，并处依照规定投保最低责任限额应缴纳的保险费的二倍罚款。

依照前款缴纳的罚款全部纳入道路交通事故社会救助基金。具体办法由国务院规定。

第九十九条 有下列行为之一的，由公安机关交通管理部门处二百元以上二千元以下罚款：

（一）未取得机动车驾驶证、机动车驾驶证被吊销或者机动车驾驶证被暂扣期间驾驶机动车的；

（二）将机动车交由未取得机动车驾驶证或者机动车驾驶证被吊销、暂扣的人驾驶的；

（三）造成交通事故后逃逸，尚不构成犯罪的；

（四）机动车行驶超过规定时速百分之五十的；

（五）强迫机动车驾驶人违反道路交通安全法律、法规和机动车安全驾驶要求驾驶机动车，造成交通事故，尚不构成犯罪的；

（六）违反交通管制的规定强行通行，不听劝阻的；

（七）故意损毁、移动、涂改交通设施，造成危害后果，尚不构成犯罪的；

（八）非法拦截、扣留机动车辆，不听劝阻，造成交通严重阻塞或者较大财产损失的。

行为人有前款第二项、第四项情形之一的，可以并处吊销机动车驾驶证；有第一项、第三项、第五项至第八项情形之一的，可以并处十五日以下拘留。

第一百条 驾驶拼装的机动车或者已达到报废标准的机动车上道路行驶的，公安机关交通管理部门应当予以收缴，强制报废。

对驾驶前款所列机动车上道路行驶的驾驶人，处二百元以上二千元以下罚款，并吊销机动车驾驶证。

出售已达到报废标准的机动车的，没收违法所得，处销售金额等额的罚款，对该机动车依照本条第一款的规定处理。

第一百零一条 违反道路交通安全法律、法规的规定，发生重大交通事故，构成犯罪的，依法追究刑事责任，并由公安机关交通管理部门吊销机动车驾驶证。

造成交通事故后逃逸的，由公安机关交通管理部门吊销机动车驾驶证，且终生不得重新取得机动车驾驶证。

第一百零二条 对六个月内发生二次以上特大交通事故负有主要责任或者全部责任的专业运输单位，由公安机关交通管理部门责令消除安全隐患，未消除安全隐患的机动车，禁止上道路行驶。

第一百零三条 国家机动车产品主管部门未按照机动车国家安全技术标准严格审查，许可不合格机动车型投入生产的，对负有责任的主管人员和其他直接责任人员给予降级或者撤职的行政处分。

机动车生产企业经国家机动车产品主管部门许可生产的机动车型，不执行机动车国家安全技术标准或者不严格进行机动车成品质量检验，致使质量不合格的机动车出厂销售的，由质量技术监督部门依照《中华人民共和国产品质量法》的有关规定给予处罚。

擅自生产、销售未经国家机动车产品主管部门许可生产的机动车型的，没收非法生产、销售的机动车成品及配件，可以并处非法产品价值三倍以上五倍以下罚款；有营业执照的，由工商行政管理部门吊销营业执照，没有营业执照的，予以查封。

生产、销售拼装的机动车或者生产、销售擅自改装的机动车的，依照本条第三款的规定处罚。

有本条第二款、第三款、第四款所列违法行为，生产或者销售不符合机动车国家安全技术标准的机动车，构成犯罪的，依法追究刑事责任。

第一百零四条 未经批准，擅自挖掘道路、占用道路施工或者从事其他影响道路交通安全活动的，由道路主管部门责令停止违法行为，并恢复原状，可以依法给予罚款；致使通行的人员、车辆及其他财产遭受损失的，依法承担赔偿责任。

有前款行为，影响道路交通安全活动的，公安机关交通管理部门可以责令停止违法行为，迅速恢复交通。

第一百零五条 道路施工作业或者道路出现损毁，未及时设置警示标志、未采取防护措施，或者应当设置交通信号灯、交通标志、交通标线而没有设置或者应当及时变更交通信号灯、交通标志、交通标线而没有及时变更，致使通行的人员、车辆及其他财产遭受损失的，负有相关职责的单位应当依法承担赔偿责任。

第一百零六条 在道路两侧及隔离带上种植树木、其他植物或者设置广告牌、管线等，遮挡路灯、交通信号灯、交通标志，妨碍安全视距的，由公安机关交通管理部门责令行为人排除妨碍；拒不执行的，处二百元以上二千元以下罚款，并强制排除妨碍，所需费用由行为人负担。

第一百零七条 对道路交通违法行为人予以警告、二百元以下罚款，交通警察可以当场作出行政处罚决定，并出具行政处罚决定书。

行政处罚决定书应当载明当事人的违法事实、行政处罚的依据、处罚内容、时间、地点以及处罚机关名称，并由执法人员签名或者盖章。

第一百零八条 当事人应当自收到罚款的行政处罚决定书之日起十五日内，到指定的银行缴纳罚款。

对行人、乘车人和非机动车驾驶人的罚款，当事人无异议的，可以当场予以收缴罚款。

罚款应当开具省、自治区、直辖市财政部门统一制发的罚款收据；不出具财政部门统一制发的罚款收据的，当事人有权拒绝缴纳罚款。

第一百零九条 当事人逾期不履行行政处罚决定的，作出行政处罚决定的行政机关可以采取下列措施：

（一）到期不缴纳罚款的，每日按罚款数额的百分之三加处罚款；

（二）申请人民法院强制执行。

第一百一十条 执行职务的交通警察认为应当对道路交通违法行为人给予暂扣或者吊销机动车驾驶证处罚的，可以先予扣留机动车驾驶证，并在二十四小时内将案件移交公安机关交通管理部门处理。

道路交通违法行为人应当在十五日内到公安机关交通管理部门接受处理。无正当理由逾期未接受处理的，吊销机动车驾驶证。

公安机关交通管理部门暂扣或者吊销机动车驾驶证的，应当出具行政处罚决定书。

第一百一十一条 对违反本法规定予以拘留的行政处罚，由县、市公安局、公安分局或者相当于县一级的公安机关裁决。

第一百一十二条 公安机关交通管理部门扣留机动车、非机动车，应当当场出具凭证，并告知当事人在规定期限内到公安机关交通管理部门接受处理。

公安机关交通管理部门对被扣留的车辆应当妥善保管，不得使用。

逾期不来接受处理，并且经公告三个月仍不来接受处理的，对扣留的车辆依法处理。

第一百一十三条 暂扣机动车驾驶证的期限从处罚决定生效之日起计算；处罚决定生效前先予扣留机动车驾驶证的，扣留一日折抵暂扣期限一日。

吊销机动车驾驶证后重新申请领取机动车驾驶证的期限，按照机动车驾驶证管理规定办理。

第一百一十四条 公安机关交通管理部门根据交通技术监控记录资料，可以对违法的机动车所有人或者管理人依法予以处罚。对能够确定驾驶人的，可以依照本法的规定依法予以处罚。

第一百一十五条 交通警察有下列行为之一的，依法给予行政处分：

（一）为不符合法定条件的机动车发放机动车登记证书、号牌、行驶证、检验合格标志的；

（二）批准不符合法定条件的机动车安装、使用警车、消防车、救护车、工程救险车的警报器、标志灯具，喷涂标志图案的；

（三）为不符合驾驶许可条件、未经考试或者考试不合格人员发放机动车驾驶证的；

（四）不执行罚款决定与罚款收缴分离制度或者不按规定将依法收取的费用、收缴的罚款及没收的违法所得全部上缴国库的；

（五）举办或者参与举办驾驶学校或者驾驶培训班、机动车修理厂或者收费停车场等经营活动的；

（六）利用职务上的便利收受他人财物或者谋取其他利益的；

（七）违法扣留车辆、机动车行驶证、驾驶证、车辆号牌的；

（八）使用依法扣留的车辆的；

（九）当场收取罚款不开具罚款收据或者不如实填写罚款额的；

（十）徇私舞弊，不公正处理交通事故的；

（十一）故意刁难，拖延办理机动车牌证的；

（十二）非执行紧急任务时使用警报器、标志灯具的；

（十三）违反规定拦截、检查正常行驶的车辆的；

（十四）非执行紧急公务时拦截搭乘机动车的；

（十五）不履行法定职责的。

公安机关交通管理部门有前款所列行为之一的，对直接负责的主管人员和其他直接责任人员给予相应的行政处分。

第一百一十六条 依照本法第一百一十五条的规定，给予交通警察行政处分的，在作出行政处分决定前，可以停止其执行职务；必要时，可以予以禁闭。

依照本法第一百一十五条的规定，交通警察受到降级或者撤职行政处分的，可以予以辞退。

交通警察受到开除处分或者被辞退的，应当取消警衔；受到撤职以下行政处分的交通警察，应当降低警衔。

第一百一十七条 交通警察利用职权非法占有公共财物，索取、收受贿赂，或者滥用职权、玩忽职守，构成犯罪的，依法追究刑事责任。

第一百一十八条 公安机关交通管理部门及其交通警察有本法第一百一十五条所列行为之一，给当事人造成损失的，应当依法承担赔偿责任。

第八章 附 则

第一百一十九条 本法中下列用语的含义：

（一）“道路”，是指公路、城市道路和虽在单位管辖范围但允许社会机动车通行的地方，包括广场、公共停车场等用于公众通行的场所。

（二）“车辆”，是指机动车和非机动车。

（三）“机动车”，是指以动力装置驱动或者牵引，上道路行驶的供人员乘用或者用于运送物品以及进行工程专项作业的轮式车辆。

（四）“非机动车”，是指以人力或者畜力驱动，上道路行驶的交通工具，以及虽有动力装置驱动但设计最高时速、空车质量、外形尺寸符合有关国家标准的残疾人机动轮椅车、电动自行车等交通工具。

（五）“交通事故”，是指车辆在道路上因过错或者意外造成的人身伤亡或者财产损失的事件。

第一百二十条 中国人民解放军和中国人民武装警察部队在编机动车牌证、在编机动车检验以及机动车驾驶人考核工作，由中国人民解放军、中国人民武装警察部队有关部门负责。

第一百二十一条 对上道路行驶的拖拉机，由农业（农业机械）主管部门行使本法第八条、第九条、第十三条、第十九条、第二十三条规定的公安机关交通管理部门的管理职权。

农业（农业机械）主管部门依照前款规定行使职权，应当遵守本法有关规定，并接受公安机关交通管理部门的监督；对违反规定的，依照本法有关规定追究法律责任。

本法施行前由农业（农业机械）主管部门发放的机动车牌证，在本法施行后继续有效。

第一百二十二条 国家对入境的境外机动车的道路交通安全实施统一管理。

第一百二十三条 省、自治区、直辖市人民代表大会常务委员会可以根据本地区的实际情况，在本法规定的罚款幅度内，规定具体的执行标准。

第一百二十四条 本法自 2004 年 5 月 1 日起施行。

中华人民共和国农业机械化促进法

（2004 年 6 月 25 日主席令第 16 号公布）

第一章 总 则

第一条 为了鼓励、扶持农民和农业生产经营组织使用先进适用的农业机械，促进农业机械化，建设现代农业，制定本法。

第二条 本法所称农业机械化，是指运用先进适用的农业机械装备农业，改善农业生产经营条件，不断提高农业的生产技术水平和经济效益、生态效益的过程。

本法所称农业机械，是指用于农业生产及其产品初加工等相关农事活动的机械、设备。

第三条 县级以上人民政府应当把推进农业机械化纳入国民经济和社会发展计划，采取财政支持和实施国家规定的税收优惠政策以及金融扶持等措施，逐步提高对农业机械化的资金投入，充分发挥市场机制的作用，按照因地制宜、经济有效、保障安全、保护环境的原则，促进农业机械化的发展。

第四条 国家引导、支持农民和农业生产经营组织自主选择先进适用的农业机械。任何单位和个人不得强迫农民和农业生产经营组织购买其指定的农业机械产品。

第五条 国家采取措施，开展农业机械化科技知识的宣传和教育，培养农业机械化专业人才，推进农业机械化信息服务，提高农业机械化水平。

第六条 国务院农业行政主管部门和其他负责农业机械化有关工作的部门，按照各自的职责分工，密切配合，共同做好农业机械化促进工作。

县级以上地方人民政府主管农业机械化工作的部门和其他有关部门，按照各自的职责分工，密切配合，共同做好本行政区域的农业机械化促进工作。

第二章 科研开发

第七条 省级以上人民政府及其有关部门应当组织有关单位采取技术攻关、试验、示范等措施，促进基础性、关键性、公益性农业机械科学研究和先进适用的农业机械的推广应用。

第八条 国家支持有关科研机构和院校加强农业机械化科学技术研究，根据不同的农业生产条件和农民需求，研究开发先进适用的农业机械；支持农业机械科研、教学与生产、推广相结合，促进农业机械与农业生产技术的发展要求相适应。

第九条 国家支持农业机械生产者开发先进适用的农业机械，采用先进技术、先进工艺和先进材料，提高农业机械产品的质量和技术水平，降低生产成本，提供系列化、标准化、多功能和质量优良、节约能源、价格合理的农业机械产品。

第十条 国家支持引进、利用先进的农业机械、关键零配件和技术，鼓励引进外资从事农业机械的研究、开发、生产和经营。

第三章 质量保障

第十一条 国家加强农业机械化标准体系建设，制定和完善农业机械产品质量、维修质量和作业质量等标准。对农业机械产品涉及人身安全、农产品质量安全和环境保护的技术要求，应当按照有关法律、行政法规的规定制定强制执行的技术规范。

第十二条 产品质量监督部门应当依法组织对农业机械产品质量的监督抽查。

工商行政管理部门应当依法加强对农业机械产品市场的监督管理工作。

国务院农业行政主管部门和省级人民政府主管农业机械化工作的部门根据农业机械使用者的投诉情况和农业生产的实际需要,可以组织对在用的特定种类农业机械产品的适用性、安全性、可靠性和售后服务状况进行调查,并公布调查结果。

第十三条 农业机械生产者、销售者应当对其生产、销售的农业机械产品质量负责,并按照国家有关规定承担零配件供应和培训等售后服务责任。

农业机械生产者应当按照国家标准、行业标准和保障人身安全的要求,在其生产的农业机械产品上设置必要的安全防护装置、警示标志和中文警示说明。

第十四条 农业机械产品不符合质量要求的,农业机械生产者、销售者应当负责修理、更换、退货;给农业机械使用者造成农业生产损失或者其他损失的,应当依法赔偿损失。农业机械使用者有权要求农业机械销售者先予赔偿。农业机械销售者赔偿后,属于农业机械生产者的责任的,农业机械销售者有权向农业机械生产者追偿。

因农业机械存在缺陷造成人身伤害、财产损失的,农业机械生产者、销售者应当依法赔偿损失。

第十五条 列入依法必须经过认证的产品目录的农业机械产品,未经认证并标注认证标志,禁止出厂、销售和进口。

禁止生产、销售不符合国家技术规范强制性要求的农业机械产品。

禁止利用残次零配件和报废机具的部件拼装农业机械产品。

第四章　推 广 使 用

第十六条 国家支持向农民和农业生产经营组织推广先进适用的农业机械产品。推广农业机械产品,应当适应当地农业发展的需要,并依照农业技术推广法的规定,在推广地区经过试验证明具有先进性和适用性。

农业机械生产者或者销售者，可以委托农业机械试验鉴定机构，对其定型生产或者销售的农业机械产品进行适用性、安全性和可靠性检测，作出技术评价。农业机械试验鉴定机构应当公布具有适用性、安全性和可靠性的农业机械产品的检测结果，为农民和农业生产经营组织选购先进适用的农业机械提供信息。

第十七条 县级以上人民政府可以根据实际情况，在不同的农业区域建立农业机械化示范基地，并鼓励农业机械生产者、经营者等建立农业机械示范点，引导农民和农业生产经营组织使用先进适用的农业机械。

第十八条 国务院农业行政主管部门会同国务院财政部门、经济综合宏观调控部门，根据促进农业结构调整、保护自然资源与生态环境、推广农业新技术与加快农机具更新的原则，确定、公布国家支持推广的先进适用的农业机械产品目录，并定期调整。省级人民政府主管农业机械化工作的部门会同同级财政部门、经济综合宏观调控部门根据上述原则，确定、公布省级人民政府支持推广的先进适用的农业机械产品目录，并定期调整。

列入前款目录的产品，应当由农业机械生产者自愿提出申请，并通过农业机械试验鉴定机构进行的先进性、适用性、安全性和可靠性鉴定。

第十九条 国家鼓励和支持农民合作使用农业机械，提高农业机械利用率和作业效率，降低作业成本。

国家支持和保护农民在坚持家庭承包经营的基础上，自愿组织区域化、标准化种植，提高农业机械的作业水平。任何单位和个人不得以区域化、标准化种植为借口，侵犯农民的土地承包经营权。

第二十条 国务院农业行政主管部门和县级以上地方人民政府主管农业机械化工作的部门，应当按照安全生产、预防为主的方针，加强对农业机械安全使用的宣传、教育和管理。

农业机械使用者作业时，应当按照安全操作规程操作农业机械，在有危险的部位和作业现场设置防护装置或者警示标志。

第五章 社会化服务

第二十一条 农民、农业机械作业组织可以按照双方自愿、平等协商的原则，为本地或者外地的农民和农业生产经营组织提供各项有偿农业机械作业服务。有偿农业机械作业应当符合国家或者地方规定的农业机械作业质量标准。

国家鼓励跨行政区域开展农业机械作业服务。各级人民政府及其有关部门应当支持农业机械跨行政区域作业,维护作业秩序,提供便利和服务,并依法实施安全监督管理。

第二十二条 各级人民政府应当采取措施,鼓励和扶持发展多种形式的农业机械服务组织,推进农业机械化信息网络建设,完善农业机械化服务体系。农业机械服务组织应当根据农民、农业生产经营组织的需求,提供农业机械示范推广、实用技术培训、维修、信息、中介等社会化服务。

第二十三条 国家设立的基层农业机械技术推广机构应当以试验示范基地为依托,为农民和农业生产经营组织无偿提供公益性农业机械技术的推广、培训等服务。

第二十四条 从事农业机械维修,应当具备与维修业务相适应的仪器、设备和具有农业机械维修职业技能的技术人员,保证维修质量。维修质量不合格的,维修者应当免费重新修理;造成人身伤害或者财产损失的,维修者应当依法承担赔偿责任。

第二十五条 农业机械生产者、经营者、维修者可以依照法律、行政法规的规定,自愿成立行业协会,实行行业自律,为会员提供服务,维护会员的合法权益。

第六章 扶持措施

第二十六条 国家采取措施,鼓励和支持农业机械生产者增加新产品、新技术、新工艺的研究开发投入,并对农业机械的科研开发和制造实施税收优惠政策。

中央和地方财政预算安排的科技开发资金应当对农业机械工业的技术创新给予支持。

第二十七条 中央财政、省级财政应当分别安排专项资金,对农民和农业生产经营组织购买国家支持推广的先进适用的农业机械给予补贴。补贴资金的使用应当遵循公开、公正、及时、有效的原则,可以向农民和农业生产经营组织发放,也可以采用贴息方式支持金融机构向农民和农业生产经营组织购买先进适用的农业机械提供贷款。具体办法由国务院规定。

第二十八条　从事农业机械生产作业服务的收入，按照国家规定给予税收优惠。

国家根据农业和农村经济发展的需要，对农业机械的农业生产作业用燃油安排财政补贴。燃油补贴应当向直接从事农业机械作业的农民和农业生产经营组织发放。具体办法由国务院规定。

第二十九条　地方各级人民政府应当采取措施加强农村机耕道路等农业机械化基础设施的建设和维护，为农业机械化创造条件。

县级以上地方人民政府主管农业机械化工作的部门应当建立农业机械化信息搜集、整理、发布制度，为农民和农业生产经营组织免费提供信息服务。

第七章　法律责任

第三十条　违反本法第十五条规定的，依照产品质量法的有关规定予以处罚；构成犯罪的，依法追究刑事责任。

第三十一条　农业机械驾驶、操作人员违反国家规定的安全操作规程，违章作业的，责令改正，依照有关法律、行政法规的规定予以处罚；构成犯罪的，依法追究刑事责任。

第三十二条　农业机械试验鉴定机构在鉴定工作中不按照规定为农业机械生产者、销售者进行鉴定，或者伪造鉴定结果、出具虚假证明，给农业机械使用者造成损失的，依法承担赔偿责任。

第三十三条　国务院农业行政主管部门和县级以上地方人民政府主管农业机械化工作的部门违反本法规定，强制或者变相强制农业机械生产者、销售者对其生产、销售的农业机械产品进行鉴定的，由上级主管机关或者监察机关责令限期改正，并对直接负责的主管人员和其他直接责任人员给予行政处分。

第三十四条　违反本法第二十七条、第二十八条规定，截留、挪用有关补贴资金的，由上级主管机关责令限期归还被截留、挪用的资金，没收非法所得，并由上级主管机关、监察机关或者所在单位对直接负责的主管人员和其他直接责任人员给予行政处分；构成犯罪的，依法追究刑事责任。

第八章 附 则

第三十五条 本法自 2004 年 11 月 1 日起施行。

中华人民共和国种子法

(2000 年 7 月 8 日第九届全国人民代表大会常务委员会
第十六次会议通过,根据 2004 年 8 月 28 日
第十届全国人民代表大会常务委员会第十一次会议
《关于修改〈中华人民共和国种子法〉的决定》
修正,主席令第 26 号公布,自公布之日起施行)

第一章 总 则

第一条 为了保护和合理利用种质资源,规范品种选育和种子生产、经营、使用行为,维护品种选育者和种子生产者、经营者、使用者的合法权益,提高种子质量水平,推动种子产业化,促进种植业和林业的发展,制定本法。

第二条 在中华人民共和国境内从事品种选育和种子生产、经营、使用、管理等活动,适用本法。本法所称种子,是指农作物和林木的种植材料或者繁殖材料,包括籽粒、果实和根、茎、苗、芽、叶等。

第三条 国务院农业、林业行政主管部门分别主管全国农作物种子和林木种子工作;县级以上地方人民政府农业、林业行政主管部门分别主管本行政区域内农作物种子和林木种子工作。

第四条 国家扶持种质资源保护工作和选育、生产、更新、推广使用良种,鼓励品种选育和种子生产、经营相结合,奖励在种质资源保护工作和良种选育、推广等工作中成绩显著的单位和个人。

第五条 县级以上人民政府应当根据科教兴农方针和种植业、林业发展的需要制定种子发展规划,并按照国家有关规定在财政、信贷和税收等方面采取措施保证规划的实施。

第六条 国务院和省、自治区、直辖市人民政府设立专项资金,用于

扶持良种选育和推广。具体办法由国务院规定。

第七条 国家建立种子贮备制度,主要用于发生灾害时的生产需要,保障农业生产安全。对贮备的种子应当定期检验和更新。种子贮备的具体办法由国务院规定。

第二章 种质资源保护

第八条 国家依法保护种质资源,任何单位和个人不得侵占和破坏种质资源。

禁止采集或者采伐国家重点保护的天然种质资源。因科研等特殊情况需要采集或者采伐的,应当经国务院或者省、自治区、直辖市人民政府的农业、林业行政主管部门批准。

第九条 国家有计划地收集、整理、鉴定、登记、保存、交流和利用种质资源,定期公布可供利用的种质资源目录。具体办法由国务院农业、林业行政主管部门规定。国务院农业、林业行政主管部门应当建立国家种质资源库,省、自治区、直辖市人民政府农业、林业行政主管部门可以根据需要建立种质资源库、种质资源保护区或者种质资源保护地。

第十条 国家对种质资源享有主权,任何单位和个人向境外提供种质资源的,应当经国务院农业、林业行政主管部门批准;从境外引进种质资源的,依照国务院农业、林业行政主管部门的有关规定办理。

第三章 品种选育与审定

第十一条 国务院农业、林业、科技、教育等行政主管部门和省、自治区、直辖市人民政府应当组织有关单位进行品种选育理论、技术和方法的研究。国家鼓励和支持单位和个人从事良种选育和开发。

第十二条 国家实行植物新品种保护制度,对经过人工培育的或者发现的野生植物加以开发的植物品种,具备新颖性、特异性、一致性和稳定性的,授予植物新品种权,保护植物新品种权所有人的合法权益。具体办法按照国家有关规定执行。选育的品种得到推广应用的,育种者依法获得相应的经济利益。

第十三条 单位和个人因林业行政主管部门为选育林木良种建立测定林、试验林、优树收集区、基因库而减少经济收入的,批准建立的林业行政主管部门应当按照国家有关规定给予经济补偿。

第十四条 转基因植物品种的选育、试验、审定和推广应当进行安全性评价,并采取严格的安全控制措施。具体办法由国务院规定。

第十五条 主要农作物品种和主要林木品种在推广应用前应当通过国家级或者省级审定,申请者可以直接申请省级审定或者国家级审定。由省、自治区、直辖市人民政府农业、林业行政主管部门确定的主要农作物品种和主要林木品种实行省级审定。

主要农作物品种和主要林木品种的审定办法应当体现公正、公开、科学、效率的原则,由国务院农业、林业行政主管部门规定。

国务院和省、自治区、直辖市人民政府的农业、林业行政主管部门分别设立由专业人员组成的农作物品种和林木品种审定委员会,承担主要农作物品种和主要林木品种的审定工作。

在具有生态多样性的地区,省、自治区、直辖市人民政府农业、林业行政主管部门可以委托设区的市、自治州承担适宜于在特定生态区域内推广应用的主要农作物品种和主要林木品种的审定工作。

第十六条 通过国家级审定的主要农作物品种和主要林木良种由国务院农业、林业行政主管部门公告,可以在全国适宜的生态区域推广。通过省级审定的主要农作物品种和主要林木良种由省、自治区、直辖市人民政府农业、林业行政主管部门公告,可以在本行政区域内适宜的生态区域推广;相邻省、自治区、直辖市属于同一适宜生态区的地域,经所在省、自治区、直辖市人民政府农业、林业行政主管部门同意后可以引种。

第十七条 应当审定的农作物品种未经审定通过的,不得发布广告,不得经营、推广。

应当审定的林木品种未经审定通过的,不得作为良种经营、推广,但生产确需使用的,应当经林木品种审定委员会认定。

第十八条 审定未通过的农作物品种和林木品种,申请人有异议的,可以向原审定委员会或者上一级审定委员会申请复审。

第十九条 在中国没有经常居所或者营业场所的外国人、外国企业或者外国其他组织在中国申请品种审定的,应当委托具有法人资格的中国种子科研、生产、经营机构代理。

第四章 种子生产

第二十条 主要农作物和主要林木的商品种子生产实行许可制度。

主要农作物杂交种子及其亲本种子、常规种原种种子、主要林木良种的种子生产许可证，由生产所在地县级人民政府农业、林业行政主管部门审核，省、自治区、直辖市人民政府农业、林业行政主管部门核发；其他种子的生产许可证，由生产所在地县级以上地方人民政府农业、林业行政主管部门核发。

第二十一条 申请领取种子生产许可证的单位和个人，应当具备下列条件：

（一）具有繁殖种子的隔离和培育条件；

（二）具有无检疫性病虫害的种子生产地点或者县级以上人民政府林业行政主管部门确定的采种林；

（三）具有与种子生产相适应的资金和生产、检验设施；

（四）具有相应的专业种子生产和检验技术人员；

（五）法律、法规规定的其他条件。

申请领取具有植物新品种权的种子生产许可证的，应当征得品种权人的书面同意。

第二十二条 种子生产许可证应当注明生产种子的品种、地点和有效期限等项目。

禁止伪造、变造、买卖、租借种子生产许可证；禁止任何单位和个人无证或者未按照许可证的规定生产种子。

第二十三条 商品种子生产应当执行种子生产技术规程和种子检验、检疫规程。

第二十四条 在林木种子生产基地内采集种子的，由种子生产基地的经营者组织进行，采集种子应当按照国家有关标准进行。

禁止抢采掠青、损坏母树，禁止在劣质林内、劣质母树上采集种子。

第二十五条 商品种子生产者应当建立种子生产档案，载明生产地点、生产地块环境、前茬作物、亲本种子来源和质量、技术负责人、田间检验记录、产地气象记录、种子流向等内容。

第五章 种子经营

第二十六条 种子经营实行许可制度。种子经营者必须先取得种子经营许可证后，方可凭种子经营许可证向工商行政管理机关申请办理或者变更营业执照。种子经营许可证实行分级审批发放制度。种子经营许可证由种子经营者所在地县级以上地方人民政府农业、林业行政主管部门核发。主要农作物杂交种子及其亲本种子、常规种原种种子、主要林木良种的种子经营许可证，由种子经营者所在地县级人民政府农业、林业行政主管部门审核，省、自治区、直辖市人民政府农业、林业行政主管部门核发。实行选育、生产、经营相结合并达到国务院农业、林业行政主管部门规定的注册资本金额的种子公司和从事种子进出口业务的公司的种子经营许可证，由省、自治区、直辖市人民政府农业、林业行政主管部门审核，国务院农业、林业行政主管部门核发。

第二十七条 农民个人自繁、自用的常规种子有剩余的，可以在集贸市场上出售、串换，不需要办理种子经营许可证，由省、自治区、直辖市人民政府制定管理办法。

第二十八条 国家鼓励和支持科研单位、学校、科技人员研究开发和依法经营、推广农作物新品种和林木良种。

第二十九条 申请领取种子经营许可证的单位和个人，应当具备下列条件：

（一）具有与经营种子种类和数量相适应的资金及独立承担民事责任的能力；

（二）具有能够正确识别所经营的种子、检验种子质量、掌握种子贮藏、保管技术的人员；

（三）具有与经营种子的种类、数量相适应的营业场所及加工、包装、贮藏保管设施和检验种子质量的仪器设备；

（四）法律、法规规定的其他条件。

种子经营者专门经营不再分装的包装种子的，或者受具有种子经营许可证的种子经营者以书面委托代销其种子的，可以不办理种子经营许可证。

第三十条 种子经营许可证的有效区域由发证机关在其管辖范围内

确定。种子经营者按照经营许可证规定的有效区域设立分支机构的，可以不再办理种子经营许可证，但应当在办理或者变更营业执照后十五日内，向当地农业、林业行政主管部门和原发证机关备案。

第三十一条 种子经营许可证应当注明种子经营范围、经营方式及有效期限、有效区域等项目。禁止伪造、变造、买卖、租借种子经营许可证；禁止任何单位和个人无证或者未按照许可证的规定经营种子。

第三十二条 种子经营者应当遵守有关法律、法规的规定，向种子使用者提供种子的简要性状、主要栽培措施、使用条件的说明与有关咨询服务，并对种子质量负责。任何单位和个人不得非法干预种子经营者的自主经营权。

第三十三条 未经省、自治区、直辖市人民政府林业行政主管部门批准，不得收购珍贵树木种子和本级人民政府规定限制收购的林木种子。

第三十四条 销售的种子应当加工、分级、包装。但是，不能加工、包装的除外。

大包装或者进口种子可以分装；实行分装的，应当注明分装单位，并对种子质量负责。

第三十五条 销售的种子应当附有标签。标签应当标注种子类别、品种名称、产地、质量指标、检疫证明编号、种子生产及经营许可证编号或者进口审批文号等事项。标签标注的内容应当与销售的种子相符。销售进口种子的，应当附有中文标签。销售转基因植物品种种子的，必须用明显的文字标注，并应当提示使用时的安全控制措施。

第三十六条 种子经营者应当建立种子经营档案，载明种子来源、加工、贮藏、运输和质量检测各环节的简要说明及责任人、销售去向等内容。

一年生农作物种子的经营档案应当保存至种子销售后二年，多年生农作物和林木种子经营档案的保存期限由国务院农业、林业行政主管部门规定。

第三十七条 种子广告的内容应当符合本法和有关广告的法律、法规的规定，主要性状描述应当与审定公告一致。

第三十八条 调运或者邮寄出县的种子应当附有检疫证书。

第六章 种子使用

第三十九条 种子使用者有权按照自己的意愿购买种子，任何单位和个人不得非法干预。

第四十条 国家投资或者国家投资为主的造林项目和国有林业单位造林，应当根据林业行政主管部门制定的计划使用林木良种。

国家对推广使用林木良种营造防护林、特种用途林给予扶持。

第四十一条 种子使用者因种子质量问题遭受损失的，出售种子的经营者应当予以赔偿，赔偿额包括购种价款、有关费用和可得利益损失。

经营者赔偿后，属于种子生产者或者其他经营者责任的，经营者有权向生产者或者其他经营者追偿。

第四十二条 因使用种子发生民事纠纷的，当事人可以通过协商或者调解解决。当事人不愿通过协商、调解解决或者协商、调解不成的，可以根据当事人之间的协议向仲裁机构申请仲裁。当事人也可以直接向人民法院起诉。

第七章 种子质量

第四十三条 种子的生产、加工、包装、检验、贮藏等质量管理办法和行业标准，由国务院农业、林业行政主管部门制定。

农业、林业行政主管部门负责对种子质量的监督。

第四十四条 农业、林业行政主管部门可以委托种子质量检验机构对种子质量进行检验。

承担种子质量检验的机构应当具备相应的检测条件和能力，并经省级以上人民政府有关主管部门考核合格。

第四十五条 种子质量检验机构应当配备种子检验员。种子检验员应当具备以下条件：

（一）具有相关专业中等专业技术学校毕业以上文化水平；

（二）从事种子检验技术工作三年以上；

（三）经省级以上人民政府农业、林业行政主管部门考核合格。

第四十六条 禁止生产、经营假、劣种子。下列种子为假种子：

（一）以非种子冒充种子或者以此种品种种子冒充他种品种种子的；

（二）种子种类、品种、产地与标签标注的内容不符的。

下列种子为劣种子：

（一）质量低于国家规定的种用标准的；

（二）质量低于标签标注指标的；

（三）因变质不能作种子使用的；

（四）杂草种子的比率超过规定的；

（五）带有国家规定检疫对象的有害生物的。

第四十七条 由于不可抗力原因，为生产需要必须使用低于国家或者地方规定的种用标准的农作物种子的，应当经用种地县级以上地方人民政府批准；林木种子应当经用种地省、自治区、直辖市人民政府批准。

第四十八条 从事品种选育和种子生产、经营以及管理的单位和个人应当遵守有关植物检疫法律、行政法规的规定，防止植物危险性病、虫、杂草及其他有害生物的传播和蔓延。

禁止任何单位和个人在种子生产基地从事病虫害接种试验。

第八章 种子进出口和对外合作

第四十九条 进口种子和出口种子必须实施检疫，防止植物危险性病、虫、杂草及其他有害生物传入境内和传出境外，具体检疫工作按照有关植物进出境检疫法律、行政法规的规定执行。

第五十条 从事商品种子进出口业务的法人和其他组织，除具备种子经营许可证外，还应当依照有关对外贸易法律、行政法规的规定取得从事种子进出口贸易的许可。从境外引进农作物、林木种子的审定权限，农作物、林木种子的进出口审批办法，引进转基因植物品种的管理办法，由国务院规定。

第五十一条 进口商品种子的质量，应当达到国家标准或者行业标准。没有国家标准或者行业标准的，可以按照合同约定的标准执行。

第五十二条 为境外制种进口种子的，可以不受本法第五十条第一款的限制，但应当具有对外制种合同，进口的种子只能用于制种，其产品不得在国内销售。从境外引进农作物试验用种，应当隔离栽培，收获物也不得作为商品种子销售。

第五十三条 禁止进出口假、劣种子以及属于国家规定不得进出口的种子。

第五十四条 境外企业、其他经济组织或者个人来我国投资种子生产、经营的，审批程序和管理办法由国务院有关部门依照有关法律、行政法规规定。

第九章　种子行政管理

第五十五条　农业、林业行政主管部门是种子行政执法机关。种子执法人员依法执行公务时应当出示行政执法证件。

农业、林业行政主管部门为实施本法，可以进行现场检查。

第五十六条　农业、林业行政主管部门及其工作人员不得参与和从事种子生产、经营活动；种子生产经营机构不得参与和从事种子行政管理工作。种子的行政主管部门与生产经营机构在人员和财务上必须分开。

第五十七条　国务院农业、林业行政主管部门和异地繁育种子所在地的省、自治区、直辖市人民政府应当加强对异地繁育种子工作的管理和协调，交通运输部门应当优先保证种子的运输。

第五十八条　农业、林业行政主管部门在依照本法实施有关证照的核发工作中，除收取所发证照的工本费外，不得收取其他费用。

第十章　法律责任

第五十九条　违反本法规定，生产、经营假、劣种子的，由县级以上人民政府农业、林业行政主管部门或者工商行政管理机关责令停止生产、经营，没收种子和违法所得，吊销种子生产许可证、种子经营许可证或者营业执照，并处以罚款；有违法所得的，处以违法所得五倍以上十倍以下罚款；没有违法所得的，处以二千元以上五万元以下罚款；构成犯罪的，依法追究刑事责任。

第六十条　违反本法规定，有下列行为之一的，由县级以上人民政府农业、林业行政主管部门责令改正，没收种子和违法所得，并处以违法所得一倍以上三倍以下罚款；没有违法所得的，处以一千元以上三万元以下罚款；可以吊销违法行为人的种子生产许可证或者种子经营许可证；构成犯罪的，依法追究刑事责任：

（一）未取得种子生产许可证或者伪造、变造、买卖、租借种子生产许可证，或者未按照种子生产许可证的规定生产种子的；

（二）未取得种子经营许可证或者伪造、变造、买卖、租借种子经营许可证，或者未按照种子经营许可证的规定经营种子的。

第六十一条 违反本法规定，有下列行为之一的，由县级以上人民政府农业、林业行政主管部门责令改正，没收种子和违法所得，并处以违法所得一倍以上三倍以下罚款；没有违法所得的，处以一千元以上二万元以下罚款；构成犯罪的，依法追究刑事责任：

（一）为境外制种的种子在国内销售的；

（二）从境外引进农作物种子进行引种试验的收获物在国内作商品种子销售的；

（三）未经批准私自采集或者采伐国家重点保护的天然种质资源的。

第六十二条 违反本法规定，有下列行为之一的，由县级以上人民政府农业、林业行政主管部门或者工商行政管理机关责令改正，处以一千元以上一万元以下罚款：

（一）经营的种子应当包装而没有包装的；

（二）经营的种子没有标签或者标签内容不符合本法规定的；

（三）伪造、涂改标签或者试验、检验数据的；

（四）未按规定制作、保存种子生产、经营档案的；

（五）种子经营者在异地设立分支机构未按规定备案的。

第六十三条 违反本法规定，向境外提供或者从境外引进种质资源的，由国务院或者省、自治区、直辖市人民政府的农业、林业行政主管部门没收种质资源和违法所得，并处以一万元以上五万元以下罚款。

未取得农业、林业行政主管部门的批准文件携带、运输种质资源出境的，海关应当将该种质资源扣留，并移送省、自治区、直辖市人民政府农业、林业行政主管部门处理。

第六十四条 违反本法规定，经营、推广应当审定而未经审定通过的种子的，由县级以上人民政府农业、林业行政主管部门责令停止种子的经营、推广，没收种子和违法所得，并处以一万元以上五万元以下罚款。

第六十五条 违反本法规定，抢采掠青、损坏母树或者在劣质林内和劣质母树上采种的，由县级以上人民政府林业行政主管部门责令停止采种行为，没收所采种子，并处以所采林木种子价值一倍以上三倍以下的罚款；构成犯罪的，依法追究刑事责任。

第六十六条 违反本法第三十三条规定收购林木种子的，由县级以上人民政府林业行政主管部门没收所收购的种子，并处以收购林木种子价款二倍以下的罚款。

第六十七条 违反本法规定，在种子生产基地进行病虫害接种试验的，由县级以上人民政府农业、林业行政主管部门责令停止试验，处以五万元以下罚款。

第六十八条 种子质量检验机构出具虚假检验证明的，与种子生产者、销售者承担连带责任；并依法追究种子质量检验机构及其有关责任人的行政责任；构成犯罪的，依法追究刑事责任。

第六十九条 强迫种子使用者违背自己的意愿购买、使用种子给使用者造成损失的，应当承担赔偿责任。

第七十条 农业、林业行政主管部门违反本法规定，对不具备条件的种子生产者、经营者核发种子生产许可证或者种子经营许可证的，对直接负责的主管人员和其他直接责任人员，依法给予行政处分；构成犯罪的，依法追究刑事责任。

第七十一条 种子行政管理人员徇私舞弊、滥用职权、玩忽职守的，或者违反本法规定从事种子生产、经营活动的，依法给予行政处分；构成犯罪的，依法追究刑事责任。

第七十二条 当事人认为有关行政机关的具体行政行为侵犯其合法权益的，可以依法申请行政复议，也可以依法直接向人民法院提起诉讼。

第七十三条 农业、林业行政主管部门依法吊销违法行为人的种子经营许可证后，应当通知工商行政管理机关依法注销或者变更违法行为人的营业执照。

第十一章 附 则

第七十四条 本法下列用语的含义是：

（一）种质资源是指选育新品种的基础材料，包括各种植物的栽培种、野生种的繁殖材料以及利用上述繁殖材料人工创造的各种植物的遗传材料。

（二）品种是指经过人工选育或者发现并经过改良，形态特征和生物学特性一致，遗传性状相对稳定的植物群体。

（三）主要农作物是指稻、小麦、玉米、棉花、大豆以及国务院农业行政主管部门和省、自治区、直辖市人民政府农业行政主管部门各自分别确定的其他一至二种农作物。

（四）林木良种是指通过审定的林木种子，在一定的区域内，其产量、适应性、抗性等方面明显优于当前主栽材料的繁殖材料和种植材料。

（五）标签是指固定在种子包装物表面及内外的特定图案及文字说明。

第七十五条 本法所称主要林木由国务院林业行政主管部门确定并公布；省、自治区、直辖市人民政府林业行政主管部门可以在国务院林业行政主管部门确定的主要林木之外确定其他八种以下的主要林木。

第七十六条 草种、食用菌菌种的种质资源管理和选育、生产、经营、使用、管理等活动，参照本法执行。

第七十七条 中华人民共和国缔结或者参加的与种子有关的国际条约与本法有不同规定的，适用国际条约的规定；但是，中华人民共和国声明保留的条款除外。

第七十八条 本法自2000年12月1日起施行。1989年3月13日国务院发布的《中华人民共和国种子管理条例》同时废止。

中华人民共和国固体废物污染环境防治法

（1995年10月30日第八届全国人民代表大会常务委员会第十六次会议通过，2004年12月29日第十届全国人民代表大会常务委员会第十三次会议修订，主席令第31号公布）

第一章 总 则

第一条 为了防治固体废物污染环境，保障人体健康，维护生态安全，促进经济社会可持续发展，制定本法。

第二条 本法适用于中华人民共和国境内固体废物污染环境的防治。

固体废物污染海洋环境的防治和放射性固体废物污染环境的防治不适用本法。

第三条 国家对固体废物污染环境的防治，实行减少固体废物的产生量和危害性、充分合理利用固体废物和无害化处置固体废物的原则，促进清洁生产和循环经济发展。

国家采取有利于固体废物综合利用活动的经济、技术政策和措施，对固体废物实行充分回收和合理利用。

国家鼓励、支持采取有利于保护环境的集中处置固体废物的措施，促进固体废物污染环境防治产业发展。

第四条 县级以上人民政府应当将固体废物污染环境防治工作纳入国民经济和社会发展计划，并采取有利于固体废物污染环境防治的经济、技术政策和措施。

国务院有关部门、县级以上地方人民政府及其有关部门组织编制城乡建设、土地利用、区域开发、产业发展等规划，应当统筹考虑减少固体废物的产生量和危害性、促进固体废物的综合利用和无害化处置。

第五条 国家对固体废物污染环境防治实行污染者依法负责的原则。产品的生产者、销售者、进口者、使用者对其产生的固体废物依法承担污染防治责任。

第六条 国家鼓励、支持固体废物污染环境防治的科学研究、技术开发、推广先进的防治技术和普及固体废物污染环境防治的科学知识。各级人民政府应当加强防治固体废物污染环境的宣传教育，倡导有利于环境保护的生产方式和生活方式。

第七条 国家鼓励单位和个人购买、使用再生产品和可重复利用产品。

第八条 各级人民政府对在固体废物污染环境防治工作以及相关的综合利用活动中作出显著成绩的单位和个人给予奖励。

第九条 任何单位和个人都有保护环境的义务，并有权对造成固体废物污染环境的单位和个人进行检举和控告。

第十条 国务院环境保护行政主管部门对全国固体废物污染环境的防治工作实施统一监督管理。国务院有关部门在各自的职责范围内负责固体废物污染环境防治的监督管理工作。

县级以上地方人民政府环境保护行政主管部门对本行政区域内固体废物污染环境的防治工作实施统一监督管理。县级以上地方人民政府有关部门在各自的职责范围内负责固体废物污染环境防治的监督管理工作。国务院建设行政主管部门和县级以上地方人民政府环境卫生行政主管部门负责生活垃圾清扫、收集、贮存、运输和处置的监督管理工作。

第二章 固体废物污染环境防治的监督管理

第十一条 国务院环境保护行政主管部门会同国务院有关行政主管部门根据国家环境质量标准和国家经济、技术条件,制定国家固体废物污染环境防治技术标准。

第十二条 国务院环境保护行政主管部门建立固体废物污染环境监测制度,制定统一的监测规范,并会同有关部门组织监测网络。大、中城市人民政府环境保护行政主管部门应当定期发布固体废物的种类、产生量、处置状况等信息。

第十三条 建设产生固体废物的项目以及建设贮存、利用、处置固体废物的项目,必须依法进行环境影响评价,并遵守国家有关建设项目环境保护管理的规定。

第十四条 建设项目的环境影响评价文件确定需要配套建设的固体废物污染环境防治设施,必须与主体工程同时设计、同时施工、同时投入使用。固体废物污染环境防治设施必须经原审批环境影响评价文件的环境保护行政主管部门验收合格后,该建设项目方可投入生产或者使用。对固体废物污染环境防治设施的验收应当与对主体工程的验收同时进行。

第十五条 县级以上人民政府环境保护行政主管部门和其他固体废物污染环境防治工作的监督管理部门,有权依据各自的职责对管辖范围内与固体废物污染环境防治有关的单位进行现场检查。被检查的单位应当如实反映情况,提供必要的资料。检查机关应当为被检查的单位保守技术秘密和业务秘密。

检查机关进行现场检查时,可以采取现场监测、采集样品、查阅或者复制与固体废物污染环境防治相关的资料等措施。检查人员进行现场检查,应当出示证件。

第三章 固体废物污染环境的防治

第一节 一般规定

第十六条 产生固体废物的单位和个人,应当采取措施,防止或者减少固体废物对环境的污染。

第十七条 收集、贮存、运输、利用、处置固体废物的单位和个人，必须采取防扬散、防流失、防渗漏或者其他防止污染环境的措施；不得擅自倾倒、堆放、丢弃、遗撒固体废物。

禁止任何单位或者个人向江河、湖泊、运河、渠道、水库及其最高水位线以下的滩地和岸坡等法律、法规规定禁止倾倒、堆放废弃物的地点倾倒、堆放固体废物。

第十八条 产品和包装物的设计、制造，应当遵守国家有关清洁生产的规定。国务院标准化行政主管部门应当根据国家经济和技术条件、固体废物污染环境防治状况以及产品的技术要求，组织制定有关标准，防止过度包装造成环境污染。生产、销售、进口依法被列入强制回收目录的产品和包装物的企业，必须按照国家有关规定对该产品和包装物进行回收。

第十九条 国家鼓励科研、生产单位研究、生产易回收利用、易处置或者在环境中可降解的薄膜覆盖物和商品包装物。使用农用薄膜的单位和个人，应当采取回收利用等措施，防止或者减少农用薄膜对环境的污染。

第二十条 从事畜禽规模养殖应当按照国家有关规定收集、贮存、利用或者处置养殖过程中产生的畜禽粪便，防止污染环境。禁止在人口集中地区、机场周围、交通干线附近以及当地人民政府划定的区域露天焚烧秸秆。

第二十一条 对收集、贮存、运输、处置固体废物的设施、设备和场所，应当加强管理和维护，保证其正常运行和使用。

第二十二条 在国务院和国务院有关主管部门及省、自治区、直辖市人民政府划定的自然保护区、风景名胜区、饮用水水源保护区、基本农田保护区和其他需要特别保护的区域内，禁止建设工业固体废物集中贮存、处置的设施、场所和生活垃圾填埋场。

第二十三条 转移固体废物出省、自治区、直辖市行政区域贮存、处置的，应当向固体废物移出地的省、自治区、直辖市人民政府环境保护行政主管部门提出申请。移出地的省、自治区、直辖市人民政府环境保护行政主管部门应当商经接受地的省、自治区、直辖市人民政府环境保护行政主管部门同意后，方可批准转移该固体废物出省、自治区、直辖市行政区域。未经批准的，不得转移。

第二十四条 禁止中华人民共和国境外的固体废物进境倾倒、堆放、处置。

第二十五条 禁止进口不能用作原料或者不能以无害化方式利用的固体废物；对可以用作原料的固体废物实行限制进口和自动许可进口分类管理。

国务院环境保护行政主管部门会同国务院对外贸易主管部门、国务院经济综合宏观调控部门、海关总署、国务院质量监督检验检疫部门制定、调整并公布禁止进口、限制进口和自动许可进口的固体废物目录。禁止进口列入禁止进口目录的固体废物。进口列入限制进口目录的固体废物，应当经国务院环境保护行政主管部门会同国务院对外贸易主管部门审查许可。进口列入自动许可进口目录的固体废物，应当依法办理自动许可手续。进口的固体废物必须符合国家环境保护标准，并经质量监督检验检疫部门检验合格。

进口固体废物的具体管理办法，由国务院环境保护行政主管部门会同国务院对外贸易主管部门、国务院经济综合宏观调控部门、海关总署、国务院质量监督检验检疫部门制定。

第二十六条 进口者对海关将其所进口的货物纳入固体废物管理范围不服的，可以依法申请行政复议，也可以向人民法院提起行政诉讼。

第二节 工业固体废物污染环境的防治

第二十七条 国务院环境保护行政主管部门应当会同国务院经济综合宏观调控部门和其他有关部门对工业固体废物对环境的污染作出界定，制定防治工业固体废物污染环境的技术政策，组织推广先进的防治工业固体废物污染环境的生产工艺和设备。

第二十八条 国务院经济综合宏观调控部门应当会同国务院有关部门组织研究、开发和推广减少工业固体废物产生量和危害性的生产工艺和设备，公布限期淘汰产生严重污染环境的工业固体废物的落后生产工艺、落后设备的名录。

生产者、销售者、进口者、使用者必须在国务院经济综合宏观调控部门会同国务院有关部门规定的期限内分别停止生产、销售、进口或者使用列入前款规定的名录中的设备。生产工艺的采用者必须在国务院经济综合宏观调控部门会同国务院有关部门规定的期限内停止采用列入前款规定的名录中的工艺。

列入限期淘汰名录被淘汰的设备,不得转让给他人使用。

第二十九条 县级以上人民政府有关部门应当制定工业固体废物污染环境防治工作规划,推广能够减少工业固体废物产生量和危害性的先进生产工艺和设备,推动工业固体废物污染环境防治工作。

第三十条 产生工业固体废物的单位应当建立、健全污染环境防治责任制度,采取防治工业固体废物污染环境的措施。

第三十一条 企业事业单位应当合理选择和利用原材料、能源和其他资源,采用先进的生产工艺和设备,减少工业固体废物产生量,降低工业固体废物的危害性。

第三十二条 国家实行工业固体废物申报登记制度。产生工业固体废物的单位必须按照国务院环境保护行政主管部门的规定,向所在地县级以上地方人民政府环境保护行政主管部门提供工业固体废物的种类、产生量、流向、贮存、处置等有关资料。

前款规定的申报事项有重大改变的,应当及时申报。

第三十三条 企业事业单位应当根据经济、技术条件对其产生的工业固体废物加以利用;对暂时不利用或者不能利用的,必须按照国务院环境保护行政主管部门的规定建设贮存设施、场所,安全分类存放,或者采取无害化处置措施。

建设工业固体废物贮存、处置的设施、场所,必须符合国家环境保护标准。

第三十四条 禁止擅自关闭、闲置或者拆除工业固体废物污染环境防治设施、场所;确有必要关闭、闲置或者拆除的,必须经所在地县级以上地方人民政府环境保护行政主管部门核准,并采取措施,防止污染环境。

第三十五条 产生工业固体废物的单位需要终止的,应当事先对工业固体废物的贮存、处置的设施、场所采取污染防治措施,并对未处置的工业固体废物作出妥善处置,防止污染环境。

产生工业固体废物的单位发生变更的,变更后的单位应当按照国家有关环境保护的规定对未处置的工业固体废物及其贮存、处置的设施、场所进行安全处置或者采取措施保证该设施、场所安全运行。变更前当事人对工业固体废物及其贮存、处置的设施、场所的污染防治责任另有约定的，从其约定；但是，不得免除当事人的污染防治义务。对本法施行前已经终止的单位未处置的工业固体废物及其贮存、处置的设施、场所进行安全处置的费用，由有关人民政府承担；但是，该单位享有的土地使用权依法转让的，应当由土地使用权受让人承担处置费用。当事人另有约定的，从其约定；但是，不得免除当事人的污染防治义务。

第三十六条 矿山企业应当采取科学的开采方法和选矿工艺，减少尾矿、矸石、废石等矿业固体废物的产生量和贮存量。

尾矿、矸石、废石等矿业固体废物贮存设施停止使用后，矿山企业应当按照国家有关环境保护规定进行封场，防止造成环境污染和生态破坏。

第三十七条 拆解、利用、处置废弃电器产品和废弃机动车船，应当遵守有关法律、法规的规定，采取措施，防止污染环境。

第三节 生活垃圾污染环境的防治

第三十八条 县级以上人民政府应当统筹安排建设城乡生活垃圾收集、运输、处置设施，提高生活垃圾的利用率和无害化处置率，促进生活垃圾收集、处置的产业化发展，逐步建立和完善生活垃圾污染环境防治的社会服务体系。

第三十九条 县级以上地方人民政府环境卫生行政主管部门应当组织对城市生活垃圾进行清扫、收集、运输和处置，可以通过招标等方式选择具备条件的单位从事生活垃圾的清扫、收集、运输和处置。

第四十条 对城市生活垃圾应当按照环境卫生行政主管部门的规定，在指定的地点放置，不得随意倾倒、抛撒或者堆放。

第四十一条 清扫、收集、运输、处置城市生活垃圾，应当遵守国家有关环境保护和环境卫生管理的规定，防止污染环境。

第四十二条 对城市生活垃圾应当及时清运，逐步做到分类收集和运输，并积极开展合理利用和实施无害化处置。

第四十三条 城市人民政府应当有计划地改进燃料结构，发展城市煤气、天然气、液化气和其他清洁能源。城市人民政府有关部门应当组织净菜进城，减少城市生活垃圾。

城市人民政府有关部门应当统筹规划，合理安排收购网点，促进生活垃圾的回收利用工作。

第四十四条 建设生活垃圾处置的设施、场所，必须符合国务院环境保护行政主管部门和国务院建设行政主管部门规定的环境保护和环境卫生标准。禁止擅自关闭、闲置或者拆除生活垃圾处置的设施、场所；确有必要关闭、闲置或者拆除的，必须经所在地县级以上地方人民政府环境卫生行政主管部门和环境保护行政主管部门核准，并采取措施，防止污染环境。

第四十五条 从生活垃圾中回收的物质必须按照国家规定的用途或者标准使用，不得用于生产可能危害人体健康的产品。

第四十六条 工程施工单位应当及时清运工程施工过程中产生的固体废物，并按照环境卫生行政主管部门的规定进行利用或者处置。

第四十七条 从事公共交通运输的经营单位，应当按照国家有关规定，清扫、收集运输过程中产生的生活垃圾。

第四十八条 从事城市新区开发、旧区改建和住宅小区开发建设的单位，以及机场、码头、车站、公园、商店等公共设施、场所的经营管理单位，应当按照国家有关环境卫生的规定，配套建设生活垃圾收集设施。

第四十九条 农村生活垃圾污染环境防治的具体办法，由地方性法规规定。

第四章 危险废物污染环境防治的特别规定

第五十条 危险废物污染环境的防治，适用本章规定；本章未作规定的，适用本法其他有关规定。

第五十一条 国务院环境保护行政主管部门应当会同国务院有关部门制定国家危险废物名录，规定统一的危险废物鉴别标准、鉴别方法和识别标志。

第五十二条 对危险废物的容器和包装物以及收集、贮存、运输、处置危险废物的设施、场所，必须设置危险废物识别标志。

第五十三条 产生危险废物的单位，必须按照国家有关规定制定危险废物管理计划，并向所在地县级以上地方人民政府环境保护行政主管部门申报危险废物的种类、产生量、流向、贮存、处置等有关资料。前款所称危险废物管理计划应当包括减少危险废物产生量和危害性的措施以及危险废物贮存、利用、处置措施。危险废物管理计划应当报产生危险废物的单位所在地县级以上地方人民政府环境保护行政主管部门备案。本条规定的申报事项或者危险废物管理计划内容有重大改变的，应当及时申报。

第五十四条 国务院环境保护行政主管部门会同国务院经济综合宏观调控部门组织编制危险废物集中处置设施、场所的建设规划，报国务院批准后实施。县级以上地方人民政府应当依据危险废物集中处置设施、场所的建设规划组织建设危险废物集中处置设施、场所。

第五十五条 产生危险废物的单位，必须按照国家有关规定处置危险废物，不得擅自倾倒、堆放；不处置的，由所在地县级以上地方人民政府环境保护行政主管部门责令限期改正；逾期不处置或者处置不符合国家有关规定的，由所在地县级以上地方人民政府环境保护行政主管部门指定单位按照国家有关规定代为处置，处置费用由产生危险废物的单位承担。

第五十六条 以填埋方式处置危险废物不符合国务院环境保护行政主管部门规定的，应当缴纳危险废物排污费。危险废物排污费征收的具体办法由国务院规定。危险废物排污费用于污染环境的防治，不得挪作他用。

第五十七条 从事收集、贮存、处置危险废物经营活动的单位，必须向县级以上人民政府环境保护行政主管部门申请领取经营许可证；从事利用危险废物经营活动的单位，必须向国务院环境保护行政主管部门或者省、自治区、直辖市人民政府环境保护行政主管部门申请领取经营许可证。具体管理办法由国务院规定。

禁止无经营许可证或者不按照经营许可证规定从事危险废物收集、贮存、利用、处置的经营活动。禁止将危险废物提供或者委托给无经营许可证的单位从事收集、贮存、利用、处置的经营活动。

第五十八条 收集、贮存危险废物，必须按照危险废物特性分类进行。禁止混合收集、贮存、运输、处置性质不相容而未经安全性处置的危险废物。

贮存危险废物必须采取符合国家环境保护标准的防护措施，并不得超过一年；确需延长期限的，必须报经原批准经营许可证的环境保护行政主管部门批准；法律、行政法规另有规定的除外。

禁止将危险废物混入非危险废物中贮存。

第五十九条 转移危险废物的，必须按照国家有关规定填写危险废物转移联单，并向危险废物移出地设区的市级以上地方人民政府环境保护行政主管部门提出申请。移出地设区的市级以上地方人民政府环境保护行政主管部门应当商经接受地设区的市级以上地方人民政府环境保护行政主管部门同意后，方可批准转移该危险废物。未经批准的，不得转移。

转移危险废物途经移出地、接受地以外行政区域的，危险废物移出地设区的市级以上地方人民政府环境保护行政主管部门应当及时通知沿途经过的设区的市级以上地方人民政府环境保护行政主管部门。

第六十条 运输危险废物，必须采取防止污染环境的措施，并遵守国家有关危险货物运输管理的规定。禁止将危险废物与旅客在同一运输工具上载运。

第六十一条 收集、贮存、运输、处置危险废物的场所、设施、设备和容器、包装物及其他物品转作他用时，必须经过消除污染的处理，方可使用。

第六十二条 产生、收集、贮存、运输、利用、处置危险废物的单位，应当制定意外事故的防范措施和应急预案，并向所在地县级以上地方人民政府环境保护行政主管部门备案；环境保护行政主管部门应当进行检查。

第六十三条 因发生事故或者其他突发性事件，造成危险废物严重污染环境的单位，必须立即采取措施消除或者减轻对环境的污染危害，及时通报可能受到污染危害的单位和居民，并向所在地县级以上地方人民政府环境保护行政主管部门和有关部门报告，接受调查处理。

第六十四条 在发生或者有证据证明可能发生危险废物严重污染环境、威胁居民生命财产安全时，县级以上地方人民政府环境保护行政主管部门或者其他固体废物污染环境防治工作的监督管理部门必须立即向本级人民政府和上一级人民政府有关行政主管部门报告，由人民政府采取防止或者减轻危害的有效措施。有关人民政府可以根据需要责令停止导致或者可能导致环境污染事故的作业。

第六十五条 重点危险废物集中处置设施、场所的退役费用应当预提,列入投资概算或者经营成本。具体提取和管理办法,由国务院财政部门、价格主管部门会同国务院环境保护行政主管部门规定。

第六十六条 禁止经中华人民共和国过境转移危险废物。

第五章 法律责任

第六十七条 县级以上人民政府环境保护行政主管部门或者其他固体废物污染环境防治工作的监督管理部门违反本法规定,有下列行为之一的,由本级人民政府或者上级人民政府有关行政主管部门责令改正,对负有责任的主管人员和其他直接责任人员依法给予行政处分;构成犯罪的,依法追究刑事责任:

(一)不依法作出行政许可或者办理批准文件的;

(二)发现违法行为或者接到对违法行为的举报后不予查处的;

(三)有不依法履行监督管理职责的其他行为的。

第六十八条 违反本法规定,有下列行为之一的,由县级以上人民政府环境保护行政主管部门责令停止违法行为,限期改正,处以罚款:

(一)不按照国家规定申报登记工业固体废物,或者在申报登记时弄虚作假的;

(二)对暂时不利用或者不能利用的工业固体废物未建设贮存的设施、场所安全分类存放,或者未采取无害化处置措施的;

(三)将列入限期淘汰名录被淘汰的设备转让给他人使用的;

(四)擅自关闭、闲置或者拆除工业固体废物污染环境防治设施、场所的;

(五)在自然保护区、风景名胜区、饮用水水源保护区、基本农田保护区和其他需要特别保护的区域内,建设工业固体废物集中贮存、处置的设施、场所和生活垃圾填埋场的;

(六)擅自转移固体废物出省、自治区、直辖市行政区域贮存、处置的;

(七)未采取相应防范措施,造成工业固体废物扬散、流失、渗漏或者造成其他环境污染的;

(八)在运输过程中沿途丢弃、遗撒工业固体废物的。

有前款第一项、第八项行为之一的，处五千元以上五万元以下的罚款；有前款第二项、第三项、第四项、第五项、第六项、第七项行为之一的，处一万元以上十万元以下的罚款。

第六十九条 违反本法规定，建设项目需要配套建设的固体废物污染环境防治设施未建成、未经验收或者验收不合格，主体工程即投入生产或者使用的，由审批该建设项目环境影响评价文件的环境保护行政主管部门责令停止生产或者使用，可以并处十万元以下的罚款。

第七十条 违反本法规定，拒绝县级以上人民政府环境保护行政主管部门或者其他固体废物污染环境防治工作的监督管理部门现场检查的，由执行现场检查的部门责令限期改正；拒不改正或者在检查时弄虚作假的，处二千元以上二万元以下的罚款。

第七十一条 从事畜禽规模养殖未按照国家有关规定收集、贮存、处置畜禽粪便，造成环境污染的，由县级以上地方人民政府环境保护行政主管部门责令限期改正，可以处五万元以下的罚款。

第七十二条 违反本法规定，生产、销售、进口或者使用淘汰的设备，或者采用淘汰的生产工艺的，由县级以上人民政府经济综合宏观调控部门责令改正；情节严重的，由县级以上人民政府经济综合宏观调控部门提出意见，报请同级人民政府按照国务院规定的权限决定停业或者关闭。

第七十三条 尾矿、矸石、废石等矿业固体废物贮存设施停止使用后，未按照国家有关环境保护规定进行封场的，由县级以上地方人民政府环境保护行政主管部门责令限期改正，可以处五万元以上二十万元以下的罚款。

第七十四条 违反本法有关城市生活垃圾污染环境防治的规定，有下列行为之一的，由县级以上地方人民政府环境卫生行政主管部门责令停止违法行为，限期改正，处以罚款：

（一）随意倾倒、抛撒或者堆放生活垃圾的；

（二）擅自关闭、闲置或者拆除生活垃圾处置设施、场所的；

（三）工程施工单位不及时清运施工过程中产生的固体废物，造成环境污染的；

（四）工程施工单位不按照环境卫生行政主管部门的规定对施工过程中产生的固体废物进行利用或者处置的；

（五）在运输过程中沿途丢弃、遗撒生活垃圾的。

单位有前款第一项、第三项、第五项行为之一的，处五千元以上五万元以下的罚款；有前款第二项、第四项行为之一的，处一万元以上十万元以下的罚款。个人有前款第一项、第五项行为之一的，处二百元以下的罚款。

第七十五条 违反本法有关危险废物污染环境防治的规定，有下列行为之一的，由县级以上人民政府环境保护行政主管部门责令停止违法行为，限期改正，处以罚款：

（一）不设置危险废物识别标志的；

（二）不按照国家规定申报登记危险废物，或者在申报登记时弄虚作假的；

（三）擅自关闭、闲置或者拆除危险废物集中处置设施、场所的；

（四）不按照国家规定缴纳危险废物排污费的；

（五）将危险废物提供或者委托给无经营许可证的单位从事经营活动的；

（六）不按照国家规定填写危险废物转移联单或者未经批准擅自转移危险废物的；

（七）将危险废物混入非危险废物中贮存的；

（八）未经安全性处置，混合收集、贮存、运输、处置具有不相容性质的危险废物的；

（九）将危险废物与旅客在同一运输工具上载运的；

（十）未经消除污染的处理将收集、贮存、运输、处置危险废物的场所、设施、设备和容器、包装物及其他物品转作他用的；

（十一）未采取相应防范措施，造成危险废物扬散、流失、渗漏或者造成其他环境污染的；

（十二）在运输过程中沿途丢弃、遗撒危险废物的；

（十三）未制定危险废物意外事故防范措施和应急预案的。

有前款第一项、第二项、第七项、第八项、第九项、第十项、第十一项、第十二项、第十三项行为之一的，处一万元以上十万元以下的罚款；有前款第三项、第五项、第六项行为之一的，处二万元以上二十万元以下的罚款；有前款第四项行为的，限期缴纳，逾期不缴纳的，处应缴纳危险废物排污费金额一倍以上三倍以下的罚款。

第七十六条 违反本法规定，危险废物产生者不处置其产生的危险废物又不承担依法应当承担的处置费用的，由县级以上地方人民政府环境保护行政主管部门责令限期改正，处代为处置费用一倍以上三倍以下的罚款。

第七十七条 无经营许可证或者不按照经营许可证规定从事收集、贮存、利用、处置危险废物经营活动的，由县级以上人民政府环境保护行政主管部门责令停止违法行为，没收违法所得，可以并处违法所得三倍以下的罚款。不按照经营许可证规定从事前款活动的，还可以由发证机关吊销经营许可证。

第七十八条 违反本法规定，将中华人民共和国境外的固体废物进境倾倒、堆放、处置的，进口属于禁止进口的固体废物或者未经许可擅自进口属于限制进口的固体废物用作原料的，由海关责令退运该固体废物，可以并处十万元以上一百万元以下的罚款；构成犯罪的，依法追究刑事责任。进口者不明的，由承运人承担退运该固体废物的责任，或者承担该固体废物的处置费用。逃避海关监管将中华人民共和国境外的固体废物运输进境，构成犯罪的，依法追究刑事责任。

第七十九条 违反本法规定，经中华人民共和国过境转移危险废物的，由海关责令退运该危险废物，可以并处五万元以上五十万元以下的罚款。

第八十条 对已经非法入境的固体废物，由省级以上人民政府环境保护行政主管部门依法向海关提出处理意见，海关应当依照本法第七十八条的规定作出处罚决定；已经造成环境污染的，由省级以上人民政府环境保护行政主管部门责令进口者消除污染。

第八十一条 违反本法规定，造成固体废物严重污染环境的，由县级以上人民政府环境保护行政主管部门按照国务院规定的权限决定限期治理；逾期未完成治理任务的，由本级人民政府决定停业或者关闭。

第八十二条 违反本法规定，造成固体废物污染环境事故的，由县级以上人民政府环境保护行政主管部门处二万元以上二十万元以下的罚款；造成重大损失的，按照直接损失的百分之三十计算罚款，但是最高不超过一百万元，对负有责任的主管人员和其他直接责任人员，依法给予行政处分;造成固体废物污染环境重大事故的,并由县级以上人民政府按照国务院规定的权限决定停业或者关闭。

第八十三条 违反本法规定,收集、贮存、利用、处置危险废物,造成重大环境污染事故,构成犯罪的,依法追究刑事责任。

第八十四条 受到固体废物污染损害的单位和个人,有权要求依法赔偿损失。

赔偿责任和赔偿金额的纠纷,可以根据当事人的请求,由环境保护行政主管部门或者其他固体废物污染环境防治工作的监督管理部门调解处理;调解不成的,当事人可以向人民法院提起诉讼。当事人也可以直接向人民法院提起诉讼。

国家鼓励法律服务机构对固体废物污染环境诉讼中的受害人提供法律援助。

第八十五条 造成固体废物污染环境的,应当排除危害,依法赔偿损失,并采取措施恢复环境原状。

第八十六条 因固体废物污染环境引起的损害赔偿诉讼,由加害人就法律规定的免责事由及其行为与损害结果之间不存在因果关系承担举证责任。

第八十七条 固体废物污染环境的损害赔偿责任和赔偿金额的纠纷,当事人可以委托环境监测机构提供监测数据。环境监测机构应当接受委托,如实提供有关监测数据。

第六章 附 则

第八十八条 本法下列用语的含义:

(一)固体废物,是指在生产、生活和其他活动中产生的丧失原有利用价值或者虽未丧失利用价值但被抛弃或者放弃的固态、半固态和置于容器中的气态的物品、物质以及法律、行政法规规定纳入固体废物管理的物品、物质。

(二)工业固体废物,是指在工业生产活动中产生的固体废物。

(三)生活垃圾,是指在日常生活中或者为日常生活提供服务的活动中产生的固体废物以及法律、行政法规规定视为生活垃圾的固体废物。

(四)危险废物,是指列入国家危险废物名录或者根据国家规定的危险废物鉴别标准和鉴别方法认定的具有危险特性的固体废物。

（五）贮存，是指将固体废物临时置于特定设施或者场所中的活动。

（六）处置，是指将固体废物焚烧和用其他改变固体废物的物理、化学、生物特性的方法，达到减少已产生的固体废物数量、缩小固体废物体积、减少或者消除其危险成分的活动，或者将固体废物最终置于符合环境保护规定要求的填埋场的活动。

（七）利用，是指从固体废物中提取物质作为原材料或者燃料的活动。

第八十九条　液态废物的污染防治，适用本法；但是，排入水体的废水的污染防治适用有关法律，不适用本法。

第九十条　中华人民共和国缔结或者参加的与固体废物污染环境防治有关的国际条约与本法有不同规定的，适用国际条约的规定；但是，中华人民共和国声明保留的条款除外。

第九十一条　本法自 2005 年 4 月 1 日起施行。

中华人民共和国刑法修正案(五)

（2005 年 2 月 28 日主席令第 32 号公布）

一、在刑法第一百七十七条后增加一条，作为第一百七十七条之一：“有下列情形之一，妨害信用卡管理的，处三年以下有期徒刑或者拘役，并处或者单处一万元以上十万元以下罚金；数量巨大或者有其他严重情节的，处三年以上十年以下有期徒刑，并处二万元以上二十万元以下罚金：

（一）明知是伪造的信用卡而持有、运输的，或者明知是伪造的空白信用卡而持有、运输，数量较大的；

（二）非法持有他人信用卡，数量较大的；

（三）使用虚假的身份证明骗领信用卡的；

（四）出售、购买、为他人提供伪造的信用卡或者以虚假的身份证明骗领的信用卡的。

窃取、收买或者非法提供他人信用卡信息资料的，依照前款规定处罚。

银行或者其他金融机构的工作人员利用职务上的便利，犯第二款罪的，从重处罚。”

二、将刑法第一百九十六条修改为：“有下列情形之一，进行信用卡诈骗活动，数额较大的，处五年以下有期徒刑或者拘役，并处二万元以上二十万元以下罚金；数额巨大或者有其他严重情节的，处五年以上十年以下有期徒刑，并处五万元以上五十万元以下罚金；数额特别巨大或者有其他特别严重情节的，处十年以上有期徒刑或者无期徒刑，并处五万元以上五十万元以下罚金或者没收财产：

（一）使用伪造的信用卡，或者使用以虚假的身份证明骗领的信用卡的；

（二）使用作废的信用卡的；

（三）冒用他人信用卡的；

（四）恶意透支的。

前款所称恶意透支，是指持卡人以非法占有为目的，超过规定限额或者规定期限透支，并且经发卡银行催收后仍不归还的行为。

盗窃信用卡并使用的，依照本法第二百六十四条的规定定罪处罚。”

三、在刑法第三百六十九条中增加一款作为第二款，将该条修改为：“破坏武器装备、军事设施、军事通信的，处三年以下有期徒刑、拘役或者管制；破坏重要武器装备、军事设施、军事通信的，处三年以上十年以下有期徒刑；情节特别严重的，处十年以上有期徒刑、无期徒刑或者死刑。

过失犯前款罪，造成严重后果的，处三年以下有期徒刑或者拘役；造成特别严重后果的，处三年以上七年以下有期徒刑。

战时犯前两款罪的，从重处罚。”

四、本修正案自公布之日起施行。

中华人民共和国可再生能源法

（2005年2月28日主席令第33号公布）

第一章 总 则

第一条 为了促进可再生能源的开发利用，增加能源供应，改善能源结构，保障能源安全，保护环境，实现经济社会的可持续发展，制定本法。

第二条 本法所称可再生能源，是指风能、太阳能、水能、生物质能、地热能、海洋能等非化石能源。

水力发电对本法的适用，由国务院能源主管部门规定，报国务院批准。

通过低效率炉灶直接燃烧方式利用秸秆、薪柴、粪便等，不适用本法。

第三条 本法适用于中华人民共和国领域和管辖的其他海域。

第四条 国家将可再生能源的开发利用列为能源发展的优先领域，通过制定可再生能源开发利用总量目标和采取相应措施，推动可再生能源市场的建立和发展。

国家鼓励各种所有制经济主体参与可再生能源的开发利用，依法保护可再生能源开发利用者的合法权益。

第五条 国务院能源主管部门对全国可再生能源的开发利用实施统一管理。国务院有关部门在各自的职责范围内负责有关的可再生能源开发利用管理工作。

县级以上地方人民政府管理能源工作的部门负责本行政区域内可再生能源开发利用的管理工作。县级以上地方人民政府有关部门在各自的职责范围内负责有关的可再生能源开发利用管理工作。

第二章 资源调查与发展规划

第六条 国务院能源主管部门负责组织和协调全国可再生能源资源的调查，并会同国务院有关部门组织制定资源调查的技术规范。

国务院有关部门在各自的职责范围内负责相关可再生能源资源的调查，调查结果报国务院能源主管部门汇总。

可再生能源资源的调查结果应当公布；但是，国家规定需要保密的内容除外。

第七条 国务院能源主管部门根据全国能源需求与可再生能源资源实际状况，制定全国可再生能源开发利用中长期总量目标，报国务院批准后执行，并予公布。

国务院能源主管部门根据前款规定的总量目标和省、自治区、直辖市经济发展与可再生能源资源实际状况，会同省、自治区、直辖市人民政府确定各行政区域可再生能源开发利用中长期目标，并予公布。

第八条 国务院能源主管部门根据全国可再生能源开发利用中长期总量目标，会同国务院有关部门，编制全国可再生能源开发利用规划，报国务院批准后实施。

省、自治区、直辖市人民政府管理能源工作的部门根据本行政区域可再生能源开发利用中长期目标，会同本级人民政府有关部门编制本行政区域可再生能源开发利用规划，报本级人民政府批准后实施。

经批准的规划应当公布；但是，国家规定需要保密的内容除外。

经批准的规划需要修改的，须经原批准机关批准。

第九条 编制可再生能源开发利用规划，应当征求有关单位、专家和公众的意见，进行科学论证。

第三章 产业指导与技术支持

第十条 国务院能源主管部门根据全国可再生能源开发利用规划，制定、公布可再生能源产业发展指导目录。

第十一条 国务院标准化行政主管部门应当制定、公布国家可再生能源电力的并网技术标准和其他需要在全国范围内统一技术要求的有关可再生能源技术和产品的国家标准。

对前款规定的国家标准中未作规定的技术要求，国务院有关部门可以制定相关的行业标准，并报国务院标准化行政主管部门备案。

第十二条 国家将可再生能源开发利用的科学技术研究和产业化发展列为科技发展与高技术产业发展的优先领域，纳入国家科技发展规划和高技术产业发展规划，并安排资金支持可再生能源开发利用的科学技术研究、应用示范和产业化发展，促进可再生能源开发利用的技术进步，降低可再生能源产品的生产成本，提高产品质量。

国务院教育行政部门应当将可再生能源知识和技术纳入普通教育、职业教育课程。

第四章 推广与应用

第十三条 国家鼓励和支持可再生能源并网发电。

建设可再生能源并网发电项目，应当依照法律和国务院的规定取得行政许可或者报送备案。

建设应当取得行政许可的可再生能源并网发电项目，有多人申请同一项目许可的，应当依法通过招标确定被许可人。

第十四条 电网企业应当与依法取得行政许可或者报送备案的可再生能源发电企业签订并网协议，全额收购其电网覆盖范围内可再生能源并网发电项目的上网电量，并为可再生能源发电提供上网服务。

第十五条 国家扶持在电网未覆盖的地区建设可再生能源独立电力系统，为当地生产和生活提供电力服务。

第十六条 国家鼓励清洁、高效地开发利用生物质燃料，鼓励发展能源作物。

利用生物质资源生产的燃气和热力，符合城市燃气管网、热力管网的入网技术标准的，经营燃气管网、热力管网的企业应当接收其入网。

国家鼓励生产和利用生物液体燃料。石油销售企业应当按照国务院能源主管部门或者省级人民政府的规定，将符合国家标准的生物液体燃料纳入其燃料销售体系。

第十七条 国家鼓励单位和个人安装和使用太阳能热水系统、太阳能供热采暖和制冷系统、太阳能光伏发电系统等太阳能利用系统。

国务院建设行政主管部门会同国务院有关部门制定太阳能利用系统与建筑结合的技术经济政策和技术规范。

房地产开发企业应当根据前款规定的技术规范，在建筑物的设计和施工中，为太阳能利用提供必备条件。

对已建成的建筑物，住户可以在不影响其质量与安全的前提下安装符合技术规范和产品标准的太阳能利用系统；但是，当事人另有约定的除外。

第十八条 国家鼓励和支持农村地区的可再生能源开发利用。

县级以上地方人民政府管理能源工作的部门会同有关部门，根据当地经济社会发展、生态保护和卫生综合治理需要等实际情况，制定农村地区可再生能源发展规划，因地制宜地推广应用沼气等生物质资源转化、户用太阳能、小型风能、小型水能等技术。

县级以上人民政府应当对农村地区的可再生能源利用项目提供财政支持。

第五章 价格管理与费用分摊

第十九条 可再生能源发电项目的上网电价，由国务院价格主管部门根据不同类型可再生能源发电的特点和不同地区的情况，按照有利于促进可再生能源开发利用和经济合理的原则确定，并根据可再生能源开发利用技术的发展适时调整。上网电价应当公布。

依照本法第十三条第三款规定实行招标的可再生能源发电项目的上网电价，按照中标确定的价格执行；但是，不得高于依照前款规定确定的同类可再生能源发电项目的上网电价水平。

第二十条 电网企业依照本法第十九条规定确定的上网电价收购可再生能源电量所发生的费用，高于按照常规能源发电平均上网电价计算所发生费用之间的差额，附加在销售电价中分摊。具体办法由国务院价格主管部门制定。

第二十一条 电网企业为收购可再生能源电量而支付的合理的接网费用以及其他合理的相关费用，可以计入电网企业输电成本，并从销售电价中回收。

第二十二条 国家投资或者补贴建设的公共可再生能源独立电力系统的销售电价，执行同一地区分类销售电价，其合理的运行和管理费用超出销售电价的部分，依照本法第二十条规定的办法分摊。

第二十三条 进入城市管网的可再生能源热力和燃气的价格，按照有利于促进可再生能源开发利用和经济合理的原则，根据价格管理权限确定。

第六章 经济激励与监督措施

第二十四条 国家财政设立可再生能源发展专项资金，用于支持以下活动：

（一）可再生能源开发利用的科学技术研究、标准制定和示范工程；

（二）农村、牧区生活用能的可再生能源利用项目；

（三）偏远地区和海岛可再生能源独立电力系统建设；

（四）可再生能源的资源勘查、评价和相关信息系统建设；

（五）促进可再生能源开发利用设备的本地化生产。

第二十五条 对列入国家可再生能源产业发展指导目录、符合信贷条件的可再生能源开发利用项目，金融机构可以提供有财政贴息的优惠贷款。

第二十六条 国家对列入可再生能源产业发展指导目录的项目给予税收优惠。具体办法由国务院规定。

第二十七条 电力企业应当真实、完整地记载和保存可再生能源发电的有关资料，并接受电力监管机构的检查和监督。

电力监管机构进行检查时，应当依照规定的程序进行，并为被检查单位保守商业秘密和其他秘密。

第七章 法律责任

第二十八条 国务院能源主管部门和县级以上地方人民政府管理能源工作的部门和其他有关部门在可再生能源开发利用监督管理工作中，违反本法规定，有下列行为之一的，由本级人民政府或者上级人民政府有关部门责令改正，对负有责任的主管人员和其他直接责任人员依法给予行政处分；构成犯罪的，依法追究刑事责任：

（一）不依法作出行政许可决定的；

（二）发现违法行为不予查处的；

（三）有不依法履行监督管理职责的其他行为的。

第二十九条 违反本法第十四条规定，电网企业未全额收购可再生能源电量，造成可再生能源发电企业经济损失的，应当承担赔偿责任，并由国家电力监管机构责令限期改正；拒不改正的，处以可再生能源发电企业经济损失额一倍以下的罚款。

第三十条 违反本法第十六条第二款规定，经营燃气管网、热力管网的企业不准许符合入网技术标准的燃气、热力入网，造成燃气、热力生产企业经济损失的，应当承担赔偿责任，并由省级人民政府管理能源工作的部门责令限期改正；拒不改正的，处以燃气、热力生产企业经济损失额一倍以下的罚款。

第三十一条 违反本法第十六条第三款规定，石油销售企业未按照规定将符合国家标准的生物液体燃料纳入其燃料销售体系，造成生物液体燃料生产企业经济损失的，应当承担赔偿责任，并由国务院能源主管部门或者省级人民政府管理能源工作的部门责令限期改正；拒不改正的，处以生物液体燃料生产企业经济损失额一倍以下的罚款。

第八章 附 则

第三十二条 本法中下列用语的含义：

（一）生物质能，是指利用自然界的植物、粪便以及城乡有机废物转化成的能源。

（二）可再生能源独立电力系统，是指不与电网连接的单独运行的可再生能源电力系统。

（三）能源作物，是指经专门种植，用以提供能源原料的草本和木本植物。

（四）生物液体燃料，是指利用生物质资源生产的甲醇、乙醇和生物柴油等液体燃料。

第三十三条 本法自2006年1月1日起施行。

中华人民共和国农产品质量安全法

（2006年4月29日主席令第49号公布）

第一章 总 则

第一条 为保障农产品质量安全，维护公众健康，促进农业和农村经济发展，制定本法。

第二条 本法所称农产品，是指来源于农业的初级产品，即在农业活动中获得的植物、动物、微生物及其产品。

本法所称农产品质量安全，是指农产品质量符合保障人的健康、安全的要求。

第三条 县级以上人民政府农业行政主管部门负责农产品质量安全的监督管理工作；县级以上人民政府有关部门按照职责分工，负责农产品质量安全的有关工作。

第四条 县级以上人民政府应当将农产品质量安全管理工作纳入本级国民经济和社会发展规划，并安排农产品质量安全经费，用于开展农产品质量安全工作。

第五条 县级以上地方人民政府统一领导、协调本行政区域内的农产品质量安全工作，并采取措施，建立健全农产品质量安全服务体系，提高农产品质量安全水平。

第六条 国务院农业行政主管部门应当设立由有关方面专家组成的农产品质量安全风险评估专家委员会，对可能影响农产品质量安全的潜在危害进行风险分析和评估。

国务院农业行政主管部门应当根据农产品质量安全风险评估结果采取相应的管理措施，并将农产品质量安全风险评估结果及时通报国务院有关部门。

第七条 国务院农业行政主管部门和省、自治区、直辖市人民政府农业行政主管部门应当按照职责权限，发布有关农产品质量安全状况信息。

第八条 国家引导、推广农产品标准化生产，鼓励和支持生产优质农产品，禁止生产、销售不符合国家规定的农产品质量安全标准的农产品。

第九条 国家支持农产品质量安全科学技术研究，推行科学的质量安全管理方法，推广先进安全的生产技术。

第十条 各级人民政府及有关部门应当加强农产品质量安全知识的宣传，提高公众的农产品质量安全意识，引导农产品生产者、销售者加强质量安全管理，保障农产品消费安全。

第二章 农产品质量安全标准

第十一条 国家建立健全农产品质量安全标准体系。农产品质量安全标准是强制性的技术规范。

农产品质量安全标准的制定和发布，依照有关法律、行政法规的规定执行。

第十二条 制定农产品质量安全标准应当充分考虑农产品质量安全风险评估结果，并听取农产品生产者、销售者和消费者的意见，保障消费安全。

第十三条 农产品质量安全标准应当根据科学技术发展水平以及农产品质量安全的需要，及时修订。

第十四条 农产品质量安全标准由农业行政主管部门商有关部门组织实施。

第三章 农产品产地

第十五条 县级以上地方人民政府农业行政主管部门按照保障农产品质量安全的要求，根据农产品品种特性和生产区域大气、土壤、水体中有毒有害物质状况等因素，认为不适宜特定农产品生产的，提出禁止生产的区域，报本级人民政府批准后公布。具体办法由国务院农业行政主管部门商国务院环境保护行政主管部门制定。

农产品禁止生产区域的调整，依照前款规定的程序办理。

第十六条 县级以上人民政府应当采取措施，加强农产品基地建设，改善农产品的生产条件。

县级以上人民政府农业行政主管部门应当采取措施，推进保障农产品质量安全的标准化生产综合示范区、示范农场、养殖小区和无规定动植物疫病区的建设。

第十七条 禁止在有毒有害物质超过规定标准的区域生产、捕捞、采集食用农产品和建立农产品生产基地。

第十八条 禁止违反法律、法规的规定向农产品产地排放或者倾倒废水、废气、固体废物或者其他有毒有害物质。

农业生产用水和用作肥料的固体废物，应当符合国家规定的标准。

第十九条 农产品生产者应当合理使用化肥、农药、兽药、农用薄膜等化工产品，防止对农产品产地造成污染。

第四章 农产品生产

第二十条 国务院农业行政主管部门和省、自治区、直辖市人民政府农业行政主管部门应当制定保障农产品质量安全的生产技术要求和操作规程。县级以上人民政府农业行政主管部门应当加强对农产品生产的指导。

第二十一条 对可能影响农产品质量安全的农药、兽药、饲料和饲料添加剂、肥料、兽医器械，依照有关法律、行政法规的规定实行许可制度。

国务院农业行政主管部门和省、自治区、直辖市人民政府农业行政主管部门应当定期对可能危及农产品质量安全的农药、兽药、饲料和饲料添加剂、肥料等农业投入品进行监督抽查，并公布抽查结果。

第二十二条 县级以上人民政府农业行政主管部门应当加强对农业

投入品使用的管理和指导，建立健全农业投入品的安全使用制度。

第二十三条　农业科研教育机构和农业技术推广机构应当加强对农产品生产者质量安全知识和技能的培训。

第二十四条　农产品生产企业和农民专业合作经济组织应当建立农产品生产记录，如实记载下列事项：

（一）使用农业投入品的名称、来源、用法、用量和使用、停用的日期；

（二）动物疫病、植物病虫草害的发生和防治情况；

（三）收获、屠宰或者捕捞的日期。

农产品生产记录应当保存二年。禁止伪造农产品生产记录。

国家鼓励其他农产品生产者建立农产品生产记录。

第二十五条　农产品生产者应当按照法律、行政法规和国务院农业行政主管部门的规定，合理使用农业投入品，严格执行农业投入品使用安全间隔期或者休药期的规定，防止危及农产品质量安全。

禁止在农产品生产过程中使用国家明令禁止使用的农业投入品。

第二十六条　农产品生产企业和农民专业合作经济组织，应当自行或者委托检测机构对农产品质量安全状况进行检测；经检测不符合农产品质量安全标准的农产品，不得销售。

第二十七条　农民专业合作经济组织和农产品行业协会对其成员应当及时提供生产技术服务，建立农产品质量安全管理制度，健全农产品质量安全控制体系，加强自律管理。

第五章　农产品包装和标识

第二十八条　农产品生产企业、农民专业合作经济组织以及从事农产品收购的单位或者个人销售的农产品，按照规定应当包装或者附加标识的，须经包装或者附加标识后方可销售。包装物或者标识上应当按照规定标明产品的品名、产地、生产者、生产日期、保质期、产品质量等级等内容；使用添加剂的，还应当按照规定标明添加剂的名称。具体办法由国务院农业行政主管部门制定。

第二十九条　农产品在包装、保鲜、贮存、运输中所使用的保鲜剂、防腐剂、添加剂等材料，应当符合国家有关强制性的技术规范。

第三十条　属于农业转基因生物的农产品，应当按照农业转基因生物安全管理的有关规定进行标识。

第三十一条 依法需要实施检疫的动植物及其产品，应当附具检疫合格标志、检疫合格证明。

第三十二条 销售的农产品必须符合农产品质量安全标准，生产者可以申请使用无公害农产品标志。农产品质量符合国家规定的有关优质农产品标准的，生产者可以申请使用相应的农产品质量标志。

禁止冒用前款规定的农产品质量标志。

第六章 监督检查

第三十三条 有下列情形之一的农产品，不得销售：

（一）含有国家禁止使用的农药、兽药或者其他化学物质的；

（二）农药、兽药等化学物质残留或者含有的重金属等有毒有害物质不符合农产品质量安全标准的；

（三）含有的致病性寄生虫、微生物或者生物毒素不符合农产品质量安全标准的；

（四）使用的保鲜剂、防腐剂、添加剂等材料不符合国家有关强制性的技术规范的；

（五）其他不符合农产品质量安全标准的。

第三十四条 国家建立农产品质量安全监测制度。县级以上人民政府农业行政主管部门应当按照保障农产品质量安全的要求，制定并组织实施农产品质量安全监测计划，对生产中或者市场上销售的农产品进行监督抽查。监督抽查结果由国务院农业行政主管部门或者省、自治区、直辖市人民政府农业行政主管部门按照权限予以公布。

监督抽查检测应当委托符合本法第三十五条规定条件的农产品质量安全检测机构进行，不得向被抽查人收取费用，抽取的样品不得超过国务院农业行政主管部门规定的数量。上级农业行政主管部门监督抽查的农产品，下级农业行政主管部门不得另行重复抽查。

第三十五条 农产品质量安全检测应当充分利用现有的符合条件的检测机构。

从事农产品质量安全检测的机构，必须具备相应的检测条件和能力，由省级以上人民政府农业行政主管部门或者其授权的部门考核合格。具体办法由国务院农业行政主管部门制定。

农产品质量安全检测机构应当依法经计量认证合格。

第三十六条 农产品生产者、销售者对监督抽查检测结果有异议的，可以自收到检测结果之日起五日内，向组织实施农产品质量安全监督抽查的农业行政主管部门或者其上级农业行政主管部门申请复检。

采用国务院农业行政主管部门会同有关部门认定的快速检测方法进行农产品质量安全监督抽查检测，被抽查人对检测结果有异议的，可以自收到检测结果时起四小时内申请复检。复检不得采用快速检测方法。

因检测结果错误给当事人造成损害的，依法承担赔偿责任。

第三十七条 农产品批发市场应当设立或者委托农产品质量安全检测机构，对进场销售的农产品质量安全状况进行抽查检测；发现不符合农产品质量安全标准的，应当要求销售者立即停止销售，并向农业行政主管部门报告。

农产品销售企业对其销售的农产品，应当建立健全进货检查验收制度；经查验不符合农产品质量安全标准的，不得销售。

第三十八条 国家鼓励单位和个人对农产品质量安全进行社会监督。任何单位和个人都有权对违反本法的行为进行检举、揭发和控告。有关部门收到相关的检举、揭发和控告后，应当及时处理。

第三十九条 县级以上人民政府农业行政主管部门在农产品质量安全监督检查中，可以对生产、销售的农产品进行现场检查，调查了解农产品质量安全的有关情况，查阅、复制与农产品质量安全有关的记录和其他资料；对经检测不符合农产品质量安全标准的农产品，有权查封、扣押。

第四十条 发生农产品质量安全事故时，有关单位和个人应当采取控制措施，及时向所在地乡级人民政府和县级人民政府农业行政主管部门报告；收到报告的机关应当及时处理并报上一级人民政府和有关部门。发生重大农产品质量安全事故时，农业行政主管部门应当及时通报同级食品药品监督管理部门。

第四十一条 县级以上人民政府农业行政主管部门在农产品质量安全监督管理中，发现有本法第三十三条所列情形之一的农产品，应当按照农产品质量安全责任追究制度的要求，查明责任人，依法予以处理或者提出处理建议。

第四十二条 进口的农产品必须按照国家规定的农产品质量安全标准进行检验；尚未制定有关农产品质量安全标准的，应当依法及时制定，未制定之前，可以参照国家有关部门指定的国外有关标准进行检验。

第七章 法律责任

第四十三条 农产品质量安全监督管理人员不依法履行监督职责，或者滥用职权的，依法给予行政处分。

第四十四条 农产品质量安全检测机构伪造检测结果的，责令改正，没收违法所得，并处五万元以上十万元以下罚款，对直接负责的主管人员和其他直接责任人员处一万元以上五万元以下罚款；情节严重的，撤销其检测资格；造成损害的，依法承担赔偿责任。

农产品质量安全检测机构出具检测结果不实，造成损害的，依法承担赔偿责任；造成重大损害的，并撤销其检测资格。

第四十五条 违反法律、法规规定，向农产品产地排放或者倾倒废水、废气、固体废物或者其他有毒有害物质的，依照有关环境保护法律、法规的规定处罚；造成损害的，依法承担赔偿责任。

第四十六条 使用农业投入品违反法律、行政法规和国务院农业行政主管部门的规定的，依照有关法律、行政法规的规定处罚。

第四十七条 农产品生产企业、农民专业合作经济组织未建立或者未按照规定保存农产品生产记录的，或者伪造农产品生产记录的，责令限期改正；逾期不改正的，可以处二千元以下罚款。

第四十八条 违反本法第二十八条规定，销售的农产品未按照规定进行包装、标识的，责令限期改正；逾期不改正的，可以处二千元以下罚款。

第四十九条 有本法第三十三条第四项规定情形，使用的保鲜剂、防腐剂、添加剂等材料不符合国家有关强制性的技术规范的，责令停止销售，对被污染的农产品进行无害化处理，对不能进行无害化处理的予以监督销毁；没收违法所得，并处二千元以上二万元以下罚款。

第五十条 农产品生产企业、农民专业合作经济组织销售的农产品有本法第三十三条第一项至第三项或者第五项所列情形之一的，责令停止销售，追回已经销售的农产品，对违法销售的农产品进行无害化处理或者予以监督销毁；没收违法所得，并处二千元以上二万元以下罚款。

农产品销售企业销售的农产品有前款所列情形的，依照前款规定处理、处罚。

农产品批发市场中销售的农产品有第一款所列情形的，对违法销售的农产品依照第一款规定处理，对农产品销售者依照第一款规定处罚。

农产品批发市场违反本法第三十七条第一款规定的，责令改正，处二千元以上二万元以下罚款。

第五十一条　违反本法第三十二条规定，冒用农产品质量标志的，责令改正，没收违法所得，并处二千元以上二万元以下罚款。

第五十二条　本法第四十四条、第四十七条至第四十九条、第五十条第一款、第四款和第五十一条规定的处理、处罚，由县级以上人民政府农业行政主管部门决定；第五十条第二款、第三款规定的处理、处罚，由工商行政管理部门决定。

法律对行政处罚及处罚机关有其他规定的，从其规定。但是，对同一违法行为不得重复处罚。

第五十三条　违反本法规定，构成犯罪的，依法追究刑事责任。

第五十四条　生产、销售本法第三十三条所列农产品，给消费者造成损害的，依法承担赔偿责任。

农产品批发市场中销售的农产品有前款规定情形的，消费者可以向农产品批发市场要求赔偿；属于生产者、销售者责任的，农产品批发市场有权追偿。消费者也可以直接向农产品生产者、销售者要求赔偿。

第八章　附　　则

第五十五条　生猪屠宰的管理按照国家有关规定执行。

第五十六条　本法自 2006 年 11 月 1 日起施行。

中华人民共和国刑法修正案(六)

(2006 年 6 月 29 日主席令第 51 号公布)

一、将刑法第一百三十四条修改为："在生产、作业中违反有关安全管理的规定，因而发生重大伤亡事故或者造成其他严重后果的，处三年以下有期徒刑或者拘役；情节特别恶劣的，处三年以上七年以下有期徒刑。

强令他人违章冒险作业，因而发生重大伤亡事故或者造成其他严重后果的，处五年以下有期徒刑或者拘役；情节特别恶劣的，处五年以上有期徒刑。”

二、将刑法第一百三十五条修改为：“安全生产设施或者安全生产条件不符合国家规定，因而发生重大伤亡事故或者造成其他严重后果的，对直接负责的主管人员和其他直接责任人员，处三年以下有期徒刑或者拘役；情节特别恶劣的，处三年以上七年以下有期徒刑。”

三、在刑法第一百三十五条后增加一条，作为第一百三十五条之一：“举办大型群众性活动违反安全管理规定，因而发生重大伤亡事故或者造成其他严重后果的，对直接负责的主管人员和其他直接责任人员，处三年以下有期徒刑或者拘役；情节特别恶劣的，处三年以上七年以下有期徒刑。”

四、在刑法第一百三十九条后增加一条，作为第一百三十九条之一：“在安全事故发生后，负有报告职责的人员不报或者谎报事故情况，贻误事故抢救，情节严重的，处三年以下有期徒刑或者拘役；情节特别严重的，处三年以上七年以下有期徒刑。”

五、将刑法第一百六十一条修改为：“依法负有信息披露义务的公司、企业向股东和社会公众提供虚假的或者隐瞒重要事实的财务会计报告，或者对依法应当披露的其他重要信息不按照规定披露，严重损害股东或者其他人利益，或者有其他严重情节的，对其直接负责的主管人员和其他直接责任人员，处三年以下有期徒刑或者拘役，并处或者单处二万元以上二十万元以下罚金。”

六、在刑法第一百六十二条之一后增加一条，作为第一百六十二条之二：“公司、企业通过隐匿财产、承担虚构的债务或者以其他方法转移、处分财产，实施虚假破产，严重损害债权人或者其他人利益的，对其直接负责的主管人员和其他直接责任人员，处五年以下有期徒刑或者拘役，并处或者单处二万元以上二十万元以下罚金。”

七、将刑法第一百六十三条修改为：“公司、企业或者其他单位的工作人员利用职务上的便利，索取他人财物或者非法收受他人财物，为他人谋取利益,数额较大的,处五年以下有期徒刑或者拘役;数额巨大的,处五年以上有期徒刑,可以并处没收财产。

公司、企业或者其他单位的工作人员在经济往来中,利用职务上的便利,违反国家规定,收受各种名义的回扣、手续费,归个人所有的,依照前款的规定处罚。

国有公司、企业或者其他国有单位中从事公务的人员和国有公司、企业或者其他国有单位委派到非国有公司、企业以及其他单位从事公务的人员有前两款行为的,依照本法第三百八十五条、第三百八十六条的规定定罪处罚。”

八、将刑法第一百六十四条第一款修改为:“为谋取不正当利益,给予公司、企业或者其他单位的工作人员以财物,数额较大的,处三年以下有期徒刑或者拘役;数额巨大的,处三年以上十年以下有期徒刑,并处罚金。”

九、在刑法第一百六十九条后增加一条,作为第一百六十九条之一:“上市公司的董事、监事、高级管理人员违背对公司的忠实义务,利用职务便利,操纵上市公司从事下列行为之一,致使上市公司利益遭受重大损失的,处三年以下有期徒刑或者拘役,并处或者单处罚金;致使上市公司利益遭受特别重大损失的,处三年以上七年以下有期徒刑,并处罚金:

(一)无偿向其他单位或者个人提供资金、商品、服务或者其他资产的;

(二)以明显不公平的条件,提供或者接受资金、商品、服务或者其他资产的;

(三)向明显不具有清偿能力的单位或者个人提供资金、商品、服务或者其他资产的;

(四)为明显不具有清偿能力的单位或者个人提供担保,或者无正当理由为其他单位或者个人提供担保的;

(五)无正当理由放弃债权、承担债务的;

(六)采用其他方式损害上市公司利益的。

上市公司的控股股东或者实际控制人,指使上市公司董事、监事、高级管理人员实施前款行为的,依照前款的规定处罚。

犯前款罪的上市公司的控股股东或者实际控制人是单位的,对单位判处罚金，并对其直接负责的主管人员和其他直接责任人员，依照第一款的规定处罚。”

十、在刑法第一百七十五条后增加一条，作为第一百七十五条之一：“以欺骗手段取得银行或者其他金融机构贷款、票据承兑、信用证、保函等，给银行或者其他金融机构造成重大损失或者有其他严重情节的，处三年以下有期徒刑或者拘役，并处或者单处罚金；给银行或者其他金融机构造成特别重大损失或者有其他特别严重情节的，处三年以上七年以下有期徒刑，并处罚金。

单位犯前款罪的，对单位判处罚金，并对其直接负责的主管人员和其他直接责任人员，依照前款的规定处罚。”

十一、将刑法第一百八十二条修改为：“有下列情形之一，操纵证券、期货市场，情节严重的，处五年以下有期徒刑或者拘役，并处或者单处罚金；情节特别严重的，处五年以上十年以下有期徒刑，并处罚金：

（一）单独或者合谋，集中资金优势、持股或者持仓优势或者利用信息优势联合或者连续买卖，操纵证券、期货交易价格或者证券、期货交易量的；

（二）与他人串通，以事先约定的时间、价格和方式相互进行证券、期货交易，影响证券、期货交易价格或者证券、期货交易量的；

（三）在自己实际控制的账户之间进行证券交易，或者以自己为交易对象，自买自卖期货合约，影响证券、期货交易价格或者证券、期货交易量的；

（四）以其他方法操纵证券、期货市场的。

单位犯前款罪的，对单位判处罚金，并对其直接负责的主管人员和其他直接责任人员，依照前款的规定处罚。”

十二、在刑法第一百八十五条后增加一条，作为第一百八十五条之一：“商业银行、证券交易所、期货交易所、证券公司、期货经纪公司、保险公司或者其他金融机构，违背受托义务，擅自运用客户资金或者其他委托、信托的财产，情节严重的，对单位判处罚金，并对其直接负责的主管人员和其他直接责任人员，处三年以下有期徒刑或者拘役，并处三万元以上三十万元以下罚金；情节特别严重的，处三年以上十年以下有期徒刑，并处五万元以上五十万元以下罚金。

社会保障基金管理机构、住房公积金管理机构等公众资金管理机构，以及保险公司、保险资产管理公司、证券投资基金管理公司，违反国家规定运用资金的，对其直接负责的主管人员和其他直接责任人员，依照前款的规定处罚。”

十三、将刑法第一百八十六条第一款、第二款修改为：“银行或者其他金融机构的工作人员违反国家规定发放贷款，数额巨大或者造成重大损失的，处五年以下有期徒刑或者拘役，并处一万元以上十万元以下罚金；数额特别巨大或者造成特别重大损失的，处五年以上有期徒刑，并处二万元以上二十万元以下罚金。

银行或者其他金融机构的工作人员违反国家规定，向关系人发放贷款的，依照前款的规定从重处罚。”

十四、将刑法第一百八十七条第一款修改为：“银行或者其他金融机构的工作人员吸收客户资金不入账，数额巨大或者造成重大损失的，处五年以下有期徒刑或者拘役，并处二万元以上二十万元以下罚金；数额特别巨大或者造成特别重大损失的，处五年以上有期徒刑，并处五万元以上五十万元以下罚金。”

十五、将刑法第一百八十八条第一款修改为：“银行或者其他金融机构的工作人员违反规定，为他人出具信用证或者其他保函、票据、存单、资信证明，情节严重的，处五年以下有期徒刑或者拘役；情节特别严重的，处五年以上有期徒刑。”

十六、将刑法第一百九十一条第一款修改为：“明知是毒品犯罪、黑社会性质的组织犯罪、恐怖活动犯罪、走私犯罪、贪污贿赂犯罪、破坏金融管理秩序犯罪、金融诈骗犯罪的所得及其产生的收益，为掩饰、隐瞒其来源和性质，有下列行为之一的，没收实施以上犯罪的所得及其产生的收益，处五年以下有期徒刑或者拘役，并处或者单处洗钱数额百分之五以上百分之二十以下罚金；情节严重的，处五年以上十年以下有期徒刑，并处洗钱数额百分之五以上百分之二十以下罚金：

（一）提供资金账户的；

（二）协助将财产转换为现金、金融票据、有价证券的；

（三）通过转账或者其他结算方式协助资金转移的；

（四）协助将资金汇往境外的；

（五）以其他方法掩饰、隐瞒犯罪所得及其收益的来源和性质的。”

十七、在刑法第二百六十二条后增加一条，作为第二百六十二条之一：“以暴力、胁迫手段组织残疾人或者不满十四周岁的未成年人乞讨的，处三年以下有期徒刑或者拘役，并处罚金；情节严重的，处三年以上七年以下有期徒刑，并处罚金。”

十八、将刑法第三百零三条修改为：“以营利为目的，聚众赌博或者以赌博为业的，处三年以下有期徒刑、拘役或者管制，并处罚金。

开设赌场的，处三年以下有期徒刑、拘役或者管制，并处罚金；情节严重的，处三年以上十年以下有期徒刑，并处罚金。”

十九、将刑法第三百一十二条修改为：“明知是犯罪所得及其产生的收益而予以窝藏、转移、收购、代为销售或者以其他方法掩饰、隐瞒的，处三年以下有期徒刑、拘役或者管制，并处或者单处罚金；情节严重的，处三年以上七年以下有期徒刑，并处罚金。”

二十、在刑法第三百九十九条后增加一条，作为第三百九十九条之一：“依法承担仲裁职责的人员，在仲裁活动中故意违背事实和法律作枉法裁决，情节严重的，处三年以下有期徒刑或者拘役；情节特别严重的，处三年以上七年以下有期徒刑。”

二十一、本修正案自公布之日起施行。

中华人民共和国节约能源法

（1997年11月1日第八届全国人民代表大会常务委员会
第二十八次会议通过，2007年10月28日第十届
全国人民代表大会常务委员会第三十次会议修订，
主席令第77号公布）

第一章　总　　则

第一条　为了推动全社会节约能源，提高能源利用效率，保护和改善环境，促进经济社会全面协调可持续发展，制定本法。

第二条　本法所称能源，是指煤炭、石油、天然气、生物质能和电力、

热力以及其他直接或者通过加工、转换而取得有用能的各种资源。

第三条 本法所称节约能源(以下简称节能),是指加强用能管理,采取技术上可行、经济上合理以及环境和社会可以承受的措施,从能源生产到消费的各个环节,降低消耗、减少损失和污染物排放、制止浪费,有效、合理地利用能源。

第四条 节约资源是我国的基本国策。国家实施节约与开发并举、把节约放在首位的能源发展战略。

第五条 国务院和县级以上地方各级人民政府应当将节能工作纳入国民经济和社会发展规划、年度计划,并组织编制和实施节能中长期专项规划、年度节能计划。

国务院和县级以上地方各级人民政府每年向本级人民代表大会或者其常务委员会报告节能工作。

第六条 国家实行节能目标责任制和节能考核评价制度,将节能目标完成情况作为对地方人民政府及其负责人考核评价的内容。

省、自治区、直辖市人民政府每年向国务院报告节能目标责任的履行情况。

第七条 国家实行有利于节能和环境保护的产业政策,限制发展高耗能、高污染行业,发展节能环保型产业。

国务院和省、自治区、直辖市人民政府应当加强节能工作,合理调整产业结构、企业结构、产品结构和能源消费结构,推动企业降低单位产值能耗和单位产品能耗,淘汰落后的生产能力,改进能源的开发、加工、转换、输送、储存和供应,提高能源利用效率。

国家鼓励、支持开发和利用新能源、可再生能源。

第八条 国家鼓励、支持节能科学技术的研究、开发、示范和推广,促进节能技术创新与进步。

国家开展节能宣传和教育,将节能知识纳入国民教育和培训体系,普及节能科学知识,增强全民的节能意识,提倡节约型的消费方式。

第九条 任何单位和个人都应当依法履行节能义务,有权检举浪费能源的行为。

新闻媒体应当宣传节能法律、法规和政策,发挥舆论监督作用。

第十条 国务院管理节能工作的部门主管全国的节能监督管理工

作。国务院有关部门在各自的职责范围内负责节能监督管理工作，并接受国务院管理节能工作的部门的指导。

县级以上地方各级人民政府管理节能工作的部门负责本行政区域内的节能监督管理工作。县级以上地方各级人民政府有关部门在各自的职责范围内负责节能监督管理工作，并接受同级管理节能工作的部门的指导。

第二章 节能管理

第十一条 国务院和县级以上地方各级人民政府应当加强对节能工作的领导，部署、协调、监督、检查、推动节能工作。

第十二条 县级以上人民政府管理节能工作的部门和有关部门应当在各自的职责范围内，加强对节能法律、法规和节能标准执行情况的监督检查，依法查处违法用能行为。

履行节能监督管理职责不得向监督管理对象收取费用。

第十三条 国务院标准化主管部门和国务院有关部门依法组织制定并适时修订有关节能的国家标准、行业标准，建立健全节能标准体系。

国务院标准化主管部门会同国务院管理节能工作的部门和国务院有关部门制定强制性的用能产品、设备能源效率标准和生产过程中耗能高的产品的单位产品能耗限额标准。

国家鼓励企业制定严于国家标准、行业标准的企业节能标准。

省、自治区、直辖市制定严于强制性国家标准、行业标准的地方节能标准，由省、自治区、直辖市人民政府报经国务院批准；本法另有规定的除外。

第十四条 建筑节能的国家标准、行业标准由国务院建设主管部门组织制定，并依照法定程序发布。

省、自治区、直辖市人民政府建设主管部门可以根据本地实际情况，制定严于国家标准或者行业标准的地方建筑节能标准，并报国务院标准化主管部门和国务院建设主管部门备案。

第十五条 国家实行固定资产投资项目节能评估和审查制度。不符合强制性节能标准的项目，依法负责项目审批或者核准的机关不得批准或者核准建设；建设单位不得开工建设；已经建成的，不得投入生产、使用。具体办法由国务院管理节能工作的部门会同国务院有关部门制定。

第十六条 国家对落后的耗能过高的用能产品、设备和生产工艺实行淘汰制度。淘汰的用能产品、设备、生产工艺的目录和实施办法，由国务院管理节能工作的部门会同国务院有关部门制定并公布。

生产过程中耗能高的产品的生产单位，应当执行单位产品能耗限额标准。对超过单位产品能耗限额标准用能的生产单位，由管理节能工作的部门按照国务院规定的权限责令限期治理。

对高耗能的特种设备，按照国务院的规定实行节能审查和监管。

第十七条 禁止生产、进口、销售国家明令淘汰或者不符合强制性能源效率标准的用能产品、设备；禁止使用国家明令淘汰的用能设备、生产工艺。

第十八条 国家对家用电器等使用面广、耗能量大的用能产品，实行能源效率标识管理。实行能源效率标识管理的产品目录和实施办法，由国务院管理节能工作的部门会同国务院产品质量监督部门制定并公布。

第十九条 生产者和进口商应当对列入国家能源效率标识管理产品目录的用能产品标注能源效率标识，在产品包装物上或者说明书中予以说明，并按照规定报国务院产品质量监督部门和国务院管理节能工作的部门共同授权的机构备案。

生产者和进口商应当对其标注的能源效率标识及相关信息的准确性负责。禁止销售应当标注而未标注能源效率标识的产品。

禁止伪造、冒用能源效率标识或者利用能源效率标识进行虚假宣传。

第二十条 用能产品的生产者、销售者，可以根据自愿原则，按照国家有关节能产品认证的规定，向经国务院认证认可监督管理部门认可的从事节能产品认证的机构提出节能产品认证申请；经认证合格后，取得节能产品认证证书，可以在用能产品或者其包装物上使用节能产品认证标志。

禁止使用伪造的节能产品认证标志或者冒用节能产品认证标志。

第二十一条 县级以上各级人民政府统计部门应当会同同级有关部门，建立健全能源统计制度，完善能源统计指标体系，改进和规范能源统计方法，确保能源统计数据真实、完整。

国务院统计部门会同国务院管理节能工作的部门，定期向社会公布各省、自治区、直辖市以及主要耗能行业的能源消费和节能情况等信息。

第二十二条 国家鼓励节能服务机构的发展，支持节能服务机构开展节能咨询、设计、评估、检测、审计、认证等服务。

国家支持节能服务机构开展节能知识宣传和节能技术培训，提供节能信息、节能示范和其他公益性节能服务。

第二十三条 国家鼓励行业协会在行业节能规划、节能标准的制定和实施、节能技术推广、能源消费统计、节能宣传培训和信息咨询等方面发挥作用。

第三章 合理使用与节约能源

第一节 一般规定

第二十四条 用能单位应当按照合理用能的原则，加强节能管理，制定并实施节能计划和节能技术措施，降低能源消耗。

第二十五条 用能单位应当建立节能目标责任制，对节能工作取得成绩的集体、个人给予奖励。

第二十六条 用能单位应当定期开展节能教育和岗位节能培训。

第二十七条 用能单位应当加强能源计量管理，按照规定配备和使用经依法检定合格的能源计量器具。

用能单位应当建立能源消费统计和能源利用状况分析制度，对各类能源的消费实行分类计量和统计，并确保能源消费统计数据真实、完整。

第二十八条 能源生产经营单位不得向本单位职工无偿提供能源。任何单位不得对能源消费实行包费制。

第二节 工业节能

第二十九条 国务院和省、自治区、直辖市人民政府推进能源资源优化开发利用和合理配置，推进有利于节能的行业结构调整，优化用能结构和企业布局。

第三十条 国务院管理节能工作的部门会同国务院有关部门制定电力、钢铁、有色金属、建材、石油加工、化工、煤炭等主要耗能行业的节能技术政策，推动企业节能技术改造。

第三十一条 国家鼓励工业企业采用高效、节能的电动机、锅炉、窑炉、风机、泵类等设备，采用热电联产、余热余压利用、洁净煤以及先进的用能监测和控制等技术。

第三十二条 电网企业应当按照国务院有关部门制定的节能发电调度管理的规定，安排清洁、高效和符合规定的热电联产、利用余热余压发电的机组以及其他符合资源综合利用规定的发电机组与电网并网运行，上网电价执行国家有关规定。

第三十三条 禁止新建不符合国家规定的燃煤发电机组、燃油发电机组和燃煤热电机组。

第三节 建筑节能

第三十四条 国务院建设主管部门负责全国建筑节能的监督管理工作。

县级以上地方各级人民政府建设主管部门负责本行政区域内建筑节能的监督管理工作。

县级以上地方各级人民政府建设主管部门会同同级管理节能工作的部门编制本行政区域内的建筑节能规划。建筑节能规划应当包括既有建筑节能改造计划。

第三十五条 建筑工程的建设、设计、施工和监理单位应当遵守建筑节能标准。

不符合建筑节能标准的建筑工程，建设主管部门不得批准开工建设；已经开工建设的，应当责令停止施工、限期改正；已经建成的，不得销售或者使用。

建设主管部门应当加强对在建建筑工程执行建筑节能标准情况的监督检查。

第三十六条 房地产开发企业在销售房屋时，应当向购买人明示所售房屋的节能措施、保温工程保修期等信息，在房屋买卖合同、质量保证书和使用说明书中载明，并对其真实性、准确性负责。

第三十七条 使用空调采暖、制冷的公共建筑应当实行室内温度控制制度。具体办法由国务院建设主管部门制定。

第三十八条 国家采取措施，对实行集中供热的建筑分步骤实行供热分户计量、按照用热量收费的制度。新建建筑或者对既有建筑进行节能改造，应当按照规定安装用热计量装置、室内温度调控装置和供热系统调控装置。具体办法由国务院建设主管部门会同国务院有关部门制定。

第三十九条 县级以上地方各级人民政府有关部门应当加强城市节约用电管理，严格控制公用设施和大型建筑物装饰性景观照明的能耗。

第四十条 国家鼓励在新建建筑和既有建筑节能改造中使用新型墙体材料等节能建筑材料和节能设备，安装和使用太阳能等可再生能源利用系统。

第四节 交通运输节能

第四十一条 国务院有关交通运输主管部门按照各自的职责负责全国交通运输相关领域的节能监督管理工作。

国务院有关交通运输主管部门会同国务院管理节能工作的部门分别制定相关领域的节能规划。

第四十二条 国务院及其有关部门指导、促进各种交通运输方式协调发展和有效衔接，优化交通运输结构，建设节能型综合交通运输体系。

第四十三条 县级以上地方各级人民政府应当优先发展公共交通，加大对公共交通的投入，完善公共交通服务体系，鼓励利用公共交通工具出行；鼓励使用非机动交通工具出行。

第四十四条 国务院有关交通运输主管部门应当加强交通运输组织管理，引导道路、水路、航空运输企业提高运输组织化程度和集约化水平，提高能源利用效率。

第四十五条 国家鼓励开发、生产、使用节能环保型汽车、摩托车、铁路机车车辆、船舶和其他交通运输工具，实行老旧交通运输工具的报废、更新制度。

国家鼓励开发和推广应用交通运输工具使用的清洁燃料、石油替代燃料。

第四十六条 国务院有关部门制定交通运输营运车船的燃料消耗量限值标准；不符合标准的，不得用于营运。

国务院有关交通运输主管部门应当加强对交通运输营运车船燃料消耗检测的监督管理。

第五节　公共机构节能

第四十七条　公共机构应当厉行节约，杜绝浪费，带头使用节能产品、设备，提高能源利用效率。

本法所称公共机构，是指全部或者部分使用财政性资金的国家机关、事业单位和团体组织。

第四十八条　国务院和县级以上地方各级人民政府管理机关事务工作的机构会同同级有关部门制定和组织实施本级公共机构节能规划。公共机构节能规划应当包括公共机构既有建筑节能改造计划。

第四十九条　公共机构应当制定年度节能目标和实施方案，加强能源消费计量和监测管理，向本级人民政府管理机关事务工作的机构报送上年度的能源消费状况报告。

国务院和县级以上地方各级人民政府管理机关事务工作的机构会同同级有关部门按照管理权限，制定本级公共机构的能源消耗定额，财政部门根据该定额制定能源消耗支出标准。

第五十条　公共机构应当加强本单位用能系统管理，保证用能系统的运行符合国家相关标准。

公共机构应当按照规定进行能源审计，并根据能源审计结果采取提高能源利用效率的措施。

第五十一条　公共机构采购用能产品、设备，应当优先采购列入节能产品、设备政府采购名录中的产品、设备。禁止采购国家明令淘汰的用能产品、设备。

节能产品、设备政府采购名录由省级以上人民政府的政府采购监督管理部门会同同级有关部门制定并公布。

第六节　重点用能单位节能

第五十二条　国家加强对重点用能单位的节能管理。

下列用能单位为重点用能单位：

（一）年综合能源消费总量一万吨标准煤以上的用能单位；

（二）国务院有关部门或者省、自治区、直辖市人民政府管理节能工作的部门指定的年综合能源消费总量五千吨以上不满一万吨标准煤的用能单位。

重点用能单位节能管理办法，由国务院管理节能工作的部门会同国务院有关部门制定。

第五十三条 重点用能单位应当每年向管理节能工作的部门报送上年度的能源利用状况报告。能源利用状况包括能源消费情况、能源利用效率、节能目标完成情况和节能效益分析、节能措施等内容。

第五十四条 管理节能工作的部门应当对重点用能单位报送的能源利用状况报告进行审查。对节能管理制度不健全、节能措施不落实、能源利用效率低的重点用能单位，管理节能工作的部门应当开展现场调查，组织实施用能设备能源效率检测，责令实施能源审计，并提出书面整改要求，限期整改。

第五十五条 重点用能单位应当设立能源管理岗位，在具有节能专业知识、实际经验以及中级以上技术职称的人员中聘任能源管理负责人，并报管理节能工作的部门和有关部门备案。

能源管理负责人负责组织对本单位用能状况进行分析、评价，组织编写本单位能源利用状况报告，提出本单位节能工作的改进措施并组织实施。

能源管理负责人应当接受节能培训。

第四章 节能技术进步

第五十六条 国务院管理节能工作的部门会同国务院科技主管部门发布节能技术政策大纲，指导节能技术研究、开发和推广应用。

第五十七条 县级以上各级人民政府应当把节能技术研究开发作为政府科技投入的重点领域，支持科研单位和企业开展节能技术应用研究，制定节能标准，开发节能共性和关键技术，促进节能技术创新与成果转化。

第五十八条 国务院管理节能工作的部门会同国务院有关部门制定并公布节能技术、节能产品的推广目录，引导用能单位和个人使用先进的节能技术、节能产品。

国务院管理节能工作的部门会同国务院有关部门组织实施重大节能科研项目、节能示范项目、重点节能工程。

第五十九条 县级以上各级人民政府应当按照因地制宜、多能互补、综合利用、讲求效益的原则，加强农业和农村节能工作，增加对农业和农村节能技术、节能产品推广应用的资金投入。

农业、科技等有关主管部门应当支持、推广在农业生产、农产品加工储运等方面应用节能技术和节能产品，鼓励更新和淘汰高耗能的农业机械和渔业船舶。

国家鼓励、支持在农村大力发展沼气，推广生物质能、太阳能和风能等可再生能源利用技术，按照科学规划、有序开发的原则发展小型水力发电，推广节能型的农村住宅和炉灶等，鼓励利用非耕地种植能源植物，大力发展薪炭林等能源林。

第五章 激励措施

第六十条 中央财政和省级地方财政安排节能专项资金，支持节能技术研究开发、节能技术和产品的示范与推广、重点节能工程的实施、节能宣传培训、信息服务和表彰奖励等。

第六十一条 国家对生产、使用列入本法第五十八条规定的推广目录的需要支持的节能技术、节能产品，实行税收优惠等扶持政策。

国家通过财政补贴支持节能照明器具等节能产品的推广和使用。

第六十二条 国家实行有利于节约能源资源的税收政策，健全能源矿产资源有偿使用制度，促进能源资源的节约及其开采利用水平的提高。

第六十三条 国家运用税收等政策，鼓励先进节能技术、设备的进口，控制在生产过程中耗能高、污染重的产品的出口。

第六十四条 政府采购监督管理部门会同有关部门制定节能产品、设备政府采购名录，应当优先列入取得节能产品认证证书的产品、设备。

第六十五条 国家引导金融机构增加对节能项目的信贷支持，为符合条件的节能技术研究开发、节能产品生产以及节能技术改造等项目提供优惠贷款。

国家推动和引导社会有关方面加大对节能的资金投入，加快节能技术改造。

第六十六条 国家实行有利于节能的价格政策，引导用能单位和个人节能。

国家运用财税、价格等政策，支持推广电力需求侧管理、合同能源管理、节能自愿协议等节能办法。

国家实行峰谷分时电价、季节性电价、可中断负荷电价制度，鼓励电力用户合理调整用电负荷；对钢铁、有色金属、建材、化工和其他主要耗能行业的企业，分淘汰、限制、允许和鼓励类实行差别电价政策。

第六十七条 各级人民政府对在节能管理、节能科学技术研究和推广应用中有显著成绩以及检举严重浪费能源行为的单位和个人，给予表彰和奖励。

第六章 法律责任

第六十八条 负责审批或者核准固定资产投资项目的机关违反本法规定，对不符合强制性节能标准的项目予以批准或者核准建设的，对直接负责的主管人员和其他直接责任人员依法给予处分。

固定资产投资项目建设单位开工建设不符合强制性节能标准的项目或者将该项目投入生产、使用的，由管理节能工作的部门责令停止建设或者停止生产、使用，限期改造；不能改造或者逾期不改造的生产性项目，由管理节能工作的部门报请本级人民政府按照国务院规定的权限责令关闭。

第六十九条 生产、进口、销售国家明令淘汰的用能产品、设备的，使用伪造的节能产品认证标志或者冒用节能产品认证标志的，依照《中华人民共和国产品质量法》的规定处罚。

第七十条 生产、进口、销售不符合强制性能源效率标准的用能产品、设备的，由产品质量监督部门责令停止生产、进口、销售，没收违法生产、进口、销售的用能产品、设备和违法所得，并处违法所得一倍以上五倍以下罚款；情节严重的，由工商行政管理部门吊销营业执照。

第七十一条 使用国家明令淘汰的用能设备或者生产工艺的，由管理节能工作的部门责令停止使用，没收国家明令淘汰的用能设备；情节严重的，可以由管理节能工作的部门提出意见，报请本级人民政府按照国务院规定的权限责令停业整顿或者关闭。

第七十二条 生产单位超过单位产品能耗限额标准用能，情节严重，经限期治理逾期不治理或者没有达到治理要求的，可以由管理节能工作的部门提出意见，报请本级人民政府按照国务院规定的权限责令停业整顿或者关闭。

第七十三条 违反本法规定，应当标注能源效率标识而未标注的，由产品质量监督部门责令改正，处三万元以上五万元以下罚款。

违反本法规定，未办理能源效率标识备案，或者使用的能源效率标识不符合规定的，由产品质量监督部门责令限期改正；逾期不改正的，处一万元以上三万元以下罚款。

伪造、冒用能源效率标识或者利用能源效率标识进行虚假宣传的，由产品质量监督部门责令改正，处五万元以上十万元以下罚款；情节严重的，由工商行政管理部门吊销营业执照。

第七十四条 用能单位未按照规定配备、使用能源计量器具的，由产品质量监督部门责令限期改正；逾期不改正的，处一万元以上五万元以下罚款。

第七十五条 瞒报、伪造、篡改能源统计资料或者编造虚假能源统计数据的，依照《中华人民共和国统计法》的规定处罚。

第七十六条 从事节能咨询、设计、评估、检测、审计、认证等服务的机构提供虚假信息的，由管理节能工作的部门责令改正，没收违法所得，并处五万元以上十万元以下罚款。

第七十七条 违反本法规定，无偿向本单位职工提供能源或者对能源消费实行包费制的，由管理节能工作的部门责令限期改正；逾期不改正的，处五万元以上二十万元以下罚款。

第七十八条 电网企业未按照本法规定安排符合规定的热电联产和利用余热余压发电的机组与电网并网运行，或者未执行国家有关上网电价规定的，由国家电力监管机构责令改正；造成发电企业经济损失的，依法承担赔偿责任。

第七十九条 建设单位违反建筑节能标准的，由建设主管部门责令改正，处二十万元以上五十万元以下罚款。

设计单位、施工单位、监理单位违反建筑节能标准的，由建设主管部门责令改正，处十万元以上五十万元以下罚款；情节严重的，由颁发资质证书的部门降低资质等级或者吊销资质证书；造成损失的，依法承担赔偿责任。

第八十条 房地产开发企业违反本法规定，在销售房屋时未向购买人明示所售房屋的节能措施、保温工程保修期等信息的，由建设主管部门责令限期改正，逾期不改正的，处三万元以上五万元以下罚款；对以上信息作虚假宣传的，由建设主管部门责令改正，处五万元以上二十万元以下罚款。

第八十一条 公共机构采购用能产品、设备，未优先采购列入节能产品、设备政府采购名录中的产品、设备，或者采购国家明令淘汰的用能产品、设备的，由政府采购监督管理部门给予警告，可以并处罚款；对直接负责的主管人员和其他直接责任人员依法给予处分，并予通报。

第八十二条 重点用能单位未按照本法规定报送能源利用状况报告或者报告内容不实的，由管理节能工作的部门责令限期改正；逾期不改正的，处一万元以上五万元以下罚款。

第八十三条 重点用能单位无正当理由拒不落实本法第五十四条规定的整改要求或者整改没有达到要求的，由管理节能工作的部门处十万元以上三十万元以下罚款。

第八十四条 重点用能单位未按照本法规定设立能源管理岗位，聘任能源管理负责人，并报管理节能工作的部门和有关部门备案的，由管理节能工作的部门责令改正；拒不改正的，处一万元以上三万元以下罚款。

第八十五条 违反本法规定，构成犯罪的，依法追究刑事责任。

第八十六条 国家工作人员在节能管理工作中滥用职权、玩忽职守、徇私舞弊，构成犯罪的，依法追究刑事责任；尚不构成犯罪的，依法给予处分。

第七章 附 则

第八十七条 本法自 2008 年 4 月 1 日起施行。

第二部分

行政法规　法规性文件

（一）行政法规

无照经营查处取缔办法

（2002年12月18日国务院第六十七次常务会议通过，
2003年1月6日国务院令第370号公布）

第一条 为了维护社会主义市场经济秩序，促进公平竞争，保护经营者和消费者的合法权益，制定本办法。

第二条 任何单位和个人不得违反法律、法规的规定，从事无照经营。

第三条 对于依照法律、法规规定，须经许可审批的涉及人体健康、公共安全、安全生产、环境保护、自然资源开发利用等的经营活动，许可审批部门必须严格依照法律、法规规定的条件和程序进行许可审批。工商行政管理部门必须凭许可审批部门颁发的许可证或者其他批准文件办理注册登记手续，核发营业执照。

第四条 下列违法行为，由工商行政管理部门依照本办法的规定予以查处：

（一）应当取得而未依法取得许可证或者其他批准文件和营业执照，擅自从事经营活动的无照经营行为；

（二）无须取得许可证或者其他批准文件即可取得营业执照而未依法取得营业执照，擅自从事经营活动的无照经营行为；

（三）已经依法取得许可证或者其他批准文件，但未依法取得营业执照，擅自从事经营活动的无照经营行为；

（四）已经办理注销登记或者被吊销营业执照，以及营业执照有效期届满后未按照规定重新办理登记手续，擅自继续从事经营活动的无照经营行为；

（五）超出核准登记的经营范围、擅自从事应当取得许可证或者其他批准文件方可从事的经营活动的违法经营行为。

前款第（一）项、第（五）项规定的行为，公安、国土资源、建设、文化、卫生、质检、环保、新闻出版、药监、安全生产监督管理等许可审批部门(以下简称许可审批部门)亦应当依照法律、法规赋予的职责予以查处。但是,对当事人的同一个违法行为,不得给予两次以上罚款的行政处罚。

第五条 各级工商行政管理部门应当依法履行职责,及时查处其管辖范围内的无照经营行为。

第六条 对于已经取得营业执照,但未依法取得许可证或者其他批准文件,或者已经取得的许可证或者其他批准文件被吊销,撤销或者有效期届满后未依法重新办理许可审批手续,擅自从事相关经营活动,法律、法规规定应当撤销注册登记或者吊销营业执照的,工商行政管理部门应当撤销注册登记或者吊销营业执照。

第七条 许可审批部门在营业执照有效期内依法吊销、撤销许可证或者其他批准文件,或者许可证、其他批准文件有效期届满的,应当在吊销、撤销许可证、其他批准文件或者许可证、其他批准文件有效期届满后5个工作日内通知工商行政管理部门,由工商行政管理部门撤销注册登记或者吊销营业执照,或者责令当事人依法办理变更登记。

第八条 工商行政管理部门依法查处无照经营行为,实行查处与引导相结合、处罚与教育相结合,对于下岗失业人员或者经营条件、经营范围、经营项目符合法律、法规规定的,应当督促、引导其依法办理相应手续,合法经营。

第九条 县级以上工商行政管理部门对涉嫌无照经营行为进行查处取缔时,可以行使下列职权:

(一)责令停止相关经营活动;

(二)向与无照经营行为有关的单位和个人调查、了解有关情况;

(三)进入无照经营场所实施现场检查;

(四)查阅、复制、查封、扣押与无照经营行为有关的合同、票据、账簿以及其他资料;

(五)查封、扣押专门用于从事无照经营活动的工具、设备、原材料、产品(商品)等财物;

(六)查封有证据表明危害人体健康、存在重大安全隐患、威胁公共安全、破坏环境资源的无照经营场所。

第十条 工商行政管理部门依照本办法第九条的规定实施查封、扣押，必须经县级以上工商行政管理部门主要负责人批准。

工商行政管理部门的执法人员实施查封、扣押，应当向当事人出示执法证件，并当场交付查封、扣押决定书和查封、扣押财物及资料清单。

在交通不便地区或者不及时实施查封、扣押可能影响案件查处的，可以先行实施查封、扣押，并应当在24小时内补办查封、扣押决定书，送达当事人。

第十一条 工商行政管理部门实施查封、扣押的期限不得超过15日；案件情况复杂的，经县级以上工商行政管理部门主要负责人批准，可以延长15日。

对被查封、扣押的财物，工商行政管理部门应当妥善保管，不得使用或者损毁。被查封、扣押的财物易腐烂、变质的，经县级以上工商行政管理部门主要负责人批准，工商行政管理部门可以在留存证据后先行拍卖或者变卖。

第十二条 工商行政管理部门应当在查封、扣押期间作出处理决定。工商行政管理部门逾期未作出处理决定的，视为解除查封、扣押。

对于经调查核实没有违法行为或者不再需要查封、扣押的，工商行政管理部门在作出处理决定后应当立即解除查封、扣押。被查封、扣押的易腐烂、变质的财物根据本办法第十一条第二款的规定，已经先行拍卖或者变卖的，应当返还拍卖或者变卖所得的全部价款。

依照本办法规定，被查封、扣押的财物应当予以没收的，依法没收。

第十三条 工商行政管理部门违反本办法的规定使用或者损毁被查封、扣押的财物，造成当事人经济损失的，应当承担赔偿责任。

第十四条 对于无照经营行为，由工商行政管理部门依法予以取缔，没收违法所得；触犯刑律的，依照刑法关于非法经营罪、重大责任事故罪、重大劳动安全事故罪、危险物品肇事罪或者其他罪的规定，依法追究刑事责任；尚不够刑事处罚的，并处2万元以下的罚款；无照经营行为规模较大、社会危害严重的，并处2万元以上20万元以下的罚款；无照经营行为危害人体健康、存在重大安全隐患、威胁公共安全、破坏环境资源的，没收专门用于从事无照经营的工具、设备、原材料、产品（商品）等财物，并处5万元以上50万元以下的罚款。

对无照经营行为的处罚，法律、法规另有规定的，从其规定。

第十五条 知道或者应当知道属于本办法规定的无照经营行为而为

其提供生产经营场所、运输、保管、仓储等条件的，由工商行政管理部门责令立即停止违法行为，没收违法所得，并处2万元以下的罚款；为危害人体健康、存在重大安全隐患、威胁公共安全、破坏环境资源的无照经营行为提供生产经营场所、运输、保管、仓储等条件的，并处5万元以上50万元以下的罚款。

第十六条 当事人擅自动用、调换、转移、损毁被查封、扣押财物的，由工商行政管理部门责令改正，处被动用、调换、转移、损毁财物价值5%以上20%以下的罚款；拒不改正的，处被动用、调换、转移、损毁财物价值1倍以上3倍以下的罚款。

第十七条 许可审批部门查处本办法第四条第一款第（一）项、第（五）项规定的违法行为，应当依照相关法律、法规的规定处罚；相关法律、法规对违法行为的处罚没有规定的，许可审批部门应当依照本办法第十四条、第十五条、第十六条的规定处罚。

第十八条 拒绝、阻碍工商行政管理部门依法查处无照经营行为，构成违反治安管理行为的，由公安机关依照《中华人民共和国治安管理处罚条例》的规定予以处罚；构成犯罪的，依法追究刑事责任。

第十九条 工商行政管理部门、许可审批部门及其工作人员滥用职权、玩忽职守、徇私舞弊，未依照法律、法规的规定核发营业执照、许可证或者其他批准文件，未依照法律、法规的规定吊销营业执照、撤销注册登记、许可证或者其他批准文件，未依照本办法规定的职责和程序查处无照经营行为，或者发现无照经营行为不予查处，或者支持、包庇、纵容无照经营行为，触犯刑律的，对直接负责的主管人员和其他直接责任人员依照刑法关于受贿罪、滥用职权罪、玩忽职守罪或者其他罪的规定，依法追究刑事责任；尚不够刑事处罚的，依法给予降级、撤职直至开除的行政处分。

第二十条 任何单位和个人有权向工商行政管理部门举报无照经营行为，工商行政管理部门一经接到举报，应当立即调查核实，并依法查处。

工商行政管理部门应当为举报人保密，并按照国家有关规定给予奖励。

第二十一条 农民在集贸市场或者地方人民政府指定区域内销售自产的农副产品，不属于本办法规定的无照经营行为。

第二十二条 本办法自2003年3月1日起施行。

特种设备安全监察条例

（2003 年 2 月 19 日国务院第六十八次常务会议通过，
2003 年 3 月 11 日国务院令第 373 号发布）

第一章 总 则

第一条 为了加强特种设备的安全监察，防止和减少事故，保障人民群众生命和财产安全，促进经济发展，制定本条例。

第二条 本条例所称特种设备是指涉及生命安全、危险性较大的锅炉、压力容器（含气瓶，下同）、压力管道、电梯、起重机械、客运索道、大型游乐设施。

前款特种设备的目录由国务院负责特种设备安全监督管理的部门（以下简称国务院特种设备安全监督管理部门）制订，报国务院批准后执行。

第三条 特种设备的生产（含设计、制造、安装、改造、维修，下同）、使用、检验检测及其监督检查，应当遵守本条例，但本条例另有规定的除外。

军事装备、核设施、航空航天器、铁路机车、海上设施和船舶以及煤矿矿井使用的特种设备的安全监察不适用本条例。

房屋建筑工地和市政工程工地用起重机械的安装、使用的监督管理，由建设行政主管部门依照有关法律、法规的规定执行。

第四条 国务院特种设备安全监督管理部门负责全国特种设备的安全监察工作，县以上地方负责特种设备安全监督管理的部门对本行政区域内特种设备实施安全监察（以下统称特种设备安全监督管理部门）。

第五条 特种设备生产、使用单位应当建立健全特种设备安全管理制度和岗位安全责任制度。

特种设备生产、使用单位的主要负责人应当对本单位特种设备的安全全面负责。

特种设备生产、使用单位和特种设备检验检测机构，应当接受特种设备安全监督管理部门依法进行的特种设备安全监察。

第六条 特种设备检验检测机构，应当依照本条例规定，进行检验检测工作，对其检验检测结果、鉴定结论承担法律责任。

第七条 县级以上地方人民政府应当督促、支持特种设备安全监督管理部门依法履行安全监察职责，对特种设备安全监察中存在的重大问题及时予以协调、解决。

第八条 国家鼓励推行科学的管理方法，采用先进技术，提高特种设备安全性能和管理水平，增强特种设备生产、使用单位防范事故的能力，对取得显著成绩的单位和个人，给予奖励。

第九条 任何单位和个人对违反本条例规定的行为，有权向特种设备安全监督管理部门和行政监察等有关部门举报。

特种设备安全监督管理部门应当建立特种设备安全监察举报制度，公布举报电话、信箱或者电子邮件地址，受理对特种设备生产、使用和检验检测违法行为的举报，并及时予以处理。

特种设备安全监督管理部门和行政监察等有关部门应当为举报人保密，并按照国家有关规定给予奖励。

第二章 特种设备的生产

第十条 特种设备生产单位，应当依照本条例规定以及国务院特种设备安全监督管理部门制订并公布的安全技术规范(以下简称安全技术规范)的要求，进行生产活动。

特种设备生产单位对其生产的特种设备的安全性能负责。

第十一条 压力容器的设计单位应当经国务院特种设备安全监督管理部门许可，方可从事压力容器的设计活动。

压力容器的设计单位应当具备下列条件：(一)有与压力容器设计相适应的设计人员、设计审核人员；(二)有与压力容器设计相适应的健全的管理制度和责任制度。

第十二条 锅炉、压力容器中的气瓶(以下简称气瓶)、氧舱和客运索道、大型游乐设施的设计文件，应当经国务院特种设备安全监督管理部门核准的检验检测机构鉴定，方可用于制造。

第十三条 按照安全技术规范的要求，应当进行型式试验的特种设备产品、部件或者试制特种设备新产品、新部件，必须进行整机或者部件的型式试验。

第十四条 锅炉、压力容器、电梯、起重机械、客运索道、大型游乐设施及其安全附件、安全保护装置的制造、安装、改造单位,以及压力管道用管子、管件、阀门、法兰、补偿器、安全保护装置等(以下简称压力管道元件)的制造单位,应当经国务院特种设备安全监督管理部门许可,方可从事相应的活动。

前款特种设备的制造、安装、改造单位应当具备下列条件:(一)有与特种设备制造、安装、改造相适应的专业技术人员和技术工人;(二)有与特种设备制造、安装、改造相适应的生产条件和检测手段;(三)有健全的质量管理制度和责任制度。

第十五条 特种设备出厂时,应当附有安全技术规范要求的设计文件、产品质量合格证明、安装及使用维修说明、监督检验证明等文件。

第十六条 锅炉、压力容器、电梯、起重机械、客运索道、大型游乐设施的维修单位,应当有与特种设备维修相适应的专业技术人员和技术工人以及必要的检测手段,并经省、自治区、直辖市特种设备安全监督管理部门许可,方可从事相应的维修活动。

第十七条 锅炉、压力容器、起重机械、客运索道、大型游乐设施的安装、改造、维修,必须由依照本条例取得许可的单位进行。

电梯的安装、改造、维修,必须由电梯制造单位或者其通过合同委托、同意的依照本条例取得许可的单位进行。电梯制造单位对电梯质量以及安全运行涉及的质量问题负责。

特种设备安装、改造、维修的施工单位应当在施工前将拟进行的特种设备安装、改造、维修情况书面告知直辖市或者设区的市的特种设备安全监督管理部门,告知后即可施工。

第十八条 电梯井道的土建工程必须符合建筑工程质量要求。电梯安装施工过程中,电梯安装单位应当遵守施工现场的安全生产要求,落实现场安全防护措施。电梯安装施工过程中,施工现场的安全生产监督,由有关部门依照有关法律、行政法规的规定执行。

电梯安装施工过程中,电梯安装单位应当服从建筑施工总承包单位对施工现场的安全生产管理,并订立合同,明确各自的安全责任。

第十九条 电梯的制造、安装、改造和维修活动,必须严格遵守安全技术规范的要求。电梯制造单位委托或者同意其他单位进行电梯安装、改造、维修活动的，应当对其安装、改造、维修活动进行安全指导和监控。电梯的安装、改造、维修活动结束后，电梯制造单位应当按照安全技术规范的要求对电梯进行校验和调试，并对校验和调试的结果负责。

第二十条 锅炉、压力容器、电梯、起重机械、客运索道、大型游乐设施的安装、改造、维修竣工后，安装、改造、维修的施工单位应当在验收后30日内将有关技术资料移交使用单位。使用单位应当将其存入该特种设备的安全技术档案。

第二十一条 锅炉、压力容器、压力管道元件、起重机械、大型游乐设施的制造过程和锅炉、压力容器、电梯、起重机械、客运索道、大型游乐设施的安装、改造、重大维修过程，必须经国务院特种设备安全监督管理部门核准的检验检测机构按照安全技术规范的要求进行监督检验；未经监督检验合格的不得出厂或者交付使用。

第二十二条 气瓶充装单位应当经省、自治区、直辖市的特种设备安全监督管理部门许可，方可从事充装活动。

气瓶充装单位应当具备下列条件：（一）有与气瓶充装和管理相适应的管理人员和技术人员；（二）有与气瓶充装和管理相适应的充装设备、检测手段、场地厂房、器具、安全设施和一定的气体储存能力，并能够向使用者提供符合安全技术规范要求的气瓶；（三）有健全的充装安全管理制度、责任制度、紧急处理措施。

气瓶充装单位应当对气瓶使用者安全使用气瓶进行指导，提供服务。

第三章 特种设备的使用

第二十三条 特种设备使用单位，应当严格执行本条例和有关安全生产的法律、行政法规的规定，保证特种设备的安全使用。

第二十四条 特种设备使用单位应当使用符合安全技术规范要求的特种设备。特种设备投入使用前，使用单位应当核对其是否附有本条例第十五条规定的相关文件。

第二十五条 特种设备在投入使用前或者投入使用后30日内，特种设备使用单位应当向直辖市或者设区的市的特种设备安全监督管理部门登记。登记标志应当置于或者附着于该特种设备的显著位置。

第二十六条 特种设备使用单位应当建立特种设备安全技术档案。安全技术档案应当包括以下内容：

（一）特种设备的设计文件、制造单位、产品质量合格证明、使用维护说明等文件以及安装技术文件和资料；（二）特种设备的定期检验和定期自行检查的记录；（三）特种设备的日常使用状况记录；（四）特种设备及其安全附件、安全保护装置、测量调控装置及有关附属仪器仪表的日常维护保养记录；（五）特种设备运行故障和事故记录。

第二十七条 特种设备使用单位应当对在用特种设备进行经常性日常维护保养，并定期自行检查。

特种设备使用单位对在用特种设备应当至少每月进行一次自行检查，并作出记录。特种设备使用单位在对在用特种设备进行自行检查和日常维护保养时发现异常情况的，应当及时处理。

特种设备使用单位应当对在用特种设备的安全附件、安全保护装置、测量调控装置及有关附属仪器仪表进行定期校验、检修，并作出记录。

第二十八条 特种设备使用单位应当按照安全技术规范的定期检验要求，在安全检验合格有效期届满前 1 个月向特种设备检验检测机构提出定期检验要求。

检验检测机构接到定期检验要求后，应当按照安全技术规范的要求及时进行检验。未经定期检验或者检验不合格的特种设备，不得继续使用。

第二十九条 特种设备出现故障或者发生异常情况，使用单位应当对其进行全面检查，消除事故隐患后，方可重新投入使用。

第三十条 特种设备存在严重事故隐患，无改造、维修价值，或者超过安全技术规范规定使用年限，特种设备使用单位应当及时予以报废，并应当向原登记的特种设备安全监督管理部门办理注销。

第三十一条 特种设备使用单位应当制定特种设备的事故应急措施和救援预案。

第三十二条 电梯的日常维护保养必须由依照本条例取得许可的安装、改造、维修单位或者电梯制造单位进行。

电梯应当至少每 15 日进行一次清洁、润滑、调整和检查。

第三十三条 电梯的日常维护保养单位应当在维护保养中严格执行

国家安全技术规范的要求，保证其维护保养的电梯的安全技术性能，并负责落实现场安全防护措施，保证施工安全。

电梯的日常维护保养单位，应当对其维护保养的电梯的安全性能负责。接到故障通知后，应当立即赶赴现场，并采取必要的应急救援措施。

第三十四条 电梯、客运索道、大型游乐设施等为公众提供服务的特种设备运营使用单位，应当设置特种设备安全管理机构或者配备专职的安全管理人员；其他特种设备使用单位，应当根据情况设置特种设备安全管理机构或者配备专职、兼职的安全管理人员。

特种设备的安全管理人员应当对特种设备使用状况进行经常性检查，发现问题的应当立即处理；情况紧急时，可以决定停止使用特种设备并及时报告本单位有关负责人。

第三十五条 客运索道、大型游乐设施的运营使用单位在客运索道、大型游乐设施每日投入使用前，应当进行试运行和例行安全检查，并对安全装置进行检查确认。

电梯、客运索道、大型游乐设施的运营使用单位应当将电梯、客运索道、大型游乐设施的安全注意事项和警示标志置于易于为乘客注意的显著位置。

第三十六条 客运索道、大型游乐设施的运营使用单位的主要负责人应当熟悉客运索道、大型游乐设施的相关安全知识，并全面负责客运索道、大型游乐设施的安全使用。

客运索道、大型游乐设施的运营使用单位的主要负责人至少应当每月召开一次会议，督促、检查客运索道、大型游乐设施的安全使用工作。

客运索道、大型游乐设施的运营使用单位，应当结合本单位的实际情况，配备相应数量的营救装备和急救物品。

第三十七条 电梯、客运索道、大型游乐设施的乘客应当遵守使用安全注意事项的要求，服从有关工作人员的指挥。

第三十八条 电梯投入使用后，电梯制造单位应当对其制造的电梯的安全运行情况进行跟踪调查和了解，对电梯的日常维护保养单位或者电梯的使用单位在安全运行方面存在的问题，提出改进建议，并提供必要的技术帮助。发现电梯存在严重事故隐患的，应当及时向特种设备安全监督管理部门报告。电梯制造单位对调查和了解的情况，应当作出记录。

第三十九条 锅炉、压力容器、电梯、起重机械、客运索道、大型游乐设施的作业人员及其相关管理人员(以下统称特种设备作业人员),应当按照国家有关规定经特种设备安全监督管理部门考核合格,取得国家统一格式的特种作业人员证书,方可从事相应的作业或者管理工作。

第四十条 特种设备使用单位应当对特种设备作业人员进行特种设备安全教育和培训,保证特种设备作业人员具备必要的特种设备安全作业知识。

特种设备作业人员在作业中应当严格执行特种设备的操作规程和有关的安全规章制度。

第四十一条 特种设备作业人员在作业过程中发现事故隐患或者其他不安全因素,应当立即向现场安全管理人员和单位有关负责人报告。

第四章 检验检测

第四十二条 从事本条例规定的监督检验、定期检验、型式试验检验检测工作的特种设备检验检测机构,应当经国务院特种设备安全监督管理部门核准。

特种设备使用单位设立的特种设备检验检测机构,经国务院特种设备安全监督管理部门核准,负责本单位一定范围内的特种设备定期检验、型式试验工作。

第四十三条 特种设备检验检测机构,应当具备下列条件:(一)有与所从事的检验检测工作相适应的检验检测人员;(二)有与所从事的检验检测工作相适应的检验检测仪器和设备;(三)有健全的检验检测管理制度、检验检测责任制度。

第四十四条 特种设备的监督检验、定期检验和型式试验应当由依照本条例经核准的特种设备检验检测机构进行。

特种设备检验检测工作应当符合安全技术规范的要求。

第四十五条 从事本条例规定的监督检验、定期检验和型式试验的特种设备检验检测人员应当经国务院特种设备安全监督管理部门组织考核合格,取得检验检测人员证书,方可从事检验检测工作。

检验检测人员从事检验检测工作,必须在特种设备检验检测机构执业,但不得同时在两个以上检验检测机构中执业。

第四十六条 特种设备检验检测机构和检验检测人员进行特种设备检验检测，应当遵循诚信原则和方便企业的原则，为特种设备生产、使用单位提供可靠、便捷的检验检测服务。

特种设备检验检测机构和检验检测人员对涉及的被检验检测单位的商业秘密，负有保密义务。

第四十七条 特种设备检验检测机构和检验检测人员应当客观、公正、及时地出具检验检测结果、鉴定结论。检验检测结果、鉴定结论经检验检测人员签字后，由检验检测机构负责人签署。

特种设备检验检测机构和检验检测人员对检验检测结果、鉴定结论负责。

国务院特种设备安全监督管理部门应当组织对特种设备检验检测机构的检验检测结果、鉴定结论进行监督抽查。县以上地方负责特种设备安全监督管理的部门在本行政区域内也可以组织监督抽查，但是要防止重复抽查。监督抽查结果应当向社会公布。

第四十八条 特种设备检验检测机构和检验检测人员不得从事特种设备的生产、销售，不得以其名义推荐或者监制、监销特种设备。

第四十九条 特种设备检验检测机构进行特种设备检验检测，发现严重事故隐患，应当及时告知特种设备使用单位，并立即向特种设备安全监督管理部门报告。

第五十条 特种设备检验检测机构和检验检测人员利用检验检测工作故意刁难特种设备生产、使用单位，特种设备生产、使用单位有权向特种设备安全监督管理部门投诉，接到投诉的特种设备安全监督管理部门应当及时进行调查处理。

第五章 监督检查

第五十一条 特种设备安全监督管理部门依照本条例规定，对特种设备生产、使用单位和检验检测机构实施安全监察。

对学校、幼儿园以及车站、客运码头、商场、体育场馆、展览馆、公园等公众聚集场所的特种设备，特种设备安全监督管理部门应当实施重点安全监察。

第五十二条 特种设备安全监督管理部门根据举报或者取得的涉嫌

违法证据，对涉嫌违反本条例规定的行为进行查处时，可以行使下列职权：（一）向特种设备生产、使用单位和检验检测机构的法定代表人、主要负责人和其他有关人员调查、了解与涉嫌从事违反本条例的生产、使用、检验检测有关的情况；（二）查阅、复制特种设备生产、使用单位和检验检测机构的有关合同、发票、账簿以及其他有关资料；（三）对有证据表明不符合安全技术规范要求的或者有其他严重事故隐患的特种设备或者其主要部件，予以查封或者扣押。

第五十三条 依照本条例规定，实施许可、核准、登记的特种设备安全监督管理部门，应当严格依照本条例规定条件和安全技术规范要求对有关事项进行审查；不符合本条例规定条件和安全技术规范要求的，不得许可、核准、登记。

未依法取得许可、核准、登记的单位擅自从事特种设备的生产、使用或者检验检测活动的，特种设备安全监督管理部门应当予以取缔或者依法予以处理。

已经取得许可、核准、登记的特种设备的生产、使用单位和检验检测机构，特种设备安全监督管理部门发现其不再符合本条例规定条件和安全技术规范要求的，应当依法撤销原许可、核准、登记。

第五十四条 特种设备安全监督管理部门在办理本条例规定的有关行政审批事项时，其受理、审查、许可、核准的程序必须公开，并应当自受理申请之日起 30 日内，作出许可、核准或者不予许可、核准的决定；不予许可、核准的，应当书面向申请人说明理由。

第五十五条 地方各级特种设备安全监督管理部门不得以任何形式进行地方保护和地区封锁，不得对已经依照本条例规定在其他地方取得许可的特种设备生产单位重复进行许可，也不得要求对依照本条例规定在其他地方检验检测合格的特种设备，重复进行检验检测。

第五十六条 特种设备安全监督管理部门的安全监察人员（以下简称特种设备安全监察人员）应当熟悉相关法律、法规、规章和安全技术规范，具有相应的专业知识和工作经验，并经国务院特种设备安全监督管理部门考核，取得特种设备安全监察人员证书。

特种设备安全监察人员应当忠于职守、坚持原则、秉公执法。

第五十七条 特种设备安全监督管理部门对特种设备生产、使用单位和检验检测机构实施安全监察时，应当有两名以上特种设备安全监察人员参加，并出示有效的特种设备安全监察人员证件。

第五十八条 特种设备安全监督管理部门对特种设备生产、使用单位和检验检测机构实施安全监察，应当对每次安全监察的内容、发现的问题及处理情况作出记录，并由参加安全监察的特种设备安全监察人员和被检查单位的有关负责人签字后归档。被检查单位的有关负责人拒绝签字的，特种设备安全监察人员应当将情况记录在案。

第五十九条 特种设备安全监督管理部门对特种设备生产、使用单位和检验检测机构进行安全监察时，发现有违反本条例和安全技术规范的行为或者在用的特种设备存在事故隐患的，应当以书面形式发出特种设备安全监察指令，责令有关单位及时采取措施，予以改正或者消除事故隐患。紧急情况下需要采取紧急处置措施的，应当随后补发书面通知。

第六十条 特种设备安全监督管理部门对特种设备生产、使用单位和检验检测机构进行安全监察，发现重大违法行为或者严重事故隐患时，应当在采取必要措施的同时，及时向上级特种设备安全监督管理部门报告。接到报告的特种设备安全监督管理部门应当采取必要措施，及时予以处理。

对违法行为或者严重事故隐患的处理需要当地人民政府和有关部门的支持、配合时，特种设备安全监督管理部门应当报告当地人民政府，并通知其他有关部门。当地人民政府和其他有关部门应当采取必要措施，及时予以处理。

第六十一条 国务院特种设备安全监督管理部门和省、自治区、直辖市特种设备安全监督管理部门应当定期向社会公布特种设备安全状况。

公布特种设备安全状况，应当包括下列内容：(一)在用的特种设备数量；(二)特种设备事故的情况、特点、原因分析、防范对策；(三)其他需要公布的情况。

第六十二条 特种设备发生事故，事故发生单位应当迅速采取有效措施，组织抢救，防止事故扩大，减少人员伤亡和财产损失，并按照国家有关规定，及时、如实地向负有安全生产监督管理职责的部门和特种设备安全监督管理部门等有关部门报告。不得隐瞒不报、谎报或者拖延不报。

第六十三条 特种设备发生事故的，按照国家有关规定进行事故调查，追究责任。

第六章 法律责任

第六十四条 未经许可，擅自从事压力容器设计活动的，由特种设备安全监督管理部门予以取缔，处5万元以上20万元以下罚款；有违法所得的，没收违法所得；触犯刑律的，对负有责任的主管人员和其他直接责任人员依照刑法关于非法经营罪或者其他罪的规定，依法追究刑事责任。

第六十五条 锅炉、气瓶、氧舱和客运索道、大型游乐设施的设计文件，未经国务院特种设备安全监督管理部门核准的检验检测机构鉴定，擅自用于制造的，由特种设备安全监督管理部门责令改正，没收非法制造的产品，处5万元以上20万元以下罚款；触犯刑律的，对负有责任的主管人员和其他直接责任人员依照刑法关于生产、销售伪劣产品罪、非法经营罪或者其他罪的规定，依法追究刑事责任。

第六十六条 按照安全技术规范的要求应当进行型式试验的特种设备产品、部件或者试制特种设备新产品、新部件，未进行整机或者部件型式试验的，由特种设备安全监督管理部门责令限期改正；逾期未改正的，处2万元以上10万元以下罚款。

第六十七条 未经许可，擅自从事锅炉、压力容器、电梯、起重机械、客运索道、大型游乐设施及其安全附件、安全保护装置的制造、安装、改造以及压力管道元件的制造活动的，由特种设备安全监督管理部门予以取缔，没收非法制造的产品，已经实施安装、改造的，责令恢复原状或者责令限期由取得许可的单位重新安装、改造，处5万元以上20万元以下罚款；触犯刑律的，对负有责任的主管人员和其他直接责任人员依照刑法关于生产、销售伪劣产品罪、非法经营罪、重大责任事故罪或者其他罪的规定，依法追究刑事责任。

第六十八条 特种设备出厂时，未按照安全技术规范的要求附有设计文件、产品质量合格证明、安装及使用维修说明、监督检验证明等文件的，由特种设备安全监督管理部门责令改正；情节严重的，责令停止生产、销售，处违法生产、销售货值金额30%以下罚款；有违法所得的，没收违法所得。

第六十九条 未经许可，擅自从事锅炉、压力容器、电梯、起重机械、客运索道、大型游乐设施的维修或者日常维护保养的，由特种设备安全监督管理部门予以取缔，处1万元以上5万元以下罚款；有违法所得的，没收违法所得；触犯刑律的，对负有责任的主管人员和其他直接责任人员依照刑法关于非法经营罪、重大责任事故罪或者其他罪的规定，依法追究刑事责任。

第七十条　锅炉、压力容器、电梯、起重机械、客运索道、大型游乐设施的安装、改造、维修的施工单位，在施工前未将拟进行的特种设备安装、改造、维修情况书面告知直辖市或者设区的市的特种设备安全监督管理部门即行施工的，或者在验收后30日内未将有关技术资料移交锅炉、压力容器、电梯、起重机械、客运索道、大型游乐设施的使用单位的，由特种设备安全监督管理部门责令限期改正；逾期未改正的，处2 000元以上1万元以下罚款。

第七十一条　锅炉、压力容器、压力管道元件、起重机械、大型游乐设施的制造过程和锅炉、压力容器、电梯、起重机械、客运索道、大型游乐设施的安装、改造、重大维修过程，未经国务院特种设备安全监督管理部门核准的检验检测机构按照安全技术规范的要求进行监督检验，出厂或者交付使用的，由特种设备安全监督管理部门责令改正，没收违法生产、销售的产品，已经实施安装、改造或者重大维修的，责令限期进行监督检验，处5万元以上20万元以下的罚款；有违法所得的，没收违法所得；情节严重的，撤销制造、安装、改造或者维修单位已经取得的许可，并由工商行政管理部门吊销其营业执照；触犯刑律的，对负有责任的主管人员和其他直接责任人员依照刑法关于生产、销售伪劣产品罪或者其他罪的规定，依法追究刑事责任。

第七十二条　未经许可，擅自从事气瓶充装活动的，由特种设备安全监督管理部门予以取缔，没收违法充装的气瓶，处5万元以上20万元以下罚款；有违法所得的，没收违法所得；触犯刑律的，对负有责任的主管人员和其他直接责任人员依照刑法关于非法经营罪或者其他罪的规定，依法追究刑事责任。

第七十三条　电梯制造单位有下列情形之一的，由特种设备安全监督管理部门责令限期改正；逾期未改正的，予以通报批评：（一）未依照本条例第十九条的规定对电梯进行校验、调试的；（二）对电梯的安全运行情况进行跟踪调查和了解时,发现存在严重事故隐患,未及时向特种设备安全监督管理部门报告的。

第七十四条 特种设备使用单位有下列情形之一的,由特种设备安全监督管理部门责令限期改正;逾期未改正的,处 2 000 元以上 2 万元以下罚款;情节严重的,责令停止使用或者停产停业整顿:(一)特种设备投入使用前或者投入使用后 30 日内,未向特种设备安全监督管理部门登记,擅自将其投入使用的;(二)未依照本条例第二十六条的规定,建立特种设备安全技术档案的;(三)未依照本条例第二十七条的规定,对在用特种设备进行经常性日常维护保养和定期自行检查的,或者对在用特种设备的安全附件、安全保护装置、测量调控装置及有关附属仪器仪表进行定期校验、检修,并作出记录的;(四)未按照安全技术规范的定期检验要求,在安全检验合格有效期届满前 1 个月向特种设备检验检测机构提出定期检验要求的;(五)使用未经定期检验或者检验不合格的特种设备的;(六)特种设备出现故障或者发生异常情况,未对其进行全面检查、消除事故隐患,继续投入使用的;(七)未制定特种设备的事故应急措施和救援预案的;(八)未依照本条例第三十二条第二款的规定,对电梯进行清洁、润滑、调整和检查的。

第七十五条 特种设备存在严重事故隐患,无改造、维修价值,或者超过安全技术规范规定的使用年限,特种设备使用单位未予以报废,并向原登记的特种设备安全监督管理部门办理注销的,由特种设备安全监督管理部门责令限期改正;逾期未改正的,处 5 万元以上 20 万元以下罚款。

第七十六条 电梯、客运索道、大型游乐设施的运营使用单位有下列情形之一的,由特种设备安全监督管理部门责令限期改正;逾期未改正的,责令停止使用或者停产停业整顿,处 1 万元以上 5 万元以下罚款:(一)客运索道、大型游乐设施每日投入使用前,未进行试运行和例行安全检查,并对安全装置进行检查确认的;(二)未将电梯、客运索道、大型游乐设施的安全注意事项和警示标志置于易于为乘客注意的显著位置的。

第七十七条 特种设备使用单位有下列情形之一的,由特种设备安全监督管理部门责令限期改正;逾期未改正的,责令停止使用或者停产停业整顿,处 2 000 元以上 2 万元以下罚款:(一)未依照本条例规定设置特种设备安全管理机构或者配备专职、兼职的安全管理人员的;(二)从事特种设备作业的人员，未取得相应特种作业人员证书，上岗作业的；（三）未对特种设备作业人员进行特种设备安全教育和培训的。

第七十八条 特种设备使用单位的主要负责人在本单位发生重大特种设备事故时，不立即组织抢救或者在事故调查处理期间擅离职守或者逃匿的，给予降职、撤职的处分；触犯刑律的，依照刑法关于重大责任事故罪或者其他罪的规定，依法追究刑事责任。

特种设备使用单位的主要负责人对特种设备事故隐瞒不报、谎报或者拖延不报的，依照前款规定处罚。

第七十九条 特种设备作业人员违反特种设备的操作规程和有关的安全规章制度操作，或者在作业过程中发现事故隐患或者其他不安全因素，未立即向现场安全管理人员和单位有关负责人报告的，由特种设备使用单位给予批评教育、处分；触犯刑律的，依照刑法关于重大责任事故罪或者其他罪的规定，依法追究刑事责任。

第八十条 未经核准，擅自从事本条例所规定的监督检验、定期检验、型式试验等检验检测活动的，由特种设备安全监督管理部门予以取缔，处 5 万元以上 20 万元以下罚款；有违法所得的，没收违法所得；触犯刑律的，对负有责任的主管人员和其他直接责任人员依照刑法关于非法经营罪或者其他罪的规定，依法追究刑事责任。

第八十一条 特种设备检验检测机构，有下列情形之一的，由特种设备安全监督管理部门处 2 万元以上 10 万元以下罚款；情节严重的，撤销其检验检测资格：（一）检验检测工作不符合安全技术规范的要求；（二）聘用未经特种设备安全监督管理部门组织考核合格并取得检验检测人员证书的人员，从事相关检验检测工作的；（三）在进行特种设备检验检测中，发现严重事故隐患，未及时告知特种设备使用单位，并立即向特种设备安全监督管理部门报告的。

第八十二条 特种设备检验检测机构和检验检测人员，出具虚假的检验检测结果、鉴定结论或者检验检测结果、鉴定结论严重失实的，由特种设备安全监督管理部门对检验检测机构没收违法所得，处 5 万元以上 20 万元以下罚款，情节严重的，撤销其检验检测资格；对检验检测人员处 5 000 元以上 5 万元以下罚款，情节严重的，撤销其检验检测资格，触犯刑律的，依照刑法关于中介组织人员提供虚假证明文件罪、中介组织人员出具证明文件重大失实罪或者其他罪的规定,依法追究刑事责任。

特种设备检验检测机构和检验检测人员,出具虚假的检验检测结果、鉴定结论或者检验检测结果、鉴定结论严重失实,造成损害的,应当承担赔偿责任。

第八十三条 特种设备检验检测机构或者检验检测人员从事特种设备的生产、销售,或者以其名义推荐或者监制、监销特种设备的,由特种设备安全监督管理部门撤销特种设备检验检测机构和检验检测人员的资格,处5万元以上20万元以下罚款;有违法所得的,没收违法所得。

第八十四条 特种设备检验检测机构和检验检测人员利用检验检测工作故意刁难特种设备生产、使用单位,由特种设备安全监督管理部门责令改正;拒不改正的,撤销其检验检测资格。

第八十五条 检验检测人员,从事检验检测工作,不在特种设备检验检测机构执业或者同时在两个以上检验检测机构中执业的,由特种设备安全监督管理部门责令改正,情节严重的,给予停止执业6个月以上2年以下的处罚;有违法所得的,没收违法所得。

第八十六条 特种设备安全监督管理部门及其特种设备安全监察人员,有下列违法行为之一的,对直接负责的主管人员和其他直接责任人员,依法给予降级或者撤职的行政处分;触犯刑律的,依照刑法关于受贿罪、滥用职权罪、玩忽职守罪或者其他罪的规定,依法追究刑事责任:(一)不按照本条例规定的条件和安全技术规范要求,实施许可、核准、登记的;(二)发现未经许可、核准、登记擅自从事特种设备的生产、使用或者检验检测活动不予取缔或者不依法予以处理的;(三)发现特种设备生产、使用单位不再具备本条例规定的条件而不撤销其原许可,或者发现特种设备生产、使用违法行为不予查处的;(四)发现特种设备检验检测机构不再具备本条例规定的条件而不撤销其原核准,或者对其出具虚假的检验检测结果、鉴定结论或者检验检测结果、鉴定结论严重失实的行为不予查处的;(五)对依照本条例规定在其他地方取得许可的特种设备生产单位重复进行许可,或者对依照本条例规定在其他地方检验检测合格的特种设备,重复进行检验检测的;(六)发现有违反本条例和安全技术规范的行为或者在用的特种设备存在严重事故隐患,不立即处理的;(七)发现重大的违法行为或者严重事故隐患,未及时向上级特种设备安全监督管理部门报告，或者接到报告的特种设备安全监督管理部门不立即处理的。

第八十七条 特种设备的生产、使用单位或者检验检测机构，拒不接受特种设备安全监督管理部门依法实施的安全监察的，由特种设备安全监督管理部门责令限期改正；逾期未改正的，责令停产停业整顿，处 2 万元以上 10 万元以下的罚款；触犯刑律的，依照刑法关于妨害公务罪或者其他罪的规定，依法追究刑事责任。

第七章 附 则

第八十八条 本条例下列用语的含义是：

锅炉，是指利用各种燃料、电或者其他能源，将所盛装的液体加热到一定的参数，并承载一定压力的密闭设备，其范围规定为容积大于或者等于 30 L 的承压蒸汽锅炉；出口水压大于或者等于 0.1 MPa(表压)，且额定功率大于或者等于 0.1 MW 的承压热水锅炉；有机热载体锅炉。

压力容器，是指盛装气体或者液体，承载一定压力的密闭设备，其范围规定为最高工作压力大于或者等于 0.1 MPa(表压)，且压力与容积的乘积大于或者等于 2.5 MPa·L 的气体、液化气体和最高工作温度高于或者等于标准沸点的液体的固定式容器和移动式容器；盛装公称工作压力大于或者等于 0.2 MPa(表压)，且压力与容积的乘积大于或者等于 1.0 MPa·L 的气体、液化气体和标准沸点等于或者低于 60 ℃液体的气瓶；氧舱等。

压力管道，是指利用一定的压力，用于输送气体或者液体的管状设备，其范围规定为最高工作压力大于或者等于 0.1 MPa(表压)的气体、液化气体、蒸汽介质或者可燃、易爆、有毒、有腐蚀性、最高工作温度高于或者等于标准沸点的液体介质，且公称直径大于 25 mm 的管道。

电梯，是指动力驱动，利用沿刚性导轨运行的箱体或者沿固定线路运行的梯级(踏步)，进行升降或者平行运送人、货物的机电设备，包括载人(货)电梯、自动扶梯、自动人行道等。

起重机械，是指用于垂直升降或者垂直升降并水平移动重物的机电设备，其范围规定为额定起重量大于或者等于 0.5 t 的升降机；额定起重量大于或者等于 1 t，且提升高度大于或者等于 2 m 的起重机和承重形式固定的电动葫芦等。

客运索道，是指动力驱动，利用柔性绳索牵引箱体等运载工具运送人员的机电设备，包括客运架空索道、客运缆车、客运拖牵索道等。

大型游乐设施，是指用于经营目的，承载乘客游乐的设施，其范围规定为设计最大运行线速度大于或者等于 2 m/s，或者运行高度距地面高于或者等于 2 m 的载人大型游乐设施。

特种设备包括其附属的安全附件、安全保护装置和与安全保护装置相关的设施。

第八十九条 压力管道设计、安装、使用的安全监督管理办法由国务院另行制定。

第九十条 特种设备检验检测机构依照本条例规定实施检验检测，收取费用，依照国家有关规定执行。

第九十一条 本条例自 2003 年 6 月 1 日起施行。1982 年 2 月 6 日国务院发布的《锅炉压力容器安全监察暂行条例》同时废止。

突发公共卫生事件应急条例

（2003 年 5 月 7 日国务院第七次常务会议通过，2003 年 5 月 9 日国务院令第 376 号公布）

第一章 总 则

第一条 为了有效预防、及时控制和消除突发公共卫生事件的危害，保障公众身体健康与生命安全，维护正常的社会秩序，制定本条例。

第二条 本条例所称突发公共卫生事件（以下简称突发事件），是指突然发生，造成或者可能造成社会公众健康严重损害的重大传染病疫情、群体性不明原因疾病、重大食物和职业中毒以及其他严重影响公众健康的事件。

第三条 突发事件发生后，国务院设立全国突发事件应急处理指挥部，由国务院有关部门和军队有关部门组成，国务院主管领导人担任总指挥，负责对全国突发事件应急处理的统一领导、统一指挥。

国务院卫生行政主管部门和其他有关部门，在各自的职责范围内做好突发事件应急处理的有关工作。

第四条 突发事件发生后，省、自治区、直辖市人民政府成立地方突发事件应急处理指挥部，省、自治区、直辖市人民政府主要领导人担任总指挥，负责领导、指挥本行政区域内突发事件应急处理工作。

县级以上地方人民政府卫生行政主管部门，具体负责组织突发事件的调查、控制和医疗救治工作。

县级以上地方人民政府有关部门，在各自的职责范围内做好突发事件应急处理的有关工作。

第五条 突发事件应急工作，应当遵循预防为主、常备不懈的方针，贯彻统一领导、分级负责、反应及时、措施果断、依靠科学、加强合作的原则。

第六条 县级以上各级人民政府应当组织开展防治突发事件相关科学研究，建立突发事件应急流行病学调查、传染源隔离、医疗救护、现场处置、监督检查、监测检验、卫生防护等有关物资、设备、设施、技术与人才资源储备，所需经费列入本级政府财政预算。

国家对边远贫困地区突发事件应急工作给予财政支持。

第七条 国家鼓励、支持开展突发事件监测、预警、反应处理有关技术的国际交流与合作。

第八条 国务院有关部门和县级以上地方人民政府及其有关部门，应当建立严格的突发事件防范和应急处理责任制，切实履行各自的职责，保证突发事件应急处理工作的正常进行。

第九条 县级以上各级人民政府及其卫生行政主管部门，应当对参加突发事件应急处理的医疗卫生人员，给予适当补助和保健津贴；对参加突发事件应急处理作出贡献的人员，给予表彰和奖励；对因参与应急处理工作致病、致残、死亡的人员，按照国家有关规定，给予相应的补助和抚恤。

第二章 预防与应急准备

第十条 国务院卫生行政主管部门按照分类指导、快速反应的要求，制定全国突发事件应急预案，报请国务院批准。

省、自治区、直辖市人民政府根据全国突发事件应急预案，结合本地实际情况，制定本行政区域的突发事件应急预案。

第十一条 全国突发事件应急预案应当包括以下主要内容：

（一）突发事件应急处理指挥部的组成和相关部门的职责；

（二）突发事件的监测与预警；

（三）突发事件信息的收集、分析、报告、通报制度；

（四）突发事件应急处理技术和监测机构及其任务；

（五）突发事件的分级和应急处理工作方案；

（六）突发事件预防、现场控制，应急设施、设备、救治药品和医疗器械以及其他物资和技术的储备与调度；

（七）突发事件应急处理专业队伍的建设和培训。

第十二条 突发事件应急预案应当根据突发事件的变化和实施中发现的问题及时进行修订、补充。

第十三条 地方各级人民政府应当依照法律、行政法规的规定，做好传染病预防和其他公共卫生工作，防范突发事件的发生。

县级以上各级人民政府卫生行政主管部门和其他有关部门，应当对公众开展突发事件应急知识的专门教育，增强全社会对突发事件的防范意识和应对能力。

第十四条 国家建立统一的突发事件预防控制体系。

县级以上地方人民政府应当建立和完善突发事件监测与预警系统。

县级以上各级人民政府卫生行政主管部门，应当指定机构负责开展突发事件的日常监测，并确保监测与预警系统的正常运行。

第十五条 监测与预警工作应当根据突发事件的类别，制定监测计划，科学分析、综合评价监测数据。对早期发现的潜在隐患以及可能发生的突发事件，应当依照本条例规定的报告程序和时限及时报告。

第十六条 国务院有关部门和县级以上地方人民政府及其有关部门，应当根据突发事件应急预案的要求，保证应急设施、设备、救治药品和医疗器械等物资储备。

第十七条 县级以上各级人民政府应当加强急救医疗服务网络的建设，配备相应的医疗救治药物、技术、设备和人员，提高医疗卫生机构应对各类突发事件的救治能力。

设区的市级以上地方人民政府应当设置与传染病防治工作需要相适应的传染病专科医院，或者指定具备传染病防治条件和能力的医疗机构承担传染病防治任务。

第十八条 县级以上地方人民政府卫生行政主管部门，应当定期对医疗卫生机构和人员开展突发事件应急处理相关知识、技能的培训，定期组织医疗卫生机构进行突发事件应急演练，推广最新知识和先进技术。

第三章 报告与信息发布

第十九条 国家建立突发事件应急报告制度。

国务院卫生行政主管部门制定突发事件应急报告规范，建立重大、紧急疫情信息报告系统。

有下列情形之一的，省、自治区、直辖市人民政府应当在接到报告1小时内，向国务院卫生行政主管部门报告：

（一）发生或者可能发生传染病暴发、流行的；

（二）发生或者发现不明原因的群体性疾病的；

（三）发生传染病菌种、毒种丢失的；

（四）发生或者可能发生重大食物和职业中毒事件的。

国务院卫生行政主管部门对可能造成重大社会影响的突发事件，应当立即向国务院报告。

第二十条 突发事件监测机构、医疗卫生机构和有关单位发现有本条例第十九条规定情形之一的，应当在2小时内向所在地县级人民政府卫生行政主管部门报告；接到报告的卫生行政主管部门应当在2小时内向本级人民政府报告，并同时向上级人民政府卫生行政主管部门和国务院卫生行政主管部门报告。

县级人民政府应当在接到报告后2小时内向设区的市级人民政府或者上一级人民政府报告；设区的市级人民政府应当在接到报告后2小时内向省、自治区、直辖市人民政府报告。

第二十一条 任何单位和个人对突发事件，不得隐瞒、缓报、谎报或者授意他人隐瞒、缓报、谎报。

第二十二条 接到报告的地方人民政府、卫生行政主管部门依照本条例规定报告的同时，应当立即组织力量对报告事项调查核实、确证，采取必要的控制措施，并及时报告调查情况。

第二十三条 国务院卫生行政主管部门应当根据发生突发事件的情

况，及时向国务院有关部门和各省、自治区、直辖市人民政府卫生行政主管部门以及军队有关部门通报。

突发事件发生地的省、自治区、直辖市人民政府卫生行政主管部门，应当及时向毗邻省、自治区、直辖市人民政府卫生行政主管部门通报。

接到通报的省、自治区、直辖市人民政府卫生行政主管部门，必要时应当及时通知本行政区域内的医疗卫生机构。

县级以上地方人民政府有关部门，已经发生或者发现可能引起突发事件的情形时，应当及时向同级人民政府卫生行政主管部门通报。

第二十四条 国家建立突发事件举报制度，公布统一的突发事件报告、举报电话。

任何单位和个人有权向人民政府及其有关部门报告突发事件隐患，有权向上级人民政府及其有关部门举报地方人民政府及其有关部门不履行突发事件应急处理职责，或者不按照规定履行职责的情况。接到报告、举报的有关人民政府及其有关部门，应当立即组织对突发事件隐患、不履行或者不按照规定履行突发事件应急处理职责的情况进行调查处理。

对举报突发事件有功的单位和个人，县级以上各级人民政府及其有关部门应当予以奖励。

第二十五条 国家建立突发事件的信息发布制度。

国务院卫生行政主管部门负责向社会发布突发事件的信息。必要时，可以授权省、自治区、直辖市人民政府卫生行政主管部门向社会发布本行政区域内突发事件的信息。

信息发布应当及时、准确、全面。

第四章 应急处理

第二十六条 突发事件发生后，卫生行政主管部门应当组织专家对突发事件进行综合评估，初步判断突发事件的类型，提出是否启动突发事件应急预案的建议。

第二十七条 在全国范围内或者跨省、自治区、直辖市范围内启动全国突发事件应急预案，由国务院卫生行政主管部门报国务院批准后实施。省、自治区、直辖市启动突发事件应急预案，由省、自治区、直辖市人民政府决定，并向国务院报告。

第二十八条 全国突发事件应急处理指挥部对突发事件应急处理工作进行督察和指导，地方各级人民政府及其有关部门应当予以配合。

省、自治区、直辖市突发事件应急处理指挥部对本行政区域内突发事件应急处理工作进行督察和指导。

第二十九条 省级以上人民政府卫生行政主管部门或者其他有关部门指定的突发事件应急处理专业技术机构，负责突发事件的技术调查、确证、处置、控制和评价工作。

第三十条 国务院卫生行政主管部门对新发现的突发传染病，根据危害程度、流行强度，依照《中华人民共和国传染病防治法》的规定及时宣布为法定传染病；宣布为甲类传染病的，由国务院决定。

第三十一条 应急预案启动前，县级以上各级人民政府有关部门应当根据突发事件的实际情况，做好应急处理准备，采取必要的应急措施。

应急预案启动后，突发事件发生地的人民政府有关部门，应当根据预案规定的职责要求，服从突发事件应急处理指挥部的统一指挥，立即到达规定岗位，采取有关的控制措施。

医疗卫生机构、监测机构和科学研究机构，应当服从突发事件应急处理指挥部的统一指挥，相互配合、协作，集中力量开展相关的科学研究工作。

第三十二条 突发事件发生后，国务院有关部门和县级以上地方人民政府及其有关部门，应当保证突发事件应急处理所需的医疗救护设备、救治药品、医疗器械等物资的生产、供应；铁路、交通、民用航空行政主管部门应当保证及时运送。

第三十三条 根据突发事件应急处理的需要，突发事件应急处理指挥部有权紧急调集人员、储备的物资、交通工具以及相关设施、设备；必要时，对人员进行疏散或者隔离，并可以依法对传染病疫区实行封锁。

第三十四条 突发事件应急处理指挥部根据突发事件应急处理的需要，可以对食物和水源采取控制措施。

县级以上地方人民政府卫生行政主管部门应当对突发事件现场等采取控制措施，宣传突发事件防治知识，及时对易受感染的人群和其他易受损害的人群采取应急接种、预防性投药、群体防护等措施。

第三十五条 参加突发事件应急处理的工作人员，应当按照预案的规定，采取卫生防护措施，并在专业人员的指导下进行工作。

第三十六条 国务院卫生行政主管部门或者其他有关部门指定的专业技术机构，有权进入突发事件现场进行调查、采样、技术分析和检验，对地方突发事件的应急处理工作进行技术指导，有关单位和个人应当予以配合；任何单位和个人不得以任何理由予以拒绝。

第三十七条 对新发现的突发传染病、不明原因的群体性疾病、重大食物和职业中毒事件，国务院卫生行政主管部门应当尽快组织力量制定相关的技术标准、规范和控制措施。

第三十八条 交通工具上发现根据国务院卫生行政主管部门的规定需要采取应急控制措施的传染病病人、疑似传染病病人，其负责人应当以最快的方式通知前方停靠点，并向交通工具的营运单位报告。交通工具的前方停靠点和营运单位应当立即向交通工具营运单位行政主管部门和县级以上地方人民政府卫生行政主管部门报告。卫生行政主管部门接到报告后，应当立即组织有关人员采取相应的医学处置措施。

交通工具上的传染病病人密切接触者，由交通工具停靠点的县级以上各级人民政府卫生行政主管部门或者铁路、交通、民用航空行政主管部门，根据各自的职责，依照传染病防治法律、行政法规的规定，采取控制措施。

涉及国境口岸和入出境的人员、交通工具、货物、集装箱、行李、邮包等需要采取传染病应急控制措施的，依照国境卫生检疫法律、行政法规的规定办理。

第三十九条 医疗卫生机构应当对因突发事件致病的人员提供医疗救护和现场救援，对就诊病人必须接诊治疗，并书写详细、完整的病历记录；对需要转送的病人，应当按照规定将病人及其病历记录的复印件转送至接诊的或者指定的医疗机构。

医疗卫生机构内应当采取卫生防护措施，防止交叉感染和污染。

医疗卫生机构应当对传染病病人密切接触者采取医学观察措施，传染病病人密切接触者应当予以配合。

医疗机构收治传染病病人、疑似传染病病人，应当依法报告所在地的疾病预防控制机构。接到报告的疾病预防控制机构应当立即对可能受到危害的人员进行调查，根据需要采取必要的控制措施。

第四十条 传染病暴发、流行时，街道、乡镇以及居民委员会、村民委员会应当组织力量，团结协作，群防群治，协助卫生行政主管部门和其他有关部门、医疗卫生机构做好疫情信息的收集和报告、人员的分散隔离、公共卫生措施的落实工作，向居民、村民宣传传染病防治的相关知识。

第四十一条 对传染病暴发、流行区域内流动人口，突发事件发生地的县级以上地方人民政府应当做好预防工作，落实有关卫生控制措施；对传染病病人和疑似传染病病人，应当采取就地隔离、就地观察、就地治疗的措施。对需要治疗和转诊的，应当依照本条例第三十九条第一款的规定执行。

第四十二条 有关部门、医疗卫生机构应当对传染病做到早发现、早报告、早隔离、早治疗，切断传播途径，防止扩散。

第四十三条 县级以上各级人民政府应当提供必要资金，保障因突发事件致病、致残的人员得到及时、有效的救治。具体办法由国务院财政部门、卫生行政主管部门和劳动保障行政主管部门制定。

第四十四条 在突发事件中需要接受隔离治疗、医学观察措施的病人、疑似病人和传染病病人密切接触者在卫生行政主管部门或者有关机构采取医学措施时应当予以配合；拒绝配合的，由公安机关依法协助强制执行。

第五章 法律责任

第四十五条 县级以上地方人民政府及其卫生行政主管部门未依照本条例的规定履行报告职责，对突发事件隐瞒、缓报、谎报或者授意他人隐瞒、缓报、谎报的，对政府主要领导人及其卫生行政主管部门主要负责人，依法给予降级或者撤职的行政处分；造成传染病传播、流行或者对社会公众健康造成其他严重危害后果的，依法给予开除的行政处分；构成犯罪的，依法追究刑事责任。

第四十六条 国务院有关部门、县级以上地方人民政府及其有关部门未依照本条例的规定，完成突发事件应急处理所需要的设施、设备、药品和医疗器械等物资的生产、供应、运输和储备的，对政府主要领导人和政府部门主要负责人依法给予降级或者撤职的行政处分；造成传染病传播、流行或者对社会公众健康造成其他严重危害后果的，依法给予开除的行政处分；构成犯罪的，依法追究刑事责任。

第四十七条 突发事件发生后，县级以上地方人民政府及其有关部门对上级人民政府有关部门的调查不予配合，或者采取其他方式阻碍、干涉调查的，对政府主要领导人和政府部门主要负责人依法给予降级或者撤职的行政处分；构成犯罪的，依法追究刑事责任。

第四十八条 县级以上各级人民政府卫生行政主管部门和其他有关部门在突发事件调查、控制、医疗救治工作中玩忽职守、失职、渎职的，由本级人民政府或者上级人民政府有关部门责令改正、通报批评、给予警告；对主要负责人、负有责任的主管人员和其他责任人员依法给予降级、撤职的行政处分；造成传染病传播、流行或者对社会公众健康造成其他严重危害后果的，依法给予开除的行政处分；构成犯罪的，依法追究刑事责任。

第四十九条 县级以上各级人民政府有关部门拒不履行应急处理职责的，由同级人民政府或者上级人民政府有关部门责令改正、通报批评、给予警告；对主要负责人、负有责任的主管人员和其他责任人员依法给予降级、撤职的行政处分；造成传染病传播、流行或者对社会公众健康造成其他严重危害后果的，依法给予开除的行政处分；构成犯罪的，依法追究刑事责任。

第五十条 医疗卫生机构有下列行为之一的，由卫生行政主管部门责令改正、通报批评、给予警告；情节严重的，吊销《医疗机构执业许可证》；对主要负责人、负有责任的主管人员和其他直接责任人员依法给予降级或者撤职的纪律处分；造成传染病传播、流行或者对社会公众健康造成其他严重危害后果，构成犯罪的，依法追究刑事责任：

（一）未依照本条例的规定履行报告职责，隐瞒、缓报或者谎报的；

（二）未依照本条例的规定及时采取控制措施的；

（三）未依照本条例的规定履行突发事件监测职责的；

（四）拒绝接诊病人的；

（五）拒不服从突发事件应急处理指挥部调度的。

第五十一条 在突发事件应急处理工作中，有关单位和个人未依照本条例的规定履行报告职责，隐瞒、缓报或者谎报，阻碍突发事件应急处理工作人员执行职务，拒绝国务院卫生行政主管部门或者其他有关部门指定的专业技术机构进入突发事件现场，或者不配合调查、采样、技术分析和检验的，对有关责任人员依法给予行政处分或者纪律处分；触犯《中华人民共和国治安管理处罚条例》，构成违反治安管理行为的，由公安机关依法予以处罚；构成犯罪的，依法追究刑事责任。

第五十二条 在突发事件发生期间，散布谣言、哄抬物价、欺骗消费者，扰乱社会秩序、市场秩序的，由公安机关或者工商行政管理部门依法给予行政处罚；构成犯罪的，依法追究刑事责任。

第六章 附 则

第五十三条 中国人民解放军、武装警察部队医疗卫生机构参与突发事件应急处理的，依照本条例的规定和军队的相关规定执行。

第五十四条 本条例自公布之日起施行。

中华人民共和国渔业船舶检验条例

（2003 年 6 月 11 日国务院第十一次常务会议通过，
2003 年 6 月 27 日国务院令第 383 号公布）

第一章 总 则

第一条 为了规范渔业船舶的检验，保证渔业船舶具备安全航行和作业的条件，保障渔业船舶和渔民生命财产的安全，防止污染环境，依照《中华人民共和国渔业法》，制定本条例。

第二条 在中华人民共和国登记和将要登记的渔业船舶（以下简称渔业船舶）的检验，适用本条例。从事国际航运的渔业辅助船舶除外。

第三条 国务院渔业行政主管部门主管全国渔业船舶检验及其监督管理工作。

中华人民共和国渔业船舶检验局（以下简称国家渔业船舶检验机构）行使渔业船舶检验及其监督管理职能。

地方渔业船舶检验机构依照本条例规定，负责有关的渔业船舶检验工作。

各级公安边防、质量监督和工商行政管理等部门，应当在各自的职责范围内对渔业船舶检验和监督管理工作予以协助。

第四条 国家对渔业船舶实行强制检验制度。强制检验分为初次检验、营运检验和临时检验。

第五条 渔业船舶检验，应当遵循安全第一、保证质量和方便渔民的原则。

第二章 初次检验

第六条 渔业船舶的初次检验，是指渔业船舶检验机构在渔业船舶投入营运前对其所实施的全面检验。

第七条 下列渔业船舶的所有者或者经营者应当申报初次检验：

（一）制造的渔业船舶；

（二）改造的渔业船舶（包括非渔业船舶改为渔业船舶、国内作业的渔业船舶改为远洋作业的渔业船舶）；

（三）进口的渔业船舶。

第八条 制造、改造的渔业船舶，其设计图纸、技术文件应当经渔业船舶检验机构审查批准，并在开工制造、改造前申报初次检验。渔业船舶检验机构应当自收到设计图纸、技术文件之日起20个工作日内作出审查决定，并书面通知当事人。

设计、制造、改造渔业船舶的单位应当符合国家规定的条件，并遵守国家渔业船舶技术规则。

第九条 制造、改造的渔业船舶的初次检验，应当与渔业船舶的制造、改造同时进行。

用于制造、改造渔业船舶的有关航行、作业和人身财产安全以及防止污染环境的重要设备、部件和材料，在使用前应当经渔业船舶检验机构检验，检验合格的方可使用。

前款规定必须检验的重要设备、部件和材料的目录，由国务院渔业行政主管部门制定。

第十条 进口的渔业船舶，其设计图纸、技术文件应当经渔业船舶检验机构审查确认，并在投入营运前申报初次检验。进口旧渔业船舶，进口前还应当取得国家渔业船舶检验机构出具的旧渔业船舶技术评定证书。

第十一条 渔业船舶检验机构对检验合格的渔业船舶，应当自检验完毕之日起5个工作日内签发渔业船舶检验证书；经检验不合格的，应当书面通知当事人，并说明理由。

经检验合格的渔业船舶，任何单位和个人不得擅自改变其吨位、载重线、主机功率、人员定额和适航区域；不得擅自拆除其有关航行、作业和人身财产安全以及防止污染环境的重要设备、部件。确需改变或者拆除的，应当经原渔业船舶检验机构核准。

第十二条 进口的渔业船舶和远洋渔业船舶的初次检验，由国家渔业船舶检验机构统一组织实施。其他渔业船舶的初次检验，由船籍港渔业船舶检验机构负责实施；渔业船舶的制造地或者改造地与船籍港不一致的，初次检验由制造地或者改造地渔业船舶检验机构实施；该渔业船舶检验机构应当自检验完毕之日起5个工作日内，将检验报告、检验记录等技术资料移交船籍港渔业船舶检验机构。

第三章 营运检验

第十三条 渔业船舶的营运检验，是指渔业船舶检验机构对营运中的渔业船舶所实施的常规性检验。

第十四条 营运中的渔业船舶的所有者或者经营者应当按照国务院渔业行政主管部门规定的时间申报营运检验。

渔业船舶检验机构应当按照国务院渔业行政主管部门的规定，根据渔业船舶运行年限和安全要求对下列项目实施检验：

（一）渔业船舶的结构和机电设备；

（二）与渔业船舶安全有关的设备、部件；

（三）与防止污染环境有关的设备、部件；

（四）国务院渔业行政主管部门规定的其他检验项目。

第十五条 渔业船舶检验机构应当自申报营运检验的渔业船舶到达受检地之日起3个工作日内实施检验。经检验合格的，应当自检验完毕之日起5个工作日内在渔业船舶检验证书上签署意见或者签发渔业船舶检验证书；签发境外受检的远洋渔业船舶的检验证书，可以延长至15个工作日。经检验不合格的，应当书面通知当事人，并说明理由。

第十六条 渔业船舶经检验需要维修的，该船舶的所有者或者经营者应当选择符合国家规定条件的维修单位。维修渔业船舶应当遵守国家渔业船舶技术规则。

用于维修渔业船舶的有关航行、作业和人身财产安全以及防止污染环境的重要设备、部件和材料，在使用前应当经渔业船舶检验机构检验，检验合格的方可使用。

第十七条 营运中的渔业船舶需要更换有关航行、作业和人身财产安全以及防止污染环境的重要设备、部件和材料的，该船舶的所有者或者经营者应当遵守本条例第十六条第二款的规定。

第十八条 远洋渔业船舶的营运检验，由国家渔业船舶检验机构统一组织实施。其他渔业船舶的营运检验，由船籍港渔业船舶检验机构负责实施；因故不能回船籍港进行营运检验的渔业船舶，由船籍港渔业船舶检验机构委托船舶的营运地或者维修地渔业船舶检验机构实施检验；实施检验的渔业船舶检验机构应当自检验完毕之日起5个工作日内将检验报告、检验记录等技术资料移交船籍港渔业船舶检验机构。

第四章 临时检验

第十九条 渔业船舶的临时检验，是指渔业船舶检验机构对营运中的渔业船舶出现特定情形时所实施的非常规性检验。

第二十条 有下列情形之一的渔业船舶，其所有者或者经营者应当申报临时检验：

（一）因检验证书失效而无法及时回船籍港的；

（二）因不符合水上交通安全或者环境保护法律、法规的有关要求被责令检验的；

（三）具有国务院渔业行政主管部门规定的其他特定情形的。

第二十一条 渔业船舶检验机构应当自申报临时检验的渔业船舶到达受检地之日起2个工作日内实施检验。经检验合格的，应当自检验完毕之日起3个工作日内在渔业船舶检验证书上签署意见或者签发渔业船舶检验证书；经检验不合格的，应当书面通知当事人，并说明理由。

第二十二条 渔业船舶临时检验的管辖权限划分，依照本条例第十八条关于营运检验管辖权限的规定执行。

第五章 监督管理

第二十三条 有下列情形之一的渔业船舶，渔业船舶检验机构不得受理检验：

（一）设计图纸、技术文件未经渔业船舶检验机构审查批准或者确认的；

（二）违反本条例第八条第二款和第九条第二款规定制造、改造的；

（三）违反本条例第十六条、第十七条规定维修的；

（四）按照国家有关规定应当报废的。

第二十四条 地方渔业船舶检验机构应当在国家渔业船舶检验机构核定的范围内开展检验业务。

第二十五条 从事渔业船舶检验的人员应当经国家渔业船舶检验机构考核合格后，方可从事相应的渔业船舶检验工作。

第二十六条 渔业船舶检验机构及其检验人员应当严格遵守渔业船舶检验规则，实施现场检验，并对检验结论负责。

渔业船舶检验规则由国家渔业船舶检验机构制定，经国务院渔业行政主管部门批准后公布实施。

对具有新颖性的渔业船舶或者船用产品，国家尚未制定相应的检验规则的，可以适用国家渔业船舶检验机构认可的检验规则。

第二十七条 当事人对地方渔业船舶检验机构的检验结论有异议的，可以按照国务院渔业行政主管部门的规定申请复验。

第二十八条 渔业船舶的检验收费，按照国务院价格主管部门、财政部门规定的收费标准执行。

第二十九条 渔业船舶的检验证书、检验记录、检验报告的式样和检验业务印章，由国家渔业船舶检验机构统一规定。

第三十条 渔业船舶检验人员依法履行职能时，有权对渔业船舶的检验证书和技术状况进行检查，有关单位和个人应当给予配合。

重大渔业船舶海损事故的调查处理，应当有渔业船舶检验机构的检验人员参加。

第三十一条 有下列情形之一的渔业船舶，其所有者或者经营者应当在渔业船舶报废、改籍、改造之日前 7 个工作日内或者自渔业船舶灭失之日起20个工作日内，向渔业船舶检验机构申请注销其渔业船舶检验证书；逾期不申请的，渔业船舶检验证书自渔业船舶改籍、改造完毕之日起或者渔业船舶报废、灭失之日起失效，并由渔业船舶检验机构注销渔业船舶检验证书：

（一）按照国家有关规定报废的；

（二）中国籍改为外国籍的；

（三）渔业船舶改为非渔业船舶的；

（四）因沉没等原因灭失的。

第六章　法律责任

第三十二条　违反本条例规定，渔业船舶未经检验、未取得渔业船舶检验证书擅自下水作业的，没收该渔业船舶。

按照规定应当报废的渔业船舶继续作业的，责令立即停止作业，收缴失效的渔业船舶检验证书，强制拆解应当报废的渔业船舶，并处2 000元以上5万元以下的罚款；构成犯罪的，依法追究刑事责任。

第三十三条　违反本条例规定，渔业船舶应当申报营运检验或者临时检验而不申报的，责令立即停止作业，限期申报检验；逾期仍不申报检验的，处1000元以上1万元以下的罚款，并可以暂扣渔业船舶检验证书。

第三十四条　违反本条例规定，有下列行为之一的，责令立即改正，处2000元以上2万元以下的罚款；正在作业的，责令立即停止作业；拒不改正或者拒不停止作业的，强制拆除非法使用的重要设备、部件和材料或者暂扣渔业船舶检验证书；构成犯罪的，依法追究刑事责任：

（一）使用未经检验合格的有关航行、作业和人身财产安全以及防止污染环境的重要设备、部件和材料，制造、改造、维修渔业船舶的；

（二）擅自拆除渔业船舶上有关航行、作业和人身财产安全以及防止污染环境的重要设备、部件的；

（三）擅自改变渔业船舶的吨位、载重线、主机功率、人员定额和适航区域的。

第三十五条　渔业船舶检验机构的工作人员未经考核合格从事渔业船舶检验工作的，责令其立即停止检验工作，处1000元以上5000元以下的罚款。

第三十六条　违反本条例规定，有下列情形之一的，责令立即改正，对直接负责的主管人员和其他直接责任人员，依法给予降级、撤职、取消检验资格的处分；构成犯罪的，依法追究刑事责任；已签发的渔业船舶检验证书无效：

（一）未按照国务院渔业行政主管部门的有关规定实施检验的；

（二）所签发的渔业船舶检验证书或者检验记录、检验报告与渔业船舶实际情况不相符的；

（三）超越规定的权限进行渔业船舶检验的。

第三十七条 伪造、变造渔业船舶检验证书、检验记录和检验报告，或者私刻渔业船舶检验业务印章的，应当予以没收；构成犯罪的，依法追究刑事责任。

第三十八条 本条例规定的行政处罚，由县级以上人民政府渔业行政主管部门或者其所属的渔业行政执法机构依据职权决定。

前款规定的行政处罚决定机关及其工作人员利用职务上的便利收取他人财物、其他好处，或者不履行监督职责、发现违法行为不予查处，或者有其他玩忽职守、滥用职权、徇私舞弊行为，构成犯罪的，依法追究直接负责的主管人员和其他直接责任人员的刑事责任；尚不构成犯罪的，依法给予行政处分。

第七章 附 则

第三十九条 外国籍渔业船舶，其船旗国委托中华人民共和国检验的，依照本条例的规定执行。

第四十条 本条例自2003年8月1日起施行。

中华人民共和国认证认可条例

（2003年8月20日国务院第十八次常务会议通过，2003年9月3日国务院令第390号公布）

第一章 总 则

第一条 为了规范认证认可活动，提高产品、服务的质量和管理水平,促进经济和社会的发展,制定本条例。

第二条 本条例所称认证,是指由认证机构证明产品、服务、管理体系符合相关技术规范、相关技术规范的强制性要求或者标准的合格评定活动。

本条例所称认可,是指由认可机构对认证机构、检查机构、实验室以及从事评审、审核等认证活动人员的能力和执业资格,予以承认的合格评定活动。

第三条 在中华人民共和国境内从事认证认可活动,应当遵守本条例。

第四条 国家实行统一的认证认可监督管理制度。

国家对认证认可工作实行在国务院认证认可监督管理部门统一管理、监督和综合协调下,各有关方面共同实施的工作机制。

第五条 国务院认证认可监督管理部门应当依法对认证培训机构、认证咨询机构的活动加强监督管理。

第六条 认证认可活动应当遵循客观独立、公开公正、诚实信用的原则。

第七条 国家鼓励平等互利地开展认证认可国际互认活动。认证认可国际互认活动不得损害国家安全和社会公共利益。

第八条 从事认证认可活动的机构及其人员,对其所知悉的国家秘密和商业秘密负有保密义务。

第二章 认证机构

第九条 设立认证机构,应当经国务院认证认可监督管理部门批准,并依法取得法人资格后,方可从事批准范围内的认证活动。

未经批准,任何单位和个人不得从事认证活动。

第十条 设立认证机构,应当符合下列条件:

(一) 有固定的场所和必要的设施;

(二) 有符合认证认可要求的管理制度;

(三) 注册资本不得少于人民币 300 万元;

(四) 有 10 名以上相应领域的专职认证人员。

从事产品认证活动的认证机构,还应当具备与从事相关产品认证活动相适应的检测、检查等技术能力。

第十一条　设立外商投资的认证机构除应当符合本条例第十条规定的条件外，还应当符合下列条件：

（一）外方投资者取得其所在国家或者地区认可机构的认可；

（二）外方投资者具有 3 年以上从事认证活动的业务经历。

设立外商投资认证机构的申请、批准和登记，按照有关外商投资法律、行政法规和国家有关规定办理。

第十二条　设立认证机构的申请和批准程序：

（一）设立认证机构的申请人，应当向国务院认证认可监督管理部门提出书面申请，并提交符合本条例第十条规定条件的证明文件。

（二）国务院认证认可监督管理部门自受理认证机构设立申请之日起 90 日内，应当作出是否批准的决定。涉及国务院有关部门职责的，应当征求国务院有关部门的意见。决定批准的，向申请人出具批准文件，决定不予批准的，应当书面通知申请人，并说明理由。

（三）申请人凭国务院认证认可监督管理部门出具的批准文件，依法办理登记手续。

国务院认证认可监督管理部门应当公布依法设立的认证机构名录。

第十三条　境外认证机构在中华人民共和国境内设立代表机构，须经批准，并向工商行政管理部门依法办理登记手续后，方可从事与所从属机构的业务范围相关的推广活动，但不得从事认证活动。

境外认证机构在中华人民共和国境内设立代表机构的申请、批准和登记，按照有关外商投资法律、行政法规和国家有关规定办理。

第十四条　认证机构不得与行政机关存在利益关系。

认证机构不得接受任何可能对认证活动的客观公正产生影响的资助；不得从事任何可能对认证活动的客观公正产生影响的产品开发、营销等活动。

认证机构不得与认证委托人存在资产、管理方面的利益关系。

第十五条　认证人员从事认证活动，应当在一个认证机构执业，不得同时在两个以上认证机构执业。

第十六条　向社会出具具有证明作用的数据和结果的检查机构、实验室，应当具备有关法律、行政法规规定的基本条件和能力，并依法经认定后，方可从事相应活动，认定结果由国务院认证认可监督管理部门公布。

第三章 认 证

第十七条 国家根据经济和社会发展的需要，推行产品、服务、管理体系认证。

第十八条 认证机构应当按照认证基本规范、认证规则从事认证活动。认证基本规范、认证规则由国务院认证认可监督管理部门制定；涉及国务院有关部门职责的，国务院认证认可监督管理部门应当会同国务院有关部门制定。

属于认证新领域，前款规定的部门尚未制定认证规则的，认证机构可以自行制定认证规则，并报国务院认证认可监督管理部门备案。

第十九条 任何法人、组织和个人可以自愿委托依法设立的认证机构进行产品、服务、管理体系认证。

第二十条 认证机构不得以委托人未参加认证咨询或者认证培训等为理由，拒绝提供本认证机构业务范围内的认证服务，也不得向委托人提出与认证活动无关的要求或者限制条件。

第二十一条 认证机构应当公开认证基本规范、认证规则、收费标准等信息。

第二十二条 认证机构以及与认证有关的检查机构、实验室从事认证以及与认证有关的检查、检测活动，应当完成认证基本规范、认证规则规定的程序，确保认证、检查、检测的完整、客观、真实，不得增加、减少、遗漏程序。

认证机构以及与认证有关的检查机构、实验室应当对认证、检查、检测过程作出完整记录，归档留存。

第二十三条 认证机构及其认证人员应当及时作出认证结论，并保证认证结论的客观、真实。认证结论经认证人员签字后，由认证机构负责人签署。

认证机构及其认证人员对认证结果负责。

第二十四条 认证结论为产品、服务、管理体系符合认证要求的，认证机构应当及时向委托人出具认证证书。

第二十五条 获得认证证书的，应当在认证范围内使用认证证书和认证标志，不得利用产品、服务认证证书、认证标志和相关文字、符号，误导公众认为其管理体系已通过认证，也不得利用管理体系认证证书、认证标志和相关文字、符号，误导公众认为其产品、服务已通过认证。

第二十六条 认证机构可以自行制定认证标志，并报国务院认证认可监督管理部门备案。

认证机构自行制定的认证标志的式样、文字和名称，不得违反法律、行政法规的规定，不得与国家推行的认证标志相同或者近似，不得妨碍社会管理，不得有损社会道德风尚。

第二十七条 认证机构应当对其认证的产品、服务、管理体系实施有效的跟踪调查，认证的产品、服务、管理体系不能持续符合认证要求的，认证机构应当暂停其使用直至撤销认证证书，并予公布。

第二十八条 为了保护国家安全、防止欺诈行为、保护人体健康或者安全、保护动植物生命或者健康、保护环境，国家规定相关产品必须经过认证的，应当经过认证并标注认证标志后，方可出厂、销售、进口或者在其他经营活动中使用。

第二十九条 国家对必须经过认证的产品，统一产品目录，统一技术规范的强制性要求、标准和合格评定程序，统一标志，统一收费标准。

统一的产品目录(以下简称目录)由国务院认证认可监督管理部门会同国务院有关部门制定、调整，由国务院认证认可监督管理部门发布，并会同有关方面共同实施。

第三十条 列入目录的产品，必须经国务院认证认可监督管理部门指定的认证机构进行认证。

列入目录产品的认证标志，由国务院认证认可监督管理部门统一规定。

第三十一条 列入目录的产品，涉及进出口商品检验目录的，应当在进出口商品检验时简化检验手续。

第三十二条 国务院认证认可监督管理部门指定的从事列入目录产品认证活动的认证机构以及与认证有关的检查机构、实验室(以下简称指定的认证机构、检查机构、实验室)，应当是长期从事相关业务、无不良记录，且已经依照本条例的规定取得认可、具备从事相关认证活动能力的机构。国务院认证认可监督管理部门指定从事列入目录产品认证活动的认证机构，应当确保在每一列入目录产品领域至少指定两家符合本条例规定条件的机构。

国务院认证认可监督管理部门指定前款规定的认证机构、检查机构、实验室，应当事先公布有关信息，并组织在相关领域公认的专家组成专家评审委员会，对符合前款规定要求的认证机构、检查机构、实验室进行评审；经评审并征求国务院有关部门意见后，按照资源合理利用、公平竞争和便利、有效的原则，在公布的时间内作出决定。

第三十三条 国务院认证认可监督管理部门应当公布指定的认证机构、检查机构、实验室名录及指定的业务范围。

未经指定，任何机构不得从事列入目录产品的认证以及与认证有关的检查、检测活动。

第三十四条 列入目录产品的生产者或者销售者、进口商，均可自行委托指定的认证机构进行认证。

第三十五条 指定的认证机构、检查机构、实验室应当在指定业务范围内，为委托人提供方便、及时的认证、检查、检测服务，不得拖延，不得歧视、刁难委托人，不得牟取不当利益。

指定的认证机构不得向其他机构转让指定的认证业务。

第三十六条 指定的认证机构、检查机构、实验室开展国际互认活动，应当在国务院认证认可监督管理部门或者经授权的国务院有关部门对外签署的国际互认协议框架内进行。

第四章 认　　可

第三十七条 国务院认证认可监督管理部门确定的认可机构（以下简称认可机构），独立开展认可活动。

除国务院认证认可监督管理部门确定的认可机构外，其他任何单位不得直接或者变相从事认可活动。其他单位直接或者变相从事认可活动的，其认可结果无效。

第三十八条 认证机构、检查机构、实验室可以通过认可机构的认可，以保证其认证、检查、检测能力持续、稳定地符合认可条件。

第三十九条 从事评审、审核等认证活动的人员，应当经认可机构注册后,方可从事相应的认证活动。

第四十条 认可机构应当具有与其认可范围相适应的质量体系,并建立内部审核制度,保证质量体系的有效实施。

第四十一条 认可机构根据认可的需要,可以选聘从事认可评审活动的人员。从事认可评审活动的人员应当是相关领域公认的专家,熟悉有关法律、行政法规以及认可规则和程序,具有评审所需要的良好品德、专业知识和业务能力。

第四十二条 认可机构委托他人完成与认可有关的具体评审业务的,由认可机构对评审结论负责。

第四十三条 认可机构应当公开认可条件、认可程序、收费标准等信息。

认可机构受理认可申请,不得向申请人提出与认可活动无关的要求或者限制条件。

第四十四条 认可机构应当在公布的时间内,按照国家标准和国务院认证认可监督管理部门的规定,完成对认证机构、检查机构、实验室的评审,作出是否给予认可的决定,并对认可过程作出完整记录,归档留存。认可机构应当确保认可的客观公正和完整有效,并对认可结论负责。

认可机构应当向取得认可的认证机构、检查机构、实验室颁发认可证书,并公布取得认可的认证机构、检查机构、实验室名录。

第四十五条 认可机构应当按照国家标准和国务院认证认可监督管理部门的规定,对从事评审、审核等认证活动的人员进行考核,考核合格的,予以注册。

第四十六条 认可证书应当包括认可范围、认可标准、认可领域和有效期限。

认可证书的格式和认可标志的式样须经国务院认证认可监督管理部门批准。

第四十七条 取得认可的机构应当在取得认可的范围内使用认可证书和认可标志。取得认可的机构不当使用认可证书和认可标志的,认可机构应当暂停其使用直至撤销认可证书,并予公布。

第四十八条 认可机构应当对取得认可的机构和人员实施有效的跟踪监督,定期对取得认可的机构进行复评审,以验证其是否持续符合认可条件。取得认可的机构和人员不再符合认可条件的，认可机构应当撤销认可证书，并予公布。

取得认可的机构的从业人员和主要负责人、设施、自行制定的认证规则等与认可条件相关的情况发生变化的，应当及时告知认可机构。

第四十九条 认可机构不得接受任何可能对认可活动的客观公正产生影响的资助。

第五十条 境内的认证机构、检查机构、实验室取得境外认可机构认可的，应当向国务院认证认可监督管理部门备案。

第五章 监督管理

第五十一条 国务院认证认可监督管理部门可以采取组织同行评议，向被认证企业征求意见，对认证活动和认证结果进行抽查，要求认证机构以及与认证有关的检查机构、实验室报告业务活动情况的方式，对其遵守本条例的情况进行监督。发现有违反本条例行为的，应当及时查处，涉及国务院有关部门职责的，应当及时通报有关部门。

第五十二条 国务院认证认可监督管理部门应当重点对指定的认证机构、检查机构、实验室进行监督，对其认证、检查、检测活动进行定期或者不定期的检查。指定的认证机构、检查机构、实验室，应当定期向国务院认证认可监督管理部门提交报告，并对报告的真实性负责；报告应当对从事列入目录产品认证、检查、检测活动的情况作出说明。

第五十三条 认可机构应当定期向国务院认证认可监督管理部门提交报告，并对报告的真实性负责；报告应当对认可机构执行认可制度的情况、从事认可活动的情况、从业人员的工作情况作出说明。

国务院认证认可监督管理部门应当对认可机构的报告作出评价，并采取查阅认可活动档案资料、向有关人员了解情况等方式，对认可机构实施监督。

第五十四条 国务院认证认可监督管理部门可以根据认证认可监督管理的需要，就有关事项询问认可机构、认证机构、检查机构、实验室的主要负责人，调查了解情况，给予告诫，有关人员应当积极配合。

第五十五条 省、自治区、直辖市人民政府质量技术监督部门和国务院质量监督检验检疫部门设在地方的出入境检验检疫机构，在国务院认证认可监督管理部门的授权范围内，依照本条例的规定对认证活动实施监督管理。

国务院认证认可监督管理部门授权的省、自治区、直辖市人民政府质量技术监督部门和国务院质量监督检验检疫部门设在地方的出入境检验检疫机构，统称地方认证监督管理部门。

第五十六条 任何单位和个人对认证认可违法行为，有权向国务院认证认可监督管理部门和地方认证监督管理部门举报。国务院认证认可监督管理部门和地方认证监督管理部门应当及时调查处理，并为举报人保密。

第六章 法律责任

第五十七条 未经批准擅自从事认证活动的，予以取缔，处10万元以上50万元以下的罚款，有违法所得的，没收违法所得。

第五十八条 境外认证机构未经批准在中华人民共和国境内设立代表机构的，予以取缔，处5万元以上20万元以下的罚款。

经批准设立的境外认证机构代表机构在中华人民共和国境内从事认证活动的，责令改正，处10万元以上50万元以下的罚款，有违法所得的，没收违法所得；情节严重的，撤销批准文件，并予公布。

第五十九条 认证机构接受可能对认证活动的客观公正产生影响的资助，或者从事可能对认证活动的客观公正产生影响的产品开发、营销等活动，或者与认证委托人存在资产、管理方面的利益关系的，责令停业整顿；情节严重的，撤销批准文件，并予公布；有违法所得的，没收违法所得；构成犯罪的，依法追究刑事责任。

第六十条 认证机构有下列情形之一的，责令改正，处5万元以上20万元以下的罚款，有违法所得的，没收违法所得；情节严重的，责令停业整顿，直至撤销批准文件，并予公布：

（一）超出批准范围从事认证活动的；

（二）增加、减少、遗漏认证基本规范、认证规则规定的程序的；

（三）未对其认证的产品、服务、管理体系实施有效的跟踪调查，或者发现其认证的产品、服务、管理体系不能持续符合认证要求，不及时暂停其使用或者撤销认证证书并予公布的；

（四）聘用未经认可机构注册的人员从事认证活动的。

与认证有关的检查机构、实验室增加、减少、遗漏认证基本规范、认证规则规定的程序的，依照前款规定处罚。

第六十一条 认证机构有下列情形之一的，责令限期改正；逾期未改正的，处2万元以上10万元以下的罚款：

（一）以委托人未参加认证咨询或者认证培训等为理由，拒绝提供本认证机构业务范围内的认证服务，或者向委托人提出与认证活动无关的要求或者限制条件的；

（二）自行制定的认证标志的式样、文字和名称，与国家推行的认证标志相同或者近似，或者妨碍社会管理，或者有损社会道德风尚的；

（三）未公开认证基本规范、认证规则、收费标准等信息的；

（四）未对认证过程作出完整记录，归档留存的；

（五）未及时向其认证的委托人出具认证证书的。

与认证有关的检查机构、实验室未对与认证有关的检查、检测过程作出完整记录，归档留存的，依照前款规定处罚。

第六十二条 认证机构出具虚假的认证结论，或者出具的认证结论严重失实的，撤销批准文件，并予公布；对直接负责的主管人员和负有直接责任的认证人员，撤销其执业资格；构成犯罪的，依法追究刑事责任；造成损害的，认证机构应当承担相应的赔偿责任。

指定的认证机构有前款规定的违法行为的，同时撤销指定。

第六十三条 认证人员从事认证活动，不在认证机构执业或者同时在两个以上认证机构执业的，责令改正，给予停止执业6个月以上2年以下的处罚，仍不改正的，撤销其执业资格。

第六十四条 认证机构以及与认证有关的检查机构、实验室未经指定擅自从事列入目录产品的认证以及与认证有关的检查、检测活动的，责令改正，处10万元以上50万元以下的罚款，有违法所得的，没收违法所得。

认证机构未经指定擅自从事列入目录产品的认证活动的，撤销批准文件，并予公布。

第六十五条 指定的认证机构、检查机构、实验室超出指定的业务范围从事列入目录产品的认证以及与认证有关的检查、检测活动的，责令改正，处10万元以上50万元以下的罚款，有违法所得的，没收违法所得；情节严重的，撤销指定直至撤销批准文件，并予公布。

指定的认证机构转让指定的认证业务的，依照前款规定处罚。

第六十六条 认证机构、检查机构、实验室取得境外认可机构认可，未向国务院认证认可监督管理部门备案的，给予警告，并予公布。

第六十七条 列入目录的产品未经认证，擅自出厂、销售、进口或者在其他经营活动中使用的，责令改正，处5万元以上20万元以下的罚款，有违法所得的，没收违法所得。

第六十八条 认可机构有下列情形之一的，责令改正；情节严重的，对主要负责人和负有责任的人员撤职或者解聘：

（一）对不符合认可条件的机构和人员予以认可的；

（二）发现取得认可的机构和人员不符合认可条件，不及时撤销认可证书，并予公布的；

（三）接受可能对认可活动的客观公正产生影响的资助的。

被撤职或者解聘的认可机构主要负责人和负有责任的人员，自被撤职或者解聘之日起5年内不得从事认可活动。

第六十九条 认可机构有下列情形之一的，责令改正；对主要负责人和负有责任的人员给予警告：

（一）受理认可申请，向申请人提出与认可活动无关的要求或者限制条件的；

（二）未在公布的时间内完成认可活动，或者未公开认可条件、认可程序、收费标准等信息的；

（三）发现取得认可的机构不当使用认可证书和认可标志，不及时暂停其使用或者撤销认可证书并予公布的；

（四）未对认可过程作出完整记录，归档留存的。

第七十条 国务院认证认可监督管理部门和地方认证监督管理部门及其工作人员，滥用职权、徇私舞弊、玩忽职守，有下列行为之一的，对直接负责的主管人员和其他直接责任人员，依法给予降级或者撤职的行政处分；构成犯罪的，依法追究刑事责任：

（一）不按照本条例规定的条件和程序，实施批准和指定的；

（二）发现认证机构不再符合本条例规定的批准或者指定条件，不撤销批准文件或者指定的；

（三）发现指定的检查机构、实验室不再符合本条例规定的指定条件，不撤销指定的；

（四）发现认证机构以及与认证有关的检查机构、实验室出具虚假的认证以及与认证有关的检查、检测结论或者出具的认证以及与认证有关的检查、检测结论严重失实，不予查处的；

（五）发现本条例规定的其他认证认可违法行为，不予查处的。

第七十一条 伪造、冒用、买卖认证标志或者认证证书的，依照《中华人民共和国产品质量法》等法律的规定查处。

第七十二条 本条例规定的行政处罚，由国务院认证认可监督管理部门或者其授权的地方认证监督管理部门按照各自职责实施。法律、其他行政法规另有规定的，依照法律、其他行政法规的规定执行。

第七十三条 认证人员自被撤销执业资格之日起5年内，认可机构不再受理其注册申请。

第七十四条 认证机构未对其认证的产品实施有效的跟踪调查，或者发现其认证的产品不能持续符合认证要求，不及时暂停或者撤销认证证书和要求其停止使用认证标志给消费者造成损失的，与生产者、销售者承担连带责任。

第七章 附 则

第七十五条 药品生产、经营企业质量管理规范认证，实验动物质量合格认证，军工产品的认证，以及从事军工产品校准、检测的实验室及其人员的认可，不适用本条例。

依照本条例经批准的认证机构从事矿山、危险化学品、烟花爆竹生产经营单位管理体系认证，由国务院安全生产监督管理部门结合安全生产的特殊要求组织；从事矿山、危险化学品、烟花爆竹生产经营单位安全生产综合评价的认证机构，经国务院安全生产监督管理部门推荐，方可取得认可机构的认可。

第七十六条 认证认可收费，应当符合国家有关价格法律、行政法规的规定。

第七十七条 认证培训机构、认证咨询机构的管理办法由国务院认证认可监督管理部门制定。

第七十八条 本条例自2003年11月1日起施行。1991年5月7日国务院发布的《中华人民共和国产品质量认证管理条例》同时废止。

建设工程安全生产管理条例

（2003年11月12日国务院第二十八次常务会议通过，2003年11月24日国务院令第393号公布）

第一章 总 则

第一条 为了加强建设工程安全生产监督管理，保障人民群众生命和财产安全，根据《中华人民共和国建筑法》、《中华人民共和国安全生产法》，制定本条例。

第二条 在中华人民共和国境内从事建设工程的新建、扩建、改建和拆除等有关活动及实施对建设工程安全生产的监督管理，必须遵守本条例。

本条例所称建设工程，是指土木工程、建筑工程、线路管道和设备安装工程及装修工程。

第三条 建设工程安全生产管理，坚持安全第一、预防为主的方针。

第四条 建设单位、勘察单位、设计单位、施工单位、工程监理单位及其他与建设工程安全生产有关的单位，必须遵守安全生产法律、法规的规定，保证建设工程安全生产，依法承担建设工程安全生产责任。

第五条 国家鼓励建设工程安全生产的科学技术研究和先进技术的推广应用，推进建设工程安全生产的科学管理。

第二章 建设单位的安全责任

第六条 建设单位应当向施工单位提供施工现场及毗邻区域内供水、排水、供电、供气、供热、通信、广播电视等地下管线资料，气象和水文观测资料，相邻建筑物和构筑物、地下工程的有关资料，并保证资料的真实、准确、完整。

建设单位因建设工程需要，向有关部门或者单位查询前款规定的资料时，有关部门或者单位应当及时提供。

第七条 建设单位不得对勘察、设计、施工、工程监理等单位提出不符合建设工程安全生产法律、法规和强制性标准规定的要求，不得压缩合同约定的工期。

第八条 建设单位在编制工程概算时，应当确定建设工程安全作业环境及安全施工措施所需费用。

第九条 建设单位不得明示或者暗示施工单位购买、租赁、使用不符合安全施工要求的安全防护用具、机械设备、施工机具及配件、消防设施和器材。

第十条 建设单位在申请领取施工许可证时，应当提供建设工程有关安全施工措施的资料。

依法批准开工报告的建设工程，建设单位应当自开工报告批准之日起 15 日内，将保证安全施工的措施报送建设工程所在地的县级以上地方人民政府建设行政主管部门或者其他有关部门备案。

第十一条 建设单位应当将拆除工程发包给具有相应资质等级的施工单位。

建设单位应当在拆除工程施工 15 日前，将下列资料报送建设工程所在地的县级以上地方人民政府建设行政主管部门或者其他有关部门备案：

（一）施工单位资质等级证明；

（二）拟拆除建筑物、构筑物及可能危及毗邻建筑的说明；

（三）拆除施工组织方案；

（四）堆放、清除废弃物的措施。

实施爆破作业的，应当遵守国家有关民用爆炸物品管理的规定。

第三章 勘察、设计、工程监理及其他有关单位的安全责任

第十二条 勘察单位应当按照法律、法规和工程建设强制性标准进行勘察，提供的勘察文件应当真实、准确，满足建设工程安全生产的需要。

勘察单位在勘察作业时，应当严格执行操作规程，采取措施保证各类管线、设施和周边建筑物、构筑物的安全。

第十三条 设计单位应当按照法律、法规和工程建设强制性标准进行设计，防止因设计不合理导致生产安全事故的发生。

设计单位应当考虑施工安全操作和防护的需要，对涉及施工安全的重点部位和环节在设计文件中注明，并对防范生产安全事故提出指导意见。

采用新结构、新材料、新工艺的建设工程和特殊结构的建设工程，设计单位应当在设计中提出保障施工作业人员安全和预防生产安全事故的措施建议。

设计单位和注册建筑师等注册执业人员应当对其设计负责。

第十四条 工程监理单位应当审查施工组织设计中的安全技术措施或者专项施工方案是否符合工程建设强制性标准。

工程监理单位在实施监理过程中，发现存在安全事故隐患的，应当要求施工单位整改；情况严重的，应当要求施工单位暂时停止施工，并及时报告建设单位。施工单位拒不整改或者不停止施工的，工程监理单位应当及时向有关主管部门报告。

工程监理单位和监理工程师应当按照法律、法规和工程建设强制性标准实施监理，并对建设工程安全生产承担监理责任。

第十五条 为建设工程提供机械设备和配件的单位，应当按照安全施工的要求配备齐全有效的保险、限位等安全设施和装置。

第十六条 出租的机械设备和施工机具及配件，应当具有生产（制造）许可证、产品合格证。

出租单位应当对出租的机械设备和施工机具及配件的安全性能进行检测，在签订租赁协议时，应当出具检测合格证明。

禁止出租检测不合格的机械设备和施工机具及配件。

第十七条 在施工现场安装、拆卸施工起重机械和整体提升脚手架、模板等自升式架设设施，必须由具有相应资质的单位承担。

安装、拆卸施工起重机械和整体提升脚手架、模板等自升式架设设施，应当编制拆装方案、制定安全施工措施，并由专业技术人员现场监督。

施工起重机械和整体提升脚手架、模板等自升式架设设施安装完毕后，安装单位应当自检，出具自检合格证明，并向施工单位进行安全使用说明，办理验收手续并签字。

第十八条 施工起重机械和整体提升脚手架、模板等自升式架设设施的使用达到国家规定的检验检测期限的，必须经具有专业资质的检验检测机构检测。经检测不合格的，不得继续使用。

第十九条 检验检测机构对检测合格的施工起重机械和整体提升脚手架、模板等自升式架设设施，应当出具安全合格证明文件，并对检测结果负责。

第四章 施工单位的安全责任

第二十条 施工单位从事建设工程的新建、扩建、改建和拆除等活动，应当具备国家规定的注册资本、专业技术人员、技术装备和安全生产等条件，依法取得相应等级的资质证书，并在其资质等级许可的范围内承揽工程。

第二十一条 施工单位主要负责人依法对本单位的安全生产工作全面负责。施工单位应当建立健全安全生产责任制度和安全生产教育培训制度，制定安全生产规章制度和操作规程，保证本单位安全生产条件所需资金的投入，对所承担的建设工程进行定期和专项安全检查，并做好安全检查记录。

施工单位的项目负责人应当由取得相应执业资格的人员担任，对建设工程项目的安全施工负责，落实安全生产责任制度、安全生产规章制度和操作规程，确保安全生产费用的有效使用，并根据工程的特点组织制定安全施工措施，消除安全事故隐患，及时、如实报告生产安全事故。

第二十二条 施工单位对列入建设工程概算的安全作业环境及安全施工措施所需费用，应当用于施工安全防护用具及设施的采购和更新、安全施工措施的落实、安全生产条件的改善，不得挪作他用。

第二十三条 施工单位应当设立安全生产管理机构，配备专职安全生产管理人员。

专职安全生产管理人员负责对安全生产进行现场监督检查。发现安全事故隐患，应当及时向项目负责人和安全生产管理机构报告；对违章指挥、违章操作的，应当立即制止。

专职安全生产管理人员的配备办法由国务院建设行政主管部门会同国务院其他有关部门制定。

第二十四条　建设工程实行施工总承包的，由总承包单位对施工现场的安全生产负总责。

总承包单位应当自行完成建设工程主体结构的施工。

总承包单位依法将建设工程分包给其他单位的，分包合同中应当明确各自的安全生产方面的权利、义务。总承包单位和分包单位对分包工程的安全生产承担连带责任。

分包单位应当服从总承包单位的安全生产管理，分包单位不服从管理导致生产安全事故的，由分包单位承担主要责任。

第二十五条　垂直运输机械作业人员、安装拆卸工、爆破作业人员、起重信号工、登高架设作业人员等特种作业人员，必须按照国家有关规定经过专门的安全作业培训，并取得特种作业操作资格证书后，方可上岗作业。

第二十六条　施工单位应当在施工组织设计中编制安全技术措施和施工现场临时用电方案，对下列达到一定规模的危险性较大的分部分项工程编制专项施工方案，并附具安全验算结果，经施工单位技术负责人、总监理工程师签字后实施，由专职安全生产管理人员进行现场监督：

（一）基坑支护与降水工程；

（二）土方开挖工程；

（三）模板工程；

（四）起重吊装工程；

（五）脚手架工程；

（六）拆除、爆破工程；

（七）国务院建设行政主管部门或者其他有关部门规定的其他危险性较大的工程。

对前款所列工程中涉及深基坑、地下暗挖工程、高大模板工程的专项施工方案，施工单位还应当组织专家进行论证、审查。

本条第一款规定的达到一定规模的危险性较大工程的标准，由国务院建设行政主管部门会同国务院其他有关部门制定。

第二十七条　建设工程施工前，施工单位负责项目管理的技术人员应当对有关安全施工的技术要求向施工作业班组、作业人员作出详细说明，并由双方签字确认。

第二十八条 施工单位应当在施工现场入口处、施工起重机械、临时用电设施、脚手架、出入通道口、楼梯口、电梯井口、孔洞口、桥梁口、隧道口、基坑边沿、爆破物及有害危险气体和液体存放处等危险部位，设置明显的安全警示标志。安全警示标志必须符合国家标准。

施工单位应当根据不同施工阶段和周围环境及季节、气候的变化，在施工现场采取相应的安全施工措施。施工现场暂时停止施工的，施工单位应当做好现场防护，所需费用由责任方承担，或者按照合同约定执行。

第二十九条 施工单位应当将施工现场的办公、生活区与作业区分开设置，并保持安全距离；办公、生活区的选址应当符合安全性要求。职工的膳食、饮水、休息场所等应当符合卫生标准。施工单位不得在尚未竣工的建筑物内设置员工集体宿舍。

施工现场临时搭建的建筑物应当符合安全使用要求。施工现场使用的装配式活动房屋应当具有产品合格证。

第三十条 施工单位对因建设工程施工可能造成损害的毗邻建筑物、构筑物和地下管线等，应当采取专项防护措施。

施工单位应当遵守有关环境保护法律、法规的规定，在施工现场采取措施，防止或者减少粉尘、废气、废水、固体废物、噪声、振动和施工照明对人和环境的危害和污染。

在城市市区内的建设工程，施工单位应当对施工现场实行封闭围挡。

第三十一条 施工单位应当在施工现场建立消防安全责任制度，确定消防安全责任人，制定用火、用电、使用易燃易爆材料等各项消防安全管理制度和操作规程，设置消防通道、消防水源，配备消防设施和灭火器材，并在施工现场入口处设置明显标志。

第三十二条 施工单位应当向作业人员提供安全防护用具和安全防护服装，并书面告知危险岗位的操作规程和违章操作的危害。

作业人员有权对施工现场的作业条件、作业程序和作业方式中存在的安全问题提出批评、检举和控告，有权拒绝违章指挥和强令冒险作业。

在施工中发生危及人身安全的紧急情况时，作业人员有权立即停止作业或者在采取必要的应急措施后撤离危险区域。

第三十三条 作业人员应当遵守安全施工的强制性标准、规章制度和操作规程，正确使用安全防护用具、机械设备等。

第三十四条 施工单位采购、租赁的安全防护用具、机械设备、施工机具及配件，应当具有生产（制造）许可证、产品合格证，并在进入施工现场前进行查验。

施工现场的安全防护用具、机械设备、施工机具及配件必须由专人管理，定期进行检查、维修和保养，建立相应的资料档案，并按照国家有关规定及时报废。

第三十五条 施工单位在使用施工起重机械和整体提升脚手架、模板等自升式架设设施前，应当组织有关单位进行验收，也可以委托具有相应资质的检验检测机构进行验收；使用承租的机械设备和施工机具及配件的，由施工总承包单位、分包单位、出租单位和安装单位共同进行验收。验收合格的方可使用。

《特种设备安全监察条例》规定的施工起重机械，在验收前应当经有相应资质的检验检测机构监督检验合格。

施工单位应当自施工起重机械和整体提升脚手架、模板等自升式架设设施验收合格之日起30日内，向建设行政主管部门或者其他有关部门登记。登记标志应当置于或者附着于该设备的显著位置。

第三十六条 施工单位的主要负责人、项目负责人、专职安全生产管理人员应当经建设行政主管部门或者其他有关部门考核合格后方可任职。

施工单位应当对管理人员和作业人员每年至少进行一次安全生产教育培训，其教育培训情况记入个人工作档案。安全生产教育培训考核不合格的人员，不得上岗。

第三十七条 作业人员进入新的岗位或者新的施工现场前，应当接受安全生产教育培训。未经教育培训或者教育培训考核不合格的人员，不得上岗作业。

施工单位在采用新技术、新工艺、新设备、新材料时，应当对作业人员进行相应的安全生产教育培训。

第三十八条 施工单位应当为施工现场从事危险作业的人员办理意外伤害保险。

意外伤害保险费由施工单位支付。实行施工总承包的，由总承包单位支付意外伤害保险费。意外伤害保险期限自建设工程开工之日起至竣工验收合格止。

第五章 监督管理

第三十九条 国务院负责安全生产监督管理的部门依照《中华人民共和国安全生产法》的规定，对全国建设工程安全生产工作实施综合监督管理。

县级以上地方人民政府负责安全生产监督管理的部门依照《中华人民共和国安全生产法》的规定，对本行政区域内建设工程安全生产工作实施综合监督管理。

第四十条 国务院建设行政主管部门对全国的建设工程安全生产实施监督管理。国务院铁路、交通、水利等有关部门按照国务院规定的职责分工，负责有关专业建设工程安全生产的监督管理。

县级以上地方人民政府建设行政主管部门对本行政区域内的建设工程安全生产实施监督管理。县级以上地方人民政府交通、水利等有关部门在各自的职责范围内，负责本行政区域内的专业建设工程安全生产的监督管理。

第四十一条 建设行政主管部门和其他有关部门应当将本条例第十条、第十一条规定的有关资料的主要内容抄送同级负责安全生产监督管理的部门。

第四十二条 建设行政主管部门在审核发放施工许可证时，应当对建设工程是否有安全施工措施进行审查，对没有安全施工措施的，不得颁发施工许可证。

建设行政主管部门或者其他有关部门对建设工程是否有安全施工措施进行审查时，不得收取费用。

第四十三条 县级以上人民政府负有建设工程安全生产监督管理职责的部门在各自的职责范围内履行安全监督检查职责时，有权采取下列措施：

（一）要求被检查单位提供有关建设工程安全生产的文件和资料；

（二）进入被检查单位施工现场进行检查；

（三）纠正施工中违反安全生产要求的行为；

（四）对检查中发现的安全事故隐患，责令立即排除；重大安全事故隐患排除前或者排除过程中无法保证安全的，责令从危险区域内撤出作业人员或者暂时停止施工。

第四十四条 建设行政主管部门或者其他有关部门可以将施工现场的监督检查委托给建设工程安全监督机构具体实施。

第四十五条 国家对严重危及施工安全的工艺、设备、材料实行淘汰制度。具体目录由国务院建设行政主管部门会同国务院其他有关部门制定并公布。

第四十六条 县级以上人民政府建设行政主管部门和其他有关部门应当及时受理对建设工程生产安全事故及安全事故隐患的检举、控告和投诉。

第六章 生产安全事故的应急救援和调查处理

第四十七条 县级以上地方人民政府建设行政主管部门应当根据本级人民政府的要求，制定本行政区域内建设工程特大生产安全事故应急救援预案。

第四十八条 施工单位应当制定本单位生产安全事故应急救援预案，建立应急救援组织或者配备应急救援人员，配备必要的应急救援器材、设备，并定期组织演练。

第四十九条 施工单位应当根据建设工程施工的特点、范围，对施工现场易发生重大事故的部位、环节进行监控，制定施工现场生产安全事故应急救援预案。实行施工总承包的，由总承包单位统一组织编制建设工程生产安全事故应急救援预案，工程总承包单位和分包单位按照应急救援预案，各自建立应急救援组织或者配备应急救援人员，配备救援器材、设备，并定期组织演练。

第五十条 施工单位发生生产安全事故，应当按照国家有关伤亡事故报告和调查处理的规定，及时、如实地向负责安全生产监督管理的部门、建设行政主管部门或者其他有关部门报告；特种设备发生事故的，还应当同时向特种设备安全监督管理部门报告。接到报告的部门应当按照国家有关规定，如实上报。

实行施工总承包的建设工程，由总承包单位负责上报事故。

第五十一条 发生生产安全事故后，施工单位应当采取措施防止事故扩大，保护事故现场。需要移动现场物品时，应当做出标记和书面记录，妥善保管有关证物。

第五十二条 建设工程生产安全事故的调查、对事故责任单位和责任人的处罚与处理，按照有关法律、法规的规定执行。

第七章 法律责任

第五十三条 违反本条例的规定，县级以上人民政府建设行政主管部门或者其他有关行政管理部门的工作人员，有下列行为之一的，给予降级或者撤职的行政处分；构成犯罪的，依照刑法有关规定追究刑事责任：

（一）对不具备安全生产条件的施工单位颁发资质证书的；

（二）对没有安全施工措施的建设工程颁发施工许可证的；

（三）发现违法行为不予查处的；

（四）不依法履行监督管理职责的其他行为。

第五十四条 违反本条例的规定，建设单位未提供建设工程安全生产作业环境及安全施工措施所需费用的，责令限期改正；逾期未改正的，责令该建设工程停止施工。

建设单位未将保证安全施工的措施或者拆除工程的有关资料报送有关部门备案的，责令限期改正，给予警告。

第五十五条 违反本条例的规定，建设单位有下列行为之一的，责令限期改正，处 20 万元以上 50 万元以下的罚款；造成重大安全事故，构成犯罪的，对直接责任人员，依照刑法有关规定追究刑事责任；造成损失的，依法承担赔偿责任：

（一）对勘察、设计、施工、工程监理等单位提出不符合安全生产法律、法规和强制性标准规定的要求的；

（二）要求施工单位压缩合同约定的工期的；

（三）将拆除工程发包给不具有相应资质等级的施工单位的。

第五十六条 违反本条例的规定，勘察单位、设计单位有下列行为之一的，责令限期改正，处 10 万元以上 30 万元以下的罚款；情节严重的，责令停业整顿，降低资质等级，直至吊销资质证书；造成重大安全事故，构成犯罪的，对直接责任人员，依照刑法有关规定追究刑事责任；造成损失的，依法承担赔偿责任：

（一）未按照法律、法规和工程建设强制性标准进行勘察、设计的；

（二）采用新结构、新材料、新工艺的建设工程和特殊结构的建设工程，设计单位未在设计中提出保障施工作业人员安全和预防生产安全事故的措施建议的。

第五十七条　违反本条例的规定，工程监理单位有下列行为之一的，责令限期改正；逾期未改正的，责令停业整顿，并处10万元以上30万元以下的罚款；情节严重的，降低资质等级，直至吊销资质证书；造成重大安全事故，构成犯罪的，对直接责任人员，依照刑法有关规定追究刑事责任；造成损失的，依法承担赔偿责任：

（一）未对施工组织设计中的安全技术措施或者专项施工方案进行审查的；

（二）发现安全事故隐患未及时要求施工单位整改或者暂时停止施工的；

（三）施工单位拒不整改或者不停止施工，未及时向有关主管部门报告的；

（四）未依照法律、法规和工程建设强制性标准实施监理的。

第五十八条　注册执业人员未执行法律、法规和工程建设强制性标准的，责令停止执业3个月以上1年以下；情节严重的，吊销执业资格证书，5年内不予注册；造成重大安全事故的，终身不予注册；构成犯罪的，依照刑法有关规定追究刑事责任。

第五十九条　违反本条例的规定，为建设工程提供机械设备和配件的单位，未按照安全施工的要求配备齐全有效的保险、限位等安全设施和装置的，责令限期改正，处合同价款1倍以上3倍以下的罚款；造成损失的，依法承担赔偿责任。

第六十条　违反本条例的规定，出租单位出租未经安全性能检测或者经检测不合格的机械设备和施工机具及配件的，责令停业整顿，并处5万元以上10万元以下的罚款；造成损失的，依法承担赔偿责任。

第六十一条　违反本条例的规定，施工起重机械和整体提升脚手架、模板等自升式架设设施安装、拆卸单位有下列行为之一的，责令限期改正，处5万元以上10万元以下的罚款；情节严重的，责令停业整顿，降低资质等级，直至吊销资质证书；造成损失的，依法承担赔偿责任：

（一）未编制拆装方案、制定安全施工措施的；

（二）未由专业技术人员现场监督的；

（三）未出具自检合格证明或者出具虚假证明的；

（四）未向施工单位进行安全使用说明，办理移交手续的。

施工起重机械和整体提升脚手架、模板等自升式架设设施安装、拆卸单位有前款规定的第（一）项、第（三）项行为，经有关部门或者单位职工提出后，对事故隐患仍不采取措施，因而发生重大伤亡事故或者造成其他严重后果，构成犯罪的，对直接责任人员，依照刑法有关规定追究刑事责任。

第六十二条 违反本条例的规定，施工单位有下列行为之一的，责令限期改正；逾期未改正的，责令停业整顿，依照《中华人民共和国安全生产法》的有关规定处以罚款；造成重大安全事故，构成犯罪的，对直接责任人员，依照刑法有关规定追究刑事责任：

（一）未设立安全生产管理机构、配备专职安全生产管理人员或者分部分项工程施工时无专职安全生产管理人员现场监督的；

（二）施工单位的主要负责人、项目负责人、专职安全生产管理人员、作业人员或者特种作业人员，未经安全教育培训或者经考核不合格即从事相关工作的；

（三）未在施工现场的危险部位设置明显的安全警示标志，或者未按照国家有关规定在施工现场设置消防通道、消防水源、配备消防设施和灭火器材的；

（四）未向作业人员提供安全防护用具和安全防护服装的；

（五）未按照规定在施工起重机械和整体提升脚手架、模板等自升式架设设施验收合格后登记的；

（六）使用国家明令淘汰、禁止使用的危及施工安全的工艺、设备、材料的。

第六十三条 违反本条例的规定，施工单位挪用列入建设工程概算的安全生产作业环境及安全施工措施所需费用的，责令限期改正，处挪用费用 20%以上 50%以下的罚款；造成损失的，依法承担赔偿责任。

第六十四条 违反本条例的规定，施工单位有下列行为之一的，责令限期改正；逾期未改正的，责令停业整顿，并处 5 万元以上 10 万元以下的罚款；造成重大安全事故，构成犯罪的，对直接责任人员，依照刑法有关规定追究刑事责任：

（一）施工前未对有关安全施工的技术要求作出详细说明的；

（二）未根据不同施工阶段和周围环境及季节、气候的变化，在施工现场采取相应的安全施工措施，或者在城市市区内的建设工程的施工现场未实行封闭围挡的；

（三）在尚未竣工的建筑物内设置员工集体宿舍的；

（四）施工现场临时搭建的建筑物不符合安全使用要求的；

（五）未对因建设工程施工可能造成损害的毗邻建筑物、构筑物和地下管线等采取专项防护措施的。

施工单位有前款规定第（四）项、第（五）项行为，造成损失的，依法承担赔偿责任。

第六十五条 违反本条例的规定，施工单位有下列行为之一的，责令限期改正；逾期未改正的，责令停业整顿，并处10万元以上30万元以下的罚款；情节严重的，降低资质等级，直至吊销资质证书；造成重大安全事故，构成犯罪的，对直接责任人员，依照刑法有关规定追究刑事责任；造成损失的，依法承担赔偿责任：

（一）安全防护用具、机械设备、施工机具及配件在进入施工现场前未经查验或者查验不合格即投入使用的；

（二）使用未经验收或者验收不合格的施工起重机械和整体提升脚手架、模板等自升式架设设施的；

（三）委托不具有相应资质的单位承担施工现场安装、拆卸施工起重机械和整体提升脚手架、模板等自升式架设设施的；

（四）在施工组织设计中未编制安全技术措施、施工现场临时用电方案或者专项施工方案的。

第六十六条 违反本条例的规定，施工单位的主要负责人、项目负责人未履行安全生产管理职责的，责令限期改正；逾期未改正的，责令施工单位停业整顿；造成重大安全事故、重大伤亡事故或者其他严重后果，构成犯罪的，依照刑法有关规定追究刑事责任。

作业人员不服管理、违反规章制度和操作规程冒险作业造成重大伤亡事故或者其他严重后果，构成犯罪的，依照刑法有关规定追究刑事责任。

施工单位的主要负责人、项目负责人有前款违法行为，尚不够刑事处罚的，处2万元以上20万元以下的罚款或者按照管理权限给予撤职处分；自刑罚执行完毕或者受处分之日起，5年内不得担任任何施工单位的主要负责人、项目负责人。

第六十七条 施工单位取得资质证书后，降低安全生产条件的，责令限期改正；经整改仍未达到与其资质等级相适应的安全生产条件的，责令停业整顿，降低其资质等级直至吊销资质证书。

第六十八条 本条例规定的行政处罚，由建设行政主管部门或者其他有关部门依照法定职权决定。

违反消防安全管理规定的行为，由公安消防机构依法处罚。

有关法律、行政法规对建设工程安全生产违法行为的行政处罚决定机关另有规定的，从其规定。

第八章 附 则

第六十九条 抢险救灾和农民自建低层住宅的安全生产管理，不适用本条例。

第七十条 军事建设工程的安全生产管理，按照中央军事委员会的有关规定执行。

第七十一条 本条例自2004年2月1日起施行。

中华人民共和国道路交通安全法实施条例

（2004年4月28日国务院第四十九次常务会议通过，2004年4月30日国务院令第405号公布）

第一章 总 则

第一条 根据《中华人民共和国道路交通安全法》（以下简称道路交通安全法）的规定，制定本条例。

第二条 中华人民共和国境内的车辆驾驶人、行人、乘车人以及与道路交通活动有关的单位和个人，应当遵守道路交通安全法和本条例。

第三条　县级以上地方各级人民政府应当建立、健全道路交通安全工作协调机制，组织有关部门对城市建设项目进行交通影响评价，制定道路交通安全管理规划，确定管理目标，制定实施方案。

第二章　车辆和驾驶人

第一节　机　动　车

第四条　机动车的登记，分为注册登记、变更登记、转移登记、抵押登记和注销登记。

第五条　初次申领机动车号牌、行驶证的，应当向机动车所有人住所地的公安机关交通管理部门申请注册登记。申请机动车注册登记，应当交验机动车，并提交以下证明、凭证：

（一）机动车所有人的身份证明；

（二）购车发票等机动车来历证明；

（三）机动车整车出厂合格证明或者进口机动车进口凭证；

（四）车辆购置税完税证明或者免税凭证；

（五）机动车第三者责任强制保险凭证；

（六）法律、行政法规规定应当在机动车注册登记时提交的其他证明、凭证。

不属于国务院机动车产品主管部门规定免予安全技术检验的车型的，还应当提供机动车安全技术检验合格证明。

第六条　已注册登记的机动车有下列情形之一的，机动车所有人应当向登记该机动车的公安机关交通管理部门申请变更登记：

（一）改变机动车车身颜色的；

（二）更换发动机的；

（三）更换车身或者车架的；

（四）因质量有问题，制造厂更换整车的；

（五）营运机动车改为非营运机动车或者非营运机动车改为营运机动车的；

（六）机动车所有人的住所迁出或者迁入公安机关交通管理部门管辖区域的。

申请机动车变更登记，应当提交下列证明、凭证，属于前款第（一）项、第(二)项、第(三)项、第(四)项、第(五)项情形之一的,还应当交验机动车;属于前款第(二)项、第(三)项情形之一的,还应当同时提交机动车安全技术检验合格证明:

(一) 机动车所有人的身份证明;

(二) 机动车登记证书;

(三) 机动车行驶证。

机动车所有人的住所在公安机关交通管理部门管辖区域内迁移、机动车所有人的姓名(单位名称)或者联系方式变更的,应当向登记该机动车的公安机关交通管理部门备案。

第七条 已注册登记的机动车所有权发生转移的,应当及时办理转移登记。

申请机动车转移登记,当事人应当向登记该机动车的公安机关交通管理部门交验机动车,并提交以下证明、凭证:

(一) 当事人的身份证明;

(二) 机动车所有权转移的证明、凭证;

(三) 机动车登记证书;

(四) 机动车行驶证。

第八条 机动车所有人将机动车作为抵押物抵押的,机动车所有人应当向登记该机动车的公安机关交通管理部门申请抵押登记。

第九条 已注册登记的机动车达到国家规定的强制报废标准的,公安机关交通管理部门应当在报废期满的 2 个月前通知机动车所有人办理注销登记。机动车所有人应当在报废期满前将机动车交售给机动车回收企业,由机动车回收企业将报废的机动车登记证书、号牌、行驶证交公安机关交通管理部门注销。机动车所有人逾期不办理注销登记的,公安机关交通管理部门应当公告该机动车登记证书、号牌、行驶证作废。

因机动车灭失申请注销登记的,机动车所有人应当向公安机关交通管理部门提交本人身份证明,交回机动车登记证书。

第十条 办理机动车登记的申请人提交的证明、凭证齐全、有效的,公安机关交通管理部门应当当场办理登记手续。

人民法院、人民检察院以及行政执法部门依法查封、扣押的机动车,公安机关交通管理部门不予办理机动车登记。

第十一条 机动车登记证书、号牌、行驶证丢失或者损毁，机动车所有人申请补发的，应当向公安机关交通管理部门提交本人身份证明和申请材料。公安机关交通管理部门经与机动车登记档案核实后，在收到申请之日起15日内补发。

第十二条 税务部门、保险机构可以在公安机关交通管理部门的办公场所集中办理与机动车有关的税费缴纳、保险合同订立等事项。

第十三条 机动车号牌应当悬挂在车前、车后指定位置，保持清晰、完整。重型、中型载货汽车及其挂车、拖拉机及其挂车的车身或者车厢后部应当喷涂放大的牌号，字样应当端正并保持清晰。

机动车检验合格标志、保险标志应当粘贴在机动车前窗右上角。

机动车喷涂、粘贴标识或者车身广告的，不得影响安全驾驶。

第十四条 用于公路营运的载客汽车、重型载货汽车、半挂牵引车应当安装、使用符合国家标准的行驶记录仪。交通警察可以对机动车行驶速度、连续驾驶时间以及其他行驶状态信息进行检查。安装行驶记录仪可以分步实施，实施步骤由国务院机动车产品主管部门会同有关部门规定。

第十五条 机动车安全技术检验由机动车安全技术检验机构实施。机动车安全技术检验机构应当按照国家机动车安全技术检验标准对机动车进行检验，对检验结果承担法律责任。

质量技术监督部门负责对机动车安全技术检验机构实行资格管理和计量认证管理，对机动车安全技术检验设备进行检定，对执行国家机动车安全技术检验标准的情况进行监督。

机动车安全技术检验项目由国务院公安部门会同国务院质量技术监督部门规定。

第十六条 机动车应当从注册登记之日起，按照下列期限进行安全技术检验：

（一）营运载客汽车5年以内每年检验1次；超过5年的，每6个月检验1次；

（二）载货汽车和大型、中型非营运载客汽车10年以内每年检验1次；超过10年的，每6个月检验1次；

（三）小型、微型非营运载客汽车6年以内每2年检验1次；超过6年的，每年检验1次；超过15年的，每6个月检验1次；

（四）摩托车4年以内每2年检验1次；超过4年的，每年检验1次；

（五）拖拉机和其他机动车每年检验1次。

营运机动车在规定检验期限内经安全技术检验合格的，不再重复进行安全技术检验。

第十七条 已注册登记的机动车进行安全技术检验时，机动车行驶证记载的登记内容与该机动车的有关情况不符，或者未按照规定提供机动车第三者责任强制保险凭证的，不予通过检验。

第十八条 警车、消防车、救护车、工程救险车标志图案的喷涂以及警报器、标志灯具的安装、使用规定，由国务院公安部门制定。

第二节 机动车驾驶人

第十九条 符合国务院公安部门规定的驾驶许可条件的人，可以向公安机关交通管理部门申请机动车驾驶证。

机动车驾驶证由国务院公安部门规定式样并监制。

第二十条 学习机动车驾驶，应当先学习道路交通安全法律、法规和相关知识，考试合格后，再学习机动车驾驶技能。

在道路上学习驾驶，应当按照公安机关交通管理部门指定的路线、时间进行。在道路上学习机动车驾驶技能应当使用教练车，在教练员随车指导下进行，与教学无关的人员不得乘坐教练车。学员在学习驾驶中有道路交通安全违法行为或者造成交通事故的，由教练员承担责任。

第二十一条 公安机关交通管理部门应当对申请机动车驾驶证的人进行考试，对考试合格的，在5日内核发机动车驾驶证；对考试不合格的，书面说明理由。

第二十二条 机动车驾驶证的有效期为6年，本条例另有规定的除外。

机动车驾驶人初次申领机动车驾驶证后的12个月为实习期。在实习期内驾驶机动车的，应当在车身后部粘贴或者悬挂统一式样的实习标志。

机动车驾驶人在实习期内不得驾驶公共汽车、营运客车或者执行任务的警车、消防车、救护车、工程救险车以及载有爆炸物品、易燃易爆化学物品、剧毒或者放射性等危险物品的机动车；驾驶的机动车不得牵引挂车。

第二十三条 公安机关交通管理部门对机动车驾驶人的道路交通安全违法行为除给予行政处罚外，实行道路交通安全违法行为累积记分(以下简称记分)制度，记分周期为 12 个月。对在一个记分周期内记分达到 12 分的，由公安机关交通管理部门扣留其机动车驾驶证，该机动车驾驶人应当按照规定参加道路交通安全法律、法规的学习并接受考试。考试合格的，记分予以清除，发还机动车驾驶证；考试不合格的，继续参加学习和考试。

应当给予记分的道路交通安全违法行为及其分值，由国务院公安部门根据道路交通安全违法行为的危害程度规定。

公安机关交通管理部门应当提供记分查询方式供机动车驾驶人查询。

第二十四条 机动车驾驶人在一个记分周期内记分未达到 12 分，所处罚款已经缴纳的，记分予以清除；记分虽未达到 12 分，但尚有罚款未缴纳的，记分转入下一记分周期。

机动车驾驶人在一个记分周期内记分 2 次以上达到 12 分的，除按照第二十三条的规定扣留机动车驾驶证、参加学习、接受考试外，还应当接受驾驶技能考试。考试合格的，记分予以清除，发还机动车驾驶证；考试不合格的，继续参加学习和考试。

接受驾驶技能考试的，按照本人机动车驾驶证载明的最高准驾车型考试。

第二十五条 机动车驾驶人记分达到 12 分，拒不参加公安机关交通管理部门通知的学习，也不接受考试的，由公安机关交通管理部门公告其机动车驾驶证停止使用。

第二十六条 机动车驾驶人在机动车驾驶证的 6 年有效期内，每个记分周期均未达到 12 分的，换发 10 年有效期的机动车驾驶证；在机动车驾驶证的 10 年有效期内，每个记分周期均未达到 12 分的，换发长期有效的机动车驾驶证。

换发机动车驾驶证时，公安机关交通管理部门应当对机动车驾驶证进行审验。

第二十七条 机动车驾驶证丢失、损毁，机动车驾驶人申请补发的，应当向公安机关交通管理部门提交本人身份证明和申请材料。公安机关交通管理部门经与机动车驾驶证档案核实后，在收到申请之日起3日内补发。

第二十八条 机动车驾驶人在机动车驾驶证丢失、损毁、超过有效期或者被依法扣留、暂扣期间以及记分达到12分的，不得驾驶机动车。

第三章 道路通行条件

第二十九条 交通信号灯分为：机动车信号灯、非机动车信号灯、人行横道信号灯、车道信号灯、方向指示信号灯、闪光警告信号灯、道路与铁路平面交叉道口信号灯。

第三十条 交通标志分为：指示标志、警告标志、禁令标志、指路标志、旅游区标志、道路施工安全标志和辅助标志。

道路交通标线分为：指示标线、警告标线、禁止标线。

第三十一条 交通警察的指挥分为：手势信号和使用器具的交通指挥信号。

第三十二条 道路交叉路口和行人横过道路较为集中的路段应当设置人行横道、过街天桥或者过街地下通道。

在盲人通行较为集中的路段，人行横道信号灯应当设置声响提示装置。

第三十三条 城市人民政府有关部门可以在不影响行人、车辆通行的情况下，在城市道路上施划停车泊位，并规定停车泊位的使用时间。

第三十四条 开辟或者调整公共汽车、长途汽车的行驶路线或者车站，应当符合交通规划和安全、畅通的要求。

第三十五条 道路养护施工单位在道路上进行养护、维修时，应当按照规定设置规范的安全警示标志和安全防护设施。道路养护施工作业车辆、机械应当安装示警灯，喷涂明显的标志图案，作业时应当开启示警灯和危险报警闪光灯。对未中断交通的施工作业道路，公安机关交通管理部门应当加强交通安全监督检查。发生交通阻塞时，及时做好分流、疏导，维护交通秩序。

道路施工需要车辆绕行的，施工单位应当在绕行处设置标志；不能绕行的，应当修建临时通道，保证车辆和行人通行。需要封闭道路中断交通的，除紧急情况外，应当提前5日向社会公告。

第三十六条　道路或者交通设施养护部门、管理部门应当在急弯、陡坡、临崖、临水等危险路段，按照国家标准设置警告标志和安全防护设施。

第三十七条　道路交通标志、标线不规范，机动车驾驶人容易发生辨认错误的，交通标志、标线的主管部门应当及时予以改善。

道路照明设施应当符合道路建设技术规范，保持照明功能完好。

第四章　道路通行规定

第一节　一般规定

第三十八条　机动车信号灯和非机动车信号灯表示：

（一）绿灯亮时，准许车辆通行，但转弯的车辆不得妨碍被放行的直行车辆、行人通行；

（二）黄灯亮时，已越过停止线的车辆可以继续通行；

（三）红灯亮时，禁止车辆通行。

在未设置非机动车信号灯和人行横道信号灯的路口，非机动车和行人应当按照机动车信号灯的表示通行。

红灯亮时，右转弯的车辆在不妨碍被放行的车辆、行人通行的情况下，可以通行。

第三十九条　人行横道信号灯表示：

（一）绿灯亮时，准许行人通过人行横道；

（二）红灯亮时，禁止行人进入人行横道，但是已经进入人行横道的，可以继续通过或者在道路中心线处停留等候。

第四十条　车道信号灯表示：

（一）绿色箭头灯亮时，准许本车道车辆按指示方向通行；

（二）红色叉形灯或者箭头灯亮时，禁止本车道车辆通行。

第四十一条　方向指示信号灯的箭头方向向左、向上、向右分别表示左转、直行、右转。

第四十二条　闪光警告信号灯为持续闪烁的黄灯，提示车辆、行人通行时注意瞭望，确认安全后通过。

第四十三条 道路与铁路平面交叉道口有两个红灯交替闪烁或者一个红灯亮时，表示禁止车辆、行人通行；红灯熄灭时，表示允许车辆、行人通行。

第二节 机动车通行规定

第四十四条 在道路同方向划有 2 条以上机动车道的，左侧为快速车道，右侧为慢速车道。在快速车道行驶的机动车应当按照快速车道规定的速度行驶，未达到快速车道规定的行驶速度的，应当在慢速车道行驶。摩托车应当在最右侧车道行驶。有交通标志标明行驶速度的，按照标明的行驶速度行驶。慢速车道内的机动车超越前车时，可以借用快速车道行驶。

在道路同方向划有 2 条以上机动车道的，变更车道的机动车不得影响相关车道内行驶的机动车的正常行驶。

第四十五条 机动车在道路上行驶不得超过限速标志、标线标明的速度。在没有限速标志、标线的道路上，机动车不得超过下列最高行驶速度：

（一）没有道路中心线的道路，城市道路为每小时 30 公里，公路为每小时 40 公里；

（二）同方向只有 1 条机动车道的道路，城市道路为每小时 50 公里，公路为每小时 70 公里。

第四十六条 机动车行驶中遇有下列情形之一的，最高行驶速度不得超过每小时 30 公里，其中拖拉机、电瓶车、轮式专用机械车不得超过每小时 15 公里：

（一）进出非机动车道，通过铁路道口、急弯路、窄路、窄桥时；

（二）掉头、转弯、下陡坡时；

（三）遇雾、雨、雪、沙尘、冰雹，能见度在 50 米以内时；

（四）在冰雪、泥泞的道路上行驶时；

（五）牵引发生故障的机动车时。

第四十七条 机动车超车时，应当提前开启左转向灯、变换使用远、近光灯或者鸣喇叭。在没有道路中心线或者同方向只有 1 条机动车道的道路上，前车遇后车发出超车信号时，在条件许可的情况下，应当降低速度、靠右让路。后车应当在确认有充足的安全距离后，从前车的左侧超越，在与被超车辆拉开必要的安全距离后，开启右转向灯，驶回原车道。

第四十八条 在没有中心隔离设施或者没有中心线的道路上，机动车遇相对方向来车时应当遵守下列规定：

（一）减速靠右行驶，并与其他车辆、行人保持必要的安全距离；

（二）在有障碍的路段，无障碍的一方先行；但有障碍的一方已驶入障碍路段而无障碍的一方未驶入时，有障碍的一方先行；

（三）在狭窄的坡路，上坡的一方先行；但下坡的一方已行至中途而上坡的一方未上坡时，下坡的一方先行；

（四）在狭窄的山路，不靠山体的一方先行；

（五）夜间会车应当在距相对方向来车 150 米以外改用近光灯，在窄路、窄桥与非机动车会车时应当使用近光灯。

第四十九条 机动车在有禁止掉头或者禁止左转弯标志、标线的地点以及在铁路道口、人行横道、桥梁、急弯、陡坡、隧道或者容易发生危险的路段，不得掉头。

机动车在没有禁止掉头或者没有禁止左转弯标志、标线的地点可以掉头，但不得妨碍正常行驶的其他车辆和行人的通行。

第五十条 机动车倒车时，应当察明车后情况，确认安全后倒车。不得在铁路道口、交叉路口、单行路、桥梁、急弯、陡坡或者隧道中倒车。

第五十一条 机动车通过有交通信号灯控制的交叉路口，应当按照下列规定通行：

（一）在划有导向车道的路口，按所需行进方向驶入导向车道。

（二）准备进入环形路口的让已在路口内的机动车先行。

（三）向左转弯时，靠路口中心点左侧转弯。转弯时开启转向灯，夜间行驶开启近光灯。

（四）遇放行信号时，依次通过。

（五）遇停止信号时，依次停在停止线以外。没有停止线的，停在路口以外。

（六）向右转弯遇有同车道前车正在等候放行信号时，依次停车等候。

(七) 在没有方向指示信号灯的交叉路口，转弯的机动车让直行的车辆、行人先行。相对方向行驶的右转弯机动车让左转弯车辆先行。

第五十二条 机动车通过没有交通信号灯控制也没有交通警察指挥的交叉路口，除应当遵守第五十一条第(二)项、第(三)项的规定外，还应当遵守下列规定：

(一) 有交通标志、标线控制的，让优先通行的一方先行；

(二) 没有交通标志、标线控制的，在进入路口前停车瞭望，让右方道路的来车先行；

(三) 转弯的机动车让直行的车辆先行；

(四) 相对方向行驶的右转弯的机动车让左转弯的车辆先行。

第五十三条 机动车遇有前方交叉路口交通阻塞时，应当依次停在路口以外等候，不得进入路口。

机动车在遇有前方机动车停车排队等候或者缓慢行驶时，应当依次排队，不得从前方车辆两侧穿插或者超越行驶，不得在人行横道、网状线区域内停车等候。

机动车在车道减少的路口、路段，遇有前方机动车停车排队等候或者缓慢行驶的，应当每车道一辆依次交替驶入车道减少后的路口、路段。

第五十四条 机动车载物不得超过机动车行驶证上核定的载质量，装载长度、宽度不得超出车厢，并应当遵守下列规定：

(一) 重型、中型载货汽车，半挂车载物，高度从地面起不得超过4米，载运集装箱的车辆不得超过4.2米。

(二) 其他载货的机动车载物，高度从地面起不得超过2.5米。

(三) 摩托车载物，高度从地面起不得超过1.5米，长度不得超出车身0.2米。两轮摩托车载物宽度左右各不得超出车把0.15米；三轮摩托车载物宽度不得超过车身。

载客汽车除车身外部的行李架和内置的行李箱外，不得载货。载客汽车行李架载货，从车顶起高度不得超过0.5米，从地面起高度不得超过4米。

第五十五条 机动车载人应当遵守下列规定：

(一) 公路载客汽车不得超过核定的载客人数，但按照规定免票的儿童除外，在载客人数已满的情况下，按照规定免票的儿童不得超过核定载客人数的10%。

（二）载货汽车车厢不得载客。在城市道路上，货运机动车在留有安全位置的情况下，车厢内可以附载临时作业人员1人至5人；载物高度超过车厢栏板时，货物上不得载人。

（三）摩托车后座不得乘坐未满12周岁的未成年人，轻便摩托车不得载人。

第五十六条 机动车牵引挂车应当符合下列规定：

（一）载货汽车、半挂牵引车、拖拉机只允许牵引1辆挂车。挂车的灯光信号、制动、连接、安全防护等装置应当符合国家标准。

（二）小型载客汽车只允许牵引旅居挂车或者总质量700千克以下的挂车。挂车不得载人。

（三）载货汽车所牵引挂车的载质量不得超过载货汽车本身的载质量。

大型、中型载客汽车，低速载货汽车，三轮汽车以及其他机动车不得牵引挂车。

第五十七条 机动车应当按照下列规定使用转向灯：

（一）向左转弯、向左变更车道、准备超车、驶离停车地点或者掉头时，应当提前开启左转向灯；

（二）向右转弯、向右变更车道、超车完毕驶回原车道、靠路边停车时，应当提前开启右转向灯。

第五十八条 机动车在夜间没有路灯、照明不良或者遇有雾、雨、雪、沙尘、冰雹等低能见度情况下行驶时，应当开启前照灯、示廓灯和后位灯，但同方向行驶的后车与前车近距离行驶时，不得使用远光灯。机动车雾天行驶应当开启雾灯和危险报警闪光灯。

第五十九条 机动车在夜间通过急弯、坡路、拱桥、人行横道或者没有交通信号灯控制的路口时，应当交替使用远近光灯示意。

机动车驶近急弯、坡道顶端等影响安全视距的路段以及超车或者遇有紧急情况时，应当减速慢行，并鸣喇叭示意。

第六十条 机动车在道路上发生故障或者发生交通事故，妨碍交通又难以移动的，应当按照规定开启危险报警闪光灯并在车后50米至100米处设置警告标志，夜间还应当同时开启示廓灯和后位灯。

第六十一条 牵引故障机动车应当遵守下列规定：

（一）被牵引的机动车除驾驶人外不得载人，不得拖带挂车；

（二）被牵引的机动车宽度不得大于牵引机动车的宽度；

（三）使用软连接牵引装置时，牵引车与被牵引车之间的距离应当大于 4 米小于 10 米；

（四）对制动失效的被牵引车，应当使用硬连接牵引装置牵引；

（五）牵引车和被牵引车均应当开启危险报警闪光灯。

汽车吊车和轮式专用机械车不得牵引车辆。摩托车不得牵引车辆或者被其他车辆牵引。

转向或者照明、信号装置失效的故障机动车，应当使用专用清障车拖曳。

第六十二条 驾驶机动车不得有下列行为：

（一）在车门、车厢没有关好时行车；

（二）在机动车驾驶室的前后窗范围内悬挂、放置妨碍驾驶人视线的物品；

（三）拨打接听手持电话、观看电视等妨碍安全驾驶的行为；

（四）下陡坡时熄火或者空挡滑行；

（五）向道路上抛撒物品；

（六）驾驶摩托车手离车把或者在车把上悬挂物品；

（七）连续驾驶机动车超过 4 小时未停车休息或者停车休息时间少于 20 分钟；

（八）在禁止鸣喇叭的区域或者路段鸣喇叭。

第六十三条 机动车在道路上临时停车，应当遵守下列规定：

（一）在设有禁停标志、标线的路段，在机动车道与非机动车道、人行道之间设有隔离设施的路段以及人行横道、施工地段，不得停车；

（二）交叉路口、铁路道口、急弯路、宽度不足 4 米的窄路、桥梁、陡坡、隧道以及距离上述地点 50 米以内的路段，不得停车；

（三）公共汽车站、急救站、加油站、消防栓或者消防队（站）门前以及距离上述地点 30 米以内的路段，除使用上述设施的以外，不得停车；

（四）车辆停稳前不得开车门和上下人员，开关车门不得妨碍其他车辆和行人通行；

（五）路边停车应当紧靠道路右侧，机动车驾驶人不得离车，上下人员或者装卸物品后，立即驶离；

（六）城市公共汽车不得在站点以外的路段停车上下乘客。

第六十四条 机动车行经漫水路或者漫水桥时，应当停车察明水情，确认安全后，低速通过。

第六十五条 机动车载运超限物品行经铁路道口的，应当按照当地铁路部门指定的铁路道口、时间通过。

机动车行经渡口，应当服从渡口管理人员指挥，按照指定地点依次待渡。机动车上下渡船时，应当低速慢行。

第六十六条 警车、消防车、救护车、工程救险车在执行紧急任务遇交通受阻时，可以断续使用警报器，并遵守下列规定：

（一）不得在禁止使用警报器的区域或者路段使用警报器；

（二）夜间在市区不得使用警报器；

（三）列队行驶时，前车已经使用警报器的，后车不再使用警报器。

第六十七条 在单位院内、居民居住区内，机动车应当低速行驶，避让行人；有限速标志的，按照限速标志行驶。

第三节 非机动车通行规定

第六十八条 非机动车通过有交通信号灯控制的交叉路口，应当按照下列规定通行：

（一）转弯的非机动车让直行的车辆、行人优先通行。

（二）遇有前方路口交通阻塞时，不得进入路口。

（三）向左转弯时，靠路口中心点的右侧转弯。

（四）遇有停止信号时，应当依次停在路口停止线以外。没有停止线的，停在路口以外。

（五）向右转弯遇有同方向前车正在等候放行信号时，在本车道内能够转弯的，可以通行；不能转弯的，依次等候。

第六十九条 非机动车通过没有交通信号灯控制也没有交通警察指挥的交叉路口，除应当遵守第六十八条第（一）项、第（二）项和第（三）项的规定外，还应当遵守下列规定：

（一）有交通标志、标线控制的，让优先通行的一方先行；

（二）没有交通标志、标线控制的，在路口外慢行或者停车瞭望，让右方道路的来车先行；

（三）相对方向行驶的右转弯的非机动车让左转弯的车辆先行。

第七十条 驾驶自行车、电动自行车、三轮车在路段上横过机动车道，应当下车推行，有人行横道或者行人过街设施的，应当从人行横道或者行人过街设施通过；没有人行横道、没有行人过街设施或者不便使用行人过街设施的，在确认安全后直行通过。

因非机动车道被占用无法在本车道内行驶的非机动车，可以在受阻的路段借用相邻的机动车道行驶，并在驶过被占用路段后迅速驶回非机动车道。机动车遇此情况应当减速让行。

第七十一条 非机动车载物，应当遵守下列规定：

（一）自行车、电动自行车、残疾人机动轮椅车载物，高度从地面起不得超过 1.5 米，宽度左右各不得超出车把 0.15 米，长度前端不得超出车轮，后端不得超出车身 0.3 米；

（二）三轮车、人力车载物，高度从地面起不得超过 2 米，宽度左右各不得超出车身 0.2 米，长度不得超出车身 1 米；

（三）畜力车载物，高度从地面起不得超过 2.5 米，宽度左右各不得超出车身 0.2 米，长度前端不得超出车辕，后端不得超出车身 1 米。

自行车载人的规定，由省、自治区、直辖市人民政府根据当地实际情况制定。

第七十二条 在道路上驾驶自行车、三轮车、电动自行车、残疾人机动轮椅车应当遵守下列规定：

（一）驾驶自行车、三轮车必须年满 12 周岁；

（二）驾驶电动自行车和残疾人机动轮椅车必须年满 16 周岁；

（三）不得醉酒驾驶；

（四）转弯前应当减速慢行，伸手示意，不得突然猛拐，超越前车时不得妨碍被超越的车辆行驶；

（五）不得牵引、攀扶车辆或者被其他车辆牵引，不得双手离把或者手中持物；

（六）不得扶身并行、互相追逐或者曲折竞驶；

（七）不得在道路上骑独轮自行车或者 2 人以上骑行的自行车；

（八）非下肢残疾的人不得驾驶残疾人机动轮椅车；

（九）自行车、三轮车不得加装动力装置；

（十）不得在道路上学习驾驶非机动车。

第七十三条 在道路上驾驭畜力车应当年满16周岁，并遵守下列规定：

（一）不得醉酒驾驭。

（二）不得并行，驾驭人不得离开车辆。

（三）行经繁华路段、交叉路口、铁路道口、人行横道、急弯路、宽度不足4米的窄路或者窄桥、陡坡、隧道或者容易发生危险的路段，不得超车。驾驭两轮畜力车应当下车牵引牲畜。

（四）不得使用未经驯服的牲畜驾车，随车幼畜须拴系。

（五）停放车辆应当拉紧车闸，拴系牲畜。

第四节 行人和乘车人通行规定

第七十四条 行人不得有下列行为：

（一）在道路上使用滑板、旱冰鞋等滑行工具；

（二）在车行道内坐卧、停留、嬉闹；

（三）追车、抛物击车等妨碍道路交通安全的行为。

第七十五条 行人横过机动车道，应当从行人过街设施通过；没有行人过街设施的，应当从人行横道通过；没有人行横道的，应当观察来往车辆的情况，确认安全后直行通过，不得在车辆临近时突然加速横穿或者中途倒退、折返。

第七十六条 行人列队在道路上通行，每横列不得超过2人，但在已经实行交通管制的路段不受限制。

第七十七条 乘坐机动车应当遵守下列规定：

（一）不得在机动车道上拦乘机动车；

（二）在机动车道上不得从机动车左侧上下车；

（三）开关车门不得妨碍其他车辆和行人通行；

（四）机动车行驶中，不得干扰驾驶，不得将身体任何部分伸出车外，不得跳车；

（五）乘坐两轮摩托车应当正向骑坐。

第五节 高速公路的特别规定

第七十八条 高速公路应当标明车道的行驶速度，最高车速不得超过每小时 120 公里，最低车速不得低于每小时 60 公里。

在高速公路上行驶的小型载客汽车最高车速不得超过每小时 120 公里，其他机动车不得超过每小时 100 公里，摩托车不得超过每小时 80 公里。

同方向有 2 条车道的，左侧车道的最低车速为每小时 100 公里；同方向有 3 条以上车道的，最左侧车道的最低车速为每小时 110 公里，中间车道的最低车速为每小时 90 公里。道路限速标志标明的车速与上述车道行驶车速的规定不一致的，按照道路限速标志标明的车速行驶。

第七十九条 机动车从匝道驶入高速公路，应当开启左转向灯，在不妨碍已在高速公路内的机动车正常行驶的情况下驶入车道。

机动车驶离高速公路时，应当开启右转向灯，驶入减速车道，降低车速后驶离。

第八十条 机动车在高速公路上行驶，车速超过每小时 100 公里时，应当与同车道前车保持 100 米以上的距离，车速低于每小时 100 公里时，与同车道前车距离可以适当缩短，但最小距离不得少于 50 米。

第八十一条 机动车在高速公路上行驶，遇有雾、雨、雪、沙尘、冰雹等低能见度气象条件时，应当遵守下列规定：

（一）能见度小于 200 米时，开启雾灯、近光灯、示廓灯和前后位灯，车速不得超过每小时 60 公里，与同车道前车保持 100 米以上的距离；

（二）能见度小于 100 米时，开启雾灯、近光灯、示廓灯、前后位灯和危险报警闪光灯，车速不得超过每小时 40 公里，与同车道前车保持 50 米以上的距离；

（三）能见度小于 50 米时，开启雾灯、近光灯、示廓灯、前后位灯和危险报警闪光灯，车速不得超过每小时 20 公里，并从最近的出口尽快驶离高速公路。

遇有前款规定情形时，高速公路管理部门应当通过显示屏等方式发布速度限制、保持车距等提示信息。

第八十二条　机动车在高速公路上行驶，不得有下列行为：

（一）倒车、逆行、穿越中央分隔带掉头或者在车道内停车；

（二）在匝道、加速车道或者减速车道上超车；

（三）骑、轧车行道分界线或者在路肩上行驶；

（四）非紧急情况时在应急车道行驶或者停车；

（五）试车或者学习驾驶机动车。

第八十三条　在高速公路上行驶的载货汽车车厢不得载人。两轮摩托车在高速公路行驶时不得载人。

第八十四条　机动车通过施工作业路段时，应当注意警示标志，减速行驶。

第八十五条　城市快速路的道路交通安全管理，参照本节的规定执行。

高速公路、城市快速路的道路交通安全管理工作，省、自治区、直辖市人民政府公安机关交通管理部门可以指定设区的市人民政府公安机关交通管理部门或者相当于同级的公安机关交通管理部门承担。

第五章　交通事故处理

第八十六条　机动车与机动车、机动车与非机动车在道路上发生未造成人身伤亡的交通事故，当事人对事实及成因无争议的，在记录交通事故的时间、地点、对方当事人的姓名和联系方式、机动车牌号、驾驶证号、保险凭证号、碰撞部位，并共同签名后，撤离现场，自行协商损害赔偿事宜。当事人对交通事故事实及成因有争议的，应当迅速报警。

第八十七条　非机动车与非机动车或者行人在道路上发生交通事故，未造成人身伤亡，且基本事实及成因清楚的，当事人应当先撤离现场，再自行协商处理损害赔偿事宜。当事人对交通事故事实及成因有争议的，应当迅速报警。

第八十八条　机动车发生交通事故，造成道路、供电、通讯等设施损毁的，驾驶人应当报警等候处理，不得驶离。机动车可以移动的，应当将机动车移至不妨碍交通的地点。公安机关交通管理部门应当将事故有关情况通知有关部门。

第八十九条　公安机关交通管理部门或者交通警察接到交通事故报

警，应当及时赶赴现场，对未造成人身伤亡，事实清楚，并且机动车可以移动的，应当在记录事故情况后责令当事人撤离现场，恢复交通。对拒不撤离现场的，予以强制撤离。

对属于前款规定情况的道路交通事故，交通警察可以适用简易程序处理，并当场出具事故认定书。当事人共同请求调解的，交通警察可以当场对损害赔偿争议进行调解。

对道路交通事故造成人员伤亡和财产损失需要勘验、检查现场的，公安机关交通管理部门应当按照勘查现场工作规范进行。现场勘查完毕，应当组织清理现场，恢复交通。

第九十条 投保机动车第三者责任强制保险的机动车发生交通事故，因抢救受伤人员需要保险公司支付抢救费用的，由公安机关交通管理部门通知保险公司。

抢救受伤人员需要道路交通事故救助基金垫付费用的，由公安机关交通管理部门通知道路交通事故社会救助基金管理机构。

第九十一条 公安机关交通管理部门应当根据交通事故当事人的行为对发生交通事故所起的作用以及过错的严重程度，确定当事人的责任。

第九十二条 发生交通事故后当事人逃逸的，逃逸的当事人承担全部责任。但是，有证据证明对方当事人也有过错的，可以减轻责任。

当事人故意破坏、伪造现场、毁灭证据的，承担全部责任。

第九十三条 公安机关交通管理部门对经过勘验、检查现场的交通事故应当在勘查现场之日起10日内制作交通事故认定书。对需要进行检验、鉴定的，应当在检验、鉴定结果确定之日起5日内制作交通事故认定书。

第九十四条 当事人对交通事故损害赔偿有争议，各方当事人一致请求公安机关交通管理部门调解的，应当在收到交通事故认定书之日起10日内提出书面调解申请。

对交通事故致死的，调解从办理丧葬事宜结束之日起开始；对交通事故致伤的，调解从治疗终结或者定残之日起开始；对交通事故造成财产损失的，调解从确定损失之日起开始。

第九十五条 公安机关交通管理部门调解交通事故损害赔偿争议的

期限为 10 日。调解达成协议的，公安机关交通管理部门应当制作调解书送交各方当事人，调解书经各方当事人共同签字后生效；调解未达成协议的，公安机关交通管理部门应当制作调解终结书送交各方当事人。

交通事故损害赔偿项目和标准依照有关法律的规定执行。

第九十六条 对交通事故损害赔偿的争议，当事人向人民法院提起民事诉讼的，公安机关交通管理部门不再受理调解申请。

公安机关交通管理部门调解期间，当事人向人民法院提起民事诉讼的，调解终止。

第九十七条 车辆在道路以外发生交通事故，公安机关交通管理部门接到报案的，参照道路交通安全法和本条例的规定处理。

车辆、行人与火车发生的交通事故以及在渡口发生的交通事故，依照国家有关规定处理。

第六章 执法监督

第九十八条 公安机关交通管理部门应当公开办事制度、办事程序，建立警风警纪监督员制度，自觉接受社会和群众的监督。

第九十九条 公安机关交通管理部门及其交通警察办理机动车登记，发放号牌，对驾驶人考试、发证，处理道路交通安全违法行为，处理道路交通事故，应当严格遵守有关规定，不得越权执法，不得延迟履行职责，不得擅自改变处罚的种类和幅度。

第一百条 公安机关交通管理部门应当公布举报电话，受理群众举报投诉，并及时调查核实，反馈查处结果。

第一百零一条 公安机关交通管理部门应当建立执法质量考核评议、执法责任制和执法过错追究制度，防止和纠正道路交通安全执法中的错误或者不当行为。

第七章 法律责任

第一百零二条 违反本条例规定的行为，依照道路交通安全法和本条例的规定处罚。

第一百零三条 以欺骗、贿赂等不正当手段取得机动车登记或者驾驶许可的，收缴机动车登记证书、号牌、行驶证或者机动车驾驶证，撤销机动车登记或者机动车驾驶许可；申请人在3年内不得申请机动车登记或者机动车驾驶许可。

第一百零四条 机动车驾驶人有下列行为之一，又无其他机动车驾驶人即时替代驾驶的，公安机关交通管理部门除依法给予处罚外，可以将其驾驶的机动车移至不妨碍交通的地点或者有关部门指定的地点停放：

（一）不能出示本人有效驾驶证的；

（二）驾驶的机动车与驾驶证载明的准驾车型不符的；

（三）饮酒、服用国家管制的精神药品或者麻醉药品、患有妨碍安全驾驶的疾病，或者过度疲劳仍继续驾驶的；

（四）学习驾驶人员没有教练人员随车指导单独驾驶的。

第一百零五条 机动车驾驶人有饮酒、醉酒、服用国家管制的精神药品或者麻醉药品嫌疑的，应当接受测试、检验。

第一百零六条 公路客运载客汽车超过核定乘员、载货汽车超过核定载质量的，公安机关交通管理部门依法扣留机动车后，驾驶人应当将超载的乘车人转运、将超载的货物卸载，费用由超载机动车的驾驶人或者所有人承担。

第一百零七条 依照道路交通安全法第九十二条、第九十五条、第九十六条、第九十八条的规定被扣留的机动车，驾驶人或者所有人、管理人30日内没有提供被扣留机动车的合法证明，没有补办相应手续，或者不前来接受处理，经公安机关交通管理部门通知并且经公告3个月仍不前来接受处理的，由公安机关交通管理部门将该机动车送交有资格的拍卖机构拍卖，所得价款上缴国库；非法拼装的机动车予以拆除；达到报废标准的机动车予以报废；机动车涉及其他违法犯罪行为的，移交有关部门处理。

第一百零八条 交通警察按照简易程序当场作出行政处罚的，应当告知当事人道路交通安全违法行为的事实、处罚的理由和依据，并将行政处罚决定书当场交付被处罚人。

第一百零九条 对道路交通安全违法行为人处以罚款或者暂扣驾驶证处罚的，由违法行为发生地的县级以上人民政府公安机关交通管理部门或者相当于同级的公安机关交通管理部门作出决定；对处以吊销机动车驾驶证处罚的，由设区的市人民政府公安机关交通管理部门或者相当于同级的公安机关交通管理部门作出决定。

公安机关交通管理部门对非本辖区机动车的道路交通安全违法行为没有当场处罚的，可以由机动车登记地的公安机关交通管理部门处罚。

第一百一十条 当事人对公安机关交通管理部门及其交通警察的处罚有权进行陈述和申辩，交通警察应当充分听取当事人的陈述和申辩，不得因当事人陈述、申辩而加重其处罚。

第八章 附 则

第一百一十一条 本条例所称上道路行驶的拖拉机，是指手扶拖拉机等最高设计行驶速度不超过每小时 20 公里的轮式拖拉机和最高设计行驶速度不超过每小时 40 公里、牵引挂车方可从事道路运输的轮式拖拉机。

第一百一十二条 农业（农业机械）主管部门应当定期向公安机关交通管理部门提供拖拉机登记、安全技术检验以及拖拉机驾驶证发放的资料、数据。公安机关交通管理部门对拖拉机驾驶人作出暂扣、吊销驾驶证处罚或者记分处理的，应当定期将处罚决定书和记分情况通报有关的农业（农业机械）主管部门。吊销驾驶证的，还应当将驾驶证送交有关的农业（农业机械）主管部门。

第一百一十三条 境外机动车入境行驶，应当向入境地的公安机关交通管理部门申请临时通行号牌、行驶证。临时通行号牌、行驶证应当根据行驶需要，载明有效日期和允许行驶的区域。

入境的境外机动车申请临时通行号牌、行驶证以及境外人员申请机动车驾驶许可的条件、考试办法由国务院公安部门规定。

第一百一十四条 机动车驾驶许可考试的收费标准，由国务院价格主管部门规定。

第一百一十五条 本条例自 2004 年 5 月 1 日起施行。1960 年 2 月 11 日国务院批准、交通部发布的《机动车管理办法》，1988 年 3 月 9 日国务院发布的《中华人民共和国道路交通管理条例》，1991 年 9 月 22 日国务院发布的《道路交通事故处理办法》，同时废止。

粮食流通管理条例

（2004年5月19日国务院第五十次常务会议通过，
2004年5月26日国务院令第407号公布）

第一章 总 则

第一条 为了保护粮食生产者的积极性，促进粮食生产，维护经营者、消费者的合法权益，保障国家粮食安全，维护粮食流通秩序，根据有关法律，制定本条例。

第二条 在中华人民共和国境内从事粮食的收购、销售、储存、运输、加工、进出口等经营活动（以下统称粮食经营活动），应当遵守本条例。

前款所称粮食，是指小麦、稻谷、玉米、杂粮及其成品粮。

第三条 国家鼓励多种所有制市场主体从事粮食经营活动，促进公平竞争。依法从事的粮食经营活动受国家法律保护。严禁以非法手段阻碍粮食自由流通。

国有粮食购销企业应当转变经营机制，提高市场竞争能力，在粮食流通中发挥主渠道作用，带头执行国家粮食政策。

第四条 粮食价格主要由市场供求形成。

国家加强粮食流通管理，增强对粮食市场的调控能力。

第五条 粮食经营活动应当遵循自愿、公平、诚实信用的原则，不得损害粮食生产者、消费者的合法权益，不得损害国家利益和社会公共利益。

第六条 国务院发展改革部门及国家粮食行政管理部门负责全国粮食的总量平衡、宏观调控和重要粮食品种的结构调整以及粮食流通的中长期规划；国家粮食行政管理部门负责粮食流通的行政管理、行业指导，监督有关粮食流通的法律、法规、政策及各项规章制度的执行。

国务院工商行政管理、产品质量监督、卫生、价格等部门在各自的职责范围内负责与粮食流通有关的工作。

省、自治区、直辖市人民政府在国家宏观调控下，按照粮食省长负责制的要求，负责本地区粮食的总量平衡和地方储备粮的管理。县级以上地方人民政府粮食行政管理部门负责本地区粮食流通的行政管理、行业指导；县级以上地方人民政府工商行政管理、产品质量监督、卫生、价格等部门在各自的职责范围内负责与粮食流通有关的工作。

第二章 粮食经营

第七条 粮食经营者，是指从事粮食收购、销售、储存、运输、加工、进出口等经营活动的法人、其他经济组织和个体工商户。

第八条 从事粮食收购活动的经营者，应当具备下列条件：

（一）具备经营资金筹措能力；

（二）拥有或者通过租借具有必要的粮食仓储设施；

（三）具备相应的粮食质量检验和保管能力。

前款规定的具体条件，由省、自治区、直辖市人民政府规定、公布。

第九条 取得粮食收购资格，并依照《中华人民共和国公司登记管理条例》等规定办理登记的经营者，方可从事粮食收购活动。

申请从事粮食收购活动，应当向办理工商登记的部门同级的粮食行政管理部门提交书面申请，并提供资金、仓储设施、质量检验和保管能力等证明材料。粮食行政管理部门应当自受理之日起15个工作日内完成审核，对符合本条例第八条规定具体条件的申请者作出许可决定并公示。

第十条 取得粮食行政管理部门粮食收购资格许可的，应当依法向工商行政管理部门办理设立登记，在经营范围中注明粮食收购；已在工商行政管理部门登记的，从事粮食收购活动也应当取得粮食行政管理部门的粮食收购资格许可，并依法向工商行政管理部门办理变更经营范围登记，在经营范围中注明粮食收购。

第十一条 依法从事粮食收购活动的粮食经营者（以下简称粮食收购者），应当告知售粮者或者在收购场所公示粮食的品种、质量标准和收购价格。

第十二条 粮食收购者收购粮食，应当执行国家粮食质量标准，按质论价，不得损害农民和其他粮食生产者的利益；应当及时向售粮者支付售粮款，不得拖欠；不得接受任何组织或者个人的委托代扣、代缴任何税、费和其他款项。

第十三条 粮食收购者应当向收购地的县级人民政府粮食行政管理部门定期报告粮食收购数量等有关情况。

跨省收购粮食,应当向收购地和粮食收购者所在地的县级人民政府粮食行政管理部门定期报告粮食收购数量等有关情况。

第十四条 从事粮食销售、储存、运输、加工、进出口等经营活动的粮食经营者应当在工商行政管理部门登记。

第十五条 粮食经营者使用的粮食仓储设施,应当符合粮食储存有关标准和技术规范的要求。粮食不得与可能对粮食产生污染的有害物质混存,储存粮食不得使用国家禁止使用的化学药剂或者超量使用化学药剂。

第十六条 运输粮食应当严格执行国家粮食运输的技术规范,不得使用被污染的运输工具或者包装材料运输粮食。

第十七条 从事食用粮食加工的经营者,应当具有保证粮食质量和卫生必备的加工条件,不得有下列行为:

(一) 使用发霉变质的原粮、副产品进行加工;

(二) 违反规定使用添加剂;

(三) 使用不符合质量、卫生标准的包装材料;

(四) 影响粮食质量、卫生的其他行为。

第十八条 销售粮食应当严格执行国家有关粮食质量、卫生标准,不得短斤少两、掺杂使假、以次充好,不得囤积居奇、垄断或者操纵粮食价格、欺行霸市。

第十九条 建立粮食销售出库质量检验制度。粮食储存企业对超过正常储存年限的陈粮,在出库前应当经过有资质的粮食质量检验机构进行质量鉴定,凡已陈化变质、不符合食用卫生标准的粮食,严禁流入口粮市场。陈化粮购买资格由省级人民政府粮食行政管理部门会同工商行政管理部门认定。陈化粮判定标准,由国家粮食行政管理部门会同有关部门制定,陈化粮销售、处理和监管的具体办法,依照国家有关规定执行。

第二十条 从事粮食收购、加工、销售的经营者,必须保持必要的库存量。

必要时,由省、自治区、直辖市人民政府规定最低和最高库存量的具体标准。

第二十一条 国有和国有控股粮食企业应当积极收购粮食，并做好政府委托的粮食收购和政策性用粮的购销工作，服从和服务于国家宏观调控。

第二十二条 对符合贷款条件的粮食收购者，银行应当按照国家有关规定及时提供收购贷款。中国农业发展银行应当保证中央和地方储备粮以及政府调控用粮和其他政策性用粮的信贷资金需要，对国有和国有控股的粮食购销企业、大型粮食产业化龙头企业和其他粮食购销企业，按企业的风险承受能力提供信贷资金支持。

第二十三条 所有从事粮食收购、销售、储存、加工的粮食经营者以及饲料、工业用粮企业，应当建立粮食经营台账，并向所在地的县级人民政府粮食行政管理部门报送粮食购进、销售、储存等基本数据和有关情况。粮食经营者保留粮食经营台账的期限不得少于3年。粮食经营者报送的基本数据和有关情况涉及商业秘密的，粮食行政管理部门负有保密义务。

国家粮食流通统计制度，由国家粮食行政管理部门制定，报国务院统计部门批准。

第二十四条 粮食行业协会以及中介组织应当加强行业自律，在维护粮食市场秩序方面发挥监督和协调作用。

第三章 宏观调控

第二十五条 国家采取储备粮吞吐、委托收购、粮食进出口等多种经济手段和价格干预等必要的行政手段，加强对粮食市场的调控，保持全国粮食供求总量基本平衡和价格基本稳定。

第二十六条 国家实行中央和地方分级粮食储备制度。粮食储备用于调节粮食供求，稳定粮食市场，以及应对重大自然灾害或者其他突发事件等情况。

政策性用粮的采购和销售，原则上通过粮食批发市场公开进行，也可以通过国家规定的其他方式进行。

第二十七条 国务院和地方人民政府建立健全粮食风险基金制度。粮食风险基金主要用于对种粮农民直接补贴、支持粮食储备、稳定粮食市场等。

国务院和地方人民政府财政部门负责粮食风险基金的监督管理，确保专款专用。

第二十八条 当粮食供求关系发生重大变化时，为保障市场供应、保护种粮农民利益，必要时可由国务院决定对短缺的重点粮食品种在粮食主产区实行最低收购价格。

当粮食价格显著上涨或者有可能显著上涨时，国务院和省、自治区、直辖市人民政府可以按照《中华人民共和国价格法》的规定，采取价格干预措施。

第二十九条 国务院发展改革部门及国家粮食行政管理部门会同农业、统计、产品质量监督等部门负责粮食市场供求形势的监测和预警分析，建立粮食供需抽查制度，发布粮食生产、消费、价格、质量等信息。

第三十条 国家鼓励粮食主产区和主销区以多种形式建立稳定的产销关系，鼓励建立产销一体化的粮食经营企业，发展订单农业，在执行最低收购价格时国家给予必要的经济优惠，并在粮食运输方面给予优先安排。

第三十一条 在重大自然灾害、重大疫情或者其他突发事件引起粮食市场供求异常波动时，国家实施粮食应急机制。

第三十二条 国家建立突发事件的粮食应急体系。国务院发展改革部门及国家粮食行政管理部门会同国务院有关部门制定全国的粮食应急预案，报请国务院批准。省、自治区、直辖市人民政府根据本地区的实际情况，制定本行政区域的粮食应急预案。

第三十三条 启动全国的粮食应急预案，由国务院发展改革部门及国家粮食行政管理部门提出建议，报国务院批准后实施。

启动省、自治区、直辖市的粮食应急预案，由省、自治区、直辖市发展改革部门及粮食行政管理部门提出建议，报本级人民政府决定，并向国务院报告。

第三十四条 粮食应急预案启动后，所有粮食经营者必须按国家要求承担应急任务，服从国家的统一安排和调度，保证应急工作的需要。

第四章 监督检查

第三十五条 粮食行政管理部门依照本条例对粮食经营者从事粮食

收购、储存、运输活动和政策性用粮的购销活动，以及执行国家粮食流通统计制度的情况进行监督检查。

粮食行政管理部门应当根据国家要求对粮食收购资格进行核查。

粮食行政管理部门在监督检查过程中，可以进入粮食经营者经营场所检查粮食的库存量和收购、储存活动中的粮食质量以及原粮卫生；检查粮食仓储设施、设备是否符合国家技术规范；查阅粮食经营者有关资料、凭证；向有关单位和人员调查了解相关情况。

第三十六条 产品质量监督部门依照有关法律、行政法规的规定，对粮食加工过程中的以假充真、以次充好、掺杂使假等违法行为进行监督检查。

第三十七条 工商行政管理部门依照有关法律、行政法规的规定，对粮食经营活动中的无照经营、超范围经营以及粮食销售活动中的囤积居奇、欺行霸市、强买强卖、掺杂使假、以次充好等扰乱市场秩序和违法违规交易行为进行监督检查。

第三十八条 卫生部门依照有关法律、行政法规的规定，对粮食加工、销售中的卫生以及成品粮储存中的卫生进行监督检查。

第三十九条 价格主管部门依照有关法律、行政法规的规定，对粮食流通活动中的价格违法行为进行监督检查。

第四十条 任何单位和个人有权对违反本条例规定的行为向有关部门检举。有关部门应当为检举人保密，并依法及时处理。

第五章 法律责任

第四十一条 未经粮食行政管理部门许可或者未在工商行政管理部门登记擅自从事粮食收购活动的，由工商行政管理部门没收非法收购的粮食；情节严重的，并处非法收购粮食价值 1 倍以上 5 倍以下的罚款；构成犯罪的，依法追究刑事责任。

由粮食行政管理部门查出的，移交工商行政管理部门按照前款规定予以处罚。

第四十二条 以欺骗、贿赂等不正当手段取得粮食收购资格许可的，由粮食行政管理部门取消粮食收购资格，工商行政管理部门吊销营业执照，没收违法所得；构成犯罪的，依法追究刑事责任。

粮食行政管理部门工作人员办理粮食收购资格许可，索取或者收受他人财物或者谋取其他利益，构成犯罪的，依法追究刑事责任；尚不构成犯罪的，依法给予行政处分。

第四十三条 粮食收购者有未按照规定告知、公示粮食收购价格或者收购粮食压级压价，垄断或者操纵价格等价格违法行为的，由价格主管部门依照《中华人民共和国价格法》的有关规定给予行政处罚。

第四十四条 有下列情形之一的，由粮食行政管理部门责令改正，予以警告，可以处20万元以下的罚款；情节严重的，并由粮食行政管理部门暂停或者取消粮食收购资格：

（一）粮食收购者未执行国家粮食质量标准的；

（二）粮食收购者被售粮者举报未及时支付售粮款的；

（三）粮食收购者违反本条例规定代扣、代缴税、费和其他款项的；

（四）从事粮食收购、销售、储存、加工的粮食经营者以及饲料、工业用粮企业未建立粮食经营台账，或者未按照规定报送粮食基本数据和有关情况的；

（五）接受委托的粮食经营者从事政策性用粮的购销活动未执行国家有关政策的。

第四十五条 陈粮出库未按照本条例规定进行质量鉴定的，由粮食行政管理部门责令改正，给予警告；情节严重的，处出库粮食价值1倍以上5倍以下的罚款，工商行政管理部门可以吊销营业执照。

倒卖陈化粮或者不按照规定使用陈化粮的，由工商行政管理部门没收非法倒卖的粮食，并处非法倒卖粮食价值20%以下的罚款，有陈化粮购买资格的，由省级人民政府粮食行政管理部门取消陈化粮购买资格；情节严重的，由工商行政管理部门并处非法倒卖粮食价值1倍以上5倍以下的罚款，吊销营业执照；构成犯罪的，依法追究刑事责任。

第四十六条 从事粮食收购、加工、销售的经营者的粮食库存低于规定的最低库存量的，由粮食行政管理部门责令改正，给予警告；情节严重的，处不足部分粮食价值1倍以上5倍以下的罚款，并可以取消粮食收购资格，工商行政管理部门可以吊销营业执照。

从事粮食收购、加工、销售的经营者的粮食库存超出规定的最高库存量的，由粮食行政管理部门责令改正，给予警告；情节严重的，处超出部分粮食价值1倍以上5倍以下的罚款，并可以取消粮食收购资格，工商行政管理部门可以吊销营业执照。

第四十七条 粮食经营者未按照本条例规定使用粮食仓储设施、运输工具的，由粮食行政管理部门或者卫生部门责令改正，给予警告；被污染的粮食不得非法销售、加工。

第四十八条 违反本条例第十七条、第十八条规定的，由产品质量监督部门、工商行政管理部门、卫生部门等依照有关法律、行政法规的规定予以处罚。

第四十九条 财政部门未按照国家关于粮食风险基金管理的规定及时、足额拨付补贴资金，或者挤占、截留、挪用补贴资金的，由本级人民政府或者上级财政部门责令改正，对有关责任人员依法给予行政处分；构成犯罪的，依法追究有关责任人员的刑事责任。

第五十条 违反本条例规定，阻碍粮食自由流通的，依照《国务院关于禁止在市场经济活动中实行地区封锁的规定》予以处罚。

第五十一条 监督检查人员违反本条例规定，非法干预粮食经营者正常经营活动的，依法给予行政处分；构成犯罪的，依法追究刑事责任。

第六章 附 则

第五十二条 本条例下列用语的含义是：

粮食收购，是指为了销售、加工或者作为饲料、工业原料等直接向种粮农民或者其他粮食生产者批量购买粮食的活动。

粮食加工，是指通过处理将原粮转化成半成品粮、成品粮，或者将半成品粮转化成成品粮的经营活动。

第五十三条 大豆、油料和食用植物油的收购、销售、储存、运输、加工、进出口等经营活动，适用本条例除第八条、第九条、第十条以外的规定。

粮食进出口的管理，依照有关法律、行政法规的规定执行。

中央储备粮的管理，依照《中央储备粮管理条例》的规定执行。

第五十四条 本条例自公布之日起施行。1998年6月6日国务院发布的《粮食收购条例》、1998年8月5日国务院发布的《粮食购销违法行为处罚办法》同时废止。

中华人民共和国工业产品生产许可证管理条例

（2005 年 6 月 29 日国务院第九十七次常务会议通过，2005 年 7 月 9 日国务院令第 440 号发布）

第一章 总 则

第一条 为了保证直接关系公共安全、人体健康、生命财产安全的重要工业产品的质量安全，贯彻国家产业政策，促进社会主义市场经济健康、协调发展，制定本条例。

第二条 国家对生产下列重要工业产品的企业实行生产许可证制度：

（一）乳制品、肉制品、饮料、米、面、食用油、酒类等直接关系人体健康的加工食品；

（二）电热毯、压力锅、燃气热水器等可能危及人身、财产安全的产品；

（三）税控收款机、防伪验钞仪、卫星电视广播地面接收设备、无线广播电视发射设备等关系金融安全和通信质量安全的产品；

（四）安全网、安全帽、建筑扣件等保障劳动安全的产品；

（五）电力铁塔、桥梁支座、铁路工业产品、水工金属结构、危险化学品及其包装物、容器等影响生产安全、公共安全的产品；

（六）法律、行政法规要求依照本条例的规定实行生产许可证管理的其他产品。

第三条 国家实行生产许可证制度的工业产品目录（以下简称目录）由国务院工业产品生产许可证主管部门会同国务院有关部门制定，并征求消费者协会和相关产品行业协会的意见，报国务院批准后向社会公布。

工业产品的质量安全通过消费者自我判断、企业自律和市场竞争能够有效保证的，不实行生产许可证制度。

工业产品的质量安全通过认证认可制度能够有效保证的，不实行生产许可证制度。

国务院工业产品生产许可证主管部门会同国务院有关部门适时对目

录进行评价、调整和逐步缩减,报国务院批准后向社会公布。

第四条 在中华人民共和国境内生产、销售或者在经营活动中使用列入目录产品的,应当遵守本条例。

列入目录产品的进出口管理依照法律、行政法规和国家有关规定执行。

第五条 任何企业未取得生产许可证不得生产列入目录的产品。任何单位和个人不得销售或者在经营活动中使用未取得生产许可证的列入目录的产品。

第六条 国务院工业产品生产许可证主管部门依照本条例负责全国工业产品生产许可证统一管理工作,县级以上地方工业产品生产许可证主管部门负责本行政区域内的工业产品生产许可证管理工作。

国家对实行工业产品生产许可证制度的工业产品,统一目录,统一审查要求,统一证书标志,统一监督管理。

第七条 工业产品生产许可证管理,应当遵循科学公正、公开透明、程序合法、便民高效的原则。

第八条 县级以上工业产品生产许可证主管部门及其人员、检验机构和检验人员,对所知悉的国家秘密和商业秘密负有保密义务。

第二章 申请与受理

第九条 企业取得生产许可证,应当符合下列条件:

(一)有营业执照;

(二)有与所生产产品相适应的专业技术人员;

(三)有与所生产产品相适应的生产条件和检验检疫手段;

(四)有与所生产产品相适应的技术文件和工艺文件;

(五)有健全有效的质量管理制度和责任制度;

(六)产品符合有关国家标准、行业标准以及保障人体健康和人身、财产安全的要求;

(七)符合国家产业政策的规定,不存在国家明令淘汰和禁止投资建设的落后工艺、高耗能、污染环境、浪费资源的情况。

法律、行政法规有其他规定的,还应当符合其规定。

第十条 国务院工业产品生产许可证主管部门依照本条例第九条规

定的条件，根据工业产品的不同特性，制定并发布取得列入目录产品生产许可证的具体要求；需要对列入目录产品生产许可证的具体要求作特殊规定的，应当会同国务院有关部门制定并发布。

制定列入目录产品生产许可证的具体要求，应当征求消费者协会和相关产品行业协会的意见。

第十一条 企业生产列入目录的产品，应当向企业所在地的省、自治区、直辖市工业产品生产许可证主管部门申请取得生产许可证。

企业正在生产的产品被列入目录的，应当在国务院工业产品生产许可证主管部门规定的时间内申请取得生产许可证。

企业的申请可以通过信函、电报、电传、传真、电子数据交换和电子邮件等方式提出。

第十二条 省、自治区、直辖市工业产品生产许可证主管部门收到企业的申请后，应当依照《中华人民共和国行政许可法》的有关规定办理。

第十三条 省、自治区、直辖市工业产品生产许可证主管部门以及其他任何单位不得另行附加任何条件，限制企业申请取得生产许可证。

第三章 审查与决定

第十四条 省、自治区、直辖市工业产品生产许可证主管部门受理企业申请后，应当组织对企业进行审查。依照列入目录产品生产许可证的具体要求，应当由国务院工业产品生产许可证主管部门组织对企业进行审查的，省、自治区、直辖市工业产品生产许可证主管部门应当自受理企业申请之日起 5 日内将全部申请材料报送国务院工业产品生产许可证主管部门。

对企业的审查包括对企业的实地核查和对产品的检验。

第十五条 对企业进行实地核查，国务院工业产品生产许可证主管部门或者省、自治区、直辖市工业产品生产许可证主管部门应当指派 2 至 4 名核查人员，企业应当予以配合。

第十六条 核查人员经国务院工业产品生产许可证主管部门组织考核合格，取得核查人员证书，方可从事相应的核查工作。

第十七条 核查人员依照本条例第九条规定的条件和列入目录产品生产许可证的具体要求对企业进行实地核查。

核查人员对企业进行实地核查，不得刁难企业，不得索取、收受企业的财物，不得谋取其他不当利益。

第十八条 国务院工业产品生产许可证主管部门或者省、自治区、直辖市工业产品生产许可证主管部门应当自受理企业申请之日起30日内将对企业实地核查的结果书面告知企业。核查不合格的，应当说明理由。

第十九条 企业经实地核查合格的，应当及时进行产品检验。需要送样检验的，核查人员应当封存样品，并告知企业在7日内将该样品送达具有相应资质的检验机构。需要现场检验的，由核查人员通知检验机构进行现场检验。

第二十条 检验机构应当依照国家有关标准、要求进行产品检验，在规定时间内完成检验工作。

检验机构和检验人员应当客观、公正、及时地出具检验报告。检验报告经检验人员签字后，由检验机构负责人签署。检验机构和检验人员对检验报告负责。

第二十一条 检验机构和检验人员进行产品检验，应当遵循诚信原则和方便企业的原则，为企业提供可靠、便捷的检验服务，不得拖延，不得刁难企业。

第二十二条 检验机构和检验人员不得从事与其检验的列入目录产品相关的生产、销售活动，不得以其名义推荐或者监制、监销其检验的列入目录产品。

第二十三条 由省、自治区、直辖市工业产品生产许可证主管部门组织对企业进行审查的，省、自治区、直辖市工业产品生产许可证主管部门应当在完成审查后将审查意见和全部申请材料报送国务院工业产品生产许可证主管部门。

第二十四条 自受理企业申请之日起60日内，国务院工业产品生产许可证主管部门应当作出是否准予许可的决定，作出准予许可决定的，国务院工业产品生产许可证主管部门应当自作出决定之日起10日内向企业颁发工业产品生产许可证证书（以下简称许可证证书）；作出不准予许可决定的，国务院工业产品生产许可证主管部门应当书面通知企业，并说明理由。

检验机构进行产品检验所需时间不计入前款规定的期限。

国务院工业产品生产许可证主管部门应当将作出的相关产品准予许可的决定及时通报国务院发展改革部门、国务院卫生主管部门、国务院工商行政管理部门等有关部门。

第二十五条 生产许可证有效期为5年，但是，食品加工企业生产许可证的有效期为3年。生产许可证有效期届满，企业继续生产的，应当在生产许可证有效期届满6个月前向所在地省、自治区、直辖市工业产品生产许可证主管部门提出换证申请。国务院工业产品生产许可证主管部门或者省、自治区、直辖市工业产品生产许可证主管部门应当依照本条例规定的程序对企业进行审查。

第二十六条 在生产许可证有效期内，产品的有关标准、要求发生改变的，国务院工业产品生产许可证主管部门或者省、自治区、直辖市工业产品生产许可证主管部门可以依照本条例的规定重新组织核查和检验。

在生产许可证有效期内，企业生产条件、检验手段、生产技术或者工艺发生变化的，企业应当及时向所在地省、自治区、直辖市工业产品生产许可证主管部门提出申请，国务院工业产品生产许可证主管部门或者省、自治区、直辖市工业产品生产许可证主管部门应当依照本条例的规定重新组织核查和检验。

第二十七条 国务院工业产品生产许可证主管部门认为需要听证的涉及公共利益的重大许可事项，应当向社会公告，并举行听证。

国务院工业产品生产许可证主管部门作出的准予许可的决定应当向社会公布。

国务院工业产品生产许可证主管部门和省、自治区、直辖市工业产品生产许可证主管部门应当将办理生产许可证的有关材料及时归档，公众有权查阅。

第四章 证书和标志

第二十八条 许可证证书分为正本和副本。许可证证书应当载明企业名称和住所、生产地址、产品名称、证书编号、发证日期、有效期等相关内容。

许可证证书格式由国务院工业产品生产许可证主管部门规定。

第二十九条 企业名称发生变化的，企业应当及时向企业所在地的省、自治区、直辖市工业产品生产许可证主管部门提出申请，办理变更手续。

第三十条 企业应当妥善保管许可证证书，许可证证书遗失或者损毁，应当申请补领，企业所在地的省、自治区、直辖市工业产品生产许可证主管部门应当及时受理申请，办理补领手续。

第三十一条 在生产许可证有效期内，企业不再从事列入目录产品的生产活动的，应当办理生产许可证注销手续。企业不办理生产许可证注销手续的，国务院工业产品生产许可证主管部门应当注销其生产许可证并向社会公告。

第三十二条 生产许可证的标志和式样由国务院工业产品生产许可证主管部门规定并公布。

第三十三条 企业必须在其产品或者包装、说明书上标注生产许可证标志和编号。

裸装食品和其他根据产品的特点难以标注标志的裸装产品，可以不标注生产许可证标志和编号。

第三十四条 销售和在经营活动中使用列入目录产品的企业，应当查验产品的生产许可证标志和编号。

第三十五条 任何单位和个人不得伪造、变造许可证证书、生产许可证标志和编号。取得生产许可证的企业不得出租、出借或者以其他形式转让许可证证书和生产许可证标志。

第五章 监督检查

第三十六条 国务院工业产品生产许可证主管部门和县级以上地方工业产品生产许可证主管部门依照本条例规定负责对生产列入目录产品的企业以及核查人员、检验机构及其检验人员的相关活动进行监督检查。

国务院工业产品生产许可证主管部门对县级以上地方工业产品生产许可证主管部门的生产许可证管理工作进行监督。

第三十七条 县级以上工业产品生产许可证主管部门根据已经取得的违法嫌疑证据或者举报，对涉嫌违反本条例的行为进行查处并可以行使下列职权：

（一）向有关生产、销售或者在经营活动中使用列入目录产品的单位和检验机构的法定代表人、主要负责人和其他有关人员调查、了解有关涉嫌从事违反本条例活动的情况；

（二）查阅、复制有关生产、销售或者在经营活动中使用列入目录产品的单位和检验机构的有关合同、发票、账簿以及其他有关资料；

（三）对有证据表明属于违反本条例生产、销售或者在经营活动中使用的列入目录产品予以查封或者扣押。

县级以上工商行政管理部门依法对涉嫌违反本条例规定的行为进行查处时，也可以行使前款规定的职权。

第三十八条 企业应当保证产品质量稳定合格，并定期向省、自治区、直辖市工业产品生产许可证主管部门提交报告。企业对报告的真实性负责。

第三十九条 国务院工业产品生产许可证主管部门和县级以上地方工业产品生产许可证主管部门应当对企业实施定期或者不定期的监督检查。需要对产品进行检验的，应当依照《中华人民共和国产品质量法》的有关规定进行。

实施监督检查或者对产品进行检验应当有2名以上工作人员参加并应当出示有效证件。

第四十条 国务院工业产品生产许可证主管部门和县级以上地方工业产品生产许可证主管部门对企业实施监督检查，不得妨碍企业的正常生产经营活动，不得索取或者收受企业的财物或者谋取其他利益。

第四十一条 国务院工业产品生产许可证主管部门和县级以上地方工业产品生产许可证主管部门依法对企业进行监督检查时，应当对监督检查的情况和处理结果予以记录，由监督检查人员签字后归档。公众有权查阅监督检查记录。

第四十二条 国务院工业产品生产许可证主管部门应当通过查阅检验报告、检验结论对比等方式，对检验机构的检验过程和检验报告是否客观、公正、及时进行监督检查。

第四十三条 核查人员、检验机构及其检验人员刁难企业的，企业有权向国务院工业产品生产许可证主管部门和县级以上地方工业产品生产许可证主管部门投诉。国务院工业产品生产许可证主管部门和县级以上地方工业产品生产许可证主管部门接到投诉，应当及时进行调查处理。

第四十四条 任何单位和个人对违反本条例的行为，有权向国务院工业产品生产许可证主管部门和县级以上地方工业产品生产许可证主管部门举报。国务院工业产品生产许可证主管部门和县级以上地方工业产品生产许可证主管部门接到举报，应当及时调查处理，并为举报人保密。

第六章 法律责任

第四十五条 企业未依照本条例规定申请取得生产许可证而擅自生产列入目录产品的，由工业产品生产许可证主管部门责令停止生产，没收违法生产的产品，处违法生产产品货值金额等值以上3倍以下的罚款；有违法所得的，没收违法所得；构成犯罪的，依法追究刑事责任。

第四十六条 取得生产许可证的企业生产条件、检验手段、生产技术或者工艺发生变化，未依照本条例规定办理重新审查手续的，责令停止生产、销售，没收违法生产、销售的产品，并限期办理相关手续；逾期仍未办理的，处违法生产、销售产品（包括已售出和未售出的产品，下同）货值金额3倍以下的罚款；有违法所得的，没收违法所得；构成犯罪的，依法追究刑事责任。

取得生产许可证的企业名称发生变化，未依照本条例规定办理变更手续的，责令限期办理相关手续；逾期仍未办理的，责令停止生产、销售，没收违法生产、销售的产品，并处违法生产、销售产品货值金额等值以下的罚款；有违法所得的，没收违法所得。

第四十七条 取得生产许可证的企业未依照本条例规定在产品、包装或者说明书上标注生产许可证标志和编号的，责令限期改正；逾期仍未改正的，处违法生产、销售产品货值金额30％以下的罚款；有违法所得的，没收违法所得；情节严重的，吊销生产许可证。

第四十八条 销售或者在经营活动中使用未取得生产许可证的列入目录产品的，责令改正，处5万元以上20万元以下的罚款；有违法所得的，没收违法所得；构成犯罪的，依法追究刑事责任。

第四十九条 取得生产许可证的企业出租、出借或者转让许可证证书、生产许可证标志和编号的，责令限期改正，处20万元以下的罚款；情节严重的，吊销生产许可证。违法接受并使用他人提供的许可证证书、生产许可证标志和编号的，责令停止生产、销售，没收违法生产、销售的产品，处违法生产、销售产品货值金额等值以上3倍以下的罚款；有违法所得的，没收违法所得；构成犯罪的，依法追究刑事责任。

第五十条 擅自动用、调换、转移、损毁被查封、扣押财物的，责令改正，处被动用、调换、转移、损毁财物价值5%以上20%以下的罚款；拒不改正的，处被动用、调换、转移、损毁财物价值1倍以上3倍以下的罚款。

第五十一条 伪造、变造许可证证书、生产许可证标志和编号的，责令改正，没收违法生产、销售的产品，并处违法生产、销售产品货值金额等值以上3倍以下的罚款；有违法所得的，没收违法所得；构成犯罪的，依法追究刑事责任。

第五十二条 企业用欺骗、贿赂等不正当手段取得生产许可证的，由工业产品生产许可证主管部门处20万元以下的罚款，并依照《中华人民共和国行政许可法》的有关规定作出处理。

第五十三条 取得生产许可证的企业未依照本条例规定定期向省、自治区、直辖市工业产品生产许可证主管部门提交报告的，由省、自治区、直辖市工业产品生产许可证主管部门责令限期改正；逾期未改正的，处5000元以下的罚款。

第五十四条 取得生产许可证的产品经产品质量国家监督抽查或者省级监督抽查不合格的，由工业产品生产许可证主管部门责令限期改正；到期复查仍不合格的，吊销生产许可证。

第五十五条 企业被吊销生产许可证的，在3年内不得再次申请同一列入目录产品的生产许可证。

第五十六条 承担发证产品检验工作的检验机构伪造检验结论或者出具虚假证明的，由工业产品生产许可证主管部门责令改正，对单位处5万元以上20万元以下的罚款，对直接负责的主管人员和其他直接责任人员处1万元以上5万元以下的罚款；有违法所得的，没收违法所得；情节严重的，撤销其检验资格；构成犯罪的，依法追究刑事责任。

第五十七条 检验机构和检验人员从事与其检验的列入目录产品相关的生产、销售活动，或者以其名义推荐或者监制、监销其检验的列入目录产品的，由工业产品生产许可证主管部门处2万元以上10万元以下的罚款；有违法所得的，没收违法所得；情节严重的，撤销其检验资格。

第五十八条 检验机构和检验人员利用检验工作刁难企业，由工业产品生产许可证主管部门责令改正；拒不改正的，撤销其检验资格。

第五十九条 县级以上地方工业产品生产许可证主管部门违反本条例规定，对列入目录产品以外的工业产品设定生产许可的，由国务院工业产品生产许可证主管部门责令改正，或者依法予以撤销。

第六十条 工业产品生产许可证主管部门及其工作人员违反本条例的规定，有下列情形之一的，由其上级行政机关或者监察机关责令改正；情节严重的，对直接负责的主管人员和其他直接责任人员依法给予行政处分：

（一）对符合本条例规定的条件的申请不予受理的；

（二）不在办公场所公示依法应当公示的材料的；

（三）在受理、审查、决定过程中，未向申请人、利害关系人履行法定告知义务的；

（四）申请人提交的申请材料不齐全、不符合法定形式，不一次告知申请人必须补正的全部内容的；

（五）未依法说明不受理申请或者不予许可的理由的；

（六）依照本条例和《中华人民共和国行政许可法》应当举行听证而不举行听证的。

第六十一条 工业产品生产许可证主管部门的工作人员办理工业产品生产许可证、实施监督检查，索取或者收受他人财物或者谋取其他利益，构成犯罪的，依法追究刑事责任；尚不构成犯罪的，依法给予行政处分。

第六十二条 工业产品生产许可证主管部门有下列情形之一的，由其上级行政机关、监察机关或者有关机关责令改正，依法处理；对直接负责的主管人员和其他直接责任人员依法给予降级或者撤职的行政处分；构成犯罪的，依法追究刑事责任：

（一）对不符合本条例规定条件的申请人准予许可或者超越法定职权作出准予许可决定的；

（二）对符合本条例规定条件的申请人不予许可或者不在法定期限内作出准予许可决定的；

（三）发现未依照本条例规定申请取得生产许可证擅自生产列入目录产品，不及时依法查处的；

（四）发现检验机构的检验报告、检验结论严重失实，不及时依法查处的；

（五）违反法律、行政法规或者本条例的规定，乱收费的。

第六十三条 工业产品生产许可证主管部门违法实施许可，给当事人的合法权益造成损害的，应当依照《中华人民共和国国家赔偿法》的规定给予赔偿。

第六十四条 工业产品生产许可证主管部门不依法履行监督职责或者监督不力，造成严重后果的，由其上级行政机关或者监察机关责令改正，对直接负责的主管人员和其他直接责任人员依法给予行政处分；构成犯罪的，依法追究刑事责任。

第六十五条 本条例规定的吊销生产许可证的行政处罚由工业产品生产许可证主管部门决定。工业产品生产许可证主管部门应当将作出的相关产品吊销生产许可证的行政处罚决定及时通报发展改革部门、卫生主管部门、工商行政管理部门等有关部门。

本条例第四十六条至第五十一条规定的行政处罚由工业产品生产许可证主管部门或者工商行政管理部门依照国务院规定的职权范围决定。法律、行政法规对行使行政处罚权的机关另有规定的，依照有关法律、行政法规的规定执行。

第七章 附 则

第六十六条 法律、行政法规对工业产品管理另有规定的，从其规定。

第六十七条 国务院工业产品生产许可证主管部门和省、自治区、直辖市工业产品生产许可证主管部门办理工业产品生产许可证的收费项目依照国务院财政部门、价格主管部门的有关规定执行，工业产品生产许可证的收费标准依照国务院价格主管部门、财政部门的有关规定执行，并应当公开透明；所收取的费用必须全部上缴国库，不得截留、挪用、私分或者变相私分。财政部门不得以任何形式向其返还或者变相返还所收取的费用。

第六十八条 根据需要，省、自治区、直辖市工业产品生产许可证主管部门可以负责部分列入目录产品的生产许可证审查发证工作，具体办法由国务院工业产品生产许可证主管部门另行制定。

第六十九条 个体工商户生产或者销售列入目录产品的，依照本条例的规定执行。

第七十条 本条例自2005年9月1日起施行。国务院1984年4月7日发布的《工业产品生产许可证试行条例》同时废止。

烟花爆竹安全管理条例

（2006年1月11日国务院第一百二十一次常务会议通过，
2006年1月21日国务院令第455号公布）

第一章 总 则

第一条 为了加强烟花爆竹安全管理，预防爆炸事故发生，保障公共安全和人身、财产的安全，制定本条例。

第二条 烟花爆竹的生产、经营、运输和燃放，适用本条例。

本条例所称烟花爆竹，是指烟花爆竹制品和用于生产烟花爆竹的民用黑火药、烟火药、引火线等物品。

第三条 国家对烟花爆竹的生产、经营、运输和举办焰火晚会以及其他大型焰火燃放活动，实行许可证制度。

未经许可，任何单位或者个人不得生产、经营、运输烟花爆竹，不得举办焰火晚会以及其他大型焰火燃放活动。

第四条 安全生产监督管理部门负责烟花爆竹的安全生产监督管理；公安部门负责烟花爆竹的公共安全管理；质量监督检验部门负责烟花爆竹的质量监督和进出口检验。

第五条 公安部门、安全生产监督管理部门、质量监督检验部门、工商行政管理部门应当按照职责分工，组织查处非法生产、经营、储存、运输、邮寄烟花爆竹以及非法燃放烟花爆竹的行为。

第六条 烟花爆竹生产、经营、运输企业和焰火晚会以及其他大型焰火燃放活动主办单位的主要负责人，对本单位的烟花爆竹安全工作负责。

烟花爆竹生产、经营、运输企业和焰火晚会以及其他大型焰火燃放活动主办单位应当建立健全安全责任制，制定各项安全管理制度和操作规程，并对从业人员定期进行安全教育、法制教育和岗位技术培训。

中华全国供销合作总社应当加强对本系统企业烟花爆竹经营活动的管理。

第七条 国家鼓励烟花爆竹生产企业采用提高安全程度和提升行业整体水平的新工艺、新配方和新技术。

第二章 生产安全

第八条 生产烟花爆竹的企业，应当具备下列条件：

（一）符合当地产业结构规划；

（二）基本建设项目经过批准；

（三）选址符合城乡规划，并与周边建筑、设施保持必要的安全距离；

（四）厂房和仓库的设计、结构和材料以及防火、防爆、防雷、防静电等安全设备、设施符合国家有关标准和规范；

（五）生产设备、工艺符合安全标准；

（六）产品品种、规格、质量符合国家标准；

（七）有健全的安全生产责任制；

（八）有安全生产管理机构和专职安全生产管理人员；

（九）依法进行了安全评价；

（十）有事故应急救援预案、应急救援组织和人员，并配备必要的应急救援器材、设备；

（十一）法律、法规规定的其他条件。

第九条 生产烟花爆竹的企业，应当在投入生产前向所在地设区的市人民政府安全生产监督管理部门提出安全审查申请，并提交能够证明符合本条例第八条规定条件的有关材料。设区的市人民政府安全生产监督管理部门应当自收到材料之日起20日内提出安全审查初步意见，报省、自治区、直辖市人民政府安全生产监督管理部门审查。省、自治区、直辖市人民政府安全生产监督管理部门应当自受理申请之日起45日内进行安全审查，对符合条件的，核发《烟花爆竹安全生产许可证》；对不符合条件的，应当说明理由。

第十条 生产烟花爆竹的企业为扩大生产能力进行基本建设或者技

术改造的，应当依照本条例的规定申请办理安全生产许可证。

生产烟花爆竹的企业，持《烟花爆竹安全生产许可证》到工商行政管理部门办理登记手续后，方可从事烟花爆竹生产活动。

第十一条 生产烟花爆竹的企业，应当按照安全生产许可证核定的产品种类进行生产，生产工序和生产作业应当执行有关国家标准和行业标准。

第十二条 生产烟花爆竹的企业，应当对生产作业人员进行安全生产知识教育，对从事药物混合、造粒、筛选、装药、筑药、压药、切引、搬运等危险工序的作业人员进行专业技术培训。从事危险工序的作业人员经设区的市人民政府安全生产监督管理部门考核合格，方可上岗作业。

第十三条 生产烟花爆竹使用的原料，应当符合国家标准的规定。生产烟花爆竹使用的原料，国家标准有用量限制的，不得超过规定的用量。不得使用国家标准规定禁止使用或者禁忌配伍的物质生产烟花爆竹。

第十四条 生产烟花爆竹的企业，应当按照国家标准的规定，在烟花爆竹产品上标注燃放说明，并在烟花爆竹包装物上印制易燃易爆危险物品警示标志。

第十五条 生产烟花爆竹的企业，应当对黑火药、烟火药、引火线的保管采取必要的安全技术措施，建立购买、领用、销售登记制度，防止黑火药、烟火药、引火线丢失。黑火药、烟火药、引火线丢失的，企业应当立即向当地安全生产监督管理部门和公安部门报告。

第三章 经营安全

第十六条 烟花爆竹的经营分为批发和零售。

从事烟花爆竹批发的企业和零售经营者的经营布点，应当经安全生产监督管理部门审批。

禁止在城市市区布设烟花爆竹批发场所；城市市区的烟花爆竹零售网点，应当按照严格控制的原则合理布设。

第十七条 从事烟花爆竹批发的企业，应当具备下列条件：

（一）具有企业法人条件；

（二）经营场所与周边建筑、设施保持必要的安全距离；

（三）有符合国家标准的经营场所和储存仓库；

(四) 有保管员、仓库守护员；

(五) 依法进行了安全评价；

(六) 有事故应急救援预案、应急救援组织和人员，并配备必要的应急救援器材、设备；

(七) 法律、法规规定的其他条件。

第十八条 烟花爆竹零售经营者，应当具备下列条件：

(一) 主要负责人经过安全知识教育；

(二) 实行专店或者专柜销售，设专人负责安全管理；

(三) 经营场所配备必要的消防器材，张贴明显的安全警示标志；

(四) 法律、法规规定的其他条件。

第十九条 申请从事烟花爆竹批发的企业，应当向所在地省、自治区、直辖市人民政府安全生产监督管理部门或者其委托的设区的市人民政府安全生产监督管理部门提出申请，并提供能够证明符合本条例第十七条规定条件的有关材料。受理申请的安全生产监督管理部门应当自受理申请之日起 30 日内对提交的有关材料和经营场所进行审查，对符合条件的，核发《烟花爆竹经营(批发)许可证》；对不符合条件的，应当说明理由。

申请从事烟花爆竹零售的经营者，应当向所在地县级人民政府安全生产监督管理部门提出申请，并提供能够证明符合本条例第十八条规定条件的有关材料。受理申请的安全生产监督管理部门应当自受理申请之日起 20 日内对提交的有关材料和经营场所进行审查，对符合条件的，核发《烟花爆竹经营(零售)许可证》；对不符合条件的，应当说明理由。

《烟花爆竹经营(零售)许可证》，应当载明经营负责人、经营场所地址、经营期限、烟花爆竹种类和限制存放量。

烟花爆竹的批发企业、零售经营者，持烟花爆竹经营许可证到工商行政管理部门办理登记手续后，方可从事烟花爆竹经营活动。

第二十条 从事烟花爆竹批发的企业，应当向生产烟花爆竹的企业采购烟花爆竹，向从事烟花爆竹零售的经营者供应烟花爆竹。从事烟花爆竹零售的经营者，应当向从事烟花爆竹批发的企业采购烟花爆竹。

从事烟花爆竹批发的企业、零售经营者不得采购和销售非法生产、经营的烟花爆竹。

从事烟花爆竹批发的企业，不得向从事烟花爆竹零售的经营者供应按照国家标准规定应由专业燃放人员燃放的烟花爆竹。从事烟花爆竹零售的经营者，不得销售按照国家标准规定应由专业燃放人员燃放的烟花爆竹。

第二十一条 生产、经营黑火药、烟火药、引火线的企业，不得向未取得烟花爆竹安全生产许可的任何单位或者个人销售黑火药、烟火药和引火线。

第四章 运输安全

第二十二条 经由道路运输烟花爆竹的，应当经公安部门许可。

经由铁路、水路、航空运输烟花爆竹的，依照铁路、水路、航空运输安全管理的有关法律、法规、规章的规定执行。

第二十三条 经由道路运输烟花爆竹的，托运人应当向运达地县级人民政府公安部门提出申请，并提交下列有关材料：

（一）承运人从事危险货物运输的资质证明；

（二）驾驶员、押运员从事危险货物运输的资格证明；

（三）危险货物运输车辆的道路运输证明；

（四）托运人从事烟花爆竹生产、经营的资质证明；

（五）烟花爆竹的购销合同及运输烟花爆竹的种类、规格、数量；

（六）烟花爆竹的产品质量和包装合格证明；

（七）运输车辆牌号、运输时间、起始地点、行驶路线、经停地点。

第二十四条 受理申请的公安部门应当自受理申请之日起 3 日内对提交的有关材料进行审查，对符合条件的，核发《烟花爆竹道路运输许可证》；对不符合条件的，应当说明理由。

《烟花爆竹道路运输许可证》应当载明托运人、承运人、一次性运输有效期限、起始地点、行驶路线、经停地点、烟花爆竹的种类、规格和数量。

第二十五条 经由道路运输烟花爆竹的，除应当遵守《中华人民共和国道路交通安全法》外，还应当遵守下列规定：

（一）随车携带《烟花爆竹道路运输许可证》；

（二）不得违反运输许可事项；

（三）运输车辆悬挂或者安装符合国家标准的易燃易爆危险物品警

示标志；

（四）烟花爆竹的装载符合国家有关标准和规范；

（五）装载烟花爆竹的车厢不得载人；

（六）运输车辆限速行驶，途中经停必须有专人看守；

（七）出现危险情况立即采取必要的措施，并报告当地公安部门。

第二十六条 烟花爆竹运达目的地后，收货人应当在3日内将《烟花爆竹道路运输许可证》交回发证机关核销。

第二十七条 禁止携带烟花爆竹搭乘公共交通工具。

禁止邮寄烟花爆竹，禁止在托运的行李、包裹、邮件中夹带烟花爆竹。

第五章 燃放安全

第二十八条 燃放烟花爆竹，应当遵守有关法律、法规和规章的规定。县级以上地方人民政府可以根据本行政区域的实际情况，确定限制或者禁止燃放烟花爆竹的时间、地点和种类。

第二十九条 各级人民政府和政府有关部门应当开展社会宣传活动，教育公民遵守有关法律、法规和规章，安全燃放烟花爆竹。

广播、电视、报刊等新闻媒体，应当做好安全燃放烟花爆竹的宣传、教育工作。

未成年人的监护人应当对未成年人进行安全燃放烟花爆竹的教育。

第三十条 禁止在下列地点燃放烟花爆竹：

（一）文物保护单位；

（二）车站、码头、飞机场等交通枢纽以及铁路线路安全保护区内；

（三）易燃易爆物品生产、储存单位；

（四）输变电设施安全保护区内；

（五）医疗机构、幼儿园、中小学校、敬老院；

（六）山林、草原等重点防火区；

（七）县级以上地方人民政府规定的禁止燃放烟花爆竹的其他地点。

第三十一条 燃放烟花爆竹，应当按照燃放说明燃放，不得以危害公共安全和人身、财产安全的方式燃放烟花爆竹。

第三十二条 举办焰火晚会以及其他大型焰火燃放活动，应当按照举办的时间、地点、环境、活动性质、规模以及燃放烟花爆竹的种类、规格和数量，确定危险等级，实行分级管理。分级管理的具体办法，由国务院公安部门规定。

第三十三条 申请举办焰火晚会以及其他大型焰火燃放活动，主办单位应当按照分级管理的规定，向有关人民政府公安部门提出申请，并提交下列有关材料：

（一）举办焰火晚会以及其他大型焰火燃放活动的时间、地点、环境、活动性质、规模；

（二）燃放烟花爆竹的种类、规格、数量；

（三）燃放作业方案；

（四）燃放作业单位、作业人员符合行业标准规定条件的证明。

受理申请的公安部门应当自受理申请之日起 20 日内对提交的有关材料进行审查，对符合条件的，核发《焰火燃放许可证》；对不符合条件的，应当说明理由。

第三十四条 焰火晚会以及其他大型焰火燃放活动燃放作业单位和作业人员，应当按照焰火燃放安全规程和经许可的燃放作业方案进行燃放作业。

第三十五条 公安部门应当加强对危险等级较高的焰火晚会以及其他大型焰火燃放活动的监督检查。

第六章 法律责任

第三十六条 对未经许可生产、经营烟花爆竹制品，或者向未取得烟花爆竹安全生产许可的单位或者个人销售黑火药、烟火药、引火线的，由安全生产监督管理部门责令停止非法生产、经营活动，处 2 万元以上 10 万元以下的罚款，并没收非法生产、经营的物品及违法所得。

对未经许可经由道路运输烟花爆竹的，由公安部门责令停止非法运输活动，处 1 万元以上 5 万元以下的罚款，并没收非法运输的物品及违法所得。

非法生产、经营、运输烟花爆竹，构成违反治安管理行为的，依法给予治安管理处罚；构成犯罪的，依法追究刑事责任。

第三十七条 生产烟花爆竹的企业有下列行为之一的，由安全生产监督管理部门责令限期改正，处 1 万元以上 5 万元以下的罚款；逾期不改正的，责令停产停业整顿，情节严重的，吊销安全生产许可证：

（一）未按照安全生产许可证核定的产品种类进行生产的；

（二）生产工序或者生产作业不符合有关国家标准、行业标准的；

（三）雇佣未经设区的市人民政府安全生产监督管理部门考核合格的人员从事危险工序作业的；

（四）生产烟花爆竹使用的原料不符合国家标准规定的，或者使用的原料超过国家标准规定的用量限制的；

（五）使用按照国家标准规定禁止使用或者禁忌配伍的物质生产烟花爆竹的；

（六）未按照国家标准的规定在烟花爆竹产品上标注燃放说明，或者未在烟花爆竹的包装物上印制易燃易爆危险物品警示标志的。

第三十八条 从事烟花爆竹批发的企业向从事烟花爆竹零售的经营者供应非法生产、经营的烟花爆竹，或者供应按照国家标准规定应由专业燃放人员燃放的烟花爆竹的，由安全生产监督管理部门责令停止违法行为，处 2 万元以上 10 万元以下的罚款，并没收非法经营的物品及违法所得；情节严重的，吊销烟花爆竹经营许可证。

从事烟花爆竹零售的经营者销售非法生产、经营的烟花爆竹，或者销售按照国家标准规定应由专业燃放人员燃放的烟花爆竹的，由安全生产监督管理部门责令停止违法行为，处 1 000 元以上 5 000 元以下的罚款，并没收非法经营的物品及违法所得；情节严重的，吊销烟花爆竹经营许可证。

第三十九条 生产、经营、使用黑火药、烟火药、引火线的企业，丢失黑火药、烟火药、引火线未及时向当地安全生产监督管理部门和公安部门报告的，由公安部门对企业主要负责人处 5 000 元以上 2 万元以下的罚款，对丢失的物品予以追缴。

第四十条 经由道路运输烟花爆竹，有下列行为之一的，由公安部门责令改正，处 200 元以上 2 000 元以下的罚款：

（一）违反运输许可事项的；

（二）未随车携带《烟花爆竹道路运输许可证》的；

（三）运输车辆没有悬挂或者安装符合国家标准的易燃易爆危险物品警示标志的；

（四）烟花爆竹的装载不符合国家有关标准和规范的；

（五）装载烟花爆竹的车厢载人的；

（六）超过危险物品运输车辆规定时速行驶的；

（七）运输车辆途中经停没有专人看守的；

（八）运达目的地后，未按规定时间将《烟花爆竹道路运输许可证》交回发证机关核销的。

第四十一条 对携带烟花爆竹搭乘公共交通工具，或者邮寄烟花爆竹以及在托运的行李、包裹、邮件中夹带烟花爆竹的，由公安部门没收非法携带、邮寄、夹带的烟花爆竹，可以并处 200 元以上 1 000 元以下的罚款。

第四十二条 对未经许可举办焰火晚会以及其他大型焰火燃放活动，或者焰火晚会以及其他大型焰火燃放活动燃放作业单位和作业人员违反焰火燃放安全规程、燃放作业方案进行燃放作业的，由公安部门责令停止燃放，对责任单位处 1 万元以上 5 万元以下的罚款。

在禁止燃放烟花爆竹的时间、地点燃放烟花爆竹，或者以危害公共安全和人身、财产安全的方式燃放烟花爆竹的，由公安部门责令停止燃放，处 100 元以上 500 元以下的罚款；构成违反治安管理行为的，依法给予治安管理处罚。

第四十三条 对没收的非法烟花爆竹以及生产、经营企业弃置的废旧烟花爆竹，应当就地封存，并由公安部门组织销毁、处置。

第四十四条 安全生产监督管理部门、公安部门、质量监督检验部门、工商行政管理部门的工作人员，在烟花爆竹安全监管工作中滥用职权、玩忽职守、徇私舞弊，构成犯罪的，依法追究刑事责任；尚不构成犯罪的，依法给予行政处分。

第七章 附 则

第四十五条 《烟花爆竹安全生产许可证》、《烟花爆竹经营(批发)许可证》、《烟花爆竹经营(零售)许可证》，由国务院安全生产监督管理部门规定式样；《烟花爆竹道路运输许可证》、《焰火燃放许可证》，由国务院公安部门规定式样。

第四十六条 本条例自公布之日起施行。

棉花质量监督管理条例

（2001年8月3日国务院令第314号公布，根据2006年7月4日《国务院关于修改〈棉花质量监督管理条例〉的决定》修订，国务院令第470号公布）

第一章 总 则

第一条 为了加强对棉花质量的监督管理，维护棉花市场秩序，保护棉花交易各方的合法权益，制定本条例。

第二条 棉花经营者（含棉花收购者、加工者、销售者、承储者，下同）从事棉花经营活动，棉花质量监督机构对棉花质量实施监督管理，必须遵守本条例。

第三条 棉花经营者从事棉花加工经营活动，应当按照国家有关规定取得资格认定。

棉花经营者应当建立、健全棉花质量内部管理制度，严格实施岗位质量规范、质量责任及相应的考核办法。

第四条 国务院质量监督检验检疫部门主管全国棉花质量监督工作，由其所属的中国纤维检验机构负责组织实施。

省、自治区、直辖市人民政府质量监督部门负责本行政区域内棉花质量监督工作。设有专业纤维检验机构的地方，由专业纤维检验机构在其管辖范围内对棉花质量实施监督；没有设立专业纤维检验机构的地方，由质量监督部门在其管辖范围内对棉花质量实施监督（专业纤维检验机构和地方质量监督部门并列使用时，统称棉花质量监督机构）。

第五条 地方各级人民政府及其工作人员不得包庇、纵容本地区的棉花质量违法行为，或者阻挠、干预棉花质量监督机构依法对棉花收购、加工、销售、承储中违反本条例规定的行为进行查处。

第六条 任何单位和个人对棉花质量违法行为，均有权检举。

第二章 棉花质量义务

第七条 棉花经营者收购棉花，应当建立、健全棉花收购质量检查验收制度，具备品级实物标准和棉花质量检验所必备的设备、工具。

棉花经营者收购棉花时，应当按照国家标准和技术规范，排除异性纤维和其他有害物质后确定所收购棉花的类别、等级、数量；所收购的棉花超出国家规定水分标准的，应当进行晾晒、烘干等技术处理，保证棉花质量。

棉花经营者应当分类别、分等级置放所收购的棉花。

第八条 棉花经营者加工棉花，必须符合下列要求：

（一）按照国家标准，对所加工棉花中的异性纤维和其他有害物质进行分拣，并予以排除；

（二）按照国家标准，对棉花分等级加工，并对加工后的棉花进行包装并标注标识，标识应当与棉花质量相符；

（三）按照国家标准，将加工后的棉花成包组批放置。

棉花经营者不得使用国家明令禁止的皮辊机、轧花机、打包机以及其他棉花加工设备加工棉花。

第九条 棉花经营者销售棉花，必须符合下列要求：

（一）每批棉花附有质量凭证；

（二）棉花包装、标识符合国家标准；

（三）棉花类别、等级、重量与质量凭证、标识相符；

（四）经公证检验的棉花，附有公证检验证书，其中国家储备棉还应当粘贴公证检验标志。

第十条 棉花经营者承储国家储备棉，应当建立、健全棉花入库、出库质量检查验收制度，保证入库、出库的国家储备棉的类别、等级、数量与公证检验证书、公证检验标志相符。

棉花经营者承储国家储备棉，应当按照国家规定维护、保养承储设施，保证国家储备棉质量免受人为因素造成的质量变异。

棉花经营者不得将未经棉花质量公证检验的棉花作为国家储备棉入库、出库。

政府机关及其工作人员，不得强令棉花经营者将未经棉花质量公证检验的棉花作为国家储备棉入库、出库。

第十一条 棉花经营者收购、加工、销售、承储棉花，不得伪造、变造、冒用棉花质量凭证、标识、公证检验证书、公证检验标志。

第十二条 严禁棉花经营者在收购、加工、销售、承储等棉花经营活动中掺杂掺假、以次充好、以假充真。

第三章 棉花质量监督

第十三条 国家实行棉花质量公证检验制度。

前款所称棉花质量公证检验，是指专业纤维检验机构按照国家标准和技术规范，对棉花的质量、数量进行检验并出具公证检验证书的活动。

第十四条 棉花经营者向用棉企业销售棉花，交易任何一方在棉花交易结算前，可以委托专业纤维检验机构对所交易的棉花进行公证检验；经公证检验后，由专业纤维检验机构出具棉花质量公证检验证书，作为棉花质量、数量的依据。

第十五条 国家储备棉的入库、出库，必须经棉花质量公证检验；经公证检验后，由专业纤维检验机构出具棉花质量公证检验证书，作为国家财政支付存储国家储备棉所需费用的依据。

经公证检验的国家储备棉，由专业纤维检验机构粘贴中国纤维检验机构统一规定的公证检验标志。

第十六条 专业纤维检验机构进行棉花质量公证检验，必须执行国家标准及其检验方法、技术规范和时间要求，保证客观、公正、及时。专业纤维检验机构出具的棉花质量公证检验证书应当真实、客观地反映棉花的质量、数量。

棉花质量公证检验证书的内容应当包括：产品名称、送检（委托）单位、批号、包数、检验依据、检验结果、检验单位、检验人员等内容。

棉花质量公证检验证书的格式由国务院质量监督检验检疫部门规定。

第十七条 专业纤维检验机构实施棉花质量公证检验不得收取费用，所需检验费用按照国家有关规定列支。

第十八条 国务院质量监督检验检疫部门在全国范围内对经棉花质量公证检验的棉花组织实施监督抽验，省、自治区、直辖市人民政府质量监督部门在本行政区域内对经棉花质量公证检验的棉花组织实施监督抽验。

监督抽验的内容是：棉花质量公证检验证书和公证检验标志是否与

实物相符；专业纤维检验机构实施的棉花质量公证检验是否客观、公正、及时。

监督抽验所需样品从公证检验的留样中随机抽取，并应当自抽取样品之日起10日内作出检验结论。

第十九条 棉花质量监督机构对棉花质量公证检验以外的棉花，可以在棉花收购、加工、销售、承储的现场实施监督检查。

监督检查的内容是：棉花质量、数量和包装是否符合国家标准；棉花标识以及质量凭证是否与实物相符。

第二十条 棉花质量监督机构在实施棉花质量监督检查过程中，根据违法嫌疑证据或者举报，对涉嫌违反本条例规定的行为进行查处时，可以行使下列职权：

（一）对涉嫌从事违反本条例的经营活动的场所实施现场检查；

（二）向棉花经营单位的有关人员调查、了解与涉嫌从事违反本条例的经营活动有关的情况；

（三）查阅、复制与棉花经营有关的合同、单据、账簿以及其他资料；

（四）对涉嫌掺杂掺假、以次充好、以假充真或者其他有严重质量问题的棉花以及专门用于生产掺杂掺假、以次充好、以假充真的棉花的设备、工具予以查封或者扣押。

第二十一条 棉花质量监督机构根据监督检查的需要，可以对棉花质量进行检验；检验所需样品按照国家有关标准，从收购、加工、销售、储备的棉花中随机抽取，并应当自抽取检验样品之日起3日内作出检验结论。

依照前款规定进行的检验不得收取费用，所需检验费用按照国家有关规定列支。

第二十二条 棉花经营者、用棉企业对依照本条例进行的棉花质量公证检验和棉花质量监督检查中实施检验的结果有异议的，可以自收到检验结果之日起5日内向省、自治区、直辖市的棉花质量监督机构或者中国纤维检验机构申请复检；省、自治区、直辖市的棉花质量监督机构或者中国纤维检验机构应当自收到申请之日起7日内作出复检结论，并告知申请人。棉花经营者、用棉企业对复检结论仍有异议的，可以依法向人民法院提起诉讼。

第二十三条 经国务院质量监督检验检疫部门认可的其他纤维检验机构，可以受委托从事棉花质量检验业务。具体办法由国务院质量监督检验检疫部门会同国务院有关部门规定。

第四章 罚 则

第二十四条 棉花经营者收购棉花，违反本条例第七条第二款、第三款的规定，不按照国家标准和技术规范排除异性纤维和其他有害物质后确定所收购棉花的类别、等级、数量，或者对所收购的超出国家规定水分标准的棉花不进行技术处理，或者对所收购的棉花不分类别、等级置放的，由棉花质量监督机构责令改正，可以处 3 万元以下的罚款。

第二十五条 棉花经营者加工棉花，违反本条例第八条第一款的规定，不按照国家标准分拣、排除异性纤维和其他有害物质，不按照国家标准对棉花分等级加工、进行包装并标注标识，或者不按照国家标准成包组批放置的，由棉花质量监督机构责令改正，并可以根据情节轻重，处 10 万元以下的罚款；情节严重的，由原资格认定机关取消其棉花加工资格。

棉花经营者加工棉花，违反本条例第八条第二款的规定，使用国家明令禁止的棉花加工设备的，由棉花质量监督机构没收并监督销毁禁止的棉花加工设备，并处非法设备实际价值 2 倍以上 10 倍以下的罚款；情节严重的，由原资格认定机关取消其棉花加工资格。

第二十六条 棉花经营者销售棉花，违反本条例第九条的规定，销售的棉花没有质量凭证，或者其包装、标识不符合国家标准，或者质量凭证、标识与实物不符，或者经公证检验的棉花没有公证检验证书、国家储备棉没有粘贴公证检验标志的，由棉花质量监督机构责令改正，并可以根据情节轻重，处 10 万元以下的罚款。

第二十七条 棉花经营者承储国家储备棉，违反本条例第十条第一款、第二款、第三款的规定，未建立棉花入库、出库质量检查验收制度，或者入库、出库的国家储备棉实物与公证检验证书、标志不符，或者不按照国家规定维护、保养承储设施致使国家储备棉质量变异，或者将未经公证检验的棉花作为国家储备棉入库、出库的，由棉花质量监督机构责令改正，可以处 10 万元以下的罚款；造成重大损失的，对负责的主管人员和其他直接责任人员给予降级以上的纪律处分；构成犯罪的，依法追究刑事责任。

第二十八条 棉花经营者隐匿、转移、损毁被棉花质量监督机构查封、扣押的物品的，由棉花质量监督机构处被隐匿、转移、损毁物品货值金额2倍以上5倍以下的罚款；构成犯罪的，依法追究刑事责任。

第二十九条 棉花经营者违反本条例第十一条的规定，伪造、变造、冒用棉花质量凭证、标识、公证检验证书、公证检验标志的，由棉花质量监督机构处5万元以上10万元以下的罚款；情节严重的，移送工商行政管理机关吊销营业执照；构成犯罪的，依法追究刑事责任。

第三十条 棉花经营者违反本条例第十二条的规定，在棉花经营活动中掺杂掺假、以次充好、以假充真，构成犯罪的，依法追究刑事责任；尚不构成犯罪的，由棉花质量监督机构没收掺杂掺假、以次充好、以假充真的棉花和违法所得，处违法货值金额2倍以上5倍以下的罚款，并移送工商行政管理机关依法吊销营业执照。

第三十一条 专业纤维检验机构违反本条例第十六条的规定，不执行国家标准及其检验方法、技术规范或者时间要求，或者出具的棉花质量公证检验证书不真实、不客观的，由国务院质量监督检验检疫部门或者地方质量监督部门责令改正；对负责的主管人员和其他直接责任人员依法给予降级或者撤职的行政处分。

第三十二条 专业纤维检验机构违反本条例第十七条的规定收取公证检验费用的，由国务院质量监督检验检疫部门或者地方质量监督部门责令退回所收取的公证检验费用；对负责的主管人员和其他直接责任人员依法给予记大过或者降级的行政处分。

第三十三条 专业纤维检验机构未实施公证检验而编造、出具公证检验证书或者粘贴公证检验标志，弄虚作假的，由国务院质量监督检验检疫部门或者地方质量监督部门对负责的主管人员和其他直接责任人员依法给予降级或者撤职的行政处分；构成犯罪的，依法追究刑事责任。

第三十四条 政府机关及其工作人员违反本条例第十条第四款的规定，强令将未经公证检验的棉花作为国家储备棉入库、出库的，对负责的主管人员和其他直接责任人员依法给予降级或者撤职的行政处分。

第三十五条 政府机关及其工作人员包庇、纵容本地区的棉花质量违法行为，或者阻挠、干预棉花质量监督机构依法对违反本条例的行为进行查处的，依法给予降级或者撤职的行政处分；构成犯罪的，依法追究刑事责任。

第三十六条 本条例第二十八条、第三十条规定的棉花货值金额按照违法收购、加工、销售的棉花的牌价或者结算票据计算；没有牌价或者结算票据的，按照同类棉花市场价格计算。

第三十七条 依照本条例的规定实施罚款的行政处罚，应当依照有关法律、行政法规的规定，实行罚款决定与罚款收缴分离，收缴的罚款必须全部上缴国库。

第五章 附 则

第三十八条 毛、绒、茧丝、麻类纤维的质量监督管理，比照本条例执行。

第三十九条 本条例自公布之日起施行。

生产安全事故报告和调查处理条例

（2007 年 4 月 9 日国务院令第 493 号发布）

第一章 总 则

第一条 为了规范生产安全事故的报告和调查处理，落实生产安全事故责任追究制度，防止和减少生产安全事故，根据《中华人民共和国安全生产法》和有关法律，制定本条例。

第二条 生产经营活动中发生的造成人身伤亡或者直接经济损失的生产安全事故的报告和调查处理，适用本条例；环境污染事故、核设施事故、国防科研生产事故的报告和调查处理不适用本条例。

第三条 根据生产安全事故（以下简称事故）造成的人员伤亡或者直接经济损失，事故一般分为以下等级：

（一）特别重大事故，是指造成 30 人以上死亡，或者 100 人以上重伤（包括急性工业中毒，下同），或者 1 亿元以上直接经济损失的事故；

（二）重大事故，是指造成 10 人以上 30 人以下死亡，或者 50 人以上 100 人以下重伤，或者 5 000 万元以上 1 亿元以下直接经济损失的事故；

（三）较大事故，是指造成3人以上10人以下死亡，或者10人以上50人以下重伤，或者1 000万元以上5 000万元以下直接经济损失的事故；

（四）一般事故，是指造成3人以下死亡，或者10人以下重伤，或者1 000万元以下直接经济损失的事故。

国务院安全生产监督管理部门可以会同国务院有关部门，制定事故等级划分的补充性规定。

本条第一款所称的“以上”包括本数，所称的“以下”不包括本数。

第四条　事故报告应当及时、准确、完整，任何单位和个人对事故不得迟报、漏报、谎报或者瞒报。

事故调查处理应当坚持实事求是、尊重科学的原则，及时、准确地查清事故经过、事故原因和事故损失，查明事故性质，认定事故责任，总结事故教训，提出整改措施，并对事故责任者依法追究责任。

第五条　县级以上人民政府应当依照本条例的规定，严格履行职责，及时、准确地完成事故调查处理工作。

事故发生地有关地方人民政府应当支持、配合上级人民政府或者有关部门的事故调查处理工作，并提供必要的便利条件。

参加事故调查处理的部门和单位应当互相配合，提高事故调查处理工作的效率。

第六条　工会依法参加事故调查处理，有权向有关部门提出处理意见。

第七条　任何单位和个人不得阻挠和干涉对事故的报告和依法调查处理。

第八条　对事故报告和调查处理中的违法行为，任何单位和个人有权向安全生产监督管理部门、监察机关或者其他有关部门举报，接到举报的部门应当依法及时处理。

第二章　事故报告

第九条　事故发生后，事故现场有关人员应当立即向本单位负责人报告；单位负责人接到报告后，应当于1小时内向事故发生地县级以上人民政府安全生产监督管理部门和负有安全生产监督管理职责的有关部门报告。

情况紧急时，事故现场有关人员可以直接向事故发生地县级以上人民政府安全生产监督管理部门和负有安全生产监督管理职责的有关部门报告。

第十条 安全生产监督管理部门和负有安全生产监督管理职责的有关部门接到事故报告后，应当依照下列规定上报事故情况，并通知公安机关、劳动保障行政部门、工会和人民检察院：

（一）特别重大事故、重大事故逐级上报至国务院安全生产监督管理部门和负有安全生产监督管理职责的有关部门；

（二）较大事故逐级上报至省、自治区、直辖市人民政府安全生产监督管理部门和负有安全生产监督管理职责的有关部门；

（三）一般事故上报至设区的市级人民政府安全生产监督管理部门和负有安全生产监督管理职责的有关部门。

安全生产监督管理部门和负有安全生产监督管理职责的有关部门依照前款规定上报事故情况，应当同时报告本级人民政府。国务院安全生产监督管理部门和负有安全生产监督管理职责的有关部门以及省级人民政府接到发生特别重大事故、重大事故的报告后，应当立即报告国务院。

必要时，安全生产监督管理部门和负有安全生产监督管理职责的有关部门可以越级上报事故情况。

第十一条 安全生产监督管理部门和负有安全生产监督管理职责的有关部门逐级上报事故情况，每级上报的时间不得超过2小时。

第十二条 报告事故应当包括下列内容：

（一）事故发生单位概况；

（二）事故发生的时间、地点以及事故现场情况；

（三）事故的简要经过；

（四）事故已经造成或者可能造成的伤亡人数（包括下落不明的人数）和初步估计的直接经济损失；

（五）已经采取的措施；

（六）其他应当报告的情况。

第十三条 事故报告后出现新情况的，应当及时补报。

自事故发生之日起30日内，事故造成的伤亡人数发生变化的，应当及时补报。道路交通事故、火灾事故自发生之日起 7 日内,事故造成的伤亡人数发生变化的,应当及时补报。

第十四条 事故发生单位负责人接到事故报告后,应当立即启动事故相应应急预案,或者采取有效措施,组织抢救,防止事故扩大,减少人员伤亡和财产损失。

第十五条 事故发生地有关地方人民政府、安全生产监督管理部门和负有安全生产监督管理职责的有关部门接到事故报告后,其负责人应当立即赶赴事故现场,组织事故救援。

第十六条 事故发生后,有关单位和人员应当妥善保护事故现场以及相关证据,任何单位和个人不得破坏事故现场、毁灭相关证据。

因抢救人员、防止事故扩大以及疏通交通等原因,需要移动事故现场物件的,应当做出标志,绘制现场简图并做出书面记录,妥善保存现场重要痕迹、物证。

第十七条 事故发生地公安机关根据事故的情况,对涉嫌犯罪的,应当依法立案侦查,采取强制措施和侦查措施。犯罪嫌疑人逃匿的,公安机关应当迅速追捕归案。

第十八条 安全生产监督管理部门和负有安全生产监督管理职责的有关部门应当建立值班制度,并向社会公布值班电话,受理事故报告和举报。

第三章 事故调查

第十九条 特别重大事故由国务院或者国务院授权有关部门组织事故调查组进行调查。

重大事故、较大事故、一般事故分别由事故发生地省级人民政府、设区的市级人民政府、县级人民政府负责调查。省级人民政府、设区的市级人民政府、县级人民政府可以直接组织事故调查组进行调查,也可以授权或者委托有关部门组织事故调查组进行调查。

未造成人员伤亡的一般事故,县级人民政府也可以委托事故发生单位组织事故调查组进行调查。

第二十条 上级人民政府认为必要时,可以调查由下级人民政府负责调查的事故。

自事故发生之日起 30 日内（道路交通事故、火灾事故自发生之日起 7 日内），因事故伤亡人数变化导致事故等级发生变化，依照本条例规定应当由上级人民政府负责调查的，上级人民政府可以另行组织事故调查组进行调查。

第二十一条 特别重大事故以下等级事故，事故发生地与事故发生单位不在同一个县级以上行政区域的，由事故发生地人民政府负责调查，事故发生单位所在地人民政府应当派人参加。

第二十二条 事故调查组的组成应当遵循精简、效能的原则。

根据事故的具体情况，事故调查组由有关人民政府、安全生产监督管理部门、负有安全生产监督管理职责的有关部门、监察机关、公安机关以及工会派人组成，并应当邀请人民检察院派人参加。

事故调查组可以聘请有关专家参与调查。

第二十三条 事故调查组成员应当具有事故调查所需要的知识和专长，并与所调查的事故没有直接利害关系。

第二十四条 事故调查组组长由负责事故调查的人民政府指定。事故调查组组长主持事故调查组的工作。

第二十五条 事故调查组履行下列职责：

（一）查明事故发生的经过、原因、人员伤亡情况及直接经济损失；

（二）认定事故的性质和事故责任；

（三）提出对事故责任者的处理建议；

（四）总结事故教训，提出防范和整改措施；

（五）提交事故调查报告。

第二十六条 事故调查组有权向有关单位和个人了解与事故有关的情况，并要求其提供相关文件、资料，有关单位和个人不得拒绝。

事故发生单位的负责人和有关人员在事故调查期间不得擅离职守，并应当随时接受事故调查组的询问，如实提供有关情况。

事故调查中发现涉嫌犯罪的，事故调查组应当及时将有关材料或者其复印件移交司法机关处理。

第二十七条 事故调查中需要进行技术鉴定的，事故调查组应当委托具有国家规定资质的单位进行技术鉴定。必要时，事故调查组可以直接组织专家进行技术鉴定。技术鉴定所需时间不计入事故调查期限。

第二十八条 事故调查组成员在事故调查工作中应当诚信公正、恪尽职守，遵守事故调查组的纪律，保守事故调查的秘密。

未经事故调查组组长允许，事故调查组成员不得擅自发布有关事故的信息。

第二十九条 事故调查组应当自事故发生之日起 60 日内提交事故调查报告；特殊情况下，经负责事故调查的人民政府批准，提交事故调查报告的期限可以适当延长，但延长的期限最长不超过 60 日。

第三十条 事故调查报告应当包括下列内容：

（一）事故发生单位概况；

（二）事故发生经过和事故救援情况；

（三）事故造成的人员伤亡和直接经济损失；

（四）事故发生的原因和事故性质；

（五）事故责任的认定以及对事故责任者的处理建议；

（六）事故防范和整改措施。

事故调查报告应当附具有关证据材料。事故调查组成员应当在事故调查报告上签名。

第三十一条 事故调查报告报送负责事故调查的人民政府后，事故调查工作即告结束。事故调查的有关资料应当归档保存。

第四章 事故处理

第三十二条 重大事故、较大事故、一般事故，负责事故调查的人民政府应当自收到事故调查报告之日起 15 日内做出批复；特别重大事故，30 日内做出批复，特殊情况下，批复时间可以适当延长，但延长的时间最长不超过 30 日。

有关机关应当按照人民政府的批复，依照法律、行政法规规定的权限和程序，对事故发生单位和有关人员进行行政处罚，对负有事故责任的国家工作人员进行处分。

事故发生单位应当按照负责事故调查的人民政府的批复，对本单位负有事故责任的人员进行处理。

负有事故责任的人员涉嫌犯罪的，依法追究刑事责任。

第三十三条 事故发生单位应当认真吸取事故教训，落实防范和整改措施，防止事故再次发生。防范和整改措施的落实情况应当接受工会和职工的监督。

安全生产监督管理部门和负有安全生产监督管理职责的有关部门应当对事故发生单位落实防范和整改措施的情况进行监督检查。

第三十四条 事故处理的情况由负责事故调查的人民政府或者其授权的有关部门、机构向社会公布，依法应当保密的除外。

第五章 法律责任

第三十五条 事故发生单位主要负责人有下列行为之一的，处上一年年收入40%至80%的罚款；属于国家工作人员的，并依法给予处分；构成犯罪的，依法追究刑事责任：

（一）不立即组织事故抢救的；

（二）迟报或者漏报事故的；

（三）在事故调查处理期间擅离职守的。

第三十六条 事故发生单位及其有关人员有下列行为之一的，对事故发生单位处100万元以上500万元以下的罚款；对主要负责人、直接负责的主管人员和其他直接责任人员处上一年年收入60%至100%的罚款；属于国家工作人员的，并依法给予处分；构成违反治安管理行为的，由公安机关依法给予治安管理处罚；构成犯罪的，依法追究刑事责任：

（一）谎报或者瞒报事故的；

（二）伪造或者故意破坏事故现场的；

（三）转移、隐匿资金、财产，或者销毁有关证据、资料的；

（四）拒绝接受调查或者拒绝提供有关情况和资料的；

（五）在事故调查中作伪证或者指使他人作伪证的；

（六）事故发生后逃匿的。

第三十七条 事故发生单位对事故发生负有责任的，依照下列规定处以罚款：

（一）发生一般事故的，处10万元以上20万元以下的罚款；

（二）发生较大事故的，处20万元以上50万元以下的罚款；

（三）发生重大事故的，处50万元以上200万元以下的罚款；

（四）发生特别重大事故的，处200万元以上500万元以下的罚款。

第三十八条 事故发生单位主要负责人未依法履行安全生产管理职责，导致事故发生的，依照下列规定处以罚款；属于国家工作人员的，并依法给予处分；构成犯罪的，依法追究刑事责任：

（一）发生一般事故的，处上一年年收入30%的罚款；

（二）发生较大事故的，处上一年年收入40%的罚款；

（三）发生重大事故的，处上一年年收入60%的罚款；

（四）发生特别重大事故的，处上一年年收入80%的罚款。

第三十九条 有关地方人民政府、安全生产监督管理部门和负有安全生产监督管理职责的有关部门有下列行为之一的，对直接负责的主管人员和其他直接责任人员依法给予处分；构成犯罪的，依法追究刑事责任：

（一）不立即组织事故抢救的；

（二）迟报、漏报、谎报或者瞒报事故的；

（三）阻碍、干涉事故调查工作的；

（四）在事故调查中作伪证或者指使他人作伪证的。

第四十条 事故发生单位对事故发生负有责任的，由有关部门依法暂扣或者吊销其有关证照；对事故发生单位负有事故责任的有关人员，依法暂停或者撤销其与安全生产有关的执业资格、岗位证书；事故发生单位主要负责人受到刑事处罚或者撤职处分的，自刑罚执行完毕或者受处分之日起，5年内不得担任任何生产经营单位的主要负责人。

为发生事故的单位提供虚假证明的中介机构，由有关部门依法暂扣或者吊销其有关证照及其相关人员的执业资格；构成犯罪的，依法追究刑事责任。

第四十一条 参与事故调查的人员在事故调查中有下列行为之一的，依法给予处分；构成犯罪的，依法追究刑事责任：

（一）对事故调查工作不负责任，致使事故调查工作有重大疏漏的；

（二）包庇、袒护负有事故责任的人员或者借机打击报复的。

第四十二条 违反本条例规定，有关地方人民政府或者有关部门故意拖延或者拒绝落实经批复的对事故责任人的处理意见的，由监察机关对有关责任人员依法给予处分。

第四十三条 本条例规定的罚款的行政处罚，由安全生产监督管理部门决定。

法律、行政法规对行政处罚的种类、幅度和决定机关另有规定的,依照其规定。

第六章 附 则

第四十四条 没有造成人员伤亡,但是社会影响恶劣的事故,国务院或者有关地方人民政府认为需要调查处理的,依照本条例的有关规定执行。

国家机关、事业单位、人民团体发生的事故的报告和调查处理,参照本条例的规定执行。

第四十五条 特别重大事故以下等级事故的报告和调查处理,有关法律、行政法规或者国务院另有规定的,依照其规定。

第四十六条 本条例自 2007 年 6 月 1 日起施行。国务院 1989 年 3 月29 日公布的《特别重大事故调查程序暂行规定》和 1991 年 2 月 22 日公布的《企业职工伤亡事故报告和处理规定》同时废止。

国务院关于加强食品等产品安全监督管理的特别规定

(2007 年 7 月 26 日国务院令第 503 号公布)

第一条 为了加强食品等产品安全监督管理,进一步明确生产经营者、监督管理部门和地方人民政府的责任,加强各监督管理部门的协调、配合,保障人体健康和生命安全,制定本规定。

第二条 本规定所称产品除食品外,还包括食用农产品、药品等与人体健康和生命安全有关的产品。

对产品安全监督管理,法律有规定的,适用法律规定;法律没有规定或者规定不明确的,适用本规定。

第三条 生产经营者应当对其生产、销售的产品安全负责,不得生产、销售不符合法定要求的产品。

依照法律、行政法规规定生产、销售产品需要取得许可证照或者需要经过认证的，应当按照法定条件、要求从事生产经营活动。不按照法定条件、要求从事生产经营活动或者生产、销售不符合法定要求产品的，由农业、卫生、质检、商务、工商、药品等监督管理部门依据各自职责，没收违法所得、产品和用于违法生产的工具、设备、原材料等物品，货值金额不足5 000元的，并处5万元罚款；货值金额5 000元以上不足1万元的，并处10万元罚款；货值金额1万元以上的，并处货值金额10倍以上20倍以下的罚款；造成严重后果的，由原发证部门吊销许可证照；构成非法经营罪或者生产、销售伪劣商品罪等犯罪的，依法追究刑事责任。

生产经营者不再符合法定条件、要求，继续从事生产经营活动的，由原发证部门吊销许可证照，并在当地主要媒体上公告被吊销许可证照的生产经营者名单；构成非法经营罪或者生产、销售伪劣商品罪等犯罪的，依法追究刑事责任。

依法应当取得许可证照而未取得许可证照从事生产经营活动的，由农业、卫生、质检、商务、工商、药品等监督管理部门依据各自职责，没收违法所得、产品和用于违法生产的工具、设备、原材料等物品，货值金额不足1万元的，并处10万元罚款；货值金额1万元以上的，并处货值金额10倍以上20倍以下的罚款；构成非法经营罪的，依法追究刑事责任。

有关行业协会应当加强行业自律，监督生产经营者的生产经营活动；加强公众健康知识的普及、宣传，引导消费者选择合法生产经营者生产、销售的产品以及有合法标识的产品。

第四条 生产者生产产品所使用的原料、辅料、添加剂、农业投入品，应当符合法律、行政法规的规定和国家强制性标准。

违反前款规定，违法使用原料、辅料、添加剂、农业投入品的，由农业、卫生、质检、商务、药品等监督管理部门依据各自职责没收违法所得，货值金额不足5 000元的，并处2万元罚款；货值金额5 000元以上不足1万元的，并处5万元罚款；货值金额1万元以上的，并处货值金额5倍以上10倍以下的罚款；造成严重后果的，由原发证部门吊销许可证照；构成生产、销售伪劣商品罪的，依法追究刑事责任。

第五条 销售者必须建立并执行进货检查验收制度，审验供货商的经营资格，验明产品合格证明和产品标识，并建立产品进货台账，如实记录产品名称、规格、数量、供货商及其联系方式、进货时间等内容。从事产品批发业务的销售企业应当建立产品销售台账，如实记录批发的产品品种、规格、数量、流向等内容。在产品集中交易场所销售自制产品的生产企业应当比照从事产品批发业务的销售企业的规定，履行建立产品销售台账的义务。进货台账和销售台账保存期限不得少于2年。销售者应当向供货商按照产品生产批次索要符合法定条件的检验机构出具的检验报告或者由供货商签字或者盖章的检验报告复印件；不能提供检验报告或者检验报告复印件的产品，不得销售。

违反前款规定的，由工商、药品监督管理部门依据各自职责责令停止销售；不能提供检验报告或者检验报告复印件销售产品的，没收违法所得和违法销售的产品，并处货值金额3倍的罚款；造成严重后果的，由原发证部门吊销许可证照。

第六条 产品集中交易市场的开办企业、产品经营柜台出租企业、产品展销会的举办企业，应当审查入场销售者的经营资格，明确入场销售者的产品安全管理责任，定期对入场销售者的经营环境、条件、内部安全管理制度和经营产品是否符合法定要求进行检查，发现销售不符合法定要求产品或者其他违法行为的，应当及时制止并立即报告所在地工商行政管理部门。

违反前款规定的，由工商行政管理部门处以1000元以上5万元以下的罚款；情节严重的，责令停业整顿；造成严重后果的，吊销营业执照。

第七条 出口产品的生产经营者应当保证其出口产品符合进口国（地区）的标准或者合同要求。法律规定产品必须经过检验方可出口的，应当经符合法律规定的机构检验合格。

出口产品检验人员应当依照法律、行政法规规定和有关标准、程序、方法进行检验，对其出具的检验证单等负责。

出入境检验检疫机构和商务、药品等监督管理部门应当建立出口产品的生产经营者良好记录和不良记录，并予以公布。对有良好记录的出口产品的生产经营者，简化检验检疫手续。

出口产品的生产经营者逃避产品检验或者弄虚作假的，由出入境检验检疫机构和药品监督管理部门依据各自职责，没收违法所得和产品，并处货值金额3倍的罚款；构成犯罪的，依法追究刑事责任。

第八条 进口产品应当符合我国国家技术规范的强制性要求以及我

国与出口国(地区)签订的协议规定的检验要求。

质检、药品监督管理部门依据生产经营者的诚信度和质量管理水平以及进口产品风险评估的结果,对进口产品实施分类管理,并对进口产品的收货人实施备案管理。进口产品的收货人应当如实记录进口产品流向。记录保存期限不得少于2年。

质检、药品监督管理部门发现不符合法定要求产品时,可以将不符合法定要求产品的进货人、报检人、代理人列入不良记录名单。进口产品的进货人、销售者弄虚作假的,由质检、药品监督管理部门依据各自职责,没收违法所得和产品,并处货值金额3倍的罚款;构成犯罪的,依法追究刑事责任。进口产品的报检人、代理人弄虚作假的,取消报检资格,并处货值金额等值的罚款。

第九条 生产企业发现其生产的产品存在安全隐患,可能对人体健康和生命安全造成损害的,应当向社会公布有关信息,通知销售者停止销售,告知消费者停止使用,主动召回产品,并向有关监督管理部门报告;销售者应当立即停止销售该产品。销售者发现其销售的产品存在安全隐患,可能对人体健康和生命安全造成损害的,应当立即停止销售该产品,通知生产企业或者供货商,并向有关监督管理部门报告。

生产企业和销售者不履行前款规定义务的,由农业、卫生、质检、商务、工商、药品等监督管理部门依据各自职责,责令生产企业召回产品、销售者停止销售,对生产企业并处货值金额3倍的罚款,对销售者并处1 000元以上5万元以下的罚款;造成严重后果的,由原发证部门吊销许可证照。

第十条 县级以上地方人民政府应当将产品安全监督管理纳入政府工作考核目标,对本行政区域内的产品安全监督管理负总责,统一领导、协调本行政区域内的监督管理工作,建立健全监督管理协调机制,加强对行政执法的协调、监督;统一领导、指挥产品安全突发事件应对工作,依法组织查处产品安全事故;建立监督管理责任制,对各监督管理部门进行评议、考核。质检、工商和药品等监督管理部门应当在所在地同级人民政府的统一协调下,依法做好产品安全监督管理工作。

县级以上地方人民政府不履行产品安全监督管理的领导、协调职责,本行政区域内一年多次出现产品安全事故、造成严重社会影响的,由监察机关或者任免机关对政府的主要负责人和直接负责的主管人员给予记大过、降级或者撤职的处分。

第十一条 国务院质检、卫生、农业等主管部门在各自职责范围内尽快制定、修改或者起草相关国家标准，加快建立统一管理、协调配套、符合实际、科学合理的产品标准体系。

第十二条 县级以上人民政府及其部门对产品安全实施监督管理，应当按照法定权限和程序履行职责，做到公开、公平、公正。对生产经营者同一违法行为，不得给予2次以上罚款的行政处罚；对涉嫌构成犯罪、依法需要追究刑事责任的，应当依照《行政执法机关移送涉嫌犯罪案件的规定》，向公安机关移送。

农业、卫生、质检、商务、工商、药品等监督管理部门应当依据各自职责对生产经营者进行监督检查，并对其遵守强制性标准、法定要求的情况予以记录，由监督检查人员签字后归档。监督检查记录应当作为其直接负责主管人员定期考核的内容。公众有权查阅监督检查记录。

第十三条 生产经营者有下列情形之一的，农业、卫生、质检、商务、工商、药品等监督管理部门应当依据各自职责采取措施，纠正违法行为，防止或者减少危害发生，并依照本规定予以处罚：

（一）依法应当取得许可证照而未取得许可证照从事生产经营活动的；

（二）取得许可证照或者经过认证后，不按照法定条件、要求从事生产经营活动或者生产、销售不符合法定要求产品的；

（三）生产经营者不再符合法定条件、要求继续从事生产经营活动的；

（四）生产者生产产品不按照法律、行政法规的规定和国家强制性标准使用原料、辅料、添加剂、农业投入品的；

（五）销售者没有建立并执行进货检查验收制度，并建立产品进货台账的；

（六）生产企业和销售者发现其生产、销售的产品存在安全隐患，可能对人体健康和生命安全造成损害，不履行本规定的义务的；

（七）生产经营者违反法律、行政法规和本规定的其他有关规定的。

农业、卫生、质检、商务、工商、药品等监督管理部门不履行前款规定职责、造成后果的，由监察机关或者任免机关对其主要负责人、直接负责的主管人员和其他直接责任人员给予记大过或者降级的处分；造成严重后果的，给予其主要负责人、直接负责的主管人员和其他直接责任人员撤职或者开除的处分；其主要负责人、直接负责的主管人员和其他直接责任人员构成渎职罪的，依法追究刑事责任。

违反本规定，滥用职权或者有其他渎职行为的，由监察机关或者任免机关对其主要负责人、直接负责的主管人员和其他直接责任人员给予记过或者记大过的处分；造成严重后果的，给予其主要负责人、直接负责的主管人员和其他直接责任人员降级或者撤职的处分；其主要负责人、直接负责的主管人员和其他直接责任人员构成渎职罪的，依法追究刑事责任。

第十四条 农业、卫生、质检、商务、工商、药品等监督管理部门发现违反本规定的行为，属于其他监督管理部门职责的，应当立即书面通知并移交有权处理的监督管理部门处理。有权处理的部门应当立即处理，不得推诿；因不立即处理或者推诿造成后果的，由监察机关或者任免机关对其主要负责人、直接负责的主管人员和其他直接责任人员给予记大过或者降级的处分。

第十五条 农业、卫生、质检、商务、工商、药品等监督管理部门履行各自产品安全监督管理职责，有下列职权：

（一）进入生产经营场所实施现场检查；

（二）查阅、复制、查封、扣押有关合同、票据、账簿以及其他有关资料；

（三）查封、扣押不符合法定要求的产品，违法使用的原料、辅料、添加剂、农业投入品以及用于违法生产的工具、设备；

（四）查封存在危害人体健康和生命安全重大隐患的生产经营场所。

第十六条 农业、卫生、质检、商务、工商、药品等监督管理部门应当建立生产经营者违法行为记录制度，对违法行为的情况予以记录并公布；对有多次违法行为记录的生产经营者，吊销许可证照。

第十七条 检验检测机构出具虚假检验报告，造成严重后果的，由授予其资质的部门吊销其检验检测资质；构成犯罪的，对直接负责的主管人员和其他直接责任人员依法追究刑事责任。

第十八条 发生产品安全事故或者其他对社会造成严重影响的产品

安全事件时，农业、卫生、质检、商务、工商、药品等监督管理部门必须在各自职责范围内及时作出反应，采取措施，控制事态发展，减少损失，依照国务院规定发布信息，做好有关善后工作。

第十九条 任何组织或者个人对违反本规定的行为有权举报。接到举报的部门应当为举报人保密。举报经调查属实的，受理举报的部门应当给予举报人奖励。

农业、卫生、质检、商务、工商、药品等监督管理部门应当公布本单位的电子邮件地址或者举报电话；对接到的举报，应当及时、完整地进行记录并妥善保存。举报的事项属于本部门职责的，应当受理，并依法进行核实、处理、答复；不属于本部门职责的，应当转交有权处理的部门，并告知举报人。

第二十条 本规定自公布之日起施行。

（二）法规性文件

国务院关于取消第二批行政审批项目和改变一批行政审批项目管理方式的决定（摘录）

（2003 年 2 月 27 日国发[2003]5 号发布）

各省、自治区、直辖市人民政府，国务院各部委、各直属机构：

国务院决定取消第一批行政审批项目后，国务院行政审批制度改革工作领导小组继续对国务院部门其余的行政审批项目进行了严格的审核和论证。经研究，国务院决定第二批取消 406 项行政审批项目，另将 82 项行政审批项目作改变管理方式处理，移交行业组织或社会中介机构管理。各地区、各部门要认真做好行政审批项目取消和调整后有关后续监管和衔接等工作，防止出现管理脱节。要按照社会主义市场经济体制的要求，将行政审批制度改革与政府机构改革、财政管理体制改革、电子政务建设、相对集中行政处罚权和综合行政执法试点等工作紧密结合起来，进一步转变政府职能，深化行政管理体制改革，促进依法行政，加强行政管理，提高行政效能。

附件：1. 国务院决定取消的第二批行政审批项目目录（406 项）

2. 国务院决定改变管理方式的行政审批项目目录（82 项）

附件 1

国务院决定取消的第二批行政审批项目目录（406 项）（摘录）

部门	序号	项目名称	设定依据	备注
质检总局	183	对非贸易物品出境免验的核准	《中华人民共和国进出口商品检验法实施条例》（国家进出口商品检验局令第 5 号）	

续表

部门	序号	项目名称	设定依据	备注
质检总局	184	压力管道设计制造安装资格审查单位资格许可	《劳动部关于颁发〈压力管道安全管理与监察规定〉的通知》(劳部发[1996]140 号);《国家质量技术监督局关于颁发〈压力管道设计单位资格认证与管理办法〉的通知》(质技监局锅发[1999]272 号)	
	185	锅炉压力容器进口合同备案	《国务院关于发布〈锅炉压力容器安全监察暂行条例〉的通知》(国发[1982]22 号);《劳动人事部、国家商检局关于颁发〈进出口锅炉压力容器监督管理办法〉(试行)的通知》(劳人锅[1985]4 号)	
	186	压力管道制造安装资格审查人员资格许可	《国家质量技术监督局关于颁发〈压力管道元件制造单位安全注册与管理办法〉等规范性文件的通知》(质技监局锅发[2000]07 号)	
	187	羊绒收购企业质量保证能力资格确认	《国务院办公厅关于加强羊绒产销管理的通知》(国办发 [1995]52 号)	
	188	羊绒加工企业分梳机器许可	《国务院办公厅关于加强羊绒产销管理的通知》(国办发[1995]52 号)	
	189	进口废旧物品放射性卫生监测	《卫生检疫局关于执行〈进口废旧物品卫生检疫管理规程〉和〈进口废旧物品卫生处理规程〉的通知》(卫检海字[1997]第 390 号)	
	190	饲料生产许可证审批	《国家技术监督局、全国工业产品生产许可证办公室关于批准〈饲料(骨粉、肉骨粉)产品生产许可证检查单位及实施细则〉的通知》(技管许发[1992]01 号)	

续表

部门	序号	项目名称	设定依据	备注
质检总局	191	液氮生物容器生产许可证审批	《全国工业产品生产许可证办公室同意公布〈低温生物容器(YDS系列1 L～60 L)产品生产许可证实施细则(试行)和检验单位〉的复函》(工许发[1987]007号)	
	192	兽医注射针生产许可证审批	《国家技术监督局关于公布一九八九年实施生产许可证产品计划目录的通知》(技监局管发[1988]246号)	
	193	天然橡胶生产许可证审批	《国家技术监督局关于印发一九九〇年实施生产许可证产品计划目录的通知》(技监局管发[1989]560号)	
	194	脂松香生产许可证审批	《国家技术监督局关于公布一九八九年实施生产许可证产品计划目录的通知》(技监局管发[1988]246号)	
	195	不锈钢材生产许可证审批	《国家技术监督局关于印发一九九〇年实施生产许可证产品计划目录的通知》(技监局管发[1989]560号)	
	196	中小型起重运输设备生产许可证审批	《国家技术监督局、全国工业产品生产许可证办公室关于印发〈国家实施生产许可证管理产品工作进度情况表〉(1998年度)的通知》(全许办[1998]06号)	纳入锅炉压力容器压力管道特种设备制造许可管理
	197	阀门生产许可证审批	《国家技术监督局、全国工业产品生产许可证办公室关于印发〈国家实施生产许可证管理产品工作进度情况表〉(1998年度)的通知》(全许办[1998]06号)	纳入锅炉压力容器压力管道特种设备制造许可管理

续表

部门	序号	项目名称	设定依据	备注
质检总局	198	核级设备生产许可证审批	《国家技术监督局关于公布一九八九年实施生产许可证产品计划目录的通知》(技监局管发[1988]246号)	
	199	广播电视接受机生产许可证审批	《国家技术监督局关于公布一九八九年实施生产许可证产品计划目录的通知》(技监局管发[1988]246号)	
	200	家用音响生产许可证审批	《国家技术监督局关于公布一九八九年实施生产许可证产品计划目录的通知》(技监局管发[1988]246号)	
	201	通讯设备生产许可证审批	《国家技术监督局关于公布一九八九年实施生产许可证产品计划目录的通知》(技监局管发[1988]246号)	
	202	民用爆破器材生产许可证审批	《国家技术监督局、全国工业产品生产许可证办公室关于印发〈国家实施生产许可证管理产品工作进度情况表〉(1998年度)的通知》(全许办[1998]06号)	
	203	民用枪弹生产许可证审批	《国家技术监督局关于公布一九八九年实施生产许可证产品计划目录的通知》(技监局管发[1988]246号)	
	204	煤矿井下支护设备生产许可证审批	《国家技术监督局关于公布一九八九年实施生产许可证产品计划目录的通知》(技监局管发[1988]246号)	

续表

部门	序号	项目名称	设定依据	备注
质检总局	205	煤电钻生产许可证审批	《国家技术监督局、全国工业产品生产许可证办公室关于印发〈国家实施生产许可证管理产品工作进度情况表〉(1998年度)的通知》(全许办[1998]06号)	
	206	矿灯生产许可证审批	《国家技术监督局关于印发一九九一年发放生产许可证产品计划目录的通知》(技监局管发[1991]095号)	
	207	矿井安全仪器生产许可证审批	《国家技术监督局、全国工业产品生产许可证办公室关于印发〈国家实施生产许可证管理产品工作进度情况表〉(1998年度)的通知》(全许办[1998]06号)	
	208	刮板输送机生产许可证审批	《国家技术监督局、全国工业产品生产许可证办公室关于印发〈国家实施生产许可证管理产品工作进度情况表〉(1998年度)的通知》(全许办[1998]06号)	
	209	轮胎生产许可证审批	《国家技术监督局关于印发一九九〇年实施生产许可证产品计划目录的通知》(技监局管发[1989]560号)	
	210	输血(液)器具用软聚氯乙烯塑料生产许可证审批	《国家技术监督局、全国工业产品生产许可证办公室关于印发〈国家实施生产许可证管理产品工作进度情况表〉(1998年度)的通知》(全许办[1998]06号)	
	211	纺织机械生产许可证审批	《国家技术监督局、全国工业产品生产许可证办公室关于印发〈国家实施生产许可证管理产品工作进度情况表〉(1998年度)的通知》(全许办[1998]06号)	

续表

部门	序号	项目名称	设定依据	备注
质检总局	212	自行车生产许可证审批	《国家技术监督局、全国工业产品生产许可证办公室关于印发〈国家实施生产许可证管理产品工作进度情况表〉(1998年度)的通知》(全许办[1998]06号)	
	213	电熨斗生产许可证审批	《国家技术监督局关于印发一九九一年发放生产许可证产品计划目录的通知》(技监局管发[1991]095号)	
	214	食用盐生产许可证审批	《全国工业产品生产许可证办公室关于〈精制盐产品生产许可证检验单位〉的批复》(工许发[1987]035号)	
	215	荧光灯生产许可证审批	《国家技术监督局关于印发一九九一年发放生产许可证产品计划目录的通知》(技监局管发[1991]095号)	
	216	塔式起重机生产许可证审批	《国家技术监督局关于印发“一九九二年发放工业产品生产许可证产品计划目录”的通知》(技监局管发[1992]143号)	纳入锅炉压力容器压力管道特种设备制造许可管理
	217	电梯生产许可证审批	《国家技术监督局关于公布一九八九年实施生产许可证产品计划目录的通知》(技监局管发[1988]246号)	纳入锅炉压力容器压力管道特种设备制造许可管理
	218	铝箔生产许可证审批	《国家技术监督局关于印发一九九一年发放生产许可证产品计划目录的通知》(技监局管发[1991]095号)	
	219	消防器材生产许可证审批	《国家技术监督局、全国工业产品生产许可证办公室关于批准〈消防产品生产许可复查换证实施细则及检验单位〉的通知》(全许办[1996]29号)	

续表

部门	序号	项目名称	设定依据	备注
质检总局	220	安全玻璃生产许可证审批	《国家技术监督局关于印发一九九〇年实施生产许可证产品计划目录的通知》(技监局管发[1989]560号)	
	221	防盗报警器生产许可证审批	《国家技术监督局、全国工业产品生产许可证办公室关于印发〈国家实施生产许可证管理产品工作进度情况表〉(1998年度)的通知》(全许办[1998]06号)	
	222	医用高压氧舱生产许可证审批	《国家技术监督局、全国工业产品生产许可证办公室关于批准〈医用高压氧仓产品生产许可证实施细则及检验单位〉的通知》(全许办[1996]13号)	纳入锅炉压力容器压力管道特种设备制造许可管理
	223	锚链生产许可证审批	《国家技术监督局、全国工业产品生产许可证办公室关于印发〈国家实施生产许可证管理产品工作进度情况表〉(1998年度)的通知》(全许办[1998]06号)	
	224	船用配电箱生产许可证审批	《国家技术监督局关于公布一九八九年实施生产许可证产品计划目录的通知》(技监局管发[1988]246号)	
	225	大型游艺机生产许可证审批	《国家技术监督局关于公布一九八九年实施生产许可证产品计划目录的通知》(技监局管发[1988]246号)	纳入锅炉压力容器压力管道特种设备制造许可管理
	226	电力用高压管件和中频弯管生产许可证审批	《国家技术监督局关于印发"一九九二年发放工业产品生产许可证产品计划目录"的通知》(技监局管发[1992]143号	纳入锅炉压力容器压力管道特种设备制造许可管理

续表

部门	序号	项目名称	设定依据	备注
质检总局	227	空调器生产许可证审批	《国家技术监督局关于印发“一九九二年发放工业产品生产许可证产品计划目录”的通知》(技监局管发[1992]143号)	
	228	防爆照明灯具生产许可证审批	《国家技术监督局、全国工业产品生产许可证办公室关于印发〈国家实施生产许可证管理产品工作进度情况表〉(1998年度)的通知》(全许办[1998]06号)	
	229	出口包装用瓦楞纸箱生产许可证审批	《国家技术监督局关于印发一九九一年发放生产许可证产品计划目录的通知》(技监局管发[1991]095号)	
	230	电表生产许可证审批	《国家技术监督局、全国工业产品生产许可证办公室关于批准电表产品生产许可证实施细则及检验单位的通知》(技管许发[1994]21号)	
	231	一次性使用医疗器械生产许可证审批	《全国工业产品生产许可证办公室关于批准一次性使用输液系列产品生产许可证实施细则及检验单位的通知》(全许办[2000]06号)	
	232	医用诊断X线机及防护装置生产许可证审批	《国家技术监督局、全国工业产品生产许可证办公室关于批准医用X线机及防护装置产品生产许可证实施细则及检验单位的通知》(全许办[1996]19号)	
	233	电动吸引器生产许可证审批	《国家技术监督局、全国工业产品生产许可证办公室关于批准电动吸引器产品生产许可证实施细则及检验单位的通知》(全许办[1996]17号)	

续表

部门	序号	项目名称	设定依据	备注
质检总局	234	体外反博装置生产许可证审批	《国家技术监督局、全国工业产品生产许可证办公室关于批准体外反博装置产品生产许可证实施细则及检验单位的通知》(技管许发[1991]20号)	
	235	医用培养箱生产许可证审批	《国家技术监督局、全国工业产品生产许可证办公室关于批准医用培养箱生产许可证实施细则及检验单位的通知》(技管许发[1994]31号)	
	236	节育器具生产许可证审批	《全国工业产品生产许可证办公室同意公布针灸针、节育环产品生产许可证实施细则的复函》(工许发[1986]058号)	
	237	医用呼吸器生产许可证审批	《国家技术监督局关于印发一九九〇年实施生产许可证产品计划目录的通知》(技监局管发[1989]560号)	
	238	医用线、针生产许可证审批	《国家技术监督局关于印发一九九〇年实施生产许可证产品计划目录的通知》(技监局管发[1989]560号)	
	239	医用骨科内固定材料生产许可证审批	《国家技术监督局、全国工业产品生产许可证办公室关于批准骨科内固定器材产品生产许可证实施细则及检验单位的通知》(全许办[1996]18号)	
	240	注射针(器)生产许可证审批	《国家技术监督局、全国工业产品生产许可证办公室关于批准注射针(器)产品生产许可证(换证)实施细则及检验 单位的通知》(技管许发[1994]02号)	

续表

部门	序号	项目名称	设定依据	备注
质检总局	241	水泥电杆生产许可证审批	《国家技术监督局关于印发一九九〇年实施生产许可证产品计划目录的通知》（技监局管发［1989］560号）	
	242	低压电器生产许可证审批	《国家经济委员会关于成立工业产品生产许可证办公室和公布一九八四年实施生产许可证产品目录的通知》（经质［1984］314号）	
	243	微机系统生产许可证审批	《国家技术监督局关于公布一九八九年实施生产许可证产品计划目录的通知》（技监局管发［1988］246号）	

附件2

国务院决定改变管理方式的行政审批项目目录（82项）（摘录）

部门	序号	项目名称	设定依据	备注
质检总局	48	锅炉压力容器压力管道特种设备设计文件审查	《国务院关于发布〈锅炉压力容器安全监察暂行条例〉的通知》（国发［1982］22号）	
	49	压力容器压力管道设计审批人员资格许可	《劳动部关于印发修改后的〈压力容器设计单位资格管理与监督规则〉部分条款的通知》（劳部发［1998］51号）；《国家质量技术监督局关于颁发〈压力管道设计单位资格认证与管理办法〉的通知》（质技监局锅发［1999］272号）	

国务院办公厅关于实施食品药品放心工程的通知

（2003年7月16日国办发[2003]65号发布）

各省、自治区、直辖市人民政府，国务院各部委、各直属机构：

近年来，各地区和有关部门组织实施“无公害食品行动计划”、“三绿工程”（指：提倡绿色消费、培育绿色市场、开辟绿色通道），实行食品卫生监督量化分级管理制度和食品质量安全市场准入制度，积极开展食品药品市场秩序专项整治，取得了一定成效。但由于各方面原因，当前我国食品药品生产经营秩序仍比较混乱，制售假冒伪劣食品药品现象屡禁不止，特别是严重的食物中毒事件时有发生，不仅严重损害了消费者的合法权益，而且影响食品药品行业的健康发展和社会安定，有的还引起国际贸易纠纷，损害了我国的国际形象。为保障广大人民群众身体健康和生命安全，促进我国对外贸易发展，国务院决定，从现在起，在全国范围内实施食品药品放心工程。经国务院同意，现就有关问题通知如下：

一、突出重点，明确目标

实施食品药品放心工程的指导思想是：以党的十六大精神和“三个代表”重要思想为指导，按照“标本兼治，着力治本”的工作方针，把整治与建设、当前与长远、专项整治与日常监管有机结合起来，推进农产品、中药材标准化生产，发展现代流通方式，开展质量认证，建立健全食品药品安全法规、标准和认证体系，完善食品药品监管体制，确保人民群众食品药品的消费安全。近期，要着力抓好食品药品专项整治，并以此推动食品药品放心工程的全面实施。

食品药品专项整治的重点是以质量卫生安全为主题，抓好食品源头污染治理和市场准入两个环节，严厉打击制售假冒伪劣粮、肉、蔬菜、水果、奶制品、豆制品、水产品等“菜篮子”产品和药品、医疗器械的违法犯罪活动，捣毁制售这类假冒伪劣产品的窝点，对无证食品、药品、医疗器械的生产、经营和使用进行整治。通过整治，使生产经营假冒伪劣食品药品的违法犯罪活动得到有效遏制，大案要案得到及时查处，食品药品安全状况得到改善，市场秩序明显好转，人民群众对食品药品的安全感普遍增强。

二、主要内容和措施

（一）狠抓生产加工环节整治，加强源头管理。以农产品生产过程控制和产地环境监管为重点，全面实施“无公害食品行动计划”，加强农产品和农药、兽药等农业投入品的监管；严格质量标准，规范农业生产行为，全面实施农产品安全监测制度。以解决蔬菜有机磷的农药残留问题为突破口，进行植物产品农药残留超标整治；以严查“瘦肉精”污染为主线，进行畜产品使用违禁药物和兽药残留超标整治；以氯霉素污染为切入点，进行水产品药物残留超标整治。加强对食品加工环节的监管，采取卫生许可、生产许可、出厂强制检验等措施，强化食品生产企业的质量管理。依法全面实施药品生产质量管理规范（GMP），加快实施中药材生产质量管理规范（GAP），提高药品生产和中药材种植养殖的管理水平。

（二）严格市场准入，规范经营行为。加强市场质量抽查、强制检验和计量监督，严把市场准入关。建立进货检验制度，推广统一的认证和标准化包装标识，推行购销索证索票及重要市场销售备案和质量追究制度。继续实施“三绿工程”，加强对食品加工、流通业的行业指导和管理。全面监督实施药品经营质量管理规范（GSP），严格执行药品批发零售企业设置标准，严厉查处买卖、出租、出借或变相出租、出借《药品经营许可证》以及挂靠经营等违法违规行为；全面清查已注册医疗器械产品，严厉查处生产、经营、使用无证医疗器械的行为。

（三）推广现代流通方式，提高市场组织化程度。积极推进食品药品流通体制改革，大力发展农业产业化和连锁经营、物流配送等现代营销方式，鼓励食品药品连锁门店进社区、进农村。要在大中城市建立示范市场，具备条件的，要推广农贸市场改超市，鼓励实行商店与农副产品生产者、生产企业、生产基地直接挂钩等新型购销方式。打破地方保护和市场分割，坚决革除一切影响现代流通方式发展的体制性障碍。

（四）完善法规，加大执法力度。加快研究制定食品质量卫生安全、农产品质量安全等法规和标准，建立健全食品药品法律法规、标准和认证体系。要加大执法力度，完善执法责任制和责任追究制，彻查大案要案，重点对大中城市城乡结合部的食品加工点进行检查和清理，取缔非法生产经营行为和制售假冒伪劣食品窝点。凡不具备食品卫生和质量安全基本条件的企业不准开业、生产，已经开业的要立即停业整顿；凡未经检验或检验不合格的食品不准出厂销售。对全国中药材专业市场进行一次全面的清理整顿，对达不到要求的限期整改，整改后仍达不到要求的，坚决予以关闭。在查办制售假冒伪劣食品药品违法犯罪案件工作中，行政执法机关要加强与司法机关的联系和配合，及时通报案件查处情况，努力建立行政执法与刑事执法相衔接的工作机制。对涉嫌犯罪的，要及时移送司法机关，不得以罚代刑。

（五）建立应急处理机制。为了有效预防、及时控制和消除食品药品安全突发性事件的危害，维护正常的社会秩序，各地区、各有关部门要根据国务院公布的《突发公共卫生事件应急条例》，结合我国食品药品安全特点，研究提出相应的应急措施和法律责任，制定预防与应急处置及信息报告与发布等制度。各级教育、卫生行政部门要全面落实学校卫生防疫与食品卫生安全工作责任制。

（六）加强法制宣传教育，加快信用体系建设。加强对《食品卫生法》、《产品质量法》、《标准化法》和《药品管理法》等法律法规的宣传教育，开展行业诚信教育和职业道德教育。要根据食品药品行业特点，研究制定信用体系建设规划。统一制定食品药品行业信用标准，实现信用信息的互通互联、资源共享。建立健全失信惩戒机制，对企业违法违规行为通过记录在案，公示社会，起到警示和惩戒作用。

（七）发挥社会监督作用。要充分发挥消费者协会和质量监督、食品药品行业协会等中介组织的作用，加强食品药品的行业自律。设立举报投诉电话，发动广大群众积极参与。要重视新闻媒体的舆论监督，大张旗鼓地宣传报道食品药品生产经营和质量卫生安全监管中的好典型，对影响恶劣的违法违规案件要公开曝光。

食品药品放心工程是一项复杂的系统工程，需要各方面协同配合，特别是要科学制订规划、适当增加投入，着力建设农产品和中药材标准化生产基地、食品和农产品标准体系、食品药品检验检测体系，加强食品质量卫生安全的科学研究，扶持发展现代流通方式。发展改革委、财政部要会同农业部、商务部、卫生部、质检总局、食品药品监管局等部门研究具体落实意见。

三、加强领导，落实责任

（一）地方负责，落实责任。实施食品药品放心工程涉及面广，影响大，要坚持“全国统一领导，地方政府负责，部门指导协调，各方联合行动”的方针。地方各级人民政府要切实负起责任，加强领导和协调，结合本地区的实际，因地制宜地确定工作重点，明确工作任务和目标，落实责任制，把任务和责任逐级分解到有关单位和人员，并尽快制定工作方案，于2003年7月30日前将方案报食品药品监管局。

（二）分工协作，综合治理。实施食品药品放心工程由食品药品监管局牵头，发展改革委、教育部、公安部、农业部、商务部、卫生部、工商总局、质检总局、环保总局等部门配合，同心协力，齐抓共管。在切实按照《国务院关于加强新阶段“菜篮子”工作的通知》（国发[2002]15号）要求落实对“菜篮子”产品质量卫生安全的职责分工和责任的同时，食品药品监督部门要切实履行对药品研制、生产、经营、使用全过程的监管，确保人民用药安全有效；农业部门要组织建设农产品标准化生产基地，实施农产品质量安全例行监测制度；商务（经贸）部门要加强食品流通的行业指导和管理，推进流通体制改革，建立健全食品安全检测体系；卫生部门要积极推行食品卫生监督量化分级管理制度，加强食品卫生日常监管和卫生许可证发放的监督管理，强化对学校食堂和餐饮业的卫生监督，进一步完善食物污染物监测网络；工商行政管理部门要认真做好食品生产经营企业及个体工商户的登记注册工作，取缔无照生产经营行为，加强上市食品质量监督检查，严肃查处虚假食品药品广告、商标侵权的违法行为；质检部门要加强对食品生产企业的监督管理，组织专项监督抽查，推行食品认证，全面实施加工食品质量安全市场准入制度，查处生产假冒伪劣食品和无证生产的违法行为。各级整规办要加强督促、协调和重点检查。

（三）督促检查，狠抓落实。国务院责成食品药品监管局会同有关部门组成检查组，在2003年内组织两次对各地专项整治工作的督促检查，重要情况应报告全国整顿和规范市场经济秩序领导小组。各省、自治区、直辖市人民政府要对本地区整治工作抓紧部署，组织力量加强督查，并将贯彻落实情况及时报送食品药品监管局，由食品药品监管局汇总后报国务院。

国务院办公厅关于进一步做好农业标准化工作的通知

（2003 年 12 月 28 日国办发[2003]97 号发布）

各省、自治区、直辖市人民政府，国务院各部委、各直属机构：

农业标准化是促进农业结构调整和产业化发展的重要技术基础，是规范农业生产、保障消费安全、促进农业经济发展的有效措施，是现代化农业的重要标志。长期以来，我国农业标准化工作比较薄弱，缺乏统一的标准体系和建设规划，标准水平低，与国际标准存在较大差距。为了进一步做好农业标准化工作，适应我国农业和农村经济面临的新形势，促进实现农业现代化，不断增加农民收入，经国务院批准，现就有关问题通知如下：

一、农业标准化工作的指导思想、工作方针和主要目标

农业标准化工作的指导思想是：以邓小平理论和“三个代表”重要思想为指导，深入贯彻党的十六大精神，以市场为导向，围绕农业结构战略性调整和产业化发展，以提高我国农产品质量和市场竞争力为重点，建立健全统一权威的农业标准体系，加强农业标准化工作，促进农业增效、农民增收和农村经济全面发展。

农业标准化的工作方针是：政府大力推动、市场正确引导、龙头企业带动、农民积极实施。

近三年内农业标准化工作的主要目标是：

（一）建立结构合理的农业标准体系。制（修）订农业标准 10 000 项，其中国家标准、行业标准 2 880 项，采标率（采用国际标准和国外先进标准的比例）达到 50%。

（二）加强农业标准化示范区建设。农业标准化示范区累计达到 6 000个，其中国家级示范区累计达到 2 000 个。

（三）强化流通领域标准化管理。培育 2 000 个实行标准化、规范化管理的农产品批发市场，销售的农产品的质量安全达标率达到 95%以上。

（四）推进优势农产品区域化种植（养殖）的标准化生产。优势农产品标准化生产覆盖率达到80%。

（五）培养一支具备专业技术和标准化知识的农业标准推广队伍（80 000人），建立农业标准化信息服务体系。

二、农业标准化工作的主要任务

（一）加快制订和清理农业标准。要按照党中央、国务院关于建立健全统一权威的农业标准体系的要求，根据《全国农业标准2003—2005年发展计划》，加快农业标准制订进度，加大农业标准清理力度，抓紧与国际标准接轨，尽快解决农业标准水平低、标龄过长，国家标准、行业标准重复交叉，以及农产品质量安全标准与国际标准差距大等突出问题。要创新农业标准制（修）订工作机制，建立国家标准、行业标准、地方标准从立项、起草、审查、批准到发布都公开透明的管理模式。

（二）强化重点领域标准的实施与监督。围绕治理农产品污染，确保消费者健康和安全，建立产地农产品质量监测体系，抓好产地环境质量标准、生产操作规范的实施；强化对农药、兽药残留限量等农产品质量安全标准的实施；严格按标准对农业投入品和农产品进行检验；严格加工全过程质量安全标准与实施监控；健全农产品质量安全例行监测制度，切实加强农产品市场准入标准的实施。加大优势农产品、优质专用农产品等相关标准的实施，抓好与退耕还林还草、改善生态环境、水利设施建设等措施配套标准的实施，促进农业优质高效和可持续发展。

（三）全面推行标准化管理。各地在农业产业化发展规划中要明确提出农业标准化工作的要求，充分发挥多元化、多层次组织的作用，积极探索标准化为农业产业化生产、经营服务的途径，把农业生产的全过程纳入标准化管理的轨道，以标准化促进产业化，推动农产品生产上规模、质量上档次、管理上水平，带动区域经济的发展。

（四）积极采用国际标准和国外先进标准。要结合我国实际，按照“借鉴、结合、创新、发展”的原则，运用风险评估理论，加快农产品安全卫生限量指标、检验方法及动植物防疫措施等标准的采标。同时，要建立并完善疫病疫情和农产品、食品安全预警通报机制，对进出口农产品实施严格检验检疫。农产品出口基地（企业）要率先采用国际标准和国外先进标准，实行全过程标准化管理，满足产品出口要求。

（五）加强农产品流通领域的标准化工作。要进一步完善农产品流通领域的标准体系和监测体系，实行收购、储存、加工、运输、销售等全过程质量安全控制，大力推进农产品质量安全、质量等级、计量、包装标识等标准的实施，满足新形势下农产品流通领域的需要。要积极探索开展农产品批发市场的标准化工作，用标准化规范农产品批发市场、培育和发展农产品零售市场。

（六）有效防范外来有害生物入侵。各级质检、农业、林业和环保等部门要进一步研究如何通过制（修）订相关标准和技术规程提高检验检疫水平，严把入境关口，加强对我国境内有害生物的检疫、监测、防治和封控工作，最大程度地减少外来有害生物入侵，有效控制有害生物的扩散蔓延，保障我国农业生产和生态安全。

三、采取有效措施，全面推进农业标准化工作

（一）加强对农业标准化工作的领导。地方各级人民政府和有关部门要把农业标准化工作摆到重要议事日程，进一步统一思想，做到认识到位、领导到位、经费到位、措施到位、制订规划，组织实施，督促检查，狠抓落实。要建立有效的激励机制，对在开展农业标准化工作中取得显著成绩的单位和个人给予表彰奖励，引导企业和农民自觉应用农业标准。

（二）加强统一管理和综合协调工作。推进农业标准化是一项系统工程，要建立国家标准委统一管理、部门分工负责的工作机制。国家标准委要按照国家标准"统一计划、统一审查、统一编号、统一批准和发布"的要求，加强对农业标准化工作的统一协调管理；农业部要发挥农业标准化工作的主力军作用，加大工作力度；各有关部门要按照国家有关法律法规规定，认真履行职责，通力协作，各司其职，共同推进农业标准化。各地要依据国家标准、行业标准的发展计划，制订本地区农业标准化的发展规划；但在严格标准要求的同时，要防止借机搞农产品地方保护，阻碍农产品的自由流动和充分竞争。

（三）增加农业标准化经费投入。各地和有关部门要大力支持农业标准化工作，切实解决农业标准化工作经费不足的问题。坚持政府推动与市场运作相结合，逐步建立政府投入为导向、企业投入为主体、社会投入为补充的多元化投入机制和多渠道投资的格局。

（四）加强农业标准化技术推广队伍建设。采取集中与分散相结合的方法，分层次对基层技术推广人员、标准化技术和管理人员开展标准化教育培训。提高技术推广人员的工作水平，尽快培养一批既有标准化知识，又懂专业技术的推广队伍。特别要从农民中培养农业标准化工作的积极分子和带头人，普及标准化知识，以适应农业发展的需求。

（五）夯实农业标准化工作的基础。要重视农业标准信息资源的收集、整理、加工和整合，建立统一权威的农业标准数据库，增强信息的准确性和时效性，构建及时、准确、高效、权威、便捷的农业标准化信息平台。要加快国家农业技术标准体系研究和农业标准发展战略研究，尽快提出我国农业标准体系如何符合国际通行做法，如何应对国外技术性贸易壁垒的措施。要加大农业标准的前期研究，尤其是组织开展对农业标准化示范理论和技术途径的研究，不断提高农业标准化工作水平。

（六）广泛开展农业标准化宣传与培训。要充分利用各种新闻媒介，大力宣传农业标准化工作的重要意义，普及标准化知识，增强生产者、经营者、管理者和消费者的标准化意识。利用质量技术监督、农业等科研院所的技术力量组织标准化培训，开展重要标准的宣传贯彻，提高企业、农户的标准化水平。培育和发展农业标准化中介服务机构，引导各级各类标准化组织积极开展农业标准化咨询服务，扩大服务咨询覆盖面。

（七）加强农业标准化示范工作。广泛开展农业标准化示范区建设，积极推广“选好一个项目，建立一个体系（标准体系），形成一个龙头，创立一个品牌，带动一个产业，致富一方百姓”的做法和经验。各地要在做好示范区验收工作的基础上，逐步开展农业标准化示范区项目评价，提高名牌意识，探索培育“标准化农产品”品牌的途径。要推广以标准规范的“公司＋农户＋基地”等生产经营模式，充分发挥龙头企业在农业标准化工作中的带头作用和辐射效应。农业技术推广部门要把实施标准化列入技术推广工作计划，发动基层技术人员积极参与标准化推广实施工作，拓宽示范领域，建立形式多样、富有实效的农业标准化示范推广体系。

国务院关于印发《全面推进依法行政实施纲要》的通知

（2004年3月22日国发[2004]10号发布）

现将《全面推进依法行政实施纲要》印发给你们，请结合本地区、本部门实际，认真贯彻执行。

为适应全面建设小康社会的新形势和依法治国的进程，《全国推进依法行政实施纲要》（以下简称《纲要》）确立了建设法治政府的目标，明确规定了今后十年全国推进依法行政的指导思想和具体目标、基本原则和要求、主要任务和措施，是进一步推进我国社会主义政治文明建设的重要政策文件。地方各级人民政府和各部门都要从立党为公、执政为民的高度，充分认识《纲要》的重大意义，切实抓紧做好《纲要》的贯彻执行工作。一是认真学习、大力宣传《纲要》的基本精神、主要内容。二是认真组织制订落实《纲要》的具体办法和配套措施，确定不同阶段的重点，做到五年有规划、年度有安排，确保《纲要》得到全面正确执行。三是地方各级人民政府和各部门的主要负责同志要加强领导，切实担负起贯彻执行《纲要》、全面推进依法行政第一责任人的责任，一级抓一级，逐级抓落实。四是加强对贯彻执行《纲要》的监督检查，对贯彻执行不力的，要严肃纪律，追究责任。五是地方各级人民政府和各部门的法制机构要以高度的责任感和使命感，认真做好综合协调、督促指导、政策研究和情况交流工作，为本级政府和本部门贯彻执行《纲要》、全面推进依法行政，充分发挥参谋、助手和法律顾问的作用。

地方各级人民政府和各部门要及时总结贯彻执行《纲要》、推进依法行政的经验、做法，贯彻执行中的有关情况和问题要及时向国务院报告。

全面推进依法行政实施纲要

为贯彻落实依法治国基本方略和党的十六大、十六届三中全会精神，坚持执政为民，全面推进依法行政，建设法治政府，根据宪法和有关法律、行政法规，制定本实施纲要。

一、全面推进依法行政的重要性和紧迫性

1. 全面推进依法行政的重要性和紧迫性。党的十一届三中全会以来，我国社会主义民主与法制建设取得了显著成绩。党的十五大确立依法治国、建设社会主义法治国家的基本方略，1999 年九届全国人大二次会议将其载入宪法。作为依法治国的重要组成部分，依法行政也取得了明显进展。1999 年 11 月，国务院发布了《国务院关于全面推进依法行政的决定》（国发[1999]23 号），各级政府及其工作部门加强制度建设，严格行政执法，强化行政执法监督，依法办事的能力和水平不断提高。党的十六大把发展社会主义民主政治，建设社会主义政治文明，作为全面建设小康社会的重要目标之一，并明确提出"加强对执法活动的监督，推进依法行政"。与完善社会主义市场经济体制、建设社会主义政治文明以及依法治国的客观要求相比，依法行政还存在不少差距，主要是：行政管理体制与发展社会主义市场经济的要求还不适应，依法行政面临诸多体制性障碍；制度建设反映客观规律不够，难以全面、有效解决实际问题；行政决策程序和机制不够完善；有法不依、执法不严、违法不究现象时有发生，人民群众反映比较强烈；对行政行为的监督制约机制不够健全，一些违法或者不当的行政行为得不到及时、有效的制止或者纠正，行政管理相对人的合法权益受到损害得不到及时救济；一些行政机关工作人员依法行政的观念还比较淡薄，依法行政的能力和水平有待进一步提高。这些问题在一定程度上损害了人民群众的利益和政府的形象，妨碍了经济社会的全面发展。解决这些问题，适应全面建设小康社会的新形势和依法治国的进程，必须全面推进依法行政，建设法治政府。

二、全面推进依法行政的指导思想和目标

2. 全面推进依法行政的指导思想。全面推进依法行政，必须以邓小平理论和"三个代表"重要思想为指导，坚持党的领导，坚持执政为民，忠实履行宪法和法律赋予的职责，保护公民、法人和其他组织的合法权益，提高行政管理效能，降低管理成本，创新管理方式，增强管理透明度，推进社会主义物质文明、政治文明和精神文明协调发展，全面建设小康社会。

3. 全面推进依法行政的目标。全面推进依法行政，经过十年左右坚持不懈的努力，基本实现建设法治政府的目标：

——政企分开、政事分开，政府与市场、政府与社会的关系基本理顺，政府的经济调节、市场监管、社会管理和公共服务职能基本到位。中央政府和地方政府之间、政府各部门之间的职能和权限比较明确。行为规范、运转协调、公正透明、廉洁高效的行政管理体制基本形成。权责明确、行为规范、监督有效、保障有力的行政执法体制基本建立。

——提出法律议案、地方性法规草案，制定行政法规、规章、规范性文件等制度建设符合宪法和法律规定的权限和程序，充分反映客观规律和最广大人民的根本利益，为社会主义物质文明、政治文明和精神文明协调发展提供制度保障。

——法律、法规、规章得到全面、正确实施，法制统一，政令畅通，公民、法人和其他组织合法的权利和利益得到切实保护，违法行为得到及时纠正、制裁，经济社会秩序得到有效维护。政府应对突发事件和风险的能力明显增强。

——科学化、民主化、规范化的行政决策机制和制度基本形成，人民群众的要求、意愿得到及时反映。政府提供的信息全面、准确、及时，制定的政策、发布的决定相对稳定，行政管理做到公开、公平、公正、便民、高效、诚信。

——高效、便捷、成本低廉的防范、化解社会矛盾的机制基本形成，社会矛盾得到有效防范和化解。

——行政权力与责任紧密挂钩、与行政权力主体利益彻底脱钩。行政监督制度和机制基本完善，政府的层级监督和专门监督明显加强，行政监督效能显著提高。

——行政机关工作人员特别是各级领导干部依法行政的观念明显提高，尊重法律、崇尚法律、遵守法律的氛围基本形成；依法行政的能力明显增强，善于运用法律手段管理经济、文化和社会事务，能够依法妥善处理各种社会矛盾。

三、依法行政的基本原则和基本要求

4．依法行政的基本原则。依法行政必须坚持党的领导、人民当家作主和依法治国三者的有机统一；必须把维护最广大人民的根本利益作为政府工作的出发点；必须维护宪法权威，确保法制统一和政令畅通；必须把发展作为执政兴国的第一要务，坚持以人为本和全面、协调、可持续的发展观，促进经济社会和人的全面发展；必须把依法治国和以德治国有机结合起来，大力推进社会主义政治文明、精神文明建设；必须把推进依法行政与深化行政管理体制改革、转变政府职能有机结合起来，坚持开拓创新与循序渐进的统一，既要体现改革和创新的精神，又要有计划、有步骤地分类推进；必须把坚持依法行政与提高行政效率统一起来，做到既严格依法办事，又积极履行职责。

5. 依法行政的基本要求。

——合法行政。行政机关实施行政管理，应当依照法律、法规、规章的规定进行；没有法律、法规、规章的规定，行政机关不得作出影响公民、法人和其他组织合法权益或者增加公民、法人和其他组织义务的决定。

——合理行政。行政机关实施行政管理，应当遵循公平、公正的原则。要平等对待行政管理相对人，不偏私、不歧视。行使自由裁量权应当符合法律目的，排除不相关因素的干扰；所采取的措施和手段应当必要、适当；行政机关实施行政管理可以采用多种方式实现行政目的的，应当避免采用损害当事人权益的方式。

——程序正当。行政机关实施行政管理，除涉及国家秘密和依法受到保护的商业秘密、个人隐私的外，应当公开，注意听取公民、法人和其他组织的意见；要严格遵循法定程序，依法保障行政管理相对人、利害关系人的知情权、参与权和救济权。行政机关工作人员履行职责，与行政管理相对人存在利害关系时，应当回避。

——高效便民。行政机关实施行政管理，应当遵守法定时限，积极履行法定职责，提高办事效率，提供优质服务，方便公民、法人和其他组织。

——诚实守信。行政机关公布的信息应当全面、准确、真实。非因法定事由并经法定程序，行政机关不得撤销、变更已经生效的行政决定；因国家利益、公共利益或者其他法定事由需要撤回或者变更行政决定的，应当依照法定权限和程序进行，并对行政管理相对人因此而受到的财产损失依法予以补偿。

——权责统一。行政机关依法履行经济、社会和文化事务管理职责，要由法律、法规赋予其相应的执法手段。行政机关违法或者不当行使职权，应当依法承担法律责任，实现权力和责任的统一。依法做到执法有保障、有权必有责、用权受监督、违法受追究、侵权须赔偿。

四、转变政府职能,深化行政管理体制改革

6. 依法界定和规范经济调节、市场监管、社会管理和公共服务的职能。推进政企分开、政事分开,实行政府公共管理职能与政府履行出资人职能分开,充分发挥市场在资源配置中的基础性作用。凡是公民、法人和其他组织能够自主解决的,市场竞争机制能够调节的,行业组织或者中介机构通过自律能够解决的事项,除法律另有规定的外,行政机关不要通过行政管理去解决。要加强对行业组织和中介机构的引导和规范。行政机关应当根据经济发展的需要,主要运用经济和法律手段管理经济,依法履行市场监管职能,保证市场监管的公正性和有效性,打破部门保护、地区封锁和行业垄断,建设统一、开放、竞争、有序的现代市场体系。要进一步转变经济调节和市场监管的方式,切实把政府经济管理职能转到主要为市场主体服务和创造良好发展环境上来。在继续加强经济调节和市场监管职能的同时,完善政府的社会管理和公共服务职能。建立健全各种预警和应急机制,提高政府应对突发事件和风险的能力,妥善处理各种突发事件,维持正常的社会秩序,保护国家、集体和个人利益不受侵犯;完善劳动、就业和社会保障制度;强化公共服务职能和公共服务意识,简化公共服务程序,降低公共服务成本,逐步建立统一、公开、公平、公正的现代公共服务体制。

7. 合理划分和依法规范各级行政机关的职能和权限。科学合理设置政府机构,核定人员编制,实现政府职责、机构和编制的法定化。加强政府对所属部门职能争议的协调。

8. 完善依法行政的财政保障机制。完善集中统一的公共财政体制,逐步实现规范的部门预算,统筹安排和规范使用财政资金,提高财政资金使用效益;清理和规范行政事业性收费等政府非税收入;完善和规范行政机关工作人员工资和津补贴制度,逐步解决同一地区不同行政机关相同职级工作人员收入差距较大的矛盾;行政机关不得设立任何形式的"小金库";严格执行"收支两条线"制度,行政事业性收费和罚没收入必须全部上缴财政,严禁以各种形式返还;行政经费统一由财政纳入预算予以保障,并实行国库集中支付。

9. 改革行政管理方式。要认真贯彻实施行政许可法,减少行政许可项目，规范行政许可行为，改革行政许可方式。要充分运用间接管理、动态管理和事后监督管理等手段对经济和社会事务实施管理；充分发挥行政规划、行政指导、行政合同等方式的作用；加快电子政务建设，推进政府上网工程的建设和运用，扩大政府网上办公的范围；政府部门之间应当尽快做到信息互通和资源共享，提高政府办事效率，降低管理成本，创新管理方式，方便人民群众。

10. 推进政府信息公开。除涉及国家秘密和依法受到保护的商业秘密、个人隐私的事项外，行政机关应当公开政府信息。对公开的政府信息，公众有权查阅。行政机关应当为公众查阅政府信息提供便利条件。

五、建立健全科学民主决策机制

11. 健全行政决策机制。科学、合理界定各级政府、政府各部门的行政决策权，完善政府内部决策规则。建立健全公众参与、专家论证和政府决定相结合的行政决策机制。实行依法决策、科学决策、民主决策。

12. 完善行政决策程序。除依法应当保密的外，决策事项、依据和结果要公开，公众有权查阅。涉及全国或者地区经济社会发展的重大决策事项以及专业性较强的决策事项，应当事先组织专家进行必要性和可行性论证。社会涉及面广、与人民群众利益密切相关的决策事项，应当向社会公布，或者通过举行座谈会、听证会、论证会等形式广泛听取意见。重大行政决策在决策过程中要进行合法性论证。

13. 建立健全决策跟踪反馈和责任追究制度。行政机关应当确定机构和人员，定期对决策的执行情况进行跟踪与反馈，并适时调整和完善有关决策。要加强对决策活动的监督，完善行政决策的监督制度和机制，明确监督主体、监督内容、监督对象、监督程序和监督方式。要按照“谁决策、谁负责”的原则，建立健全决策责任追究制度，实现决策权和决策责任相统一。

六、提高制度建设质量

14. 制度建设的基本要求。提出法律议案和地方性法规草案，制定行政法规、规章以及规范性文件等制度建设，重在提高质量。要遵循并反映经济和社会发展规律，紧紧围绕全面建设小康社会的奋斗目标，紧密结合改革发展稳定的重大决策，体现、推动和保障发展这个执政兴国的第一要务，发挥公民、法人和其他组织的积极性、主动性和创造性，为在经济发展的基础上实现社会全面发展，促进人的全面发展，促进经济、社会和生态环境的协调发展，提供法律保障；要根据宪法和立法的规定，严格按照法定权限和法定程序进行。法律、法规、规章和规范性文件的内容要具体、明确，具有可操作性，能够切实解决问题；内在逻辑要严密，语言要规范、简洁、准确。

15. 按照条件成熟、突出重点、统筹兼顾的原则，科学合理制定政府立法工作计划。要进一步加强政府立法工作，统筹考虑城乡、区域、经济与社会、人与自然以及国内和对外开放等各项事业的发展，在继续加强有关经济调节、市场监管方面的立法的同时，更加重视有关社会管理、公共服务方面的立法。要把握立法规律和立法时机，正确处理好政府立法与改革的关系，做到立法决策与改革决策相统一，立法进程与改革进程相适应。

16. 改进政府立法工作方法，扩大政府立法工作的公众参与程度。实行立法工作者、实际工作者和专家学者三结合，建立健全专家咨询论证制度。起草法律、法规、规章和作为行政管理依据的规范性文件草案，要采取多种形式广泛听取意见。重大或者关系人民群众切身利益的草案，要采取听证会、论证会、座谈会或者向社会公布草案等方式向社会听取意见，尊重多数人的意愿，充分反映最广大人民的根本利益。要积极探索建立对听取和采纳意见情况的说明制度。行政法规、规章和作为行政管理依据的规范性文件通过后，应当在政府公报、普遍发行的报刊和政府网站上公布。政府公报应当便于公民、法人和其他组织获取。

17. 积极探索对政府立法项目尤其是经济立法项目的成本效益分析制度。政府立法不仅要考虑立法过程成本，还要研究其实施后的执法成本和社会成本。

18. 建立和完善行政法规、规章修改、废止的工作制度和规章、规范性文件的定期清理制度。要适应完善社会主义市场经济体制、扩大对外开放和社会全面进步的需要，适时对现行行政法规、规章进行修改或者废止，切实解决法律规范之间的矛盾和冲突。规章、规范性文件施行后，制定机关、实施机关应当定期对其实施情况进行评估。实施机关应当将评估意见报告制定机关；制定机关要定期对规章、规范性文件进行清理。

七、理顺行政执法体制，加快行政程序建设，规范行政执法行为

19. 深化行政执法体制改革。加快建立权责明确、行为规范、监督有效、保障有力的行政执法体制。继续开展相对集中行政处罚权工作，积极探索相对集中行政许可权，推进综合执法试点。要减少行政执法层次，适当下移执法重心；对与人民群众日常生活、生产直接相关的行政执法活动，主要由市、县两级行政执法机关实施。要完善行政执法机关的内部监督制约机制。

20. 严格按照法定程序行使权力、履行职责。行政机关作出对行政管理相对人、利害关系人不利的行政决定之前，应当告知行政管理相对人、利害关系人，并给予其陈述和申辩的机会；作出行政决定后，应当告知行政管理相对人依法享有申请行政复议或者提起行政诉讼的权利。对重大事项，行政管理相对人、利害关系人依法要求听证的，行政机关应当组织听证。行政机关行使自由裁量权的，应当在行政决定中说明理由。要切实解决行政机关违法行使权力侵犯人民群众切身利益的问题。

21. 健全行政执法案卷评查制度。行政机关应当建立有关行政处罚、行政许可、行政强制等行政执法的案卷。对公民、法人和其他组织的有关监督检查记录、证据材料、执法文书应当立卷归档。

22. 建立健全行政执法主体资格制度。行政执法由行政机关在其法定职权范围内实施，非行政机关的组织未经法律、法规授权或者行政机关的合法委托，不得行使行政执法权；要清理、确认并向社会公告行政执法主体；实行行政执法人员资格制度，没有取得执法资格的不得从事行政执法工作。

23. 推行行政执法责任制。依法界定执法职责，科学设定执法岗位，规范执法程序。要建立公开、公平、公正的评议考核制和执法过错或者错案责任追究制，评议考核应当听取公众的意见。要积极探索行政执法绩效评估和奖惩办法。

八、积极探索高效、便捷和成本低廉的防范、化解社会矛盾的机制

24. 积极探索预防和解决社会矛盾的新路子。要大力开展矛盾纠纷排查调处工作，建立健全相应的制度。对矛盾纠纷要依法妥善解决。对依法应当由行政机关调处的民事纠纷，行政机关要依照法定权限和程序，遵循公开、公平、公正的原则及时予以处理。要积极探索解决民事纠纷的新机制。

25. 充分发挥调解在解决社会矛盾中的作用。对民事纠纷，经行政机关调解达成协议的，行政机关应当制作调解书；调解不能达成协议的，行政机关应当及时告知当事人救济权利和渠道。要完善人民调解制度，积极支持居民委员会和村民委员会等基层组织的人民调解工作。

26. 切实解决人民群众通过信访举报反映的问题。要完善信访制度，及时办理信访事项，切实保障信访人、举报人的权利和人身安全。任何行政机关和个人不得以任何理由或者借口压制、限制人民群众信访和举报，不得打击报复信访和举报人员，不得将信访、举报材料及有关情况透露或者转送给被举报人。对可以通过复议、诉讼等法律程序解决的信访事项，行政机关应当告知信访人、举报人申请复议、提起诉讼的权利，积极引导当事人通过法律途径解决。

九、完善行政监督制度和机制，强化对行政行为的监督

27. 自觉接受人大监督和政协的民主监督。各级人民政府应当自觉接受同级人大及其常委会的监督，向其报告工作、接受质询，依法向有关人大常委会备案行政法规、规章；自觉接受政协的民主监督，虚心听取其对政府工作的意见和建议。

28. 接受人民法院依照行政诉讼法的规定对行政机关实施的监督。对人民法院受理的行政案件，行政机关应当积极出庭应诉、答辩。对人民法院依法作出的生效的行政判决和裁定，行政机关应当自觉履行。

29. 加强对规章和规范性文件的监督。规章和规范性文件应当依法报送备案。对报送备案的规章和规范性文件，政府法制机构应当依法严格审查，做到有件必备、有备必审、有错必纠。公民、法人和其他组织对规章和规范性文件提出异议的，制定机关或者实施机关应当依法及时研究处理。

30. 认真贯彻行政复议法，加强行政复议工作。对符合法律规定的行政复议申请，必须依法受理；审理行政复议案件，要重依据、重证据、重程序，公正作出行政复议决定，坚决纠正违法、明显不当的行政行为，保护公民、法人和其他组织的合法权益。要完善行政复议工作制度，积极探索提高行政复议工作质量的新方式、新举措。对事实清楚、争议不大的行政复议案件，要探索建立简易程序解决行政争议。加强行政复议机构的队伍建设，提高行政复议工作人员的素质。完善行政复议责任追究制度，对依法应当受理而不受理行政复议申请，应当撤销、变更或者确认具体行政行为违法而不撤销、变更或者确认具体行政行为违法，不在法定期限内作出行政复议决定以及违反行政复议法的其他规定的，应当依法追究其法律责任。

31. 完善并严格执行行政赔偿和补偿制度。要按照国家赔偿法实施行政赔偿。严格执行《国家赔偿费用管理办法》关于赔偿费用核拨的规定，依法从财政支取赔偿费用，保障公民、法人和其他组织依法获得赔偿。要探索在行政赔偿程序中引入听证、协商和和解制度。建立健全行政补偿制度。

32. 创新层级监督新机制，强化上级行政机关对下级行政机关的监督。上级行政机关要建立健全经常性的监督制度，探索层级监督的新方式，加强对下级行政机关具体行政行为的监督。

33. 加强专门监督。各级行政机关要积极配合监察、审计等专门监督机关的工作，自觉接受监察、审计等专门监督机关的监督决定。拒不履行监督决定的，要依法追究有关机关和责任人员的法律责任。监察、审计等专门监督机关要切实履行职责，依法独立开展专门监督。监察、审计等专门监督机关要与检察机关密切配合，及时通报情况，形成监督合力。

34. 强化社会监督。各级人民政府及其工作部门要依法保护公民、法人和其他组织对行政行为实施监督的权利，拓宽监督渠道，完善监督机制，为公民、法人和其他组织实施监督创造条件。要完善群众举报违法行为的制度。要高度重视新闻舆论监督，对新闻媒体反映的问题要认真调查、核实，并依法及时作出处理。

十、不断提高行政机关工作人员依法行政的观念和能力

35. 提高领导干部依法行政的能力和水平。各级人民政府及其工作部门的领导干部要带头学习和掌握宪法、法律和法规的规定，不断增强法律意识，提高法律素养，提高依法行政的能力和水平，把依法行政贯穿于行政管理的各个环节，列入各级人民政府经济社会发展的考核内容。要实行领导干部的学法制度，定期或者不定期对领导干部进行依法行政知识培训。积极探索对领导干部任职前实行法律知识考试的制度。

36. 建立行政机关工作人员学法制度，增强法律意识，提高法律素质，强化依法行政知识培训。要采取自学与集中培训相结合、以自学为主的方式，组织行政机关工作人员学习通用法律知识以及与本职工作有关的专门法律知识。

37. 建立和完善行政机关工作人员依法行政情况考核制度。要把依法行政情况作为考核行政机关工作人员的重要内容，完善考核制度，制定具体的措施和办法。

38. 积极营造全社会尊法守法、依法维权的良好环境。要采取各种形式，加强普法和法制宣传，增强全社会尊重法律、遵守法律的观念和意识，积极引导公民、法人和其他组织依法维护自身权益，逐步形成与建设法治政府相适应的良好社会氛围。

十一、提高认识，明确责任，切实加强对推进依法行政工作的领导

39. 提高认识，加强领导。各级人民政府和政府各部门要从“立党为公、执政为民”的高度，充分认识全面推进依法行政的必要性和紧迫性，真正把依法行政作为政府运作的基本准则。各地方、各部门的行政首长作为本地方、本部门推进依法行政工作的第一责任人，要加强对推进依法行政工作的领导，一级抓一级，逐级抓落实。

40. 明确责任，严肃纪律。各级人民政府和政府各部门要结合本地方、本部门经济和社会发展的实际，制定落实本纲要的具体办法和配套措施，确定不同阶段的重点，有计划、分步骤地推进依法行政，做到五年有规划、年度有安排，将本纲要的规定落到实处。上级行政机关应当加强对下级行政机关贯彻本纲要情况的监督检查。对贯彻落实本纲要不力的，要严肃纪律，予以通报，并追究有关人员相应的责任。

41. 定期报告推进依法行政工作情况。地方各级人民政府应当定期向本级人大及其常委会和上一级人民政府报告推进依法行政的情况；国务院各部门、地方各级人民政府工作部门要定期向本级人民政府报告推进依法行政的情况。

42. 各级人民政府和政府各部门要充分发挥政府法制机构在依法行政方面的参谋、助手和法律顾问作用。全面推进依法行政、建设法治政府，涉及面广、难度大、要求高，需要一支政治强、作风硬、业务精的政府法制工作队伍，协助各级人民政府和政府各部门领导做好全面推进依法行政的各项工作。各级人民政府和政府各部门要切实加强政府法制机构和队伍建设，充分发挥政府法制机构在依法行政方面的参谋、助手和法律顾问的作用，并为他们开展工作创造必要的条件。

国务院办公厅关于贯彻落实全面推进依法行政实施纲要的实施意见

（2004年3月22日国办发[2004]24号发布）

国务院各部委、各直属机构：

《全面推进依法行政实施纲要》（国发[2004]10号，以下简称《纲要》）已经国务院批准正式印发，现就贯彻落实《纲要》提出如下实施意见。

一、从立党为公、执政为民的高度，把贯彻落实《纲要》作为当前和今后一个时期政府工作的一项重要任务

《纲要》以邓小平理论和"三个代表"重要思想为指导，总结了近年来推进依法行政的基本经验，适应全面建设小康社会的新形势和依法治国的进程，确立了建设法治政府的目标，明确规定了今后十年全面推进依法行政的指导思想和具体目标、基本原则和要求、主要任务和措施，是进一步推进我国社会主义政治文明建设的重要政策文件。国务院各部门都要从立党为公、执政为民的高度，充分认识《纲要》的重大意义，把贯彻落实《纲要》作为当前和今后一个时期政府工作的一项重要任务切实抓紧抓好，把《纲要》提出的各项任务落到实处，为全面推进依法行政、建设法治政府提供保障。

二、突出重点，明确分工

贯彻落实《纲要》是一项全局性和长期性的系统工程。国务院有关部门和单位要根据各自的职能，明确工作任务，突出工作重点，抓好各项工作的落实。现就各部门各单位重点工作任务作如下分工：

（一）建立健全科学民主决策机制。

积极研究界定各级政府、政府各部门的行政决策权，完善政府内部决策规则、决策程序以及行政决策的监督制度和机制，按照"谁决策、谁负责"的原则，建立健全决策责任追究制度。建立健全公众参与、专家论证

和政府决定相结合的行政决策机制。(国务院办公厅、中央编办、监察部、行政学院、社科院)

(二)提高制度建设质量。

1. 围绕制度建设的基本要求,按照条件成熟、突出重点、统筹兼顾的原则,制定政府立法工作计划,做到立法决策与改革决策相统一,立法进程与改革进程相适应。(法制办组织有关部门)

2. 改进政府立法工作方法,扩大政府立法工作的公众参与程度,实行立法工作者、实际工作者和专家学者三结合。建立健全专家咨询论证制度、立法征求意见制度。研究建立有关听取和采纳意见情况的说明制度。探索建立有关政府立法项目尤其是经济立法项目的成本效益分析制度。(法制办组织有关部门)

3. 建立健全政府信息公开制度,方便公众对公开的政府信息的获取、查阅。(国务院办公厅、法制办、信息办、信息产业部、财政部)

4. 建立健全行政法规、规章修改和废止的工作制度以及规章、规范性文件的定期清理和定期评价制度。(法制办组织有关部门)

(三)转变政府职能,深化行政管理体制改革。

1. 科学划分和规范各级行政机关的职能和权限,科学、合理设置政府机构,核定人员编制,实现政府职能、机构和编制的法定化。加强对各级行政机关职能争议的协调。(中央编办)

2. 完善各类市场监管制度,确保依法履行市场监管职能,保证市场监管的公正性和有效性,打破部门保护、地区封锁和行业垄断,建设统一、开放、竞争、有序的现代市场体系。研究进一步转变经济调节和市场监管的方式,切实把政府经济管理职能转到主要为市场主体服务和创造良好发展环境上来。(发展改革委、工商总局、质检总局、商务部、建设部、国土资源部、食品药品监管局、证监会、保监会、银监会、电监会)

3. 研究推进政企分开、政事分开,实行政府公共管理职能与政府履行出资人职能分开的具体措施,加强对行业组织和中介机构的引导和规范。(中央编办、发展改革委、人事部、民政部、国资委、商务部、工商总局、财政部、监察部、行政学院、社科院)

4. 完善劳动、就业和社会保障法律制度。(劳动保障部、卫生部、民政部、人事部、财政部、发展改革委)

5．建立健全各种预警和应急法律制度和机制（包括起草紧急状态法），提高政府应对突发事件和风险的能力，妥善处理各种突发事件，维持正常的社会秩序。（国务院办公厅组织有关部门）

6．建立健全有关集中统一的公共财政体制的法律制度，实现规范的部门预算。（财政部、发展改革委）

7．完善相关法律制度，清理和规范行政机关、事业单位收费。（发展改革委、财政部）

8．完善相关法律制度，规范行政机关工作人员工资和津补贴，解决同一地区不同行政机关相同职级工作人员收入差距较大的矛盾。（人事部、财政部）

9．贯彻实施行政许可法，减少行政许可项目，规范行政许可行为，研究创新政府管理方式。（监察部、中央编办、法制办会同有关部门）

10．加快电子政务体系建设，推进政府上网工程的建设和运用，扩大政府网上办公的范围，逐步实现政府部门之间的信息互通和资源共享。（国务院办公厅、国信办、信息产业部、发展改革委）

（四）理顺行政执法体制，规范行政执法行为。

1．研究建立权责明确、行为规范、监督有效、保障有力的行政执法体制。完善相关法律制度和工作机制，继续开展相对集中行政处罚权，探索相对集中行政许可权，推进综合执法试点。完善行政执法机关的内部监督制约机制。（中央编办、法制办、财政部、监察部）

2．建立健全有关行政处罚、行政许可、行政强制等行政执法案卷评查制度，对公民、法人和其他组织的有关监督检查记录、证据材料和执法文书进行立卷归档。（法制办组织有关部门）

3．建立健全行政执法主体和行政执法人员资格制度。（人事部、法制办、中央编办）

4．建立健全行政执法责任制，依法界定执法职责，科学设定执法岗位，规范执法程序。建立公开、公平、公正的评议考核制和执法过错或者错案责任追究制。探索建立行政执法绩效评估、奖惩机制和办法。（法制办、中央编办、监察部、人事部）

（五）探索高效、便捷和成本低廉的防范、化解社会矛盾的机制。

1．建立健全相关法律制度，开展矛盾纠纷排查调处工作。积极探索

解决民事纠纷的新机制。完善人民调解制度，预防和化解民事纠纷。（司法部、信访局、国土资源部、建设部、劳动保障部、法制办）

2. 完善信访法律制度，切实解决人民群众通过信访举报反映的问题，保障信访人、举报人的权利和人身安全。（信访局、监察部）

（六）完善行政监督制度和机制，强化对行政行为的监督。

1. 完善对规章和规范性文件的监督制度和机制，做到有件必备、有备必审、有错必纠。建立依法对公民、法人和其他组织对规章和规范性文件提出异议的处理机制和办法。（法制办）

2. 认真贯彻行政复议法，完善有关行政复议程序和工作制度，加强行政复议机构的队伍建设，提高行政复议工作人员的素质，做好行政复议工作。探索提高行政复议工作质量的新方式、新举措。完善行政复议责任追究制度。（法制办、监察部）

3. 完善并严格执行行政赔偿制度，保障公民、法人和其他组织依法获得赔偿。建立健全行政补偿制度。（财政部、法制办）

4. 探索建立行政赔偿程序中的听证、协商、和解制度。（法制办、财政部）

5. 建立健全上级行政机关对下级行政机关的经常性监督制度，探索层级监督的新方式，强化上级行政机关对下级行政机关的监督。（国务院办公厅、法制办、监察部）

6. 完善相关法律制度和机制，确保专门监督机关切实履行职责，依法独立开展专门监督，并与检察机关密切配合，及时通报情况，形成监督合力。（审计署、监察部）

7. 探索拓宽公民、法人和其他组织对行政行为实施监督的渠道，完善监督机制，为公民、法人和其他组织实施监督创造条件。完善群众举报违法行为的制度。研究建立对新闻媒体反映的问题进行调查、核实，并依法及时作出处理的工作机制。（监察部、国务院办公厅、信访局）

（七）提高行政机关工作人员依法行政的观念和能力。

1. 研究建立领导干部学法制度，定期或者不定期对领导干部进行依法行政知识培训。探索对领导干部任职前实行法律知识考试的制度。（人事部、法制办、司法部）

2. 研究建立行政机关工作人员学法制度，强化行政机关工作人员通

用法律知识以及专门法律知识等依法行政知识的培训。（人事部、法制办、司法部）

3. 建立和完善行政机关工作人员依法行政情况考核制度，制定具体的措施和办法，把依法行政情况作为考核行政机关工作人员的重要内容。（人事部、法制办）

4. 采取各种形式，加强普法和法制宣传，增强全社会尊重法律、遵守法律的观念和意识，积极引导公民、法人和其他组织依法维护自身权益，逐步形成与建设法治政府相适应的良好社会氛围。（司法部、法制办）

（八）完善措施，切实全面推进依法行政。

1. 研究建立上级行政机关对下级行政机关贯彻《纲要》情况的监督检查制度。对贯彻落实《纲要》不力的，要严肃纪律，追究有关人员相应的责任。（国务院办公厅、监察部、法制办）

2. 研究建立地方各级人民政府定期向本级人大及其常委会和上一级人民政府，以及国务院各部门、地方各级人民政府工作部门定期向本级人民政府报告推进依法行政情况的具体办法。（国务院办公厅、法制办）

3. 研究切实加强政府法制机构和队伍建设的具体措施和办法，确保充分发挥政府法制机构在依法行政方面的参谋、助手和法律顾问的作用，并为他们开展工作创造必要的条件。（中央编办、财政部、法制办）

三、加强领导，精心规划，加大宣传，强化检查，切实把《纲要》提出的各项任务落到实处

《纲要》的贯彻落实，关系全面推进依法行政的进程，关系法治政府的建设，是一项全局性和长期性的系统工程，要常抓不懈。国务院各部门要切实加强领导，精心组织和安排，扎实工作，采取有效措施，狠抓落实。

（一）加强领导，把《纲要》的贯彻落实摆上重要日程。要按照执政为民的要求，切实加强对依法行政的领导。国务院各部门的主要负责同志要切实担负起贯彻执行《纲要》、全面推进依法行政第一责任人的责任，一级抓一级，逐级抓落实。牵头部门和单位要切实担负起统筹协调的责任，明确工作进度，认真抓好组织协调，坚持重大问题主动协商、共同研究，充分调动有关方面的积极性；其他责任单位要主动配合，积极参与，共同完成好所承担的任务。

（二）制定规划，分步推进。要从实际出发，制定本部门本单位贯彻落实《纲要》的实施意见、具体办法和配套措施，确定不同阶段的目标要求，提出工作进度，突出重点，分步实施，整体推进，确保《纲要》得到全面正确执行。

（三）注重制度建设，以创新的精神做好工作。抓紧制定和完善《纲要》的配套政策措施，形成有利于全面推进依法行政、建设法治政府的制度环境。对依法行政面临的新情况、新问题要及时进行调查研究，分析对策，提出切实可行的政策措施。对全面推进依法行政中形成的经验要及时总结，不断推进依法行政的理论创新、制度创新、机制创新和方法创新。

（四）加大宣传力度，营造有利于贯彻落实《纲要》，全面推进依法行政，建设法治政府的舆论环境。国务院各有关部门要抓紧制定宣传工作方案，采取多种形式，大力宣传《纲要》的基本精神和主要内容，把思想统一到《纲要》的精神上来。要通过组织自学和举办培训班、研讨会、报告会等方式，不断加深对《纲要》的理解，提高认识。

（五）加强督促检查，狠抓工作落实。国务院各部门要对照工作规划、目标要求和工作进度，抓好督促检查，发现问题及时解决。法制办要以高度的责任感和使命感，认真做好协调服务、督促指导、政策研究和情况交流工作，为贯彻执行《纲要》、全面推进依法行政充分发挥参谋、助手和法律顾问的作用。

国务院办公厅关于印发食品安全专项整治工作方案的通知

（2004 年 5 月 17 日国办发[2004]43 号发布）

各省、自治区、直辖市人民政府，国务院各部委、各直属机构：

《食品安全专项整治工作方案》已经国务院同意，现印发给你们，请结合实际，认真贯彻执行。

食品安全专项整治工作方案

近期,安徽省阜阳市发生的劣质奶粉事件震惊全国,教训深刻,暴露了当前我国食品安全监管工作还存在一些薄弱环节,也充分说明食品安全整治任务重、难度大。为此,国务院决定,在继续实施食品药品放心工程的基础上,针对当前食品安全工作中的突出问题,在全国范围内深入开展食品安全专项整治。

一、指导思想与工作重点

(一) 指导思想:以邓小平理论和"三个代表"重要思想为指导,认真贯彻党的十六大和十六届三中全会精神,树立科学的发展观和正确的政绩观,紧紧围绕群众反映强烈、社会危害严重的食品安全问题,深入开展食品安全专项整治,把整治与建设、打劣与扶优结合起来,努力提高我国食品安全的保障水平。

(二) 工作重点:以粮、肉、蔬菜、水果、奶制品、豆制品、水产品为重点品种,以广大农村为重点区域,重点抓好食品源头污染治理、生产加工、流通以及消费四个环节,严厉打击生产、销售假冒伪劣和有毒有害食品的违法犯罪行为。

二、工作原则与主要目标

继续按照"全国统一领导,地方政府负责,部门指导协调,各方联合行动"的工作格局和"标本兼治,着力治本"的方针,突出重点,带动全面,因地制宜,分类指导,整合执法力量,下移监管重心,强化地方政府责任,加大打击力度,努力使全国食品安全状况有明显改观。

通过食品安全专项整治,使生产、销售假冒伪劣和有毒有害食品的违法犯罪活动得到有效遏制,大案要案得到及时查处,市场经营秩序有所好转,监管水平有所提高,人民群众食品消费安全感增强。具体目标为:37个城市蔬菜农药残留平均超标率下降3～5个百分点;16个城市畜产品"瘦肉精"平均检出率下降1个百分点;10大类大中型食品生产企业获生产许可证的力争达到90%;500个食品商场(超市)的散装食品经营行为得到规范;市(地级)以上大型市场、超市进货索票索证率达90%以上;省会城市和计划单列市至少建立1个食品绿色市场;大中城市基本实现5

类食品安全准入上市；37 个城市学校食堂、餐饮业量化分级达到 90％以上；注水肉和病害肉现象得到全面遏制；面粉、肉类、儿童食品加工企业基本消除滥用食品添加剂行为；稳步推进食品安全信用体系建设试点工作。

三、主要任务与具体措施

（一）整治食品源头污染。加强农业投入品的监管，开展农业生产资料打假，加大对种植业产品农药残留超标、畜产品违禁药物滥用和兽药残留超标、水产品药物残留超标的整治。定期发布全国大中城市蔬菜农药残留例行监测结果。对例行监测不合格率较高的城市和所在省的农产品安全进行跟踪督导。加大对滥用食品添加剂和使用非食品原料加工食品行为的整治。

（二）整治食品生产加工环节。加强农产品标准化生产示范区、无公害农产品生产示范基地、养殖小区、示范农场、出口产品生产基地的建设，推进产地环境污染监控工作。严格审查和发放许可证，加强食品生产加工环节监管。以查处食品生产过程中使用非食用原料、病死畜禽、回收的过期食品等违法行为为重点，加强对调味品、米面制品、食用油、肉及肉制品、乳制品、保健食品等食品生产企业的监管，并强化食品生产环节的日常监督和检查。清理整顿已获得卫生许可证的食品生产企业，对不符合卫生条件的企业要吊销或收回卫生许可证。审查肉制品、乳制品、饮料、调味品、冷冻饮品、方便面、饼干、罐头、速冻米面食品、膨化食品 10 类企业生产条件，不具备条件的企业不发给食品生产许可证。对生产集中地和产品质量不稳定的企业要加大监督抽查力度。对不合格的产品要坚决曝光，问题严重的要立即责令停止产销，多次抽查不合格、不具备生产条件的要吊销相关证照，退出市场。加强生猪屠宰管理，整顿和规范肉品流通秩序，积极推进牛、羊、家禽的定点集中屠宰工作，严厉查处和打击私屠滥宰、加工注水肉和病害肉的违法行为。

（三）整治食品流通环节。督促经营企业落实食品进货查验制度，把好市场准入关。强化对重点食品定期质量监督抽查和强制检验。组织、协调并逐步整合检验检测资源，发挥各类检验检测机构作用。对在市场抽查和检验中发现的影响或危及人体健康的不合格食品，在坚决清除出市场的同时，要查清其生产源头、进货渠道和销售场所，追根溯源，一查到底。强化食品进出口的监管力度，进一步加强对入境动植物及食品的检验检疫。要教育和督促企业对已销售的不安全食品主动召回，及时消除隐患。督促和指导食品经营企业建立健全质量追溯、封存报告、依法销毁和重要大宗食品安全购销档案等制度，积极探索农产品产地编码和标签追溯的质量监控模式，推广食品产销场厂挂钩、场地挂钩、连锁经营和物流配送等有效经营方式。鼓励各类市场主办者与其承包、租赁摊位、柜台经营者之间以及食品批发商和经销商之间签订食品安全保障协议。

（四）整治食品消费环节。强化对学校食堂、餐饮业及建筑工地食堂，特别是小餐馆、个体门店的检查和监督。全面实施食品卫生监督量化分级管理制度。

（五）突出整治儿童食品。对全国儿童食品的生产、加工、销售企业进行一次全面普查，加大清仓查库力度，摸清底数；对未经批准生产儿童食品的加工点要坚决取缔，对不法分子依法从严从重从快惩处；要进一步完善儿童食品的准入条件，建立健全既能确保食品安全、又有利于经济发展的儿童食品企业的管理规范，实行严格的市场准入，对不符合条件的要坚决清除出市场。

（六）整治食品包装、标识印制业。对合法的包装标识印制企业要加大其承印验证、承印登记的检查力度。对擅自设立印刷点从事印刷活动的，要坚决取缔，进一步规范印刷行业管理。

（七）积极推进食品安全信用体系建设。进一步发挥行业协会作用，加强行业自律和行规行风建设，引导、监督企业模范遵守法律法规，生产经营安全食品。按照政府推动、部门联动、市场化运作、全社会广泛参与的原则，积极开展食品安全信用体系建设试点工作，运用信用惩戒机制，使生产、销售假冒伪劣和有毒有害食品的违法犯罪分子寸步难行。

（八）认真抓好农村食品安全监管和销售网络建设。行政执法部门要加强对基层食品流通的监管，建立食品安全义务信息员队伍，形成严密的食品安全监管网络，保证农村食品安全。积极探索农村食品销售网络建设，鼓励大型食品经营企业到农村建立网点，形成食品供应的主渠道。

（九）依法及时查处大案要案。行政执法部门要严格执行国务院《行政执法机关移送涉嫌犯罪案件的规定》，及时移送涉嫌食品犯罪案件，切实解决以罚代刑的问题。对应当移交而不移交的，要严肃处理。为确保办案效率，防止涉嫌犯罪人员逃匿，对涉嫌犯罪的食品案件，行政执法部门应当及时与公安部门取得联系。当前要紧紧抓住阜阳劣质奶粉事件和玉环县私屠滥宰人员暴力抗法事件，举一反三，查源头，端窝点，堵漏洞，重拳出击，依法从严从重从快处理一批大案要案，狠狠打击犯罪分子的嚣张气焰，形成强大的震慑力。

四、工作要求与保障措施

（一）强化地方政府的责任。地方各级人民政府要从立党为公、执政为民的高度出发，将食品安全专项整治作为当前整顿和规范市场经济秩序工作的重中之重，结合近年来群众反映强烈、社会危害严重的突出问题，对食品安全专项整治进行全面部署，狠抓薄弱环节，落实监管重心下移，强化农村市场监管。建立食品安全专项整治责任制，明确一名分管领导，强化主要负责人的责任。发生食品安全事故，给当地人民群众身体健康和生命安全造成重大损害的，要依法依纪追究地方政府和行政主管部门负责人的责任。

（二）建立健全食品安全协调机制。食品安全专项整治涉及多个监管部门，需要各方面协同配合，应加快食品安全方面法律法规的制定和修订工作，尽快理顺食品安全监管体制。建立有效的食品安全协调机制，整合执法力量，推进综合执法和联合执法。食品安全监管部门在各司其职的同时，应加强沟通与协作，切实解决各自为政、多头执法、重复执法问题。地方各级人民政府要统筹协调各执法部门对食品市场的监管，做到共认或者互认抽查结果。食品安全专项整治牵头部门，要切实发挥好组织协调作用，通过综合监督资源，综合监督力量，将分散的监管力量集中起来，将具体的监管内容统一起来，形成统一、协调、权威、高效的食品监管机制。

（三）强化行政执法部门监管责任。严格行政执法责任制，不能简单地以文件贯彻文件，以会议落实会议。严惩行政执法中滥用职权、玩忽职守、徇私舞弊等违法犯罪行为以及地方保护主义和各种形式的保护伞，扭转有法不依、执法不严、违法不究以及重审批、轻监管，甚至乱审批、不监管的局面。

（四）加强食品安全的社会监督。切实加强对食品安全的舆论监督和群众监督，努力营造人人关注食品安全、人人重视食品安全的社会氛围。新闻媒体对生产、销售假冒伪劣和有毒有害食品的违法犯罪行为要给予曝光，揭露丑恶，警示违规；同时要大力宣传食品放心工程实施情况和开展食品专项整治所取得的成绩，加强正面引导。普及食品安全知识，提高广大人民群众的自我保护能力。

（五）开展食品安全专项整治工作综合评价。为确保食品安全专项整治工作抓细、抓实，食品药品监管局要会同有关部门对专项整治工作开展综合评价，并对先进单位给予表彰。

五、工作步骤与时间安排

食品安全专项整治分为三个阶段：第一阶段（2004 年 5 月至 6 月）为动员部署阶段。各地要认真做好专项整治的动员部署工作，对整治工作做出周密安排。第二阶段（2004 年 7 月至 12 月）为组织实施阶段。各地要针对突出问题和薄弱环节，采取坚决果断的措施，全面开展整治工作。国务院有关部门要切实加强对整治工作的指导；各省级食品放心工程牵头单位组织有关部门采取明查暗访等方式进行抽查；食品药品监管局会同有关部门组成督查组进行督查。重要情况及时报告全国整顿和规范市场经济秩序领导小组办公室。第三阶段（2004 年年底至 2005 年春节前）为总结验收阶段。各省级食品放心工程牵头单位要认真做好专项整治工作总结，并报国家食品药品监管局。国家食品药品监管局汇总后报国务院。

食品安全专项整治任务艰巨、责任重大。各地区和有关部门一定要以“三个代表”重要思想为指导，从全面建设小康社会、维护广大人民群众根本利益出发，齐心协力，扎实工作，确保食品专项整治工作取得明显成效。

国务院关于第三批取消和调整行政审批项目的决定（摘录）

（2004 年 5 月 19 日国发[2004]16 号发布）

各省、自治区、直辖市人民政府，国务院各部委、各直属机构：

2002年10月和2003年2月国务院决定共取消和调整1 300项行政审批项目后，国务院行政审批制度改革工作领导小组对国务院部门行政审批项目又进行了全面清理。经严格审核论证，国务院决定再次取消和调整495项行政审批项目。其中，取消的行政审批项目409项；改变管理方式，不再作为行政审批，由行业组织或中介机构自律管理的39项；下放管理层级的47项。在取消和调整的行政审批项目中有25项属于涉密事项，按规定另行通知。

各地区、各部门要认真做好有关行政审批项目取消和调整的落实工作，切实加强后续监督和管理。要按照全面推进依法行政、建设法治政府的要求，以贯彻实施《中华人民共和国行政许可法》为契机，深化行政审批制度改革，进一步规范行政权力和行政行为；加快行政管理体制改革进程，进一步转变政府职能；不断更新管理理念、创新管理方式，努力提高社会主义市场经济条件下政府管理经济和社会事务的能力和水平。

附件：1. 国务院决定取消的行政审批项目目录(385项)

2. 国务院决定改变管理方式、不再作为行政审批、实行自律管理的行政审批项目目录(39项)

3. 国务院决定下放管理层级的行政审批项目目录(46项)

附件1

国务院决定取消的行政审批项目目录(385项)(摘录)

部门	序号	项目名称	设定依据	备注
质检总局	257	强制性产品认证申请代理机构注册	《进口商品安全质量许可申请代理机构管理办法》(国家出入境检验检疫局令第24号)	
	258	出口质量评审员注册	《质量许可和卫生注册评审员管理办法》(国家出入境检验检疫局令第15号)	

续表

部门	序号	项目名称	设定依据	备注
质检总局	259	辐射加工计量许可证核发	《国家技术监督局、国家科委关于发送〈辐射加工计量监督管理暂行规定〉的通知》（技监局量发[90]222号）	
	260	锅炉压力容器压力管道特种设备检测操作人员培训考核单位资格认定	《国家质量监督检验检疫总局关于印发〈特种设备作业人员培训考核管理规则〉的通知》（国质检锅[2001]202号）、《国家质量监督检验检疫总局关于印发〈锅炉司炉人员考核管理规定〉的通知》（国质检[2001]38号）、《国家质量监督检验检疫总局关于印发〈锅炉压力容器压力管道焊工考试与管理规则〉的通知》（国质检锅[2002]109号）	
	261	学生饮用奶定点企业审批	《农业部、教育部、国家质量技术监督局、国家轻工业局关于印发〈国家“学生饮用奶计划”暂行管理办法〉的通知》（农垦发[2000]6号）	农业部保留审批

附件2

国务院决定改变管理方式、不再作为行政审批、实行自律管理的行政审批项目目录（39项）（摘录）

部门	序号	项目名称	设定依据	备注
质检总局	28	强制性产品认证审查人员注册	《产品质量认证质量体系检查员和检验机构评审员管理办法》（国家技术监督局令第31号）	

续表

部门	序号	项目名称	设定依据	备注
质检总局	29	注册设备监理师执业资格注册	《人事部、国家质量监督检验检疫总局关于印发〈注册设备监理师执业资格制度暂行规定〉、〈注册设备监理师执业资格考试实施办法〉和〈注册设备监理师执业资格考核认定办法〉的通知》(国人部发[2003]40号)	
	30	生产许可证审查人员注册	《工业产品生产许可证试行条例》(国发[1984]54号)	

附件3

国务院决定下放管理层级的行政审批项目目录(46项)(摘录)

部门	序号	项目名称	设定依据	下放管理实施机关	备注
质检总局	25	棉花质量检验师执业资格注册	《人事部、国家质量技术监督局关于印发〈棉花质量检验师执业资格制度暂行规定〉的通知》(人发[2000]70号)	省、自治区、直辖市质量技术监督行政主管部门	
	26	珠宝玉石质量检验师执业资格证书核发	《人事部、国家技术监督局关于印发〈珠宝玉石质量检验专业技术人员执业资格制度暂行规定〉的通知》(人发[1996]79号)	省、自治区、直辖市质量技术监督行政主管部门	

国务院对确需保留的行政审批项目设定行政许可的决定(摘录)

(2004 年 6 月 29 日国务院令第 412 号公布)

现公布《国务院对确需保留的行政审批项目设定行政许可的决定》,自 2004 年 7 月 1 日起施行。

依照《中华人民共和国行政许可法》和行政审批制度改革的有关规定,国务院对所属各部门的行政审批项目进行了全面清理。由法律、行政法规设定的行政许可项目,依法继续实施;对法律、行政法规以外的规范性文件设定,但确需保留且符合《中华人民共和国行政许可法》第十二条规定事项的行政审批项目,根据《中华人民共和国行政许可法》第十四条第二款的规定,现决定予以保留并设定行政许可,共 500 项。

为保证本决定设定的行政许可依法、公开、公平、公正实施,国务院有关部门应当对实施本决定所列各项行政许可的条件等作出具体规定,并予以公布。有关实施行政许可的程序和期限依照《中华人民共和国行政许可法》的有关规定执行。

附件

国务院决定对确需保留的行政审批项目设定行政许可的目录

序号	项 目 名 称	实施机关
1	境外资源开发类和大额用汇投资项目审批	国家发展改革委
2	企业境外投资用汇数额审批(不涉及用汇来源、是否购汇以及购汇多少的管理)	国家发展改革委

续表

序号	项　目　名　称	实 施 机 关
3	铬化合物生产建设项目审批	国家发展改革委
4	道路机动车辆生产企业及产品公告	国家发展改革委、质检总局
5	京都议定书清洁发展机制合作项目审批	国家发展改革委
6	境内外资银行外债借款规模审批	国家发展改革委
7	电力建设基金投资项目审批	国家发展改革委
8	价格评估人员执业资格认定	国家发展改革委、省级人民政府发展改革(物价主管部门)
9	氰化钠生产定点审批及进口许可证核发	国家发展改革委
10	工程咨询单位资格认定	国家发展改革委
11	注册咨询工程师(投资)执业资格认定	国家发展改革委
12	跨省区或规模较大的中小企业信用担保机构设立与变更审批	国家发展改革委
13	价格鉴证师注册	国家发展改革委
14	电力建设工程土建试验室资质认定	国家发展改革委
15	电力建设工程金属试验室资质认定	国家发展改革委
16	煤炭出口经营许可	国家发展改革委(会同铁道部、交通部、商务部、质检总局、海关总署等部门)
17	价格评估机构资质认定	国家发展改革委、省级人民政府发展改革(物价主管)部门
18	举办国际教育展览审批	教育部、省级人民政府教育行政主管部门
19	省级人民政府自行审批、调整的高等职业学校使用超出规定命名范围的学校名称审批	教育部
20	开办外籍人员子女学校审批	教育部
21	高等学校教授、副教授评审权审批	教育部
22	利用互联网实施远程学历教育的教育网校审批	各级人民政府教育行政主管部门

续表

序号	项目名称	实施机关
23	高等学校设置、调整管理权限范围外的本科专业、第二学士学位专业和国家控制的其他专业审批	教育部、国务院各有关主管部门
24	自费出国留学中介服务机构资格认定	教育部
25	中小学国家课程教材编写核准	教育部
26	涉及人类遗传资源的国际合作项目审批	科技部、卫生部
27	武器装备科研生产许可	国防科工委
28	核产品转运及过境运输审批	国防科工委、商务部
29	民用航天发射项目许可	国防科工委
30	国防科技工业军用核设施安全许可	国防科工委
31	核电站建设消防设计、变更、验收审批	国防科工委
32	弩的制造、销售、进口、运输、使用审批	省级人民政府公安机关
33	大型群众文化体育活动安全许可	县级以上人民政府公安机关
34	外国人乘自备交通工具在华旅游审批	公安部
35	典当业特种行业许可证核发	县级以上地方人民政府公安机关
36	旅馆业特种行业许可证核发	县级以上地方人民政府公安机关
37	公章刻制业特种行业许可证核发	县级以上地方人民政府公安机关
38	邮政局(所)安全防范设施设计审核及工程验收	县级以上地方人民政府公安机关
39	核电站实体保卫工程验收	国家原子能机构、公安部
40	军工产品储存库风险等级认定和技术防范工程方案审核及工程验收	军工企业主管部门、公安部、省级人民政府公安机关
41	金融机构营业场所、金库安全防范设施建设方案审批及工程验收	县级以上地方人民政府公安机关
42	边境管理区通行证核发	地(市)、县级人民政府公安机关
43	出海船舶户口簿核发	沿海县以上公安边防部门
44	出海船舶边防登记簿核发	沿海县以上公安边防部门
45	出海船民证核发	沿海县以上公安边防部门
46	合资船船员登陆证核发	沿海县公安边防部门

续表

序号	项 目 名 称	实施机关
47	合资船船员登轮证核发	沿海县公安边防部门
48	台湾居民登陆证核发	沿海当地边防工作站、沿海县公安边防部门
49	对台劳务人员登轮作业证核发	沿海县公安边防部门
50	机动车延缓报废审批	地(市)级人民政府公安机关交通管理部门
51	麻黄素运输许可	省级人民政府公安机关
52	设立保安培训机构审批	省级人民政府公安机关
53	易制毒化学品购用证明核发	县级以上地方人民政府公安机关
54	易制毒化学品进出口许可证核发	公安部
55	焰火晚会烟花爆竹燃放许可	公安部、省级人民政府公安机关
56	烟花爆竹运输许可证核发	县级人民政府公安机关
57	边境地区出入境通行证核发	省、自治区、直辖市公安边防部门
58	因私出入境中介服务机构资格认定(境外就业、留学除外)	公安部
59	临时入境许可	公安机关出入境边防检查站
60	安全技术防范产品生产、销售审批	省级人民政府公安机关
61	核乏燃料道路运输通行许可	公安部
62	核材料国内运输免检通行许可	公安部
63	设立临时停车场审批	所在城市的市人民政府公安机关
64	航行港澳船舶证明书核发	公安机关出入境边防检查站
65	航行港澳小型船舶查验簿核发	公安机关出入境边防检查站
66	涉及国家安全事项的建设项目审批	安全部、地方各级国家安全机关
67	假肢和矫形器(辅助器具)生产装配企业资格认定	省级人民政府民政部门
68	假肢与矫形器(辅助器具)制作师执业资格注册	民政部
69	与境外合资、合作举办社会福利机构审批	省级人民政府民政部门、商务行政主管部门
70	香港、澳门永久性居民中的中国居民申请在内地从事律师职业核准	省级人民政府司法行政主管部门

续表

序号	项目名称	实施机关
71	香港、澳门律师担任内地律师事务所法律顾问核准	省级人民政府司法行政主管部门
72	香港、澳门律师事务所与内地律师事务所联营核准	省级人民政府司法行政主管部门
73	中国委托公证人资格（香港）审批	司法部
74	中国委托公证人资格（澳门）审批	司法部
75	基层法律服务工作者执业核准	省级或其授权的下一级人民政府司法行政主管部门
76	面向社会服务的司法鉴定人执业核准	司法部、省级人民政府司法行政主管部门
77	设立面向社会服务的司法鉴定机构审批	司法部、省级人民政府司法行政主管部门
78	公证员执业审批	司法部、省级人民政府司法行政主管部门
79	出口信用保险相关业务事项审批	财政部
80	设立免税场所事项审批	财政部、海关总署税务总局
81	国债承销团成员资格审批	财政部、人民银行、证监会
82	会计师事务所从事证券、期货相关业务审批	财政部、证监会
83	资产评估机构从事证券业务资格审批	财政部、证监会
84	列入政府管理范围的专业技术人员职业资格审批	人事部、国务院各有关主管部门
85	举办全国性人才交流会审批	人事部
86	设立人才中介服务机构及其业务范围审批	县级以上人民政府人事行政主管部门
87	设立技工学校审批	劳动保障部、省级人民政府劳动保障行政主管部门
88	职业介绍机构资格认定	地方人民政府劳动保障行政主管部门
89	设立中外合资（合作）职业介绍机构审批	省级人民政府劳动保障行政主管部门
90	境外就业职业介绍机构资格认定	劳动保障部
91	以技能为主的国外职业资格证书及发证机构资格审核和注册	劳动保障部

续表

序号	项 目 名 称	实 施 机 关
92	补充保险经办机构资格认定	劳动保障部
93	外国人入境就业许可	省级及其授权的地(市)级人民政府劳动保障行政主管部门
94	台港澳人员在内地就业许可	省级人民政府劳动保障行政主管部门及其授权的地(市)级人民政府劳动保障行政主管部门
95	社会保障卡专用COS(卡内操作系统)核准	劳动保障部
96	古生物化石采掘和出入境许可	国土资源部
97	地质勘查单位资质认定	国土资源部、省级人民政府国土资源行政主管部门
98	城市规划师执业资格注册	建设部
99	工程造价咨询单位资质认定	建设部、省级人民政府建设行政主管部门
100	城市规划编制单位资质认定	县级以上人民政府城市规划行政主管部门
101	城市建筑垃圾处置核准	城市人民政府市容环境卫生行政主管部门
102	从事城市生活垃圾经营性清扫、收集、运输服务、处理审批	所在城市的市人民政府市容环境卫生行政主管部门
103	城市排水许可证核发	所在城市的市人民政府排水行政主管部门
104	燃气设施改动审批	县级以上地方人民政府城市建设行政主管部门
105	外商投资企业从事城市规划服务资格证书核发	建设部、商务部
106	风景名胜区建设项目选址审批	县级以上人民政府建设行政主管部门
107	改变绿化规划、绿化用地的使用性质审批	城市人民政府绿化行政主管部门
108	超限高层建筑工程抗震设防审批	省级人民政府建设行政主管部门
109	城市桥梁上架设各类市政管线审批	所在城市的市人民政府市政工程设施行政主管部门
110	房地产估价机构资质核准	县级以上地方人民政府房地产行政主管部门

续表

序号	项目名称	实施机关
111	城市新建燃气企业审批	所在城市的市人民政府建设行政主管部门
112	出租汽车经营资格证、车辆运营证和驾驶员客运资格证核发	县级以上地方人民政府出租汽车行政主管部门
113	利用国外贷款的铁路项目立项审批	铁道部
114	开行客货直通列车、办理军事运输和特殊货物运输审批	铁道部
115	企业自备车辆参加铁路运输审批	铁道部
116	铁路工程建设消防设计审批	铁道公安消防部门
117	建筑企业铁道专业资质认定	铁道部
118	工程勘察、设计企业铁道专业资质认定	铁道部
119	工程监理企业铁道专业资质认定	铁道部
120	工程咨询单位铁道专业资质认定	铁道部
121	工程造价咨询单位铁道专业资质认定	铁道部
122	企业铁路专用线与国铁接轨审批	铁道部
123	铁路专用计量器具新产品技术认证	铁道部
124	铁路建设项目立项审批	铁道部
125	铁路企事业单位进口机电产品标准审批	铁道部
126	铁路工程基桩检测单位资质及检测员资格认定	铁道部
127	铁道自轮运转特种设备准入许可	铁道部
128	铁路工业产品制造特许证核发	铁道部
129	铁道计算机联锁设备制造特许证核发	铁道部
130	铁路货物装载加固方案审批	铁道部
131	铁路运输企业设立、撤销、变更审批	铁道部
132	国家铁路大中型建设项目、限额以上更新改造项目和指定的项目初步设计、变更铁道部设计及总概算审批	铁道部
133	航运公司安全营运与防污染能力符合证明核发	交通部

续表

序号	项 目 名 称	实 施 机 关
134	国际船舶及港口设施保安证书核发	交通部
135	新增客船、危险品船投入运营审批	地(市)级以上人民政府交通行政主管部门
136	从事内地与台湾、港澳间海上运输业务许可	交通部
137	公路、水运投资项目立项审批	交通部
138	设立引航及验船机构审批	交通部、交通部海事局
139	电信网码号资源使用和调整审批	信息产业部
140	电信业务经营者拍卖码号审批	信息产业部
141	设立互联网域名注册服务机构审批	信息产业部
142	电信设备抗震性能检测合格证核发	信息产业部
143	基础电信和跨地区增值电信业务经营许可证核发	省、自治区、直辖市电信管理机构
144	采购通信系统设备(自动进口许可类产品)国际招标审核	信息产业部
145	无线电设备发射特性核准检测机构认定	信息产业部
146	设置卫星网络空间电台审批	信息产业部
147	境内单位租用境外卫星资源核准	信息产业部
148	通信建设监理企业资质认证和监理工程师资格认定	信息产业部
149	计算机信息系统集成企业资质认定	信息产业部
150	通信信息网络系统集成企业资质认定	信息产业部
151	通信用户管线建设企业资质认定	信息产业部
152	信息系统工程监理单位资质认证和监理工程师资格认定	信息产业部
153	税控收款机生产企业资质认定	信息产业部、税务总局
154	军工电子产品出口立项审批	信息产业部
155	通信建设工程概预算人员资格认定	信息产业部
156	军工电子装备科研生产许可	信息产业部
157	互联网域名根服务器设置及其运行机构和注册管理机构的设立审批	信息产业部

续表

序号	项目名称	实施机关
158	建立卫星通信网和设置卫星地球站审批	信息产业部、省、自治区、直辖市无线电管理机构
159	通信、电子投资项目立项审批(移动通信产品除外)	信息产业部
160	通信勘察设计企业资质认定	信息产业部
161	蓄滞洪区避洪设施建设审批	各级人民政府水行政主管部门
162	水利水电建设工程蓄水安全鉴定单位资质认定	水利部
163	水文资料使用审批	省级人民政府水行政主管部门、流域管理机构
164	水文、水资源调查评价机构资质认定	水利部、省级人民政府水行政主管部门
165	水利工程质量检测单位资格认定	水利部、省级人民政府水行政主管部门、流域管理机构
166	启闭机使用许可证核发	水利部
167	水土保持生态环境监测单位资质认定	水利部
168	建设项目水资源论证报告书审批	各级人民政府水行政主管部门、流域管理机构
169	建设项目水资源论证机构资质认定	水利部、省级人民政府水行政主管部门
170	占用农业灌溉水源、灌排工程设施审批	各级人民政府水行政主管部门、流域管理机构
171	水利工程建设监理单位资格认定	水利部
172	水利基建项目初步设计文件审批	县级以上人民政府水行政主管部门
173	水利工程开工审批	县级以上人民政府水行政主管部门
174	渔业船舶设计、修造单位资格认定	农业部
175	兽医微生物菌(毒、虫)种认定	农业部
176	联合收割机及驾驶员牌照证照核发	县级以上地方人民政府农业机械行政主管部门
177	农业机械维修技术合格证书核发	县级人民政府农业机械行政主管部门
178	赴台湾地区举办招商、办展、参展活动审批	商务部
179	境内举办对外经济技术展览会办展项目审批	商务部

续表

序号	项 目 名 称	实 施 机 关
180	钨、锑生产企业出口供货资格审批	商务部
181	设立典当行及分支机构审批	商务部
182	设立旧机动车鉴定评估机构审批	商务部、省级人民政府商务行政主管部门
183	石油成品油批发、仓储、零售经营资格审批	商务部、省级人民政府商务行政主管部门
184	全国缫丝绢纺企业生产经营资格核准	商务部
185	鲜茧收购资格认定	省级人民政府商务行政主管部门或茧丝绸生产行政主管部门
186	对外劳务合作经营资格核准	商务部
187	援外项目实施企业资格认定	商务部
188	对外承包工程项目投标(议标)核准	商务部
189	外国非企业经济组织在华设立常驻代表机构审批	商务部
190	外国、港澳台地区企业承包经营中外合营企业、受托经营管理合营企业审批	商务部
191	国内企业在境外开办企业(金融企业除外)核准	商务部
192	台湾非企业经济组织在大陆设立常驻代表机构审批	商务部
193	设立经营性互联网文化单位审批	文化部
194	互联网文化单位进口互联网文化产品内容审查	文化部
195	营业性演出内容核准	县级以上人民政府文化行政主管部门
196	美术品进出口经营活动审批	文化部
197	设置社会艺术水平考级机构审批	文化部、省级人民政府文化行政主管部门
198	护士执业许可	县级人民政府卫生行政主管部门
199	外籍医师在华短期执业许可	地(市)级人民政府卫生行政主管部门
200	消毒产品生产企业(一次性使用医疗用品的生产企业除外)卫生许可	省级人民政府卫生行政主管部门
201	生产消毒剂、消毒器械卫生许可	卫生部

续表

序号	项目名称	实施机关
202	医疗机构设置人类精子库审批	卫生部
203	医疗机构开展人类辅助生殖技术许可	卫生部、省级人民政府卫生行政主管部门
204	供水单位卫生许可	县级以上地方人民政府卫生行政主管部门
205	涉及饮用水卫生安全的产品卫生许可	卫生部、省级人民政府卫生行政主管部门
206	人体血液、组织器官进出口审批	卫生部
207	设立造血干细胞资料库组织配型实验室和骨髓移植医院审批	省级人民政府卫生行政主管部门
208	计划生育技术服务人员执业证书核发	县级以上地方人民政府人口和计划生育行政主管部门
209	计划生育统计调查审批	各级人民政府人口和计划生育行政主管部门
210	商业银行、信用社代理支库业务审批	人民银行及其有关分支行
211	商业银行、信用社代理乡镇国库业务审批	人民银行及其有关分支行
212	银行间债券市场债券上市审批	人民银行
213	银行间债券市场结算代理人审批	人民银行
214	银行间债券市场双边报价商审批	人民银行
215	保税区内生产、加工的黄金制品内销审批	人民银行
216	黄金及其制品进出口审批	人民银行
217	个人携带黄金及其制品进出境审批	人民银行
218	银行票据、清算凭证印制企业资格审批	人民银行
219	银行账户开户许可证核发	人民银行及其分支行
220	商业银行、政策性银行、企业集团财务公司、基金管理公司、证券公司、信托投资公司、城乡信用社联社、金融租赁公司进入全国银行间债券市场备案	人民银行
221	国库集中支付代理银行资格认定	人民银行、财政部

续表

序号	项目名称	实施机关
222	商业银行承办记账式国债柜台交易审批	人民银行、财政部
223	商业银行修改银行卡章程审批	人民银行
224	贷款卡发放核准	人民银行分支行
225	海关派员驻厂监管的保税工厂资格审批	海关总署各直属海关
226	常驻机构及非居民长期旅客公私用物品进出境核准	海关总署各直属海关
227	小型船舶往来香港、澳门进行货物运输备案	海关总署各直属海关
228	承运境内海关监管货物的运输企业、车辆注册	海关总署各直属海关
229	制造、改装、维修集装箱、集装箱式货车车厢工厂核准	海关总署各直属海关
230	外国在华常驻机构和常驻人员免税进境机动交通工具出售、转让、出租或移作他用审批	海关总署各直属海关
231	获准入境定居旅客安家物品审批	海关总署各直属海关
232	进境货物直接退运核准	海关总署各直属海关
233	高新技术企业适用海关便捷通关措施审批	海关总署及各直属海关
234	长江驳运船舶转运海关监管的进出口货物审批	海关总署各直属海关
235	印花税票代售许可	当地税务机关
236	增值税防伪税控系统最高开票限额审批	县以上税务机关
237	外国(地区)企业在中国境内从事生产经营活动核准	工商总局及其授权的地方工商行政管理部门
238	烟草广告审批	工商总局、省级人民政府广告监管机关或其授权的省辖市人民政府广告监管机关
239	固定形式印刷品广告登记	工商总局、省、自治区、直辖市及计划单列市人民政府工商行政管理部门

续表

序号	项目名称	实施机关
240	商品展销会登记	各级工商行政管理部门
241	外商投资广告企业设立分支机构审批	工商总局及其授权的地方工商行政管理部门
242	外商投资广告企业项目审批	工商总局及其授权的地方工商行政管理部门
243	户外广告登记	县级以上地方人民政府工商行政管理部门
244	设立认证培训、认证咨询机构审批	国家认监委
245	进出口化妆品生产、加工单位卫生注册登记	国家认监委、质检总局各直属检验检疫局
246	建立社会公正计量行(站)审批	省级人民政府质量技术监督部门
247	进出境快件运营单位核准	质检总局、质检总局各直属检验检疫局
248	设备监理单位甲级、乙级资格证书核发	质检总局
249	压力管道的设计、安装、使用、检验单位和人员资格认定	质检总局、县级以上地方人民政府质量技术监督部门
250	场(厂)内机动车辆的制造、安装、改造、维修、使用、检验许可	质检总局、县级以上地方人民政府质量技术监督部门
251	出入境检验检疫报检员注册	质检总局各直属检验检疫局及各地出入境检验检疫机构
252	环境保护设施运营单位资质认定	环保总局
253	加工利用国家限制进口、可用作原料的废电器定点企业认定	环保总局
254	民用核承压设备设计制造安装许可证核发	环保总局(国家核安全局)
255	新化学物质环境管理登记证核发	环保总局
256	危险废物越境转移核准	环保总局
257	民用核承压设备焊接和无损检验人员资格证书核发	环保总局
258	危险化学品出口环境管理登记证核发	环保总局
259	中外公共航空运输承运人运行合格证核发	民航总局、民航地区管理局

续表

序号	项 目 名 称	实施机关
260	航空营运人运输危险品资格批准	民航总局、民航地区管理局
261	民用直升机海上平台运行许可	民航总局或其授权的机构
262	商业非运输运营人、私用大型航空器运营人、航空器代管人运行合格证核发	民航总局、民航地区管理局
263	民用航空器维修管理人员资格、民用航空器部件修理人员资格认定	民航总局、民航地区管理局、民航总局授权的机构
264	国外(境外)民用航空器维修人员资格认定	民航总局、民航地区管理局
265	民用航空器飞行教员、地面教员执照核发	民航总局、民航地区管理局
266	民用航空器领航员、飞行机械员、飞行通信民航总局员教员合格证核发	民航地区管理局
267	民用航空器驾驶员Ⅱ、Ⅲ类运行许可	民航地区管理局
268	民用航空器外国驾驶员、领航员、飞行机械民航总局员、飞行通信员执照认可	民航地区管理局
269	飞行训练中心合格认定	民航总局、民航地区管理局
270	民用航空器驾驶员学校审定	民航总局、民航地区管理局
271	民用航空维修技术人员学校合格认定	民航总局、民航地区管理局
272	飞行签派员训练机构审批	民航总局
273	用于民用航空器驾驶员训练、考试或检查的飞机模拟机、飞行训练器鉴定审批	民航总局
274	民用航空器特许飞行资格认可	民航总局
275	民用航空器补充型号合格证(STC)/补充型号认可(VSTC)	民航总局
276	民用航空器型号设计批准(TD)	民航总局
277	民用航空器生产检验系统批准(PIS)	民航总局
278	民用航空进口材料、零部件、机载设备设计批准或认可(VD)	民航总局
279	民用航空产品技术标准规定项目批准(CTSO)	民航总局

续表

序号	项 目 名 称	实 施 机 关
280	民用航空器零部件制造人批准(PMA)	民航总局
281	民用航空器适航委任代表和适航委任单位代表认可	民航总局
282	民用航空器零部件适航批准	民航总局
283	民用航空油料供应商适航批准、油料测试单位批准	民航总局
284	民用航空化学产品设计、生产批准	民航总局
285	民用航空器噪声合格证和涡轮发动机飞机排放物合格认可	民航总局
286	航空安全员资格认定	民航总局
287	民用航空安全检查仪器设备使用许可	民航总局
288	民用航空油料企业安全运营许可	民航总局
289	航空气象环境探测审批	民航总局
290	民用航空电信人员、航行情报人员、气象人员资格认定	民航总局
291	民用机场场址及总体规划审批	民航总局、民航地区管理局
292	民用机场不停航施工审批	民航地区管理局
293	民用机场专用设备使用许可	民航总局
294	民用机场环保工程方案审批	民航总局
295	民航专业工程及含有中央投资的民航建设项目初步设计审批	民航总局、民航地区管理局
296	民航专业工程施工图设计审批	民航总局、民航地区管理局
297	民航企业及机场联合、重组、参股和改制审核	民航总局
298	民用航空运输凭证印刷企业资格认定	民航总局
299	特殊通用航空飞行活动任务审批	民航总局、民航地区管理局
300	限额以下外商投资民航项目建议书和可行性研究报告审批	民航总局
301	境外民航计算机订座系统准入审批	民航总局

续表

序号	项目名称	实施机关
302	境内航空公司之间、境内航空公司与境外航空公司之间的代号共享等商务合作审批	民航总局
303	开办视频点播业务审批	广电总局、省级人民政府广播电视行政主管部门
304	网上传播视听节目许可证核发	广电总局
305	省级行政区域内或跨省经营广播电视节目传送业务审批	广电总局
306	境外广播电影电视机构在华设立办事机构审批	广电总局、国务院新闻办
307	影视节目制作机构与外方合作制作电视剧审批	广电总局
308	境外卫星电视频道落地审批	广电总局
309	建立城市社区有线电视系统审批	地(市)级人民政府广播电视行政主管部门
310	付费频道开办、终止和节目设置调整及播出区域、呼号、标识、识别号审批	广电总局
311	无线广播电视发射设备订购证明核发	广电总局
312	广播电视设备器材入网认定	广电总局
313	广播电视新闻采编人员、播音员、主持人资格认定	广电总局
314	国产电视剧题材规划立项和电视剧片审查	广电总局、省级人民政府广播电视行政主管部门
315	新闻出版中外合作项目审批	新闻出版总署
316	设立电子出版物复制单位审批	新闻出版总署
317	著作权涉外机构、国(境)外著作权认证机关、外国和国际著作权组织在华设立代表机构审批	国家版权局
318	只读类光盘生产设备引进、增加与更新审批	新闻出版总署
319	设立中外合资、合作和外商独资出版物分销企业审批	新闻出版总署

续表

序号	项目名称	实施机关
320	非电子出版物出版单位委托电子出版物复制单位复制计算机软件、电子媒体非卖品审批	省级人民政府出版行政主管部门
321	电子出版物制作单位接受境外委托制作电子出版物审批	省级人民政府出版行政主管部门
322	设立电子出版物发行单位审批	县级以上人民政府出版行政主管部门
323	出版物发行单位变更名称、业务范围、地址或者兼并、合并、分立审批	县级以上人民政府出版行政主管部门
324	电子出版物复制单位改变业务范围、合并或者分立审批	新闻出版总署
325	期刊出版增刊审批	新闻出版总署、省级人民政府出版行政主管部门
326	期刊变更登记地审批	新闻出版总署
327	设立省内出版物连锁经营企业审批	省级人民政府出版行政主管部门
328	出版境外著作权人授权的电子出版物(含互联网游戏作品)审批	新闻出版总署
329	电子出版物出版单位与境外机构合作出版电子出版物审批	新闻出版总署
330	电子出版物进口单位进口电子出版物制成品审批	新闻出版总署
331	境外新闻出版机构在境内设立办事机构审批	新闻出版总署、国务院新闻办
332	出版单位改变资本结构审批	新闻出版总署
333	新闻记者证核发	新闻出版总署
334	设立报刊记者站审批	省级人民政府出版行政主管部门
335	举办攀登山峰活动审批	体育总局、省级人民政府体育行政主管部门
336	举办健身气功活动及设立站点审批	县级以上人民政府体育行政主管部门
337	开办武术学校审批	县级以上人民政府体育行政主管部门
338	开办少年儿童体育学校审批	县级以上人民政府体育行政主管部门
339	统计人员从业资格认定	省级人民政府统计行政主管部门

续表

序号	项 目 名 称	实施机关
340	开展林木转基因工程活动审批	国家林业局
341	国家级森林公园设立、撤销、合并、改变经营范围或变更隶属关系审批	国家林业局
342	松材线虫病疫木加工板材定点加工企业审批	国家林业局
343	普及型国外引种试种苗圃资格认定	国家林业局
344	非进出口野生动植物种商品目录物种证明核发	国家濒危物种进出口管理办公室
345	引进陆生野生动物外来物种种类及数量审批	国家林业局
346	精神药品研制立项审批	国家食品药品监管局
347	麻黄素类产品和单方制剂生产计划核准	国家食品药品监管局、省级人民政府食品药品监管部门
348	麻黄素类产品和单方制剂购用凭证核发	省级人民政府食品药品监管部门
349	生产、经营麻黄素审批	国家食品药品监管局
350	麻黄素出口购用证明核发	国家食品药品监管局
351	咖啡因和氯胺酮原料药购用证明核发	省级人民政府食品药品监管部门
352	中药材生产质量管理规范(GP)认证	国家食品药品监管局
353	药物非临床研究质量管理规范(GLP)认证	国家食品药品监管局
354	互联网药品交易服务企业审批	国家食品药品监管局、省级人民政府食品药品监管部门
355	执业药师注册	省级人民政府食品药品监管部门
356	药用辅料注册	国家食品药品监管局、省级人民政府食品药品监管部门
357	保健食品广告审查	地(市)级以上地方人民政府食品药品监管部门
358	矿山救护队资质认定	国家煤矿安全监察局
359	安全培训机构资格认可	各级安全生产监管部门
360	旅行社经营边境游资格审批	国家旅游局

续表

序号	项目名称	实施机关
361	组织内地居民赴港澳台旅游的旅行社资格审批	国家旅游局
362	边境旅游项目审批	国家旅游局
363	建造露天佛像审批	国家宗教局
364	宗教院校聘用外籍专业人员资格认可	国家宗教局、国家外专局
365	宗教院校聘用外籍专业人员计划及聘用外籍专业人员审批	国家宗教局
366	在华外国人集体进行临时宗教活动地点审批	国家宗教局、级人民政府宗教事务管理部门
367	我国五种宗教以外的外国宗教组织及其成员与我国政府部门或宗教界等交往审批	国家宗教局
368	外国人携带用于宗教文化学术交流的宗教用品入境审批	国家宗教局、省级人民政府宗教事务管理部门
369	邀请以其他身份入境的外国宗教教职人员讲经、讲道审批	国家宗教局、省级人民政府宗教事务管理部门
370	在境内举办华侨、外籍华人国际性联谊活动审批	国务院侨办
371	港澳记者来内地采访审批	国务院港澳办
372	互联网站从事登载新闻业务许可	国务院新闻办、省级人民政府新闻办
373	外国通讯社及其所属信息机构在中国境内开展经济信息业务审批	新华社
374	外国通讯社在中国境内发布新闻信息业务的审批	新华社
375	地震安全性评价人员执业资格核准	中国地震局、省、自治区、直辖市地震主管机构
376	升放无人驾驶自由气球、系留气球单位资质认定	省、自治区、直辖市及地(市)气象主管机构
377	防雷装置检测、防雷工程专业设计、施工单位资质认定	中国气象局、省、自治区、直辖市气象主管机构
378	防雷装置设计审核和竣工验收	县以上地方气象主管机构

续表

序号	项 目 名 称	实施机关
379	外国银行分行动用生息资产审批	银监会
380	被清算的外资金融机构提取生息资产审批	银监会
381	外资金融机构由总行或联行转入信贷资产审批	银监会
382	商业银行对外从事股权投资审批	银监会
383	保荐机构和保荐代表人注册	证监会
384	证券公司设立集合资产管理计划审批	证监会
385	上市公司收购报告书备案	证监会
386	合格境外机构投资者资格审批	证监会
387	合格境外机构投资者托管人资格审批	证监会、银监会、国家外汇局
388	期货经纪公司持有10%以上股权或者拥有实际控制权的股东资格核准	证监会
389	证券公司变更股东或者股权审批	证监会
390	证券公司高级管理人员任职资格核准	证监会
391	境外证券公司从事外资股业务资格核准	证监会
392	外国证券类机构设立驻华代表机构核准	证监会
393	外国证券类机构驻华代表机构名称变更核准	证监会
394	外国证券类机构驻华代表机构首席代表、总代表资格核准	证监会
395	上市公司重大购买、出售、置换资产行为审批	证监会
396	境内上市外资股(B股)公司非上市外资股上市流通核准	证监会
397	开放式基金广告、宣传推介核准	证监会
398	期货经纪公司设立、业务范围、解散、合并、分立审批	证监会
399	网上证券委托资格核准	证监会

续表

序号	项目名称	实施机关
400	上市公司发行股份购买资产核准	证监会
401	境外期货业务持证企业年度外汇风险敞口核准	证监会
402	保险集团公司及保险控股公司设立、合并、分立、变更、解散审批	保监会
403	保险资产管理公司及其分支机构设立和终止(解散、破产和分支机构撤销)审批	保监会(会同证监会)
404	保险资产管理公司重大事项变更审批	保监会(会同证监会)
405	保险集团公司、保险控股公司及专属自保、相互保险等组织高级管理人员资格核准	保监会
406	保险资产管理公司高级管理人员资格核准	保监会
407	保险从业人员资格核准	保监会
408	保险公司次级定期债发行审批	保监会
409	专属自保组织和相互保险组织设立、合并、分立、变更、解散审批	保监会
410	境内保险和非保险机构在境外设立(投资入股、收购)保险机构(含保险公司分支机构)审批	保监会
411	境内保险及非保险机构在境外设立的保险机构股份转让审批	保监会
412	设立保险公估机构审批	保监会
413	保险公估机构高级管理人员任职资格核准	保监会
414	保险公估机构重大事项变更审批	保监会
415	保险公估从业人员资格核准	保监会
416	保险公估机构动用营业保证金审批	保监会
417	设立保险代理机构审批	保监会
418	保险代理机构高级管理人员任职资格核准	保监会

续表

序号	项 目 名 称	实 施 机 关
419	保险代理机构重大事项变更审批	保监会
420	保险代理从业人员资格核准	保监会
421	保险代理机构动用营业保证金审批	保监会
422	设立保险经纪公司审批	保监会
423	保险经纪公司高级管理人员任职资格核准	保监会
424	保险经纪公司重大事项变更审批	保监会
425	保险经纪从业人员资格核准	保监会
426	保险经纪公司动用营业保证金审批	保监会
427	保险公司总公司精算部门、财务会计部门、资金运用部门主要负责人任职资格核准	保监会
428	保险公司高级管理人员任职资格核准	保监会及其派出机构
429	外国保险机构驻华代表机构设立及重大事项变更审批	保监会
430	保险公司股权转让及改变组织形式审批	保监会
431	保险公司分支机构重大事项变更审批	保监会
432	保险公司解散或撤销时资产协议转让方案审批	保监会
433	保险公司依法解散或被宣告破产时保险合同转让方案审批	保监会
434	保险公司制定地方保险费率核准	保监会
435	投资连结保险的投资账户设立、合并、分立、关闭、清算等事项审批	保监会
436	保险公司法律责任人资格核准	保监会
437	保险公司资本保证金处置审批	保监会
438	保险公司可投资企业债券的信用评级机构核准	保监会
439	保险公司拓宽保险资金运用形式审批	保监会

续表

序号	项 目 名 称	实施机关
440	军粮供应站资格、军粮供应委托代理资格认定	省级人民政府粮食行政主管部门
441	外国烟草制品来牌或来料加工、许可证生产、合作开发卷烟牌号审批	国家烟草局
442	烟草专用机械大修理许可证核发	国家烟草局
443	外国专家来华工作许可	国家外专局、省级人民政府外国专家归口管理部门
444	聘请外国专家单位资格认可	国家外专局
445	组织派遣团组和人员赴境外培训的机构资格认定	国家外专局
446	介绍外国文教专家来华工作的境外组织资格认可	国家外专局、省级人民政府外国专家归口管理部门
447	南、北极考察活动审批	国家海洋局
448	专项海洋环境预报服务资格认定	国家海洋局
449	海域使用论证单位资质认定	国家海洋局
450	海洋工程污染物排放种类、数量核定	国家海洋局各分局
451	海洋倾倒废弃物检验单位资质认定	国家海洋局
452	海洋石油勘探开发含油钻井泥浆和钻屑向海中排放审批	国家海洋局及其各分局
453	国家基础测绘成果资料提供、使用审批	各级人民政府测绘行政主管部门
454	设立测绘行业特有工种职业技能鉴定站审批	国家测绘局
455	经营邮政通信业务审批	国家邮政局、省、自治区、直辖市邮政行业主管部门
456	开办集邮票品集中交易市场许可	省、自治区、直辖市邮政行业主管部门
457	拍摄易损的一般文物审批	国家文物局
458	拍摄文物保护单位审批	国家文物局、省级人民政府文物行政主管部门
459	制作考古发掘现场专题类、直播类节目审批	国家文物局

续表

序号	项 目 名 称	实 施 机 关
460	境外机构和团体拍摄文物审批	国家文物局
461	境外机构和团体拍摄考古发掘现场审批	国家文物局
462	在古建筑内安装电器设备审批	各级人民政府文物行政主管部门、古建筑所在地公安机关
463	在古建筑内设置生产用火审批	各级人民政府文物行政主管部门、古建筑所在地公安机关
464	博物馆藏品取样审批	国家文物局、省级人民政府文物行政主管部门
465	博物馆处理不够人藏标准、无保存价值的文物或标本审批	县级以上人民政府文物行政主管部门
466	医疗机构开展医疗气功活动审批和从事医疗气功人员资格认定	地(市)级以上人民政府中医药行政主管部门
467	外商直接投资项下外汇登记、付汇核准	国家外汇局分支局
468	资本项目外汇资金汇出境外的购付汇核准	国家外汇局及其分支局
469	对外借款单位直接通过境外机构进行债务项下保值业务审批	国家外汇局分支局
470	国有企业境外期货套期保值交易年度风险敞口审批	国家外汇局及其分支局
471	境内机构外债、外债转贷款、对外担保履约核准	国家外汇局分支局
472	资产管理公司对外处置不良债务登记及外方所得收益汇出核准	国家外汇局及其分支局
473	合格境外机构投资者投资额度、账户、资金汇出审批及外汇登记证核发	国家外汇局
474	出口单位收汇分类核销核准	国家外汇局及其分支局
475	出口单位领取出口收汇核销单核准	国家外汇局及其分支局
476	出口单位出口退赔外汇核准	国家外汇局及其分支局
477	出口单位补办出口收汇核销专用联和出口收汇核销单退税专用联审批	国家外汇局分支局

续表

序号	项目名称	实施机关
478	外商投资企业或中资企业适用跨国公司非贸易售付汇管理政策审核	国家外汇局分支局
479	银行为编码重复的没有身份证的居民个人办理售汇业务核准	国家外汇局分支局
480	金融机构的外方投资者收益汇出或者购汇汇出核准	国家外汇局分支局
481	金融机构外汇与人民币资产不匹配的购汇、结汇审批	国家外汇局分支局
482	企业租赁期不满一年、租赁贸易、租赁(照章征税)购付汇核准	国家外汇局分支局
483	特殊经济区域区内机构外汇登记、登记变更、注销审批	国家外汇局分支局
484	特殊经济区域区内机构结汇、购付汇核准	国家外汇局分支局
485	境内外资金融机构短期外债核准	国家外汇局及其分支局
486	个人购付汇、结汇、解付现钞、携带现钞出境审核	国家外汇局分支局
487	境外投资外汇资金(资产)来源与汇出审核、登记	国家外汇局及其分支局
488	B股、境外上市外资股和红筹股项下境外募集资金调回结汇审批	国家外汇局分支局
489	出口单位出口收汇差额核销、核销备查核准	国家外汇局分支局
490	进口单位进口付汇备案核准	国家外汇局分支局
491	保险公司向境外分保购汇核准	国家外汇局及其分支局
492	金融机构大额结汇、售汇交易入市安排审批	国家外汇局
493	外汇账户(含边贸人民币结算专用账户)的开立、变更、关闭、撤销以及账户允许保留限额核准	国家外汇局分支局
494	机构外汇资金境内划转核准	国家外汇局分支局

续表

序号	项 目 名 称	实 施 机 关
495	机构单笔提取超过规定金额外币现钞审批	国家外汇局分支局
496	境内机构非贸易购付汇真实性审核	国家外汇局分支局
497	出国举办经济贸易展览会审批	中国贸促会(商务部会签)
498	人民防空工程防护设备定点生产企业资格认定	国家人防办
499	人民防空工程设计资质认定	国家人防办
500	人民防空工程监理资质认定	国家人防办

备注:

1. 鉴于投资体制改革正在进行,涉及固定资产投资项目的行政许可仍按国务院现行规定办理。

2. 按规定应当由国务院决定的事项,按照规定程序办理。

3. 按规定应当由其他部门决定或者应经其他部门审核的事项,按照现行规定办理。

国务院关于进一步加强食品安全工作的决定

(2004年9月1日国发[2004]23号发布)

各省、自治区、直辖市人民政府,国务院各部委、各直属机构:

食品安全关系到广大人民群众的身体健康和生命安全,关系到经济健康发展和社会稳定,关系到政府和国家的形象。党中央、国务院历来高度重视食品安全,近几年一直把打击制售假冒伪劣食品等违法犯罪活动作为整顿和规范市场经济秩序的重点,采取了一系列措施加强食品安全工作。各地区、各部门做了大量工作,取得一定成效。总的看,生产销售假冒伪劣食品案件多发的势头有所遏制,食品安全形势趋于好转。但是食品安全问题仍然比较严重,种植养殖、生产加工、市场流通、餐饮消费等方面存在的问题还很突出，食品安全监管体制、法制、标准等方面存在缺陷，地方保护、有法不依、执法不严、监管不力的现象时有发生。为恢复和提高我国食品信誉，确保人民身体健康和生命安全，国务院决定采取切实有效措施，进一步加强食品安全工作。

一、指导思想、工作原则和工作目标

（一）指导思想和工作原则。坚持以邓小平理论和“三个代表”重要思想为指导，认真贯彻党的十六大精神，牢固树立以人为本、执政为民的思想，全面履行人民政府的职责，切实把食品安全工作放在突出位置抓紧抓好。继续坚持“全国统一领导、地方政府负责、部门指导协调、各方联合行动”的食品安全工作机制，加强协调配合，落实责任，加大执法力度；坚持集中整治与制度建设、严格执法与科学管理、打假治劣与扶优扶强相结合，突出重点，在注重抓好专项整治的同时，强化日常监管；建立食品安全信用体系和失信惩戒机制，引导企业诚信守法；强化舆论监督，加大正面宣传力度，加强社会监督，保障人民群众的饮食安全和身体健康。

（二）工作目标。通过艰苦细致的工作，使食品生产经营秩序得到明显好转，生产、销售假冒伪劣和有毒有害食品的违法犯罪活动得到有效遏制，大案要案得到及时查处，食品安全事故大幅度下降，人民群众食品消费安全感增强，我国食品信誉得到恢复和提高。在此基础上，经过不懈努力，使食品安全法律法规和监管体制更加完善，标准体系、检验检测体系、信用体系更加科学有效，行业协会和中介组织的作用充分发挥，企业的安全责任和意识进一步增强，食品产业持续健康快速发展，人民群众日益增长的食品安全和健康需求不断得到满足。

二、近期工作重点

（一）大力整顿食品生产加工业，切实提高食品工业水平。按照食品专项整治确定的重点食品，严厉查处无卫生许可证、无营业执照、无生产许可证的生产经营行为，不具备生产条件的要坚决予以取缔；严格实施食品质量安全市场准入制度，严格审查企业生产条件，严格按标准组织生产，严格产品出厂检验，今年基本完成肉制品、乳制品、饮料、调味品、冷冻饮品、方便面、饼干、罐头、速冻米面食品、膨化食品等 10 类产品实施食品质量安全市场准入工作，启动其余 13 类食品市场准入工作；加强食品生产加工企业监管，实行生产企业巡查、回访、年审、监督抽查等监管制度；

强化企业法人作为食品安全第一责任人的责任；强化新资源食品、食品添加剂和食品包装材料等的安全性评价，严厉打击滥用添加剂、使用非食品原料生产加工食品、保健食品添加违禁药物等违法行为。

食品生产加工业的整顿由地方政府统一组织实施。通过整顿，扶持一批名优企业，关闭一批不具备产品质量安全条件的食品生产加工企业，严厉惩处一批制售假冒劣质食品的违法犯罪分子。

（二）加大农业投入品专项整治力度，从源头上防止农产品污染。继续推进"无公害食品行动计划"，深入开展农药残留、禽畜产品违禁药物滥用、水产品药物残留专项整治，向农民普及安全使用化肥、农药、兽药、饲料添加剂和动植物生长激素等知识，推广使用低残高效农药、兽药和无污染添加剂，规范种植、养殖行为；建立统一规范的农产品质量安全标准体系，建立农产品质量安全例行监测制度和农产品质量安全追溯制度，开展农产品产地环境、农业投入品和农产品质量安全状况的检测；推进无公害农产品标准化生产综合示范区、养殖小区、示范农场、无规定动物疫病区和出口产品生产基地的建设，积极开展农产品和食品认证工作，推广"公司＋基地"模式，加快对高毒、高残留农业投入品禁用、限用和淘汰进程。

（三）狠抓薄弱环节，进一步加强食品流通、消费领域的监管。深入实施以"提倡绿色消费、培育绿色市场、开辟绿色通道"为主要内容的"三绿工程"，倡导现代流通组织方式和经营方式，大力发展连锁经营和物流配送；积极推进经销企业落实进货检查验收、索证索票、购销台账和质量承诺制度，以及市场开办者质量责任制，继续推行"厂场挂钩"、"场地挂钩"等有效办法；全面落实市场巡查制度，完善监督抽查和食品卫生例行监测制度，严格实行不合格食品的退市、召回、销毁、公布制度；推进餐饮业、食堂全面实施食品卫生监督量化分级管理制度，完善和加强食品污染物监测和食源性疾病监测体系建设；加强畜禽屠宰行业管理，打破地方封锁，鼓励质量优、信誉好、品牌知名度高的食品在全国流通；健全社区食品加工流通服务体系。强化食品安全标识和包装管理，集中力量整治食品假包装、假标识、假商标印制品。

（四）把儿童及农村食品市场整治作为重中之重，切实维护未成年人、农民和低收入者的利益。采取综合措施，有效遏制制售假冒伪劣儿童食品行为。将监管的重点和工作重心下移，加强农村市场监管，加大对分散在社区、城乡结合部和村镇的各类食品批发市场、集贸市场、个体商贩、小加工作坊、小食品店、小餐馆的监管力度，强化对餐饮业、学校食堂和建筑工地食堂的检查监督。

（五）依法彻查大案要案，震慑违法犯罪分子。集中力量及时查处食品安全大案要案，依法严惩违法犯罪团伙和首恶分子。对发案率高、重大案件久拖不结的地区和单位，上级政府和有关行政执法、司法部门要组织力量直接查办，严肃追究有关人员责任。重大典型案件查处结果及时向社会公布。

（六）搞好食品安全宣传，服务发展大局。大力宣传党中央、国务院有关加强食品安全工作的精神，充分报道各地区、各有关部门加强食品安全所做的工作，宣传法律法规和食品安全知识，继续揭露、曝光食品安全方面的违法犯罪行为，及时跟踪报道采取的措施及效果；报道重视质量、讲求信誉的典型，大力宣传优质食品、优良品牌和优秀企业，增强群众消费信心，提高我国食品信誉；对外积极宣传介绍我国食品监管工作及其取得的实效。适时组织编写《中国食品安全状况》白皮书。

各地区、各有关部门要狠抓落实，明确任务和责任，实行“首问负责制”，确保各项重点工作有序开展。食品药品监管部门要进一步强化食品安全管理的综合监督、组织协调和组织开展对重大事故查处的职能，努力提高食品安全综合监管工作水平。

三、几项重要措施

加强食品安全管理是一项长期艰巨的任务，必须立足当前，规划长远，标本兼治，着力治本，建立健全监管制度和长效机制。

（一）进一步理顺有关监管部门的职责。按照一个监管环节由一个部门监管的原则，采取分段监管为主、品种监管为辅的方式，进一步理顺食品安全监管职能，明确责任。农业部门负责初级农产品生产环节的监管；质检部门负责食品生产加工环节的监管，将现由卫生部门承担的食品生产加工环节的卫生监管职责划归质检部门；工商部门负责食品流通环节的监管；卫生部门负责餐饮业和食堂等消费环节的监管；食品药品监管部门负责对食品安全的综合监督、组织协调和依法组织查处重大事故。按照责权一致的原则，建立食品安全监管责任制和责任追究制。具体由中央编办会同有关部门组织落实。这次职责调整任务繁重，各有关部门要从大局出发，认真细致地做好各项准备工作，确保 2005 年 1 月 1 日顺利实施。

农业、发展改革和商务等部门按照各自职责，做好种植养殖、食品加工、流通、消费环节的行业管理工作。进一步发挥行业协会和中介组织的作用。

（二）强化地方政府对食品安全监管的责任。地方各级人民政府对当地食品安全负总责，统一领导、协调本地区的食品安全监管和整治工作。建立健全食品安全组织协调机制，统一组织开展食品安全专项整治和全面整顿食品生产加工业；进一步搞好与有关监管执法部门的协调和配合，加强综合执法、联合执法和日常监管，尤其要解决执法监督中的不作为和乱作为问题；切实落实责任制和责任追究制，明确直接责任人和有关负责人的责任，一级抓一级，层层抓落实，责任到人；坚决克服地方保护主义，增强大局意识，不得以任何形式阻碍监管执法，决不能充当不法企业和不法分子的“保护伞”。

（三）加强基层执法队伍建设。基层食品安全监管是基础和重点，直接关系着食品安全监管的法律法规和各项工作部署能否落到实处。要加强基层执法队伍的思想建设、业务建设和作风建设，强化法律法规培训，提高队伍整体素质和依法行政的能力，做到严格执法、公正执法、文明执法；充实基层执法人员力量，严把人员“入口”，畅通“出口”，加强监督，严肃法纪；地方政府要切实改善执法装备和检验监测技术条件，保证办公办案和监督抽查等经费。

（四）完善食品安全法律法规和部门规章。国务院法制办要抓紧组织修订《食品卫生法》和《工业产品生产许可证管理条例》，加快《农产品质量安全法（送审稿）》的审查工作。商务部要研究修订《生猪屠宰管理条例》。农业部、商务部、卫生部、工商总局、质检总局等部门要根据职责调整，尽快清理、修订涉及食品安全方面的部门规章，力争 2004 年年底前完成。

（五）建立健全食品安全标准和检验检测体系。尽快清理与食品安全有关的产品和卫生标准，构建食品安全标准体系，由质检总局会同发展改革委、农业部、卫生部、商务部、食品药品监管局等部门，提出制定和修订意见并抓紧实施。充分发挥农业、质检、卫生、商务等部门检测机构的作用，完善检验检测体系，严格资质审核，逐步面向社会，实现资源共享，不搞重复建设；实现检测信息共享，避免不必要的重复检测。食品检验检测体系建设由质检总局会同农业部、卫生部、商务部、工商总局等部门研究提出具体意见。

（六）加快食品安全信用体系和信息化建设。以加强食品生产经营企业信用建设为核心，通过政府监管、行业自律和社会监督，加大失信惩戒力度，综合抓好食品安全制度规范、管理服务系统与运行机制建设。继续抓好厦门、辽源、大庆、常德、银川 5 个城市，肉类、粮食、儿童食品 3 个行业的食品安全信用建设试点，建立健全食品生产、经营企业质量档案和食品安全监管信用档案，强化食品生产经营者的责任意识。力争用 5 年左右时间，逐步建立起我国食品安全信用体系的基本框架和运行机制。

加强食品安全信息管理和综合利用，构建部门间信息沟通平台，实现互联互通和资源共享。农业部门发布有关初级农产品农药残留、兽药残留等检测信息。质检、工商、卫生和食品药品监管 4 个部门联合发布市场食品质量监督检查信息。食品药品监管局负责收集汇总、及时传递、分析整理，定期向社会发布食品安全综合信息。建立畅通的信息监测和通报网络体系，逐步形成统一、科学的食品安全信息评估和预警指标体系，及时研究分析食品安全形势，对食品安全问题做到早发现、早预防、早整治、早解决。食品药品监管局要会同有关部门，拟定《食品安全监管信息发布暂行管理办法》，选择奶制品和蔬菜两个品种作为规范信息发布的试点。

国务院责成食品药品监管局会同有关部门抓好本决定的落实工作，并于 2005 年春节前组织开展一次食品安全工作综合检查，适时将检查情况向国务院汇报。

关于进一步明确食品安全监管部门职责分工有关问题的通知

（2004 年 12 月 14 日中央编办发[2004]35 号发布）

农业部、卫生部、工商总局、质检总局、食品药品监管局：

根据《国务院关于进一步加强食品安全工作的决定》(国发[2004] 23号),(以下简称《决定》),经国务院、中央编委领导同意,现就食品安全监管部门职责分工有关问题进一步明确如下:

按照《决定》提出的一个监管环节由一个部门监管的原则,农业部门负责初级农产品生产环节的监管;质检部门负责食品生产加工环节的监管,将现由卫生部门承担的生产加工环节的食品卫生监管职责划归质检部门;工商部门负责食品流通环节的监管;卫生部门负责餐饮业、食堂等消费环节的监管;食品药品监管部门负责食品安全的综合监督、组织协调和依法组织查处重大事故。

在食品生产加工、流通和消费环节:质检部门负责食品生产加工环节质量卫生的日常监管,要严格实行生产许可、强制检验等食品质量安全市场准入制度,严厉查处生产、制造不合格食品及其他质量违法行为;要将生产许可证发放、吊销、注销等情况及时通报卫生、工商部门。工商部门负责食品流通环节的质量监管,要认真做好食品生产经营企业及个体工商户的登记注册工作,取缔无照生产经营食品行为,加强上市食品质量监督检查,严厉查处销售不合格食品及其他质量违法行为,查处食品虚假广告、商标侵权的违法行为;要将营业执照发放、吊销、注销等情况及时通报质检、卫生部门。卫生部门负责食品流通环节和餐饮业、食堂等消费环节的卫生许可和卫生监管,负责食品生产加工环节的卫生许可,卫生许可的主要内容是场所的卫生条件、卫生防护和从业人员健康卫生状况的评价与审核,要严厉查处上述范围内的违法行为,并将卫生许可证的发放、吊销、注销等情况及时通报质检和工商部门。

按照权责一致的原则,建立健全责任制及责任追究机制,将责任落到实处。各有关部门在履行职能、行使权利的同时,承担相应的行政责任;因不履行或不正确履行职能造成具有重大影响的损失或后果,有关负责人要承担领导责任。

食品安全监管职责调整的任务繁重,各有关部门要从大局出发,高度重视此项工作,按照《决定》提出的进一步加强食品安全工作的指导思想、原则和目标,落实近期的工作重点和若干重要措施,认真细致地做好各项准备工作,确保 2005 年 1 月 1 日起顺利实施。

国务院办公厅关于推行行政执法责任制的若干意见

(2005年7月9日国办发[2005]37号发布)

各省、自治区、直辖市人民政府,国务院各部委、各直属机构:

行政执法责任制是规范和监督行政机关行政执法活动的一项重要制度。为贯彻落实《全面推进依法行政实施纲要》(国发[2004]10号,以下简称《纲要》)有关规定,推动建立权责明确、行为规范、监督有效、保障有力的行政执法体制,全面推进依法行政,经国务院同意,现就推行行政执法责任制有关工作提出以下意见。

一、充分认识推行行政执法责任制的重要意义

党中央、国务院高度重视推行行政执法责任制工作。党的十五大、十六大和十六届三中、四中全会对推行行政执法责任制提出了明确要求,《国务院关于全面推进依法行政的决定》(国发[1999]23号)和《纲要》就有关工作作出了具体规定。多年来,各地区、各有关部门认真贯彻落实党中央、国务院的要求,积极探索实行行政执法责任制,在加强行政执法管理、规范行政执法行为方面做了大量工作,取得了一定成效。但工作中也存在一些问题:有的地区和部门负责同志认识不到位,对这项工作不够重视;行政执法责任制不够健全,程序不够完善,评议考核机制不够科学,责任追究比较难落实,与相关制度不够衔接;组织实施缺乏必要的保障等。因此,迫切需要进一步健全和完善行政执法责任制。

行政执法是行政机关大量的经常性的活动,直接面向社会和公众,行政执法水平和质量的高低直接关系政府的形象。推行行政执法责任制,就是要强化执法责任,明确执法程序和执法标准,进一步规范和监督行政执法活动,提高行政执法水平,确保依法行政各项要求落到实处。地方各级人民政府和国务院各部门要以邓小平理论和“三个代表”重要思想为指导,树立和落实科学发展观,从立党为公、执政为民,建设法治政府,加强依法执政能力建设的高度,充分认识推行行政执法责任制的重要意义,采取有效措施,进一步做好这项工作。

二、依法界定执法职责

（一）梳理执法依据。

推行行政执法责任制首先要梳理清楚行政机关所执行的有关法律法规和规章以及国务院部门“三定”规定。

地方各级人民政府要组织好梳理执法依据的工作，对具有行政执法主体资格的部门（包括法律法规授予行政执法权的组织）执行的执法依据分类排序、列明目录，做到分类清晰、编排科学。要注意与《中华人民共和国行政处罚法》、《中华人民共和国行政许可法》等规范政府共同行为的法律规范相衔接。下级人民政府梳理所属部门的执法依据时，要注意与上级人民政府有关主管部门的执法依据相衔接，避免遗漏。地方各级人民政府要根据执法依据制定、修改和废止情况，及时调整所属各有关部门的执法依据，协调解决梳理执法依据中的问题。梳理完毕的执法依据，除下发相关执法部门外，要以适当方式向社会公布。

（二）分解执法职权。

地方各级人民政府中具有行政执法职能的部门要按照本级人民政府的统一部署和要求，根据执法机构和执法岗位的配置，将其法定职权分解到具体执法机构和执法岗位。有关部门不得擅自增加或者扩大本部门的行政执法权限。

分解行政执法部门内部不同执法机构和执法岗位的职权要科学合理，既要避免平行执法机构和执法岗位的职权交叉、重复，又要有利于促进相互之间的协调配合。不同层级的执法机构和执法岗位之间的职权要相互衔接，做到执法流程清楚、要求具体、期限明确。对各行政执法部门的执法人员，要结合其任职岗位的具体职权进行上岗培训；经考试考核合格具备行政执法资格的，方可按照有关规定发放行政执法证件。

（三）确定执法责任。

执法依据赋予行政执法部门的每一项行政执法职权，既是法定权力，也是必须履行的法定义务。行政执法部门任何违反法定义务的不作为和乱作为的行为，都必须承担相应的法律责任。要根据有权必有责的要求，在分解执法职权的基础上，确定不同部门及机构、岗位执法人员的具体执法责任。要根据行政执法部门和行政执法人员违反法定义务的不同情形，依法确定其应当承担责任的种类和内容。

地方各级人民政府可以采取适当形式明确所属行政执法部门的具体执法责任，行政执法部门应当采取适当形式明确各执法机构和执法岗位的具体执法责任。

国务院实行垂直管理和中央与地方双重管理的部门也要根据上述规定，做好依法界定执法职责的工作。

三、建立健全行政执法评议考核机制

行政执法评议考核是评价行政执法工作情况、检验行政执法部门和行政执法人员是否正确行使执法职权和全面履行法定义务的重要机制，是推行行政执法责任制的重要环节。各地区、各有关部门要建立健全相关机制，认真做好行政执法评议考核工作。

（一）评议考核的基本要求。

行政执法评议考核应当严格遵守公开、公平、公正原则。在评议考核中，要公正对待、客观评价行政执法人员的行政执法行为。评议考核的标准、过程和结果要以适当方式在一定范围内公开。

（二）评议考核的主体。

地方各级人民政府负责对所属部门的行政执法工作进行评议考核，同时要加强对下级人民政府行政执法评议考核工作的监督和指导。国务院实行垂直管理的行政执法部门，由上级部门进行评议考核，并充分听取地方人民政府的评议意见。实行双重管理的部门按照管理职责分工分别由国务院部门和地方人民政府评议考核。各行政执法部门对所属行政执法机构和行政执法人员的行政执法工作进行评议考核。

（三）评议考核的内容。

评议考核的主要内容是行政执法部门和行政执法人员行使行政执法职权和履行法定义务的情况，包括行政执法的主体资格是否符合规定，行政执法行为是否符合执法权限，适用执法依据是否规范，行政执法程序是否合法，行政执法决定的内容是否合法、适当，行政执法决定的行政复议和行政诉讼结果，案卷质量情况等。评议考核主体要结合不同部门、不同岗位的具体情况和特点，制定评议考核方案，明确评议考核的具体标准。

（四）评议考核的方法。

行政执法评议考核可以采取组织考评、个人自我考评、互查互评相结合的方法，做到日常评议考核与年度评议考核的有机衔接。要高度重视通过案卷评查考核行政执法部门和行政执法人员的执法质量。要积极探索新的评议考核方法，利用现代信息管理手段，提高评议考核的公正性和准确性。

在行政执法评议考核中，要将行政执法部门内部评议与外部评议相结合。对行政执法部门或者行政执法人员进行评议，必须认真听取相关行政管理相对人的意见。外部评议情况要作为最终考核意见的重要根据。外部评议可以通过召开座谈会、发放执法评议卡、设立公众意见箱、开通执法评议专线电话、聘请监督评议员、举行民意测验等方式进行。行政执法评议考核原则上采取百分制的形式，考核的分值要在本级人民政府依法行政情况考核中占有适当比重。

各地区、各有关部门要把行政执法评议考核与对行政执法部门的目标考核、岗位责任制考核等结合起来，避免对行政执法活动进行重复评议考核。

四、认真落实行政执法责任

推行行政执法责任制的关键是要落实行政执法责任。对有违法或者不当行政执法行为的行政执法部门，可以根据造成后果的严重程度或者影响的恶劣程度等具体情况，给予限期整改、通报批评、取消评比先进的资格等处理；对有关行政执法人员，可以根据年度考核情况，或者根据过错形式、危害大小、情节轻重，给予批评教育、离岗培训、调离执法岗位、取消执法资格等处理。

对行政执法部门的行政执法行为在行政复议和行政诉讼中被认定违法和变更、撤销等比例较高的，对外部评议中群众满意程度较低或者对推行行政执法责任制消极应付、弄虚作假的，可以责令行政执法部门限期整改；情节严重的，可以给予通报批评或者取消评比先进的资格。

除依照本意见对有关行政执法部门和行政执法人员进行处理外，对实施违法或者不当的行政执法行为依法依纪应采取组织处理措施的，按照干部管理权限和规定程序办理；依法依纪应当追究政纪责任的，由任免机关、监察机关依法给予行政处分；涉嫌犯罪的，移送司法机关处理。

追究行政执法责任，必须做到实事求是、客观公正。在对责任人作出处理前，应当听取当事人的意见，保障其陈述和申辩的权利，确保不枉不纵。对行政执法部门的行政执法责任，由本级人民政府或者监察机关依法予以追究；对实行垂直管理的部门的行政执法责任，由上级部门或者监察机关依法予以追究；对实行双重管理的部门的行政执法责任，按有关管理职责规定予以追究。同时，要建立健全行政执法奖励机制，对行政执法绩效突出的行政执法部门和行政执法人员予以表彰，调动行政执法部门和行政执法人员提高行政执法质量和水平的积极性，形成有利于推动严格执法、公正执法、文明执法的良好环境。

五、加强推行行政执法责任制的组织领导

推行行政执法责任制，关系各级政府所属各行政执法部门和每个行政执法人员，工作环节多，涉及面广，专业性强，工作量大。各省、自治区、直辖市人民政府和国务院实行垂直管理、双重管理的部门要切实负起责任，加强对这项工作的组织领导，认真做好本地区、本部门（本系统）推行行政执法责任制的组织协调、跟踪检查、督促落实工作。要注意总结本地区、本部门（本系统）推行行政执法责任制的经验，认真研究工作中的问题。国务院其他部门要加强对本系统推行行政执法责任制工作的指导。要加强配套制度建设，实行省以下垂直管理的行政执法部门的行政执法责任制工作，由省级人民政府结合本地区的具体情况予以规定。有立法权的地方的人民政府，可以按照规定程序适时制定有关地方政府规章；没有立法权的可以根据需要制定有关规范性文件。要通过各层次的配套制度建设，建立科学合理、公平公正的激励和约束机制。

开展相对集中行政处罚权、综合行政执法试点的地区，要按照《国务院关于进一步推进相对集中行政处罚权工作的决定》（国发[2002]17号）和《国务院办公厅转发中央编办关于清理整顿行政执法队伍实行综合行政执法试点工作意见的通知》（国办发[2002]56号）的要求，结合本意见的规定，切实做好推行行政执法责任制的工作。

在推行行政执法责任制过程中，涉及行政执法主体、职权细化、确定行政执法责任等问题，按照《纲要》和《国务院办公厅关于贯彻落实全面推进依法行政实施纲要的实施意见》（国办发[2004]24号）的规定，应当由机构编制部门为主进行指导和协调的，由机构编制部门牵头办理。

法制办、中央编办、监察部、人事部等部门要根据《纲要》和国办发[2004]24号文件规定，加强对各地区、各有关部门工作的指导和督促检查，确保顺利推行行政执法责任制。

各地区、各有关部门要结合本地区、本部门的实际情况，认真研究落实本意见的要求，在2006年4月30日前，完成推行行政执法责任制的相关工作。有关推行行政执法责任制工作的重要情况和问题，要及时报告国务院。

国务院办公厅关于加强饮用水安全保障工作的通知

（2005年8月17日国办发[2005]45号发布）

各省、自治区、直辖市人民政府，国务院各部委、各直属机构：

饮用水是人类生存的基本需求。党中央、国务院对饮用水安全保障工作高度重视，胡锦涛总书记、温家宝总理多次作出重要批示。近年来，中央和地方加大了城乡饮用水安全保障工作的力度，采取了一系列工程和管理措施，解决了一些城乡居民的饮水安全问题。但是，饮用水安全形势仍十分严峻，不少地区水源短缺，有的城市饮用水水源污染加重，一些农村地区饮用水存在苦咸或含有高氟、高砷及血吸虫病原体等问题，对人民群众身体健康构成严重威胁。为进一步加强饮用水安全保障工作，经国务院同意，现就有关问题通知如下：

一、充分认识保障饮用水安全的重要性和紧迫性

饮用水安全问题，直接关系到广大人民群众的健康。切实做好饮用水安全保障工作，是维护最广大人民群众根本利益、落实科学发展观的基本要求，是实现全面建设小康社会目标、构建社会主义和谐社会的重要内容，是把以人为本真正落到实处的一项紧迫任务。各地区、各部门要从实践"三个代表"重要思想和执政为民的高度，充分认识保障饮用水安全的重要性和紧迫性。地方各级人民政府要加强领导，把这项工作纳入重要议事日程，建立领导责任制，切实抓好各项措施的落实。各有关部门要各司其职，密切配合，加大工作力度，共同做好饮用水安全保障工作。

二、认真组织规划编制工作

国务院有关部门要按照城乡统筹、合理布局、防治并重、综合治理、因地制宜、突出重点的原则，尽快组织编制全国城乡饮用水安全保障规划，进一步明确我国饮用水安全保障的目标、任务和政策措施。通过合理保护和配置水资源、大力防治水污染、开展城乡供水工程建设、建立合理水价形成机制、推行节约用水和加强监督管理等措施，优先满足饮用水需求，确保城乡居民饮用水安全。各地区要根据规划编制的统一部署和要求，认真研究解决本地区饮用水安全问题，结合实际提出切实可行的目标和任务，并纳入本地区经济和社会发展规划。

三、加强水资源保护和水污染防治工作

各省、自治区、直辖市要以保障饮用水水源安全为重点，进一步加大水资源保护和水污染防治工作力度。要依法严格实施饮用水水源保护区制度，合理确定饮用水水源保护区，严格禁止破坏涵养林和水资源保护设施的行为，因地制宜地进行水源安全防护、生态修复和水源涵养等工程建设。要大力治理污染，严格实行污染物排放总量控制，严厉打击违法排污行为，积极推进循环经济，加快推行清洁生产。各地区要结合实际，定期开展对集中饮用水水源保护区的检查，对查出的问题要进行专项整治并挂牌督办。对违法违规建设的项目，要责令停建并限期治理整顿或拆除；对排污超标的企业和单位，要责令限期达标排放或搬迁。要积极开展农业面源污染防治，指导农户合理施用化肥、农药，严禁使用高毒、高残留农药，推广水产生态养殖，推进畜禽粪便和农作物秸秆的资源化利用。

四、加大农村饮用水工程建设力度

进一步加大解决农村饮用水安全问题的工作力度，采取集中供水、分质供水、分散供水以及农村卫生环境整治等工程措施，重点解决高氟、高砷、苦咸和污染水以及严重缺水地区的饮用水安全问题。中央继续安排农村饮用水工程建设投资，对中西部地区重点扶持。地方各级人民政府要积极筹措资金，加大投入力度。东部较发达地区要率先解决农村饮用水安全问题，有条件的地方尽早实现城乡统筹区域供水。要强化农村饮用水工程项目管理，切实做好前期工作，并严格按照规划要求和建设程序实施。要建立良性循环的供水管理体制和运行机制，确保工程项目充分发挥效益。

五、加快城市供水设施建设和改造

各地区要加快城市供水设施的建设和技术改造，提高供水能力，扩大供水范围。要按照多库串连、水系联网、地表水与地下水联调、优化配置水资源的原则，加快城市供水水源的建设，提高城市供水安全的保障水平。凡饮用水水源水质不符合标准的，应当提出强制性的技术措施，制订水厂技术改造规划，采用先进适用技术，改进水处理工艺。要把城市供水管网改造作为重点，优先改造漏损严重和对供水安全影响较大的管网，改善供水水质。各地区要加快城市污水处理设施的建设，加强污水处理厂的运行管理，逐步实现污水深度处理，不断提高再生水利用率。

六、加强饮用水安全监督管理

各地区要加强对饮用水水源、水厂供水和用水点的水质监测，对取水、制水、供水实施全过程管理，及时掌握城乡饮用水水源环境、供水水质状况，并定期检查。对检查不合格的供水单位，要严格按照有关规定进行查处，并督促限期整改。各供水单位要建立以水质为核心的质量管理体系，建立严格的取样、检测和化验制度，按国家有关标准和操作规程检测供水水质，并完善检测数据的统计分析和报表制度。国务院有关部门要尽快制定既符合我国国情，又与国际先进水平接轨的饮用水水质国家标准，积极开展相关检测方法和标准的制(修)订工作。

七、建立储备体系和应急机制

各省、自治区、直辖市要建立健全水资源战略储备体系，各大中城市要建立特枯年或连续干旱年的供水安全储备，规划建设城市备用水源，制订特殊情况下的区域水资源配置和供水联合调度方案。地方各级人民政府应根据水资源条件，制定城乡饮用水安全保障的应急预案。要成立应急指挥机构，建立技术、物资和人员保障系统，落实重大事件的值班、报告、处理制度，形成有效的预警和应急救援机制。当原水、供水水质发生重大变化或供水水量严重不足时，供水单位必须立即采取措施并报请当地人民政府及时启动应急预案。

国务院办公厅关于加强液态奶生产经营管理的通知

（2005年9月17日国办发明电[2005]24号发布）

各省、自治区、直辖市人民政府，国务院有关部门：

近一个时期，一些企业使用复原乳生产加工液态奶，在产品标识上误导消费，严重损害了广大消费者和农牧民的合法权益，影响了我国奶业健康发展。党中央、国务院领导同志对此高度重视，要求采取有效措施，加强对液态奶生产经营的管理。经国务院同意，现将有关事项通知如下：

一、完善液态奶标准并严格按标准组织生产。为了满足广大消费者对优质液态奶的需要，在巴氏杀菌乳生产中不允许添加复原乳，大力提倡和鼓励在灭菌乳生产中全部使用生鲜乳。考虑到当前的生产和市场状况，可以适当生产复原乳，但必须使用合格的原料，严格按照国家有关标准进行生产，不得掺杂使假。

二、实行生产备案制度。生产加工企业凡在液态奶生产加工过程中使用复原乳的，必须在产品正式投产前如实向当地质量技术监督部门备案。备案内容包括：乳粉的进口数量，进货数量、质量、产地及其生产企业；使用复原乳生产加工液态奶的投产时间和生产周期；使用复原乳生产加工液态奶的产量，每批液态奶成品中复原乳所占比例；使用复原乳生产加工的液态奶的销售区域等信息。备案信息发生变化的，应自变化之日起15日内向原备案部门书面报告。凡是未经备案的，依照有关法律、行政法规的规定，不予颁发生产许可证；已获得生产许可证的，应于本通知下发之日起30日内向当地质量技术监督部门补办备案手续。

三、严格产品标识标注管理。为便于消费者作出购买选择，凡在灭菌乳、酸牛乳等产品生产加工过程中使用复原乳的，不论数量多少，自2005年10月15日起，生产企业必须在其产品包装主要展示面上紧邻产品名称的位置，使用不小于产品名称字号且字体高度不小于主要展示面高度五分之一的汉字醒目标注“复原乳”，并在产品配料表中如实标注复原乳所占原料比例。10 月 15 日前生产但未标注“复原乳”的奶制品允许销售至 2006 年 1 月 15 日。

四、加大执法力度。质量技术监督和工商行政管理等有关部门要加强对液态奶生产经营企业和市场的监督检查，严格实行强制检验制度和市场准入制度。使用未经检验或检验不合格复原乳原料生产的，按掺杂使假处理；销售未经检验或检验不合格液态奶的，按销售不合格商品处理；对未经备案或者备案信息发生变化未及时申请变更以及备案信息不实的，应责令停产整改；已上市销售的，责令撤下柜台；经整改仍不合格的，依法吊销相关证照。对未按前述规定标注复原乳字样、未在产品配料表中明示复原乳占原料比例的，责令停止生产、销售，并按掺杂使假和引人误解的虚假宣传依法从严处罚；对违法生产、销售情节严重的，依法吊销相关证照。涉嫌犯罪的，移送公安机关处理。

五、认真做好宣传工作。地方各级人民政府、各有关部门要广泛、深入地宣传复原乳、巴氏杀菌乳、灭菌乳等科普知识，保证消费者在选择液态奶产品时能够获得客观真实信息，切实维护消费者合法权益。同时，引导广大消费者科学消费、健康消费，创造让广大人民群众放心满意的消费环境。另一方面，要在媒体上对违规企业及时曝光，增加透明度，营造公平竞争的市场环境。

六、加强组织领导，确保取得实效。各地区、各有关部门要继续把奶制品作为食品安全专项整治工作的重点产品，切实加强领导，密切协作，一级抓一级，层层抓落实，并加强督查工作，务求实效。

国务院关于促进生猪生产发展稳定市场供应的意见

（2007 年 7 月 30 日国发[2007]22 号发布）

各省、自治区、直辖市人民政府，国务院各部委、各直属机构：

受前几年生猪价格过低、去年以来饲养成本上升和部分地区发生猪蓝耳病疫情等因素的影响，我国生猪生产出现下滑，造成近几个月猪肉供应偏紧，价格出现较大幅度上涨。生猪生产是农业的重要组成部分，猪肉是大多数城乡居民的主要副食品。抓好生猪生产，保持合理的价格水平，对稳定市场供应、满足消费需求、增加农民收入、促进经济发展具有重要意义。各地区、各有关部门必须立足当前，着眼长远，在切实搞好市场供应的同时，建立保障生猪生产稳定发展的长效机制，调动养殖户（场）的养猪积极性，从根本上解决生猪生产、流通、消费和市场调控方面存在的矛盾和问题。现就促进生猪生产发展和稳定市场供应工作提出以下意见：

一、加大对生猪生产的扶持力度

发展生产是稳定市场供应的基础，要立足国内，采取综合有效的政策措施，促进生猪生产尽快恢复，满足人民群众的生活需要。

（一）建立能繁母猪补贴制度。为了保护能繁母猪生产能力，国家按每头50元的补贴标准，对饲养能繁母猪的养殖户（场）给予补贴。各地要抓紧制定具体方案，尽快将中央财政下拨和地方配套的补贴资金发放到能繁母猪饲养者手中。有条件的地方可适当提高补贴标准。

（二）积极推进能繁母猪保险工作。为有效降低养殖能繁母猪的风险，鼓励能繁母猪生产，国家建立能繁母猪保险制度，保费由政府负担80%，养殖户（场）负担20%。中央财政对中西部地区给予差别补助。各地要积极支持保险机构开展能繁母猪保险业务，鼓励养殖户（场）投保，防范疫病等风险。今后要在总结能繁母猪保险工作的基础上，逐步开展生猪保险，并建立保险与补贴相结合的制度。

（三）完善生猪良种繁育体系。各地要增加投入，加快原良种猪场建设，提高良种覆盖率。国家对重点原良种猪场、扩繁场、省级生猪改良繁育中心给予适当支持。在生猪主产区推广良种猪人工授精技术，促进生猪品种改良。国家对购买良种猪精液给予补助。

（四）建立对生猪调出大县（农场）的奖励政策。为充分调动地方发展规模化生猪生产的积极性，国家对生猪调出大县（农场）给予适当奖励。奖励资金要专项用于改善生猪生产条件，加强防疫服务和贷款风险、保费的补助等方面。

（五）扶持生猪标准化规模饲养。实行标准化规模饲养是生猪生产的发展方向。地方各级人民政府要采取措施，鼓励大型标准化生猪养殖场的建设，引导农民建立养殖小区，降低养殖成本，改善防疫条件，提高生猪生产能力。国家对标准化规模养猪场(小区)的粪污处理和沼气池等基础设施建设给予适当支持。

(六)加快农村信用担保体系建设。要鼓励信用担保和保险机构扩大业务范围,采取联户担保、专业合作社担保等多种方式,为规模养殖场和养殖户贷款提供信用担保和保险服务,解决养猪"贷款难"问题。银行业金融机构要对标准化规模养殖场的贷款给予重点支持。地方财政要对担保机构的生猪贷款风险给予必要的补助。

二、建立和完善生猪的公共防疫服务体系

(一)强化生猪防疫。要坚持预防为主,免疫与扑杀相结合,控制生猪疫情。对列入国家一类动物疫病和高致病性猪蓝耳病实行免费强制免疫,所需疫苗经费由中央财政和地方财政共同负担,中央财政对不同地区给予差别补助。对注射疫苗等其他防疫费用,由地方各级人民政府列入财政预算予以保证。对因防疫需要组织扑杀的生猪,各地要参照口蹄疫扑杀补助标准和负担办法给养殖户(场)补助。对病死猪要坚决做到不准宰杀、不准食用、不准出售、不准转运,必须进行无害化处理。

(二)加强疫情监测和疫苗生产供应。要严格疫情的监测与报告制度,及时掌握疫情的发展趋势。要扩大高致病性猪蓝耳病等疫苗的生产,满足防疫需要。要把种猪和母猪作为免疫重点,组织好疫苗的调拨,优先保证疫情较重地区的疫苗供应。要加强对疫苗生产、供应和使用环节的监督管理,确保疫苗质量和使用安全。

三、加强市场调节和监管工作

(一)做好主要副食品供应工作。由于生猪生产恢复需要一段时间,做好今年下半年生猪等副食品供应工作任务相当艰巨。各地要完善稳定猪肉供应的应急预案,切实保障猪肉供应不断档、不脱销。同时,要抓好牛羊肉以及生产周期短、替代性强的禽肉和禽蛋等副食品生产,满足市场需要。为保障今年下半年特别是中秋、国庆"两节"猪肉供应,猪肉主销区省、直辖市及沿海大中城市要将地方储备充实到不低于当地居民 7 天消费量。充实储备工作由商务部会同财政部负责组织。加强猪肉产销区衔接合作,健全应急调运机制,落实鲜活农产品"绿色通道"政策,降低运输成本。引导大中城市居民食用冷鲜(冻)猪肉,科学消费,促进猪肉冷链物流的发展。

（二）加强猪肉及其制品的市场、质量和价格监管。要进一步落实各项监管措施，防止注水肉、病死猪肉、未经检疫检验或检疫检验不合格的猪肉进入市场，严厉查处违法经营、囤积居奇、哄抬价格等破坏市场秩序的行为。清理整顿生猪屠宰、销售过程中的各项收费，取缔非法收费，减轻经营企业（户）的不合理负担。

四、妥善安排低收入群体和大中专院校学生的生活

各地要根据猪肉等副食品价格上涨情况，采取适当提高低保标准、发放临时补贴等措施，确保低收入居民生活水平不降低。要保障大中专院校食堂肉类供应，采取定点直供、适当补贴等措施，稳定学生食堂饭菜价格。对家庭经济困难的学生给予必要的补助。

五、完善猪肉储备体系

建立健全中央与地方相结合的猪肉储备制度。中央储备主要满足应对突发事件和救灾的需要；地方储备主要用于局部应急和保证节日市场供应。要发挥储备的蓄水池作用，完善储备调节功能，在市场供大于求、猪价过低时，要增加储备数量，缓解农民“卖猪难”的矛盾；在市场供不应求、猪价过高时，要增加投放。

六、改进生猪等畜禽产品生产消费统计工作

国家统计局要组织各地调查总队开展以生猪为主的主要畜禽生产抽样调查，直接上报汇总，分季定产，减少统计误差；在城市、农村住户调查中要增加相应的畜禽品种，提供更全面的住户消费量和消费价格信息。农业部要加强生猪生产信息的分析和预警。商务部要完善生猪屠宰量和猪肉等畜禽产品市场销售量的调查统计。发展改革委要进一步加强对生猪等副食品的成本调查和价格监测统计工作。

七、正确引导社会舆论

各级人民政府和有关部门要完善新闻发布制度，科学、准确、及时地发布有关信息，引导新闻媒体全面客观准确报道猪肉等副食品市场供应、价格和质量安全情况，正确分析猪肉价格上涨的原因，大力宣传政府扶持生产发展、稳定市场供应、妥善安排低收入居民生活和稳定大中专院校学生食堂饭菜价格、加大资助家庭经济困难学生力度等措施。新闻媒体要按照有关部门发布的信息报道，引导社会各方面客观看待猪肉价格上涨的影响，理性对待市场价格变化。要加强正面报道，主动引导舆论，防止不当炒作，努力形成和谐健康的舆论氛围。

八、加强对生猪生产供应工作的领导

发展生猪生产、稳定市场供应的主要责任在地方人民政府。各地区要提高对生猪生产重要性的认识，全面落实“菜篮子”市长（行政领导）负责制的各项要求，抓紧实施促进生猪生产的各项政策措施，妥善解决生猪生产基地建设、品种改良、母猪猪群保护、疫病防治、保险体系建设、贷款担保、屠宰加工、市场供应、质量价格监管、储备制度、应急机制等方面的矛盾和问题，尽快促进生猪生产的恢复。各城市要在郊区县建立大型生猪养殖场，保持必要的养猪规模和猪肉自给率。任何地方不得以新农村建设或整治环境为由禁止和限制生猪饲养。发展改革、财政、农业、商务、工商、质检、统计、银监、保监等国务院相关部门要各负其责，根据本意见明确的各项政策措施，抓紧制定相应的配套文件，尽快将政策落到实处。同时，各有关部门要密切配合，加强信息沟通和监督检查，指导地方切实抓好生猪生产、供应和价格稳定工作。

各地区、各有关部门要在8月31日前，将贯彻落实本意见的情况报告国务院。

国务院关于加强产品质量和食品安全工作的通知

（2007年8月5日国发[2007]23号发布）

各省、自治区、直辖市人民政府，国务院各部委、各直属机构：

为加强产品质量和食品安全工作，全面提升我国产品质量水平，现就有关问题通知如下：

一、提高认识，增强做好产品质量和食品安全工作的紧迫感和责任感

（一）产品质量和食品安全关系人民群众切身利益，关系企业的生存和发展，关系国家形象。党中央、国务院历来高度重视产品质量和食品安全工作。通过各地区、各部门和广大企业的不懈努力，我国产品质量水平稳步提高，主要农产品和食品质量总体上安全放心，出口商品的质量安全有保障。同时也要看到，我国一些企业管理水平不高、生产条件差，产品质量还存在产品档次和标准水平低、可靠性不高等问题，特别是有的农产品农兽药残留量低超标问题突出、食品生产加工小企业小作坊存在质量安全隐患。少数企业缺乏诚信，违法违规现象严重，有的甚至逃避检验监管，致使不合格商品流入国外市场，授人以柄。在对外开放的条件下，产品质量出问题，不仅损害人民群众利益，影响企业信誉，而且影响中国产品在国际市场的整体形象。各地区、各部门要进一步提高认识，增强做好产品质量和食品安全工作的紧迫感和责任感。

二、以食品安全为重点，全面加强产品质量监管

（二）坚持从源头抓质量。运用生产许可、强制认证等手段，严格市场准入。特别是对涉及人身健康和安全的产品，要依法依规提高生产许可条件和市场准入门槛。要建立严密的食品和食用农产品安全监管网络，种植养殖、生产加工、包装、储运、销售等各个环节，都要加强监管，逐步做到规范化、制度化。对农产品，要着重加强产地环境和农药、兽药、饲料、饲料添加剂等投入品及包装、贮存、运输等环节的监管；对工业品，要着重加强原料进厂、生产加工和产品出厂等环节的控制。要严防不合格食品进入市场，一经发现，坚决退市和召回。

（三）严把货架关和餐桌关。全面实行食品进货检查验收、索证索票、购销台账制度，严格查验和标识标签管理。对所有食品经营户实行实名登记制，特别要加强对农村食品进货渠道的管理。进一步强化餐饮卫生监督量化分级管理制度。以食品、农资、日用消费品为重点，加快产品质量电子监管网和信息化建设，不断改进监管手段。

（四）加强进出口商品检验检疫。要加快推进电子口岸建设，尽快实现质检、海关之间的通关单联网核查，依法严厉打击逃漏检行为，严防有问题的商品进出境，特别是有毒有害物质和疫病进入我国。要推行出口食品“公司＋基地＋标准化”生产管理模式，严格实施疫情疫病、农兽药残留监控制度。

（五）开展集中整治。重点整治农村和城乡结合部等重点区域、食品生产加工小作坊等重点单位、食品等涉及人身健康和安全的重点产品。要把小作坊作为整治的重中之重，对达不到质量安全卫生基本条件的必须限期改造。严厉查处使用非食品物质和回收食品作原料、滥用添加剂等行为。同时，鼓励大企业帮助小企业、小作坊提高生产水平；积极开展食品安全示范县和食品放心乡镇、食品放心社区建设。

（六）引导企业提高产品质量。所有企业都要依法从事生产经营活动，使用的原料、辅料、添剂、农业投入品必须符合法律法规和国家强制性标准。凡生产涉及人身健康和安全产品的企业，必须严格执行国家强制性标准。引导企业根据国内外市场变化趋势，建立健全从产品设计到售后服务全过程的质量管理体系，全面加强质量管理；围绕提高产品质量，增强自主创新能力，加快技术进步。要运用自主创新、品牌经营、商标注册、专利申请等手段，努力培育一批具有自主知识权的世界知名品牌，让"中国制造"真正成为优质产品的标志。

三、强化基础，加快标准体系和监管能力建设

（七）加快标准体系建设。要及时跟踪和掌握国外先进标准情况，健全技术标准服务平台和标准制订修订快速应急机制，完善国家标准，涉及健康和安全的主要指标要符合国际标准。要抓好食品标准的制订修订工作，尽快形成科学统一权威的食品标准体系。鼓励企业制订具有竞争力、高于现行国家标准的企业内控标准。

（八）加强监管能力建设。各监管部门要重心下移，抓基层，强基础，充实一线执法力量，加强一线监管工作。各级财政要增加投入，加强以各监管部门一线为重点的装备建设，配备一批先进设备，解决监管工作中存在的"检不了、检不出、检不准、检得慢"等突出问题。各监管部门要加强合作，充分利用现有的检验检测资源，提高检测技术水平和监管能力。

四、加强对外工作，妥善应对贸易保护和歧视

（九）加大对外交涉力度。要旗帜鲜明地反对那些借产品质量和食品安全之名，行贸易保护和歧视之实的行为。有关部门、进出口商会、行业协会和企业应及时澄清事实，正面回应，必要时运用法律手段维护合法权益。

（十）加强国际交流合作。加强与有关国家对口部门的对话与磋商，积极开展同国外相关产业协会和企业的交流与合作，尊重国际规则，消除在产品质量和食品安全问题上的分歧。加强与出口目的地国政府，以及世界贸易组织、联合国粮农组织和世界卫生组织等国际组织的信息通报；

充分利用行业协会、进出口商会和企业等多种渠道,广泛沟通,扩大交流,增进理解,争取支持。

五、完善应急机制,妥善应对突发事件

(十一) 完善风险预警和快速反应机制,切实防范和妥善处置产品质量和食品安全突出事件。产品质量和食品安全突发事件发生后,有关地方和部门要切实做到立即报告、迅速介入、科学研判、妥善处置。重点加强食品安全事件应急处理、食源性疾病防治等工作,尤其要防控学校、建筑工地等集体食堂群体食物中毒事件。

六、全面加强舆论信息工作,坚持正确的舆论导向

(十二) 加强舆论宣传,树立中国产品的良好形象。尽快起草和发布《中国食品安全白皮书》,实事求是地全面介绍中国政府和广大企业为提高食品安全保障水平做出的努力和取得的成效。组织各类媒体到名优企业和检验机构采访,更多地了解中国企业和中国产品的主流面,形成积极的舆论声势。

(十三) 建立统一、科学、权威、高效的产品质量和食品安全信息发布制度。有关监管部门要主动发布产品质量和食品安全信息,及时发布查处问题、改进工作的信息,及时发布查处问题、改进工作的信息,保障公众的知情权和监督权。抓紧建立统一的食品安全信息发布和会商制度,定期联合发布信息。一旦发生产应,核准事实,统一口径,迅速稳妥发布信息。对反映比较集中的问题,要逐一查实,及时澄清,不回避问题。

(十四) 发挥舆论监督作用。要鼓励和支持新闻媒体开展舆论监督,对制售假冒伪劣产品的行为予以曝光,推动改进产品质量和食品安全工作,及时解决问题。加强对各级各类媒体的管理,强化新闻从业人员的职业道德教育。对个别恶意炒作、制造和传播虚假信息的媒体和个人,要依法处理。

七、以产品质量诚信体系为重点,加强质量法制建设和宣传教育

(十五) 认真实施《国务院关于加强食品等产品安全监督管理的特别规定》。要通过贯彻落实《国务院关于加强食品等产品安全监督管理的特别规定》,增强法律法规之间的系统性和协调性,堵塞漏洞,严密监管;实现行政执行和刑事司法紧密衔接,加大对违法行为的惩处力度,增加违法成本,依法打击各种质量违法违规行为。同时加快完善产品质量和食品安全工作的法律法规行为。同时加快完善产品质量和食品安全工作的法律法规体系，研究修订食品卫生法、计量法、国境卫生检疫法等法律法规。

（十六）落实执法责任追究制度。加强行政监察和执法监督检查，纠正和查处重审批、轻监管和少数执法部门及人员不作为、乱作为的问题；构成犯罪的要依法追究有关人员的责任；监管不力、造成严重后果的，要依法追究其主要负责人、直接负责的主管人员和其他直接责任人员的责任。对实行地方保护、地区封锁的，要予以纠正；造成严重后果或恶劣影响的，要追究有关地方政府领导和有关部门负责人的责任。要结合治理商业贿赂，依法打击纵容包庇质量违法违规行为的单位和个人。

（十七）加强诚信体系建设。以产品质量和食品安全为重点，加强诚信体系建设和宣传教育。发布质量竞争力指数，并纳入地方经济社会发展评价体系。积极发挥各类商会、协会的作用，促进行业自律。加强对企业的管理和培训，增强法制观念，树立质量和信誉意识，培养社会责任感。把企业产品质量状况作为衡量诚信水平的重要指标，建立诚信档案。对守法经营、质量过硬的企业要加强宣传，提供优质服务和便利；对管理薄弱的企业，要加大监管和巡查力度；对制假售假的企业，要依法处理，并列入“黑名单”，向社会曝光。要大力普及产品质量和食品安全知识，提高人民群众的质量意识和防假辨假能力；建立健全投诉举报制度，发挥社会监督作用。

八、加强领导，明确产品质量和食品安全监督管理责任

（十八）加强对产品质量和食品安全工作的领导。成立国务院产品质量和食品安全领导小组，统筹协调产品质量和食品安全工作中的重大问题，统一部署有关重大行动。地方各级人民政府也要切实加强对本地区产品质量和食品安全工作的组织领导，主要负责人要亲自抓。要大力支持各监管部门依法履行职责，为他们开展工作创造良好条件。

（十九）强化地方人民政府监管部门的责任。县级以上地方人民政府对本行政区域内的产品质量和食品安全监督管理负总责。各地方、各有关部门都要各负其责，各司其职，管好本行政区和本行业的产品。各监管部门要在职责范围内实行全面监管，不仅要管有证照的生产经营者，也要管无证照的生产经营者；权利与监管责任必须一致，谁发证，谁监管，谁负责。企业要对其生产销售产品的质量和安全负责，依照法律法规从事生产经营活动，接受监管部门的监督检查。检验检测机构要对出具的检验检测报告负法律责任。

国务院办公厅关于成立国务院产品质量和食品安全领导小组的通知

(2007 年 8 月 5 日国办发[2007]56 号发布)

各省、自治区、直辖市人民政府，国务院各部委、各直属机构：

为切实加强产品质量和食品安全工作，国务院决定成立国务院产品质量和食品安全领导小组(以下简称领导小组)。现将有关事项通知如下：

一、主要职责

(一) 统筹协调产品质量和食品安全重大问题，统一部署有关重大行动。

(二) 督促检查产品质量和食品安全有关政策的贯彻落实和工作进展情况。

二、组成人员

组　长：吴　仪　　国务院副总理

副组长：李长江　　质检总局局长

　　　　项兆伦　　国务院副秘书长

成　员：何亚非　　外交部部长助理

　　　　欧新黔　　发展改革委副主任

　　　　刘燕华　　科技部副部长

　　　　刘金国　　公安部副部长

　　　　李玉赋　　监察部副部长

　　　　廖晓军　　财政部副部长

　　　　孙政才　　农业部部长

　　　　高虎城　　商务部副部长

　　　　陈　竺　　卫生部部长

龚　正　　海关总署副署长
宋　兰　　税务总局副局长
周伯华　　工商总局局长
蒲长城　　质检总局副局长
邵明立　　食品药品监管局局长
汪永清　　法制办副主任
王国庆　　新闻办副主任

三、工作机构及其职责

领导小组办公室设在质检总局，承担领导小组的日常工作，研究提出加强产品质量和食品安全工作的政策建议，督查落实领导小组议定事项，开展调查研究，分析舆情，对外发布信息。办公室主任由李长江同志兼任。办公室下设农产品整治组（农业部牵头）、食品和有关消费品整治组（质检总局牵头）、药品整治组（食品药品监管局牵头）、新闻信息组（新闻办牵头），由牵头部门的有关司（局）长担任组长，相关部门派出局处级干部参加。

由于工作变动等原因，领导小组成员需要调整的，由成员单位向领导小组办公室提出，报领导小组组长审批。

国务院办公厅关于印发全国产品质量和食品安全专项整治行动方案的通知

（2007 年 8 月 22 日国办发[2007]57 号发布）

各省、自治区、直辖市人民政府，国务院各部委、各直属机构：

《全国产品质量和食品安全专项整治行动方案》已经国务院同意，现印发给你们，请认真贯彻执行。

全国产品质量和食品安全专项整治行动方案

为解决当前产品质量和食品安全存在的突出问题，国务院决定自 8

月下旬至12月底在全国范围开展为期4个月的产品质量和食品安全专项整治。

一、总体要求

通过对重点产品、重点单位、重点区域的集中整治，建立健全从产品设计、原料进厂、生产加工、出厂销售到售后服务的工业品全过程监管链条，建立健全从种植养殖、生产加工、流通销售到餐饮消费的食品全过程监管链条，建立产品质量和食品安全质量追溯体系和责任追究体系，建立覆盖全社会的产品质量监管网络，把我国产品质量和食品安全提高到一个新的水平。（重点产品，是指食用农产品、食品、药品、消费品等产品，以及进出口商品；重点单位，是指蔬菜生产基地，规模畜禽、水产品养殖场，肉联厂、屠宰场，饲料加工厂，食品生产加工企业及小作坊，农副产品批发市场、生鲜产品超市、小食杂店、小型餐馆，以及药品生产经营企业等；重点区域，是指农村和城乡结合部，食品生产比较集中的区域，无证生产问题突出的区域，以及制假售假屡打不绝、反复发生的区域）

二、主要任务和工作目标

（一）农产品质量安全整治。对农业投入品使用、生产过程进行整治；加强种植养殖业产品农药残留、“瘦肉精”、“孔雀石绿”、“硝基呋喃”、“氯霉素”等禁用、限用药物残留监测；查处生产、销售、使用国家明令禁止的农药兽药、饲料添加剂等违法行为；依法查处重点地区和重点市场生产销售不符合法定要求的农产品的行为，严厉打击制售假冒伪劣农业投入品的违法行为。到今年年底，全国大中城市的农产品批发市场100％纳入质量安全监测范围；农产品生产基地、规模种植养殖场、农业标准化示范区（场）使用违禁农药兽药和饲料添加剂问题基本解决；蔬菜、畜（禽）、水产品农药兽药残留超标率及检出率进一步下降；杜绝违规生产、销售和使用甲胺磷、对硫磷、甲基对硫磷、久效磷、磷胺等5种高毒农药。（农业部门牵头）

（二）生产加工食品质量安全整治。对食品企业和小作坊依法进行整治，严厉打击制售假冒伪劣食品、使用非食品原料和回收食品生产加工食品以及滥用食品添加剂的违法行为；坚决取缔无卫生许可证、无营业执照、无食品生产许可证等违法生产加工企业，严肃查处获证企业生产不合格产品和不能确保必备生产条件等违法行为；加强对小作坊的监管，全面推行产品质量安全承诺书制度；严格食品市场准入，组织开展强制检验和专项抽查，强化食品生产加工企业使用添加剂备案制度。到今年年底，食品生产加工企业100％取得食品生产许可证；小作坊100％签订食品质量安全承诺书；严厉制裁使用各种非食品原料和回收食品生产加工食品违法行为；彻底解决县城以上城市、乡镇政府所在地和城乡结合部婴幼儿配方乳粉等16类食品无证照生产加工的问题。（质量技术监督部门牵头）

（三）流通领域食品质量安全整治。严格食品经营主体市场准入，落实食品质量市场准入、交易和退市的各项制度。加强对农村食品进货渠道和农村集市的管理，落实区域监管责任；加大市场监管力度，突出食品批发市场、小食杂店，严厉查处无照经营、超范围经营食品以及经销过期变质、有毒有害、假冒伪劣食品等违法行为，严厉查处水产品经营中使用违禁药物或化学物质等违法违规行为；对售假问题突出的市场，抓住运输、仓储、销售等环节，切断假货流通渠道，摧毁假货集散地。到今年年底，县城以上城市的市场、超市100％建立进货索证索票制度；彻底解决乡镇政府所在地及县城以上城市小食杂店、小摊点无照经营的问题；乡镇、街道、社区食杂店100％建立食品进货台账制度。（工商行政管理部门牵头）

（四）餐饮消费安全整治。全面实施餐饮单位食品卫生监督量化分级管理制度。进一步规范卫生许可和监督工作，加强对农村地区、学校、建筑工地、农家乐旅游点餐饮和小型餐馆的食品卫生监管；严格推行餐饮业原料进货索证和验收制度，严厉查处采购、使用病死或者死因不明的畜、禽等及其制品、劣质食用油、不合格调味品、工业用盐或非食品原料和滥用食品添加剂等违法行为。到今年年底，彻底解决县城以上城市的餐饮经营单位无证照经营的问题；食堂和县城以上城市的餐饮经营单位100％建立原料进货索证制度；杜绝使用病死或者死因不明的畜、禽等及其制品行为，杜绝使用有毒有害物质加工食品的行为。（卫生部门牵头）

（五）药品质量安全整治。全面开展药品批准文号清查和再注册工作，淘汰不具备生产条件、质量无法保证、安全隐患较大的品种；开展注射剂品种生产工艺核查，逐步扩大向高风险品种生产企业派驻监督员；加强普通药品监管和特殊药品监控；严格药品经营企业准入管理，加强《药品经营质量管理规范》（GSP）认证后监督检查，禁止药品零售企业以任何形式出租或转让柜台，严厉打击挂靠经营、走票以及用食品、保健食品、保健用品冒充药品和医疗器械等违法违规行为；整治虚假违法药品广告，建立违法广告的公告、市场退出、信用监管和责任追究制度；全面推进医疗器械注册申报资料真实性核查，加强对高风险产品和质量可疑产品的质量监督抽验。到今年年底，完成药品注册现场核查专项工作；建成特殊药品监控信息网络；基本解决挂靠经营、超方式和超范围经营药品问题；禁止和取缔以公众人物、专家名义证明疗效的药品广告。（食品药品监管部门牵头）

（六）猪肉质量安全整治。加强生猪定点屠宰管理，加强产地检疫和屠宰检疫。对病死猪必须进行无害化处理，做到不屠宰、不食用、不出售、不转运。推进动物疫病标识追溯体系和畜产品质量可追溯体系建设，无耳标的生猪不许调运，没有检疫（验）证明的猪肉不准进入市场、超市销售；加强对猪肉市场和生产加工企业监管，严肃查处生产加工、销售病死猪肉、注水猪肉等违法行为，严防病死、注水、未经检疫（验）或检疫（验）不合格猪肉进入加工和流通环节。到今年年底，县城以上城市进点屠宰率实现100％，乡镇进点屠宰率达 95％；县城以上城市所有市场、超市、集体食堂、餐饮单位销售和使用的猪肉 100％来自定点屠宰企业。（商务部门牵头）

（七）消费品等产品质量安全整治。重点整治家用电器、儿童玩具、劳动防护用品、汽车配件、低压电器、建筑钢材、人造板、扣件、电线电缆、燃气器具等 10 类涉及人身健康和安全产品。严厉查处无证生产及使用不合格原料以假充真、以次充好、以不合格产品冒充合格产品的违法行为；扩大重点产品质量监督抽查覆盖面，增加抽查频次；严格发证后管理，严格监督检查后处理。到今年年底，10 类产品生产企业 100％建立质量档案；基本解决无证生产的问题；监督抽查合格率明显提高。（质量技术监督部门牵头）

（八）进出口产品质量安全整治。全面清查出口食品特别是水产品原料基地、获得卫生注册登记资格的出口食品生产企业。严厉打击逃避检验检疫的行为，严格出口农产品产地检验检疫责任制，全面实施对出口水果、饲料（含原料）、种子苗木和水生动物的注册登记制度，加强出口农产品生产、加工、存放、运输过程的监管。重点打击非法进口肉类、水果、废物等行为，对非法进口的货物一律退货或销毁。加强检验检疫，防止动植物危险性病虫害和有毒有害物质传入传出；强化玩具、灯具、小家电、摩托车、沙滩车等产品的进出口检验监管。加强对边境贸易进出口商品的质量安全管理。到今年年底，非法进口的肉类、水果、废物等100%退货或销毁；出口食品特别是水产品原料基地100%得到清查；出口食品运输包装100%加贴检验检疫标志，货证相符。（出入境检验检疫部门牵头）

三、工作要求和措施

（一）加强领导，落实责任。这次专项整治，由国务院产品质量和食品安全领导小组统一领导。各省（区、市）要建立健全相关工作机制，根据本行动方案，提出具体的整治任务和目标；各有关部门也要制定本部门、本行业的工作方案。要将专项整治的任务和责任逐级落实到市、县、乡镇、街道，落实到机关、企业和店铺。坚持属地管理和“谁主管、谁负责”的原则，真正形成“地方政府对产品质量和食品安全负总责、监管部门各负其责、生产经营者作为第一责任人”的责任体系。要为专项整治提供必要的人力、资金和技术装备保障，同时加强应急能力建设。

县级以上地方人民政府要统一领导、协调本行政区域内的监督管理工作，统一领导、指挥产品安全突发事件应对工作，建立监督管理责任制。这次专项整治工作不搞评比，但要组织验收，对工作开展好的地区要进行表扬，对工作开展较差的地区要通报批评。对产品质量和食品安全突出问题长期得不到解决或因此发生恶性事件的地方，要依纪依法追究主要负责人的责任；对在专项整治中失职渎职、包庇纵容制假售假活动的地方、部门负责人和有关责任人，要严肃查处。

（二）依法办事，协同配合。县级以上人民政府及其部门要严格依照有关法律和《国务院关于加强食品等产品安全监督管理的特别规定》的规定，履行监督管理职责，做到公开、公平、公正，从严查处制售不符合法定要求的产品的违法行为；要完善行政执法与刑事司法衔接机制，对涉嫌构成犯罪、依法需要追究刑事责任的，按规定移送公安机关；对制假售假重大违法行为和造成严重后果的违法犯罪分子，要依法严惩。

各地区、各部门要围绕本整治行动方案确定的工作目标和重点，做到令行禁止，密切配合，搞好衔接，建立上下联动、部门联动、区域联动的工作机制，形成严密的监管网络。无论是牵头部门还是配合部门，都要在当地政府的统一指挥下，群策群力，积极工作，对重点产品、重点单位和重点区域，集中时间，集中力量，联合打击查处。同时，积极探索治本之策，加快相关信息化建设，集中制订修订一批急需的农产品、食品、药品安全和检测技术等方面的国家标准，充分发挥有关行业协会和中介组织的作用。要认真实施食品等产品的质量追溯和召回制度，实行质量信用等级分类监管，逐步形成失信惩戒机制。

（三）积极宣传，营造氛围。要充分发挥报刊、广播、电视、网络等媒体的作用，大力宣传专项整治成果，及时揭露并曝光制售假冒伪劣产品的行为。做好对外宣传工作，及时主动向境外媒体提供信息，进一步介绍和说明我国政府在狠抓产品质量、保障食品安全等方面作出的努力和采取的有效措施。完善举报投诉制度，广泛发动和正确引导公众参与，形成生产安全产品、销售安全产品、使用安全产品的良好社会氛围。专项整治期间，有关部门每月至少联合召开一次新闻发布会，发布权威信息，通报工作进展。

（四）加强交流，扩大合作。各有关部门要按照国务院的统一部署，积极开展与有关国家和部门的对话与磋商，加强与出口目的地国政府，以及世界贸易组织、联合国粮农组织、世界卫生组织等国际组织的信息通报，建立合作机制，完善预警制度。推动检验检疫技术、质量立法及执法方面的国际交流与合作。在尊重科学、符合国际规则的前提下，通过对话谈判、调查，消除在产品质量和食品安全问题上的分歧，实事求是地解决共同面临的问题。要鼓励行业协会、进出口商会和企业等通过多种渠道，扩大交流，争取支持。

国务院产品质量和食品安全领导小组将组织督查组，对专项整治工作进展进行督查。各省（区、市）人民政府和国务院有关部门每月要将专项整治工作进展情况汇总报告领导小组办公室（质检总局），重大情况及时报告。

国务院关于促进奶业持续健康发展的意见

（2007 年 9 月 27 日国发[2007]31 号发布）

各省、自治区、直辖市人民政府，国务院各部委、各直属机构：

奶业是农业的重要组成部分，乳品是重要的“菜篮子”产品，与人民生活息息相关。为促进我国奶业持续健康发展，现提出以下意见：

一、充分认识保持奶业持续健康发展的重要性和紧迫性

（一）正确认识当前奶业发展面临的形势。改革开放以来特别是近几年，我国奶业持续快速发展，饲养规模不断扩大，加工能力明显增强，奶类产量持续增长，乳品消费稳步提高，对丰富城乡市场、优化农业结构、增加农民收入做出了重要贡献。但是去年以来，我国奶牛养殖效益大幅度下降，部分奶牛养殖户亏损，个别地区出现宰杀母牛犊现象。对此，必须予以高度重视。奶业发展出现较大波动，直接原因是饲料价格上涨、原料奶收购价格偏低，深层次原因主要是：奶牛良种覆盖率和单产水平低，养殖方式较为落后；乳品加工企业与奶农的利益关系不顺，原料奶定价机制不合理；加工企业恶性竞争，市场秩序不规范；质量保障体系不健全，液态奶标识制度不落实；消费群体培育滞后，市场开拓不力。只有采取综合措施解决这些问题，才能确保我国奶业持续健康发展。

（二）促进奶业持续健康发展具有重要意义。奶业是农业现代化的重要标志，是我国农民增收的重要渠道。从总体上看，我国奶业发展起步晚，仍有很大的发展空间和增长潜力。保持我国奶业持续健康发展，是优化农业结构，建设现代农业的需要；是促进产业进步，增加农民收入的需要；是改善居民膳食结构，增强国民体质的需要。当前，我国奶业经过连续多年高速增长后，正处在从单纯的数量扩张向整体优化结构、全面提高产业素质和竞争力转变的关键时期。各地区、各部门要主动顺应这一趋势，抓住机遇，迎接挑战，统一思想，真抓实干，努力把我国奶业发展推向新阶段。

二、促进奶业持续健康发展的指导思想和基本原则

（三）指导思想。以邓小平理论和“三个代表”重要思想为指导，全面贯彻落实科学发展观，按照建设社会主义新农村的基本要求，把发展现代奶业放在更加重要的位置，以保护奶农利益为根本，以提高良种化水平和转变饲养方式为基础，以建立奶农与企业合理的利益关系为纽带，以完善法律法规、质量标准和规范市场秩序为保障，以加大政策扶持力度为支撑，努力推进我国奶业的规模化、标准化、优质化和产业化，把我国奶业的整体素质和效益提高到一个新水平。

（四）基本原则。

——立足当前解困，着眼长远发展。当前要采取切实有效措施，帮助奶农渡过难关，恢复奶农信心，稳定奶牛存栏，防止奶业大起大落。同时要着眼奶业长远发展，统筹规划，加强引导，积极促进奶业增长方式的转变，全面提升我国奶业的质量、效益和竞争力。

——坚持以农为本，理顺利益关系。切实加强良种繁育、科学饲养、疫病防治等基础工作，增强奶农自我发展能力。鼓励企业与奶农建立多种形式的利益联结机制，构建农企一家、互利共赢的产业化经营新格局，为奶业长远发展奠定良好的制度基础。

——规范企业行为，维护市场秩序。引导乳品加工企业合理布局，壮大实力，有序发展。规范企业收购、加工、经营行为，防止恶性竞争。建立健全质量标准，完善检验检测手段，落实产品标识制度，加强市场监管，确保质量安全。

——坚持市场导向，加大政策扶持。充分发挥市场机制作用与加大政策扶持力度相结合，既要引导广大奶农和企业面向市场组织生产，又要通过政策扶持，增强奶农抗御风险的能力，促进奶业实现增长方式平稳转型。

三、促进奶业持续健康发展的主要任务和重点工作

（五）加强良种繁育和推广，提高奶牛生产水平。加强奶牛良种繁育，加大良种推广力度，优化奶牛群体结构，不断提高奶牛单产水平。有关部门要抓紧制定奶牛品种改良计划，切实做好良种登记和奶牛生产性能测定等基础性工作。相关扶持政策要与提高奶牛单产水平的目标挂钩，充分发挥政策的推动作用。国有种公牛站要尽快改制为自主经营、自负盈亏的企业，增强为农服务意识，提高服务水平。到2012年，力争奶牛良种覆盖率提高到60%，奶牛平均单产水平提高到5.5吨。

（六）推进养殖方式转变，提高原料奶质量。通过发展规模养殖小区（场）等方式，加快推进养殖环节的规模化、集约化、标准化，逐步解决奶牛养殖规模小而散问题。农业部门要抓紧制定奶牛规模化养殖标准和规范，到2012年，奶牛规模养殖的比重要有较大幅度提高。把提高原料奶质量放在突出重要的位置，努力提高原料奶的乳脂率和乳蛋白含量，降低菌落总数。大力推广科学饲养技术，加强饲草料基地建设，扩大青贮饲料生产。加快普及机械化挤奶，减少生产环节的污染。认真落实以防为主、防治结合的方针，切实加强奶牛疫病防治，有效降低传染病、多发病发病率。加强饲养环节的技术服务，努力提高基层畜牧兽医人员业务素质和进场入户服务水平。

（七）积极发展产业化经营，形成合理的原料奶定价机制。大力发展以奶农为基础、基地为依托、企业为龙头的奶业产业化经营方式，形成奶业产业链各个环节相互促进、共同发展的格局。鼓励乳品加工企业通过订单收购、建立风险基金、返还利润、参股入股等多种形式，与奶农结成稳定的产销关系和紧密的利益联结机制，更好地发挥企业的龙头带动作用。积极扶持奶农合作社、奶牛协会等农民专业合作组织的发展，使其在维护奶农利益、协商原料奶收购价格、为奶农提供服务等方面充分发挥作用。地方人民政府要加强对原料奶收购价格的指导，防止奶价过低损害奶农利益。建立原料奶质量第三方检测制度，逐步实现原料奶收购的优质优价。县级有关部门要加强奶站管理，规范原料奶收购秩序，严厉打击掺杂使假、强买强卖、压级压价等违法违规行为。国家采取有效措施，稳定饲料价格。

（八）优化奶业布局，提高企业素质。科学设置乳品加工企业市场准入条件，严格准入制度，引导企业合理确定奶源半径和经济规模，防止加工企业盲目发展和低水平重复建设。鼓励企业通过资产重组、企业兼并等方式，合理扩大生产规模，提高市场竞争能力。优化全国奶业布局，北方主产区要合理布局乳品加工企业，促进奶源基地与加工企业协调发展；南方地区要充分利用草山草坡发展奶牛养殖，重视奶水牛的发展，逐步扩大加工能力，缓解奶业发展“北多南少”的矛盾。乳品加工企业要加快技术改造步伐，调整产品结构，加强内部管理，自觉遵守行业规范；要建立稳定的奶源基地，避免和防止哄抢奶源。

（九）健全质量标准体系和标识制度，规范市场秩序。统一并严格执行国家标准，完善原料奶质量标准体系，抓紧按照生鲜乳品卫生标准修订原料奶收购标准。进一步落实《国务院办公厅关于加强液态奶生产经营管理的通知》（国办发明电[2005]24号）的有关规定，严格执行复原乳标识制度。完善复原乳检测技术、方法和液态奶加工工艺及产品标准，严格产品标识标注管理。对其他液态奶也要实行明确标识。进一步完善检验检测手段，建立液态奶定期监督检查制度。进一步健全相关法律法规，依法加强液态奶市场不良竞争行为的监管，及时查处低价倾销等恶性竞争行为。加强乳品进口调控与管理，对乳品进口设立符合国际惯例的特别保障措施。

（十）引导乳品消费，开拓奶业市场。通过多种形式在全社会广泛宣传和大力普及奶类营养知识，培养国民乳品消费习惯，引导城乡居民扩大消费，特别要注重培养青少年消费群体。加大国家学生饮用奶计划的推广力度，完善学生饮用奶定点生产企业扶持政策，扩大学生饮用奶覆盖范围。鼓励企业加强新产品开发，满足不同群体的消费需求。完善乳品物流配送体系，积极开拓中小城市和农村消费市场。深入宣传复原乳、巴氏杀菌乳、灭菌乳等科普知识，使消费者获得客观真实信息，维护消费者合法权益。

四、加大奶业发展的政策扶持

（十一）加大奶牛养殖补贴力度。为加快扩大优质奶牛种群繁养步伐，继续执行中央财政奶牛良种补贴政策，扩大补贴范围，同时对经过后裔测定并注册的优良种公牛冻精液加大补贴力度。为稳步扩大优质奶牛后备资源，建立后备母牛补贴制度。对享受奶牛良种补贴改良后的优质后备母牛给予一次性补贴，每头补助500元；中央财政对中西部地区给予补助，东部地区补贴由地方财政负担。将牧业机械和挤奶机械纳入财政农机具购置补贴范围。完善奶牛重大疫病防治和扑杀政策，将患布氏杆菌病、结核病而强制扑杀的奶牛，列入畜禽疫病扑杀补贴范围。具体补贴办法由财政部会同农业部制定。

（十二）建立奶牛政策性保险制度。为有效保障奶牛养殖安全，国家建立奶牛政策性保险制度。政府对参保奶农给予一定的保费补贴，中央财政对中西部地区给予补助，东部地区补贴由地方财政负担，具体补贴办法由财政部会同保监会、农业部制定。各地可根据实际情况制定具体操作办法。

（十三）支持建设标准化奶牛养殖小区。国家对养殖小区（场）的水电路、粪污处理、防疫、挤奶设施及饲草料基地建设等给予适当补助，具体办法由发展改革委会同农业部制定。地方人民政府要统筹规划，优化布局，合理安排奶牛养殖小区建设用地。

（十四）加强对奶牛养殖农户信贷支持。金融机构对奶牛养殖农户、奶农合作社等要给予信贷支持，开发适应奶业发展需要的金融产品，搞好金融服务；地方人民政府要给予适当贴息补助。对2006年1月1日至2008年6月30日期间，因非主观因素发生还贷困难的奶牛养殖农户，其逾期贷款视困难情况予以展期，具体期限由贷款银行决定。经贷款银行同意展期的逾期贷款免收罚息。

（十五）完善产业政策。对新建和扩建乳品加工项目取消备案制，统一实行核准制，并将与之配套的奶源基地建设作为项目核准条件之一，对已建、在建、拟建项目进行清理。具体条件和办法由发展改革委研究制定。修订《外商投资产业指导目录》，统一内外资企业进口乳品加工设备税收政策。

五、加强组织领导，落实政策措施

（十六）切实加强对奶业的领导。促进奶业发展的主要责任在地方人民政府。地方各级人民政府要进一步增强做好奶业工作的责任感、紧迫感，全面落实"菜篮子"市长（行政领导）负责制，把促进奶业发展列入重要议事日程。当前，要把避免奶业大起大落作为紧迫任务，把中央的政策措施与本地实际紧密结合，狠抓落实，确保奶农得到政策实惠。要在深入调查研究的基础上，制定本地区的奶业发展规划和相关政策措施。要随时关注奶业发展动向，妥善解决奶牛养殖、加工、市场、价格等方面出现的问题，促进奶业持续健康发展。

（十七）加强对奶业的指导和支持。国务院有关部门要按照职责分工，密切配合，加强指导，为促进奶业持续健康发展创造良好条件，支持地方人民政府做好工作。农业部门要会同有关部门抓紧编制全国奶业发展规划，发展改革、财政部门要落实支持奶业发展的各项资金，商务、质检等部门要加大乳品市场秩序和产品质量监管力度，保监会要督促保险公司尽快开展奶牛保险业务。各部门要确保2007年年底前将政策落实到位。各行业协会要当好政府与奶农、企业的桥梁，充分发挥协调、服务、维权、自律的作用。

国务院关于第四批取消和调整行政审批项目的决定（摘录）

（2007年10月9日国发[2007]33号发布）

各省、自治区、直辖市人民政府，国务院各部委、各直属机构：

2007年4月以来，按照国务院的统一部署和行政审批制度改革的要求，国务院行政审批制度改革工作领导小组依据行政许可法的规定，组织对国务院部门的行政审批项目进行了新一轮集中清理。经严格审核和论证，国务院决定第四批取消和调整186项行政审批项目。其中，取消的行政审批项目128项，调整的行政审批项目58项（下放管理层级29项、改变实施部门8项、合并同类事项21项）。另有7项拟取消或者调整的行政审批项目是由有关法律设立的，国务院将依照法定程序提请全国人大常委会审议修订相关法律规定。

各地区、各部门要认真做好取消和调整行政审批项目的落实和衔接工作，切实加强后续监管。要深入贯彻科学发展观，适应完善社会主义市场经济体制、加强和改善宏观调控以及转变政府职能的要求，继续深化行政审批制度改革，依法对行政审批项目实行动态管理，加强对行政审批权的监督制约，努力在规范审批行为、创新审批方式、完善配套制度、建立长效机制等方面取得新的进展。

附件：1. 国务院决定取消的行政审批项目目录（128项）

2. 国务院决定调整的行政审批项目目录（58项）

附件1

国务院决定取消的行政审批项目目录（128项）（摘录）

部门	序号	项目名称	设定依据	备注
质检总局	67	外国检验机构境外评估认可	原《中华人民共和国进出口商品检验法实施条例》（国务院批准，国家进出口商品检验局1992年10月23日发布）	
	68	出口货物原产地证明申请人注册登记	《中华人民共和国进出口货物原产地条例》（国务院令第416号）	
	69	国境口岸从业人员健康证签发	《中华人民共和国国境卫生检疫法实施细则》（国务院批准，卫生部1989年3月6日发布）	

续表

部门	序号	项目名称	设定依据	备注
质检总局	70	进出口食品、化妆品标签审核	《中华人民共和国进出口商品检验法实施条例》(国务院令第447号)	
	71	棉花收购加工单位质量保证能力资格认定	《棉花质量监督管理条例》(国务院令第470号)	
	72	外国检验鉴定机构常驻代表机构的许可	《中华人民共和国进出口商品检验法实施条例》(国务院令第447号)	
	73	境外认证机构设立代表机构批准	《中华人民共和国认证认可条例》(国务院令第390号)	
	74	锅炉用无缝钢管生产许可	《中华人民共和国工业产品生产许可证管理条例》(国务院令第440号)	
	75	锅炉压力容器用钢板生产许可	《中华人民共和国工业产品生产许可证管理条例》(国务院令第440号)	
	76	螺旋焊缝钢管生产许可	《中华人民共和国工业产品生产许可证管理条例》(国务院令第440号)	
	77	民用船舶生产许可	《中华人民共和国工业产品生产许可证管理条例》(国务院令第440号)	
	78	重要电子元器件生产许可	《中华人民共和国工业产品生产许可证管理条例》(国务院令第440号)	
	79	电子应用仪器及电源装置生产许可	《中华人民共和国工业产品生产许可证管理条例》(国务院令第440号)	
	80	教学用安全仪器生产许可	《中华人民共和国工业产品生产许可证管理条例》(国务院令第440号)	
	81	油锯生产许可	《中华人民共和国工业产品生产许可证管理条例》(国务院令第440号)	

续表

部门	序号	项目名称	设定依据	备注
质检总局	82	铁路车辆闸瓦生产许可	《中华人民共和国工业产品生产许可证管理条例》(国务院令第440号)	
	83	弹条扣件生产许可	《中华人民共和国工业产品生产许可证管理条例》(国务院令第440号)	
	84	带电作业工器具生产许可	《中华人民共和国工业产品生产许可证管理条例》(国务院令第440号)	
	85	轧钢辊生产许可	《中华人民共和国工业产品生产许可证管理条例》(国务院令第440号)	
	86	建筑幕墙生产许可	《中华人民共和国工业产品生产许可证管理条例》(国务院令第440号)	
	87	工业搪玻璃设备生产许可	《中华人民共和国工业产品生产许可证管理条例》(国务院令第440号)	

附件2(略)

第三部分

部门规章　规范性文件

(一) 部门规章

产品防伪监督管理办法

(2002 年 11 月 1 日国家质检总局令第 27 号公布)

第一章 总 则

第一条 为了加强对产品防伪的监督管理,预防和打击假冒违法活动,维护市场经济秩序,有效地保护产品生产者、使用者和消费者的合法权益,根据《中华人民共和国产品质量法》、《工业产品生产许可证试行条例》和国务院赋予国家质量监督检验检疫总局(以下简称国家质检总局)的职责,制定本办法。

第二条 在中华人民共和国境内从事防伪技术、防伪技术产品及防伪鉴别装置的研制、生产、使用,应当遵守本办法。

法律、行政法规及国务院另有规定的除外。

第三条 国家质检总局负责对产品防伪实施统一监督管理,全国防伪技术产品管理办公室(以下简称全国防伪办)承担全国产品防伪监督管理的具体实施工作。

各省、自治区、直辖市质量技术监督部门(以下简称省级质量技术监督部门)负责本行政区内产品防伪的监督管理。

第四条 产品防伪的监督管理实行由国家质检总局统一管理,相关部门配合,中介机构参与,企业自律的原则。

第五条 国家对按本办法获得合法资格的防伪技术、防伪技术产品、防伪鉴别装置及使用防伪技术的产品给予法律保护。

第六条 产品防伪监督管理机构、中介机构、技术评审机构、检测机构及其工作人员必须坚持科学、公正、实事求是的原则,保守防伪技术秘密;不得滥用职权、徇私舞弊、泄露或扩散防伪技术秘密。

第二章 防伪技术产品生产管理

第七条 国家对防伪技术产品及防伪鉴别装置(以下简称防伪技术产品)实施生产许可证制度。凡生产防伪技术产品的企业必须获得国家质检总局颁发的防伪技术产品生产许可证,才具有生产该产品的资格。

第八条 申请防伪技术产品生产许可证的企业必须通过产品的防伪技术评审。

防伪技术的评审由国家质检总局委托防伪技术评审机构组织防伪技术专家委员会进行。

国家对防伪技术评审机构、防伪检测机构实行资格确认管理,对防伪技术专家委员会专家实行注册管理。

第九条 申请防伪技术产品生产许可证的企业应当具备以下条件:

(一) 符合有关法律、法规规定的企业设立条件;

(二) 企业经营管理范围应当覆盖申请取证产品;

(三) 产品符合相关的国家标准或者行业标准、企业标准;

(四) 有与所生产防伪技术产品相适应的厂房、设备、生产工艺和检测手段;

(五) 具有与所生产防伪技术产品相适应的技术力量和管理人员;

(六) 有完整的、行之有效的质量保证体系;

(七) 有健全、有效的安全保密制度和保密措施。

第十条 防伪技术产品生产企业应当向省级质量技术监督部门提出办理防伪技术产品生产许可证的申请,并递交下列材料:

(一) 防伪技术产品生产许可申请书;

(二) 企业营业执照及组织机构代码证书(副本);

(三)《防伪技术评审证书》;

(四) 防伪技术或者防伪鉴别技术权属证明;

(五) 符合法定要求的产品标准;

(六) 法定检验机构出具的有效产品检验报告或者鉴定证明;

(七) 其他需要出具的材料。

第十一条 省级质量技术监督部门在接到企业生产许可申请材料后,应当在 7 个工作日内对符合申报条件的企业发送防伪技术产品生产许可证受理通知书。根据工业产品生产许可证管理法规的有关规定，进行文件核查、现场审查、样品检测。符合发证条件的，由国家质检总局颁发防伪技术产品生产许可证，并统一公告。

第十二条 防伪技术产品生产许可证发放及监督管理工作，按照国家工业产品生产许可证管理的法规、规章执行。

第十三条 防伪技术产品生产企业应当遵守下列规定：

（一）严格执行防伪技术产品的国家标准、行业标准及企业标准；

（二）防伪技术产品的生产须签定有书面合同，明确双方的权利、义务和违约责任；禁止无合同非法生产、买卖防伪技术产品或者含有防伪技术产品的包装物、标签等；

（三）必须保证防伪技术产品供货的唯一性，不得为合同规定以外的第三方生产相同或者近似的防伪技术产品；

（四）不得生产或者接受他人委托生产假冒的防伪技术产品；

（五）严格执行保密制度，保守防伪技术秘密。

第十四条 防伪技术产品生产企业在承接防伪技术产品生产任务时，必须查验委托方提供的有关证明材料，包括：

（一）企业营业执照副本或者有关身份证明材料；

（二）使用防伪技术产品的产品名称、型号以及国家质检总局认定的质量检验机构对该产品的检验合格报告；

（三）印制带有防伪标识的商标、质量标志的，应当出具商标持有证明与质量标志认定证明；

（四）境外组织或个人委托生产时，还应当出示其所属国或者地区的合法身份证明和营业证明。

第十五条 防伪技术产品生产企业对所生产的产品质量负责，其产品防伪功能或者防伪鉴别能力下降，不能满足用户要求时，应当立即停止生产并报全国防伪办；给用户造成损失的，应当依法承担经济赔偿责任。

第十六条 国家质检总局对防伪技术产品质量实施国家监督抽查，地方监督抽查由县级以上质量技术监督部门在本行政区域内组织实施。

第三章　防伪技术产品的使用

第十七条 政府鼓励防伪中介机构发挥防伪技术产品推广应用的桥

梁作用，鼓励企业采用防伪技术产品。

第十八条 对防伪技术产品使用实行备案公告制度。

第十九条 防伪技术产品的使用者可持下列材料到所在市（地）级质量技术监督部门办理防伪技术产品的使用备案手续：

（一）企业营业执照副本或者有关身份证明材料；

（二）防伪技术产品生产方与使用方签定的合同副本；

（三）使用防伪技术的产品名称、型号、防伪标志的图样；

（四）法定质量检验机构出具的检验报告或者鉴定证明；

（五）可公开的、用于用户识别的防伪特征及用于执法识别的防伪特征资料。

第二十条 各市（地）级质量技术监督部门办理防伪技术产品的使用备案后，报省级质量技术监督部门统一发布公告。

第二十一条 国务院有关部门或者行业牵头单位应用防伪技术对某类产品实行统一防伪管理的，须会同国家质检总局向社会招标，择优选用防伪技术与防伪技术产品，同时办理使用备案。

第二十二条 境外防伪技术与防伪技术产品在境内使用的，须报全国防伪办进行防伪注册登记后方可使用。

第二十三条 防伪技术产品的使用者应当遵守下列规定：

（一）必须选用获得防伪技术产品生产许可证的防伪技术产品生产企业生产的合格的防伪技术产品；

（二）选用境外防伪技术产品的，必须是获得我国防伪注册登记的产品；

（三）使用防伪技术产品，应当专项专用，不得擅自扩大使用范围或者自行更换；

（四）停止使用或者更换、扩大防伪产品的使用范围，应当到原办理备案的质量技术监督部门办理停用或者重新备案手续；

（五）保守防伪技术秘密。

第二十四条 防伪技术产品生产企业在异地设立使用推广机构，必须向当地省级质量技术监督部门出示该企业防伪技术产品生产许可证或注册登记证明，办理备案后，方可开展业务。

第二十五条 禁止任何单位和个人在不合格或者假冒产品上使用防

伪技术产品。

第二十六条 经备案的防伪技术产品使用者如发现所用防伪技术产品防伪功能不佳，防伪失效时，可向防伪技术产品生产企业反映，并报当地或者国家质检部门协助处理。

第四章 罚 则

第二十七条 未按本办法取得生产许可证而擅自生产销售防伪技术产品，以及已获得防伪技术产品生产许可证，而超出规定范围生产防伪技术产品的，由质量技术监督部门责令其停止生产销售、限期取得生产许可证；没收违法生产的产品，有违法所得的，没收违法所得，并处违法生产销售产品（包括已售出和未售出的产品）货值金额15%至20%的罚款；造成损失的，依法承担赔偿责任。

第二十八条 防伪技术产品的生产企业有下列行为之一的，应当分别予以处罚：

（一）生产不符合有关强制性标准的防伪技术产品的，责令停止生产、销售，并按照《中华人民共和国产品质量法》和《中华人民共和国标准化法》的有关规定处罚。

（二）生产假冒他人的防伪技术产品，为第三方生产相同或者近似的防伪技术产品，以及未订立合同或者违背合同非法生产、买卖防伪技术产品或者含有防伪技术产品的包装物、标签的，责令停止生产、销售，没收产品，监督销毁或做必要技术处理，有违法所得的，没收违法所得；并处2万元以上3万元以下的罚款；情节严重的，吊销生产许可证。

第二十九条 防伪技术产品的使用者有以下行为之一的，责令改正，并处1万元以上3万元以下的罚款：

（一）选用未获得生产许可证的防伪技术产品生产企业生产的防伪技术产品的；

（二）选用未获得防伪注册登记的境外防伪技术产品的；

（三）在假冒产品上使用防伪技术产品的。

第三十条 伪造或者冒用防伪技术评审、防伪技术产品生产许可及防伪注册登记等证书的，由质量技术监督部门责令改正，并按照《中华人民共和国产品质量法》第五十三条的规定处罚。

第三十一条 产品防伪技术评审机构、检验机构出具与事实不符的结论与数据的，按照《中华人民共和国产品质量法》第五十七条的规定处罚。

第三十二条 从事产品防伪管理的国家工作人员滥用职权、徇私舞弊或者泄露防伪技术机密的，给予行政处分；构成犯罪的，依法追究刑事责任。

第三十三条 本办法规定的证书吊销处罚由发证部门负责，其他处罚由县级以上质量技术监督部门负责执行。

第三十四条 有关当事人对行政处罚决定有异议的，可依法提起行政复议或者行政诉讼。

第五章 附 则

第三十五条 本办法所称产品防伪是指防伪技术的开发、防伪技术产品的生产、应用，并以防伪技术手段向社会明示产品真实性担保的全过程。

本办法所称防伪技术是指为了达到防伪的目的而采取的，在规定范围内能准确鉴别真伪并不易被仿制、复制的技术。所指防伪技术产品是以防伪为目的，采用了防伪技术制成的，具有防伪功能的产品。

第三十六条 本办法实施细则另行公布。

第三十七条 本办法由国家质检总局负责解释。

第三十八条 本办法自 2002 年 12 月 1 日起施行，原国家技术监督局 1996 年 1 月公布的《防伪技术产品管理办法（试行）》（技监局综发[1996]22 号）同时废止。

设备监理单位资格管理办法

（2002 年 11 月 1 日国家质检总局令第 28 号公布）

第一章 总 则

第一条 为了加强对设备监理单位资格的管理，保障其依法开展监理业务，依据国务院及国家质量监督检验检疫总局、国家发展计划委员会、国家经济贸易委员会有关设备监理的规定，制定本办法。

第二条 在中华人民共和国境内，从事建设项目重要设备监理活动以及开展设备工程技术和管理咨询业务活动，应当遵守本办法。

第三条 本办法所称设备监理单位，是指具有企业法人资格和取得相应等级《设备监理单位资格证书》的从事重要设备监理业务，即设备工程技术和管理咨询服务业务的社会组织。

设备监理单位属独立的社会中介服务机构，与行政机关无行政隶属关系或者其他经济利益关系。

第四条 本办法所称设备监理单位资格，是指从事设备监理业务的单位应该具备的有关人员资格、专业技能、各专业人员配置和数量，软、硬件的配置，组织管理能力，质量体系及其有效性，资金数额，以及设备监理的业绩。

第五条 国家质量监督检验检疫总局和国家发展计划委员会、国家经济贸易委员会（以下统称监管部门）依据各自的职能共同负责全国设备监理单位资格的管理工作，国家质量监督检验检疫总局（以下简称质检总局）具体负责设备监理活动的管理，国务院有关管理部门协助开展工作。

第二章 设备监理单位的资格等级及其监理业务范围

第六条 设备监理单位的资格等级分为甲、乙两级，各级别机构除应符合第三条规定外，还应具备下列条件：

（一）甲级

1. 由持有效注册《设备监理工程师执业资格证书》的有关专业工程技术人员作为机构技术负责人；

2. 持有效注册《设备监理工程师执业资格证书》的工程技术人员不少于30名，且专业配套；

3. 具有与所承担的设备监理业务相匹配的必要的设施和设备；

4. 有完善有效的设备监理质量管理体系；

5. 注册资金不少于500万元；

6. 有固定的工作场所；

7. 有监理同类设备工程的相关业绩。

（二）乙级

1. 由持有效注册《设备监理工程师执业资格证书》的有关专业工程技术人员作为机构技术负责人；

2. 持有效注册《设备监理工程师执业资格证书》的工程技术人员不少于10名，且专业配套；

3. 具有与所承担的设备监理业务相匹配的必要的设施和设备；

4. 有完善有效的设备监理质量管理体系；

5. 注册资金不少于300万元；

6. 有固定的工作场所；

7. 有监理同类设备工程或从事同类设备工程工作的类似业绩。

第七条 在不同设备工程专业中（设备工程专业见附表），根据工程范围、工程规模和技术难易程度，将设备工程划分为全过程设备工程项目（一类设备工程）和专项设备工程项目（二类设备工程）。各等级设备监理单位的监理业务范围：

（一）甲级设备监理单位可监理《设备监理单位资格证书》中规定的工程专业中的一、二类设备工程的所有设备工程。

（二）乙级设备监理单位可监理《设备监理单位资格证书》中规定的工程专业的二类设备工程的所有设备工程，或一类设备工程中专项设备工程。

第三章 申请和评审

第八条 申请从事设备监理业务的单位，应向质检总局委托的设备监理行业自律组织（以下称工作机构）提交《设备监理单位资格证书申请书》，同时提交下列文件：

（一）机构章程（草案）；

（二）质量管理手册及其他文件目录；

（三）机构人力资源状况，需特别注明持有效《设备监理工程师执业资格证书》的人员情况；

（四）申请设备监理业务的专业范围；

（五）机构的设施和设备情况；

（六）注册资金证明；

（七）工作场所证明；

（八）设备工程相关业绩及证明材料；

（九）法律、法规规定的其他条件。

《设备监理单位资格证书申请书》格式由质检总局统一制定。

第九条 工作机构根据委托受理甲级、乙级设备监理单位的申请。

国务院有关管理部门或有关行业管理机构，省、自治区、直辖市质量技术监督机构负责组织初审本行业、本地区内乙级设备监理单位的资格。经初步审查合格的机构报质检总局。

第十条 根据委托，工作机构负责组织评审组对申请甲级和乙级资格的设备监理单位进行评审，并在规定时间内提出审查报告。

第四章 核准和备案

第十一条 监管部门负责甲级和乙级设备监理单位资格的核准，并颁发《设备监理单位资格证书》。

第十二条 监管部门定期向社会发布获得资格证书机构名录。

第十三条 《设备监理单位资格证书》的式样由质检总局统一制定。

第五章 管理和监督

第十四条 设备监理单位必须在《设备监理单位资格证书》规定的监理专业和等级范围内从事监理业务活动。

第十五条 设备监理单位应建立《监理年度评审手册》，详细记录本单位承接的监理业务和经营实绩。《监理年度评审手册》的格式与内容由工作机构制定。

第十六条 工作机构每年对甲级和乙级设备监理单位实施年度评审。年度评审方案和年度评审报告应报质检总局备案。

第十七条 甲级和乙级设备监理单位应向质检总局委托的工作机构提交下列文件：

（一）《企业法人营业执照》的年检复印件；

（二）法定代表人与技术负责人的姓名、年龄、专业技术职务资格证明文件及工作简历；

（三）《监理年度评审手册》；

(四)(如有要求时)变更或扩展监理业务的申请;

(五)(如有变动时)前述第八条中各款规定的文件。

第十八条 设备监理单位通过年度评审后,由工作机构出具证明,维持其《设备监理单位资格证书》的有效。

第十九条 原持有乙级《设备监理单位资格证书》的机构,要求换发甲级《设备监理单位资格证书》的,应直接向质检总局委托的工作机构递交《设备监理单位换证申请书》,由工作机构组织实施评审、报批事宜,由监管部门核准并换发甲级《设备监理单位资格证书》。

第二十条 经核定对已达不到原审批资格要求的,应降低或撤销设备监理单位资格等级,或缩小许可监理业务范围,并换发《设备监理单位资格证书》。

第二十一条 设备监理单位在取得监理资格证书后,要求扩展原持有的《设备监理单位资格证书》所规定允许监理的工程专业时,应向质检总局委托的工作机构递交《设备监理单位专业扩展申请书》,由工作机构组织实施评审、报批事宜,由监管部门核准并换发《设备监理单位资格证书》后,方可承接该项设备监理业务。

第二十二条 无正当理由而未按第十六条之规定办理监理资格年度评审与换证的设备监理单位,其所持有的《设备监理单位资格证书》不能作为其承接监理业务的机构资格证明文件。

第二十三条 设备监理单位在与工程项目法人签定设备监理合同时,应出示《设备监理单位资格证书》与《监理年度评审手册》等项目法人要求审查的文件。《设备监理单位资格证书》的复印件应作为合同附件附于合同中。

第二十四条 设备监理单位遗失《设备监理单位资格证书》的,必须在全国性报纸上登报声明作废后,方可向发证部门申请补发。

第六章 设备监理单位的变更和终止

第二十五条 设备监理单位法定代表人变更,应向《设备监理单位资格证书》发证部门办理变更手续。

第二十六条 设备监理单位分立或者合并,应将《设备监理单位资格证书》交回原发证部门,并按本管理规定办理《设备监理单位资格证书》。

第二十七条 设备监理单位连续3年未从事监理业务的，应由发证部门收回《设备监理单位资格证书》，办理终止设备监理业务手续。

第七章 罚 则

第二十八条 设备监理单位有下列行为之一的，由资格发证部门给予通报批评、警告、责令停业整顿、降低资格等级、吊销《设备监理单位资格证书》的处罚；构成犯罪的，依法追究刑事责任，给业主造成损失的，应当按合同约定赔偿损失：

（一）隐瞒实际情况，弄虚作假骗取资格证书或者未经批准擅自营业的；

（二）超越批准的业务范围从事监理活动的；

（三）伪造、涂改、出租、转让、出卖《设备监理单位资格证书》的；

（四）徇私舞弊、玩忽职守，造成重大质量事故或者人身伤亡事故的；

（五）违反合同约定泄露委托方或者受监理方商业或者技术秘密，造成委托方或受监理方经济损失或者其他严重后果的；

受吊销资格证书处罚的设备监理单位，不得重新申请设备监理资格证书。

第二十九条 从事与设备监理管理职能有关的机构和工作人员，以及受其委托对设备监理单位进行评审等项管理工作的工作机构和工作人员，违反本办法申请与评审、管理和监督的有关规定，徇私舞弊、玩忽职守，滥用职权，构成犯罪的，依法追究刑事责任；尚未构成犯罪的，依法给予行政处分。

第八章 附 则

第三十条 国家提倡设备监理单位通过保险转移有关风险；鼓励并要求设备监理单位逐步取得符合国际相应规则的资格认可。

第三十一条 本办法由国家质量监督检验检疫总局负责解释。

第三十二条 本办法自2002年12月1日起施行。

附表:《设备工程专业》

附表

设 备 工 程 专 业

<table>
<tr><th>序号</th><th colspan="2">设备工程专业</th></tr>
<tr><td rowspan="6">1</td><td rowspan="6">冶金工业</td><td>炼铁工业工程</td></tr>
<tr><td>炼钢、轧钢工业工程</td></tr>
<tr><td>特殊钢工业工程</td></tr>
<tr><td>矿山工程</td></tr>
<tr><td>有色工业工程</td></tr>
<tr><td></td></tr>
<tr><td rowspan="3">2</td><td rowspan="3">煤炭工业</td><td>井巷矿山工程</td></tr>
<tr><td>洗选煤工业工程</td></tr>
<tr><td></td></tr>
<tr><td rowspan="5">3</td><td rowspan="5">石油工业</td><td>炼油化工工业工程</td></tr>
<tr><td>油田工业工程</td></tr>
<tr><td>输油气管道工程</td></tr>
<tr><td>储油气容器制造及安装工程</td></tr>
<tr><td></td></tr>
<tr><td rowspan="2">4</td><td rowspan="2">医药工业</td><td></td></tr>
<tr><td></td></tr>
<tr><td rowspan="5">5</td><td rowspan="5">化学工业</td><td>制酸工业工程</td></tr>
<tr><td>制碱工业工程</td></tr>
<tr><td>有机化学工业工程</td></tr>
<tr><td>肥工业工程</td></tr>
<tr><td>农药工业工程</td></tr>
</table>

续表

序号	设备工程专业	
6	建材工业	水泥工业工程
		玻璃工业工程
7	森林工业	木材采运工程
		木材加工工业工程
		林产化学工业工程
8	轻纺工业	食品工业工程
		造纸工业工程
		合成洗涤剂工业工程
		纺织工业工程
		印染工业工程
9	航空工业	机场、导航工程
		风洞工程
		航空专用试验设备工程
10	航天工业	航天器、运载工具发射设备
11	电力工业	水利发电站工程
		火力发电站工程
		核电站工程
		输变电工程
12	信息工程	信息网络系统
		信息资源开发系统
		信息应用系统

续表

序号	设备工程专业	
13	环保工程	城市污水处理工程
		城市垃圾处理工程
14	海洋工程	海上勘探设备工程
		海上钻采设备工程
		海上油、气储运设备工程
15	港口工程	运输及运送设备工程
		储运设备工程
16	汽车工程	冲压工程
		焊接工程
		涂装工程
		总装工程
17	城市轨道交通工程	车辆工程
		线路工程
		车站及枢纽工程
		信号及通讯工程
18	现代农业工程	
19	核化工工程	核燃料循环工程
		同位素生产及应用工程
20	热力及燃气工程	气源厂及管、站工程
		气罐（柜）工程
		热力厂及供热管线工程
21	其他设备	

认证违法行为处罚暂行规定

(2002 年 11 月 6 日国家质检总局令第 29 号公布)

第一条 为加强对认证活动的监督管理,规范认证市场,打击认证违法行为,维护认证工作秩序,根据国家认证认可法律、行政法规的规定,制定本规定。

第二条 国家质量监督检验检疫总局(以下简称国家质检总局)负责统一管理认证违法行为的行政处罚工作。国家认证认可监督管理委员会(以下简称国家认监委)负责组织查处认证违法行为。

各地质量技术监督机构和出入境检验检疫机构按照职责分工负责所辖地区的认证行政处罚工作。

第三条 认证机构、认证培训机构、认证咨询机构(含外商投资认证机构、认证培训机构、认证咨询机构,下同)未经国家认监委批准或者认证机构、认证培训机构未按国家认监委要求获得认可机构认可,擅自从事认证、认证培训、认证咨询活动的,责令其停止相关活动,处 3 万元罚款;由国家认监委予以公告。

第四条 认证机构、认证培训机构、认证咨询机构在设立过程中出具虚假证明骗取批准资格,责令其停止认证、认证培训、认证咨询活动,处 3 万元罚款;由国家认监委撤销其批准资格,并予以公告。

第五条 认证机构、认证培训机构、认证咨询机构及其分支机构有下列行为之一的,处 3 万元罚款;由国家认监委暂停或者撤销其批准资格,并予以公告:

(一) 从事虚假认证、认证培训、认证咨询活动的;

(二) 出卖认证证书、认证标志等认证证明文件的;

(三) 超越国家认监委批准的业务范围进行认证、认证培训、认证咨询活动的。

第六条 认证机构、认证培训机构、认证咨询机构及其分支机构有下列行为之一的,处 1 万元以上 3 万元以下的罚款;由国家认监委暂停其批准资格，可予以公告：

（一）进行虚假或者误导性宣传的；

（二）使用不正当竞争手段恶意竞争或者从事损害认证公正性和有效性活动的；

（三）其他违反认证工作基本准则的。

第七条 产品认证机构出具虚假证明的，依据《中华人民共和国产品质量法》第五十七条规定给予处罚，由国家认监委暂停或者撤销其批准资格，可予以公告。

第八条 产品认证机构出具的认证证明不实，造成重大损失的，由国家认监委暂停或者撤销其批准资格，可予以公告。

第九条 认证机构违反《中华人民共和国产品质量法》第二十一条的规定，未依法履行认证跟踪检查职责的，由国家认监委暂停或者撤销其批准资格，可予以公告。

第十条 认证机构、认证培训机构、认证咨询机构的办事机构（含外国认证机构、认证培训机构、认证咨询机构的在华常驻代表机构）直接从事认证、认证培训、认证咨询活动的，责令其停止认证、认证培训、认证咨询活动，处 3 万元罚款，并予以公告。

第十一条 认证机构、认证培训机构、认证咨询机构被国家认监委暂停或者撤销批准资格的，自被暂停批准资格期间或者被撤销批准资格之日起，不得从事认证、认证培训、认证咨询活动。违反上述规定的，按照本规定第三条进行处罚。

第十二条 认证机构、认证培训机构、认证咨询机构被国家认监委撤销批准资格的，国家认监委 3 年内不再受理以该机构名义提出的机构设立申请。

第十三条 认证机构、认证培训机构、认证咨询机构的工作人员违反认证基本准则的，由认可机构暂停其认证从业资格；情节严重的，由认可机构撤销其认证从业资格。

认证机构、认证培训机构、认证咨询机构的工作人员被暂停认证从业资格期间或者被撤销认证从业资格之日起，任何认证机构、认证培训机构、认证咨询机构不得聘用其从事认证、认证培训、认证咨询工作。违反上述规定的，按照本规定第六条进行处罚。

第十四条 转让、买卖、伪造或者冒用批准文件、认可标志、认可证书、认证证书以及其他认证证明文件的，责令改正，并处3万元罚款。

第十五条 认证违法行为情节严重，构成犯罪的，应当依法移交司法机关追究刑事责任。

第十六条 国家认证认可法律、行政法规以及部门规章已经明确规定认证违法行为的行政处罚的，从其规定。

第十七条 各地质量技术监督机构、出入境检验检疫机构实施行政处罚，应当遵守国家质检总局规定的行政处罚程序。

第十八条 行政相对人对行政处罚不服的，可依法申请行政复议或者提起行政诉讼。

第十九条 国家认监委统一组织对国家认证认可制度执行情况进行监督检查，对重大认证违法案件进行督办和业务指导。

第二十条 本规定由国家质检总局负责解释。

第二十一条 本规定自2002年12月15日起施行。

质量监督检验检疫行政执法证件管理办法

（2002年11月6日国家质检总局令第30号公布）

第一章 总 则

第一条 为加强质量监督检验检疫行政执法证件监督管理，规范行政执法行为，促进行政执法队伍建设，根据《中华人民共和国行政处罚法》及质量监督检验检疫有关法律法规的规定，制定本办法。

第二条 质量监督检验检疫行政执法证件包括质量技术监督系统行政执法证件和出入境检验检疫系统行政执法证件。证件名称分别为《中国质量技术监督行政执法证》和《中华人民共和国出入境检验检疫行政执法证》（以下统一简称《行政执法证》）。

第三条 本办法适用于行政执法人员的资格考核和《行政执法证》的管理工作。

第四条 《行政执法证》实行分级管理制度。

国家质量监督检验检疫总局(以下简称国家质检总局)负责《行政执法证》的制式设计、批准、制作和监督管理工作。

各省(自治区、直辖市)质量技术监督局负责本行政区域内质量技术监督《行政执法证》的申请、初审、核准、发放和使用管理工作。

各直属出入境检验检疫局负责业务辖区内出入境检验检疫《行政执法证》的申请、初审、核准、发放和使用管理工作。

第五条 《行政执法证》应当载明持证人的姓名、工作单位、发证日期、有效期限、证件编号,并附有持证人的一寸免冠彩色照片,照片上加盖"国家质量监督检验检疫总局证件章"(见附件1)。

第六条 《行政执法证》是行政执法人员从事行政执法工作的身份证明。

第二章 资格考核与申领

第七条 行政执法人员须经行政执法岗位培训、考核合格取得行政执法资格。行政执法资格考核,按照国家质检总局制定的有关规定进行。

各省(自治区、直辖市)质量技术监督局或者各直属出入境检验检疫局对具备行政执法资格的人员实行登记备案制度。

第八条 申领《行政执法证》的人员必须同时具备以下基本条件:

(一) 从事质量监督检验检疫行政执法工作的公务员、依据国家法律法规授权或者受行政机关委托从事质量监督检验检疫行政执法工作的事业单位人员;

(二) 经质量技术监督或者出入境检验检疫行政执法岗位培训、考核,获得行政执法资格;

(三) 具备大专以上文化程度,或者从事质量监督检验检疫工作3年以上;

(四) 近两年年度工作考核获得称职以上评定;

(五) 近两年无违法违纪行为记录。

第九条 《行政执法证》的申办工作按下列程序进行:

(一) 申请:

申请人填写《××局行政执法证申请表》(以下简称《申请表》,见附件 2),向所在单位提出领证申请。

申请人提交《申请表》时,应同时附上着春秋季制式服装、免冠、正面、1 寸彩色近照 2 张(其中 1 张贴在《申请表》上)。

(二) 初审:

申请人所在部门或者单位对申请人提交的《申请表》进行初审,并填写《××局行政执法证申领表》(以下简称《申领表》)(见附件 3),将《申领表》以及申请人的《申请表》、照片送交所属省(自治区、直辖市)质量技术监督局或者直属出入境检验检疫局。

(三) 核准:

省(自治区、直辖市)质量技术监督局或者直属出入境检验检疫局对本局及下属机构提交的《申请表》、《申领表》及有关申请材料进行核准。

(四) 批准:

省(自治区、直辖市)质量技术监督局或者直属出入境检验检疫局核准后将《申请表》和统一汇总的《申领表》及有关申请材料报国家质检总局,国家质检总局据此批准发证人员范围并制作证件,由省(自治区、直辖市)质量技术监督局或者直属出入境检验检疫局发放《行政执法证》。

第三章 证件使用

第十条 质量监督检验检疫行政执法人员实施行政执法行为时,应当出示《行政执法证》。

第十一条 持证人应当妥善保管《行政执法证》,不得损毁、涂改或者转借他人。

第十二条 《行政执法证》遗失或者损毁后,持证人应当及时报告其所在单位,由该单位逐级报所属省(自治区、直辖市)质量技术监督局或者直属出入境检验检疫局。查证属实的,在当地省级媒体进行公告遗失后,由所属省(自治区、直辖市)质量技术监督局或者直属出入境检验检疫局报国家质检总局予以补办。

第四章 年度审核

第十三条 《行政执法证》自发放之日起,5 年内有效。有效期满的,依据本办法重新申请《行政执法证》。

第十四条 《行政执法证》实行年度审核制度。省(自治区、直辖市)质量技术监督局或者直属出入境检验检疫局每年第一季度对所管辖持证人上年度的行政执法情况进行审核。

第十五条 省(自治区、直辖市)质量技术监督局或者直属出入境检验检疫局根据年度审核的情况分别做出以下处理:

(一)经审核合格的,同意持证人继续使用《行政执法证》;

(二)无正当理由不参加《行政执法证》年度审核的或者审核不合格的,注销原持证人的行政执法资格,并收回《行政执法证》。

第五章 监督管理

第十六条 持证人因调动、辞退、辞职或者退休等原因不再从事行政执法工作的,应当由其所在单位收回其《行政执法证》,并逐级报请予以注销。

第十七条 持证人有下列情形之一的,由其所在单位报请省(自治区、直辖市)质量技术监督局或者直属出入境检验检疫局暂扣其《行政执法证》:

(一)超越法定权限或者违反执法程序,尚未造成不良后果的;

(二)应当出示而不出示《行政执法证》,被投诉3次以上的;

(三)故意损毁、涂改《行政执法证》或者将其转借他人使用,尚未造成不良后果的;

(四)参加行政执法业务培训考核不合格的。

第十八条 暂扣《行政执法证》期限为30天。被暂扣《行政执法证》的行政执法人员必须向所在单位做出书面检查,扣证期间不得从事行政执法工作。暂扣《行政执法证》的期满后,由其所在单位视本人检查纠正情形报请省(自治区、直辖市)质量技术监督局或者直属出入境检验检疫局决定是否发还《行政执法证》。

第十九条 持证人有下列情形之一的,由所属省(自治区、直辖市)质量技术监督局或者直属出入境检验检疫局取消其行政执法资格,并吊销其《行政执法证》:

(一)《行政执法证》被暂扣累计2次的;

(二)超越法定权限或者违反执法程序,造成不良后果的;

(三) 将《行政执法证》转借他人进行违法违纪活动的；

(四) 有徇私舞弊、玩忽职守等渎职行为的；

(五) 受到辞退或者开除公职行政处分的；

(六) 受到治安拘留处罚、劳动教养或者刑事处罚的。

第二十条 《行政执法证》被吊销后2年之内不得重新申领。

第二十一条 暂扣、吊销《行政执法证》时，应当分别填写《××局暂扣行政执法证审批表》(见附件4)、《××局吊销行政执法证审批表》(见附件5)，并分别对当事人发出《××局暂扣行政执法证决定书》(见附件6)、《××局吊销行政执法证决定书》(见附件7)。

第二十二条 行政执法人员对暂扣、吊销《行政执法证》决定不服的，可以自收到《暂扣行政执法证决定书》或者《吊销行政执法证决定书》之日起10个工作日内向做出暂扣或者吊销决定的单位提出申诉；受理申诉的单位应自接到申诉之日起10个工作日内做出答复。

第二十三条 各省(自治区、直辖市)质量技术监督局或者直属出入境检验检疫局应当做好《行政执法证》的使用、暂扣、吊销以及持证人奖惩等情况登记备案工作。

第六章 附 则

第二十四条 锅炉压力容器压力管道特种设备安全监察员证件的管理依据国务院有关规定实施。

第二十五条 本办法由国家质检总局负责解释。

第二十六条 本办法自2003年1月1日起施行。原国家出入境检验检疫局2000年7月3日公布的《出入境检验检疫行政执法证管理办法》废止，原国家技术监督局1991年5月11日公布的《技术监督行政执法证件和徽章管理办法》中有关执法证件的管理以本办法的规定为准。

附件1

行政执法证式样

(1) 质量技术监督局用

中国质量技术监督 行政执法证 工作单位:××局 编　　号:0100001

(2) 出入境检验检疫局用

CIQ 中华人民共和国 出入境检验检疫行政执法证 工作单位:××局 编　　号:0100001

背面:

(国　　徽) 姓　　名: 发证日期:2002 年×月×日 有效日期:××年×月×日 中华人民共和国国家质量监督检验检疫总局制

注:证件为单面卡式,规格为 9 cm×6 cm,正面背景颜色为白色,字体为楷体,加贴 1 寸正面免冠彩色照片,在照片下方加盖“国家质量监督检验检疫总局证件章”。背面背景颜色为浅蓝色,正中设置国徽,字体为楷体。照片及其他所有内容均为直接印制在载体上。另制作单侧开口透明塑料外套,此外套可悬挂在持证者脖子上或者卡在外衣左上口袋上。

附件 2

××质量技术监督局行政执法证申请表

<table>
<tr><td>姓名</td><td></td><td>性别</td><td></td><td>出生年月</td><td></td><td rowspan="3">照片</td></tr>
<tr><td colspan="2">所在单位或者部门</td><td colspan="4"></td></tr>
<tr><td colspan="2">专业及学历</td><td colspan="4"></td></tr>
<tr><td colspan="2">近两年内年终工作考核是否均为称职以上评定</td><td colspan="2"></td><td colspan="2">近两年是否受到过党纪、政纪处分</td><td></td></tr>
<tr><td colspan="2">参加执法培训情况</td><td colspan="5"></td></tr>
<tr><td colspan="3">县级质量技术监督局意见：

年 月 日</td><td colspan="4">市级质量技术监督局意见：

年 月 日</td></tr>
<tr><td colspan="7">省级质量技术监督局审批意见：

年 月 日</td></tr>
</table>

××出入境检验检疫局行政执法证申请表

<table>
<tr><td>姓名</td><td></td><td>性别</td><td></td><td>出生年月</td><td></td><td rowspan="3">照片</td></tr>
<tr><td colspan="2">所在单位或者部门</td><td colspan="4"></td></tr>
<tr><td colspan="2">专业及学历</td><td colspan="4"></td></tr>
<tr><td colspan="2">近两年内年终工作考核是否均为称职以上评定</td><td colspan="2"></td><td colspan="2">近两年是否受到过党纪、政纪处分</td><td></td></tr>
<tr><td colspan="2">参加执法培训情况</td><td colspan="5"></td></tr>
<tr><td colspan="3">分支局意见：

年　月　日</td><td colspan="4">法制部门意见：

年　月　日</td></tr>
<tr><td colspan="7">直属出入境检验检疫局审批意见：

年　月　日</td></tr>
</table>

附件3（略）

附件 4

××质量技术监督局暂扣行政执法证审批表

<table>
<tr><td>被暂扣证人姓名</td><td></td><td>性别</td><td></td><td>出生年月</td><td></td></tr>
<tr><td>所在单位或者部门</td><td colspan="5"></td></tr>
<tr><td>被暂扣证原因</td><td colspan="3"></td><td>被暂扣证编号</td><td></td></tr>
<tr><td>处理依据</td><td colspan="5"></td></tr>
<tr><td>县级质量技术监督局意见</td><td colspan="2">年　月　日</td><td>市级质量技术监督局意见</td><td colspan="2">年　月　日</td></tr>
<tr><td>省级质量技术监督局审批意见</td><td colspan="5">年　月　日</td></tr>
</table>

××出入境检验检疫局暂扣行政执法证审批表

<table>
<tr><td>被暂扣证人
姓名</td><td></td><td>性别</td><td></td><td>出生年月</td><td></td></tr>
<tr><td>所在单位
或者部门</td><td colspan="5"></td></tr>
<tr><td>被暂扣证
原因</td><td colspan="3"></td><td>被暂扣证
编号</td><td></td></tr>
<tr><td>处理
依据</td><td colspan="5"></td></tr>
<tr><td>分支局意见</td><td colspan="2">年 月 日</td><td>法制部门意见</td><td colspan="2">年 月 日</td></tr>
<tr><td>直属出入境检验检疫局审批意见</td><td colspan="5">年 月 日</td></tr>
</table>

附件 5

××质量技术监督局吊销行政执法证审批表

<table>
<tr><td>被吊销证人
姓名</td><td></td><td>性别</td><td></td><td>出生年月</td><td></td></tr>
<tr><td>所在单位
或者部门</td><td colspan="5"></td></tr>
<tr><td>被吊销证
原因</td><td colspan="3"></td><td>被吊销证
编号</td><td></td></tr>
<tr><td>处理
依据</td><td colspan="5"></td></tr>
<tr><td>县级质量技术
监督局意见</td><td colspan="2">年 月 日</td><td>市级质量技术
监督局意见</td><td colspan="2">年 月 日</td></tr>
<tr><td>省级质量技术监
督局审批意见</td><td colspan="5">年 月 日</td></tr>
</table>

××出入境检验检疫局吊销行政执法证审批表

<table>
<tr><td>被吊销证人
姓名</td><td></td><td>性别</td><td></td><td>出生年月</td><td></td></tr>
<tr><td>所在单位
或者部门</td><td colspan="5"></td></tr>
<tr><td>被吊销证
原因</td><td colspan="3"></td><td>被吊销证
编号</td><td></td></tr>
<tr><td>处理
依据</td><td colspan="5"></td></tr>
<tr><td>分支局意见</td><td colspan="2">年 月 日</td><td>法制部门意见</td><td colspan="2">年 月 日</td></tr>
<tr><td>直属出入境检验检
疫局审批意见</td><td colspan="5">年 月 日</td></tr>
</table>

附件 6

××局暂扣行政执法证决定书

( )暂扣[20] 号

________________________:

经我局调查,

你的行为已违反了《质量监督检验检疫行政执法证件管理办法》的有关规定。现决定对你处以暂扣行政执法证 30 天的处理。

如不服本决定,你可以在收到本决定书之日起 10 个工作日内向我局提出申诉。

(印 章)

年 月 日

注:本决定书一式二份,一份交当事人,一份存档。

附件 7

××局吊销行政执法证决定书

（ ）吊销[20] 号

________________________________：

经我局调查，

你的行为已违反了《质量监督检验检疫行政执法证件管理办法》的有关规定。现决定对你处以吊销行政执法证的处理。

如不服本决定，你可以在收到本决定书之日起10个工作日内向我局提出申诉。

（印 章）

年 月 日

注：本决定书一式二份，一份交当事人，一份存档。

强制性产品认证代理申办机构管理办法

（2002 年 11 月 6 日国家质检总局令第 32 号公布）

第一章　总　　则

第一条　为加强对强制性产品认证代理申办机构的管理，规范代理行为，维护委托人和代理申办机构的合法权益，保证强制性产品认证制度的顺利实施，根据有关法律、法规的规定，制定本办法。

第二条　本办法所称强制性产品认证代理申办机构（以下简称代理申办机构）是指受产品生产者、销售者或者进口商（以下简称委托人）的委托，在委托权限范围内，以委托人的名义申请办理强制性产品认证相关事宜的中介组织。

第三条　国家认证认可监督管理委员会（以下简称国家认监委）对代理申办机构实行注册制度。

第四条　代理申办机构应当向国家认监委申请注册，取得国家认监委颁发的注册证书后，方可从事强制性产品认证代理申办业务（以下简称代理业务）。

第五条　取得注册证书的代理申办机构，应当向经国家认监委指定的承担强制性产品认证工作的相关机构（以下简称指定机构）提出代理业务申请，并接受其业务指导和监督。

第六条　代理申办机构应当遵守强制性产品认证制度规定，并根据委托人申请提供代理业务，对其代理业务的真实性和合法性负责，对其代理行为依法承担法律责任。

第二章　资格审定和注册

第七条　代理申办机构申请注册应当具备下列条件：

（一）境内代理申办机构应当具有工商行政管理部门颁发的《企业法人营业执照》；境外代理申办机构应当具有相关管理部门的证明文件；

（二）有固定的营业场所和开展代理业务所需设施及办公条件；

（三）有健全的组织机构和规章制度；

（四）从事代理业务的人员应当具有 3 年以上从事代理业务的工作经历，具备编制和组织申请文件的相应专业能力和语言能力，了解所代理产品的认证实施规则的有关规定，并经国家认监委指定的机构培训、考核合格，取得合格证书；

（五）至少具有 2 名符合本条第四项规定的人员；

（六）有关法律、法规规定的其他条件。

第八条 代理申办机构申请注册时应当提交下列文件资料：

（一）由法定代表人签名并加盖印章的代理申办机构注册申请表；

（二）境内代理申办机构应当具有工商行政管理部门颁发的《企业法人营业执照》及其复印件；境外代理申办机构应当具有相关管理部门的证明文件；

（三）固定营业场所的证明；

（四）企业的章程（中文）；

（五）从事代理业务人员的培训合格证书；

（六）公章印模和授权签字人的签名样式；

（七）其他需要提交的有关文件。

第九条 代理申办机构注册程序：

（一）代理申办机构向国家认监委提出注册申请，并提供本办法第八条规定的文件资料；

（二）国家认监委对代理申办机构提供的文件资料进行书面审查，必要时可以进行实地调查；

（三）国家认监委对符合要求的代理申办机构颁发注册证书。

第十条 注册证书自发证之日起 3 年内有效。需要延期的，代理申办机构应当在注册证书有效期满前 3 个月内向国家认监委提出申请，按照本办法规定重新办理注册手续。

第三章 代理业务

第十一条 代理申办机构在办理代理业务时，应当按照强制性产品认证制度的规定要求，向指定机构提出申请并提交下列文件资料：

（一）代理申办机构业务员的培训合格证书。

（二）代理申办机构的注册证书副本。

（三）委托人的委托书、委托合同副本和其他相关合同副本。委托书应当载明委托人和与代理申办机构双方的名称、地址、法定代表人姓名以及代理事项、权限和期限、双方责任等内容，并有法定代表人签名和加盖双方公章。

（四）有关代理业务需要提交的其他资料。

第十二条 代理申办机构应当按照国家认监委及其指定机构的要求，提供委托人和与代理业务有关的文件、资料、样品等。

第十三条 代理申办机构不得与行政机关或者指定机构有行政隶属关系或者其他利益关系。

第十四条 代理申办机构不得转让代理业务，不得从事所代理业务的样品检测、工厂审查等活动。

第十五条 代理申办机构应当建立代理业务账册和有关营业记录，真实、准确、完整地记录其代理业务中的所有活动，并在规定的期限内完整保留代理业务中的各种单证、票据、函电等。

第十六条 代理申办机构对代理中知悉的商业秘密负有保密义务。

第十七条 代理申办机构应当及时将指定机构出具的申请费用或者购买标志费用等票据交付委托人。

第十八条 代理申办机构因为合并或者分立，变更法人的，应当按照本办法重新申请注册后，方可从事代理业务。

第十九条 代理申办机构应当接受国家认监委对其业务记录的核查，并配合国家认监委对代理业务中的违法、违规行为进行调查和处理。

第四章 监督管理

第二十条 国家认监委定期对获准注册的代理申办机构名录进行公告。

第二十一条 国家认监委对代理申办机构实行年审制度。代理申办机构应当在每年 3 月 31 日之前向国家认监委提交上一年度的《年审报告书》和《注册证书》，办理年审手续。

《年审报告书》的主要内容包括：上一年度代理业务量和业务情况分析；代理活动中的差错及其原因；执行有关规定的情况；经营管理、自我评估等情况。

第二十二条 代理申办机构有下列行为之一的，国家认监委应当暂停其6个月的代理申办资格，并责令改正：

（一）因管理不善，对强制性产品认证制度的实施造成不良影响的；

（二）未按照规定参加年审或者无正当理由不参加年审的；

（三）未按照规定建立账册和营业记录，或者未能完整保留有关单证、票据、函电的；

（四）其他违反强制性产品认证制度规定的。

第二十三条 代理申办机构有下列行为之一的，国家认监委应当撤销其从事代理业务的资格并在3年内不予受理其注册申请：

（一）代理申办机构在申请资格认定或者资格复审时弄虚作假的；

（二）被暂停代理业务后，拒不整改的；

（三）已不具备注册条件的；

（四）年审不合格的；

（五）采用虚报、隐瞒申请费用或者购买标志费用等手段欺骗委托人，获取不当利益的，或者有其他欺诈行为的；

（六）拒绝接受国家认监委的核查，或者对国家认监委调查和处理代理业务中的违法、违规行为不予配合的；

（七）注册后，连续2年未开展代理业务的。

第五章 附 则

第二十四条 本办法由国家质检总局负责解释。

第二十五条 本办法自2002年12月10日起施行。原国家出入境检验检疫局2000年5月31日公布的《进口商品安全质量许可申请代理机构管理办法》同时废止。

加油站计量监督管理办法

（2002年12月31日国家质检总局令第35号公布）

第一条 为了加强加油站计量监督管理，规范加油站计量行为，维护国家成品油零售税收征管秩序，保护消费者的合法权益，根据《中华人民共和国计量法》和国务院赋予国家质量监督检验检疫总局的职责，制定本办法。

第二条 本办法适用于中华人民共和国境内加油站经营中的计量器具、成品油销售计量及相关计量活动的监督管理。

本办法所称加油站是指使用燃油加油机等计量器具进行成品油零售的固定场所。

第三条 国家质量监督检验检疫总局对全国加油站计量工作实施统一监督管理。

县级以上地方质量技术监督部门对本行政区域内的加油站计量工作实施监督管理。

第四条 加油站成品油零售经营中应当保证计量器具和成品油零售量的准确，守法经营，诚信服务。

国家鼓励成品油经营者完善计量检测体系，保证成品油销售计量准确。

第五条 加油站经营者应当遵守以下规定：

（一）遵守计量法律、法规和规章，制订加油站计量管理及保护消费者权益的制度，对使用的计量器具进行维护和管理，接受质量技术监督部门的计量监督。

（二）配备专（兼）职计量人员，负责加油站的计量管理工作。加油站的计量人员应当接受省级质量技术监督部门组织的计量业务知识培训，持证上岗。

（三）使用属于强制检定的计量器具应当登记造册，向当地质量技术监督部门备案，并配合质量技术监督部门及其指定的法定计量检定机构做好强制检定工作。

（四）使用的燃油加油机等计量器具应当具有制造计量器具许可证标志、编号和出厂产品合格证书或者进口计量器具检定证书；燃油加油机安装后报经当地质量技术监督部门授权的法定计量检定机构检定合格，方可投入使用。

（五）需要维修燃油加油机，应当向具有合法维修资格的单位报修，维修后的燃油加油机应当报经执行强制检定的法定计量检定机构检定合格后,方可重新投入使用。

（六）不得使用非法定计量单位,不得使用国务院规定废除的非法定计量单位的计量器具以及国家明令淘汰或者禁止使用的计量器具用于成品油贸易交接。

（七）不得使用未经检定、超过检定周期或者经检定不合格的计量器具;不得破坏计量器具及其铅(签)封,不得擅自改动、拆装燃油加油机,不得使用未经批准而改动的燃油加油机,不得弄虚作假。

（八）进行成品油零售时,应当使用燃油加油机等计量器具,并明示计量单位、计量过程和计量器具显示的量值,不得估量计费。成品油零售量的结算值应当与实际值相符,其偏差不得超过国家规定的允许误差;国家对计量偏差没有规定的,其偏差不得超过所使用计量器具的允许误差。

（九）申请计量器具检定,应当按物价部门核准的项目和收费标准缴纳费用。

第六条　各级质量技术监督部门在进行计量监督管理时应当遵守以下规定:

（一）宣传计量法律、法规、规章,帮助和督促加油站经营者按照计量法律、法规和有关规定的要求,做好加油站的计量管理工作。

（二）对加油站的计量器具、成品油销售计量和相关计量活动进行计量监督管理,组织计量执法检查,打击计量违法行为。

（三）引导加油站完善计量保证能力,鼓励省级质量技术监督部门对完善计量检测体系的加油站开展“加油站计量信得过”活动。

（四）受理计量纠纷投诉,负责计量纠纷的调解和仲裁检定。

第七条　计量检定机构和计量检定人员在开展计量检定、测试工作时,应当遵守以下规定:

（一）按照国家计量检定规程进行检定,在规定期限内完成检定,出具检定证书,并在燃油加油机上加贴检定合格标志。在实施检定时发现铅封破损应当立即报告当地有关质量技术监督部门。

（二）不得使用未经考核合格或者超过有效期的计量标准开展检定工作。

（三）不得指派未取得计量检定员证的人员从事计量检定工作。

（四）不得随意调整检定周期,不得无故拖延检定时间,不得超标准收费。

第八条 消费者对加油站的燃油加油机等计量器具准确度和成品油零售量产生异议，可在保持现场原状的情况下，向质量技术监督部门提出仲裁检定的申请，并可依据质量技术监督部门的仲裁检定结果，向加油站经营者要求赔偿。

第九条 加油站经营者违反本办法有关规定，应当按以下规定进行处罚：

(一) 违反本办法第五条第(三)项规定的，责令改正，可并处1 000元以下罚款。

(二) 违反本办法第五条第(四)项规定，使用计量器具许可证标志、编号和出厂产品合格证不齐全或者无进口计量器具检定证书的计量器具的，责令其停止使用，没收计量器具和全部违法所得，可并处 2 000 元以下罚款。燃油加油机安装后未报经质量技术监督部门授权的法定计量检定机构强制检定合格即投入使用的，责令其停止使用，可并处 5 000 元以下罚款；给国家和消费者造成损失的，责令其赔偿损失，可并处 5 000 元以上 30 000 元以下罚款。

(三) 违反本办法第五条第(五)项规定的，责令改正和停止使用，可并处 5 000 元以下罚款；给消费者造成损失的，责令其赔偿损失，可并处 5 000元以上 30 000 元以下罚款。

(四) 违反本办法第五条第(六)项规定的，责令其改正和停止使用，没收计量器具和全部违法所得，可并处违法所得 10%至 50%的罚款。

(五) 违反本办法第五条第(七)项规定，使用未经检定、超过检定周期或者经检定不合格的计量器具的，责令其停止使用，可并处 1 000 元以下罚款。破坏计量器具及其铅(签)封，擅自改动、拆装燃油加油机，使用未经批准而改动的燃油加油机，以及弄虚作假、给消费者造成损失的，责令其赔偿损失，并按照《中华人民共和国计量法实施细则》第五十一条规定予以处罚；情节严重的，提请省级经贸部门和工商行政管理部门吊销加油站《成品油零售经营批准证书》和营业执照；构成犯罪的，依法追究刑事责任。

(六) 违反本办法第五条第(八)项规定，未使用计量器具的，限期改正，逾期不改的，处 1 000 元以上 10 000 元以下罚款；成品油零售量的结算值与实际值之差超过国家规定允许误差的，责令改正，给消费者造成损失的，责令其赔偿损失，并处以违法所得3倍以下、最高不超过30 000元的罚款。

第十条 加油站经营者违反本办法规定，拒不提供成品油零售账目或者提供不真实账目，使违法所得难以计算的，可根据违法行为的情节轻重处以最高不超过30 000元的罚款。

第十一条 从事加油站计量监督管理的国家工作人员滥用职权、玩忽职守、徇私舞弊，情节轻微的，给予行政处分；构成犯罪的，依法追究刑事责任。

第十二条 从事加油站计量器具检定的计量检定机构和计量检定人员有违反计量法律、法规和本办法规定的，按照《计量违法行为处罚细则》有关规定予以处罚。

第十三条 本办法规定的行政处罚，由县级以上地方质量技术监督部门决定。

县级以上地方质量技术监督部门按照本办法实施行政处罚，必须遵守国家质量监督检验检疫总局关于行政案件办理程序的有关规定。

第十四条 行政相对人对行政处罚规定不服的，可依法申请行政复议或者提起行政诉讼。

第十五条 本办法第二条规定的加油站以外的油库、加油船、流动加油车、加油点等成品油经营中的计量器具、成品油销售计量及相关计量活动的监督管理参照本办法执行。

第十六条 本办法规定的加油机检定合格标志式样由国家质量监督检验检疫总局统一规定。

第十七条 本办法由国家质量监督检验检疫总局负责解释。

第十八条 本办法自2003年2月1日起施行。

国家计量检定规程管理办法

（2002年12月31日国家质检总局令第36号公布）

第一章 总 则

第一条 为了加强对国家计量检定规程的管理，保证计量单位的统一和计量器具量值的准确，根据《中华人民共和国计量法》和《中华人民共和国计量法实施细则》的有关规定，制定本办法。

第二条 国家计量检定规程是指由国家质量监督检验检疫总局（以下简称国家质检总局）组织制定并批准颁布，在全国范围内施行，作为计量器具特性评定和法制管理的计量技术法规。

第三条 凡制定、修订、审批和发布、复审国家计量检定规程，必须遵守本办法。

第四条 制定国家计量检定规程应当符合国家有关法律和法规的规定；适用范围必须明确，在其界定的范围内力求完整；各项要求科学合理，并考虑操作的可行性及实施的经济性。

第五条 积极采用国际法制计量组织发布的国际建议、国际文件及有关国际组织发布的国际标准；在采用中应当符合国家有关法规和政策，坚持积极采用、注重实效的方针。

第六条 国家计量检定规程由国家质检总局编制计划、协调分工、组织制定（含修订，下同）、审批、编号、发布。

第二章 国家计量检定规程的计划

第七条 编制国家计量检定规程的项目应当以国民经济和科学技术发展及计量法制监督管理的需要作为依据。

第八条 国家质检总局在每年4月份提出编制下一年度国家计量检定规程计划项目的原则要求，下达给全国各专业计量技术委员会（以下简称"技术委员会"）。

第九条 各技术委员会根据编制国家计量检定规程的原则要求，于当年8月底将计划项目草案和计划任务书（格式见附件1）报国家质检总局。

第十条 国家质检总局对上报的国家计量检定规程计划项目草案统一汇总、审查、协调，于当年12月前将批准后的下一年度国家计量检定规程计划项目下达。

第十一条 各技术委员会在执行国家计量检定规程计划过程中，有下列情况时可以对计划项目进行调整：

（一）确属急需制定国家计量检定规程的项目，可以增补；

（二）确属不宜制定国家计量检定规程的项目，应予撤销；

（三）确属特殊情况，可以对计划项目内容进行调整。

第十二条 调整国家计量检定规程计划项目应当由负责起草单位填写“国家计量检定规程计划项目调整项目申请表”（见附件 2），经归口技术委员会审查同意后，报国家质检总局审批。国家质检总局批准调整的，应当通知有关技术委员会实施调整。调整国家计量检定规程计划项目的申请未获批准，有关技术委员会必须按照原计划进行工作。

第三章 国家计量检定规程的制定

第十三条 各技术委员会根据国家质检总局批准下达的国家计量检定规程计划项目组织和指导起草工作，督促工作进展，检查完成任务的情况。

第十四条 起草单位应当按照《国家计量检定规程编写导则》有效版本的要求，在调查研究、试验验证的基础上，提出国家计量检定规程征求意见稿，以及“编写说明”等有关附件，分送本技术委员会各委员、通讯单位成员、有关制造企业、省级计量行政管理部门、计量检定机构、使用单位、相关标准的起草单位或个人广泛征求意见。

第十五条 附件应当包括以下材料：

（一）编写说明。阐明任务来源、编写依据、与“国际建议”、“国际文件”、“国际标准”、国内标准等技术文件的兼容情况，对所规定的某些技术条款、检定条件、检定方法的有关说明，对重大分歧意见的处理结果和依据等；在修订时，应当对新旧国家计量检定规程的修改内容予以说明等。

（二）试验报告。对国家计量检定规程中所规定的计量性能、技术条件，应当用规定的检定条件、检定方法对其适用范围的对象进行检测，用试验数据证明其是否可行。

（三）误差分析。应用误差理论和不确定度评估方法分析所规定的计量性能要求、技术条件、检定条件（所使用的标准器及有关设备仪器，环境条件等）、检定方法是否科学合理。同时应当列出误差源、误差的类别、合成的方法及置信概率等。

（四）采用国际建议、国际文件或国际标准的原文及中文译本。

第十六条 国家计量检定规程征求意见稿的期限为两个月。

被征求意见的单位或个人应当在规定期限内回复意见;如没有意见也应当复函说明;逾期不复函者,按无异议处理。若有比较重大的意见,应当说明理由并提出试验数据。

第十七条 起草人或者起草单位收到意见后进行综合分析,列出意见内容和处置结果,形成“征求意见汇总表”(格式见附件3)。

第十八条 起草单位根据征求意见汇总表,对征求意见稿进行修改后,提出国家计量检定规程报审稿及编写说明、试验报告、误差分析、征求意见汇总表、国际建议、国际文件或国际标准的原文和中文译本等有关附件,送技术委员会秘书处审阅。

第十九条 技术委员会秘书处按照《全国专业计量技术委员会章程》规定的工作程序,组织报审稿的审查工作。

对于技术含量高、涉及面广、分歧意见较多的国家计量检定规程,为保证其编写质量,以会议审定为主;内容较单一、分歧较少的可进行函审。具体审定形式由技术委员会决定。

技术委员会秘书处应在会审或函审前1个月,将国家计量检定规程报审稿及有关附件提交审定者。

第二十条 会议审查原则上应取得一致同意。如需投票(赞成、反对、弃权)表决,至少应获得到会委员人数四分之三以上赞成方为通过,并以书面材料记录在案;起草人不能参加表决。

若有通讯单位成员、特邀代表参加会议,应将其意见记录在案。

函审时必须有四分之三回函赞成方为通过。

会议审查必须有“审定意见书”(格式见附件4),审定意见需经与会代表通过;函审必须附每位函审人员的函审意见(格式见附件5)及主审人汇总的审定意见,其内容包括对规程的评价及主要修改意见(格式见附件6)。

第二十一条 审定通过的国家计量检定规程,由起草单位根据审定意见整理后,形成报批稿。报批稿和规定的有关上报材料报技术委员会秘书处审核。国家计量检定规程报批稿的内容应与审查时审定的内容相一致。如对技术内容有改动,应当在“编写说明”中说明。报送文件包括:

(一) 报批国家计量检定规程的公文1份(格式见附件7);

(二) 国家计量检定规程报批稿2份,软盘1份;

(三) 国家计量检定规程报批表(格式见附件8)、编写说明、试验报告、误差分析、征求意见汇总表、审定意见书、国际建议、国际文件或国际标准的原文和中文译本及其他有关材料各1份。

技术委员会秘书处对上报材料进行审核并在“报批表”中签署意见后，将全部材料报国家计量检定规程审查部进行审核。

第四章 国家计量检定规程的审批、发布

第二十二条 国家计量检定规程由国家质检总局统一审批（审批格式见附件8）、编号、以公告形式发布。

第二十三条 国家计量检定规程的编号由其代号、顺序号和发布年号组成。

国家计量检定规程的代号为“JJG”。

第二十四条 制定国家计量检定规程过程中形成的有关资料应当进行归档。

第二十五条 国家计量检定规程发布后，由国家质检总局送出版社出版。在出版过程中，发现有疑点和错误时，出版单位应当及时与有关技术委员会联系；如技术内容需要更改时，应当经国家质检总局批准；起草人不得自行更改国家计量检定规程的内容。

需要翻译成外文的国家计量检定规程，其译文由负责制定的技术委员会组织翻译和审定，并由国家计量检定规程的出版单位出版。

第二十六条 国家计量检定规程出版后，发现个别技术内容有问题，必须做少量修改或补充时，由起草人填写“修改国家计量检定规程申报表:（格式见附件9），经相关的技术委员会审核同意，以文件形式（格式见附件10）并附“修改国家计量检定规程申报表”2份，报规程审批单位批准，并以公告形式发布。

第五章 国家计量检定规程的复审

第二十七条 国家计量检定规程发布实施后，应当根据科学技术的发展和经济建设及法制计量监督管理的需要，由相关的技术委员会适时提出复审计划，复审周期一般不超过五年。

国家计量检定规程的复审可采用会议审查或函审，一般应有原起草人参加。

第二十八条 国家计量检定规程经复审按下列情况分别处理：

（一）对不需要修改的国家计量检定规程，确认继续有效；确认继续有效的国家计量检定规程不改顺序号和年号；当重版时，在其封面上，国家计量检定规程编号下写“××××年确认有效”字样。

（二）对需修改的国家计量检定规程，作为修订项目列入计划；修订的国家计量检定规程顺序号不变，将年号改为修订的年号。

（三）对已不须进行检定的计量器具的国家计量检定规程，予以废止。

第二十九条 负责国家计量检定规程复审的技术委员会在复审结束后应当写出复审报告，内容包括：复审简况、处理意见、复审结论，报国家质检总局批准，并以公告形式发布。

第三十条 国家计量检定规程属于科技成果，应当纳入国家或部门科技进步奖范围，予以奖励。

第六章 附 则

第三十一条 任何单位和个人，未经国家质检总局批准，不得随意改动国家计量检定规程。违反本办法规定的，应当对直接责任人进行批评、教育，给予行政处分，直至依法追究刑事责任。

第三十二条 本办法由国家质检总局负责解释。

第三十三条 本办法自 2003 年 2 月 1 日起实施。原国家技术监督局 1991 年 8 月 5 日颁发的《关于〈修改国家计量检定规程〉的暂行规定》即行作废。

附件（略）

茧丝质量监督管理办法

（2003 年 1 月 14 日国家质检总局令第 43 号公布）

第一章 总 则

第一条 为了加强对茧丝质量的监督管理，明确茧丝质量责任，促进茧丝质量的提高，维护茧丝市场秩序和茧丝交易各方的合法权益，根据

《棉花质量监督管理条例》等有关规定，制定本办法。

第二条 茧丝经营者（含茧丝收购者、加工者、销售者、承储者，下同）从事茧丝经营活动，纤维质量监督机构对茧丝质量实施监督管理，必须遵守本办法。

本办法所称的茧丝是蚕茧和丝的统称。蚕茧主要包括桑蚕鲜茧、桑蚕干茧、柞蚕鲜茧、柞蚕干茧等。丝主要包括生丝、绢丝、䌷丝等。

本办法所称的茧丝加工主要包括桑蚕干茧的加工、柞蚕干茧加工、生丝的生产、绢丝的生产、䌷丝的生产等。

第三条 国家质量监督检验检疫总局（以下简称国家质检总局）主管全国茧丝质量监督工作，其所属的中国纤维检验局负责组织实施。

省、自治区、直辖市质量技术监督部门（以下简称省级质量技术监督部门）负责本行政区域内茧丝质量监督工作。设有专业纤维检验机构的，由专业纤维检验机构在其管辖范围内对茧丝质量实施监督；没有设立专业纤维检验机构的，由质量技术监督部门在其管辖范围内对茧丝质量实施监督（专业纤维检验机构和地方质量技术监督部门并列使用时，统称纤维质量监督机构）。

第二章 茧丝质量监督

第四条 茧丝经营者从事收购桑蚕鲜茧或者加工桑蚕干茧活动的，必须在设施和环境、设备和仪器、从业人员、质量检验标准、内部质量保证制度等方面具备规定的条件，并经过专业纤维检验机构的审核。

桑蚕鲜茧收购、桑蚕干茧加工质量保证条件的基本要求（以下简称国家质量保证基本条件）由国家质检总局会同国家经济贸易委员会制定；各地区的具体要求（以下简称地方质量保证条件）由省级质量技术监督部门会同同级经济贸易管理部门制定。地方质量保证条件不得低于国家质量保证基本条件。

第五条 中国纤维检验局负责全国桑蚕鲜茧收购、桑蚕干茧加工质量保证条件审核的监督管理工作。

省、自治区、直辖市专业纤维检验机构（以下简称省级专业纤维检验机构）负责组织实施本地区桑蚕鲜茧收购、桑蚕干茧加工质量保证条件的审核，审核的结果应当报中国纤维检验局备案；

省级以下的专业纤维检验机构根据省级专业纤维检验机构的指定，对桑蚕鲜茧收购、桑蚕干茧加工的质量保证条件实施审核，审核的结果应当报省级专业纤维检验机构备案。

第六条 专业纤维检验机构对桑蚕鲜茧收购、桑蚕干茧加工质量保证条件审核后，应当出具审核意见书。审核意见书的格式、内容由中国纤维检验局统一制定。

第七条 专业纤维检验机构进行桑蚕鲜茧收购、桑蚕干茧加工的质量保证条件审核，应当执行规定的程序、技术规范及其他相关规定，保证客观、公正、及时。

第八条 国家推行茧丝质量公证检验制度。桑蚕干茧销售逐步实行质量公证检验；其他有必要进行质量公证检验的茧丝（含国家储备的茧丝），由国家确定实施公证检验的茧丝品种、类别和实施公证检验的环节。

上款所称茧丝质量公证检验，是指专业纤维检验机构按照国家标准和技术规范，对茧丝质量、数量进行检验并出具公证检验证书的活动。

茧丝质量公证检验证书是茧丝质量、数量的依据。

中国纤维检验局负责组织并监督茧丝质量公证检验。

茧丝质量公证检验的具体实施办法，由国家质检总局负责制定。

第九条 纤维质量监督机构可以在茧丝收购、加工、销售、承储活动所涉及的场所实施茧丝质量监督检查。

监督检查的内容主要包括：茧丝经营者从事桑蚕鲜茧收购、桑蚕干茧加工活动是否具备规定的质量保证条件；茧丝经营者收购桑蚕鲜茧是否按要求进行仪评；未经质量公证检验的茧丝质量、数量和包装、标识是否符合国家标准、地方标准和国家的有关规定；茧丝的标识以及质量凭证是否与实物相符等。

纤维质量监督机构应当设置举报电话并向社会公布，积极受理有关茧丝质量违法行为的举报。

第十条 纤维质量监督机构进行茧丝质量监督检查，以及根据违法嫌疑证据或者举报，对涉嫌违反本办法规定的行为进行查处时，可以行使下列职权：

（一）对涉嫌从事违反本办法的茧丝经营活动所涉及的场所实施现场检查；

（二）向与茧丝经营活动有关的人员调查、了解涉嫌从事违反本办法的经营活动的有关情况；

（三）查阅、复制与茧丝经营活动有关的合同、单据、账簿以及其他资料；

（四）对涉嫌掺杂掺假、以次充好、以假充真或者其他有严重质量问题的茧丝以及直接用于生产掺杂掺假、以次充好、以假充真的茧丝的设备、工具予以查封或者扣押。

第十一条 纤维质量监督机构根据监督检查的需要，可以对茧丝的质量进行检验；检验所需样品按照国家有关标准，从被检查的茧丝中抽取，并应当自抽到检验样品之日起15日内作出检验结论。

第十二条 茧丝经营者、使用者对依照本办法进行的茧丝质量公证检验或者茧丝质量监督检查中实施检验（以下统称原验）的结果有异议的，可以自收到检验结果之日起5日内，按照有关规定向省级纤维质量监督机构或者中国纤维检验局申请复验。

茧丝经营者、使用者应当在标准规定的复验项目范围内提出复验申请。

省级纤维质量监督机构或者中国纤维检验局受理的复验申请，应当对原验的留样进行检验。复验结论应当自收到复验申请之日起10日内作出，并告知申请人。

茧丝质量复验的具体实施办法由中国纤维检验局制定。

第三章 茧丝经营者的质量义务

第十三条 茧丝经营者收购蚕茧，必须符合下列要求：

（一）从事收购桑蚕鲜茧的，具备本办法第四条规定的质量保证条件；

（二）按照国家标准、行业标准或者地方标准以及技术规范，保证收购蚕茧的质量；

（三）按照国家标准、行业标准或者地方标准以及技术规范，对收购的桑蚕鲜茧进行仪评；

（四）根据仪评的结果真实确定所收购桑蚕鲜茧的类别、等级、数量，并在与交售者结算前以书面形式将仪评结果告知交售者；

（五）不得收购毛脚茧、过潮茧、统茧等有严重质量问题的蚕茧；

（六）不得伪造、变造仪评的数据或结论；

（七）分类别、分等级置放所收购的蚕茧。

第十四条 茧丝经营者加工茧丝，必须符合下列要求：

（一）从事桑蚕干茧加工，具备本办法第四条第一款规定的质量保证条件；

（二）从事生丝生产，具备相应的质量保证条件；

（三）按照国家标准、行业标准或者地方标准以及技术规范，对茧丝进行加工，不得使用土灶加工等可能导致茧丝资源被破坏的方法加工茧丝；

（四）按照本办法第十五条对加工的茧丝进行包装；

（五）按照本办法第十六条规定对加工的茧丝标注标识；

（六）标注的标识与茧丝的质量、数量相符；

（七）对加工后的桑蚕干茧进行合理放置，保证放置在一起的桑蚕干茧的品种、类别、等级、蚕茧收购期（茧季）、养殖地域（庄口）一致；

（八）合理贮存，防止茧丝受潮、霉变、被污染、虫蛀鼠咬等质量损毁。

茧丝经营者不得使用按国家规定应当淘汰、报废的生产设备生产生丝。

第十五条 对加工的茧丝进行包装应当符合国家标准、行业标准或者地方标准以及技术规范的规定，国家标准、行业标准、地方标准、技术规范中没有规定的，应当符合下列要求：

（一）包装物无毒、无害、清洁；

（二）有足够的牢固性，能够耐受正常的运输和贮存；

（三）能防止加工的茧丝受潮、霉变、被污染、被虫蛀鼠咬等质量损毁。

第十六条 对加工的茧丝标注标识应当符合下列要求：

（一）有中文标明的茧丝名称、原产地域、蚕茧收购期（茧季）；

（二）有中文标明的茧丝加工者的名称、地址、联系方法和加工日期；

（三）标明茧丝的类别、等级、重量、批号、包号或者件号；

（四）执行的标准编号；

（五）按国家规定附有产品合格证；

（六）国家有关标注标识的其他规定。

茧丝的标识应当标注在茧丝或者其外包装的显著位置上，标识的字迹应当清楚、牢固、便于识别。

第十七条　茧丝经营者销售茧丝，必须符合下列要求：

（一）建立并严格执行进货检查验收制度，验明茧丝的标识、质量凭证、质量、数量；

（二）每批茧丝附有有效的质量凭证，质量凭证有效期为6个月；在质量凭证有效期内，发生茧丝受潮、霉变、被污染、虫蛀鼠咬等非正常质量变异的，质量凭证自行失效；

（三）茧丝包装、标识符合本办法第十五条、第十六条的规定；

（四）茧丝的质量、数量与质量凭证、标识相符；

（五）经公证检验的茧丝，必须附有公证检验证书。有公证检验标记粘贴规定的，应当附有公证检验标记。

第十八条　茧丝经营者承储国家储备茧丝，应当符合下列要求：

（一）建立健全茧丝入库、出库质量检查验收制度，保证入库、出库的国家储备茧丝的质量、数量与标识、质量凭证相符；

（二）按照国家规定维护、保养承储设施，保证国家储备茧丝质量免受人为因素造成的质量变异；

（三）国家规定的其他有关质量义务。

第十九条　茧丝经营者收购、加工、销售、承储茧丝，不得伪造、变造、冒用质量保证条件审核意见书、茧丝质量凭证、标识、公证检验证书。

第二十条　严禁茧丝经营者在收购、加工、销售、承储等茧丝经营活动中掺杂掺假、以次充好、以假充真。

第四章　罚　　则

第二十一条　违反本办法第十三条第（一）项、第（二）项、第（三）项、第（四）项、第（五）项、第（七）项中任何一项规定的，由纤维质量监督机构责令限期改正，可以处3万元以下罚款；情节严重的，建议资格认定机关取消其相应的蚕茧收购资格。

第二十二条　违反本办法第十四条第一款规定的，由纤维质量监督机构责令改正，并可以根据情节轻重，处10万元以下的罚款；情节严重的，建议资格认定机关取消其相应的茧丝加工资格。

违反本办法第十四条第二款规定的，由纤维质量监督机构没收并监督销毁按国家规定应当淘汰、报废的生产设备，并处非法设备实际价值 2 倍以上 10 倍以下的罚款；情节严重的，建议资格认定机关取消其茧丝准产资格。

第二十三条 违反本办法第十七条第（二）项、第（三）项、第（四）项、第（五）项中任何一项规定的，由纤维质量监督机构责令改正，并可以根据情节轻重，处以 10 万元以下的罚款。

第二十四条 违反本办法第十八条中任何一项规定的，由纤维质量监督机构责令改正，可以处 10 万元以下罚款；造成重大损失或有其他严重情节的，建议主管部门对负责人员和其他直接责任人员给予相应的处分。

第二十五条 违反本办法第十三条第（六）项、第十九条规定的，由纤维质量监督机构处 5 万元以上 10 万元以下的罚款；情节严重的，建议工商行政管理机关吊销营业执照；构成犯罪的，依法追究刑事责任。

第二十六条 违反本办法第二十条规定构成犯罪的，依法追究刑事责任；尚不构成犯罪的，由纤维质量监督机构没收掺杂掺假、以次充好、以假充真的茧丝和违法所得，并处货值金额 2 倍以上 5 倍以下的罚款；建议工商行政管理机关吊销营业执照。

茧丝经营者经营掺杂掺假、以次充好、以假充真的茧丝的，依照上款处理。

第二十七条 茧丝经营者隐匿、转移、毁损被纤维质量监督机构查封、扣押的物品的，由纤维质量监督机构处被隐匿、转移、毁损物品货值金额 2 倍以上 5 倍以下的罚款；构成犯罪的，依法追究刑事责任。

第二十八条 政府机关及其工作人员包庇、纵容茧丝质量违法行为，或者阻挠、干预纤维质量监督机构依法对茧丝收购、加工、销售、承储中违反本办法规定的行为进行查处的，建议其主管机关依法给予行政处分；构成犯罪的，依法追究刑事责任。

第二十九条 专业纤维检验机构在茧丝质量公证检验中不符合有关要求，出具的茧丝质量公证检验证书不真实、不客观的，由国家质检总局或者地方质量技术监督部门责令改正，对负责的主管人员和其他直接责任人员依法给予降级或者撤职的行政处分；构成犯罪的，依法追究刑事责任。

第三十条 凡未按规定获得行政执法资格并取得行政执法证件的，不得从事本办法所规定的监督检查，不得依据本办法实施处罚。

第三十一条 纤维质量监督机构在茧丝质量监督行政执法活动中，由于主观故意或者过失，违反了法律、法规和规章的规定，导致行政处罚错误，并造成严重后果的，依据有关行政执法过错责任追究的规定，追究有关行政执法人员及其他相关人员的法律责任。

第三十二条 本办法第二十六条、第二十七条规定的茧丝货值金额按照违法经营的茧丝的牌价或者结算票据计算；没有牌价或者结算票据的，按照同类茧丝市场价格计算。

第三十三条 依照本办法规定实施罚款的行政处罚，应当依照有关法律、行政法规的规定，实行罚款决定与罚款收缴分离，收缴的罚款必须全部上缴国库。

第五章 附 则

第三十四条 本办法所称"仪评"是指通过仪器检验的结果评定桑蚕鲜茧的质量、数量。

第三十五条 本办法由国家质检总局负责解释。

第三十六条 本办法自 2003 年 3 月 1 日起实施。

气瓶安全监察规定

（2003 年 4 月 24 日国家质检总局令第 46 号公布）

第一章 总 则

第一条 为加强气瓶安全监察工作，保证气瓶安全使用，保护人民生命和财产安全，根据《特种设备安全监察条例》和《危险化学品安全管理条例》的有关要求，制定本规定。

第二条 本规定适用于正常环境温度（－40 ℃～60 ℃）下使用的、公称工作压力大于或等于0.2 MPa(表压)且压力与容积的乘积大于或等于1.0 MPa·L的盛装气体、液化气体和标准沸点等于或低于60 ℃的液体的气瓶(不含仅在灭火时承受压力、储存时不承受压力的灭火用气瓶)。

军事装备、核设施、航空航天器、铁路机车、船舶和海上设施使用的气瓶不适用本规定。

第三条 在中华人民共和国境内使用的气瓶,其设计、制造、充装、运输、储存、销售、使用和检验等各项活动,应当遵守本规定。

第四条 国家质量监督检验检疫总局(以下简称国家质检总局)负责全国范围内气瓶的安全监察工作,县以上地方质量技术监督行政部门(以下简称质监部门)对本行政区域内的气瓶实施安全监察。

第二章 气瓶设计与制造

第五条 气瓶设计实行设计文件鉴定制度。气瓶设计文件应当经国家质检总局特种设备安全监察机构(以下简称总局安全监察机构)核准的检验检测机构鉴定,方可用于制造。

第六条 气瓶制造单位申请设计文件鉴定时,应当提交齐全的设计文件和产品型式试验报告。气瓶设计文件应当包括:

(一) 设计任务书;

(二) 设计图样(含钢印印模图样);

(三) 设计计算书;

(四) 设计说明书;

(五) 标准化审查报告;

(六) 使用说明书。

改变气瓶瓶体主体结构、设计厚度、瓶体材料牌号时,气瓶制造单位应当重新申请设计文件鉴定。

第七条 气瓶设计文件应当符合有关安全技术规范的规定,并满足相应国家标准(行业标准)或企业标准的要求。

第八条 液化石油气气瓶上应当设计装配防止超装的液位限制装置;易燃气体气瓶和助燃气体气瓶的瓶口螺纹和阀门出气口应当设计成不同的左右螺纹的旋向和内外螺纹的结构。

第九条 在我国境内使用的气瓶及其附件(包括气瓶瓶阀、减压阀、液位限制阀等，下同），其境内外制造企业应当取得国家质检总局颁发的制造许可证书，方可从事制造活动。气瓶及其附件的制造许可按照《锅炉压力容器制造监督管理办法》的规定执行。

从事气瓶焊接和无损检测的人员，应当经安全监察机构考核合格，并取得证书后，方可从事相应工作。

第十条 在我国境内使用的气瓶应当按照我国安全技术规范和国家标准（行业标准）生产。暂时没有国家标准（行业标准）时，应当制定符合安全技术规范要求的企业标准。

第十一条 在符合有关气瓶安全技术规范和国家标准的条件下，气瓶制造单位可按气瓶充装单位的要求，生产专用标识气瓶。

第十二条 气瓶及附件正式投产前，应当按照安全技术规范及相关标准的要求进行型式试验。改变设计文件或者主要制造工艺或者停产时间超过 6 个月重新生产时，应当进行气瓶的型式试验。

第十三条 研制、开发气瓶及其附件新产品，应当进行型式试验和技术评定。

第十四条 气瓶应当逐只进行监督检验后方可出厂（出口气瓶按合同或其他有关规定执行）。气瓶出厂时，制造单位应当在产品的明显位置上，以钢印（或者其他固定形式）注明制造单位的制造许可证编号和企业代号标志以及气瓶出厂编号，并向用户逐只出具铭牌式或者其他能固定于气瓶上的产品合格证，按批出具批量检验质量证明书。产品合格证和批量检验质量证明书的内容，应当符合相应的安全技术规范及产品标准的规定。

第十五条 气瓶及其附件制造单位必须对设计、制造的气瓶及其附件的安全性能和产品质量负责。气瓶阀门制造单位应当保证气瓶阀门至少安全使用到气瓶的下一个检验周期。

第三章 气瓶制造监督检验

第十六条 承担气瓶制造监督检验工作的检验机构（以下简称监检机构），应当经国家质检总局核准。监检机构所监督检验的产品，应当符合受检单位所取得的制造许可证书所规定的品种范围。

第十七条 监督检验的主要内容包括：

（一）对气瓶制造过程中涉及安全的水压试验、气瓶出厂编号和打监督检验钢印等重要项目进行逐只监督检验；

（二）对气瓶材料的复验、气瓶爆破试验和产品试样的力学性能和其他理化性能测试进行现场监督确认；

（三）对受检单位的气瓶制造质量管理体系运转情况进行监督。

气瓶制造监督检验报告应当包括上述3项内容和结论。

第十八条 监检机构应当加强对监督检验工作的管理，根据受检单位生产的实际情况，派出相应的监督检验人员，及时完成监督检验任务；应当对监督检验人员进行培训和定期考核，为检验人员配备必要的检验和检测工具，确保监督检验工作质量。监检机构应当对出具的监督检验报告负责。

第十九条 监督检验人员应当认真履行职责，监督检验到位。应当根据有关安全技术规范及标准的要求实施监督检验，认真做好监督检验记录，对受检单位提供的技术资料等应当妥善保管，并予以保密。

签发监督检验报告的检验人员，应当持有国家质检总局颁发的压力容器检验师证书。

第二十条 监督检验人员发现受检单位质量管理体系运转失控而影响产品质量时，应当及时书面通知受检单位改正，并报告受检单位制造许可证发证部门。监督检验人员在监督检验中发现零部件存在安全质量问题时，有权制止零部件流入下道工序。

第二十一条 在监督检验过程中，受检单位和监检机构发生争议时，可提请受检单位所在地的地（市）级质监部门处理。必要时，可提请上一级质监部门处理。

第二十二条 监检机构所在地的地（市）级质监部门安全监察机构，应当每年对监检机构和受检单位进行监督检查。发现监检机构不能履行职责和受检单位逃避监督检验的问题，应当及时处理，并报告监检机构的核准部门和受检单位制造许可证发证部门。

第四章 气瓶充装

第二十三条 气瓶充装单位应当向省级质监部门特种设备安全监察机构提出充装许可书面申请。经审查，确认符合条件者，由省级质监部门颁发《气瓶充装许可证》。未取得《气瓶充装许可证》的，不得从事气瓶充装工作。

第二十四条 《气瓶充装许可证》有效期为4年，有效期满前，气瓶充装单位应当向原批准部门申请更换《气瓶充装许可证》。未按规定提出申请或未获准更换《气瓶充装许可证》的，有效期满后不得继续从事气瓶充装工作。

第二十五条 气瓶充装单位应当符合以下条件：

（一）具有营业执照；

（二）有适应气瓶充装和安全管理需要的技术人员和特种设备作业人员，具有与充装的气体种类相适应的完好的充装设施、工器具、检测手段、场地厂房，有符合要求的安全设施；

（三）具有一定的气体储存能力和足够数量的自有产权气瓶；

（四）符合相应气瓶充装站安全技术规范及国家标准的要求，建立健全的气瓶充装质量保证体系和安全管理制度。

第二十六条 气瓶充装单位应当履行以下义务：

（一）向气体消费者提供气瓶，并对气瓶的安全全面负责；

（二）负责气瓶的维护、保养和颜色标志的涂敷工作；

（三）按照安全技术规范及有关国家标准的规定，负责做好气瓶充装前的检查和充装记录，并对气瓶的充装安全负责；

（四）负责对充装作业人员和充装前检查人员进行有关气体性质、气瓶的基础知识、潜在危险和应急处理措施等内容的培训；

（五）负责向气瓶使用者宣传安全使用知识和危险性警示要求，并在所充装的气瓶上粘贴符合安全技术规范及国家标准规定的警示标签和充装标签；

（六）负责气瓶的送检工作，将不符合安全要求的气瓶送交地（市）级或地（市）级以上质监部门指定的气瓶检验机构报废销毁；

（七）配合气瓶安全事故调查工作。

车用气瓶、呼吸用气瓶、灭火用气瓶、非重复充装气瓶和其他经省级质监部门安全监察机构同意的气瓶充装单位，应当履行上述规定的第（三）项、第（四）项、第（五）项、第（七）项义务。

第二十七条 充装单位应当采用计算机对所充装的自有产权气瓶进

行建档登记，并负责涂敷充装站标志、气瓶编号和打充装站标志钢印。充装站标志应经省级质监部门备案。鼓励采用条码等先进信息化手段对气瓶进行安全管理。

第二十八条 气瓶充装单位应当保持气瓶充装人员的相对稳定。充装单位负责人和气瓶充装人员应当经地（市）级或者地（市）级以上质监部门考核，取得特种设备作业人员证书。

第二十九条 气瓶充装单位只能充装自有产权气瓶（车用气瓶、呼吸用气瓶、灭火用气瓶、非重复充装气瓶和其他经省级质监部门安全监察机构同意的气瓶除外），不得充装技术档案不在本充装单位的气瓶。

第三十条 气瓶充装前和充装后，应当由充装单位持证作业人员逐只对气瓶进行检查，发现超装、错装、泄漏或其他异常现象的，要立即进行妥善处理。

充装时，充装人员应按有关安全技术规范和国家标准规定进行充装。对未列入安全技术规范或国家标准的气体，应当制定企业充装标准，按标准规定的充装系数或充装压力进行充装。禁止对使用过的非重复充装气瓶再次进行充装。

第三十一条 气瓶充装单位应当保证充装的气体质量和充装量符合安全技术规范规定及相关标准的要求。

第三十二条 任何单位和个人不得改装气瓶或将报废气瓶翻新后使用。

第三十三条 地（市）级质监部门安全监察机构应当每年对辖区内的气瓶充装单位进行年度监督检查。年度监督检查的内容包括：自有产权气瓶的数量、钢印标志和建档情况、自有产权气瓶的充装和定期检验情况、充装单位负责人和充装人员持证情况。气瓶充装单位应当按照要求每年报送上述材料。

地（市）级质监部门每年应当将年度监督检查的结果上报省级质监部门。对年度监督检查不合格应予吊销充装许可证的充装单位，报请省级质监部门吊销充装许可证书。

第五章 气瓶定期检验

第三十四条 气瓶的定期检验周期、报废期限应当符合有关安全技术规范及标准的规定。

第三十五条 承担气瓶定期检验工作的检验机构,应当经总局安全监察机构核准,按照有关安全技术规范和国家标准的规定,从事气瓶的定期检验工作。

从事气瓶定期检验工作的检验人员,应当经总局安全监察机构考核合格,取得气瓶检验人员证书后,方可从事气瓶检验工作。

第三十六条 气瓶定期检验证书有效期为 4 年。有效期满前,检验机构应当向发证部门申请办理换证手续,有效期满前未提出申请的,期满后不得继续从事气瓶定期检验工作。

第三十七条 气瓶检验机构应当有与所检气瓶种类、数量相适应的场地、余气回收与处理设施、检验设备、持证检验人员,并有一定的检验规模。

第三十八条 气瓶定期检验机构的主要职责是:

(一) 按照有关安全技术规范和气瓶定期检验标准对气瓶进行定期检验,出具检验报告,并对其正确性负责;

(二) 按气瓶颜色标志有关国家标准的规定,去除气瓶表面的漆色后重新涂敷气瓶颜色标志,打气瓶定期检验钢印;

(三) 对报废气瓶进行破坏性处理。

第三十九条 气瓶检验机构应当严格按照有关安全技术规范和检验标准规定的项目进行定期检验。检验气瓶前,检验人员必须对气瓶的介质处理进行确认,达到有关安全要求后,方可检验。检验人员应当认真做好检验记录。

第四十条 气瓶检验机构应当保证检验工作质量和检验安全,保证经检验合格的气瓶和经维修的气瓶阀门能够安全使用一个检验周期,不能安全使用一个检验周期的气瓶和阀门应予报废。

第四十一条 气瓶检验机构应当将检验不合格的报废气瓶予以破坏性处理。气瓶的破坏性处理必须采用压扁或将瓶体解体的方式进行。禁止将未作破坏性处理的报废气瓶交予他人。

第四十二条 气瓶检验机构应当按照省级质监部门安全监察机构的要求,报告当年检验的各种气瓶的数量、各充装单位送检的气瓶数量、检验工作情况和影响气瓶安全的倾向性问题。

第六章 运输、储存、销售和使用

第四十三条 运输、储存、销售和使用气瓶的单位，应当制定相应的气瓶安全管理制度和事故应急处理措施，并有专人负责气瓶安全工作，定期对气瓶运输、储存、销售和使用人员进行气瓶安全技术教育。

第四十四条 充气气瓶的运输单位，必须严格遵守国家危险品运输的有关规定。

运输和装卸气瓶时，必须配戴好气瓶瓶帽（有防护罩的气瓶除外）和防震圈（集装气瓶除外）。

第四十五条 储存充气气瓶的单位应当有专用仓库存放气瓶。气瓶仓库应当符合《建筑设计防火规范》的要求，气瓶存放数量应符合有关安全规定。

第四十六条 气瓶或瓶装气体的销售单位应当销售具有制造许可证的企业制造的合格气瓶和取得气瓶充装许可的单位充装的瓶装气体。

鼓励气瓶制造单位将气瓶直接销售给取得气瓶充装许可的充装单位。

气瓶充装单位应当购买具有制造许可证的企业制造的合格气瓶，气体使用者应当购买已取得气瓶充装许可的单位充装的瓶装气体。

第四十七条 气瓶使用者应当遵守下列安全规定：

（一）严格按照有关安全使用规定正确使用气瓶；

（二）不得对气瓶瓶体进行焊接和更改气瓶的钢印或者颜色标记；

（三）不得使用已报废的气瓶；

（四）不得将气瓶内的气体向其他气瓶倒装或直接由罐车对气瓶进行充装；

（五）不得自行处理气瓶内的残液。

第七章 罚 则

第四十八条 气瓶充装单位有下列行为之一的，责令改正，处 1 万元以上 3 万元以下罚款。情节严重的，暂停充装，直至吊销其充装许可证。

（一）充装非自有产权气瓶（车用气瓶、呼吸用气瓶、灭火用气瓶、非重复充装气瓶和其他经省级质监部门安全监察机构同意的气瓶除外）；

（二）对使用过的非重复充装气瓶再次进行充装；

（三）充装前不认真检查气瓶钢印标志和颜色标志，未按规定进行瓶内余气检查或抽回气瓶内残液而充装气瓶，造成气瓶错装或超装的；

（四）对气瓶进行改装和对报废气瓶进行翻新的；

（五）未按规定粘贴气瓶警示标签和气瓶充装标签的；

（六）负责人或者充装人员未取得特种设备作业人员证书的。

第四十九条 气瓶检验机构对定期检验不合格应予报废的气瓶，未进行破坏性处理而直接退回气瓶送检单位或者转卖给其他单位或个人的，责令改正，处以 1 000 元以上 1 万元以下罚款。情节严重的，取消其检验资格。

第五十条 气瓶或者瓶装气体销售单位或者个人有下列行为之一的，责令改正，处 1 万元以下罚款。

（一）销售无制造许可证单位制造的气瓶或者销售未经许可的充装单位充装的瓶装气体；

（二）收购、销售未经破坏性处理的报废气瓶或者使用过的非重复充装气瓶以及其他不符合安全要求的气瓶。

第五十一条 气瓶监检机构有下列行为之一的，责令改正；情节严重的，取消其监督检验资格。

（一）监督检验质量保证体系失控，未对气瓶实施逐只监检的；

（二）监检项目不全或者未监检而出具虚假监检报告的；

（三）经监检合格的气瓶出现严重安全质量问题，导致受检单位制造许可证被吊销的。

第五十二条 违反本规定的其他违法行为，按照《特种设备安全监察条例》的规定进行处罚。

第五十三条 行政相对人对行政处罚不服的，可以依法申请行政复议或者提起行政诉讼。

第八章 附 则

第五十四条 气瓶发生事故时，发生事故的单位和安全监察机构应当按照《锅炉压力容器压力管道特种设备事故处理规定》及时上报和进行事故调查处理。

第五十五条 各省级质监部门可以依据本规定,结合本地区实际情况,制定实施办法。

第五十六条 本规定由国家质检总局负责解释。

第五十七条 本规定自 2003 年 6 月 1 日起施行。

毛绒纤维质量监督管理办法

(2003 年 7 月 18 日国家质检总局令第 49 号公布)

第一章 总 则

第一条 为了加强毛绒纤维质量监督管理,明确质量责任,保护毛绒纤维资源,维护交易各方的合法权益,根据《棉花质量监督管理条例》等有关规定,制定本办法。

第二条 毛绒纤维经营者(含毛绒纤维收购者、加工者、销售者、承储者,下同)从事毛绒纤维经营活动,纤维质量监督机构对毛绒纤维质量实施监督管理,必须遵守本办法。

本办法所称毛绒纤维是指在国内流通的羊毛、山羊绒、羽绒、牦牛绒、骆驼绒等毛绒纤维。

第三条 国家质量监督检验检疫总局主管全国毛绒纤维质量监督工作,其所属的中国纤维检验局负责组织实施。

省、自治区、直辖市人民政府质量监督部门负责本行政区域内毛绒纤维质量监督工作,其所属的专业纤维检验机构在各自管辖范围内对毛绒纤维组织实施质量监督;没有设立专业纤维检验机构的,由质量监督部门在其管辖范围内对毛绒纤维组织实施质量监督(专业纤维检验机构和地方质量监督部门并列使用时,统称纤维质量监督机构)。

第四条 禁止毛绒纤维经营者在毛绒纤维收购、加工、销售、承储等经营活动中,掺杂掺假、以假充真、以次充好。

第五条 任何单位和个人对毛绒纤维质量违法行为,均有权检举。纤维质量监督机构应当向社会公布举报电话,积极受理毛绒纤维质量的举报、投诉。

第二章 毛绒纤维质量监督

第六条 国家实行毛绒纤维质量公证检验制度。

上款所称毛绒纤维质量公证检验，是指专业纤维检验机构按照国家标准和技术规范，对毛绒纤维的质量、数量进行检验并出具公证检验证书的活动。

实施公证检验的毛绒纤维品种和类别、检验环节和检验费用等，按照国家有关规定执行。

毛绒纤维质量公证检验办法由国家质量监督检验检疫总局制定。

第七条 国家质量监督检验检疫总局在全国范围内对经毛绒纤维质量公证检验的毛绒纤维组织实施监督抽验，省、自治区、直辖市人民政府质量监督部门在本行政区域内对经毛绒纤维质量公证检验的毛绒纤维组织实施监督抽验。

监督抽验的内容是：毛绒纤维质量公证检验证书和检验标志是否与实物相符；专业纤维检验机构实施毛绒纤维质量公证检验是否客观、公正、及时。

监督抽验所需样品从公证检验的留样中随机抽取，并应当自抽取样品之日起10日内作出检验结论。

第八条 纤维质量监督机构对公证检验和本办法第九条规定的检验以外的毛绒纤维实施监督检查。

监督检查的内容是：毛绒纤维质量、数量和包装是否符合国家标准；毛绒纤维标识以及质量凭证是否与实物相符等。

第九条 毛绒纤维经营者销售未实施公证检验的批量山羊绒，须向省、自治区、直辖市专业纤维检验机构（以下简称省级专业纤维检验机构）或者其指定的地（市）级以上专业纤维检验机构申请检验。

第十条 纤维质量监督机构进行监督检查以及根据涉嫌质量违法的证据或者举报，对违反本办法规定的行为进行查处时，可以行使下列职权：

（一）对涉嫌从事违反本办法的收购、加工、销售、承储活动所涉及的场所实施现场检查；

（二）向与毛绒纤维收购、加工、销售、承储活动有关人员调查、了解与涉嫌从事违反本办法的经营活动有关的情况；

（三）查阅、复制与毛绒纤维收购、加工、销售、承储活动有关的合同、单据、账簿以及其他资料；

（四）对涉嫌掺杂掺假、以假充真、以次充好或者其他有严重质量问题的毛绒纤维，以及直接用于生产掺杂掺假、以假充真、以次充好的设备、工具予以查封或者扣押。

第十一条 根据监督检查的需要，可以由专业纤维检验机构对毛绒纤维质量进行检验，检验所需样品按照国家有关标准，从收购、加工、销售、承储的毛绒纤维中随机抽取，并应当自抽取样品之日起 7 日内作出检验结论。

第十二条 毛绒纤维经营者对依照本办法进行的毛绒纤维质量公证检验、本办法第九条规定的检验、监督检查中实施的检验结果有异议，可以自收到检验结果之日起 5 日内向省、自治区、直辖市纤维质量监督机构（以下简称省级纤维质量监督机构）或者中国纤维检验局申请复检；省级纤维质量监督机构或者中国纤维检验局应当自收到申请之日起 10 日内作出复检结论，并告知申请人。

第十三条 专业纤维检验机构进行毛绒纤维质量检验，必须执行国家标准、技术规范和时间要求，保证客观、公正、及时。出具的检验证书应客观、真实、有效地反映毛绒纤维的质量、数量。

第三章 毛绒纤维经营者质量义务

第十四条 毛绒纤维经营者收购毛绒纤维，应当符合下列要求：

（一）按照国家标准、技术规范真实确定所收购毛绒纤维的类别、等级、重量；

（二）按照国家标准、技术规范挑拣、排除导致质量下降的异性纤维及其他非毛绒纤维物质；

（三）对所收购毛绒纤维的水分含量超过国家标准规定的，进行晾晒、烘干等技术处理；

（四）对所收购的毛绒纤维按类别、等级、型号分别置放，并妥善保管；

（五）对所收购的毛绒纤维按净毛绒计算公量。

第十五条 毛绒纤维经营者从事毛绒纤维加工活动，应当符合下列要求：

（一）具备符合规定的质量标准、检验设备和环境、检验人员、加工机械和加工场所、质量保证制度以及国家规定的其他条件；

（二）挑拣、排除毛绒纤维中导致质量下降的异性纤维及其他非毛绒纤维物质；

（三）按照国家标准、技术规范，对毛绒纤维分类别、分等级加工，对加工后的毛绒纤维成包组批；

（四）按国家标准、技术规范，对加工后的毛绒纤维进行包装并标注标识，且标识有中文标明的品种、等级、批次、包号、重量、生产日期、厂名、厂址；标识与毛绒纤维的质量、数量相符；

（五）经毛绒纤维质量公证检验的毛绒纤维，应附有毛绒纤维质量公证检验证书和标志；未经毛绒纤维质量公证检验的毛绒纤维，应附有质量凭证，质量凭证与实物质量相符。

从事毛绒纤维加工活动，不得使用国家明令禁用的加工设备。

第十六条 毛绒纤维经营者批量销售未经过加工的毛绒纤维（以下统称原毛绒）应当符合以下要求：

（一）进行包装要防止异性纤维及其他非毛绒纤维物质混入包装；

（二）类别、型号、等级、标识与国家标准、技术规范相一致；

（三）经过毛绒纤维质量公证检验或本办法第九条规定的检验的毛绒纤维，须附有毛绒纤维质量公证检验证书、标志或本办法第九条规定的检验的证书；既未经过毛绒纤维质量公证检验也未经过本办法第九条规定的检验的毛绒纤维，附有质量凭证，质量凭证与实物质量相符；

（四）对所销售的毛绒纤维按净毛绒计算公量；

（五）建立并执行进货检查验收制度；

（六）国家规定的其他要求。

毛绒纤维经营者销售经过加工的毛绒纤维，除应当保证所销售毛绒纤维符合前款要求外，还应当保证符合本办法第十五条第（四）项要求。

山羊绒纤维经营者批量销售山羊绒的，应当符合本办法第九条的规定。

第十七条 毛绒纤维经营者承储国家储备毛绒纤维，应当建立健全毛绒纤维入库质量验收、出库质量检查制度，保证入库、出库的国家储备毛绒纤维的类别、型号、等级、数量、包装、标识等与质量凭证相符。

第十八条　任何单位或个人不得伪造、变造、冒用毛绒纤维质量凭证、标识、毛绒纤维质量公证检验证书和标志、本办法第九条规定的检验的证书。

第四章　罚　　则

第十九条　毛绒纤维经营者违反本办法第四条规定，在毛绒纤维经营活动中掺杂掺假、以假充真、以次充好构成犯罪的，依法追究刑事责任；尚不构成犯罪的，由纤维质量监督机构没收掺杂掺假、以假充真、以次充好的毛绒纤维和违法所得，并处违法货值金额2倍以上5倍以下的罚款；建议工商行政管理机关吊销营业执照。

毛绒纤维经营者经营掺杂掺假、以假充真、以次充好毛绒纤维的，依照上款处理。

第二十条　毛绒纤维经营者在收购毛绒纤维活动中，违反本办法第十四条第（一）至第（四）项规定的，由纤维质量监督机构责令改正，可以处3万元以下的罚款；违反本办法第十四条第（五）项规定的，由纤维质量监督机构责令改正，拒不改正的，处以3万元以下罚款。

第二十一条　毛绒纤维经营者在加工毛绒纤维活动中，违反本办法第十五条第一款第（一）项规定的，由纤维质量监督机构责令改正，拒不改正的，处以1万元以下的罚款；违反本办法第十五条第（二）项、第（三）项、第（四）项、第（五）项规定的，由纤维质量监督机构责令改正，并可以根据情节轻重，处10万元以下的罚款。

违反本办法第十五条第二款规定的，由纤维质量监督机构没收并监督销毁禁用的毛绒纤维加工设备，并处非法加工设备实际价值2倍以上10倍以下的罚款。

第二十二条　毛绒纤维经营者在销售活动中，违反本办法第十六条第一款第（一）项、第（二）项、第（三）项、第（六）项以及第二款规定的，由纤维质量监督机构责令改正，并可以根据情节轻重，处10万元以下的罚款；违反本办法第十六条第一款第（四）项规定的，由纤维质量监督机构责令改正，拒不改正的，处以3万元以下的罚款；违反本办法第十六条第三款规定的，由纤维质量监督机构责令补办检验，对拒不补办的，处以 3 万元以下的罚款。

第二十三条 毛绒纤维经营者在承储国家储备毛绒纤维活动中，违反本办法第十七条规定的，由纤维质量监督机构责令改正，可以处 10 万元以下的罚款；造成重大损失的，依法追究刑事责任。

第二十四条 毛绒纤维经营者在收购、加工、销售、承储活动中违反本办法第十八条规定的，由纤维质量监督机构处 5 万元以上 10 万元以下的罚款；情节严重的，建议工商行政管理机关吊销营业执照；构成犯罪的，依法追究刑事责任。

第二十五条 隐匿、转移、损毁被纤维质量监督机构查封、扣押物品的，由纤维质量监督机构处被隐匿、转移、损毁物品货值金额 2 倍以上 5 倍以下的罚款；构成犯罪的，依法追究刑事责任。

第二十六条 专业纤维检验机构不执行国家标准及其检验方法、技术规范和时间要求，或者出具的毛绒纤维质量检验证书不真实、不客观的，由国务院质量监督检验检疫部门或者地方质量监督部门责令改正；对负责的主管人员和其他直接责任人员根据情节依法给予行政处分。

第二十七条 专业纤维检验机构未实施检验而编造、出具毛绒纤维质量检验证书，弄虚作假的，由国务院质量监督检验检疫部门或者地方质量监督部门，对负责的主管人员和其他直接责任人员依法给予行政处分；构成犯罪的，依法追究刑事责任。

第二十八条 纤维质量监督行政执法人员滥用职权、徇私舞弊、包庇违法行为的，由其主管部门给予行政处分；构成犯罪的，依法追究刑事责任。

第五章 附 则

第二十九条 本办法所称批量是指羊毛纤维为 1 000 kg 及以上；绒类纤维为 25 kg 及以上。

第三十条 本办法由国家质量监督检验检疫总局负责解释。

第三十一条 本办法自 2003 年 8 月 1 日起施行。原国家技术监督局、国家经济贸易委员会、国家计划委员会、农业部、纺织工业部、商业部联合发布的《羊毛质量监督管理办法》同时废止。

眼镜制配计量监督管理办法

（2003年10月15日国家质检总局令第54号公布）

第一条 为加强对眼镜制配的计量监督管理，规范眼镜制配的计量行为，保护消费者的身体健康和人身安全，根据《中华人民共和国计量法》和国务院赋予国家质量监督检验检疫总局的职责，制定本办法。

第二条 在中华人民共和国境内从事眼镜制配计量活动和相关的计量监督管理，必须遵守本办法。

本办法所称眼镜制配是指单位或者个人从事眼镜镜片、角膜接触镜、成品眼镜的生产、销售以及配镜验光、定配眼镜、角膜接触镜配戴等经营活动。

本办法所称成品眼镜包括装成眼镜、太阳镜等。

本办法所称配镜验光是指使用验光设备等计量检测仪器对消费者眼睛的屈光状态进行测量、分析并出具验光单的活动。

第三条 国家质量监督检验检疫总局对全国眼镜制配计量工作实施统一监督管理。

县级以上地方质量技术监督部门对本行政区域内的眼镜制配计量工作实施监督管理。

第四条 眼镜制配者应当遵守以下规定：

（一）遵守计量法律、法规和规章，制定眼镜制配的计量管理及保护消费者权益的制度，完善计量保证体系，依法接受质量技术监督部门的计量监督。

（二）遵守职业人员市场准入制度规定，配备经计量业务知识培训合格，取得相应职业资格的专（兼）职计量管理和专业技术人员，负责眼镜制配的计量工作。

（三）配备的计量器具应当具有制造计量器具许可证标志、编号、产品合格证；进口的计量器具应当符合《中华人民共和国进口计量器具监督管理办法》的有关规定。

（四）使用属于强制检定的计量器具必须按照规定登记造册，报当地县级质量技术监督部门备案，并向其指定的计量检定机构申请周期检定。当地不能检定的，向上一级质量技术监督部门指定的计量检定机构申请周期检定。

（五）不得使用未经检定、超过检定周期或者经检定不合格的计量器具。

（六）不得使用非法定计量单位，不得使用国务院规定废除的非法定计量单位的计量器具和国务院禁止使用的其他计量器具。

（七）申请计量器具检定，应当按照价格主管部门核准的项目和收费标准交纳费用。

第五条 眼镜镜片、角膜接触镜和成品眼镜生产者除遵守本办法第四条规定外，还应当遵守以下规定：

（一）配备与生产相适应的顶焦度、透过率和厚度等计量检测设备。

（二）保证出具的眼镜产品计量数据准确可靠。

第六条 眼镜镜片、角膜接触镜、成品眼镜销售者以及从事配镜验光、定配眼镜、角膜接触镜配戴的经营者除遵守本办法第四条规定外，还应当遵守以下规定：

（一）建立完善的进出货物计量检测验收制度。

（二）配备与销售、经营业务相适应的验光、瞳距、顶焦度、透过率、厚度等计量检测设备。

（三）从事角膜接触镜配戴的经营者还应当配备与经营业务相适应的眼科计量检测设备。

（四）保证出具的眼镜产品计量数据准确可靠。

第七条 各级质量技术监督部门在进行计量监督管理时应当遵守以下规定：

（一）宣传计量法律、法规和规章，督促眼镜制配者遵守计量法律、法规和有关规定，做好眼镜制配的计量监督管理工作。

（二）对眼镜制配中使用的计量器具和相关计量活动进行计量监督管理，查处计量违法行为。

（三）引导眼镜制配者完善计量保证体系和对有条件的眼镜制配者开展省级“价格、计量信得过”活动。

（四）受理计量投诉，调解计量纠纷，组织仲裁检定。

第八条 计量检定机构和计量检定人员进行计量检定时，应当遵守以下规定：

（一）按照计量检定规程在规定期限内完成检定，出具检定证书。

（二）不得使用未经考核合格或者超过有效期的计量标准开展计量检定工作。

（三）不得指派未取得计量检定员证件的人员从事计量检定工作。

（四）不得擅自调整检定周期。

（五）不得伪造数据。

（六）不得超过标准收费。

第九条 眼镜制配者违反本办法第四条有关规定，应当按照下列规定进行处罚：

（一）违反本办法第四条第（三）项规定的，责令改正，可以并处2 000元以下罚款。

（二）违反本办法第四条第（四）项、第（五）项规定，使用属于强制检定的计量器具未按照规定登记造册，报当地县级质量技术监督部门备案的，责令改正；使用属于强制检定的计量器具，未按照规定申请检定或者超过检定周期继续使用的，责令停止使用，可以并处1 000元以下罚款；使用属于强制检定的计量器具，经检定不合格继续使用的，责令停止使用，可以并处2 000元以下罚款；使用属于非强制检定的计量器具，未按照规定定期检定以及经检定不合格继续使用的，责令停止使用，可以并处1 000元以下罚款。

（三）违反本办法第四条第（六）项规定，使用非法定计量单位的，责令改正；使用国务院规定废除的非法定计量单位的计量器具和国务院禁止使用的其他计量器具的，责令停止使用，没收计量器具和全部违法所得，可以并处2 000元以下罚款。

第十条 眼镜镜片、角膜接触镜、成品眼镜生产者违反本办法第五条有关规定，应当按照以下规定进行处罚：

（一）违反本办法第五条第（一）项规定的，责令改正，可以并处1 000元以上10 000元以下罚款；拒不改正，情节严重的，建议工商主管部门吊销其营业执照。

（二）违反本办法第五条第（二）项规定，责令改正，给消费者造成损失的，责令赔偿损失，没收全部违法所得，可以并处2 000元以下罚款。

第十一条 从事眼镜镜片、角膜接触镜、成品眼镜销售以及从事配镜验光、定配眼镜、角膜接触镜配戴经营者违反本办法第六条有关规定，应当按照以下规定进行处罚：

（一）违反本办法第六条第（一）项规定的，责令改正。

（二）违反本办法第六条第（二）项规定的，责令改正，可以并处1 000元以上10 000元以下罚款；拒不改正，情节严重的，建议工商主管部门吊销其营业执照。

（三）违反本办法第六条第（三）项规定的，责令改正，可以并处2 000元以下罚款。

（四）违反本办法第六条第（四）项规定的，责令改正，给消费者造成损失的，责令赔偿损失，没收全部违法所得，可以并处2 000元以下罚款。

第十二条 眼镜制配者违反本办法规定，拒不提供眼镜制配账目，使违法所得难以计算的，可根据违法行为的情节轻重处以最高不超过30 000元的罚款。

第十三条 从事眼镜制配计量监督管理的国家工作人员滥用职权、玩忽职守、徇私舞弊的，给予行政处分；构成犯罪的，依法追究刑事责任。

第十四条 从事眼镜制配计量器具检定的计量检定机构和计量检定人员有违反计量法律、法规和本办法规定的，按照计量法律法规的有关规定进行处罚。

第十五条 本办法规定的行政处罚，由县级以上地方质量技术监督部门决定。

县级以上地方质量技术监督部门按照本办法实施行政处罚，必须遵守国家质量监督检验检疫总局关于行政案件办理程序的有关规定。

第十六条 行政相对人对行政处罚不服的，可以依法申请行政复议或者提起行政诉讼。

第十七条 本办法下列用语的含义是指：

（一）眼镜制配者是指从事眼镜镜片、角膜接触镜、成品眼镜的生产、销售以及配镜验光、定配眼镜、角膜接触镜配戴等经营活动的单位或者个人，是本办法所称生产者、销售者以及经营者的统称。

（二）生产者是指从事眼镜镜片、角膜接触镜和成品眼镜生产活动的单位或者个人。

（三）销售者是指从事眼镜镜片、角膜接触镜、成品眼镜销售活动的单位或者个人。

（四）经营者是指从事配镜验光、定配眼镜、角膜接触镜配戴经营活动的单位或者个人。

第十八条 本办法由国家质量监督检验检疫总局负责解释。

第十九条 本办法自2003年12月1日起施行。

质量监督检验检疫行政执法监督与行政执法过错责任追究办法

（2004年1月18日国家质检总局令第59号公布）

第一章 总 则

第一条 为加强质量监督检验检疫行政执法监督、行政执法过错责任追究工作，规范行政执法行为，促进依法行政，结合工作实际，制定本办法。

第二条 本办法所称行政执法监督，是指国家质量监督检验检疫总局（以下简称国家质检总局）、各级出入境检验检疫局、质量技术监督局实施的对所属部门及下级机构行政执法活动的监督。

第三条 本办法所称行政执法过错责任，是指国家质检总局、各级出入境检验检疫局、质量技术监督局的工作人员在行政执法过程中，因故意或者重大过失，违法执法、不当执法或者不履行法定职责，给国家或者行政相对人的利益造成损害的行为应承担的责任。

第四条 国家质检总局法制工作部门负责管理、指导和协调全国出入境检验检疫和质量技术监督行政执法监督、行政执法过错责任追究工作。

各级出入境检验检疫局、质量技术监督局法制工作机构负责组织实施所辖区域相关业务的行政执法监督、行政执法过错责任追究工作。

第五条 行政执法监督工作遵循以事实为依据，以法律为准绳的原则，做到有法可依、有法必依、执法必严、违法必究。

第六条 行政执法过错责任的追究工作应当坚持实事求是、有错必纠、惩戒与教育相结合、处分与责任相适应的原则。

第二章 行政执法监督内容与方式

第七条 行政执法监督的内容包括：

（一）行政执法主体的合法性；

（二）具体行政行为的合法性和适当性；

（三）规范性文件的合法性；

（四）行政执法监督制度建立健全情况；

（五）法律、法规、规章的施行情况；

（六）涉及行政复议、行政诉讼、行政赔偿、向司法机关移送案件等有关情况；

（七）其他需要监督检查的事项。

第八条 各级出入境检验检疫局、质量技术监督局应每年对本单位法律、法规、规章的施行情况进行一次全面检查和总结。

第九条 各级出入境检验检疫局、质量技术监督局制定的行政执法规范性文件，应当于发布之日起一个月内报上一级机关备案。

第十条 各直属出入境检验检疫局、各省（自治区、直辖市）质量技术监督局办理的需要进行听证的行政处罚案件，应于结案后15日内报国家质检总局备案。

各直属出入境检验检疫局所属局、各省（自治区、直辖市）以下质量技术监督局办理的需要进行听证的行政处罚案件，应于结案后1个月内报上一级直属出入境检验检疫局、质量技术监督局备案。

向司法机关移送的和经人民法院审理判决的案件，相关直属出入境检验检疫局、省（自治区、直辖市）质量技术监督局应于移送、结案后一个月报总局备案。

依照其他规定需要上报或者通报的其他事项，也应当在规定的时间内上报或者通报。

第十一条 行政执法监督可以采取自查、互查、抽查的方式进行，或者以上几种方式结合进行。

第十二条 国家质检总局根据需要组织开展执法检查工作或者专项执法检查工作。

各级出入境检验检疫局、质量技术监督局根据上级机关部署或者根据需要，组织开展所辖区域执法检查工作。

第十三条 国家质检总局、各级出入境检验检疫局、质量技术监督局进行行政执法检查时，有权调阅有关行政执法案卷和文件材料、实施现场检查。受查单位及其有关人员应当予以协助和配合，如实反映情况，提供有关资料，不得隐瞒、阻挠或者拒绝行政执法检查。

第十四条 行政执法检查工作结束后，执行检查的机构应对行政执法检查情况进行总结，对存在的普遍性、倾向性问题提出整改意见，通报所属机构检查纠正，所属机构应当向上级报告检查纠正情况。

第十五条 国家质检总局、各级出入境检验检疫局、质量技术监督局可以根据反映以及公民、法人或者其他组织的申诉、检举、控告或者根据人大、政协、司法机关等部门的建议，对有关行政执法行为组织调查。

行政执法行为的调查结果应及时反馈有关申诉、检举、控告、建议单位或者个人。

第三章 行政执法监督措施

第十六条 各直属出入境检验检疫局有下列情形之一的，国家质检总局可以责令纠正或者撤销；其他各地出入境检验检疫局有下列情形之一的，上一级出入境检验检疫局可以责令纠正或者撤销；省（自治区、直辖市）质量技术监督局有下列情形之一的，国家质检总局可以建议当地质量技术监督局纠正、也可以建议当地人民政府责令纠正或者撤销；其他各地质量技术监督局有下列情形之一的，上一级质量技术监督局可以责令纠正或者撤销。

（一）行政执法主体不合法的；

（二）行政执法程序违法或者不当的；

（三）具体行政行为违法或者不当的；

（四）规范性文件不合法的；

（五）各级出入境检验检疫局、质量技术监督局工作人员不履行法定职责的；

（六）其他应当纠正的违法行为。

第十七条　建议纠正或者撤销第十六条所列情形，应当制作《执法监督通知（决定）书》（见附件），《执法监督通知（决定）书》应当载明以下内容：

（一）被检查的出入境检验检疫局、质量技术监督局的名称；

（二）认定的事实和理由；

（三）处理的决定和依据；

（四）执行处理决定的方式和期限；

（五）执行检查的机构名称和做出《执法监督通知（决定）书》的日期，并加盖印章。

第十八条　接到《执法监督通知（决定）书》的单位，应在限定期限内按要求做出纠正，并书面向发出《执法监督通知（决定）书》的机构报告执行结果。

被检查的出入境检验检疫局、质量技术监督局对《执法监督通知（决定）书》决定不服的，可以在收到《执法监督通知（决定）书》之日起10日内向发出《执法监督通知（决定）书》的机构申请复查。发出《执法监督通知（决定）书》的机构应当自接到复查申请之日起15日内做出复查决定。对复查后做出的决定，被检查的出入境检验检疫局、质量技术监督局应当执行。

第十九条　有下列情形之一的，国家质检总局、出入境检验检疫局、质量技术监督局，可根据情节轻重对被监督的各级出入境检验检疫局、质量技术监督局给予通报批评，按照规定对有关责任人员予以行政处分：

（一）拒不执行国家质检总局、各级出入境检验检疫局、质量技术监督局行政执法监督工作规定的；

（二）对《执法监督通知（决定）书》指出的纠正事项，无正当理由拒不纠正的；

（三）不如实提供资料、谎报执法情况，干扰或者拒绝执法监督的；

（四）无正当理由拒不查办上级交办的案件或者公民、法人、其他组织申诉、控告、检举的案件的；

（五）对申诉人、控告人、检举人或者执法监督人员打击报复的。

第四章 行政执法过错行为及责任人确定

第二十条 行政执法过错行为是指质量监督检验检疫工作人员应当承担行政执法过错责任的行为。包括：

（一）违反法律、法规、规章规定实施行政检查的；

（二）超过法定权限或者委托权限实施行政行为的；

（三）违反规定跨辖区实施行政执法行为的；

（四）违反规定抽取、保管或者处理样品造成不良后果的；

（五）在办案过程中，为违法嫌疑人通风报信，泄露案情，致使违法行为未受处理或者给办案造成困难的；

（六）违反规定采取登记保存、封存、查封、扣押、隔离、留验、销毁、监督销毁、卫生除害处理、退回等行政强制措施的；

（七）擅自解除被依法登记保存、封存、查封、扣押、隔离、留验等行政强制措施，造成不良后果的；

（八）隐匿、私分、变卖、调换、损坏登记保存、封存、查封、扣押的财物，给当事人造成损失的；

（九）无法定依据、违反法定程序或者超过法定种类、幅度实施行政处罚的；

（十）拒绝或者拖延履行法定职责，无故刁难行政相对人，造成不良影响的；

（十一）未按罚缴分离的原则或者行政处罚决定规定的数额收缴罚款的，对罚没款、罚没物品违法予以处理的，违反国家有关规定征收财物、收取费用的；

（十二）以收取检验费等方式代替行政处罚的；

（十三）依法应当移交司法机关追究刑事责任，不予移交或者以行政处罚代替的；

（十四）泄露行政相对人的商业秘密给行政相对人造成损失的；

（十五）阻碍行政相对人行使申诉、听证、复议、诉讼和其他合法权利，情节恶劣，造成严重后果的；

（十六）因办案人员的主观过错导致案件主要违法事实认定错误，被人民法院、复议机关撤销或者部分撤销具体行政行为的；

（十七）无正当理由拒不执行或者错误执行发生法律效力的行政判决、裁定、复议决定和其他纠正违法行为的决定、命令的；

（十八）违反法律、法规规定向社会推荐生产者的产品或者以监制、监销等方式参与产品生产经营活动的；

（十九）滥用职权，阻挠、干预查处或者包庇、放纵生产、销售假冒伪劣商品行为，造成严重后果的；

（二十）未经检验检疫，出具检验检疫单证或者伪造检验检疫结果、原始记录、考核记录造成严重后果的；

（二十一）出卖或者变相出卖检验检疫单证、封识、标志的，违反单证、印章管理规定，导致单证、印章流失或者被盗用的，未按规定范围和要求加施、监督检验检疫封识、标志的；

（二十二）违反法律法规规定，实施行政许可的；

（二十三）对于需要按照规定上报或者通报的事项，没有及时上报或者通报的；

（二十四）依照法律、法规和规章规定应承担行政执法过错责任的其他行为。

第二十一条 直接做出过错行为的工作人员是行政执法过错责任人。

行政执法过错行为经审核、批准做出的，具体工作人员、审核人、批准人均为过错责任人，分别承担相应的责任。

第二十二条 因具体工作人员隐瞒事实、隐匿证据或者提供虚假情况等行为造成审核人、批准人的审核、批准失误或者不当的，具体工作人员是行政执法过错责任人。

第二十三条 因审核人的故意行为造成批准人失误或者不当的，审核人是行政执法过错责任人。

第二十四条 审核人变更具体工作人员的正确意见，批准人批准该审核意见，出现行政执法过错的，审核人、批准人是行政执法过错责任人。

第二十五条 批准人变更具体工作人员和审核人的正确意见，出现行政执法过错的，批准人是行政执法过错责任人。

第二十六条 集体讨论决定而导致的行政执法过错，决策人为行政执法过错主要责任人，参加讨论的其他人员为次要责任人，提出并坚持正确意见的人员不承担责任。

第二十七条 因不作为发生行政执法过错的，根据岗位责任确定行政执法过错责任人。

第二十八条 因发生行政执法过错未被及时发现，造成不良后果的，其上一级主管领导应承担失察责任。

第二十九条 对行政执法过错行为不及时报告、虚报、瞒报甚至包庇、纵容的，单位主要领导人应承担责任。

第三十条 因行政复议机关的有关人员过错造成行政复议案件认定事实错误、适用法律不当的，行政复议机关的有关人员承担行政执法过错责任。

第五章 行政执法过错责任追究方式

第三十一条 追究行政执法过错责任，主要采取以下方式：

（一）责令书面检查；

（二）通报批评；

（三）暂扣或者吊销行政执法证件或者调离行政执法工作岗位；

（四）警告、记过、记大过、降级、撤职、开除等行政处分；

（五）因故意或者重大过失的行政执法过错引起行政赔偿的，承担全部或者部分赔偿责任；

（六）涉嫌犯罪的，移送司法机关处理。

以上所列行政执法过错责任追究方式，可视情节单独或者合并使用。

第三十二条 有下列情形之一的，可以从轻、减轻或者免除过错行为人的行政执法过错责任：

（一）行政执法过错行为情节轻微，未造成不良影响的；

（二）因无法预见的客观因素导致过错行为人的行政执法过错的；

（三）过错行为人在其过错行为被监督检查发现前主动承认错误，或者在过错行为发生后能主动纠正进行补救的。

第三十三条 有下列情形之一的，应当从重处理：

（一）不配合有关部门调查，或者阻挠行政执法过错责任追究的；

（二）对举报、控告、申诉或者案件调查人员进行打击报复的；

（三）1 年内发生 2 次行政执法过错的；

（四）执法过程中有索贿受贿、敲诈勒索、徇私舞弊等行为的；

（五）因行政执法过错给他人造成严重损害，或者造成严重不良影响的。

第六章 行政执法过错责任追究程序

第三十四条 国家质检总局、各级出入境检验检疫局、质量技术监督局通过公民、法人或者其他组织检举、投诉、申诉或者执法检查、司法、行政监督及其他途径发现行政执法过错行为的，应在5日内予以立案。

第三十五条 国家质检总局、各级出入境检验检疫局、质量技术监督局应组成调查小组进行调查。调查处理工作应在立案之日起3个月内完成，情节复杂或者有其他特殊原因的，经批准可以适当延长时间，但最长不得超过半年。

第三十六条 调查人员在调查过程中应听取涉嫌过错责任人的陈述和申辩。

第三十七条 行政执法过错责任追究处理决定应在5日内报上一级机关备案。

追究行政执法过错责任应按照干部管理权限实施。

第三十八条 各级出入境检验检疫局、质量技术监督局对过错责任人不按规定期限处理或者处理不当的，其上一级机关可以责令限期处理或者改正。

第三十九条 行政执法过错责任人对处理决定不服的，可在接到处理决定之日起30日内向做出处理决定的机关申请复核或者向其上一级机构提出申诉。

复核决定应在30日内做出，复核期间处理决定不停止执行。

第七章 附 则

第四十条 依据国家行政法规授权从事纤维质量监督行政执法工作人员和受行政机关委托从事行政执法工作的事业单位工作人员违反本办法规定，需要追究其行政执法过错责任的，参照本办法执行。

国家认证认可监督管理委员会、国家标准化管理委员会行政执法监督与行政执法过错责任追究工作参照本办法执行。

第四十一条 行政监察、审计等专门机关对行政执法的监督,依照有关法律、法规的规定进行。

第四十二条 对在实施行政执法监督检查、行政执法过错责任追究工作中成绩突出的先进集体和个人应当予以表彰。

第四十三条 本办法由国家质检总局负责解释。

第四十四条 本办法自2004年3月12日起施行。原国家出入境检验检疫局2000年12月12日发布的《出入境检验检疫行政执法过错责任追究办法》和原国家技术监督局1997年9月3日发布的《技术监督行政执法监督实施办法》、原国家质量技术监督局2000年6月8日发布的《质量技术监督行政执法过错责任追究规定》同时废止。

附件

××局
行政执法监督通知(决定)书

×法监字[200×]×号

××局:

经我局检查,(以下为经查证属实的基本情况)

你局的××决定(行为)违反了××规定,根据《质量监督检验检疫行政执法监督与行政执法过错责任追究办法》有关规定,责令你局于×月×日之前改正(依据××规定,撤销你局××决定),请将改正情况书面报送我局。

如对本通知不服,可在收到本通知书之日起10日内向我局申请复查。

××局

年 月 日

缺陷汽车产品召回管理规定

（2004 年 3 月 12 日国家质检总局、国家发展改革委、
商务部、海关总署令第 60 号公布）

第一章 总 则

第一条 为加强对缺陷汽车产品召回事项的管理，消除缺陷汽车产品对使用者及公众人身、财产安全造成的危险，维护公共安全、公众利益和社会经济秩序，根据《中华人民共和国产品质量法》等法律制定本规定。

第二条 凡在中华人民共和国境内从事汽车产品生产、进口、销售、租赁、修理活动的，适用本规定。

第三条 汽车产品的制造商（进口商）对其生产（进口）的缺陷汽车产品依本规定履行召回义务，并承担消除缺陷的费用和必要的运输费；汽车产品的销售商、租赁商、修理商应当协助制造商履行召回义务。

第四条 售出的汽车产品存在本规定所称缺陷时，制造商应按照本规定中主动召回或指令召回程序的要求，组织实施缺陷汽车产品的召回。

国家根据经济发展需要和汽车产业管理要求，按照汽车产品种类分步骤实施缺陷汽车产品召回制度。

国家鼓励汽车产品制造商参照本办法规定，对缺陷以外的其他汽车产品质量等问题，开展召回活动。

第五条 本规定所称汽车产品，指按照国家标准规定，用于载运人员、货物，由动力驱动或者被牵引的道路车辆。

本规定所称缺陷，是指由于设计、制造等方面的原因而在某一批次、型号或类别的汽车产品中普遍存在的具有同一性的危及人身、财产安全的不合理危险，或者不符合有关汽车安全的国家标准的情形。

本规定所称制造商，指在中国境内注册，制造、组装汽车产品并以其名义颁发产品合格证的企业，以及将制造、组装的汽车产品已经销售到中国境内的外国企业。

本规定所称进口商，指从境外进口汽车产品到中国境内的企业。进

口商视同为汽车产品制造商。

本规定所称销售商，指销售汽车产品，并收取货款、开具发票的企业。

本规定所称租赁商，指提供汽车产品为他人使用，收取租金的自然人、法人或其他组织。

本规定所称修理商，指为汽车产品提供维护、修理服务的企业和个人。

本规定所称制造商、进口商、销售商、租赁商、修理商，统称经营者。

本规定所称车主，是指不以转售为目的，依法享有汽车产品所有权或者使用权的自然人、法人或其他组织。

本规定所称召回，指按照本规定要求的程序，由缺陷汽车产品制造商(包括进口商，下同)选择修理、更换、收回等方式消除其产品可能引起人身伤害、财产损失的缺陷的过程。

第二章 缺陷汽车召回的管理

第六条 国家质量监督检验检疫总局(以下称主管部门)负责全国缺陷汽车召回的组织和管理工作。

国家发展和改革委员会、商务部、海关总署等国务院有关部门在各自职责范围内，配合主管部门开展缺陷汽车召回的有关管理工作。

各省、自治区、直辖市质量技术监督部门和各直属检验检疫机构(以上称地方管理机构)负责组织本行政区域内缺陷汽车召回的监督工作。

第七条 缺陷汽车产品召回的期限，整车为自交付第一个车主起，至汽车制造商明示的安全使用期止；汽车制造商未明示安全使用期的，或明示的安全使用期不满10年的，自销售商将汽车产品交付第一个车主之日起10年止。

汽车产品安全性零部件中的易损件，明示的使用期限为其召回时限；汽车轮胎的召回期限为自交付第一个车主之日起3年止。

第八条 判断汽车产品的缺陷包括以下原则：

(一) 经检验机构检验安全性能存在不符合有关汽车安全的技术法规和国家标准的；

(二) 因设计、制造上的缺陷已给车主或他人造成人身、财产损害的；

(三) 虽未造成车主或他人人身、财产损害，但经检测、实验和论证，在特定条件下缺陷仍可能引发人身或财产损害的。

第九条 缺陷汽车产品召回按照制造商主动召回和主管部门指令召回两种程序的规定进行。

制造商自行发现,或者通过企业内部的信息系统,或者通过销售商、修理商和车主等相关各方关于其汽车产品缺陷的报告和投诉,或者通过主管部门的有关通知等方式获知缺陷存在,可以将召回计划在主管部门备案后,按照本规定中主动召回程序的规定,实施缺陷汽车产品召回。

制造商获知缺陷存在而未采取主动召回行动的,或者制造商故意隐瞒产品缺陷的,或者以不当方式处理产品缺陷的,主管部门应当要求制造商按照指令召回程序的规定进行缺陷汽车产品召回。

第十条 主管部门会同国务院有关部门组织建立缺陷汽车产品信息系统,负责收集、分析与处理有关缺陷的信息。经营者应当向主管部门及其设立的信息系统报告与汽车产品缺陷有关的信息。

第十一条 主管部门应当聘请专家组成专家委员会,并由专家委员会实施对汽车产品缺陷的调查和认定。根据专家委员会的建议,主管部门可以委托国家认可的汽车产品质量检验机构,实施有关汽车产品缺陷的技术检测。专家委员会对主管部门负责。

第十二条 主管部门应当对制造商进行的召回过程加以监督,并根据工作需要部署地方管理机构进行有关召回的监督工作。

第十三条 制造商或者主管部门对已经确认的汽车产品存在缺陷的信息及实施召回的有关信息,应当在主管部门指定的媒体上向社会公布。

第十四条 缺陷汽车产品信息系统和指定的媒体发布缺陷汽车产品召回信息,应当客观、公正、完整。

第十五条 从事缺陷汽车召回管理的主管部门及地方机构和专家委员会、检验机构及其工作人员,在调查、认定、检验等过程中应当遵守公正、客观、公平、合法的原则,保守相关企业的技术秘密及相关缺陷调查、检验的秘密;未经主管部门同意,不得擅自泄露相关信息。

第三章 经营者及相关各方的义务

第十六条 制造商应按照国家标准《道路车辆识别代号》(GB/T 16735—16738)中的规定,在每辆出厂车辆上标注永久性车辆识别代码

(VIN);应当建立、保存车辆及车主信息的有关记录档案。对上述资料应当随时在主管部门指定的机构备案(见附件1)。

制造商应当建立收集产品质量问题、分析产品缺陷的管理制度,保存有关记录。

制造商应当建立汽车产品技术服务信息通报制度,载明有关车辆故障排除方法,车辆维护、维修方法,服务于车主、销售商、租赁商、修理商。通报内容应当向主管部门指定机构备案。

制造商应当配合主管部门对其产品可能存在的缺陷进行的调查,提供调查所需的有关资料,协助进行必要的技术检测。

制造商应当向主管部门报告其汽车产品存在的缺陷;不得以不当方式处理其汽车产品缺陷。

制造商应当向车主、销售商、租赁商提供本规定附件3和附件4规定的文件,便于其发现汽车产品存在缺陷后提出报告。

第十七条 销售商、租赁商、修理商应当向制造商和主管部门报告所发现的汽车产品可能存在的缺陷的相关信息,配合主管部门进行的相关调查,提供调查需要的有关资料,并配合制造商进行缺陷汽车产品的召回。

第十八条 车主有权向主管部门、有关经营者投诉或反映汽车产品存在的缺陷,并可向主管部门提出开展缺陷产品召回的相关调查的建议。

车主应当积极配合制造商进行缺陷汽车产品召回。

第十九条 任何单位和个人,均有权向主管部门和地方管理机构报告汽车产品可能存在的缺陷。

主管部门针对汽车产品可能存在的缺陷进行调查时,有关单位和个人应当予以配合。

第四章 汽车产品缺陷的报告、调查和确认

第二十条 制造商确认其汽车产品存在缺陷,应当在5个工作日内以书面形式向主管部门报告(书面报告格式见附件2);制造商在提交上述报告的同时,应当在10个工作日内以有效方式通知销售商停止销售所涉及的缺陷汽车产品,并将报告内容通告销售商。境外制造商还应在10

个工作日内以有效方式通知进口商停止进口缺陷汽车产品，并将报告内容报送商务部并通告进口商。

销售商、租赁商、修理商发现其经营的汽车产品可能存在缺陷，或者接到车主提出的汽车产品可能存在缺陷的投诉，应当及时向制造商和主管部门报告(书面报告格式见附件 3)。

车主发现汽车产品可能存在缺陷，可通过有效方式向销售商或主管部门投诉或报告(书面报告格式见附件 4)。

其他单位和个人发现汽车产品可能存在缺陷应参照上述附件中的内容和格式向主管部门报告。

第二十一条 主管部门接到制造商关于汽车产品存在缺陷并符合附件 2 的报告后，按照第五章缺陷汽车产品主动召回程序处理。

第二十二条 主管部门根据其指定的信息系统提供的分析、处理报告及其建议，认为必要时，可将相关缺陷的信息以书面形式通知制造商，并要求制造商在指定的时间内确认其产品是否存在缺陷及是否需要进行召回。

第二十三条 制造商在接到主管部门依第二十二条规定发出的通知，并确认汽车产品存在缺陷后，应当在 5 个工作日内依附件 2 的书面报告格式向主管部门提交报告，并按照第五章缺陷汽车产品主动召回程序实施召回。

制造商能够证明其产品不需召回的，应向主管部门提供详实的论证报告，主管部门应当继续跟踪调查。

第二十四条 制造商在第二十三条所称论证报告中不能提供充分的证明材料或其提供的证明材料不足以证明其汽车产品不存在缺陷，又不主动实施召回的，主管部门应当组织专家委员会进行调查和鉴定，制造商可以派代表说明情况。

主管部门认为必要时，可委托国家认可的汽车质量检验机构对相关汽车产品进行检验。

主管部门根据专家委员会意见和检测结果确认其产品存在缺陷的，应当书面通知制造商实施主动召回，有关缺陷鉴定、检验等费用由制造商承担。如制造商仍拒绝主动召回，主管部门应责令制造商按照第六章的规定实施指令召回程序。

第五章 缺陷汽车产品主动召回程序

第二十五条 制造商确认其生产且已售出的汽车产品存在缺陷决定实施主动召回的，应当在按本规定第二十条或者第二十三条的要求向主管部门报告，并应当及时制定包括以下基本内容的召回计划，提交主管部门备案：

（一）有效停止缺陷汽车产品继续生产的措施；

（二）有效通知销售商停止批发和零售缺陷汽车产品的措施；

（三）有效通知相关车主有关缺陷的具体内容和处理缺陷的时间、地点和方法等；

（四）客观公正地预测召回效果。

境外制造商还应提交有效通知进口商停止缺陷汽车产品进口的措施。

第二十六条 制造商在向主管部门备案同时，应当立即将其汽车产品存在的缺陷、可能造成的损害及其预防措施、召回计划等，以有效方式通知有关进口商、销售商、租赁商、修理商和车主，并通知销售商停止销售有关汽车产品，进口商停止进口有关汽车产品。制造商须设置热线电话，解答各方询问，并在主管部门指定的网站上公布缺陷情况供公众查询。

第二十七条 制造商依第二十五条的规定提交附件2的报告之日起1个月内，制定召回通知书（见附件5），向主管部门备案，同时告知销售商、租赁商、修理商和车主，并开始实施召回计划。

第二十八条 制造商按计划完成缺陷汽车产品召回后，应在1个月内向主管部门提交召回总结报告（见附件9）。

第二十九条 主管部门应当对制造商采取的主动召回行动进行监督，对召回效果进行评估，并提出处理意见。

主管部门认为制造商所进行的召回未能取得预期效果，可通知制造商再次进行召回，或依法采取其他补救措施。

第六章 缺陷汽车产品指令召回程序

第三十条 主管部门依第二十四条规定经调查、检验、鉴定确认汽车产品存在缺陷，而制造商又拒不召回的，应当及时向制造商发出指令召回通知书(见附件 6)。国家认证认可监督管理部门责令认证机构暂停或收回汽车产品强制性认证证书。对境外生产的汽车产品,主管部门会同商务部和海关总署发布对缺陷汽车产品暂停进口的公告,海关停止办理缺陷汽车产品的进口报关手续。在缺陷汽车产品暂停进口公告发布前,已经运往我国尚在途中的,或业已到达我国尚未办结海关手续的缺陷汽车产品,应由进口商按海关有关规定办理退运手续。

主管部门根据缺陷的严重程度和消除缺陷的紧急程度,决定是否需要立即通报公众有关汽车产品存在的缺陷和避免发生损害的紧急处理方法及其他相关信息。

第三十一条 制造商应当在接到主管部门指令召回的通知书之日起 5 个工作日内,通知销售商停止销售该缺陷汽车产品,在 10 个工作日内向销售商、车主发出关于主管部门通知该汽车存在缺陷的信息。境外制造商还应在 5 个工作日内通知进口商停止进口该缺陷汽车产品。

制造商对主管部门的决定等具体行政行为有异议的,可依法申请行政复议或提起行政诉讼。在行政复议和行政诉讼期间,主管部门通知中关于制造商进行召回的内容暂不实施,但制造商仍须履行前款规定的义务。

第三十二条 制造商接到主管部门关于缺陷汽车产品指令召回通知书之日起 10 个工作日内,应当向主管部门提交符合本规定第二十五条要求的有关文件。

第三十三条 主管部门应当在收到该缺陷汽车产品召回计划后 5 个工作日内将审查结果通知制造商。

主管部门批准召回计划的,制造商应当在接到批准通知之日起 1 个月内,依据批准的召回计划制定缺陷汽车产品召回通知书(见附件 5),向销售商、租赁商、修理商和车主发出该召回通知书,并报主管部门备案。召回通知书应当在主管部门指定的报刊上连续刊登 3 期,召回期间在主管部门指定网站上持续发布。

主管部门未批准召回计划的,制造商应按主管部门提出的意见进行修改,并在接到通知之日起 10 个工作日内再次向主管部门递交修改后的召回计划,直至主管部门批准为止。

第三十四条 制造商应在发出召回通知书之日起,开始实施召回,并在召回计划时限内完成。

制造商有合理原因未能在此期限内完成召回的，应向主管部门提出延长期限的申请，主管部门可根据制造商申请适当延长召回期限。

第三十五条 制造商应自发出召回通知书之日起，每 3 个月向主管部门提交符合本规定要求（见附件 7）的召回阶段性进展情况的报告；主管部门可根据召回的实际效果，决定制造商是否应采取更为有效的召回措施。

第三十六条 对每一辆完成召回的缺陷汽车，制造商应保存符合本规定要求（见附件 8）的召回记录单。召回记录单一式两份，一份交车主保存，一份由制造商保存。

第三十七条 制造商按计划完成召回后，应在 1 个月内向主管部门提交召回总结报告（见附件 9）。

第三十八条 主管部门应对制造商提交的召回总结报告进行审查，并在 15 个工作日内书面通知制造商审查结论。审查结论应向社会公布。

主管部门认为制造商所进行的召回未能取得预期的效果，可责令制造商采取补救措施，再次进行召回。

如制造商对审查结论有异议，可依法申请行政复议或提起行政诉讼。在行政复议或行政诉讼期间，主管部门的决定暂不执行。

第三十九条 主管部门应及时公布制造商在中国境内进行的缺陷汽车召回、召回效果审查结论等有关信息，通过指定网站公布，为查询者提供有关资料。

主管部门应向商务部和海关总署通报进口缺陷汽车的召回情况。

第七章　罚　　则

第四十条 制造商违反本规定第十六条第一、二、三、四款规定，不承担相应义务的，质量监督检验检疫部门应当责令其改正，并予以警告。

第四十一条 销售商、租赁商、修理商违反本规定第十七条有关规定，不承担相应义务的，质量监督检验检疫部门可以酌情处以警告、责令改正等处罚；情节严重的，处以 1 000 元以上 5 000 元以下罚款。

第四十二条 有下列情形之一的，主管部门可责令制造商重新召回，通报批评，并由质量监督检验检疫部门处以 10 000 元以上 30 000 元以下罚款：

（一）制造商故意隐瞒缺陷的严重性的；

（二）试图利用本规定的缺陷汽车产品主动召回程序，规避主管部门监督的；

（三）由于制造商的过错致使召回缺陷产品未达到预期目的，造成损害再度发生的。

第四十三条 从事缺陷汽车管理职能的管理机构及其工作人员，受其委托进行缺陷调查、检验和认定的工作人员，徇私舞弊，违反保密规定的，给予行政处分；直接责任人徇私舞弊，贪赃枉法，构成犯罪的，依法追究刑事责任。

有关专家作伪证，检验人员出具虚假检验报告，或捏造散布虚假信息的，取消其相应资格，造成损害的，承担赔偿责任；构成犯罪的，依法追究刑事责任。

第八章 附 则

第四十四条 制造商实施缺陷汽车产品召回，不免除车主及其他受害人因缺陷汽车产品所受损害，要求其承担的其他法律责任。

第四十五条 本规定由国家质量监督检验检疫总局、国家发展和改革委员会、商务部、海关总署在各自职责范围内负责解释。

第四十六条 本规定自 2004 年 10 月 1 日起实施。

附件（略）

认证及认证培训、咨询人员管理办法

（2004 年 5 月 24 日国家质检总局令第 61 号公布）

第一条 为规范认证及认证培训、咨询人员的执业行为，加强对认证市场的管理，根据《中华人民共和国认证认可条例》，制定本办法。

第二条 本办法所称的认证及认证培训、咨询人员，是指管理体系认证审核员、产品认证检查员、认证培训教员和认证咨询师等从事认证及认证培训、咨询活动的人员，以及认证及认证培训、咨询机构的业务管理人员。

本办法所称认证及认证培训、咨询人员执业，是指受聘于认证及认证培训、咨询机构的人员从事的认证及认证培训、咨询和业务管理的活动。

第三条 在中华人民共和国境内从事认证、认证培训、认证咨询活动的人员应当遵守本办法。

第四条 国家对管理体系认证审核员、产品认证检查员、认证培训教员和认证咨询师等从事认证及认证培训、咨询活动的人员实施统一的执业资格注册制度；对认证及认证培训、咨询人员的执业行为实行统一的监督管理。

第五条 国家认证认可监督管理委员会（以下简称国家认监委）负责对从事认证及认证培训、咨询活动人员执业资格注册制度的批准工作；对认证及认证培训、咨询人员执业行为实施监督管理。

地方质量技术监督部门和各地出入境检验检疫机构（以下统称地方认证监督管理部门）按照各自职责分工，依法对所辖区域内的认证及认证培训、咨询人员的执业行为实施监督检查。

中国认证人员与培训机构国家认可委员会承担对从事认证及认证培训、咨询活动人员的执业资格注册工作。

中国认证机构国家认可委员会依照认可准则对认证机构的认证人员的能力评定及使用管理活动实施认可监督。

认证及认证培训、咨询机构依照本办法的规定，对所聘认证及认证培训、咨询人员执业行为实施管理。

第六条 从事认证及认证培训、咨询活动的人员应当向中国认证人员与培训机构国家认可委员会申请执业资格注册，未经注册的，不得从事相关活动。

属于认证及认证培训、咨询新领域、国家尚未建立执业资格注册制度的，由相应认证及认证培训、咨询机构建立执业人员评价制度，并统一向中国认证人员与培训机构国家认可委员会申请办理相关人员执业资格的确认，未经确认的，不得从事相关活动。

第七条 认证及认证培训、咨询人员执业分为专职和兼职。

专职认证及认证培训、咨询人员是指将认证及认证培训、咨询和有关业务管理活动作为本职工作，与 1 个认证、认证培训或者认证咨询机构签订劳务合同，并固定在该机构工作的人员；兼职认证及认证培训、咨询人员是指在不脱离本职工作的情况下与 1 个认证、认证培训或者认证咨询机构签订劳务合同，从事认证、认证培训或者认证咨询活动的人员。

国家公务员不得从事认证、认证咨询和认证培训活动。

第八条 认证人员从事认证活动应当在 1 个认证机构执业，不得同时在 2 个或者 2 个以上认证机构执业。在认证机构执业的专职或者兼职认证人员，具备相关认证培训教员资格的，经所在认证机构与认证培训机构签订合同后，可以在 1 个认证培训机构从事认证培训活动。

认证人员不得受聘于认证咨询机构或者以任何方式，从事认证咨询活动。

第九条 认证培训人员从事认证培训活动应当在 1 个认证培训机构执业，不得同时在 2 个或者 2 个以上的认证培训机构执业。在 1 个认证培训机构执业的专职或者兼职认证培训人员，具备相关认证或认证咨询人员资格的，经所在认证培训机构与认证机构或者认证咨询机构签订合同后，可以在 1 个认证机构或者 1 个认证咨询机构从事认证或者认证咨询活动。

第十条 认证咨询人员应当在 1 个认证咨询机构从事认证咨询活动，不得同时在 2 个或者 2 个以上的认证咨询机构执业。在认证咨询机构执业的专职或者兼职认证咨询人员，具备相关认证培训教员资格的，经所在认证咨询机构与认证培训机构签订合同后，可以在 1 个认证培训机构从事认证培训活动。

认证咨询人员不得受聘于认证机构或者以任何方式从事认证活动。

第十一条 特殊领域的认证及认证培训、咨询人员的执业，应当经国家认监委批准。

第十二条 认证及认证培训、认证咨询人员受聘于认证及认证培训、咨询机构时，应当出具有关证明文件以及其他申明材料，并保证上述材料的真实、有效。

认证及认证培训、咨询机构在决定聘用执业人员时，应当查验所聘用的执业人员提供的证明文件以及其他申明材料是否真实、有效，并归档留存。

认证及认证培训、咨询人员与认证及认证培训、咨询机构之间建立聘用关系的，应当依法签订劳务合同，明确规定双方的权利、义务；聘用关系解除的，应当依法终止劳务合同。

第十三条 认证及认证培训、认证咨询人员从事认证及认证培训、咨询活动，应当遵循客观公正、诚实信用的原则，确保所从事认证及认证培训、咨询活动具有完整性、客观性、真实性和有效性。

第十四条 认证及认证培训、咨询人员从事认证及认证培训、咨询活动，禁止有下列行为：

（一）在不符合国家有关法律法规规定的机构或者单位，从事认证及认证培训、咨询活动；

（二）不具备注册资格或者未经确认、批准，从事认证及认证培训、咨询活动；

（三）出具虚假或者失实的结论，编造或者唆使编造虚假、失实的文件、记录；

（四）增加、减少、遗漏有关法律法规、标准或者相关规则规定的认证及认证培训、咨询程序；

（五）作出误导性、欺诈性宣传或者虚假承诺谋取利益；

（六）接受认证及认证培训、咨询客户及其相关利益方的礼金或者其他形式的利益；

（七）在认证机构执业的认证人员与认证咨询机构、认证咨询活动存在或者发生经济利益关系；在认证咨询机构执业的人员与认证机构、认证活动存在或者发生经济利益关系；

（八）认证机构的工作人员在认证活动中与认证咨询机构的工作人员存在利害关系或者可能对认证公正性产生影响，未进行回避；

（九）对所在执业的认证及认证培训、咨询机构隐瞒本人执业真实情况；

（十）恶意诽谤或者诋毁其他认证及认证培训、咨询机构及其人员；

（十一）其他违反认证及认证培训、咨询有关规定的行为。

第十五条 国家认监委和地方认证监督管理部门可以根据投诉及其在监督管理工作中发现的问题，就有关事项询问认证及认证培训、咨询人员及其执业的机构，有关人员和机构应当积极配合。

第十六条 认证及认证培训、咨询人员违反本办法第八条、第九条和第十条规定的，责令限期改正，给予停止执业资格 1 年的处罚；情节严重的，给予停止执业资格 2 年的处罚；逾期未改正的，给予撤销执业资格的处罚。

第十七条 认证及认证培训、咨询人员违反本办法第十四条第（三）项规定的，给予撤销执业资格的处罚。

第十八条 认证及认证培训、咨询人员，违反本办法第十四条其他规定的，责令限期改正；逾期未改正的，给予停止执业 6 个月以上 1 年以下的处罚；情节严重的，给予停止执业资格 2 年直至撤销执业资格的处罚。

第十九条 认证及认证培训、咨询机构对其执业人员未实施有效管理，或者纵容、唆使，导致其执业人员违法违规的，处以 5 千元以上 1 万元以下的罚款；情节严重的，处以 32 万元的罚款；法律、行政法规另有规定的，依照其规定执行。

第二十条 认证及认证培训、咨询人员被撤销执业资格之日起 5 年内，中国认证人员与培训机构国家认可委员会不再受理其注册申请。

第二十一条 国家认监委对被停止执业、撤销执业资格的认证及认证培训、咨询人员予以公布。

第二十二条 本办法由国家质量监督检验检疫总局负责解释。

第二十三条 本办法自 2004 年 8 月 1 日起施行。

认证证书和认证标志管理办法

（2004 年 6 月 23 日国家质检总局令第 63 号公布）

第一章 总 则

第一条 为加强对产品、服务、管理体系认证的认证证书和认证标志（以下简称认证证书和认证标志）的管理、监督，规范认证证书和认证标志的使用，维护获证组织和公众的合法权益，促进认证活动健康有序的发展，根据《中华人民共和国认证认可条例》（以下简称条例）等有关法律、行政法规的规定，制定本办法。

第二条 本办法所称的认证证书是指产品、服务、管理体系通过认证所获得的证明性文件。认证证书包括产品认证证书、服务认证证书和管理体系认证证书。

本办法所称的认证标志是指证明产品、服务、管理体系通过认证的专有符号、图案或者符号、图案以及文字的组合。认证标志包括产品认证标志、服务认证标志和管理体系认证标志。

第三条 本办法适用于认证证书和认证标志的制定、发布、备案、使用和监督检查。

第四条 国家认证认可监督管理委员会（以下简称国家认监委）依法负责认证证书和认证标志的管理、监督和综合协调工作。

地方质量技术监督部门和各地出入境检验检疫机构（以下统称地方认证监督管理部门）按照各自职责分工，依法负责所辖区域内的认证证书和认证标志的监督检查工作。

第五条 禁止伪造、冒用、转让和非法买卖认证证书和认证标志。

第二章 认证证书

第六条 认证机构应当按照认证基本规范、认证规则从事认证活动，对认证合格的，应当在规定的时限内向认证委托人出具认证证书。

第七条 产品认证证书包括以下基本内容：

（一）委托人名称、地址；

（二）产品名称、型号、规格，需要时对产品功能、特征的描述；

（三）产品商标、制造商名称、地址；

（四）产品生产厂名称、地址；

（五）认证依据的标准、技术要求；

（六）认证模式；

（七）证书编号；

（八）发证机构、发证日期和有效期；

（九）其他需要说明的内容。

第八条 服务认证证书包括以下基本内容：

（一）获得认证的组织名称、地址；

（二）获得认证的服务所覆盖的业务范围；

（三）认证依据的标准、技术要求；

（四）认证证书编号；

（五）发证机构、发证日期和有效期；

（六）其他需要说明的内容。

第九条 管理体系认证证书包括以下基本内容：

（一）获得认证的组织名称、地址；

（二）获得认证的组织的管理体系所覆盖的业务范围；

（三）认证依据的标准、技术要求；

（四）证书编号；

（五）发证机构、发证日期和有效期；

（六）其他需要说明的内容。

第十条 获得认证的组织应当在广告、宣传等活动中正确使用认证证书和有关信息。获得认证的产品、服务、管理体系发生重大变化时，获得认证的组织和个人应当向认证机构申请变更，未变更或者经认证机构调查发现不符合认证要求的，不得继续使用该认证证书。

第十一条 认证机构应当建立认证证书管理制度，对获得认证的组织和个人使用认证证书的情况实施有效跟踪调查，对不能符合认证要求的，应当暂停其使用直至撤销认证证书，并予以公布；对撤销或者注销的认证证书予以收回；无法收回的，予以公布。

第十二条 不得利用产品认证证书和相关文字、符号误导公众认为其服务、管理体系通过认证；不得利用服务认证证书和相关文字、符号误导公众认为其产品、管理体系通过认证；不得利用管理体系认证证书和相关文字、符号，误导公众认为其产品、服务通过认证。

第三章 认 证 标 志

第十三条 认证标志分为强制性认证标志和自愿性认证标志。

自愿性认证标志包括国家统一的自愿性认证标志和认证机构自行制定的认证标志。

强制性认证标志和国家统一的自愿性认证标志属于国家专有认证标志。

认证机构自行制定的认证标志是指认证机构专有的认证标志。

第十四条 强制性认证标志和国家统一的自愿性认证标志的制定和使用,由国家认监委依法规定,并予以公布。

第十五条 认证机构自行制定的认证标志的式样(包括使用的符号)、文字和名称,应当遵守以下规定:

(一) 不得与强制性认证标志、国家统一的自愿性认证标志或者已经国家认监委备案的认证机构自行制定的认证标志相同或者近似;

(二) 不得妨碍社会管理秩序;

(三) 不得将公众熟知的社会公共资源或者具有特定含义的认证名称的文字、符号、图案作为认证标志的组成部分(如使用表明安全、健康、环保、绿色、无污染等的文字、符号、图案);

(四) 不得将容易误导公众或者造成社会歧视、有损社会道德风尚以及其他不良影响的文字、符号、图案作为认证标志的组成部分;

(五) 其他法律、行政法规,或者国家制定的相关技术规范、标准的规定。

第十六条 认证机构自行制定的认证标志应当自发布之日起 30 日内,报国家认监委备案。

第十七条 认证机构备案时应当提交认证标志的式样(包括使用的符号)、文字、名称、应用范围、识别方法、使用方法等其他情况的书面材料。

国家认监委应当自收到备案材料之日起 30 日内,依照本办法有关规定对认证机构提交的材料进行核查,对于符合本办法第十五条规定的,予以备案并公布;不符合的,告知其改正。

第十八条 认证机构应当建立认证标志管理制度,明确认证标志使用者的权利和义务,对获得认证的组织使用认证标志的情况实施有效跟踪调查,发现其认证的产品、服务、管理体系不能符合认证要求的,应当及时作出暂停或者停止其使用认证标志的决定,并予以公布。

第十九条 获得产品认证的组织应当在广告、产品介绍等宣传材料中正确使用产品认证标志,可以在通过认证的产品及其包装上标注产品认证标志,但不得利用产品认证标志误导公众认为其服务、管理体系通过认证。

第二十条 获得服务认证的组织应当在广告等有关宣传中正确使用服务认证标志,可以将服务认证标志悬挂在获得服务认证的区域内,但不得利用服务认证标志误导公众认为其产品、管理体系通过认证。

第二十一条 获得管理体系认证的组织应当在广告等有关宣传中正确使用管理体系认证标志，不得在产品上标注管理体系认证标志，只有在注明获证组织通过相关管理体系认证的情况下方可在产品的包装上标注管理体系认证标志。

第四章 监督检查

第二十二条 国家认监委组织地方认证监督管理部门对认证证书和认证标志的使用情况实施监督检查，对伪造、冒用、转让和非法买卖认证证书和认证标志的违法行为依法予以查处。

第二十三条 国家认监委对认证机构的认证证书和认证标志管理情况实施监督检查。

认证机构应当对其认证证书和认证标志的管理情况向国家认监委提供年度报告。年度报告中应当包括其对获证组织使用认证证书和认证标志的跟踪调查情况。

第二十四条 境外认证标志所有人或者其授权的委托人可以向国家认监委办理境外认证标志备案。备案内容包括认证标志的式样（包括使用的符号）、文字、名称、应用范围、识别方法，认证标志持有人，以及使用变更等情况。

在中国境内设立的外商投资认证机构自行制定的认证标志应当按照本办法第十六条的规定办理备案。

第二十五条 认证机构应当公布本机构认证证书和认证标志使用等相关信息，以便于公众进行查询和社会监督。

第二十六条 任何单位和个人对伪造、冒用、转让和非法买卖认证证书和认证标志等违法、违规行为可以向国家认监委或者地方认证监督管理部门举报。

第五章 罚　则

第二十七条 违反本办法第十二条规定，对混淆使用认证证书和认证标志的，地方认证监督管理部门应当责令其限期改正，逾期不改的处以2万元以下罚款。

质量监督检验检疫行政许可委托实施办法

（2004 年 6 月 23 日国家质检总局令第 64 号公布）

第一条 为了规范行政许可委托实施工作，根据《中华人民共和国行政许可法》的规定，结合质量监督检验检疫工作实际，制定本办法。

第二条 国家质量监督检验检疫总局（以下简称国家质检总局）、直属出入境检验检疫局、省级质量技术监督局实施行政许可委托适用本办法。

第三条 实施行政许可委托，应当遵循合法、公开、便民、高效的原则。

第四条 法律、行政法规和国务院发布的决定规定由国家质检总局实施的行政许可事项，国家质检总局可以根据实际需要，全部或者部分委托出入境检验检疫机构或者地方质量技术监督局实施。

法律、行政法规和国务院发布的决定规定由直属出入境检验检疫局实施的行政许可事项，直属出入境检验检疫局可以根据实际需要，全部或者部分委托所属分支机构实施。

法律、行政法规和国务院发布的决定规定由省级质量技术监督局实施的行政许可事项，省级质量技术监督局可以根据实际需要，全部或者部分委托下级质量技术监督局实施。

第五条 委托行政机关应当在法定职责范围内实施行政许可委托。行政许可委托应当明确以下内容：

（一）行政许可委托的具体事项；

（二）委托行政机关的名称；

（三）受委托行政机关的名称；

（四）委托行政机关与受委托行政机关的权利和义务；

（五）行政许可委托的时限。

行政许可委托内容应当通过公告向社会发布。

第六条 委托行政机关和受委托行政机关应当签订行政许可委

托书。

第七条 委托行政机关在行政许可委托的期限内需变更、中止或者终止委托的，应当及时向社会公告。

第八条 委托行政机关实施委托后，申请人仍向委托行政机关提出申请的，委托行政机关应当告知其具体的受理机关。

第九条 委托行政机关应当对受委托行政机关实施行政许可的行为进行监督检查，并对行政许可行为的后果承担法律责任。

第十条 受委托行政机关应当在委托的权限范围内办理行政许可。

第十一条 受委托行政机关应当以委托行政机关名义实施行政许可；不得再委托其他组织或者个人实施行政许可。

第十二条 受委托行政机关超越委托的权限实施行政许可，给当事人的合法权益造成损害的，自行承担法律责任。

第十三条 受委托行政机关应当按照国家质检总局统一制定的行政许可文书格式办理行政许可事项。

第十四条 国家质检总局负责制定行政许可委托事项的工作制度，并负责行政许可委托事项的业务指导和培训。

第十五条 法律、行政法规对行政许可委托已有规定的，依照其规定。

第十六条 国家认证认可监督管理委员会、国家标准化管理委员会行政许可委托工作，参照本办法执行。

第十七条 本办法由国家质检总局负责解释。

第十八条 本办法自 2004 年 7 月 1 日起施行。

强制性产品认证机构、检查机构和实验室管理办法

（2004 年 6 月 23 日国家质检总局令第 65 号公布）

第一章 总 则

第一条 为规范强制性产品认证机构、检查机构和实验室的管理，合

理利用社会资源，保证强制性产品认证制度的有效实施，根据《中华人民共和国认证认可条例》（以下简称条例）的规定，制定本办法。

第二条 本办法所称的强制性产品认证机构、检查机构和实验室是指从事强制性产品认证活动的认证机构和从事与强制性产品认证有关的检查、检测活动的检查机构和检测实验室。

第三条 本办法适用于中华人民共和国境内的强制性产品认证机构、检查机构和实验室的指定和监督管理。

第四条 国家对强制性产品认证机构、检查机构和实验室实行指定制度。

第五条 国家认证认可监督管理委员会（以下简称国家认监委）负责强制性产品认证机构、检查机构和实验室指定制度的建立、实施及其监督管理工作。

第六条 强制性产品认证机构、检查机构和实验室应当符合条例及其他法律、行政法规规定的条件和能力，经国家认监委指定后，方可从事强制性产品认证活动和从事与强制性产品认证有关的检查、检测活动。

第七条 强制性产品认证机构、检查机构和实验室的指定工作遵循资源合理利用和实际需要、公平竞争、公开公正和便利、有效的原则。

第八条 认证机构、检查机构和实验室或者其中二者为同一法人时，其从事强制性产品认证以及与认证有关的检查、检测活动的资格应当分别指定。

第二章 指定条件

第九条 申请从事强制性产品认证活动的认证机构应当具备下列条件：

（一）依照条例规定设立，具有相应领域 2 年以上认证经历或者颁发相关产品认证证书 20 份以上；

（二）取得国家确定的认可机构的认可；

（三）在申请前 6 个月内无不良记录；

（四）本机构的法人性质、产权构成和组织结构等能够保证其强制性认证活动的客观公正；

（五）具备能够公正、独立和有效地从事强制性产品认证活动的技术与管理能力；

（六）具备从事强制性产品认证活动所需要并且可以独立调配使用的检测、检查资源，拥有与强制性产品认证工作任务相适应的符合条例规定的认证人员和稳定的财力资源。

第十条 申请从事强制性产品认证检查活动的检查机构应当具备下列条件：

（一）具有法律、行政法规规定的基本条件和能力，并经依法认定；

（二）具有相应领域检查经验，从事检查工作2年以上或者出具相关产品检查报告20份以上；

（三）取得国家确定的认可机构的认可；

（四）在申请前6个月内无不良记录；

（五）本机构的法人性质、产权构成以及组织结构等能够保证其公正、独立地实施检查活动；

（六）具备从事强制性产品认证检查活动所需的设施、人员和其他资源；

（七）从事强制性产品认证检查活动的人员应当具备必要的专业知识，并取得认证检查人员的注册资格；

（八）所聘任的专职检查员的专业能力应当符合指定的业务要求；

（九）所聘任的兼职检查员的比例不得超过专职检查员总数的三分之二。

第十一条 申请从事强制性产品认证检测活动的实验室（以下简称实验室），应当具备下列条件：

（一）具有法律、行政法规规定的基本条件和能力，并经依法认定；

（二）具有相关领域检测经验，从事检测工作2年以上或者对外出具相关领域检测报告20份以上；

（三）取得国家确定的认可机构的认可；

（四）在申请前6个月内无不良记录；

（五）本单位的法人性质、产权构成以及组织结构能够保证其公正、独立地实施检测活动；

（六）具备承担相应产品认证检测活动所需的全部设备、设施，或者经相关设备、设施所有权单位的授权，可以独立使用设备、设施；

（七）检测人员接受过与其承担的相应产品认证检测所必需的教育和培训，并掌握相关的标准、技术规范和强制性产品认证实施规则的要求，具备必要的产品检测能力。

第三章 指定程序

第十二条 国家认监委根据强制性产品认证制度的具体要求和实施需要，提出指定计划。指定计划包括拟指定机构的业务领域与数量、产品范围、对申请指定的机构的要求、指定程序和相关时限规定、专家评审委员会（以下简称专家委员会）组成等。

指定业务领域涉及国务院有关部门的，国家认监委向国务院有关部门就相关指定方案征求意见。

第十三条 国家认监委通过书面公告和其网站对外发布指定计划等相关信息。

第十四条 申请从事强制性产品认证活动的认证机构、检查机构和实验室（以下简称申请机构），应当按照指定计划等相关信息的要求，向国家认监委提出书面申请，并提交相关证明文件。

第十五条 国家认监委自受理申请机构申请之日起10个工作日内，按照本办法第九条、第十条、第十一条的规定对申请机构提交的书面材料进行审查，提出初审意见，并将初审意见反馈给申请机构。对符合初审要求的，提交专家委员会评审。

第十六条 国务院有关部门、行业组织、企业、认可机构、认证机构以及其他技术机构可以向国家认监委推荐专家委员会候选成员。国家认监委根据评审对象和评审领域的不同，确定专家委员会成员，分别组成相应的专家委员会。

第十七条 专家委员会一般由7至13人组成，为非常设的临时性组织，负责申请机构的评审工作。

评审工作结束后，专家委员会即行解散。

第十八条 专家委员会成员应当符合以下条件：

（一）具有良好的专业知识和职业道德修养；

（二）具备高级专业技术职称或者同等技术资格；

（三）熟悉有关行业现状、相关产品的监管制度、技术机构资源配置与分布等情况。

第十九条 专家委员会对申请机构的评审采用会议讨论、听证、文件调阅等方式。根据需要，专家委员会可以建议国家认监委组织对申请机构进行现场调查。

专家委员会成员与申请机构有利害关系的（包括所在单位为申请机构等），相关专家委员会成员应当回避。

第二十条 专家委员会对申请机构进行评审，评审应当充分考虑相关领域行业发展特点、生产企业分布、认证制度与其他监管方式有效衔接等因素，保证认证制度有效实施、资源合理利用、便利认证委托人。

评审应当结合申请机构的技术能力和相关声誉、信誉等情况，在成本效率分析的基础上作出科学、合理、准确的评审结论。

专家委员会应当采用不计名投票以三分之二通过的方式作出评审结论。

专家委员会评审工作时间不得超过30个工作日。

第二十一条 国家认监委应当根据专家委员会作出的评审结论，按照本办法第七条规定的原则在10个工作日内作出指定决定。特殊情况需要延长的，可以延长至15个工作日。

指定业务领域涉及国务院有关部门的，国家认监委在征求国务院有关部门意见后，作出指定决定。

第二十二条 国家认监委自指定决定之日起10个工作日内，在其网站上公布指定的强制性产品认证机构、检查机构和实验室的名录以及具体的指定业务范围。

第二十三条 申请机构对指定决定有异议的，应当自指定名录公布之日起15个工作日内向国家认监委提出申诉或者投诉。

国家认监委负责处理申诉和投诉事宜。

第四章 行为规范

第二十四条 经国家认监委指定的强制性产品认证机构、检查机构和实验室（以下简称指定的认证机构、检查机构和实验室）应当在指定范围内按照认证基本规范和认证规则的要求为认证委托人提供服务，不得转让或者变相转让指定的认证、检查和检测业务。

第二十五条 指定的认证机构、检查机构和实验室应当制订管理制度和程序，对强制性产品认证、检查、检测活动和自愿性产品认证、委托检查、委托检测活动明确区分，不得利用其指定的资格，开发或者从事自愿性产品认证以及委托检查与检测业务。

第二十六条 指定的认证机构在对外宣传中应当严格区分强制性产品认证业务与自愿性产品认证业务。

第二十七条 指定的认证机构应当与指定的检查机构、实验室签署书面协议，明确各自的权利义务和法律责任，并保证其使用的检查机构和实验室的检查和检测活动符合国家强制性产品认证规范和认证规则的要求，保证其使用的检查机构和实验室（包括同一法人内的）享有平等权利和履行同等义务。

第二十八条 指定的认证机构、检查机构和实验室或者其中二者为同一个法人时，指定的机构应当制订相关管理制度并保证其持续有效运行，保证认证、检查、检测活动独立实施，保证认证人员、检查人员、检测人员独立开展活动。

第二十九条 指定的认证机构、检查机构和实验室应当在指定的业务范围内从事强制性产品认证活动，保证为认证委托人提供及时、有效的认证、检查、检测服务，不得歧视、刁难认证委托人，不得牟取不当利益。

第三十条 指定的认证机构、检查机构和实验室开展国际互认活动，应当依法在国家认监委或者经授权的国务院有关部门对外签署的国际互认协议框架内进行。

第三十一条 指定的机构应当按照国家认监委的规定和要求，及时提供强制性产品认证、检查和检测的信息，配合国家认监委和地方认证监督管理部门开展的强制性产品认证监督检查工作。

第五章 监督检查

第三十二条 国家认监委对指定的认证机构、检查机构和实验室每年进行一次定期监督检查。

第三十三条 指定的认证机构、检查机构和实验室应当于每年 2 月 15 日前向国家认监委上报其上一年度从事强制性产品认证活动的工作报告，年度工作报告包括内部审核和管理评审等，接受国家认监委就有关事项的询问。

第三十四条 国家认监委对指定的认证机构、检查机构和实验室的认证、检查和检测工作的质量进行不定期调查，并征求有关认证委托人和认证证书持有人的意见和建议。

第三十五条 国家认监委对指定的认证机构、检查机构和实验室的技术能力、服务质量、工作效率、工作人员职业道德以及认证基本规范和认证规则的执行等情况组织进行同行评议，并公布评议结果。

第三十六条 国家认监委应当对指定的认证机构、检查机构和实验室的认证、检查和检测活动以及认证结果进行专项抽查，并公布抽查结果。

第三十七条 任何单位和个人对指定的认证机构、检查机构和实验室以及指定工作中的违法、违规行为可以向国家认监委或者地方认证监督管理部门举报。

第六章 罚 则

第三十八条 指定的认证机构、检查机构和实验室有下列情形之一的，责令改正，并处以2万元以上3万元以下罚款：

（一）缺乏必要的管理制度和程序区分强制性产品认证、工厂检查、检测活动与自愿性产品认证、委托检查、委托检测活动的；

（二）利用强制性产品认证业务宣传、推广自愿性产品认证业务的；

（三）未向认证委托人提供及时、有效的认证、检查、检测服务，故意拖延的或者歧视、刁难认证委托人，并牟取不当利益的；

（四）对执法监督检查活动不予配合，拒不提供相关信息的；

（五）未按照要求提交年度工作报告或者提供强制性产品认证、工厂检查、检测信息的。

第三十九条 指定的认证机构、检查机构和实验室出现被暂停或者撤销认可以及不再具备其他指定条件情况的，国家认监委撤销对其的指定。

第四十条 指定的认证机构、检查机构和实验室因出具虚假证明等违法行为被撤销指定的，其自被撤销指定之日起3年内不得申请指定。

从事检查活动的检查员自被撤销执业资格之日起5年内，认可机构不再受理其注册申请。

第四十一条 对于其他违反条例规定的违法行为，依照条例的有关规定予以处罚。

第七章 附 则

第四十二条 本办法由国家质量监督检验检疫总局负责解释。

第四十三条 本办法自2004年8月1日起施行。

零售商品称重计量监督管理办法

（2004年8月10日国家质检总局、国家工商总局令第66号公布）

第一条 为维护社会主义市场经济秩序，制止利用计量手段欺骗消费者的不法行为，保护消费者的合法权益，根据《中华人民共和国计量法》、《中华人民共和国消费者权益保护法》等有关法律法规，制定本办法。

第二条 在中华人民共和国境内，从事零售商品的销售以及对其进行计量监督，必须遵守本办法。

本办法所称零售商品，是指以重量结算的食品、金银饰品。

其他以重量结算的商品和以容量、长度、面积等结算的商品，另行规定。

定量包装商品的生产、经销以及对其的计量监督应当遵守《定量包装商品计量监督规定》。

第三条 零售商品经销者销售商品时，必须使用合格的计量器具，其最大允许误差应当优于或等于所销售商品的负偏差。

第四条 零售商品经销者使用称重计量器具当场称重商品，必须按照称重计量器具的实际示值结算，保证商品量计量合格。

第五条 零售商品经销者使用称重计量器具每次当场称重商品，在本办法附表1、附表2称重范围内，经核称商品的实际重量值与结算重量值之差不得超过该表规定的负偏差。

第六条 零售商品经销者和计量监督人员可以按照如下方法核称

商品：

（一）原计量器具核称法：直接核称商品，商品的核称重量值与结算（标称）重量值之差不应超过商品的负偏差，并且称重与核称重量值等量的最大允许误差优于或等于所经销商品的负偏差三分之一的砝码，砝码示值与商品核称重量值之差不应超过商品的负偏差；

（二）高准确度称重计量器具核称法：用最大允许误差优于或等于所经销商品的负偏差三分之一的计量器具直接核称商品，商品的实际重量值与结算（标称）重量值之差不应超过商品的负偏差；

（三）等准确度称重计量器具核称法：用另一台最大允许误差优于或等于所经销商品的负偏差的计量器具直接核称商品，商品的核称重量值与结算（标称）重量值之差不应超过商品的负偏差的2倍。

第七条 本办法附表1中食品类尚未列出品种名称的，按照食品类相应价格档次的规定执行。

第八条 被核称商品的含水量及含水量计算应当符合国家标准、行业标准的有关规定。

第九条 零售商品经销者不得拒绝质量技术监督部门或者工商行政管理部门依法对销售商品的计量监督检查。

第十条 凡有下列情况之一的，县级以上地方质量技术监督部门或者工商行政管理部门可以依照计量法、消费者权益保护法等有关法律、法规或者规章给予行政处罚：

（一）零售商品经销者违反本办法第三条规定的；

（二）零售商品经销者销售的商品，经核称超出本办法附表1、附表2规定的负偏差，给消费者造成损失的。

第十一条 本办法规定的行政处罚，由县级以上地方质量技术监督部门或者工商行政管理部门决定。

县级以上地方质量技术监督部门或者工商行政管理部门按照本办法实行行政处罚，必须遵守国家质量监督检验检疫总局或者国家工商行政管理总局关于行政案件办理程序的有关规定。

第十二条 行政相对人对行政处罚决定不服的，可以依法申请行政复议或者提起行政诉讼。

第十三条 本办法由国家质量监督检验检疫总局、国家工商行政管理总局按照职责分工负责解释。

第十四条 本办法自2004年12月1日起施行。原国家技术监督局、国内贸易部、国家工商行政管理局联合发布的《零售商品称重计量监督规定》(技监局发[1993]26号)同时废止。

附表1

<table>
<tr><th>食品品种、价格档次</th><th>称重范围(m)</th><th>负偏差</th></tr>
<tr><td rowspan="4">粮食、蔬菜、水果或不高于6元/kg的食品</td><td>$m\leqslant 1$ kg</td><td>20 g</td></tr>
<tr><td>1 kg$<m\leqslant$2 kg</td><td>40 g</td></tr>
<tr><td>2 kg$<m\leqslant$4 kg</td><td>80 g</td></tr>
<tr><td>4 kg$<m\leqslant$25 kg</td><td>100 g</td></tr>
<tr><td rowspan="3">肉、蛋、禽*、海(水)产品*、糕点、糖果、调味品或高于6元/kg,但不高于30元/kg的食品</td><td>$m\leqslant 2.5$ kg</td><td>5 g</td></tr>
<tr><td>2.5 kg$<m\leqslant$10 kg</td><td>10 g</td></tr>
<tr><td>10 kg$<m\leqslant$15 kg</td><td>15 g</td></tr>
<tr><td rowspan="3">干菜、山(海)珍品或高于30元/kg,但不高于100元/kg的食品</td><td>$m\leqslant 1$ kg</td><td>2 g</td></tr>
<tr><td>1 kg$<m\leqslant$4 kg</td><td>4 g</td></tr>
<tr><td>4 kg$<m\leqslant$6 kg</td><td>6 g</td></tr>
<tr><td rowspan="3">高于100元/kg的食品</td><td>$m\leqslant 500$ g</td><td>1 g</td></tr>
<tr><td>500 g$<m\leqslant$2 kg</td><td>2 g</td></tr>
<tr><td>2 kg$<m\leqslant$5 kg</td><td>3 g</td></tr>
</table>

*注:活禽、活鱼、水发物除外。

附表2

名　　称	称重范围(m)	负偏差
金饰品	m(每件)$\leqslant$100 g	0.01 g
银饰品	m(每件)$\leqslant$100 g	0.1 g

能源效率标识管理办法

（2004 年 8 月 13 日国家发展改革委、国家质检总局令第 17 号公布）

第一章　总　　则

第一条　为加强节能管理，推动节能技术进步，提高能源效率，依据《中华人民共和国节约能源法》、《中华人民共和国产品质量法》、《中华人民共和国认证认可条例》，制定本办法。

第二条　本办法所称能源效率标识，是指表示用能产品能源效率等级等性能指标的一种信息标识，属于产品符合性标志的范畴。

第三条　国家对节能潜力大、使用面广的用能产品实行统一的能源效率标识制度。国家制定并公布《中华人民共和国实行能源效率标识的产品目录》（以下简称《目录》），确定统一适用的产品能效标准、实施规则、能源效率标识样式和规格。

第四条　凡列入《目录》的产品，应当在产品或者产品最小包装的明显部位标注统一的能源效率标识，并在产品说明书中说明。

第五条　列入《目录》的产品的生产者或进口商应当在使用能源效率标识后，向国家质量监督检验检疫总局（以下简称国家质检总局）和国家发展和改革委员会（以下简称国家发展改革委）授权的机构（以下简称授权机构）备案能源效率标识及相关信息。

第六条　国家发展改革委、国家质检总局和国家认证认可监督管理委员会（以下简称国家认监委）负责能源效率标识制度的建立并组织实施。

地方各级人民政府节能管理部门（以下简称地方节能管理部门）、地方质量技术监督部门和各级出入境检验检疫机构（以下简称地方质检部门），在各自的职责范围内对所辖区域内能源效率标识的使用实施监督检查。

第二章　能源效率标识的实施

第七条　国家发展改革委、国家质检总局和国家认监委制定《目录》

和实施规则。国家发展改革委和国家认监委制定和公布适用产品的统一的能源效率标识样式和规格。

第八条 能源效率标识的名称为“中国能效标识”（英文名称为 China Energy Label），能源效率标识应当包括以下基本内容：

（一）生产者名称或者简称；

（二）产品规格型号；

（三）能源效率等级；

（四）能源消耗量；

（五）执行的能源效率国家标准编号。

第九条 列入《目录》的产品的生产者或进口商，可以利用自身的检测能力，也可以委托国家确定的认可机构认可的检测机构进行检测，并依据能源效率国家标准，确定产品能源效率等级。

利用自身检测能力确定能源效率等级的生产者或进口商，其检测资源应当具备按照能源效率国家标准进行检测的基本能力，国家鼓励其实验室取得认可机构的国家认可。

第十条 生产者或进口商应当根据国家统一规定的能源效率标识样式、规格以及标注规定，印制和使用能源效率标识。

在产品包装物、说明书以及广告宣传中使用的能源效率标识，可按比例放大或者缩小，并清晰可辨。

第十一条 生产者或进口商应当自使用能源效率标识之日起 30 日内，向授权机构备案，可以通过信函、电报、电传、传真、电子邮件等方式提交以下材料：

（一）生产者营业执照或者登记注册证明复印件；进口商与境外生产者订立的相关合同副本；

（二）产品能源效率检测报告；

（三）能源效率标识样本；

（四）初始使用日期等其他有关材料；

（五）由代理人提交备案材料时，应有生产者或进口商的委托代理文件等。

上述材料应当真实、准确、完整。

外文材料应当附有中文译本，并以中文文本为准。

第十二条 能源效率标识内容发生变化，应当重新备案。

第十三条 对产品的能源效率指标发生争议时，企业应当委托经依法认定或者认可机构认可的第三方检测机构重新进行检测，并以其检测结果为准。

第十四条 授权机构应当定期公告备案信息，并对生产者和进口商使用的能源效率标识进行核验。

能源效率标识备案不收取费用。

第三章 监督管理

第十五条 生产者和进口商应当对其使用的能源效率标识信息准确性负责，不得伪造或冒用能源效率标识。

第十六条 销售者不得销售应当标注但未标注能源效率标识的产品，不得伪造或冒用能源效率标识。

第十七条 认可机构认可的检测机构接受生产者或进口商的委托进行检测，应当客观、公正，保证检测结果的准确，承担相应的法律责任，并保守受检产品的商业秘密。

第十八条 任何单位和个人不得利用能源效率标识对其用能产品进行虚假宣传，误导消费者。

第十九条 国家质检总局和国家发展改革委依据各自职责，对列入《目录》的产品进行检查，核实能源效率标识信息。

第二十条 列入《目录》的产品的生产者、销售者和进口商应当接受监督检查。

第二十一条 任何单位和个人对违反本办法的行为，可以向地方节能管理部门、地方质检部门举报。地方节能管理部门、地方质检部门应当及时调查处理，并为举报人保密。

第四章 罚 则

第二十二条 地方节能管理部门、地方质检部门依据《中华人民共和国节约能源法》的有关规定，在各自的职责范围内负责对违反本办法规定的行为进行处罚。

第二十三条 违反本办法规定，生产者或进口商应当标注统一的能源效率标识而未标注的，由地方节能管理部门或者地方质检部门责令限期改正，逾期未改正的予以通报。

第二十四条 违反本办法规定，有下列情形之一的，由地方节能管理部门或者地方质检部门责令限期改正和停止使用能源效率标识；情节严重的，由地方质检部门处1万元以下罚款：

（一）未办理能源效率标识备案的，或者应当办理变更手续而未办理的；

（二）使用的能源效率标识的样式和规格不符合规定要求的。

第二十五条 伪造、冒用、隐匿能源效率标识以及利用能源效率标识做虚假宣传、误导消费者的，由地方质检部门依照《中华人民共和国节约能源法》和《中华人民共和国产品质量法》以及其他法律法规的规定予以处罚。

第五章 附 则

第二十六条 本办法由国家发展改革委和国家质检总局负责解释。

第二十七条 本办法自2005年3月1日起施行。

有机产品认证管理办法

（2004年11月5日国家质检总局令第67号公布）

第一章 总 则

第一条 为促进有机产品生产、加工和贸易的发展，规范有机产品认证活动，提高有机产品的质量和管理水平，保护生态环境，根据《中华人民共和国认证认可条例》等有关法律、行政法规的规定，制定本办法。

第二条 本办法所称的有机产品，是指生产、加工、销售过程符合有机产品国家标准的供人类消费、动物食用的产品。

本办法所称的有机产品认证，是指认证机构按照有机产品国家标准和本办法的规定对有机产品生产和加工过程进行评价的活动。

第三条 在中华人民共和国境内从事有机产品认证活动以及有机产

品生产、加工、销售活动，应当遵守本办法。

第四条 国家认证认可监督管理委员会（以下简称国家认监委）负责有机产品认证活动的统一管理、综合协调和监督工作。

地方质量技术监督部门和各地出入境检验检疫机构（以下统称地方认证监督管理部门）按照各自职责依法对所辖区域内有机产品认证活动实施监督检查。

第五条 国家制定统一的有机产品认证基本规范、规则，统一的合格评定程序，统一的标准，统一的标志。

第六条 国家按照平等互利的原则开展有机产品认证认可的国际互认。

从事有机产品认证的机构（以下简称有机产品认证机构），应当按照国家认监委对外签署的有机产品认证互认协议开展相关互认活动。

第二章 机构管理

第七条 有机产品认证机构应当依法设立，具有《中华人民共和国认证认可条例》规定的基本条件和从事有机产品认证的技术能力，并取得国家认监委确定的认可机构（以下简称认可机构）的认可后，方可从事有机产品认证活动。

境外有机产品认证机构在中国境内开展有机产品认证活动的，应当符合《中华人民共和国认证认可条例》和其他有关法律、行政法规以及本办法的有关规定。

第八条 从事有机产品认证的检查员应当经认可机构注册后，方可从事有机产品认证活动。

第九条 从事与有机产品认证有关的产地（基地）环境检测、产品样品检测活动的机构（以下简称有机产品检测机构）应当具备相应的检测条件和能力，并通过计量认证或者取得实验室认可。

第十条 国家认监委对符合本办法第七条规定的有机产品认证机构予以批准。

国家认监委定期公布符合本办法第七条和第九条规定的有机产品认证机构和有机产品检测机构的名录。不在目录所列范围之内的认证机构和产品检测机构，不得从事有机产品的认证和相关检测活动。

第三章　认证实施

第十一条　有机产品认证机构实施有机产品认证，应当依据有机产品国家标准。

出口的有机产品，应当符合进口国家或者地区的特殊要求。

第十二条　有机产品认证机构，应当公开有机产品认证依据的标准、认证基本规范、规则和收费标准等信息。

第十三条　有机产品生产、加工单位和个人或者其代理人（以下统称申请人），可以自愿向有机产品认证机构提出有机产品认证申请。申请时，应当提交下列书面材料：

（一）申请人名称、地址和联系方式；

（二）产品产地（基地）区域范围，生产、加工规模；

（三）产品生产、加工或者销售计划；

（四）产地（基地）、加工或者销售场所的环境说明；

（五）符合有机产品生产、加工要求的质量管理体系文件；

（六）有关专业技术和管理人员的资质证明材料；

（七）保证执行有机产品标准、技术规范和其他特殊要求的声明；

（八）其他材料。

申请人不是有机产品的直接生产者或者加工者的，还应当提供其与有机产品的生产者或者加工者签订的书面合同。

第十四条　有机产品认证机构应当自收到申请人书面申请之日起10日内，完成申请材料的审核，并作出是否受理的决定；对不予受理的，应当书面通知申请人，并说明理由。

第十五条　有机产品认证机构受理有机产品认证后，应当按照有机产品认证基本规范、规则规定的程序实施认证活动，保证有机产品认证等过程的完整、客观、真实，并对认证过程作出完整记录，归档留存。

第十六条　有机产品认证机构应当按照相关标准或者技术规范的要求及时作出认证结论，并保证认证结论的客观、真实。

有机产品认证机构应当对其作出的认证结论负责。

第十七条　对符合有机产品认证要求的，有机产品认证机构应当向申请人出具有机产品认证证书，并允许其使用中国有机产品认证标志；对不符合认证要求的，应当书面通知申请人，并说明理由。

第十八条 按照有机产品国家标准在转换期内生产的产品，或者以转换期内生产的产品为原料的加工产品，证书中应当注明“转换”字样和转换期限，并应当使用中国有机转换产品认证标志。

第十九条 有机产品认证机构应当按照规定对获证单位和个人、获证产品进行有效跟踪检查，保证认证结论能够持续符合认证要求。

第二十条 有机产品认证机构不得对有机配料含量（指重量或者液体体积，不包括水和盐）低于95%的加工产品进行有机认证。

第二十一条 生产、加工、销售有机产品的单位及个人和有机产品认证机构，应当采取有效措施，按照认证证书确定的产品范围和数量销售有机产品，保证有机产品的生产和销售数量的一致性。

第四章 认证证书和标志

第二十二条 国家认监委规定有机产品认证证书的基本格式和有机产品认证标志的式样。

第二十三条 有机产品认证证书应当包括以下内容：

（一）获证单位和个人名称、地址；

（二）获证产品的数量、产地面积和产品种类；

（三）有机产品认证的类别；

（四）依据的标准或者技术规范；

（五）有机产品认证标志的使用范围、数量、使用形式或者方式；

（六）颁证机构、颁证日期、有效期和负责人签字；

（七）在有机产品转换期内生产的产品或者以转换期内生产的产品为原料的加工产品，应当注明“转换”字样和转换期限。

第二十四条 有机产品认证证书有效期为一年。

第二十五条 获得有机产品认证证书的单位或者个人，在有机产品认证证书有效期内，发生下列情形之一的，应当向有机产品认证机构办理变更手续：

（一）获证单位或者个人发生变更的；

（二）有机产品生产、加工单位或者个人发生变更的；

（三）产品种类变更的；

（四）有机产品转换期满，需要变更的。

第二十六条 获得有机产品认证证书的单位或者个人，在有机产品认证证书有效期内，发生下列情形之一的，应当向有机产品认证机构重新申请认证：

（一）产地（基地）、加工场所或者经营活动发生变更的；

（二）其他不能持续符合有机产品标准、相关技术规范要求的。

第二十七条 获得有机产品认证证书的单位或者个人，发生下列情形之一的，认证机构应当及时作出暂停、撤销认证证书的决定：

（一）获证产品不能持续符合标准、技术规范要求的；

（二）获证单位或者个人发生变更的；

（三）有机产品生产、加工单位发生变更的；

（四）产品种类与证书不相符的；

（五）未按规定加施或者使用有机产品标志的。

对于撤销的证书，有机产品认证机构应当予以收回。

第二十八条 有机产品认证标志分为中国有机产品认证标志和中国有机转换产品认证标志，图案见附件。

中国有机产品认证标志标有中文“中国有机产品”字样和相应英文（ORGANIC）。

在有机产品转换期内生产的产品或者以转换期内生产的产品为原料的加工产品，应当使用中国有机转换产品认证标志。该标志标有中文“中国有机转换产品”字样和相应英文（CONVERSION TO ORGANIC）。

第二十九条 有机产品认证标志应当在有机产品认证证书限定的产品范围、数量内使用。

获证单位或者个人，应当按照规定在获证产品或者产品的最小包装上加施有机产品认证标志。

获证单位或者个人可以将有机产品认证标志印制在获证产品标签、说明书及广告宣传材料上，并可以按照比例放大或者缩小，但不得变形、变色。

第三十条 在获证产品或者产品最小包装上加施有机产品认证标志的同时，应当在相邻部位标注有机产品认证机构的标识或者机构名称，其相关图案或者文字应当不大于有机产品认证标志。

第三十一条 未获得有机产品认证的产品，不得在产品或者产品包装及标签上标注“有机产品”、“有机转换产品”（“ORGANIC”、“CONVERSION

TO ORGANIC”）和“无污染”、“纯天然”等其他误导公众的文字表述。

第三十二条 有机配料含量等于或者高于95%的加工产品，可以在产品或者产品包装及标签上标注“有机”字样。

有机配料含量低于95%且等于或者高于70%的加工产品，可以在产品或者产品包装及标签上标注“有机配料生产”字样。

有机配料含量低于70%的加工产品，只能在产品成分表中注明某种配料为“有机”字样。

有机配料，应当获得有机产品认证。

第三十三条 有机产品认证机构在作出撤销、暂停使用有机产品认证证书的决定的同时，应当监督有关单位或者个人停止使用、暂时封存或者销毁有机产品认证标志。

第五章 监 督 检 查

第三十四条 国家认监委应当组织地方认证监督管理部门和有关单位对有机产品认证以及有机产品的生产、加工、销售活动进行监督检查。监督检查可采取以下方式：

（一）组织同行进行评议；

（二）向被认证的企业或者个人征求意见；

（三）对认证及相关检测活动及其认证决定、检测结果等进行抽查；

（四）要求从事有机产品认证及检测活动的机构报告业务情况；

（五）对证书、标志的使用情况进行抽查；

（六）对销售的有机产品进行检查；

（七）受理认证投诉、申诉，查处认证违法、违规行为。

第三十五条 获得有机产品认证的生产、加工单位或者个人，从事有机产品销售的单位或者个人，应当在生产、加工、包装、运输、贮藏和经营等过程中，按照有机产品国家标准和本办法的规定，建立完善的跟踪检查体系和生产、加工、销售记录档案制度。

第三十六条 进口的有机产品应当符合中国有关法律、行政法规和部门规章的规定，并符合有机产品国家标准。

第三十七条 申请人对有机产品认证机构的认证结论或者处理决定有异议的，可以向作出结论、决定的认证机构提出申诉，对有机产品认证机构的处理结论仍有异议的,可以向国家认监委申诉或者投诉。

第六章 罚 则

第三十八条 违反本办法第二十条规定,对有机配料含量低于95%的加工产品实施有机产品认证的,责令改正,并处2万元罚款。

第三十九条 违反本办法第二十一条规定的,责令改正,并处1万元以上3万元以下罚款。

第四十条 违反本办法第二十九条、第三十条和第三十一条规定的,责令改正,并处1万元以上3万元以下罚款。

第四十一条 违反本办法第三十二条规定的,责令改正,并处1万元以上3万元以下罚款。

第四十二条 对伪造、冒用、买卖、转让有机产品认证证书、认证标志等其他违法行为,依照有关法律、行政法规、部门规章的规定予以处罚。

第四十三条 有机产品认证机构、有机产品检测机构以及从事有机产品认证活动的人员出具虚假认证结论或者出具的认证结论严重失实的,按照《中华人民共和国认证认可条例》第六章的规定予以处罚。

第七章 附 则

第四十四条 有机产品认证收费应当按照国家有关价格法律、行政法规的规定执行。

第四十五条 本办法由国家质量监督检验检疫总局负责解释。

第四十六条 本办法自2005年4月1日起施行。

附件(略)

特种设备作业人员监督管理办法

(2005年1月10日国家质检总局令第70号公布)

第一章 总 则

第一条 为了加强特种设备作业人员监督管理工作,规范作业人员考核发证程序，保障特种设备安全运行，根据《中华人民共和国行政许可法》、《特种设备安全监察条例》和《国务院对确需保留的行政审批项目设定行政许可的决定》，制定本办法。

第二条 锅炉、压力容器（含气瓶）、压力管道、电梯、起重机械、客运索道、大型游乐设施、场（厂）内机动车辆等特种设备的作业人员及其相关管理人员统称特种设备作业人员。特种设备作业人员作业种类与项目目录见本办法附件。

从事特种设备作业的人员应当按照本办法的规定，经考核合格取得《特种设备作业人员证》，方可从事相应的作业或者管理工作。

第三条 国家质量监督检验检疫总局（以下简称国家质检总局）负责全国特种设备作业人员的监督管理，县以上质量技术监督部门负责本辖区内的特种设备作业人员的监督管理。

第四条 申请《特种设备作业人员证》的人员，应当首先向发证部门指定的特种设备作业人员考试机构（以下简称考试机构）报名参加考试；经考试合格，凭考试结果和相关材料向发证部门申请审核、发证。

第五条 特种设备生产、使用单位（以下统称用人单位）应当聘（雇）用取得《特种设备作业人员证》的人员从事相关管理和作业工作，并对作业人员进行严格管理。

特种设备作业人员应当持证上岗，按章操作，发现隐患及时处置或者报告。

第二章 考试和审核发证程序

第六条 特种设备作业人员考核发证工作由县以上质量技术监督部门分级负责，具体分级范围由省级质量技术监督部门决定，并在本省范围内公布。

对于数量较少的压力容器和压力管道带压密封、氧舱维护、长输管道安全管理、客运索道作业及管理、大型游乐设施安装作业及管理等作业人员的考核发证工作，由国家质检总局确定考试机构，统一组织考试，由设备所在地质量技术监督部门审核、发证。

第七条 特种设备作业人员考试机构应当具备相应的场所、设备、师资、监考人员以及健全的考试管理制度等必备条件和能力，经发证部门批准,方可承担考试工作。

发证部门应当对考试机构进行监督,发现问题及时处理。

第八条 特种设备作业人员考试和审核发证程序包括:考试报名、考试、领证申请、受理、审核、发证。

第九条 发证部门和考试机构应当在办公处所公布本办法、考试和审核发证程序、考试作业人员种类、报考具体条件、收费依据和标准、考试机构名称及地点、考试计划等事项。其中,考试报名时间、考试科目、考试地点、考试时间等具体考试计划事项,应当在举行考试之日2个月前公布。

有条件的应当在有关网站、新闻媒体上公布。

第十条 申请《特种设备作业人员证》的人员应当符合下列条件:

(一)年龄在18周岁以上;

(二)身体健康并满足申请从事的作业种类对身体的特殊要求;

(三)有与申请作业种类相适应的文化程度;

(四)有与申请作业种类相适应的工作经历;

(五)具有相应的安全技术知识与技能;

(六)符合安全技术规范规定的其他要求。

作业人员的具体条件应当按照相关安全技术规范的规定执行。

第十一条 用人单位应当加强作业人员安全教育和培训,保证特种设备作业人员具备必要的特种设备安全作业知识、作业技能和及时进行知识更新。没有培训能力的,可以委托发证部门组织进行培训。

作业人员培训的内容按照国家质检总局制定的相关作业人员培训考核大纲等安全技术规范执行。

第十二条 符合条件的申请人员应当向考试机构提交有关证明材料,报名参加考试。

第十三条 考试机构应当制订和认真落实特种设备作业人员的考试组织工作的各项规章制度,严格按照公开、公正、公平的原则,组织实施特种设备作业人员的考试,确保考试工作质量。

第十四条 考试结束后,考试机构应当在20个工作日内将考试结果告知申请人,并公布考试成绩。

第十五条 考试合格的人员,凭考试结果通知单和其他相关证明材料，向发证部门申请办理《特种设备作业人员证》。

第十六条 发证部门应当在 5 个工作日内对报送材料进行审查，或者告知申请人补正申请材料，并作出是否受理的决定。能够当场审查的，应当当场办理。

第十七条 对同意受理的申请，发证部门应当在 20 个工作日内完成审核批准手续。准予发证的，在 10 个工作日内向申请人颁发《特种设备作业人员证》；不予发证的，应当书面说明理由。

第十八条 特种设备作业人员考核发证工作遵循便民、公开、高效的原则。为方便申请人办理考核发证事项，发证部门可以将受理和发放证书的地点设在考试报名地点，并在报名考试时委托考试机构对申请人是否符合报考条件进行审查，考试合格后发证部门可以直接办理受理手续和审核、发证事项。

第三章 证书使用及监督管理

第十九条 持有《特种设备作业人员证》的人员，必须经用人单位的法定代表人（负责人）或者其授权人雇（聘）用后，方可在许可的项目范围内作业。

第二十条 用人单位应当加强对特种设备作业现场和作业人员的管理，履行下列义务：

（一）制订特种设备操作规程和有关安全管理制度；

（二）聘用持证作业人员，并建立特种设备作业人员管理档案；

（三）对作业人员进行安全教育和培训；

（四）确保持证上岗和按章操作；

（五）提供必要的安全作业条件；

（六）其他规定的义务。

第二十一条 特种设备作业人员应当遵守以下规定：

（一）作业时随身携带证件，并自觉接受用人单位的安全管理和质量技术监督部门的监督检查；

（二）积极参加特种设备安全教育和安全技术培训；

（三）严格执行特种设备操作规程和有关安全规章制度；

（四）拒绝违章指挥；

（五）发现事故隐患或者不安全因素应当立即向现场管理人员和单位有关负责人报告；

（六）其他有关规定。

第二十二条 《特种设备作业人员证》每 2 年复审一次。持证人员应当在复审期满 3 个月前，向发证部门提出复审申请。复审合格的，由发证部门在证书正本上签章。对在 2 年内无违规、违法等不良记录，并按时参加安全培训的，应当按照有关安全技术规范的规定延长复审期限。

复审不合格的应当重新参加考试。逾期未申请复审或考试不合格的，其《特种设备作业人员证》予以注销。

跨地区从业的特种设备作业人员，可以向从业所在地的发证部门申请复审。

第二十三条 《特种设备作业人员证》遗失或者损毁的，持证人应当及时报告发证部门，并在当地媒体予以公告。查证属实的，由发证部门补办证书。

第二十四条 任何单位和个人不得非法印制、伪造、涂改、倒卖、出租或者出借《特种设备作业人员证》。

第二十五条 各级质量技术监督部门应当对特种设备作业活动进行监督检查，查处违法作业行为。

第二十六条 发证部门应当加强对考试机构的监督管理，及时纠正违规行为，必要时应当派人现场监督考试的有关活动。

第二十七条 发证部门要建立特种设备作业人员监督管理档案，记录考核发证、复审和监督检查的情况。发证、复审及监督检查情况要定期向社会公布。

第二十八条 特种设备作业人员考试报名、考试、领证申请、受理、审核、发证等环节的具体规定，以及考试机构的设立、《特种设备作业人员证》的注销和复审等事项，按照国家质检总局制定的特种设备作业人员考核规则等安全技术规范执行。

第四章 罚 则

第二十九条 申请人隐瞒有关情况或者提供虚假材料申请《特种设备作业人员证》的，不予受理或者不予批准发证，并在 1 年内不得再次申请《特种设备作业人员证》。

第三十条 有下列情形之一的，应当吊销《特种设备作业人员证》：

（一）持证作业人员以考试作弊或者以其他欺骗方式取得《特种设备作业人员证》的；

（二）持证作业人员违章操作或者管理造成特种设备事故的；

（三）持证作业人员发现事故隐患或者其他不安全因素未立即报告造成特种设备事故的；

（四）持证作业人员逾期不申请复审或者复审不合格且不参加考试的；

（五）考试机构或者发证部门工作人员滥用职权、玩忽职守、违反法定程序或者超越发证范围考核发证的。

违反前款第（一）、（二）、（三）、（四）项规定的，持证人3年内不得再次申请《特种设备作业人员证》；违反前款第（二）、（三）项规定，造成特大事故的，终身不得申请《特种设备作业人员证》。

第三十一条 有下列情形之一的，责令用人单位改正，并处1000元以上3万元以下罚款：

（一）违章指挥特种设备作业的；

（二）作业人员违反特种设备的操作规程和有关的安全规章制度操作，或者在作业过程中发现事故隐患或者其他不安全因素未立即向现场管理人员和单位有关负责人报告，用人单位未给予批评教育或者处分的。

第三十二条 非法印制、伪造、涂改、倒卖、出租、出借《特种设备作业人员证》，或者使用非法印制、伪造、涂改、倒卖、出租、出借《特种设备作业人员证》的，处1000元以下罚款；构成犯罪的，依法追究刑事责任。

第三十三条 发证部门未按规定程序组织考试和审核发证，或者发证部门未对考试机构严格监督管理影响特种设备作业人员考试质量的，由上一级发证部门责令整改；情节严重的，其负责的特种设备作业人员的考核工作由上一级发证部门组织实施。

第三十四条 考试机构未按规定程序组织考试工作，责令整改；情节严重的，暂停或者撤销其批准。

第三十五条 发证部门或者考试机构工作人员滥用职权、玩忽职守、以权谋私的，应当依法给予行政处分；构成犯罪的，依法追究刑事责任。

第三十六条 作业人员未取得《特种设备作业人员证》上岗作业，或者用人单位未对特种设备作业人员进行安全教育和培训的，按照《特种设备安全监察条例》第七十七条的规定对用人单位予以处罚。

第五章 附 则

第三十七条 《特种设备作业人员证》的格式、印制等事项由国家质检总局统一规定。

第三十八条 考核收费按照国家有关规定执行。

第三十九条 本办法不适用于从事房屋建筑工地和市政工程工地起重机械作业及其相关管理的人员。

第四十条 本办法由国家质检总局负责解释。

第四十一条 本办法自2005年7月1日起施行。原有规定与本办法要求不一致的，以本办法为准。

附件（略）

计量标准考核办法

（2005年1月14日国家质检总局令第72号公布）

第一条 为实施计量标准考核工作，根据《中华人民共和国计量法》、《中华人民共和国计量法实施细则》的有关规定，制定本办法。

第二条 社会公用计量标准，部门和企业、事业单位的各项最高等级的计量标准，应当按照本办法进行考核。

第三条 本办法所称计量标准考核，是指国家质量监督检验检疫总局及地方各级质量技术监督部门（以下简称质量技术监督部门）对计量标准测量能力的评定和开展量值传递资格的确认。计量标准考核包括对新建计量标准的考核和对计量标准的复查考核。

第四条 国家质量监督检验检疫总局（以下简称国家质检总局）统一监督管理全国计量标准考核工作。省级质量技术监督部门负责监督管理本行政区域内计量标准考核工作。

第五条 国家质检总局组织建立的社会公用计量标准及各省级质量技术监督部门组织建立的各项最高等级的社会公用计量标准，由国家质检总局主持考核；地(市)、县级质量技术监督部门组织建立的各项最高等级的社会公用计量标准，由上一级质量技术监督部门主持考核；各级地方质量技术监督部门组织建立其他等级的社会公用计量标准，由组织建立计量标准的质量技术监督部门主持考核。

国务院有关部门和省、自治区、直辖市有关部门建立的各项最高等级的计量标准，由同级的质量技术监督部门主持考核。

国务院有关部门所属的企业、事业单位建立的各项最高等级的计量标准，由国家质检总局主持考核；省、自治区、直辖市有关部门所属的企业、事业单位建立的各项最高等级的计量标准，由当地省级质量技术监督部门主持考核；无主管部门的企业单位建立的各项最高等级的计量标准，由该企业工商注册地的质量技术监督部门主持考核。

第六条 进行计量标准考核，应当考核以下内容：

(一) 计量标准器及配套设备齐全，计量标准器必须经法定或者计量授权的计量技术机构检定合格(没有计量检定规程的，应当通过校准、比对等方式，将量值溯源至国家计量基准或者社会公用计量标准)，配套的计量设备经检定合格或者校准；

(二) 具备开展量值传递的计量检定规程或者技术规范和完整的技术资料；

(三) 具备符合计量检定规程或者技术规范并确保计量标准正常工作所需要的温度、湿度、防尘、防震、防腐蚀、抗干扰等环境条件和工作场地；

(四) 具备与所开展量值传递工作相适应的技术人员，开展计量检定工作，应当配备 2 名以上获相应项目检定资质的计量检定人员，开展其他方式量值传递工作，应当配备具有相应资质的人员；

(五) 具有完善的运行、维护制度，包括实验室岗位责任制度，计量标准的保存、使用、维护制度，周期检定制度，检定记录及检定证书核验制度，事故报告制度，计量标准技术档案管理制度等；

(六) 计量标准的测量重复性和稳定性符合技术要求。

第七条 计量标准考核坚持逐项考评的原则。新建计量标准的考核采取现场考评的方式，并通过现场实验对测量能力进行验证；计量标准的复查考核可以采取现场考评、函审或者现场抽查的方式进行。

第八条 申请新建计量标准考核，申请计量标准考核的单位（以下简称申请考核单位）应当向主持考核的质量技术监督部门递交以下申请资料：

（一）计量标准考核（复查）申请书原件一式2份；

（二）计量标准技术报告1份；

（三）计量标准测量重复性考核记录复印件1份；

（四）计量标准稳定性考核记录复印件1份；

（五）计量标准器及配套的主要计量设备有效检定或者校准证书复印件1份；

（六）开展检定或者校准项目的原始记录及相应的模拟检定证书或者校准证书复印件2份；

（七）计量检定人员检定证件或者校准人员资质证明复印件1份。

第九条 申请计量标准复查考核，申请考核单位应当向主持考核的质量技术监督部门递交以下申请资料：

（一）计量标准考核（复查）申请书原件一式2份；

（二）计量标准考核证书原件；

（三）计量标准考核证书有效期内计量标准器及配套的主要计量设备的有效检定或者校准证书复印件1份；

（四）如更换计量标准器或者配套设备应附上计量标准更换申报表一式2份；

（五）随机抽取的2份该计量标准近期开展检定或者校准的原始记录以及相应的检定或者校准证书复印件；

（六）计量标准考核证书有效期内计量标准稳定性考核记录复印件1份；

（七）计量标准考核证书有效期内计量标准测量重复性考核记录复印件1份；

（八）计量检定人员检定证件或者校准人员资质证明复印件1份。

其他可以证明计量标准处于正常工作状态的技术资料。

第十条 申请考核单位，应当向主持考核的质量技术监督部门递交计量标准考核申请书和有关技术资料。主持考核的质量技术监督部门应当对申请资料的完整性进行审查，符合规定要求的，予以受理；不符合规定要求的，在5个工作日内通知申请考核单位需要补充的全部内容；经补充符合要求的，予以受理。主持考核的质量技术监督部门逾期未告知申请考核单位是否受理申请的，视为受理。

第十一条 主持考核的质量技术监督部门所辖区域内的计量技术机构具有与被考核计量标准相同或者更高等级的计量标准，并有该项目备案计量标准考评员的，应当自行组织考核；不具备上述条件的，应当呈报上一级质量技术监督部门组织考核。

主持考核的质量技术监督部门应当将考核所需时间和组织考核的质量技术监督部门通知申请考核单位。申请考核单位应当做好考核前的准备工作。

第十二条 组织考核的质量技术监督部门应当委托具有相应能力的单位（以下简称考评单位）或者考评组承担计量标准考核的考评任务。

计量标准的考评工作由计量标准考评员执行。特殊项目，组织考核的质量技术监督部门可聘请技术专家和计量标准考评员组成考评组执行考评工作。

计量标准考评员实行备案制度。计量标准考评员分为两级，计量标准一级考评员由国家质检总局组织考核，计量标准二级考评员由省级质量技术监督部门组织考核，经考核合格的考评员，分别由国家质检总局和省级质量技术监督部门备案管理。

第十三条 考评单位和考评组应当按照计量标准考核规范的规定进行计量标准考评工作，并在规定时间内按时完成考评任务。

第十四条 考评单位及考评组完成考评任务后，应当将考评材料报送组织考核的质量技术监督部门。组织考核的质量技术监督部门审核后递交主持考核的质量技术监督部门审批。

第十五条 主持考核的质量技术监督部门应当在接到考评材料的20个工作日内完成审批工作，确认考核合格的，主持考核的质量技术监督部门做出考核合格的行政许可决定，并在10个工作日内向申请考核单位颁发计量标准考核证书；不合格的，主持考核的质量技术监督部门应当向申请考核单位发送计量标准考核结果通知书。

第十六条 计量标准考核证书的有效期为4年。在证书有效期内，如需要更换、封存和撤销计量标准，应当向主持考核的质量技术监督部门申报、履行有关手续。撤销计量标准的，由主持考核的质量技术监督部门收回计量标准考核证书。

第十七条 计量标准考核证书有效期届满6个月前，持证单位应当向主持考核的质量技术监督部门申请复查考核。经复查考核合格，准予延长有效期；不合格的，主持考核的质量技术监督部门应当向申请复查考核单位发送计量标准考核结果通知书。超过计量标准考核证书有效期的，申请考核单位应当按照新建计量标准重新申请考核。

第十八条 主持考核的质量技术监督部门应当采用量值比对、盲样检测和测量过程控制等方式，对计量标准考核证书有效期内的计量标准进行监督管理。

第十九条 上级质量技术监督部门应当对下级质量技术监督部门实施的计量标准考核工作进行监督检查，组织考核的质量技术监督部门应当对承担考评单位、考评组及计量标准考评员的考评工作实施监督，及时纠正和处理计量标准考核工作中违反规定的行为。

第二十条 申请考核单位对计量标准考核结果有异议的，应当在接到计量标准考核证书或者计量标准考核结果通知书后，依法向主持考核的质量技术监督部门或者上一级质量技术监督部门申请行政复议。

第二十一条 申请计量标准考核应当提供的技术资料、申请书及有关文件格式，计量标准考核证书和计量标准考核结果通知书式样，以及计量标准考核规范，由国家质检总局统一制定。

第二十二条 申请计量标准考核，应当按照规定缴纳费用。

第二十三条 本办法由国家质检总局负责解释。

第二十四条 本办法自2005年7月1日起施行。1987年7月10日原国家计量局颁布的《计量标准考核办法》（[87]量局法字第231号）同时废止。

麻类纤维质量监督管理办法

（2005 年 4 月 22 日国家质检总局令第 73 号公布）

第一章 总 则

第一条 为了加强麻类纤维质量监督管理，明确质量责任，保护麻类纤维资源，促进麻类纤维质量提高，维护麻类纤维市场秩序和交易各方的合法权益，根据《棉花质量监督管理条例》等有关规定，制定本办法。

第二条 麻类纤维经营者（含麻类纤维收购者、加工者、销售者，下同）从事麻类纤维经营活动，纤维质量监督机构对麻类纤维质量实施监督管理，必须遵守本办法。

本办法所称麻类纤维是指在国内生产、流通的原麻及其加工后的纤维，主要包括苎麻、黄麻、红麻、亚麻、剑麻等。

第三条 国家质量监督检验检疫总局（以下简称国家质检总局）主管全国麻类纤维质量监督工作，其所属的中国纤维检验局负责组织实施。

省、自治区、直辖市人民政府质量技术监督部门负责本行政区内的麻类纤维质量监督工作。设有专业纤维检验机构的地方，由专业纤维检验机构在其管辖范围内对麻类纤维质量实施监督；没有设立专业纤维检验机构的地方，由质量技术监督部门在其管辖范围内对麻类纤维质量实施监督（专业纤维检验机构和地方质量技术监督部门并列使用时，统称纤维质量监督机构）。

第四条 禁止麻类纤维经营者在麻类纤维收购、加工、销售等经营活动中，掺杂掺假、以假充真、以次充好。

第五条 任何单位和个人对麻类纤维质量违法行为，均有权检举。纤维质量监督机构应当向社会公布举报电话，积极受理麻类纤维质量的检举、投诉。

第二章 麻类纤维质量监督

第六条 国家推行麻类纤维质量公证检验制度。

本办法所称麻类纤维质量公证检验，是指专业纤维检验机构按照国家标准和技术规范，对麻类纤维的质量、数量进行检验并出具公证检验证书的活动。

实施公证检验的麻类纤维品种、检验环节和检验费用等，按照国家有关规定执行。

麻类纤维质量公证检验办法由国家质检总局制定，由中国纤维检验局负责组织实施。

第七条 国家质检总局在全国范围内对经麻类纤维质量公证检验的麻类纤维组织实施监督抽验，省、自治区、直辖市人民政府质量技术监督部门在本行政区域内对经麻类纤维质量公证检验的麻类纤维组织实施监督抽验。

监督抽验的内容是：麻类纤维质量公证检验证书和检验标志是否与实物相符；专业纤维检验机构实施麻类纤维质量公证检验是否客观、公正、及时。

监督抽验所需样品从公证检验的留样中随机抽取，并应当自抽取样品之日起10日内作出检验结论。

第八条 纤维质量监督机构对公证检验以外的麻类纤维质量实施监督检查。

监督检查主要内容包括：麻类纤维质量、数量和包装、标识是否符合国家标准和技术规范规定；麻类纤维标识以及质量凭证是否与实物相符等。

第九条 专业纤维检验机构根据监督检查的需要，可以对麻类纤维质量进行检验；检验所需样品按照国家有关标准从收购、加工、销售的麻类纤维中随机抽取，并应当自抽取样品之日起10日内作出检验结论。

第十条 麻类纤维经营者、用麻企业对依照本办法进行的麻类纤维质量公证检验和麻类纤维质量监督检查的检验结果有异议的，可以自收到检验结果之日起5日内向省级纤维质量监督机构或者中国纤维检验局申请复检。复检样品应在留样中抽取。省级纤维质量监督机构或者中国纤维检验局应当自收到申请之日起10日内作出复检结论，并告知申请人。

第十一条 纤维质量监督机构进行麻类纤维质量监督检查，以及根据涉嫌违法证据或者举报，对涉嫌违反本办法规定的行为进行查处时，可以行使下列职权：

（一）对涉嫌从事违反本办法的经营活动的场所实施现场检查；

（二）调查、了解与涉嫌从事违反本办法的经营活动有关的情况；

（三）查阅、复制与麻类纤维经营活动有关的合同、单据、账簿以及其他资料；

（四）对涉嫌掺杂掺假、以假充真、以次充好或者其他有严重质量问题的麻类纤维，以及直接用于生产掺杂掺假、以假充真、以次充好的麻类纤维的设备、工具予以查封或者扣押。

第十二条 纤维质量监督机构根据公证检验、监督检查以及核查后的举报投诉情况等，建立相关企业的质量档案。

纤维质量监督机构根据质量档案等资料提供的情况，按规定对相关企业质量信用进行评定，并根据评定结果实行分类监督管理。

有关质量信用评定办法另行制定。

第十三条 纤维质量监督机构的监督检查结果和质量信用评定结果应当向社会公布。

第十四条 专业纤维检验机构进行麻类纤维质量检验，必须执行国家标准、技术规范和时间要求，保证客观、公正、及时。专业纤维检验机构出具的麻类纤维检验证书应当客观、真实、有效地反映麻类纤维的质量、数量。

计量器具新产品管理办法

（2005 年 5 月 20 日国家质检总局令第 74 号公布）

第一章 总 则

第一条 根据《中华人民共和国计量法》和《中华人民共和国计量法实施细则》的有关规定，制定本办法。

第二条 在中华人民共和国境内，任何单位或个体工商户（以下简称单位）制造以销售为目的的计量器具新产品，必须遵守本办法。

计量器具新产品是指本单位从未生产过的计量器具,包括对原有产品在结构、材质等方面做了重大改进导致性能、技术特征发生变更的计量器具。

第三条 本办法适用的计量器具范围,是指列入《中华人民共和国依法管理的计量器具目录》(以下简称《目录》)的装置、仪器仪表和量具。

标准物质新产品,按《标准物质管理办法》执行。

第四条 凡制造计量器具新产品,必须申请型式批准。型式批准是指质量技术监督部门对计量器具的型式是否符合法定要求而进行的行政许可活动,包括型式评价、型式的批准决定。型式评价是指为确定计量器具型式是否符合计量要求、技术要求和法制管理要求所进行的技术评价。

第五条 国家质量监督检验检疫总局(以下简称国家质检总局)负责统一监督管理全国的计量器具新产品型式批准工作。省级质量技术监督部门负责本地区的计量器具新产品型式批准工作。

列入国家质检总局重点管理目录的计量器具,型式评价由国家质检总局授权的技术机构进行;《目录》中的其他计量器具的型式评价由国家质检总局或省级质量技术监督部门授权的技术机构进行。

第二章　型式批准的申请

第六条 单位制造计量器具新产品,在申请制造计量器具许可证前,应向当地省级质量技术监督部门申请型式批准。

申请型式批准应递交申请书以及营业执照等合法身份证明。

第七条 受理申请的省级质量技术监督部门,自接到申请书之日起在5个工作日内对申请资料进行初审,初审通过后,依照本办法第五条的规定委托技术机构进行型式评价,并通知申请单位。

第八条 承担型式评价的技术机构,根据省级质量技术监督部门的委托,在10个工作日内与申请单位联系,做出型式评价的具体安排。

第九条 申请单位应向承担型式评价的技术机构提供试验样机,并递交以下技术资料:

(一)样机照片;

（二）产品标准（含检验方法）；

（三）总装图、电路图和主要零部件图；

（四）使用说明书；

（五）制造单位或技术机构所做的试验报告。

第三章 型式评价

第十条 承担型式评价的技术机构必须具备计量标准、检测装置以及场地、工作环境等相关条件，按照《计量授权管理办法》取得国家质检总局或省级质量技术监督部门的授权，方可开展相应的型式评价工作。

第十一条 承担型式评价的技术机构必须全面审查申请单位提交的技术资料，并根据国家质检总局制定的型式评价技术规范拟定型式评价大纲。型式评价大纲由承担型式评价技术机构的技术负责人批准。

型式评价应按照型式评价大纲进行。国家计量检定规程中已经规定了型式评价要求的，按规程执行。

第十二条 型式评价一般应在3个月内完成。型式评价结束后，承担型式评价的技术机构将型式评价结果报委托的省级质量技术监督部门，并通知申请单位。

第十三条 型式评价过程中发现计量器具存在问题的，由承担型式评价的技术机构通知申请单位，可在3个月内进行一次改进；改进后，送原技术机构继续进行型式评价。申请单位改进计量器具的时间不计入型式评价时限。

第十四条 承担型式评价的技术机构在型式评价后，应将全部样机、需要保密的技术资料退还申请单位，并保留有关资料和原始记录，保存期不少于3年。

第四章 型式批准

第十五条 省级质量技术监督部门应在接到型式评价报告之日起10个工作日内，根据型式评价结果和计量法制管理的要求，对计量器具新产品的型式进行审查。经审查合格的，向申请单位颁发型式批准证书；经审查不合格的，发给不予行政许可决定书。

第十六条 对已经不符合计量法制管理要求和技术水平落后的计量器具，国家质检总局可以废除原批准的型式。

任何单位不得制造已废除型式的计量器具。

第五章 型式批准的监督管理

第十七条 承担型式评价的技术机构，对申请单位提供的样机和技术文件、资料必须保密。违反规定的，应当按照国家有关规定，赔偿申请单位的损失，并给予直接责任人员行政处分；构成犯罪的，依法追究刑事责任。

技术机构出具虚假数据的，由国家质检总局或省级质量技术监督部门撤销其授权型式评价技术机构资格。

第十八条 任何单位制造已取得型式批准的计量器具，不得擅自改变原批准的型式。对原有产品在结构、材质等方面做了重大改进导致性能、技术特征发生变更的，必须重新申请办理型式批准。地方质量技术监督部门负责进行监督检查。

第十九条 申请单位对型式批准结果有异议的，可申请行政复议或提出行政诉讼。

第二十条 制造、销售未经型式批准的计量器具新产品的，由地方质量技术监督部门按照《中华人民共和国计量法》及其实施细则和《计量违法行为处罚细则》的有关规定予以行政处罚。

第六章 附 则

第二十一条 进口计量器具型式批准，按照《中华人民共和国进口计量器具监督管理办法》执行。

第二十二条 与本办法有关的申请书、型式批准证书、型式批准标志和编号的式样，由国家质检总局统一规定。

第二十三条 申请型式批准、型式评价，应按规定缴纳费用。

第二十四条 本办法由国家质检总局负责解释。

第二十五条 本办法自2005年8月1日起施行。1987年7月10日原国家计量局颁布的《计量器具新产品管理办法》（[87]量局法字第231号）同时废止。

定量包装商品计量监督管理办法

（2005 年 5 月 30 日国家质检总局令第 75 号公布）

第一条 为了保护消费者和生产者、销售者的合法权益，规范定量包装商品的计量监督管理，根据《中华人民共和国计量法》并参照国际通行规则，制定本办法。

第二条 在中华人民共和国境内，生产、销售定量包装商品，以及对定量包装商品实施计量监督管理，应当遵守本办法。

本办法所称定量包装商品是指以销售为目的，在一定量限范围内具有统一的质量、体积、长度、面积、计数标注等标识内容的预包装商品。

第三条 国家质量监督检验检疫总局对全国定量包装商品的计量工作实施统一监督管理。

县级以上地方质量技术监督部门对本行政区域内定量包装商品的计量工作实施监督管理。

第四条 定量包装商品的生产者、销售者应当加强计量管理，配备与其生产定量包装商品相适应的计量检测设备，保证生产、销售的定量包装商品符合本办法的规定。

第五条 定量包装商品的生产者、销售者应当在其商品包装的显著位置正确、清晰地标注定量包装商品的净含量。净含量的标注由“净含量”（中文）、数字和法定计量单位（或者用中文表示的计数单位）三个部分组成。法定计量单位的选择应当符合本办法附表 1 的规定。

以长度、面积、计数单位标注净含量的定量包装商品，可以免于标注“净含量”三个中文字，只标注数字和法定计量单位（或者用中文表示的计数单位）。

第六条 定量包装商品净含量标注字符的最小高度应当符合本办法附表 2 的规定。

第七条 同一包装内含有多件同种定量包装商品的，应当标注单件定量包装商品的净含量和总件数，或者标注总净含量。

同一包装内含有多件不同种定量包装商品的，应当标注各种不同种定量包装商品的单件净含量和各种不同种定量包装商品的件数，或者分别标注各种不同种定量包装商品的总净含量。

第八条 单件定量包装商品的实际含量应当准确反映其标注净含量，标注净含量与实际含量之差不得大于本办法附表3规定的允许短缺量。

第九条 批量定量包装商品的平均实际含量应当大于或者等于其标注净含量。

用抽样的方法评定一个检验批的定量包装商品，应当按照本办法附表4中的规定进行抽样检验和计算。样本中单件定量包装商品的标注净含量与其实际含量之差大于允许短缺量的件数以及样本的平均实际含量应当符合本办法附表4的规定。

第十条 强制性国家标准、强制性行业标准对定量包装商品的允许短缺量以及法定计量单位的选择已有规定的，从其规定；没有规定的按照本办法执行。

第十一条 对因水分变化等因素引起净含量变化较大的定量包装商品，生产者应当采取措施保证在规定条件下商品净含量的准确。

第十二条 县级以上质量技术监督部门应当对生产、销售的定量包装商品进行计量监督检查。

质量技术监督部门进行计量监督检查时，应当充分考虑环境及水分变化等因素对定量包装商品净含量产生的影响。

第十三条 对定量包装商品实施计量监督检查进行的检验，应当由被授权的计量检定机构按照《定量包装商品净含量计量检验规则》进行。

检验定量包装商品，应当考虑储存和运输等环境条件可能引起的商品净含量的合理变化。

第十四条 定量包装商品的生产者、销售者在使用商品的包装时，应当节约资源、减少污染、正确引导消费，商品包装尺寸应当与商品净含量的体积比例相当。不得采用虚假包装或者故意夸大定量包装商品的包装尺寸，使消费者对包装内的商品量产生误解。

第十五条 国家鼓励定量包装商品生产者自愿参加计量保证能力评

价工作，保证计量诚信。

省级质量技术监督部门按照《定量包装商品生产企业计量保证能力评价规范》的要求，对生产者进行核查，对符合要求的予以备案，并颁发全国统一的《定量包装商品生产企业计量保证能力证书》，允许在其生产的定量包装商品上使用全国统一的计量保证能力合格标志。

第十六条 获得《定量包装商品生产企业计量保证能力证书》的生产者，违反《定量包装商品生产企业计量保证能力评价规范》要求的，责令其整改，停止使用计量保证能力合格标志，可处 5 000 元以下的罚款；整改后仍不符合要求的或者拒绝整改的，由发证机关吊销其《定量包装商品生产企业计量保证能力证书》。

定量包装商品生产者未经备案，擅自使用计量保证能力合格标志的，责令其停止使用，可处 30 000 元以下罚款。

第十七条 生产、销售定量包装商品违反本办法第五条、第六条、第七条规定，未正确、清晰地标注净含量的，责令改正；未标注净含量的，限期改正，逾期不改的，可处 1 000 元以下罚款。

第十八条 生产、销售的定量包装商品，经检验违反本办法第九条规定的，责令改正，可处检验批货值金额 3 倍以下，最高不超过 30 000 元的罚款。

第十九条 本办法规定的行政处罚，由县级以上地方质量技术监督部门决定。

县级以上地方质量技术监督部门按照本办法实施行政处罚，必须遵守国家法律、法规和国家质量监督检验检疫总局关于行政案件办理程序的有关规定。

第二十条 行政相对人对行政处罚决定不服的，可以依法申请行政复议或者提起行政诉讼。

第二十一条 从事定量包装商品计量监督管理的国家工作人员滥用职权、玩忽职守、徇私舞弊，情节轻微的，给予行政处分；构成犯罪的，依法追究刑事责任。

从事定量包装商品计量检验的机构和人员有下列行为之一的，由省级以上质量技术监督部门责令限期整改；情节严重的，应当取消其从事定量包装商品计量检验工作的资格，对有关责任人员依法给予行政处分；构成犯罪的，依法追究刑事责任：

（一）伪造检验数据的。

（二）违反《定量包装商品净含量计量检验规则》进行计量检验的。

（三）使用未经检定、检定不合格或者超过检定周期的计量器具开展计量检验的。

（四）擅自将检验结果及有关材料对外泄露的。

（五）利用检验结果参与有偿活动的。

第二十二条 本办法下列用语的含义是：

（一）预包装商品是指销售前预先用包装材料或者包装容器将商品包装好，并有预先确定的量值（或者数量）的商品。

（二）净含量是指除去包装容器和其他包装材料后内装商品的量。

（三）实际含量是指由质量技术监督部门授权的计量检定机构按照《定量包装商品净含量计量检验规则》通过计量检验确定的定量包装商品实际所包含的量。

（四）标注净含量是指由生产者或者销售者在定量包装商品的包装上明示的商品的净含量。

（五）允许短缺量是指单件定量包装商品的标注净含量与其实际含量之差的最大允许量值（或者数量）。

（六）检验批是指接受计量检验的，由同一生产者在相同生产条件下生产的一定数量的同种定量包装商品或者在销售者抽样地点现场存在的同种定量包装商品。

（七）同种定量包装商品是指由同一生产者生产，品种、标注净含量、包装规格及包装材料均相同的定量包装商品。

（八）计量保证能力合格标志（也称C标志，C为英文“中国”的头一个字母）是指由国家质检总局统一规定式样，证明定量包装商品生产者的计量保证能力达到规定要求的标志。

第二十三条 本办法由国家质量监督检验检疫总局负责解释。

第二十四条 本办法自2006年1月1日起施行。原国家技术监督局发布的《定量包装商品计量监督规定》（国家技术监督局令第43号）同时废止。

附表 1

法定计量单位的选择

	标注净含量(Q_n)的量限	计量单位
质量	Q_n<1 000 克	g(克)
	Q_n≥1 000 克	kg(千克)
体积	Q_n<1 000 毫升	mL(ml)(毫升)
	Q_n≥1 000 毫升	L(l)(升)
长度	Q_n<100 厘米	mm(毫米)或者 cm(厘米)
	Q_n≥100 厘米	m(米)
面积	Q_n<100 平方厘米	mm^2(平方毫米) 或者 cm^2(平方厘米)
	1 平方分米≤Q_n<100 平方分米	dm^2(平方分米)
	Q_n≥1 平方米	m^2(平方米)

附表 2

标注字符高度

标注净含量(Q_n)	字符的最小高度(mm)
Q_n≤50 g Q_n≤50 mL	2
50 g<Q_n≤200 g 50 mL<Q_n≤200 mL	3
200 g<Q_n≤1 000 g 200 mL<Q_n≤1 000 mL	4
Q_n>1 kg Q_n>1 L	6
以长度、面积、计数单位标注	2

附表 3

允许短缺量

质量或体积定量包装商品的标注净含量(Q_n)g 或 mL	允许短缺量(T)* g 或 mL	
	Q_n 的百分比	g 或 mL
0～50	9	—
50～100	—	4.5
100～200	4.5	—
200～300	—	9
300～500	3	—
500～1 000	—	15
1 000～10 000	1.5	—
10 000～15 000	—	150
15 000～50 000	1	—

长度定量包装商品的标注净含量(Q_n)	允许短缺量(T)m
$Q_n \leqslant 5$ m	不允许出现短缺量
$Q_n > 5$ m	$Q_n \times 2\%$

面积定量包装商品的标注净含量(Q_n)	允许短缺量(T)
全部 Q_n	$Q_n \times 3\%$

计数定量包装商品的标注净含量(Q_n)	允许短缺量(T)
$Q_n \leqslant 50$	不允许出现短缺量
$Q_n > 50$	$Q_n \times 1\%$**

注：* 对于允许短缺量(T)，当 $Q_n \leqslant 1$ kg(L)时，T 值的 0.01 g(mL)位修约至 0.1 g(mL)；当 $Q_n > 1$ kg(L)时，T 值的 0.1 g(mL)位修约至 g(mL)；

* * 以标注净含量乘以 1%，如果出现小数，就把该数进位到下一个紧邻的整数。这个值可能大于 1%，但这是可以接受的，因为商品的个数为整数，不能带有小数。

附表 4

计量检验抽样方案

第一栏	第二栏	第三栏		第四栏	
		样本平均实际含量修正值($\lambda \cdot s$)			
检验批量 N	抽取样本量 n	修正因子 $\lambda = t_{0.995} \times \frac{1}{\sqrt{n}}$	样本实际含量标准偏差 s	允许大于1倍,小于或者等于2倍允许短缺量的件数	允许大于2倍允许短缺量的件数
1～10	N	\	\	0	0
11～50	10	1.028	s	0	0
51～99	13	0.848	s	1	0
100～500	50	0.379	s	3	0
501～3 200	80	0.295	s	5	0
大于 3 200	125	0.234	s	7	0

样本平均实际含量应当大于或者等于标注净含量减去样本平均实际含量修正值($\lambda \cdot s$),即

$$\bar{q} \geqslant (Q_n - \lambda \cdot s)$$

式中:$\bar{q}$——样本平均实际含量,$\bar{q} = \frac{1}{n}\sum_{i=1}^{n} q_i$;

Q_n——标注净含量;

λ——修正因子;

s——样本实际含量标准偏差,$s = \sqrt{\frac{1}{n-1}\sum_{i=1}^{n}(q_i - \bar{q})^2}$。

注:1. 本抽样方案的置信度为 99.5 %;

2. 本抽样方案对于批量为 1～10 件的定量包装商品,只对单件定量包装商品的实际含量进行检验,不作平均实际含量的计算。

商品条码管理办法

(2005 年 5 月 30 日国家质检总局令第 76 号公布)

第一章 总 则

第一条 为了规范商品条码管理,保证商品条码质量,加快商品条码

在电子商务和商品流通等领域的应用，促进我国电子商务、商品流通信息化的发展，根据国家有关规定，制定本办法。

第二条 本办法所称商品条码包括零售商品、非零售商品、物流单元、位置的代码和条码标识。

我国采用国际通用的商品代码及条码标识体系，推广应用商品条码，建立我国的商品标识系统。

第三条 中华人民共和国境内商品条码的注册、编码、印制、应用及其管理，适用本办法。

第四条 国家质量监督检验检疫总局（以下简称国家质检总局）和国家标准化管理委员会（以下简称国家标准委）是全国商品条码工作的主管部门，统一组织管理全国商品条码工作。中国物品编码中心（以下简称编码中心）是全国商品条码工作机构，负责全国商品条码管理的具体实施工作。

第五条 厂商识别代码是商品条码的重要组成部分。任何单位和个人使用商品条码必须按照本办法核准注册，获得厂商识别代码。

第二章 注 册

第六条 依法取得营业执照和相关合法经营资质证明的生产者、销售者和服务提供者，可以申请注册厂商识别代码。

集团公司中具有独立法人资格的子公司需要使用商品条码时，应当按规定单独申请注册厂商识别代码。

第七条 厂商识别代码注册申请人（以下简称申请人）可以到所在地的编码中心地方分支机构（以下简称编码分支机构）申请注册厂商识别代码。

申请人应当填写《中国商品条码系统成员注册登记表》，出示营业执照或相关合法经营资质证明并提供复印件。

第八条 对申请人提供的申请资料，编码分支机构应当在5个工作日内完成初审。对初审合格的，编码分支机构签署意见并报送编码中心审批；对初审不合格的，编码分支机构应当将申请资料退给申请人并说明理由。

第九条 对初审合格的申请资料，编码中心应当自收到申请人交纳的有关费用之日起5个工作日内完成审核程序。对符合本办法第六、七条规定要求的，编码中心向申请人核准注册厂商识别代码；对不符合规定要求的，编码中心应当将申请资料退回编码分支机构并说明理由。

第十条 申请人获准注册厂商识别代码的，由编码中心发给《中国商品条码系统成员证书》(以下简称《系统成员证书》)，取得中国商品条码系统成员(以下简称系统成员)资格。

第十一条 具有下列情形之一的，不予注册厂商识别代码：

(一) 不能出示营业执照或相关合法经营资质证明文件的。

(二) 社会组织、行业协会、中介机构等组织或单位，非本单位使用厂商识别代码的。

(三) 违反法律法规或者国际物品编码协会章程的其他情形。

第十二条 编码中心应当定期公告系统成员及其注册的厂商识别代码。

第三章 编码、设计及印刷

第十三条 商品条码的编码、设计及印刷应当符合《商品条码》(GB 12904)等相关国家标准的规定。编码中心应当按照有关国家标准编制厂商识别代码。

第十四条 系统成员应当按照有关国家标准编制商品代码，向所在地的编码分支机构通报编码信息。

第十五条 企业在设计商品条码时，应当根据应用需要采用《商品条码》(GB 12904)、《储运单元条码》(GB/T 16830)、《EAN · UCC 系统 128 条码》(GB/T 15425)等国家标准中规定的条码标识。

第十六条 从事商品条码印刷的企业可以向条码工作机构提出申请，取得印刷资质。获得印刷资质的印刷企业，可优先承接商品条码的印刷业务。具体管理办法由国家质检总局另行规定。

第十七条 印刷企业应当按照有关国家标准印刷商品条码，保证商品条码印刷质量。

印刷企业接受商品条码印刷业务时，应当查验委托人的《系统成员证书》或境外同等效力的证明文件并进行备案。

第十八条 条码工作机构鼓励系统成员和相关单位委托具有商品条

码印刷资格的企业印刷商品条码。

第四章 应用和管理

第十九条 系统成员对其厂商识别代码、商品代码和相应的商品条码享有专用权。

第二十条 系统成员不得将其厂商识别代码和相应的商品条码转让他人使用。

第二十一条 任何单位和个人未经核准注册不得使用厂商识别代码和相应的条码。

任何单位和个人不得在商品包装上使用其他条码冒充商品条码;不得伪造商品条码。

第二十二条 销售者应当积极采用商品条码。销售者在其经销的商品没有使用商品条码的情况下,可以使用店内条码。店内条码的使用,应当符合国家标准《店内条码》(GB/T 18283)的有关规定。

生产者不得以店内条码冒充商品条码使用。

第二十三条 销售者进货时,应当查验与商品条码对应的《系统成员证书》或者同等效力的证明文件。

第二十四条 销售者不得经销违反第二十一条规定的商品。

销售者不得以商品条码的名义向供货方收取进店费、上架费、信息处理费等费用,干扰商品条码的推广应用。

第二十五条 在国内生产的商品使用境外注册的商品条码时,生产者应当提供该商品条码的注册证明、授权委托书等相关证明,并到所在地的编码分支机构备案,由编码分支机构将备案材料报送编码中心。

第二十六条 国家质检总局、国家标准委负责组织全国商品条码的监督检查工作,各级地方质量技术监督行政部门负责本行政区域内商品条码的监督检查工作。

第二十七条 各地质量技术监督行政部门要积极配合地方政府和有关部门,引导商品生产者、销售者、服务提供者积极采用国际通用的商品代码及条码标识体系,使用商品条码,保证商品条码质量,提高企业在商品生产、储运、配送、销售等各环节的现代化管理水平。

第五章 续展、变更和注销

第二十八条 厂商识别代码有效期为2年。

系统成员应当在厂商识别代码有效期满前3个月内，到所在地的编码分支机构办理续展手续。逾期未办理续展手续的，注销其厂商识别代码和系统成员资格。

第二十九条 系统成员的名称、地址、法定代表人等信息发生变化时，应当自有关部门批准之日起30日内，持有关文件和《系统成员证书》到所在地的编码分支机构办理变更手续。

第三十条 系统成员停止使用厂商识别代码的，应当在停止使用之日起3个月内到所在地的编码分支机构办理注销手续。

第三十一条 已被注销厂商识别代码的生产者、销售者和服务提供者，需要使用商品条码时，应当重新申请注册厂商识别代码。

第三十二条 任何单位和个人不得擅自使用已经注销的厂商识别代码和相应条码。

第三十三条 编码中心应当定期公告已被注销系统成员资格的企业名称及其厂商识别代码。

第六章 法律责任

第三十四条 系统成员转让厂商识别代码和相应条码的，责令其改正，没收违法所得，处以3 000元罚款。

第三十五条 未经核准注册使用厂商识别代码和相应商品条码的，在商品包装上使用其他条码冒充商品条码或伪造商品条码的，或者使用已经注销的厂商识别代码和相应商品条码的，责令其改正，处以30 000元以下罚款。

第三十六条 经销的商品印有未经核准注册、备案或者伪造的商品条码的，责令其改正，处以10 000元以下罚款。

第三十七条 销售者以商品条码的名义向供货商收取进店费等不正当费用的，供货商可依法要求退还。

第三十八条 本章所规定的行政处罚由县以上地方质量技术监督行政部门负责实施。

第三十九条 当事人对行政处罚不服的,可以依法申请行政复议或者提起行政诉讼。

第四十条 质量技术监督行政部门应当加强对条码工作机构的管理与监督。因条码工作机构及工作人员的失误,给系统成员造成重大损失的,依法给予行政处分。

第四十一条 从事商品条码管理工作的国家工作人员滥用职权、徇私舞弊的,由其主管部门给予行政处分;构成犯罪的,依法追究其刑事责任。

第七章 附 则

第四十二条 本办法下列用语的含义是:

商品条码是由一组规则排列的条、空及其对应代码组成,是表示商品特定信息的标识。

零售商品代码与条码是指以满足零售扫描结算为主要目的,而为商品单元编制的代码和条码标识。

非零售商品代码与条码是指以满足非零售结算为目的,而为商品单元所编制的代码和条码标识。在流通环节中,可以对该商品单元进行定价、订购或开据发票。

物流单元代码与条码是指对物流中临时性商品包装单元所编制的代码和条码标识。

位置代码与条码是指对厂商的物理位置、职能部门等所编制的代码与条码标识。

厂商识别代码是指国际通用的商品标识系统中表示厂商的惟一代码,是商品条码的重要组成部分。

商品代码是指包含厂商识别代码在内的对零售商品、非零售商品、物流单元、位置、资产及服务进行全球惟一标识的一组数字代码。

店内条码是指商店为便于商品在店内管理而对商品自行编制的临时性代码及条码标识。

第四十三条 商品条码收费按照国家有关规定执行。

第四十四条 本办法由国家质检总局负责解释。

第四十五条 本办法自2005年10月1日起施行。1998年7月3日原国家质量技术监督局颁布的《商品条码管理办法》同时废止。

地理标志产品保护规定

（2005 年 6 月 7 日国家质检总局令第 78 号公布）

第一章 总 则

第一条 为了有效保护我国的地理标志产品，规范地理标志产品名称和专用标志的使用，保证地理标志产品的质量和特色，根据《中华人民共和国产品质量法》、《中华人民共和国标准化法》、《中华人民共和国进出口商品检验法》等有关规定，制定本规定。

第二条 本规定所称地理标志产品，是指产自特定地域，所具有的质量、声誉或其他特性本质上取决于该产地的自然因素和人文因素，经审核批准以地理名称进行命名的产品。地理标志产品包括：

（一）来自本地区的种植、养殖产品。

（二）原材料全部来自本地区或部分来自其他地区，并在本地区按照特定工艺生产和加工的产品。

第三条 本规定适用于对地理标志产品的申请受理、审核批准、地理标志专用标志注册登记和监督管理工作。

第四条 国家质量监督检验检疫总局（以下简称“国家质检总局”）统一管理全国的地理标志产品保护工作。各地出入境检验检疫局和质量技术监督局（以下简称各地质检机构）依照职能开展地理标志产品保护工作。

第五条 申请地理标志产品保护，应依照本规定经审核批准。使用地理标志产品专用标志，必须依照本规定经注册登记，并接受监督管理。

第六条 地理标志产品保护遵循申请自愿，受理及批准公开的原则。

第七条 申请地理标志保护的产品应当符合安全、卫生、环保的要求，对环境、生态、资源可能产生危害的产品，不予受理和保护。

第二章 申请及受理

第八条 地理标志产品保护申请,由当地县级以上人民政府指定的地理标志产品保护申请机构或人民政府认定的协会和企业(以下简称申请人)提出,并征求相关部门意见。

第九条 申请保护的产品在县域范围内的,由县级人民政府提出产地范围的建议;跨县域范围的,由地市级人民政府提出产地范围的建议;跨地市范围的,由省级人民政府提出产地范围的建议。

第十条 申请人应提交以下资料:

(一) 有关地方政府关于划定地理标志产品产地范围的建议。

(二) 有关地方政府成立申请机构或认定协会、企业作为申请人的文件。

(三) 地理标志产品的证明材料,包括:

1. 地理标志产品保护申请书;

2. 产品名称、类别、产地范围及地理特征的说明;

3. 产品的理化、感官等质量特色及其与产地的自然因素和人文因素之间关系的说明;

4. 产品生产技术规范(包括产品加工工艺、安全卫生要求、加工设备的技术要求等);

5. 产品的知名度,产品生产、销售情况及历史渊源的说明。

(四) 拟申请的地理标志产品的技术标准。

第十一条 出口企业的地理标志产品的保护申请向本辖区内出入境检验检疫部门提出;按地域提出的地理标志产品的保护申请和其他地理标志产品的保护申请向当地(县级或县级以上)质量技术监督部门提出。

第十二条 省级质量技术监督局和直属出入境检验检疫局,按照分工,分别负责对拟申报的地理标志产品的保护申请提出初审意见,并将相关文件、资料上报国家质检总局。

第三章 审核及批准

第十三条 国家质检总局对收到的申请进行形式审查。审查合格的,由国家质检总局在国家质检总局公报、政府网站等媒体上向社会发布受理公告；审查不合格的，应书面告知申请人。

第十四条 有关单位和个人对申请有异议的，可在公告后的2个月内向国家质检总局提出。

第十五条 国家质检总局按照地理标志产品的特点设立相应的专家审查委员会，负责地理标志产品保护申请的技术审查工作。

第十六条 国家质检总局组织专家审查委员会对没有异议或者有异议但被驳回的申请进行技术审查，审查合格的，由国家质检总局发布批准该产品获得地理标志产品保护的公告。

第四章 标准制订及专用标志使用

第十七条 拟保护的地理标志产品，应根据产品的类别、范围、知名度、产品的生产销售等方面的因素，分别制订相应的国家标准、地方标准或管理规范。

第十八条 国家标准化行政主管部门组织草拟并发布地理标志保护产品的国家标准；省级地方人民政府标准化行政主管部门组织草拟并发布地理标志保护产品的地方标准。

第十九条 地理标志保护产品的质量检验由省级质量技术监督部门、直属出入境检验检疫部门指定的检验机构承担。必要时，国家质检总局将组织予以复检。

第二十条 地理标志产品产地范围内的生产者使用地理标志产品专用标志，应向当地质量技术监督局或出入境检验检疫局提出申请，并提交以下资料：

（一）地理标志产品专用标志使用申请书。

（二）由当地政府主管部门出具的产品产自特定地域的证明。

（三）有关产品质量检验机构出具的检验报告。

上述申请经省级质量技术监督局或直属出入境检验检疫局审核，并经国家质检总局审查合格注册登记后，发布公告，生产者即可在其产品上使用地理标志产品专用标志，获得地理标志产品保护。

第五章 保护和监督

第二十一条 各地质检机构依法对地理标志保护产品实施保护。对于擅自使用或伪造地理标志名称及专用标志的；不符合地理标志产品标准和管理规范要求而使用该地理标志产品的名称的；或者使用与专用标志相近、易产生误解的名称或标识及可能误导消费者的文字或图案标志，使消费者将该产品误认为地理标志保护产品的行为，质量技术监督部门和出入境检验检疫部门将依法进行查处。社会团体、企业和个人可监督、举报。

第二十二条 各地质检机构对地理标志产品的产地范围，产品名称，原材料，生产技术工艺，质量特色，质量等级、数量、包装、标识，产品专用标志的印刷、发放、数量、使用情况，产品生产环境、生产设备，产品的标准符合性等方面进行日常监督管理。

第二十三条 获准使用地理标志产品专用标志资格的生产者，未按相应标准和管理规范组织生产的，或者在 2 年内未在受保护的地理标志产品上使用专用标志的，国家质检总局将注销其地理标志产品专用标志使用注册登记，停止其使用地理标志产品专用标志并对外公告。

第二十四条 违反本规定的，由质量技术监督行政部门和出入境检验检疫部门依据《中华人民共和国产品质量法》、《中华人民共和国标准化法》、《中华人民共和国进出口商品检验法》等有关法律予以行政处罚。

第二十五条 从事地理标志产品保护工作的人员应忠于职守，秉公办事，不得滥用职权、以权谋私，不得泄露技术秘密。违反以上规定的，予以行政纪律处分；构成犯罪的依法追究刑事责任。

第六章 附　　则

第二十六条 国家质检总局接受国外地理标志产品在中华人民共和国的注册并实施保护。具体办法另外规定。

第二十七条 本规定由国家质检总局负责解释。

第二十八条 本规定自 2005 年 7 月 15 日起施行。原国家质量技术监督局公布的《原产地域产品保护规定》同时废止。原国家出入境检验检疫局公布的《原产地标记管理规定》、《原产地标记管理规定实施办法》中关于地理标志的内容与本规定不一致的，以本规定为准。

食品生产加工企业质量安全监督管理实施细则(试行)

(2005 年 9 月 1 日国家质检总局令第 79 号公布)

第一章 总 则

第一条 为加强食品生产加工企业质量安全监督管理,提高食品质量安全水平,保障人民群众安全健康,根据《中华人民共和国产品质量法》、《中华人民共和国工业产品生产许可证管理条例》、《国务院关于进一步加强食品安全工作的决定》和国务院赋予国家质量监督检验检疫总局(以下简称国家质检总局)的职能等有关规定,制定本细则。

第二条 凡在中华人民共和国境内从事以销售为目的的食品生产加工经营活动,必须遵守本细则。食品的进出口管理依照法律、行政法规和国家有关规定执行。

第三条 本细则所称食品是指经过加工、制作并用于销售的供人们食用或者饮用的制品。本细则所称食品生产加工企业,是指有固定的厂房(场所)、加工设备和设施,按照一定的工艺流程,加工、制作、分装用于销售的食品的单位和个人(含个体工商户)。

第四条 食品必须符合国家法律、行政法规和国家标准、行业标准的质量安全规定,满足保障身体健康、生命安全的要求,不存在危及健康和安全的不合理的危险,不得超出有毒有害物质限量要求。

食品质量安全指标包括标准规定的理化指标、感官指标、卫生指标和标签标识。

第五条 国家实行食品质量安全市场准入制度。从事食品生产加工的企业,必须具备保证食品质量安全必备的生产条件(以下简称"必备条件"),按规定程序获取工业产品生产许可证(以下简称食品生产许可证),所生产加工的食品必须经检验合格并加印(贴)食品质量安全市场准入标志后,方可出厂销售。

国家已实行生产许可证管理的食品,企业未取得食品生产许可证的,不得生产。未经检验合格、未加印(贴)食品质量安全市场准入标志的食品,不得出厂销售。

第六条 国家质检总局负责统一组织食品生产加工企业质量安全监督管理工作。地方质量技术监督部门按照国家质检总局的统一部署和要求,在各自职责范围内负责组织实施食品生产加工企业质量安全监督管理工作。

第七条 食品生产加工企业质量安全监督管理,应当遵循科学公正、公开透明、程序合法、便民高效的原则。

从事食品生产加工企业质量安全监督管理工作的机构和人员应当依法行政、严格把关、热情服务、廉洁自律。

县级以上质量技术监督部门及其从事食品生产加工企业质量安全监督管理的人员、检验机构和检验人员,对所知悉的国家秘密和商业秘密负有保密义务。

第八条 任何单位和个人有权对违反本细则规定的行为,向各级质量技术监督部门举报。受理举报的部门应当及时调查处理并为举报人保密,对举报有功人员按照有关规定给予奖励。

第二章 食品生产加工企业必备条件

第九条 食品生产加工企业应当符合法律法规和国家产业政策规定的企业设立条件。

第十条 食品生产加工企业必须具备和持续满足保证产品质量安全的环境条件和相应的卫生要求。

第十一条 食品生产加工企业必须具备保证产品质量安全的生产设备、工艺装备和相关辅助设备,具有与产品质量安全相适应的原料处理、加工、包装、贮存和检验等厂房或者场所。生产加工食品需要特殊设备和场所的,应当符合有关法律法规和技术规范规定的条件。

第十二条 食品生产加工企业生产加工食品所用的原材料、食品添加剂(含食品加工助剂,下同)等应当符合国家有关规定。不得违反规定使用过期的、失效的、变质的、污秽不洁的、回收的、受到其他污染的食品原材料或者非食用的原辅料生产加工食品。使用的原辅材料属于生产许可证管理的,必须选购获证企业的产品。

第十三条 食品生产加工企业必须采用科学、合理的食品加工工艺流程，生产加工过程应当严格、规范，防止生物性、化学性、物理性污染，防止待加工食品与直接入口食品、原料与半成品、成品交叉污染，食品不得接触有毒有害物品或者其他不洁物品。

第十四条 食品生产加工企业必须按照有效的产品标准组织生产。依据企业标准生产实施食品质量安全市场准入管理食品的，其企业标准必须符合法律法规和相关国家标准、行业标准要求，不得降低食品质量安全指标。

第十五条 食品生产加工企业必须具有与食品生产加工相适应的专业技术人员、熟练技术工人、质量管理人员和检验人员。从事食品生产加工的人员必须身体健康、无传染性疾病和影响食品质量安全的其他疾病，并持有健康证明；检验人员必须具备相关产品的检验能力，取得从事食品质量检验的资质。食品生产加工企业人员应当具有相应的食品质量安全知识，负责人和主要管理人员还应当了解与食品质量安全相关的法律法规知识。

第十六条 食品生产加工企业应当具有与所生产产品相适应的质量安全检验和计量检测手段，检验、检测仪器必须经计量检定合格或者经校准满足使用要求并在有效期限内方可使用。企业应当具备产品出厂检验能力，并按规定实施出厂检验。

第十七条 食品生产加工企业应当建立健全企业质量管理体系，在生产的全过程实行标准化管理，实施从原材料采购、生产过程控制与检验、产品出厂检验到售后服务全过程的质量管理。

国家鼓励食品生产加工企业根据国际通行的质量管理标准和技术规范获取质量体系认证或者危害分析与关键控制点管理体系认证（以下简称 HACCP 认证），提高企业质量管理水平。

第十八条 出厂销售的食品应当进行预包装或者使用其他形式的包装。用于包装的材料必须清洁、安全，必须符合国家相关法律法规和标准的要求。

出厂销售的食品应当具有标签标识。食品标签标识应当符合国家相关法律法规和标准的要求。

第十九条 贮存、运输和装卸食品的容器、包装、工具、设备、洗涤剂、消毒剂必须安全，保持清洁，对食品无污染，能满足保证食品质量安全的需要。

第二十条 食品生产加工企业在生产加工过程中严禁下列行为：

（一）违反国家标准规定使用或者滥用食品添加剂；

（二）使用非食用的原料生产食品；加入非食品用化学物质或者将非食品当作食品；

（三）以未经检验检疫或者检验检疫不合格的肉类生产食品；以病死、毒死或者死因不明的禽、畜、兽、水产动物等生产食品；生产含有致病性寄生虫、微生物，或者微生物毒素含量超过国家限定标准的食品；

（四）在食品中掺杂、掺假，以假充真，以次充好，以不合格食品冒充合格食品；

（五）伪造食品的产地，伪造或者冒用他人厂名、厂址，伪造或者冒用质量标志；

（六）生产和使用国家明令淘汰的食品及相关产品。

第三章 食品生产许可

第二十一条 国家质检总局负责全国食品生产许可证的统一管理；负责高风险食品的生产许可；确定由省、自治区、直辖市（以下简称省级）质量技术监督部门负责审查发证的产品及具体办法，并对省级食品生产许可工作进行监督和指导。

省级质量技术监督部门按照国家质检总局统一部署，依法组织本辖区部分食品生产许可，并对审查发证工作负责。

市（地）级质量技术监督部门受国家质检总局或者省级质量技术监督部门委托负责组织开展本辖区食品生产许可证的受理、企业必备条件核查、产品质量检验和食品生产许可证证书送达工作。

各级质量技术监督部门按照权责一致、层级负责的原则，分别承担食品生产许可工作责任。

第二十二条 国家质检总局依据本细则第二章规定的条件，根据各类食品的不同特性和相关标准，制定并发布食品生产许可证审查通则和各类食品生产许可证审查细则，对食品生产许可证的具体要求做出规定。各类食品生产许可证审查细则按照规定程序分批发布并实施。

第二十三条 食品生产加工企业按照地域管辖原则,在规定的时间内向所在地的省级或者市(地)级质量技术监督部门提出办理食品生产许可证的申请。

食品生产加工企业获得营业执照后,应当单独申请食品生产许可证,其经营范围应当覆盖申请取证产品。

第二十四条 食品生产加工企业申领食品生产许可证,应当按规定提供相应的材料。除法律、行政法规规定的限制条件外,任何单位不得另行附加条件,限制企业申请食品生产许可证,不得要求申请人提交与其申请无关的技术资料和其他材料。

第二十五条 省级、市(地)级质量技术监督部门在接到企业申请后,应当在5日内完成对申请材料的审查。企业的申请材料符合要求的,发给行政许可申请受理决定书。企业的申请材料不符合要求的,受理部门应当发给行政许可申请材料补正告知书,一次性告知申请人需要补正的全部内容,通知企业在20日内补正;逾期未补正的,视为撤回申请。

如申请事项依法不需要取得食品生产许可的,或者不属于本部门受理的,应当即时告知申请人不受理,发给行政许可不予受理决定书,或者告知申请人向有关行政机关申请。

第二十六条 自受理企业食品生产许可证申请之日起,国家质检总局或者省级质量技术监督部门应当在60日内做出准予许可或者不予许可决定。

产品检验所需时间(包括样品送达、检验机构检验、异议处理的时间)不计入前款规定的期限内。

第二十七条 行政许可申请受理决定书发出后,省级或者市(地)级质量技术监督部门应当组成核查组,依照食品生产许可证审查通则和审查细则,在20日内完成企业必备条件和出厂检验能力现场核查。现场核查时间一般不应当超过2日。企业所在地质量技术监督部门应当派观察员监督核查工作质量。核查组实行组长负责制。

对现场核查合格的企业,由核查组按照食品生产许可证审查通则和审查细则的要求在现场抽取和封存样品,并告知企业有资格承担该产品发证检验任务的检验机构名单和联系方式,由企业自主选择。

核查人员对企业进行实地核查,不得刁难企业,不得索取、收受企业的财物，不得谋取其他不当利益。

第二十八条 企业应当在封样后7日内将样品送达检验机构。检验机构收到样品后，应当按照规定的标准和要求进行检验，在15日内完成检验工作(检验项目有特殊要求的除外)。

第二十九条 企业对检验的结果有异议的，可以自接到检验结果之日起15日内，向组织检验的质量技术监督部门或者其上一级质量技术监督部门提出复检申请。受理申请的质量技术监督部门应当在5日内做出是否受理复检的书面答复。除国家标准规定不允许复检等客观情况外，对符合复检条件的，应当及时组织复检。

复检应当采用核查组封存的样品，按照原检验方案进行检验、判定。承担复检的检验机构由受理复检申请的质量技术监督部门在有资质的检验机构中确定。

第三十条 由市(地)级质量技术监督部门受理审查的，应当自受理之日起30日内，将企业申请材料、现场核查和产品检验材料报省级质量技术监督部门。

由省级质量技术监督部门负责审批的，省级质量技术监督部门统一汇总审核企业材料，按有关规定做出是否准予许可的决定。

由国家质检总局负责审批的，省级质量技术监督部门应当自受理企业申请之日起40日内将企业申请材料、现场核查和产品检验材料报国家质检总局。国家质检总局按有关规定做出是否准予许可的决定。

国家质检总局、省级质量技术监督部门在做出许可决定前，或者省级质量技术监督部门上报企业材料前，应当在本细则第二十六条规定的时限内组织许可前抽查。

第三十一条 对现场核查和产品检验合格的企业，国家质检总局或者省级质量技术监督部门应当做出准予生产许可的决定，并自决定之日起10日内，向企业发放食品生产许可证及副本。

对现场核查或者产品检验不合格的企业，国家质检总局或者省级质量技术监督部门应当做出不予生产许可的决定，并自做出决定之日起10日内，向企业发出不予行政许可决定书。

第三十二条 国家质检总局或者省级质量技术监督部门在职责范围内对取得食品生产许可证的企业进行公告，并将食品生产许可证的发证情况及时通报卫生、工商等有关部门。

第三十三条 出口食品生产加工企业生产加工的食品在中华人民共和国境内销售的，应当按照本细则的规定，申请办理食品生产许可证。已获得国家认监委和出入境检验检疫机构颁发的出口食品卫生注册证、登记证的企业，在申请食品生产许可证时，可免于企业必备条件现场核查。

已通过 HACCP 认证等国家推行的食品认证的企业，在申请食品生产许可证时，按照不重复的原则，可免于或者简化企业必备条件现场核查。

第三十四条 食品生产许可证的有效期 3 年。有效期届满，企业继续生产的，应当在食品生产许可证有效期满 6 个月前，向原受理食品生产许可证申请的质量技术监督部门提出换证申请。质量技术监督部门应当按规定的程序对企业进行审查并换发证书。

第三十五条 在食品生产许可证有效期内，产品的有关标准、要求发生改变的，省级或者市(地)级质量技术监督部门应当按国家质检总局的统一要求组织必要的现场核查和产品检验。

企业的生产条件、检验手段、技术或者工艺发生变化的，企业应当在变化后 20 日内提出申请。省级或者市(地)级质量技术监督部门应当按照食品生产许可证审查通则和审查细则的规定重新组织现场核查和产品检验。

第三十六条 国家质检总局、省级和市(地)级质量技术监督部门建立食品生产许可证档案管理制度，将办理食品生产许可证的有关材料、发证情况及时归档。档案材料的保存时限为 4 年。

第四章 食品质量安全检验

第三十七条 食品生产加工企业对用于生产加工食品的原材料、食品添加剂、包装材料和容器等必须实施进货验收制度，不符合质量安全要求的，不得用于食品生产加工。

第三十八条 食品出厂必须经过检验，未经检验或者检验不合格的，不得出厂销售。

具备出厂检验能力的企业，可以按要求自行进行出厂检验。不具备产品出厂检验能力的企业，必须委托有资质的检验机构进行出厂检验。实施食品质量安全市场准入制度管理的食品，按审查细则的规定执行。

实施自行检验的企业,应当每年将样品送到质量技术监督部门指定的检验机构进行一次比对检验。

第三十九条 对食品生产加工企业的产品实施强制检验制度。质量技术监督部门负责确定强制检验的频次,并组织实施。

已通过 HACCP 认证等质量稳定的大型企业、国家和省级监督抽查连续合格的企业,应当减少强制检验的频次。

对尚未列入食品生产许可证管理且在生产过程中没有控制要求和手段、不具备标准要求的出厂检验能力的企业,应当加大强制检验频次。

第四十条 承担本细则规定的食品质量安全检验工作的检验机构,必须是依法设置或者依法授权的法定检验机构,按照国家规定经过计量认证、审查认可或者通过实验室认可,并经省级以上质量技术监督部门指定。

各级质量技术监督部门应当按照《中华人民共和国工业产品生产许可证管理条例实施办法》等有关规定,对承担本细则规定的食品检验工作的检验机构进行管理。

第四十一条 承担食品检验工作的检验机构,应当按照国家有关的标准和技术法规等要求实施产品检验。检验机构应当客观、公正、及时地出具检验报告,并对检验报告负责。

第四十二条 检验机构和检验人员进行产品检验,应当遵循诚信原则和方便企业的原则,为企业提供可靠、便捷的检验服务,不得拖延,不得刁难企业。

检验机构和检验人员不得从事与其检验的列入目录产品相关的生产、销售活动,不得以其名义推荐或者监制、监销其检验的列入目录产品。

第五章 食品质量安全市场准入标志与食品生产许可证证书

第四十三条 食品生产许可证证书分为正本和副本。证书应当载明企业名称和住所、生产地址、产品名称、证书编号、发证日期、有效期等相关内容。食品生产许可证副本用于质量技术监督部门记载接受监督检查的基本情况。

食品生产许可证证书式样(见附件 1)由国家质检总局统一规定。食品生产许可证证书由国家质检总局统一印制,并加印食品生产许可证审批部门印章。

第四十四条 企业名称发生变化时，应当在名称变更后 20 日内向原受理食品生产许可证申请的质量技术监督部门提出食品生产许可证更名申请。受理的质量技术监督部门应当自受理之日起 10 日内完成变更审查和材料上报，由原发证部门在 10 日内核批。

第四十五条 企业应当妥善保管食品生产许可证证书，因毁坏或者不可抗力等原因造成生产许可证证书遗失或者无法辨认的，应当及时在省级以上报纸上刊登声明，同时报省级质量技术监督部门。企业提出补证申请的，质量技术监督部门应当及时受理，由省级质量技术监督部门按规定办理补领证书手续。

第四十六条 食品质量安全市场准入标志即食品生产许可证标志，属于质量标志，以“质量安全”的英文(Quality Safety)缩写“QS”表示，其式样由国家质检总局统一制定(见附件 2，以下简称 QS 标志)。

第四十七条 实施食品质量安全市场准入制度的食品，出厂前必须在其包装或者标识上加印(贴)QS 标志。没有 QS 标志的，不得出厂销售。

第四十八条 企业使用 QS 标志，表明企业承诺其产品经检验合格，符合食品质量安全的基本要求。

加印(贴)QS 标志的食品，在质量保证期内，非消费者使用或者保管不当而出现质量安全问题的，由生产者、销售者根据各自的义务，依法承担法律责任。

第四十九条 企业使用 QS 标志时，可根据需要按式样比例放大或者缩小，但不得变形、变色。QS 标志由食品生产加工企业自行加印(贴)。

第五十条 食品生产许可证编号由英文字母 QS 和 12 位阿拉伯数字组成。

第五十一条 取得食品生产许可证的企业应当在其产品包装或者标识上加印(贴)食品生产许可证编号。

第五十二条 任何单位和个人不得伪造、变造、冒用食品生产许可证证书、QS 标志和食品生产许可证编号。取得食品生产许可证的企业不得出租、出借或者以其他形式转让食品生产许可证证书、QS 标志和食品生产许可证编号。

第五十三条 国家质检总局和省级质量技术监督部门应当根据取得食品生产许可证企业的情况，及时依法作出撤销、撤回和注销食品生产许可的决定，并将注销食品生产许可证的情况向社会公告。

第六章 食品质量安全监督

第五十四条 食品生产加工企业应当持续地具备保证食品质量安全的必备条件，保证持续稳定地生产合格的食品。

食品生产加工企业应当对其所生产加工食品的质量安全负责，并应当明确承诺不滥用食品添加剂、不使用非食品原料生产加工食品、不用有毒有害物质生产加工食品、不生产假冒伪劣食品。

第五十五条 企业采购食品原材料、食品添加剂时，应当验明标识，向供货单位索取合格证明，或者自行检验、委托检验合格，并建立进货台账。食品生产加工企业要将使用的食品添加剂情况和国家要求备案的其他事项报所在地县级质量技术监督部门备案。

食品生产加工企业使用新品种的食品添加剂、新的原材料生产的食品容器、包装材料和食品用工具、设备的新品种，应当在使用前索取省级以上安全评价机构出具的安全评价报告，并留存备查。

食品生产加工企业应当建立生产记录和销售记录。销售记录应当注明食品的名称、规格、批号、购货单位名称、销货数量、销货日期等内容。

企业应当建立食品质量安全档案，保存企业购销记录、生产记录和检验记录等与食品质量安全有关的资料。企业食品质量安全档案应当保存3年。

第五十六条 取得食品生产许可证的企业连续停止生产加工获证产品1年以上的，重新生产加工时，应当向原受理食品生产许可证申请的质量技术监督部门提出重新现场核查的申请。

第五十七条 食品生产加工企业利用新资源生产食品，必须按有关规定在投产前由省级以上安全评价机构进行安全评价，并将评价结果向所在地县级质量技术监督部门报告。企业对报告的真实性负责。

第五十八条 取得食品生产许可证的企业应当在证书有效期内，每满1年前的1个月内向所在地县级质量技术监督部门提交持续保证食品质量安全必备条件情况的年度报告。

第五十九条 采用委托加工方式生产加工食品的，委托双方必须分别到所在地市(地)级质量技术监督部门备案，提交双方营业执照和委托加工合同复印件。

委托加工已纳入食品质量安全市场准入管理食品的，除符合前款要求外，被委托方必须是已取得有效的食品生产许可证的企业，其生产加工的食品应当全部交由委托方进行销售，备案时还应当提交被委托方的生产许可证复印件。委托加工食品的包装或者标识上还应当按照产品标识标注的规定，标注食品生产许可证编号和生产者的名称和地址。

第六十条 各级质量技术监督部门定期或者不定期地对食品质量安全和卫生状况、对食品生产加工企业持续保证食品质量安全必备条件的情况进行监督检查。通过巡查、加严检验、回访、强制检验、监督抽查、年度报告审查和执法检查等方式，加强监督检查，督促企业规范生产经营活动。

各级质量技术监督部门对企业实施监督检查，不得妨碍企业的正常生产经营活动，不得索取或者收受企业的财物或者谋取其他利益。

第六十一条 各级质量技术监督部门应当建立食品生产加工企业质量安全管理档案，详细记录企业基本情况、产品质量安全状况及企业监管情况，实行动态管理。

第六十二条 各级质量技术监督部门对食品生产企业实行分类监管制度。根据本辖区食品生产加工企业的生产条件、管理水平和产品质量状况等因素确定企业质量安全等级，实施分类管理。

第六十三条 对食品生产企业及其生产活动实行巡查。巡查时，应当如实记录企业执行本细则的情况。巡查中发现企业存在问题的，按照相关规定予以处理。

第六十四条 国家质检总局和各级质量技术监督部门应当根据不同类型食品的特点及产品质量状况，组织实施食品质量安全监督抽查。监督抽查应当按照有关规定执行。

监督抽查应当重点抽查存在倾向性质量问题的区域、质量不稳定的企业以及微生物、重金属、添加剂、有毒有害物质等重点指标。

第六十五条 各级质量技术监督部门对出现质量安全问题的食品，

进行加严检验。

第六十六条 各级质量技术监督部门应当对取得食品生产许可证的企业提交的年度报告进行审查。必要时，对企业进行现场核查和产品检验。

第六十七条 各级质量技术监督部门对取得食品生产许可证的企业存在的不符合必备条件的问题改进情况实施回访。回访的情况应当记录存档。

第六十八条 各级质量技术监督部门在监督管理中，发现不属于本辖区管辖的质量安全问题，应当及时通报有管辖权的质量技术监督部门。

发现重大食品质量安全事件的，应当立即报送上级质量技术监督部门，也可以直接报告国家质检总局。

第六十九条 国家质检总局和省级质量技术监督部门应当建立由信息收集、风险评估和风险预警发布等构成的食品质量安全风险预警机制。

第七十条 各级质量技术监督部门应当建立食品质量安全事件快速反应机制。针对突然发生的重大食品质量安全事件，应当立即组织情况调查和产品分析，采取措施控制危害扩大，并有针对性地实施监管。

第七十一条 对不安全食品实行召回制度。食品生产加工企业发现其产品存在严重质量安全问题的，应当主动召回已出厂销售的有问题食品；企业不召回的，由企业所在地质量技术监督部门责令召回；企业拒不执行的，由省级以上质量技术监督部门公告召回。具体办法另行规定。

第七十二条 国家质检总局和省级质量技术监督部门应当建立严重违法行为企业公布制度，定期公布生产假冒伪劣食品的企业名单。

第七十三条 国家质检总局和省级质量技术监督部门应当通过查阅检验报告、检验结论对比等方式，对检验机构的检验过程和检验报告是否客观、公正、及时进行监督检查。

核查人员、检验机构及其检验人员刁难企业的，企业有权向国家质检总局和县级以上质量技术监督部门投诉。国家质检总局和县级以上质量技术监督部门接到投诉，应当及时进行调查处理。

第七章　核查人员和检验人员

第七十四条 国家对从事企业必备条件的核查人员实行资格管理制

度，对食品检验人员实行职(执)业资格管理制度。

核查人员包括食品生产许可证注册审查员、高级审查员和技术专家。

第七十五条 国家质检总局负责统一制定核查人员和检验人员的考核标准，统一培训核查人员和检验人员的师资，统一组织注册审查员和高级审查员的考核注册。省级质量技术监督部门负责组织本辖区核查人员和检验人员的培训工作，负责检验人员考核发证。

第七十六条 国家质检总局统一规定检验人员的资格注册管理办法，省级质量技术监督部门具体负责检验人员的注册管理。

第七十七条 省级质量技术监督部门根据需要，可确定技术专家参加现场核查工作。

技术专家是指未取得审查员注册证书，但可以为企业必备条件现场核查提供技术咨询的专业技术人员。技术专家参加现场核查工作时，不作为核查组成员，不参与核查结论的决策。技术专家应当具备一定的条件，并经省级质量技术监督部门批准、国家质检总局备案。未经批准、备案的人员不得作为技术专家参加核查工作。

第七十八条 核查人员、检验人员经注册或者批准备案后，方可持证上岗。未经考核合格取得相应的资格证书的人员，不得从事核查或者检验工作。

担任核查组组长的审查员必须经省级质量技术监督部门批准并报国家质检总局备案。

第八章 法律责任

第七十九条 食品生产加工企业有下列情况之一的，责令其停止生产销售，没收违法生产销售的产品，并处违法生产销售产品(包括已售出和未售出的产品，下同)货值金额等值以上3倍以下的罚款；有违法所得的，没收违法所得；构成犯罪的，依法追究刑事责任。

(一) 未取得食品生产许可证而擅自生产加工已实行生产许可证管理的食品的；

(二) 已经被注销食品生产许可证或者食品生产许可证超过有效期仍继续生产加工已实行生产许可证管理的食品的；

(三) 超出许可范围擅自生产加工已实行生产许可证管理的食品的。

第八十条 取得食品生产许可证的企业生产条件、检验手段、生产技术或者工艺发生变化的，未按照本细则规定办理重新申请审查手续的，责令停止生产销售，没收违法生产销售的产品，并限期办理相关手续；逾期仍未办理的，处违法生产销售产品货值金额 3 倍以下罚款；有违法所得的，没收违法所得；构成犯罪的，依法追究刑事责任。

取得食品生产许可证的企业名称发生变化，未按照本细则规定办理变更手续，责令限期办理相关手续；逾期仍未办理的，责令停止生产销售，没收违法生产销售的产品，并处违法生产销售产品货值金额等值以下的罚款；有违法所得的，没收违法所得。

第八十一条 取得食品生产许可证的企业未按本细则规定提交年度报告的，责令限期改正；逾期未改正的，处以 5 千元以下的罚款。

第八十二条 取得食品生产许可证的企业未按本细则规定标注 QS 标志和食品生产许可证编号的，责令限期改正；逾期未改正的，处违法生产销售产品货值金额 30％以下的罚款；有违法所得的，没收违法所得；情节严重的，吊销食品生产许可证。

第八十三条 取得食品生产许可证的企业出租、出借或者转让食品生产许可证证书、QS 标志和食品生产许可证编号的，责令限期改正，处 20 万元以下罚款；情节严重的，吊销食品生产许可证。

违法接受并使用他人提供的食品生产许可证证书、QS 标志和食品生产许可证编号的，责令停止生产销售，没收违法生产销售的产品，处违法生产销售产品货值金额等值以上 3 倍以下的罚款；有违法所得的，没收违法所得；构成犯罪的，依法追究刑事责任。

第八十四条 取得食品生产许可证的产品经国家监督抽查或者省级监督抽查不合格的，责令限期整改；整改到期经复查仍不合格的，吊销食品生产许可证。

取得食品生产许可证的产品经国家监督抽查或者省级监督抽查，涉及安全卫生等强制性标准规定的项目或者反映产品特征性能的项目连续 2 次不合格的，吊销食品生产许可证。

第八十五条 取得食品生产许可证的企业由于食品质量安全指标不合格等原因发生事故造成严重后果的，吊销食品生产许可证，并按照有关法律法规给予处理。

第八十六条 伪造、变造、冒用食品生产许可证证书、QS 标志或者食品生产许可证编号的，责令改正，没收违法生产销售的产品，并处违法生产销售产品货值金额等值以上 3 倍以下的罚款；有违法所得的，没收违法所得；构成犯罪的，依法追究刑事责任。

第八十七条 食品生产加工企业用欺骗、贿赂等不正当手段取得食品生产许可证的，撤销生产许可，并处 20 万元以下罚款；企业在 3 年内不得再次申请食品生产许可；构成犯罪的，依法追究刑事责任。

食品生产加工企业隐瞒有关情况或者提供虚假材料申请食品生产许可的，不予受理或者不予许可，给予警告。该食品生产加工企业 1 年内不得再次申请食品生产许可。

第八十八条 取得食品生产许可证的企业向负责监督检查的质量技术监督部门隐瞒有关情况、提供虚假材料或者拒绝提供反映其活动情况的真实材料的，责令改正，处 3 万元以下罚款。

第八十九条 食品生产加工企业不能持续保持应当具备的环境条件、卫生要求、厂房场所、设备设施或者检验条件，责令限期改正，处 5 千元以下的罚款；逾期不改正的，建议有关部门撤销相关行政许可，取得食品生产许可证的企业撤销食品生产许可。

第九十条 食品生产加工企业在生产加工活动中使用未取得生产许可证的实施生产许可证管理产品的，责令改正，处 5 万元以上 20 万元以下的罚款；有违法所得的，没收违法所得。取得食品生产许可证的企业有此行为且情节严重的，吊销食品生产许可证。

当事人有充分证据证明其不知道该产品为未取得生产许可证的实施生产许可证管理的产品并能如实说明进货来源的，可以从轻或者减轻处罚。

第九十一条 在食品生产中掺杂、掺假，以假充真，以次充好，或者以不合格产品冒充合格产品的，按照《中华人民共和国产品质量法》第五十条的规定处罚。取得食品生产许可证的企业有此行为的，吊销食品生产许可证。

第九十二条 生产和在生产中使用国家明令淘汰的食品及相关产品，按照《中华人民共和国产品质量法》第五十一条的规定处罚。取得食品生产许可证的企业有此行为且情节严重的，吊销食品生产许可证。

第九十三条 伪造产品产地的，伪造或者冒用他人厂名、厂址的，伪造或者冒用认证标志等质量标志的，按照《中华人民共和国产品质量法》第五十三条的规定处罚。取得食品生产许可证的企业有此行为且情节严重的，吊销食品生产许可证。

第九十四条 食品生产加工企业存在下列行为之一的，责令限期改正；逾期不改正的或者情节严重的，责令停止生产销售，处 3 万元以下罚款。取得食品生产许可证的企业有此行为且情节严重的，吊销食品生产许可证。

（一）委托未取得食品生产许可证的企业生产加工已实行生产许可证管理的食品的；

（二）未按本细则规定实施出厂检验的；

（三）违反规定使用过期的、失效的、变质的、污秽不洁的、回收的、受其他污染的食品或者非食用的原料生产加工食品的；

（四）利用新资源生产食品、使用食品添加剂新品种、新的原材料生产的食品容器、包装材料和食品用工具、设备的新品种不能提供安全评价报告的；

（五）未按本细则规定进行委托加工食品备案或者未按规定在委托加工生产的食品包装上标注的。

第九十五条 食品生产加工企业存在下列行为之一的，责令限期改正；逾期不改正的或者情节严重的，处 5 千元以下罚款。

（一）未按本细则规定进行强制检验、比对检验或者加严检验的；

（二）无标或者不按标准组织生产的；

（三）未按本细则规定实施进货验收制度并建立进货台账的；

（四）未将使用食品添加剂情况备案或者未按国家规定进行其他备案的；

（五）无生产记录或者销售记录的。

第九十六条 食品生产加工企业存在本细则第二十条（二）、（三）、（四）、（五）、（六）行为的，按照《中华人民共和国食品卫生法》第四十二条的规定处理。

第九十七条 食品生产加工企业违反规定使用食品添加剂、食品容器、包装材料和食品用工具、设备以及洗涤剂、消毒剂的，按照《中华人民共和国食品卫生法》第四十四条的规定处理。

第九十八条 被吊销食品生产许可证的企业，3 年内不得再次申请食品生产许可证。

第九十九条 县级以上质量技术监督部门根据已经取得的违法嫌疑证据或者举报，认为取得食品生产许可证的企业存在应当依法吊销食品生产许可证行为的，要立即暂扣其生产许可证。

暂扣许可证期限为7日（产品检验时间除外）。对经依法调查决定不吊销的，暂扣的证书应当及时发还企业。

第一百条 企业或者检验机构的检验、检测仪器属于强制检定范围的计量器具，未按照规定申请检定或者属于非强制检定范围的计量器具未自行定期检定或者送其他计量检定机构定期检定的，以及经检定不合格继续使用的，按照《中华人民共和国计量法实施细则》第四十六条的规定处罚。

第一百零一条 承担产品发证检验任务的检验机构伪造检验结论或者出具虚假证明的，责令改正，对单位处5万元以上10万元以下的罚款，对直接负责的主管人员和其他直接责任人员处1万元以上5万元以下的罚款；有违法所得的，并处没收违法所得；情节严重的，撤销其检验资格；构成犯罪的，依法追究刑事责任。

检验机构及其检验人员从事与其检验的实施食品质量安全市场准入管理食品相关的生产销售活动，或者以其名义推荐或者监制、监销其检验的列入生产许可证管理食品的，处2万元以上10万元以下罚款；有违法所得的，没收违法所得；情节严重的，撤销其检验资格。

第一百零二条 核查人员、检验人员在工作中不科学、不公正地履行职责的，视情节轻重给予批评、警告或者调离岗位及其他必要的行政处分；情节严重的，取消资格；构成犯罪的，依法追究刑事责任。

第一百零三条 从事食品质量安全监督管理工作的机构和工作人员有违法违规行为的，按照《中华人民共和国工业产品生产许可证管理条例》第六十条、第六十一条、第六十二条、第六十三条、第六十四条处理。

第一百零四条 本细则规定的吊销食品生产许可证的行政处罚由省级或者市（地）级质量技术监督部门决定。在决定吊销国家质检总局核发的食品生产许可证前，由省级质量技术监督部门统一按规定程序报总局核准。决定吊销由省级质量技术监督部门核发的食品生产许可证前，市（地）级质量技术监督部门应当按程序报省级质量技术监督部门核准。

吊销食品生产许可证的行政处罚决定应当及时通报同级卫生主管部门、工商行政管理部门等有关部门。

本细则规定的其他行政处罚由县级以上质量技术监督部门根据职权范围决定。

第一百零五条 食品生产加工企业对行政机关依据本细则所给予的行政处罚不服的，可以依法提出行政复议或者行政诉讼。

第九章 附 则

第一百零六条 食品生产加工企业申请领取食品生产许可证和进行相关的产品质量检验，应当按照国家有关规定交纳费用。收费标准按照国家和省级物价（价格）部门批准的文件执行。

第一百零七条 本细则规定的期限以工作日计算，不含法定节假日。

第一百零八条 本细则由国家质检总局负责解释。本细则自2005年9月1日起施行。国家质检总局2003年7月18日发布的《食品生产加工企业质量安全监督管理办法》同时废止。

附件（略）

中华人民共和国工业产品生产许可证管理条例实施办法

（2005年9月15日国家质检总局令第80号公布）

第一章 总 则

第一条 根据《中华人民共和国工业产品生产许可证管理条例》（以下简称《管理条例》），制定本办法。

第二条 国家对重要工业产品实行生产许可证制度管理。

第三条 在中华人民共和国境内从事生产、销售或者在经营活动中使用实行生产许可证制度管理的产品的，应当遵守本办法。

任何企业未取得生产许可证不得生产实行生产许可证制度管理的产

品。任何单位和个人不得销售或者在经营活动中使用未取得生产许可证的产品。

第四条 工业产品生产许可证管理,应当遵循科学公正、公开透明、程序合法、便民高效的原则。

第五条 国家质量监督检验检疫总局(以下简称国家质检总局)负责全国工业产品生产许可证统一管理工作,对实行生产许可证制度管理的产品,统一产品目录,统一审查要求,统一证书标志,统一监督管理。

国家质检总局内设全国工业产品生产许可证办公室(以下简称全国许可证办公室),负责全国工业产品生产许可证管理的日常工作,制定产品发证实施细则,审核工业产品生产许可证产品审查机构(以下简称审查机构),指定承担发证检验任务的产品检验机构,统一管理核查人员资质以及审批发证等工作。

第六条 根据需要,省、自治区、直辖市质量技术监督局(以下简称省级质量技术监督局)可以负责部分产品的生产许可证审查发证工作,具体产品目录由国家质检总局确定并公布。

第七条 省级质量技术监督局负责本行政区域内的工业产品生产许可证监督和管理工作,根据《管理条例》和国家质检总局规定,承担部分产品的生产许可证审查发证工作。

省级质量技术监督局内设工业产品生产许可证办公室(以下简称省级许可证办公室),负责本行政区域内的工业产品生产许可证管理的日常工作。

县级以上地方质量技术监督局负责本行政区域内生产许可证的监督检查工作。

第八条 审查机构受国家质检总局的委托,承担起草相关产品发证实施细则、组织实地核查以及核查人员技术培训等工作。

第九条 从事生产许可证工作的机构和人员应当依法行政、恪尽职守、热情服务、严格把关。

第十条 国家质检总局和省级质量技术监督局统一规划生产许可证工作的信息化建设,公布生产许可事项,方便公众查阅和企业申请办证,逐步实现网上审批。

第二章　生产许可程序

第一节　申请和受理

第十一条　企业取得生产许可证，应当符合下列条件：

（一）有营业执照；

（二）有与所生产产品相适应的专业技术人员；

（三）有与所生产产品相适应的生产条件和检验检疫手段；

（四）有与所生产产品相适应的技术文件和工艺文件；

（五）有健全有效的质量管理制度和责任制度；

（六）产品符合有关国家标准、行业标准以及保障人体健康和人身、财产安全的要求；

（七）符合国家产业政策的规定，不存在国家明令淘汰和禁止投资建设的落后工艺、高耗能、污染环境、浪费资源的情况。

法律、行政法规有其他规定的，还应当符合其规定。

第十二条　审查机构受国家质检总局的委托，根据相关产品的特点，行业发展状况和国家有关政策，组织起草产品实施细则。

国家质检总局根据《管理条例》的相关规定，批准发布产品实施细则。对产品实施细则作特殊规定的，国家质检总局会同国务院有关部门制定并发布。

省级许可证办公室和审查机构根据产品实施细则的规定，负责组织或者配合组织产品实施细则的宣贯工作。

第十三条　省级质量技术监督局应当按照生产许可证发证工作的进度安排，以登报、上网等方式告知本行政区域内的生产企业，并负责组织企业的申报工作。审查机构应当积极配合做好相关工作。

第十四条　企业生产列入目录的产品，应当向其所在地的省级质量技术监督局提出申请。

企业正在生产的产品被列入目录的，企业应当在国家质检总局规定的时间内申请取得生产许可证。

第十五条　省级质量技术监督局收到企业提出的申请后，对申请材料符合实施细则要求的，准予受理，并自收到企业申请之日起5日内向企业发送《行政许可申请受理决定书》（见附件1）。

第十六条 省级质量技术监督局收到企业提出的申请后，对申请材料不符合实施细则要求且可以通过补正达到要求的，应当当场或者在5日内向企业发送《行政许可申请材料补正告知书》(见附件2)一次性告知。逾期不告知的，自收到申请材料之日起即为受理。

省级质量技术监督局收到企业提出的申请后，对申请材料不符合《行政许可法》和《管理条例》要求的，应当作出不予受理的决定，并发出《行政许可申请不予受理决定书》(见附件3)。

第十七条 省级质量技术监督局以及其他任何部门不得另行附加任何条件，限制企业申请取得生产许可证。

第二节 审查与决定

第十八条 省级质量技术监督局受理企业申请后，省级许可证办公室或者审查机构应当组织对企业进行审查。企业审查包括对企业的实地核查和对产品的检验，其中一项不合格即判为企业审查不合格。

第十九条 实施细则规定由省级质量技术监督局负责组织审查的，省级许可证办公室应当自受理企业申请之日起30日内，完成对企业实地核查和抽封样品，并将实地核查结论以书面形式告知被核查企业。

实施细则规定由审查机构组织审查的，省级许可证办公室应当自受理企业申请之日起5日内将全部申请材料报送审查机构。审查机构应当自受理企业申请之日起30日内，完成对企业实地核查和抽封样品，并将实地核查结论以书面形式告知被核查企业，同时告知省级许可证办公室。

第二十条 企业实地核查不合格的，不再进行产品抽样检验，企业审查工作终止。

第二十一条 审查机构或者省级许可证办公室应当制定企业实地核查计划，并提前5日通知企业。

实施细则规定由审查机构组织审查的，企业实地核查计划应当同时抄送企业所在地省级许可证办公室。

第二十二条 审查机构或者省级许可证办公室应当指派2至4名审

查员组成审查组，对企业进行实地核查，企业应当予以配合。

第二十三条 审查组应当按照实施细则的要求，对企业进行实地核查，核查时间一般为1～3天。审查组对企业实地核查结果负责，并实行组长负责制。

第二十四条 企业实地核查合格的，审查组按照实施细则的要求封存样品，并告知企业所有承担该产品生产许可证检验任务的检验机构名单及联系方式，由企业自主选择。

经核查合格，需要送样检验的，应当告知企业在封存样品之日起7日内将该样品送达检验机构。需要现场检验的，由核查人员通知企业自主选择的检验机构进行现场检验。

第二十五条 检验机构应当在实施细则规定的时间内完成检验工作，并出具检验报告。

第二十六条 由省级许可证办公室负责组织审查的，省级许可证办公室应当自受理企业申请之日起30日内将申报材料报送审查机构，审查机构应当自受理企业申请之日起40日内将申报材料汇总，并报送全国许可证办公室。

由审查机构负责组织审查的，审查机构应当自受理企业申请之日起40日内将申报材料汇总，并报送全国许可证办公室。

第二十七条 国家质检总局自受理企业申请之日起60日内作出是否准予许可的决定。符合发证条件的，国家质检总局应当在作出许可决定之日起10日内颁发生产许可证证书；不符合发证条件的，应当自作出决定之日起10日内向企业发出《不予行政许可决定书》（见附件4）。

第二十八条 根据本办法第十八条规定，省级许可证办公室或者审查机构判定企业审查不合格时，应当及时书面上报国家质检总局，并由国家质检总局向企业发出《不予行政许可决定书》。

第二十九条 国家质检总局将获证企业名单以网络、报刊等方式向社会公布。同时，相关产品的发证情况还要及时通报国家发展改革部门、卫生主管部门和工商行政管理部门等。

第三十条 生产许可证有效期为5年。有效期届满，企业继续生产的，应当在生产许可证期满6个月前向所在地省级质量技术监督局提出换证申请。

第三十一条 企业获得生产许可证后需要增加项目的，应当按照实施细则规定的程序申请办理增项手续。符合条件的，换发生产许可证证书，但有效期不变。

第三十二条 在生产许可证有效期内，因国家有关法律法规、产品标准及技术要求发生较大改变而修订实施细则时，全国许可证办公室将根据需要组织必要的实地核查和产品检验。

第三十三条 在生产许可证有效期内，企业生产条件、检验手段、生产技术或者工艺发生较大变化的（包括生产地址变更、生产线重大技术改造等），企业应当及时向其所在地省级质量技术监督局提出申请，审查机构或者省级许可证办公室应当按照实施细则的规定重新组织实地核查和产品检验。

第三十四条 省级许可证办公室、审查机构和全国许可证办公室应当将企业办理生产许可证的有关资料及时归档，公众有权查阅。企业档案材料的保存时限为5年。

第三节 对审查工作的监督检查

第三十五条 全国许可证办公室组织对企业核查工作质量进行监督检查。

省级许可证办公室组织对企业实地核查的，由全国许可证办公室组织审查机构实施抽查；审查机构组织对企业实地核查的，由全国许可证办公室组织省级许可证办公室实施抽查。

第三十六条 实施监督检查，应当制订监督检查计划，包括检查组组成、具体检查时间以及被检查企业等内容。

第三十七条 检查计划应当提前通知企业所在地省级质量技术监督局，省级质量技术监督局应当对检查工作予以配合。

第三十八条 监督检查工作完成后，由检查组写出书面报告及处理建议，上报全国许可证办公室。

第三十九条 全国许可证办公室将通过查阅检验报告、检验结论对比等方式对检验机构的检验过程和检验报告是否客观、公正、及时进行监督检查。

第四节　集团公司的生产许可

第四十条　集团公司及其所属子公司、分公司或者生产基地(以下统称所属单位)具有法人资格的,可以单独申请办理生产许可证;不具有法人资格的,不能以所属单位名义单独申请办理生产许可证。

各所属单位无论是否具有法人资格,均可以与集团公司一起提出办理生产许可证申请。

第四十一条　所属单位与集团公司一起申请办理生产许可证时,应当向集团公司所在地省级质量技术监督局提出申请。凡按规定由省级许可证办公室组织企业实地核查的,集团公司所在地省级许可证办公室可以直接派出审查组,也可以书面形式委托所属单位所在地省级许可证办公室组织核查。集团公司所在地省级许可证办公室负责按规定程序汇总上报有关材料。

第四十二条　集团公司取得生产许可证后,新增加的所属单位需要与集团公司一起办理生产许可证的,新增所属单位审查合格后,换发生产许可证证书,但有效期不变。

第四十三条　所属单位与集团公司一起申请办理生产许可证的,经审查的所属单位以及集团公司应当分别缴纳审查费和产品检验费,公告费按证书数量收取。

第四十四条　其他经济联合体及所属单位申请办理生产许可证的,参照集团公司办证程序执行。

第五节　委托加工备案

第四十五条　从事委托加工实行生产许可证制度管理的产品的委托企业和被委托企业,必须分别到所在地省级许可证办公室申请备案。

第四十六条　委托企业必须是合法经营的企业,被委托企业必须持有合法有效的生产许可证。

第四十七条　委托企业和被委托企业向所在地省级许可证办公室申请备案时,应当提供如下材料:

(一)委托企业和被委托企业营业执照复印件;

(二)被委托企业的生产许可证复印件;

（三）公证的委托加工合同复印件；

（四）委托加工合同必须明确委托企业负责全部产品销售；

（五）委托加工产品标注式样。

第四十八条 省级许可证办公室应当自收到委托加工备案申请之日起5日内，进行必要的核实，并对符合条件的企业予以备案。对不符合条件的，不予备案并说明理由。

第四十九条 委托加工企业必须履行备案承诺，不得随意改变委托合同和产品标注方式。

第五十条 委托加工备案不得向企业收费。

第三章 核查人员的管理

第五十一条 核查人员需取得相应资质，方可从事企业实地核查工作。

第五十二条 核查人员包括工业产品生产许可证注册审查员（以下简称审查员）、高级审查员和技术专家。

第五十三条 审查员应当具备下列条件：

（一）年龄在65周岁（含65周岁）以下；

（二）大专（含大专）以上学历或者中级（含中级）以上技术职称；

（三）熟悉相关产品生产工艺、产品质量标准和质量管理体系；

（四）从事质量工作满5年。

第五十四条 全国许可证办公室对省级许可证办公室或者审查机构培训的人员进行考核注册，并批准后颁发审查员注册证书，证书有效期为3年。

第五十五条 审查员注册证书期满前3个月内应当按规定申请换证，并符合以下条件：

（一）年龄在65周岁（含65周岁）以下；

（二）在证书有效期内至少完成6次工业产品生产许可证企业实地核查；

（三）每年至少参加15小时工业产品生产许可证相关工作培训；

（四）遵守审查员行为规范，无违法违规行为。

高级审查员在证书有效期内，满足前款规定的条件，并每年至少担任审查组长 3 次的,方可按规定换发高级审查员注册证书;仅满足前款规定条件的,可换发审查员证书。

第五十六条 省级许可证办公室或者审查机构负责组织审查员期满换证申报工作,全国许可证办公室负责为符合换证条件的人员换发证书。

第五十七条 审查员申请晋升高级审查员,应当符合以下条件:

(一) 在注册证书有效期内,至少完成 10 次生产许可证企业实地核查,并担任 6 次以上审查组长;

(二) 每年参加 20 小时以上生产许可证相关工作培训;

(三) 遵守审查员行为规范,无违法违规行为。

第五十八条 申请晋级人员向省级许可证办公室或者审查机构提出晋级申请,全国许可证办公室对省级许可证办公室或者审查机构上报的申请晋级人员进行考核,符合晋级要求的,经全国许可证办公室批准后,颁发高级审查员注册证书,证书有效期 3 年。

第五十九条 技术专家是指未取得审查员注册证书,但根据工作需要可以为生产许可证企业实地核查提供技术咨询的有关人员。

第六十条 申请技术专家资格的人员应当具备以下条件:

(一) 大学本科(含大学本科)以上学历或者高级技术职称;

(二) 从事相关专业工作满 10 年;

(三) 精通相关产品专业知识并属于相关领域的技术权威。

第六十一条 省级许可证办公室或者审查机构可以根据需要,向全国许可证办公室提出技术专家备案申请,经全国许可证办公室批准后,可参加企业的实地核查工作。

第六十二条 技术专家参加企业实地核查工作时,不作为审查组成员,不参与做出审查结论。

第六十三条 注册证书持有者应当妥善保管证书,证书遗失或者损毁,应当及时申请补领。

第六十四条 核查人员应当按照产品实施细则的规定开展企业实地核查。进行核查时,需向被核查企业出示相关证件。

第六十五条 核查人员对企业进行实地核查,不得刁难企业,不得索取、收受企业的财物,不得谋取其他不当利益。

第四章 审查机构的管理

第六十六条 审查机构必须具备以下基本条件：

（一）有健全的管理制度和有效的运行机制；

（二）有与开展相关产品审查工作相适应的工作人员；

（三）有适宜的办公场所和办公设施；

（四）掌握生产许可证工作的有关法律法规和规定，了解生产许可证的工作机制和程序；

（五）了解相关产品的行业状况和国家产业政策；

（六）没有从事相关产品生产、销售、监制、监销的行为。

第六十七条 符合第六十六条规定条件的单位可以向全国许可证办公室申请承担相关产品的审查机构工作，并提交以下材料：

（一）承担相关产品审查机构的书面申请；

（二）申请机构的组织机构代码证书、法人营业执照或者社会团体法人登记证书；

（三）申请单位的基本情况；

（四）相关产品的行业发展水平、企业分布和产品检验机构的基本情况；

（五）从事产品质量监督和生产许可证工作的经历。

第六十八条 全国许可证办公室对申请单位的资格进行审查，必要时派员实地考查核实，并上报国家质检总局择优批准符合资质要求的单位承担审查机构工作。

第六十九条 审查机构应当自批准之日起15日内向全国许可证办公室提交审查机构负责人名单及岗位设置等基本情况。审查机构负责人发生变化时，应当及时将变化情况报全国许可证办公室备案。

第七十条 审查机构开展企业实地核查时，不得妨碍企业的正常生产经营活动，不得索取或者收受企业的财物。

第七十一条 审查机构在从事生产许可证工作时，不得有下列行为：

（一）未按规定期限完成审查工作；

（二）出具虚假审查结论；

（三）擅自增加实施细则以外的其他条件；

(四) 未向企业说明企业有权选择有资质的检验机构送样检验；

(五) 从事或者介绍企业进行生产许可有偿咨询；

(六) 向企业推销生产设备、检验设备或者技术资料；

(七) 聘用未取得相应资质的人员从事企业实地核查工作；

(八) 违反法律法规和规章的其他行为。

第五章　检验机构的管理

第七十二条　申请承担生产许可证检验任务的检验机构必须按照国家法律、行政法规的规定通过计量认证、审查认可或者实验室认可，并经全国许可证办公室指定后，方可承担相关产品的生产许可证检验任务。

第七十三条　检验机构应当向省级许可证办公室或者审查机构提出承担相关产品生产许可证检验任务的书面申请。

第七十四条　省级许可证办公室或者审查机构对提出申请的检验机构以适当的方式进行审查并提出推荐意见。全国许可证办公室应当根据需要组织专家对检验机构的申请进行必要的核实。

第七十五条　全国许可证办公室按照保证工作质量和进度、方便企业送检、适度竞争的原则，对符合条件的检验机构进行指定，并公布其承担相关产品生产许可证检验任务的范围。

第七十六条　被指定的检验机构依据产品实施细则的要求，开展生产许可证产品检验工作，并出具检验报告。

检验报告需有检验人员、复核人员、检验机构负责人或者其授权人员签字。检验机构及其工作人员对检验报告负责。

第七十七条　检验机构应当按照国家规定的产品检验收费标准向企业收取检验费用。

第七十八条　检验机构应当建立生产许可证产品检验技术档案，并确保档案完整、真实、有效。

第七十九条　检验机构在从事生产许可证产品检验工作时，不得有下列行为：

(一) 未按实施细则规定的标准、要求和方法开展检验工作；

(二) 伪造检验结论或者出具虚假检验报告；

(三) 从事与其指定检验任务相关的产品的生产、销售活动，或者以其名义推荐或者监制、监销上述产品；

（四）从事或者介绍企业进行生产许可的有偿咨询；

（五）超标准收取检验费用；

（六）违反规定强行要求企业送样检验；

（七）违反法律法规和规章的其他行为。

第六章 证书和标志

第八十条 全国工业产品生产许可证证书（以下简称生产许可证证书）分为正本和副本（证书式样见附件5-1、2），具有同等法律效力。生产许可证证书由国家质检总局统一印制。

第八十一条 生产许可证证书应当载明企业名称、住所、生产地址、产品名称、证书编号、发证日期、有效期。

集团公司的生产许可证证书还应当载明与其一起申请办理的所属单位的名称、生产地址和产品名称。

第八十二条 企业名称、住所、生产地址发生变化而企业生产条件、检验手段、生产技术或者工艺未发生变化的，企业应当在变更名称后1个月内向企业所在地的省级质量技术监督局提出生产许可证名称变更申请。

第八十三条 省级质量技术监督局自受理企业名称变更材料之日起5日内将上述材料上报全国许可证办公室。

全国许可证办公室自收到上报的企业名称变更材料之日起25日内完成申报材料的书面审核，并由国家质检总局做出是否准予变更的决定。对于符合变更条件的，颁发新证书，但有效期不变。不符合条件的，书面告知企业，并说明理由。

第八十四条 企业应当妥善保管生产许可证证书。生产许可证证书遗失或者毁损，应当向企业所在地的省级质量技术监督局提出补领生产许可证申请。

第八十五条 省级质量技术监督局自受理企业补领生产许可证材料之日起5日内，将上述材料上报全国许可证办公室。

全国许可证办公室自收到各省级许可证办公室上报的企业补领生产许可证材料之日起25日内，完成申报材料的书面审核，并由国家质检总局做出是否准予补领的决定。对于符合条件的，颁发新证书，但有效期不变；不符合条件的，书面告知企业，并说明理由。

第八十六条 工业产品生产许可证标志由“质量安全”英文（Quality Safety）字头（QS）和“质量安全”中文字样组成。标志主色调为蓝色，字母“Q”与“质量安全”四个中文字样为蓝色，字母“S”为白色。标志的式样、尺寸及颜色要求见附件6。

QS标志由企业自行印（贴）。可以按照规定放大或者缩小。

第八十七条 工业产品生产许可证编号采用大写汉语拼音XK加十位阿拉伯数字编码组成：XK××-×××-×××××。

其中，XK代表许可，前两位（××）代表行业编号，中间三位（×××）代表产品编号，后五位（×××××）代表企业生产许可证编号。

第八十八条 企业必须在其产品或者包装、说明书上标注生产许可证标志和编号。

根据产品特点难以标注的裸装产品，可以不标注生产许可证标志和编号。

第八十九条 所属单位具有法人资格的，在单独办理生产许可证时，其产品或者包装、说明书上应当标注所属单位的名称、住所、生产许可证标志和编号。

所属单位和集团公司一起办理生产许可证的，应当在其产品或者包装、说明书上分别标注集团公司和所属单位的名称、住所，以及集团公司的生产许可证标志和编号，或者仅标注集团公司的名称、住所和生产许可证标志和编号。

第九十条 委托加工企业必须按照备案的标注内容，在其产品或者包装、说明书上进行标注。

委托企业具有其委托加工的产品生产许可证的，应当标注委托企业的名称、住所和被委托企业的名称、生产许可证标志和编号；或者标注委托企业的名称、住所、生产许可证标志和编号。

委托企业不具有其委托加工的产品生产许可证的，应当标注委托企业的名称、住所，以及被委托企业的名称、生产许可证标志和编号。

第九十一条 取得生产许可证的企业，应当自准予许可之日起6个月内，完成在其产品或者包装、说明书上标注生产许可证标志和编号。

第九十二条　任何单位和个人不得伪造、变造生产许可证证书、标志和编号。取得生产许可证的企业不得出租、出借或者以其他形式转让生产许可证证书、标志和编号。

第七章　省级质量技术监督局发证的管理

第九十三条　国家质检总局统一发布省级质量技术监督局发证的产品目录并适时进行调整，统一制定并公布产品实施细则，统一规定证书式样。

第九十四条　省级质量技术监督局在本行政区域内负责第九十三条规定的发证产品的受理、审查、批准、发证工作。

第九十五条　省级质量技术监督局应当参照国家质检总局的办证程序，结合实际情况，制定企业申请办证程序并向社会公布。

第九十六条　省级质量技术监督局应当自受理企业申请之日起60日内，完成审查发证工作。产品检验时间以实施细则规定为准，不计入上述规定时限。

第九十七条　省级质量技术监督局应当公布获证企业名录，并报全国许可证办公室。省级质量技术监督局颁发的生产许可证全国有效。

第九十八条　国家质检总局采取不定期检查的方式，对省级质量技术监督局的发证工作质量进行监督检查，对于工作质量出现严重问题的，追究有关人员责任。

第九十九条　本办法对省级质量技术监督局审查发证未作出具体规定的，按照国家质检总局审查发证的有关规定执行。

第八章　监督检查

第一百条　国家质检总局和县级以上地方质量技术监督局依照本办法对生产许可证制度的实施情况进行监督检查，对违反本办法的违法行为实施行政处罚。

第一百零一条　根据举报或者已经取得的涉嫌违法证据，县级以上地方质量技术监督局对涉嫌违法行为进行查处时，可以行使下列职权：

（一）向有关生产、销售、经营活动中使用单位和检验机构的法定代表人、主要负责人和其他有关人员调查、了解与涉嫌从事违法活动的有关情况；

(二) 查阅、复制有关生产、销售、经营活动中使用单位和检验机构的有关合同、发票、账簿以及其他有关资料；

(三) 对有证据表明属于违反《管理条例》和本办法生产、销售、经营活动中使用的产品予以查封或者扣押。

第一百零二条 自省级质量技术监督局作出生产许可受理决定之日起，企业可以试生产申请取证产品。

第一百零三条 企业试生产的产品，必须经承担生产许可证产品检验任务的检验机构，依据产品实施细则规定批批检验合格，并在产品或者包装、说明书标明"试制品"后，方可销售。对国家质检总局作出不予许可决定的，企业从即日起不得继续试生产该产品。

第一百零四条 取得生产许可证的企业应当保证产品质量稳定合格，不得降低取得生产许可证的条件。

第一百零五条 获证企业自取得生产许可证之日起，每年度应当向省级许可证办公室提交自查报告。获证未满一年的企业，可以下一年度提交自查报告。企业自查报告应当包括以下内容：

(一) 申请取证条件的保持情况；

(二) 企业名称、住所、生产地址等变化情况；

(三) 企业生产状况及产品变化情况；

(四) 生产许可证证书、标志和编号使用情况；

(五) 行政机关对产品质量监督检查的情况；

(六) 省级许可证办公室要求企业应当说明的其他相关情况。

第一百零六条 省级许可证办公室对企业的自查报告进行实地抽查时，被抽查的企业数量应当控制在获证企业总数的10%以内。

第九章 罚 则

第一百零七条 生产许可证管理部门及工作人员、检验机构及检验人员以及企业，违反《管理条例》有关规定的，应当依照《管理条例》第六章的规定承担相应的法律责任。

第一百零八条 生产许可证审查员有下列行为之一的，由全国许可证办公室注销其审查员资格；情节严重的，建议其行政主管单位给予行政处分；构成犯罪的，依法追究刑事责任：

（一）违反本办法第六十四条和第六十五条规定的；

（二）以虚假材料等不正当手段骗取资格证书的；

（三）从事生产许可有偿咨询的；

（四）违反国家法律法规的其他行为。

被注销审查员资格的人员不得再申请注册生产许可证审查员。

第一百零九条 审查机构违反本办法第七十条和第七十一条规定开展生产许可证审查工作的，由全国许可证办公室责令限期改正，逾期仍不改正的，撤销其生产许可证审查机构资格；构成犯罪的，依法追究审查机构负责人的刑事责任。

第一百一十条 检验机构违反本办法第七十九条规定的，由全国许可证办公室责令改正，逾期仍不改正的，撤销其从事生产许可证检验工作的资格；违反国家有关法律法规规定的，依法予以处理。

第一百一十一条 企业在试生产期间，违反本办法第一百零三条规定的，由县级以上地方质量技术监督局责令改正，并处3万元以下罚款；仍不改正的，按照《管理条例》第四十八条规定处罚。

第一百一十二条 有下列情形之一的，许可审批机关应当撤销生产许可，但是撤销生产许可可能对公共利益造成重大损害的除外：

（一）行政机关工作人员滥用职权、玩忽职守作出准予生产许可决定的；

（二）超越法定职权作出准予生产许可决定的；

（三）违反法定程序作出准予生产许可决定的；

（四）对不具备申请资格或者不符合法定条件的申请人准予生产许可的；

（五）被许可人以欺骗、贿赂等不正当手段取得生产许可的；

（六）依法可以撤销生产许可的其他情形。

第一百一十三条 有下列情形之一的，许可审批机关应当撤回生产许可：

（一）被许可生产的产品列入国家决定淘汰或者禁止生产的产品目录的；

（二）被许可人不再生产被许可的产品的；

（三）生产许可依据的法律、法规、规章修改或者废止导致生产许可项目依法被终止的；

（四）依法应当撤回生产许可的其他情形。

第一百一十四条 取得生产许可证的企业有下列情形之一的，许可审批机关应当吊销生产许可：

（一）未依照规定在产品或者包装、说明书上标注生产许可证标志和编号，情节严重的；

（二）出租、出借或者转让许可证证书、生产许可证标志和编号，情节严重的；

（三）产品经国家监督抽查或者省级监督抽查不合格，经整改复查仍不合格的；

（四）依法应当吊销生产许可证的其他情形。

第一百一十五条 有下列情形之一的，许可审批机关应当注销生产许可，并办理有关手续：

（一）生产许可有效期满未按规定重新申请取证的；

（二）法人或者其他组织依法终止的；

（三）生产许可依法被撤销、撤回，或者生产许可证依法被吊销的；

（四）因不可抗力导致行政许可事项无法实施的；

（五）法律、法规规定的应当注销生产许可的其他情形。

第一百一十六条 对违法企业实施吊销或者撤销生产许可证前，县级以上地方质量技术监督局，可以暂扣生产许可证。

暂扣生产许可证期限为 7 日（产品检验机构检测时间除外）。违法行为属实，依法应当吊销或者撤销许可的，许可审批机关对暂扣的证书予以收回；经调查取证决定不予吊销或者撤销许可的，对暂扣的证书应当及时退还企业。

第一百一十七条 委托企业未按本办法规定备案或者擅自改变备案标注方式的，被委托企业未按本办法规定备案的，由县级以上地方质量技术监督局责令限期改正，并处 3 万元以下罚款；逾期仍未改正的，吊销其生产许可证。

第一百一十八条 省级质量技术监督局组织开展部分产品审查发证工作时，发现的相关违法行为，由县级以上地方质量技术监督局依照《管理条例》和本办法的有关规定执行处罚。

第一百一十九条 企业对行政许可和行政处罚决定有异议的,可依法申请行政复议或者提起行政诉讼。

第十章 附 则

第一百二十条 企业办理工业产品生产许可证应当缴纳相关费用,收费项目和收费标准应当按照国务院财政、价格主管部门的有关规定执行。

省级质量技术监督局负责审批发证的收费,还应当按照省级财政、价格主管部门的有关规定执行。

第一百二十一条 食品生产许可的管理另行规定。

第一百二十二条 本办法由国家质检总局负责解释。

第一百二十三条 本办法自2005年11月1日起施行。国家质检总局2002年3月27日颁布的《工业产品生产许可证管理办法》同时废止。

附件(略)

认证培训机构管理办法

(2005年9月29日国家质检总局令第81号公布)

第一章 总 则

第一条 为加强对认证培训机构的监督管理,规范认证培训活动,根据《中华人民共和国行政许可法》、《中华人民共和国认证认可条例》以及国务院有关规定,制定本办法。

第二条 本办法所称的认证培训机构,是指对从事认证评审、审核、检查以及其他与认证活动有关的人员进行基本培训活动的组织。

第三条 在中华人民共和国境内从事认证培训活动,应当遵守本办法。

第四条 国家认证认可监督管理委员会(以下简称国家认监委)负责认证培训机构及其认证培训活动的统一管理和监督工作。

各级地方质量技术监督部门和各地出入境检验检疫机构(以下统称

地方认证监督管理部门）按照各自职责分工，依法对所辖区域内的认证培训活动进行监督检查。

第五条 国家鼓励认证培训机构取得国家认监委确定的认可机构（以下简称认可机构）的认可，以保证其持续、稳定地具有认证培训能力。

第二章 设立条件和批准程序

第六条 设立认证培训机构，应当经国家认监委批准，并依法取得法人资格后，方可从事批准范围内的认证培训活动。

第七条 设立认证培训机构，应当符合下列条件：

（一）有固定的经营场所和必要的培训教学设施及办公条件；

（二）注册资金不得少于人民币20万元；

（三）有4名以上具有注册培训教师资格的专职教师，每项课程的专职教师不得少于2名；

（四）有符合有关认证培训机构要求的质量管理体系文件；

（五）拥有自有或者相关组织授权的知识产权培训课程；

（六）依法应当具备的其他条件。

设立外商投资的认证培训机构除应当符合上述条件外，外方投资者还应当取得其所在国家或者地区法律规定的认证培训从业资格和认证培训授权，并具有认证培训授权相应的师资。

第八条 设立认证培训机构的审批程序：

（一）设立认证培训机构的申请人（以下简称申请人），应当向国家认监委提出书面申请，并提交相关证明材料。

（二）国家认监委应当对申请人提交的申请材料进行初步审查，并自收到申请材料之日起5日内作出受理或者不予受理申请的书面决定。

（三）国家认监委应当自受理申请之日起，对申请材料的实质内容进行审查和核实，并在20日内，作出是否批准的决定。决定批准的，向申请人出具《认证培训机构设立批准通知书》；不予批准的，应当书面通知申请人，并说明理由。

（四）申请人凭国家认监委出具的《认证培训机构设立批准通知书》，依法办理有关登记手续，凭依法办理的登记手续领取《认证培训机构批准书》。

国家认监委应当公布依法设立的认证培训机构名录。

第九条 《认证培训机构批准书》有效期为4年。

认证培训机构需要延期使用《认证培训机构批准书》的，应当在《认证培训机构批准书》有效期届满前90日内向国家认监委提出申请。

第十条 境外认证培训机构在中华人民共和国境内设立的常驻代表机构应当经国家认监委书面备案，方可从事有关业务联络、市场调研、技术交流等宣传推广活动，但不得从事认证培训经营性活动。

第十一条 认证培训机构分包境外认证培训机构或者组织的相关培训课程，应当经国家认监委批准。

第十二条 认证机构、认证培训机构、认证咨询机构可以从事其批准范围内的内审员培训活动，但认证机构不得对向委托其认证的认证委托人开展内审员培训活动。

内审员培训教师应当具有高级审核员或者高级咨询师资格。

第三章 行为规范

第十三条 认证培训机构应当按照国家认监委制定的认证培训基本规范、认证培训课程准则、规则等有关要求从事认证培训活动。

属于认证培训新领域，尚未制定统一认证培训课程准则、规则的，认证培训机构可以自行制定相应的认证培训课程准则和规则。

第十四条 认证培训机构应当公开认证培训基本要求、收费标准等信息，并保证信息的真实、准确、全面。

第十五条 认证培训机构应当完成认证培训机构和认证培训课程准则、规则规定的课程设计、课程管理、学员管理、证书管理和管理评审等基本程序，保证认证培训的完整、真实、有效，不得减少、遗漏认证培训程序和内容。

认证培训机构应当对认证培训过程作出完整记录，并归档留存。

第十六条 认证培训机构应当建立与认证培训课程准则、规则相适应的培训课程管理和培训教师能力评价制度，必要时可以取得认可机构的确认。

第十七条 认证培训机构及其认证培训教师应当及时作出认证培训结论，并保证认证培训结论的客观、真实。

经认证培训符合要求的，认证培训机构应当及时颁发认证培训合格证书；不符合要求的，应当告知被培训人，并说明理由。

第十八条 认证培训结论经培训教师签字后，由认证培训机构负责人或者其授权的人员签署。

认证培训机构及其认证培训教师对认证培训结论负责。

第十九条 认证培训机构应当对其认证培训活动的有效性实施监控和评价，至少每12个月实施1次内部质量体系审核和管理评审。

认证培训机构应当于每年1月底前向国家认监委和所在地方认证监督管理部门提交上1年度工作报告。

第二十条 有下列情形之一的，认证培训机构应当在发生变更之前向国家认监委报告，并办理相关变更事宜：

（一）认证培训业务范围发生变更；

（二）法定代表人、股东发生变更；

（三）专职教师发生变更；

（四）认证培训机构名称发生变更。

第四章 监督检查

第二十一条 国家认监委应当对认证培训机构实施监督检查。监督方式包括：年度报告审查；现场监督；对认证培训活动及结果进行抽查；组织同行评议；向认证培训对象征求意见。

第二十二条 认可机构对已取得认可的认证培训机构应当实施认可监督。

第二十三条 地方认证监督管理部门应当依照本办法的规定对认证培训活动实施监督检查，对违法行为予以查处。

第二十四条 任何单位和个人对认证培训违法违规行为，有权向国家认监委和地方认证监督管理部门举报。国家认监委和地方认证监督管理部门应当及时调查处理，并为举报人保密。

第二十五条 有下列情形之一的，国家认监委应当依法办理认证培训机构批准决定注销手续：

（一）《认证培训机构批准书》有效期届满未延续的；

（二）认证培训机构依法终止的；

（三）认证培训机构已经不具备认证培训能力的；

（四）法律法规规定的应当注销认证培训机构批准决定的其他情形。

第二十六条 有下列情形之一的，国家认监委根据利害关系人的请求或者依据职权，可以撤销对认证培训机构作出的批准决定：

（一）工作人员滥用职权、玩忽职守作出批准决定的；

（二）超越法定职权作出批准决定的；

（三）违反法定程序作出批准决定的；

（四）对不具备申请资格或者不符合法定条件的申请人准予批准的；

（五）依法可以撤销批准决定的其他情形。

第五章 罚 则

第二十七条 未经批准擅自从事认证培训活动的，责令其停止认证培训活动，处3万元罚款，并予以公布。

第二十八条 未经批准擅自分包境外认证培训机构或者组织的相关课程培训的，责令其停止所分包的培训业务，处2万元罚款；情节严重的，国家认监委应当责令停业整顿，直至撤销批准文件，并予以公布。

第二十九条 申请人申请设立认证培训机构时，隐瞒有关情况或者提供虚假材料的，国家认监委应当不予受理或者不予批准，并给予警告。

第三十条 认证培训机构以欺骗、贿赂等不正当手段取得批准文件的，责令其停止认证培训活动，处3万元罚款；国家认监委应当撤销批准文件，并予以公布。

第三十一条 认证培训机构超越国家认监委批准的业务范围进行认证培训活动的，责令改正，处3万元罚款；情节严重的，国家认监委应当责令停业整顿，直至撤销批准文件，并予以公布。

第三十二条 认证培训机构涂改、出租、出借批准证书或者以分包本机构认证培训业务、委托招生等形式非法转让认证培训业务的，责令改正，处3万元罚款；情节严重的，国家认监委应当责令停业整顿，直至撤销批准文件，并予以公布。

第三十三条 认证培训机构在公开信息、网站和广告等宣传活动中进行虚假或者误导性宣传的，责令改正，处5 000元罚款；情节严重的，国家认监委应当责令停业整顿，并予以公布。

第三十四条 违反本办法第十三条至第二十条规定的，责令改正，给予警告；情节严重的，处5 000元以上2万元以下罚款。

第三十五条 认证培训机构在国家认监委或者地方认证监督管理部门对其实施的监督检查中，隐瞒有关情况、提供虚假材料或者拒绝提供反映其活动情况的真实材料的，责令改正，处1万元以上3万元以下罚款；情节严重的，国家认监委应当责令停业整顿，并予以公布。

第三十六条 境外认证培训机构在中华人民共和国境内设立的常驻代表机构未经国家认监委备案或者从事认证培训经营性活动的，责令改正，处2万元罚款，并予以公布。

第三十七条 认证培训机构聘用未经认可机构注册或者确认的培训教师进行认证培训活动的，责令改正，处5 000元罚款；情节严重的，国家认监委应当责令停业整顿，并予以公布。

第三十八条 认证培训机构在被国家认监委责令停业整顿期间，继续从事认证培训活动的，责令改正，处3万元罚款；情节严重的，国家认监委应当撤销批准文件，并予以公布。

第三十九条 买卖、伪造或者冒用批准文件、认证培训证书以及其他认证培训证明文件的，责令改正，处3万元罚款。

认证培训机构有前款规定的违法行为的，国家认监委应当责令停业整顿，直至撤销批准文件，并予以公布。

第四十条 国家认监委和地方认证监督管理部门的工作人员在认证培训机构审批工作中，违反本办法第二十六条第一项至第四项规定的，由其主管部门给予行政处分；构成犯罪的，依法追究其刑事责任。

第六章 附 则

第四十一条 香港特别行政区、澳门特别行政区和台湾地区的申请人在中华人民共和国其他省、自治区、直辖市设立认证培训机构或者常驻代表机构，应当比照本办法办理有关审批以及其他事项。

第四十二条 认证培训收费，应当符合国家有关价格法律、行政法规的规定。

第四十三条 本办法由国家质量监督检验检疫总局负责解释。

第四十四条 本办法自2005年11月1日起施行。

有关认证培训机构审批以及其他管理规定不符合本办法规定的，自本办法施行之日起停止执行。

认证咨询机构管理办法

（2005 年 9 月 29 日国家质检总局令第 82 号公布）

第一章 总 则

第一条 为规范认证咨询活动，加强对认证咨询机构的监督管理，根据《中华人民共和国行政许可法》、《中华人民共和国认证认可条例》以及国务院的有关规定，制定本办法。

第二条 本办法所称的认证咨询机构，是指为使产品、服务和管理体系符合相关认证标准和技术规范而提供技术指导和服务的组织。

第三条 在中华人民共和国境内从事认证咨询活动应当遵守本办法。

第四条 国家认证认可监督管理委员会（以下简称国家认监委）负责认证咨询机构及其认证咨询活动的统一管理和监督工作。

国家认监委委托省、自治区、直辖市人民政府质量技术监督部门（以下简称省级质量技术监督部门）承办其所辖区域内的认证咨询机构的审批工作。

第五条 省级质量技术监督部门应当以国家认监委的名义，并在委托权限内实施认证咨询机构审批工作，不得再委托其他组织或者个人实施审批。

第二章 设立条件和批准程序

第六条 设立认证咨询机构，应当经国家认监委批准并依法取得工商登记后，方可从事批准范围内的认证咨询活动。

第七条 设立认证咨询机构应当符合下列条件：

（一）有固定的场所和必要的设施；

（二）注册资金不得少于人民币 10 万元；

（三）有符合认证咨询要求的管理文件；

（四）有4名以上取得注册的专职认证咨询师，其中至少有1名高级咨询师；

（五）依法应当具备的其他条件。

设立外商投资的认证咨询机构除应当符合上述条件外，外方投资者还应当取得其所在国家或者地区法律规定的认证咨询从业资格。

第八条 设立认证咨询机构的审批程序：

（一）设立认证咨询机构的申请人（以下简称申请人），应当向所在地省级质量技术监督部门提出书面申请，并提交相关证明材料。

（二）省级质量技术监督部门应当对申请人提交的申请材料进行初步审查，并自收到申请材料之日起5日内作出受理或者不予受理申请的书面决定。

（三）省级质量技术监督部门应当自受理申请之日起，对申请材料的实质内容进行审查和核实，并在20日内，作出是否批准的决定。决定批准的，向申请人出具《认证咨询机构设立批准通知书》，不予批准的，应当书面通知申请人，并说明理由。

（四）申请人凭《认证咨询机构设立批准通知书》依法办理有关工商登记手续，并凭工商登记手续领取《认证咨询机构批准书》。

省级质量技术监督部门应当公布依法设立的认证咨询机构名录，并向国家认监委报送本辖区内获得批准的认证咨询机构名录。

第九条 《认证咨询机构批准书》有效期为4年。

认证咨询机构需要延期使用《认证咨询机构批准书》的，应当在《认证咨询机构批准书》有效期满前90日内向所在地省级质量技术监督部门重新提出申请。

第十条 省级质量技术监督部门应当按国家认监委统一制定的认证咨询机构审批文书格式办理审批事项。

第十一条 认证咨询机构设立分支机构，应当向设立分支机构的所在地省级质量技术监督部门备案。

第十二条 境外认证咨询机构在中华人民共和国境内设立的常驻代表机构应当经国家认监委备案，方可从事有关业务联络、市场调研、技术交流等宣传推广活动，但不得从事认证咨询经营性活动。

第三章 行为规范

第十三条 认证咨询机构应当建立对认证咨询实施有效控制的质量体系和程序，并至少每12个月实施1次内部质量体系审核和管理评审。

第十四条 认证咨询机构应当建立与认证咨询活动相适应的认证咨询实施程序，并按照认证咨询实施程序为认证咨询委托人提供认证咨询服务，保证认证咨询活动的真实、有效。

认证咨询实施程序包括：调研诊断、体系策划、人员培训、文件编写、文件发布、体系运行（至少要保证有3个月的运行期）、内部审核、管理评审和符合性审核。

环境管理体系、职业健康与安全管理体系等特殊领域的认证咨询还需要包括环境、危险因素识别、评价等程序；产品认证咨询还需要包括产品符合性确认、设计等程序。

认证咨询机构应当对认证咨询实施过程作出完整记录，并归档留存。

第十五条 认证咨询机构应当建立专、兼职认证咨询人员聘用、培训、考核及能力评价制度。

认证咨询机构在聘用认证咨询人员时，应当选聘具有良好职业道德、一定专业知识和相关行业实践经验，并取得认证咨询师注册资格的人员。

第十六条 认证咨询机构应当对认证咨询过程实施管理、监控和评价，并建立相应程序，以衡量其咨询活动的进度、质量和有效性。必要时应当将认证咨询过程情况和评价结果向客户反馈。

第十七条 认证咨询机构应当在每年1月底前向所在地省级质量技术监督部门提交年度报告，年度报告包括上年度本机构所咨询的组织名录、在本机构执业的专、兼职认证咨询人员的咨询规范性和有效性评价情况、本机构内部质量体系审核和管理评审情况。

第十八条 有下列情形之一的，认证咨询机构应当自发生变更之日起30日内向所在地省级质量技术监督部门报告，并办理相关变更事宜：

（一）法定代表人、经营范围、经营场所等有关内容发生变更；

（二）《认证咨询机构组织章程》发生变更；

（三）股东、负有执行职责的最高管理者发生变更；

（四）专职认证咨询人员不再符合认证咨询机构批准所规定的基本要求；

（五）分支机构发生变更。

第十九条 认证咨询机构不得有下列行为：

（一）使用不具备认证咨询师注册资格的人员独立进行认证咨询；

（二）向其他机构分包认证咨询业务或者以其他合作方式从事认证咨询活动；

（三）认证咨询机构的办事机构从事认证咨询经营活动；

（四）干涉被咨询方自主选择认证机构的权力；

（五）代收认证费用或者接受对认证咨询活动产生公正影响的资助；

（六）介入认证机构的审核活动或者作为认证机构的分支机构及以其他方式从事认证活动；

（七）为被咨询方编造体系文件运行记录或者帮助、授意被咨询方隐瞒自身实际情况；

（八）作出误导、欺诈性宣传或者承诺；

（九）向未经国家认监委批准的认证机构推荐经其认证咨询的单位进行认证；

（十）其他违反法律、行政法规、部门规章规定的行为。

第四章　监 督 检 查

第二十条 国家认监委应当对受委托的省级质量技术监督部门实施的认证咨询机构审批行为进行监督、指导。

省级质量技术监督部门超越委托权限实施审批，给当事人合法权益造成损害的，自行承担法律责任。

第二十一条 各级质量技术监督部门和各地出入境检验检疫机构（以下统称地方认证监督管理部门）应当依照本办法的规定对认证咨询活动实施监督检查，对违法行为予以查处。

省级质量技术监督部门应当对所辖区域内的认证咨询机构提交的年度报告进行审查，并于每年 3 月底前将审查情况上报国家认监委。

第二十二条 任何单位和个人对认证咨询违法违规行为，有权向国家认监委和地方认证监督管理部门举报。国家认监委和地方认证监督管理部门应当及时调查处理,并为举报人保密。

第二十三条 有下列情形之一的,省级质量技术监督部门应当依法办理认证咨询机构批准决定注销手续:

(一)《认证咨询机构批准书》有效期届满未延续的;

(二)认证咨询机构依法终止的;

(三)认证咨询机构已经不具备认证咨询能力的;

(四)法律法规规定的应当注销认证咨询机构批准决定的其他情形。

第二十四条 有下列情形之一的,国家认监委或者省级质量技术监督部门根据利害关系人的请求或者依据职权,可以撤销对认证咨询机构作出的批准决定:

(一)工作人员滥用职权、玩忽职守作出批准决定的;

(二)超越法定职权作出批准决定的;

(三)违反法定程序作出批准决定的;

(四)对不具备申请资格或者不符合法定条件的申请人准予批准的;

(五)依法可以撤销批准决定的其他情形。

第五章 罚 则

第二十五条 未经批准擅自从事认证咨询活动的,责令其停止认证咨询活动,处 3 万元罚款,并予以公布。

第二十六条 申请人申请设立认证咨询机构时,隐瞒有关情况或者提供虚假材料的,省级质量技术监督部门应当不予受理或者不予批准,并给予警告。

第二十七条 认证咨询机构以欺骗、贿赂等不正当手段取得批准文件的,责令其停止认证咨询活动,处 3 万元罚款;国家认监委应当撤销批准文件,并予以公布。

第二十八条 认证咨询机构及其分支机构超越批准业务范围进行认证咨询活动或者分支机构未经备案的,责令改正,处 1 万元以上 3 万元以下罚款;情节严重的,国家认监委应当责令停业整顿,直至撤销批准文件,并予以公布。

第二十九条 违反本办法第十三条至第十八条规定的,责令改正,给予警告；情节严重的，国家认监委应当责令停业整顿，并予以公布。

第三十条 违反本办法第十九条规定的，责令改正，处 1 万元以上 3 万元以下罚款；情节严重的，国家认监委应当责令停业整顿，直至撤销批准文件，并予以公布。

第三十一条 认证咨询机构在国家认监委或者地方认证监督管理部门对其实施的监督检查中，隐瞒有关情况、提供虚假材料或者拒绝提供反映其活动情况的真实材料的，责令改正，处 1 万元以上 3 万元以下罚款；情节严重的，国家认监委应当责令停业整顿，并予以公布。

第三十二条 境外认证咨询机构在中华人民共和国境内设立的常驻代表机构未经国家认监委备案或者从事认证咨询经营性活动的，责令改正，处 2 万元罚款，并予以公布。

第三十三条 认证咨询机构聘用被暂停或者撤销认证咨询执业资格的人员从事认证咨询活动的，责令改正，处 2 万元罚款；情节严重的，国家认监委应当责令停业整顿，直至撤销批准文件，并予以公布。

第三十四条 认证咨询机构在被国家认监委责令停业整顿期间，继续从事认证咨询活动的，责令改正，处 3 万元罚款；情节严重的，国家认监委应当撤销批准文件，并予以公布。

第三十五条 国家认监委和地方认证监督管理部门的工作人员在认证咨询机构审批工作中，违反本办法第二十四条第一项至第四项规定的，由其主管部门给予行政处分；构成犯罪的，依法追究其刑事责任。

第六章 附 则

第三十六条 香港特别行政区、澳门特别行政区和台湾地区的申请人在中华人民共和国其他省、自治区、直辖市设立认证咨询机构或者常驻代表机构，应当比照本办法办理审批以及其他事项。

第三十七条 认证咨询收费，应当符合国家有关价格法律、行政法规的规定。

第三十八条 本办法由国家质量监督检验检疫总局负责解释。

第三十九条 本办法自 2005 年 11 月 1 日起施行。

有关认证咨询机构审批以及其他管理规定不符合本办法规定的，自本办法施行之日起停止执行。

实验室和检查机构资质认定管理办法

（2006年2月21日国家质检总局令第86号公布）

第一章 总 则

第一条 为规范实验室和检查机构资质管理工作，提高实验室和检查机构资质认定活动的科学性和有效性，根据《中华人民共和国计量法》、《中华人民共和国标准化法》、《中华人民共和国产品质量法》、《中华人民共和国认证认可条例》等有关法律、行政法规的规定，制定本办法。

第二条 本办法所称的实验室和检查机构资质，是指向社会出具具有证明作用的数据和结果的实验室和检查机构应当具有的基本条件和能力。

本办法所称的认定，是指国家认证认可监督管理委员会和各省、自治区、直辖市人民政府质量技术监督部门对实验室和检查机构的基本条件和能力是否符合法律、行政法规规定以及相关技术规范或者标准实施的评价和承认活动。

第三条 在中华人民共和国境内，从事向社会出具具有证明作用的数据和结果的实验室和检查机构以及对其实施的资质认定活动应当遵守本办法。

第四条 国家认证认可监督管理委员会（以下简称国家认监委）统一管理、监督和综合协调实验室和检查机构的资质认定工作。

各省、自治区、直辖市人民政府质量技术监督部门和各直属出入境检验检疫机构（以下统称地方质检部门）按照各自职责负责所辖区域内的实验室和检查机构的资质认定和监督检查工作。

第五条 实验室和检查机构的资质认定，应当遵循客观公正、科学准确、统一规范、有利于检测资源共享和避免不必要的重复评审、评价、认定的原则。

第二章 资质认定

第六条 资质认定的形式包括计量认证和审查认可。

计量认证是指国家认监委和地方质检部门依据有关法律、行政法规的规定，对为社会提供公证数据的产品质量检验机构的计量检定、测试设备的工作性能、工作环境和人员的操作技能和保证量值统一、准确的措施及检测数据公正可靠的质量体系能力进行的考核。

审查认可是指国家认监委和地方质检部门依据有关法律、行政法规的规定，对承担产品是否符合标准的检验任务和承担其他标准实施监督检验任务的检验机构的检测能力以及质量体系进行的审查。

第七条 从事下列活动的机构应当通过资质认定：

（一）为行政机关作出的行政决定提供具有证明作用的数据和结果的；

（二）为司法机关作出的裁决提供具有证明作用的数据和结果的；

（三）为仲裁机构作出的仲裁决定提供具有证明作用的数据和结果的；

（四）为社会公益活动提供具有证明作用的数据和结果的；

（五）为经济或者贸易关系人提供具有证明作用的数据和结果的；

（六）其他法定需要通过资质认定的。

第八条 国家鼓励实验室、检查机构取得经国家认监委确定的认可机构的认可，以保证其检测、校准和检查能力符合相关国际基本准则和通用要求，促进检测、校准和检查结果的国际互认。

第九条 申请计量认证和申请审查认可的项目相同的，其评审、评价、考核应当合并实施。符合相关规定要求的，可以取得相应的资质认定。

取得国家认监委确定的认可机构认可的实验室和检查机构，在申请资质认定时，应当简化相应的资质认定程序，避免不必要的重复评审。

第十条 实验室和检查机构，应当在资质认定范围内正确使用证书和标志。

第十一条 有关法律、行政法规对实验室和检查机构的其他技术条件和能力有特殊要求的，可以在利用资质认定结果的基础上进行评审、评价或者考核。

第十二条 公民、法人或者其他组织，需要核实实验室和检查机构资质认定的真实性和有效性的，可以向国家认监委和地方质检部门提出书面申请,国家认监委和地方质检部门应当对申请核实的事项予以确认。

第三章 实验室和检查机构的基本条件与能力

第十三条 实验室和检查机构应当依法设立,保证客观、公正和独立地从事检测、校准和检查活动,并承担相应的法律责任。

第十四条 实验室和检查机构应当具有与其从事检测、校准和检查活动相适应的专业技术人员和管理人员。

从事特殊产品的检测、校准和检查活动的实验室和检查机构,其专业技术人员和管理人员还应当符合相关法律、行政法规的规定要求。

第十五条 实验室和检查机构应当具备固定的工作场所,其工作环境应当保证检测、校准和检查数据和结果的真实、准确。

第十六条 实验室和检查机构应当具备正确进行检测、校准和检查活动所需要的并且能够独立调配使用的固定的和可移动的检测、校准和检查设备设施。

第十七条 实验室和检查机构应当建立能够保证其公正性、独立性和与其承担的检测、校准和检查活动范围相适应的质量体系,按照认定基本规范或者标准制定相应的质量体系文件并有效实施。

第四章 资质认定程序

第十八条 国家级实验室和检查机构的资质认定,由国家认监委负责实施;地方级实验室和检查机构的资质认定,由地方质检部门负责实施。

第十九条 国家认监委依据相关国家标准和技术规范,制定计量认证和审查认可基本规范、评审准则、证书和标志,并公布实施。

第二十条 计量认证和审查认可程序:

(一)申请的实验室和检查机构(以下简称申请人),应当根据需要向国家认监委或者地方质检部门(以下简称受理人)提出书面申请,并提交符合本办法第三章规定的相关证明材料。

(二)受理人应当对申请人提交的申请材料进行初步审查,并自收到申请材料之日起5日内作出受理或者不予受理的书面决定。

（三）受理人应当自受理申请之日起，根据需要对申请人进行技术评审，并书面告知申请人，技术评审时间不计算在作出批准的期限内。

（四）受理人应当自技术评审完结之日起20日内，根据技术评审结果作出是否批准的决定。决定批准的，向申请人出具资质认定证书，并准许其使用资质认定标志；不予批准的，应当书面通知申请人，并说明理由。

（五）国家认监委和地方质检部门应当定期公布取得资质认定的实验室和检查机构名录，以及计量认证项目、授权检验的产品等。

第二十一条 资质认定证书的有效期为3年。

申请人应当在资质认定证书有效期届满前6个月提出复查、验收申请，逾期不提出申请的，由发证单位注销资质认定证书，并停止其使用标志。

第二十二条 已经取得资质认定证书的实验室和检查机构，需新增检查检验检测项目时，应当按照本办法规定的程序，申请资质认定扩项。

第二十三条 从事资质认定评审的人员应当符合相关技术规范或者标准的要求，并经国家认监委或者地方质检部门考核合格。

第二十四条 国家认监委和地方质检部门应当建立资质认定评审人员专家库，根据需要组成评审专家组。评审专家组应当独立开展资质认定评审活动，并对评审结论负责。

第二十五条 地方质检部门应当自向申请人颁发资质认定证书之日起15日内，将其作出的批准决定向国家认监委备案。

第五章 实验室和检查机构行为规范

第二十六条 实验室和检查机构及其人员应当独立于检测、校准和检查数据和结果所涉及的利益相关各方，不受任何可能干扰其技术判断的因素的影响，并确保检测、校准和检查的结果不受实验室和检查机构以外的组织或者人员的影响。

第二十七条 实验室和检查机构的人员不得与其从事的检测、校准和检查项目以及出具的数据和结果存在利益关系；不得参与任何有损于检测、校准和检查判断的独立性和诚信度的活动；不得参与与检测、校准和检查项目或者类似的竞争性项目有关系的产品的设计、研制、生产、供应、安装、使用或者维护活动。

第二十八条 实验室和检查机构从事与其控股股东生产、经营的同类产品或者有竞争性的产品的检测、校准和检查活动时，应当建立保证其检测、校准和检查活动的独立性和公正性的质量体系及其文件，明确本机构的职责、责任和工作程序，并与其控股股东从事的设计、研制、生产、供应、安装、使用或者维护等活动完全分开。

第二十九条 实验室和检查机构应当建立并有效实施与检测、校准和检查有关的管理人员、技术人员和关键支持人员的工作职责、资格考核、培训等制度，确保不因报酬等原因影响检测、校准和检查工作质量。

第三十条 实验室和检查机构应当按照相关技术规范或者标准的要求，对其所使用的检测、校准和检查设施设备以及环境要求等作出明确规定，并正确标识。

实验室和检查机构在使用对检测、校准的准确性产生影响的测量、检验设备之前，应当按照国家相关技术规范或者标准进行检定、校准。

第三十一条 实验室和检查机构应当确保其相关测量和校准结果能够溯源至国家基标准，以保证结果的准确性。

实验室和检查机构应当建立并实施评估测量不确定度的程序，并按照相关技术规范或者标准要求评估和报告测量、校准结果的不确定度。

第三十二条 实验室和检查机构应当按照相关技术规范或者标准实施样品的抽取、处置、传送和贮存、制备，测量不确定度的评估，检验数据的分析等检测、校准和检查活动。

第三十三条 实验室和检查机构应当按照相关技术规范或者标准要求和规定的程序，及时出具检测、校准和检查数据和结果，并保证数据和结果准确、客观、真实。

第三十四条 实验室和检查机构按照有关技术规范或者标准开展能力验证，以保证其持续符合检测、校准和检查能力。

第三十五条 实验室和检查机构及其人员应当对其在检测、校准和检查活动所知悉的国家秘密、商业秘密和技术秘密负有保密义务，并建立相应保密措施。

第三十六条 实验室和检查机构应当建立完善的申诉和投诉机制，处理相关方对其检测、校准和检查结论提出的异议。

第三十七条 实验室和检查机构因工作需要分包检测、校准或者检查工作时，应当将其工作分包给符合本办法规定并取得资质的实验室或者检查机构。

第六章 监督检查

第三十八条 国家认监委依法对地方质检部门及其组织的评审活动实施监督检查。

地方质检部门应当于每年1月向国家认监委提交上年度工作报告，接受国家认监委的询问和调查，并对报告的真实性负责。

第三十九条 国家认监委依法组织对实验室和检查机构的资质情况进行监督抽查；对不符合要求的，按照有关规定予以处理。

第四十条 任何单位和个人对实验室和检查机构资质认定中的违法违规行为，有权向国家认监委或者地方质检部门举报，国家认监委和地方质检部门应当及时调查处理，并为举报人保密。

第四十一条 有下列情形之一的，国家认监委或者地方质检部门，可以根据利害关系人的请求或者依据职权，撤销其作出的实验室和检查机构取得资质认定的决定：

（一）资质认定审批工作人员滥用职权、玩忽职守作出实验室和检查机构取得资质认定决定的；

（二）超越法定职权作出实验室和检查机构取得资质认定决定的；

（三）违反认定程序作出实验室和检查机构取得资质认定决定的；

（四）对不具备法定基本条件和能力的实验室和检查机构作出取得资质认定决定的；

（五）依法可以撤销资质认定的其他情形。

第四十二条 申请人申请资质认定时，隐瞒有关情况或者提供虚假材料的，资质认定监督管理部门应当不予受理或者不予批准，并给予警告；申请人在一年内不得再次申请资质认定。

第四十三条 实验室和检查机构以欺骗、贿赂等不正当手段取得批准决定的，国家认监委和地方质检部门应当撤销其所取得的资质认定决定,并予以公布。

实验室和检查机构自被撤销资质认定之日起 3 年内,不得再次申请资质认定。

实验室和检查机构出具虚假结论或者出具的结论严重失实,情节严重的,应当撤销其所取得的资质认定,并予以公布。

第四十四条 地方质检部门应当自作出撤销决定之日起 15 日内,将其撤销决定书面报告国家认监委备案。

国家认监委通过其网站或者其他方式向社会公布撤销资质认定的实验室和检查机构的名录。

第四十五条 从事实验室和检查机构资质认定的工作人员滥用职权、玩忽职守、徇私舞弊的,依法给予行政处分;构成犯罪的,依法追究刑事责任。

第四十六条 对于实验室和检查机构的其他违法行为,依照有关法律、行政法规的规定予以处罚。

第七章 附 则

第四十七条 下列用语的含义:

(一)实验室,是指从事科学实验、检验检测和校准活动的技术机构;

(二)检查机构,是指从事与认证有关的产品设计、产品、服务、过程或者生产加工场所的核查,并确定其符合规定要求的技术机构;

(三)实验室和检查机构的基本条件,是指实验室和检查机构应满足的法律地位、独立性和公正性、安全、环境、人力资源、设施、设备、程序和方法、质量体系和财务等方面的要求;

(四)实验室和检查机构的能力,是指实验室和检查机构运用其基本条件以保证其出具的具有证明作用的数据和结果的准确性、可靠性、稳定性的相关经验和水平。

第四十八条 资质认定收费,应当按照国家有关规定办理。

第四十九条 本办法由国家质量监督检验检疫总局负责解释。

第五十条 本办法自 2006 年 4 月 1 日起施行。1987 年 7 月 10 日原国家计量局发布的《产品质量检验机构计量认证管理办法》同时废止。

机动车安全技术检验机构管理规定

（2006 年 2 月 27 日国家质检总局令第 87 号公布）

第一章 总 则

第一条 为了加强对机动车安全技术检验机构的管理，规范机动车安全技术检验活动，根据《中华人民共和国道路交通安全法》及其实施条例、《中华人民共和国行政许可法》、《中华人民共和国产品质量法》、《中华人民共和国计量法》及其实施细则等有关法律法规规定，制定本规定。

第二条 机动车安全技术检验机构（以下简称“安检机构”）开展机动车安全技术检验以及对安检机构实施监督管理应当遵守本规定。

本规定所称机动车安全技术检验，是指根据《中华人民共和国道路交通安全法》及其实施条例规定，按照国家机动车安全技术标准和规程等技术规范要求，对上路行驶的机动车进行检验检测的活动。

本规定所称安检机构，是指在中华人民共和国境内，依法接受委托，从事机动车安全技术检验，并向社会出具公正数据的技术机构。

第三条 国家质量监督检验检疫总局（以下简称国家质检总局）对全国安检机构实施统一监督管理。

各省级质量技术监督部门负责组织本行政区域内安检机构的监督管理工作。市县级质量技术监督部门在各自的职责范围内负责本行政区域内安检机构的监督管理工作。

第四条 各级质量技术监督部门应当遵循科学、公正、廉洁、高效的原则，依法对安检机构实施监督管理。

第五条 安检机构应当严格依据国家有关法律法规规定，按照规定的检验项目以及检验标准和规程等技术规范对机动车实施检验，并对检验结果负责。

第二章 安检机构设置规划和资格管理

第六条 安检机构的设置，应当遵循统筹规划、合理布局、方便检测、数量控制的原则。

各省级质量技术监督部门应当结合本行政区域内机动车安全技术检验工作的需要，提出本行政区域的安检机构数量、规模等设置规划，报国家质检总局批准后执行；设置规划未经国家质检总局批准，不得设置安检机构。

第七条 国家对安检机构实施检验资格许可制度。

检验资格分为常规检验资格和特殊检验资格。取得常规检验资格的安检机构可以承担申请机动车注册登记时的初次检验和定期检验；取得特殊检验资格的安检机构可以承担肇事、改装和报废等机动车的特殊检验。

第八条 安检机构必须依照国家有关法律法规和本规定的规定，经省级以上质量技术监督部门资格考核，取得安检机构检验资格许可证书，方可在许可的范围内从事相关机动车安全技术检验活动。

未取得安检机构检验资格许可证书的，不得从事机动车安全技术检验活动。

第九条 申请取得安检机构检验资格许可，应当具备以下基本条件：

（一）具有法人资格；

（二）经省级以上质量技术监督部门计量认证，取得计量认证证书，并在认证合格有效期内；

（三）有12名以上具有相应机动车安全技术检验业务知识，并经省级以上质量技术监督部门考核合格的从事机动车安全技术检验工作的技术人员；

（四）有严格完备的工作管理制度，有完整的机动车安全技术检验标准和规程等技术规范文件资料；

（五）机动车安全技术检验设备已通过合法有效的型式认定，在用计量器具经质量技术监督部门授权的计量技术机构计量检定合格，并在检定有效期内；

（六）具备与质量技术监督部门和有关部门信息联网的设施；

（七）有相应的停车场地、行车跑道和检验制动器的驻坡台，进、出、停车场地标志标线明显，出入口视线良好，不影响公共交通；

（八）检验厂房宽敞、明亮、防雨，通风照明设备完好，消防安全设备齐全，检测线布置合理，便于流水作业；

（九）拥有申报所承担的检测车辆类型和项目所需的侧滑、灯光、轴重、制动、排放、噪声、速度等必要的能够满足机动车安全技术检验的设备及其校准设备。

申请取得安检机构特殊检验资格许可，除具备前款规定条件外，还应当具备与从事特殊检验相适应的 2 名以上高级技术人员和必要设备等条件。

第十条 安检机构的常规检验资格由安检机构所在地省级质量技术监督部门实施许可申请的受理、审查和决定；安检机构的特殊检验资格由安检机构所在地省级质量技术监督部门实施许可申请的受理，由国家质检总局实施许可申请的审查和决定。

第十一条 申请安检机构检验资格许可，应当向所在地省级质量技术监督部门提交以下申请材料：

（一）申请书；

（二）申请人法人证明；

（三）计量认证证书；

（四）安检人员考核合格证明及复印件；

（五）计量器具检定证书及复印件；

（六）检测线配置明细以及检测设备清单；

（七）检测用厂房及地理位置、场地平面图，相应所有权或合法使用权证明及复印件；

（八）其他有关证明材料。

第十二条 省级质量技术监督部门接到申请后，应当按照《中华人民共和国行政许可法》关于许可受理的规定，根据申请不同情况，分别做出处理。

对应当由国家质检总局实施审查和决定的申请，省级质量技术监督部门受理后，应当在 5 个工作日内将全部申请材料报送国家质检总局。

第十三条 国家质检总局和省级质量技术监督部门在受理申请后，应当按照职责分工及时组织有关人员对申请人进行审查，审查包括资料审查和实地考察。

第十四条 国家质检总局和省级质量技术监督部门对申请人进行审

查后，应当按照职责分工，根据《中华人民共和国行政许可法》关于许可审查和决定的程序、期限等规定，作出是否批准检验资格的决定。

第十五条 对批准安检机构常规检验资格的，由省级质量技术监督部门为申请人颁发安检机构检验资格证书和检验专用印章；对批准安检机构特殊检验资格的，由国家质检总局为申请人颁发安检机构检验资格证书和检验专用印章。

安检机构常规检验和特殊检验资格证书的编号、式样、印制，由国家质检总局统一管理。

第十六条 安检机构检验资格证书有效期为3年。

安检机构检验资格有效期满，继续从事机动车安全技术检验活动的，应当于期满前3个月内向省级质量技术监督部门重新提出申请；申请的受理、审查和决定按照本规定执行。

第三章 安检机构行为规范

第十七条 安检机构应当在许可的检验资格范围内，依法接受委托，严格按照检验标准和规程等技术规范开展机动车安全技术检验，并及时向委托人出具检测结果，不得伪造检测数据。

第十八条 安检机构应当保持与质量技术监督部门和有关部门电子监管信息系统联网通畅，提供机动车安全技术检验信息准确、及时、可靠。

第十九条 安检机构应当确保在用设备正常完好，在用计量器具依法进行计量检定；并按照质量技术监督部门的要求定期参加检验能力比对试验。

第二十条 安检机构应当建立健全各项规章制度；建立健全机动车安全技术检验档案，按照国家有关规定对检验结果和有关技术资料进行保存，有保密要求的，应当遵守保密规定。

第二十一条 安检机构应当加强机动车安全技术检验人员培训和内部管理，不断提高检验服务水平。

第二十二条 安检机构应当接受质量技术监督部门的监督检查和管理，每年12月底之前向质量技术监督部门提交年度工作报告。

年度工作报告内容应当包括：

（一）法人注册等有关基本情况；

（二）机动车安全技术检验业务开展情况以及收费情况；

（三）在用设备的使用情况和计量器具检定情况；

（四）检验人员考核情况；

（五）其他遵纪守法情况。

第二十三条 安检机构在机动车安全技术检验活动中发现普遍性质量安全问题的，应当在5个工作日内向质量技术监督部门等有关部门报告。

第二十四条 安检机构按照国家有关规定收取检验费用。

第二十五条 安检机构独立接受委托、开展机动车安全技术检验活动，不受任何第三方影响。

第四章 监督管理

第二十六条 各级质量技术监督部门应当在各自的职责范围内加强对辖区内安检机构及其工作情况的监督检查。

监督检查可以采取以下方式进行：

（一）联网监察；

（二）查阅原始检验记录、调取检验报告；

（三）检验能力比对试验；

（四）审核年度工作报告；

（五）听取当地公安交通管理部门、检验委托人以及社会对安检机构机动车安全技术检验工作的评价；

（六）调查处理投诉案件。

第二十七条 各级质量技术监督部门对在安检机构监督检查工作中发现的问题，应当及时依法进行处理；对发现的重大问题，应当及时向上级质量技术监督部门汇报。

第二十八条 机动车安全技术检验委托人可以就安检机构行为规范以及检测活动中存在的问题，向安检机构查询；也可以向质量技术监督部门投诉，接受投诉的质量技术监督部门应当负责处理。

第五章 法律责任

第二十九条 安检机构在机动车安全技术检验活动中，给受检车辆委托人或者所有人造成损失的，应当依法承担赔偿责任。

第三十条 安检机构未取得检验资格证书擅自开展机动车安全技术检验业务的，由县级以上质量技术监督部门依法予以取缔，处以 2 万元以上 3 万元以下罚款；超范围开展机动车安全技术检验业务的，由县级以上质量技术监督部门责令改正，处以 3 万元以下罚款；情节严重的，由发证部门撤销安检机构检验资格。

第三十一条 安检机构未按照规定提交年度工作报告，未按照规定参加比对试验，拒不接受监督检查和管理的，由县级以上质量技术监督部门予以警告，并处以 3 万元以下罚款；情节严重的，由发证部门撤销安检机构资格。

第三十二条 安检机构聘用未经考核或者考核不合格的人员从事机动车安全技术检验工作的，由县级以上质量技术监督部门予以警告，并处安检机构 5 千元以上 1 万元以下罚款；情节严重的，由发证部门撤销安检机构检验资格。

第三十三条 安检机构在用计量器具未经计量检定，超过检定周期未检定，或者经检定不合格继续使用的，由县级以上质量技术监督部门依据《中华人民共和国计量法》有关规定予以处罚。

第三十四条 安检机构不按照检验标准和规程开展机动车安全技术检验，出具虚假检测结果，伪造检测数据的，由县级以上质量技术监督部门依照《中华人民共和国产品质量法》有关规定予以处罚。

第三十五条 从事机动车安全技术检验工作的人员在检验活动中接受贿赂，以职谋私的，由省级以上质量技术监督部门撤销其合格考核；情节严重的，移送有关部门追究责任。

第三十六条 质量技术监督工作人员在安检机构监督管理活动中滥用职权、玩忽职守、徇私舞弊的，依法给予行政处分；构成犯罪的，依法追究刑事责任。

第六章 附 则

第三十七条 承担进出口机动车安全技术检验的机构的监督管理，按照《中华人民共和国进出口商品检验法》及其实施条例的有关规定执行。

第三十八条 军用及特殊管理的机动车安全技术检验，按照有关规定执行。

第三十九条 本规定由国家质检总局负责解释。

第四十条 本规定自2006年5月1日起施行。

电子信息产品污染控制管理办法

（2006年2月28日信息产业部、国家发展改革委、商务部、海关总署、国家工商总局、国家质检总局、国家环保总局令第39号公布）

第一章 总 则

第一条 为控制和减少电子信息产品废弃后对环境造成的污染，促进生产和销售低污染电子信息产品，保护环境和人体健康，根据《中华人民共和国清洁生产促进法》、《中华人民共和国固体废物污染环境防治法》等法律、行政法规，制定本办法。

第二条 在中华人民共和国境内生产、销售和进口电子信息产品过程中控制和减少电子信息产品对环境造成污染及产生其他公害，适用本办法。但是，出口产品的生产除外。

第三条 本办法下列术语的含义是：

（一）电子信息产品，是指采用电子信息技术制造的电子雷达产品、电子通信产品、广播电视产品、计算机产品、家用电子产品、电子测量仪器产品、电子专用产品、电子元器件产品、电子应用产品、电子材料产品等产品及其配件。

（二）电子信息产品污染，是指电子信息产品中含有有毒、有害物质或元素，或者电子信息产品中含有的有毒、有害物质或元素超过国家标准或行业标准，对环境、资源以及人类身体生命健康以及财产安全造成破坏、损害、浪费或其他不良影响。

（三）电子信息产品污染控制，是指为减少或消除电子信息产品中含有的有毒、有害物质或元素而采取的下列措施：

1. 设计、生产过程中，改变研究设计方案、调整工艺流程、更换使用材料、革新制造方式等技术措施；

2. 设计、生产、销售以及进口过程中，标注有毒、有害物质或元素名称及其含量，标注电子信息产品环保使用期限等措施；

3. 销售过程中，严格进货渠道，拒绝销售不符合电子信息产品有毒、有害物质或元素控制国家标准或行业标准的电子信息产品等；

4. 禁止进口不符合电子信息产品有毒、有害物质或元素控制国家标准或行业标准的电子信息产品；

5. 本办法规定的其他污染控制措施。

（四）有毒、有害物质或元素，是指电子信息产品中含有的下列物质或元素：

1. 铅；

2. 汞；

3. 镉；

4. 六价铬；

5. 多溴联苯(PBB)；

6. 多溴二苯醚(PBDE)；

7. 国家规定的其他有毒、有害物质或元素。

（五）电子信息产品环保使用期限，是指电子信息产品中含有的有毒、有害物质或元素不会发生外泄或突变，电子信息产品用户使用该电子信息产品不会对环境造成严重污染或对其人身、财产造成严重损害的期限。

第四条　中华人民共和国信息产业部（以下简称“信息产业部”）、中华人民共和国国家发展和改革委员会（以下简称“发展改革委”）、中华人民共和国商务部（以下简称“商务部”）、中华人民共和国海关总署（以下简称“海关总署”）、国家工商行政管理总局（以下简称“工商总局”）、国家质量监督检验检疫总局（以下简称“质检总局”）、国家环境保护总局（以下简称“环保总局”），在各自的职责范围内对电子信息产品的污染控制进行管理和监督。必要时上述有关主管部门建立工作协调机制，解决电子信息产品污染控制工作重大事项及问题。

第五条　信息产业部商国务院有关主管部门制定有利于电子信息产

品污染控制的措施。

信息产业部和国务院有关主管部门在各自的职责范围内推广电子信息产品污染控制和资源综合利用等技术，鼓励、支持电子信息产品污染控制的科学研究、技术开发和国际合作，落实电子信息产品污染控制的有关规定。

第六条 信息产业部对积极开发、研制新型环保电子信息产品的组织和个人，可以给予一定的支持。

第七条 省、自治区、直辖市信息产业，发展改革，商务，海关，工商，质检，环保等主管部门在各自的职责范围内，对电子信息产品的生产、销售、进口的污染控制实施监督管理。必要时上述有关部门建立地区电子信息产品污染控制工作协调机制，统一协调，分工负责。

第八条 省、自治区、直辖市信息产业主管部门对在电子信息产品污染控制工作以及相关活动中做出显著成绩的组织和个人，可以给予表彰和奖励。

第二章 电子信息产品污染控制

第九条 电子信息产品设计者在设计电子信息产品时，应当符合电子信息产品有毒、有害物质或元素控制国家标准或行业标准，在满足工艺要求的前提下，采用无毒、无害或低毒、低害、易于降解、便于回收利用的方案。

第十条 电子信息产品生产者在生产或制造电子信息产品时，应当符合电子信息产品有毒、有害物质或元素控制国家标准或行业标准，采用资源利用率高、易回收处理、有利于环保的材料、技术和工艺。

第十一条 电子信息产品的环保使用期限由电子信息产品的生产者或进口者自行确定。电子信息产品生产者或进口者应当在其生产或进口的电子信息产品上标注环保使用期限，由于产品体积或功能的限制不能在产品上标注的，应当在产品说明书中注明。

前款规定的标注样式和方式由信息产业部商国务院有关主管部门统一规定，标注的样式和方式应当符合电子信息产品有毒、有害物质或元素控制国家标准或行业标准。

相关行业组织可根据技术发展水平，制定相关电子信息产品环保使用期限的指导意见。

第十二条 信息产业部鼓励相关行业组织将制定的电子信息产品环保使用期限的指导意见报送信息产业部。

第十三条 电子信息产品生产者、进口者应当对其投放市场的电子信息产品中含有的有毒、有害物质或元素进行标注，标明有毒、有害物质或元素的名称、含量、所在部件及其可否回收利用等；由于产品体积或功能的限制不能在产品上标注的，应当在产品说明书中注明。

前款规定的标注样式和方式由信息产业部商国务院有关主管部门统一规定，标注的样式和方式应当符合电子信息产品有毒、有害物质或元素控制国家标准或行业标准。

第十四条 电子信息产品生产者、进口者制作并使用电子信息产品包装物时，应当依据电子信息产品有毒、有害物质或元素控制国家标准或行业标准，采用无毒、无害、易降解和便于回收利用的材料。

电子信息产品生产者、进口者应当在其生产或进口的电子信息产品包装物上，标注包装物材料名称；由于体积和外表面的限制不能标注的，应当在产品说明书中注明。

前款规定的标注样式和方式由信息产业部商国务院有关主管部门统一规定，标注的样式和方式应当符合电子信息产品有毒、有害物质或元素控制国家标准或行业标准。

第十五条 电子信息产品销售者应当严格进货渠道，不得销售不符合电子信息产品有毒、有害物质或元素控制国家标准或行业标准的电子信息产品。

第十六条 进口的电子信息产品，应当符合电子信息产品有毒、有害物质或元素控制国家标准或行业标准。

第十七条 信息产业部商环保总局制定电子信息产品有毒、有害物质或元素控制行业标准。

信息产业部商国家标准化管理委员会起草电子信息产品有毒、有害物质或元素控制国家标准。

第十八条 信息产业部商发展改革委、商务部、海关总署、工商总局、质检总局、环保总局编制、调整电子信息产品污染控制重点管理目录。

电子信息产品污染控制重点管理目录由电子信息产品类目、限制使用的有毒、有害物质或元素种类及其限制使用期限组成，并根据实际情况和科学技术发展水平的要求进行逐年调整。

第十九条 国家认证认可监督管理委员会依法对纳入电子信息产品污染控制重点管理目录的电子信息产品实施强制性产品认证管理。

出入境检验检疫机构依法对进口的电子信息产品实施口岸验证和到货检验。海关凭出入境检验检疫机构签发的《入境货物通关单》办理验放手续。

第二十条 纳入电子信息产品污染控制重点管理目录的电子信息产品，除应当符合本办法有关电子信息产品污染控制的规定以外，还应当符合电子信息产品污染控制重点管理目录中规定的重点污染控制要求。

未列入电子信息产品污染控制重点管理目录中的电子信息产品，应当符合本办法有关电子信息产品污染控制的其他规定。

第二十一条 信息产业部商发展改革委、商务部、海关总署、工商总局、质检总局、环保总局，根据产业发展的实际状况，发布被列入电子信息产品污染控制重点管理目录的电子信息产品中不得含有有毒、有害物质或元素的实施期限。

第三章 罚 则

第二十二条 违反本办法，有下列情形之一的，由海关、工商、质检、环保等部门在各自的职责范围内依法予以处罚：

（一）电子信息产品生产者违反本办法第十条的规定，所采用的材料、技术和工艺不符合电子信息产品有毒、有害物质或元素控制国家标准或行业标准的；

（二）电子信息产品生产者和进口者违反本办法第十四条第一款的规定，制作或使用的电子信息产品包装物不符合电子信息产品有毒、有害物质或元素控制国家标准或行业标准的；

（三）电子信息产品销售者违反本办法第十五条的规定，销售不符合电子信息产品有毒、有害物质或元素控制国家标准或行业标准的电子信息产品的；

（四）电子信息产品进口者违反本办法第十六条的规定，进口的电子信息产品不符合电子信息产品有毒、有害物质或元素控制国家标准或行业标准的；

（五）电子信息产品生产者、销售者以及进口者违反本办法第二十一条的规定，自列入电子信息产品污染控制重点管理目录的电子信息产品不得含有有毒、有害物质或元素的实施期限之日起，生产、销售或进口有毒、有害物质或元素含量值超过电子信息产品有毒、有害物质或元素控制国家标准或行业标准的电子信息产品的；

（六）电子信息产品进口者违反本办法进口管理规定进口电子信息产品的。

第二十三条 违反本办法的规定，有下列情形之一的，由工商、质检、环保等部门在各自的职责范围内依法予以处罚：

（一）电子信息产品生产者或进口者违反本办法第十一条的规定，未以明示的方式标注电子信息产品环保使用期限的；

（二）电子信息产品生产者或进口者违反本办法第十三条的规定，未以明示的方式标注电子信息产品有毒、有害物质或元素的名称、含量、所在部件及其可否回收利用的；

（三）电子信息产品生产者或进口者违反本办法第十四条第二款的规定，未以明示的方式标注电子信息产品包装物材料成分的。

第二十四条 政府工作人员滥用职权，徇私舞弊，纵容、包庇违反本办法规定的行为的，或者帮助违反本办法规定的当事人逃避查处的，依法给予行政处分。

第四章 附 则

第二十五条 任何组织和个人可以向信息产业部或者省、自治区、直辖市信息产业主管部门对造成电子信息产品污染的设计者、生产者、进口者以及销售者进行举报。

第二十六条 本办法由信息产业部商发展改革委、商务部、海关总署、工商总局、质检总局、环保总局解释。

第二十七条 本办法自2007年3月1日起施行。

絮用纤维制品质量监督管理办法

（2006年6月14日国家质检总局令第89号公布）

第一章　总　则

第一条　为加强絮用纤维制品质量监督管理，打击伪劣絮用纤维制品制售行为，提高絮用纤维制品质量，维护絮用纤维制品交易各方及消费者的合法权益，保障人体健康安全，根据《中华人民共和国产品质量法》、《中华人民共和国标准化法》、《棉花质量监督管理条例》等法律法规及国家有关规定，制定本办法。

第二条　生产、销售絮用纤维制品，将生活用絮用纤维制品用于经营性服务或者公益活动，以及对絮用纤维制品质量实施监督管理，必须遵守本办法。

本办法所称絮用纤维制品是指以天然纤维、化学纤维或其加工成的絮片、垫毡等作为填充物、铺垫物的制品；包括生活用絮用纤维制品和非生活用絮用纤维制品。

第三条　国家质量监督检验检疫总局（以下简称国家质检总局）主管全国絮用纤维制品的质量监督管理工作，其所属的中国纤维检验局负责组织实施本办法规定的质量监督管理工作。

省、自治区、直辖市质量技术监督部门（以下简称省级质监部门）主管本行政区域内絮用纤维制品的质量监督工作。设有专业纤维检验机构的地方，由质量技术监督部门委托专业纤维检验机构依法对絮用纤维制品质量实施监督（质量技术监督部门和专业纤维检验机构统称纤维质量监督机构）。

第四条　禁止生产、销售或者在经营性服务或者公益活动中使用劣质生活用絮用纤维制品。

具有下列情形之一的生活用絮用纤维制品是劣质生活用絮用纤维制品：

（一）以本办法第六条所列明的禁用原料生产的；

（二）以本办法第七条所列明的限用原料生产的；

（三）以非生活用絮用纤维制品冒充的；

（四）其他存在危及人体健康安全的不合理危险的；有保障人体健康安全的国家标准、行业标准，但不符合该标准的。

第二章 质量义务

第五条 絮用纤维制品原料的质量，应当符合有关标准和规定的要求。

用于加工制作絮用纤维制品的再加工纤维，应当符合国家规定的包装要求；禁止作为生活用絮用纤维制品原料的再加工纤维，其最小单位产品包装的显著位置应当标注“禁止用于加工生活用絮用纤维制品”的警示。再加工纤维的质量监督管理办法另行制定。

第六条 严禁将医用纤维性废弃物、使用过的殡葬用纤维制品、来自传染病疫区无法证实其未被污染的纤维制品、国家禁止进口的废旧纤维制品以及其他被有毒有害物质污染的纤维和纤维制品等物质（以下统称禁用原料），用于加工制作絮用纤维制品、其他纤维制品以及相关原料。

第七条 不得将下列物质作为生产生活用絮用纤维制品的原料（以下统称限用原料）：

（一）被污染的纤维及纤维下脚；

（二）废旧纤维制品或其再加工纤维；

（三）纤维制品下脚或其再加工纤维，但符合国家规定的除外；

（四）二、三类棉短绒；

（五）经脱色漂白处理的纤维下脚、纤维制品下脚、再加工纤维；

（六）未洗净的动物纤维；

（七）发霉变质的絮用纤维；

（八）国家规定的其他物质。

第八条 絮用纤维制品生产者应当具备下列质量保证条件：

（一）必要的人员、设备、工具、场地；

（二）健全的内部质量管理制度和组织生产所必需的标准；

（三）国家规定的其他条件。

第九条 絮用纤维制品生产者应当进行原料进货检查验收和登记，验明絮用纤维制品原料符合相关质量要求以及包装、标识等要求。

生产者进行再加工纤维原料进货检查验收和登记时，应当验明用于加工制作絮用纤维制品的再加工纤维符合本办法第五条第二款规定的包装及标识要求。

第十条 生产者应当对其生产的絮用纤维制品质量负责。

絮用纤维制品质量应当符合《中华人民共和国产品质量法》第二十六条规定要求及其他法定要求。

絮用纤维制品标识应当符合《中华人民共和国产品质量法》第二十七条、第二十八条规定要求及其他法定要求。

第十一条 生活用絮用纤维制品应当标注有符合国家规定要求的标识；其中以纤维制品下脚或其再加工纤维作为铺垫物原料的，还必须按照规定在标识中对所用原料予以明示说明。

第十二条 非生活用絮用纤维制品除依法标注标识外，还必须按国家规定在显著位置加注“非生活用品”警示。

第十三条 生产絮用纤维制品，应当经检验合格后，方可出厂。

第十四条 销售絮用纤维制品应当符合以下要求：

（一）建立健全并执行进货验收制度，验明絮用纤维制品质量合格证明和其他标识；

（二）采取适当措施，保持销售的絮用纤维制品的质量；

（三）销售的絮用纤维制品有符合国家规定要求的标识；生活用絮用纤维制品是以纤维制品下脚或其再加工纤维作为铺垫物原料的，在标识中必须有符合本办法第十一条规定的明示说明；属非生活用絮用纤维制品的，必须在显著位置有“非生活用品”的警示；

（四）国家规定的其他要求。

第十五条 将生活用絮用纤维制品用于经营性服务或者公益活动的，应当建立并执行进货检查验收制度。

第十六条 将生活用絮用纤维制品用于经营性服务的，应当自行对生活用絮用纤维制品质量进行定期检查，对存在危及人体健康和人身安全不合理危险的或者已经不符合保障人体健康和人身安全标准的生活用絮用纤维制品，应当及时更换。

第十七条 禁止以不合格絮用纤维制品或原料冒充合格产品，禁止在絮用纤维制品中掺杂、掺假，以假充真，以次充好。

禁止将前款规定的絮用纤维制品用于经营性服务。

第十八条 不得伪造絮用纤维制品产地,不得伪造或冒用他人的厂名、厂址。

第三章 质量监督

第十九条 纤维质量监督机构应当依法对絮用纤维制品质量实施监督检查。

纤维质量监督机构在实施监督检查过程中,根据违法嫌疑证据或者举报,对涉嫌违反本办法规定的行为进行查处时,应当依法行使法律、法规规定的职权。

第二十条 根据监督检查的需要,可以由专业纤维检验机构等具有法定资质的产品质量检验机构对絮用纤维制品质量进行检验;需要抽样检验的,应当依照国家有关规定进行。

第二十一条 生活用絮用纤维制品生产者、销售者、消费者以及将生活用絮用纤维制品用于经营性服务或者公益性活动的,可以委托专业纤维检验机构等具有法定资质的产品质量检验机构对絮用纤维制品进行质量检验。

第二十二条 专业纤维检验机构等具有法定资质的产品质量检验机构进行絮用纤维制品质量检验,必须执行相关标准、技术规范和有关规定,客观、公正、及时地出具检验结果,保证检验结果合法、有效。

第二十三条 任何单位和个人有权对违反本办法规定的行为进行投诉和举报。

纤维质量监督机构对受理的投诉和举报应当进行核实,并对违反本办法的行为进行查处。

第二十四条 省级质监部门根据监督检查和举报等情况,负责组织确定本辖区内絮用纤维制品质量违法行为较突出的重点区域、场所,并报请当地人民政府组织相关部门对该重点区域、场所的质量违法行为进行整治。

第二十五条 纤维质量监督机构根据监督检查、委托服务以及核查后的投诉举报等情况,建立絮用纤维制品相关单位或个人的质量档案。

纤维质量监督机构根据质量档案,按规定对絮用纤维制品相关单位或个人的质量信用进行评定，并根据评定结果实行分类监督管理。有关絮用纤维制品质量信用评定的方法另行制定。

第二十六条 任何单位和个人不得包庇、纵容絮用纤维制品质量违法行为，或者拒绝、阻挠、干预纤维质量监督机构依法对违反本办法行为的查处。

第二十七条 各级质量技术监督部门及专业纤维检验机构工作人员对絮用纤维制品质量进行监督检查，不得滥用职权，玩忽职守，徇私舞弊。

第四章 罚 则

第二十八条 在生产、销售活动中违反本办法第四条规定的，依据《中华人民共和国产品质量法》第四十九条、第五十条等有关规定进行处罚。

在经营性服务中违反本办法第四条规定的，依据《中华人民共和国产品质量法》第六十二条的规定进行处罚。

在公益活动中违反本办法第四条规定的，责令限期更换合格产品，向有关主管部门进行通报。

第二十九条 违反本办法第八条规定的，责令整改，并记入其质量档案；对限期内不予整改的，可以予以公告。

第三十条 违反本办法第九条第一款规定的，予以警告，并处以 3 万元以下罚款。

违反本办法第九条第二款规定的，予以警告，可处以 1 万元以上 3 万元以下罚款。

第三十一条 违反本办法第十条第三款、第十一条、第十二条、第十四条第（三）项规定，未按本办法要求标注标识的，依据《中华人民共和国产品质量法》第五十四条进行处罚；其中未按本办法规定标注有关原料明示说明或警示语的，按照对违反《中华人民共和国产品质量法》第二十七条第（五）项的处罚规定处罚。

第三十二条 违反本办法第十七条规定的，按照《中华人民共和国产品质量法》第五十条、六十二条规定予以处罚。

第三十三条 违反本办法第十八条规定的，按照《中华人民共和国产品质量法》第五十三条规定予以处罚。

第三十四条 违反本办法第二十二条规定的，按照《中华人民共和国产品质量法》第五十七条规定予以处罚。

第三十五条 违反本办法第二十七条规定的，按照《中华人民共和国产品质量法》第六十八条规定予以处罚。

第三十六条 其他违反本办法和产品质量法律法规规定，构成违法行为的，依据《中华人民共和国产品质量法》等法律法规的规定，追究法律责任。

第三十七条 本办法规定的行政处罚由纤维质量监督机构在职权范围内依法实施。

第五章 附 则

第三十八条 本办法所称生活用絮用纤维制品是指日常生活中与人体密切接触的絮用纤维制品。

本办法所称非生活用絮用纤维制品是指生活用絮用纤维制品以外的絮用纤维制品。

第三十九条 絮用纤维制品进出口检验检疫监管工作，依据有关法律法规执行。

第四十条 本办法由国家质检总局负责解释。

第四十一条 本办法自2006年9月1日起实施。

棉花加工资格认定和市场管理暂行办法

（2006年10月10日国家发展改革委、
国家工商总局、国家质检总局令第49号公布）

第一章 总 则

第一条 为加强棉花收购、加工与市场的监督管理，进一步强化国家对棉花市场的宏观调控，保护国家棉花资源，维护棉花正常流通秩序，根据《中华人民共和国行政许可法》（以下简称《行政许可法》）、《产品质量法》、《棉花质量监督管理条例》、《无照经营查处取缔办法》等法律法规，制定本办法。

第二条 在中华人民共和国境内，从事棉花收购、加工、销售等经营活动，进行棉花加工资格认定和对棉花经营行为的监督管理，必须遵守本办法。

第三条 本办法所称棉花是指籽棉和皮棉，不包括废棉、落棉、回收棉及棉短绒。

本办法所称棉花加工资格认定制度是指从事棉花加工经营活动的企业，除应具备一般经营条件外，还须具备本办法规定的相应条件，经资格认定机关审查认定后授予其棉花加工资格的行政许可制度。

本办法所称资格认定机关是指参与棉花加工资格认定工作的省级各有关部门和机构的统称。主要包括发展改革部门、工商行政管理部门、棉花质量监督机构。

本办法所称棉花质量监督机构是指《棉花质量监督管理条例》规定的棉花质量监督机构。

第四条 国务院有关部门在各自职责范围内负责组织和实施本办法的有关工作。国家发展改革部门牵头负责全国棉花加工资格认定工作的总体指导和组织协调。各省、自治区、直辖市人民政府有关部门和机构根据本办法负责当地棉花加工企业资格认定工作，并负责本地区棉花市场管理和质量监督工作。

棉花协会向政府有关部门提供棉花加工企业规划布局、棉花加工资格认定和市场管理的政策建议；协助政府有关部门做好棉花加工企业的资格认定工作。

第五条 国家对棉花加工实行资格认定制度。

凡从事棉花加工的企业必须按照本办法的规定进行资格认定申报。省、自治区、直辖市的资格认定机关对予以受理的申报进行棉花加工资格条件的审查和认定，对符合本办法规定条件的，授予新的《棉花加工资格认定证书》（以下简称《资格证书》），并向社会公布认定企业名单。

本办法颁布之前已经获得棉花加工资格认定的企业，在过渡期内按原资格认定条件复查合格的，可继续从事棉花加工经营活动。在过渡期结束后，由国家统一公布取消原棉花收购加工资格认定证书。

按照《行政许可法》规定，资格认定不收费，所需费用按照《行政许可法》的规定解决。

第二章 棉花加工资格认定条件

第六条 取得棉花加工资格认定必须同时具备以下条件：

（一）本办法实施前已经获得棉花加工资格证书且依然有效的法人或其他经济组织。

（二）符合所在地棉花加工企业合理规划布局的要求，已经纳入全国棉花加工业生产设备（压力吨位400吨及以上的打包机及其辅助设施等，下同）更新改造规划。

（三）有当地棉花质量监督机构依法出具的符合下列条件的质量保证能力资格认定证明：

1. 具备保证棉花质量所必须的棉花加工场所；

2. 具备必要的符合国家规定的进厂籽棉质量检验环境条件和相应的仪器设备；

3. 配备符合国家规定的压力吨位400吨及以上的打包机、自动取样、称重装置、条码信息系统等设备，并具备符合国家标准规定的轧花工艺和设备；

4. 配备经国家人事、劳动部门会同有关部门考核合格的专职棉花品质检验及加工技术人员（包括获得棉花质量检验师执业资格证书人员，棉花检验、加工技术职业资格证书人员）；

5. 配备符合要求的棉花标准（包括实物标准和文字标准）；

6. 具有其他必要的质量保证条件。

（四）有当地公安消防机构出具的消防条件符合要求的证明。

（五）国家规定的其他条件。

个别省区由于棉花种植区域发生较大变化，需要新建棉花加工企业的，有关情况报国家发展改革部门同意后，由省级资格认定机关按规定程序进行审批。经批准的新建棉花加工企业，应当持资格认定机关的核准文件和《资格证书》，到工商行政管理部门办理登记，领取营业执照。

第七条 有下列情形之一的，资格认定机关不受理申请者提出的棉花加工资格认定申请：

（一）因质量违法或其他违法经营被责令改正或行政处罚，企业已改正且履行处罚义务之日起至提出申请之日尚未满半年的；

(二) 违反国家法律、法规、规章有关棉花质量监督管理的规定，有掺杂掺假、以假充真、以次充好或其他严重质量违法行为的，自行政处罚之日起至提出申请之日尚未满一年半的；

(三) 出现过隐瞒有关情况或提供虚假材料申请棉花加工资格认定行为，至提出申请之日尚未满三年的；

(四) 因违法被撤销原棉花加工资格，至提出申请之日尚未满三年的；

(五) 因棉花违法经营受到行政处罚但不按法定要求履行处罚义务的；

(六) 国家规定的其他情形。

第三章　棉花加工资格审核认定程序

第八条　省级发展改革部门按照《行政许可法》的要求将棉花加工资格认定的事项、依据、条件、数量、程序、期限以及需要提交的全部材料的目录和申请书示范文本等在办公场所(包括政府网站)公示。各资格认定机关应当在省级发展改革部门的统一组织下进行公示。

第九条　申请者必须在取得省级发展改革部门棉花加工业生产设备更新改造规划登记核准后方可进行设备更新改造，并在规定的期限内完成改造和通过验收。

第十条　省级发展改革部门在每年5月的前10个工作日内接受棉花加工资格认定申请。接受期限发生调整的，由省级发展改革部门提前向社会公布，同时报国家发展改革部门备案。申请者申请时须提供以下材料(每项一式三份)：

(一) 棉花加工资格认定申请；

(二) 原有的棉花加工资格认定证书(复印件)；

(三) 证明符合合理规划布局条件的材料；

(四) 证明具备质量保证能力须提供的材料；

(五) 证明具备消防条件的材料(当地公安消防机构出具)；

(六) 营业执照复印件；

(七) 根据规定需要申请者提供的其他材料。

申请者应当保证所提交的申请材料全部真实有效。

第十一条 省级发展改革部门在接收到申请者申请材料之日起5个工作日内，作出受理或者不予受理的决定。不予受理的，书面通知申请者并注明理由。

第十二条 对决定受理申请的，省级发展改革部门组织安排资格认定机关对申请者相关条件进行审查，并征求当地棉花协会的意见，在决定受理之日起45个工作日内作出审查决定。

第十三条 对作出授予棉花加工资格决定的，省级发展改革部门自作出决定之日起10个工作日内向申请者颁发《资格证书》。对审查后不予准许的，书面通知申请者并注明理由。

省级发展改革部门定期向社会公布获得《资格证书》企业的名单，并报国家发展改革部门备案。

第十四条 各资格认定机关在棉花加工资格审核认定中所使用的文书格式和《资格证书》格式由国家发展改革部门统一规定。

第四章 棉花加工管理

第十五条 禁止企业未经过资格认定而从事棉花加工经营活动。

第十六条 获得棉花加工资格认定的企业应当履行以下义务：

（一）保证各项质量保证能力条件得到正常运行和实施；

（二）按照国家标准和技术规范的要求收购（进厂）、加工棉花；

（三）不得购买、使用国家明令禁止的设备加工棉花；

（四）必须按照国家规定挑拣、排除异性纤维；

（五）成包棉花必须参加仪器化公证检验；

（六）不得通过挂靠、联营等手段为没有通过相应棉花加工资格认定的企业从事棉花加工活动提供便利、从中牟利，即不得“一证多厂”；

（七）不得向负责监督检查的行政机关或法律法规授权的组织隐瞒有关情况、提供虚假材料或者拒绝提供反映其活动的真实材料；

（八）不得拒绝、阻碍依法开展的监督检查；

（九）应定期向所在地县级发展改革部门上报本企业棉花收购、加工、销售和库存等有关情况；

（十）国家规定的其他要求。

第十七条 《资格证书》有效期为5年，自签发之日起计算。

棉花加工企业需要延续所获《资格证书》有效期的，应当在《资格证书》有效期届满60日前向原颁发《资格证书》的省级发展改革部门（以下简称原发证机关）提出申请，并提供规定的材料。原发证机关根据申请，在有效期届满前应当作出是否予以延续的决定。

获得《资格证书》的棉花加工企业逾期未提出延续申请的，由原发证机关办理注销手续，并予以公告。

第十八条 《资格证书》如灭失，棉花加工企业应在3日内书面告知原发证机关，原发证机关接到通知后应确定该《资格证书》已无效，并向社会公布。

需要补办《资格证书》的棉花加工企业应当向原发证机关提出申请，经原发证机关批准予以补办。

棉花加工企业的《资格证书》灭失，无正当理由，既未按时通知原发证机关，又未申请补办《资格证书》的，棉花加工企业应承担由此引起的法律后果。

第十九条 棉花加工企业不得有下列行为：

（一）以欺骗等非法手段获取《资格证书》；

（二）将获得的《资格证书》倒卖、出租、出借或其他形式非法转让；

（三）使用无效、失效的《资格证书》；

（四）伪造、变造、冒用《资格证书》。

第二十条 棉花加工企业的《资格证书》记载的企业名称、法定代表人、加工场所等事项发生变更的，应向原发证机关申请变更登记，获得批准后方可继续从事棉花加工。原《资格证书》应在获得新《资格证书》之日起5日内交还原发证机关，并由其予以注销。

第二十一条 获得《资格证书》的棉花加工企业有以下任何情形之一的，认定为丧失棉花加工资格，由原发证机关撤销所发《资格证书》，并向社会公布，同时向国家发展改革部门备案：

（一）质量保证能力、消防条件、主体条件等有一项已经不具备规定的资格认定条件，且经整改无效的；

（二）出现本办法第十九条规定的任何一种情况的；

（三）《资格证书》灭失后，无正当理由，既未按时通知原发证机关，又未申请补办《资格证书》的；

（四）发生本办法第二十条的情况，未按规定进行变更的；

（五）违反国家法律、法规、规章有关棉花质量监督和市场管理的规定，有严重质量违法行为、或棉花质量违法屡查屡犯、或因质量违法被责令改正而未予改正、或有其他违法经营行为的；

（六）拒绝、阻碍依法开展的监督检查，且拒不改正、或屡查屡犯、或情节严重（如出现暴力抗拒检查的情形）的；

（七）向负责监督检查的行政机关或法律法规授权的组织隐瞒有关情况、提供虚假材料或者拒绝提供反映其活动的真实材料的；

（八）获得《资格证书》后连续两年未开展相应的棉花加工经营活动的；

（九）违反本办法其他有关规定，经资格认定机关依法决定应当取消棉花加工资格的；

（十）国家规定的应当撤销证书的其他情形。

第二十二条 有下列情形之一的，省级发展改革部门应当办理有关《资格证书》的注销手续，并向社会公布，同时向国家发展改革部门备案：

（一）《资格证书》有效期届满未延续的；

（二）获得《资格证书》的棉花加工企业依法终止；

（三）《资格证书》依照本办法第二十一条被撤销；

（四）法律、法规规定的应当注销的其他情形。

第二十三条 资格认定部门在营业执照有效期内依法吊销或撤销《资格证书》，应当在吊销或撤销《资格证书》5个工作日内通知工商行政管理部门。相关企业应当依法到工商行政管理部门办理变更登记或者注销登记。

第二十四条 政府有关职能部门通过每年定期复查和日常监督检查，对获得《资格证书》的棉花加工企业进行监督检查。

在定期复查和日常监督检查中，实施监督检查的行政执法机构应当将监督检查的情况和处理结果予以记录，由监督检查人员签字后归档。

第二十五条 国家发展改革部门定期组织相关部门对本办法规定的棉花加工资格认定的条件、程序、效果等进行评估，依法需要调整时应当及时调整。

第五章　棉花市场管理

第二十六条　棉花收购者不得有以下行为：

（一）不明码标价收购棉花；

（二）不按照国家标准和技术规范收购棉花；

（三）提供虚假信息或误导性宣传；

（四）与交售者有收购合同或协议而拒收或限收棉花；

（五）其他违反国家质量法律、法规、规章规定的。

第二十七条　棉花销售企业不得有以下行为：

（一）购买、销售非法加工的棉花；

（二）销售的棉花没有有效的质量凭证；

（三）棉花等级、类别、重量与质量凭证、标识不相符；

（四）棉花包装、标识不符合国家标准的规定；

（五）签订棉花销售合同后不按合同规定履约；

（六）其他违反国家质量法律、法规、规章规定的。

第二十八条　严格实施主要棉花加工机械生产许可证制度。未获主要棉花加工机械生产许可证的企业，不得从事相应的棉花加工机械生产经营活动；棉花加工机械生产企业不得生产、销售不符合国家规定的棉花加工设备。

第二十九条　从事皮棉经营业务，可直接向所在地工商行政管理部门提出申请，由工商行政管理部门依据法律法规规定核准登记。

第三十条　棉花交易市场应按照国家有关法律、法规、规章的规定，建立健全棉花交易规则，有效保护客户的合法权益。棉花交易市场必须具备以下基本条件：

（一）有固定的交易场所；

（二）法人治理结构完善；

（三）建立公开、公平、公正、规范的交易规则；

（四）对市场参与者要有明确的行为规范；

（五）市场开办单位不得参与市场交易；

（六）市场交易的棉花必须附有符合国家规定的质量凭证和包装标识；

（七）市场开办单位和市场交易者要接受工商行政管理部门、棉花质量监督机构、税务部门等的监管，照章纳税、诚信经营；

（八）国家规定的其他条件。

第三十一条 禁止伪造、变造、冒用棉花质量凭证、公证检验证书、公证检验标志、其他检验标志、标识。

第三十二条 禁止在棉花收购、加工和销售活动中掺杂、掺假，以假充真，以次充好。

第三十三条 禁止无照或超范围经营棉花。

第三十四条 棉花质量监督机构和其他国家机关以及棉花质量检验机构不得以监制、监销等方式参与棉花经营活动。

第三十五条 专业纤维检验机构和依法批准成立的其他纤维检验机构，要严格按照国家有关质量法规、标准及《棉花质量监督管理条例》的规定，规范质量检验行为，公正严格检验棉花质量，对出具的检验证书依法承担相应的责任。

第三十六条 任何地方政府及部门不得采取划片、设卡、发放准运证等方式限制或变相限制企业销售棉花的区域和干预企业正常收购、加工、销售、运输活动。

第三十七条 工商行政管理部门、棉花质量监督机构应当依法在各自的职责范围内，对棉花收购、销售等经营活动实施监督检查，监督检查中可依据有关法律、法规、规章的规定行使现场检查、调查、查阅、查封、扣押等职权。

第六章 罚 则

第三十八条 违反本办法第十六条第（一）项、第（五）项规定的，由棉花质量监督机构责令改正；拒不改正或者屡查屡犯的，处以 1 万元以上 3 万元以下的罚款。

违反本办法第十六条第（二）项、第（四）项规定的，由棉花质量监督机构依据《棉花质量监督管理条例》有关规定予以处罚。

违反本办法第十六条第（三）项、第（七）项、第（八）项规定的，由实施监督检查的行政执法机构责令改正，可根据情节轻重处以 1 万元以上 3 万元以下的罚款；构成违反治安管理行为的，还应移送公安部门依法予以处罚。

第三十九条 违反本办法第十九条第(一)项至第(四)项规定的,由实施监督检查的行政执法机构责令改正,并处以 1 万元以上 3 万元以下的罚款。

第四十条 违反本办法第十五条、第十六条第(六)项、第二十九条、第三十三条规定的,由工商行政管理部门依法进行处罚。

第四十一条 违反本办法第二十六条第(一)项规定的,由价格主管部门依据《价格法》第四十二条的规定予以处罚。

违反本办法第二十六条第(二)项规定的,由棉花质量监督机构依据《棉花质量监督管理条例》第二十四条的规定予以处罚。

第四十二条 违反本办法第二十六条第(三)项、第(四)项、第二十七条第(五)项规定的,由工商行政管理部门按照有关法律法规的规定进行处理。

违反本办法第二十七条第(一)项规定的,由工商行政管理部门责令改正;拒不改正或者屡查屡犯的,处以 1 万元以上 3 万元以下的罚款。

违反本办法第二十七条第(二)项至第(四)项规定的,由棉花质量监督机构依据《棉花质量监督管理条例》第二十六条的规定予以处罚。

第四十三条 违反本办法第二十八条规定,未获生产许可证从事棉花加工机械生产经营的,由质量监督部门没收其产品,并处以罚款;生产、销售不符合国家规定的棉花加工机械的,依据《产品质量法》、《工业产品生产许可证管理条例》有关规定予以处罚。

第四十四条 违反本办法第三十条第(一)项至第(七)项规定的,由实施监督检查的行政执法机构依据有关法律、法规、规章予以处罚。无处罚规定的,责令市场开办单位限期改正,并处 3 万元以下罚款。

第四十五条 违反本办法第三十一条、第三十二条规定的,由实施监督检查的行政执法机构依据有关法律、法规、规章予以处罚。

第四十六条 本办法规定的吊销营业执照的行政处罚由工商行政管理部门决定。

对同一违法事实,实施监督检查的行政执法机构不得给予两次处罚。

第四十七条 隐匿、转移、变卖、损毁被行政执法机构查封、扣押物品的,由行政执法机构按照有关法律、法规、规章予以处罚。

第四十八条 货值金额按现场牌价或结算票据计算,没有现场牌价或结算票据的，按同类产品市场价格计算。

第四十九条 棉花质量监督机构或者其他国家机关违反本办法规定，以监制监销等方式参与棉花经营活动的，由其上级机关或者监察机关责令改正，有违法收入的予以没收；情节严重的，对直接负责的主管人员和其他直接责任人员依法给予行政处分。

第五十条 专业纤维检验机构伪造公证检验证书，弄虚作假的，按照《棉花质量监督管理条例》有关规定予以处罚。其他纤维检验机构伪造检验结果或者出具虚假证明的，按照《产品质量法》有关规定予以处罚。

第五十一条 违反本办法第三十五条规定的，由上级机关责令改正；情节严重的，由同级或上级机关对直接责任人员给予行政处分。

第五十二条 本办法规定的资格认定机关，在实施棉花加工资格认定活动中，违反本办法规定的，依据《行政许可法》追究相关单位和人员的法律责任。

第五十三条 地方政府及其所属部门有违反本办法规定行为的，由上一级人民政府责令改正，对负责的主管人员和其他直接责任人依法给予降级或者撤职的行政处分。

第七章 行政处罚程序

第五十四条 实施行政处罚的行政机关，必须严格执行《行政处罚法》所规定的行政处罚程序和国务院有关罚款收缴分离的规定。当事人认为行政处罚违反《行政处罚法》规定的，可依法提起行政复议或行政诉讼，并有权予以检举。

第五十五条 违反本办法规定，涉嫌构成犯罪的，由行政执法机构依法移送公安部门。

第八章 附 则

第五十六条 各省（区、市）资格认定机关可根据本办法相关规定结合本地的实际情况制定具体的实施细则。

第五十七条 本办法由国家发展改革委、国家工商总局、国家质检总局按职能分工负责解释。

第五十八条 本办法自发布之日起施行。

起重机械安全监察规定

（2006 年 12 月 29 日国家质检总局令第 92 号公布）

第一章 总 则

第一条 为了加强起重机械安全监察工作，防止和减少起重机械事故，保障人身和财产安全，根据《特种设备安全监察条例》，制定本规定。

第二条 起重机械的制造、安装、改造、维修、使用、检验检测及其监督检查，应当遵守本规定。

房屋建筑工地和市政工程工地用起重机械的安装、使用的监督管理按照有关法律、法规的规定执行。

第三条 国家质量监督检验检疫总局（以下简称国家质检总局）负责全国起重机械安全监察工作，县以上地方质量技术监督部门负责本行政区域内起重机械的安全监察工作。

第二章 起重机械制造

第四条 制造单位应当依法取得起重机械制造许可，方可从事相应的制造活动。

起重机械制造许可实施分级管理，制造单位取得制造许可应当具备相应条件，具体要求按照有关安全技术规范等规定执行。

第五条 起重机械制造许可证有效期为 4 年。

制造单位应当在许可证有效期届满 6 个月前提出书面换证申请；经审查后，许可部门应当在有效期满前做出准予许可或者不予许可的决定。

起重机械制造许可证有效期届满而未换证的，不得继续从事起重机械制造活动。

第六条 制造单位应当采用符合安全技术规范要求的起重机械设计文件。

第七条 按照安全技术规范的要求，应当进行型式试验的起重机械产品、部件或者试制起重机械新产品、新部件，必须进行整机或者部件的型式试验。

第八条 起重机械制造过程应当按照安全技术规范等规定的范围、项目和要求,由制造所在地的检验检测机构进行监督检验。

第九条 制造单位应当在被许可的场所内制造起重机械;但结构不可拆分且运输超限的,可以在使用现场制造,由制造现场所在地的检验检测机构按照安全技术规范等要求进行监督检验。

第十条 制造单位不得将主要受力结构件(主梁、主副吊臂、主支撑腿、标准节,下同)全部委托加工或者购买并用于起重机械制造。

主要受力结构件需要部分委托加工或者购买的,制造单位应当委托取得相应起重机械类型和级别资质的制造单位加工或者购买其加工的主要受力结构件并用于起重机械制造。

第十一条 起重机械出厂时,应当附有设计文件(包括总图、主要受力结构件图、机械传动图和电气、液压系统原理图)、产品质量合格证明、安装及使用维修说明、监督检验证明、有关型式试验合格证明等文件。

第三章 起重机械安装改造维修

第十二条 起重机械安装、改造、维修单位应当依法取得安装、改造、维修许可,方可从事相应的活动。

起重机械安装、改造、维修许可实施分级管理,安装、改造、维修单位取得安装、改造、维修许可应当具备相应条件,具体要求按照有关安全技术规范等规定执行。

从事起重机械改造活动,应当具有相应类型和级别的起重机械制造能力。

第十三条 起重机械安装、改造、维修许可证有效期为 4 年。

安装、改造、维修单位应当在许可证有效期届满 6 个月前提出书面换证申请;经审查后,许可部门应当在有效期满前做出准予许可或者不予许可的决定。

起重机械安装、改造、维修许可证有效期届满而未换证的,不得继续从事起重机械安装、改造、维修活动。

第十四条 从事安装、改造、维修的单位应当按照规定向质量技术监督部门告知,告知后方可施工。

对流动作业并需要重新安装的起重机械，异地安装时，应当按照规定向施工所在地的质量技术监督部门办理安装告知后方可施工。

施工前告知应当采用书面形式，告知内容包括：单位名称、许可证书号及联系方式，使用单位名称及联系方式，施工项目、拟施工的起重机械、监督检验证书号、型式试验证书号、施工地点、施工方案、施工日期，持证作业人员名单等。

第十五条 从事安装、改造、重大维修的单位应当在施工前向施工所在地的检验检测机构申请监督检验。

检验检测机构应当到施工现场实施监督检验，监督检验按照相应安全技术规范等要求执行。

第十六条 安装、改造、维修单位应当在施工验收后 30 日内，将安装、改造、维修的技术资料移交使用单位。

第四章 起重机械使用

第十七条 起重机械在投入使用前或者投入使用后 30 日内，使用单位应当按照规定到登记部门办理使用登记。

流动作业的起重机械，使用单位应当到产权单位所在地的登记部门办理使用登记。

第十八条 起重机械使用单位发生变更的，原使用单位应当在变更后 30 日内到原登记部门办理使用登记注销；新使用单位应当按规定到所在地的登记部门办理使用登记。

第十九条 起重机械报废的，使用单位应当到登记部门办理使用登记注销。

第二十条 起重机械使用单位应当履行下列义务：

（一）使用具有相应许可资质的单位制造并经监督检验合格的起重机械；

（二）建立健全相应的起重机械使用安全管理制度；

（三）设置起重机械安全管理机构或者配备专（兼）职安全管理人员从事起重机械安全管理工作；

（四）对起重机械作业人员进行安全技术培训，保证其掌握操作技能和预防事故的知识，增强安全意识；

（五）对起重机械的主要受力结构件、安全附件、安全保护装置、运行机构、控制系统等进行日常维护保养，并做出记录；

（六）配备符合安全要求的索具、吊具，加强日常安全检查和维护保养，保证索具、吊具安全使用；

（七）制定起重机械事故应急救援预案，根据需要建立应急救援队伍，并且定期演练。

第二十一条 使用单位应当建立起重机械安全技术档案。起重机械安全技术档案应当包括以下内容：

（一）设计文件、产品质量合格证明、监督检验证明、安装技术文件和资料、使用和维护说明；

（二）安全保护装置的型式试验合格证明；

（三）定期检验报告和定期自行检查的记录；

（四）日常使用状况记录；

（五）日常维护保养记录；

（六）运行故障和事故记录；

（七）使用登记证明。

第二十二条 起重机械定期检验周期最长不超过2年，不同类别的起重机械检验周期按照相应安全技术规范执行。

使用单位应当在定期检验有效期届满1个月前，向检验检测机构提出定期检验申请。

流动作业的起重机械异地使用的，使用单位应当按照检验周期等要求向使用所在地检验检测机构申请定期检验，使用单位应当将检验结果报登记部门。

第二十三条 旧起重机械应当符合下列要求，使用单位方可投入使用：

（一）具有原使用单位的使用登记注销证明；

（二）具有新使用单位的使用登记证明；

（三）具有完整的安全技术档案；

（四）监督检验和定期检验合格。

第二十四条 起重机械承租使用单位应当按照本规定第二十条第（五）项规定，在承租使用期间对起重机械进行日常维护保养并记录，对承租起重机械的使用安全负责。

禁止承租使用下列起重机械：

（一）没有在登记部门进行使用登记的；

（二）没有完整安全技术档案的；

（三）监督检验或者定期检验不合格的。

第二十五条 起重机械的拆卸应当由具有相应安装许可资质的单位实施。

起重机械拆卸施工前，应当制定周密的拆卸作业指导书，按照拆卸作业指导书的要求进行施工，保证起重机械拆卸过程的安全。

第二十六条 起重机械具有下列情形之一的，使用单位应当及时予以报废并采取解体等销毁措施：

（一）存在严重事故隐患，无改造、维修价值的；

（二）达到安全技术规范等规定的设计使用年限或者报废条件的。

第二十七条 起重机械出现故障或者发生异常情况，使用单位应当停止使用，对其全面检查，消除故障和事故隐患后，方可重新投入使用。

第二十八条 发生起重机械事故，使用单位必须按照有关规定要求，及时向所在地的质量技术监督部门和相关部门报告。

第五章 监督检查

第二十九条 质量技术监督部门依照《特种设备安全监察条例》和本规定等有关要求，对起重机械的制造、安装、改造、维修、使用、检验检测实施安全监察。

第三十条 质量技术监督部门的安全监察人员等行政执法人员从事安全监察活动，应当忠于职守、坚持原则、秉公执法、依法执法。

第三十一条 质量技术监督部门在安全监察工作中，需要当地人民政府和有关部门支持和配合处理起重机械事故隐患或违法行为的，应当及时报告或者通知当地人民政府和有关部门。

第三十二条 起重机械安全事故的调查处理，按照国家有关规定执行。

第六章 法律责任

第三十三条 违反本规定第六条规定的，责令改正，处以2万元以上

3万元以下罚款。

第三十四条 制造单位违反本规定第九条规定，未在被许可的场所内制造起重机械的，责令改正，处以2万元以上3万元以下罚款。

第三十五条 违反本规定第十条第一款或者第二款规定的，责令改正，处以1万元以上3万元以下罚款。

第三十六条 起重机械使用单位发生变更，原使用单位违反本规定第十八条规定，未在变更后30日内到原登记部门办理使用登记注销的，责令改正，处以2千元以上2万元以下罚款。

第三十七条 使用不符合本规定第二十三条第(一)项规定要求的起重机械的，责令改正，处以2千元以上2万元以下罚款。

第三十八条 违反本规定第二十四条第二款规定的，责令改正，处以2千元以上2万元以下罚款。

第三十九条 违反本规定第二十五条第二款规定的，责令改正，处以1万元以下罚款。

第四十条 违反本规定其他要求，构成《特种设备安全监察条例》等规定的违法行为的，按照其规定实施处罚。

第四十一条 起重机械安全监察人员等行政执法人员在工作中滥用职权、玩忽职守、徇私舞弊的，依法追究法律责任。

第七章 附 则

第四十二条 本规定所称起重机械，是指《特种设备安全监察条例》第八十八条所规定的起重机械，包括其附属的安全附件和安全保护装置。

起重机械的具体类别(类型)、品种(型式)按照国务院批准的目录执行。

第四十三条 本规定下列用语的含义是：

改造，是指改变原起重机械主要受力结构件、主要材料、主要配置、控制系统，致使原性能参数与技术指标发生改变的活动。

维修，是指拆卸或更换原有主要零部件、调整控制系统、更换安全附件和安全保护装置，但不改变起重机械的原性能参数与技术指标的修理活动。

重大维修，是指拆卸或者更换原有主要受力结构件、主要配置、控制系统，但不改变起重机械的原性能参数与技术指标的维修活动。

第四十四条 起重机械作业人员、检验检测机构及检验检测人员的监督管理，按照有关规定执行。

第四十五条 本规定由国家质检总局负责解释。

第四十六条 本规定自2007年6月1日起实施。

工业产品生产许可证注销程序管理规定

（2006年12月31日国家质检总局令第93号公布）

第一章 总 则

第一条 为规范工业产品生产许可证注销程序，保护公民、法人和其他组织的合法权益，维护社会经济秩序，根据《行政许可法》、《行政处罚法》、《产品质量法》、《工业产品生产许可证管理条例》等法律、行政法规的规定，制定本规定。

第二条 工业产品生产许可证注销程序的实施，适用本规定。

本规定所称工业产品是指《工业产品生产许可证管理条例》规定的产品（含食品及其相关产品）。

本规定所称生产许可证注销程序是指被许可人已经取得的生产许可资质被依法撤回、撤销、吊销或存在其他法定情形而被依法终止，并依法办理注销手续的过程。

第三条 生产许可证注销程序的实施，应当遵循事实清楚、证据确凿、公开、公平、公正的原则。

第四条 各级质量技术监督部门应当依照本规定实施撤回、撤销生产许可和吊销生产许可证，办理生产许可证注销手续。法律、行政法规另有规定的，从其规定。

第二章 生产许可的撤回、撤销

第五条 有下列情形之一的，应当作出撤回生产许可的决定：

（一）生产许可依据的法律、法规、规章修改或者废止导致生产许可项目依法被终止的；

（二）准予生产许可所依据的客观情况发生重大变化，导致生产许可被终止的；

（三）被许可生产的产品列入国家决定淘汰或者禁止生产的产品目录的；

（四）依法应当撤回生产许可的其他情形。

第六条 被许可人有下列情形之一的，应当作出撤销生产许可的决定：

（一）以欺骗、贿赂等不正当手段取得生产许可的；

（二）已经取得生产许可但不能持续保持应当具备的条件，且逾期未改正的；

（三）依法应当撤销生产许可的其他情形。

许可部门或许可工作人员有下列情形之一的，依照《工业产品生产许可证管理条例》的规定给予处分，可以作出撤销生产许可的决定：

（一）滥用职权、玩忽职守作出准予生产许可决定的；

（二）超越法定职权作出准予生产许可决定的；

（三）违反法定程序作出准予生产许可决定的；

（四）对不具备申请资格或者不符合法定条件的申请人准予生产许可的；

（五）依法可以撤销生产许可的其他情形。

依照前两款规定撤销生产许可，可能对公共利益造成重大损害的，不予撤销。

第七条 撤回、撤销生产许可，由准予生产许可的质量技术监督部门依法作出决定。

上级质量技术监督部门可以撤销下级部门决定的生产许可。

第八条 各级质量技术监督部门在监督管理中，发现应当撤回、撤销的情形的，应当按照有关规定进行调查取证，提出撤回、撤销的意见，并按规定要求逐级上报准予生产许可的质量技术监督部门处理。

第九条 作出撤回、撤销生产许可决定前，质量技术监督部门应当告知被许可人撤回、撤销生产许可的事实、理由和处理意见，听取被许可人的陈述和申辩。

对被许可人提出的陈述和申辩，质量技术监督部门应当进行核实；被许可人提出的陈述和申辩成立的，质量技术监督部门应当采纳。

第三章 生产许可证的吊销

第十条 被许可人有下列情形之一的，应当作出吊销生产许可证的决定：

（一）未按照规定在产品、包装或者说明书上标注生产许可证标志和编号，经责令限期改正逾期未改，情节严重的；

（二）出租、出借或者转让许可证证书、生产许可证标志和编号，情节严重的；

（三）产品经国家监督抽查或者省级监督抽查不合格，经整改复查仍不合格的；

（四）依法应当吊销生产许可证的其他情形。

第十一条 吊销生产许可证，由被许可人所在地的质量技术监督部门按办案程序管辖权的规定作出行政处罚决定并负责执行。作出吊销生产许可证行政处罚决定前，被许可人所在地的质量技术监督部门应当按规定要求逐级上报准予生产许可的质量技术监督部门批准。

第十二条 各级质量技术监督部门在监督管理中，发现被许可人存在应当吊销生产许可证的情形的，应当通报被许可人所在地的质量技术监督部门按照本规定第十一条的规定执行。

第十三条 作出吊销生产许可证行政处罚决定前，质量技术监督部门应当按照办案程序的规定，提出吊销生产许可证的处理意见，听取被许可人陈述和申辩，并告知其听证权利。

被许可人在规定期限内要求听证的，应当按照有关听证规则进行听证。

第十四条 在听取被许可人陈述、申辩或者听证活动结束后，质量技术监督部门认为被许可人违法事实清楚、证据确凿的，应当将吊销生产许可证的书面建议和有关情况，按规定要求逐级上报至准予生产许可的质量技术监督部门。

准予生产许可的质量技术监督部门应当按照有关规定及时作出批复。

被许可人所在地的质量技术监督部门根据准予生产许可部门同意吊销的批复，向被许可人作出吊销生产许可证的行政处罚决定并负责执行。

第四章 注销手续的办理

第十五条 有下列情形之一的，应当依法办理生产许可证注销手续：

（一）生产许可被依法撤回、撤销，或者生产许可证被依法吊销的；

（二）生产许可有效期届满未延续的；

（三）被许可人依法终止的；

（四）因不可抗力导致生产许可事项无法实施的；

（五）法律、法规规定的应当注销生产许可证的其他情形。

第十六条 对生产许可被依法撤回、撤销，或者生产许可证被依法吊销的，由准予生产许可的质量技术监督部门依法办理注销手续。

第十七条 对因其他情形应予注销生产许可的，各级质量技术监督部门可以依据事实提出处理建议，上报准予生产许可的质量技术监督部门；准予生产许可的部门应当按照有关规定及时办理注销手续。

第十八条 准予生产许可的质量技术监督部门负责公告注销生产许可的被许可人名单或有关事项。

第五章 附 则

第十九条 质量技术监督部门及其工作人员在生产许可撤回、撤销、吊销、注销工作中，存在违法违规情形的，应当按照行政执法监督与行政执法过错责任追究等有关规定进行处理。

第二十条 质量技术监督部门法制工作机构和行政监察机构应当加强对生产许可承办机构、执法机构的撤回、撤销、吊销和注销工作的监督。

第二十一条 生产许可被注销后，被许可人仍继续生产的，质量技术监督部门应当按照查处无证生产的有关规定实施处罚。

第二十二条 本规定由国家质检总局负责解释。

第二十三条 本规定自2007年3月1日起实施。

计量基准管理办法

（2007 年 6 月 6 日国家质检总局令第 94 号公布）

第一条 为了加强计量基准管理，根据《中华人民共和国计量法》、《中华人民共和国计量法实施细则》有关规定，制定本办法。

第二条 本办法所称计量基准是指经国家质量监督检验检疫总局（以下简称国家质检总局）批准，在中华人民共和国境内为了定义、实现、保存、复现量的单位或者一个或多个量值，用作有关量的测量标准定值依据的实物量具、测量仪器、标准物质或者测量系统。

第三条 在中华人民共和国境内，建立、保存、维护、改造、使用以及废除计量基准，应当遵守本办法。

第四条 计量基准由国家质检总局根据社会、经济发展和科学技术进步的需要，统一规划，组织建立。

基础性、通用性的计量基准，建立在国家质检总局设置或授权的计量技术机构；专业性强、仅为个别行业所需要，或工作条件要求特殊的计量基准，可以建立在有关部门或者单位所属的计量技术机构。

建立计量基准，可以由相应的计量技术机构向国家质检总局申报。

第五条 计量技术机构申报计量基准，必须按照规定的条件和程序报国家质检总局批准。

第六条 申报计量基准的计量技术机构应当具备以下条件：

（一）能够独立承担法律责任；

（二）具有从事计量基准研究、保存、维护、使用、改造等项工作的专职技术人员和管理人员；

（三）具有保存、维护和改造计量基准装置及正常工作所需实验室环境（包括工作场所、温度、湿度、防尘、防震、防腐蚀、抗干扰等）的条件；

（四）具有保证计量基准量值定期复现和保持计量基准长期可靠稳定运行所需的经费和技术保障能力；

（五）具有相应的质量管理体系；

（六）具备参与国际比对、承担国内比对的主导实验室和进行量值传递工作的技术水平。

第七条 计量技术机构申报计量基准，应当向国家质检总局提供以下文件：

（一）申请报告；

（二）研究报告；

（三）省部级以上有关主管部门主持或认可的科学技术鉴定报告和相应证明文件；

（四）试运行期间的考核报告、复现性和年稳定性运行记录；

（五）检定系统表方案；

（六）计量基准操作手册；

（七）主体设备、附属设备一览表及影像资料。

第八条 国家质检总局可以委托专家组对计量技术机构申报的计量基准进行文件资料审查和现场评审，并由专家组出具评审报告。

文件资料审查和现场评审的内容应当符合本办法第六条和第七条规定要求。

第九条 国家质检总局对专家评审报告进行审核；对审核合格的，批准该项计量基准的建立申报，颁发计量基准证书，并向社会公告。

经批准的计量基准，由提出申报的计量技术机构保存和维护，其负责保存和维护计量基准的实验室为国家计量基准实验室。

第十条 保存、维护计量基准的计量技术机构，应当保证持续满足第六条规定的条件。

第十一条 保存、维护计量基准的计量技术机构，应当定期或不定期进行以下活动：

（一）排除各种事故隐患，以免计量基准失准；

（二）参加国际比对，确保计量基准量值的稳定并与国际上量值的等效一致；

（三）定期进行计量基准单位量值的复现。

对于开展前款规定活动的有关情况，计量技术机构应当及时报告国家质检总局。

第十二条 计量技术机构不得擅自改造、拆迁计量基准；需要改造、拆迁的，应当报国家质检总局批准。

第十三条 计量基准改造、拆迁完成，并通过稳定性运行实验后，需要恢复该计量基准的，计量技术机构应当报国家质检总局批准。

前款规定事项的申请、批准，按本办法第七、八、九条规定执行。

第十四条 对计量基准改值或因相应计量单位改制而改变计量基准的，计量技术机构应当报国家质检总局批准。

第十五条 计量技术机构应当定期检查计量基准的技术状况，保证计量基准正常运行，按规范要求使用计量基准进行量值传递。

对因有关原因造成计量基准用于量值传递中断的，计量技术机构应当向国家质检总局报告。

第十六条 国家质检总局以及保存、维护计量基准的计量技术机构的有关主管部门应当加强对计量基准保存、维护、改造的投入。

第十七条 国家质检总局应当及时废除不适应计量工作需要或者技术水平落后的计量基准，撤销原计量基准证书，并向社会公告。

第十八条 国家质检总局可以对计量基准进行定期复核和不定期监督检查，复核周期一般为 5 年。

复核和监督检查的内容包括：计量基准的技术状态、运行状况、量值传递情况、人员状况、环境条件、质量体系、经费保障和技术保障状况等。

国家质检总局可以根据复核和监督检查结果，组织或责令有关计量技术机构对有关计量基准进行整改。

第十九条 从事计量基准保存、维护或使用的计量技术机构及其工作人员，不得有下列行为：

（一）利用计量基准进行不正当活动；

（二）未履行计量基准有关报告、批准制度；

（三）故意损坏计量基准设备，致使计量基准量值失准、停用或报废；

（四）不当操作，未履行或未正确履行相关职责，致使计量基准失准、停用或报废；

（五）故意篡改、伪造数据、报告、证书或技术档案等资料；

（六）不当处理、计算、记录数据，造成报告和证书错误。

违反前款规定的，由国家质检总局责令计量技术机构限期整改；情节严重的，撤销计量基准证书和国家计量基准实验室称号，并对有关责任人予以行政处分；构成犯罪的，依法追究刑事责任。

第二十条 从事计量基准管理的国家工作人员滥用职权、玩忽职守、徇私舞弊，情节轻微的，依法予以行政处分；构成犯罪的，依法追究刑事责任。

第二十一条 本办法由国家质检总局负责解释。

第二十二条 本办法自2007年7月10日起施行。1987年7月10日原国家计量局发布的《计量基准管理办法》同时废止。

食品召回管理规定

（2007年8月27日国家质检总局令第98号公布）

第一章 总 则

第一条 为了加强食品安全监管，避免和减少不安全食品的危害，保护消费者的身体健康和生命安全，根据《中华人民共和国产品质量法》、《中华人民共和国食品卫生法》、《国务院关于加强食品等产品安全监督管理的特别规定》等法律法规，制定本规定。

第二条 在中华人民共和国境内生产、销售的食品的召回及其监督管理活动，应当遵守本规定。

第三条 本规定所称不安全食品，是指有证据证明对人体健康已经或可能造成危害的食品，包括：

（一）已经诱发食品污染、食源性疾病或对人体健康造成危害甚至死亡的食品；

（二）可能引发食品污染、食源性疾病或对人体健康造成危害的食品；

（三）含有对特定人群可能引发健康危害的成分而在食品标签和说明书上未予以标识，或标识不全、不明确的食品；

（四）有关法律、法规规定的其他不安全食品。

第四条 本规定所称召回，是指食品生产者按照规定程序，对由其生产原因造成的某一批次或类别的不安全食品，通过换货、退货、补充或修正消费说明等方式，及时消除或减少食品安全危害的活动。

第五条 国家质量监督检验检疫总局(以下简称国家质检总局)在职权范围内统一组织、协调全国食品召回的监督管理工作。

省、自治区和直辖市质量技术监督部门(以下简称省级质监部门)在本行政区域内依法组织开展食品召回的监督管理工作。

第六条 国家质检总局和省级质监部门组织建立食品召回专家委员会(以下简称“专家委员会”)为食品安全危害调查和食品安全危害评估提供技术支持。

第七条 国家质检总局应当加强食品召回管理信息化建设,组织建立食品召回信息管理系统,统一收集、分析与处理有关食品召回信息。

地方各级质监部门对本行政区域内的食品生产者建立质量安全档案,负责收集、分析与处理本行政区域内的有关食品安全危害和食品召回信息并逐级上报。

第八条 食品生产者应当建立完善的产品质量安全档案和相关管理制度,应当准确记录并保存生产环节中的原辅料采购、生产加工、储运、销售以及产品标识等信息,保存消费者投诉、食源性疾病事故、食品污染事故记录,以及食品危害纠纷信息等档案。

第九条 食品生产者应当向所在地的省级或市级质监部门及时报告所有相关的食品安全危害信息,包括消费者投诉、食品安全危害事件等,不得隐瞒或虚报其生产的食品危害人体健康的事实。

第二章 食品安全危害调查和评估

第十条 判定食品是否属于不安全食品,应当进行食品安全危害调查和食品安全危害评估。

第十一条 食品安全危害调查的主要内容包括:

(一) 是否符合食品安全法律、法规或标准的安全要求;

(二) 是否含有非食品用原辅料、添加非食品用化学物质或者将非食品当作食品;

(三) 食品的主要消费人群的构成及比例;

(四) 可能存在安全危害的食品数量、批次或类别及其流通区域和范围。

第十二条 食品安全危害评估的主要内容包括:

（一）该食品引发的食品污染、食源性疾病、或对人体健康造成的危害，或引发上述危害的可能性；

（二）不安全食品对主要消费人群的危害影响；

（三）危害的严重和紧急程度；

（四）危害发生的短期和长期后果。

第十三条 食品生产者获知其生产的食品可能存在安全危害或接到所在地的省级质监部门的食品安全危害调查书面通知，应当立即进行食品安全危害调查和食品安全危害评估。

食品生产者应当及时通过所在地的市级质监部门向省级质监部门提交食品安全危害调查、评估报告，调查、评估报告的内容应当包括本规定第八条、第十一条和第十二条所述的内容。

第十四条 食品生产者接到通知后未进行食品安全危害调查和评估，或者经调查和评估确认不属于不安全食品的，所在地的省级质监部门应当组织专家委员会进行食品安全危害调查和食品安全危害评估，并做出认定。

第十五条 食品生产者和销售者应当配合省级质监部门组织的食品安全危害调查，不得以食品已通过任何符合性审查为由拒绝。

第十六条 食品生产者的食品安全危害调查和食品安全危害评估的结果与其所在地的省级质监部门所组织的专家委员会的结果不一致时，省级质监部门可以采取听证等方式进行处理，并做出确认结果的决定。

第十七条 经食品安全危害调查和评估，确认属于生产原因造成的不安全食品的，应当确定召回级别，实施召回。

第十八条 根据食品安全危害的严重程度，食品召回级别分为三级：

（一）一级召回：已经或可能诱发食品污染、食源性疾病等对人体健康造成严重危害甚至死亡的，或者流通范围广、社会影响大的不安全食品的召回；

（二）二级召回：已经或可能引发食品污染、食源性疾病等对人体健康造成危害，危害程度一般或流通范围较小、社会影响较小的不安全食品的召回；

（三）三级召回：已经或可能引发食品污染、食源性疾病等对人体健康造成危害，危害程度轻微的，或者属于本规定第三条第（三）项规定的不安全食品的召回。

第三章 食品召回的实施

第一节 主动召回

第十九条 确认食品属于应当召回的不安全食品的，食品生产者应当立即停止生产和销售不安全食品。

第二十条 自确认食品属于应当召回的不安全食品之日起，一级召回应当在 1 日内，二级召回应当在 2 日内，三级召回应当在 3 日内，通知有关销售者停止销售，通知消费者停止消费。

第二十一条 食品生产者向社会发布食品召回有关信息，应当按照有关法律法规和国家质检总局有关规定，向省级以上质监部门报告。

第二十二条 自确认食品属于应当召回的不安全食品之日起，一级召回应在 3 日内，二级召回应在 5 日内，三级召回应在 7 日内，食品生产者通过所在地的市级质监部门向省级质监部门提交食品召回计划。

第二十三条 食品生产者提交的食品召回计划主要内容包括：

（一）停止生产不安全食品的情况；

（二）通知销售者停止销售不安全食品的情况；

（三）通知消费者停止消费不安全食品的情况；

（四）食品安全危害的种类、产生的原因、可能受影响的人群、严重和紧急程度；

（五）召回措施的内容，包括实施组织、联系方式以及召回的具体措施、范围和时限等；

（六）召回的预期效果；

（七）召回食品后的处理措施。

第二十四条 自召回实施之日起，一级召回每 3 日，二级召回每 7 日，三级召回每 15 日，通过所在地的市级质监部门向省级质监部门提交食品召回阶段性进展报告。

食品生产者对召回计划有变更的，应当在食品召回阶段性进展报告中说明。

所在地的市级以上质监部门应当对食品召回阶段性进展报告提出处理意见，通知食品生产者并上报所在地的省级质监部门。

第二节 责令召回

第二十五条 经确认有下列情况之一的，国家质检总局应当责令食品生产者召回不安全食品，并可以发布有关食品安全信息和消费警示信息，或采取其他避免危害发生的措施：

（一）食品生产者故意隐瞒食品安全危害，或者食品生产者应当主动召回而不采取召回行动的；

（二）由于食品生产者的过错造成食品安全危害扩大或再度发生的；

（三）国家监督抽查中发现食品生产者生产的食品存在安全隐患，可能对人体健康和生命安全造成损害的。

食品生产者在接到责令召回通知书后，应当立即停止生产和销售不安全食品。

第二十六条 食品生产者应当在接到责令召回通知书后，按照本规定第二十条规定发出通知。

食品生产者应当同时按照本规定第二十三条规定制定食品召回报告，按照本规定第二十二条规定的时限通过所在地的省级质监部门报国家质检总局核准后，立即实施召回；食品召回报告未通过核准的，食品生产者应当修改报告后，按照要求实施召回。

第二十七条 食品生产者应当按照本规定第二十四条规定，提交食品召回阶段性进展报告。

所在地的市级以上质监部门应当按照本规定第二十四条规定对召回阶段性进展报告提出处理意见，并将有关情况逐级上报国家质检总局。

第三节 召回评估与监督

第二十八条 食品生产者应当保存召回记录，主要内容包括食品召回的批次、数量、比例、原因、结果等。

第二十九条 食品生产者应当在食品召回时限期满 15 日内，向所在地的省级质监部门提交召回总结报告；责令召回的，应当报告国家质检总局。

第三十条 食品生产者所在地的省级质监部门应当组织专家委员会

对召回总结报告进行审查，对召回效果进行评估，并书面通知食品生产者审查结论；责令召回的，应当上报国家质检总局备案。

食品生产者所在地的省级以上质监部门审查认为召回未达到预期效果的，通知食品生产者继续或再次进行食品召回。

第三十一条 食品生产者应当及时对不安全食品进行无害化处理；根据有关规定应当销毁的食品，应当及时予以销毁。

食品生产者对召回食品的后处理应当有详细的记录，并向所在地的市级质监部门报告，接受市级质监部门监督。

第三十二条 市级以上质监部门应当在规定的职权范围内对食品生产者召回进展情况和召回食品的后处理过程进行监督。

第三十三条 任何单位和个人可以对违反本规定规定的行为或有关召回情况，向各级质量技术监督部门投诉或举报，食品生产者不得以任何手段限制。受理投诉或举报的部门应当及时调查处理并为举报人保密。

第四章 法律责任

第三十四条 食品生产者在实施食品召回的同时，不免除其依法承担的其他法律责任。

食品生产者主动实施召回的，可依法从轻或减轻处罚。

第三十五条 食品生产者违反本规定第十九条或第二十五条第二款规定未停止生产销售不安全食品的，予以警告，责令限期改正；逾期未改正的，处以 3 万元以下罚款；违反有关法律法规规定的，依照有关法律法规的规定处理。

第三十六条 食品生产者有下列情况之一的，予以警告，责令限期改正；逾期未改正的，处以 2 万元以下罚款。

（一）接到质量技术监督部门食品安全危害调查通知，但未及时进行调查的；

（二）拒绝配合质量技术监督部门进行食品安全危害调查的；

（三）未按本规定要求及时提交食品安全危害调查、评估报告的。

第三十七条 食品生产者违反本规定第二十条、第二十一条、第二十二条、第二十三条、第二十四条、第二十六条、第二十七条、第二十九条规定的，予以警告，责令限期改正；逾期未改正的，处以 3 万元以下罚款；违反有关法律法规规定的，依照有关法律法规的规定处理。

第三十八条 食品生产者违反本规定第二十八条规定义务的，予以警告，责令限期改正；逾期未改正的，处以 2 万元以下罚款。

第三十九条 食品生产者违反本规定第三十一条规定义务的，予以警告，责令限期改正；逾期未改正的，处以 3 万元以下罚款；违反有关法律法规规定的，依照有关法律法规的规定处理。

第四十条 从事食品召回管理的公务人员，以及受委托进行食品安全危害调查、食品安全危害评估的专家或工作人员捏造散布虚假信息、违反保密规定、伪造或者提供有关虚假结论或者意见的，依法给予行政处分；造成损失的，依法承担赔偿责任；构成犯罪的，依法追究刑事责任。

第四十一条 本规定规定的行政处罚，由县级以上质量技术监督部门在职权范围内依法实施。法律、行政法规对行政处罚机关另有规定的，依照有关法律、行政法规的规定执行。

第五章 附　　则

第四十二条 进出口食品的召回管理，由出入境检验检疫机构按照国家质检总局有关规定执行。

第四十三条 本规定所涉及的信息发布、文书格式等具体要求由国家质检总局另行制定。

第四十四条 本规定由国家质检总局负责解释。

第四十五条 本规定自公布之日起施行。

化妆品标识管理规定

（2007 年 8 月 27 日国家质检总局令第 100 号公布）

第一章 总　　则

第一条 为了加强对化妆品标识的监督管理，规范化妆品标识的标注，防止质量欺诈，保护消费者的人身健康和安全，根据《中华人民共和国产品质量法》、《中华人民共和国标准化法》、《中华人民共和国工业产品生产许可证管理条例》、《国务院关于加强食品等产品安全监督管理的特别规定》等法律法规，制定本规定。

第二条 在中华人民共和国境内生产（含分装）、销售的化妆品的标识标注和管理，适用本规定。

第三条 本规定所称化妆品是指以涂抹、喷、洒或者其他类似方法，施于人体（皮肤、毛发、指趾甲、口唇齿等），以达到清洁、保养、美化、修饰和改变外观，或者修正人体气味，保持良好状态为目的的产品。

本规定所称化妆品标识是指用以表示化妆品名称、品质、功效、使用方法、生产和销售者信息等有关文字、符号、数字、图案以及其他说明的总称。

第四条 国家质量监督检验检疫总局（以下简称国家质检总局）在其职权范围内负责组织全国化妆品标识的监督管理工作。

县级以上地方质量技术监督部门在其职权范围内负责本行政区域内化妆品标识的监督管理工作。

第二章 化妆品标识的标注内容

第五条 化妆品标识应当真实、准确、科学、合法。

第六条 化妆品标识应当标注化妆品名称。

化妆品名称一般由商标名、通用名和属性名三部分组成，并符合下列要求：

（一）商标名应当符合国家有关法律、行政法规的规定；

（二）通用名应当准确、科学，不得使用明示或者暗示医疗作用的文字，但可以使用表明主要原料、主要功效成分或者产品功能的文字；

（三）属性名应当表明产品的客观形态，不得使用抽象名称；约定俗成的产品名称，可省略其属性名。

国家标准、行业标准对产品名称有规定的，应当标注标准规定的名称。

第七条 化妆品标注“奇特名称”的，应当在相邻位置，以相同字号，按照本规定第六条规定标注产品名称；并不得违反国家相关规定和社会公序良俗。

同一名称的化妆品，适用不同人群，不同色系、香型的，应当在名称中或明显位置予以标明。

第八条 化妆品标识应当标注化妆品的实际生产加工地。

化妆品实际生产加工地应当按照行政区划至少标注到省级地域。

第九条 化妆品标识应当标注生产者的名称和地址。生产者名称和地址应当是依法登记注册、能承担产品质量责任的生产者的名称、地址。

有下列情形之一的,生产者的名称、地址按照下列规定予以标注:

(一)依法独立承担法律责任的集团公司或者其子公司,应当标注各自的名称和地址;

(二)依法不能独立承担法律责任的集团公司的分公司或者集团公司的生产基地,可以标注集团公司和分公司(生产基地)的名称、地址,也可以仅标注集团公司的名称、地址;

(三)实施委托生产加工的化妆品,委托企业具有其委托加工的化妆品生产许可证的,应当标注委托企业的名称、地址和被委托企业的名称,或者仅标注委托企业的名称和地址;委托企业不具有其委托加工化妆品生产许可证的,应当标注委托企业的名称、地址和被委托企业的名称;

(四)分装化妆品应当分别标注实际生产加工企业的名称和分装者的名称及地址,并注明分装字样。

第十条 化妆品标识应当清晰地标注化妆品的生产日期和保质期或者生产批号和限期使用日期。

第十一条 化妆品标识应当标注净含量。净含量的标注依照《定量包装商品计量监督管理办法》执行。液态化妆品以体积标明净含量;固态化妆品以质量标明净含量;半固态或者黏性化妆品,用质量或者体积标明净含量。

第十二条 化妆品标识应当标注全成分表。标注方法及要求应当符合相应的标准规定。

第十三条 化妆品标识应当标注企业所执行的国家标准、行业标准号或者经备案的企业标准号。

化妆品标识必须含有产品质量检验合格证明。

第十四条 化妆品标识应当标注生产许可证标志和编号。生产许可证标志和编号应当符合《中华人民共和国工业产品生产许可证管理条例实施办法》的有关规定。

第十五条 化妆品根据产品使用需要或者在标识中难以反映产品全部信息时，应当增加使用说明。使用说明应通俗易懂，需要附图时须有图例示。

凡使用或者保存不当容易造成化妆品本身损坏或者可能危及人体健康和人身安全的化妆品、适用于儿童等特殊人群的化妆品，必须标注注意事项、中文警示说明，以及满足保质期和安全性要求的储存条件等。

第十六条 化妆品标识不得标注下列内容：

（一）夸大功能、虚假宣传、贬低同类产品的内容；

（二）明示或者暗示具有医疗作用的内容；

（三）容易给消费者造成误解或者混淆的产品名称；

（四）其他法律、法规和国家标准禁止标注的内容。

第三章 化妆品标识的标注形式

第十七条 化妆品标识不得与化妆品包装物（容器）分离。

第十八条 化妆品标识应当直接标注在化妆品最小销售单元（包装）上。化妆品有说明书的应当随附于产品最小销售单元（包装）内。

第十九条 透明包装的化妆品，透过外包装物能清晰地识别内包装物或者容器上的所有或者部分标识内容的，可以不在外包装物上重复标注相应的内容。

第二十条 化妆品标识内容应清晰、醒目、持久，使消费者易于辨认、识读。

第二十一条 化妆品标识中除注册商标标识之外，其内容必须使用规范中文。使用拼音、少数民族文字或者外文的，应当与汉字有对应关系，并符合本规定第六条规定的要求。

第二十二条 化妆品包装物（容器）最大表面面积大于 20 平方厘米的，化妆品标识中强制标注内容字体高度不得小于 1.8 毫米。除注册商标之外，标识所使用的拼音、外文字体不得大于相应的汉字。

化妆品包装物（容器）的最大表面的面积小于 10 平方厘米且净含量不大于 15 克或者 15 毫升的，其标识可以仅标注化妆品名称，生产者名称和地址，净含量，生产日期和保质期或者生产批号和限期使用日期。产品有其他相关说明性资料的，其他应当标注的内容可以标注在说明性资料上。

第二十三条　化妆品标识不得采用以下标注形式：

（一）利用字体大小、色差或者暗示性的语言、图形、符号误导消费者；

（二）擅自涂改化妆品标识中的化妆品名称、生产日期和保质期或者生产批号和限期使用日期；

（三）法律、法规禁止的其他标注形式。

第四章　法律责任

第二十四条　违反本规定第六条、第七条规定，化妆品标识未标注化妆品名称或者标注名称不符合规定要求的，责令限期改正；逾期未改正的，处以1万元以下罚款。

第二十五条　违反本规定第八条、第九条，化妆品标识未依法标注化妆品实际生产加工地或者生产者名称、地址的，责令限期改正；逾期未改正的，处以1万元以下罚款。

属于伪造产品产地、伪造或者冒用他人厂名、厂址的，按照《中华人民共和国产品质量法》第五十三条的规定处罚。

第二十六条　违反本规定第十条、第十五条的，按照《中华人民共和国产品质量法》第五十四条的规定处罚。

第二十七条　违反本规定第十一条，未按规定标注净含量的，按照《定量包装商品计量监督管理办法》的规定处罚。

第二十八条　违反本规定第十二条，化妆品标识未标注全成分表，标注方法和要求不符合相应标准规定的，责令限期改正；逾期未改正的，处以1万元以下罚款。

第二十九条　违反本规定第十三条，未标注产品标准号或者未标注质量检验合格证明的，责令限期改正；逾期未改正的，处以1万元以下罚款。

第三十条　违反本规定第十四条，未依法标注生产许可证标志和编号的，按照《中华人民共和国工业产品生产许可证管理条例》第四十七条的规定处罚。

第三十一条　违反本规定第十六条的，责令限期改正；逾期未改正的,处以 1 万元以下罚款;违反有关法律法规规定的,依照有关法律法规规定处理。

第三十二条 违反本规定第十七条、第十八条的,责令限期改正;逾期未改正的,处以 1 万元以下罚款。

第三十三条 违反本规定第二十一条、第二十二条,责令限期改正;逾期未改正的,处以 1 万元以下罚款。

第三十四条 违反本规定第二十三条规定的,责令限期改正,并处以 5 000 元以下罚款;逾期未改正的,处以 1 万元以下罚款。

第三十五条 本章规定的行政处罚,由县级以上地方质量技术监督部门在职权范围内依法实施。

法律、行政法规对行政处罚另有规定的,从其规定。

第五章 附 则

第三十六条 进出口化妆品标识的管理,由出入境检验检疫机构按照国家质检总局有关规定执行。

第三十七条 本规定由国家质检总局负责解释。

第三十八条 本规定自 2008 年 9 月 1 日起施行。

儿童玩具召回管理规定

(2007 年 8 月 27 日国家质检总局令第 101 号公布)

第一章 总 则

第一条 为了规范儿童玩具召回活动,预防和消除儿童玩具缺陷可能导致的损害,保障儿童健康和安全,根据《中华人民共和国产品质量法》、《国务院关于加强食品等产品安全监督管理的特别规定》等法律法规,制定本规定。

第二条 在中华人民共和国境内生产、销售的儿童玩具的召回及其监督管理,适用本规定。

第三条 本规定所称儿童玩具,是指设计或预定供 14 岁以下儿童玩要，经过加工制作并用于销售的产品；但生产者明示不供儿童玩耍的除外。

本规定所称缺陷，是指因设计、生产、指示等方面的原因使某一批次、型号或类别的儿童玩具中普遍存在的具有同一性的、危及儿童健康和安全的不合理危险。

本规定所称召回，是指按照规定程序和要求，对存在缺陷的儿童玩具，由生产者或者由其组织销售者通过补充或修正消费说明、退货、换货、修理等方式，有效预防和消除缺陷可能导致的损害的活动。

第四条 国家质量监督检验检疫总局(以下简称国家质检总局)在职责范围内负责统一组织协调儿童玩具召回的监督管理工作。

省、自治区和直辖市质量技术监督部门(以下简称省级质量技术监督部门)在本行政区域内负责组织实施儿童玩具召回的监督管理工作。

第五条 各级质量技术监督部门应当采取各种有效方式，加强儿童玩具安全知识和法规制度宣传教育。

第六条 生产者应当对其生产的儿童玩具质量安全负责，并按照本规定的要求，对儿童玩具进行缺陷调查、风险评估以及实施召回。

第二章 信息系统与信息管理

第七条 国家质检总局应当组织建立儿童玩具缺陷和召回信息管理系统，包括儿童玩具缺陷信息收集系统以及与有关部门共同建立的儿童玩具伤害监测系统等。

第八条 国家质检总局可以通过儿童玩具缺陷和召回信息管理系统统一收集、处理、发布与儿童玩具缺陷、伤害、召回和消费预警等有关信息。

第九条 任何单位和个人可以向各级质量技术监督部门投诉或举报儿童玩具缺陷和伤害等有关信息。

第十条 生产者应当将其从业基本信息以及消费者投诉或举报、产品伤害事故、产品伤害纠纷、产品在国外召回情况等信息向所在地的质量技术监督部门备案。

省级质量技术监督部门按照国家质检总局有关规定组织管理前款规定的信息备案工作。

第十一条 各级地方质量技术监督部门在本行政区域内负责收集、处理儿童玩具缺陷和伤害投诉、举报、备案等信息，并将有关信息逐级上报。

第十二条 生产者应当加强儿童玩具设计、原料采购、生产销售和产品标识以及消费者投诉、产品伤害事故、产品伤害纠纷、产品在国外召回情况等信息管理，建立健全相关信息档案。

第十三条 销售者应当加强儿童玩具进货、销售等信息管理，妥善保存消费者投诉、产品伤害事故、产品伤害纠纷等信息档案。

第三章 缺陷调查与风险评估

第十四条 生产者获知其提供的儿童玩具可能存在缺陷的，应当立即启动缺陷调查，确认是否存在缺陷。

第十五条 省级以上质量技术监督部门获知儿童玩具可能存在缺陷的，可以启动缺陷调查，并通知生产者。

省级质量技术监督部门可以对本行政区域内生产者生产的儿童玩具进行缺陷调查，并报告国家质检总局。

国家质检总局可以对损害结果严重或影响较大的儿童玩具进行缺陷调查，并通知生产者所在地的省级质量技术监督部门。

第十六条 生产者、销售者等经营者应当配合省级以上质量技术监督部门进行的缺陷调查，提供调查所需要的有关资料。

第十七条 生产者应当及时将缺陷调查结果报告发出调查通知的省级以上质量技术监督部门。

省级质量技术监督部门应当及时将缺陷调查结果通知生产者并报告国家质检总局。

国家质检总局应当及时将缺陷调查结果通知省级质量技术监督部门和生产者。

第十八条 生产者缺陷调查结果与省级以上质量技术监督部门的缺陷调查结果不一致的，生产者可以向省级以上质量技术监督部门说明情况，提出异议。

省级以上质量技术监督部门可以采取听证等方式对异议进行处理，并做出确认缺陷调查结果的决定。

第十九条 经调查确认儿童玩具存在缺陷的，应当根据儿童玩具缺陷对儿童健康和安全产生损害的可能性、程度、范围等，对缺陷进行风险评估，并根据风险评估结果实施召回。

风险评估的规则按照国家质检总局有关规定执行。

第二十条 省级以上质量技术监督部门可以组织设立专家委员会，为缺陷调查和风险评估提供技术支持。

省级以上质量技术监督部门可以委托具有法定资质的产品质量检验机构或实验室，为缺陷调查和风险评估提供技术支持。

第四章 召回的实施

第一节 主动召回

第二十一条 确认儿童玩具存在缺陷的，生产者应当立即停止生产销售存在缺陷的儿童玩具，依法向社会公布有关儿童玩具缺陷等信息，通知销售者停止销售存在缺陷的儿童玩具，通知消费者停止消费存在缺陷的儿童玩具，并及时实施主动召回。

第二十二条 生产者向社会公布有关信息的，应当遵守法律法规和国家质检总局有关规定。

生产者向销售者和消费者通知的内容应当准确、清晰和完整，通知的途径或方式应当适当、便于公众查询。

第二十三条 生产者召回儿童玩具的，应当及时将主动召回计划提交所在地的省级质量技术监督部门备案。

生产者提交的主动召回计划应当包括以下内容：

（一）停止生产销售存在缺陷的儿童玩具的情况；

（二）通知销售者停止销售存在缺陷的儿童玩具的情况；

（三）通知消费者停止消费存在缺陷的儿童玩具的情况；

（四）向社会公布有关信息的情况；

（五）召回的实施组织、联系方法、范围和时限等；

（六）召回的具体措施，包括补充或修正消费说明、退货、换货、修理等；

（七）召回的预期效果；

（八）存在缺陷的儿童玩具退换后的无害化处理措施；

（九）其他有关内容。

生产者在召回过程中对召回计划有变更的，应当及时向所在地的省级质量技术监督部门说明。

第二十四条 省级质量技术监督部门应当将主动召回计划备案和变更等情况及时报送国家质检总局。

第二十五条 省级以上质量技术监督部门可以根据需要，对生产者实施主动召回的情况进行监督。

省级以上质量技术监督部门认为生产者进行的主动召回未取得预期效果的，可以要求生产者采取更为有效的召回措施，或者依法采取其他措施。

第二十六条 生产者应当在主动召回报告确定的召回完成时限期满后15个工作日内，向所在地的省级质量技术监督部门提交主动召回总结。

省级质量技术监督部门应当对生产者主动召回总结进行审核，并将有关情况及时报送国家质检总局。

第二节 责令召回

第二十七条 确认儿童玩具存在缺陷，生产者应当主动召回但未召回的，或者经确认国家监督抽查中发现生产者生产的儿童玩具存在安全隐患，可能对人体健康和生命安全造成损害的，国家质检总局应当向生产者发出责令召回通知或公告，并通知所在地的省级质量技术监督部门，依法采取相应措施。

第二十八条 生产者在收到国家质检总局发出的责令召回通告后，应当立即停止生产销售所涉及的儿童玩具。

第二十九条 生产者应当在接到国家质检总局责令召回通告5个工作日内，向国家质检总局提交召回报告。

召回报告应当符合本规定第二十三条第二款规定的有关内容要求。

第三十条 国家质检总局应当对召回报告进行审查，并在收到生产者提交的召回报告之日起2个工作日内将审查结果通知生产者。

第三十一条 召回报告经国家质检总局审查批准的，生产者应当按照召回报告及时实施召回。

召回报告未获国家质检总局批准的，生产者应当按照国家质检总局提出的召回要求实施召回。

第三十二条 在责令召回实施过程中，生产者应当按照国家质检总局的要求，提交阶段性召回总结。

第三十三条 国家质检总局可以根据生产者提交的阶段性召回总结对召回实施情况进行监督，决定是否要求生产者采取更为有效的召回措施，或者依法采取其他措施。

第三十四条 生产者应当制作并保存完整的责令召回记录；并在召回完成时限期满后15个工作日内，向国家质检总局提交召回总结。

国家质检总局应当对生产者召回总结进行审核，对召回效果进行评估，并将有关情况通知省级质量技术监督部门和生产者。

第五章 法律责任

第三十五条 生产者违反本规定，有下列情形之一的，予以警告，责令限期改正；逾期未改正的，处以1万元以下罚款：

（一）未按规定要求进行相关信息备案的；

（二）未按规定要求建立健全信息档案的。

第三十六条 生产者违反本规定，有下列情况之一的，予以警告，责令限期改正；逾期未改正的，处以2万元以下罚款：

（一）接到省级以上质量技术监督部门缺陷调查通知，但未及时进行缺陷调查的；

（二）拒绝配合省级以上质量技术监督部门进行缺陷调查的；

（三）未及时将缺陷调查结果报告省级以上质量技术监督部门的。

第三十七条 生产者违反本规定第二十一条、第二十八条规定，未停止生产销售存在缺陷的儿童玩具的，处以3万元以下罚款；违反有关法律法规规定的，依照有关法律法规规定处理。

第三十八条 生产者违反本规定第二十一条、第二十二条规定，未依法向社会公布有关儿童玩具缺陷等信息、通知销售者停止销售存在缺陷的儿童玩具、通知消费者停止消费存在缺陷的儿童玩具，未实施主动召回的，予以警告，责令限期改正；逾期未改正的，处以3万元以下罚款；违反有关法律法规规定的，依照有关法律法规规定处理。

第三十九条 生产者违反本规定第二十三条、第二十九条规定的，予以警告，责令限期改正；逾期未改正的，处以3万元以下罚款；违反有关法律法规规定的，依照有关法律法规规定处理。

第四十条 生产者违反本规定第二十六条第一款、第三十二条或第三十四条第一款规定的，予以警告，责令限期改正；逾期未改正的，处以3万元以下罚款。

第四十一条 生产者违反本规定第三十一条规定的，处以3万元以下罚款。

第四十二条 从事玩具召回监督管理的公务人员或专家等玩忽职守、滥用职权、徇私舞弊的，依照有关规定追究相关责任。

第四十三条 本规定规定的行政处罚，由县级以上质量技术监督部门在职权范围内依法实施。

第四十四条 生产者对质量技术监督部门的缺陷调查和风险评估、召回监督管理措施以及行政处罚等不服的，可以依法申请行政复议或者提起行政诉讼。

第六章 附 则

第四十五条 进出口儿童玩具的召回管理，由出入境检验检疫机构按照国家质检总局有关规定执行。

第四十六条 本规定涉及的有关信息发布、信息备案、风险评估和文书格式要求等具体规定由国家质检总局另行制定。

第四十七条 本规定由国家质检总局负责解释。

第四十八条 本规定自公布之日起施行。

食品标识管理规定

（2007年8月27日国家质检总局令第102号公布）

第一章 总 则

第一条 为了加强对食品标识的监督管理，规范食品标识的标注，防止质量欺诈，保护企业和消费者合法权益，根据《中华人民共和国产品质量法》、《中华人民共和国食品卫生法》、《国务院关于加强食品等产品安全监督管理的特别规定》以及《中华人民共和国工业产品生产许可证管理条例》等法律法规，制定本规定。

第二条 在中华人民共和国境内生产（含分装）、销售的食品的标识标注和管理，适用本规定。

第三条 本规定所称食品标识是指粘贴、印刷、标记在食品或者其包装上，用以表示食品名称、质量等级、商品量、食用或者使用方法、生产者或者销售者等相关信息的文字、符号、数字、图案以及其他说明的总称。

第四条 国家质量监督检验检疫总局（以下简称国家质检总局）在其职权范围内负责组织全国食品标识的监督管理工作。

县级以上地方质量技术监督部门在其职权范围内负责本行政区域内食品标识的监督管理工作。

第二章 食品标识的标注内容

第五条 食品或者其包装上应当附加标识，但是按法律、行政法规规定可以不附加标识的食品除外。

食品标识的内容应当真实准确、通俗易懂、科学合法。

第六条 食品标识应当标注食品名称。

食品名称应当表明食品的真实属性，并符合下列要求：

（一）国家标准、行业标准对食品名称有规定的，应当采用国家标准、行业标准规定的名称；

（二）国家标准、行业标准对食品名称没有规定的，应当使用不会引起消费者误解和混淆的常用名称或者俗名；

（三）标注“新创名称”、“奇特名称”、“音译名称”、“牌号名称”、“地区俚语名称”或者“商标名称”等易使人误解食品属性的名称时，应当在所示名称的邻近部位使用同一字号标注本条（一）、（二）项规定的一个名称或者分类（类属）名称；

（四）由两种或者两种以上食品通过物理混合而成且外观均匀一致难以相互分离的食品，其名称应当反映该食品的混合属性和分类（类属）名称；

（五）以动、植物食物为原料，采用特定的加工工艺制作，用以模仿其他生物的个体、器官、组织等特征的食品，应当在名称前冠以“人造”、“仿”或者“素”等字样，并标注该食品真实属性的分类（类属）名称。

第七条 食品标识应当标注食品的产地。

食品产地应当按照行政区划标注到地市级地域。

第八条 食品标识应当标注生产者的名称和地址。生产者名称和地址应当是依法登记注册、能够承担产品质量责任的生产者的名称、地址。

有下列情形之一的，按照下列规定相应予以标注：

（一）依法独立承担法律责任的公司或者其子公司，应当标注各自的名称和地址；

（二）依法不能独立承担法律责任的公司分公司或者公司的生产基地，应当标注公司和分公司或者生产基地的名称、地址，或者仅标注公司的名称、地址；

（三）受委托生产加工食品且不负责对外销售的，应当标注委托企业的名称和地址；对于实施生产许可证管理的食品，委托企业具有其委托加工的食品生产许可证的，应当标注委托企业的名称、地址和被委托企业的名称，或者仅标注委托企业的名称和地址；

（四）分装食品应当标注分装者的名称及地址，并注明分装字样。

第九条 食品标识应当清晰地标注食品的生产日期和保质期。

食品的保质期与贮藏条件有关的，应当标注食品的特定贮藏条件。乙醇含量10%以上（含10%）的饮料酒、食醋、食用盐、固态食糖类，可以免除标注保质期。

日期的标注方法应当符合国家标准规定或者采用“年、月、日”表示。

第十条 定量包装食品标识应当标注净含量。对含有固、液两相物质的食品，除标示净含量外，还应当标示沥干物（固形物）的含量。

净含量应当与食品名称排在食品包装的同一展示版面。净含量的标注应当符合《定量包装商品计量监督管理办法》的规定。

第十一条 食品标识应当标注食品的配料清单。

配料清单中各种配料应当按照生产加工食品时加入量的递减顺序进行标注，具体标注方法按照国家标准的规定执行。

在食品中直接使用甜味剂、防腐剂、着色剂的，应当在配料清单食品添加剂项下标注具体名称;使用其他食品添加剂的,可以标注具体名称、种类或者代码。食品添加剂的使用范围和使用量应当按照国家标准的规定执行。

第十二条 食品标识应当标注企业所执行的国家标准、行业标准、地方标准号或者经备案的企业标准号。

第十三条 食品执行的标准明确要求标注食品的质量等级、加工工艺的,应当相应地予以标明。

第十四条 实施生产许可证管理的食品,食品标识应当标注食品生产许可证编号及 QS 标志。

委托生产加工实施生产许可证管理的食品,委托企业具有其委托加工食品生产许可证的,可以标注委托企业或者被委托企业的生产许可证编号。

第十五条 混装非食用产品易造成误食,使用不当,容易造成人身伤害的,应当在其标识上标注警示标志或者中文警示说明。

第十六条 食品有以下情形之一的,应当在其标识上标注中文说明:

(一) 医学临床证明对特殊群体易造成危害的;

(二) 经过电离辐射或者电离能量处理过的;

(三) 属于转基因食品或者含法定转基因原料的;

(四) 按照法律、法规和国家标准等规定,应当标注其他中文说明的。

第十七条 食品在其名称或者说明中标注"营养"、"强化"字样的,应当按照国家标准有关规定,标注该食品的营养素和热量,并符合国家标准规定的定量标示。

第十八条 食品标识不得标注下列内容:

(一) 明示或者暗示具有预防、治疗疾病作用的;

(二) 非保健食品明示或者暗示具有保健作用的;

(三) 以欺骗或者误导的方式描述或者介绍食品的;

(四) 附加的产品说明无法证实其依据的;

(五) 文字或者图案不尊重民族习俗,带有歧视性描述的;

(六) 使用国旗、国徽或者人民币等进行标注的;

(七) 其他法律、法规和标准禁止标注的内容。

第十九条 禁止下列食品标识违法行为:

(一) 伪造或者虚假标注生产日期和保质期；

(二) 伪造食品产地，伪造或者冒用其他生产者的名称、地址；

(三) 伪造、冒用、变造生产许可证标志及编号；

(四) 法律、法规禁止的其他行为。

第三章 食品标识的标注形式

第二十条 食品标识不得与食品或者其包装分离。

第二十一条 食品标识应当直接标注在最小销售单元的食品或者其包装上。

第二十二条 在一个销售单元的包装中含有不同品种、多个独立包装的食品，每件独立包装的食品标识应当按照本规定进行标注。

透过销售单元的外包装，不能清晰地识别各独立包装食品的所有或者部分强制标注内容的，应当在销售单元的外包装上分别予以标注，但外包装易于开启识别的除外；能够清晰地识别各独立包装食品的所有或者部分强制标注内容的，可以不在外包装上重复标注相应内容。

第二十三条 食品标识应当清晰醒目，标识的背景和底色应当采用对比色，使消费者易于辨认、识读。

第二十四条 食品标识所用文字应当为规范的中文，但注册商标除外。

食品标识可以同时使用汉语拼音或者少数民族文字，也可以同时使用外文，但应当与中文有对应关系，所用外文不得大于相应的中文，但注册商标除外。

第二十五条 食品或者其包装最大表面面积大于20平方厘米时，食品标识中强制标注内容的文字、符号、数字的高度不得小于1.8毫米。

食品或者其包装最大表面面积小于10平方厘米时，其标识可以仅标注食品名称、生产者名称和地址、净含量以及生产日期和保质期。但是，法律、行政法规规定应当标注的，依照其规定。

第四章 法律责任

第二十六条 违反本规定第五条第一款，食品或者其包装上未附加标识的,责令限期改正,处以 1 万元以下罚款。

第二十七条 违反本规定第六条至第八条、第十一条至第十三条,未按规定标注应当标注内容的,责令限期改正;逾期不改的,处以 500 元以上 1 万元以下罚款。

第二十八条 违反本规定第九条、第十五条,未按规定标注生产日期和保质期、警示标志或中文警示说明的,依照《中华人民共和国产品质量法》第五十四条规定进行处罚。

第二十九条 违反本规定第十条,未按规定标注净含量的,依照《定量包装商品计量监督管理办法》规定进行处罚。

第三十条 实施生产许可证管理的食品,其标识未标注生产许可证编号及标志的,依照《中华人民共和国工业产品生产许可证管理条例》第四十七条规定进行处罚。

伪造、冒用、变造生产许可证编号及标志的,依照《中华人民共和国工业产品生产许可证管理条例》第五十一条规定进行处罚。

第三十一条 违反本规定第十七条,未按规定标注食品营养素、热量以及定量标示的,责令限期改正;逾期不改的,处以 5 000 元以下罚款。

第三十二条 违反本规定第十八条,食品标识标注禁止性内容的,责令限期改正;逾期不改的,处以 1 万元以下罚款;违反有关法律法规规定的,按有关法律法规规定处理。

第三十三条 伪造或者虚假标注食品生产日期和保质期的,责令限期改正,处以 500 元以上 1 万元以下罚款;情节严重,造成后果的,依照有关法律、行政法规规定进行处罚。

第三十四条 伪造食品产地,伪造或者冒用其他生产者的名称、地址的,依照《中华人民共和国产品质量法》第五十三条规定进行处罚。

第三十五条 违反本规定第二十条,食品标识与食品或者其包装分离的,责令限期改正,处以 5 000 元以下罚款。

第三十六条 违反本规定第二十一条、第二十二第二款、第二十四条、第二十五条的,责令限期改正;逾期不改的,处以 1 万元以下罚款。

第三十七条 违反本规定第二十二条第一款的,依照本章有关规定处罚。

第三十八条 从事食品标识监督管理的工作人员，玩忽职守、滥用职权、包庇放纵违法行为的，依法给予行政处分；构成犯罪的，依法追究刑事责任。

第三十九条 本规定规定的行政处罚由县级以上地方质量技术监督部门在职权范围内依法实施。

法律、行政法规对行政处罚另有规定的，依照其规定。

第五章 附 则

第四十条 进出口食品标识的管理，由出入境检验检疫机构按照国家质检总局有关规定执行。

第四十一条 本规定由国家质检总局负责解释。

第四十二条 本规定自 2008 年 9 月 1 日起施行。原国家技术监督局公布的《查处食品标签违法行为规定》同时废止。

制造、修理计量器具许可监督管理办法

（2007 年 12 月 29 日国家质检总局令第 104 号公布）

第一章 总 则

第一条 为了规范制造、修理计量器具许可活动，加强制造、修理计量器具许可监督管理，确保计量器具量值准确，根据《中华人民共和国计量法》及其实施细则、《中华人民共和国行政许可法》等法律、行政法规，制定本办法。

第二条 在中华人民共和国境内，以销售为目的的制造计量器具，以经营为目的的修理计量器具，以及实施监督管理，应当遵守本办法。

第三条 本办法所称计量器具是指列入《中华人民共和国依法管理的计量器具目录（型式批准部分）》的计量器具。

第四条 制造、修理计量器具的单位或个人，必须具备相应的条件，并经质量技术监督部门（以下简称质监部门）考核合格，取得制造计量器

具许可或者修理计量器具许可。

第五条 国家质量监督检验检疫总局(以下简称国家质检总局)统一负责全国制造、修理计量器具许可监督管理工作。

省级质监部门负责本行政区域内制造、修理计量器具许可监督管理工作。

市、县级质监部门在省级质监部门的领导和监督下负责本行政区域内制造、修理计量器具许可监督管理工作。

第六条 制造、修理计量器具许可监督管理应当遵循科学、高效、便民的原则。

第二章 申请与受理

第七条 申请制造、修理计量器具许可,应当具备以下条件:

(一)具有与所制造、修理计量器具相适应的技术人员和检验人员;

(二)具有与所制造、修理计量器具相适应的固定生产场所及条件;

(三)具有保证所制造、修理计量器具量值准确的检验条件;

(四)具有与所制造、修理计量器具相适应的技术文件;

(五)具有相应的质量管理制度和计量管理制度。

申请制造计量器具许可的,还应当按照规定取得计量器具型式批准证书,并具有提供售后技术服务的条件和能力。

第八条 申请制造、修理计量器具许可应当提交申请书以及能够证明符合本办法第七条规定要求的有关材料。

第九条 申请制造属于国家质检总局规定重点管理范围内的计量器具,应当向所在地省级质监部门提出申请。申请制造其他计量器具,应当向所在地省级质监部门或者所在地省级质监部门依法确定的市、县级质监部门提出申请。

申请修理计量器具应当向所在地县级质监部门提出申请。

第十条 质监部门应当按照有关规定对申请材料进行审查并作出是否受理的决定。申请材料不齐全或者不符合法定形式的,应当当场或者5日内一次告知申请人需要补正的全部内容。

第十一条 质监部门以及其他有关单位不得另行附加任何条件,限制申请取得制造、修理计量器具许可。

第三章 核准与发证

第十二条 受理申请的质监部门应当及时聘请考评员组成考核组对申请人实施现场考核。

考核组应当严格按照有关规定进行考核，并向受理申请的质监部门提交现场考核报告。

第十三条 受理申请的质监部门应当根据现场考核报告，自受理申请之日起 20 日内作出是否核准的决定。作出核准决定的，应当自作出核准决定之日起 10 日内向申请人颁发制造、修理计量器具许可证；作出不予核准决定的，应当书面告知申请人，并说明理由。

第十四条 制造、修理计量器具许可只对经批准的计量器具名称、型号等项目有效。

新增制造、修理项目的，应当另行办理新增项目制造、修理计量器具许可。

第十五条 制造量程扩大或者准确度提高等超出原有许可范围的相同类型计量器具新产品，或者因有关技术标准和技术要求改变导致产品性能发生变更的计量器具的，应当另行办理制造计量器具许可；其有关现场考核手续可以简化。

第十六条 因制造或修理场地迁移、检验条件或技术工艺发生变化、兼并或重组等原因造成制造、修理条件改变的，应当重新办理制造、修理计量器具许可。

第十七条 质监部门应当按照规定将申请材料和考核报告等有关许可资料进行整理归档。

前款规定的档案保存期限为自作出核准决定之日起 5 年。

第四章 证书和标志

第十八条 制造、修理计量器具许可有效期为 3 年。

有效期届满，需要继续从事制造、修理计量器具的，应当在有效期届满 3 个月前，向原准予制造、修理计量器具许可的质监部门提出复查换证申请。原准予制造、修理计量器具许可的质监部门应当按照本办法第三章有关规定进行复查换证考核。

第十九条 制造、修理计量器具的单位或个人更名、兼并、重组但未造成制造、修理条件改变的，应当向原准予制造、修理计量器具许可的质监部门提交证明材料，办理许可证变更手续。

第二十条 取得制造、修理计量器具许可的单位或个人应当妥善保管许可证书。

证书遗失或者损毁的，应当向原准予制造、修理计量器具许可的质监部门申请补办。

第二十一条 取得制造计量器具许可的，应当在其产品的明显部位（或铭牌）、使用说明书和包装上标注国家统一规定的制造计量器具许可证标志和编号。受产品表面面积限制而难以标注的，可以仅在使用说明书和包装上标注制造计量器具许可证标志和编号。

取得修理计量器具许可的，应当在修理合格证上标注国家统一规定的修理计量器具许可证标志和编号。

第二十二条 采用委托加工方式制造计量器具的，被委托方应当取得与委托加工产品项目相应的制造计量器具许可，并与委托方签订书面委托合同。

委托加工的计量器具，应当标注被委托方的制造计量器具许可证标志和编号。

第二十三条 销售计量器具的，应当查验制造计量器具许可证书及其标志和编号。

第二十四条 任何单位和个人不得伪造、冒用制造、修理计量器具许可证书及其标志和编号。

取得制造、修理计量器具许可的单位或个人不得变造、倒卖、出租、出借或者以其他方式非法转让其证书及其标志和编号。

第二十五条 制造、修理计量器具许可证书及其标志的式样和编号方法，由国家质检总局规定并公布。

第五章 监督管理

第二十六条 任何单位和个人未取得制造、修理计量器具许可，不得制造、修理计量器具。

任何单位和个人不得销售未取得制造计量器具许可的计量器具。

第二十七条 各级质监部门应当对取得制造、修理计量器具许可单位和个人实施监督管理，对制造、修理计量器具质量实施监督检查。

第二十八条 有下列情形之一的，原准予制造、修理计量器具许可的质监部门应当撤回其制造、修理计量器具许可：

（一）制造、修理计量器具许可依据的法律、法规、规章修改或者废止导致许可被终止的；

（二）准予制造、修理计量器具许可所依据的客观情况发生重大变化导致许可被终止的；

（三）计量器具列入国家决定淘汰或者禁止生产的产品目录的；

（四）其他依法应当撤回制造、修理计量器具许可的。

第二十九条 有下列情形之一的，原准予制造、修理计量器具许可的质监部门或者其上级质监部门可以撤销其制造、修理计量器具许可：

（一）滥用职权、玩忽职守作出准予制造、修理计量器具许可决定的；

（二）超越法定职权作出准予制造、修理计量器具许可决定的；

（三）违反法定程序作出准予制造、修理计量器具许可决定的；

（四）对不具备申请资格或者不符合法定条件的申请人准予制造、修理计量器具许可的；

（五）其他依法可以撤销制造、修理计量器具许可的。

被许可人以欺骗、贿赂等不正当手段取得制造、修理计量器具许可的，应当予以撤销。

依照前两款的规定撤销制造、修理计量器具许可，可能对公共利益造成重大损害的，不予撤销。

第三十条 各级质监部门发现存在撤回、撤销许可情形的，应当按照有关规定调查取证，提出撤回、撤销许可意见，并按有关规定逐级上报准予制造、修理计量器具许可的质监部门处理。

第三十一条 作出撤回、撤销许可决定前，质监部门应当告知被许可人有关事实、理由和处理意见，听取其陈述和申辩。

对被许可人提出的陈述和申辩，质监部门应当进行核实；陈述和申辩成立的，质监部门应当予以采纳。

第三十二条 有下列情形之一的，原准予制造、修理计量器具许可的质监部门应当注销其许可：

（一）因不可抗力导致许可事项无法实施的；

（二）取得制造、修理计量器具许可的单位依法终止的；

（三）取得制造、修理计量器具许可的个人死亡或者丧失行为能力的；

（四）制造、修理计量器具许可有效期届满未延续的；

（五）制造、修理计量器具许可依法被撤回、撤销，或者许可证依法被吊销的；

（六）其他依法应当注销制造、修理计量器具许可的。

第三十三条 准予制造、修理计量器具许可的质监部门应当及时公告许可核准、变更、注销等有关情况，并将有关情况逐级上报省级质监部门。

第三十四条 省级质监部门应当定期公布取得制造、修理计量器具许可的单位和个人名单，并报国家质检总局备案。

第三十五条 各级质监部门在监督管理和检查工作中不得滥用职权、玩忽职守、徇私舞弊，不得妨碍制造、修理计量器具单位或个人正常生产活动。

第三十六条 各级质监部门及相关人员应当保守在制造、修理计量器具监督管理和检查工作中所知悉的商业秘密和技术秘密。

第六章 法律责任

第三十七条 未取得制造、修理计量器具许可，擅自从事计量器具制造、修理活动的，依照《中华人民共和国计量法实施细则》第四十七条规定予以处罚。

第三十八条 有下列行为之一的，责令限期办理许可；逾期未办理的，依照《中华人民共和国计量法实施细则》第四十七条规定予以处罚：

（一）违反本办法第十四条第二款规定，未另行办理新增项目制造、修理计量器具许可，擅自制造、修理新增项目计量器具的；

（二）违反本办法第十五条规定，未另行办理制造计量器具许可，擅自制造计量器具的；

（三）违反本办法第十六条规定，未重新办理制造、修理计量器具许可，擅自制造、修理计量器具的。

第三十九条 违反本办法第十九条规定，取得制造、修理计量器具许可的单位或个人应当办理许可证变更手续而未办理的，予以警告，并责令限期改正；逾期不改的，处1万元以下罚款。

第四十条 违反本办法规定，未标注或者未按规定标注制造、修理计量器具许可证标志和编号的，予以警告，并责令限期改正；逾期不改的，处3万元以下罚款。

第四十一条 委托未取得与委托加工产品项目相应的制造计量器具许可的单位或个人加工计量器具的，予以警告，并处3万元以下罚款。

被委托单位或个人未取得与委托加工产品项目相应的制造计量器具许可而接受委托、制造计量器具的，依照本办法第三十七条规定予以处罚。

第四十二条 违反本办法第二十四条规定，构成有关法律法规规定的违法行为的，依照有关法律法规规定追究相应责任；未构成有关法律法规规定的违法行为的，予以警告，并处3万元以下罚款。

第四十三条 违反本办法第二十六条第二款规定，销售未取得制造、修理计量器具许可的产品的，予以警告，并处3万元以下罚款。

第四十四条 制造、销售计量器具经县级以上质监部门监督抽查不合格的，依照有关法律法规规定处理。

第四十五条 以欺骗、贿赂等不正当手段取得制造、修理计量器具许可的，应当按照本办法第二十九条第二款规定作出处理，并处3万元以下罚款。

第四十六条 从事制造、修理计量器具许可监督管理的国家工作人员滥用职权、玩忽职守、徇私舞弊，情节轻微的，依法予以行政处分；构成犯罪的，依法追究刑事责任。

第四十七条 本办法规定的行政处罚由县级以上地方质监部门在职权范围内依法决定。

第七章 附 则

第四十八条 制造、修理计量器具许可收费，按照国家有关规定执行。

第四十九条 制造、修理计量器具许可考评员与考核组的组织管理以及现场考核依照有关规定执行。

第五十条 本办法由国家质检总局负责解释。

第五十一条 本办法自2008年5月1日起施行。1999年2月14日原国家质量技术监督局发布的《制造、修理计量器具许可证监督管理办法》同时废止。

计量检定人员管理办法

(2007年12月29日国家质检总局令第105号公布)

第一条 为了加强计量检定人员管理,提高计量检定人员素质,保证量值传递准确可靠,根据《中华人民共和国计量法》及其实施细则等法律、行政法规,制定本办法。

第二条 在法定计量检定机构等技术机构中从事计量检定活动的计量检定人员的管理,适用本办法。

第三条 国家质量监督检验检疫总局(以下简称国家质检总局)对全国计量检定人员实施统一监督管理。

省级及市、县级质量技术监督部门在各自职责范围内对本行政区域内计量检定人员实施监督管理。

第四条 计量检定人员从事计量检定活动,必须具备相应的条件,并经质量技术监督部门核准,取得计量检定员资格。

第五条 申请计量检定员资格应当具备以下条件:

(一) 具备中专(含高中)或相当于中专(含高中)毕业以上文化程度;

(二) 连续从事计量专业技术工作满1年,并具备6个月以上本项目工作经历;

(三) 具备相应的计量法律法规以及计量专业知识;

(四) 熟练掌握所从事项目的计量检定规程等有关知识和操作技能;

(五) 经有关组织机构依照计量检定员考核规则等要求考核合格。

第六条 申请计量检定员资格应当提交以下材料:

(一) 资格申请书;

（二）考核合格证明。

第七条 申请计量检定员资格的，应当按照规定向其主管质量技术监督部门提出申请。质量技术监督部门应当即时作出是否受理申请的决定；申请材料不齐全或者不符合法定形式的，应当当场或者5日内一次告知申请人需要补正的全部内容。

第八条 受理申请的质量技术监督部门应当自受理申请之日起20日内完成审查，并作出是否核准的决定。作出核准决定的，应当自作出决定之日起10日内向申请人颁发《计量检定员证》；作出不予核准决定的，应当书面告知申请人，并说明理由。

第九条 计量检定员从事新的检定项目，应当另行申请新增项目考核和许可。

第十条 《计量检定员证》有效期为5年。

有效期届满，需要继续从事计量检定活动的，应当在有效期届满3个月前，向原颁发《计量检定员证》的质量技术监督部门提出复核换证申请。原颁发《计量检定员证》的质量技术监督部门应当按照有关规定进行复核换证。

第十一条 质量技术监督部门应当按照规定将申请和核准等有关资料整理归档。

前款规定的档案保存期限为自作出核准决定之日起7年。

第十二条 具备相应条件，并按规定要求取得省级以上质量技术监督部门颁发的《注册计量师注册证》的，可以从事计量检定活动。

注册计量师注册管理，依照注册计量师制度等有关规定执行。

第十三条 任何单位和个人不得伪造、冒用《计量检定员证》或者《注册计量师注册证》。

第十四条 计量检定人员享有下列权利：

（一）在职责范围内依法从事计量检定活动；

（二）依法使用计量检定设施，并获得相关技术文件；

（三）参加本专业继续教育。

第十五条 计量检定人员应当履行下列义务：

（一）依照有关规定和计量检定规程开展计量检定活动，恪守职业道德；

（二）保证计量检定数据和有关技术资料的真实完整；

（三）正确保存、维护、使用计量基准和计量标准，使其保持良好的技术状况；

（四）承担质量技术监督部门委托的与计量检定有关的任务；

（五）保守在计量检定活动中所知悉的商业秘密和技术秘密。

第十六条 计量检定人员不得有下列行为：

（一）伪造、篡改数据、报告、证书或技术档案等资料；

（二）违反计量检定规程开展计量检定；

（三）使用未经考核合格的计量标准开展计量检定；

（四）变造、倒卖、出租、出借或者以其他方式非法转让《计量检定员证》或《注册计量师注册证》。

第十七条 各级质量技术监督部门应当加强对计量检定人员的监督管理，建立计量检定人员管理档案，并将计量检定人员有关情况逐级上报国家质检总局备案。

第十八条 计量检定人员出具的计量检定数据，用于量值传递、裁决计量纠纷和实施计量监督等，具有法律效力。

第十九条 任何单位和个人不得要求计量检定人员违反计量检定规程或者使用未经考核合格的计量标准开展计量检定；不得以暴力或者威胁的方法阻碍计量检定人员依法执行任务。

第二十条 未取得计量检定人员资格，擅自在法定计量检定机构等技术机构中从事计量检定活动的，由县级以上地方质量技术监督部门予以警告，并处1千元以下罚款。

第二十一条 违反本办法第十三条规定，构成有关法律法规规定的违法行为的，依照有关法律法规规定追究相应责任；未构成有关法律法规规定的违法行为的，由县级以上地方质量技术监督部门予以警告，并处1万元以下罚款。

第二十二条 违反本办法第十六条规定，构成有关法律法规规定的违法行为的，依照有关法律法规规定追究相应责任；未构成有关法律法规规定的违法行为的，由县级以上地方质量技术监督部门予以警告，并处1千元以下罚款。

第二十三条 本办法所称法定计量检定机构等技术机构，是指法定计量检定机构和质量技术监督部门依法授权的其他技术机构。

本办法所称计量检定活动，是指法律规定的或者质量技术监督部门授权的强制检定和其他检定活动。

第二十四条 计量检定员资格申请书、考核合格证明和《计量检定员证》的式样以及计量检定员考核规则，由国家质检总局统一制定。

第二十五条 本办法由国家质检总局负责解释。

第二十六条 本办法自2008年5月1日起施行。1987年7月10日原国家计量局公布的《计量检定人员管理办法》同时废止。

（二）规范性文件

絮用纤维制品生产、加工企业质量保证能力审核、认定管理办法（试行）

（2002 年 11 月 1 日中纤局法发[2002]54 号发布）

第一条 为了做好对絮用纤维制品生产、加工企业质量保证能力审核认定工作，提高集团购买者采购的絮用纤维制品的质量，保障人体健康安全，根据国家质检总局有关文件规定，制定本办法。

第二条 絮用纤维制品的生产、加工企业申请质量保证能力审核、认定和专业纤维检验机构开展絮用纤维制品生产、加工质量保证能力的审核、认定工作必须遵守本办法。

本办法所称的集团购买者是指为向公众提供服务，成批量采购絮用纤维制品的机构、单位。

本办法所称絮用纤维制品是指符号《絮用纤维制品通用技术要求》(GB 18383—2001)国家标准及相关产品标准规定的、以絮用纤维为填充物的、主要用于人穿、铺、盖等用途的床上用品、服装服饰和其他生活用品。

第三条 中国纤维检验局负责全国絮用纤维制品生产、加工企业质量保证能力的审核、认定工作的统一管理。各省级专业纤维检验机构负责组织实施本省区域内的质量保证能力的审核、认定工作。

第四条 向集团购买者提供絮用纤维制品的生产、加工企业应当通过质量保证能力审核、认定，并具备以下基本条件：

（一）企业法人执照或营业执照；

（二）能够保证制品质量的生产加工设备，以及用于生产加工、存放原料、成品的场所；

（三）合格的质量检验仪器和必备设施；

（四）合格的生产技术人员和质量检验人员；

（五）相关的标准文本、技术规范、操作规程；

（六）相关的质量管理规章制度；

（七）法律、法规及国家规定的其他相关条件；

（八）申请之日前一年内，申请人未因从事伪劣絮用纤维制品的生产或禁用原料加工而受到处罚。

各省专业县委检验机构根据当地絮用纤维制品生产、加工企业的数量、规模，按不同种类的絮用纤维制品的生产技术要求，可以在符合前款规定条件的基础上，制定一些具体条件。指定的具体条件报中国纤维检验局备案。

第五条 絮用纤维制品的生产、加工企业向省级专业纤维检验机构提出质量保证能力审核、认定申请时，应填写《絮用纤维制品生产、加工企业质量保证能力审核、认定申请表》，提供第四条中所要求的证明材料及其复印件，原件经核验后立即退回，复印件留用备查。

第六条 各省级专业纤维检验机构应在7个工作日内对企业提供的材料进行初审，并向初审符合条件的申请企业发放《絮用纤维制品生产加工、企业质量保证能力审核、认定受理通知书》；

不符合条件的生产、加工企业发放《絮用纤维制品生产加工、企业质量保证能力审核、认定不受理通知书》并退回申请企业所提供的材料。

第七条 省级专业纤检机构应在发放《絮用纤维制品生产加工、企业质量保证能力审核、认定受理通知书》后15日内完成对申请企业的现场审核、认定。

现场审核、认定的内容包括：

（一）企业的现有条件是否和申请时提出的一致；

（二）相应的质量管理制度是否落实；

（三）生产和质量检验人员是否掌握相关的标准、技术规范、操作规程；

（四）省内规定的具体条件及其他条件是否满足要求。

现场审核人员在生产现场或成品库房，按照相关标准和技术规范抽取该企业生产的样品，并于抽取样品之日起15日内进行检验，出具检验报告。

第八条 省级专业纤维检验机构根据现场审核、认定的情况和现场抽取样品的质量情况，在3个工作日内完成申请企业的最终审核、认定。

符合条件的，颁发《絮用纤维制品生产加工、企业质量保证能力资格证书》(以下简称《资格证书》)；

不符合条件的，发给《絮用纤维制品生产加工、企业质量保证能力资格不合格通知书》，同时收回《絮用纤维制品生产加工、企业质量保证能力审核、认定受理通知书》。

第九条 《资格证书》是从事絮用纤维制品生产、加工企业参加集团采购或招投标活动的资格证明。不得将资格证书和证书编号转让他人。

第十条 《资格证书》在全国有效，有效期为2年，有效期自签发之日算起。

第十一条 凡取得《资格证书》的制品，生产、加工企业向集团购买者出售该制品时，除按有关要求标注标识外，必须在该制品、包装上标注按照资格证书格式所规定的标记和证书编号。

不得将证书的标记和证书编号标注在其他未取得资格证书的制品上。

第十二条 企业应当妥善保管资格证书，因遗失或损毁造成无法辨认的，应当及时在《中国纤检》杂志上声明，同时报当地省级专业纤维检验机构。省级专业纤维检验机构应当及时受理企业补领证书手续。

第十三条 企业在《资格证书》证书有效期满前3个月内，向所在地省级专业纤维检验机构重新提出审核、认定申请。

第十四条 企业在证书有效期内，有关国家标准发生改变的，由省级专业纤检机构组织进行补充审核、认定；

企业的生产条件发生变化(包括改建、扩建、迁移生产地点等)，应当在变化后1个月内向所在地的省级专业纤检机构提出重新审核、认定申请；

企业的经营体制、名称发生变化的，应当在变化后10个工作日内向所在地的省级专业纤检机构申请办理变更手续。

第十五条 未取得《资格证书》的企业应当加强整改，符合条件时可以重新进行申请，但必须满足以下要求：

未通过初审的，自接到《絮用纤维制品生产加工、企业质量保证能力审核、认定不受理通知书》的企业一年后，方可再次提出审核、认定申请；

未通过现场审核、认定的，自接到《絮用纤维制品生产加工、企业质量保证能力资格现场审核、认定不合格通知书》的企业半年后，方可再次提出现场审核、认定申请；

被吊销《资格证书》的企业 2 年后方可再次提出审核、认定申请。

第十六条 省级专业纤维检验机构应当对取得《资格证书》企业的相关材料进行备案，作为日常监督和管理备查的依据。

第十七条 省级专业纤维检验机构应于每季度末将已取得和被吊销《资格证书》的企业名单报送中国纤维检验局。中国纤维检验局将各省级专业纤维检验机构报送的、取得和被吊销《资格证书》的企业名单在《中国纤检》杂志上进行公告。各省的公告每季度进行一次。

第十八条 《资格证书》的格式及有关文书样本由中国纤维检验局统一制定。

省级专业纤维检验机构在开展企业质量保证能力审核、认定工作中，要对流转的文书、证书登记造册。

第十九条 絮用纤维制品生产、加工企业质量保证能力的审核、认定的收费，包括现场审核认定费、产品检验费、公告费等。费用的收取标准和使用依据国家相关规定执行。

第二十条 专业纤维检验机构要经常对絮用纤维制品生产、加工企业进行监督检查。

第二十一条 中国纤维检验局根据需要，对各省的审核、认定工作进行抽查。抽查的内容包括：各省开展的审核、认定工作情况及已取得《资格证书》企业的絮用纤维制品的质量情况。

第二十二条 取得资格证书的企业生产、销售不符合保障人体健康和人身安全的国家标准、行业标准要求的制品，按《中华人民共和国产品质量法》第四十九条的规定处罚，情节严重的吊销资格证书。

第二十三条 已取得资格证书的企业，未按照本办法第十一条规定的要求标注资格证书标记和编号的，按照《中华人民共和国产品质量法》第五十四条的规定处罚。

未按照本办法第九条规定的要求，转让或涂改证书标记或编号的，按

《中华人民共和国产品质量法》第五十三条规定处罚，并吊销资格证书。

第二十四条 未按照本办法第十一条第二款规定的要求，伪造、冒用资格证书标记和编号的，按《中华人民共和国产品质量法》第五十三条的规定处罚。

第二十五条 本《办法》由中国纤维检验局负责解释。

第二十六条 本《办法》自印发之日起施行。

无公害农产品标志管理办法

（2002 年 11 月 25 日国家认监委、农业部 2002 年
第 231 号公告发布）

第一条 为加强对无公害农产品标志的管理，保证无公害农产品的质量，维护生产者、经营者和消费者的合法权益，根据《无公害农产品管理办法》，制定本办法。

第二条 无公害农产品标志是加施于获得无公害农产品认证的产品或者其包装上的证明性标记。

本办法所指无公害农产品标志是全国统一的无公害农产品认证标志。

国家鼓励获得无公害农产品认证证书的单位和个人积极使用全国统一的无公害农产品标志。

第三条 农业部和国家认证认可监督管理委员会（以下简称国家认监委）对全国统一的无公害农产品标志实行统一监督管理。

县级以上地方人民政府农业行政主管部门和质量技术监督部门按照职责分工依法负责本行政区域内无公害农产品标志的监督检查工作。

第四条 本办法适用于无公害农产品标志的申请、印制、发放、使用和监督管理。

第五条 无公害农产品标志基本图案、规格和颜色如下：

（一）无公害农产品标志基本图案为：

（二）无公害农产品标志规格分为五种，其规格、尺寸（直径）为：

规格	1号	2号	3号	4号	5号
尺寸(mm)	10	15	20	30	60

（三）无公害农产品标志标准颜色由绿色和橙色组成。

第六条 根据《无公害农产品管理办法》的规定获得无公害农产品认证资格的认证机构(以下简称认证机构)，负责无公害农产品标志的申请受理、审核和发放工作。

第七条 凡获得无公害农产品认证证书的单位和个人，均可以向认证机构申请无公害农产品标志。

第八条 认证机构应当向申请使用无公害农产品标志的单位和个人说明无公害农产品标志的管理规定，并指导和监督其正确使用无公害农产品标志。

第九条 认证机构应当按照认证证书标明的产品品种和数量发放无公害农产品标志，认证机构应当建立无公害农产品标志出入库登记制度。无公害农产品标志出入库时，应当清点数量，登记台账；无公害农产品标志出入库台账应当存档，保存时间为5年。

第十条 认证机构应当将无公害农产品标志的发放情况每6个月报农业部和国家认监委。

第十一条 获得无公害农产品认证证书的单位和个人，可以在证书规定的产品或者其包装上加施无公害农产品标志，用以证明产品符合无公害农产品标准。

印制在包装、标签、广告、说明书上的无公害农产品标志图案，不能作为无公害农产品标志使用。

第十二条 使用无公害农产品标志的单位和个人，应当在无公害农产品认证证书规定的产品范围和有效期内使用，不得超范围和逾期使用，不得买卖和转让。

第十三条 使用无公害农产品标志的单位和个人，应当建立无公害农产品标志的使用管理制度，对无公害农产品标志的使用情况如实记录并存档。

第十四条 无公害农产品标志的印制工作应当由经农业部和国家认监委考核合格的印制单位承担，其他任何单位和个人不得擅自印制。

第十五条 无公害农产品标志的印制单位应当具备以下基本条件：

（一）经工商行政管理部门依法注册登记，具有合法的营业证明；

（二）获得公安、新闻出版等相关管理部门发放的许可证明；

（三）有与其承印的无公害农产品标志业务相适应的技术、设备及仓储保管设施等条件；

（四）具有无公害农产品标志防伪技术和辨伪能力；

（五）有健全的管理制度；

（六）符合国家有关规定的其他条件。

第十六条 无公害农产品标志的印制单位应当按照本办法规定的基本图案、规格和颜色印制无公害农产品标志。

第十七条 无公害农产品标志的印制单位应当建立无公害农产品标志出入库登记制度。无公害农产品标志出入库时，应当清点数量，登记台账；无公害农产品标志出入库台账应当存档，期限为 5 年。

对废、残、次无公害农产品标志应当进行销毁，并予以记录。

第十八条 无公害农产品标志的印制单位，不得向具有无公害农产品认证资格的认证机构以外的任何单位和个人转让无公害农产品标志。

第十九条 伪造、变造、盗用、冒用、买卖和转让无公害农产品标志以及违反本办法规定的，按照国家有关法律法规的规定，予以行政处罚；构成犯罪的，依法追究其刑事责任。

第二十条 从事无公害农产品标志管理的工作人员滥用职权、徇私舞弊、玩忽职守，由所在单位或者所在单位的上级行政主管部门给予行政处分；构成犯罪的，依法追究刑事责任。

第二十一条 对违反本办法规定的,任何单位和个人可以向认证机构投诉,也可以直接向农业部或者国家认监委投诉。

第二十二条 本办法由农业部和国家认监委负责解释。

第二十三条 本办法自公告之日起实施。

关于将汽车里程表从《中华人民共和国强制检定的工作计量器具目录》取消的通知

(2002年12月27日国质检发[2002]386号发布)

各省、自治区、直辖市及计划单列市、新疆生产建设兵团质量技术监督局,国务院有关部门,中国人民解放军有关部门:

近年来,随着科技进步得社会发展,汽车里程表已极少直接用于贸易结算。为全面贯彻实施计量法,根据国务院授权,现决定将汽车里程表从《中华人民共和国强制检定的工作计量器具目录》中取消。取消后的汽车里程表依据《中华人民共和国依法管理的计量器具目录》实施管理。

附件:取消的强制检定工作计量器具明细目录

附件

取消的强制检定工作计量器具明细目录

汽车里程表:汽车里程表。

关于建立农产品认证认可工作体系的实施意见

(2003年2月27日国认注联[2003]15号发布)

在我国经济进入新的发展阶段和加入世界贸易组织的新形势下,随着工业化进程和城市建设的迅速发展,人民群众生活水平的不断提高,对

"菜篮子"产品的质量卫生安全提出了新的要求。对农产品的质量安全卫生施行认证认可管理，是做好新阶段的"菜篮子"工作的一项重要任务，也是实现农业现代化、推进农业产业化进程和进一步扩大对外开放的一项重要措施。根据《国务院关于新阶段"菜篮子"工作的通知》(国发[2002]15 号)和《国务院办公厅关于加强认证认可工作的通知》(国办发[2002]11 号)提出的要求，现就建立农产品认证认可工作体系有关工作提出以下实施意见。

一、建立农产品认证认可工作体系的指导思想和目的

全面贯彻"三个代表"重要思想，坚持国务院确定的统一规划、强化监管、规范市场、提高效能和与国际接轨的认证认可工作原则，在国家认证认可监督管理委员会统一管理、监督、综合协调和各有关方面共同实施的工作机制下，建立并完善我国农产品认证认可工作体系，提高农产品认证评价的一致性和有效性，促进农产品等"菜篮子"产品的质量卫生安全水平的提高，为农业结构调整、增加农民收入，改善我国生态环境，扩大农产品出口创汇服务。

二、建立农产品认证认可工作体系的工作重点

(一) 建立统一、规范的农产品认证认可体系。我国农产品认证要借鉴和引入工业产品认证认可的经验和有关做法，统一认可制度、统一认可机构、统一认可标准和认可程序，保证认可工作的公正、公开、公平，加快农产品认证工作。

(二) 实行统一的农产品认证机构、认证咨询机构和认证培训机构的国家认可制度。按照国家认证认可监督管理委员会、国家质量监督检验检疫总局、国家工商行政管理总局、对外贸易经济合作部《关于印发(认证机构及认证培训、咨询机构审批登记与监督管理办法)的通知》(国认可联[2002]21 号)有关规定，从事农产品认证、认证咨询和认证培训等业务的机构要办理审批和登记注册；农产品认证机构应当取得国家认证认可监督管理委员会授权的认可机构的资质认可；对农产品认证培训机构、农产品认证人员实施注册、备案制度。

(三) 以与国际接轨为目标，结合我国国情，建立国家农产品认证标准。以现阶段我国业已开展了的"无公害农产品"、"绿色食品"和"有机食品"等认证为基础，统一、完善相关的认证标准体系，逐步使我国农产品认证与国际通行的认证标准和认证形式接轨。

（四）制定有利于社会监督和促进有序竞争的农产品认证标志（标识）管理办法。通过认证标志，建立认证质量的可追溯制度，认证机构要对其认证结果的有效性承担责任。

根据国家有关规定，适时对直接食用的农产品实行强制性产品认证制度和出口验证制度。

（五）加强对农产品认证机构、认证咨询机构与认证培训机构的管理和监督检查。通过政策引导和加强监督管理，引入市场竞争机制，培育一批运作规范、社会信誉高、符合国际通行规则要求的农产品认证机构。加强对境外相关认证机构、认证咨询机构和有关代理机构以及独立检查员的监督检查。

（六）在农产品生产、加工企业中积极推行 HACCP（危害分析与关键控制点）管理体系及认证。调动全社会的积极性，通过认证帮助、指导企业在生产过程中建立并调整关键控制点限值，及时纠正偏差，保证产品的质量卫生安全符合规定要求，提高企业的科学管理水平。

（七）推动建立贯穿农产品种植、养殖、加工、储运、经销全过程的质量卫生安全管理体系。在农产品生产、加工、储运、经销企业（包括种植业、养殖业、加工业、储存运输业、批发、零售业等）中开展质量管理体系认证、环境管理体系认证、职业健康安全管理体系认证，促进农产品生产、加工、经销企业质量管理水平的全面提高。

三、建立农产品认证认可工作体系应注意的几个问题

（一）开展农产品认证认可工作，要适应我国农业、农村经济工作和农业可持续发展的需要，为推进农业产业化进程和实现农业现代化服务；要符合国家环境保护法律法规的要求，为保护和改善我国生态环境服务；要通过认证推动我国农产品出口创汇。

（二）要加快与农产品认证相关的国家标准及行业标准、有关技术法规的制、修订进程，使各类认证标准层次分明，并具有可操作性。积极推进我国有关农产品认证领域的国际间相互认可工作。

（三）发挥各种农村经济组织和行业（产业）协会在农产品认证活动中的示范和桥梁、纽带作用，坚持循序渐进、逐步推广的工作方针，努力提高农产品质量，扩大出口创汇，真正使农民得到实惠。

（四）利用WTO“绿箱”政策和借鉴国外做法，扶植具备条件的农产品生产、加工企业积极发展有机农业，对获得有机认证的生产、加工企业给予一定的政策优惠。

（五）农产品认证认可工作体系的建立和实施，需要各有关部门相互支持，形成合力。国家认证认可监督管理委员会要积极主动地为各行业、地区开展农产品认证工作提供指导和服务；国务院各有关部门和地方各级政府要积极运用认证结果作为“菜篮子”产品质量卫生安全的监控手段。各有关部门各司其职，促进认证工作在农产品生产、加工、经销中的实施，共同培育开放有序、监管有效的农产品认证市场。

（六）国家认证认可监督管理委员会要会同有关部门制定有关农产品认证的监督管理办法，建立、健全对农产品认证机构及认证检测机构等的有关要求。

国家发展和改革委、财政部关于调整组织机构代码证书收费标准及有关问题的通知

（2003年4月9日发改价格[2003]82号发布）

国家质检总局，各省、自治区、直辖市计委、物价局、财政厅（局）：

国家质检总局《关于申请调整组织机构代码证书有关收费标准的函（国质检科函[2002]295号）收悉。随着组织机构代码工作内容和技术服务成本的增加，现行组织机构代码证书（以下简称“代码证书”）收费标准难以满足管理工作的需要。同时，大多数地方新增了组织机构代码IC卡收费项目，收费标准不统一，有些地方收费标准明显偏高，增加了企事业单位的负担。为进一步规范代码证书收费行为，保证组织机构代码管理工作的顺利开展，经研究，现就调整代码证书收费标准及有关事项通知如下：

一、各级组织机构代码管理机构的代码证书收费，包括证书工本费、技术服务费和IC卡工本费。

（一）证书工本费，按现行收费标准执行，即正本每份10元、副本每

份8元。

（二）调整技术服务费标准，由每家35元调整为每家90元。

（三）统一IC卡工本费标准，收费标准为每卡40元。发放组织机构代码证书副本和组织机构代码IC卡，应本着自愿原则，不得强行发放、强制收费。

二、取消部分省收取的入网费、年度信息服务费、数字技术应用服务费、信息网络技术服务费和变更手续费等代码证书方面的收费，其他类似的收费项目也一并取消。各省、自治区、直辖市价格主管部门、财政部门应按照职责分工进一步清理代码证书收费，取消本通知规定以外的收费项目，纠正将代码证书收费转为经营服务性收费的行为。

三、各级组织机构代码管理机构应到指定的价格主管部门办理《收费许可证》变更手续，并按财政部规定使用票据。各级组织机构代码管理机构应严格按国家发展和改革委、财政部规定的收费项目、收费标准、收费范围执行，并自觉接受价格主管部门和财政部门的监督检查。

四、本通知自2003年5月1日起执行。《国家计委、财政部关于代码证书收费标准的通知》（计价格[1994]287号）、《国家计委、财政部关于第一批降低22项收费标准的通知》（计价费[1997]2500号）中有关代码证书收费标准的规定，以及各省、自治区、直辖市关于代码证书收费与本通知不符的规定同时废止。

无公害农产品产地认定程序

（2003年4月17日国家认监委、农业部2003年第264号公告发布）

第一条 为规范无公害农产品产地认定工作，保证产地认定结果的科学、公正，根据《无公害农产品管理办法》，制定本程序。

第二条 各省、自治区、直辖市和计划单列市人民政府农业行政主管部门（以下简称省级农业行政主管部门）负责本辖区内无公害农产品产地认定（以下简称产地认定）工作。

第三条 申请产地认定的单位和个人(以下简称申请人),应当向产地所在地县级人民政府农业行政主管部门(以下简称县级农业行政主管部门)提出申请,并提交以下材料:

(一)《无公害农产品产地认定申请书》;

(二)产地的区域范围、生产规模;

(三)产地环境状况说明;

(四)无公害农产品生产计划;

(五)无公害农产品质量控制措施;

(六)专业技术人员的资质证明;

(七)保证执行无公害农产品标准和规范的声明;

(八)要求提交的其他有关材料。

申请人向所在地县级以上人民政府农业行政主管部门申领《无公害农产品产地认定申请书》和相关资料,或者从中国农业信息网站(www.agri.gov.cn)下载获取。

第四条 县级农业行政主管部门自受理之日起30日内,对申请人的申请材料进行形式审查。符合要求的,出具推荐意见,连同产地认定申请材料逐级上报省级农业行政主管部门;不符合要求的,应当书面通知申请人。

第五条 省级农业行政主管部门应当自收到推荐意见和产地认定申请材料之日起30日内,组织有资质的检查员对产地认定申请材料进行审查。

材料审查不符合要求的,应当书面通知申请人。

第六条 材料审查符合要求的,省级农业行政主管部门组织有资质的检查员参加的检查组对产地进行现场检查。

现场检查不符合要求的,应当书面通知申请人。

第七条 申请材料和现场检查符合要求的,省级农业行政主管部门通知申请人委托具有资质的检测机构对其产地环境进行抽样检验。

第八条 检测机构应当按照标准进行检验,出具环境检验报告和环境评价报告,分送省级农业行政主管部门和申请人。

第九条 环境检验不合格或者环境评价不符合要求的,省级农业行政主管部门应当书面通知申请人。

第十条 省级农业行政主管部门对材料审查、现场检查、环境检验和环境现状评价符合要求的，进行全面评审，并作出认定终审结论。

（一）符合颁证条件的，颁发《无公害农产品产地认定证书》；

（二）不符合颁证条件的，应当书面通知申请人。

第十一条 《无公害农产品产地认定证书》有效期为3年。期满后需要继续使用的，证书持有人应当在有效期满前90日内按照本程序重新办理。

第十二条 省级农业行政主管部门应当在颁发《无公害农产品产地认定证书》之日起30日内，将获得证书的产地名录报农业部和国家认证认可监督管理委员会备案。

第十三条 在本程序发布之日前，省级农业行政主管部门已经认定并颁发证书的无公害农产品产地，符合本程序规定的，可以换发《无公害农产品产地认定证书》。

第十四条 《无公害农产品产地认定申请书》、《无公害农产品产地认定证书》的格式，由农业部统一规定。

第十五条 省级农业行政主管部门根据本程序可以制定本辖区内具体的实施程序。

第十六条 本程序由农业部、国家认证认可监督管理委员会负责解释。

第十七条 本程序自发布之日起执行。

无公害农产品认证程序

（2003年4月17日国家认监委、农业部2003年第264号公告发布）

第一条 为规范无公害农产品认证工作，保证产品认证结果的科学、公正，根据《无公害农产品管理办法》，制定本程序。

第二条 农业部农产品质量安全中心（以下简称中心）承担无公害农产品认证（以下简称产品认证）工作。

第三条 农业部和国家认证认可监督管理委员会（以下简称国家认

监委)依据相关的国家标准或者行业标准发布《实施无公害农产品认证的产品目录》(以下简称产品目录)。

第四条 凡生产产品目录内的产品,并获得无公害农产品产地认定证书的单位和个人,均可申请产品认证。

第五条 申请产品认证的单位和个人(以下简称申请人),可以通过省、自治区、直辖市和计划单列市人民政府农业行政主管部门或者直接向中心申请产品认证,并提交以下材料:

(一)《无公害农产品认证申请书》;

(二)《无公害农产品产地认定证书》(复印件);

(三)产地《环境检验报告》和《环境评价报告》;

(四)产地区域范围、生产规模;

(五)无公害农产品的生产计划;

(六)无公害农产品质量控制措施;

(七)无公害农产品生产操作规程;

(八)专业技术人员的资质证明;

(九)保证执行无公害农产品标准和规范的声明;

(十)无公害农产品有关培训情况和计划;

(十一)申请认证产品的生产过程记录档案;

(十二)"公司加农户"形式的申请人应当提供公司和农户签订的购销合同范本、农户名单以及管理措施;

(十三)要求提交的其他材料。

申请人向中心申领《无公害农产品认证申请书》和相关资料,或者从中国农业信息网站(www.agri.gov.cn)下载。

第六条 中心自收到申请材料之日起,应当在15个工作日内完成申请材料的审查。

第七条 申请材料不符合要求的,中心应当书面通知申请人。

第八条 申请材料不规范的,中心应当书面通知申请人补充相关材料。申请人自收到通知之日起,应当在15个工作日内按要求完成补充材料并报中心。中心应当在5个工作日内完成补充材料的审查。

第九条 申请材料符合要求的,但需要对产地进行现场检查的,中心应当在10个工作日内作出现场检查计划并组织有资质的检查员组成检查组，同时通知申请人并请申请人予以确认。检查组在检查计划规定的时间内完成现场检查工作。

现场检查不符合要求的，应当书面通知申请人。

第十条 申请材料符合要求（不需要对申请认证产品产地进行现场检查的）或者申请材料和产地现场检查符合要求的，中心应当书面通知申请人委托有资质的检测机构对其申请认证产品进行抽样检验。

第十一条 检测机构应当按照相应的标准进行检验，并出具产品检验报告，分送中心和申请人。

第十二条 产品检验不合格的，中心应当书面通知申请人。

第十三条 中心对材料审查、现场检查（需要的）和产品检验符合要求的，进行全面评审，在 15 个工作日内作出认证结论。

（一）符合颁证条件的，由中心主任签发《无公害农产品认证证书》；

（二）不符合颁证条件的，中心应当书面通知申请人。

第十四条 每月 10 日前，中心应当将上月获得无公害农产品认证的产品目录同时报农业部和国家认监委备案。由农业部和国家认监委公告。

第十五条 《无公害农产品认证证书》有效期为 3 年，期满后需要继续使用的，证书持有人应当在有效期满前 90 日内按照本程序重新办理。

第十六条 任何单位和个人（以下简称投诉人）对中心检查员、工作人员、认证结论、委托检测机构、获证人等有异议的均可向中心反映或投诉。

第十七条 中心应当及时调查、处理所投诉事项，并将结果通报投诉人，并抄报农业部和国家认监委。

第十八条 投诉人对中心的处理结论仍有异议，可向农业部和国家认监委反映或投诉。

第十九条 中心对获得认证的产品应当进行定期或不定期的检查。

第二十条 获得产品认证证书的，有下列情况之一的，中心应当暂停其使用产品认证证书，并责令限期改正。

（一）生产过程发生变化，产品达不到无公害农产品标准要求；

（二）经检查、检验、鉴定，不符合无公害农产品标准要求。

第二十一条 获得产品认证证书，有下列情况之一的，中心应当撤销其产品认证证书：

（一）擅自扩大标志使用范围；

（二）转让、买卖产品认证证书和标志；

（三）产地认定证书被撤销；

（四）被暂停产品认证证书未在规定限期内改正的。

第二十二条 本程序由农业部、国家认监委负责解释。

第二十三条 本程序自发布之日起执行。

质量专业技术人员职业资格注册登记管理暂行办法

（2003年5月21日国家质检总局发布）

第一章 总 则

第一条 为提高质量专业技术人员素质，保证质量专业技术人员职业资格制度的实施，根据《质量专业技术人员职业资格考试暂行规定》，制定本办法。

第二条 国家对质量专业技术人员职业资格（以下简称"质量专业资格"）实行定期注册登记制度。经全国统一考试合格，取得《质量专业技术人员职业资格证书》，应按规定办理注册登记。未经注册登记，不得从事质量专业相应岗位的工作。

第三条 各省、自治区、直辖市质量技术监督局为质量专业资格注册登记机构，负责本辖区内质量专业资格的注册登记，注册结果报国家质量监督检验检疫总局（以下简称"国家质检总局"）备案。

第二章 注册登记

第四条 取得质量专业资格证书人员，应在规定的期限内到指定的注册登记机构办理注册登记手续。未经注册登记或逾期不办者，质量专业资格证书自动失效。

第五条 申请注册登记，必须符合下列条件：

(一)取得质量专业资格证书,且证书在有效期内;

(二)遵守中华人民共和国法律法规,遵守与质量专业工作有关的各项规章制度和职业道德要求;

(三)从事质量专业岗位工作。

第六条 办理首次注册登记,须提交以下材料:

(一)质量专业资格注册登记申请表(附表1);

(二)质量专业资格证书;

(三)身份证明原件及复印件;

(四)近期小2寸照片1张。

第七条 质量专业资格注册登记有效期为3年。有效期满前3个月,持证者应到注册登记机构办理重新注册登记。有效期满后,3个月内未办理重新注册登记的,质量专业资格证书自动失效。

第八条 申请重新注册登记的人员,应符合第五条规定的条件,并提交以下材料:

(一)质量专业资格重新注册登记申请表(附表2);

(二)质量专业资格证书;

(三)规定的继续教育有关证明原件及复印件;

(四)近期小2寸照片1张。

第九条 注册登记机构应对申请注册登记人员有关材料认真审核。审查合格,在质量专业资格证书相应栏目中填写有关内容,加盖"质量专业资格注册登记"专用章,并注明有效期。每个注册年度注册工作结束后,应将质量专业资格注册登记人员统计表(附表3)和质量专业资格重新注册登记人员统计表(附表4),报国家质检总局人事司和全国质量专业资格考试办公室。

第三章 监督管理

第十条 各省、自治区、直辖市质量技术监督局应建立取得质量专业资格证书人员的专门档案,并对其在质量专业岗位的业务活动情况进行监督。

第十一条 取得质量专业资格人员在质量专业岗位工作中,有下列情形之一者,不予注册登记(包括首次注册登记和重新注册登记）：

（一）违反有关法律法规，在质量专业岗位工作中造成重大失误或谋取不正当利益的；

（二）脱离质量专业岗位，或其他原因无法正常工作，时间连续 2 年以上的；

（三）受刑事处分或取消质量专业资格处分；

（四）未按规定接受继续教育。

第十二条　质量专业资格人员注册登记后变换工作单位或工作岗位，本人应主动向当地注册登记部门办理注册变更申请手续，填写注册变更申请表（附表 5）。

第十三条　申请注册登记人对不给予注册登记或不给予重新注册登记有异议的，可在收到通知 60 日内，向所在地省级质量技术监督局申请复议。如对省级质量技术监督局的复议结果仍有异议，可在收到通知 60 日内向国家质检总局申请复议。

第四章　继续教育

第十四条　取得质量专业资格人员应按规定接受继续教育，不断提高专业素质和职业道德水平。

第十五条　继续教育采取自学和培训相结合的方式，包括质量专业新理论、新知识、新方法学习，国家有关质量方面的政策法规、WTO/TBT 有关技术规范、质量专业理论和方法以及职业道德等方面的专门培训。参加与质量有关的学术会议、发表论文、出版著作以及参加本单位组织的质量培训等也可视为继续教育的形式。

第十六条　国家质检总局负责统一规划全国质量专业资格继续教育工作，组织拟订继续教育培训大纲，确定继续教育必修项目，编写继续教育教材和辅导资料。

第十七条　继续教育实行学分制。初级资格继续教育在规定的继续教育项目内，每年不得少于 4 个学分；中级资格继续教育必须参加必修项目（由国家质检总局每年度发布一次）的培训，并在规定的继续教育项目内，每年不得少于 10 个学分（规定的继续教育项目及对应的学分见附表 6）。

第十八条 必修项目的培训由各省、自治区、直辖市质量技术监督局组织实施。必修项目的培训按照统一的培训大纲和教材，分为面授和函授两种。注册人员可以参加由省级质量技术监督部门组织或认可的面授培训，也可参加函授学习。

第十九条 承担质量专业资格继续教育的机构，应具备下列条件：

（一）必须是质检系统的培训施教机构或省局认可的培训机构；

（二）具有与培训规模相适应的教学场地和设施；

（三）至少有2名具有“质量专业资格培训教师资格证书”的专职教师，以及一定数量和相应素质的专兼职教师队伍。

第二十条 各省、自治区、直辖市质量技术监督局确定本地区的质量专业资格继续教育机构，并报国家质检总局人事司和全国质量专业资格考试办公室备案。

第五章 附 则

第二十一条 质量专业资格注册登记收费按当地物价部门规定办理。

第二十二条 职业资格工作由人事部门归口管理，质量专业资格注册登记工作由质量部门具体承办。

第二十三条 本办法由国家质检总局负责解释。

第二十四条 本办法自发布之日起施行。

附表 1

注册登记编号：

质量专业资格注册登记申请表

省(自治区、直辖市)　　　　　　　　年　　月　　日

<table>
<tr><td>姓名</td><td></td><td>性别</td><td></td><td>出生年月</td><td></td><td rowspan="4">贴照片</td></tr>
<tr><td>职称</td><td></td><td colspan="2">参加工作时间</td><td colspan="2"></td></tr>
<tr><td colspan="2">最后毕业院校、专业</td><td colspan="4"></td></tr>
<tr><td colspan="2">身份证号码</td><td colspan="2"></td><td>学历</td><td></td></tr>
<tr><td colspan="2">工作单位名称</td><td colspan="3"></td><td>电话</td><td></td></tr>
<tr><td colspan="2">工作单位性质</td><td colspan="5">(　　)生产企业　(　　)教育部门　(　　)技术机构
(　　)中介组织　(　　)其他</td></tr>
<tr><td colspan="2">工作单位地址</td><td colspan="2"></td><td colspan="2">邮编</td><td></td></tr>
<tr><td colspan="2">资格证书批准日期</td><td colspan="2"></td><td colspan="2">职业资格证书编号</td><td></td></tr>
<tr><td colspan="2">证书级别</td><td colspan="5">(　　)初级资格　(　　)中级资格　(　　)高级资格</td></tr>
<tr><td rowspan="5">主要工作经历</td><td>起止时间</td><td colspan="5">在何地、何单位做何工作</td></tr>
<tr><td></td><td colspan="5"></td></tr>
<tr><td></td><td colspan="5"></td></tr>
<tr><td></td><td colspan="5"></td></tr>
<tr><td></td><td colspan="5"></td></tr>
<tr><td>注册登记机关意见</td><td colspan="6">(公章)
负责人　年　月　日</td></tr>
<tr><td>备注</td><td colspan="6">注册有效期
自　年　月起至　年　月止</td></tr>
</table>

附表 2

注册登记编号：

质量专业资格重新注册登记申请表

省（自治区、直辖市）　　　　　　　　　　　　年　　月　　日

<table>
<tr><td>姓名</td><td></td><td>性别</td><td colspan="2"></td><td colspan="2">出生年月</td><td colspan="2"></td><td rowspan="3">贴照片</td></tr>
<tr><td colspan="2">职业资格证书编号</td><td colspan="7"></td></tr>
<tr><td colspan="2">上次注册登记时间</td><td colspan="7"></td></tr>
<tr><td colspan="2">工作单位名称</td><td colspan="5"></td><td colspan="2">现任工作岗位</td><td></td></tr>
<tr><td colspan="2">工作单位性质</td><td colspan="8">（　　）生产企业　（　　）教育部门　（　　）技术机构
（　　）中介组织　（　　）其他</td></tr>
<tr><td colspan="2">工作单位地址</td><td colspan="2"></td><td colspan="2">邮编</td><td></td><td>电话</td><td colspan="2"></td></tr>
<tr><td rowspan="5">上次注册登记以来主要工作经历</td><td>起止时间</td><td colspan="8">在何地、何单位做何工作</td></tr>
<tr><td></td><td colspan="8"></td></tr>
<tr><td></td><td colspan="8"></td></tr>
<tr><td></td><td colspan="8"></td></tr>
<tr><td></td><td colspan="8"></td></tr>
<tr><td rowspan="5">上次注册登记以来继续教育情况</td><td>起止时间</td><td colspan="3">主要内容</td><td colspan="2">学分</td><td colspan="2">负责单位</td><td>证明人</td></tr>
<tr><td></td><td colspan="3"></td><td colspan="2"></td><td colspan="2"></td><td></td></tr>
<tr><td></td><td colspan="3"></td><td colspan="2"></td><td colspan="2"></td><td></td></tr>
<tr><td></td><td colspan="3"></td><td colspan="2"></td><td colspan="2"></td><td></td></tr>
<tr><td colspan="9"></td></tr>
<tr><td>工作单位审核意见</td><td colspan="9">（公章）
负责人　年　月　日</td></tr>
<tr><td>注册登记机关意见</td><td colspan="9">（公章）
负责人　年　月　日</td></tr>
<tr><td>备注</td><td colspan="9">注册有效期
自　　年　月起至　年　月止</td></tr>
</table>

附表 3

质量专业资格注册登记人员统计表

（ 年）

填报单位： 省(自治区、直辖市)质量技术监督局

	学历					性别		工作岗位					年龄(岁)				职称				总计
	博士	硕士	大学	大专	中专	男	女	生产企业	教育部门	技术机构	中介组织	其他	20～30	31～40	41～50	50以上	高级	中级	初级	无职称	
初级资格注册																					
中级资格注册																					
高级资格注册																					
资格注册总计																					

填报人： 填报日期： 年 月 日

附表 4

质量专业资格重新注册登记人员统计表

（　　年）

	学历					性别		工作岗位					年龄(岁)				职称				总计
	博士	硕士	大学	大专	中专	男	女	生产企业	教育部门	技术机构	中介组织	其他	20～30	31～40	41～50	50以上	高级	中级	初级	无职称	
初级资格注册																					
中级资格注册																					
高级资格注册																					
资格注册总计																					

填报单位：　　　　　　　　省(自治区、直辖市)质量技术监督局

填报人：　　　　　　　　　　　　填报日期：　年　月　日

附表 5

质量专业资格变更注册登记申请表

省(自治区、直辖市)　　　　　　　　　　年　月　日

<table>
<tr><td>姓名</td><td></td><td>性别</td><td></td><td>出生年月</td><td></td><td rowspan="4">贴照片</td></tr>
<tr><td>职称</td><td></td><td>参加工作时间</td><td colspan="3"></td></tr>
<tr><td colspan="2">最后毕业院校、专业</td><td colspan="4"></td></tr>
<tr><td colspan="2">身份证号码</td><td colspan="2"></td><td>学历</td><td></td></tr>
<tr><td colspan="2">工作单位名称</td><td colspan="3"></td><td>电话</td><td></td></tr>
<tr><td colspan="2">工作单位性质</td><td colspan="5">(　　)生产企业　(　　)教育部门　(　　)技术机构
(　　)中介组织　(　　)其他</td></tr>
<tr><td colspan="2">工作单位地址</td><td colspan="3"></td><td>邮编</td><td></td></tr>
<tr><td colspan="2">注册登记批准机关</td><td colspan="3"></td><td>注册有效期</td><td></td></tr>
<tr><td colspan="2">证书级别</td><td colspan="5">(　　)初级资格　(　　)中级资格　(　　)高级资格</td></tr>
<tr><td rowspan="4">主要工作经历</td><td>起止时间</td><td colspan="5">在何地、何单位做何工作</td></tr>
<tr><td></td><td colspan="5"></td></tr>
<tr><td></td><td colspan="5"></td></tr>
<tr><td></td><td colspan="5"></td></tr>
<tr><td>变更原因</td><td colspan="6"></td></tr>
<tr><td>注册登记机关意见</td><td colspan="6">(公章)
负责人　年　月　日</td></tr>
</table>

附表 6

质量专业资格继续教育项目及学分对照表

项目性质	级别范围	学分计算	备注
在学术会议上宣读论文	国际性	8～6	论文第一作者记最高分，依次类推
	全国性	6～4	
	省级/行业内	5～3	
在学术会议上提交书面论文	国际性	6～4	论文第一作者记最高分，依次类推
	全国性	5～3	
	省级/行业内	4～2	
参加学术会议	国际性	3	各种有关质量的学术研讨会或论坛
	全国性	2	
	省级/行业内	1	
在学术刊物上发表论文、综述	国外刊物	10～8	论文第一作者记最高分，依次类推
	国际标准刊号(ISSN)或国家统一刊(CN)的刊物	8～6	
	省级刊物	6～4	
	地级刊物	4～2	
	内部刊物	2～1	
参加 QC 小组活动或企业质量攻关活动	全国奖	5～3	组长记最高分 副组长记次高分 一般成员记最低分
	省级/行业奖	4～2	
	省以下奖（含企业内部奖）	3～1	
出版专著	出版社正式出版	10～30	独著记最高分 合著第一作者记 20 分 其他作者记 10 分
编著书籍	出版社正式出版	5～15	主编记最高分 第一作者记 10 分 其他作者记 5 分
发表专业译文	每 1 500 字	1	最高记 15 学分
出国考察报告	每 3 000 字	1	最高记 15 学分
进修或参加省级以上质检部门短期培训		1/半天	当年最高记 10 学分
单位组织的内部培训		0.5/半天	当年最高记 6 学分
在地市级以上质量专业培训班授课		1/1 小时	当年最高记 5 学分
质量专业资格继续教育必修项目培训		2/半天	当年最高记 4 学分
质量专业资格继续教育函授学习		6/年	达到相关要求

注：上述论文、会议、著作、报告、进修、培训等项目均应与质量工作有关。

特种设备行政许可实施办法(试行)

(2003 年 6 月 17 日 国质检锅[2003]172 号发布)

第一条 为了规范特种设备生产、使用及检验检测的行政许可工作,根据《特种设备安全监察条例》(以下简称《条例》),制定本办法。

第二条 特种设备行政许可包括以下项目:

(一)特种设备设计许可;

(二)特种设备制造许可;

(三)特种设备安装、改造、维修许可;

(四)气瓶充装许可;

(五)特种设备使用登记;

(六)特种设备作业人员考核;

(七)特种设备检验检测机构核准;

(八)特种设备检验检测人员考核。

第三条 特种设备的行政许可采取颁布许可证的形式,许可证由国家质检总局统一制订,其名称如下:

(一)特种设备设计许可证;

(二)特种设备制造许可证;

(三)特种设备安装、改造、维修许可证;

(四)气瓶充装许可证;

(五)特种设备使用登记证;

(六)特种设备作业人员证;

(七)特种设备检验检测机构核准证;

(八)特种设备检验检测人员证。

第四条 特种设备许可项目中的许可级别、种类,根据规章、安全技术规范确定。

第五条 特种设备行政许可工作由国家质检总局和各级质量技术监督管理部门(以下简称质检部门),按照《条例》的有关规定,分级负责管理。国家质检总局和省级质量技术监督管理部门根据工作情况可以将其负责的行政许可工作委托下一级部门负责进行。各级质检部门的特种设备安全监察机构（以下简称安全监察机构）负责具体实施。

（一）国家质检总局负责特种设备设计、制造、安装、改造的行政许可以及检验检测机构的核准、检验检测人员的考核。具体工作由国家质检总局或者其委托的省级质量技术监督部门分别负责，以国家质检总局的名义颁发相应证书。具体分工另行规定。

（二）省级质量技术监督部门负责特种设备维修、气瓶充装单位的许可。具体工作可由省级质量技术监督部门负责，也可按照本地区的工作实际，委托设区的市（包括未设区的地级市和地级州、盟，以下简称市级）质量技术监督部门负责，以省级质量技术监督部门的名义颁发许可证。

（三）特种设备使用或者特种设备安装、改造、维修施工前应当向直辖市或者市级质量技术监督部门办理使用登记或者告知。国家大型发电公司所属的电站锅炉、移动式压力容器、客运索道的登记由省级质量技术监督部门负责，并颁发使用登记证；其他特种设备的登记或者接受告知由直辖市或者市级质量技术监督部门负责，并颁发使用登记证。直辖市根据情况，可以将具体登记或接受告知工作委托下一级安全监察机构负责，使用登记证以直辖市的名义颁发。直辖市或者市级质量技术监督部门接受特种设备安装、改造、维修的施工告知后，应当通知负责监督检验工作的检验检测机构，必要时，应当通知下一级质量技术监督部门。压力管道的登记和压力管道安装、改造、维修许可按压力管道的有关规定实施。

（四）特种设备作业人员应当经特种设备安全监督部门考核合格。各级质检部门按照有关规定负责组织，并颁发相应证书。具体考核工作可以按有关规定委托相关机构负责。

第六条 许可工作程序

（一）负责实施特种设备生产（设计、制造、安装、改造、维修）许可、检验检测机构核准具体工作的部门应当在正式受理申请后的30个工作日内完成各项许可、核准工作，并颁发相关的许可、核准证件。其中组织进行实地条件鉴定评审，提出鉴定评审报告，以及因申请单位的原因而延长的时间，不包括在规定的30个工作日内。

（二）负责许可、核准的部门根据审查工作的需要可以设立特种设备许可办公室，负责接受许可、核准工作中有关文件的收发、转递、归档、建立数据库等事务性工作。国家质检总局和省级质量技术监督部门按照特种设备的许可项目、级别、种类，确定若干检验检测机构或者其他技术机构作为鉴定评审机构具体实施鉴定评审工作。国家质检总局委托省级质量技术监督部门负责行政许可具体工作所设立的鉴定评审机构，由国家质检总局规划，省级质量技术监督部门提出，并经国家质检总局核准后公布。鉴定评审机构应该在批准的工作范围内工作，并对鉴定评审结果负责。

（三）特种设备的许可、核准工作程序包括申请、受理、审查和颁发许可或核准证书。

1. 申请　需要从事《条例》规定的生产（设计、制造、安装、改造、维修）、检验检测活动的单位或机构（以下简称申请单位），必须按照有关规定，具备一定的条件，填写特种设备许可、核准申请书，经负责具体许可、核准工作的安全监察机构的下一级安全监察机构（以下简称下一级安全监察机构）签署意见后，将申请所需要的材料，报送负责具体许可、核准工作的安全监察机构，提出申请。下一级安全监察机构签署意见，应当在5个工作日内完成，主要是确认申请单位合法性和申请材料的真实性，不宜组织初审。境外申请单位的受理、审查由国家质检总局安全监察机构直接负责，不需要下一级安全监察机构签署意见。

2. 受理　负责具体许可、核准工作的安全监察机构接到申请书和相关资料后，应当在接受申请书后的15个工作日内完成对提交的申请书和相关资料的初步审查。对符合规定的，在申请书上签署正式受理意见；对不符合规定的，应当书面向申请单位说明不受理的理由。

3. 审查　申请单位被正式受理许可、核准后，应当约请鉴定评审机构安排实地条件的鉴定评审。

根据有关规定必须进行型式试验的，申请单位应当约请具有型式试验资格的检验检测机构进行型式试验，并取得型式试验报告。

鉴定评审机构接到申请单位的鉴定评审约请后，应当按照申请单位的要求，及时安排鉴定评审工作，并在完成鉴定评审工作结束后的30日内，向安全监察机构提交鉴定评审报告。负责具体许可、核准工作的安全监察机构可以派人对鉴定评审工作进行监督。负责对鉴定评审结果进行审核的安全监察机构，必要时可以进行实地核查。审核或者核查中，认为申请单位不符合条件的，安全监察机构应当书面告知申请单位和鉴定评审机构，并说明理由；按照规定可以改进的，允许限期改进。

4. 颁发许可、核准证书　安全监察机构对鉴定评审报告进行审核，应当在 30 个工作日内完成各项审批手续。对符合规定要求的，由许可、核准部门颁发相应证书；对不符合规定要求的，应当发出不许可、核准通知书。

（四）特种设备安装、改造、维修单位在施工前，应当按照有关规定，向安全监察机构告知。安全监察机构，认为存在不符合规定的问题时，应当在 15 个工作日内向施工单位书面说明原因和处理意见；如果在 15 个工作日内，没有书面通知施工单位，在进行日常的监督检查时，没有发现与告知材料不符的情况，不得以此为由进行行政处罚。

（五）特种设备使用登记程序包括申请、受理、审查、颁发使用登记证。

1. 申请　特种设备使用单位在特种设备使用前，应当按照有关规定，设立管理机构、管理人员，建立必要的制度，并具备一定数量的持证作业人员，在特种设备检验合格的前提下，在其使用前或者投入使用后的 30 日内，填写特种设备使用登记表，携带有关资料到安全监察机构进行登记。

2. 受理、审查　安全监察机构对资料齐全，认为符合要求的，应当予以受理，并进行审查。在资料审查中，安全监察机构认为有必要时，可以派人进行实物检查。审查认为不符合规定的，应当书面通知申请单位进行改正。

3. 颁发使用登记证　经审查符合规定要求的，安全监察机构应当在 15 个工作日内颁发使用登记证。因使用单位原因延长的时间，不包括在规定的时间内，但必须向申请单位说明原因。

（六）人员考核程序包括申请、受理、组织考核和颁发资格证。

1. 申请　符合规定要求的人员，经聘用单位同意，应当填写特种设备人员登记表，向办理特种设备相关人员证的安全监察机构或其委托的考核机构提出考核申请。

2. 受理　安全监察机构或其委托的考核机构，接到申请资料后，进行资格审查，认为符合规定要求的，应当予以正式受理，并安排考核。对资格审查不符合规定的，安全监察机构应当在收到申请资料15个工作日内书面通知申请人，不予受理。

3. 考核时间　负责考核的机构每年应当安排适当次数的考核，一般每年不少于二次，每年年初向社会公布具体考核时间。对已经接受申请的，应当在满足申请人能够参加考核的时间内书面通知申请人。

4. 考核机构　负责考核的安全监察机构根据有关规定或者考核工作的需要可以设立或者批准设立专门的考核机构负责考核的实施工作，并向社会公布。考核机构的考核人员应当在安全监察机构备案。

考核机构应当在批准的工作范围内实施考核工作。

5. 发证　在考核完毕15个工作日内，安全监察机构应当给考核合格的人员颁发证书。

6. 异地考核　人员的考核工作，一般情况下应当在聘用单位所在地进行。情况特殊的，经当地负责考核工作的安全监察机构同意可以到其他地区进行考核，并由该地区负责考核的安全监察机构依据本办法第五条的规定颁发证书。

第七条　行政部门的受理、审查、颁发相关证件，以及鉴定评审和考核机构的鉴定评审、考核收费，按财政、物价部门的规定执行。

第八条　其他规定如下：

（一）法律、行政法规或者部门规章没有规定单位许可、人员考核数量要求的，满足许可、核准、考核条件的必须受理。法律、法规、规章对单位许可、核准和人员考核数量有规定的，需要进行总量控制，不再进行受理的，应当向社会公示。

（二）各级质检部门应当建立许可工作程序，明确相关机构和人员的责任，按照特种设备许可审批表的要求，履行各项许可受理、审查、审核、批准手续。

（三）申请许可、核准、登记、考核的单位或人员，以及负责组织鉴定评审、考核工作的机构应当按照有关规定的申请、登记、鉴定评审、考核表格内容建立电子信息资料，连同文字资料送交负责行政许可、核准、登记、考核的安全监察机构，安全监察机构应当建立和完善特种设备单位、人员、设备数据库，并利用计算机信息网络输入国家统一的数据库。办理行政许可所用的申请书,施工前的告知书等有关文书,由质检总局统一制订,同时在国家质检总局网站(www.aqsiq.gov.cn)、国家质检总局锅炉压力容器检测研究中心网站(www.cbpvi.org.cn)、中国特种设备公众信息网(www.cnisn.com.cn)公布,供有关单位下载使用。负责行政审批的部门应当创造条件,使相关单位或个人可以通过互联网在网上输入相关资料。

(四) 鉴定评审、考核机构必须建立相应的管理制度、责任制度、工作程序和鉴定评审、考核人员的考核制度等。每年至少进行一次工作总结,报负责许可、核准具体工作的安全监察机构备案。各级质检部门应当加强对鉴定评审、考核机构监督管理,每年至少进行一次检查。

(五) 在进行各项许可的工作中,应当告知申请单位的权利。

1. 各级质检部门负责许可工作的机构对不予安排受理和做出不予许可决定的,在书面说明理由和依据时,应当告知申请人可以依法申请行政复议、提起行政诉讼的权利。

2. 申请单位对审查过程有异议时,有权当场要求中断审查,并向负责许可工作的机构提出书面意见,如果理由成立,应当重新安排审查。

3. 各级质检部门应当设立接受申请单位申诉的机构,制订申诉程序和规定,公布举报电话。国家质检总局将对行政许可中的违法违纪行为及时予以处理,并进行公布。

机电类特种设备制造许可规则(试行)

(2003 年 6 月 17 日国质检锅[2003]174 号发布)

第一章 总 则

第一条 为了规范机电类特种设备制造许可工作,确保机电类特种设备的制造质量和安全技术性能,根据《特种设备安全监察条例》和《特种设备质量监督与安全监察规定》,制定本规则。

第二条 本规则适用于电梯、起重机械、客运索道、大型游乐设施和厂内机动车辆等机电类特种设备(以下简称特种设备)及其安全保护装置。取得制造许可的特种设备方可正式销售。

制造许可分为以下两种方式：

（一）产品型式试验；

（二）制造单位许可。

不同特种设备制造的许可方式见《特种设备制造许可目录》（附件1，以下简称《目录》）。

第三条 国家质量监督检验检疫总局特种设备安全监察机构（以下简称总局特种设备安全监察机构）负责全国特种设备制造许可工作的统一管理。各省、自治区、直辖市质量技术监督局特种设备安全监察机构（以下简称省局特种设备安全监察机构）按本规则分工负责管理相关制造许可工作。

第四条 执行本规则规定的型式试验的检验检测机构（以下简称型式试验机构）和申请单位制造条件鉴定评审机构（以下简称评审机构），由总局特种设备安全监察机构核准和确定，并予以公布。

制造条件评审或型式试验，必须按照总局特种设备安全监察机构制定的制造条件评审细则或相应特种设备的型式试验规程执行。

第二章 制造许可的单位条件

第五条 具有法人资格，持有有效的工商行政管理部门核发的营业执照。注册资金必须与申请项目范围相适应，具体要求详见《特种设备制造许可单位基本条件》（附件2，以下简称《基本条件》）。

第六条 取得制造许可的特种设备必须符合安全技术规范和国家有关标准的要求。安全技术规范要求型式试验的，必须经符合第四条规定的型式试验机构型式试验合格。

当取得制造许可的特种设备所执行的国家有关安全技术规范或标准修订后，应按照修订后的安全技术规范和标准的规定执行。安全技术规范或标准修订内容较多，变化较大的，经专家论证确有必要时，总局特种设备安全监察机构有权要求重新进行产品型式试验。

第七条 须有申请许可制造设备的图纸和技术文件，并符合安全技术规范和相关标准的要求。客运索道和大型游乐设施的设计文件，须经总局特种设备安全监察机构核准的检验机构鉴定合格。

第八条 须有一批能够保证进行正常生产和产品质量的专业技术人员、检验人员及技术工人。应任命至少1名技术负责人，负责本单位特种设备制造和检验中的技术审核工作。技术负责人应掌握与取证产品相关的法律、法规、规章、安全技术规范和标准，具有国家承认的电气或机械类专业工程师以上技术职称，且不得在其他单位兼职。各类人员数量等具体要求见《基本条件》。

第九条 须有满足保证产品质量的生产设备、工艺装备、计量器具和检验测试的仪器设备，并应有与申请项目相适应的场地、厂房、实验和办公条件。具体要求见《基本条件》。

第十条 必须结合本单位情况和申请取证产品的技术管理要求，建立质量管理体系，制定相关的管理制度，编制质量手册、质量管理体系程序和作业指导书等质量管理体系文件。具体要求见《特种设备制造条件鉴定评审细则与现场鉴定评审记录》（附件3，以下简称《评审记录》）。

第三章 制造许可的程序

第十一条 制造许可应当按照下列程序和第十二条至第十六条的规定进行：

（一）制造许可方式为产品型式试验的，制造许可的程序为：申请、受理、型式试验、备案、公告。完成规定程序中的备案后，申请单位即可正式销售取得许可的特种设备。

（二）制造许可方式为制造单位许可的，制造许可的程序为：申请、受理、型式试验、制造条件评审、审查发证、公告。制造单位取得《特种设备制造许可证》（以下简称《制造许可证》）后，即可正式制造、销售取得许可的特种设备。

第十二条 申请

申请单位经自评认为具备本规则第二章规定条件的，应持以下申请材料，报送《目录》中规定的受理制造许可申请的特种设备安全监察机构（以下简称受理机构）：

（一）申请单位的法人营业执照的复印件；

（二）《特种设备制造许可申请书》（以下简称《申请书》）；

（三）申请单位的质量手册。

申请单位向受理机构提出制造许可申请前，应将申请材料提交本单位所在地上述受理机构的下一级特种设备安全监察机构确认申请材料，符合规定的，由该机构签署意见后，上报受理机构。确认申请材料的安全监察机构不得组织对申请单位的初审。

进口特种设备的申请单位为制造工厂或符合《特种设备质量监督与安全监察规定》第十条规定的代理商。

第十三条 受理

受理机构接到申请后，应在 15 个工作日内，分别按照以下规定予以处理：

（一）凡属下列情况之一的，作出不予受理申请的决定，并书面通知申请单位：

1. 申请材料不全或不能达到第二章规定条件的单位；

2. 申请材料不属实并且不能达到第二章规定条件的单位；

3. 提出本次申请前，两年内曾出现第二十八条中除第六款之外任意一种情况的单位；

4. 处于对办理《制造许可证》有不利影响的法律诉讼等司法纠纷或正在接受有关司法限制与处罚的单位；

5. 从事相关特种设备型式试验、监督检验、定期检验或评审工作的机构。

（二）凡不属于上述情况的单位，作出受理申请的决定，在《申请书》上签署受理申请的意见，并通知申请单位。

第十四条 型式试验

申请单位可约请符合第四条规定的型式试验机构进行型式试验。被约请的型式试验机构应及时向申请单位提供型式试验规程，通报进行型式试验所需要的相关资料与应当满足的条件。一般应在 30 个工作日内出具型式试验报告。

制造许可方式为产品型式试验的，获得型式试验合格报告的申请单位，即可汇总《申请书》和型式试验报告报送给受理机构。

首次申请制造许可时，如型式试验的整机性能试验必须在使用现场安装后进行，申请单位应当提出书面申请，经型式试验机构确认，设备安装地的省局特种设备安全监察机构同意后，方可由取得相应资格的安装单位，在使用现场安装1台型式试验所需样品。型式试验合格并在该单位取得制造许可后，该特种设备方可进行使用登记，并投入使用。

安装2台以上（含2台）样品，应当经总局特种设备安全监察机构同意。

第十五条 制造条件评审

（一）申请单位取得型式试验合格报告后，可持以下材料，约请符合第四条规定的评审机构进行制造条件评审：

1. 签署了受理申请意见的《申请书》；

2. 申请单位的质量手册；

3. 型式试验合格报告。

评审机构应向申请单位及时提供《评审记录》和评审指南。申请单位可在自我评定合格后，与评审机构协商确定现场评审时间，并必须将现场评审时间通报申请单位所在地的省局特种设备安全监察机构。省局特种设备安全监察机构可以指派1名特种设备安全监察员到场，现场监督评审工作质量。

（二）现场评审由评审机构组成评审组进行，评审组由2名以上（包括2名）经总局特种设备安全监察机构考核合格的评审人员及特邀专家（必要时）组成，一般为3～5人。

（三）评审工作包括对制造基本条件和质量管理体系建立与运行的考核评审。评审组应当按照《评审记录》的评审项目逐项进行评审，分别给出单项评审结果并填写《评审记录》。评审组现场评审结束时，应当出具填写了评审组评定意见的《特种设备制造条件鉴定评审报告》（附件4，以下简称《评审报告》）初稿，向申请单位通报并请申请单位在场人员签字。

（四）评审机构根据评审组的《评审记录》和评定意见，经其负责人批准后，给出《评审报告》的评审结论。评审结论分为具备条件、基本具备条件和不具备条件三种：

1. 具备条件

《评审记录》适用项目全部符合的，评为具备条件；

2. 基本具备条件

《评审记录》适用项目中重要项目全部符合、非重要项目存在不符合和有缺陷项，但认为最长6个月内经整改能够达到要求的，可评为基本具备条件；

3. 不具备条件

达不到基本具备条件要求的，应评为不具备条件。

（五）对评为基本具备条件的，申请单位应在6个月内，对不符合项进行整改，并形成整改报告提交原评审机构组织复评。复评时适用项目全部符合的，应评为具备条件；否则，应评为不具备条件。

（六）对经评审或复评提出不具备条件评审结论的，评审机构应当在完成现场评审后10个工作日内报告受理机构。

（七）评审机构应在完成现场评审后15个工作日内，及时汇总《申请书》、型式试验合格报告、《评审记录》与签署了评审结论的《评审报告》，以及整改后复审时的《评审记录》与签署了评审结论的《评审报告》（如果经复审时），报送给受理机构。

第十六条 备案或审查发证

受理机构接到产品质量或制造条件的鉴定评审材料后，应根据本规则规定进行审查，并在5个工作日内作出是否备案或在30个工作日内作出是否颁发《制造许可证》的决定。审查合格的，应办理产品型式试验备案或核发《制造许可证》；审查不合格的，应分别按照以下规定处理：

（一）评审机构或型式试验机构工作程序不符合规定，或者由于上述两机构原因导致提供材料不全的，责成相应评审机构或型式试验机构在规定期限内整合程序或补齐材料后重新审查。出现此类情况，应当同时书面通知申请单位。

（二）评审机构、型式试验机构工作程序符合规定，申请材料不属实或不能达到本规则规定条件的，作出不予许可的决定，并书面向申请单位说明理由。

第十七条 《制造许可证》由国家质量监督检验检疫总局发放。委托省级质量技术监督行政部门受理、审查、办理《制造许可证》的，其证书也须由总局特种设备安全监察机构统一制作，统一编号并统一加盖总局印章。省级质量技术监督行政部门应在每个季度的第1周内，将本部门在本次报告前1个季度内发出证书的复印件，上报总局特种设备安全监察机构。

受理机构应建立发证单位档案管理系统，保存《申请书》和必要的见证材料。评审机构应当保存制造条件评审的全部相关资料。

第十八条　取得制造许可的单位、产品及其许可范围，由国家质量监督检验检疫总局统一向社会公告。

第四章　评审机构和评审人员

第十九条　评审机构由总局特种设备安全监察机构规划，受理机构提出，总局特种设备安全监察机构确定并统一对外公布。评审机构应具备下列条件：

（一）相应专业的国家级、省级检验机构或在国家、省级民政部门注册的社团组织，有10年以上相应专业工作历史，具有法人资格；

（二）不从事特种设备设计、制造、安装、改造、维修保养和销售等经营性活动；

（三）至少配备5名专业配置合理的专职评审人员，评审人员的经历应与评审业务相适应；

（四）建立并保持评审工作质量管理体系；

（五）具有固定的办公场所、通讯设备、档案保管存放条件；

（六）有相关法律、法规、规章、安全技术规范和标准等资料；

（七）本地区内有相当数量的拟申请企业。

第二十条　评审人员由评审机构报送总局特种设备安全监察机构进行考核，并必须具备以下条件：

（一）掌握特种设备相关的法律、法规、规章和安全技术规范，熟悉相关的管理、技术和产品的标准以及生产工艺流程；

（二）具有电器或机械类专业大学本科以上学历和国家承认的工程师以上技术职务或具有电气或机械类专业大学专科以上学历和国家承认的高级工程师以上技术职务的，并有5年以上从事相关特种设备设计、制造、安装、改造、维修保养或检验等相关工作经历；

（三）有较好的语言和文字表达能力；

（四）遵纪守法，坚持原则，客观公正，实事求是，作风正派；

（五）受聘于相关的评审机构，不从事特种设备设计、制造、安装、销售、改造和维修保养等经营性活动，能够保守被评审单位的商业秘密。

第二十一条　评审机构在从事评审工作时，应自觉接受申请单位和各级特种设备安全监察机构的监督，并应加强对聘用评审人员的日常管理，建立评审人员业绩档案。对玩忽职守、丧失公正、以权谋私的，视情节严重程度给予批评、行政处分或解除聘用的处理。处理结果应及时上报总局特种设备安全监察机构。

第五章 监督管理

第二十二条 取得《制造许可证》的单位，必须在产品包装、质量证明书或产品合格证上标明《制造许可证》编号及有效日期。

第二十三条 《制造许可证》自批准之日起，有效期为 4 年。

《制造许可证》有效期满后，拟继续制造该特种设备的制造单位，应在证书有效期满前办理型式试验和制造条件评审，并在有效期满前 6 个月提出换证申请。换证审查按照第三章的规定进行。

第二十四条 制造单位提出换证申请时除提供第十二条规定的材料外，还应提供以下资料：

（一）取证以来制造取证产品的汇总表（按型式汇总）；

（二）质量事故处理情况；

（三）原《制造许可证》复印件。

第二十五条 换证评审须按照《评审记录》等要求评审，并重点评审以下内容：

（一）是否存在超出认可范围进行制造并销售的行为；

（二）有关法律、法规、规章、安全技术规范、标准的执行情况；

（三）质量管理体系运转情况；

（四）随机抽查取证产品质量的用户反馈意见及处理情况；

（五）有无重大质量事故等。

第二十六条 《制造许可证》有效期内，出现以下情况时取证单位应及时上报：

（一）单位法定代表人、通讯地址、联系电话变更时，应及时以信件、传真或电子邮件等有效方式报原受理机构备案；

（二）单位名称变更时，应向原受理机构提出更换证书申请，并提交以下材料：

1. 经工商行政管理部门签批同意更名的文件（如果存在时）；

2. 新的法人营业执照的复印件；

3. 制造单位原获得的《制造许可证》;

4. 取证单位更名后新的印章图样(不得为复印件)。

原受理机构在核定上述资料后,可以换发新的《制造许可证》。证书有效期及许可制造的产品范围不变,原证书由原受理机构收回。

第二十七条 取证单位制造特种设备的种类、类型、型式增加或变更时,制造场地或质量管理体系变更时,应当及时报告原受理机构,由受理机构根据不同情况,确定按照以下一种方式处理:

(一) 取证单位制造特种设备的类型、型式、规格增加或变更,但其增加或变更后的设备仍在原取证产品覆盖范围内的,取证单位应将产品送交第十四条规定的型式试验机构进行产品变更项目的型式试验,合格后即可制造该产品;

(二) 取证单位制造特种设备的类型、型式、规格增加或变更,其增加或变更后的设备超出原取证产品覆盖范围的,如受理机构审查确定取证单位原有基本条件或质量管理体系仍能保证新产品质量的,取证单位应将产品送交第十四条规定的型式试验机构进行产品变更项目的型式试验,合格后即可制造该产品;

(三) 取证单位制造特种设备的类型、型式、规格增加或变更,其增加或变更后的设备超出原取证产品覆盖范围的,如受理机构审查确定取证单位原有基本条件或质量管理体系不能保证新产品质量的,受理机构可以要求对存在差别部分补充进行评审,取证单位除将产品送交第十四条规定的型式试验机构进行产品变更项目的型式试验外,还应约请第十五条规定的评审机构进行补充评审,经受理机构审查合格,换发新的《制造许可证》后,方可制造该产品;

(四) 取证单位制造场地或质量管理体系变更,如受理机构审查确定其变更不影响产品质量的,取证单位可以继续制造许可范围内的产品;

(五) 取证单位制造场地或质量管理体系变更,如受理机构审查确定其变更将会影响产品质量的,取证单位应约请第十五条规定的评审机构进行补充评审,经受理机构审查合格后,取证单位可以继续制造许可范围内的产品,审查不合格的,不得继续制造;

(六) 取证单位拟增加或变更制造特种设备的种类时,应当按照《目录》明确的许可方式和第三章规定的程序,另行申请相应的制造许可。

第二十八条 各级特种设备安全监察机构对取证单位执行相关法规的情况应进行监察。发现下列情况之一者，应提请发证机构注销其《制造许可证》，已注销的《制造许可证》必须交回原受理机构：

（一）超范围制造特种设备；

（二）涂改、伪造、转让或出卖《制造许可证》；

（三）向无《制造许可证》的单位出卖或非法提供质量证明书；

（四）在组织生产制造和经营活动中，违反国家相关法律、法规、规章和安全技术规范；

（五）产品质量严重下降或经抽查、复查发现不符合本规则规定的条件，并在规定期限内（一般不超过3个月）不能完成整改的；

（六）制造国家明令淘汰并停止生产的产品；

（七）由于产品质量问题造成重大人身伤亡或设备事故者。

属于违反《特种设备安全监察条例》或其他法律、法规的，应当按照《特种设备安全监察条例》或相应的法律、法规规定进行处罚。

第二十九条 申请单位对评审结论或评审人员行为有异议时，可在评审工作结束后的15日内，以书面形式向总局特种设备安全监察机构提出申诉。总局特种设备安全监察机构应在收到异议申诉后的30日内给予答复。

第三十条 评审机构或评审人员在进行评审工作中，出现下列情况之一的，经核查情况属实，由总局特种设备安全监察机构根据情节轻重，对违反规定的评审机构或评审人员给予行政处分；涉嫌犯罪的，移送司法机关：

（一）有意出具失实《评审报告》的；

（二）评审中发生较大失误的；

（三）泄露被评审单位商业秘密的；

（四）向被评审单位索要额外钱物的；

（五）评审机构或评审人员从事相关特种设备经营性活动的。

第三十一条 总局特种设备安全监察机构必须对评审机构进行监督管理，每年至少组织1次检查。发现第三十条所列情况或其他违反相关规定的情况时，将依据有关规定予以处理。

第三十二条 因评审机构工作失误或错误，给申请单位造成的损失，由该评审机构承担。

第三十三条 任何单位或个人不得涂改、伪造、转让或冒用《制造许可证》，违者将依照国家有关的法律、法规和规章，追究有关单位或当事人的法律责任。

第三十四条 各级特种设备安全监察机构的行政人员，应秉公行事，公正廉洁。对以权谋私、玩忽职守、循私舞弊的相关人员将按照有关规定严肃查处。

第六章 附 则

第三十五条 申请单位应按有关规定向评审机构交纳评审费用，向型式试验机构交纳试验费用。

第三十六条 同一单位同时申请多种型式设备的《制造许可证》，如按照《目录》规定分别由总局特种设备安全监察机构或省局特种设备安全监察机构受理申请时，应由总局特种设备安全监察机构统一受理其全部申请。

第三十七条 制造单位拟承担《制造许可证》范围内相同种类、类型、型式特种设备的安装、改造、维修与保养业务时，可以与《制造许可证》同时提出申请，约请符合相应规定的评审机构，分别按照本规则和《机电类特种设备安装改造维修许可规则》的规定进行评审。评审机构应为多项资格许可条件评审的同时实施提供便利。

第三十八条 本规则由总局特种设备安全监察机构负责解释。

第三十九条 本规则自公布之日起实施。

附件：1. 特种设备制造许可目录（略）

2. 特种设备制造许可单位基本条件（略）

3. 特种设备制造条件鉴定评审细则与现场鉴定评审记录（略）

4. 特种设备制造条件鉴定评审报告（略）

关于实施《特种设备安全监察条例》若干问题的意见

（2003 年 7 月 11 日国质检法[2003]206 号发布）

各省、自治区、直辖市质量技术监督局，新疆生产建设兵团质量技术监督局：

《特种设备安全监察条例》(以下简称条例)已于2003年6月1日实施。为确保条例正确贯彻实施，针对条例施行中的一些普遍性问题，现提出如下意见：

一、关于安全监察工作的实施条例中所规定的特种设备安全监督管理部门，是指国家质量监督检验检疫总局(以下简称国家质检总局)和县以上地方质量技术监督局(以下简称地方质监部门)。国家质检总局和地方质监部门是本条例的行政执法主体，其内设的特种设备安全监察机构负责安全监察工作的具体实施。

凡对特种设备生产、使用单位和检验检测机构作出的行政许可、行政处罚、行政强制措施等具有约束力的具体行政行为，以及向社会发布的安全状况公告、规范性文件等抽象行政行为，均应当以国家质检总局或者地方质监部门的名义实施；其他有关行政行为，按照有关规定实施。

二、关于地方性法规、规章与条例的衔接有关特种设备安全监察的地方性法规、规章与条例对同一问题的规定相抵触的，应当以条例的规定为准。条例未作规定的，可以依照现行有效的地方性法规、规章的规定执行。

三、关于特种设备范围特种设备范围按国家质检总局制订、国务院批准的《特种设备目录》确定。原国家质量技术监督局颁布的《小型和常压热水锅炉安全监察规定》(原国家质量技术监督局令第11号)中涉及常压热水锅炉的部分不再执行。

四、关于铁路机车、海上设施和煤矿矿井使用的特种设备的安全监察条例第三条规定："铁路机车、海上设施、煤矿矿井等使用的特种设备的安全监察不适用本条例"。其中："铁路机车"指铁路运输车辆的牵引部分，即火车头。承压铁路罐车、铁路起重机械等特种设备，属于条例调整的范围。"海上设施"指海上作业的设施，如海上平台。海港、码头使用的特种设备属于条例调整的范围。"煤矿矿井使用的特种设备"指煤矿矿井井下使用的起重机械等固定式特种设备。煤矿矿井地面以上使用的特种设备属于条例调整的范围。

五、关于厂(场)内机动车辆的安全监督管理厂(场)内机动车辆未纳入条例调整范围。关于厂(场)内机动车辆的安全监督管理问题，在中央机构编制委员会办公室未对厂（场）内机动车辆的监督管理部门做出新的规定以前，地方质监部门可以按照“三定”规定，依据《特种设备质量监督与安全监察规定》（原国家质量技术监督局令第 13 号）和有关地方性法规、规章的规定，对厂（场）内机动车辆实施安全监督管理。

六、关于压力管道安全监察的实施压力管道属于条例规定的特种设备。条例对压力管道的安全监察，根据其环节的不同分别做出了规定；压力管道及其元件的制造、维修、改造、检验检测的安全监督管理，按照条例的规定执行；压力管道的设计、安装、使用的安全监督管理办法由国务院另行制定。在国务院关于压力管道设计、安装、使用的安全监督管理办法出台前，为确保压力管道设计、安装、使用的安全，国家质检总局和地方质监部门应当按照“三定”规定，依据《压力管道安全管理与监察规定》（原劳动部劳部发[1996]140 号）以及有关地方性法规、规章的规定，对压力管道生产、使用、检验检测环节实施安全监察。

七、关于起重机械安全监察的特别规定按照条例规定，房屋建筑工地和市政工程工地用起重机械的安装、使用的监督管理，由建设行政主管部门依照有关法律、法规的规定执行。国家质检总局和地方质监部门，应当对房屋建筑工地和市政工程工地用起重机械除安装、使用以外的其他环节（包括设计、制造的安全监督管理，检验检测机构的核准，事故调查和处理等），依据条例实施安全监察。对同时用于房屋建筑工地和市政工程工地内外的起重机械，应按照条例的规定对其生产、使用、检验检测以及事故调查处理等实施安全监察。

八、关于电梯的安全监察按条例规定，电梯制造单位应当对电梯的安装、改造、维修负责，对电梯日常维护保养以及使用等活动进行跟踪调查、了解，并提供必要的技术帮助。这一规定改变了原有的电梯监管模式，赋予了电梯制造企业新的义务。为了正确实施这一规定，国家质检总局将在有关规定中予以进一步明确。

条例规定，自 2003 年 6 月 1 日起，电梯安装单位应当经国家质检总局许可。对于 2003 年 6 月 1 日前已经取得建设部门颁发的电梯安装许可证的，在有效期内仍然有效，但应当在期满前按照条例的规定申请办理电梯安装许可证。

九、关于特种设备使用登记机关按照条例规定，特种设备在投入使用前或者投入使用后30日内，特种设备使用单位应当向直辖市或者设区的市的质监部门登记。对于地级州、盟或者未设区的地级市，登记机关为该地级市、州、盟的质监部门。直辖市所属区（县）的质监部门，可以受直辖市质监部门的委托，办理所辖行政区域内的特种设备使用登记工作，并以直辖市质监部门的名义颁发使用登记证。移动式压力容器、客运索道以及国家大型发电公司所属的电站锅炉的使用登记，其登记机关为使用单位所在地的省级质监部门。

十、关于锅炉水质监测单位及监测人员、无损检测人员、特种设备作业人员的管理

（一）锅炉水质监测单位视同特种设备检验检测单位，锅炉水质监测人员、无损检测人员视同特种设备检验检测人员，分别依据条例的有关规定进行管理。

（二）条例规定特种设备作业人员应当按照国家有关规定经特种设备安全监督管理部门考核合格，取得国家统一格式的特种作业人员证书，方可从事相应的作业或者管理工作。特种设备作业人员的考核、发证，由国家质检总局、省级和市级质监部门实行分级管理，证书由国家质检总局统一印制，由负责考核的部门发放。考核的具体办法由国家质检总局另行规定。

（三）目前已纳入考核的特种设备作业人员包括：锅炉操作人员（司炉工）、锅炉水处理人员、压力容器操作人员、氧舱维护管理人员、气瓶充装人员、压力容器和压力管道带压堵漏人员、电梯作业人员、起重机械作业人员、游乐设施作业人员、客运索道作业人员、特种设备焊接人员、安全阀校验人员等。根据特种设备安全监察工作的需要，国家质检总局适时对需要考核的特种设备作业人员范围作出调整。

十一、关于特种设备行政许可工作的过渡问题

（一）对于国家质检总局和地方质监部门在条例实施前，依据有关规定颁发的特种设备许可证，在有效期内仍然有效。有效期届满前，获证单位应当按照条例规定申办新的许可证。

（二）凡条例实施后新成立的特种设备生产、使用单位和检验检测机构，应当按照条例的规定办理相应许可证，未经许可不得从事特种设备生产、使用和检验检测活动。

（三）对于条例实施前未实行制造、安装、改造、维修许可制度的电梯、起重机械、客运索道、大型游乐设施，其原有生产单位可以在2004年6月1日前按照条例的规定办理许可证。在此过渡期内，原有生产单位依据所在地省级质监部门出具的证明，可以继续从事原有生产活动。

（四）对于在条例实施前由省级质监部门许可，条例实施后改为由国家质检总局许可的特种设备行政许可事项，由国家质检总局或者其委托的省级质监部门分别实施许可并对许可工作负责，以国家质检总局的名义颁发相应许可证书。具体安排另行规定。

十二、关于实行生产许可证管理的特种设备的制造许可问题按照《国务院关于取消第二批行政审批项目和改变一批行政审批项目管理方式的决定》（国发[2003]5号），中小型运输设备、阀门、塔式起重机、电梯、医用高压氧舱、大型游艺机、电力用高压管件和中频弯管等8种特种设备，由生产许可证管理改变为特种设备制造许可管理。已取得上述8种特种设备生产许可证的，在证书有效期内其生产许可证仍然有效，期满前应当按照条例的规定申办新的制造许可证。具体工作按照《关于做好有关特种设备行政审批项目转化工作的通知》（国质检锅函[2003]318号）的规定执行。

十三、关于特种设备安全状况公布按条例规定，国家质检总局和省级质监部门应当定期向社会公布特种设备安全状况。国家质检总局将逐步建立健全特种设备安全状况公布制度，定期向社会公布特种设备安全状况。省级质监部门应当结合本地实际情况，选择易于为群众了解的、具有权威性的部门公告或者安全警示等方式，按照有关规定在各类媒体上公开发布本地区特种设备安全状况。特种设备安全状况公布周期总局定为每年至少一次，各省可结合本地实际情况适当调整公布周期。各级质监部门应当及时做好特种设备的信息收集、统计、分析、上报等工作。

十四、关于特种设备事故处理条例规定，特种设备发生事故的，按照国家有关规定进行调查，追究责任。国家质检总局发布的《锅炉压力容器压力管道特种设备事故处理规定》（国家质检总局令第2号），是根据《国务院关于特大安全事故行政责任追究的规定》以及国务院关于特别重大事故调查处理的有关规定等制定的部门规章，属于现行有效的行政规章。地方质监部门应当按照“三定”规定和《锅炉压力容器压力管道特种设备事故处理规定》，履行特种设备事故处理职责。

十五、关于进出口特种设备的安全监察

（一）锅炉压力容器进出口的安全监察，按照《锅炉压力容器制造监督管理办法》（国家质检总局令第22号）的规定执行。对列入《进出口商品检验法》规定的法定检验目录内的其他特种设备，依据现行有关的法律、法规进行。各地检验检疫机构和特种设备安全监察机构，应当积极配合，做好检验监督工作。

（二）进口特种设备的安全技术要求应当与境内特种设备的安全技术规范、标准一致；出口特种设备的安全技术要求应当遵守《进出口商品检验法》及其相关法律、法规的规定。

十六、关于有关行政许可工作的委托实施按照条例规定，国家质检总局负责特种设备的设计、制造、安装、改造的许可，以及检验检测机构的核准和检验检测人员的考核等工作。对于上述行政许可工作，国家质检总局将统一制定有关规定，明确许可的条件、程序、方法等事项，根据实际情况，可以委托省级质监部门按照统一规定实施具体许可工作，许可证以国家质检总局名义颁发。

十七、关于行政强制措施的实施

（一）按照条例第五十二条规定，在实施行政强制措施时，应当具备以下条件：

1. 接到举报或者取得涉嫌违法的证据；

2. 实施行政强制措施的程序必须合法。

（二）按照条例规定，查封、扣押特种设备或者其主要部件应当具备下列条件之一：

1. 有证据表明不符合安全技术规范的要求；

2. 存在其他严重事故隐患。

（三）查封、扣押的期限为十五天。因案情复杂等情况，需要延长查封、扣押期限的，应当报上一级部门批准。

十八、关于条例规定的重大违法行为、严重事故隐患、情节严重、重大维修的界定

（一）下列行为属于重大违法行为：

1. 未经许可擅自从事特种设备生产、使用、检验检测的；

2. 违章使用特种设备，造成严重事故以上事故的（含严重事故）；

3. 发生事故隐瞒不报的；

4. 检验检测机构和人员出具虚假、严重失实的检验检测结果和鉴定结论，或者从事特种设备生产、销售、监制、监销活动的。

（二）有下列情形之一的，可以认定为严重事故隐患：

1. 使用非法生产特种设备的；

2. 超过特种设备的规定参数范围使用的；

3. 缺少安全附件、安全装置，或者安全附件、安全装置失灵而继续使用的；

4. 使用应当予以报废或者经检验检测判为不合格的特种设备的；

5. 使用有明显故障、异常情况的特种设备，或者使用经责令改正而未予改正的特种设备的；

6. 特种设备发生事故不予报告而继续使用的。

（三）下列行为可以认定为情节严重：

1. 明知故犯或者屡教不改的；

2. 妨碍监督检查的；

3. 转移、毁灭证据或者擅自破坏封存状态的；

4. 伪造有关文件、证件，或者作假证、伪证，或者威胁证人作假证、伪假的；

5. 制造、安装、改造、维修过程未进行监督检验设备数量较大的；

6. 造成较大损失或者发生严重事故以上事故的（含严重事故）。

（四）下列维修活动属于重大维修：

1. 更换、修理锅炉、压力容器、压力管道的受压元件的；

2. 更换、修理电梯、起重机械、客运索道、大型游乐设备影响强度的部件、安全装置的。

锅炉压力容器使用登记管理办法

（2003 年 7 月 14 日 国质检锅[2003]207 号发布）

第一章 总 则

第一条 为了加强锅炉压力容器使用登记管理，规范使用登记行为，根据《特种设备安全监察条例》的规定，制定本办法。

第二条 使用下列锅炉压力容器应当办理使用登记：

（一）《蒸汽锅炉安全技术监察规程》、《热水锅炉安全技术监察规程》和《有机热载体炉安全技术监察规程》适用范围内的锅炉。

（二）《压力容器安全技术监察规程》、《超高压容器安全技术监察规程》、《医用氧舱安全管理规定》适用范围内的固定式压力容器、移动式压力容器（铁路罐车、汽车罐车、罐式集装箱）和氧舱。

第三条 使用锅炉压力容器的单位和个人（以下统称使用单位）应当按照本办法的规定办理锅炉压力容器使用登记，领取《特种设备使用登记证》（以下简称使用登记证，见附件1）。未办理使用登记并领取使用登记证的锅炉压力容器不得擅自使用。

军事装备、核设施、航空航天器、铁路机车、海上设施和船舶使用的锅炉压力容器不适用本办法。

第四条 锅炉压力容器使用登记证在锅炉压力容器定期检验合格期间内有效。

第五条 国家质量监督检验检疫总局（以下简称国家质检总局）负责全国锅炉压力容器使用登记的监督管理工作，县以上地方质量技术监督部门（以下简称质监部门）负责本行政区域内锅炉压力容器使用登记的监督管理工作。

省级质监部门和设区的市的质监部门是锅炉压力容器使用登记机关。移动式压力容器、国家大型发电公司所属电站锅炉的使用登记由省级质监部门办理，其他锅炉压力容器的使用登记由设区的市的质监部门负责办理。

地级州、盟以及未设区的地级市等同于设区的市，负责办理本行政区域内锅炉压力容器的使用登记工作。

直辖市质监部门可以委托下一级质监部门，以直辖市质监部门的名义办理锅炉压力容器的使用登记工作。

第二章 使用登记

第六条 每台锅炉压力容器在投入使用前或者投入使用后30日内，使用单位应当向所在地的登记机关申请办理使用登记，领取使用登记证。

使用单位使用租赁的锅炉压力容器，除移动式压力容器外，均由产权单位向使用地登记机关办理使用登记证，交使用单位随设备使用。

第七条 使用单位申请办理使用登记应当按照下列规定，逐台向登记机关提交锅炉压力容器及其安全阀、爆破片和紧急切断阀等安全附件的有关文件：

（一）安全技术规范要求的设计文件、产品质量合格证明、安装及使用维修说明、制造、安装过程监督检验证明；

（二）进口锅炉压力容器安全性能监督检验报告；

（三）锅炉压力容器安装质量证明书（附件4）；

（四）锅炉水处理方法及水质指标；

（五）移动式压力容器车辆走行部分和承压附件的质量证明书或者产品质量合格证以及强制性产品认证证书；

（六）锅炉压力容器使用安全管理的有关规章制度。

第八条 办理下列锅炉压力容器使用登记只需提交前条第（一）、（二）项文件：

（一）水容量小于50 L的蒸汽锅炉；

（二）额定蒸汽压力不大于0.1 MPa的蒸汽锅炉；

（三）额定出水温度小于120 ℃且额定热功率不大于2.8 MW的热水锅炉；

（四）机器设备附属的且与机器设备为一体的压力容器。

锅炉房内的分汽（水）缸随锅炉一同办理使用登记，不单独领取使用登记证。

第九条 使用单位申请办理使用登记，应当逐台填写《锅炉登记卡》或者《压力容器登记卡》（以下简称登记卡，见附件2、附件3）一式2份，交予登记机关。

第十条 登记机关接到使用单位提交的文件和填写的登记卡（以下统称登记文件），应当按照下列规定及时审核、办理使用登记：

（一）能够当场审核的，应当当场审核。登记文件符合本办法规定的，当场办理使用登记证；不符合规定的，应当出具不予受理通知书，书面说明理由。

（二）当场不能审核的，登记机关应当向使用单位出具登记文件受理凭证。使用单位按照通知时间凭登记文件受理凭证领取使用登记证或者不予受理通知书。

（三）对于1次申请登记数量在10台以下的，应当自受理文件之日起5个工作日内完成审核发证工作，或者书面说明不予登记理由；对于1次申请登记数量在10台以上50台以下的，应当自受理文件之日起15个工作日内完成审核发证工作，或者书面说明不予登记理由；1次申请登记数量超过50台的，应当自受理文件之日起30个工作日内完成审核发证工作，或者书面说明不予登记理由。

第十一条 登记机关办理使用登记证，应当按照《锅炉压力容器注册代码和使用登记证号码编制规定》（见附件5），编写注册代码和使用登记证号码。

办理移动式压力容器使用登记证，同时核发记录出厂信息和使用登记信息的“移动式压力容器IC卡”。

第十二条 登记机关向使用单位发证时应当退还提交的文件和一份填写的登记卡。

使用单位应当建立安全技术档案，将使用登记证、登记文件妥善保存。

第十三条 使用单位应当将使用登记证悬挂在锅炉房内或者固定在压力容器本体上（无法悬挂或者固定的除外），并在锅炉压力容器的明显部位喷涂使用登记证号码。

第十四条 使用单位使用无制造许可证单位制造的锅炉压力容器的，登记机关不得给予登记。

第三章 变更登记

第十五条 锅炉压力容器安全状况发生变化、长期停用、移装或者过户的，使用单位应当向登记机关申请变更登记。

第十六条 锅炉压力容器安全状况发生下列变化的，使用单位应当在变化后30日内持有关文件向登记机关申请变更登记：

（一）锅炉压力容器经过重大修理改造或者压力容器改变用途、介质的，应当提交锅炉压力容器的技术档案资料、修理改造图纸和重大修理改造监督检验报告；

（二）压力容器安全状况等级发生变化的，应当提交压力容器登记卡、压力容器的技术档案资料和定期检验报告。

第十七条 锅炉压力容器拟停用1年以上的，使用单位应当封存锅炉压力容器，在封存后30日内向登记机关申请报停，并将使用登记证交回登记机关保存。

重新启用应当经过定期检验，经检验合格的持定期检验报告向登记机关申请启用，领取使用登记证。

第十八条 在登记机关行政区域内移装锅炉压力容器的，使用单位应当在移装完成后投入使用前向登记机关提交锅炉压力容器登记文件和移装后的安装监督检验报告，申请变更登记。

第十九条 移装地跨原登记机关行政区域的，使用单位应当持原使用登记证和登记卡向原登记机关申请办理注销。原登记机关应当在登记卡上做注销标记并向使用单位签发《锅炉压力容器过户或者异地移装证明》（见附件7）。

移装完成后，使用单位应当在投入使用前或者投入使用后30日内持《锅炉压力容器过户或者异地移装证明》、标有注销标记的登记卡、锅炉压力容器登记文件以及移装后的安装监督检验报告，向移装地登记机关申请变更登记，领取新的使用登记证。

第二十条 锅炉压力容器需要过户的，原使用单位应当持使用登记证、登记卡和有效期内的定期检验报告到原登记机关办理使用登记证注销手续。

原登记机关应当注销使用登记证，并在登记卡上做注销标记，向原使用单位签发《锅炉压力容器过户或者异地移装证明》。

第二十一条 原使用单位应当将《锅炉压力容器过户或者异地移装证明》、标有注销标志的登记卡、历次定期检验报告以及登记文件全部移交锅炉压力容器新使用单位。

第二十二条 锅炉压力容器只过户不移装的，新使用单位应当在投入使用前或者投入使用后30日内持全部移交文件向原登记机关申请变更登记，领取使用登记证。

原使用单位办理使用登记证注销和新使用单位办理变更登记可以同时在登记机关进行。

第二十三条　锅炉压力容器过户并在原登记机关行政区域内移装的，新使用单位应当在投入使用前或者投入使用后30日内持全部移交文件和移装后的安装监督检验报告向原登记机关申请变更登记，领取使用登记证。

第二十四条　锅炉压力容器过户并跨原登记机关行政区域移装的，新使用单位应当在投入使用前或者投入使用后30日内持全部移交文件和移装后的安装监督检验报告向移装地登记机关申请变更登记，领取使用登记证。

第二十五条　变更登记，原有的注册代码保持不变。

第二十六条　登记机关办理变更登记的工作时限同第十条的规定。

第二十七条　使用锅炉压力容器有下列情形之一的，不得申请变更登记：

（一）在原使用地未办理使用登记的；

（二）在原使用地未进行定期检验或定期检验结论为停止运行的；

（三）在原使用地已经报废的；

（四）擅自变更使用条件进行过非法修理改造的；

（五）无技术资料和铭牌的；

（六）存在事故隐患的；

（七）安全状况等级为4、5级的压力容器或者使用时间超过20年的压力容器。

第二十八条　锅炉压力容器报废时，使用单位应当将使用登记证交回登记机关，予以注销。

第四章　监督管理

第二十九条　登记机关应当采取在办公地点张贴悬挂登记程序流程图、提供免费文字介绍材料、网上公布等方式，公布锅炉压力容器使用登记的办理程序、要求，便于使用单位查询、了解。

具备条件的登记机关可以采用电子申报，以方便使用单位、提高工作效率。

第三十条　登记机关应当在本办法规定的时间内完成受理、审核、登记、变更工作，减少使用单位往返次数，不得刁难使用单位、无故拖延、缓办。

一次登记数量较大的，登记机关可以到使用单位现场办理登记、发证手续。

第三十一条 登记机关应当建档保存登记卡，并及时将登记卡和注册代码、使用登记证号码等信息输入计算机数据库，实施动态管理。

第三十二条 登记机关应当在发证后5个工作日内将登记信息传送使用地县级质监部门。县级质监部门接到登记信息后，应当及时对新增锅炉压力容器的使用情况实施安全监察。

第三十三条 上级登记机关每年应当组织对下一级登记机关的登记工作实施抽查。

第三十四条 实施定期检验的检验机构应当在设备检验合格后，将定期检验合格标记和下次检验日期标注在使用登记证上。对于不合格的设备，检验机构应当及时告知登记机关。

第三十五条 压力容器定期检验后，检验机构应当按照《压力容器安全状况等级划分及说明》（见附件6）的规定，确定压力容器安全状况等级。

安全状况等级为4级的固定式压力容器，一般不得继续使用。

使用单位无法立即更换或者修理的，应当持定期检验报告、安全等级划分证明和使用登记证，向登记机关申请临时监控使用。准予监控使用的，登记机关应当在使用登记证上注明“临时监控使用”字样和期限，限期更换或者修理。

安全状况等级为4、5级的移动式压力容器或者安全状况等级为5级的固定式压力容器，应当予以注销，解体后报废。

第五章 附 则

第三十六条 使用登记卡、使用登记证样式由国家质检总局统一规定。移动式压力容器使用登记证，由国家质检总局按照本办法的规定制做，其他使用登记证和登记卡由登记机关按照本办法的规定印制。

第三十七条 本办法由国家质检总局锅炉压力容器安全监察局负责解释。

第三十八条 本办法自2003年9月1日起施行。原劳动人事部

1986 年公布的《锅炉使用登记办法》和原劳动部 1993 年公布的《压力容器使用登记管理规则》同时废止。

附件(略)

压力管道使用登记管理规则(试行)

(2003 年 7 月 17 日国质检锅[2003]213 号发布)

第一章　总　　则

第一条　为了加强压力管道使用安全监察工作，规范压力管道使用登记行为，提高压力管道安全管理水平，根据《特种设备安全监察条例》、《压力管道安全管理与监察规定》以及国务院赋予国家质量监督检验检疫部门的职责等有关规定，制定本规则。

第二条　本规则适用于《特种设备安全监察条例》规定范围内的压力管道及其安全保护装置和附属设施的使用登记管理。

第三条　使用压力管道的单位和个人(以下统称使用单位)，应当按照本规则的规定办理压力管道使用登记。压力管道使用登记分为登记注册和登记发证(证书格式见附件 1)两种形式。使用登记证有效期为 6 年。

第四条　国家质量监督检验检疫总局负责办理跨省(自治区、直辖市)的长输管道的使用登记；省级质量技术监督行政部门负责办理所辖行政区域内不跨省(自治区、直辖市)的长输管道的使用登记；省级质量技术监督行政部门或其授权的市(地级)级质量技术监督行政部门负责办理所辖行政区域内公用管道和工业管道的使用登记。使用登记部门内设的负责压力管道安全监察的机构(以下简称安全监察机构)，负责压力管道使用登记的受理、注册和发证工作。

第二章　使用登记对象的划分

第五条　压力管道均应进行使用登记，填写压力管道使用注册登记汇总表(格式见附件 2)。公称直径大于等于 50 mm 的 GC1 级管道、安全状况等级为3级和经安全评定或者风险评估应予监督使用的管道为重要压力管道，应当填写重要压力管道使用注册登记表（格式见附件3），进行重点监督管理。

第六条 压力管道使用登记以使用单位为对象。使用单位所用压力管道，按其管辖部门或装置不同，分别进行使用登记。

压力管道注册代码和使用登记证编号编制规则、使用注册登记表填写说明见附件4、附件5。

第七条 每个使用单位根据所用压力管道情况可有1个或若干个压力管道使用注册登记汇总表。填报使用注册登记汇总表的原则如下：

（一）按长输管道、公用管道和工业管道分别至少填报1个或若干个使用注册登记汇总表；

（二）长输管道管辖部门不同的，分别填报使用注册登记汇总表；

（三）公用管道可分区域填报使用注册登记汇总表；

（四）工业管道可按装置、工艺管道、公用工程管道等形式填报使用注册登记汇总表；

（五）压力管道条数较少的单位，可只建立1个使用注册登记汇总表。

第八条 使用注册登记汇总表含有多个压力管道登记单元的，按下述原则确定每个压力管道登记单元：

（一）按设计管线表编号从始端至终端的每条管道为压力管道登记单元；

（二）按物流输送的形式：以物流从流出设备至流入设备之间的每条管道为压力管道登记单元；

（三）按装置、系统形式：以装置和系统内、外进行划分，以装置和系统内每条管道为压力管道登记单元；

（四）采用工程编号为依据确定登记单元。

第九条 工业管道可选择本规则第八条任何一款方式确定登记单元。

长输管道登记单元划分以站和站之间的管道为登记单元，建立若干登记单元。

公用管道的热力管道的登记单元可按照工业管道确定；公用管道的

燃气管道的登记单元可参照长输管道确定，也可采用工程编号为依据确定登记单元。

门站和阀站内压力管道的登记单元按照工业管道确定。

第十条 压力管道、安全保护装置和附属设施的界定：

（一）压力管道是指由管道组成件、管道支承件、安全保护装置和附属设施等组成的系统，用于输送气体或者液体的管状设备；

（二）安全保护装置指压力管道上连接的安全阀、压力表、爆破片和紧急切断阀等；

（三）附属设施指阴极保护装置、压气站、泵站、阀站、调压站、监控系统等；

（四）管道的划分界限为：管道与设备焊接连接的第一道环向焊缝、螺纹连接的第一个接头、法兰连接的第一个法兰密封面、专用连接件的第一个密封面。

第三章 压力管道的安全状况等级划分及确定方法

第十一条 压力管道的安全状况以等级表示，分为1级、2级、3级和4级4个等级。安全状况等级的划分方法如下：

1级：安装资料齐全，设计、制造、安装质量符合有关法规和标准要求；在设计条件下能安全使用的压力管道。

2级：安装资料不全，但设计、制造、安装质量基本符合有关法规和标准要求的下述压力管道：

（1）新建、扩建的压力管道：存在某些不危及安全但难以纠正的缺陷，且取得设计、使用单位同意，经检验机构监督检验，出具证书，在设计条件下能安全使用。

（2）在用压力管道：材质、强度、结构基本符合有关法规和标准要求，存在某些不符合有关规范和标准的问题和缺陷，经检验机构检验，检验结论为3至6年的检验周期内和规定的使用条件下能安全使用。

3级：在用压力管道材质与介质不相容，设计、安装、使用不符合有关法规和标准要求；存在严重缺陷；但使用单位采取有效措施，经检验机构检验，可以在1至3年检验周期内和限定的条件下使用的在用压力管道。

4级：缺陷严重，难以或无法修复；无修复价值或修复后仍难以保证安全使用；检验结论为判废的压力管道。

第十二条 压力管道安全状况等级由下述检验机构确定：

（一）新建、扩建压力管道的安全状况等级的定级工作，由承担安装安全质量监督检验的机构负责，监督检验机构应当在报告上明确安全状况等级。

（二）在用压力管道的安全状况等级定级工作，由承担该压力管道全面检验工作的机构（以下简称检验机构）负责，检验机构应当在《在用压力管道全面检验报告书》中明确安全状况等级。

第十三条 安全状况等级达不到3级的在用压力管道，可由有资格的单位进行安全评定或者风险评估，并将其评级结论作为压力管道能否安全使用的依据。

第四章 使用登记条件

第十四条 压力管道使用登记应当符合下列条件：

（一）使用单位应当贯彻执行本规则和有关压力管道安全的法律、法规、国家安全技术规范和国家现行标准；配备满足压力管道安全所需求的资源条件，建立健全压力管道安全管理体系，在管理层设有1名人员负责压力管道安全管理工作。派遣具备相应资格的人员从事压力管道的安全管理、操作和维修工作。

（二）压力管道安全管理人员和操作人员应当经安全技术培训和考核。

（三）使用单位已经建立安全管理制度，对压力管道的安全管理内容做出了明确规定并有效实施。

（四）使用单位已经建立压力管道技术档案和压力管道标识管理办法。

（五）使用单位的压力管道安全管理人员和操作人员能够严格遵守有关安全法律、法规、技术规程、标准和企业的安全生产制度。

第十五条 长输管道和公用管道使用单位必须制定公共安全教育计划并组织实施，以使用户、居民和从事相关作业的人员了解压力管道安全知识，提高公共安全意识。

第十六条 输送可燃、易爆或者有毒介质压力管道的使用单位应具备：

（一）事故预防方案（包括应急措施和救援方案）；

（二）巡线检查制度；

（三）根据需要建立抢险队伍，并且定期演练。

第十七条 新建、扩建、改建压力管道的设计单位、元件制造单位和安装单位应当具备相应的资格。新建、扩建、改建的压力管道应当进行安装安全质量监督检验，压力管道的安全状况等级应当达到1级或者2级的要求。

第十八条 在用压力管道应当进行定期检验，并且安全状况等级达到1级、2级或者3级。对安全状况等级未达到3级的在用压力管道，可以进行安全评定或者风险评估，其结论应当符合压力管道安全使用要求。

第十九条 在管理制度中应当对下列事项作出明确规定：

（一）在用压力管道需要进行一般修理、改造时，其修理、改造方案由使用单位技术负责人批准；

（二）在用压力管道需要进行重大修理、改造时，向负责使用登记部门的安全监察机构申报，并由经核准的监检机构进行监督检验；

（三）使用有安全标记的压力管道元件；

（四）按期进行定期检验。

第五章 使用登记程序

第二十条 使用登记程序包括申请、受理、审核（核查）和发证（注册）。

第二十一条 新建、扩建、改建压力管道在投入使用前或者使用后30个工作日内，使用单位应当填写压力管道使用登记申请书和压力管道使用注册登记汇总表（一式3份），携同下列资料向安全监察机构申请办理使用登记。压力管道使用注册登记汇总表和资料也可以采用电子邮件或软盘形式提交。

（一）压力管道安装质量证明书、压力管道安装竣工图（单线图）；

（二）监督检验机构出具的《压力管道安装安全质量监督检验报告》；

（三）压力管道使用单位安全管理制度，事故预防方案（包括应急措施和救援方案等），管理人员和操作人员名单；

（四）重要压力管道使用注册登记表。

第二十二条 在用压力管道在定期检验完成后30个工作日内，由使用单位按照工程或者装置填写压力管道使用注册登记汇总表，连同下列资料向安全监察机构申请办理使用登记。压力管道使用注册登记汇总表和资料也可以采用电子邮件或软盘形式提交。

（一）压力管道使用安全管理制度，事故预防方案（包括应急措施和救援方案），管理人员和操作人员名单；

（二）在用压力管道定期检验报告；

（三）安全保护装置（安全阀、压力表等）校验报告；

（四）重要压力管道使用注册登记表。

第二十三条 安全监察机构在收到使用单位的申请资料后，应当在15个工作日内对申请资料进行初审，并将是否受理的结论书面通知使用单位。不予受理的要说明理由。

第二十四条 有下列情况之一的，不予受理：

（一）申报资料不齐全的；

（二）安全状况等级不明的，或新建、扩建、改建压力管道安全状况等级达不到1级或2级的，或在用压力管道安全状况等级达不到3级且又未经安全评定或者风险评估的；

（三）无设计、安装资格的单位所设计、安装的新建、扩建、改建压力管道的；

（四）使用单位未建立安全管理体系和管理制度的；

（五）使用单位压力管道安全管理人员和操作人员未进行培训的。

第二十五条 使用单位应当对提供的申报资料的真实性、准确性和可实施性负责，必要时安全监察机构组织核查组进行核查。

第二十六条 核查组由安全监察人员、有压力管道安全管理经验的专家和具有压力管道检验资格的人员组成。使用单位应当配合核查组作好核查工作。

第二十七条 使用登记的核查工作主要内容如下：

（一）对申报资料的核查；

（二）对使用单位压力管道使用安全管理情况（包括压力管道安全管理体系、管理制度、事故预防方案、压力管道档案等）的检查；

（三）对管理和操作人员资格的检查；

（四）压力管道使用注册登记汇总表、重要压力管道使用注册登记表，检验报告、校验报告、单线图与压力管道实物的核对；

（五）其他必要的检查。

第二十八条　核查后，核查组应当出具核查报告。核查报告应当送使用单位和报送安全监察机构。

第二十九条　安全监察机构对使用单位上报的资料或者核查组的核查结果进行审核，审核结果符合要求的，予以办理使用登记。

第三十条　安全监察机构应当自受理之日起在30个工作日之内办理发证或注册手续：

（一）对于安全状况等级为1级和2级的压力管道，安全监察机构应当对压力管道使用注册登记汇总表中的每条压力管道填写注册代码，在汇总表右上角盖“准予登记发证”章；然后填写压力管道使用登记证，同时注明使用登记证所包含的压力管道使用注册登记汇总表编号。上述工作完成且经发证部门行印后，由安全监察机构将《压力管道使用登记证》颁发给使用单位。

《压力管道使用登记证》和盖章的压力管道使用注册登记汇总表的正本交使用单位，副本由安全监察机构存档。

（二）对于安全状况等级为3级的压力管道和安全评定或者风险评估结论为可以使用的压力管道，安全监察机构应当对压力管道使用注册登记汇总表中的每条压力管道填写注册代码，在汇总表右上角盖“准予登记注册”章。盖章的压力管道使用注册登记汇总表1份交使用单位，1份由安全监察机构存档。此类压力管道应当严格在限制条件下监督使用，暂不发放《压力管道使用登记证》。

第三十一条　对有下列情况之一的压力管道，安全监察机构不予发证或者注册：

（一）未达到第四章要求的；

（二）申请材料与检查结果不符而未及时改进的。

第六章　使用登记管理

第三十二条　使用单位负责企业内部压力管道使用登记的管理，有条件的使用单位应当建立压力管道使用登记信息化管理系统。地市级以上的质量技术监督部门对所辖行政区域内的压力管道实施动态监督管理。发生下列情况之一的，使用单位应当及时到安全监察机构办理使用登记变更：

（一）因租赁、转让或承包等原因更换压力管道的业主或使用单位的，新业主或使用单位应在租赁、转让或承包生效后的15日内向受理使用登记的安全监察机构备案并办理使用登记变更；

（二）停用或者报废压力管道的，在停用或者报废后的30日内向受理登记的安全监察机构备案并办理停用或者注销使用登记手续；

（三）修理改造或者定期检验后安全状况等级有变化的，应当在修理改造或者定期检验后的30日内办理使用登记变更。

第三十三条 使用单位在使用登记证有效期到期前90天提交换证申请，安全监察机构按照第五章使用登记程序办理换证手续。

第三十四条 使用重要压力管道的单位应当每年定期到办理使用登记的安全监察机构，办理重要压力管道使用登记复核。

第七章 监督检查

第三十五条 各级安全监察机构负责对使用单位贯彻执行本规则的情况进行监督检查。

第三十六条 对发生下列情况之一的使用单位，安全监察机构有权要求其限期改正或者按国家的有关规定予以处理；对导致发生压力管道事故或者造成重大经济损失的，应当按照有关法律、法规的规定追究使用单位、有关责任人的法律责任。

（一）新建、扩建、改建压力管道在投用前或者使用后30个工作日内，未及时办理使用登记的；

（二）未在规定的期限内办理在用压力管道的使用登记的；

（三）使用不符合使用登记条件的压力管道的；

（四）已办理使用登记的在用压力管道，未按时进行定期检验的；

（五）未按照本规则第六章的要求及时办理使用登记变更、换证和复核的。

第八章　附　　则

第三十七条　在本规则实施前已经使用的压力管道，使用单位应当在本规则施行后1年内，按照国家有关规定进行在线检验，提交第二十二条(一)项要求的资料和在线检验报告，安全监察机构按照本规则程序办理登记注册。在6年内完成全面检验或者安全评定，核定安全状况等级，换发使用登记证。

第三十八条　使用单位办理使用登记手续时，按照有关规定，交纳使用登记证的工本费。

第三十九条　本规则由国家质量监督检验检疫总局负责解释。

第四十条　本规则自2003年10月1日起施行。

附件：1. 特种设备使用登记证表(略)

2. 压力管道使用注册登记汇总表(略)
3. 重要压力管道使用注册登记表(略)
4. 压力管道注册代码和使用登记证编号编制规则(略)
5. 压力管道使用注册登记表填写说明(略)

产品防伪监督管理办法实施细则

(2003年8月7日国质检质[2003]246号发布)

第一章　总　　则

第一条　为了加强产品防伪监督管理工作，确保《产品防伪监督管理办法》的有效实施，根据《产品防伪监督管理办法》和《工业产品生产许可证管理办法》的有关规定，制定本细则。

第二条　在中华人民共和国境内从事防伪技术、防伪技术产品及防伪鉴别装置(含仪器设备)的研制、生产、使用，应当遵守《产品防伪监督管理办法》(以下简称《办法》)及本细则。法律、行政法规及国务院另有规定的除外。

第三条　国家质检总局负责对产品防伪实施统一监督管理，全国防伪技术产品管理办公室（以下简称全国防伪办）承担全国产品防伪监督管理的具体实施工作，其主要职责是：

（一）起草全国产品防伪监督管理工作的规章和规范性文件，并组织实施；

（二）参与防伪技术产品标准制、修订的组织协调工作；

（三）承担防伪技术产品生产许可证的具体实施工作；

（四）负责防伪技术评审机构和防伪检测机构的资格确认，并对其进行业务指导和监督管理；

（五）负责防伪技术专家委员会专家的注册工作，并对其进行监督管理；

（六）负责境外防伪技术与防伪技术产品在境内使用的注册登记管理；

（七）参与组织防伪技术产品的质量监督抽查；

（八）负责管理全国产品防伪监督管理信息系统，统一管理防伪技术产品的信息发布；

（九）协调处理防伪技术产品生产许可证和防伪技术评审等工作中出现的重大争议事宜；

（十）对防伪行业社会团体和中介机构进行业务指导和监督；

（十一）处理与产品防伪监督管理有关的其他事宜。

第四条 各省、自治区、直辖市质量技术监督部门（以下简称省级质量技术监督部门）负责本行政区域内的产品防伪监督管理工作。省级质量技术监督部门防伪技术产品管理机构承担产品防伪监督管理的日常工作，其主要职责是：

（一）组织实施产品防伪的法律法规、规章和规范性文件的宣传贯彻工作；

（二）协助受理防伪技术产品生产许可证申请，协助做好文件审核和现场审查工作；

（三）负责防伪技术产品使用推广机构备案及防伪技术产品使用的备案公告工作；

（四）对本行政区域内防伪行业社会团体和中介机构进行业务指导和监督；

（五）参与组织本行政区域内防伪技术产品的质量监督抽查；

（六）承担全国防伪办交办的其他事宜。

第二章 机构的确认管理

第五条 国家对防伪技术评审机构实行资格确认管理。防伪技术评审机构受全国防伪办的委托，承担资格确认范围内的防伪技术产品防伪技术评审（以下简称防伪技术评审）工作，其主要职责是：

（一）贯彻产品防伪的法律法规、规章和规范性文件，制定机构内部防伪技术评审管理制度；

（二）参与相关规定与制度的宣传贯彻；

（三）组织防伪技术专家委员会开展防伪技术评审工作、颁发防伪技术评审证书；

（四）承担全国防伪办交办的其他事宜。

第六条 防伪技术评审机构应当具备下列条件：

（一）具有独立法人资格；

（二）熟悉防伪行业发展状况，了解防伪技术发展趋势；

（三）不从事防伪技术及防伪技术产品的开发、生产和经营活动；

（四）具备固定的工作场所及必要的办公设施；

（五）事业单位或社会团体的注册资本应当在 10 万元以上，有限责任公司的注册资本应当在 500 万元以上；

（六）取得防伪技术专家注册资格的专业技术人员不少于 3 人；

（七）机构内部有严格、规范和有效的工作制度，有能保证与被评审的防伪技术有关内容及资料安全保密的措施；

（八）与国内外防伪技术专家有广泛、密切的联系，具有组织专家进行防伪技术评审的能力；

（九）遵守产品防伪监督管理有关规定。

第七条 防伪技术评审机构资格确认程序如下：

（一）申请防伪技术评审资格的单位应当向全国防伪办提交下列材料：

1. 防伪技术评审资格申请书（见附表 1）；

2. 机构法人证书（留下复印件存档）；

3. 防伪技术评审工作章程、安全保密制度、工作纪律等评审工作制度；

4. 专门从事防伪技术评审工作的人员名单(附人员简历及主要技术工作)；

5. 防伪技术评审责任保证书；

6. 其他可以证明该机构具备防伪技术评审能力和条件的材料与说明。

(二) 全国防伪办对申请材料进行资格审查(包括现场考察),并根据防伪技术发展现状和需要择优确认,颁发防伪技术评审资格证书(见附1),向社会公告。

第八条　承担防伪技术产品检测检验任务的检测机构,必须经全国防伪办商国家认监委确认,方能从事防伪技术产品的检测检验工作。

第九条　承担防伪技术产品检测检验任务的防伪检测机构应当符合以下基本条件：

(一) 具有独立的法人资格；

(二) 具备防伪技术产品检测检验条件和能力,通过计量认证；

(三) 不从事防伪技术及防伪技术产品的开发、生产和经营活动；

(四) 具有健全的管理体系,有能保证被检测的防伪技术产品有关内容及资料的安全、保密措施,并有效运行；

(五) 能公正、准确地提供检验结果；

(六) 遵守产品防伪监督管理有关规定,符合防伪标准规定的特殊要求。

第十条　防伪检测机构确认程序：

(一) 申请承担防伪技术产品检测检验任务的检测机构,应当向全国防伪办提交下列材料：

1. 防伪技术产品检测检验资格申请书(一式两份)(见附表2)；

2. 营业执照复印件(一式两份)；

3. 计量认证证书及附件(包括授权检测检验范围)复印件(一式两份)；

4. 实验室认可证书(如有)复印件(一式两份)；

5. 防伪技术产品检测检验责任保证书；

6. 其他可以证明该单位具备防伪技术产品检测检验能力和条件的材料与说明。

（二）全国防伪办商国家认监委对申请材料进行资格审查（包括现场考察），并根据防伪发展现状和需要，以保证工作质量和进度、方便企业送检的原则对具备条件的检测机构择优确认，颁发防伪检测检验资格证书（见附2）。

第三章 生产许可证管理

第十一条 防伪技术产品纳入国家工业产品生产许可证管理范畴，对符合发证条件的企业颁发工业产品生产许可证。

第十二条 防伪技术产品生产许可证审查部设在全国防伪办，承担防伪技术产品生产许可证的审查工作，其主要职责是：

（一）起草《防伪技术产品生产许可证实施细则》；

（二）组织或配合组织向企业宣讲《防伪技术产品生产许可证实施细则》，指导各审查组按实施细则的要求对企业进行审查；

（三）审查、汇总省级质量技术监督部门受理的企业申请；

（四）组织对申请取证企业的生产条件进行审查；

（五）对申请取证企业生产条件审查报告和产品质量检验报告进行审查汇总，将符合发证条件企业的有关资料报全国工业产品生产许可证办公室；

（六）承担全国工业产品生产许可证办公室交办的其他事宜。

第十三条 防伪技术产品生产许可证的申请应当符合以下规定：

（一）申请防伪技术产品生产许可证的企业（含外资、合资企业）应当具备《办法》第九条规定的条件，取证申请应当向省级质量技术监督部门提出，并递交《办法》第十条所规定的材料。

（二）独立对外提供防伪技术产品并具有独立法人资格的生产企业方可申请防伪技术产品生产许可证。

（三）防伪技术产品采用协作加工方式组织生产的，由最终对外提供防伪技术产品的企业申请防伪技术产品生产许可证，并将其协作加工单位的生产条件作为申请生产许可证的生产条件一并申报。在协作加工过程中，如防伪技术有增值，则要求协作单位具有相应的防伪技术评审证书。防伪技术产品质量由取证企业负责。

第十四条 防伪技术产品生产许可证的有效期一般为3年，有效期自证书签发之日算起。不同防伪技术产品生产许可证的有效期限在相应的防伪技术产品实施细则中规定。

第十五条 其他有关生产许可证管理未尽事宜按照工业产品生产许可证有关规定办理。

第四章 防伪技术评审管理

第十六条 防伪技术评审的主要内容：

(一) 对防伪技术产品的核心技术特点、防伪特征、主要技术指标及防伪功能的可信程度进行分析、检测和评价；

(二) 对防伪技术产品自身抗攻击、防假冒的技术措施和安全管理措施的可行性进行分析、验证和评价；

(三) 对防伪技术产品防伪鉴别功能的可靠性进行分析、验证。

第十七条 防伪技术评审程序如下：

(一) 单位或个人如需申请防伪技术评审应当向经全国防伪办资格确认的防伪技术评审机构提出申请，境外企业应当经全国防伪办向指定的防伪技术评审机构提出申请，并报送下列材料：

1. 防伪技术评审申请书一式3份(见附表3)；

2. 防伪技术研究报告(含技术特点、主要技术指标、应用领域等)；

3. 防伪性能检测报告；

4. 防伪技术主要实用特征与功能、服务体系及安全保障能力与措施；

5. 防伪技术权属证明(留下复印件存档)。

(二) 防伪技术评审机构收到防伪技术评审申请材料后，应当在15个工作日内完成书面材料的审核，材料符合要求的，受理评审申请。材料不符合要求的，及时通知补报材料或退回，并说明理由。

(三) 防伪技术评审机构对受理评审的防伪技术或防伪技术产品，应当在自受理之日起30个工作日内组织防伪技术专家委员会专家进行评审。专家应当不少于7人，其中取得注册资格的专家不少于5人。

（四）评审通过的，报全国防伪办备案后，颁发防伪技术评审证书（见附3）。评审未通过的，将材料退回申请单位，说明原因。

第十八条 申请防伪技术评审所提交的防伪性能检测报告，原则上由国家质检总局确认的检测机构出具。如遇高新前沿技术产品，而已确认的检测机构不具备检测条件的，应当由全国防伪办指定其他单位进行检测。

第十九条 防伪技术评审证书由全国防伪办统一印制，由防伪技术评审机构颁发，有效期一般为3年。

第二十条 国家对承担防伪技术评审的防伪技术专家委员会的专家实行注册管理，注册条件如下：

（一）熟悉防伪及相关专业技术，具备防伪技术或防伪管理方面的专长；

（二）能较及时地了解和掌握本专业领域技术发展的新动态；

（三）取得高级以上专业技术职称或规定的职务；

（四）坚持科学和公正的原则，严格遵守防伪技术评审工作纪律和保密制度等规定；

（五）身体健康，热爱防伪事业，能积极参加防伪技术评审及相关工作；

（六）遵守产品防伪监督管理的有关规定。

第二十一条 防伪技术专家注册程序如下：

（一）凡符合专家条件的人员，均可向所在省级质量技术监督部门或防伪技术评审机构提出书面申请，并填写防伪技术专家注册申请表（见附表4）一式两份；

（二）省级质量技术监督部门或防伪技术评审机构核实后，可向全国防伪办推荐符合条件的专家，并报送相关材料；

（三）全国防伪办收到报送材料后，进行审核，必要时进行培训考核，对符合条件的给予注册，并颁发防伪技术专家注册证书（见附4）。

第二十二条 防伪技术评审机构及相关人员在评审工作中必须坚持科学、公正、实事求是的原则，保守技术机密，对评审结果负责。

第五章 防伪技术产品的使用与推广

第二十三条 防伪技术产品的使用实行备案公告制度。使用单位根据自愿原则持《办法》第十九条所规定的材料到所在地级质量技术监督部门办理防伪技术产品的使用备案手续。

第二十四条 防伪技术产品使用备案程序如下：

（一）地级质量技术监督部门接到备案材料后，应当在20个工作日内完成条件审查，审查合格者填写防伪技术产品使用备案表（一式3份）（见附表5），准予备案，并报省级质量技术监督部门。审查不合格的，及时通知申请方加以整改。

（二）省级质量技术监督部门接到地级质量技术监督部门核准的防伪技术产品使用备案材料后，统一向社会公告。

（三）省级质量技术监督部门每月末必须将使用备案公告及产品防伪特征资料报全国防伪办和质量技术监督部门执法机构，纳入全国产品防伪监督管理信息系统，以供社会查询，避免重复备案，同时对使用备案单位给予法律保护。

第二十五条 国务院有关部门或行业牵头单位使用防伪技术或防伪技术产品对某类产品实施统一防伪管理时，应当按以下程序进行招标：

（一）由招标单位会同全国防伪办，根据国家招标投标管理办法制定使用防伪技术或防伪技术产品招投标方案，向社会招标。

（二）全国防伪办协助招标方对参加投标的企业及评标委员会的防伪专家进行资格审查。参加投标单位必须是获得防伪技术产品生产许可证的企业（境内）或者获得防伪注册登记证的企业（境外）。

（三）防伪技术产品中标并被采用后，由招标单位向全国防伪办统一办理使用备案公告手续。

第二十六条 凡境外企业研制开发、生产的防伪技术或防伪技术产品，在境内推广使用的，必须向全国防伪办申请办理防伪注册登记后方可使用。

第二十七条 境外企业的防伪技术或防伪技术产品在境内防伪注册登记，应当具备以下条件：

（一）境外企业必须在境内注册或者委托相应的独立法人机构（简称

推广代理机构)；

(二) 境外企业具备相应的生产条件与技术管理人员；

(三) 境外企业与其在境内的推广代理机构均应当具有健全、有效的生产物流管理安全保密制度和保密措施；

(四) 防伪技术或防伪技术产品通过本细则规定的防伪技术评审,获得防伪技术评审证书；

(五) 产品经全国防伪办资格确认的防伪检测机构检验,符合相关的国家标准或者行业标准、企业标准。

第二十八条 境外防伪技术或防伪技术产品防伪注册登记程序如下：

(一) 境外防伪技术产品在境内的推广代理机构应当向全国防伪办提交下列材料：

1. 防伪注册登记申请书(一式两份)(见附表 6)；
2. 推广代理机构的营业执照及组织机构代码证书(副本复印件)；
3. 境外企业防伪技术产品推广授权书；
4. 防伪技术评审证书；
5. 相关的工作章程、保密制度、保密措施等管理文件；
6. 经全国防伪办资格确认的防伪检测机构出具的产品检测检验报告；
7. 境外企业开业合法证书、资本信用证明书；
8. 生产条件证明资料；
9. 有防伪技术产品性能要求的产品标准或规范性技术文件。

(二) 全国防伪办接到注册登记申请材料后,在 40 个工作日内按上述要求进行审核,必要时进行工厂条件现场审查。

审核通过的,准予注册登记,颁发防伪注册登记证(见附 5),证书有效期一般为 3 年。

全国防伪办负责统一公告获防伪注册登记的产品及企业的名单。

(三) 审核未通过的,退回申请材料并说明理由。通知企业两个月内补报,逾期未补报的,视为撤回申请,责任由企业自负。

第二十九条 防伪注册登记证由国家质检总局统一印制、颁发。

第三十条 企业应当在防伪注册登记证书到期前 6 个月内,向全国防伪办提出换证申请。因未按时提出申请，而延误换证时间的，由企业自行承担责任。

第三十一条 防伪技术产品生产企业在异地设立使用推广机构（含代理机构），必须向当地省级质量技术监督部门办理备案，其备案程序如下：

（一）向当地省级质量技术监督部门提供如下备案材料：

1. 防伪技术产品使用推广机构备案申请表（一式两份）（见附表7）；

2. 防伪技术产品生产企业的推广应用授权书；

3. 使用推广机构营业执照副本（复印件）；

4. 生产许可证正、副本（复印件）或者防伪注册登记证正、副本（复印件）；

5. 防伪技术产品使用推广机构有关工作章程、安全保密、管理制度等文件。

（二）省级质量技术监督部门接到备案申请后，在15个工作日内完成备案审核，下达准予备案通知书，并对其实施监督管理。审查不合格的，通知其整改。

第三十二条 从事防伪技术服务的社会团体应当从维护防伪行业的整体利益出发，做好防伪技术产品生产企业在推广应用中的协调工作，制定行业自律公约，并监督执行，防止不正当竞争。

第三十三条 从事防伪技术产品推广工作的防伪中介机构和社会团体在向使用者推广防伪技术与防伪技术产品时，必须坚持自愿和公正的原则，推广的防伪技术产品必须是获得生产许可证或注册登记证的产品，并认真负责地做好技术咨询服务工作。

第六章 监督与管理

第三十四条 国家对防伪技术产品生产许可证、防伪注册登记证获证企业实行年度监督审查（以下简称年审）制度，对防伪技术产品实行监督抽查制度。所有获证企业必须按规定接受年审和监督抽查。国家质检总局统一管理年审和监督抽查工作。

（一）防伪技术产品生产许可证企业按工业产品生产许可证有关管理规定的要求开展年审；

（二）防伪注册登记企业参照工业产品生产许可证有关管理规定的要求开展年审；

（三）防伪技术产品监督抽查工作按照产品质量监督抽查有关管理规定开展。

第三十五条 有关单位和个人在发现防伪技术产品防伪功能不佳，防伪功能失效时，可报当地或者国家质检部门。全国防伪办可根据申报情况组织或者委托防伪技术评审机构进行防伪功能评估。

评估结果为失效的防伪技术产品，对社会公告，并收回相关证书，停止生产和推广应用。

第三十六条 防伪技术评审机构有以下行为之一的，由国家质检总局根据情节严重程度分别给予责令改正、通报批评、撤销资格的处理；对有关责任人员，应当由所在单位做出相应处理；构成犯罪的，依法追究有关责任人法律责任：

（一）超出全国防伪办授权范围开展工作的；

（二）违反工作章程开展工作、造成恶劣影响的；

（三）未履行规定的职责、违法违规、玩忽职守、营私舞弊，造成恶劣影响的；

（四）对专家评审意见弄虚作假、伪造防伪技术评审结论的；

（五）未经允许将防伪技术秘密泄漏给他人或者非法占有的；

（六）从事防伪技术产品的开发、生产和销售的。

第三十七条 防伪检测机构有以下行为之一的，由国家质检总局根据情节严重程度分别给予责令改正、通报批评、撤销确认资格的处理；对有关责任人员，应当由所在单位做出相应处理；构成犯罪的，依法追究有关责任人和机构的法律责任：

（一）伪造检测检验数据或伪造检测检验结论的；

（二）泄漏防伪技术秘密的；

（三）未依据有关规定开展防伪技术产品检测检验的；

（四）违反有关规定超标收取检测检验费用的；

（五）未能按规定期限完成检测检验任务，造成严重后果的；

（六）在工作职责范围内从事有偿咨询服务工作的；

（七）直接或间接强行要求企业取得产品防伪监督管理有关规定以

外的各种资格或参加各种活动的。

第三十八条 国家对确认的防伪技术评审机构和防伪检测机构实行年度抽查监督管理。检查其工作业绩与效果是否与相应业务资格相符；是否存在违反《办法》与本细则及有关规定的行为；是否存在其他违规行为。

第三十九条 对于从事防伪技术推广工作的中介机构和社会团体，有下列行为之一的，省级以上质量技术监督部门可根据情节严重程度，给予通报批评、责令改正，建议其主管部门作必要的行政处理；构成犯罪的，依法追究法律责任：

（一）推广无证（生产许可证、防伪注册登记证）防伪技术产品的；

（二）泄漏防伪技术秘密或者将企业防伪技术占为己有的；

（三）强行推广防伪技术产品的。

第四十条 企业对防伪技术评审结果、防伪技术产品检验报告或防伪注册登记证及生产许可证的审批、发放、年审、注销存在异议的，可按有关规定向各级质量技术监督部门或全国防伪办提出复议。

第七章 附 则

第四十一条 本细则由国家质检总局负责解释。

第四十二条 本细则自发布之日起实施。

附：1. 防伪技术评审资格证书（略）
2. 防伪检测检验资格证书（略）
3. 防伪技术评审证书（略）
4. 防伪技术专家注册证书（略）
5. 防伪注册登记证（略）

附表：1. 防伪技术评审资格申请书（略）
2. 防伪技术产品检测检验资格申请书（略）
3. 防伪技术评审申请书（略）
4. 防伪技术专家注册申请表（略）
5. 防伪技术产品使用备案表（略）
6. 防伪注册登记申请书（略）
7. 防伪技术产品使用推广机构备案申请表（略）

特种设备无损检测人员考核与监督管理规则

（2003 年 8 月 8 日国家质检总局国质检锅[2003]248 号发布）

一、总　　则

第一条 为了提高特种设备无损检测工作质量，确保特种设备安全运行，根据《特种设备安全监察条例》的有关规定，制定本规则。

第二条 本规则适用的无损检测方法包括：射线（RT）、超声波（UT）、磁粉（MT）、渗透（PT）、电磁（ET）、声发射（AE）、热像/红外（TIR）。

第三条 特种设备无损检测人员（以下简称无损检测人员）的级别分为：Ⅰ级（初级）、Ⅱ级（中级）、Ⅲ级（高级）。

第四条 从事特种设备无损检测工作的人员应当按本规则进行考核，取得国家质量监督检验检疫总局（以下称国家质检总局）统一颁发的证件，方可从事相应方法的特种设备无损检测工作。

第五条 无损检测人员的检测工作质量应当接受各级质量技术监督部门的监督检查。

二、考核机构

第六条 特种设备无损检测人员的考核工作分别由国家质检总局和省级质量技术监督部门负责，并由国家质检总局特种设备安全监察机构和省级质量技术监督部门特种设备安全监察机构具体实施。考核的具体工作由相应的无损检测人员考核委员会（以下简称考委会）组织进行。

考委会分为全国考委会和省级考委会。考委会为国家质检总局和省级质量技术监督部门组织进行无损检测人员考核工作的具体办事机构。

第七条 全国考委会受国家质检总局领导，由有关部门及大企业集团公司的代表和无损检测专业技术人员组成。主要职责是：

(一) 负责Ⅲ级无损检测人员的考核及管理工作；

(二) 负责港、澳、台地区及境外人员申报各级别无损检测人员的考核工作；

(三) 制订无损检测人员考核大纲，组织编写培训教材，建立试题库；

(四) 制订无损检测人员考核专用试件、底片及无损检测设备、器材的技术条件或标准；

(五) 主持、协调和参与特种设备无损检测相关技术标准的编制、修订及评审工作；

(六) 开展与国内外无损检测人员考核机构的交流与合作；

(七) 组织开展无损检测人员培训与考核相关课题的研究及技术交流活动；

(八) 协助质量技术监督部门进行无损检测人员证的制作、寄发工作；

(九) 承办质量技术监督部门授权或委托的其他工作。

第八条 省级考委会受省级质量技术监督部门的领导，聘请所辖行政区域内的无损检测专业技术人员组成。主要职责是：

(一) 负责Ⅰ、Ⅱ级无损检测人员的考核与管理工作；

(二) 组织开展无损检测人员培训与考核相关课题的研究和技术及学术交流活动；

(三) 承办质量技术监督部门授权或委托的其他工作。

第九条 考委会建设应当符合有关规定的要求，具备相应的考核条件，制订并严格执行考核程序和管理制度，经国家质检总局验收合格后，方可在批准范围内开展考核工作。

第十条 各级考委会中担任考评工作的无损检测专业技术人员，年龄一般应当在65周岁以下，且不得受聘于从事无损检测设备器材制造或销售等经营性活动的单位。省级考委会如有人员调整或者重大变更，应当将有关材料报国家质检总局备案。

三、申　　请

第十一条 无损检测人员报考申请分为取证考核(初试)申请和换证考核(复试)申请。

第十二条 初试申请的人员应当同时满足以下条件：

（一）年龄在18周岁以上，60周岁以下，身体健康；

（二）双眼矫正视力和颜色分辨能力满足所申请无损检测工作的要求；

（三）报考Ⅰ级应当具有初中（含）以上学历；报考Ⅱ级应当具有高中（含）以上学历，持无损检测专业大专（含）以上或理工科本科（含）以上学历可直接报考Ⅱ级。报考Ⅲ级，应当至少持有2个Ⅱ级项（除TIR外，报考RT或UT项，Ⅱ级证中应当含有MT或PT项；报考MT、PT、ET、AE项，Ⅱ级证中应当含有RT或UT项）。申报不同级别的学历和持低一级别证的时间，应当满足下表要求。

第十三条 初试申请的人员应当填写《特种设备无损检测人员考核初试申请表》（附件1），向承担相应级别考核的考委会提交申请。报考Ⅰ、Ⅱ级申请，经省级考委会初审，并报省级质量技术监督部门核准后，报考人员方可参加考核；报考Ⅲ级申请，需由聘用单位所在地的省级质量技术监督部门签署意见，经全国考委会初审，并报国家质检总局核准后，报考人员方可参加考核。未通过核准的，全国考委会将及时以书面的形式通知报考人员。

第十四条 报考Ⅰ、Ⅱ级的人员，应当参加其聘用单位所在地组织的考核。特殊情况，由报考人员申请，经其所在地的省级质量技术监督部门同意后，方可参加其他地区省级组织的考核。合格者，由负责组织考核的省级质量技术监督部门批准，报国家质检总局核准。

第十五条 持证人员证件到期后，如继续从事持证项目的无损检测工作，应当在有效期满当年的2月底前，按要求向相应的考委会提出复试申请（附件4）（年龄满65周岁以上者的申请，不再予以受理），经初审和核准后，方可参加复试。未通过核准的，考委会将及时以书面的形式通知报考人员。

特殊情况无法按时参加复试的人员，应当在证件有效期满当年2月底前，向实施考核的考委会提交延期复试申请（附件5），经发证机关核准同意后，办理证件有效期延期手续，但延期时间最多可批准1年（实际延长时间将在下个有效期内扣除）。逾期未参加复试或未获准延期复试人员，其证件在有效期满后自动失效。

四、考核发证

第十六条 各级考委会应当于每年的2月底前，将本年度的考核计划（初试和复试）予以公告，并报同级质量技术监督部门备案。省级年度考核计划还需抄送全国考委会。

第十七条 报考Ⅰ、Ⅱ级的人员，应当参加笔试和实际操作考核，报考Ⅲ级的人员，应当参加笔试、口试和实际操作考核，合格标准为70分（百分制）。

第十八条 无损检测人员各种检测方法的具体考核内容，按照相应方法的考核大纲的规定执行。考核大纲由全国考委会提出，国家质检总局批准执行。

第十九条 考委会应当在每次考核结束后的30个工作日内，将考核结果上报同级质量技术监督部门，经审核同意后报发证机关核准。考委会按照公布的合格人员名单，将考核结果以书面的形式通知报考人员，并协助制作和寄发人员证。

第二十条 无损检测初试、复试考核合格人员，将获得《特种设备检验检测人员证》（附件2），证件由国家质检总局统一制发。证件有效期4年，实行全国统一编号（附件3）。

第二十一条 申请复试的Ⅰ级人员，在参加指定内容的培训后，可直接换发人员证件；Ⅱ级（含）以上人员应当参加复试考核，一次复试未合格者，可再次参加复试考核，此期间，可从事所复试项目低一级别的无损检测工作；第二次复试仍不合格的人员，将不再被允许继续从事所复试级别项目的无损检测工作。但可通过省级质量技术监督部门向发证机关提出申请，直接取得所复试项目低一级别的人员证件。

第二十二条 报考人员对考试结果有异议时，应当以书面形式向发证机关提出申诉，发证机关按有关规定进行复议。

五、监督管理

第二十三条 考委会应当加强管理，完善考核条件，严格按照公平、公正、公开的原则及有关程序和规定组织考核，确保考核质量。考委会发生下列情况时，质量技术监督部门应当责令其整改，问题严重的可立即停止其考核工作。

（一）考委会人员或考核条件变化，不能满足规定的要求；

（二）工作管理混乱或严重违规，考核质量低劣；

（三）弄虚作假，出具虚假的证明。

第二十四条 从事考核工作的组织人员及考评人员，应当坚持原则，不徇私枉法。发现下列情况时，质量技术监督部门应当立即停止违规人员的考核工作，情节严重的，可建议发证机关吊销考评人员所持有的检验检测人员证。涉嫌犯罪的，移交司法机关，依法追究法律责任。

（一）泄露考试内容，严重影响考核公正的；

（二）徇私舞弊，为报考人员作弊提供方便的；

（三）玩忽职守，导致考场纪律混乱，考核结果失实的；

（四）其他严重影响考核公正性的活动。

第二十五条 特种设备无损检测持证人员不得同时在 2 个以上单位中执业，且只能从事与其证书所注明的方法与级别相适应的无损检测工作，其中：

Ⅰ级人员可在Ⅱ、Ⅲ级人员指导下进行无损检测操作，记录检测数据，整理检测资料。

Ⅱ级人员可编制一般的无损检测程序，按照无损检测工艺规程或在Ⅲ级人员指导下编写工艺卡，并按无损检测工艺独立进行检测操作，评定检测结果，签发检测报告。

Ⅲ级人员可根据标准编制无损检测工艺，审核或签发检测报告，协调Ⅱ级人员对检测结论的技术争议。

第二十六条 检测人员应当遵循诚信和方便企业的原则从事检测服务；有义务保守被检单位商业秘密；客观、公正、及时地出具检测结果、鉴定结论，并对检测结果、鉴定结论负责。

第二十七条 检测报告的编制人、审核人的持证项目不符合要求或签发单位与签发人、审核人所持证件中注明的聘用单位不一致时，该检测报告无效。

第二十八条 各级质量技术监督部门应当对无损检测人员的检测工作进行监督检查，发现下列情况时，按《特种设备安全监察条例》及相关法规予以处罚，情节严重的，建议发证机关吊销检验检测人员证件。涉嫌犯罪的，移交司法机关，依法追究法律责任。

（一）伪造检验检测人员证或超项目检测；

（二）弄虚作假，伪造检测数据，出具虚假检测结果或鉴定结论；

（三）违反检测程序、工艺，造成检测结果或鉴定结论严重失实；

（四）玩忽职守，因检测失误造成重大责任事故；

（五）从事特种设备生产、销售、监制、监销等违规活动；

（六）同时在2个以上单位执业。

第二十九条 检验检测人员证被吊销的人员，发证机构3年内不再受理其报考申请。

第三十条 持证人员变更受聘单位时，应当向发证机关申请换发证件。换发Ⅰ、Ⅱ级证的人员应当向新的聘用单位所在地的省级质量技术监督部门提出书面申请（附件6），并提交受聘于新单位的有关劳动合同或受聘证明文件（跨省变更的还须有原省级质量技术监督部门签章），以及现所持有的证件（正、副本），由省级质量技术监督部门进行审核，报国家质检总局核准后，换发证件（正、副本）。换发Ⅲ级证的人员，应当向全国考委会提出书面申请（附件6，需有原聘用单位及现受聘单位所在地省级质量技术监督部门的签章），并提交受聘于新单位的有关劳动合同或受聘证明文件，以及现所持有的Ⅲ级证件（正、副本），由全国考委会报国家质检总局核准，换发证件（正、副本）。

第三十一条 证件遗失，由本人提出补证书面申请（应当有原证件注明的聘用单位的确认签章），经发证机关核准后，补发证件。

六、附　　则

第三十二条 港、澳、台地区及境外人员申报特种设备无损检测人员考核，参照本规则执行。

第三十三条 本规则由国家质检总局负责解释。

第三十四条 本规则自发布之日起施行，原劳动部发布的《锅炉压力容器无损检测人员资格考核规则》（劳部发［1993］441号）同时废止。

附件（略）

特种设备检验检测机构管理规定

（2003 年 8 月 8 日国质检锅[2003]249 号发布）

第一章 总 则

第一条 为了加强对特种设备检验检测机构的监督管理，规范特种设备检验检测工作，根据《特种设备安全监察条例》的有关规定，制定本规定。

第二条 本规定适用于从事《特种设备安全监察条例》及相关法规、规章规定的特种设备检验检测活动的检验检测机构的监督管理。

第三条 特种设备检验检测机构是指从事特种设备定期检验、监督检验、型式试验、无损检测等检验检测活动的技术机构，包括综合检验机构、型式试验机构、无损检测机构、气瓶检验机构（以下统称检验检测机构）。

第四条 履行特种设备安全监察职能的政府部门设立的专门从事特种设备检验检测活动、具有事业法人地位且不以营利为目的的公益性检验检测机构，可以从事特种设备监督检验、定期检验和型式试验等工作。

在特定领域或者范围内从事特种设备检验检测活动的检验检测机构，可以从事特种设备型式试验、无损检测和定期检验工作。

特种设备使用单位设立的检验机构，负责本单位一定范围内的特种设备定期检验工作。

第五条 检验检测机构应当经国家质量监督检验检疫总局（以下简称国家质检总局）核准，取得《特种设备检验检测机构核准证》（以下简称《核准证》）后，方可在核准的项目范围内从事特种设备检验检测活动。

第六条 国家质检总局和省级质量技术监督部门应当根据特种设备数量及分布情况，按照合理布局、优化结构配置的原则，对检验检测机构的设置进行统筹规划。

第七条 按照规模化、专业化、社会化发展要求，鼓励检验检测机构联合重组，促进资源优化配置，采用先进技术，推行科学的管理方法，向社会提供优质、可靠、便捷的服务。

检验检测机构按照其规模、性质、能力、管理水平等核定为A级、B级、C级，具体级别核定条件等按《特种设备检验检测机构鉴定评审规则》执行。

第八条 国家质检总局对全国检验检测机构实施统一监督管理，省级质量技术监督部门负责本行政区域内检验检测机构的监督管理，国家质检总局和地方各级质量技术监督部门特种设备安全监察机构负责本规定的具体实施。

第二章 检验检测机构核准

第九条 检验检测机构应当具备以下基本条件：

（一）必须是独立承担民事责任的法人实体（特种设备使用单位设立的检验机构除外），能够独立公正地开展检验检测工作；

（二）单位负责人应当是专业工程技术人员，技术负责人应当具有检验师（或者工程师）及以上持证资格，熟悉业务，具有适应岗位需要的政策水平和组织能力；

（三）具有与其承担的检验检测项目相适应的技术力量，持证检验检测人员、专业工程技术人员数量应当满足相应规定要求；

（四）具有与其承担的检验检测项目相适应的检验检测仪器、设备和设施；

（五）具有与其承担的检验检测项目相适应的检验检测、试验、办公场地和环境条件；

（六）建立质量管理体系，并能有效实施；

（七）具有检验检测工作所需的法规、安全技术规范和有关技术标准。

检验检测机构申请从事特种设备定期检验时，其申请项目对应的在用设备数量（已落实任务的）应当符合有关核准项目规定的最低要求。

具体条件和要求按照《特种设备检验机构核准规则》、《特种设备无损检测机构核准规则》、《特种设备型式试验机构核准规则》等规定执行。

第十条 检验检测机构核准程序为：申请、受理、鉴定评审、审批、发证。

第十一条 申请资格核准的检验检测机构（以下简称申请机构），应当填写国家质检总局统一规定的核准申请书，并附有关资料，经所在地省级质量技术监督部门签署意见后，向国家质检总局提出申请。省级质量技术监督部门应当在接到申请书后的5个工作日内签署意见，国家质检总局应当在接到申请后的15个工作日内做出是否受理申请的决定，并告知申请机构。

其中气瓶检验机构申请资格核准，由所在地的市（地）级、省级质量技术监督部门按照上述程序分别做出资料确认和受理决定。

第十二条 资格核准申请被受理后，申请机构应当约请经国家质检总局确定并公布的鉴定评审机构实施鉴定评审。鉴定评审工作程序、内容、要求按照《特种设备检验检测机构鉴定评审规则》执行。

第十三条 国家质检总局应当对鉴定评审报告进行审批（其中气瓶检验机构鉴定评审报告由省级质量技术监督部门审批），合格的由国家质检总局统一颁发《核准证》。审批和发证工作应当在接到鉴定评审报告之日起30个工作日内完成。

第十四条 《核准证》有效期为4年。持有《核准证》的检验检测机构，应当在有效期满前6个月内向国家质检总局提出复核准申请（其中气瓶检验机构向省级质量技术监督部门提出复核准申请）。复核准具体程序按本规定第十一条、第十二条、第十三条规定执行。

第十五条 持有《核准证》的检验检测机构，在有效期内，变更核准检验检测项目，其变更核准程序按本规定第十一条、第十二条、第十三条规定执行。

持有《核准证》的检验检测机构，在有效期内，机构名称、负责人、地址、所有制及隶属关系变更时，应当在变更后15日内向原受理机构备案并办理变更换证，同时告知检验检测机构所在地质量技术监督部门。

第十六条 取得《核准证》的检验检测机构，由国家质检总局统一向社会公告。

第三章 检验检测活动

第十七条 检验检测机构应当及时安排特种设备生产、使用单位报检的检验检测工作，落实检验检测任务计划，高效率、高质量地完成检验检测工作。

第十八条 检验检测机构应当严格按照国家有关法律、法规、规章及安全技术规范，依法实施检验检测，为特种设备的安全、经济运行提供技术服务。保证检验检测结论真实、可靠。

检验检测机构应当客观、公正、及时地出具检验检测结果、鉴定结论，并对检验检测结果、鉴定结论负责。检验检测结果、鉴定结论应经检验检测机构授权的技术负责人签署。

检验检测机构应当指派持有检验检测人员证的人员从事相应的检验检测工作。检验检测机构对涉及的受检单位的商业秘密，负有保密义务。

第十九条 经核准的检验检测机构，在从事检验检测工作中，不得将所承担检验检测工作转包给其他检验检测机构。特种设备使用单位的检验机构，不能如期完成本单位经核准的特定范围的检验检测工作时，应当及时告知当地质量技术监督部门。

第二十条 检验检测机构在分包无损检测等专项检验检测项目时，应当选择经核准的专项检验检测机构（材料检测、金属监督等未设立专项检测核准要求的除外），并对检验检测的最终结果负责。

第二十一条 检验检测机构跨地区从事检验检测工作时，应当在检验检测前书面告知负责设备注册登记的质量技术监督部门。

检验检测机构应当按照有关规定将检验检测结果报负责设备注册登记的质量技术监督部门。

第二十二条 检验检测机构在检验检测工作中，发现被检设备存在严重事故隐患，应当及时告知设备使用单位，并立即向负责设备注册登记的质量技术监督部门报告，同时按照有关规定填报检验案例。

第二十三条 检验检测机构应当加强信息化建设，建立科学可靠的检验检测数据档案，按照国家质检总局有关特种设备动态监督管理的要求，实现检验检测与安全监察之间的网络数据传输和共享。

第二十四条 检验检测机构在核准的检验检测项目内开展的检验检测工作，应当严格执行国家和地方有关部门规定的收费标准。

第二十五条 检验检测机构不得从事特种设备的生产、销售，不得进行推荐或者监制、监销特种设备等影响公正性的活动。

第二十六条 检验检测机构应当加强内部管理，确保检验检测质量管理体系有效运行，严格按照安全技术规范规定的检验检测项目、周期、方法、程序和质量控制要求进行检验检测。检验检测机构应当建立并实施检验检测质量管理体系、检验检测工作质量和工作人员行为等检查制约制度。

第二十七条 检验检测机构应当建立健全现场检验检测安全制度，落实安全责任，加强检验检测人员安全教育，督促检验检测人员遵章守纪，严格按照操作规程实施检验检测，保证检验检测人员自身安全与健康。

第二十八条 检验检测机构必须接受各级质量技术监督部门的监督检查，并按照规定报送有关材料。

第四章 监督管理

第二十九条 市(地)级质量技术监督部门负责组织对本行政区域内检验检测机构的检验检测工作质量进行日常监督检查，每年至少进行1次常规性监督检查。并将监督检查结果报省级质量技术监督部门。

省级质量技术监督部门负责组织或者委托有关机构对本行政区域的检验检测机构的检验检测工作质量进行监督抽查，每年抽查数量不少于检验检测机构总数的25%，4年中至少应当对每个检验检测机构抽查1次。同时将监督抽查结果报国家质检总局。

国家质检总局组织或者委托有关机构对检验检测机构的检验检测工作质量进行抽查考核。

常规性监督检查、监督抽查、抽查考核的要求按《特种设备检验检测机构监督考核规则》执行。

国家质检总局将定期对检验检测机构监督抽查、抽查考核结果进行通报。

第三十条 常规性监督检查不合格的，由实施检查的市级质量技术监督部门责令改正。

常规性监督抽查连续两次不合格，或者监督抽查、抽查考核不合格，由省级质量技术监督部门或国家质检总局暂停其核准项目的检验检测工作；情节严重的，由国家质检总局吊销《核准证》。

第三十一条 检验检测机构有下列情形之一的，由市级及以上质量技术监督部门责令改正；逾期未改，情节严重的，由市级及以上质量技术监督部门暂停其核准项目的检验检测工作：

(一) 机构名称、主要负责人、地址、所有制及隶属关系发生变更，未在15日内向原受理机构备案并办理变更换证，并告知其所在地质量技术监督部门的；

(二) 无正当理由，拒不接受使用单位报检，或者未完成已落实任务范围内特种设备检验检测工作的；

(三) 将所承担检验检测工作转包给其他检验检测机构的；

(四) 检验检测机构分包无损检测等专项检验检测项目时选择未经核准的专项检验检测机构的；

(五) 跨地区检验检测前，未书面告知负责设备注册登记的质量技术监督部门，或者未按有关规定向其报告检验检测结果的；

(六) 发现被检设备存在严重事故隐患未及时告知设备使用单位，并立即向负责设备注册登记的质量技术监督部门报告的；

(七) 违章操作，造成检验检测人员人身或健康伤害的；

(八) 未按规定填报检验案例、有关材料的；

(九) 未按国家和地方有关部门制定的标准收费的。

第三十二条 检验检测机构有其他违法行为的，按照《特种设备安全监察条例》等有关法律法规的规定查处。

第三十三条 暂停核准项目的检验检测工作期限为30日。

停检期间，检验检测机构不得从事核准项目的检验检测工作；其承担的检验检测任务由当地质量技术监督部门安排其他经核准的检验检测机构完成。

停检期满，由做出停检决定的部门视其整改情况决定。整改合格的，恢复检验检测；整改不合格的，报国家质检总局吊销《核准证》。

第三十四条 被吊销《核准证》的检验检测机构，两年内其重新申请不予受理。

第三十五条 特种设备使用单位对检验检测机构出具的检验检测结果、鉴定结论有异议的，可向当地质量技术监督部门提出申诉。

检验检测机构对鉴定评审结果有异议的，可向国家质检总局提出申诉。

检验检测机构对监督检查、监督抽查、抽查考核结果或者相关处理决定有异议的，可向组织监督检查、监督抽查、抽查考核或者做出相关处理决定的上一级质量技术监督部门提出申诉。

第五章 附 则

第三十六条 国家质检总局所属的检验检测机构应当对地方质量技术监督部门所属的检验检测机构和其他检验检测机构进行技术指导与支持。

第三十七条 检验检测机构的行业协会应当在促进科技进步、提高管理水平、增强人员素质、推动改革创新和加强行业自律等方面发挥作用。

第三十八条 检验检测机构应当按照国家有关规定承担核准、鉴定评审等相关费用。

第三十九条 本规定由国家质检总局负责解释。

第四十条 本规定自公布之日起施行。原劳动人事部《锅炉压力容器检验所章程(试行)》(劳人锅[1985]3号)、原劳动部《劳动部门锅炉压力容器检验机构资格认可规则》(劳锅字[1988]4号)、国家质检总局办公厅《关于开展特种设备检验机构资格认可工作的通知》(质检办[2001]137号)同时废止。原劳动部《职业安全卫生检测检验站管理办法》(劳安字[1990]12号)有关特种设备检验检测机构的规定不再执行。

关于印发《特种设备行政许可分级实施范围》的通知

(2003年8月8日国质检锅[2003]250号发布)

各省、自治区、直辖市质量技术监督局：

为了更好地推进特种设备行政许可工作，根据工作实际，总局决定将部分行政许可工作委托省级质量技术监督局承担。现将《特种设备行政许可分级实施范围》印发你们，请严格遵照执行。特种设备的设计、制造、安装、改造、维修许可证以及检验检测机构核准证、检验检测人员证以总局名义颁发，相关证件由总局统一印制。

各级质量技术监督部门要按照“谁审批、谁负责”的原则，认真履行职责，规范程序，加强监督，明确责任，切实做好有关行政许可工作。

工作中如发现问题，请及时报总局锅炉压力容器安全监察局。

特种设备行政许可分级实施范围

<table>
<tr><th rowspan="2">许可项目</th><th rowspan="2">设备种类</th><th>国家质检总局负责</th><th>省级质量技术监督局负责</th></tr>
<tr><th>许可范围（类别、级别、类型或者品种）</th><th></th></tr>
<tr><td rowspan="2">设计（单位）</td><td>压力容器</td><td>1. 固定式压力容器（A）：(1)超高压容器、高压容器（A1）；(2)第三类低、中压容器（A2）；(3)球形储罐（A3）；(4)非金属压力容器（A4）。2. 移动式压力容器（C）：(1)铁路罐车（C1）；(2)汽车罐车或者长管拖车（C2）；(3)罐式集装箱（C3）。3. 压力容器分析设计（SAD）。</td><td>固定式压力容器（D）：(1)第一类压力容器（D1）；(2)第二类低、中压容器（D2）。</td></tr>
<tr><td>压力管道</td><td>1. 长输管道（GA类）。2. 工业管道（GC类的GC1级）：(1)输送毒性程度为极度危害介质的管道；(2)输送甲、乙类可燃气体或者甲类可燃液体且设计压力大于或者等于4.0 MPa的管道；(3)输送可燃、有毒流体介质，设计压力大于或者等于4.0 MPa且设计温度大于或者等于400℃的管道；(4)输送流体介质且设计压力大于或者等于10.0 MPa的管道。</td><td>1. 公用管道（GB类）。
2. 工业管道（GC类的GC2级）：(1)输送甲、乙类可燃气体或者甲类可燃液体且设计压力小于4.0 MPa的管道；(2)输送可燃、有毒流体介质，设计压力小于4.0 MPa且设计温度大于或者等于400℃的管道；(3)输送非可燃、无毒流体介质，设计压力小于10 MPa且设计温度大于或者等于400℃的管道；(4)输送流体介质，设计压力小于10 MPa且设计温度小于400 ℃的管道。</td></tr>
</table>

续表

许可项目	设备种类	国家质检总局负责	省级质量技术监督局负责
		许可范围（类别、级别、类型或者品种）	
设计（文件鉴定）	锅炉		全部。（由省级交由被核准的检验检测机构鉴定）
	压力容器	1. 气瓶（B）。2. 氧舱（A5）。（由总局核准的检验检测机构鉴定）	
	客运索道	全部。（由总局核准的检验检测机构鉴定）	
	大型游乐设施	全部。（由总局核准的检验检测机构鉴定）	
制造（单位）	锅炉	1. 承压蒸汽锅炉：(1)所有锅炉(A)；(2)额定蒸汽压力小于或者等于2.5 MPa的蒸汽锅炉(B)；(3)额定蒸汽压力小于或者等于0.8 MPa且额定蒸发量小于或者等于1 t/h的蒸汽锅炉(C)。2. 承压热水锅炉：(1)额定出水温度大于或者等于120℃的热水锅炉(按额定出水压力相对应的承压蒸汽锅炉额定蒸汽压力分属C级以上各级)；(2)额定出水温度小于120 ℃的热水锅炉(C)。3. 有机热载体锅炉。	1. 承压蒸汽锅炉：额定蒸汽压力小于或者等于0.1 MPa的蒸汽锅炉(D)。 2. 承压热水锅炉：额定出水温度小于120 ℃且额定热功率小于或者等于2.8 MW的热水锅炉(D)。
	压力容器	1. 固定式压力容器（A）：(1)超高压容器、高压容器（A1）；(2)第三类低、中压容器（A2）；(3)球形储罐现场组焊或者球壳板制造（A3）；(4)非金属压力容器（A4）；(5)医用氧舱（A5）。2. 移动式压力容器（C）：(1)铁路罐车（C1）；(2)汽车罐车或者长管拖车（C2）；(3)罐式集装箱（C3）。3. 气瓶(B)：(1)无缝气瓶（B1）；(2)焊接气瓶(B2)；(3)特种气瓶(B3)。	固定式压力容器(D)：(1)第一类压力容器(D1)；(2)第二类低、中压容器(D2)。

续表

许可项目	设备种类	国家质检总局负责	省级质量技术监督局负责
		许可范围（类别、级别、类型或者品种）	
制造（单位）	压力管道（元件）	1. 金属管子、管件、法兰、紧固件、支吊架（A）：(1)公称压力大于或者等于6.4 MPa的无缝钢管；(2)公称直径大于或者等于250 mm的无缝钢管；(3)公称直径大于或者等于250 mm的焊接钢管；(4)有色金属管；(5)公称压力大于或者等于6.4 MPa且公称直径大于或者等于250 mm的无缝管件；(6)公称压力大于或者等于6.4 MPa且公称直径大于或者等于500 mm的有缝管件。2. 非金属管子、管件、法兰（A）。3. 阀门（A）：(1)安全阀；(2)调压阀；(3)公称压力大于或者等于6.4 MPa的闸阀、球阀、蝶阀、截止阀、止回阀；(4)公称直径大于或者等于500 mm的闸阀、球阀、蝶阀、截止阀、止回阀；(5)非金属材料壳体阀门；(6)特种阀门。4. 膨胀节及波纹管（A）：(1)公称压力大于或者等于2.5 MPa且公称直径大于或者等于500 mm的金属波纹膨胀节；(2)公称压力大于或者等于0.6 MPa且公称直径大于或者等于1 000 mm的金属波纹膨胀节；(3)公称压力大于或者等于2.5 MPa且公称直径大于或者等于500 mm的其他型式金属膨胀节；(4)非金属材料膨胀节。5. 压力管道用密封元件及特种元件（A）。	1. 金属管子、管件、法兰、紧固件、支吊架（B）：(1)公称压力小于6.4 MPa的无缝钢管且公称直径小于250 mm的无缝钢管；(2)公称直径小于250 mm的焊接钢管；(3)铸铁管；(4)公称压力小于6.4 MPa或者公称直径小于250 mm的无缝管件；(5)公称压力小于6.4 MPa或者公称直径小于500 mm的有缝管件；(6)锻制管件；(7)铸造管件；(8)钢制法兰；(9)紧固件；(10)支吊架。2. 阀门（B）：公称压力小于6.4 MPa且公称直径小于500mm的闸阀、球阀、蝶阀、截止阀、止回阀；3. 膨胀节及波纹管：(1)公称压力大于或者等于2.5 MPa或者公称直径小于500 mm的金属波纹膨胀节；(2)公称压力小于2.5 MPa且公称直径小于1000 mm的金属波纹膨胀节；(3)公称压力小于0.6 MPa且公称直径大于或者等于1000 mm的金属波纹膨胀节；(4)公称压力小于2.5 MPa或者公称直径小于500 mm的其他型式金属膨胀节；(5)金属波纹管。4. 本表未包括的压力管道元件（视为B级）。
	电梯	1. 乘客电梯（A、B、C）。2. 液压电梯（B）：(1)液压客梯；(2)防爆液压客梯。	1. 载货电梯（B、C）。2. 液压电梯（C）：(1)液压货梯；(2)防爆液压货梯。3. 杂物电梯（C）。4. 自动扶梯（B、C）。5. 自动人行道（B、C）。

续表

许可项目	设备种类	国家质检总局负责	省级质量技术监督局负责
		许可范围(类别、级别、类型或者品种)	
制造(单位)	起重机械	1. 桥式起重机(A):(1)额定起重量大于50 t的通用桥式起重机;(2)电站桥式起重机;(3)防爆桥式起重机;(4)绝缘桥式起重机;(5)冶金桥式起重机;(6)架桥机。2. 门式起重机(A):(1)额定起重量大于50 t的通用门式起重机;(2)电站门式起重机;(3)装卸桥。3. 塔式起重机(A):(1)额定起重力矩大于63 tm的普通塔式起重机;(2)电站塔式起重机;(3)塔式皮带布料机。4. 流动式起重机(A):(1)额定起重量大于20 t或者额定起重力矩大于200 tm的轮胎起重机;(2)额定起重量大于40 t或者额定起重力矩大于300 tm的履带起重机。5. 铁路起重机(A):(1)额定起重量大于60 t的蒸汽铁路起重机;(2)额定起重量大于60 t的内燃铁路起重机;(3)电力铁路起重机。6. 门座起重机(A):(1)门座式起重机;(2)电站门座起重机。7. 升降机(A):(1)曲线施工升降机;(2)锅炉炉膛检修平台;(3)钢索式液压提升装置;(4)电站提滑模装置;(5)升船机。8. 缆索起重机(A)。9. 轻小型起重设备(A):(1)输变电施工用抱杆;(2)电站牵张设备;(3)各类叉车。10. 机械式停车设备(A)。	1. 桥式起重机(B、C):(1)额定起重量小于或者等于50 t的通用桥式起重机(B、C);(2)电动单梁起重机(B、C);(3)电动单梁悬挂起重机(B、C);(4)电动葫芦桥式起重机(B、C);(5)防爆梁式起重机(B)。2. 门式起重机(B、C):额定起重量小于或者等于50 t的通用门式起重机。3. 塔式起重机(B、C):额定起重力矩小于或者等于63 tm的普通塔式起重机(B、C)。4. 流动式起重机(B):(1)额定起重量小于20 t且额定起重力矩小于200 tm的轮胎起重机;(2)额定起重机小于40 t且额定起重力矩小于300 tm的履带起重机。5. 铁路起重机(B):(1)额定起重量小于或者等于60 t的蒸汽铁路起重机;(2)额定起重量小于或者等于60 t的内燃铁路起重机。6. 门座起重机(B):(1)港口台架起重机;(2)固定式起重机。7. 升降机(B):(1)施工升降机;(2)简易升降机;(3)升降作业平台。8. 桅杆起重机(B);9. 旋臂式起重机(C)。10. 轻小型起重设备(B、C):(1)防爆钢丝绳电动葫芦(B);(2)防爆气动葫芦(B);(3)钢丝绳电动葫芦(C);(4)环链电动葫芦(B、C);(5)气动葫芦(B、C)。

续表

<table>
<tr><td rowspan="2">许可项目</td><td rowspan="2">设备种类</td><td>国家质检总局负责</td><td>省级质量技术监督局负责</td></tr>
<tr><td>许可范围(类别、级别、类型或者品种)</td><td></td></tr>
<tr><td rowspan="4">制造
(单位)</td><td>大型游乐设施</td><td>全部。</td><td></td></tr>
<tr><td>客运索道</td><td>全部。</td><td></td></tr>
<tr><td>厂内机动车辆</td><td>全部。</td><td></td></tr>
<tr><td>安全附件及安全保护装置</td><td>全部。</td><td></td></tr>
<tr><td rowspan="7">安装改造
(单位)</td><td>锅炉</td><td></td><td>全部。</td></tr>
<tr><td>压力容器</td><td></td><td>全部。</td></tr>
<tr><td>压力管道</td><td></td><td>1. 公用管道(GB)。2. 工业管道(GC 类的 GC2 级、GC3 级):(1)输送甲、乙类可燃气体或者甲类可燃液体且设计压力小于 4.0 MPa 的管道;(2)输送可燃、有毒流体介质,设计压力小于 4.0 MPa 且设计温度大于或者等于 400 ℃的管道;(3)输送非可燃、无毒流体介质,设计压力小于 10 MPa且设计温度大于或者等于 400℃的管道;(4)输送流体介质,设计压力小于 10 MPa 且设计温度小于 400℃的管道。</td></tr>
<tr><td>电梯</td><td rowspan="3">1. 长输管道(GA 类)。2. 工业管道(GC 类的 GC1 级):(1)输送毒性程度为极度危害介质的管道;(2)输送甲、乙类可燃气体或者甲类可燃液体且设计压力大于或者等于 4.0 MPa 的管道;(3)输送可燃、有毒流体介质,设计压力大于或者等于 4.0 MPa 且设计温度大于或者等于 400℃的管道;(4)输送流体介质且设计压力大于或者等于 10.0 MPa 的管道。随制造许可范围一同申请。</td><td rowspan="3">1. 随制造许可范围一同申请。2. 只申请安装、改造。</td></tr>
<tr><td>起重机械</td></tr>
<tr><td>大型游乐设施</td></tr>
<tr><td>客运索道</td><td>全部。</td><td></td></tr>
</table>

续表·

许可项目	设备种类	国家质检总局负责	省级质量技术监督局负责
		许可范围(类别、级别、类型或者品种)	
检验检测机构		除气瓶检验站外的其他检验检测机构。	气瓶检验站。
人员		1. 压力容器(含气瓶、氧舱)、压力管道设计审批人员。(移交行业组织实施并发证)2. 检验检测人员:(1)高级检验师;(2)检验师(初试);(3)氧舱、大型游乐设施、索道检验员;(4)高级无损检测人员;3. 安全监察人员。(统一组织考核、发证)4. 作业人员:(1)氧舱维护管理人员;(2)带压堵漏人员;(3)客运索道作业人员;(4)游乐设施管理人员、安装人员。	1. 检验检测人员:(1)锅炉、压力容器、压力管道、起重机械、电梯、厂内机动车辆检验员;(2)检验师(复试);(3)初级、中级无损检测人员;2. 安全监察人员。(负责培训)3. 作业人员:除氧舱维护管理、带压堵漏人员、客运索道作业人员、游乐设施管理人员、安装人员以外的其他作业人员。

注:1. 涉及境外的所有的行政许可或者设计文件鉴定由国家质检总局或者其核定的检验检测机构负责。
2. 以型式试验形式实行制造许可的由质检总局负责;从事型式试验的检验检测机构由国家质检总局核定并批准。
3. 所有安全附件、安全保护装置、受压元件材料的制造许可由国家质检总局负责。
4. 锅炉部件制造许可按其所对应的锅炉许可范围分别由国家质检总局和省级质量技术监督局负责;直径小于 1 800 mm 的封头、铸铁锅炉片、锅炉用封头由省级质量技术监督局负责。
5. 由省级质量技术监督局负责的特种设备作业人员的考核发证,省级质量技术监督局可以规定省级及其省级以下质量技术监督局分级范围。
6. 今后行政许可分级范围如有变化,以相应的规章、规范性文件为准。

机电类特种设备安装改造维修许可规则(试行)

(2003 年 8 月 8 日国质检锅[2003]251 号发布)

第一章 总 则

第一条 为了规范机电类特种设备安装、改造、维修单位的资格许可工作，确保机电类特种设备安装、改造、维修及电梯日常维护保养的质量与安全性能，根据《特种设备安全监察条例》和《特种设备质量监督与安全监察规定》，制定本规则。

第二条 凡从事电梯、起重机械、客运索道和大型游乐设施等机电类特种设备（以下统称机电类特种设备）安装、改造、维修和电梯日常维护保养的单位（以下统称施工单位），必须取得《特种设备安装改造维修许可证》（以下简称《许可证》），并在许可的范围内从事相应工作。电梯日常维护保养单位必须取得电梯维修的资格许可。

起重机械、客运索道和大型游乐设施的日常维护保养，以及流动式起重机、赛车类游乐设施等以完整成品出厂的机电类特种设备安装不适用于本规则。

从事上述施工的特种设备制造单位，也应当遵守本规则规定。

第三条 机电类特种设备安装、改造和维修 3 个施工类别按照设备类型及其不同技术参数分别分为若干等级。具体的分类分级方法见《机电类特种设备施工单位分类分级表》（附件 1）。

第四条 国家质量监督检验检疫总局（以下简称国家质检总局）负责全国机电类特种设备施工单位资格许可工作的统一管理。安装、改造施工单位的资格许可，除客运索道施工单位及本规则第三十七条规定的单位由国家质检总局负责外，其他单位的资格许可委托各省、自治区、直辖市质量技术监督局（以下简称省局）负责管理；维修施工单位的资格许可，由施工单位所在地的省局或其委托的地市级质量技术监督局负责管理。国家质检总局及其他各级质量技术监督局特种设备安全监察机构（以下简称总局或省级、市级特种设备安全监察机构）负责施工单位资格许可具体工作的实施。

第五条 执行本规则规定的申请单位许可条件鉴定评审机构（以下简称评审机构），由总局特种设备安全监察机构确定和公布。

第二章 资格许可条件

第六条 施工单位必须具有独立的法人资格，持有有效的营业执照，注册资金应与申请施工范围相适应，具体规定见《机电类特种设备施工单位基本条件》（附件 2，以下简称《基本条件》）。

第七条 施工单位必须具有固定的办公场所和联系电话，申请改造资格的企业还应有满足其改造业务需要的厂房与场地。

第八条 施工单位人员的素质与数量应当满足下列条件：

（一）法定代表人或其授权代理人应了解特种设备有关的法律、法规、规章和安全技术规范，对承担相应施工的特种设备质量和安全技术性能负全责。授权代理人应有法定代表人的书面授权委托书，并应注明代理事项、权限和时限等内容；

（二）应任命1名技术负责人，负责本单位承担的机电类特种设备施工中的技术审核工作。技术负责人应掌握特种设备有关的法律、法规、规章、安全技术规范和标准，且不得在其他单位兼职；

（三）应配备足够的管理人员，设立相应的质量管理机构，拥有一批满足申请作业需要的专业技术人员、质量检验人员和技术工人，技术工人中持相应作业项目《特种设备作业人员证》的人员数量应达到相应要求。人员数量等具体规定见《基本条件》。

第九条 应拥有满足申请施工需要的设备、工具、计量器具和检验测试的仪器设备。计量器具和检验测试的仪器设备必须具有产品合格证，并在法定计量检定合格的有效期内。

第十条 施工单位必须结合本单位情况和申请施工类别的管理要求，建立质量管理体系，制订相关的管理制度，编制质量手册、质量管理体系程序和作业指导书等质量管理体系文件。必须具有独立编制施工方案的能力，建立并严格执行施工方案编写、审核、批准的管理制度。

施工单位承担施工中的土建、起重和脚手架架设等专项业务，可以签订合同的方式，委托给具备相应能力并具有相应资格的单位进行。施工单位资格审查时，上述业务采用分承包形式完成的，施工单位的相应能力仅考核其控制分承包单位工作质量的制度的建立和执行情况。

第十一条 施工单位的施工业绩，应达到如下要求：

（一）首次提出资格许可申请并获得《许可证》的施工单位，取证后第一年度内的施工业绩应达到《机电类特种设备施工单位考核年度业绩要求》（附件3，以下简称《业绩要求》）的规定；

（二）提出《许可证》复查换证申请的上1个年度的施工业绩应达到《业绩要求》的规定；

（三）取得《许可证》后的施工业绩应达到《基本条件》的规定。

特种设备制造单位仅为承担经许可由本单位制造设备的施工而申请相关资格的，可不受上述业绩限制。

第三章 资格许可程序

第十二条 施工单位资格许可工作程序包括：申请、受理、鉴定评审、审查发证和公告。

第十三条 申请

申请单位经自评认为具备本规则第二章规定条件的，应持以下申请材料，报送当地省级特种设备安全监察机构或其委托的地市级特种设备安全监察机构（以下统称受理机构）：

（一）申请单位的法人营业执照的复印件；

（二）《特种设备安装改造维修许可申请书》（以下简称《申请书》）；

（三）申请单位的质量手册。

申请单位在注册地之外的省、自治区、直辖市设有分支机构的，如分支机构独立承担法律责任，分支机构应在所在地单独申请相关资格；如分支机构不独立承担法律责任，其特种设备施工资格应向其“法人”注册地的受理机构一并申请，约请分支机构所在地的评审机构评审，并与其“法人”相应资格的评审同期进行，评审结果应征求分支机构所在地省级特种设备安全监察机构的意见。取得许可的，其“法人”的《许可证》上应注明该分支机构及许可的施工类别范围。

制造单位申请施工资格许可，可以与制造许可申请同时提出，也可以分别提出。与制造许可申请同时提出的，其许可条件评审应在制造许可评审时按照本规则规定一并进行。设有分支机构的，应当按照本条规定执行。

客运索道施工资格申请由省级特种设备安全监察机构签署意见后报总局特种设备安全监察机构。

第十四条 受理

受理机构接到申请材料后，应在15个工作日内，分别按照以下规定予以处理：

（一）凡属下列情况之一的，做出不予受理申请的决定，书面说明不予受理的理由并通知申请单位：

1. 申请材料不全或不能达到第二章规定条件的单位；

2. 申请材料不属实并且不能达到第二章规定条件的单位；

3. 提出本次申请前，两年内曾出现第二十九条中任意一种情况的单位；

4. 处于对办理《许可证》有不利影响的法律诉讼等司法纠纷或正在接受有关司法限制与处罚的单位；

5. 从事相关特种设备型式试验、监督检验、定期检验或评审工作的机构。

（二）凡不属于上述情况的单位，做出受理申请的决定，在《申请书》上签署受理申请的意见，并通知申请单位。

第十五条 评审

（一）申请单位的申请被受理后，可持以下材料，约请符合第五条规定的评审机构进行许可条件评审：

1. 签署了受理申请意见的《申请书》；

2. 申请单位的质量手册。

评审机构应向申请单位及时提供评审指南和评审细则。申请单位可在自我评定合格后，与评审机构协商确定现场评审时间，并必须将现场评审时间通报申请单位所在地的省局特种设备安全监察机构。省局特种设备安全监察机构可以指派1名特种设备安全监察员到场，现场监督评审工作质量。

（二）现场评审由评审机构组成评审组进行，评审组由2名以上（包括2名）经总局特种设备安全监察机构考核合格的评审人员及特邀专家（必要时）组成，一般为3～5人，现场评审时间一般不超过3日。

（三）评审工作包括对施工单位基本条件和质量管理体系建立与运行的考核评审。评审情况应当详细记录，评审组现场评审结束时，应当出具填写了评审组评定意见的《机电类特种设备施工单位许可条件鉴定评审报告》（附件4，以下简称《评审报告》）初稿，向申请单位通报并请申请单位在场人员签字。

（四）评审机构根据评审组的评审记录和评定意见，经其负责人批准后，给出《评审报告》的评审结论。评审结论分为具备条件、基本具备条件和不具备条件 3 种：

1. 具备条件

符合所申请施工类别的各项条件和要求，可评为具备条件；

2. 基本具备条件

基本符合所申请施工类别的条件和要求，在基本条件和质量管理体系等方面存在一些问题，认为最长 6 个月内经整改能达到要求的，可评为基本具备条件；

3. 不具备条件

对不符合第 1 款或第 2 款规定的，应评为不具备条件。

（五）对评为基本具备条件的，申请单位应在 6 个月内，对不符合项目进行整改，并形成整改报告提交原评审机构组织复评。复评时仍不能达到具备条件规定的，应评为不具备条件。

（六）对经评审或复评提出不具备条件评审结论的，评审机构应当在完成现场评审后 10 个工作日内报告受理机构。

（七）评审机构应在完成现场评审后 15 个工作日内，及时汇总《申请书》、评审记录与签署了评审结论的《评审报告》，以及整改后复审时的评审记录与签署了评审结论的《评审报告》（如果经复审时），报送受理机构。

已经取得相应特种设备制造许可的单位，对其另行申请《许可证》进行评审的重点是人员持证、设备、质量管理体系尤其是施工方案管理等条件。现场评审时间一般不超过 2 日。

第十六条 审查发证

受理机构接到评审记录和《评审报告》等鉴定评审材料后，应根据本规则规定进行审查，并在 30 个工作日内作出是否颁发《许可证》的决定。审查合格的，应核发《许可证》；审查不合格的，应分别按照以下规定处理：

（一）评审机构工作程序不符合规定，或者由于评审机构原因导致提供材料不全的，责成相应评审机构在规定期限内整合程序或补齐材料后重新审查，并应当同时书面通知申请单位；

（二）评审机构工作程序符合规定，申请材料不属实或不能达到本规则规定条件和要求的，作出不予许可的决定，并书面向申请单位说明理由。

第十七条 包含安装或改造资格的《许可证》由国家质量监督检验检

疫总局发放(包括委托省局受理、审查的)。仅有维修资格的《许可证》由省局发放,使用国家质检总局统一制作的证书,并须按照总局特种设备安全监察机构规定的方法编号。

省局应在每个季度的第1周内,将本局在本次报告前1个季度内发出证书的复印件,上报总局特种设备安全监察机构。

受理机构应建立发证单位档案管理系统,保存《申请书》和必要的见证材料。评审机构应当保存许可条件评审的全部相关资料。

第十八条 公告

取得《许可证》的单位及其许可的施工范围,由发证部门公告。

第四章 评审机构和评审人员

第十九条 评审机构由总局特种设备安全监察机构规划,受理机构提出,总局特种设备安全监察机构确定并统一对外公布。评审机构应具备下列条件:

(一) 相应专业国家级、省级的检验检测机构或在国家、省级民政部门注册的社团组织,有10年以上相应专业工作历史,具有法人资格;

(二) 不从事机电类特种设备设计、制造、安装、改造、维修、销售和电梯日常维护保养等经营性活动;

(三) 至少配备5名专业配置合理的专职评审人员,评审人员的经历应与评审业务相适应;

(四) 建立并保持评审工作质量管理体系;

(五) 具有固定的办公场所、通讯设备、档案保管存放条件;

(六) 有相关法律、法规、规章、安全技术规范和标准等资料;

(七) 本地区有相当数量(原则上不少于50家)的拟申请企业。

第二十条 评审人员由评审机构报送总局特种设备安全监察机构进行考核,并必须具备以下条件:

(一) 掌握机电类特种设备相关的法律、法规、规章和安全技术规范,熟悉相关的管理、技术和产品的标准以及施工工艺流程;

(二) 具有电气或机械类专业大学本科以上学历和国家承认的工程师以上技术职务,或者具有电气或机械类专业大学专科以上学历和国家承认的高级工程师以上技术职务,有5年以上从事相关特种设备设计、制造、安装、改造、维修或检验等相关工作经历；

（三）有较好的语言和文字表达能力；

（四）遵纪守法，坚持原则，客观公正，实事求是，作风正派；

（五）受聘于相关的评审机构，不从事机电类特种设备设计、制造、安装、改造、维修、销售和电梯日常维护保养等经营性活动，能够保守被评审单位的商业秘密。

第二十一条 评审机构应制定评审指南和评审细则，报总局特种设备安全监察机构和当地的受理机构备案。现场评审计划应当及时向受理机构报告，每年开展评审的工作情况应当及时总结，并于次年1月底前报总局特种设备安全监察机构和当地的受理机构。

第二十二条 评审机构在从事评审工作时，应自觉接受申请单位和各级特种设备安全监察机构的监督，并应加强对聘用评审人员的日常管理，建立评审人员业绩档案。对玩忽职守、丧失公正、以权谋私的，视情节严重程度给予批评、行政处分或解除聘用的处理。处理结果应及时上报总局特种设备安全监察机构。

第五章 监督管理

第二十三条 取证单位从事许可范围内的施工时，应当严格执行以下要求：

（一）电梯的安装、改造、维修，必须由电梯制造单位或者其通过合同委托、同意的取得本规则许可的施工单位进行。电梯制造单位对电梯质量以及安全运行涉及的质量问题负责。属于下列情况的，应当按照相应规定执行：

1. 制造单位不再具有相应型式电梯的制造许可资格，电梯产权单位可以选择取得相应资格的单位进行该电梯的改造或维修，并由承担改造或维修的单位，对电梯质量以及安全运行涉及的质量问题负责；

2. 制造单位仍具有相应型式电梯的制造许可资格，电梯产权单位拟自行选择取得相应资格的单位进行电梯改造的，必须按照本条第八款的要求更换产品铭牌，并由电梯改造单位对电梯质量以及安全运行涉及的质量问题负责。

（二）取得电梯维修资格的单位，可以接受产权单位委托承担电梯的日常维护保养，并必须执行本条其他款项要求。

（三）安装或维修及电梯日常维护保养单位，应当与相应特种设备的制造单位签订有关合同或协议，保证得到其必要的技术指导、合作与备品配件的供应。如制造单位不再具有相应型式特种设备的制造许可资格，本款前述要求可不再履行，由承担相应施工的单位负责保障该设备满足相应的安全技术规范和标准的要求。

（四）电梯日常维护保养单位必须保证本单位自有职工能够及时抵达所维护保养电梯所在地，及时抵达的时间限制以双方协议规定为准，一般不应超过1小时。

（五）安装、改造施工过程中，现场持相应作业项目《特种设备作业人员证》的作业人员不得少于2人，并任命其中1名为项目负责人，现场安全检查员不得少于1人。

（六）维修和电梯日常维护保养施工过程中，现场持相应作业项目《特种设备作业人员证》的作业人员不得少于1人。

（七）应当采取有效措施，消除施工中的安全隐患，并严格按照本单位编制的施工方案实施现场作业，确需调整施工方案时，必须严格执行施工方案编写、审核、批准的管理制度。

（八）未经制造单位委托或同意进行改造的特种设备，改造单位必须更换该特种设备的产品铭牌，并在产品铭牌、质量证明书上标明本单位名称、改造日期和本单位《许可证》编号等。

（九）经安装、改造、重大维修后的特种设备，施工单位必须按照有关安全技术规范和标准的要求进行严格的自检。在用特种设备，承担维修或维护保养的施工单位，也应当按照有关安全技术规范和标准的要求，按下列期限进行自检：

1. 电梯、客运索道、大型游乐设施、塔式起重机和升降机的期限为6个月；

2. 塔式起重机和升降机之外的起重机械的期限为1年。

电梯改造、重大维修、维修、日常维护保养施工类别的划分，按照《电梯施工类别划分表》（附件5）执行。

第二十四条 《许可证》有效期内，出现以下情况时取证单位应及时上报：

（一）单位法定代表人或授权代理人、通讯地址、联系电话变更时，应及时以信件、传真或电子邮件等有效方式报原受理机构备案。

（二）单位名称变更时，应向原受理机构提出更换证书申请，并提交以下材料：

1. 经工商行政管理部门签批同意更名的文件（如果存在时）；

2. 新的法人营业执照的复印件；

3. 原《许可证》；

4. 取证单位更名后新的印章图样（不得为复印件）。

原受理机构在核定上述资料后，可以换发新的《许可证》。证书有效期及作业项目许可范围不变，原证书由原受理机构收回。

（三）注册资金、专业技术人员和持证作业人员数量、质量管理体系等本规则第二章规定的条件发生重大变更时，应当及时报告原受理机构，以确定是否重新审查取证条件。

第二十五条 取证单位拟增加施工类别或者提高施工等级时，应当按照第三章规定的程序，填写《申请书》，向原受理机构提出申请，经相应评审和受理机构审查合格后换发新证，原《许可证》交回发证机构。

提高作业等级评审工作的重点是施工业绩考核及注册资金、人员数量等条件的评审，现场评审时间一般不超过 1 日。

第二十六条 《许可证》有效期为 4 年。有效期满后，拟继续从事相应施工的单位，应在《许可证》有效期满前 6 个月提出换证申请，换证申请与审查等必须按照第三章的规定进行。逾期不申请或未通过换证审查的，即失去相应的资格，由原发证机构注销资格。过期的《许可证》交回发证机构。

第二十七条 施工单位提出换证申请时除提供第十三条规定的材料外，还应提供以下资料：

（一）取证以来的工作总结；

（二）取证以来安装、改造和维修保养设备的汇总表；

（三）质量事故处理情况；

（四）原《许可证》复印件。

第二十八条 换证评审除须按照第三章的规定进行外，应当注重评审以下内容：

（一）是否存在超出许可范围施工的行为；

（二）有关法律、法规、规章、安全技术规范、标准的执行情况；

（三）质量管理体系运转情况；

（四）按照《基本条件》和《业绩要求》考核施工业绩；

（五）随机抽查安装、改造、维修保养现场工作质量；

（六）为用户服务情况和用户反馈处理情况；

（七）有无重大质量事故等。

第二十九条 在《许可证》有效期内，发证机构应当通过不定期抽查等方式加强对取证单位的监督管理。有下列情况之一者，由发证机构注销其《许可证》：

（一）超越《许可证》许可范围施工；

（二）施工质量严重下降或经抽查、复查发现不符合本规则规定条件，并在限期（一般不超过3个月）整改后，检验或审查仍不合格的；

（三）由其实施施工后的特种设备存在严重事故隐患；

（四）涂改、伪造、转让、出租或出卖《许可证》，以及向无资格单位出卖或非法提供质量证明书的；

（五）由于施工质量造成重大人身伤亡、设备事故的；

（六）首次获得《许可证》的作业单位，取证后第1个年度的施工业绩未能达到《业绩要求》规定的；

（七）在组织施工和经营活动中，存在其他违反国家有关法律、法规行为，按照相应法律、法规规定应当取消资格的。

已注销的《许可证》必须交回原发证机构。上述行为如已违反有关法律、法规规定，其处罚应当按照相应法律、法规规定执行。

第三十条 申请单位对评审结论或评审机构及评审人员行为有异议时，可在评审工作结束后的10个工作日内，以书面形式向受理机构提出申诉意见。受理机构收到申诉函件后，应在20个工作日内予以处理，并将处理结果答复申请单位。对处理结论仍有异议时，可以按照国家有关行政复议的规定提请行政复议。

第三十一条 评审机构或评审人员在进行评审工作中，出现下列情况之一的，经核查情况属实，由总局特种设备安全监察机构根据情节轻重，对违反规定的评审机构或责成评审机构对相应评审人员给予行政处分；涉嫌犯罪的，移送司法机关：

（一）有意出具失实《评审报告》的；

（二）评审中发生较大失误的；

（三）泄露被评审单位商业秘密的；

（四）向被评审单位索要额外钱物的；

（五）从事相关特种设备经营性活动的。

第三十二条 总局特种设备安全监察机构必须对评审机构进行监督管理，每年至少组织1次检查。发现第三十一条所列情况或其他违反相关规定的情况时，将依据有关规定予以处理。

第三十三条 因评审机构工作失误或错误，给申请单位造成的损失，由该评审机构承担。

第三十四条 任何单位或个人不得涂改、伪造、转让或冒用《许可证》，违者将依照国家有关的法律、法规和规章，追究有关单位或当事人的法律责任。

第三十五条 各级特种设备安全监察机构的工作人员，应秉公行事，公正廉洁。对以权谋私、玩忽职守、循私舞弊的相关人员将按照有关规定严肃查处。

第六章 附 则

第三十六条 申请单位应按有关规定向评审机构交纳评审费用，取得《许可证》单位应按有关规定向发证机构交纳证书工本等费用。

第三十七条 同一单位同时申请《特种设备制造许可证》和本规则规定的《许可证》时，如按照规定其所申请的《特种设备制造许可证》由总局特种设备安全监察机构受理时，则由总局特种设备安全监察机构统一受理其全部申请。评审机构进行评审时，应为多项许可条件评审的同时实施提供便利。

第三十八条 本规则由总局特种设备安全监察机构负责解释。

第三十九条 本规则自公布之日起实施。

附件：1. 机电类特种设备施工单位分类分级表（略）

2. 机电类特种设备施工单位基本条件（略）

3. 机电类特种设备施工单位考核年度业绩要求（略）

4. 机电类特种设备施工单位许可条件鉴定评审报告(略)

5. 电梯施工类别划分表(略)

绿色市场认证管理办法

(2003 年 10 月 23 日国家认监委、商务部 2003 年第 14 号公告发布)

第一章 总 则

第一条 为了推进全国“三绿工程”建设,促进绿色市场认证工作,建立确保食品安全的流通网络体系,维护消费者的权益,根据《中华人民共和国认证认可条例》(以下简称《认证认可条例》),制定本办法。

第二条 本办法中所称的绿色市场,是指经认证机构按照有关绿色市场标准或者技术规范要求认证,并允许使用绿色市场标牌(志)的农副产品批发市场和零售市场。

第三条 国家对在中华人民共和国境内从事农副产品批发和零售的市场实施绿色市场认证。绿色市场认证坚持政府推动,企业自愿的原则。

第四条 绿色市场认证的管理及质量监督工作,由国家认证认可监督管理委员会和商务部按照《认证认可条例》和国务院的有关规定,分工负责,共同做好工作。

第五条 地方认证监督管理部门和商务主管部门应当扶持绿色市场的发展,组织绿色市场新技术的研究、开发和推广。

第六条 本办法适用于在中华人民共和国境内的绿色市场认证活动。

第二章 组织管理

第七条 从事绿色市场认证的认证机构,由国家认证认可监督管理委员会按《认证认可条例》有关规定审核批准,并征求商务部意见。获得批准的认证机构需经认可机构认可后,方可从事绿色市场认证活动。

第八条 设立、申请从事绿色市场认证的认证机构及认证人员应当具备《认证认可条例》规定的条件。

第九条 国家认证认可监督管理委员会会同商务部制定《绿色市场认证实施规则》，确定认证标准、技术规范和认证程序。

第十条 从事绿色市场认证的认证机构履行以下职责：

（一）在批准的业务范围内按规定要求开展认证工作；

（二）按照规定对获得认证的绿色市场，颁发或者撤销认证证书，决定允许或者停止使用认证标牌（志）；

（三）对认证标牌（志）使用情况进行监督管理；

（四）对认证市场的持续符合性进行监督检查；

（五）受理有关的认证投诉、申诉和争议工作。

第三章 认证程序

第十一条 申请绿色市场认证的委托人应当向认证机构提交书面申请，并提交相关资料。

（一）委托人基本情况。包括名称、地址、规模、市场硬件设施、资产状况、信用等级、经营情况等；

（二）委托人的营业执照、卫生许可证、证明其合法经营的其他资质证明复印件；

（三）委托人的管理体系文件及相关文件；

（四）地方商务主管部门提供的有关企业信誉证明材料；

（五）保证执行绿色市场标准和技术规范的声明；

（六）其他有关材料。

第十二条 认证机构负责受理委托人的认证申请。认证机构自收到认证申请之日起，应在10个工作日内完成对申请材料的审核。材料审核不符合要求的，应当书面通知委托人。

第十三条 对申请材料审核符合要求的委托人，认证机构应当在规定时限内委派认证人员，按照绿色市场标准和技术规范对其进行现场审核。

第十四条 认证机构应当根据申请材料、现场审核报告等进行综合评价，在10个工作日内做出认证决定。向获得认证的委托人颁发绿色市场认证证书，准许使用绿色市场标牌（志）。绿色市场认证证书有效期3年。

第十五条 认证机构应当将其颁发的认证证书的副本报国家认证认可监督管理委员会和商务部备案。

第十六条 国家认证认可监督管理委员会、商务部定期联合公布绿色市场名单。

第十七条 认证证书期满需要继续使用的,应当在有效期满 90 天前向认证机构申请复审,复审的申请手续同初次申请。复审通过后重新颁发认证证书。

第四章 认证标牌(志)管理

第十八条 绿色市场认证标牌(志)

(一) 基本图案(见附件);

(二) 绿色市场标准规格标牌为 60 cm×37 cm 铜牌,颜色为金色底版,绿色图案。

第十九条 获得绿色市场认证证书的委托人可以在认证有效期内使用绿色市场认证标牌(志),并接受认证机构的监督管理。

第二十条 获得绿色市场认证证书的,允许悬挂绿色市场认证标牌;委托人可以在宣传材料等信息载体上印制绿色市场认证标志,但是不得在销售的产品或者产品的销售包装上使用绿色市场认证标志。

第二十一条 印制绿色市场认证标志时可根据需要按基本图案规格等比例放大或者缩小,但不得变形、变色。

第二十二条 认证机构对有下列情形之一的,应当注销认证证书,并停止其使用认证标牌(志):

(一) 认证适用的标准变更,获得绿色市场认证证书的委托人不能满足变更要求的;

(二) 认证证书超过有效期,获得绿色市场认证证书的委托人未申请复审的;

(三) 获得绿色市场认证证书的委托人申请注销的。

第二十三条 认证机构对有下列情形之一的,应当暂停其使用认证证书和认证标牌(志):

(一) 获得绿色市场认证证书的委托人未按规定使用认证标牌(志);

(二) 监督检查结果证明获得绿色市场认证证书的委托人运营中不

符合认证要求，但是不需要立即撤销认证证书的。

第二十四条 认证机构对有下列情形之一的，应当撤销认证证书并停止其使用认证标志：

（一）监督检查结果证明运营中不符合认证要求，需要立即撤销认证证书的；

（二）认证证书暂停使用期间，获得绿色市场认证证书的委托人未采取有效纠正措施的；

（三）绿色市场出现严重质量、安全和卫生事故的。

第二十五条 任何单位或个人不得伪造、冒用、转让、买卖绿色市场标牌、标志。

第五章 监督管理

第二十六条 认证机构应当对绿色市场每年进行一次跟踪监督检查，也可根据情况进行不定期抽查。

第二十七条 监督检查合格的，认证机构发给《年度确认通知书》，认证证书继续使用；监督检查不合格的，暂停使用认证证书和绿色市场标牌（志），并限期整改。整改合格的继续使用认证证书和绿色市场标牌（志），整改无效的，撤销其认证证书，并停止使用认证证书和绿色市场标牌（志）。

第二十八条 委托人对认证机构的认证决定或者处理有异议的，可以向做出决定的认证机构提出申诉，对认证机构处理结果仍有异议的，可以向国家认证认可监督管理委员会申诉、投诉。

第二十九条 认证机构违反国家有关认证认可法律法规规定的，按相关法律法规处理。

第六章 附则

第三十条 绿色市场认证按照国务院价格主管部门批准的收费标准收取认证费用。

第三十一条 本办法由国家认证认可监督管理委员会和商务部负责解释。

第三十二条 本办法自发布之日起施行。

附件：

绿色市场认证标牌基本图案

一、绿色市场认证标牌基本图案

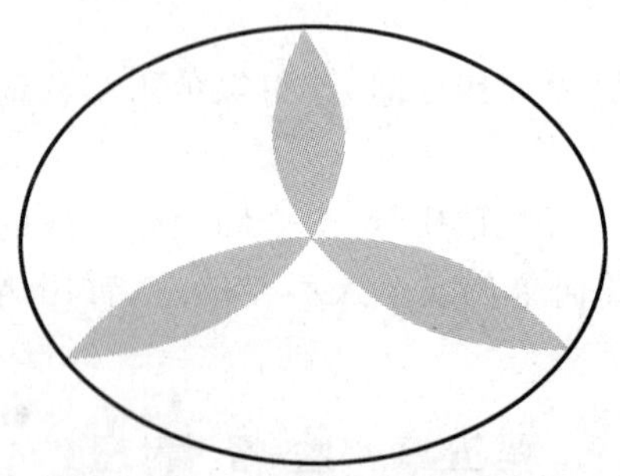

二、绿色市场认证标志基本图案

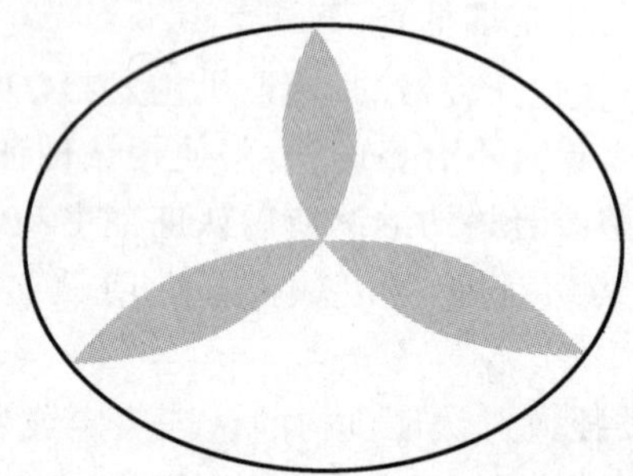

关于印发《注册设备监理师执业资格制度暂行规定》、《注册设备监理师执业资格考试实施办法》和《注册设备监理师执业资格考核认定办法》的通知

（2003 年 10 月 29 日，人事部、国家质检总局，
国人部发[2003]40 号发布）

各省、自治区、直辖市人事厅（局）、质量技术监督局，国务院各部委、各直

属机构人事部门，总政干部部、总后基建营房部、总装综合计划部，中央管理的有关企业：

为了加强对建设项目设备工程质量的监督管理，保证设备工程质量，提高设备工程监理人员素质，规范设备工程监理活动，人事部、国家质量监督检验检疫总局决定在设备工程领域建立注册设备监理师制度。现将《注册设备监理师执业资格制度暂行规定》、《注册设备监理师执业资格考试实施办法》和《注册设备监理师执业资格考核认定办法》印发给你们，请遵照执行。

附件：1. 注册设备监理师执业资格认定工作领导小组成员名单（略）

2. 中华人民共和国注册设备监理师执业资格考核认定申报表（略）

注册设备监理师执业资格制度暂行规定

第一章　总　　则

第一条　为了加强建设项目设备工程质量的监督管理，提高设备工程监理专业技术人员素质，保证设备工程监理工作质量，根据《中华人民共和国产品质量法》和国务院颁布的《质量振兴纲要》及国家职业资格证书制度的有关规定，制定本规定。

第二条　本规定适用于在建设项目中对重要设备形成过程中的质量、进度等环节工作进行控制、见证、检验和审核的设备监理中介机构的专业技术人员。

本规定所称重要设备，是指国家大中型基本建设项目、限额以上技术改造项目等所需的用于满足工业生产工艺流程、形成生产能力的成套设备、重要单元设备，以及国家重点信息系统的重要硬件及支持其运行的配套软件。

第三条　本规定所称注册设备监理师是指通过全国统一考试，取得《中华人民共和国注册设备监理师执业资格证书》，并经注册后，根据设备监理合同独立执行设备工程监理业务的专业技术人员。

第四条　国家对设备监理行业实行执业资格制度，纳入全国专业技术人员职业资格证书制度的统一规划。

第五条 人事部和国家质量监督检验检疫总局(以下简称国家质检总局)共同负责全国注册设备监理师执业资格制度的实施工作。

国家质检总局会同有关部门对注册设备监理师的执业活动进行指导、监督和管理。

第二章 考 试

第六条 注册设备监理师执业资格考试实行国家统一大纲、统一命题、统一组织的考试制度。原则上每年举行一次。

第七条 国家质检总局组织成立"注册设备监师执业资格考试专家委会员",负责拟定考试科目、编写考试大纲、组织考试命题,研究建立考试题库;国家质检总局对考试科目、考试大纲、考试试题进行初审,统筹规划培训工作。

培训工作按照与考试分开、考生自愿参加的原则进行。

第八条 人事部组织专家审定考试科目、考试大纲、考试试题。会同国家质检总局对注册设备监理师执业资格考试进行检查、监督、指导和确定合格标准。

第九条 凡中华人民共和国公民,遵守国家法律、法规,按照《工程技术人员职务试行条例》规定评聘为工程师专业技术职务,并具备下列条件之一者,可申请参加注册设备监理执业资格考试:

(一)取得工程技术专业中专学历,累计从事设备工程专业工作满20年。

(二)取得工程技术专业大学专科学历,累计从事设备工程专业工作满15年。

(三)取得工程技术专业大学本科学历,累计从事设备工程专业工作满10年。

(四)取得工程技术专业硕士以上学位,累计从事设备工程专业工作满5年。

第十条 注册设备监理师执业资格考试合格,由各省、自治区、直辖市人事部门颁发人事部统一印制、人事部和国家质检总局用印的《中华人民共和国注册设备监理师执业资格证书》。该证书全国范围有效。

第三章 注 册

第十一条 注册设备监理师执业资格实行注册登记制度。取得《中华人民共和国注册设备监理师执业资格证书》的人员，必须经过注册登记才能以注册设备监理师名义执业。

第十二条 国家质检总局或其授权机构为注册管理机构。各省、自治区、直辖市质量监督部门或其授权机构为注册登记机构。

第十三条 人事总和各级人事行政部门对注册设备监理师执业资格注册和使用情况有检查、监督的责任。

第十四条 取得《中华人民共和国注册设备监理师执业资格证书》，需要办理注册登记的人员，由本人提出申请，经年在单位同意后，报所在地省级注册登记机构办理注册手续。

第十五条 申请注册者，必须同时具备下列条件：

（一）取得《中华人民共和国注册设备监理师执业资格证书》。

（二）遵纪守法，恪守职业道德。

（三）身体健康，能坚持在注册设备监理师岗位工作。

（四）所在单位考核合格。

第十六条 经审核合格准予注册后，由注册登记机构核发国家质检总局统一印制的《中华人民共和国注册设备监理师注册证》，并在《中华人民共和国注册设备监理师执业资格证书》注册情况栏内加盖注册专用章。

第十七条 注册设备监理师注册有效期为3年，有效期满前3个月，持证者应到所在省级注册登记机构办理再次注册手续。在注册有效期限内，变更执业单位者，应按有关规定及时办理变更手续。

再次注册者，除符合本规定第十五条规定外，还须提供接受继续教育的证明。

第十八条 经注册的注册设备监理师有下列情形之一的，由原注册登记机构注销注册：

（一）不具有完全民事行为能力的。

（二）受刑事处罚的。

（三）因过错造成设备工程重大经济损失的。

（四）严重违反职业道德。

（五）脱离注册设备监理师岗位连续满2年的。

（六）同时在2个以上设备监理机构进行监理活动的。

第十九条 注册登记机构对注册设备监理师所受处分情况，应及时记录在其《中华人民共和国注册设备监理师执业资格证书》备注栏内。

第二十条 各省级注册登记机构应定期将注册登记及管理情况报国家质检总局备案。

国家质检总局应定期公布注册设备监理师执业资格的注册和注销情况。

第四章 职 责

第二十一条 注册设备监理师应根据所在设备监理机构规定的专业范围，依照国家法律、法规和标准，根据监理合同的要求执行相应专业设备工程的监理任务。

第二十二条 注册设备监理师的执业范围：对重要工程设备的设计、加工、制造、储运、材料采购、组装、测试等重要形成过程、关键部件的质量控制，进行见证、检验、审核，对项目进度、投资款项拨付情况进行监督和参与项目实施过程的管理。

第二十三条 注册设备监理师在受聘的设备监理机构中享有以下权利：

（一）代表设备监理机构独立执行本专业设备工程监理任务，参与重要设备形成各阶段管理。

（二）对选择设备工程设计、采购、制造、储运、组装、测试、检验等过程提出合理化建议。

（三）对项目承包合同、技术方案、法规与标准、重要和关键的工艺规程、组装与测试规程等技术文件与资料进行审核并提出修改意见。

（四）对设备形成的重要过程、关键部件等质量控制进行见证、检验和审核。

（五）对项目执行中费用拨付、追加、扣减提出建议，并对项目的进度情况进行监督。

（六）对项目执行中，在违反承包合同或国家有关法律法规要求的行为提出劝告，并向有关方面和部门报告。

第二十四条 注册设备监理师应履行以下义务：

（一）在合同期内公正、客观地履行职责，根据所在设备监理机构赋予的职责，对其负责的监理任务承担相应责任。

（二）为委托方提供合同约定的监理服务，维护委托方的合法权益。

（三）不得参与对设备监理项目有影响的经济技术活动。

（四）严格保守有关方的技术秘密和商业秘密。

（五）只在一个设备监理单位执业。

第二十五条 注册设备监理师应当按照国家有关规定，自觉接受继续教育，不断更新知识，保持较高专业技术水平。

第五章 附 则

第二十六条 取得注册设备监理师资格，是设立设备工程监理机构、担任设备工程监理机构技术负责人或代表设备监理中介机构独立执行监理业务人员的必备条件。

第二十七条 在实施注册设备监理师执业资格考试之前，对长期从事设备工程领域业务工作，具有较高理论水平和丰富实践经验，受聘担任工作技术类高级专业技术职务的人员，可通过考核认定办法，取得注册设备监理师执业资格。考核认定办法由人事部、国家质检总局另行制定。

第二十八条 执行设备工程监理业务的中介机构，其注册设备监理师专业分类和数量配备，由国家质检总局会同各有关专业主管部门确定。

第二十九条 经国务院有关部门批准在中华人民共和国境内就业的外籍人员及港、澳、台地区的专业人员，符合国家有关规定和本规定要求的，也可报名参加注册设备监理师执业资格考试并申请注册。

第三十条 本规定自 2003 年 12 月 1 日后施行。

注册设备监理师执业资格考试实施办法

第一条 注册设备监理师执业资格考试在人事部、国家质量监督检验检疫总局（以下简称国家质检总局）领导下进行，成立注册设备监理师执业资格考试专家委员会，并由两部门共同成立注册设备监理师执业资格考试办公室，办公室设在国家质检总局，负责注册设备监理师执业资格考试的日常管理工作。具体考试考务工作由人事部人事考试中心负责。

各地考试工作由当地人事部门会同质量技术监督部门组织实施，具体职责分工由各地协商确定。

第二条 注册设备监理师执业资格考试原则上每年举行 1 次，考试时间定于每年的第三季度。

第三条 注册设备监理师执业资格考试科目为《设备工作监理基础及相关知识》、《设备监理合同管理》、《质量、投资、进度控制》、《设备监综合实务与案例分析》4 个科目。

第四条 考试分 4 个半天进行。《设备工程监理基础及相关知识》、《设备监理合同管理》和《质量、投资、进度控制》科目的考试时间均为 3 小时,《设备监理综合实务与案例分析》科目的考试时间为 4 小时。

第五条 符合《暂行规定》第九条规定的人员,均可报名参加注册设备监理师执业资格考试。

第六条 凡符合注册设备监理师执业资格考试报名条件,并于 2002 年底前评聘为高级工程师专业技术职务的人员,可免试《设备工程监理基础及相关知识》和《设备监理合同管理》2 个科目,只参加《质量、投资、进度控制》和《设备监理综合实务与案例分析》2 个科目的考试。

第七条 考试成绩实行 2 年为一个周期的滚动管理办法,参加全部 4 个科目考试人员必须在连续的两个考试年度内通过全部科目;免试部分科目人员必须在一个考试年度内通过应试科目。

第八条 参加考试须由本人提出申请,所在单位审核同意,携带有关证明材料到当地考试管理机构报名。考试管理机构按规定程序和报名条件审查合格后,发给准考证,考生凭准考证在指定的时间、地点参加考试。

中央管理的企业和国务院各部门及其直属单位的人员按属地原则报名参加考试。

第九条 注册设备监理师执业资格考试的考点设在省会城市和直辖市的大、中专院校或高考定点学校。

第十条 注册设备监理执业资格考试大纲由国家质检总局组织编制、出版和发行。任何单位和个人不得盗用国家质检总局的名义编写、出版发行各种考试用书和复习资料。

第十一条 国家质检总局或其授权的机构负责组织注册设备监理师执业资格考试的师资培训工作。各地要有计划、有组织的开展培训和继续教育工作。培训机构要具备场地、师资、教材等条件。

第十二条 坚持考试与培训分开的原则,参与命题及考试组织管理的人员,不得参加与考试有关的培训和参加考试。应考人员参加培训坚持自愿原则。

第十三条 注册设备监理师执业资格考试、培训及有关项目的收费标准，须经当地价格行政部门核准，并向社会公布，接受公众监督。

第十四条 考试考务管理工作要严格招待考试工作纪律，切实做好试卷的命制、印刷、发送和保管过程中的保密工作，严格遵守保密制度，严防泄密。

第十五条 考试工作人员要认真执行考试回避制度，严肃考场纪律，严禁弄虚作假。对违反考试纪律和有关规定者，要严肃处理，并追究当事人和领导责任。

注册设备监理师执业资格考核认定办法

一、考核认定申报条件

长期从事设备工程监理、设备工作设计和制造工作，业绩突出，遵守国家各项法律、法规、恪守职业道德，身体健康，2002 年底前评聘工作技术或工程经济类高级专业技术职务，现在设备工程专业技术岗位工作，同时具备下列条件（一）和（二）中各一项的专业技术人员。

（一）学历和职业年限：

1. 取得工程技术专业中专学历，连续从事设备工程相应专业的设计、制造或监理工作满 25 年。

2. 取得工程技术专业大学专科学历，连续从事设备工程相应专业的设计、制造或监理工作满 20 年。

3. 取得工程技术专业大学本科学历，连续从事设备工程相应专业的设计、制造或监理工作满 10 年。

（二）业务经历：

1. 担任主要技术负责人，完成 1 项国家大型基本建设项目重要设备、国家重点技术改造项目重要设备或国家重点科研项目重要设备的设计、制造、安装、检验或监理工作。

2. 担任主要技术负责人，完成 2 项国家中型基本建设项目重要设备、省部级重点技术改造项目主要设备或省部级重点科研项目中主要设备的设计、制造、安装、检验或监理工作。

3. 获得有关设备工程专业国家科技进步奖项目的主要技术负责人。

4. 获得2项设备工程专业省(部)级科技进步(科技成果)二等及以上奖项的主要技术负责人。

5. 获得3项设备工程专业省(部)级科技进步(科技成果)三等及以上奖项的主要技术负责人。

二、考核认定组织

由人事部、国家质量监督检验检疫总局(以下简称国家质检总局)共同成立“注册设备监理师执业资格认定工作领导小组”(以下简称领导小组,成员名单见附件1),负责注册设备监理师执业资格认定工作。领导小组下设办公室,设在国家质检总局。

三、考核认定程序

(一) 符合上述申报条件的专业技术人员,可向所在单位提出申请,经单位审核同意后,由所在单位向单位工商注册所在地的省、自治区、直辖市质量技术监督部门推荐。

国务院各部门所属单位的人员由本部门统一向国家质检总局推荐;中央管理的企业可直接向国家质检总局推荐。

(二) 各省、自治区、直辖市质量技术监督部门、国务院各有关部门,负责对本地区、本部门的申报人员进行审核,并经同级人事行政部门复核后,提出推荐名单送领导小组办公室。

中央管理的企业专业人员申报,由本企业质量管理机构进行审核,并经同级人事部门复核后,提出推荐名单送领导小组办公室。

(三) 领导小组办公室组织有关专家对各地区、各部门推荐人员的材料进行初审,提出拟认定人员名单,报领导小组审核。

(四) 领导小组召开会议,对经初审合格人员的材料进行审核。对领导小组审核合格的人员,经公示无异议后,报人事部、国家质检总局批准,并向社会公布。

四、考核认定申报材料

(一) 各省、自治区、直辖市和各有关部门、中央管理的企业人事行政部门的推荐意见函。

(二) 填写好的《注册设备监理师执业资格认定申报表》一式两份(样表见附件2)。

（三）学历或学位证书、高级专业技术职务资格聘书、获奖证书、获奖项目主要文件签署证明的复印件。

（四）所在单位职业道德证明和获奖单位猛然项目主要技术负责人证明。

五、申报时间及要求

（一）国家对认定人员实行总量控制，实施考试后不再进行认定工作。

（二）各省、自治区、直辖市质量技术监督和人事行政部门，各有关部门、各企业质量管理机构和人事部门，应于 2002 年 12 月 31 日前将初审合格人员材料按名次顺序汇总后报领导小组办公室。

（三）各地区、各有关部门和企业在审核申报人员各种证明文件（学历或学位证书、高级专业技术职务聘书、获奖证书等）时，须审核原件；上报领导小组办公室时，可送复印件。

（四）已通过特许或考核认定的方式取得其他专业执业资格证书的人员，一律不得申报。

（五）各地区和有关部门要切实加强领导，坚持标准，严格按照规定条件和程序认真做好申报、审核和复核工作。凡不认真把关或弄虚作假的，一经发现，停止该地区或部门的申报权和取消个人的申报资格。

（六）各地区、各部门应优先推荐具备申报条件，并在设备工程监理机构从事设备工作监理一线工作的专业技术人员。

（七）凡申请认定设备监理工程师执业资格的均须按本办法办理。

国家质量监督检验检疫总局关于进一步加强从源头抓产品质量工作的通知

（2003 年 12 月 2 日国质检执[2003]427 号发布）

各省、自治区、直辖市质量技术监督局：

国家质量监督检验检疫总局成立两年多来，全国质量技术监督系统认真履行综合管理和行政执法职责，严把市场准入关，不断加大从源头抓产品质量的工作力度；坚持监督和业务相结合，扶优扶强、促进优胜劣汰市场机制的形成；整顿和规范市场经济秩序等方面的工作取得了明显成效。实践证明，党中央、国务院关于改革质检体制，坚持从源头抓产品质量的工作方针，适应建立和完善社会主义市场经济体制的要求，有利于解决职能交叉问题，发挥质监部门整体优势，增强执法把关的有效性。

最近，国务院副总理吴仪在李长江局长呈报的《关于实施食品质量安全市场准入制度有关情况的汇报》上作了批示，要求质监系统进一步把思想和行动统一到中央关于职能调整的决策上来，集中精力从源头抓产品质量，抓好产品质量市场准入关。为贯彻落实吴仪副总理批示精神，现就有关问题通知如下：

一、认真学习贯彻三中全会决定，进一步提高从源头抓好产品质量的认识和工作的有效性

各级质量技术监督部门要认真学习十六届三中全会做出的《中共中央关于完善社会主义市场经济体制若干问题的决定》，深刻领会国务院领导有关指示精神，深入推进集中精力从源头抓产品质量工作，进一步提高从源头抓产品质量的认识和工作的有效性。

（一）对照当地生产加工制造企业发展面临的难点，从综合管理、监督、业务入手，查找从源头抓产品质量上的差距和原因，进一步明确从源头抓产品质量的具体目标和任务，引导企业加强自律，建立健全标准体系、计量检测体系、质量保证体系，加快建立企业产品质量档案。

（二）对照地方经济发展的重点，查找在业务经济、促进发展上的差距和原因，进一步发挥质量技术监督技术优势，明确业务经济、促进发展的工作重点，通过开展质量兴市、质量兴业、质量兴企活动，全面推进扶优扶强（实施名牌战略、产品免检、原产地域）保护等措施，提高产品质量水平和市场竞争力。

（三）对照群众生产生活中的产品质量热点、焦点问题，查找在产品质量监督和执法打假方面的不足，在严格监管严厉打假的同时，加强对实施生产许可证制度、强制认证制度、食品质量安全市场准入制度产品的监管，严格执行出厂强制检验制度，从源头把好产品质量关。

（四）各级质量技术监督部门要进一步完善从源头抓产品质量、从源头抓打假的工作机制，有针对性地制定具体工作方案，认真抓好落实，实现质量技术监督事业的新发展。

二、围绕全面建设小康社会，落实从源头抓产品质量的工作机制

（一）突出重点。凡已查到假冒伪劣产品源头所在地方的质量技术监督部门要集中力量严厉打击本地生产、加工、制造假冒伪劣产品的违法行为，为净化全国商品市场做出表率。各地都要突出食品、农资、建材等性质恶劣、人民群众反映强烈的产品质量问题，组织专项整治；对区域性制假售假问题，要及时组织联合行动，坚决解决一批假冒伪劣"没完没了"问题，以实际行动和扎扎实实的成绩取信于民。

（二）改变方式，创新机制。一是各地要落实行政辖区打假责任制。在地方政府落实"打假第一责任人"责任的同时，强化质量技术监督部门"从源头打假的责任"。以各个县级局为基础，将辖区所有乡、镇、街道、办事处、开发区，分成若干个责任区，把打假的任务和责任逐级分解，责任到人，层层负责，层层落实，采取明查、暗访相结合的方式，对当地发生的生产、加工、制造假冒伪劣产品的违法活动，做到早发现、早打击、早控制，将假冒伪劣消灭在生产加工行为发生地，消灭在萌芽状态，在执法实践中，进一步探索暗访检查取证和现场快速取证的新方法。

二是创新垂直管理体制下的执法监督机制。加强层级监督和督办，适当上收大案要案查处权限，加大查处力度。总局将研究修订挂牌督办、"五不放过"、案件移送等有关规定，完善案件查办的程序，明确工作责任。

三是加强联合执法、协调办案。地方各级质量技术监督机构要充分发挥当地政府打假办的协调职能。建立向当地政府报告的工作机制，完善与其他行政执法部门间案件移送、接收的程序规定。

四是加强质检信用体系建设，完善黑名单制度，发挥信用在遏制假冒伪劣违法行为中的惩戒作用。

（三）各地质量技术监督部门要按照国务院确定的职能，在法律法规授权范围内，对生产、流通领域的国家产品质量监督抽查、计量检定、认证认可、纤维检验、特种设备安全监察等，认真组织实施综合管理和执法监督；要按照国务院和省级人民政府部署、确定的专项监督打假、执法检查、综合治理等任务要求，全面履行工作职责，并积极协调、配合有关部门做好相应的行政执法工作。这些都是抓源头的重要内容，各级质量技术监督部门必须认真落实，一抓到底。

三、切实加强领导，确保从源头抓产品质量的工作落到实处

（一）各级质监部门尤其是市、县级执法机构，要组织专门人力，集中专门时间，认真按照总局解决“三重一大”、建立“五道”防线、落实辖区责任制、实施打假治劣“12365 工程”的要求，查找从源头抓好执法打假工作中存在的差距及其原因，制定措施，限期改进。

（二）强化执法监督，规范执法行为。针对执法打假工作大检查中发现的问题，要以县级局为基础，进一步建立健全业务公开、监督检查业务公开、办案程序公开、检验鉴定结果公开等执法监督“四公开”制度；紧紧围绕集中力量抓源头，进一步建立和完善立案、取证、审理、执行及罚没物品管理、移送等执法办案程序制度；进一步落实标准、计量和质量“三位一体”综合执法制度，切实纠正多头执法、以权谋私等不良倾向，坚决查处有法不依、执法不严、违法不究、执法犯法、执法扰民等行为。

（三）要按照“收支两条线”原则，解决好质检部门在体制改革、职能调整后的经费、装备和技术保障问题。当前最重要的是抓好国办[2002]55 号文件的落实，落实行政执法“吃皇粮”政策。要认真解决以收顶支，以收补支现象，继续深入开展以收费、发证、办班为重点的专项治理，坚决防止乱收费、乱发证、乱办班现象的发生。要继续积极争取各级财政支持，落实财政经费保障。

各级质监部门要始终不渝地以“三个代表”重要思想为指导，按照党的十六届三中全会有关要求，从讲政治、讲大局的高度，把进一步履行从源头抓产品质量工作的新职能作为重要工作，充分调动广大干部职工的积极性、主动性和创造性，更好地抓好生产领域的产品质量监督，严厉打击假冒伪劣产品违法犯罪活动，努力为创造放心满意的消费环境、公平竞争的市场环境和安全可靠的投资环境履行好应尽职责，为国民经济持续快速发展和社会全面进步做出新的贡献。

认证认可行政处罚若干规定

（2003 年 12 月 9 日国家认监委 2003 年第 17 号公告发布）

第一条　为保证认证认可行政处罚工作程序化、规范化，严格依法行政，根据《中华人民共和国认证认可条例》和国家质量监督检验检疫总局(以下简称国家质检总局)规定的行政处罚程序，制定本规定。

第二条 本规定所称认证认可行政处罚是指国家认证认可监督管理委员会(以下简称国家认监委)对违反有关法律、法规、规章的公民、法人和其他组织而实施的行政处罚。

第三条 国家认监委法制工作机构具体负责组织实施国家认监委行政处罚工作。

第四条 国家认监委实施行政处罚的案件包括：

(一) 对依法应当取得国家认监委批准、指定、备案的认证机构、认证培训机构、认证咨询机构、检查机构、实验室实施行为罚的违法案件；

(二) 对取得境外认可机构认可，未向国家认监委备案的认证机构、检查机构、实验室实施警告处罚的违法案件；

(三) 认可机构违法案件；

(四) 认证人员违法执业的案件；

(五) 其他需要国家认监委实施行政处罚的违法案件。

第五条 有下列情形之一的，应当予以立案：

(一) 国家认监委在监督管理中发现认为需要给予行政处罚的；

(二) 国家认监委受理公民、法人和其他组织举报后，经初步核查，认为需要给予行政处罚的；

(三) 有关部门移送并认为需要给予行政处罚的；

(四) 地方质检部门移送并需要给予行政管理相对人行为罚的；

(五) 其他需要立案的。

第六条 国家认监委法制工作机构负责统一立案。立案时应填写《行政处罚案件立案审批表》，经批准后立案。

第七条 国家认监委对依职权监督管理或者受理的公民、法人和其他组织的举报，经核查，发现涉嫌违法行为的，可以交地方质量技术监督部门和各地出入境检验检疫机构(以下简称各地质检部门)调查取证。涉嫌重大违法的行为，由国家认监委组织各地质检部门和相关技术机构进行调查取证。

各地质检部门在案件调查取证阶段，应当接受国家认监委的政策、技术指导和对案件的督查。

第八条 案件调查结束后，国家认监委法制工作机构和有关业务监管部门组成案件审理小组，根据调查结果和有关证据材料，按照国家质检总局规定的行政案件审理工作规则进行审理。

案件审理小组应当由三至五名成员，成员由国家认监委法制工作机构、相关业务监管部门负责人组成。

对于需要由各地质检部门对行政管理相对人的违法行为实施财产罚的，首先由各地质检部门对行政管理相对人实施财产罚。各地质检部门应当在作出行政处罚决定后10日内将案件有关材料提交国家认监委。

第九条 案件审理终结，案件审理小组对违法行为提出处理意见：

（一）违法事实清楚、证据确凿，依法应当给予行政处罚的，根据情节及具体情况，给予相应的行政处罚；

（二）违法行为轻微，依法可以免予行政处罚的，免予行政处罚；

（三）违法事实不能成立的，不予行政处罚；

（四）违法事实认定不清，证据不足的或者程序违法的，责成案件调查机构补正或者纠正；

（五）违法案件依法不属于国家认监委管辖的，移送有关部门或者司法机关进行处理。

第十条 国家认监委法制工作机构应当将上述意见以及作出处理意见的事实、理由和依据，告知行政管理相对人，听取其陈述和申辩；其中依法属于听证范围的，同时告知行政管理相对人享有申请听证的权利。

第十一条 案件审理小组应当充分听取行政管理相对人的陈述和申辩，并记录在案。

第十二条 国家认监委对实施责令停业整顿、撤销批准文件等行为罚的违法案件，应当履行听证程序。

对应当履行听证程序的案件，国家认监委应行政管理相对人的申请，按照质检总局规定的有关行政案件听证工作规则，举行听证。

听证工作由国家认监委法制工作机构主持。

第十三条 国家认监委负责人对案件审理小组提出的处理意见进行审核，签发行政处罚决定或者其他行政处理决定。

案件情节复杂或者重大违法行为给予较重处罚的，应当提交委主任办公会议讨论决定。

第十四条 国家认监委作出行政处罚决定后，由国家认监委法制工作机构制作行政处罚决定书，并送达行政管理相对人。

第十五条 国家认监委送达行政处罚文书，应当遵循下列原则：

（一）直接送达行政管理相对人的，由行政管理相对人在送达回证上注明收到日期，并签名或者盖章，行政管理相对人在送达回证上的签收日期为送达日期。行政管理相对人是法人、经营单位或者其他组织的，交其收发部门签收；行政管理相对人是公民的，交其本人签收，本人不在的，交其同住的成年家属或者所在单位签收；行政管理相对人指定代收的，交代收人签收。行政管理相对人拒绝接受有关文书的，送达人应当邀请有关人员到场，说明情况，在送达回证上记明拒收的事由和日期，由送达人、见证人签名或者盖章，将文书留在行政管理相对人的收发部门或者住处，即视为送达。

（二）直接送达有困难的，可以挂号邮寄送达，也可以委托当地质检部门代为送达。

（三）无法采取上述几种方式送达的，可以公告，自公告发布之日起经过 60 日，即视为送达。

第十六条 国家认监委实施行政处罚的案件，一般应当在立案后 3 个月内结案；因特殊情况不能按期结案的，需报国家认监委负责人批准，适当延长办理期限。

第十七条 行政管理相对人对国家认监委实施的行政处罚不服的，可以依法向国家质检总局申请行政复议或者提起行政诉讼。

第十八条 本规定自发布之日起施行。

饲料产品认证管理办法

（2003 年 12 月 31 日国家认监委 2003 年第 19 号公告发布）

第一章 总 则

第一条 为提高饲料质量安全卫生水平，规范饲料产品认证工作，促进饲料工业和养殖业的发展，维护人体健康，保护动物生命安全，根据《中华人民共和国认证认可条例》、《饲料和饲料添加剂管理条例》，制定本办法。

第二条 本办法所称的饲料产品认证，是指企业自愿申请，认证机构对饲料和饲料添加剂产品及其生产过程按照有关标准或者技术规范要求进行合格评定的活动。

饲料产品认证的对象，包括单一饲料、添加剂预混合饲料、浓缩饲料、配合饲料、精料补充料等饲料产品及营养性饲料添加剂和一般饲料添加剂等饲料添加剂产品（以下简称饲料产品）。

第三条 在中华人民共和国境内从事饲料产品认证及其监督管理适用本办法。

第四条 全国饲料产品认证管理及质量监督工作，由国家认证认可监督管理委员会、农业部按照国务院“三定”方案赋予的职责和有关规定，分工协作，共同实施。

第五条 凡经国家认证认可监督管理委员会批准依法设立的认证机构，在获得认可机构的认可后，均可从事饲料产品认证活动。

第六条 饲料产品认证采用统一的认证标准、技术规范、合格评定程序，标注统一的饲料产品认证标志（以下简称认证标志）。

第七条 国家鼓励饲料企业申请饲料产品认证。

凡实行生产许可证和批准文号管理的饲料和饲料添加剂，饲料行政管理部门可以凭认证机构颁发的饲料产品认证证书向获证企业免检换发产品批准文号。

第二章 组 织 实 施

第八条 国家认证认可监督管理委员会会同农业部制定《饲料产品认证实施规则》。

第九条 从事饲料产品认证的认证机构（以下简称认证机构）、认证人员和承担饲料产品认证检测任务的检测机构（以下简称检测机构）应当符合有关法律、行政法规和技术规范规定的资质能力要求。

第十条 认证机构应当履行以下职责：

（一）在批准的业务范围内按照规定要求开展认证工作；

（二）按照规定对获得认证的饲料产品，颁发或者撤销饲料产品认证证书，决定允许或者停止使用饲料认证标志；

（三）对饲料认证标志使用情况进行跟踪检查；

（四）对认证产品的持续符合性进行跟踪检查；

（五）受理有关的认证投诉、申诉。

第十一条 饲料产品认证实行对产品抽样检验、企业现场检查和认证后跟踪检查为主的组合认证模式。

第十二条 申请饲料产品认证的单位或者个人（以下简称申请人）应当向认证机构提交书面申请。

第十三条 认证机构自受理申请人的认证申请之日起，应当在规定的时间内完成对申请材料的审核。

材料审核不符合要求的，应当书面通知申请人。

第十四条 认证机构对材料审核符合要求的，应当通知申请人，并委派认证人员对企业生产环境和生产过程等情况进行现场检查，抽取样品委托检测机构对样品进行检测。

第十五条 认证机构对现场检查和样品检测结果符合要求的，应当按照认证基本规范、认证规则的要求进行综合评价，在规定的时间内颁发饲料产品认证证书。

对不符合要求的，应当书面通知申请人。

第十六条 认证机构应当对认证产品的持续符合性进行定期跟踪检查，也可根据情况进行不定期跟踪检查。

第十七条 申请人对认证机构的认证决定或者处理有异议的，可以向做出决定的认证机构提出申诉，对认证机构处理结果仍有异议的，可以向国家认证认可监督管理委员会申诉或者投诉。

第十八条 国家认证认可监督管理委员会和农业部定期公布获得饲料产品认证的产品名单。

第三章 证书、标志管理

第十九条 饲料产品认证证书是饲料产品符合认证要求并准许其使用认证标志的证明文件。饲料产品认证证书格式应当符合国家有关规定，由认证机构制发。

饲料产品认证证书包括以下基本内容：

（一）申请人名称；

（二）认证饲料产品名称、规格或者系列名称；

（三）饲料产品的生产者名称、生产场所地址；

（四）认证模式；

（五）认证依据的标准或者技术法规；

（六）发证日期和有效期；

（七）发证机构和证书编号。

第二十条 认证标志的基本图案、颜色

××××(标注认证机构名称)

使用认证标志时，必须在认证标志下标注认证机构名称。

第二十一条 获得饲料产品认证证书的申请人(以下简称认证证书持有人)，应当在获得认证的产品或者其包装物上标注认证标志，并接受认证机构的跟踪检查。

第二十二条 认证机构对有下列情形之一的，应当注销并收回饲料产品认证证书，通知认证证书持有人停止使用认证标志：

（一）认证适用的标准变更，认证证书持有人不能满足变更要求的；

（二）饲料产品认证证书超过有效期，认证证书持有人未申请复审的；

（三）获得认证的产品不再生产的；

（四）认证证书持有人申请注销的。

第二十三条 认证机构对有下列情形之一的，应当通知认证证书持有人暂时停止使用饲料产品认证证书和认证标志：

（一）认证证书持有人未按照规定使用饲料产品认证证书和认证标志的；

（二）认证证书持有人违反认证机构要求的；

（三）监督检查结果证明生产过程或者产品不符合认证要求，但是不需要立即撤销饲料产品认证证书的。

第二十四条 认证机构对有下列情形之一的，应当撤销并收回饲料产品认证证书，通知认证证书持有人停止使用认证标志：

（一）监督检查结果证明生产过程或者产品不符合认证要求，需要立即撤销饲料产品认证证书的；

（二）饲料产品认证证书暂停使用期间，认证证书持有人未采取有效纠正措施的；

（三）获证产品出现严重质量、安全和卫生事故的。

第二十五条 认证证书持有人在获得认证的产品或者其包装物上标注认证标志时，可以根据需要等比例放大或者缩小，但不得变形、变色。

第二十六条 任何单位和个人不得转让、买卖、伪造、冒用饲料产品认证证书和认证标志。

第四章 监督管理

第二十七条 国家认证认可监督管理委员会和农业部根据职责分工，依法对认证产品的生产、销售以及认证标志使用等活动进行监督管理。

第二十八条 认证机构以及检测机构应当遵守以下规定：

（一）根据国家有关法律、行政法规规定，实施认证、认证检测和认证检查工作；

（二）保证认证、认证检测、认证检查等活动的客观独立、公开公正和诚实信用，并承担相应的法律责任；

（三）保守认证产品的商业秘密和技术秘密，不得非法占有他人的科技成果；

（四）不得从事认证工作职责范围内的咨询、产品开发和营销等活动；

（五）配合有关执法部门对违法、违规行为的查处工作。

第二十九条 认证证书持有人应当遵守以下规定：

（一）保证提供实施认证工作的必要条件，接受认证机构的跟踪检查；

（二）保证获得认证的产品持续符合规定的标准和技术规范要求；

（三）正确使用饲料产品认证证书、认证标志，不得利用饲料产品认证证书和认证标志误导公众；

（四）依法接受有关执法部门的监督检查。

第三十条 对违反国家有关法律、行政法规规定的，依照法律、行政法规规定处罚。

第五章　附　　则

第三十一条　饲料产品认证及检测按照国务院价格主管部门批准的产品认证、检测收费标准收取相关费用。

第三十二条　本办法由国家认证认可监督管理委员会、农业部负责解释。

第三十三条　本办法自发布之日起实施。

关于公布《特种设备目录》的通知

（2004年1月19日国质检锅[2004]31号公布）

各省、自治区、直辖市质量技术监督局，各有关部门：

根据《特种设备安全监察条例》的规定，经国务院批准，国家质检总局制定了《特种设备目录》，现予以公布。

在执行中发现问题，请及时报告国家质检总局。

附件

特种设备目录

代码	种　类	类　别	品　种
1000	锅炉		
1100		承压蒸汽锅炉	
1110			电站锅炉
1120			工业锅炉
1130			生活锅炉
1200		承压热水锅炉	
1300		有机热载体锅炉	
1310			有机热载体气相炉
1320			有机热载体液相炉
B100		锅炉部件	

续表

代码	种类	类别	品种
B210			封头
B110			锅筒
B120			集箱
B130			锅炉过热器
B140			锅炉再热器
B150			锅炉省煤器
B160			锅炉膜式水冷壁
C100		锅炉材料	
C110			锅炉用钢板
C120			锅炉用钢管
C130			特种设备用焊接材料
2000	压力容器		
2100		固定式压力容器	
2110			超高压容器
2120			高压容器
2130			第三类中压容器
2140			第三类低压容器
2150			第二类中压容器
2160			第二类低压容器
2170			第一类压力容器
2200		移动式压力容器	
2210			铁路罐车
2220			汽车罐车
2230			长管拖车
2240			罐式集装箱
2300		气瓶	
2310			无缝气瓶
2320			焊接气瓶
2330			液化石油气钢瓶
2340			溶解乙炔气瓶
2350			车用气瓶
2360			低温绝热气瓶

续表

代码	种　类	类　别	品　种
2370			缠绕气瓶
2380			非重复充装气瓶
23T0			特种气瓶
2400		氧舱	
2410			医用氧舱
2420			高气压舱
2430			再压舱
2440			高海拔试验舱
2450			潜水钟
B200		压力容器部件	
B210			封头
C200		压力容器材料	
C210			压力容器用钢板
C230			气瓶用钢板
C240			气瓶用钢管
8000	压力管道		
8100		长输(油气)管道	
8110			输油管道
8120			输气管道
8200		公用管道	
8210			燃气管道
8220			热力管道
8300		工业管道	
8310			工艺管道
8320			动力管道
8330			制冷管道
7000	压力管道元件		
7100		压力管道管子	
7110			无缝钢管
7120			焊接钢管
7130			有色金属管
7140			铸铁管

续表

代码	种　类	类　别	品　种
71F0			非金属材料管
7200		压力管道管件	
7210			无缝管件
7220			有缝管件
7230			锻制管件
7240			铸造管件
7250			汇管
7260			过滤器
72F0			非金属材料管件
7300		阀门	
7310			安全阀
7320			调压阀
7330			调节阀
7340			闸阀
7350			球阀
7360			蝶阀
7370			截止阀
7380			止回阀
7390			疏水阀
73A0			隔膜阀
73F0			非金属材料阀门
73T0			特种阀门
7400		法兰	
7410			钢制法兰
74F0			非金属材料法兰
7500		补偿器	
7510			金属波纹膨胀节
75T0			特种型式金属膨胀节
75F0			非金属材料膨胀节
7520			金属波纹管
7600		压力管道支承件	
7610			支架

续表

代码	种　　类	类　　别	品　　种
7620			吊架
7700		压力管道密封元件	
7710			金属密封元件
77F0			非金属密封元件
7720			紧固件
7T00		压力管道特种元件	
7T10			防腐管道元件
7T20			阻火器
7TZ0			元件组合装置
C800		压力管道材料	
C810			压力管道用钢板
3000	电梯		
3100		乘客电梯	
3110			曳引式客梯
3120			强制式客梯
3130			无机房客梯
3140			消防电梯
3150			观光电梯
3160			防爆客梯
3170			病床电梯
3200		载货电梯	
3210			曳引式货梯
3220			强制式货梯
3230			无机房货梯
3240			汽车电梯
3250			防爆货梯
3300		液压电梯	
3310			液压客梯
3320			防爆液压客梯
3330			液压货梯
3340			防爆液压货梯
3400		杂物电梯	

续表

代码	种　类	类　别	品　种
3500		自动扶梯	
3600		自动人行道	
B300		电梯部件	
B310			绳头组合
B320			电梯导轨
B330			电梯耐火层门
B340			电梯玻璃门
B350			电梯玻璃轿壁
B360			电梯液压泵站
B370			杂物电梯驱动主机
B380			自动扶梯梯级
B390			自动人行道踏板
B3A0			梯级踏板链
B3B0			自动扶梯自动人行道驱动主机
B3C0			自动扶梯自动人行道滚轮
B3D0			自动扶梯自动人行道扶手带
B3E0			自动扶梯自动人行道控制屏
4000	起重机械		
4100		桥式起重机	
4110			通用桥式起重机
4120			电站桥式起重机
4130			防爆桥式起重机
4140			绝缘桥式起重机
4150			冶金桥式起重机
4160			架桥机
4170			电动单梁起重机
4180			电动单梁悬挂起重机
4190			电动葫芦桥式起重机
41A0			防爆梁式起重机
4200		门式起重机	
4210			通用门式起重机
4220			水电站门式起重机

续表

代码	种　　类	类　　别	品　　种
4230			轨道式集装箱门式起重机
4240			万能杠件拼装式龙门起重机
4250			岸边集装箱起重机
4260			造船门式起重机
4270			电动葫芦门式起重机
4280			装卸桥
4300		塔式起重机	
4310			普通塔式起重机
4320			电站塔式起重机
4330			塔式皮带布料机
4400		流动式起重机	
4410			轮胎起重机
4420			履带起重机
4430			全路面起重机
4440			集装箱正面吊运起重机
4450			集装箱侧面吊运起重机
4460			集装箱跨运车
4470			轮胎式集装箱门式起重机
4480			汽车起重机
4490			随车起重机
4600		铁路起重机	
4610			蒸汽铁路起重机
4620			内燃铁路起重机
4630			电力铁路起重机
4700		门座起重机	
4710			港口门座起重机
4720			船厂门座起重机
4730			带斗门座式起重机
4740			电站门座起重机
4750			港口台架起重机
4760			固定式起重机
4770			液压折臂起重机

续表

代码	种　　类	类　　别	品　　种
4800		升降机	
4810			曲线施工升降机
4820			锅炉炉膛检修平台
4830			钢索式液压提升装置
4840			电站提滑模装置
4850			升船机
4860			施工升降机
4870			简易升降机
4880			升降作业平台
4890			高空作业车
4900		缆索起重机	
4910			固定式缆索起重机
4920			摇摆式缆索起重机
4930			平移式缆索起重机
4940			辐射式缆索起重机
4A00		桅杆起重机	
4A10			固定式桅杆起重机
4A20			移动式桅杆起重机
4B00		旋臂式起重机	
4B10			柱式旋臂式起重机
4B20			壁式旋臂式起重机
4B30			平衡悬臂式起重机
4C00		轻小型起重设备	
4C10			输变电施工用抱杆
4C20			电站牵张设备
4C30			内燃平衡重式叉车
4C40			蓄电池平衡重式叉车
4C50			内燃侧面叉车
4C60			插腿式叉车
4C70			前移式叉车
4C80			三向堆垛叉车
4C90			托盘堆垛车

续表

代码	种类	类别	品种
4CA0			防爆叉车
4CB0			钢丝绳电动葫芦
4CC0			防爆钢丝绳电动葫芦
4CD0			环链电动葫芦
4CE0			气动葫芦
4CF0			防爆气动葫芦
4CG0			带式电动葫芦
4D00		机械式停车设备	
4D10			升降横移类机械式停车设备
4D20			垂直循环类机械式停车设备
4D30			多层循环类机械式停车设备
4D40			平面移动类机械式停车设备
4D50			巷道堆垛类机械式停车设备
4D60			水平循环类机械式停车设备
4D70			垂直升降类机械式停车设备
4D80			简易升降类机械式停车设备
4D90			汽车专用升降机类停车设备
9000	客运索道		
9100		客运架空索道	
9110			往复式客运架空索道
9120			循环式客运架空索道
9200		客运缆车	
9210			往复式客运缆车
9220			循环式客运缆车
9300		客运拖牵索道	
9310			低位客运拖牵索道
9320			高位客运拖牵索道
B900		客运索道部件	
B100			客运索道驱动迂回装置
B200			客运索道抱索器
B210			客运索道运载工具
B220			客运索道托压索轮组

续表

代码	种　类	类　别	品　种
6000	大型游乐设施		
6100		观览车类	
6110			观览车系列
6120			飞毯系列
6130			太空船系列
6140			摩天环车
6150			海盗船系列
6160			组合式观览车系列
6200		滑行车类	
6210			单车滑行车系列
6220			多车滑行车系列
6230			滑道系列
6240			激流勇进
6250			弯月飞车系列
6260			组合式滑行车系列
6300		架空游览车类	
6310			电力单轨列车系列
6320			电力双轨列车系列
6330			组合式架空游览车系统
6340			脚踏车系列
6400		陀螺类	
6410			陀螺系列
6420			组合式陀螺系列
6500		飞行塔类	
6510			旋转飞椅系列
6520			青蛙跳系列
6530			探空飞梭系列
6540			观览塔系列
6550			组合式飞行塔系列
6600		转马类	
6610			转马系列
6620			荷花杯系列

续表

代码	种　类	类　别	品　种
6630			滚摆舱系列
6640			爱情快车系列
6650			组合式转马系列
6700		自控飞机类	
6710			自控飞机系列
6720			章鱼系列
6730			组合式自控飞机系列
6800		赛车类	
6810			场地赛车系列
6820			越野赛车系列
6830			组合式赛车系列
6900		小火车类	
6910			内燃机驱动小火车
6920			电力驱动小火车
6A00		碰碰车类	
6A10			碰碰车系列
6B00		电池车类	
6B10			电池车系列
6C00		观光车类	
6C10			内燃观光车系列
6C20			蓄电池观光车系列
6D00		水上游乐设施	
6D10			峡谷漂流系列
6D20			水滑梯系列
6D30			造浪机系列
6D40			碰碰船系列
6D50			水上自行车系列
6D60			组合式水上游乐设施
6E00		无动力游乐设施	

续表

代码	种　类	类　别	品　种
6E10			高空蹦极系列
6E20			弹射蹦极系列
6E30			小蹦极系列
6E40			滑索系列
6E50			空中飞人系列
6E60			系留式观光气球系列
6E70			组合式无动力游乐设施
B600		游乐设施部件	
B610			蹦极绳
F000	安全附件及安全保护装置		
7310			安全阀
F110			水位表
F120			水位控制报警装置
F130			压力控制报警装置
F140			温度控制报警装置
F150			燃烧连锁保护装置
F210			液位计
F220			爆破片
F230			紧急切断阀
F240			过流保护装置
F250			快开门连锁保护装置
F260			气瓶瓶阀
F270			气瓶减压阀
F280			液位限制阀
F2A0			氧舱测氧仪
F710			超压限制装置
F720			测压调压装置
F730			检漏装置

续表

代码	种 类	类 别	品 种
F740			阴极保护装置
F310			限速器
F320			安全钳
F330			缓冲器
F340			电梯门锁装置
F350			电梯轿厢上行超速保护装置
F360			含有电子元件的电梯安全电路
F370			电梯限速切断阀
F380			电梯控制柜
F390			曳引机
F410			起重机械起重量限制器
F420			起重机械起重力矩限制器
F430			起重机械起升高度限制器
F440			起重机械防坠安全器
F450			起重机械制动器
F610			游乐设施安全压杆

注:本目录所列的特种设备的参数范围按照《特种设备安全监察条例》第八十八条的规定。

关于实施特种设备行政处罚工作的意见

(2004 年 2 月 2 日国质检法[2004]40 号发布)

各省、自治区、直辖市质量技术监督局:

特种设备行政处罚工作是特种设备安全监察工作的重要组成部分。开展特种设备行政处罚工作,依法查处特种设备行政违法行为,对于贯彻实施《特种设备安全监察条例》(以下简称条例),保证特种设备安全监管到位,防止和减少特种设备事故,保障人民群众生命和财产安全,促进经济发展具有重要的意义。为了认真贯彻《特种设备安全监察条例》,加强

和规范特种设备行政处罚工作,现就实施特种设备行政处罚工作提出如下指导意见:

一、各级质量技术监督部门是实施特种设备行政处罚工作的主管机关和执法主体。按照统一执法的原则,其内设的特种设备安全监察机构、法制工作机构和所属的专职执法机构、特种设备检验检测机构,在具体履行特种设备行政处罚工作中应当相互配合、分工协作、权责一致。

二、安全监察机构在特种设备行政处罚工作中具体负责:拟订特种设备安全监督检查计划并组织实施;监督检查特种设备生产、使用、检验检测活动,按规定发出特种设备安全监察指令;对需暂扣、撤销特种设备行政许可证书的案件按规定进行处理;对需要立案处罚的案件移交专职执法机构立案查处;对举报投诉、上级交办和有关部门移送的存在事故隐患的特种设备事件进行调查处理;通知检验检测机构对逾期未检或者存在事故隐患的特种设备依法进行强制检验;监督检查事故隐患的整改落实情况;将安全监察机构办理的安全监督检查记录、暂扣或者吊销行政许可证书以及专职执法机构报送的相关内容等情况,录入特种设备动态监督管理信息化系统。

三、专职执法机构在特种设备行政处罚工作中具体负责:对安全监察机构移交的需要立案处罚的案件进行调查处理;按照质量技术监督部门特种设备安全监督检查的计划和安排,进行现场安全监督检查,并对检查发现的特种设备行政违法行为实施现场处罚或者立案处罚;发现需要发出安全监察指令、需要进行强制检验和依法应当整改的事故隐患等情况,及时通知安全监察机构作出相应的具体行政行为;及时将行政处罚决定书内容和行政处罚执行结果录入特种设备动态监督管理信息化系统或者报送安全监察机构统一录入。

四、特种设备检验检测机构应当积极配合安全监察机构和专职执法机构做好特种设备行政处罚相关工作,具体负责:依法对特种设备进行强制检验,并将检验检测工作中发现的特种设备违法行为或者严重事故隐患,立即向违法行为发生地及特种设备使用登记地的安全监察机构报告;按照安全监察机构和专职执法机构在行政处罚工作中提出的要求开展检验;为现场安全监督检查提供技术支持。

五、法制工作机构在特种设备行政处罚工作中具体负责:承办特种设备重大案件审理的日常工作;办理特种设备行政复议和行政诉讼工作;组织特种设备案件听证工作;监督检查特种设备案件办理质量和依法行政情况。

六、特种设备安全监察机构和专职执法机构中从事特种设备行政处罚工作的人员,应当经过特种设备安全监察专业知识和有关法律法规知识的培训,考核合格取得特种设备行政执法资格。在现场进行安全监督检查时,安全监察人员应当出示特种设备安全监察员证,行政执法人员应当出示质量技术监督行政执法证。

七、实施特种设备行政处罚,应当严格遵守有关质量技术监督行政案件办理程序的规定,确保行政案件管辖、受理、立案、调查取证、审理、告知权利、听证、执行、结案等符合相关法律、法规、规章的规定,做到事实清楚,证据确凿,适用法律正确,符合规定的程序。

八、实施特种设备行政处罚,应当使用统一的质量技术监督行政执法文书。安全监察机构和专职执法机构在现场安全监督检查过程中记录现场监督检查情况,以及安全监察机构发出安全监察指令,应当使用总局统一制定的《特种设备现场安全监督检查记录》、《特种设备安全监察指令书》(见附件)。

九、在特种设备事故调查过程中,发现行政相对人存在特种设备行政违法行为,应当依法给予行政处罚。

十、在现场监督检查过程中或者作出行政处罚决定后,发现被检查单位涉嫌构成犯罪,依法需要追究刑事责任的,应当依照《行政执法机关移送涉嫌犯罪案件的规定》向公安机关移送。

十一、开展特种设备行政处罚工作,必须以防止和减少特种设备事故为目标,正确行使特种设备行政处罚权,严格执法、公正执法、文明执法,不得以罚代管或者以管代罚,严禁下达罚款指标或者以罚款数额作为考核标准,切实维护质检部门良好的行业形象。

各级质量技术监督部门应当按照《特种设备安全监察条例》的要求,结合本地实际情况,组织开展特种设备行政处罚工作,探索符合法律规定和实际情况的具体执法方式。遇到重要情况和问题,及时向总局报告。

附件:1. 特种设备现场安全监督检查记录(略)

2. 特种设备安全监察指令书(略)

认证机构、检查机构、实验室获得境外认可备案办法

（2004 年 2 月 20 日国家认监委 2004 年第 4 号公告发布）

为贯彻实施《中华人民共和国认证认可条例》，加强对认证机构、检查机构、实验室的监督管理，维护和规范我国认证市场秩序，国家认监委制定了《认证机构、检查机构、实验室取得境外认可机构认可备案管理办法》。现予以公告，自公告之日起施行。

附件：认证机构、检查机构、实验室取得境外认可机构认可备案管理办法

附件

认证机构、检查机构、实验室取得境外认可机构认可备案管理办法

第一条 为加强对认证机构、检查机构、实验室的监督管理，维护和规范我国认证市场秩序，根据《中华人民共和国认证认可条例》的规定，制定本办法。

第二条 中华人民共和国境内的认证机构、检查机构、实验室（以下简称境内机构），取得境外认可机构认可的，应当按照本办法的规定进行备案。

本办法所称境内机构，是指在中华人民共和国境内依法设立，从事认证、检测、检查、鉴定、检定、校准、检验活动的机构。

第三条 国家认证认可监督管理委员会（以下简称国家认监委）负责对取得境外认可机构认可的境内机构的备案工作。

第四条 取得境外认可机构认可的境内机构，应当在取得境外认可机构认可后 30 日内，向国家认监委备案。在本办法生效以前已经取得境外认可机构认可的境内机构，应当于本办法生效后 60 日内向国家认监委

备案。

第五条 境内机构备案时，应当提交备案报告（备案报告格式见附录）和以下材料：

（一）本机构简介（认证机构备案免此项）；

（二）本机构法律地位证明文件的复印件（认证机构备案免此项）；

（三）本机构取得境外认可机构认可的认可评审报告、认可证书及认可范围（复印件或者电子文本。实验室和检查机构免评审报告）；

（四）境外相关认可机构的法律地位、认可文件及背景材料；

（五）获境外认可机构认可的评审、监督和复审情况；

（六）其他材料（包括本机构在中华人民共和国境内相关活动的报告，本机构的其他资质证明文件复印件等；认证机构备案免此项）。

第六条 国家认监委在收到备案报告及相关材料后30日内完成审核，需要补充材料的，及时通知备案人。

第七条 有下列情形之一的，不予备案：

（一）境外认可机构不具备合法地位；

（二）备案机构提交的文件内容不真实；

（三）备案的认可项目危害中华人民共和国国家安全、人体健康或者安全、动植物生命或者健康、环境或者其他公共利益；

（四）国家认监委认为不应当予以备案的其他情形。

第八条 已经备案的境内机构，如果备案事项发生变更，应当于变更事项发生后30日内办理变更手续。

备案事项包括境内备案机构提交的备案报告和相关材料等内容。

第九条 境内机构取得境外认可机构认可，未向国家认监委备案的，按照《中华人民共和国认证认可条例》的规定给予警告，并予公布。

第十条 本办法由国家认监委负责解释。

附录

认证机构、检查机构、实验室
取得境外认可机构认可
备案报告

机构名称：________________________________

日　　期：________________________________

中国国家认证认可监督管理委员会

说　　明

1. 本报告适用于取得境外认可机构认可的认证机构、检查机构、实验室备案；

2. 本报告中带有□的条款为可选项，请在适用的□中打√；

3. 本报告应用电脑打印，保证清晰、准确；

4. 本报告填写好后，将软硬拷贝按以下地址寄出：

地址：北京市海淀区马甸东路9号B座
国家认证认可监督管理委员会
认可监管部（认证机构备案）
实验室部（检查机构、实验室备案）

邮编：100088

1 概况

1.1 备案机构的信息

名称(中文)______________________

(英文)______________________

地址(中文)______________________

(英文)______________________

邮编______________ email ______________

负责人__________职务__________电话__________

联系人__________职务__________电话__________

网址______________传真______________

法人名称______________________

法人类型：

□事业法人 □社团法人 □企业法人 □其他

法定代表人：__________职务：__________电话：__________

1.2 备案机构取得我国认证机构/检查机构/实验室国家认可的情况

□认证机构：

认可证书号：______________________

认可有效期：______年______月______日至______年______月______日

□检查机构：

认可证书号：______________________

认可有效期：______年______月______日至______年______月______日

□实验室

认可证书号：______________________

认可有效期：______年______月______日至______年______月______日

2 境外认可机构情况

2.1 境外认可机构名称

____

地址：______________________

email：______________传真：______________

网址：______________________

联系人：__________职务：__________电话：__________

2.2 国际互认情况

已签署□IAF □PAC □ILAC □APLAC

□其他：__________相互承认协议

□未签署任何互认协议

3 备案机构取得境外认可的有关信息

□认证机构认可

认可依据：□ISO/IEC __________

□其他（详细说明）：__________

____

认可证书号：__________

认可有效期：　　年　　月　　日至　　年　　月　　日

认可证书及认可范围（提供复印件或电子文本）

境外认可费用（折合人民币，包括：食宿机票全部费用）

□5 万　□5～8 万　□8～10 万　□10～15 万

□15～20 万　□20 万以上

□检查机构认可

认可依据：□ISO/IEC 17020

□其他（详细说明）：__________

____

认可证书号：__________

认可有效期：　　年　　月　　日至　　年　　月　　日

认可证书及认可范围（提供复印件或电子文本）

境外认可费用（折合人民币，包括：食宿机票全部费用）

□5 万　□5～8 万　□8～10 万　□10～15 万

□15～20 万　□20 万以上

□实验室认可

认可依据：□ISO/IEC 17025

□其他（详细说明）：__________

____

认可证书号：__________

认可有效期：　　年　　月　　日至　　年　　月　　日

认可证书及认可范围（提供复印件或电子文本）

境外认可费用（折合人民币，包括：食宿机票全部费用）

□5 万　□5～8 万　□8～10 万　□10～15 万

□15～20 万　□20 万以上

4 申请境外认可的原因和必要性

5 简要的认可经过

6 取得境外认可的效果和作用

声　　明

本机构郑重声明，本机构已按本备案报告所列内容将有关情况进行了如实的填写，保证本报告及有关附件所提供的信息真实、准确、完整。若所提供信息失实或者有意隐瞒，本机构将承担相应的法律责任。

机 构 名 称＿＿＿＿＿＿＿＿＿＿＿＿＿＿＿＿＿＿

法人代表签字＿＿＿＿＿＿＿＿＿＿＿＿＿＿＿＿

机 构 盖 章

填 表 日 期＿＿＿＿＿＿＿＿＿＿＿＿＿＿＿＿＿＿

关于开展质量信用等级评价工作有关问题的通知

（2004 年 2 月 24 日质检质函[2004]7 号发布）

各省、自治区、直辖市，计划单列市质量技术监督局：

近来，部分地方反映，一些组织打着国家质检总局的名义，到各地开展质量信用等级评价工作。为了保障质量诚信体系建设工作的顺利进行，杜绝各种干扰，现就有关问题通知如下：

一、加快建设质量诚信体系建设，为经济和社会发展提供诚信保障是国家质检总局 2004 年的重点工作。总局责成质量管理司负责质量诚信体系建设的具体工作。目前，有关质量诚信体系建设办法及实施方案正在制定之中。

二、质量诚信体系的建设需要在总局的统一领导、规划和监管下依法推进、分步实施。对各种以盈利为目的的“试点”、“论坛”和培训，各地方局要予以制止，并对企业正确引导。

三、总局将会有计划地调动社会力量推进质量诚信体系建设。但目前，尚未以任何形式委托或批准任何机构开展质量信誉等级评价和举办“全国质量诚信体系论坛”。

关于加快食品安全信用体系建设的若干指导意见

（2004 年 4 月 7 日国家药监察[2004]99 号发布）

市场经济是信用经济，信用是维持市场经济正常秩序的保证。没有信用，就没有秩序，市场经济就不可能健康发展。党的十六大报告提出“整顿和规范市场经济秩序，健全现代市场经济的社会信用体系。”十六届三中全会进一步指出，要增强全社会的信用意识，形成以道德为支撑，产权为基础，法律为保障的社会信用制度。国务院提出：从2003年起用五年左右的时间，建立起社会信用体系的基本框架和运行机制。

食品是人类社会赖以生存和发展的最基本的物质条件。食品安全状况如何，直接关系着广大人民群众的身体健康和生命安全，关系着我国国民经济与社会的协调发展，关系着全面建设小康社会目标的实现。食品安全信用体系建设是以培养食品生产经营企业遵纪守法为核心，通过相应的制度规范、运行系统和运行机制建设，实现褒奖守信、惩戒失信，从而全面提高食品安全水平，保障广大人民群众的身体健康和生命安全。食品安全信用体系建设是在政府推动下全社会参与的一项系统工程，是保障食品安全的长效机制和治本之策。为了加快我国食品安全信用体系建设，现提出以下指导意见。

一、加快食品安全信用体系建设的重要意义

建立符合现代市场经济发展要求的社会信用体系，是建立社会主义市场经济体制的重大战略步骤，也是规范社会主义市场经济秩序的根本措施。

当前食品市场秩序混乱的局面仍没有得到彻底扭转，制假售假等违法行为仍然十分严重，特别是重大的食品安全事故时有发生，其重要原因之一就是食品生产经营企业信用的严重缺失。近年来，各地区和有关部门组织实施了“无公害食品行动计划”、“三绿工程”、“食品安全行动计划”，实行食品卫生量化分级管理制度和食品质量安全市场准入制度，尤其是实施食品药品放心工程以来，各地区和有关部门开始探索食品安全信用体系的建设，取得了初步的进展。然而，由于多方面的原因，目前我国的食品安全信用体系建设还存在着缺乏统一规划指导，发展建设无序，资源开放不够，宣传教育有待加强等问题。这些问题的存在严重影响了我国食品安全信用体系的建设和食品安全水平的进一步提高。要从根本上提高我国的食品安全水平，必须注重从体制、机制和法制等方面建立和完善长效的食品安全体系，形成统一开放、公平竞争、规范有序的食品市场环境。

加快食品安全信用体系建设，有利于从根本上保障广大人民群众的身体健康和生命安全；有利于进一步规范食品市场经营秩序，建立起新型的食品安全治理机制，实现食品行业的可持续健康发展；有利于促进经济的协调发展和社会的全面进步；有利于促进我国对外贸易的发展，维护国家形象。为此，我们必须站在社会主义现代化事业成败的高度，通过坚强的组织领导、广泛的宣传教育、系统的制度创新、扎实的实践探索、不懈的工作努力，把食品安全信用体系建设不断推向深入。

二、加快食品安全信用体系建设的指导思想、基本原则和主要目标

（一）指导思想

以邓小平理论和“三个代表”重要思想为指导，认真贯彻落实党的十六大和十六届三中全会精神，坚持以人为本，树立科学的发展观，以改善食品安全信用环境，培育食品安全信用意识，规范食品企业生产经营行为和食品市场秩序，全面提高食品安全水平为目的，以加强食品生产经营企业信用建设为核心，通过政府监管、行业自律和社会监督，综合抓好食品安全制度规范、管理服务系统与运行机制建设，加快形成中国特色的食品安全信用体系，保障广大人民群众的身体健康和生命安全。

（二）基本原则

1. 坚持政府推动、部门联动、市场化运作、全社会广泛参与的原则。政府推动、部门联动要求与食品安全相关的各政府监管部门共同发挥规划、指导、组织、协调和服务的作用，相互配合、相互支持，为食品安全信用体系的建设提出指导意见，制定发展规划，落实政策支持，完善法律保障，确定基础标准，加强运行监管，营造舆论环境，推动联合建设。市场化运作要求在企业信用信息的征集、评价、披露等方面发挥社会中介机构的作用。全社会广泛参与要求政府、行业协会、企业、消费者等共同参与食品安全信用体系建设。

2. 坚持统筹协调、分工合作、分类指导、分步实施的原则。统筹协调要求食品安全的综合监管部门与各有关部门共同对食品安全信用体系建设框架进行总体设计，对各部门、各行业、各地区食品安全信用体系建设的基本原则、发展目标、建设标准等内容进行协调。分工合作要求各部门、各行业、各地区在按照各自职权或者职责进行相关食品安全信用体系建设的同时，加强沟通合作，实现信用资源共享，信用环境共创。分类指导就是要针对各地区、各部门和各行业的不同实际，采取不同指导措施，积极稳妥地开展信用体系建设工作。分步实施要求在总体设计的前提下，积极探索，精心试点，注重实效，以点带面，稳步推进，逐步深化。

3. 坚持宣传教育与制度规范并重的原则。在食品安全信用体系建设中，宣传教育是基础，制度规范是保障，两者缺一不可。宣传教育要突出主题、注重实效，从而提高认识，营造环境；制度规范要结合实际、反映规律，从而明晰权责，构建机制。

此外，食品安全信用体系建设还应坚持褒奖守信与惩戒失信并举的原则；信用建设与行政监管相结合的原则；互联互通、资源共享的原则；低成本、高效益的原则。

（三）主要目标

从 2004 年至 2008 年，为全面推进我国食品安全信用体系建设的五年。通过五年的建设，要逐步建立起我国食品安全信用体系的基本框架和运行机制，使我国的食品安全水平迈上一个新台阶。

——在制度规范上，初步建立起食品安全信用的监管体制、征信制度、评价制度、披露制度、服务制度、奖惩制度等，使食品安全信用体系建设的主要方面有法可依，有章可循。

——在运行系统上，初步建立起食品安全信用管理系统和服务系统，如公开、便利的食品安全信用查询系统，科学、公正的食品安全信用评价系统，不断提高管理与服务水平，逐步满足社会对食品安全信用服务的需求。

——在信用活动上，通过宣传教育、需求培育、失信联防等活动，进一步增强全社会的食品安全信用意识，营造食品安全信用环境，创造食品安全信用文化。

——在运行机制上，初步建立起食品安全信用运行机制，全面发挥食品安全信用体系对于食品安全工作的规范、引导、督促功能。对食品市场中的制假售假等违法行为充分发挥警示和惩戒作用。

三、食品安全信用体系建设的主要内容

（一）建立食品安全信用管理体制

食品安全的综合监督管理部门会同有关部门对食品安全信用体系建设框架进行总体设计，并对各部门、各行业、各地区的具体建设方案组织协调。政府其他部门依照法定职责对食品安全信用体系建设进行指导和管理。行业协会对其会员的食品安全信用体系建设进行行业指导和服务。作为食品安全的第一责任人，食品企业应当进一步加强自身建设，切实抓好企业内部信用体系建设。消费者对食品安全信用体系建设进行社会监督。

（二）建立食品安全信用标准制度

食品安全信用标准是食品安全信息征集、评价和披露工作的基础。为实现食品安全信息的互联互通，保障资源共享，避免重复建设和资源浪费，以现行有关食品安全的法律法规和技术标准为基础，国家食品药品监督管理局会同有关部门共同制定食品安全信用基础标准。

（三）建立食品安全信用信息征集制度

食品安全信用信息征集是食品安全信用体系运行的基础，其状况如何直接影响着食品安全信用的评价、披露以及监管。

1. 食品安全信用信息征集原则：依法、客观和公正征集信用信息，保障信息质量，维护国家经济安全，维护社会公共利益，维护企业合法权益。

2. 食品安全信用信息征集渠道：政府有关部门按照各自的法定职责对监管对象的信息进行记录，行业协会按照协会章程对会员的信息进行记录和收集，社会信用服务中介机构按照委托要求进行信息征集。

食品安全信用信息来源于政府、行业和社会三个方面。政府信息主要是食品安全监管部门的基础监管信息；行业信息包括行业协会的评价等；社会信息包括新闻媒体舆论监督信息、信用调查机构的调查报告、认证机构的认证情况、消费者的投诉情况等。食品安全信用信息应当包括一定时期食品安全的静态信息和动态信息。

3. 食品安全信用信息提供要求：食品生产经营企业及相关单位应该做好食品安全信息记录，保证信息真实全面，并依法公开其信用信息，促进信用信息的资源共享。政府各监管部门，应当依法全面、充分、及时、无偿地向社会公开其有关食品安全的政策、法律、标准等社会公用信息资源。

（四）建立食品安全信用评价制度

食品安全信用评价制度包括食品安全信用评价机构的选择、评价指标的确定、评价等级的划分、评价方法的确定和评价结果的产生等。

1. 食品安全信用评价机构。与食品安全信用征集体系相匹配，逐步建立起食品安全的政府评价、行业评价和社会评价三者结合的评价体系。行业评价机构和社会评价机构由食品安全综合监管部门会同有关部门遴选确定。

2. 食品安全信用评价原则。坚持独立、公正和审慎的原则，严格按照标准和程序进行评价，保证评价结论的合法性和权威性。

3. 食品安全信用评价指标。企业内部评价指标包括原料进货渠道、产品品质要求、检验要求、制度建设与执行要求等。外部评价指标包括政府机构如公安、农业、商务、卫生、工商、质检、海关等部门和社会中介机构的评价。上述评价指标应包括定性评价指标和定量评价指标。

4. 食品安全信用等级。为鼓励食品生产经营企业通过努力，不断提高食品安全信用水平，结合目前社会信用等级建设情况，原则上确立食品安全信用从高到低划分为 A、B、C、D 四级制。各部门、各行业可根据部门、行业的需要具体细化各级评价指标条件。

5. 食品安全信用评价方法。为发挥现代科技优势，提高资源使用效率，减少主观因素的影响，应结合先进的信息技术，设计食品安全信用管理软件，逐步通过统一的信息平台产生评价结果。

（五）完善食品安全信用披露制度

1. 食品安全信用披露主体。食品安全监管机关、有关部门和食品行业协会定期向社会披露食品安全信用信息，供社会随时查阅食品安全信用状况。国家食品药品监督管理局与有关部门在网站上开辟联动的中国食品安全信用专栏及专项食品安全信用管理系统，综合披露食品安全信用信息，全面展示我国食品安全信用状况。

2. 食品安全信用披露原则。食品安全信用披露应当遵循依法、客观与公正的原则，维护国家经济安全，保守国家秘密、商业秘密和个人隐私。

（六）完善食品安全信用奖惩制度

积极推进食品安全监管部门在各自监管领域，根据信用等级状况，对食品生产经营企业实行分类监管。对长期守法诚信企业要给予宣传、支持和表彰，如在年检、抽检、报关等方面给予便利，建立长效保护和激励机制。对严重违反食品安全管理制度，制假售假等严重失信的企业，实行重点监管，可采用信用提示、警示、公示，取消市场准入，限期召回商品及其他行政处罚方式进行惩戒；构成犯罪的，依法追究其刑事责任。

四、加快食品安全信用体系建设的保障措施

（一）加强组织保障，明确相关责任

国家食品药品监督管理局会同有关部门成立食品安全信用体系建设领导小组，领导小组由有关部门的领导和相关专家组成，负责指导和协调全国食品安全信用体系建设工作。各省、自治区、直辖市食品药品监督管理部门，会同省级政府有关部门成立省级食品安全信用体系建设领导小组，负责指导和协调本地区食品安全信用体系建设工作。

（二）加强政府信用，严格依法行政

各食品安全监管部门要不断适应形势发展的需要，按照执政为民的要求和建设法治政府的目标，推进政府职能转变，坚持科学民主决策，全面推行依法行政，切实加强行政监督，建立政务信息公开制度，增强政府工作的透明度，自觉接受社会公众监督。

（三）加强法制建设，提供制度保障

食品安全信用体系建设涉及食品安全建设的诸多方面，要逐步建立健全食品安全信息管理制度，不断提高食品安全信用法制建设水平。各食品安全监管部门要在调查研究的基础上，积极推动有关食品安全信用法律、法规的制定与完善，保障食品安全信用体系建设依法进行。

（四）加强舆论宣传，营造信用氛围

开展多种形式的食品安全信用宣传活动，形成人人讲信用，人人重信用，守信为荣，失信为耻的良好社会氛围。食品生产经营企业要开展重合同、守信誉、依法经营的活动，倡导文明经商，形成有效的企业自律；食品行业协会要积极普及食品安全基本知识，提高全民食品安全意识，维护消费者合法权益。

各地区、各部门、各行业要在认真贯彻《公民道德建设实施纲要》和中宣部、全国整规办等六部委《关于开展社会诚信宣传教育的工作意见》和中央文明办、全国整规办等五部委《关于联合开展“共铸诚信”活动的通知》的基础上，结合实际情况制定具体的宣传工作方案。通过举办理论研讨、知识培训、法制讲座、技术咨询等各类以食品安全信用为主题的活动，把信用教育和信用实践、信用教育与法制教育有机结合起来，增强宣传教育的社会影响和实际效果。

(五) 加大科技投入,增加经费保障

各地区、各部门、各行业要按照国家的统一部署和要求,加大科技投入,积极参与政府公共信用信息交换平台的建设,充分利用电子政务等手段建立食品安全信息网络,保障信息资源共享。积极支持和鼓励食品安全信用的基础设施建设和信用服务机构的发展,不断提高食品安全信用体系建设的科技水平。各地区、各部门、各行业要加强食品安全信用体系建设的经费保障。

(六) 加强企业信用,强化信用基础

食品生产经营企业应当进一步提高对信用价值的认识,结合 HACCP、GMP 和 ISO 9000 等认证体系的建设,建立企业内部信用管理机制及信用风险管理制度,重视培养信用管理人才,加强经营行为自律,把维护自身形象和提升企业价值有机联系起来。

(七) 认真抓好试点,分级分层推进

食品安全信用体系建设刚刚起步,经验不足,需要进行试点,积极稳妥,分类指导,注重实效,逐步推广。国家食品药品监督管理局将会同有关部门选择这项工作已经起步的地区和工作基础较好的 4～5 个城市和 2～3 个食品行业进行试点,要求试点城市和行业制定具体的试点工作方案,加强组织领导。

食品安全信用体系建设是庞大而复杂的社会系统工程,各地区、各部门、各行业、各企业要从全面贯彻"三个代表"重要思想,切实保障广大人民群众的根本利益出发,齐心协力,扎实工作,不断提高我国的食品安全水平,为社会主义现代化建设做出积极的贡献。

关于印发《制造计量器具许可证考核规范》的通知

(2004 年 6 月 23 日国质检量[2004]268 号发布)

各省、自治区、直辖市质量技术监督局:

为适应社会主义市场经济的要求,贯彻落实行政许可法,根据计量法及其实施细则,国家质检总局对《制造计量器具许可证考核规范》进行了修订,现予以印发,自印发之日起执行。

制造计量器具许可证考核规范

一、总则

为了加强对制造计量器具许可证的监督管理,依据计量法及其实施细则和《制造、修理计量器具许可证监督管理办法》的有关规定,制定本规范。

企业制造计量器具应满足计量法制管理要求。

企业申请制造计量器具许可证,必须对其生产条件进行考核。

生产条件由生产设施、出厂检定条件、人员技术状况、技术文件、管理制度五个部分组成。

被考核企业产品的质量控制按《计量器具新产品管理办法》和 JJF 1015—2002《计量器具型式评价和型式批准通用规范》的要求执行。

二、计量法制管理要求

(一)未经国务院计量行政部门批准,不得制造非法定计量单位的计量器具和国务院计量行政部门禁止使用的计量器具。

(二)与产品有关的技术文件、资料,应按国家有关规定采用法定计量单位。

(三)产品的准确度等级应符合国家计量检定系统表和检定规程的要求。

(四)许可证的标志和编号应符合国家有关规定。

(五)出厂产品必须具有合格印证。

(六)申请许可证的新产品必须按照《计量器具新产品管理办法》取得型式批准证书或样机试验合格证书。

三、生产设施

(一)生产设备、工艺装备、检测手段的种类、数量、准确度和设备精度等能满足生产和工艺的要求。

(二)具有与生产加工、装配调试、试验、包装、储存等相适应的工作环境条件。

(三)生产中使用的计量器具、试验设备都必须具备有效的合格证书。

四、出厂检定条件

(一)检定用的标准计量器具及其配套装置和检定环境条件必须满

足出厂检定的要求。

(二) 应根据需要配备足够数量的出厂检定人员,并经考核合格。

(三) 出厂检定必须按照计量检定规程或检定方法进行。

(四) 因特殊原因暂不具备出厂检定条件的企业,可委托有条件的单位承担出厂检定,但应具备有委托检定协议书。

(五) 检定用的标准计量器具和工作计量器具应取得有效的检定证书或经校准满足要求。

五、人员技术状况

(一) 单位负责人应熟悉计量法规,重视产品质量。

(二) 质量管理人员应了解与产品质量有关的本职岗位职责和质量情况。

(三) 技术人员应具有一定的专业基础知识,能较深入的了解本职范围内的产品关键技术,并能解决产品质量问题。

(四) 各种技术工人的技术水平应达到国家规定的要求。

(五) 应制订技术和管理人员的培训教育计划,经常地进行计量知识、操作技术、质量管理和有关法律法规的培训教育。

六、技术文件

应有国家、部门(行业)或地方计量检定规程和技术标准,没有上述计量检定规程和技术标准的,必须制定企业标准和检定方法。

具有完整、正确、统一的产品图样。

具有完整、正确、统一的工艺文件。

编制产品使用说明书。

具有主要零部件检验和产品出厂检定记录。

能提供主要生产设备、工艺设备和出厂检定设备一览表。

七、管理制度

(一) 建立健全各项计量管理制度。应包括:

在用计量器具配备、使用、流转、维护保养、周期检定制度;

原始数据、统计报表、证书标志管理制度;

实验室管理制度;

人员岗位职责和培训、考核、使用、奖惩制度;

技术档案和资料保管制度。

(二) 制定产品质量管理制度。应包括:

原材料、外协件、外购件进厂验收和管理制度；

零部件检验和产品出厂检定制度；

成品、废品、返修品管理制度；

设备、工装管理制度；

用户服务制度；

质量岗位责任制度；

质量奖惩制度。

八、考核评审

（一）凡属下列情况之一者，判为考核不合格：

1. 计量法制管理要求中任意一条或一条以上达不到要求；

2. 没有产品标准；

3. 生产条件考核不合格。

（二）生产条件考核时采用生产条件考核评分表（见附录）打分的方式进行。

（三）以下情况下可减免或从简考核：

1. 对简易或产量小、更新快的计量器具，技术文件和管理制度部分的考核可从简。

2. 组装或改装计量器具的，其外购件、外协件必须具有进厂验收检测报告或具备检测条件的技术机构提供的检测报告，生产设备的考核可从简。

3. 以书面形式委托出厂检定的单位，其出厂检定条件的考核可减免。

附录（略）

国家质量监督检验检疫总局办公厅关于中国名牌产品称号有效期满后标志使用问题的通知

（2004 年 10 月 18 日国家质检总局办公厅质检办质[2004]366 号发布）

各省、自治区、直辖市质量技术监督局：

根据《中国名牌产品管理办法》和《中国名牌产品标志管理办法》的有

关规定,为规范中国名牌产品标志的使用,现将中国名牌产品称号有效期满后标志使用有关问题通知如下:

一、中国名牌产品有效期满后重新申请并获通过的产品,可以继续使用中国名牌产品标志。原有效期满后生产的中国名牌产品需更换使用标有新有效期的中国名牌产品标志。

二、原中国名牌产品有效期满后未重新申请或重新申请未能取得中国名牌产品称号的,不得在有效期满后生产的该产品的包装、装潢、说明书、广告宣传以及有关材料中继续使用中国名牌产品标志。对原有效期内生产的中国名牌产品,如已在产品、包装、说明书、广告等使用中国名牌产品标志,应在 2004 年 12 月 31 日前作相应处理,逾期不得继续使用中国名牌产品标志。

三、各级质量技术监督部门要认真做好所辖区域内中国名牌产品标志使用的管理工作,加强对有效期满后未获得中国名牌产品称号企业使用中国名牌产品标志的监督检查。

棉花质量检验师执业资格注册管理办法

(2004 年 11 月 16 日国质检人[2004]499 号发布)

第一章 总 则

第一条 根据《棉花质量检验师执业资格制度暂行规定》(人发[2000]70 号)和《国务院关于第三批取消和调整行政审批项目的决定》(国发[2004]16 号)有关规定,制定本办法。

第二条 本办法中的棉花质量检验师,是指经全国统一考试合格,取得《中华人民共和国棉花质量检验师执业资格证书》并经注册,从事棉花质量检验业务活动的人员。

第三条 国家对棉花质量检验师执业资格实行注册制度。未经注册,任何人不得以棉花质量检验师的名义出具棉花质量检验证书,也不得从事应由棉花质量检验师担任的岗位工作。

第四条 注册包括首次注册、延续注册和变更注册。首次注册、延续注册有效期为 3 年。

第五条 省、自治区、直辖市质量技术监督行政主管部门(以下简称省级质量技术监督部门)为棉花质量检验师执业资格注册管理实施机关，负责本行政区域内棉花质量检验师的注册实施和监督管理工作。

第六条 国家质量监督检验检疫总局(以下简称国家质检总局)负责对棉花质量检验师执业资格注册工作日常监督和指导，对注册和注销注册的人员名单具有发布权。棉花质量检验师执业资格注册和管理工作应当接受国务院人事行政主管部门和各省、自治区、直辖市人民政府人事行政主管部门的监督和检查。

第七条 棉花质量检验师应当按《棉花质量检验师继续教育暂行规定》(国质检人[2002]176 号)的有关要求，定期接受继续教育。

第二章 公示及说明

第八条 省级质量技术监督部门应将棉花质量检验师注册的依据、申请条件、承办机构及承办人、办理程序、办理期限及申请人需要提交的材料目录和示范文本在办公场所公示，并在每次核发棉花质量检验师执业资格证书时，通知新取得执业资格人员办理注册的有关事宜和继续教育的有关规定。

第九条 申请人对公示内容要求予以说明的，应对公示内容提供准确可靠的说明。

第三章 条 件

第十条 申请首次注册必需同时具备下列条件：(一)取得棉花质量检验师执业资格证书；(二)遵纪守法，遵守棉花质量检验师职业道德；(三)身体健康，能坚持在棉花质量检验师岗位工作；(四)经执业单位审核同意；(五)申请注册时年龄未满 65 周岁。

第十一条 申请延续注册除具备首次注册的条件外，还应完成规定的继续教育内容和学时。

第十二条 申请变更注册必须同时具备下列条件：(一)棉花质量检验师注册证在有效期内；(二)变更注册申请人与原注册执业单位解除聘用关系，并被新的执业单位正式聘用在棉花质量检验师岗位。

第四章　程　　序

第十三条　首次注册的申请、受理和批准程序：

（一）取得棉花质量检验师执业资格证书者，应在取得执业资格证书之日起3个月内，向执业单位所在地省级质量技术监督部门提出首次注册申请，申请人也可以委托代理人持委托书提出申请。

（二）申请首次注册，应当向受理机关提交下列材料，并对其内容的真实性负责：1. 填写完好并加盖执业单位公章的注册申请表一式2份（附表1）；2. 棉花质量检验师执业资格证书。

（三）省级质量技术监督部门应对申请人提交的注册申请材料当场进行审验，审验后根据下列情况分别做出处理：

1. 申请材料完备无误的，应受理申请。

2. 申请材料不符合要求的，应当场告知申请人或代理人需要补充或更正的材料全部内容。可以当场补正的，应当允许申请人或代理人当场补正，经审核无误，应当受理申请；不能当场补正的，不予受理，并退回所提交的全部材料。

3. 受理后，可当场作出批准注册决定的，应当场办理注册手续，核发注册证。因特殊原因，不能当场作出是否批准注册决定并办理有关手续的，应在受理申请之日起20个工作日内作出是否批准注册的决定并办理有关手续。20个工作日内不能作出决定的，由省级质量技术监督部门负责人批准，可以延长10个工作日，并将延长期限的理由告知申请人。逾期未决定的，视为批准注册并办理注册手续。

第十四条　延续注册的申请、受理和批准程序：

（一）棉花质量检验师注册证有效期满需要继续执业的，应在注册证有效期满前3个月内向受聘单位所在地省级质量技术监督部门提出延续注册申请，所提供的申请材料除首次注册规定的内容外，还需提供以下材料：1. 上一注册期内接受规定内容和学时的继续教育证明，或规定的可视为接受继续教育的证明；2. 执业单位对申请人在上一注册期内的业绩考核意见。

（二）延续注册办理程序按首次注册的程序规定办理。

第十五条　变更注册的申请、受理和批准程序：

（一）棉花质量检验师变更执业单位，本人应从发生变动之日起3个月内，主动向变更后的执业单位所在地省级质量技术监督部门申请办理变更注册手续。

（二）申请变更注册，应当向受理机关提交下列材料，并对其内容的真实性负责：1. 填写完好和加盖执业单位公章的变更注册申请表一式2份（跨省变更注册须一式3份，附表2）；2. 棉花质量检验师执业资格证书及注册证。

（三）变更注册办理程序按首次注册的程序规定办理，并收回原注册证。

（四）跨省（自治区、直辖市）变更注册时，办理变更注册的省级质量技术监督部门，应在20个工作日内将办结的变更注册申请表，送交原注册地省级质量技术监督部门1份备案。

第五章 监督管理

第十六条 棉花质量检验师应当与受聘执业单位订立聘用合同，并自觉遵守国家法律法规和与棉花质量检验工作有关的规章制度，服从聘用单位管理，主动接受注册管理实施机关的监督。

第十七条 聘用单位应当每年对棉花质量检验师的执业业绩进行考核。业绩考核结果作为延续注册的依据。

第十八条 省级质量技术监督部门应建立棉花质量检验师注册管理的专门档案，对棉花质量检验师执业情况进行监督检查，受理对棉花质量检验师违反岗位职责的投诉并及时处理。

第十九条 取得执业资格证书或注册有效期满，未在规定时间内申请首次注册或延续注册的，自规定的截止时限起，2年内申请首次注册或延续注册，都必须参加或再次参加规定内容和学时的继续教育。2年内不能申请首次注册或延续注册的，其执业资格证书随之失效；若要再次取得执业资格，须重新报名参加棉花质量检验师执业资格考试。

第二十条 对违反执业规定的棉花质量检验师，省级质量技术监督部门和执业单位应予以批评教育、告诫。对情节较重的，省级质量技术监督部门可处以暂停以棉花质量检验师名义开展工作的处罚（一般不超过3个月）。

第二十一条 棉花质量检验师有下列情形之一,经核实,由省级质量技术监督部门予以注销注册:(一)以不正当手段获取棉花质量检验师执业资格证书,或在申请注册过程中,弄虚作假,取得注册证,以及其他应做执业资格证书和注册证失效处理的;(二)注册有效期满或变换执业单位,未按规定办理延续注册或变更注册,继续以棉花质量检验师名义从事棉花质量检验活动的;(三)脱离棉花质量检验师工作岗位,或其他原因无法正常开展棉花质量检验业务,时间连续满 2 年的;(四)在棉花质量检验中造成重大失误的;(五)出具虚假数据、证明及检验报告的;(六)在执业中索贿、受贿或牟取其他不正当利益的;(七)允许他人以自己的名义从事棉花质量检验活动,或同时在 2 个及 2 个以上单位执业的;(八)违反法律法规应当给予处罚的其他行为。

第二十二条 注销注册人员,其执业资格证书随之失效。若要再次取得棉花质量检验师执业资格,须自注销之日起 3 年后,方可重新报名参加棉花质量检验师执业资格考试。

第二十三条 被注销注册和执业资格证书失效的,省级质量技术监督部门应收回其棉花质量检验师执业资格证书及注册证,并上交国家质检总局统一处理。在办理注册过程中,作废的注册证,也应上交国家质检总局统一处理。

第六章 附 则

第二十四条 省级质量技术监督部门对不予批准注册和注销注册的,要在做出决定后 20 个工作日内将书面决定送交本人。书面决定中应说明理由,并告知申请人享有依法申请行政复议或者提起行政诉讼的权利。

第二十五条 经国务院有关部门批准,获准在中华人民共和国境内就业的外籍人员及港、澳、台地区的专业人员,根据有关规定参加棉花质量检验师执业资格考试,取得棉花质量检验师执业资格证书,符合本办法要求的,可按规定程序申请注册和执业。

第二十六条 省级质量技术监督部门应于每年 1 月 31 日前,将上一年度的棉花质量检验师注册人员情况汇总表(附表 3)及电子版报国家棉花质量检验师执业资格工作机构备案核查。经核查无误,国家质检总局在每年 2 月底前向社会公布上一年的注册人员名单。

第二十七条 对注销注册的,省级质量技术监督部门应于做出注销注册决定之日起30个工作日内将注销注册人员情况汇总表(附表4)及电子版报国家棉花质量检验师执业资格工作机构备案核查。经核查无误,由国家质检总局向社会公布近期注销注册的人员名单。

第二十八条 实施棉花质量检验师注册,属于履行行政管理职责,按照财政部有关要求,省级质量技术监督部门有关执业资格注册管理费用,应纳入本级财政预算,由本级财政予以保障。

第二十九条 本办法自发布之日起施行,《棉花质量检验师注册管理暂行办法》(国质检人函[2001]684号)即行废止。对按照《棉花质量检验师注册管理暂行办法》有关规定办理备案登记的人员,其备案有效期满后,按本文件规定办理。

附表(略)

关于印发《食品安全监管信息发布暂行管理办法》的通知

(2004年11月22日国食药监协[2004]556号发布)

各省、自治区、直辖市食品药品监督管理局(药品监督管理局),公安厅(局)、农业(农林、农牧、农林渔业、畜牧兽医、渔业)厅(局),商务(经贸)厅(局),卫生厅(局),海关总署广东分署、驻天津、上海特派办、各直属海关,工商局,质量技术监督局,国家质检总局各直属检验检疫局:

食品安全问题一直为我国各级政府所重视,食品安全的信息更为社会普遍关注。各级政府及有关部门在食品安全信息管理上做了大量工作,对保障人民身体健康,促进食品产业的健康发展起到了积极的作用。但目前我国在食品安全信息的收集、传输、处理及发布上还比较分散,未能达到系统、规范和信息资源共享。根据《国务院关于进一步加强食品安全工作的决定》,为了加强食品安全信息管理和综合利用,构建部门之间信息沟通平台,实现互联互通的资源共享,全面、科学地反映我国食品安全现状,进一步提高我国食品安全监管效能,国家食品药品监管局会同公安部、农业部、商务部、卫生部、工商总局、质检总局、海关总署联合制定了《食品安全监管信息发布暂行管理办法》，现印发给你们，并提出以下要求，请遵照执行。

一、充分认识加强食品安全监管信息管理工作的重要性

食品安全信息是国家制定食品安全政策、法规的基础，也是现代食品安全保证体系建设的重要内容，关系到社会的稳定和食品贸易的发展。各地、各部门要从践行“三个代表”重要思想的高度，按照中央加强“五个统筹”和以人为本、树立科学发展观的要求，进一步转变观念，强化公共服务意识，注重履行社会管理职能，提高食品安全监管能力和水平。要借鉴国际先进的食品安全监督管理的做法，总结各部门多年来的监管经验，结合我国国情，切实加强各有关部门的沟通、配合，尽快形成协调、统一、高效、权威的食品安全信息管理体制和工作机制，为我国食品安全监管科学决策提供服务，提高食品安全监管效能。

二、建立健全食品安全信息管理责任制

各地、各部门要认真组织力量，加强对食品安全监管信息工作的领导，分工明确，责任到人；要制定食品安全监管信息发布管理制度，确定信息发布标准及发布程序，加强对食品安全信息的采集、评估、认定和拟发布信息的把关，对所发布食品安全信息的科学性、公正性、准确性负责。

三、建立食品安全信息管理协调机制

各地食品药品监管部门要组织协调食品监管相关部门建立、健全相应的工作制度和工作程序，明确责任，保证信息的科学和畅通。要遵循保障信息准确、促进信息交流、实现信息共享的原则，建立信息通报和共享制度，加强食品安全信息的收集、汇总、整理和分析工作。

四、确定阶段性工作重点

为了解、跟踪我国重点品种和区域食品安全状况，近期，拟由国家食品药品监管局会同有关部门，选择2～3类人民群众比较关注的、有代表性的食品，收集、汇总全过程检测监测信息，定期向社会公布该类食品安全状况。

各地可以根据实际情况选择社会关注度高的产品进行全过程监测，定期发布有关信息。对于在实施《食品安全监管信息发布暂行管理办法》中出现的新情况、新问题或取得的好经验，各地可及时与国家食品药品监管局联系(联系部门:食品安全协调司信息分析处,电话:010-68313344-0528、0508,传真:010-88375226),国家食品药品监管局将会同公安部、农业部、商务部、卫生部、工商总局、质检总局和海关总署适时召开食品安全信息管理工作座谈会,交流各地的经验,促进信息管理工作的开展。

食品安全监管信息发布暂行管理办法

第一条 为了规范食品安全监管信息的发布,确保发布信息的及时、客观、科学和准确,保护消费者利益,促进食品产业健康发展,制定本办法。

第二条 国家食品药品监督管理局和国务院其他有关部门在各自职责范围内发布食品安全监管信息适用本办法。

第三条 本办法所指的食品安全监管信息是国务院有关部门在食品及其原料种植、养殖、生产加工、运输、贮存、销售、检验检疫等监督管理过程中获得的涉及人体健康的信息,主要包括:

(一) 食品安全总体趋势信息。能够对我国的食品安全总体趋势进行分析预测、预警的信息。

(二) 食品安全监测评估信息。通过有计划地监测获得的反映我国食品安全现状的信息。

(三) 食品安全监督检查(含抽检)信息。通过有计划的、有针对性的监督检查(含抽检)而获得的食品安全信息。

(四) 食品安全事件信息。包括食物中毒、突发食品污染事件及人畜共患病等涉及食品安全的信息。

(五) 其他食品安全监管信息。

第四条 食品安全监管信息应由政府及其有关部门发布。

国家食品药品监督管理局负责收集、汇总、分析国务院有关部门的食品安全监管信息,对国内食品安全形势作出分析,并予以发布;综合发布国家食品安全监管信息。

国务院其他有关部门依据有关法律、法规的授权在各自职责范围内负责向社会发布各部门的食品安全监管信息。其中,农业部门发布有关初级农产品农药残留、兽药残留等检测信息;质检、工商、卫生和食品药品监管四个部门联合发布市场食品质量监督检查的信息。必要时，发布单位应当在信息发布前与相关部门沟通，征求相关部门的意见。

地方政府及其有关部门负责地方食品安全监管信息的发布。

第五条 食品安全监管信息的发布应该遵循科学的原则，保证准确、及时、客观、公正。信息发布人对发布的信息承担责任。

第六条 国务院有关部门应当加强食品安全监管信息的科学管理和信息队伍建设，建立食品安全监管信息评估制度，完善食品安全监管信息发布程序。

第七条 国家食品药品监督管理局负责食品安全监管信息的沟通、协调工作，并会同公安部、农业部、商务部、卫生部、工商总局、质检总局、海关总署建立国家食品安全监管信息协调机制。

第八条 国务院有关部门可以根据食品安全监管信息发布的目的确定信息发布的形式。发布的食品安全信息应当包括来源、分析评价依据、结论等基本内容，其中发布食品监督检查（含抽检）信息还应包括产品名称、生产企业、产品批号以及存在食品安全问题的具体项目等内容。

第九条 国务院有关部门应当及时将本部门食品安全监管信息通报国家食品药品监督管理局。

国家食品药品监督管理局应当及时将有关部门发布的食品安全监管信息通报其他有关部门。

第十条 国务院有关监管部门应当根据本办法制定本部门食品安全监管信息发布的管理办法。

地方食品安全监管信息的发布工作应结合本地实际，参照本办法执行。

第十一条 保健品、化妆品的安全监管信息发布参照本办法执行。

强制性产品认证检查员管理办法

（2004 年 12 月 3 日国家认监委 2004 年第 29 号公告发布）

第一条 为规范强制性产品认证检查员的检查活动，保证强制性产品认证工作的有效实施，根据《中华人民共和国认证认可条例》以及《强制性产品认证机构、检查机构和实验室管理办法》等有关规定，制定本办法。

第二条 本办法所称的强制性产品认证检查员，是指由指定的强制性产品认证机构、检查机构委派，对获得或者申请强制性产品认证的生产企业进行检查的人员。

第三条 强制性产品认证检查员的申请、培训、考核、注册和监督管理适用于本办法。

第四条 国家对强制性产品认证检查员实行统一的资格注册制度。

第五条 国家认证认可监督管理委员会(以下简称国家认监委)统一负责强制性产品认证检查员资格注册制度的建立和实施的监督管理工作。

中国认证人员与培训机构国家认可委员会承担强制性产品认证检查员的专业知识和能力考核、资格注册工作。

第六条 未取得强制性产品认证检查员资格注册的人员，不得从事强制性产品认证检查活动。

第七条 申请强制性产品认证检查员资格注册的人员，应当为指定的强制性产品认证机构、检查机构聘用的专职或者兼职人员。

第八条 强制性产品认证检查员资格分为检查员和高级检查员。

第九条 申请强制性产品认证检查员资格注册的人员(以下简称注册申请人)应当具备下列资历：

(一) 具有国家承认的大专以上(含大专)学历；

(二) 大专学历的，具有至少 6 年全日制工作经历；大学本科以上学历的，具有至少 4 年全日制工作经历；

(三) 申请检查员资格注册的，具有至少 2 年相关产品认证的专业经历；

(四) 申请高级检查员资格注册的，具有检查员资格 3 年以上，完成不少于 6 次完整的强制性产品认证检查或者跟踪检查活动，并担任不少于 4 次检查组长的经历。

第十条 注册申请人应当具备下列专业知识和能力：

(一) 具有相应专业技术领域的基本理论知识和实践经验；

(二) 掌握有关涉及强制性产品认证的法律法规、技术规范以及相关规定；

（三）熟悉相应产品标准、检验方法和检验标准；

（四）熟悉相应产品的设计、生产、安装和服务过程；

（五）熟悉质量管理基本理论和生产企业质量保证能力要求，能够掌握生产企业的产品质量控制的关键环节；

（六）掌握检查的标准、方法，能够结合产品特点对生产企业质量保证能力进行检查；

（七）掌握强制性产品认证的有关知识和规定。

第十一条 申请承担对国外产品生产企业检查的强制性产品认证检查员，应当具有相应的外语能力。

第十二条 强制性产品认证检查员资格注册专业区分应当按照国家认监委规定的强制性产品认证实施规则划分。

对注册申请人的专业知识和能力评价的方式可以采取资料审查、笔试、面试、现场验证或者上述方式的组合等形式。

第十三条 对符合本办法第九条、第十条规定，并经评价合格的注册申请人，应当颁发强制性产品认证检查员资格注册证书。

强制性产品认证检查员资格注册证书有效期为三年。

第十四条 注册申请人可以自愿参加经国家认监委批准的承担强制性产品认证检查员培训的机构开展的专业知识和能力培训。

承担强制性产品认证检查员培训的机构应当符合有关认证培训机构管理的法律法规规定。

第十五条 取得强制性产品认证检查员资格注册证书的人员应当每年完成不少于2次强制性产品认证检查工作以及8小时专业培训和学习，中国认证人员与培训机构国家认可委员会应当对其进行年度确认。

第十六条 指定的强制性产品认证机构、检查机构应当建立强制性产品认证检查员管理制度，对强制性产品认证检查员的选用、业务培训、年度考核等进行严格管理，并将上述管理情况报国家认监委备案。

第十七条 国家认监委应当对强制性产品认证检查员进行监督检查，监督方式可以采取通过问卷调查和专项检查等形式。

第十八条 任何单位和个人对强制性产品认证检查员在检查活动中的违法违规行为，有权向国家认监委和地方认证监督管理部门举报。国家认监委和地方认证监督管理部门应当及时调查处理，并为举报人保密。

第十九条 强制性产品认证检查员禁止有下列行为：

（一）未取得资格注册，从事强制性产品认证检查活动的；

（二）从事本人不具备的专业知识和能力的检查活动的；

（三）出具虚假或者不实的检查结论的；

（四）未经年度确认或者确认不合格，继续从事检查活动的；

（五）接受被检查生产企业的礼金等不当利益的；

（六）其他违反强制性产品认证有关规定的。

第二十条 中国认证人员与培训机构国家认可委员会应当对不能持续符合资格注册要求或者违反强制性产品认证检查员行为规范的人员给予相应处理，在作出暂停或者撤销资格注册证书决定后，应当及时上报国家认监委，并予以公布。

第二十一条 对于违反本办法的，按照有关认证认可法律、行政法规和部门规章予以处罚。

第二十二条 对于特定领域的强制性产品认证检查员的资格注册工作，中国认证人员与培训机构国家认可委员会应当根据强制性产品认证制度的规定，制定相关补充资格注册规定，报经国家认监委备案后开展相应资格注册工作。

第二十三条 本办法由国家认监委负责解释。

第二十四条 本办法自2005年3月1日起施行。

关于加强食品安全标准体系建设的意见

（2004年12月15日国标委农轻联[2004]99号发布）

各省、自治区、直辖市质量技术监督局、发展和改革委员会、农业厅（局）、商务厅（局）、卫生厅（局）、食品药品监督管理局，各有关标准化技术委员会：

食品安全关系到广大人民群众的生命健康，关系到我国经济发展和社会稳定。建立健全食品安全标准体系，既是加强食品安全管理，遏制假冒伪劣行为，保证消费者权益的需要，也是满足经济和社会发展的需要。经过各部门多年努力，目前食品标准体系已初步建立，但随着食品工业的发展和人民生活水平的提高，食品标准化工作面临严峻的挑战，暴露出诸多亟待解决的问题，如标准总体水平偏低；部分标准之间存在交叉、矛盾；重要标准短缺；标准的前期研究薄弱；部分标准的实施状况较差，甚至强制性标准也未得到很好的实施。

《国务院关于进一步加强食品安全工作的决定》（国发[2004]23 号，以下简称《决定》），对加强食品安全工作作出了重大部署，明确提出要“尽快清理与食品安全有关的产品和卫生标准，构建食品安全标准体系”。为贯彻落实国务院《决定》精神，决定采取切实有效措施，加强食品安全标准体系建设。

一、指导思想和工作目标

（一）指导思想。坚持以邓小平理论和“三个代表”重要思想为指导，适应我国加入 WTO 新形势和满足当前经济结构战略性调整的要求，以市场为导向，认真落实国务院《决定》精神；尽快清理现行食品标准，理顺标准体系结构，构建食品安全标准体系。要注重标准的基础性研究，积极采用国际标准和国外先进标准，加快标准制修订步伐，加强标准的宣贯和培训，提高企业标准化意识，提升我国食品标准化的整体水平，确保食品安全。

（二）工作目标。通过各有关部门的共同努力，力争于 2005 年 3 月底前，完成食品国家标准、行业标准和地方标准的全面清理，基本解决现行食品标准的交叉、重复和矛盾，并完成已备案食品企业产品标准的清理。

到 2005 年底前，完成《全国食品标准 2004—2005 年发展计划》所确定的食品国家标准和行业标准制修订项目，食品标准采用国际标准的比例由目前的 23%提高到 55%。

到 2007 年底前，参与 6～8 项国际标准、指南等技术文件的制定工作，力争承担有关国际标准化组织技术委员会秘书处的工作。

通过 3 年的努力，建立健全重点突出，强制性标准与推荐性标准定位准确；国家标准、行业标准和地方标准符合《标准化法》的要求；基础标准、产品标准、方法标准和管理标准配套，与国际食品标准体系基本接轨，能适应食品行业发展，保障消费者安全健康，满足进出口贸易需要，科学、合理的食品标准体系。

加强标准的宣贯、实施和监督，使食品企业严格按标准组织生产；强化食品流通领域标准化工作，使绝大部分食品流通企业实现标准化管理。

二、近期工作重点

（一）全面清理现行食品标准，解决标准之间的交叉、重复和矛盾问题。组织开展对现行国家标准、行业标准、地方标准的清理，通过清理，解决标准之间交叉、重复、矛盾以及强制性标准和推荐性标准定位不合理的问题，使食品标准体系结构合理，各类标准协调配套，标准水平普遍提高；对已备案的企业产品标准进行清理，凡与国家法律法规、强制性标准要求相矛盾，或低于国家强制性标准要求的企业产品标准一律取消备案，针对食品生产企业制定低于相应推荐性标准的企业产品标准问题，研究强化企业产品标准备案的具体措施，以提高企业产品标准水平。

（二）突出重点，调整标准体系结构。以食品安全标准为重点，在吸收国家“十五”标准专项研究成果和组织专家论证的基础上，调整食品标准体系结构。今后，食品卫生标准的技术要求主要涉及农兽药残留限量、有害重金属限量、有害微生物和真菌毒素限量以及食品添加剂使用限量等方面要求；食品卫生标准参照国际食品法典委员会（CAC）等国际标准，原则上分类制定为国家强制性标准，以进一步提高通用性，便于其他标准引用；具体产品标准原则上不再单独制定卫生指标，所涉及的卫生要求引用相应的强制性国家卫生标准。

（三）加快食品标准的制修订，确保消费者的安全健康，满足市场需求。发布《全国食品标准2004—2005年发展计划》，并按照各部门职责对《计划》进行分解和落实。启动一批重要标准的修订，今明两年重点安排食品卫生、食品生产安全控制、重要产品等约400项标准的修订工作；安排约200项急需标准的制定计划，重点补充完善农药、兽药、生物激素、有害重金属元素、有害微生物限量和检验方法标准。

（四）加强标准的基础性研究和危险性评估等科学方法研究，提高标准的科学性和合理性。加强食品质量安全标准的前期研究，特别是开展食品中有毒有害物质残留限量、转基因产品安全评价以及检验方法等方面的标准研究，提高标准的科学性；根据国际国内食品市场发展的需要，加强食品标识、物流标准的前期研究，为规范食品流通领域正常秩序和保护消费者的安全创造条件；研究建立食品安全检测数据库，为标准的制修订提供依据；大力开展危险性评估等科学方法在标准制修订过程中应用的研究，以提高标准的合理性和有效性；积极开展利用标准手段保护国内食品市场的技术性贸易措施和跨越国外技术性贸易壁垒的研究，提高我国食品行业竞争力。

（五）加强对国际标准和国外先进标准的跟踪、研究和转化，提高标准的整体水平。加强对国际食品法典委员会（CAC）、国际标准化组织食品标准化技术委员会（ISO/TC34）、国际制酪业联合会（IDF）、国际葡萄酒局（OIV）等国际标准化组织发布的标准、指南等技术文件的搜集、分析和研究，对适合我国国情和发展需要的国际标准，要尽快转化为我国的标准；加大参与国际标准化活动的力度，增强我国对国际标准制定的影响力；积极引导企业实质性参与国际标准化活动，鼓励企业大力推行和使用采标标志，提高我国食品标准的整体水平。

（六）加强标准的宣贯和培训，强化食品安全标准的实施。加强标准的宣贯和培训工作，大力普及食品安全标准知识，通过开展各种类型的标准宣贯和标准化知识培训，使企业负责人和技术人员了解、熟悉标准，提高企业负责人标准化意识和质量意识；食品标准信息应及时向社会公开，便于企业和社会各方面查询，以提高食品生产企业的标准水平；加强对食品生产加工企业产品标准的备案管理，提高食品生产企业的标准水平；推动食品行业开展创建“标准化良好行为企业”工作，引导企业建立企业标准体系，促进企业管理水平和产品质量水平的提高；加强食品标准实施的监督检查，促使企业严格按照标准组织生产，提高企业执行标准的自觉性。

三、主要工作措施

（一）成立食品安全标准体系建设领导小组。由标准委牵头会同发展改革委、农业部、商务部、卫生部、食品药品监管局等部门成立的食品安全标准体系建设领导小组，统一领导食品安全标准体系建设工作；负责协调体系建设工作中的重大问题，并提出解决意见；督促和检查体系建设的进展情况。

（二）强化各部门食品安全标准体系建设的责任。食品安全标准体系建设需要各部门密切配合，各负其责。国家标准委负责对“清理与食品安全有关的产品和卫生标准，构建食品安全标准体系”工作的组织和协调；国务院各有关行业管理部门负责行业标准的清理。制修订和管理工作，协助做好国家标准的清理和制修订工作；各地标准化行政主管部门负责地方标准的清理、制修订和企业产品标准的备案管理工作，推动食品标准的实施，并对标准的实施情况进行监督。各部门开展上述工作，要在人员和资金等方面尽力提供保障，共同做好食品安全标准清理和体系建设工作。

（三）创新标准化工作机制。提高标准制修订工作的透明度和公众的参与程度，吸收有条件的社团、企业和专家参加标准的制修订工作，对于市场急需的重要标准要充分听取企业和社会各方面的意见；引导企业实质性参与国际标准化活动，鼓励有条件的企业参与国际标准的制修订工作；食品标准的计划立项、起草、审查等全过程要公开透明、协调一致；建立标准的反馈机制，对标准制修订和实施全过程的信息进行收集并处理。

（四）调整和组建与食品安全有关的标准化技术委员会。针对当前我国食品安全标准化工作发展的要求，在充分研究相关国际食品标准化组织构架的基础上，按照科学合理、分工明确的原则，建立健全相应的食品安全标准化技术委员会，标准化技术委员会要广泛吸收企业和社会各界专家参加。

（五）提高食品安全标准化工作人员素质。在全国范围内对标准化技术委员会、各级标准化行政主管部门和食品生产企业标准化技术人员开展标准化法律法规、标准化基本理论知识以及重要标准的宣传与培训工作。培训分层次进行，国家标准委主要负责标准化技术委员会和省级标准化机构的培训，各省组织所辖地区标准化行政管理人员和食品企业负责人、标准化技术人员的培训，争取经过 3 至 5 年的努力，培养出一批既有标准化知识又具备专业知识的业务骨干。

（六）加大对食品安全标准体系建设的投入。建立健全食品安全标准体系，任务繁重、工作量大，需要充足的经费支持。应积极争取国家财政支持，重点开展食品安全标准的制修订和基础性研究，同时多方开辟渠道，保障资金投入。

各有关部门要充分认识加强食品安全标准体系建设对于保障食品安全的重大意义，增强使命感和责任感，齐心协力，尽快建立健全食品安全标准体系，为确保我国食品安全和提高我国食品行业质量和竞争力打好技术基础。

软件过程能力及成熟度评估管理办法

(2005 年 3 月 2 日国家认监委 2005 年第 4 号公告发布)

第一条 为加强对软件过程能力及成熟度评估活动的管理，促进我国软件产业健康发展，根据《中华人民共和国认证认可条例》(以下简称条例)和国家有关产业政策，制定本办法。

第二条 本办法所称的软件过程能力及成熟度评估，是指由评估机构证明软件过程能力及成熟度符合相关技术规范和标准的认证活动。

本办法所称的评估机构是指经依法设立的从事软件过程能力及成熟度评估活动的认证机构。

第三条 在中华人民共和国境内从事软件过程能力及成熟度评估活动，应当遵守本办法。

第四条 国家对软件过程能力及成熟度实行统一评估制度。

第五条 国家认证认可监督管理委员会(以下简称国家认监委)负责软件过程能力及成熟度评估活动的统一管理、监督和综合协调工作。

国务院信息产业行政管理部门(以下简称信息产业部)负责软件过程能力及成熟度评估的有关产业政策及行业管理。

国家认监委会同信息产业部制定和发布软件过程能力及成熟度评估基本规范和相关技术规则，并共同对软件过程能力及成熟度评估制度的实施情况进行监督、指导。

第六条 从事软件过程能力及成熟度评估活动的评估机构应当经国家认监委批准，并依法取得法人资格后，方可从事批准范围内的评估活动。

第七条 设立评估机构应当符合下列条件：

(一) 有固定的场所和必要的设施；

（二）有符合软件过程能力及成熟度评估和认可要求的管理制度；

（三）注册资本不得少于 300 万元人民币；

（四）有 10 名以上具有软件过程能力及成熟度评估师资格的专职认证人员（其中至少一名为主任评估师资格）。

第八条 评估机构的申请和批准程序：

（一）设立评估机构的申请人（以下简称申请人）应当向国家认监委提出书面申请，并按照本办法第七条的规定提交相关证明文件。

（二）国家认监委受理申请后，应当将申请人的相关材料通报信息产业部，并征求信息产业部意见。

（三）国家认监委应当自受理申请之日起 90 日内，根据本办法第七条的规定和信息产业部意见，作出是否批准的决定。决定批准的，向申请人出具批准文件，决定不予批准的，应当书面告知申请人，并说明理由。

（四）申请人凭国家认监委的批准文件，依法办理登记手续。

国家认监委应当公布依法设立的评估机构的名录，并书面通报信息产业部。

第九条 在境内已经开展软件过程能力及成熟度评估活动的单位和个人，应当自本办法公布后 90 日内向国家认监委提出申请，并按照本办法第六条、第七条、第八条的规定办理有关手续。

第十条 从事软件过程能力及成熟度评估活动的人员应当取得评估师资格并经注册后，方可从事相应的评估活动。

中国认证人员与培训机构国家认可委员会具体负责评估师的注册工作，并会同信息产业部指定的专业机构制定评估师指定培训课程的有关要求。

第十一条 评估师分为实习评估师、评估师和主任评估师。

第十二条 申请评估师应当符合下列条件：

（一）在一个评估机构从事专职或者兼职工作；

（二）具有相关专业大学本科以上学历；

（三）经评估师指定课程的培训，并取得培训合格证书；

（四）评估师至少有 5 年信息系统、软件项目管理和软件工程经历，并取得国家规定的专业技术资格，在申请前 2 年内参加过不少于 2 次软件能力成熟度评估；

（五）主任评估师至少有 10 年信息系统、软件项目管理和软件工程经历，并取得国家规定的专业技术资格，在申请前 2 年内参加过不少于 2 次软件能力成熟度评估（其中至少担任 1 次评估组组长）。

第十三条 评估机构应当按照国家认监委和信息产业部联合发布的《软件过程及能力成熟度评估指南》及相关评估基本规范、技术规则开展评估活动，并对评估结果的真实性和可信性负责。

第十四条 评估机构应当建立推荐、聘用、管理、保持与提高评估人员业务能力的程序，评估人员仅代表评估机构提供评估服务。

第十五条 任何从事软件开发的法人、组织和个人可以自愿委托依法设立的评估机构进行软件过程能力及成熟度评估。

评估的用途可以包括企业内部软件过程能力改进、合同供应商的选择，以及软件项目实施过程的监督。

国家在软件产品政府采购及国家信息系统工程项目招标时，优先选择软件能力达到规定成熟度等级的企业。

第十六条 国家认监委会同信息产业部采取组织同行评议，向被评估企业征求意见，对评估活动和评估结果进行抽查，要求评估机构报告业务活动情况等方式，对其遵守条例和贯彻产业政策的情况进行监督。

第十七条 信息产业部对软件过程能力及成熟度评估活动的有效性进行年度分析和评价，并向国家认监委提出评估管理的意见和建议。

第十八条 评估机构应当将评估结果向信息产业部备案，信息产业部对涉及商业秘密的备案内容予以保密。

第十九条 评估机构及其评估人员取得境外认可机构认可、注册的，应当向国家认监委备案。

第二十条 信息产业部将依据国家产业发展政策，对软件能力评估技术的研究、推广和应用给予必要的支持。

第二十一条 软件过程能力及成熟度评估收费管理办法按国家有关规定执行。

第二十二条 对于违反本办法的，按照国家有关认证认可法律、行政法规和部门规章予以处罚。

第二十三条 本办法由国家认监委和信息产业部负责解释。

第二十四条 本办法自 2005 年 4 月 1 日起施行。

认证认可科技与标准化工作管理规定(试行)

(2005 年 5 月 19 日国认科[2005]36 号发布)

第一章　总　　则

第一条　为规范和加强认证认可及其相关领域的科技与标准化管理工作,充分发挥认证认可科技与标准化工作的技术支撑作用,促进认证认可更好地为经济和社会发展服务,根据《中华人民共和国科学技术进步法》、《中华人民共和国标准化法》、《中华人民共和国认证认可条例》和国家其他有关法律法规,制定本规定。

第二条　本规定所称科技工作,是指与认证认可工作相关的科学研究、技术创新、科技信息、高新技术的开发与应用、科技成果的推广与转化、科技环境建设以及科技合作与交流等工作。

本规定所称标准化工作,是指规范和指导认证认可活动所需标准类文件的制修订、宣贯、实施和监督等工作。

本规定所称标准类文件是指标准(狭义)、准则、指南、技术规范以及其他标准性技术文件等。

第三条　本规定适用于与认证认可工作相关的科技与标准化工作的规划、实施、监督和管理。

第四条　国家认证认可监督管理委员会(以下简称国家认监委)归口管理、监督和综合协调认证认可领域的科技工作与标准化工作。

认证认可科学技术委员会(以下简称认证认可科技委)在国家质量监督检验检疫总局(以下简称国家质检总局)科学技术委员会的指导下开展认证认可领域的科技工作;全国认证认可标准化技术委员会(以下简称认证认可标委会)在国家标准化管理委员会(以下简称国家标准委)的领导下,归口管理认证认可领域的标准化工作。

认证机构、认可机构和地方质检部门是认证认可科技与标准化工作的实施主体。

鼓励认证认可相关各方,包括行业主管部门、行业协会、检测机构、科研机构、企业、消费者等，积极参与认证认可科技与标准化工作。

第五条 认证认可科技与标准化工作的主要内容是：

（一）加强认证认可发展基础性、前瞻性、应用性理论和技术研究，积极对我国认证认可制度、模式进行探索与创新；

（二）积极组织和参与国际、国内标准化活动，建立和完善既与国际接轨又符合中国实际的认证认可标准体系；

（三）促进认证认可科技成果及时、有效转化为国家标准，并实现我国在优势领域主导制定国际标准；

（四）建立激励机制，加强对科技与标准化人才的选拔、培养和使用；

（五）加强对认证认可科技与标准化工作的宣传和信息化建设，实现科学、高效管理与信息共享。

第二章 机构与职责

第六条 国家认监委履行以下职责：

（一）贯彻国家有关科技进步和标准化方面的方针、政策和法律、法规，组织制定认证认可领域科技与标准化工作的政策和规范性文件；

（二）制定认证认可科技与标准化工作发展规划和工作计划并组织实施；

（三）负责认证认可科技项目、标准制修订项目的归口管理工作；

（四）负责认证认可科技与标准化工作经费的预算和管理；

（五）负责认证认可科技与标准化成果的奖励和推广应用；

（六）组织认证认可科技与标准化方面的国内外学术交流和技术培训；

（七）负责认证认可科技与标准化保密管理工作；

（八）负责认证认可科技委和认证认可标委会的组建和日常管理工作。

第七条 参与认证认可科技与标准化工作的相关单位应当：

（一）加强对科技与标准化工作的组织和管理，为科技与标准化工作的开展提供必要的人、财、物等资源保障；

（二）组织实施国家认监委下达的各项科技与标准制修订项目计划并按时完成；

（三）负责所承担项目经费使用情况的管理。

第三章 资源保障

第八条 国家认监委应当加强对认证认可科技委和认证认可标委会的管理与使用，充分发挥两个委员会的技术支持作用，广泛吸纳各行业专家。

第九条 国家认监委应当加强对科技与标准化专业人才和管理人才的培养和使用，激发他们的积极性和创造性，不断提高认证认可科技与标准化工作水平。

第十条 认证认可相关机构的技术人员应当勇于创新，注重诚信，积极参与科技与标准化工作。

第十一条 国家认监委应当对科技和标准制修订项目计划给予适当的经费补助。

第十二条 科技与标准化项目承担机构应当保证所承担项目配套资金的落实，并根据业务发展，不断增加科技与标准化资金投入。

第十三条 国家认监委和参与认证认可科技与标准化工作的相关单位应当积极采取措施，多渠道、多层次地筹集科技与标准化工作资金。

第十四条 科技与标准化工作经费必须专款专用、合理使用并严格管理，提高经费的使用效能。

第四章 奖励与处罚

第十五条 国家认监委负责建立认证认可科技与标准化工作奖励机制，并对优秀的科技与标准化成果以及在科技与标准化工作中成绩突出的单位和个人给予奖励和表彰。

第十六条 对在认证认可科技与标准化工作中发生的违规违纪行为，国家认监委将按照有关规定做出处罚，并对相关责任方（人）建立信用不良记录。

第五章 附 则

第十七条 本规定由国家认监委负责解释。

第十八条 本规定自发布之日起实行。

附件（略）

认证认可科技项目管理办法(试行)

(2005 年 5 月 19 日国认科[2005]36 号发布)

第一章 总 则

第一条 为规范认证认可及其相关领域科技项目的管理,促进认证认可科技进步,根据《关于国家科研计划实施课题制管理的规定》、《国家质量监督检验检疫总局科技项目管理办法》、《认证认可科技与标准化工作管理规定(试行)》以及其他有关规定,制定本办法。

第二条 本办法规定的科技项目(以下简称项目)是指由国家认证认可监督管理委员会(以下简称国家认监委)批准,科技主管部门下达,由相关机构承担并在一定时间周期内进行的认证认可科学技术研究活动。申报国家科技部、国家质量监督检验检疫总局(以下简称国家质检总局)或其他部门的项目按照国家或相关部门科技项目管理的有关规定执行。

第三条 本办法适用于认证认可及其相关领域科技项目的立项、实施管理、成果鉴定或项目验收以及项目经费管理等工作。

第二章 机构职责

第四条 国家认监委科技主管部门负责认证认可及其相关领域科技项目的管理工作,履行以下职责:

(一) 贯彻执行国家科技部、国家质检总局和国家认监委的各项科技管理规定,组织建立认证认可及相关领域科技项目管理的规范性文件,负责项目立项工作的政策性指导;

(二) 负责组织申报国家科技部、国家质检总局等的科技项目,并对下达计划项目的实施过程进行监督管理;

(三) 负责国家认监委科技项目的组织申报和审议工作,编制、下达国家认监委批准的年度项目计划,负责项目经费预算的审核并提出项目经费预算计划,监督检查项目执行情况、经费使用情况并组织成果鉴定或项目验收；

（四）参与拟定国际科技合作项目协议，对项目的实施进行督促、指导；

（五）对项目承担机构的科技项目管理工作提供帮助与指导；

（六）负责与国家科技部、国家质检总局或其他行业科技主管部门的对口业务联络工作；

（七）负责协调科技项目承担机构之间的项目活动。

第五条 各直属出入境检验检疫局和各省、直辖市、自治区质量技术监督局，负责本单位及下属机构认证认可科技项目的管理工作，履行以下职责：

（一）贯彻执行国家质检总局和国家认监委有关科技管理规定；

（二）负责组织本单位及下属机构的科技项目申报工作，并按照要求汇总上报项目计划书及相关材料；

（三）负责本单位所承担科技项目的组织实施及下属机构科技项目计划执行情况的管理和监督；

（四）负责对本单位及下属机构科技项目经费使用情况的管理。

第六条 申请承担国家认监委科技项目的机构（以下简称“项目承担机构”），包括国家认监委委内部门、认证机构、认可机构、地方质检部门以及其他相关单位，负责组织实施所承担项目的研究，履行以下职责：

（一）贯彻执行国家认监委有关科技管理规定；

（二）负责本机构科技项目的申报工作，并按照要求上报项目计划书及相关材料；

（三）负责组织实施所承担的科技项目，保质保量、按时完成计划；

（四）对计划项目的实施提供配套资金，并负责全部项目经费的管理和合理使用；

（五）接受国家认监委科技主管部门对项目执行情况、经费使用情况的监督检查，并按照要求上报相关材料。

第三章 项目立项

第七条 项目立项一般采用计划申报方式，急需决策和实施的特殊项目可以履行快速立项审批程序。

第八条 项目立项一般应当包括申报、审查和批准下达三个基本过程。

第九条 国家认监委负责建立专家审查和政府决策相结合的立项审批机制，确保立项的科学性。

第十条 项目立项原则

（一）坚持科技为认证认可工作服务，注重基础性、前瞻性和应用性研究；

（二）坚持科技高起点，鼓励采用国际先进的认证认可理论与技术，填补我国认证认可理论和技术领域空白；

（三）坚持理论研究与技术创新并举，以解决认证认可工作中急需解决的关键性理论和技术问题为重点。

第十一条 项目申报

任何单位或个人均可根据项目申请条件和立项原则提出项目申请，经其所在机构批准后，向国家认监委科技主管部门申报。

申报材料应当包括：

（一）非软科学的项目填报《国家认证认可监督管理委员会科技项目计划任务书》（格式见附件一）；软科学的项目填报《国家认证认可监督管理委员会软科学研究项目计划任务书》（格式见附件二）；

（二）附科技成果查新报告或其他相关说明材料；

（三）填报《＊＊＊＊年度国家认证认可监督管理委员会科技项目计划汇总表》（格式见附件三）。

第十二条 项目审查

国家认监委科技主管部门负责组织有关专家根据立项原则对申报项目进行技术审查。技术审查的主要内容包括：

（一）立项的必要性和紧迫性；

（二）项目实施技术路线的科学性、合理性、先进性；

（三）项目负责人及参加人员的科研能力、管理能力和专业技术水平是否与拟申报立项项目相适应；

（四）一个项目只能且必须确立一个依托单位，依托单位必须具备必要的项目实施条件，有健全的科研管理制度、财务管理制度、资产管理制度和会计核算制度。

第十三条 项目批准及下达

国家认监委科技主管部门根据技术审查的结果提出年度项目计划及年度项目经费预算计划，经报国家认监委批准后下达。

国家认监委科技主管部门根据认证认可事业发展需求，酌情选择具有国际国内先进性、超前性的项目，确定为国家认监委重点攻关项目。

国家认监委科技主管部门对上报的项目计划任务书进行批复，批复结论分为“批准立项”、“不批准立项”或“需作复议”。对“需作复议”的项目，项目申请机构应对有关内容进行必要的修改，并在规定时间内将修改完善后的项目计划任务书重新上报国家认监委科技主管部门。

国家认监委科技主管部门负责编制和下达《国家认证认可监督管理委员会＊＊＊＊年度科技项目计划》。

第四章 项目实施管理

第十四条 国家认监委科技项目计划一般按照项目开展管理。项目采取确定目标、滚动立项、分年度实施的管理方式，实施周期一般不超过三年。

第十五条 各项目承担机构负责组织实施本机构承担的项目；几个机构共同参加的，由项目负责机构组织实施；重点攻关项目，由国家认监委科技主管部门负责协调，会同项目承担机构共同组织实施。

第十六条 各项目承担机构应当加强科技项目计划实施的管理工作，切实维护国家认监委科技项目计划的严肃性。

承担国家认监委重点攻关项目及国家科技项目、国家质检总局科技项目的机构，每季度应当向国家认监委上报项目进展情况；承担其他项目的机构，每半年应当向国家认监委上报项目进展情况，上报时间为 7 月底前及 12 月底前。

国家认监委科技主管部门应当定期或不定期检查项目计划的实施情况，并通报科技项目计划的总体执行情况。

第十七条 项目的变更

科研计划项目在实施过程中，项目的计划目标、技术路线、主要研究内容、研究进度、经费预算、承担机构或主要承担人以及其他可能影响课题顺利完成的重大事项发生变动，项目承担机构应提出书面申请报告（格式见附件四），并经所在机构审核、批准后，报国家认监委科技主管部门审批。

国家认监委科研计划项目在实施过程中如确因不可抗拒的原因无法完成，须申请撤销（结题）。项目承担机构应当提出“科研项目结题申请报告”，并提交以下材料：

（一）项目实施情况，已完成的科研工作；

（二）已撰写和发表的论文或技术报告；

（三）项目经费使用情况（项目承担机构财务部门审核）；

（四）结题报告；

（五）产生的经济效益，收益、分配情况等与项目有关的其他材料。

申请、审批程序与科研项目立项相同。

第十八条 列入国家认监委科技项目年度计划的项目，按经费来源分为三类：第一类是由认监委提供全部经费的项目；第二类是由认监委提供部分经费的项目；第三类是认监委不提供经费的项目。第二类项目的承担机构负责落实配套经费，第三类项目的承担单位负责筹集项目实施所需要的所有经费。

第十九条 项目承担机构对科技项目经费必须实行专项管理、保证专款专用。要确保经费合理使用，提高经费的使用效能。

第二十条 对申请撤销由认监委提供经费的项目，项目承担机构应当经财务审核后返还剩余的经费。

第五章 鉴定、验收及成果管理

第二十一条 国家认监委批准下达的项目由国家认监委科技主管部门按照有关规定组织鉴定或验收，批准成果登记。

第二十二条 对符合国家科技部《科技成果登记办法》规定登记条件的科研成果，按照国家质检总局科技成果登记有关规定进行登记，以便科技成果及时登录到国家科技成果数据库。

第二十三条 国家认监委批准下达的科技项目，无故逾期未完成的，国家认监委将撤销该计划项目。对国家认监委提供经费的项目按全额收回经费。

第二十四条 国家认监委和各项目承担机构应当按照国家有关科技

政策，采取有计划推广和通过技术市场转让等方式，积极进行科技成果的转化与推广应用。

对国民经济和认证认可工作影响较大，经济、社会效益明显并具备一定推广基础及条件的科研成果，择优纳入国家认监委“科技成果应用推广计划”。

第六章 附 则

第二十五条 有关机构可根据本办法，结合本机构具体情况制定相应管理规定。

第二十六条 本办法由国家认监委负责解释。

第二十七条 本办法自发布之日起实行。

附件（略）

特种设备行政许可鉴定评审管理与监督规则

（2005年6月8日国质检特[2005]220号发布）

第一章 总 则

第一条 为了加强特种设备行政许可鉴定评审机构的管理与监督，规范鉴定评审活动，保证鉴定评审质量，制定本规则。

第二条 特种设备行政许可鉴定评审，是指对申请特种设备设计、制造、安装、改造、维修、充装和检验检测的单位（以下统称申请单位），是否符合许可条件所进行的现场技术鉴定和条件审查工作。

第三条 特种设备行政许可鉴定评审工作，由国家质检总局和省级质量技术监督部门（以下统称许可实施机关）分别确定的，并经国家质检总局统一公布的鉴定评审机构进行。

第四条 鉴定评审机构应当按照有关特种设备行政许可鉴定评审的实施细则，严格依据国家有关法律、法规、规章、安全技术规范和标准的要求实施鉴定评审，为许可实施机关提供准确、客观的鉴定评审结论。

鉴定评审机构对鉴定评审结论负责。

第五条 特种设备行政许可鉴定评审工作应当按照公开、公平、公正和便民高效的原则进行。严禁鉴定评审机构及其工作人员在鉴定评审工作中弄虚作假、牟取私利。

第六条 许可实施机关应当加强对鉴定评审机构的管理与监督，对违反规定的及时予以处理。

各级质量技术监督部门负责对本行政区域内的鉴定评审工作进行监督。

第二章 鉴定评审机构的确定和人员考核

第七条 许可实施机关根据统筹规划、合理布局的原则，按照各自所负责实施的许可项目，确定鉴定评审机构。每个许可项目一般不得少于2个鉴定评审机构。

第八条 鉴定评审机构应当具备以下条件：

（一）有10名以上考核合格的鉴定评审人员，且每个评审项目至少有3名鉴定评审人员；

（二）鉴定评审机构的技术负责人应当具有高级工程师职称，有5年以上特种设备相关工作经历；

（三）具有必要的办公场所、工作设施、文件资料保存设施等工作条件；

（四）建立与鉴定评审工作项目相适应的质量管理体系，编制质量手册、工作程序和指南，建立人员管理、文档管理等制度；

（五）具有满足鉴定评审工作需要的相应的法律、法规、规章、安全技术规范及标准。

鉴定评审机构不得从事特种设备设计、制造、安装、改造、维修以及销售活动，不得与被鉴定评审单位存在资产、业务、管理等方面的利益关系。

承担检验检测机构核准鉴定评审工作的鉴定评审机构，不得从事特种设备检验检测工作。

第九条 申请鉴定评审工作的机构，应当向许可实施机关提交以下资料：

（一）特种设备鉴定评审机构申报表（见附件1）；

（二）机构主要负责人、技术负责人、鉴定评审组长人选和鉴定评审人员情况；

（三）机构性质证明文件（复印件）；

（四）质量管理手册；

（五）前条规定的各项制度目录及相应的法律、法规、规章和安全技术规范目录；

（六）工作条件及技术能力说明材料等。

第十条 许可实施机关对提交的资料进行审核，必要时应当进行实地验证。

第十一条 鉴定评审人员由国家质检总局负责组织考核，考核内容按照国家质检总局颁发的考核大纲进行。考核合格人员由国家质检总局统一公布。鉴定评审人员考核分类见附件2。

第十二条 鉴定评审人员应当符合以下条件：

（一）熟悉特种设备安全质量管理，掌握特种设备有关法律、法规、安全技术规范和标准；

（二）了解与鉴定评审项目相关的生产、检验检测工作管理要求、工艺流程、检验试验方法；

（三）具有工程师以上职称，有5年以上与所从事鉴定评审项目相关的特种设备生产、检验检测或安全管理工作经历，能够根据鉴定评审情况做出符合性判断。

第十三条 鉴定评审机构聘请鉴定评审人员须签订聘任合同，且聘用期不得少于1年。

鉴定评审人员只能受聘于1个鉴定评审机构。

第三章 鉴定评审工作程序及要求

第十四条 申请单位在取得许可受理后，根据国家质检总局公布的鉴定评审机构名单，约请鉴定评审机构进行鉴定评审。

申请单位约请未经国家质检总局公布的鉴定评审机构进行鉴定评审，或者鉴定评审机构超范围进行鉴定评审的，其鉴定评审报告无效。

第十五条 申请单位约请鉴定评审，应当按照有关要求准备鉴定评审所需的设计文件、产品等，并向鉴定评审机构提交以下资料：

(一)《特种设备鉴定评审约请函》(见附件 3);

(二) 特种设备行政许可申请书(已签署受理意见);

(三) 质量管理手册。

按照相关安全技术规范的规定需要进行型式试验、试生产、试检验检测的,应当在约请前完成相关工作。

第十六条 鉴定评审机构收到约请后,应当对提交的资料进行确认,不符合规定的,应当当场或者在 10 个工作日内一次性告知申请单位需要补正的全部内容;符合规定的,应当在 10 个工作日内作出鉴定评审的工作日程安排,并与申请单位商定具体的鉴定评审日期。

鉴定评审机构收到约请后,认为不能在规定时间内完成鉴定评审工作或者因其他原因不接受约请的,应当在约请函上签署意见,于 5 个工作日内书面告知申请单位,并退回提交的资料。

第十七条 鉴定评审机构应当自约请确定之日起 3 个月内完成现场鉴定评审工作。

因申请单位自身原因或者因自然灾害、疫情等不可抗力造成的鉴定评审迟延,不受上述期限限制。

第十八条 鉴定评审机构应当在鉴定评审实施日期的 7 日前,向约请单位寄发《特种设备鉴定评审通知函》(见附件 4),并抄送许可实施机关及其下一级质量技术监督部门。

第十九条 鉴定评审组一般由 3 名以上鉴定评审人员组成,最多不得超过 5 人。现场鉴定评审时,鉴定评审人员应当佩戴鉴定评审人员证件卡(见附件 5)。

鉴定评审组长应当具有高级工程师以上职称,并有 5 年以上相关工作经历和较强的组织能力。

第二十条 鉴定评审人员应当与申请单位没有利害关系。

申请单位有正当理由认为鉴定评审组的组成不利于鉴定评审的公正性或者不能保护申请单位的商业秘密时,应当在鉴定评审工作开展前书面向鉴定评审机构提出,鉴定评审机构应当对鉴定评审人员予以重新安排。

第二十一条 鉴定评审工作按照有关安全技术规范进行,并评价是否满足相关安全技术规范和标准的要求。

第二十二条 现场鉴定评审工作一般应当在2至3个工作日内完成，特殊情况下最长不得超过5个工作日。

第二十三条 经鉴定评审，发现实际情况与申请资料严重不符，鉴定评审机构应当停止鉴定评审工作，并报告许可实施机关。

鉴定评审工作结束时，鉴定评审组确认申请单位不符合规定的条件时，可以向申请单位通报鉴定评审发现的问题，签署《特种设备鉴定评审工作备忘录》(见附件6)，并告知其申诉的权利、途径和申诉的时限。

第二十四条 鉴定评审组应当按照有关规定做好鉴定评审记录。

现场鉴定评审工作结束，鉴定评审组应当向鉴定评审机构提交鉴定评审工作报告、鉴定评审记录及其相关的见证材料，并对鉴定评审工作报告的真实性负责。

第二十五条 鉴定评审机构应当在现场鉴定评审工作结束后的20个工作日内出具鉴定评审报告。

鉴定评审结论要求申请单位整改的，自整改结果确认后10个工作日内出具鉴定评审报告。

第二十六条 鉴定评审机构应当对所使用的鉴定评审资料，包括申请书、申请单位提供的相关资料、鉴定评审记录、鉴定评审报告等，妥善保存归档，保存期限不少于5年。

第二十七条 鉴定评审机构应当加强对鉴定评审工作的管理，确保鉴定评审工作能够按照鉴定评审机构质量管理体系、相关管理制度的要求进行。

第二十八条 鉴定评审机构应当遵守以下规定：

(一) 不准将鉴定评审工作转给其他机构进行；

(二) 不准聘用无资格的人员进行鉴定评审工作；

(三) 不准对接受约请的申请单位进行有偿咨询；

(四) 不准利用鉴定评审之机盗取或者泄漏申请单位的商业秘密；

(五) 不准超出国家有关规定收取鉴定评审费用；

(六) 不准参与申请单位特种设备生产、销售等经营性活动；

(七) 不准借鉴定评审之机推销产品；

(八) 不准借鉴定评审之机要求申请单位将型式试验、监督检验、无损检测等工作委托本机构进行；

（九）不准违反相关安全技术规范的要求，擅自增加或者减少鉴定评审内容，擅自提高或者降低鉴定评审要求；

（十）不准超出确定的范围从事鉴定评审工作，或者不按照受理的许可项目进行鉴定评审。

第二十九条 鉴定评审人员在从事鉴定评审工作时，应当严格遵守以下规定：

（一）不准接受申请单位赠送的任何有价证券、礼品和现金；

（二）不准要求申请单位报销应当由个人支付的票据；

（三）不准参加任何由申请单位付费的经营性娱乐活动；

（四）不准以个人名义向约请的申请单位提供有偿咨询；

（五）不准泄露申请单位的商业秘密；

（六）不准参与申请单位的特种设备生产、销售等经营性活动；

（七）不准借评审之机推销产品。

第三十条 申请单位对鉴定评审工作有异议时，可以向许可实施机关申诉。许可实施机关应当予以调查处理，并将调查处理结果告知申请单位。

第四章 监督管理

第三十一条 鉴定评审机构应当主动接受国家质检总局和各级质量技术监督部门的监督检查。

第三十二条 许可实施机关或者当地质量技术监督部门可以派代表赴现场监督鉴定评审工作过程，但不得参与鉴定评审工作，影响鉴定评审结论。

第三十三条 各级质量技术监督部门发现鉴定评审行为违反有关规定时，应当及时向许可实施机关报告。

第三十四条 鉴定评审机构应当于每年年底前，将本年度的鉴定评审工作总结上报相应的许可实施机关。

第三十五条 许可实施机关应当定期组织或委托有关单位对鉴定评审工作质量进行监督抽查。对每个鉴定评审机构的监督抽查，一般每2年不少于1次。

第三十六条 许可实施机关应当在受理许可申请时，向申请单位发送鉴定评审工作征求意见表，以便了解、分析、改进鉴定评审工作，查处有关违规行为。

第三十七条 鉴定评审机构的名称、法定代表人、技术负责人、办公地址、所有制性质、隶属关系等发生变更，以及鉴定评审人员发生重大变化时，应当在30日内向相关许可实施机关备案。

第三十八条 鉴定评审机构有下列行为之一的，由许可实施机关给予警告或者通报批评；情节严重的，停止鉴定评审工作：

（一）鉴定评审工作质量低劣，或者鉴定评审工作中出现较大失误，并引起严重后果的；

（二）出具失实鉴定评审报告的；

（三）鉴定评审机构不再符合规定条件或者抽查不合格的；

（四）从事影响鉴定评审工作公正性活动的；

（五）未按照规定时限实施鉴定评审工作的；

（六）未按照规定报告年度鉴定评审工作总结，或者鉴定评审机构发生重大变化不及时向许可实施机关备案的。

鉴定评审机构违反第二十八条规定的，参照前款规定处理。

第三十九条 鉴定评审人员在鉴定评审工作中违反第二十九条规定的，由鉴定评审机构对责任人员进行处理，并及时将处理结果报告许可实施机关。

许可实施机关发现鉴定评审人员有违规行为或者接到相关报告，应当督促鉴定评审机构加强管理，并根据具体情况对鉴定评审机构和鉴定评审人员给予警告、通报批评；情节严重的，停止鉴定评审机构和鉴定评审人员的鉴定评审工作。

第五章 附 则

第四十条 境外特种设备行政许可鉴定评审工作的管理与监督，参照本规则执行。

第四十一条 鉴定评审收费按照国家有关规定执行。

第四十二条 本规定由国家质检总局负责解释。

第四十三条 本规定自印发之日起施行。

附件 1

特种设备鉴定评审机构
申　报　表

申报单位：____________（公章）____________

申报日期：______________________________

国家质量监督检验检疫总局制

<table>
<tr><th colspan="4">基 本 情 况</th></tr>
<tr><td>机构名称</td><td colspan="3"></td></tr>
<tr><td>单位地址</td><td colspan="3"></td></tr>
<tr><td>组织机构代码</td><td></td><td>负责人</td><td></td></tr>
<tr><td>邮政编码</td><td></td><td>电　　话</td><td></td></tr>
<tr><td>传　　真</td><td></td><td>电子邮箱</td><td></td></tr>
<tr><td>所属行业</td><td></td><td>单位性质</td><td></td></tr>
<tr><td>申报类别</td><td colspan="3">（首次、第次、变更）</td></tr>
</table>

<table>
<tr><th colspan="5">鉴定评审项目</th></tr>
<tr><td>项目</td><td>设备种类</td><td>设备类别</td><td>原有</td><td>新增</td></tr>
<tr><td></td><td></td><td></td><td></td><td></td></tr>
<tr><td></td><td></td><td></td><td></td><td></td></tr>
<tr><td></td><td></td><td></td><td></td><td></td></tr>
<tr><td></td><td></td><td></td><td></td><td></td></tr>
<tr><td></td><td></td><td></td><td></td><td></td></tr>
<tr><td></td><td></td><td></td><td></td><td></td></tr>
<tr><td></td><td></td><td></td><td></td><td></td></tr>
<tr><td></td><td></td><td></td><td></td><td></td></tr>
<tr><td></td><td></td><td></td><td></td><td></td></tr>
<tr><td></td><td></td><td></td><td></td><td></td></tr>
<tr><td></td><td></td><td></td><td></td><td></td></tr>
</table>

<table>
<tr><th>申报人申明与签署</th></tr>
<tr><td>在此，我声明本单位的成立符合中华人民共和国的有关规定，当前没有对办理鉴定评审具有影响的法律诉讼等司法纠纷或者正在接受有关司法限制与处罚。现按照规定申请开展相关项目的鉴定评审工作，所填写的内容真实，并接受审查。在获得确定后，严格执行有关规定，保证鉴定评审工作质量，接受监督管理。

申报机构负责人：　　　　职务：　　　　日期：</td></tr>
</table>

<table>
<tr><th>主管部门意见</th></tr>
<tr><td>

主管部门负责人：　　　　　　单位(公章)　　　　　　日期：</td></tr>
<tr><th>确定部门意见</th></tr>
<tr><td>

负责人：　　　　　　　　　　　　　　日　期：

（专用章）

确定编号：

</td></tr>
</table>

鉴定评审工作业绩(近四年)			
序号	日期	被鉴定评审单位	鉴定评审项目

鉴定评审人员					
姓名	评审职务	证书编号	职称	专业	备　注

注:评审职务按照鉴定评审组组长、评审员顺序填写

附件 2

特种设备鉴定评审人员考核分类表

序号	鉴定评审项目	鉴定评审人员分类名称	鉴定评审范围
1	设计	压力容器设计鉴定评审员(代号 RSP)	第一、二、三类压力容器设计单位、压力容器分析设计单位
2		压力管道设计鉴定评审员(代号 DSP)	长输管道设计单位、公用管道设计单位、工业管道设计单位
3	制造、安装维修改造	锅炉鉴定评审员(代号 GZP)	锅炉(A、B、C、D 级锅炉和有机热载体锅炉)制造单位、全部级别锅炉安装、维修、改造单位
4		压力容器鉴定评审员(代号 RZP)	压力容器(A、B、C、D 级)制造单位、全部级别压力容器安装、维修、改造单位、安全附件制造单位
5		压力管道鉴定评审员(代号 DZP)	压力管道元件制造单位、压力管道安装单位
6		电梯鉴定评审员(代号 TZP)	全部电梯制造、安装、维修、改造单位
7		起重机械鉴定评审员(代号 QZP)	全部起重机械制造、安装、维修、改造单位
8		客运索道鉴定评审员(代号 SZP)	全部客运索道制造、安装、维修、改造单位
9		游乐设施鉴定评审员(代号 YZP)	全部游乐设施制造、安装、维修、改造单位
10		场(厂)内机动车鉴定评审员(代号 NZP)	全部场(厂)内机动车制造、安装、维修、改造单位
11	检验检测	检验检测机构鉴定评审员(代号 JYP)	全部检验检测机构(含型式试验机构、无损检测单位)、气瓶检验单位
12	气体充装	气体充装鉴定评审员(代号 CZP)	气体充装

附件 3

特种设备鉴定评审约请函

______（鉴定评审机构名称）______：

我单位的__________申请已经被受理，申请受理号为____________。现特约请进行鉴定评审，请给予安排。

拟约请鉴定评审日期：　　年　　月　　日至　　年　　月　　日

申请单位名称：________________________________

通讯地址：________________________________

联系人：____________________电　话：____________________

邮政编码：____________________传　真：____________________

电子信箱：____________________

申请单位法定代表（负责）人：　　　　　日期：

（单位公章）

鉴定评审机构意见：

最终确定的鉴定评审日期：　　年　　月　　日至　　年　　月　　日

鉴定评审机构负责人：　　　　　日期：

（机构公章）

注：本表一式三份，鉴定评审机构签署意见后，返回申请单位一份，抄报受理部门一份，鉴定评审机构存档一份。

附件 4

特种设备鉴定评审通知函

编号：

________（申请单位名称）________：

经协商，定于______年______月______日至______年______月______日对你单位进行现场鉴定评审，请做好有关准备。

对日期安排、鉴定评审组人员组成如有意见，请在收到本通知函的 5 个工作日内提出书面意见。

鉴定评审机构：

年 月 日

（机构公章）

附：鉴定评审组成员名单

姓名	性别	所属单位	鉴定评审组中职务	证书号

注：本通知函一式四份，一份送申请单位，一份送许可实施机关，一份送许可实施机关下一级质量技术监督部门，一份鉴定评审机构存档。

附件5

特种设备行政许可鉴定评审人员证件卡（正面）

特种设备行政许可鉴定评审人员证

二寸照片

姓　　名：

证书编号：

聘任单位：

特种设备行政许可鉴定评审人员证件卡（反面）

批准鉴定评审项目			
项目	种类	鉴定评审范围	有效期

附件 6

特种设备鉴定评审工作备忘录

编号：

<table>
<tr><td>

由________(鉴定评审机构)________派出的鉴定评审组于______年______月______日至______年______月______日对________(申请单位名称)________进行了(许可项目)________的鉴定评审，现就本次鉴定评审中发现的问题，做出如下记录，并提出相关建议：

鉴定评审组已经就上述问题或者建议与申请单位交换了意见，并且得到了确认。

</td></tr>
<tr><td>鉴定评审组组长：　　　　　　　　　　　　　日期：</td></tr>
<tr><td>申请单位负责人：　　　　　　　　　　　　　日期：</td></tr>
</table>

中华人民共和国依法管理的计量器具目录（型式批准部分）

（2005年10月8日国家质检总局2005年第145号公告发布）

1. 测距仪：光电测距仪、超声波测距仪、手持式激光测距仪；

2. 经纬仪：光学经纬仪、电子经纬仪；

3. 全站仪：全站型电子速测仪；

4. 水准仪：水准仪；

5. 测地型GPS接收机：测地型GPS接收机；

6. 液位计：液位计；

7. 测厚仪：超声波测厚仪、X射线测厚仪、电涡流式测厚仪、磁阻法测厚仪、γ射线厚度计；

8. 体温计：测量人体温度的红外温度计（红外耳温计、红外人体表面温度快速筛检仪）；

9. 辐射温度计：工作用全辐射感温器、工作用辐射温度计、500℃以下工作用辐射温度计；

10. 天平：非自动天平；

11. 非自动衡器：非自动秤、非自行指示轨道衡、数字指示轨道衡；

12. 自动衡器：重力式自动装料衡器、连续累计自动衡器（皮带秤）、非连续累计自动衡器、动态汽车衡（车辆总重计量）、动态称量轨道衡、核子皮带秤；

13. 称重传感器：称重传感器；

14. 称重显示器：数字称重显示器；

15. 加油机：燃油加油机；

16. 加气机：液化石油气加气机、压缩天然气加气机；

17. 流量计：差压式流量计、速度式流量计、液体容积式流量计、转子流量计、靶式流量变送器、临界流流量计、质量流量计、气体层流流量传感器、气体腰轮流量计、明渠堰槽流量计；

18. 水表：冷水表、热水表；

19. 燃气表：膜式煤气表；

20. 热能表：热能表；

21. 风速表：轻便三杯风向风速表、轻便磁感风向风速表、电接风向风速仪；

22. 血压计和血压表：血压计、血压表；

23. 眼压计：压陷式眼压计；

24. 压力仪表：弹簧管式精密压力表和真空表、弹簧管式一般压力表、压力真空表和真空表、膜盒压力表、记录式压力表、压力真空表及真空表、轮胎压力表、压力控制器、数字压力计；

25. 压力变送器和压力传感器：压力变送器、压力传感器；

26. 氧气吸入器：浮标式氧气吸入器；

27. 材料试验机：摆锤式冲击试验机、悬臂梁式冲击试验机、轴向加荷疲劳试验机、旋转纯弯曲疲劳试验机、拉力、压力和万能试验机、非金属拉力、压力和万能试验机、电子式万能材料试验机、木材万能试验机、抗折试验机、杯突试验机、扭转试验机、高温蠕变、持久强度试验机；

28. 振动冲击测量仪：工作测振仪、公害噪声振动计、冲击测量仪、基桩动态测量仪；

29. 测速仪：机动车雷达测速仪、定角式雷达测速仪；

30. 出租汽车计价器：出租汽车计价器；

31. 接地电阻测量仪器：接地电阻表、接地导通电阻测试仪；

32. 绝缘电阻测量仪：绝缘电阻表（兆欧表）、高绝缘电阻测量仪（高阻计）；

33. 泄漏电流测量仪：泄漏电流测量仪（表）；

34. 耐电压测试仪：耐电压测试仪；

35. 电能表：交流电能表、电子式电能表、分时计度（多费率）电能表、最大需量电能表、直流电能表；

36. 测量互感器：测量用电流互感器、测量用电压互感器；

37. 电阻应变仪：电阻应变仪；

38. 场强测量仪：干扰场强测量仪、近区电场测量仪；

39. 微波辐射与泄漏测量仪：微波辐射与泄漏测量仪；

40. 心脑电测量仪器：心电图机、脑电图机、脑电地形图仪、心电监护仪；

41. 电话计时计费器：单机型和集中管理分散计费型电话计时计费器、IC 卡公用电话计时计费装置；

42. 噪声测量分析仪器：声级计、噪声剂量计、噪声统计分析仪、个人声暴露计、倍频程和 1/3 倍频程滤波器；

43. 听力计：纯音听力计、阻抗听力计；

44. 医用超声源：超声多普勒胎儿监护仪超声源、医用超声诊断仪超声源、医用超声治疗机超声源、超声多普勒胎心仪超声源；

45. 焦度计：焦度计；

46. 验光机：验光机；

47. 照度计：紫外辐射照度计、光照度计；

48. 医用激光源：医用激光源；

49. 活度计：放射性活度计、用 152Eu 点状 γ 标准源校准锗 γ 谱仪、低本底 α、β 测量仪、α、β 和 γ 表面污染仪、γ 放射免疫计数器；

50. 环境与防护剂量（率）计：环境监测用 X、γ 辐射热释光剂量测量装置、环境监测用 X、γ 辐射空气吸收剂量率仪、辐射防护用 X、γ 辐射剂量当量（率）仪和监测仪、直读式验电器型个人剂量计、个人监测用 X、γ 辐射热释光剂量测量装置、X、γ 辐射个人报警仪、中子周围剂量当量测量仪；

51. 剂量计：治疗水平电离室剂量计、γ 射线水吸收剂量标准剂量计（辐射加工级）、γ 射线辐射加工工作剂量计、电子束辐射加工工作剂量计；

52. 医用辐射源：外照射治疗辐射源、医用诊断 X 辐射源、医用诊断计算机断层摄影装置（CT）X 射线辐射源、γ 射线辐射源（辐射加工用）；

53. 测氡仪：测氡仪；

54. 热量计：氧弹热量计、水流型气体热量计、示差扫描热量计；

55. 糖量计：手持糖量计、手持折射仪；

56. 电导仪:电导仪;

57. pH计:实验室pH(酸度)计、船用pH计;

58. 分光光度计:可见分光光度计、单光束紫外-可见分光光度计、原子吸收分光光度计、双光束紫外可见分光光度计、荧光分光光度计、色散型红外分光光度计、紫外、可见、近红外分光光度计、全差示分光光度计;

59. 光谱仪:发射光谱仪、波长色散X射线荧光光谱仪;

60. 旋光仪:旋光仪、旋光糖量计;

61. 色谱仪:气相色谱仪、液相色谱仪、离子色谱仪、凝胶色谱仪;

62. 浊度计:浊度计;

63. 烟尘粉尘测量仪:烟尘测试仪、粉尘采样器、光散射式数字粉尘测试仪;

64. 总悬浮颗粒物采样器:总悬浮颗粒物采样器;

65. 大气采样器:大气采样器;

66. 水质分析仪:覆膜电极溶解氧测定仪、水中油份浓度分析仪、化学需氧量(COD)测定仪、氨自动分析仪、生物化学需氧量(BOD5)测量仪、硝酸根自动监测仪、总有机碳分析仪、离子计;

67. 有毒有害气体检测(报警)仪:二氧化硫气体检测仪、硫化氢气体分析仪、一氧化碳检测报警器、一氧化碳、二氧化碳红外线气体分析器、烟气分析仪、化学发光法氮氧化物分析仪;

68. 易燃易爆气体检测(报警)仪:可燃气体检测报警器、光干涉式甲烷测定器、催化燃烧式甲烷测定器、催化燃烧型氢气检测仪;

69. 汽车排放气体测试仪:汽车排放气体测试仪;

70. 烟度计:滤纸式烟度计、透射式烟度计;

71. 测汞仪:测汞仪;

72. 水分测定仪:烘干法谷物水分测定仪、电容法和电阻法谷物水分测定仪、原棉水分测定仪;

73. 呼出气体酒精含量探测器:呼出气体酒精含量探测器;

74. 光度计:火焰光度计、非色散原子荧光光度计;

75. 血细胞分析仪:血细胞分析仪。

体育服务认证管理办法

（2005年11月10日国家认监委、
国家体育总局2005年第32号公告发布）

第一章 总 则

第一条 为规范体育服务认证活动，提高体育服务质量，促进体育服务业的发展，根据《中华人民共和国体育法》、《中华人民共和国标准化法》、《中华人民共和国认证认可条例》和《公共文化体育设施条例》，制定本办法。

第二条 本办法所称体育服务认证是指由认证机构证明体育场所、体育活动的组织与推广等服务，符合相关标准和技术规范要求的合格评定活动。

第三条 在中华人民共和国境内从事体育服务认证及其监督管理适用本办法。

第四条 国家实行统一的体育服务认证制度。

全国体育服务认证的监督管理工作，由国家认证认可监督管理委员会、国家体育总局按照各自职责，分工协作，共同实施。

第五条 体育服务认证采用统一的认证标准、技术规范和认证程序，执行统一的认证收费标准，使用统一的认证标志和认证标牌。

第六条 国家鼓励体育场所、体育活动的组织与推广等服务的提供者（以下简称体育服务提供者）申请体育服务认证。

第二章 认证机构和认证人员

第七条 从事体育服务认证的机构及其认证人员，应当符合有关法律、行政法规规定的资质能力要求。

第八条 从事体育服务认证的机构（以下简称认证机构）应当经国家认证认可监督管理委员会批准后，方可从事批准范围内的体育服务认证活动。

国家认证认可监督管理委员会批准认证机构的体育服务认证业务范

围时，应当征求国家体育总局的意见。

认证机构应当具备从事体育服务认证的技术能力，并获得国家认证认可监督管理委员会确定的认可机构（以下简称认可机构）的认可。

第九条 认证机构应当履行以下职责：

（一）在批准的业务范围内开展认证工作；

（二）对获得认证的体育服务提供者，颁发或者撤销认证证书，决定允许或者停止使用认证标志；

（三）对认证证书、认证标志和认证标牌的使用情况进行跟踪检查；

（四）对认证的持续符合性进行监督审查；

（五）受理有关的认证申诉和投诉。

第十条 从事体育服务认证活动的审查员，应当经认可机构注册后，方可从事相应的体育服务认证审查活动。

第三章 体育服务认证的实施

第十一条 国家认证认可监督管理委员会会同国家体育总局制定体育服务认证规则。体育服务认证规则由国家认证认可监督管理委员会发布。

国家认证认可监督管理委员会和国家体育总局共同组建体育服务认证技术专家组，为体育服务认证活动提供技术支持，并负责起草体育服务认证规则。

第十二条 体育服务认证包括服务流程管理文件、行为规范、设施和设备、健康和卫生、安全保障和环境保护、服务承诺等内容的现场审查，以及获证后的监督审查。

第十三条 体育服务认证的申请人（以下简称申请人）应当向认证机构提交书面申请，并提交以下材料：

（一）申请人基本情况，包括名称、地址、资产状况、从业人员和主要体育设施设备的配置基本情况等；

（二）申请人的法人证明以及其他合法经营资质的证明；

（三）申请人的服务流程管理文件；

（四）保证执行体育服务标准和技术规范，以及认证申报材料真实性的声明；

（五）必要时有关工种从业人员职业技能鉴定的资质证明；

（六）体育服务认证相关的检测项目的检测报告；

（七）其他有关材料。

第十四条 认证机构自收到认证申请之日起，应当在规定时间内完成对所提交材料的审核，并将审核结论书面通知申请人。

第十五条 认证机构受理体育服务认证申请后，应当按照体育服务认证规则、认证标准和技术规范的规定，实施认证活动，在规定的时间内做出认证结论。

认证结论为符合认证要求的，认证机构应当及时向申请人出具体育服务认证证书，准许使用体育服务认证标志和认证标牌。对不符合认证要求的，应当书面通知申请人，并说明理由。

第十六条 认证机构应当对持有体育服务认证证书的体育服务提供者（以下简称认证证书持有人）符合认证要求的持续性，每年进行不少于一次的跟踪审查，并根据审查情况做出认证证书的保持、暂停或者撤销的决定。

第十七条 申请人对认证机构的认证决定或者处理有异议的，可以向做出决定的认证机构提出申诉。对认证机构处理结果仍有异议的，可以向国家认证认可监督管理委员会申诉或者投诉。

第十八条 认证机构应当定期向国家认证认可监督管理委员会、国家体育总局报告认证证书持有人的相关信息，并定期公布认证证书持有人的名单和相关信息。

第四章 认证证书、认证标志和认证标牌

第十九条 体育服务认证证书、体育服务认证标志由国家认证认可监督管理委员会统一规定，其使用应当符合《认证证书和认证标志管理办法》的规定。

第二十条 体育服务认证证书（以下简称认证证书）包括以下基本内容：

（一）认证证书持有人的名称和地址、服务提供场所的名称；

（二）获得认证的服务范围；

（三）认证依据的标准和技术规范；

（四）发证机构和认证证书编号；

（五）发证日期和有效期；

（六）其他需要说明的内容。

第二十一条 认证证书有效期为3年，有效期满需要继续使用的，认证证书持有人应当在有效期满前3个月向认证机构申请复审，复审的认证程序与初次审查相同。

第二十二条 体育服务认证采用国家推行的统一的体育服务认证标志（以下简称认证标志）。认证标志的基本式样、颜色见附图1。

体育服务认证标牌（以下简称认证标牌）由认证标志、体育服务提供者名称、获得认证的服务项目名称、认证机构名称等内容组成。认证标牌的基本式样、颜色见附图2。

第二十三条 认证证书持有人可以在相关宣传材料中印制认证标志，可以根据需要等比例放大或者缩小，但不得变形、变色。

第二十四条 认证证书持有人可以在获得认证的服务项目提供场所悬挂认证标牌。未获得认证的服务项目提供场所不得悬挂认证标牌。

第二十五条 认证机构对有下列情形之一的，应当注销并收回认证证书，通知认证证书持有人停止使用认证标志和认证标牌：

（一）认证证书超过有效期，认证证书持有人未申请复审的；

（二）获得认证的体育服务项目不再向社会提供服务的；

（三）认证证书持有人申请注销的。

第二十六条 认证机构对有下列情形之一的，应当通知认证证书持有人暂停使用认证证书、认证标志和认证标牌：

（一）认证证书持有人未按照规定使用认证证书、认证标志和认证标牌的；

（二）认证证书持有人违反认证机构要求的；

（三）监督审查结果证明获得认证的体育服务项目提供的服务不符合认证要求的，但不需要立即撤销认证证书的。

第二十七条 被暂停使用认证证书和认证标志的认证证书持有人，采取有效纠正措施并经认证机构确认符合认证要求的，可以恢复使用认证证书、认证标志和认证标牌。

第二十八条 认证机构对有下列情形之一的，应当撤销并收回认证证书，通知认证证书持有人停止使用认证证书、认证标志和认证标牌：

（一）认证证书暂停使用期间，认证证书持有人未采取有效纠正措施的；

（二）不符合认证要求，导致严重质量、安全和卫生事故的；

（三）监督审查结果证明获得认证的体育服务项目提供的服务不符合认证要求的，需要立即撤销认证证书的。

第二十九条 任何单位和个人不得转让、买卖、伪造、冒用认证证书、认证标志和认证标牌。

第五章 监督管理

第三十条 国家认证认可监督管理委员会和国家体育总局依法对全国的体育服务认证活动进行监督管理，共同组织对认证机构定期或者不定期的监督检查。

地方认证监督管理部门和体育行政管理部门根据职责，依法对所辖区域内的体育服务认证活动进行监督管理。

第三十一条 认证机构应当遵守以下规定：

（一）根据国家有关法律、行政法规规定，实施认证审查工作；

（二）保证认证活动的客观独立、公开公正和诚实信用，并承担相应的法律责任；

（三）保守认证申请人的商业秘密和技术秘密，不得非法占有他人的科技成果；

（四）不得从事认证工作职责范围内的咨询、产品开发和营销等活动；

（五）配合有关执法部门对违法、违规行为的查处工作。

第三十二条 认证证书持有人应当遵守以下规定：

（一）保证提供实施认证工作的必要条件，接受认证机构的监督审查；

（二）保证获得认证的服务质量持续符合认证标准和技术规范的要求；

（三）正确使用认证证书、认证标志和认证标牌，不得利用认证证书、认证标志和认证标牌误导公众；

（四）依法接受有关执法部门的监督检查。

第三十三条　国家认证认可监督管理委员会和国家体育总局受理对认证机构和认证证书持有人违法行为的举报，并依法进行调查处理。

第三十四条　对违反国家有关法律、行政法规规定的，依照法律、行政法规规定处罚。

第六章　附　　则

第三十五条　体育服务认证机构应当按照国务院价格主管部门批准的收费标准收取认证费用。

第三十六条　本办法由国家认证认可监督管理委员会、国家体育总局负责解释。

第三十七条　本办法自 2006 年 1 月 1 日起施行。

附图 1：体育服务认证标志的基本样式、颜色（蓝底白字）（略）

附图 2：体育服务认证标牌的基本样式、颜色（银色标牌、蓝色字体、五角星为服务等级）（略）

关于公布《中华人民共和国进口计量器具型式审查目录》的公告

（2006 年 1 月 13 日国家质检总局 2006 年第 5 号公告发布）

根据《中华人民共和国进口计量器具监督管理办法》第四条的规定，我局组织修订了《中华人民共和国进口计量器具型式审查目录》（以下简称新目录），现予以公布，自 2006 年 8 月 1 日起施行。

自即日起，未列入新目录的计量器具，不再办理进口计量器具型式批准。《中华人民共和国进口计量器具监督管理办法》所附的原《中华人民共和国进口计量器具型式审查目录》自即日起废止。

医用超声源、医用激光源、医用辐射源的管理按照《关于明确医用超声、激光和辐射源监督管理范围的通知》（技监局量发[1998]49 号）执行。

附件：中华人民共和国进口计量器具型式审查目录

附件

中华人民共和国进口计量器具型式审查目录

1. 测距仪：光电测距仪、超声波测距仪、手持式激光测距仪；

2. 经纬仪：光学经纬仪、电子经纬仪；

3. 全站仪：全站型电子速测仪；

4. 水准仪：水准仪；

5. 测地型GPS接收机：测地型GPS接收机；

6. 液位计：液位计；

7. 测厚仪：超声波测厚仪、X射线测厚仪、电涡流式测厚仪、磁阻法测厚仪、γ射线厚度计；

8. 体温计：测量人体温度的红外温度计（红外耳温计、红外人体表面温度快速筛检仪）；

9. 辐射温度计：工作用全辐射感温器、工作用辐射温度计、500℃以下工作用辐射温度计；

10. 天平：非自动天平；

11. 非自动衡器：非自动秤、非自行指示轨道衡、数字指示轨道衡；

12. 自动衡器：重力式自动装料衡器、连续累计自动衡器（皮带秤）、非连续累计自动衡器、动态汽车衡（车辆总重计量）、动态称量轨道衡、核子皮带秤；

13. 称重传感器：称重传感器；

14. 称重显示器：数字称重显示器；

15. 加油机：燃油加油机；

16. 加气机：液化石油气加气机、压缩天然气加气机；

17. 流量计：差压式流量计、速度式流量计、液体容积式流量计、转子流量计、靶式流量变送器、临界流流量计、质量流量计、气体层流流量传感器、气体腰轮流量计、明渠堰槽流量计；

18. 水表：冷水表、热水表；

19. 燃气表：膜式煤气表；

20. 热能表：热能表；

21. 风速表：轻便三杯风向风速表、轻便磁感风向风速表、电接风向风速仪；

22. 血压计和血压表：血压计、血压表；

23. 眼压计：压陷式眼压计；

24. 压力仪表：弹簧管式精密压力表和真空表、弹簧管式一般压力表、压力真空表和真空表、膜盒压力表、记录式压力表、压力真空表及真空表、轮胎压力表、压力控制器、数字压力计；

25. 压力变送器和压力传感器：压力变送器、压力传感器；

26. 氧气吸入器：浮标式氧气吸入器；

27. 材料试验机：摆锤式冲击试验机、悬臂梁式冲击试验机、轴向加荷疲劳试验机、旋转纯弯曲疲劳试验机、拉力、压力和万能试验机、非金属拉力、压力和万能试验机、电子式万能材料试验机、木材万能试验机、抗折试验机、杯突试验机、扭转试验机、高温蠕变、持久强度试验机；

28. 振动冲击测量仪：工作测振仪、公害噪声振动计、冲击测量仪、基桩动态测量仪；

29. 测速仪：机动车雷达测速仪、定角式雷达测速仪；

30. 出租汽车计价器：出租汽车计价器；

31. 接地电阻测量仪器：接地电阻表、接地导通电阻测试仪；

32. 绝缘电阻测量仪：绝缘电阻表(兆欧表)、高绝缘电阻测量仪(高阻计)；

33. 泄漏电流测量仪：泄漏电流测量仪(表)；

34. 耐电压测试仪：耐电压测试仪；

35. 电能表：交流电能表、电子式电能表、分时计度(多费率)电能表、最大需量电能表、直流电能表；

36. 测量互感器：测量用电流互感器、测量用电压互感器；

37. 电阻应变仪：电阻应变仪；

38. 场强测量仪：干扰场强测量仪、近区电场测量仪；

39. 微波辐射与泄漏测量仪：微波辐射与泄漏测量仪；

40. 心脑电测量仪器：心电图机、脑电图机、脑电地形图仪、心电监护仪；

41. 电话计时计费器：单机型和集中管理分散计费型电话计时计费器、IC卡公用电话计时计费装置；

42. 噪声测量分析仪器：声级计、噪声剂量计、噪声统计分析仪、个人声暴露计、倍频程和1/3倍频程滤波器；

43. 听力计：纯音听力计、阻抗听力计；

44. 医用超声源：超声多普勒胎儿监护仪超声源、医用超声诊断仪超声源、医用超声治疗机超声源、超声多普勒胎心仪超声源；

45. 焦度计：焦度计；

46. 验光机：验光机；

47. 照度计：紫外辐射照度计、光照度计；

48. 医用激光源：医用激光源；

49. 活度计：放射性活度计、用152Eu点状γ标准源校准锗γ谱仪、低本底α、β

测量仪、α、β和γ表面污染仪、γ放射免疫计数器；

50. 环境与防护剂量(率)计：环境监测用X、γ辐射热释光剂量测量装置、环境监测用X、γ辐射空气吸收剂量率仪、辐射防护用X、γ辐射剂量当量(率)仪和监测仪、直读式验电器型个人剂量计、个人监测用X、γ辐射热释光剂量测量装置、X、γ辐射个人报警仪、中子周围剂量当量测量仪；

51. 剂量计：治疗水平电离室剂量计、γ射线水吸收剂量标准剂量计(辐射加工级)、γ射线辐射加工工作剂量计、电子束辐射加工工作剂量计；

52. 医用辐射源：外照射治疗辐射源、医用诊断X辐射源、医用诊断计算机断层摄影装置(CT)X射线辐射源、γ射线辐射源(辐射加工用)；

53. 测氡仪：测氡仪；

54. 热量计：氧弹热量计、水流型气体热量计、示差扫描热量计；

55. 糖量计：手持糖量计、手持折射仪；

56. 电导仪：电导仪；

57. pH计：实验室pH(酸度)计、船用pH计；

58. 分光光度计：可见分光光度计、单光束紫外-可见分光光度计、原子吸收分光光度计、双光束紫外可见分光光度计、荧光分光光度计、色散型红外分光光度计、紫外、可见、近红外分光光度计、全差示分光光度计；

59. 光谱仪：发射光谱仪、波长色散X射线荧光光谱仪；

60. 旋光仪：旋光仪、旋光糖量计；

61. 色谱仪：气相色谱仪、液相色谱仪、离子色谱仪、凝胶色谱仪；

62. 浊度计：浊度计；

63. 烟尘粉尘测量仪：烟尘测试仪、粉尘采样器、光散射式数字粉尘测试仪；

64. 总悬浮颗粒物采样器：总悬浮颗粒物采样器；

65. 大气采样器：大气采样器；

66. 水质分析仪：覆膜电极溶解氧测定仪、水中油份浓度分析仪、化学需氧量(COD)测定仪、氨自动分析仪、生物化学需氧量(BOD5)测量仪、硝酸根自动监测仪、总有机碳分析仪、离子计；

67. 有毒有害气体检测(报警)仪：二氧化硫气体检测仪、硫化氢气体分析仪、一氧化碳检测报警器、一氧化碳、二氧化碳红外线气体分析器、烟气分析仪、化学发光法氮氧化物分析仪；

68. 易燃易爆气体检测(报警)仪：可燃气体检测报警器、光干涉式甲烷测定器、催化燃烧式甲烷测定器、催化燃烧型氢气检测仪；

69. 汽车排放气体测试仪：汽车排放气体测试仪；

70. 烟度计：滤纸式烟度计、透射式烟度计；

71. 测汞仪:测汞仪;

72. 水分测定仪:烘干法谷物水分测定仪、电容法和电阻法谷物水分测定仪、原棉水分测定仪;

73. 呼出气体酒精含量探测器:呼出气体酒精含量探测器;

74. 光度计:火焰光度计、非色散原子荧光光度计;

75. 血细胞分析仪:血细胞分析仪。

认证技术规范管理办法

(2006 年 1 月 23 日国家认监委 2006 年公告第 3 号发布)

第一条 为加强对认证依据的管理,规范认证技术规范的制定工作,保证认证依据的科学性和适用性,根据《中华人民共和国标准化法》、《中华人民共和国认证认可条例》及相关法律法规的规定,制定本办法。

第二条 本办法所称的认证技术规范,是指认证机构自行制定的用于产品、服务、管理体系认证的符合性要求的技术性文件。

第三条 本办法适用于在中华人民共和国境内从事认证活动所依据的认证技术规范的制定、备案以及相关管理活动。

第四条 国家认证认可监督管理委员会(以下简称国家认监委)负责认证技术规范的备案、信息公布及相关管理工作。

国家认监委委托全国认证认可标准化技术委员会、相关全国专业标准化技术委员会或者行业标准化技术委员会(以下统称技术委员会)承担认证技术规范的审查工作。

第五条 认证应当以国家标准、行业标准或者相关认证技术规范作为认证依据。

尚未制定国家标准、行业标准,或者现行国家标准、行业标准不适用于认证的,认证机构可以向国家标准化管理委员会(以下简称国家标准委)、行业主管部门或者国家标准委下属标准化相关技术委员会提出标准制修订建议,在相关国家标准、行业标准公布实施前,认证机构可以根据认证需要,自行制定认证技术规范。

认证机构制定的认证技术规范应当报国家认监委备案。

第六条 认证技术规范的制定工作应当遵循科学有效、公正公开、协调一致的原则。

第七条 认证机构制定认证技术规范时应当符合下列要求：

（一）认证技术规范符合相关法律法规和国家有关规定，且不得低于国家标准和行业标准规定要求；

（二）认证技术规范具有科学性、完整性、可操作性和适用性；

（三）认证技术规范的结构和编写规则应当符合相关国家标准的规定，文字表述准确、简洁、易懂；

（四）用于产品认证的认证技术规范，通常只规定性能要求而不规定产品设计要求，必要时规定抽样要求、检测方法、产品分类（级）及其标识和其他方面的要求。

第八条 认证机构制定认证技术规范时可以等同或者修改采用地方标准、企业标准、国际标准、国外先进标准以及其他技术性文件。

第九条 认证机构制定认证技术规范时，应当充分吸纳相关技术委员会、行业组织以及其他有关方面共同参与制定工作，并保证各方平等、公正地开展工作。

第十条 认证机构制定认证技术规范时，应当进行调查研究、验证有关内容、征求相关方意见，并及时、全面地对各方意见进行梳理、分析和论证，完成认证技术规范文本、编制说明和意见汇总处理表。

编制说明应当包括以下内容：

（一）制定认证技术规范的必要性；

（二）与相关法律法规以及国家有关规定的关系；

（三）与现行标准的关系，包括存在的差异及理由；

（四）参与制定认证技术规范的各方的情况；

（五）制定原则、确定主要内容的依据和验证情况；

（六）制定过程，包括重大分歧意见的处理经过和依据、征求和处理意见的经过；

（七）其他应予说明的事项。

第十一条 认证机构在完成认证技术规范制定工作后，应当向国家认监委申请备案，备案时应当提交下列材料：

（一）备案申报表；

（二）认证技术规范文本、编制说明、意见汇总处理表；

（三）所采用的技术性文件的文本，有现行标准的，还包括现行标准文本。

第十二条 国家认监委受理认证机构备案申请后，应当及时将认证技术规范文本、编制说明和意见汇总处理表委托技术委员会进行审查。

技术委员会应当自收到上述材料之日起三十日内，组织由相关方面专家组成的审查委员会，依据本办法的规定对认证技术规范进行审查。

审查委员会成员与认证机构有利害关系的，应当回避。

第十三条 审查可以采用会议审查或者函审的方式；审查时，应当充分考虑、合理采纳各方面意见；审查意见出现分歧时，应当协商解决，确实需要投票表决的，应当有不少于四分之三的审查委员会成员赞成，方为通过审查。

第十四条 审查委员会对不同认证机构对相同认证对象制定的认证技术规范进行审查时，应当予以协调，保证认证技术规范的一致性；对于需要统一实施认证的领域，可以向国家认监委提出建议，制定统一的认证技术规范。

第十五条 审查委员会审查结束后，应当及时向国家认监委提交审查报告和审查结论。审查结论分为：推荐备案、建议修改后备案或者建议不予备案。

认证技术规范有下列情形之一的，审查结论应当为建议不予备案：

（一）不符合相关法律法规和国家有关规定的；

（二）有适用认证的国家标准、行业标准或者国家统一的技术规范的；

（三）已有备案的认证技术规范；

（四）技术上存在重大分歧的；

（五）其他不符合本办法规定的。

第十六条 国家认监委对备案材料进行确认，对符合本办法规定的认证技术规范予以备案；对不符合本办法规定的，不予备案。

国家认监委对经备案的认证技术规范公布其名称、制定情况以及与法律法规、国家有关规定、现行国家标准、行业标准的差异等信息。

第十七条 认证机构应当定期对认证技术规范进行复审，复审周期一般不超过三年，认证技术规范复审后，认证机构应当及时向国家认监委报告复审结果。

当相应国家标准、行业标准和统一的认证技术规范发布实施后，认证机构应当及时对认证技术规范予以废止或者修订，修订后的认证技术规范应当重新备案。

第十八条 国家认监委与国家标准委建立认证标准制修订工作协调机制，逐步推动认证技术规范转化为国家标准或者纳入国家标准范畴。

第十九条 本办法由国家认监委负责解释。

第二十条 本办法自 2006 年 3 月 1 日起施行。

实验室能力验证实施办法

（2006 年 3 月 13 日国家认监委 2006 年公告第 9 号发布）

第一条 为建立规范的实验室能力验证工作机制，根据国务院赋予国家认证认可监督管理委员会（以下简称国家认监委）的职责，制定本办法。

第二条 本办法所称的能力验证，是指利用实验室间指定检测数据的比对，确定实验室从事特定测试活动的技术能力。

第三条 能力验证活动应当遵循科学合理、操作可行、非营利性和避免不必要的重复验证的原则。

第四条 国家认监委依照有关国家标准、国际准则制定有关实验室能力验证工作的基本规范和实施规则，统一监管和综合协调能力验证活动。

第五条 能力验证的组织者应当按照国家认监委制定的实验室能力验证的基本规范和实施规则开展能力验证活动。

第六条 能力验证的组织者应当建立并保存能力验证档案及相关记录，包括：

（一）实施能力验证的有关文件；

（二）能力验证的提供者的资质证明；

（三）能力验证的组织者对能力验证的提供者的确认记录；

（四）能力验证的参加者名单；

（五）能力验证的技术报告；

（六）能力验证结果和后续处理文件。

第七条 能力验证的组织者应当于每年年底向国家认监委报告下一年度的能力验证计划，包括：名称、目的、能力验证的内容和关键技术要素设计、组织单位、实施时间、拟参加实验室的范围和数量、能力验证提供者的资质证明和审核材料等。

国家认监委定期公布经批准的能力验证计划。

第八条 能力验证的提供者应当符合相关国家标准或者技术规范的要求，其技术能力在相应领域和关键技术要素方面领先，并具备可持续性。

第九条 国家认监委组织认可机构等有关方面，对能力验证的提供者是否符合相关国家标准或者技术规范的要求进行评价。符合要求的，国家认监委确定其作为能力验证的提供者。

国家认监委鼓励能力验证的组织者利用经过国家认监委确定的能力验证的提供者。

第十条 能力验证的参加者应当向能力验证的组织者及时反馈相关信息，并保存相关记录。

能力验证结果离群的，应当采取相应的纠正措施。

第十一条 能力验证的组织者应当及时向国家认监委通报年度能力验证计划的完成情况、能力验证结果、后续处理措施等有关事项。

第十二条 组织实验室参加境外机构或者国际组织组织的能力验证的，境内的组织者应当事前将有关情况向国家认监委报告，包括：组织能力验证的境外机构、能力验证的提供者、能力验证内容和时间、参加实验室范围和数量（境内、外的数量）、能力验证结果的使用计划、交纳的费用、能力验证技术报告（可事后补报）等。

承担境外机构组织的能力验证活动的能力验证提供者，也应当将上述有关情况向国家认监委报告。

第十三条 能力验证的组织者应当在能力验证活动完成后向有关方面通报能力验证活动的结果。同时向国家认监委报告能力验证结果，国家认监委定期公布能力验证满意结果的实验室名单。

第十四条 达到满意结果的实验室和能力验证的提供者，在规定时间内接受实验室资质认定、实验室认可评审时，可以免于该项目的现场试验。

鼓励各有关方面利用能力验证的结果，优先推荐或者选择达到满意结果的实验室承担政府委托、授权或者指定的检验检测任务。

第十五条 能力验证的组织者应当对能力验证的提供者和能力验证的实施过程实施有效管理。

第十六条 对于能力验证的结果可疑或者离群的实验室，能力验证的组织者应当要求其在规定期限内进行整改并验证整改效果，也可视情况暂停或者撤销其相关项目的资质认定或者认可，暂停其承担政府授权、委托或者指定的检验检测任务的资格，直到完成纠正活动并经能力验证的组织者确认后，方可恢复或者重新获得认可以及承担政府授权、委托或者指定的检验检测任务的资格。

第十七条 能力验证的提供者违反职业道德，弄虚作假或者泄露机密的，国家认监委或者能力验证的组织者应当取消其承担能力验证的提供者的资格。

能力验证的参加者弄虚作假、进行串通，经查属实的，能力验证组织者视其结果为不满意。情节恶劣的，能力验证组织者应当报告国家认监委，由国家认监委取消其相应项目的检测资质资格。

第十八条 国家认监委可以采取组织专家评议、向实验室征求意见、抽查档案、要求能力验证的组织者和提供者报告能力验证的实施情况等方式，对实验室能力验证活动进行监督。

第十九条 能力验证的参加者对能力验证的结果有异议的，可以向能力验证组织者进行申诉；对违规行为可以向能力验证组织者或者国家认监委进行投诉。

第二十条 下列用语的含义：

本办法所称能力验证的提供者，是指从事能力验证的设计和实施的实验室。

本办法所称能力验证的参加者，是指参加实验室间比对，以确定校准或者检测能力的实验室。

本办法所称的结果可疑，是指按照有关的技术统计方法确定的能力验证结果界于标准认可值（或者中位值）之间的结果。

本办法所称的离群（即结果离群），是指按照有关的技术统计方法确定的明显偏离标准值（或者中位值）的结果。

第二十一条 本办法由国家认监委负责解释。

第二十二条 本办法自 2006 年 5 月 1 日起施行。

注册计量师制度暂行规定

（2006 年 4 月 26 日国人部发[2006]40 号发布）

第一章 总 则

第一条 为加强计量专业技术人员管理，提高计量专业技术人员素质，保障国家量值传递的准确可靠，根据《中华人民共和国计量法》和国家职业资格证书制度有关规定，制定本规定。

第二条 本规定适用于依据计量法律、法规有关规定，从事计量检定、校准、检验、测试等计量技术工作（以下简称“计量技术工作”）的专业技术人员。

第三条 国家对从事计量技术工作的专业技术人员，实行职业准入制度，纳入全国专业技术人员职业资格证书制度统一规划。

第四条 本规定所称注册计量师，是指经考试取得相应级别注册计量师资格证书，并依法注册后，从事规定范围计量技术工作的专业技术人员。

第五条 注册计量师分一级注册计量师和二级注册计量师。

英文分别译为：Level 1 Certified Metrology Engineer
Level 2 Certified Metrology Engineer

第六条 人事部、国家质量监督检验检疫总局（以下简称质检总局）共同负责注册计量师制度工作，并按职责分工对该制度的实施进行指导、监督和检查。

各省、自治区、直辖市人事行政部门、质量技术监督部门，按照职责分工负责本行政区域内注册计量师制度的实施与监督管理。

第二章 考 试

第七条 注册计量师资格实行全国统一大纲、统一命题的考试制度，原则上每年举行一次。

第八条 质检总局负责拟定注册计量师资格考试科目、考试大纲、考试试题，研究建立考试试题库，提出考试合格标准的建议。

第九条 人事部组织专家审定注册计量师资格考试科目、考试大纲和考试试题，会同质检总局对考试进行检查、监督、指导和确定合格标准。

第十条 凡中华人民共和国公民，遵守国家法律、法规，恪守职业道德，并符合注册计量师资格考试相应报名条件的人员，均可申请参加相应级别注册计量师的考试。

第十一条 一级注册计量师资格考试报名条件：

（一）取得理学类或工学类专业大学专科学历，工作满 6 年，其中从事计量技术工作满 4 年；

（二）取得理学类或工学类专业大学本科学历，工作满 4 年，其中从事计量技术工作满 3 年；

（三）取得理学类或工学类专业双学士学位或研究生班毕业，工作满 3 年，其中从事计量技术工作满 2 年；

（四）取得理学类或工学类专业硕士学位，工作满 2 年，其中从事计量技术工作满 1 年；

（五）取得理学类或工学类专业博士学位，从事计量技术工作满 1 年；

（六）取得其他类专业相应学历、学位的人员，其工作年限和从事计量技术工作年限相应增加 2 年。

第十二条 二级注册计量师资格考试报名条件：

（一）取得工学类中专学历后，从事计量技术工作满 2 年；

（二）取得理学类或工学类专业大学专科及以上学历或学位，从事计量技术工作满 1 年。

第十三条 一级注册计量师资格考试合格，颁发人事部统一印制，人事部、质检总局共同用印的《中华人民共和国一级注册计量师资格证书》，该证书在全国范围内有效。

二级注册计量师资格考试合格，由相应省、自治区、直辖市人事行政部门颁发人事行政部门和质量技术监督部门共同用印的《中华人民共和国二级注册计量师资格证书》。

第十四条 以不正当手段取得注册计量师资格证书的，由发证机关收回。自收回注册计量师资格证书之日起，当事人3年内不得再次参加注册计量师资格考试。

第三章 注 册

第十五条 国家对注册计量师资格实行注册执业管理，取得注册计量师资格证书的人员，经过注册后方可以相应级别注册计量师名义执业。

第十六条 质检总局为一级注册计量师资格的注册审批机关。各省、自治区、直辖市质量技术监督部门（以下简称"省级质量技术监督部门"）为二级注册计量师资格的注册审批机关，并负责一级注册计量师资格的注册审查工作。

第十七条 取得注册计量师资格证书并申请注册的人员，应当受聘于一个经批准或授权的计量技术机构，并通过聘用单位报本单位所在地（聘用单位属企业的通过本单位工商注册所在地）的质量技术监督部门，向省级质量技术监督部门提出注册申请。

第十八条 省级质量技术监督部门收到注册计量师资格注册的申请材料后，对申请材料不齐全或者不符合法定形式的，应当当场或在5个工作日内，一次告知申请人需要补正的全部内容。逾期不告知的，自收到申请材料之日起即为受理。

对受理或者不予受理的注册申请，均应当出具加盖省级质量技术监督部门注册专用印章和注明日期的书面凭证。

第十九条 省级质量技术监督部门自受理之日起20个工作日内，按规定条件、程序完成一级注册计量师资格申报材料的审查和二级注册计量师资格注册的审批工作。并在规定的时限内，将一级注册计量师资格注册申报材料和审查意见报注册审批机关审批。

各级注册审批机关自受理相应级别申报人员材料之日起20个工作日内作出是否批准的决定。对作出不予批准决定的，应当书面说明理由，并告知申请人享有依法申请行政复议或提起行政诉讼的权利。在规定的期限内不能作出批准决定的,应当将延长期限的理由告知申请人。

各级注册审批机关应当自作出相关批准决定之日起10个工作日内,将批准决定送达经批准注册的申请人,并核发相应级别《中华人民共和国注册计量师注册证》(以下简称《注册证》)。

第二十条 《注册证》每一注册有效期为3年。《注册证》在有效期限内是注册计量师的执业凭证,由注册计量师本人保管和使用。

第二十一条 初始注册者,可自取得注册计量师资格证书之日起1年内提出注册申请。逾期未申请者,在申请初始注册时,须符合本规定继续教育要求。

初始注册需要提交下列材料:

(一) 相应级别注册计量师注册申请表;

(二) 相应级别注册计量师资格证书;

(三) 申请人与聘用单位签订的劳动或聘用合同;

(四) 逾期申请注册人员的继续教育证明材料;

(五) 计量专业项目考核合格证明或《中华人民共和国计量法》规定的《计量检定员证》;

(六) 相应注册审批机构规定的其他条件。

第二十二条 注册有效期届满需继续执业的,应当在届满前30个工作日内,按照本规定第十七条规定的程序申请延续注册。注册审批机构应当根据申请人的申请,在规定的时限内作出是否准予延续注册的决定;逾期未作出决定的,视为准予延续。

延续注册需要提交下列材料:

(一) 相应级别注册计量师延续注册的申请表;

(二) 相应级别注册计量师资格证书;

(三) 与聘用单位签订的劳动或聘用合同;

(四) 按规定完成继续教育的证明和聘用单位考核合格证明;

(五) 相应注册审批机构规定的其他条件。

第二十三条 在注册有效期内,注册计量师变更专业类别或执业单位的,应当按本规定第十七条规定的程序办理变更注册手续。变更注册后,其注册证件在原注册有效期内继续有效。

变更注册需要提交下列相应材料：

（一）相应级别注册计量师变更注册的申请表；

（二）与变更后的专业类别一致的计量专业项目考核合格证明；

（三）聘用单位同意变更专业的证明；

（四）与新聘用单位签订的劳动或聘用合同；

（五）工作调动证明、与原聘用单位解除劳动或聘用关系证明。

第二十四条 注册计量师因丧失行为能力、死亡或被宣告失踪的，其《注册证》失效。

第二十五条 注册计量师有下列情形之一的，应当由注册计量师本人或聘用单位及时向当地省级质量技术监督部门提出申请，由相应注册审批机关审核批准后，办理注销手续，收回《注册证》：

（一）不具有完全民事行为能力的；

（二）申请注销注册的；

（三）注册有效期满且未延续注册的；

（四）被依法撤销注册的；

（五）受到刑事处罚的；

（六）与聘用单位解除劳动或聘用关系的；

（七）聘用单位被依法取消计量技术工作资质的；

（八）因本人过失造成利害关系人重大经济损失的；

（九）应当注销注册的其他情形。

第二十六条 有下列情形之一的，不予注册：

（一）不具有完全民事行为能力的；

（二）刑事处罚尚未执行完毕的；

（三）因在计量技术工作中受到刑事处罚的，自刑事处罚执行完毕之日起至申请注册之日止不满 2 年的；

（四）法律、法规规定不予注册的其他情形。

第二十七条 注册申请人以不正当手段取得注册的，应当予以撤销，并由注册审批机关依法给予行政处罚；当事人在 3 年内不得再次申请注册；构成犯罪的，依法追究刑事责任。

第二十八条 对被注销注册或不予注册的人员，重新具备初始注册条件，并符合本规定继续教育要求的，可按本规定第十七条规定的程序申请注册。

第二十九条 注册审批机关应当定期向社会公布相应级别注册计量师注册有关情况。当事人对注销注册或不予注册有异议的,可依法申请行政复议或提起行政诉讼。

第三十条 继续教育是注册计量师延续、重新申请注册和逾期初始注册的必备条件。在每个注册期内,注册计量师应当按规定完成本专业的继续教育。

第四章 执 业

第三十一条 注册计量师依据国家计量法律、法规的规定,开展相应专业的执业活动。

第三十二条 各级注册计量师只能在聘用单位计量技术工作资质规定的业务范围和本人注册的专业范围内,履行相应岗位职责。

第三十三条 一级注册计量师执业范围:进行计量基准、计量标准器具的校准,以及其他计量技术工作,出具计量技术报告;指导、检查同一专业项目二级注册计量师开展工作。

二级注册计量师执业范围:除计量基准、计量标准器具校准之外的其他计量技术工作,出具相应计量技术报告。

第三十四条 一级注册计量师应当具备下列执业能力:

(一) 熟悉国家计量法律、法规、规章及相关法律规定,有较丰富的计量技术工作经验;

(二) 了解国际相关标准或技术规范,掌握计量技术发展前沿情况,具有独立解决本专业复杂、疑难技术问题的能力;

(三) 熟练运用本专业计量技术法规,使用相关计量基准、计量标准,完成量值传递等技术工作,正确进行测量不确定度分析与评定,出具的计量技术报告准确无误;

(四) 具有较强的本专业计量技术课题研究能力,能够应用新技术成果,指导本专业二级注册计量师工作。

第三十五条 二级注册计量师应当具备下列执业能力:

(一) 熟悉国家计量法律、法规、规章及相关法律规定,有一定的计量技术工作经验;

（二）熟练运用本专业计量技术法规和使用相关计量基准、计量标准，较好地完成本专业量值传递（计量基准、计量标准器具校准除外）等技术工作；

（三）能正确出具本专业计量技术报告（计量基准、计量标准器具校准除外）。

第三十六条 在计量技术工作中形成的计量技术报告，应当由相应级别注册计量师签字盖章后方可生效，并承担相关法律责任。

第三十七条 因注册计量师出具的计量技术报告不符合国家有关法律、法规、规章和技术规范造成经济损失的，由聘用单位承担赔偿责任。聘用单位可向承担相应责任的注册计量师追偿。

第五章 权利和义务

第三十八条 注册计量师享有下列权利：

（一）使用本专业相应级别注册计量师称谓；

（二）依据国家计量技术法律、法规和规章，在规定范围内从事计量技术工作，履行相应岗位职责；

（三）接受继续教育；

（四）获得与执业责任相应的劳动报酬；

（五）对不符合规定的计量技术行为提出异议，并向上级部门或注册审批机构报告；

（六）对侵犯本人权利的行为进行申诉。

第三十九条 注册计量师应当履行下列义务：

（一）遵守法律、法规和有关管理规定，恪守职业道德；

（二）执行计量法律、法规、规章及有关技术规范；

（三）保证计量技术工作的真实、可靠，以及原始数据和有关资料的准确、完整，并承担相应责任；

（四）在本人完成的计量技术工作相关文件上签字；

（五）不得准许他人以本人名义执业；

（六）严格保守在计量技术工作中知悉的国家秘密和他人的商业、技术秘密；

（七）接受继续教育，提高计量技术工作水准。

第六章 附 则

第四十条 在本规定施行之日前，对长期在计量技术机构中从事计量技术工作，按国家有关规定评聘工程类或研究类相应级别专业技术职务，并符合考核认定条件的人员，可通过考核认定办法取得注册计量师资格证书。考核认定具体办法由人事部、质检总局另行制定。

第四十一条 符合考试报名条件的香港和澳门居民，可申请参加注册计量师资格考试。申请人在报名时应当提交本人身份证明、国务院教育行政部门认可的相应专业学历或学位证书、从事计量专业技术工作经历证明。台湾地区专业技术人员参加考试办法另行规定。

外籍专业人员申请参加注册计量师资格考试、申请注册和执业等管理办法另行制定。

第四十二条 取得注册计量师资格证书，并符合《工程技术人员职务试行条例》中工程师、助理工程师、工程技术员专业技术职务任职条件的人员，用人单位可根据工作需要择优聘任相应专业技术职务。其中，取得一级注册计量师资格证书，可聘任工程师职务；取得二级注册计量师资格证书，可聘任助理工程师职务或工程技术员职务。

第四十三条 注册计量师执业的具体范围、专业划分、需注册计量师签字盖章的文件种类、继续教育内容、计量技术机构配备各级别注册计量师数量和注册执业等具体办法，由质检总局另行制定。

二级注册计量师资格注册执业，由各省、自治区、直辖市质量技术监督部门根据本规定要求，制定具体办法，组织实施，并将注册管理有关情况报质检总局备案。

第四十四条 在实施注册计量师制度过程中，相关行政部门或相关机构，因工作失误，使专业技术人员合法权益受到损害的，应当依据《中华人民共和国国家赔偿法》给予相应赔偿，并可向有关责任人追偿。

第四十五条 相关行政部门或相关机构的工作人员，有不履行工作职责，监督不力，或者谋取私利等违纪违规行为，并造成不良影响或严重后果的，由其上级相关行政部门责令改正，对直接负责的主管人员和其他直接责任人员依法给予行政处分；构成犯罪的，依法追究刑事责任。

第四十六条 本规定自 2006 年 6 月 1 日起施行。

注册计量师资格考试实施办法

（2006年4月26日国人部发[2006]40号发布）

第一条 人事部、国家质量监督检验检疫总局（以下简称质检总局）共同成立注册计量师资格考试办公室（以下简称考试办公室，设在质检总局），负责考试相关政策的研究及管理工作。

一级注册计量师资格考试的具体考务工作委托人事部人事考试中心负责。各省、自治区、直辖市质量技术监督部门和人事行政部门共同负责本地区考试工作，具体职责分工由各地协商确定。

二级注册计量师资格考试由各省、自治区、直辖市质量技术监督部门和人事行政部门，按照《注册计量师制度暂行规定》和本办法有关要求组织实施。质检总局、人事部负责指导、监督和检查。

第二条 质检总局组织成立注册计量师资格考试专家委员会，负责一级、二级注册计量师资格考试大纲编写和命题工作，研究建立考试试题库。

第三条 一级注册计量师资格考试设《计量法律法规及综合知识》、《测量数据处理与计量专业实务》和《计量专业案例分析》3个科目。

考试分3个半天进行。《计量法律法规及综合知识》和《测量数据处理与计量专业实务》科目的考试时间均为2.5小时，《计量专业案例分析》科目的考试时间为3小时。

第四条 报名参加一级注册计量师资格考试的人员，截止2004年12月31日前，已评聘工程类或研究类高级专业技术职务，可免试《计量法律法规及综合知识》科目，只参加《测量数据处理与计量专业实务》和《计量专业案例分析》2个科目的考试。

第五条 二级注册计量师资格考试设《计量法律法规及综合知识》和《计量专业实务与案例分析》2个科目。各科目考试时间均为2.5个小时，分2个半天进行。

第六条 参加注册计量师资格各科目考试的人员，必须在1个考试年度内通过全部应试科目，方可获得相应级别资格证书。

第七条 参加考试由本人提出申请，携带所在单位出具的有关证明材料到当地考试管理机构报名。考试管理机构按规定程序和报名条件审查合格后，向申请人核发准考证。参加考试人员在准考证指定的时间、地点参加考试。

国务院各部门所属单位和中央管理的企业的专业技术人员按属地原则报名参加考试。

第八条 注册计量师资格考试日期为每年第三季度。考点原则上设在省会城市和直辖市的大、中专院校或高考定点学校，如确需在其他城市设置考点，须经人事部、质检总局批准。

第九条 注册计量师资格考试及有关项目收费标准，须经价格管理部门批准，并向社会公布，接受公众监督。

第十条 坚持考试与培训分开的原则。凡参与考试工作（包括试卷的命题、审题与考试的组织管理等）的人员，不得参加考试和举办与考试内容有关的培训。应考人员参加相关培训坚持自愿的原则。

第十一条 考试考务工作应当严格执行考试工作的有关规章制度，切实做好试卷命制、印刷、发送过程中的保密工作，严格遵守保密制度，严防泄密。

第十二条 考试工作人员要严格遵守考试工作纪律，认真执行考试回避制度。对违反考试纪律和有关规定的，按照《专业技术人员资格考试违纪违规行为处理规定》（人事部令第3号）处理。

注册计量师资格考核认定办法

（2006年4月26日国人部发[2006]40号发布）

一、考核认定申报条件

长期在计量技术机构中从事计量技术工作，业绩突出，遵守国家各项法律、法规，恪守职业道德，身体健康，并符合下列条件（一）或条件（二）的在编在岗人员。

（一）一级注册计量师

1. 中国科学院院士或中国工程院院士。

2. 2004年12月31日前，按照国家有关规定评聘为工程类或工程研究类高级专业技术职务，并同时具备下列条件(1)、(2)、(3)项中各一项条件：

(1) 学历和业务工作年限：

① 取得理学类、工学类专业大学专科学历后，累计从事计量技术工作满15年。

② 取得理学类、工学类专业大学本科学历后，累计从事计量技术工作满12年。

③ 取得理学类、工学类专业硕士学位，累计从事计量技术工作满10年。

④ 取得理学类、工学类专业博士学位，累计从事计量技术工作满7年。

(2) 技术业绩：

① 担任主要技术负责人（排名前3名），主持完成1项以上计量基准或计量标准的研制工作，其研究成果已作为国家计量基准、计量标准投入使用。

② 获得与计量专业相关的国家科技进步奖项的主要技术负责人（排名前5名）。

③ 获得与计量专业相关的省（部）级科技进步（科技成果）一等奖项的主要技术负责人（排名前3名）。

④ 获得2项以上与计量专业相关的省（部）级科技进步（科技成果）二等奖项的主要技术负责人（排名前3名）。

⑤ 获得3项以上与计量专业相关的省（部）级科技进步（科技成果）3等奖项的主要技术负责人（排名前3名）。

(3) 学术水平：

① 作为主要负责人（排名前3名），完成1项以上已颁布实施的国家计量技术法规制订工作（见中华人民共和国国家计量技术法规目录）。

② 在有国内统一刊号（CN）的期刊或在有国际统一书号（ISSN）的国外期刊上，作为第一作者发表过计量技术相关论文3篇及以上（每篇不少于2 000字）。

③ 在正式出版社出版过有统一书号(ISBN)的计量技术相关专业著作,本人独立撰写的章节在 5 万字以上。

(二) 二级注册计量师

2004 年 12 月 31 日前,按照国家有关规定评聘为工程类或工程研究类中级专业技术职务,并同时具备下列条件 1 和条件 2 中各一项条件的人员:

1. 学历和业务工作年限:

(1) 取得中专学历后,累计从事计量技术工作满 25 年。

(2) 取得理学类、工学类专业大学专科学历后,累计从事计量技术工作满 20 年。

(3) 取得理学类、工学类专业大学本科学历后,累计从事计量技术工作满 15 年。

(4) 取得理学类、工学类专业硕士及以上学历或学位,累计从事计量技术工作满 10 年。

2. 技术业绩:

(1) 担任主要技术负责人(排名前 3 名),主持完成 1 项以上计量标准的研制工作,其研究成果已投入使用;

(2) 获得与计量专业相关的省(部)级科技进步(科技成果)奖项的主要技术负责人(排名前 3 名);

(3) 作为主要负责人(排名前 3 名),完成 1 项以上已颁布实施的国家计量技术法规制订工作(见中华人民共和国国家计量技术法规目录);

(4) 在有国内统一刊号(CN)的期刊或在有国际统一书号(ISSN)的国外期刊上,作为第一作者发表过计量技术相关论文 2 篇及以上(每篇不少于 2 000 字);

(5) 在正式出版社出版过有统一书号(ISBN)的计量技术相关专业著作,本人独立撰写的章节在 3 万字以上。

二、考核认定组织

人事部、质检总局共同成立"一级注册计量师资格考核认定工作领导小组"(以下简称领导小组,成员名单见附件 1),负责注册计量师资格考核认定工作。领导小组下设办公室,设在质检总局。

二级注册计量师考核认定工作,由各省、自治区、直辖市质量技术监督部门和人事行政部门按照《注册计量师制度暂行规定》和本办法的要求组织实施，并将考核认定结果报质检总局备案。

三、考核认定申报材料

（一）各省、自治区、直辖市或国务院有关部门、中央管理企业人事部门的推荐意见函。

（二）《一级注册计量师资格考核认定申报表》一式两份(样表见附件2)。

（三）中国科学院院士或中国工程院院士证书复印件。其他人员应当提供以下证明材料的复印件：质检总局颁发的《计量检定员证》、学历或学位证书、专业技术职务聘书、技术负责人聘书、获奖证书、国家计量基准或计量标准研究成果证书、主持完成国家计量技术法规、相关论文或专著内容说明和首页。

（四）所在单位出具的职业道德证明、获奖单位出具的获奖项目主要技术负责人证明、已投入使用的国家计量基准或计量标准主要技术负责人证明、已实施的相关计量技术法规主要负责人证明。

四、考核认定程序

（一）符合考核认定条件的计量技术专业人员，可向聘用单位提出申请，经单位审核同意后，由聘用单位向本单位所在地省、自治区、直辖市质量技术监督部门推荐。

国务院有关部门所属单位和中央管理的企业所属单位的计量技术专业人员，由本部门、本企业统一向质检总局推荐。

（二）各省、自治区、直辖市质量技术监督部门、国务院有关部门计量业务管理部门、中央管理企业的计量业务管理部门，对本地区、本部门、本企业的申报人员进行审查，提出审查意见，并经本地区、本部门、本企业人事部门复审后，提出推荐人员名单送领导小组办公室审核。

（三）领导小组办公室组织有关专家对推荐人员的材料进行审核，并将审核结果和拟认定人员的名单，报领导小组复核。

（四）领导小组召开会议，对领导小组办公室的审核结果和申报人员的材料进行复核。对复核合格的人员，由领导小组办公室进行公示。经公示无异议，由人事部、质检总局批准后向社会公布获得《中华人民共和国一级注册计量师资格证书》人员的名单。

对未通过考核认定的申请人，由领导小组办公室向其说明不通过的理由。

五、申报时间及要求

（一）各省、自治区、直辖市质量技术监督部门和人事行政部门，国务院有关部门、中央管理企业负责计量技术工作的机构和人事行政部门，应当对推荐人员材料进行认真审查，于 2006 年 10 月 31 日前完成审查和复审工作，签署审查和复审意见，并在《一级注册计量师资格考核认定申报表》相应栏目中加盖印章后，将全部申报人员材料送领导小组办公室。

（二）国家对考核认定人员数额实行总量控制，在符合申报条件的人员中择优遴选，实施资格考试后不再进行考核认定工作。各地区、各有关部门、中央管理的企业应当优先推荐符合申报条件、能力业绩突出、业内认可且在计量技术工作一线的人员。

（三）各地区、各有关部门、中央管理的企业在审查、复审申报人员材料时，须核查各类证书及相关证明的原件。报送的各类证书等相关材料复印件，应当由所在单位人事部门负责人签署意见并加盖单位印章。

（四）凡因计量技术工作中违法违纪或发生重大失误，受到刑事处罚或行政处罚的人员不得申报。

（五）已通过特许或考核认定的方式取得其他专业职业（执业）资格证书、现在公务员岗位工作、正在申报其他专业职业（执业）资格考核认定或已办理离退休手续的人员，不属于申报范围。

（六）各地、各有关部门、中央管理企业要切实加强领导，坚持标准，严格把关，认真按程序做好申报、审查和复审等各环节工作。凡不认真把关或弄虚作假的，一经发现，停止该地区或部门、单位的申报权和取消个人的申报资格，并依据相应的法律和有关规定进行处理。

附件（略）

大区国家计量测试中心工作管理暂行规定

（2006 年 5 月 26 日国质检量[2006]223 号发布）

第一条 为了加强和规范大区国家计量测试中心（以下简称大区中

心)的管理,发挥大区中心在国家量传体系和促进区域经济协调发展中的作用,特制定本暂行规定。

第二条 大区中心是由国家质量监督检验检疫总局(以下简称国家质检总局)根据中共中央[1962]462号文件批准建立,承担跨地区量值传递及检定测试任务的国家法定计量技术机构,是国家级量值传递体系和科研测试基地的组成部分。

第三条 全国设立7个大区中心,分别称为华北、东北、华东、中南、华南、西南、西北国家计量测试中心,分别设在北京、辽宁、上海、湖北、广东、四川、陕西省级质量技术监督部门,主要技术依托所在地省(直辖市)计量院。

第四条 大区中心的主要职责是:

(一)负责研究建立大区最高计量标准,进行量值传递,开展计量检定、校准及测试任务;

(二)承担国家、地区经济建设急需的重大计量科研、测试任务,研制开发高准确度的计量标准器及测试仪器;

(三)承担制、修订国家计量技术法规任务,研究解决区域性计量管理课题;

(四)组织大区内计量技术与管理经验的交流和计量技术人员的培训;

(五)开展大区间、大区内的计量标准比对工作,组织区域内省级计量标准核查工作;

(六)为实施计量监督提供技术保证;

(七)承办计量监督工作及国家质检总局下达的计量技术和管理的有关任务。

第五条 大区中心设主任1名,由大区所在地省(直辖市)质量技术监督局局长兼任。更换大区中心主任由大区中心提名,报国家质检总局任免。大区中心下设办事机构——中心办公室,负责大区中心日常工作。中心办公室主任、副主任由大区中心任免,并报国家质检总局备案。

第六条 国家质检总局负责组织召开全国大区中心会议,制定、下达年度大区中心计量标准建设和工作任务计划,对大区中心量值传递和年度计划完成情况实施监督。

第七条 大区中心应当加强大区计量标准的维护与管理。大区计量标准的建立与技术改造实行合同管理，实施后要有验收和总结；大区计量标准的日常使用和维护实施分类台账动态管理，即建立计量标准台账、规划实施技术改造计量标准台账和已实施技术改造计量标准台账。各类台账均应反映该类计量标准状态的相关信息。

第八条 大区中心应当加强量值传递工作的管理。大区中心应建立满足省级最高计量标准溯源需要的计量检测设备和环境条件，提高计量检测技术水平，提高人员素质，提高量值传递质量和工作时效。大区中心要定期组织大区内省级最高计量标准的比对，并参加国家质检总局组织的大区间大区计量标准的比对。

第九条 大区中心应加强经费和固定资产的管理。做到账、物清晰。国家质检总局有权监督大区中心使用中央财政补贴经费的情况。

第十条 大区中心应当积极支持并配合大区内各省级质量技术监督部门的工作，为省级质量技术监督部门依法实施计量监督提供技术保证。积极参与国家和地方经济建设，努力解决经济建设中的重大计量测试问题。

第十一条 大区中心应当发挥组织、协调和服务的功能，定期组织大区内各省级国家法定计量检定机构开展计量技术和管理经验的交流，研究新的计量检测方法，开发先进的计量检测设备，引进科学的实验室管理制度，培养综合专业技术人才，不断提高实验室的工作质量。

第十二条 大区中心应当按照本规定，并结合实际情况制定相应的规章制度和工作实施细则，规范大区中心的工作，按时完成国家质检总局部署的各项工作。

关于临床设备中血压计量单位有关意见的函

（2006 年 12 月 1 日质检办量函[2006]603 号发布）

通用电气（中国）有限公司-医疗集团：

你公司 2006 年 10 月 24 日《关于临床设备中血压计量单位的请示》收悉。经研究，现将我局意见函告如下：

一、《中华人民共和国计量法》规定我国采用以国际单位制为基础的国家法定计量单位。血压仪器仪表计量单位应当使用法定计量单位帕斯卡(Pa)或其倍数单位。

二、针对目前医学领域血压计量单位使用的实际情况，根据原国家技术监督局、卫生部、原国家医药管理局《关于血压计量单位使用规定的补充通知》(技监局发[1993]012 号)，临床设备涉及到血压计量单位时，可以生产具有千帕斯卡(kPa)与毫米汞柱(mmHg)双显示功能的电子仪器仪表。

棉花品级实物标准管理办法实施细则

(2006 年 12 月 5 日中纤局发布)

第一章 总 则

第一条 为了规范棉花品级实物标准(以下简称实物标准)的制作和管理程序，保证实物标准的科学性、公正性和稳定性，维护正常的棉花收购、加工、经营、储备和使用秩序，提高棉花质量，根据《棉花品级实物标准管理办法》、《棉花质量监督管理条例》、国务院发(1985)92 号文和 GB 1103《棉花 细绒棉》，制定本细则。

第二条 本细则适用于实物标准的采样、制作(仿制)、审定、发布、保管和使用。

第三条 根据 GB 1103《棉花 细绒棉》中的品级条件和品级条件参考指标制作(仿制)实物标准(包括锯齿棉和皮辊棉两种)。各级实物标准都是底线。

第四条 鉴于实物标准容易变异，为保持原有各级的品级程度，实物标准应每年更新。

第五条 实物标准的更新，应根据上年度基本标准的品级程度，体现更新因素的原则进行。

第六条 实物标准分基本标准和仿制标准。

基本标准分保存本、副本、校准本。保存本为基本标准每年更新的依据；副本为品级实物标准仿制的依据；校准本用于仿制标准损坏、变异等情况下的修复、校对。

仿制标准分为国家仿制标准（以下简称国家标准）和省级仿制国家标准。国家标准是制作省级仿制国家标准的依据。

第七条 中国纤维检验局负责制作和更新基本标准。中国纤维检验局负责组织实施国家标准的制作。省级专业纤维检验机构负责省级仿制国家标准的制作。黄棉、灰棉、拔杆剥桃棉，由各产棉省、自治区、直辖市专业纤维检验机构参照国家标准的品级程度制作参考棉样。最高品级不高于四级。

第八条 省级仿制国家标准作为本辖区棉花收购、加工、经营、储备、使用和质量监督各环节检验棉花品级的依据。如省级仿制国家标准与国家标准品级程度不一致时，以国家标准为准。

第九条 在销地检验棉花品级时，应以产地省级仿制国家标准作为依据。

第十条 从事棉花收购、加工、经营、储备、使用和质量监督的单位应配备适当数量的省级仿制国家标准。

第二章 采 样

第十一条 采样应从本地当家品种中选取有代表性的样品。

第十二条 采样地点和品种应相对稳定。主产棉省、自治区、直辖市采样地点和品种变更应会同有关部门进行，取得一致意见后，报中国纤维检验局批准。零星产棉省、自治区、直辖市可选择相邻主产棉省、自治区、直辖市的主产棉县（市）作为采样点，采样地点和品种的选择应会同有关部门进行，取得一致意见后，报中国纤维检验局批准。

第十三条 应分期采集1～6级各级籽棉。同级籽棉产生同级锯齿棉和皮辊棉实物标准棉样。

第十四条 应将符合要求的籽棉样品分选、记录，在正常条件下存放，妥善保管，不得混淆。

第十五条 应选定具有资质条件、管理严格、加工设备良好的企业进行籽棉加工。

第十六条 每级籽棉均应进行试轧。试轧前，检查、调试加工设备，使其符合 GB 1103 规定的轧工质量要求。中国纤维检验局组织省级专业纤维检验机构对试轧的皮棉抽样，进行成熟系数、断裂比强度等物理性能指标的检测，对不符合规定要求的籽棉及时调换，确定符合相应品级条件的籽棉样后，在正常轧工条件下轧出锯齿棉和皮辊棉棉样。

第十七条 棉花成包后，要在棉花唛头刷明棉花产地、等级、类型、重量，并标注“实物标准专用棉样”字样，单独存放于干燥通风处，不得与其他棉花混淆。

第三章 制　　作

第十八条 为了保证品级程度一致和稳定，实物标准的制作（仿制）应集中进行。

第十九条 制作人员应熟练掌握标准制作技术，人员要相对稳定。

第二十条 制作场所应宽敞整洁，通风良好，采光须符合 GB/T 13786标准规定或具备北窗光线。

第二十一条 实物标准盒规格应符合：底盒外径长×宽×高为 250 mm×200 mm×35 mm，纸板厚度 2.5 mm，按底盒尺寸配盖，盖前外径 18 mm，内盖要厚薄适宜，表面平滑；实物标准盒应牢固耐用，不易变形。

第二十二条 实物标准单盒棉样重量：锯齿棉为（100±15）g，皮辊棉为（280±15）g。

第二十三条 实物标准装盒后，锯齿棉应使表面整体基色均匀，四角饱满，中部稍凸；皮辊棉应使表面整体基色基本一致，表面棉块基本平整，四角饱满。

第二十四条 实物标准初修：锯齿棉应使棉层均匀，保持自然状态，剔除不合适的杂质、索丝、棉结、染污、僵片等；皮辊棉应使棉块密度适当，手感不能有缺块，形态自然，剔除不合适的杂质、黄根、棉块、染污等。盖上盒盖，进行压实。

第二十五条 实物标准的复修，应对照基本标准或国家标准进行，其品级程度、做工形态应与基本标准或国家标准一致，调整方法与初修相同。

第二十六条 省级仿制国家标准的排队：将复修好的实物标准对照国家标准进行每级多盒排对，一般不少于五盒。对有问题的棉样，应整理后再重新排队，直至符合要求。

第二十七条 省级仿制国家标准的配套：对排队后的实物标准从一至六级按照级距合理、同级一致的原则进行配套，每套贴上标签，并进行编号。

第四章 审定和发布

第二十八条 基本标准由中国纤维检验局组织有关部门技术专家进行审定，并根据审定意见进行修整。审定通过的基本标准，报请国家标准行政主管部门后批准发布。

第二十九条 国家标准由中国纤维检验局组织省级专业纤维检验机构通过召开国家标准审定会进行审定。审定通过后，统一编号，由中国纤维检验局下发省级专业纤维检验机构。

第三十条 省级仿制国家标准复修过程中，中国纤维检验局组织专家对省级仿制国家标准进行抽查，并组织省级专业纤维检验机构召开仿制标准平衡会，提出复修意见。

第三十一条 省级仿制国家标准由省级标准行政主管部门组织有关部门技术专家对各级成品进行审定，审定应随机抽样，比例不低于总制作套数的10%。审定通过的省级仿制国家标准，报中国纤维检验局备案后，由省级标准行政主管部门批准发布。

第五章 保管和使用

第三十二条 基本标准和国家标准均由专业纤维检验机构指定专人负责保管、建账和登记，严禁擅自更改和外借。

第三十三条 基本标准和国家标准应保存在低温干燥的专用箱柜内；省级仿制国家标准应存放在干燥通风处，避免日晒。

第三十四条 使用实物标准时，应在符合GB/T 13786标准规定或具备北窗昼光光线的棉花分级室进行。在模拟昼光分级室内，标准盒放置角度与灯光光线垂直为宜；在北窗昼光条件下，标准盒放置角度与桌面成四十五度左右为宜。检验时，将棉样压平、握紧，使棉样密度与实物标准密度相近，在实物标准旁进行对照。

第三十五条 实物标准用毕后，应妥善保存。

第六章 附 则

第三十六条 实物标准使用期限为一年（自当年九月一日至次年八月三十一日），本年度实物标准实施后，上年度实物标准即行废止。

第三十七条 省级仿制国家标准在有效期内，如发现品级程度有较大变异，应报请省级专业纤维检验机构根据国家标准进行调整、修复或废止。

第三十八条 长绒棉品级实物标准、彩色棉品级实物标准和棉短绒品级实物标准的制作和管理参照本细则。

第三十九条 本细则由中国纤维检验局负责解释。

第四十条 本细则自发布之日起实施。

关于工业产品生产许可工作中严格执行国家产业政策有关问题的通知

（2006年12月13日国质检监联[2006]632号发布）

各省、自治区、直辖市质量技术监督局，发展改革委、经委（经贸委）：

为了更好地贯彻落实国家产业政策，增强产业政策的执行效力，充分发挥生产许可制度在贯彻国家产业政策中的作用，防止重复建设，有效解决部分行业产能过剩问题，坚决淘汰落后生产能力，工业产品生产许可工作要严格执行国家产业政策，严把市场准入关，把符合产业政策作为企业申请取得生产许可证的必要条件。根据《工业产品生产许可证管理条例》、《国务院关于发布实施〈促进产业结构调整暂行规定〉的决定》（国发[2005]40号）的有关规定，现就工业产品生产许可工作中贯彻执行《产业结构调整指导目录》（以下简称“《目录》”）的有关事项通知如下：

一、在工业产品生产许可工作中，省级质量技术监督部门要严格执行《目录》淘汰类规定：

（一）对生产属于《目录》列明的国家明令淘汰的产品，或使用国家明令淘汰的落后工艺设备的企业，省级质量技术监督部门要严格把关，不得受理生产企业的办证申请。

（二）对已经取得生产许可证的企业，其产品属于《目录》规定立即淘汰的，要依法收回并注销获证企业的生产许可证，同时向社会公布相关信息；其产品尚未达到《目录》规定的淘汰期限的，到期限后，要依法收回并注销获证企业的生产许可证，同时向社会公布相关信息。

（三）对应当注销生产许可证的情况，省级质量技术监督部门要按照规定，提出注销建议，报国家质检总局统一办理注销生产许可证手续。

二、对投资建设《目录》限制类所列的国家禁止投资项目的企业，省级质量技术监督部门不得受理其办理生产许可证的申请。

三、属于下列情况之一的，且不能提供符合有关产业政策证明文件的，企业在申请办理生产许可证时，需要由省级发展改革委、经委（经贸委）（产业政策工作部门）出具符合产业政策的证明文件：

（一）企业在《目录》发布实施前建设的生产项目，在《目录》发布实施后提出办证申请的；

（二）对已经获得生产许可证的企业进行改制、重组、兼并等，重新设立企业，并提出办证申请的；

（三）企业收购（包括异地收购）已经获得生产许可证的破产、倒闭企业，并提出办证申请的；

（四）已经获得生产许可证的企业进行搬迁（包括跨省搬迁），生产条件发生重大变化，企业依法提出重新办证申请的；

（五）已经获得生产许可证的企业对原生产能力改造升级后，提出办证申请的；

（六）其他需要对是否符合产业政策作出判断的情况。

四、对以上需要由省级发展改革委、经委（经贸委）提供符合产业政策证明文件的企业办证申请，应按照以下程序办理：

（一）企业向所在（或迁入）省份的省级发展改革委、经委（经贸委）提出是否符合产业政策的书面核查申请。

（二）省级发展改革委、经委（经贸委）收到企业的核查申请后，负责组织对申请企业的核查工作。按照《国务院关于发布实施〈促进产业结构调整暂行规定〉的决定》和《目录》等有关政策要求，对企业生产项目是否符合产业政策以及审批过程、建设时间、生产能力进行审核。经核查符合产业政策要求的，由省级发展改革委、经委（经贸委）出具企业符合产业政策的证明文件，作为企业申请办理生产许可证的依据。

对企业由于改制、重组、并购、搬迁、改造等需要申请生产许可证的情况，重点审核是否违背《目录》投资新建限制类项目，是否增加了属于限制类的生产能力，是否按规定淘汰落后生产能力等。属于增加限制类生产能力，没按规定淘汰落后生产能力的企业，不予办理符合产业政策的证明文件。

（三）省级质量技术监督部门依据省级发展改革委、经委（经贸委）的证明文件和办理生产许可证的有关规定，正式受理企业的办证申请。

五、在工业产品生产许可工作中，涉及对《目录》的含义进行解释的问题，由省级发展改革委、经委（经贸委）报国家发展改革委（产业政策司）进行解释。

六、省级质量技术监督部门和发展改革委、经委（经贸委）要依据各自职责，加强配合，互相协作，共同贯彻落实好国家产业政策。

关于转发《财政部、国家发展改革委关于调整工业产品生产许可证收费政策有关问题的通知》的通知

（2007年2月6日质检办财[2007]66号发布）

各省、自治区、直辖市质量技术监督局：

现将《财政部、国家发展改革委关于调整工业产品生产许可证收费政策有关问题的通知》（财综[2006]69号）转发给你们，请认真组织学习，严格执行，并提出以下要求：

一、加强对工业产品生产许可证收费管理，确保此次调整工业产品生产许可证收费政策的贯彻和落实，依法收费，应收尽收，应缴尽缴。

二、为更好地实行“收支两条线”管理，各省级质量技术监督局收费在上缴中央国库时应分别注明“工业产品生产许可证收费审查费”、“食品

及食品相关产品生产许可证收费审查费”或省略填写“工业产品”、“食品”。

三、按照政务信息公开的要求，应无偿公告工业产品生产许可证管理信息，不得收取公告费。

四、为及时掌握各省级质量技术监督局工业产品生产许可证收费上缴情况，请各局每月 10 日前将“2007 年工业产品生产许可证省局收费上缴中央国库统计表”报总局。

联系人：

计财司吕荣华　电话：82262071　电邮：lvrh@aqsiq.gov.cn

监督司张　亮　电话：82262226　电邮：zhangl@aqsiq.gov.cn

食品司马福祥　电话：82262218　电邮：mafx@aqsiq.gov.cn

附件：1.《财政部、国家发展改革委关于调整工业产品生产许可证收费政策有关问题的通知》（财综[2006]69 号）

2. 2007 年工业产品生产许可证省局收费上缴中央国库统计表

附件 1

财政部、国家发展改革委关于调整工业产品生产许可证收费政策有关问题的通知

财综[2006]69 号

国家质量监督检验检疫总局，各省、自治区、直辖市财政厅（局）、发展改革委、物价局：

根据《中华人民共和国工业产品生产许可证管理条例》（国务院第 440 号令）的规定，工业产品生产许可证的审查发证工作由原来的国家质检总局负责，改为由国家质检总局和省、自治区、直辖市质量技术监督部门分别负责。为适应工业产品生产许可证管理工作需要，决定对工业产品生产许可证收费政策作相应调整。现就有关事项通知如下：

一、国家质检总局和省、自治区、直辖市质量技术监督部门按照工业产品生产许可证的发放权限，分别收取工业产品生产许可证审查费。其中，由国家质检总局负责发放生产许可证的，工业产品生产许可证审查费

由国家质检总局收取；国家质检总局确定由省、自治区、直辖市质量技术监督部门负责发放生产许可证的，工业产品生产许可证审查费由省、自治区、直辖市质量技术监督部门收取。

二、按照政府信息公开的要求，质量技术监督部门应无偿公告工业产品生产许可证管理信息，因此，取消质量技术监督部门收取的工业产品生产许可证公告费。

三、工业产品生产许可证审查费的收费标准仍按国家现行有关规定执行，即审查费为每个产品 2 200 元，对同一个企业需申领两个以上生产许可证的，每增发一个生产许可证按规定收费标准的 20%收取审查费。在发放工业产品生产许可证过程中，产品质量检验费仍由国家质检总局指定的质量检验机构按照国家有关规定收取。

四、上述收费部门和单位应到指定的价格主管部门办理收费许可证，并按财务隶属关系使用财政部和省、自治区、直辖市财政部门统一印制的票据。

五、工业产品生产许可证审查费、产品质量检验费属于行政事业性收费，实行“收支两条线”管理。即国家质检总局收取的工业产品生产许可证审查费全额上缴中央国库，纳入中央财政预算管理，具体缴库办法按照《财政部关于确认国家质量监督检验检疫总局收入收缴管理制度改革试点有关事宜的通知》(财库[2003]8 号)的规定执行；各省、自治区、直辖市质量技术监督部门收取的工业产品生产许可证审查费，全额上缴省级国库，纳入省级财政预算管理，具体缴库办法按照省级财政部门的规定执行；产品质量检验费由质量检验机构按照财务隶属关系分别上缴中央和地方同级财政专户，具体收缴办法分别按照中央和省级财政部门的规定执行。2006 年“政府预算收支科目”列第 42 类“行政性收费收入”4236 款“质量技术监督检验检疫行政性收费收入”；2007 年以后“政府收支分类科目”列第 103 类“非税收入”04 款“行政事业性收费收入”16 项“质量监督检验检疫行政事业性收费收入”09 目“工业产品生产许可证收费”和 51 目“产品质量监督检验费”。支出由同级财政部门按照收费部门和单位履行职能的需要核定。

六、收费部门和单位应严格按照上述规定执行，不得擅自增加收费项目、扩大收费范围、提高收费标准或者坐支挪用收费收入，并自觉接受财政、价格、审计部门的监督检查。

附件 2

2007 年工业产品生产许可证省局收费上缴中央国库统计表

单位：万元

序号	省份	全年			截至1月末			截至2月末			截至3月末			截至4月末			截至5月末			截至6月末		
		合计	A	B	合计	A	B	合计	A	B	合计	A	B	合计	A	B	合计	A	B	合计	A	B

序号	省份	全年			截至7月末			截至8月末			截至9月末			截至10月末			截至11月末			截至12月末		
		合计	A	B	合计	A	B	合计	A	B	合计	A	B	合计	A	B	合计	A	B	合计	A	B

关于印发《食品生产加工企业食品添加物质使用备案管理办法（试行）》的通知

（2007 年 4 月 19 日国质检食监[2007]172 号发布）

各省、自治区、直辖市质量技术监督局：

为加强对食品生产加工企业使用食品添加剂的监督管理，遏制食品企业滥用食品添加剂和非食品原料违法行为，总局制定了《食品生产加工企业食品添加物质使用备案管理办法（试行）》，现印发你们，请遵照执行。

各省、自治区、直辖市质量技术监督局要对本地备案工作加强统一部署，对重点区域要开展专项督办，推动食品添加剂使用备案工作深入开展。

附件：食品生产加工企业食品添加物质使用备案表式样。

食品生产加工企业食品添加物质使用备案管理办法（试　行）

第一条 为加强对食品生产加工企业使用添加物质的监督管理，统一规范食品添加物质的使用备案工作，根据《中华人民共和国工业产品生产许可证管理条例》、《食品生产加工企业质量安全监督管理实施细则（试行）》的规定，制定本办法。

第二条 在中华人民共和国境内从事食品生产加工的企业，必须将食品中全部添加物质的种类、用途、用量等情况向所在地县级质量技术监督局备案，并对备案内容的真实性负责。

第三条 备案管理应当遵循全面、准确、高效、便民的原则。

负责备案的质量技术监督局应当督促和指导企业及时进行备案，对所知悉的商业秘密负有保密义务。

第四条 备案的基本内容包括：食品生产加工企业名称，生产加工的食品品种，食品添加物质的名称、来源、生产企业，企业在生产的各种食品中添加该物质的最大限量等。已纳入生产许可证管理目录且进入无证查处期的食品添加剂，还要备案生产许可证号。使用复合食品添加剂的，应当同时对复合食品添加剂的用途备案。

使用进口食品添加剂的，根据产品的实际情况填报备案内容。

第五条 食品生产加工企业备案时应提供以下材料：

（一）《食品生产加工企业食品添加物质使用备案表》（见附件，1 式 2 份）；

（二）企业营业执照复印件；

（三）企业卫生许可证复印件；

（四）食品生产加工企业使用新品种的食品添加剂，应当在使用前索取省级以上安全评价机构出具的安全评价报告，并在备案时提交报告复印件。

以上材料要加盖企业公章。

第六条 负责备案的质量技术监督局收到企业备案材料后，应在5日内予以备案；材料不齐全的，应一次性告知企业限期补齐。逾期未补齐的，按未备案处理。经备案的《食品生产加工企业食品添加物质使用备案表》1份由受理单位存档，1份加盖受理机构印章后交复企业。

第七条 企业备案的基本内容发生变化的，应当在15日内重新备案。

第八条 企业备案材料中存在使用禁止使用的非食品原料、超出规定限量使用食品添加剂、超出规定使用范围使用食品添加剂、使用无证生产的食品添加剂等情况的，负责备案的质量技术监督局应当撤销备案，指导企业正确使用食品添加剂，并责令企业限期重新备案。

第九条 企业违法使用食品添加剂和其他添加物质，且故意在备案中瞒报、谎报真实情况的，由市级以上质量技术监督局予以公告。所在地质量技术监督局应当对违法企业依法从重处罚，同时撤销备案，责令限期改正并重新备案。

第十条 食品生产加工企业应当进行备案而未备案的，或根据本办法规定应当重新备案而未重新备案的，所在地县级质量技术监督局应当责令企业限期备案。逾期不备案的，按照《食品生产加工企业质量安全监督管理实施细则（试行）》（国家质检总局令第79号）第95条规定处罚。

第十一条 负责备案工作的质量技术监督局应当将企业备案材料建立档案备查，并定期对备案内容进行汇总分析，对重大问题要及时报告上级质量技术监督局。

第十二条 备案工作不得向企业收取任何费用。

第十三条 备案工作单位有以下情形之一的，由上级质量技术监督局责令改正；对直接负责的主管人员和其他直接责任人员依法予以行政处分；构成犯罪的，依法追究刑事责任：

（一）对辖区内应当备案而不备案的食品企业，不及时依法查处的；

（二）对违法使用添加物质且不如实备案的食品企业，不依法从重处罚并按规定公告的；

（三）发现企业备案的添加物质使用情况中存在违法违规问题，不及时责令、指导企业改正的；

（四）违反本办法规定，在备案中向企业收费的。

第十四条 本办法由国家质检总局负责解释。本办法自发布之日起实施。

附件（略）

经营性桑蚕干茧公证检验工作规程（试行）

（2007年5月22日中纤局综发[2007]47号发布）

第一章 总 则

第一条 为确保桑蚕干茧的质量和数量，逐步建立桑蚕干茧公证检验（以下简称干茧公检）制度，维护茧丝市场秩序，根据《棉花质量监督管理条例》、《茧丝质量监督管理办法》和《桑蚕干茧》(GB/T 9176—2006)国家标准，制定本规程。

第二条 桑蚕干茧经营者双方直接交易形式下的干茧公检适用于本规程。

第三条 干茧公检是指桑蚕干茧经营者，在桑蚕干茧交易结算前，由专业纤维检验机构（以下简称纤检机构）按照国家标准和技术规范，对桑蚕干茧的质量、数量进行检验并出具公证检验证书的活动。公证检验证书作为桑蚕干茧质量、数量的凭证，是桑蚕干茧经营者交易结算的依据。

第四条 中国纤维检验局（以下简称中纤局）对干茧公检工作实行统一领导、统一组织实施、统一工作规程、统一检验证书、统一经费核算和统一监督检查。

第五条 承担干茧公检的纤检机构（以下简称承检机构）必须具备以下条件，通过干茧公检实验室考核验收，并经中纤局批准后，方可承担干茧公检任务。

（一）具有独立法人资格；

（二）具有满足干茧公检的检验技术人员，技术负责人和关键岗位技术人员应通过中纤局指定机构的培训、考核，持证上岗；

（三）具有满足干茧公检的检验设施、仪器设备、交通工具及计算机远程通讯条件；

（四）通过省级及以上质量技术监督部门组织的计量认证；

（五）具有健全的工作质量保证制度；

（六）法律、法规规定的其他条件。

第六条 开展干茧公检的企业应按照《非棉纤维公证检验企业申报与退出程序》规定，自愿申报。经省级纤检机构初审，中纤局审核确定，并定期统一发布或调整享受公证检验的企业（以下简称试点企业）名单。

第七条 干茧公检不得收取费用，所需检验费用按照国家有关规定列支。

第二章 工作职责

第八条 中纤局职责

（一）负责干茧公检的组织实施、工作质量监督检查和复检受理等工作；

（二）负责干茧公检申报企业的审批；

（三）负责干茧公检承检机构的资格审批、任务安排与调整和复检结果审核。

第九条 省级纤检机构职责

（一）负责本行政区域内干茧公检的协调管理、工作质量监督检查和复检受理等工作；

（二）负责本行政区域内干茧公检数据的汇总及上报。

第十条 承检机构职责

（一）负责交易双方干茧公检工作的衔接，协助企业完成干茧公检的报验；

（二）负责货批称重、核实包数、抽样、标注干茧公检标识等现场抽样、检验工作；

（三）承担清洁、洁净、毛茧出丝率、解舒丝长、万米吊糙等指标的实验室检验工作；出具干茧公检证书；

（四）负责承担上级纤检机构指派的复检工作，经中纤局审定后，出具干茧公检复检证书；

（五）负责向省级纤检机构或中纤局报送干茧公检结果，接受上级纤检机构和有关部门的监督。

第三章 检验计划

第十一条 省级纤检机构应依据国家有关桑蚕干茧交易逐步实行公证检验制度的总体要求，结合当地桑蚕干茧资源状况、本年度干茧公检任务完成情况和市场流通需求，每年11月底前向中纤局提出下年度本行政区域干茧公检年度计划。干茧公检年度计划应包括公证检验实施环节、计划检验量、试点企业调整意见和干茧公检工作建议等。

第十二条 中纤局依据财政部批准的干茧公检年度经费预算，综合各地报送的干茧公检年度计划，按照《非棉纤维公证检验任务分配调整管理办法》规定的程序，审查批复。

第十三条 省级纤检机构应将中纤局批准的年度计划调整、分解，及时下发给承检机构和试点企业。

第四章 报验

第十四条 桑蚕干茧经营者应在中纤局统一下达的干茧公检年度检验计划范围内，按照交易发生的时间、庄口、批次和数量，分期分批组织报验。

第十五条 试点企业交易的桑蚕干茧在确定成交后，由桑蚕干茧购买者（以下简称报验人）向中纤局报验。报验人应依据《桑蚕干茧》（GB/T 9176—2006）国家标准全项报验，并填写《桑蚕干茧公证检验报验受理单》（文书一，以下简称《报验受理单》）。

第十六条 一批桑蚕干茧采用一个报验编号。(5 000±25) kg 为一个标准报验批次。一次交易不足标准报验批次的，按一个批次进行报验；单一庄口一次性交易按每5 000 kg 一批进行组批，组批后剩余的桑蚕干茧不足3 000 kg，并入前一个批次合并报验，剩余的桑蚕干茧在3 000 kg 及以上的，按一个批次单独进行报验。

第十七条 对于交易一方多个庄口的桑蚕干茧同时销售至同一需方、同一生产车间（分厂）、同一仓库，或交易一方同时购入多个供方的桑蚕干茧时，经交易双方协商一致，可以集中报验。

第十八条 报验人使用纤检信息系统软件报验，应按照中纤局的相关规定进行信息传送；使用电子邮件报验，应按照中纤局规定的文本格式传送。不能直接用电子邮件形式报验的企业，可委托承检机构报验。

第十九条 委托承检机构向中纤局报验，报验人应向承检机构提交《报验受理单》，并加盖企业公章，承检机构依据报验内容录入，利用纤检信息系统软件或电子邮件报送中纤局。《报验受理单》原件或复印件须在承检机构备案。

第二十条 桑蚕干茧交易时间急迫时，经承检机构报请中纤局批准后，检验与报验可同时进行。

第二十一条 在生产、交易及其他环节已经过公证检验的桑蚕干茧，在其公证检验证书有效期内多次交易的，不得重复报验。

第五章 受 理

第二十二条 中纤局收到《报验受理单》后，在确定的年度任务分配计划范围内进行审核，在《报验受理单》上录入任务编号，在 2 日内将《报验受理单》回复承检机构。未取得任务编号，承检机构不得擅自开展检验工作。

第二十三条 干茧公检任务编号由中纤局统一编制，一个报验编号对应一个任务编号。

第六章 现场检验与抽样

第一节 内容与要求

第二十四条 承检机构依据相关国家标准规定或交易双方的合同约定实施检验。现场检验工作包括称重回皮、核实包数、标注干茧公检标识以及标准规定需要现场检验的其他项目；抽样工作包括抽取样品、索取原验证书等。

第二十五条 在接到中纤局下达的干茧公检任务后，承检机构应及时与报验人进行业务衔接，并准备现场检验所需各类文书、抽样工具、公证检验标志和样品袋等。

第二十六条 现场检验应在交易双方协商确定的地点进行。检验所在地的交易方应积极配合现场检验工作。

（一）及时通知交易另一方派代表到检验现场；

（二）提前提供原检验凭证（复印件）及码单；

（三）提供抽样和检验工作场地，抽样场地应防潮、避免日光曝晒，并有足够的面积；

（四）准备在校准周期内能够满足抽样和检验工作进度要求的衡器，并负责对衡器进行日常维护保养，确保其运行状态正常；

（五）提供满足抽样和检验工作进度要求的搬倒及其他服务，负责抽样茧包及时缝合并在安全区域内整齐码放；

（六）其他需要配合的工作。

第二十七条 承检机构实施现场检验和抽样工作应由本机构2名以上检验人员独立完成。检验人员到达现场后应向报验人出示《报验受理单》、检验人员身份证件。检查报验的桑蚕干茧是否符合《桑蚕干茧》(GB/T 9176—2006)国家标准的相关规定，核对报验人的申报内容与实际货物状况是否相符，并将有关情况在《桑蚕干茧公证检验抽样单》（文书二，以下简称《抽样单》）中予以注明。

第二十八条 承检机构在现场检验过程中，交易双方可选派代表监督承检机构的工作，但不得影响检验的正常进行。

第二十九条 在现场检验过程中，发现掺杂掺假、以次充好、混类混等及其他质量违法情况时，终止公证检验。依据质量技术监督案件管辖的有关规定，按照纤维质量法律法规规章进行查处。

第二节 称　重

第三十条 承检机构在现场检验工作开始前和工作过程中应校验衡器，确保衡器称重误差在规定允许范围内，称量记录应与衡器分辨率一致。

第三十一条 桑蚕干茧称重可采用单包或3包以内一次过磅，但一个批次只能选择一种方式，不得整车过磅。检验人员应正确读取称量结果，并认真填写《桑蚕干茧公证检验称重记录单》（文书三，以下简称《称重记录单》）。

第三十二条 交易的桑蚕干茧称重计净重。一般每只布制茧袋皮扣重 0.5 kg，每只麻制茧袋扣重 1.1 kg，每根茧绳扣重 0.2 kg。重于或轻于 0.5 kg、1.1 kg、0.2 kg 的按实重计算。每批茧袋、茧绳轻重混合使用的，以重者扣算净重。若报验人要求分别计重，报验人应负责将不同包装材质批次的茧袋、茧绳依轻重分置后，交付承检机构称重。

第三十三条 称重完毕，经核实实际包数与报验包数不符的，以实际包数及其称重结果为准，并在《称重记录单》中注明。

第三十四条 现场检验结束后，承检机构应详实填写《桑蚕干茧公证检验现场检验结果汇总表》（文书四，以下简称《现场汇总表》），并通知交易双方书面确认现场检验结果。交易双方应在《现场汇总表》中签字认定。

第三节 抽 样

第三十五条 干茧公检统一采取称重后抽样。以同一庄口为抽样单位，批量在 4 000 kg 以下逐包抽取，4 000 kg 及以上可采取隔一包方式抽取，抽样人员现场填写《抽样单》。按照合同约定抽样时，抽样人员应索取交易合同文本，在《抽样单》中注明抽样依据，并将相关的交易合同复制文本随检验文书一并存档。

第三十六条 抽样应具有代表性和随机性。以茧包缝线处作为割包位置，纵向割包，划割不小于 50 cm 的取样口，割包开口时应避免破坏包内干茧。抽样时应均匀抽样并顾及茧包的不同部位。报验人待抽样完成后应及时缝合取样口。

第三十七条 每包抽样数量为（200±20）g，3 000 kg 以下的庄口抽取样茧总重量不少于 15 kg，称准样茧总重量。在光洁台面上将样茧反复拌匀至少 3 次，再称混茧后的样茧总重量。

第三十八条 计算抽样余亏率。抽样余亏率超过 3%，应重新抽样。依据抽样余亏率计算样茧实称重量，按照计算结果称准两份样品。

第三十九条 两份样品称准后应及时填写样品标签，注明庄口、茧期、抽样人员、抽样时间和抽样地点等。标签一式二份，一份放入样茧袋内，另一份系在样茧袋口上，并用封记封好样品。

第四十条 抽样人员应确保现场抽取的两份样品标识清晰、茧样安全、茧袋完好无损。报验人和抽样人员对抽样工作无异议后，应在《抽样单》签字确认。两份样品运回承检机构实验室，一份作为试验样品，另一份作为备用样品。

第四十一条 每一庄口的抽样应连续进行。遇到中途意外中断，应封存已抽样品，避免人为干扰。如遇隔夜、车辆运输不及时等原因，造成抽样中断5小时及以上，除保护好样品外，还要将已抽样品称重，待全部抽样工作完成后，一并计算样茧总重量。同一庄口多次中断时，每次均需重复以上步骤。

第四十二条 抽样过程中发现存在下列情况的，应暂停抽样工作，并及时告知报验人。

（一）桑蚕干茧的品种、类别、收购期（茧季）、养殖地域（庄口）混杂；

（二）在入库卸包、现场抽样或称重及堆码过程中发现茧包破碎、干茧散落，未进行重新包装处理；

（三）桑蚕干茧受潮、霉变、被污染、虫（特别是皮蠹科虫）蛀及鼠咬等质量损毁现象；

（四）随机抽取一批不少于总包数5%的干茧，经感官检测，茧层霉变茧、烘茧过嫩或老嫩不匀茧、不同期别的混庄茧等单一问题茧包超过40%或两类及以上问题茧包超过40%；

（五）遭遇雨雪雾等对干茧检验有较大影响的恶劣气候条件；

（六）不符合干茧公检要求的其他情况。

第四节 标　　注

第四十三条 经现场检验后的桑蚕干茧，承检机构应逐包标注中纤局统一规格要求的干茧公检标识。标识内容包括：验讫标志、承检机构代码和加工企业名称或组织机构代码等。

第七章 实验室检验

第一节 内容与要求

第四十四条 实验室全部检验项目包括清洁、洁净，毛茧出丝率，解舒丝长，万米吊糙等指标。

第四十五条 实验室检验应在符合国家标准规定和有关检验要

求的试验环境中进行。所有检验项目必须由 2 名以上检验人员共同完成。

第四十六条 在检验开始前，检验人员应作以下检查：

（一）对样品进行检查，确认其外观质量、数量并做出记录；

（二）对有关影响检测结果的环境条件、工艺过程参数（如温度、气压）进行检查并予以记录。当超出有关标准规定的允许范围时应及时进行调整；

（三）对在用仪器设备的性能和状况进行检查，检查期间核查落实情况，并详细记录。

第四十七条 实验室检验必须填写《桑蚕干茧公证检验实验室系列文书》（文书五，以下简称《试验记录单》），所有的检验原始记录（包括图形）不得使用铅笔记录（绘图），检验人员、复核人员应分别在《试验记录单》上签字。

第二节 检 验

第四十八条 实验室检验流程遵循《桑蚕干茧试验方法》（GB/T 9111—2006）国家标准的规定。选茧、切剖、煮茧、解舒、清洁、洁净和公量试验，依据标准规定的设备、方法和要求，按照《桑蚕干茧煮茧试验操作规程》、《桑蚕干茧自动缫丝试验操作规程》以及承检机构规定的作业指导书进行检验。

煮茧试验可采用真空渗透型煮茧设备或温差渗透型煮茧设备进行试验。

第四十九条 承检机构在抽到样品之日起 10 日内完成全部检验，出具中纤局统一格式的《桑蚕干茧公证检验证书》（文书六，以下简称《公检证书》）。《公检证书》有效期为 30 日。

第五十条 承检机构在出证后 2 日内应将《公检证书》送达报验人；交易双方共同报验的，应分别送达双方，不能由交易一方代转证书。未经中纤局同意，承检机构不得向交易双方以外的任何单位或个人提供公证检验结果或展示公证检验证书。

第五十一条 自《公检证书》出具之日起，承检机构应留存备用样品和试验剩余样品不少于 30 日。备用样品和剩余样品应存放于样品架或样品柜中，编号标识清楚，利于查找。

备用样品用于复检和定期监督抽验。

第五十二条 样品存储期满，承检机构应及时将备样和试验剩余样品退还报验人。报验人应在《桑蚕干茧公证检验退样记录单》（文书七，以下简称《退样记录单》）中签收，承检机构应将样品即时解封。

第八章 文书管理与数据报送

第五十三条 《公检证书》编号及格式由中纤局统一规定。出具证书使用中纤局统一编制的计算机出证软件，不得使用试点企业和承检机构自行制作的文书。证书编号须按出证顺序依次递增，不得重复、空号、交叉或自行编制。

第五十四条 承检机构在出证前应与有关检验文书和原始记录进行核对，确保《公检证书》填写准确、内容完整、数据清晰，并不得涂改。经检验人员和相关负责人核实无误后，由承检机构负责人签发，并在证书标题下方加盖"中国纤维检验局桑蚕干茧公证检验专用章"。

第五十五条 检验结束后，将所有相关文书及资料装订成册，分类归档，妥善保管。

第五十六条 承检机构应按月汇总整理干茧公检数据，采用纤检信息系统软件或电子邮件方式，于每月 25 日前向中纤局报送《桑蚕干茧公证检验月报表》（文书八，以下简称《月报表》）。

第五十七条 承检机构上报《月报表》前应认真检查是否填写完整、准确。凡数据上报后发现差错的，属个别差错（1 至 3 个项目），须逐一列出差错数据证书号、差错数据项和修正值，自数据上报之日起 2 日内传送中纤局更正；属较多差错（3 个以上），须在 3 日内将修改后的完整数据库发送中纤局进行替换。数据报送前应对上报数据进行病毒检查，确信无病毒后方可上报。

第五十八条 每季度结束后 5 日内，承检机构要将上季度干茧公检的基本情况、实施效果及存在的问题，交易双方的意见和建议，桑蚕干茧流通信息等进行综合分析，向中纤局报送《桑蚕干茧公证检验分析报告》。

第九章 复 检

第五十九条 经过公证检验的桑蚕干茧，交易双方或一方对公证检验结果有异议的，可在收到《公检证书》之日起5日内向省级纤检机构或中纤局申请一次复检。复检项目为实验室检验项目中的清洁、洁净和毛茧出丝率指标。

第六十条 复检申请人申请复检应填写《桑蚕干茧公证检验复检申请表》(文书九，以下简称《复检申请表》)，提供原《报验受理单》、《公检证书》及其他书面说明等，并预缴检验费。

第六十一条 省级纤检机构或中纤局审核复检申请，作出受理或不予受理的决定，并出具《桑蚕干茧公证检验复检受理通知书》(文书十)。

第六十二条 复检应在省级纤检机构或中纤局指定的具有干茧公检承检能力的实验室进行。复检启用备用样品，不得重新抽样。复检为原验机构的，复检样品由中纤局或指派其他纤检机构重新对样品密码编号处理后，交付检验；复检为其他承检机构的，复检样品由复检机构直接从原验机构实验室提取。

第六十三条 接受复检任务的承检机构在受理复检申请之日起7日内完成规定项目的检验，并报送中纤局审核同意，出具《桑蚕干茧公证检验复检证书》(文书十一，以下简称《复检证书》)。承检机构应将《复检证书》即时发送复检申请人。交易双方或另一方对复检结果仍有异议的，可以依法向人民法院提起诉讼。

第六十四条 复检结果在规定允差范围内，复检费用由复检申请人承担；复检结果超出规定允差范围的，复检费用由原承检机构承担。允差范围：清洁、洁净指标(XX)不超过上下一个等级，毛茧出丝率指标(YY)不超过±2。

第十章 附 则

第六十五条 为保证干茧公检工作质量和工作效率，中纤局对承检机构的工作质量进行监督检查，对在干茧公检工作中违反工作规程及相关规定的，依据《桑蚕干茧公证检验工作质量考核办法》和《桑蚕干茧公证检验廉洁自律规定》予以处理。

第六十六条 承检机构在干茧公检工作中违反《茧丝质量监督管理办法》等相关法律法规，情节较轻的，责令改正；造成严重后果的，取消承检机构的干茧公检资格，并建议其主管部门给予相关人员行政处分；构成犯罪的，依法追究刑事责任。

第六十七条 本规程由中国纤维纤验局负责解释。

第六十八条 本规程自发布之日起30日后施行。

茧丝交易市场桑蚕干茧公证检验实施办法（试行）

（2007年5月22日中纤局综发[2007]47号发布）

第一条 为规范桑蚕干茧交易行为，健全桑蚕干茧公证检验（以下简称干茧公检）制度，维护茧丝市场秩序，保证通过市场交易的桑蚕干茧的质量和数量，根据《棉花质量监督管理条例》、《茧丝质量监督管理办法》和《桑蚕干茧》(GB/T 9176—2006)国家标准，制定本办法。

第二条 通过茧丝交易市场（以下简称交易市场）流通的干茧公检遵守本办法。

第三条 中国纤维检验局（以下简称中纤局）负责市场交易干茧公检的组织实施、监督检查和复检受理工作。

交易市场负责市场交易干茧公检实施的协调工作。及时通报市场交易桑蚕干茧的交易批数及入库进度，引导市场交易单位均衡入库，做好入出库、抽样和现场检验等配合工作。

专业纤维检验机构（以下简称纤检机构）按照《桑蚕干茧》(GB/T 9176—2006)国家标准和相关技术规范对市场交易的桑蚕干茧实行公证检验，并出具中纤局统一格式的《桑蚕干茧公证检验证书》（以下简称《公检证书》），作为市场交易桑蚕干茧质量、数量的凭证和交易结算的依据。

第四条 纤检机构符合以下条件，经全国蚕茧检验技术专家组考核验收合格，交易市场认可，中纤局批准后方可承担交易市场干茧公检工作。

（一）具有独立法人资格的地（市）级以上纤检机构；

（二）具有满足干茧公检工作要求的检验技术人员，其中技术负责人和关键岗位技术人员应参加过中纤局的统一培训，并考核合格；

（三）具有满足干茧公检要求的检验设施、仪器设备，具备必要的交通工具及计算机远程通讯条件；

（四）通过省级及以上质量技术监督部门组织的计量认证；

（五）具有健全的工作质量保证制度。

第五条　中纤局依据全国桑蚕干茧资源状况、交易市场流通需求和干茧公检发展的需要，在全国纤检机构中，逐步健全和完善桑蚕干茧实验室，定期公布通过干茧公检实验室验收考核的纤检机构（以下简称承检机构）。

第六条　承检机构工作职责：

（一）在接到中纤局下达的市场交易干茧公检任务后，负责与交易市场及其指定的交割仓库（以下简称仓库）进行业务衔接；

（二）负责货批称重、核实包数、抽样、标注干茧公检标识等现场检验工作；

（三）承担解舒丝长、毛茧出丝率、清洁、洁净、万米吊糙等在承检机构实验室完成的检验工作；

（四）向中纤局报送公证检验结果，并出具《公检证书》。

第七条　入库货权人将桑蚕干茧进入仓库前，须通过交易市场按规定向中纤局申报公证检验。

第八条　交易市场签发《入库通知单》之日起一日内，填写《桑蚕干茧公证检验报验受理单》（以下简称《报验受理单》）向中纤局报验。对同一入库货权人一日内进入同一仓库的多个批次桑蚕干茧可以集中报验。

第九条　市场交易干茧公检任务编号由中纤局统一编制。一批桑蚕干茧赋予一个任务编号，一个任务编号代表一个检验批次。

第十条　按照《桑蚕干茧》（GB/T 9176—2006）国家标准和交易市场运行规则等规定，各有关方应依据相关职责，对入库的桑蚕干茧进行验收。

第十一条　在桑蚕茧生产或其他环节已经过公证检验并符合交易市场有关规定的桑蚕干茧，在《公检证书》有效期内多次交割的，不得再重新申报公证检验。

第十二条 中纤局接到《报验受理单》之日起一日内，以电子邮件方式向承检机构下达任务编号。承检机构应在接到任务编号后一日内告知交易市场和仓库，并了解桑蚕干茧具体入库时间，统筹安排抽样和现场检验工作。未经中纤局批准，承检机构不得在任务编号下达之前进行公证检验工作。

遇节假日或特殊情况下，由承检机构请示中纤局批准，报验与抽样、现场检验工作可同时进行。

第十三条 仓库应根据其配合完成抽样和现场检验的实际能力，与承检机构协商现场检验的开始时间和进度，做好干茧公检抽样和现场检验的各项准备工作，及时通知入库货权人和承检机构。

第十四条 承检机构在仓库现场实施公证检验，仓库应配合做好以下工作：

（一）提供抽样和现场检验工作的运作场地；

（二）准备能够满足抽样和现场检验工作进度要求的计量检定合格的衡器，并负责其日常维护保养，确保其正常运行；

（三）安排满足抽样和现场检验工作进度要求的搬倒服务等人员；

（四）提供满足公证检验要求的搬倒服务，将承检机构抽样完毕的茧包立即缝合，并在安全区域整齐码放；

（五）其他需要配合的工作。

第十五条 承检机构在现场检验工作开始前和工作过程中应校验衡器，确保衡器在正常工作状态，称量记录须与衡器分辨率一致。

第十六条 入库的桑蚕干茧重量计净重。每只布制茧袋扣重0.5 kg，每只麻制茧袋扣重1.1 kg，每根茧绳扣重0.2 kg。重于或轻于0.5 kg、1.1 kg、0.2 kg的按实重计算。每批入库桑蚕干茧茧袋、茧绳轻重混合使用的，以重者扣算净重。若入库货权人要求分别计重，入库货权人应负责将不同包装材质批次的茧袋、茧绳依轻重分置后，交付承检机构称重。

第十七条 称重结束后发现实际包数与报验包数不符的，以实际包数及其称重结果为准，并在《桑蚕干茧公证检验现场检验结果汇总表》（以下简称《现场汇总表》）注明原因。

第十八条 抽样应具有代表性和随机性，实验室检验样品应在称重后称取。抽样数量和方法执行《桑蚕干茧试验方法》(GB/T 9111—2006)国家标准和《经营性桑蚕干茧公证检验工作规程》的相关规定。

关于调整大型游乐设施分级并做好大型游乐设施检验和型式试验工作的通知

（2007年5月31日国质检特函[2007]373号发布）

各省、自治区、直辖市质量技术监督局，各有关单位：

为了适应大型游乐设施安全管理的现状，确保大型游乐设施的安全使用，经研究决定，对该类特种设备的分级进行调整。现就有关事宜通知如下：

一、分级调整的内容

对《游乐设施安全技术监察规程（试行）》（国质检锅[2003]34号）“附件2游乐设施分级表”进行如下调整：缩小原A级设备范围，提高原B级设备分级上限参数，原C级设备范围不变，具体分级方法见附件1《大型游乐设施分级表》。

此次调整自本通知印发之日起实施。

二、分级调整的实施

（一）对新设计的大型游乐设施，设计单位应当根据附件1的分级规定在设计文件中明确设备级别，检验机构在设计文件鉴定或型式试验时进行核定。制造单位应当将设计文件核定的级别标注在设备铭牌上，检验机构在检验时进行核对。

（二）对已完成设计文件鉴定或型式试验的大型游乐设施，制造单位再次生产时，应当根据附件1的分级规定在设备铭牌上标注级别，由检验机构在检验时进行核定。

（三）在用大型游乐设施，因分级参数调整发生级别变化的，原检验机构应当将设备的检验档案资料（历次检验报告复印件等）移交至按新级别确定的检验机构，并及时将移交情况书面告知设备使用单位和使用登记部门。办理交接手续后，由新检验机构负责实施定期检验。

（四）在分级调整前，已取得大型游乐设施制造、安装许可的单位，其原许可资格不变；对新申请大型游乐设施制造许可、制造许可增项或制造许可换证的单位，按附件1的分级规定实施许可。

三、对安装监督检验和定期检验的有关要求

（一）安装监督检验的时限要求。大型游乐设施安装单位应当在履行安装告知程序后，以书面形式向检验机构提出安装监督检验申请。检验机构接到申请后，应当在5个工作日内做出工作计划，与安装单位约定检验时间，并按约定时间实施检验。安装单位因故改变约定时间的，应当提前5个工作日向检验机构提出申请。

（二）定期检验的时限要求。大型游乐设施使用单位应当按照《特种设备安全监察条例》规定，在安全检验合格有效期届满前1个月主动向检验机构提出定期检验书面申请。检验机构在接到具备检验条件的申请后，应当在10个工作日内安排并实施检验。

（三）检验结果的处理。

1. 检验机构在按照相关安全技术规范完成安装监督检验和定期检验后，对检验结论判定为合格的，可先向受检单位出具《特种设备检验意见通知书（一）》（见附件2），并在10个工作日内出具检验报告。《特种设备检验意见通知书（一）》的有效期为10个工作日。

2. 对检验结论判定为不合格的，检验机构应当提出明确整改意见，并出具《特种设备检验意见通知书（二）》（见附件2），并将检验不合格项及整改要求，书面告知设备使用登记部门。设备在整改期间不得使用。

3. 对检验存在不合格项但未超过允许项数的，检验机构应当提出明确整改意见，使用单位据此提出整改计划及整改期间监护使用措施，经检验人员确认后可出具《特种设备检验意见通知书（二）》限期整改，整改期限一般不超过15天，其中定期检验的整改期限还不得超过原安全检验合格的有效期。整改完成并经复检或确认后，检验机构应当在10个工作日内出具检验报告。在整改期间，设备由使用单位监护使用；对逾期未整改或整改不合格的，检验机构应当及时书面告知设备使用登记部门，由使用登记部门责令设备停止使用。

四、对型式试验的有关要求

（一）对新制造和改造的大型游乐设施，应当按照有关安全技术规范要求进行型式试验。在申请制造许可、制造许可增项或制造许可换证时，应当按照《机电类特种设备制造许可规则（试行）》（国质检锅[2003]174号）要求，提供型式试验报告。

（二）制造单位应当按规定向型式试验机构提出型式试验申请。型式试验机构接到申请后，应当在5个工作日内查验申请材料，与申请单位约定型式试验时间，并按约定时间实施型式试验。制造单位因故改变约定时间的，应至少提前5个工作日向检验机构提出申请。完成型式试验工作后，型式试验机构应当在10个工作日内出具型式试验报告。

（三）在原设计审查时经验证试验合格的大型游乐设施，制造单位提供相关资料，由原验证试验实施机构进行确认，认为符合型式试验的相关要求，并在原设计审查报告上予以声明且加盖印章的，其设计审查报告可视同型式试验报告。

（四）在2003年6月1日《游乐设施安全技术监察规程（试行）》实施之前已经投入使用、没有发生重大质量问题和安全事故、经检验合格的大型游乐设施，由制造、使用单位提供相关资料，型式试验机构对设备安全性能进行确认并出具型式试验（确认）报告。

五、关于安全监察和检验机构的要求

（一）各地质监部门应当加强对安装单位和使用单位的监督检查。在安装告知中，发现存在不符合许可规定的情况，应当责令停止施工。在设备使用中，发现使用单位未建立健全相应安全管理制度、作业人员未持证上岗等情况，应当依法及时下达安全监察指令书，责令限期整改。对发现设备超期未检的、检验不合格的、超过整改期限未完成整改的、未按整改期间监护使用措施运行的，应当立即责令停止使用。

（二）各地质监部门应当加强对检验工作的监督检查。应当充分利用安全监察组织网络和信息化网络，对检验即将到期的设备，督促使用单位报检。发现检验工作中存在不规范行为的，应当责令整改；对违反法规的行为，应依法严肃处理。

（三）检验机构应当主动接受各级质监部门的监督。检验机构在实施检验前，应当确认所检验的设备符合相应的许可规定，且履行了安装告知或使用登记等规定程序，并将具体检验工作安排告知设备使用登记部门。在检验过程中发现严重事故隐患的，应当立即书面向设备使用登记部门报告，以便及时采取安全监察措施。检验结束后，应当及时向设备使用登记部门书面通报检验结论和发现的重大问题。

各地在工作中遇到的问题，请及时报总局特种设备局。

附件（略）

关于进一步完善锅炉压力容器压力管道安全监察工作的通知

（2007 年 6 月 7 日国质检特函[2007]402 号发布）

各省、自治区、直辖市质量技术监督局：

针对近期锅炉、压力容器、压力管道、气瓶等特种设备安全监察工作中出现的新情况、新问题，为进一步完善有关安全监察工作，经研究，现就有关工作通知如下：

一、关于非直接受火压力设备的安全管理

（一）设计和制造要求。

对于非直接受火的、以利用余热产生热能（蒸汽、热水等）的余（废）热锅炉，制造单位（或设计单位）可根据具体产品特点，依据压力容器或锅炉的相关安全技术规范和标准进行设计：管壳式余热锅炉按相关压力容器安全技术规范和标准的要求进行设计和制造，难以按压力容器进行设计的管壳式余热锅炉可参考相关锅炉安全技术规范和标准的要求进行设计；烟道式余热锅炉按相关锅炉安全技术规范和标准的要求进行设计和制造；余热锅炉中的过热器与省煤器应当按照相关锅炉安全技术规范和标准的要求进行设计和制造；发电用余热锅炉的设计还应考虑电站锅炉的有关技术要求。制造上述余热锅炉（部件）的单位，必须持有覆盖相应产品级别的锅炉（部件）或压力容器制造许可证。

（二）定期检验和使用登记要求。

余热锅炉的定期检验和使用登记工作，按该类产品出厂时的设计归类（锅炉或压力容器）进行。其中发电用余热锅炉应当按锅炉进行安装、调试、办理使用登记、实施定期检验和运行管理。

(三) 附属水冷件的安全管理要求。

生产和工艺设备上装设的水冷却件(如平炉口、电炉盖和加热炉的管式支撑等),目的是冷却设备,附带回收一些热能。这些水冷却件,虽系承压件,但纯属整体设备的一个不可分割的组成部分,不能构成单独的锅炉或压力容器,不按锅炉或压力容器进行安全监察和管理。

二、关于一体式油田加热炉的安全管理

对于不向外输出热能(蒸汽或导热油等介质),仅用来加热原油的一体式油田加热炉,按以下要求进行安全监察和管理:

(一) 设计要求。

此类产品的设计按压力容器或锅炉安全技术规范和标准的要求进行。在按《压力容器安全技术监察规程》的有关规定进行设计时,其安全附件(包括安全阀、水位表、保护装置等)和燃烧控制还必须满足相关锅炉安全技术监察规程的要求。

(二) 制造要求。

制造此类产品的单位应当具备相应级别的锅炉或压力容器制造许可证。监督检验机构要根据产品的具体特点,综合考虑有关规程和标准的要求进行监督检验。

(三) 使用要求。

该类产品的使用登记和定期检验应按产品出厂时的设计归类(锅炉或压力容器)进行,当按压力容器进行定期检验时还应结合锅炉检验的有关要求进行。

三、关于现场制造大型压力容器的安全管理

(一) 现场制造申请。

在施工现场制造压力容器前,持证制造单位应在项目开工前向发证部门提出申请报告,内容至少包括:现场生产情况(包括项目情况、生产压力容器的数量等),现场生产条件(厂房、设备、人员等)的说明,现场施工管理及组织方案,现场施工质量计划,现场质量保证措施,现场质量保证责任人员,现场操作人员(主要包括焊工、无损检测人员)资格等。

(二) 鉴定评审。

制造单位申请报告经发证部门受理后,应及时约请压力容器制造鉴定评审机构对项目施工现场生产条件和现场质保要求进行确认评审，符合条件的，由制造单位将鉴定评审报告报受理部门和制造场地所在地的省级质量技术监督部门。

（三）告知和监督检验。

制造单位现场制造压力容器前，应当告知当地特种设备安全监察机构，并接受当地省级特种设备安全监察机构指定的特种设备检验检测机构进行制造过程监督检验。

（四）其他规定。

取得A1级（仅限油田储气井）压力容器单项制造许可的企业，可以在现场制造储气井，无需履行上述程序。现场制造储气井前，制造单位应当告知当地特种设备安全监察机构，并接受当地特种设备检验检测机构进行的制造过程监督检验。

四、关于锅炉压力容器制造场地的租赁问题

锅炉压力容器制造单位因生产原因需要租赁制造场地时，应当向发证部门提出申请，并填报《特种设备许可（核准）证变更申请表》。经总局特种设备局委托省级特种设备安全监察机构对租赁的制造场地进行确认审查合格后，报发证部门批准。

确认审查的主要内容为：

（一）质量保证体系对租赁场地的质控能力及有效性，包括质保责任人员、检验人员、焊工等到位情况。

（二）租赁场地的独立性。承租方不得与出租方共同使用制造场地，出租方不得参与承租方的锅炉压力容器制造活动。

五、关于锅炉改造和重大维修的安全管理

（一）方案审查。

锅炉改造和重大维修的方案应当提交实施监督检验的检验检测机构进行技术审查，并列入监督检验的技术资料审查内容。

（二）更换部件的制造。

锅炉维修改造中须更换的承压部件，应当由持相应锅炉（部件）制造许可证的制造单位制造，其设计文件需经检验检测机构鉴定，产品应当经制造过程监督检验。

（三）现场弯管要求。

由于施工需要，必须在现场进行锅炉元件弯管时，弯管工作可由具有相应资格的锅炉维修改造单位进行。

六、关于衍射波时差法超声波检测（TOFD）方法的应用

对现场制造壁厚度 60 mm 以上的压力容器，可以采用 TOFD 检测方法替代射线法进行无损检测。从事 TOFD 检测的无损检测机构必须符合以下条件：

（一）在我国 TOFD 无损检测标准未公布前，应当参照国外成熟标准制订相应的企业标准，经全国锅炉压力容器标准化技术委员会审核通过后，按照《中华人民共和国标准化法》规定进行备案。

（二）从事 TOFD 检测的无损检测机构至少应具有超声波无损检测（UT）Ⅲ级人员 1 名，UTⅡ级资格 4 年以上（含 4 年，下同）人员 2 名，作为 TOFD 检测责任人和操作复核人员。

（三）从事 TOFD 检测人员应当具有 UTⅡ级资格 4 年以上（含 4 年），其 TOFD 操作技能经全国无损检测考核委员会考核合格。

七、关于压力管道元件制造和压力管道安装的安全管理

（一）电站锅炉用压力管道元件要求。

《关于锅炉压力容器制造许可管理工作有关问题的意见》（国质检特函[2005]203 号）规定，持有压力管道元件第一组 A 级制造许可证的企业可以制造电站锅炉范围内管道元件（如三通、弯头、给水管、汽水连接管、主蒸汽管、再热蒸汽管、对流管、集中下降管等）。鉴于《压力管道元件制造许可规则》（TSG D2001—2006）已对上述压力管道元件组别和级别进行了调整，2007 年 1 月 1 日以后持有 A 级元件组合装置或 A 级钢制无缝管件（耐热钢≥450℃）制造许可证的企业可以继续制造电站锅炉范围内管道元件（如主蒸汽管、再热蒸汽管、给水管、汽水连接管、对流管、集中下降管、三通、弯头等），不再领取 A 级锅炉部件制造许可证。电站锅炉（含四大管道）总承包商或制造安装单位采购上述压力管道元件时，必须在合同中注明“按电站锅炉部件的要求实施制造监督检验”，未经监检合格的压力管道元件不得在电站锅炉上使用。对于使用条件大于等于 450℃的耐热钢制无缝管件及所用的管材，还必须提供持久强度数据和高温性能试验数据。

（二）压力容器制造单位制造管件的要求。

取得压力容器制造许可证的单位，可以制造用于本公司生产压力容器配套的连接管件和法兰，其所生产的与压力管道连接的管件和法兰不得单独销售。

气体压缩机、制氮、制氧机制造企业，已取得压力容器制造许可证的，可以安装撬装产品上的气体管道。否则，应当取得压力管道元件组合装置许可证。

（三）工业锅炉与用热设备之间管道的安装要求。

为方便企业，工业锅炉与用热设备之间的联接热力管道总长不超过200米时，该锅炉及其相联接的热力管道可由取得锅炉安装许可证的单位一并进行安装，并由锅炉安装监督检验机构一并实施安装监检，纳入锅炉使用登记。如管道长度超过上述范围时，与锅炉联接的热力管道必须由取得压力管道安装许可证的单位进行安装，纳入压力管道使用登记。

（四）医用氧舱系统中压力管道的安装要求。

取得A5级压力容器制造资格的单位可以安装医用氧舱系统内配套的压力管道，并由医用氧舱安装监督检验单位一并实施安装监检。氧舱系统内配套的压力管道纳入医用氧舱使用登记。

（五）压力管道和压力容器安装单位要求。

已取得GB级或GC2级压力管道安装许可证的单位，配备相应数量起重工后，可以安装与其相联接的D级压力容器，不再领取压力容器安装许可证。

（六）钢管制造单位无损检测等人员资格要求。

压力管道钢管产品的制造许可已由工业产品生产许可证管理转为特种设备制造许可证，总局已对在有效期内的工业产品生产许可证进行直接转换。目前，钢管生产企业的无损检测人员和其他作业人员资格证书并非全部为质量技术监督部门颁发，考虑到历史情况，在2007年年底前可以暂予认可钢管生产企业人员所持有的无损检测和其他作业证书，期间，总局将尽快提出适当的方案对无损检测人员和其他作业人员的资格予以考核换证。

八、关于气瓶安装检验的安全管理

（一）车用气瓶安装单位许可专项条件。

按照《压力容器安装改造维修许可规则》（TSG R3001—2006）的规

定，车用燃气气瓶的安装单位许可条件参照该规则1级中的安装许可条件执行。按照《压力容器安装改造维修许可规则》附录B的规定，提出车用燃气气瓶安装许可专项条件：

1. 人员条件。

专业技术人员	焊接人员	管工钳工	电工	起重工	专职检查人员
3名，其中具备中级以上（含中级）职称至少1名	1名	4名	2名	1名	2名

2. 资源条件和检测手段。

1	2	3	4	5	6	7	8	9	10
起重设备	电焊机	手动试压泵	气体泄漏检测仪器	气密性试验装置	气体压缩机	真空泵	氮气置换装置	气瓶支架强度试验装置	力矩扳手
2台	1台	2台	2台	2套	1台	1台	1套	1台	4个

（二）气瓶检验和报废年限要求。

1. 国家标准《液化石油气钢瓶》(GB 5842—2006)已于2007年2月1日起实施。该标准规定，按GB 5842—2006标准制造的钢瓶设计使用年限为8年，该设计使用年限并非为钢瓶报废年限，钢瓶报废年限由检验评定确定。目前，液化石油气钢瓶的报废年限和定期检验周期仍按现行的国家标准《液化石油气钢瓶定期检验与评定》(GB 8334)执行，但对于护罩用螺丝联接到瓶体的钢瓶，如钢瓶本体上没有任何永久性制造日期钢印和其他永久性的原始钢印的，按国家标准《液化石油气钢瓶定期检验与评定》(GB 8334)规定应不予检验，一律按报废处理。各钢瓶检验单位应严格按照国家标准《液化石油气钢瓶定期检验与评定》(GB 8334)进行钢瓶定期检验。检验合格的钢瓶必须有永久性的原始制造日期钢印，严禁检验单位将上述报废钢瓶翻新后流回到充装环节。各地查到此类翻新的报废钢瓶，一律按照《特种设备安全监察条例》的有关规定予以解体报废，并对翻新报废钢瓶的单位依法予以处罚，以消除不安全隐患。

2. 燃气汽车车用气瓶的报废按《气瓶安全监察规程》(质技监局锅发[2000]250 号)第 69 条执行，汽车报废时，车用气瓶同时报废。

关于印发《关于进一步加强食品生产加工小作坊监管工作的意见》的通知

(2007 年 6 月 22 日国质检食监[2007]284 号发布)

各省、自治区、直辖市质量技术监督局：

2005 年 9 月，国家质检总局印发了《关于加强食品生产加工小作坊监管的指导意见(试行)》(以下简称"试行意见")，2 年来，各地质量技术监督部门在按照试行意见开展的实践工作中，积累了大量经验。按照党中央、国务院对食品安全监管工作的总体要求，结合当前我国食品生产加工小作坊的客观状况和食品质量安全市场准入工作的实施情况，在充分总结各地经验和征求各地意见的基础上，总局对试行意见进行了修改，制定了《关于进一步加强食品生产加工小作坊监管工作的意见》，现印发给你们，请结合本地实际，认真贯彻执行。

关于进一步加强食品生产加工小作坊监管工作的意见

食品安全关系到广大人民群众的身体健康和生命安全，关系到经济健康发展和社会稳定，关系到政府和国家的形象。几年来，质检部门按照党中央、国务院的统一部署，开拓创新，真抓实干，采取了一系列措施加强食品安全监管，食品生产加工环节质量安全形势整体趋于好转。为进一步提高食品生产加工环节质量安全卫生水平，突出抓好食品生产加工小作坊监管，现提出如下意见。

一、充分认识食品生产加工小作坊监管工作的长期性、复杂性和艰巨性

目前我国食品加工业生产力水平相对较低且发展参差不齐，食品生产加工小作坊大量存在，从业人员知识水平不高，生产设施和设备简陋，广泛分布在农村和城乡结合部，呈现“多、小、散、乱、差”的特点，短时间内难以提高生产水平，是食品质量安全的重大隐患。同时，我国地区差异、城乡差异等决定了在相当长的一段时间内，食品生产加工小作坊仍将存在，以满足不同地区、不同消费群体的需求。在大部分农村地区，食品生产加工小作坊仍然是我国发展农村经济、增加农民收入、解决农民就业的重要手段。这种复杂的情况决定了我国食品生产加工小作坊监管工作是一项长期、艰巨、复杂的任务。

按照党中央、国务院关于食品安全实施分段监管的统一要求，质检部门负责食品生产加工环节质量安全卫生监管，做好食品生产加工小作坊监管工作是各级质量技术监督部门的重要职责。各级质量技术监督部门一定要统一思想，充分认识加强食品生产加工小作坊监管，确保食品质量安全的重大意义，以对人民负责的态度，真正树立做好食品生产加工小作坊监管工作的责任感、使命感和紧迫感。

二、指导思想、工作目标和工作原则

（一）定义。本意见所界定的食品生产加工小作坊是指固定从业人员较少，有固定生产场所，生产条件简单，从事传统、低风险食品生产加工活动（不含现做现卖）的没有取得食品生产许可证的食品生产单位或个人。纳入食品生产加工小作坊监管范围的产品目录由省级质量技术监督部分根据本地区实际情况制定。

（二）指导思想。按照党中央、国务院构建和谐社会，建设社会主义新农村的统一部署，切实落实科学发展观的要求，食品生产加工小作坊的监管工作应始终坚持“监管、规范、引导、便民”的指导思想，既要加强监管，保证安全，又要引导规范，方便群众。

（三）工作目标。食品生产加工小作坊监管应以区域性专项整治为主要“抓手”，以四个“一批”为主要工作目标（即严厉打击一批制售假冒伪劣食品、使用非食品用原料的黑窝点，积极帮扶一批具备一定条件的食品生产加工小作坊取得食品生产许可证，整合做大一批具有区域性集中加工特点的食品生产加工小作坊，坚决关闭一批无卫生许可证、无营业执照、无食品生产许可证的食品生产加工企业）。力争到2009年，全国食品生产加工小作坊数量下降50%；到2012年，基本消除无证生产加工食品的现象。

（四）工作原则。食品生产加工小作坊的监管工作要始终坚持“全面监管、分类实施、重心下移、打扶结合”的原则。

一是政府领导，全面监管。按照国务院关于地方各级人民政府对当地食品安全负总责的要求，食品生产加工小作坊的监管要在当地政府的统一领导下、制定本地区的食品安全监管和整治工作方案并组织实施；各级质量技术监督部门应将所有食品生产加工行为（不含现做现卖）都纳入监管范围，建立区域监管责任制，通过严密监管，督促企业领齐证照，守法生产，确保安全。地方政府已经对食品安全监管工作有明确规定的，按照地方政府的规定执行。

二是统一规范，分类实施。在坚持对制售假冒伪劣食品、使用非食品用原料的坚决依法查处的前提下，结合当地实际，将食品生产加工小作坊按照以下五种情况分类监管：1.证照情况，重点是帮助和督促食品生产加工小作坊改善生产条件、提高产品质量，取得卫生许可证、营业执照和食品生产许可证。2.地理位置，地处人口稠密的大中城市和城乡结合部的重点监管；地处人口相对稀少农村地区的一般监管。3.风险情况，生产加工风险相对较高食品的重点监管；生产加工风险相对较低食品的一般监管。4.销售范围，销售范围在县级行政区域的重点监管；销售范围在乡镇或村的一般监管。5.诚信情况，日常巡查或产品检验中出现问题的重点监管；产品质量比较安全稳定的一般监管。食品生产加工小作坊重点监管超过上述2种以上情况的应作为监管工作的重中之重。

三是突出重点，重心下移。各地要以县域作为区域监管的基本单位，将监管重心放到市和县级质量技术监督部门，集中监管资源对重点地区、重点产品、重点企业和重点项目开展专项治理。要结合当地经济发展，提请地方政府采取集中生产地，扶持“龙头”企业，创建优质安全食品生产加工园区等措施，并提供有效的服务。

四是因地制宜，打扶结合。各地质量技术监督部门要根据本地的实际情况，采取不同模式整合规范，有针对性地加强监管；既要加强查处，又要加强帮扶，因势利导，形成良好的监管和规范氛围。

三、进一步加强食品生产加工小作坊监管的具体措施

进一步加强食品生产加工小作坊的监管，就是要在切实落实食品安全区域监管责任制的基础上，根据实际情况，实施以下各项监管措施。

（一）制定规划。按照地方社会经济发展规划，以县域为重点，分别制定县、市、省级的治理整顿和长效监管规划，明确工作重点，在报同级地方政府同意后认真组织实施。

（二）普查建档。各级质量技术监督部门应切实做好本地区食品生产加工小作坊的普查建档工作，实现档案电子化管理和动态更新，条件允许的应保存影像档案资料。

（三）目录管理。县级质量技术监督部门应根据本地实际情况制定允许存在的食品生产加工小作坊的产品目录，待县级政府同意后，报市级质量技术监督部门备案后，报省级质量技术监督部门批准。生产加工列入目录产品的食品生产加工小作坊，要按照规定进行条件改造、公开承诺，并按照要求的范围销售其产品。产品目录要实行动态管理，要根据本地实际情况和监管情况及时调整。

（四）条件改造。省级质量技术监督部门应指导市级质量技术监督部门应根据实际情况，制定本地区的食品生产加工小作坊的基本质量安全卫生条件，作为从事食品生产的最低要求。要求食品生产加工小作坊按照基本质量安全卫生条件进行改造，达不到基本条件的不能生产加工食品。有条件的县级质量技术监督部门可以制定更高要求的基本质量安全卫生条件，报市级质量技术监督部门备案后实施。

（五）生产报告。季节性生产的、生产设备有较大改变的、其他原因停产的食品生产加工小作坊重新开始生产时，必须向当地县级质量技术监督部门报告。县级质量技术监督部门应该在食品生产加工小作坊重新生产的初期实施严密监管，并适当进行强制检验，直至生产情况稳定、产品质量安全后纳入正常食品生产加工小作坊监管范围。

（六）从业培训。县级质量技术监督部门应对本地食品生产加工小作坊从业者进行从业培训。培训的内容应该包括基本的食品法律法规知识、食品安全标准知识、食品安全知识、食品生产加工知识、食品添加剂使用知识和质检部门的监管要求等。使食品生产加工小作坊认识到生产者是食品安全第一责任人，增强社会责任感，改善生产条件，改进生产工艺和生产设备，提高保证食品安全的能力和水平。培训可以在全县范围内集中进行，可以在乡镇范围内分片进行，可以本着就近就便的原则在村里进行。各级质量技术监督部门应该将制定的培训计划和培训工作开展情况报同级政府，提请政府高度重视，给予支持，保证培训工作顺利开展的基础上逐步实现免费培训。

（七）公开承诺。县级质量技术监督部门应要求食品生产加工小作坊主动公开向社会承诺，承诺的主要内容包括不使用非食品用原料、不使用回收食品做原料、不滥用食品添加剂，产品不进入商场、超市销售，不超出承诺区域销售（承诺销售区域最大不超出县级行政区域），以及不断提高生产水平，不断提高产品质量等。承诺应向本地县级质量技术监督部门备案。承诺应明示公开，接受政府和群众监督。

（八）限制销售。严格限制满足基本质量安全卫生条件的食品生产加工小作坊的产品销售最多不得超出县级行政区域，超出的必须取得食品生产许可证。邻近县级质量技术监督部门之间，以及与其他相关部门应形成联动机制，做到产品销售超出县级行政区域的及时发现、及时处理。积极协调工商、卫生等部门，严格限制食品生产加工小作坊的产品进入商场、超市等单位。

（九）日常巡查。县级质量技术监督部门应对本地区内的食品生产加工小作坊严格实施日常巡查。重点巡查是否持续满足基本质量安全卫生条件、食品原料使用情况、添加物质使用情况等，详细记录日常巡查的情况。日常巡查的频率可以根据食品生产加工小作坊的产品种类和销售范围具体确定。

（十）产品检验。县级质量技术监督部门应对本地区的食品生产加工小作坊实施以抽查为主要方式的产品检验。产品检验的范围重点以肉制品、豆制品等产品为主，产品检验的项目以确保食品质量安全为主。

（十一）定期公示。县级质量技术监督部门应对本地区食品生产加工小作坊监督检查情况进行定期公示。定期公示至少半年进行一次，根据实际情况可以增加公示频次。公示的内容至少包括本地食品生产加工小作坊的条件改造情况、产品检验的情况、日常巡查情况等。定期公示的内容应同时报本地政府和上级质量技术监督部门。

(十二) 添加物质备案。食品生产加工小作坊应对食品生产加工中除主要原料外的所有添加物质到本地县级质量技术监督部门备案。备案内容应该包括添加物质的种类、来源、使用情况等;使用的添加物质发生变化时,应及时更新备案情况。

(十三) 限期整改。对不能满足基本质量安全卫生条件的、在强制检验和日常巡查中发现问题的食品生产加工小作坊,县级质量技术监督部门必须要求其限期整改。明确整改的期限和整改的内容,根据实际情况进行指导帮助,并对限期整改的情况进行检查。

(十四) 责令停产。县级质量技术监督部门应对明确提出限期整改后达不到整改要求的食品生产加工小作坊实施责令停产,同时报告本地政府,并予以公示。

(十五) 区域整治。对食品生产加工比较集中、质量安全问题比较突出的区域,结合"百千万工程"实施专项整治。

(十六) 依法查处。对于制售假冒伪劣食品、使用非食品用原料和滥用添加剂造成安全隐患的违法行为必须实施严厉打击,同时报告当地政府,会同有关部门依法予以取缔。涉嫌违法犯罪的,不能以罚代刑,必须移交司法机关处理。

四、加强领导,整合力量,确保各项监管措施有效落实

(一) 加强组织领导。各级质量技术监督部门应建立"一把手"负总责、分管领导分工负责的食品安全监管责任制,严格落实食品安全区域监管责任制和责任追究制。主动向当地政府定期报告本地区食品生产加工小作坊存在的突出问题和解决问题的措施与建议,提出需要政府统一组织协调的问题。省、市级质量技术监督部门应与市、县级政府加强联系,建立积极有效的沟通协调机制。省级质量技术监督部门应每年至少组织一次对基层质量技术监督部门的专项督导检查。

(二) 做好规划治理。各级质量技术监督部门应按照本意见提出的工作目标,根据本地实际情况制定监管工作规划,明确监管工作的阶段性进度安排、主要工作措施和具体要求,并组织实施。市、县级质量技术监管部门要建立健全“三员四图，两书一报告”等基本制度，有条件的地方要组织开展创建优质安全食品生产加工园区活动。经过努力，实现无食品生产许可证的食品生产加工小作坊数量逐年减少、产品质量逐步提升、食品安全切实得到保障。

（三）加强队伍建设。进一步充实和加强基层质量技术监督部门食品安全监管队伍，高度重视专业监督员、政府协管员和社会信息员的培训和管理，不断提升监管队伍素质，提高监管能力和水平。

（四）强化县级力量。食品要攻坚，县级是关键。省级质量技术监督部门要从资金、设备、人员配备等方面全面加强县级质量技术监督部门的监管能力，有重点地向县级质量技术监督部门倾斜监管资源，从工作措施、组织措施和保障措施等方面对县级质量技术监督部门予以支持。要保证县级质量技术监督部门有专人负责食品安全监管工作，有条件的应设立专门的监管机构。要加大投入力度，在市级和有条件的县级局建立食品检验机构，为基层一线配备必要的执法装备。

（五）做好宣传工作。积极宣传质检部门食品安全监管的政策规定、重大举措、整治成效、抽查结果，以及查办的大案要案等，曝光违法犯罪的企业和个人，同时加强宣传优秀企业、优质食品和优良品牌，普及食品安全知识，引导消费，在全社会形成良好的食品安全监管舆论氛围。

桑蚕干茧公证检验实验室验收细则（试行）

（2007 年 7 月 2 日中纤局综发[2007]60 号发布）

第一章 总 则

第一条 为规范桑蚕干茧公证检验（以下简称干茧公检）实验室建设，科学组织干茧公检实验室验收，根据《检测和校准实验室能力认可准则》（ISO/IEC 17025:2005）、《桑蚕干茧试验方法》（GB/T 9111—2006）国家标准和《经营性桑蚕干茧公证检验工作规程》（以下简称《干茧公检规程》）等规定，制定本细则。

第二条 专业纤维检验机构（以下简称纤检机构）干茧公检实验室考

核验收适用本细则。

第三条 具备本细则规定条件的纤检机构，向中国纤维检验局（以下简称中纤局）申报干茧公检实验室考核验收申请。

第四条 中纤局负责受理干茧公检实验室考核验收申请，组织干茧公检实验室的考核验收工作。

全国蚕茧检验技术专家组承担干茧公检实验室的具体考核工作。

第二章 组织要求

第五条 干茧公检实验室必须在具有独立法人资格的地（市）级及以上纤检机构内设置。

第六条 干茧公检实验室应认真贯彻落实党和国家的方针、政策，遵纪守法，近三年无违法违纪、无重大安全及检验检测事故。

第七条 干茧公检实验室具备国家法律法规规定的基本条件，桑蚕干茧检测项目通过省级及以上质量技术监督部门组织的计量认证。

第三章 管理要求

第八条 干茧公检实验室应健全质量管理体系，严格执行中纤局的有关规定，桑蚕干茧国家标准、实物样照配备齐全，桑蚕干茧检验程序、作业指导书等文件、文书、表格齐全，并现行有效。

第九条 干茧公检实验室及其工作人员不得从事茧丝经营活动以及可能影响出具公正数据和结果的其他活动；不得参与任何有损于检测判断的独立性和公信力的活动。

第十条 干茧公检实验室应制定检验操作规程、岗位责任制等各项管理制度。管理制度应符合有关人体健康、环保、安全和卫生的要求，操作规程、岗位责任制等文件应便于检验人员的获得，并在实验室明显的位置予以张贴或悬挂。

第十一条 干茧公检实验室应建立停电、停水等突发性事件的应急预案，并有必要的设施和装备应对突发事件的发生，确保检验工作的连续性。

第四章 人员要求

第十二条 配备与承担干茧公检任务相适应的各类技术人员，具有相应的专业知识以及实践经验，检验岗位设置合理，人员配备充足到位。具体配置要求如下：

（一）技术负责人1人。要求具有中级或中级以上专业技术职称，熟悉桑蚕干茧检验相关业务，责任心强，认真负责，工作细致，具有干茧公检实验室授权签字人资格。

（二）现场检验与抽样人员不得少于2人。根据《干茧公检规程》等要求，能胜任抽样和现场检验工作。干茧公检实验室按照任务量、抽样点分布等情况，确定现场检验与抽样人员的具体配置数量。

（三）样品接收与保管人员1人。负责样茧的接收、登记入库、保管、出库试样和样品库环境条件的监控等工作。设专人或与其他样品管理岗位合并设置。

（四）剥茧人员1人。负责桑蚕干茧样品的剥茧工作。

（五）选茧、切剖检验人员2人以上。能按照选茧、切剖检验操作规程，准确完成检验工作。根据干茧公检的任务量，确定具体人员的数量。

（六）煮茧人员1人。能按照煮茧操作规程，准确掌握煮茧要求，确保样品满足相关试验要求。

（七）缫丝检验人员1人/台。能按照《桑蚕干茧试验方法》(GB/T 9111—2006)国家标准和自动缫丝检验操作规程的要求，准确完成干茧缫丝检验工作。

（八）返丝人员1人。能按照操作规程，准确掌握返丝工艺要求，确保样品准确、及时。

（九）公量检验人员2人。能按照操作规程的要求，完成公量试验项目。可与其他公量检验岗位合并设置。

（十）清洁、洁净检验人员2人。能按照《生丝》(GB/T 1798—2001)国家标准的要求，准确完成清洁、洁净试验。

（十一）设备维护保养人员1～2人。熟练掌握桑蚕干茧自动缫丝检测设备及其辅助设备的工作原理，完成日常设备的维护保养及故障的检修工作。设专人或与其他设备管理岗位合并设置。

（十二）数据管理与出证人员1～2人。熟练掌握自动缫丝检测数据的采集、提取，准确应用干茧公检出证软件，根据检验结果及时出具干茧公检证书，汇总、分析、上报公证检验数据。设专人或与其他检验出证岗位合并设置。

本条第四至十项涉及的实验室检验人员，在满足相关岗位单项设置要求的前提下，每个检验人员的兼职岗位一般不得超过 2 个。

检验人员岗位兼项后，本条第四至十项涉及的实验室检验人员的标准配置不得少于 6 人，最低配置不得少于 4 人。

第十三条 干茧公检人员应接受岗前培训、上岗考核和继续教育。中纤局组织干茧公检技术负责人和关键检验岗位人员的岗前培训和上岗考核，以及非关键检验岗位人员的师资培训；省级纤检机构组织干茧公检人员继续教育；干茧公检实验室应制定实验室人员培训考核计划，负责本实验室干茧公检人员的日常培训、非关键检验岗位人员的岗前培训和上岗考核。

干茧公检技术负责人和关键检验岗位人员应通过中纤局或指定机构组织的理论和实际操作考核。非关键岗位检验人员应通过干茧公检实验室组织的理论和实际操作考核。

第十四条 干茧公检实验室应制定并实施内、外部目光校对和操作比对计划，参加全国性、区域性或内部比对的成绩须建有档案。

第五章 整体布局、设施和环境条件

第十五条 干茧公检实验室应设于永久性建筑物中，整体布局满足检验流程的要求，避免样品交叉流转，对检验工序相邻区域内的不相容活动，应进行有效隔离。

干茧公检实验室应包括样品接收周转区、剥茧区、选茧试验区、煮茧区、缫丝试验区、返丝区、公量试验区、黑板试验区、计算机室、样品仓库等。

第十六条 干茧公检实验室设施要求和各区域面积规定。

（一）样品接收周转区：用于来样的接收、登记、拆封样品及状态检查，并将样品重新编号。应相对独立，使用面积不小于 10 m^2/千吨·年（千吨·年为年度设计检验量）。

（二）剥茧区：用于样品剥除茧衣。由于产生灰分较多，应配备除尘装置。独立设置区域，使用面积不小于 8 m^2/台。

（三）选茧试验区：用于选茧试验，满足标准规定的照度要求，称量并记录不同类型茧的数量、重量，完成缫丝试验样品的制备、切剖试验等工作。应独立设置区域，使用面积不小于 15 m^2/千吨·年。

（四）煮茧区：将选茧制备好的缫丝试验用样品煮成有绪的适熟茧，按照样品编号和检验区号，分送指定的自动缫丝检测仪。采用试样煮茧器，使用面积不小于 10 m^2/台、套（台、套为设备成套配置数）；采用循环式煮茧机，使用面积不小于 20 m^2/套（未含自备汽源设施使用面积）。

（五）缫丝试验区：完成缫丝试验，使用面积达到 20 m^2/台。试验区域面积应依据实验室具体规模和格局予以确定，多台设备集中布置可适当缩小面积，缩减比例不得超过总使用面积（台数×单台使用面积）的 20%。

（六）返丝区：将小丝片返成大丝绞，用于清洁、洁净和公量检验。采用小型复摇机，使用面积不小于 5 m^2/台；采用多窗式返丝机，使用面积不小于 6 m^2/双窗（双窗为两面单窗、每窗 5 绪的机构单元）。

（七）公量试验区：完成公量试验，可与其他公量试验合并使用。

（八）清洁、洁净试验区：完成清洁、洁净试验，黑板试验光源照度达到有关标准要求，可与生丝清洁、洁净试验区合并使用。使用面积达到 30 m^2/套（套为成套黑板检验装置）。

（九）计算机室：用于放置计算机、网络系统和 UPS 电源等设备，承担所有公证检验数据的管理、上传和出证。独立设置时，使用面积不小于 10 m^2。与其他产品的检验出证合并使用时，应满足其运行要求。

（十）样品仓库：存放备用样品和试验后的所有余样。独立设置，满足防潮、防晒、防盗、防虫害的要求，并对其环境条件实施监控。参考面积 30 m^2/千吨·年。

本条第四、五、六项可分别设置，也可联合设置。

第十七条 干茧公检实验室设施和环境条件应考虑能源、蒸汽、采光、通风的要求。按照实验室建设的相关要求，满足防潮、防尘、防噪和防虫鼠害的要求，具备除尘、除湿和除异味等功能。

第六章 仪器设备

第十八条 干茧公检实验室应配置抽样、样品制备、检测、数据处理与分析等仪器设备，并符合要求，建立台账。

(一) 抽样专用车 1 辆、现场检验用笔记本电脑 1 台；

(二) 剥茧设备:剥茧机 1 台、除尘装置 1 套；

(三) 选茧设备:包括选茧台、电子秤、切剖检验工具等,根据不同任务量配置；

(四) 煮茧设备:选配试样煮茧器或循环式煮茧机,根据不同任务量配置；

(五) 自动缫丝设备:根据不同任务量配置,至少配置 2 台自动缫丝检测仪；

(六) 返丝设备:根据不同任务量配置小型复摇机或多窗式返丝机；

(七) 供汽装置:有稳定的汽源或蒸汽供应方式,选配蒸汽锅炉或蒸汽发生器。配置 3 台以上自动缫丝检测仪(不含 3 台)的实验室应配置蒸汽锅炉供汽;3 台及以下的实验室可配置蒸汽发生器；

(八) 给排水装置:供水稳定,水质、排污符合要求,排水组织合理、排放流畅；

(九) 公量设备:配置八篮烘箱；

(十)黑板设备:配备切断机、黑板机、黑板检验灯光、标准样照；

(十一) 数据管理设备:配置专用计算机、UPS 电源、网络系统和打印机等。

专用计算机基本配置要求:CPU 标称频率大于 2 200 MHz;内存 DDR Ⅱ 大于 512MB;硬盘 7 200rpm,大于 160GB；

第十九条 制定仪器设备周检计划,检查所有在用干茧公检仪器是否按规定进行溯源校准。仪器设备摆放是否符合要求,标识与证书是否相符,仪器设备的使用、维护、故障处理是否记录。

第七章 实际操作考核

第二十条 现场抽查干茧公检关键检验岗位技术人员的实际操作能力,重点考核检验人员的操作熟练程度和检验结果的准确性。

(一) 现场检验和抽样:按照《干茧公检规程》,能完整、准确叙述抽样模拟操作,有条件的实验室进行现场抽样考核；

(二) 选茧:制备标准样品,由选茧检验人员按要求选茧,考核目光的准确性和分选所需的时间；

（三）煮茧：考核操作过程和对煮熟茧状态的判断；

（四）缫丝：现场操作测定，考核熟练与准确程度；

（五）黑板：制备标准样品，考核检验人员的目光准确度；

（六）数据管理与出证：考核数据的录入输出的准确度，检查检验证书、文书、表格填写的完整、准确性。

第二十一条 现场实际操作考核按照中纤局制定的关键检验岗位培训考核方案进行。现场实际操作单一项目的考核结论为合格、基本合格、不合格。

第八章 考核认定

第二十二条 经考核干茧公检实验室符合本细则第二至七章的规定，认定为验收合格。

第二十三条 经考核干茧公检实验室基本符合本细则第二至七章的规定，发现存在下列一至二种情况的，认定为基本合格。被考核的实验室应在现场考核结论作出20日内将整改情况上报中纤局。

（一）实验室管理不符合第三章第十一条规定的；

（二）实验室人员符合第四章第十二条相关岗位单项设置要求，但不符合岗位人员标准配置规定的；

（三）实验室区域面积中任何区域一至二项实际面积不符合第五章第十六条规定要求的；

（四）现场实际操作考核无单项不合格，但基本合格率不足40%但超过20%的。

第二十四条 考核发现干茧公检实验室存在下列情况之一，认定为不合格。

（一）实验室组织机构、行为活动或认证认可不符合第二章任何一条规定的；

（二）实验室管理不符合第三章第八至十条或其中任何一条规定的；

（三）实验室人员不符合第四章第十二条第一、二、七、十项中任何一项岗位设置要求，或岗位人员达不到最低配置规定的；

（四）实验室区域面积中累计3项及以上不符合第五章第十六条各区域面积规定的；

(五) 实验室仪器设备中任何一项不符合第六章第十八条配置规定的;

(六) 现场实际操作项目考核任何一项出现不合格,或基本合格率达到40%及以上的;

(七) 考核发现干茧公检实验室存在本细则第二十三条所列的3项及以上情况的。

第二十五条 考核结论为合格或基本合格的实验室,由中纤局颁发《桑蚕干茧公证检验实验室合格证书》(以下简称《实验室合格证》)。

考核结论为不合格的实验室应认真整改,直至达到《干茧公检规程》和本细则的有关要求后,再行申报考核验收。

第九章 监督管理

第二十六条 干茧公检实验室应参加中纤局或省级纤检机构组织的全国性或区域性目光校对与操作比对试验,分析比对结果的离散性,找准检验技术水平差距的原因,采取确保检验结果准确可靠的措施。

比对结果严重失真的实验室应限期整改,并将整改情况30日内上报中纤局。

第二十七条 干茧公检实验室应加强内部管理,保持检验检测能力,不断提高公证检验的科学性、公正性、有效性。发现干茧公检实验室存在下列情况之一的,取消其干茧公检资格,收回《实验室合格证》。

(一) 实验室组织、管理、人员、设施与环境、装备等发生重大变化,不符合本细则第二至六章的规定,丧失干茧公检能力的;

(二) 经中纤局或省级纤检机构定期监督检查或不定期监督抽查,工作质量考核结论为不合格的;

(三) 发生重大检验质量事故,造成严重后果的;

(四) 存在其他违法、违规、违纪行为,造成重大经济损失或严重不良影响的。

第十章 附则

第二十八条 本细则由中国纤维检验局负责解释。

第二十九条 本细则自发布之日起施行。

桑蚕干茧公证检验人员管理办法(试行)

(2007年7月2日中纤局综发[2007]60号发布)

第一条 为保证桑蚕干茧公证检验(以下简称干茧公检)工作的科学性、准确性、公正性,规范干茧公检工作,提高干茧公检人员的素质和水平,制定本办法。

第二条 干茧公检人员管理适用本办法。

第三条 中国纤维检验局(以下简称中纤局)负责组织实施干茧公检技术负责人和关键检验岗位人员的岗前培训、上岗考核、非关键检验岗位人员的师资培训、组织干茧公检人员的继续教育、干茧公检人员电子档案库的构建和监督管理;

省级专业纤维检验机构(以下简称省级纤检机构)负责实施本行政区域内干茧公检人员的继续教育、人员电子档案的汇总上报和动态管理;

承担干茧公检的专业纤维检验机构(以下简称承检机构)负责本实验室干茧公检人员的日常培训与管理、非关键检验岗位人员的岗前培训和上岗考核,建立本单位干茧公检人员电子档案。

第四条 干茧公检岗位设置为现场检验岗位、实验室检验岗位、设备维护岗位和出证岗位。现场检验岗位具体分为称重、抽样和标识标注岗位;实验室检验岗位具体分为剥茧、选茧、煮茧、缫丝、返丝、公量和清洁洁净检验岗位。

关键检验岗位指现场抽样,实验室选茧、煮茧、缫丝、清洁洁净检验,设备维护和出证等岗位。

承检机构应确定干茧公检技术负责人。

第五条 干茧公检人员应首先从承检机构在职检验人员中择优选配,在编在岗检验人员数量不足或专业不齐时,可外聘检验人员,但聘用检验员的数量不得超过在职检验员人数,且每个检验岗位必须配置编制内的在职检验员。

外聘检验员应坚持岗位针对性和人员适应性原则,依据条件,择优选聘。聘用期限不得少于 3 年。

第六条 承检机构应依据《桑蚕干茧公证检验实验室验收细则（试行）》的具体要求配置干茧公检人员。

第七条 承检机构应按照《桑蚕干茧公证检验岗位责任制指南》（附录）规定相应的岗位职责。

第八条 培训与考核

（一）上岗培训

中纤局组织技术负责人和关键检验岗位人员的系统培训，并负责考核工作。经培训未达到规定要求的需再次培训，考核合格后方能上岗工作。

承检机构组织其他岗位人员的上岗培训。

（二）在岗培训

承检机构应按年度制定干茧公检人员培训计划，并认真组织实施。

（三）继续教育

省级纤检机构负责每 2 年对本行政区域内在岗检验人员进行一次继续教育，继续教育时间不少于 48 学时。中纤局负责继续教育的集中考核，经考核合格后继续从事干茧公检工作。

第九条 人员电子档案的建立与管理

（一）承检机构应建立干茧公检人员电子档案。电子档案内容包括：基本情况、个人经历、技术履历、学历学业证明、任职情况、业务培训经历、考核记录及上岗证明等。

聘用检验员的电子档案还应包含聘用合同书。

（二）省级纤检机构负责本行政区域内干茧公检人员的动态管理，逐步建立地方蚕茧检验技术专家库。

（三）中纤局建立干茧公检人员电子档案数据库。对岗前培训、继续教育及其考核情况进行记载，对省级纤检机构上报电子数据进行汇总建档、分类管理。

第十条 人员的监督管理

（一）承检机构应加强对在职检验员和聘用检验员的日常管理；

（二）省级纤检机构应采取突击检查、现场抽查、专项检查等方式，定期安排对所属承检机构干茧公检人员配置状况和工作质量的监督检查；

（三）中纤局将依据桑蚕干茧交易相关方及有关方面的反映和关键

检验岗位人员流动情况，加强干茧公检人员的监督管理。

第十一条 本办法由中国纤维检验局负责解释。

第十二条 本办法自发布之日起施行。

附录

桑蚕干茧公证检验岗位责任制指南

现场检验与抽样岗位责任制

1. 熟悉相关标准，能够严格执行操作规程。

2. 能够检查和校准衡器。

3. 能够正确填写现场检验记录和抽样单，及时完成抽样检验任务。

4. 能够熟练准确操作快速茧层水分测定仪。

剥茧岗位责任制

1. 准确掌握检验标准，严格执行操作规程，按时、按质、按量地完成剥茧任务。

2. 严格按标准逐样剥茧，分清光茧和茧衣。

3. 正确使用剥茧机、严禁违章操作。

4. 严格控制剥茧质量，即春茧剥光率不低于92%，夏秋茧剥光率不低于86%。

5. 做好工作场所整洁工作，防止再生下茧。

6. 掌握剥茧机性能，做好日常机械保养工作。停机后做好机件加油、清洁，放松剥茧带。

选茧岗位责任制

1. 准确掌握干茧分类标准，严格执行操作规程，按时、按质、按量地完成检验任务。

2. 负责桑蚕茧样品分类，正确分清上茧、次茧、下脚茧等各类茧别。

3. 必须满足上车茧中无双宫茧，下茧中无上车茧，上车茧中无漏选下茧的质量要求。

4. 认真检查样品质量，准确记录样品数量和重量，检验区和预备区样品制备必须做到等粒等量，标志号牌的记录须准确无误。

5. 及时校对电子天平等仪器，保证样品称量与记录准确无误。

6. 原始记录单记录正确无误。

7. 保持检验室环境整洁,防止再生下茧。

煮茧岗位责任制

1. 严格执行国家标准及操作规程,按时、按质、按量地完成检验任务。

2. 负责解舒样品,清洁、洁净等样品的制备工作。

3. 做好开车前的准备工作,掌握汤温,汤色统一,预防突变,确保煮茧各工序的温度准确稳定。

4. 根据不同茧质情况,进行合理调配煮茧工艺,达到适熟,渗透适当、适熟均匀、无浮茧。

5. 按规定做好样品的收付和交接记录,保证样品正确无误。

自动缫丝检验岗位责任制

1. 严格执行国家标准及操作规程,按时、按质、按量地完成检验任务。

2. 熟练掌握操作技能,规范操作动作,基本操作达到规定要求。

3. 按照检验要求,做好巡回检查、索理绪等操作,杜绝弃丝、落环丝、双丝,确保样丝的正确性。

4. 认真记录样品检验的原始数据,绪下茧调查、误添、误吊、缫剩茧等数据记录做到正确无误。

5. 做好停机后的清洁整理工作,保持设备清洁,节约用水、用电。

公量检验岗位责任制

1. 严格执行操作规程,按时、按质、按量地完成工作任务。

2. 烘箱、天平使用前要校准,预热。

3. 做好检验样品的验收并记录,不得混乱。

4. 样品放入烘箱后按规定要求,严格掌握干燥温度和时间。

5. 按规定及时正确填写原始单据。

清洁洁净检验岗位责任制

1. 准确掌握标准,严格执行操作规程及有关规定,按时、保质、保量地完成检验任务。

2. 认真检查黑板、排列线数、丝片宽度等样品制备质量,不符合规定要求的黑板不得进行检验。

3. 实施检验前,必须认真查看检验用灯光照度,发现与要求不符合立即通知有关人员调整,不得违章操作。

4. 检验过程中，要严格按标准，对照标准样照，进行检验，并随时记入检验单，发现检验结果过高或过低，应保留原黑板样品，并及时报告质量负责人或主检人，对原样进行复评。

5. 原始记录严格按有关规定填写，原始记录填写完整并签字后，应及时交校核人，不得将内容提供给其他人员。

出证人员岗位责任制

1. 准确输入原始数据，按时打印检验日报表。

2. 出具证书及检验单，做到清晰、准确、及时。

3. 及时收集、汇总，分类整理原始记录，并送档案室保管。

4. 遵守相关管理制度和保密工作纪律，未经公开的各类原始记录、检验结果不得向外泄漏。

仪器设备维护岗位责任制

1. 定期对仪器设备进行检查维修，立足以防为主的方针，加强日常巡回检查，发现问题及时解决，确保检验工作顺利进行。

2. 按要求正确填写仪器设备的维修情况，并定期将记录送交档案室，对修理后的仪器设备，须经校准人员验证确认方可投入使用。

3. 参加年度大小修理工作，经常向使用人员讲解维护方法和注意事项，对仪器设备维护工作中的问题，及时向有关人员反映。

4. 正确使用，保管好检修工具和设备，不得丢失和损坏。

5. 协助有关人员，调查仪器设备的损坏原因，并将调查结果如实上报。

桑蚕干茧公证检验廉洁自律规定

（2007年7月2日中纤局综发[2007]60号发布）

第一章　总　　则

第一条　为维护桑蚕干茧公证检验（以下简称干茧公检）工作的科学性、公正性、权威性，保证公证检验数据和结论的真实、可靠，制定本规定。

第二条　承担干茧公检的专业纤维检验机构（以下简称承检机构）及其工作人员和其他涉及干茧公检的活动，必须遵守本规定。

第三条 承检机构及其工作人员必须坚决贯彻执行《茧丝质量监督管理办法》和《桑蚕干茧》(GB/T 9176—2006)国家标准等有关桑蚕干茧质量的法律、法规和政策，按照《经营性桑蚕干茧公证检验工作规程(试行)》、《茧丝交易市场桑蚕干茧公证检验实施办法(试行)》和相关技术规范进行抽样、检验，自觉遵守职业道德规范，确保公证检验活动的公开、公正、公平。

第二章 行为规范

第四条 承检机构及其工作人员要廉洁奉公，忠于职守。禁止利用公证检验的影响谋取不正当利益。不准有下列行为：

（一）索取桑蚕干茧经营者的钱物；

（二）接受可能影响公正行为的礼物馈赠和宴请；

（三）在公证检验活动中接受礼金和各种有价证券；

（四）在公证检验非复检形式下收取检验费用；

（五）以虚报、谎报等手段获取经费、荣誉及其他利益。

第五条 承检机构及其工作人员要严防商品交换侵入干茧公检活动，禁止从事营利活动。不准有下列行为：

（一）承检机构或工作人员在开展干茧公检的试点企业或开设相关业务的交易市场投资入股；

（二）为干茧公检试点企业提供公证检验以外的其他有偿服务；

（三）参与与干茧公检业务相关的营利性交易；

（四）在干茧公检试点企业及其上下游产品产业链相关单位兼任职务。

第六条 承检机构及其工作人员要依法施检，科学公正。禁止违反程序和规定开展公证检验。不准有下列行为：

（一）现场检验或实验室检验由承检机构以外的人员承担；

（二）现场检验或实验室检验原始记录弄虚作假；

（三）抽样程序不规范，样品弄虚作假；

（四）违反规程规定开展检验；

（五）在公证检验证书发出之前，泄露检验结果；

（六）伪造公证检验证书。

第七条 承检机构及其工作人员必须防范参加干茧公检的利益相关方弄虚作假，防止其他影响公证检验工作公正性的行为发生。

第三章 实施与监督

第八条 承检机构及其工作人员必须坚持实事求是，独立、公正地开展工作，行政领导不得超越正常指挥职能干预检验工作，检验人员有权抵制和拒绝各方面的干扰，秉公办事。

第九条 承检机构要定期或不定期地检查干茧公检活动中工作人员的廉洁自律状况，防微杜渐。

第十条 承检机构工作人员要严格遵照行为规范的相关规定，约束自身的行为，廉洁从检。

第十一条 实施干茧公检的交易相关方或干茧公检工作人员对承检机构及其工作人员工作质量或公正廉洁方面有异议，可向省级专业纤维检验机构（以下简称省级纤检机构）或中国纤维检验局（以下简称中纤局）申诉。

第十二条 省级纤检机构要经常督促检查本行政区域内承检机构及其工作人员在干茧公检活动中的廉洁自律情况，及时处理干茧公检交易相关方、行业协会或社会有关方面反映的公正廉洁问题，并及时向中纤局报告。

第十三条 中纤局督办查处违反廉洁自律行为规范的典型案件。对承检机构及其工作人员在干茧公检活动中存在的问题，将视情节轻重，给予纪律处分；构成犯罪的，移送司法机关追究其刑事责任。

第四章 附 则

第十四条 本规定由中国纤维检验局负责解释。

第十五条 本规定自发布之日起施行。

关于印发《全国质检系统产品质量和食品安全专项整治行动方案》的通知

（2007年8月23日国质检执[2007]404号发布）

各直属检验检疫局，各省、自治区、直辖市质量技术监督局：

为认真贯彻落实国务院召开的“全国产品质量和食品安全专项整治

工作电视电话会议”精神，总局制定了《全国质检系统产品质量和食品安全专项整治行动方案》，现印发给你们，请结合实际，认真贯彻执行。

全国质检系统产品质量和食品安全专项整治行动方案

为认真贯彻落实国务院关于开展产品质量和食品安全专项整治行动电视电话会议的精神，现就全国质检系统开展产品质量和食品安全专项整治行动（以下简称“专项整治行动”）作出以下安排。

一、总体目标

此次专项整治行动，全系统要以确保消费安全、确保国门安全为目标，坚持打击与整治、扶优与治劣、治标与治本相结合的原则，强化监管力度，完善监管机制，突出重点产品、重点单位、重点区域，狠抓大案要案，全面加强以食品为重点的产品质量安全监管。重点产品，即食品、消费品和进出口商品。消费品要突出实施生产许可证和3C认证管理的家用电器、儿童玩具、劳动防护用品、汽车配件、低压电器、建筑钢材、人造板、扣件、电线电缆、燃气器具等10类涉及人身健康安全的产品。重点单位，即有过质量违法行为、国内外消费者投诉、国内外媒体曝光过的企业、生产假冒伪劣的黑窝点以及违法违规进出口企业和代理报检机构。凡涉及安全类产品质量违法行为的企业，不论规模大小，一律作为重点查处。重点区域，即假冒伪劣屡打不绝、反复发生的地区，无证生产问题突出的地区，监督抽查合格率低的地区，安全类产品存在区域性问题以及重点敏感、易出问题的出口商品生产、加工比较集中的地区。狠抓大案要案。特别是用非食品原料、病死畜（禽）生产加工食品，用劣质原材料生产加工不符合强制性标准要求的安全类产品以及数额较大的制售假冒伪劣等违法案件。

通过专项整治行动，认真解决当前产品质量和食品安全存在的突出问题，取缔产品制假制劣窝点；关停无证生产加工企业；规范食品小作坊的生产销售行为；吊销不符合条件的出口食品生产企业注册登记和基地备案资格；查处不合格出口产品生产企业和代理报检企业；严惩逃避检验检疫的进出口企业和代理报检企业；移送涉嫌犯罪的大案要案；曝光制假制劣不讲诚信的单位和违法分子黑名单。

在开展集中打击和整治工作同时，制修订一批食品、消费品、出口产品和检测方法标准；创建一批食品生产放心园区、乡镇和优质产品生产基地；宣传一批质量管理、进出口和区域性质量安全整治先进典型和经验；促使我国产品质量和食品安全水平明显提高；促进优势产业健康发展；增强我国产品在国内外市场竞争力。同时，通过加强新闻舆论宣传，向国内外展现质检部门确保产品质量安全的决心和能力，树立中国制造产品的形象，切实维护我国产品在国内外市场的质量信誉，推动我国产品质量诚信体系建设，增强消费者的消费信心，推动我国对外贸易发展。

二、主要任务

各省级质量技术监督局、各直属检验检疫局要根据总局统一部署，结合当地实际，认真组织开展三个专项整治行动工作。

（一）生产加工食品质量安全整治。严厉打击制售假冒伪劣食品、使用非食品原料和回收食品生产加工食品以及滥用食品添加剂的违法行为；坚决取缔无卫生许可证、营业执照、食品生产许可证等违法生产加工企业，坚决查处无生产许可证生产加工婴幼儿配方乳粉、小麦粉、大米、酱油、醋、灭菌乳、巴氏杀菌乳、碳酸饮料、矿泉水、纯净水、方便面、饼干、冷冻饮品、白酒、葡萄酒和啤酒等16类食品的违法行为；加强对获证企业生产不合格产品和不能确保必备生产条件等违法行为的查处。大力开展对食品小企业小作坊的治理整顿，对食品小企业小作坊实行“三员四定”、“三进四图”、“两书一报告”为主要内容的食品安全区域监管责任制。促进食品生产加工小作坊基本条件改造，帮扶具有一定生产条件的小作坊取得食品生产许可证；加强对小作坊的监管，全面建立小作坊食品承诺书制度，禁止使用定量包装，限定区域销售。深入开展食品质量安全专项整治“百千万工程”，各省级局要以县为单位，对本省食品生产比较集中及质量安全问题比较突出的一地一品、一地多品、多地一品等重点地区，作为开展整治的重点；对确定的重点地区，要按照属地管辖原则，将任务分解落实到负有整治责任的县、市局，县、市局要针对列为重点的整治对象，在当地政府的领导下，组织有关部门进行集中整治，在整治的基础上，积极开展创建食品安全示范园区、乡镇活动。严格食品市场准入，组织开展强制检验和专项抽查，强化食品生产加工企业使用添加剂备案制度，严格检查食品小作坊建立使用原料台账制度。加强对食品添加剂、包装材料等食品相关产品生产加工违法行为查处。

到今年年底，食品生产加工企业100%取得食品生产许可证，并在产品上加贴QS标志；小作坊100%签订食品质量安全承诺书；基本消除使用各种非食品原料和回收食品生产加工食品违法行为；基本遏止滥用防腐剂、色素等食品添加剂违法行为；彻底解决县城以上城市、乡镇政府所在地和城乡结合部婴幼儿配方乳粉等16类食品无证照生产加工的问题；建立不合格食品召回制度，实施食品召回。

（二）涉及人身健康和安全的产品质量安全整治。针对家用电器等10类涉及人身健康安全产品不按国家强制性标准生产行为，大力开展治理整顿。全面普查辖区内10类产品生产企业情况，建立质量档案，加强对企业生产条件是否符合发证要求、生产所使用的原辅材料是否符合相关规定以及是否存在制假售假违法行为的监督检查，严格监督检查后处理；严厉打击偷工减料、使用不合格原料生产及以假充真、以次充好、以不合格产品冒充合格产品的违法行为；坚决查处未取得生产许可证或3C认证进行生产、销售以及在经营活动中使用无证产品的违法行为；集中整治产品质量问题比较突出的集中产地和专业市场、监督抽查合格率低的地区、制售假冒伪劣比较严重的区域，按照“打击、整治、帮扶、规范、发展”的原则，在整治工作基础上，组织具备一定条件的地区开展创建优质产品生产基地活动；加大对重点产品的产品质量监督抽查力度，扩大覆盖面，增加抽查频次；加快10类产品的电子监管网入网建设。

到今年年底，10类产品生产企业100%建立质量档案；基本解决无证生产的问题；获证企业生产产品的抽查合格率提高到90%以上，其中大型企业达到95%以上；重点区域的制假售假重大违法活动基本得到杜绝。

（三）进出口产品质量安全整治。全面清查出口食品特别是水产品原料基地，检查是否符合备案要求，是否存在违规使用农兽药和从非备案种养殖场收购原料问题，对存在违规问题的种养殖场，吊销其备案资格。全面清查获得卫生注册登记资格的出口食品生产企业，对不符合要求的企业限期进行整改，整改期间产品不得出口，经整改仍达不到要求的，吊销其卫生注册登记资格。严厉打击出口食品逃检行为，实施通关单联网核查制度，制止买卖单证，瞒报、调换、夹带食品等非法行为。重点打击非法进口肉类、水果、废物等敏感货物的行为，对非法进口的货物一律退货或销毁。加强对进出口水果、大豆、饲料、种子苗木、活动物等高风险农产品的检验检疫工作，防止动植物危险性病虫害和有毒有害物质传入传出。严格出口农产品产地检验检疫责任制，全面实施对出口水果、饲料（含原料）、种子苗木和水生动物的注册登记制度，完善投入品的准入制度，加强出口农产品生产、加工、存放、运输过程的监管。加强对进口农产品的查验，提高病虫害和有害有毒物质的检出率，严禁疫区产品和带土苗木入境。强化玩具、灯具、小家电、摩托车、沙滩车等高风险敏感产品的进出口检验监管。对实施出口质量许可的商品，未获许可的不准出口；已获许可的发现企业质量管理及产品安全控制体系存在问题的，立即暂停出口质量许可证书，情节严重的吊销出口质量许可证书。加强对边境贸易进出口商品的质量安全管理，严格按标准进行检验检疫，未经检验检疫和经检验检疫不合格的，不准进出口。

到今年年底，非法进口的肉类、水果、废物等100%退货或销毁；备案种养殖场、注册出口食品加工企业100%得到清查；出口食品运输包装100%加贴检验检疫标志，实现出口食品货证相符；涉及健康安全产品进出口监管明显加强。

各地质检部门在确保完成以上三个专项任务的同时，可以对当地质量问题严重的农资、特种设备等产品、企业、产区加大整治力度，杜绝发生严重质量事故。

三、措施要求

（一）举全系统之力，确保任务落到实处。总局成立产品质量和食品安全工作领导小组，负责专项整治行动的组织实施。各地方两局要把专项整治行动作为一把手工程，主要领导亲自抓，分管领导具体抓，要成立指挥机构，设专人负责、专人联络。各省级局、各直属局要根据总局的部署制定本省、本辖区实施方案，明确本省、本辖区的重点产品、重点区域及整治措施、工作目标，落实人员、经费、技术装备等保障措施，全力以赴完成各项整治任务。总局各工作组要积极配合各地方局、各地检验检疫局做好整治工作。各地方局、各地检验检疫机构要向当地政府进行专题汇报，积极争取当地政府的领导和支持，协调有关部门，有效开展工作。各地两局要以此次专项行动为先导，带动其他各项业务工作深入开展，并同时取得显著成效。此次专项整治工作不搞评比，但今年年底将组织验收，对工作开展好的地方局进行表扬，对工作开展较差的通报批评。

（二）健全工作机制，务求专项整治成效。一要大胆实践，勇于创新。本着标本兼治、重在治本的原则，不断改革传统工作方式方法，探索重心下移和前移的工作方式，敢于开创工作新思路、新局面。实行质量信用等级分类监管，推动企业建立信用自律和风险防范制度，逐步形成失信惩戒机制。实行安全区域监管责任制，坚决遏制严重违法违规行为，及时公布制假售假失信企业"黑名单"，探索与金融等部门建立联网查询、联手惩治不法企业和有关经营者的机制。二要加大监督抽查的频次和力度。要针对重点产品，突出安全类指标，加大抽查和口岸查验的覆盖面、频次和比例，及时发现质量问题，依法严肃处理抽查中发现的严重不合格产品生产加工企业，进一步提高许可审查、质量监督、证后监管、执法查处、不合格产品召回等全过程监管的能力。三要加强国门把关。严格实施产地检验检疫和口岸查验，对货证不符、存在质量安全问题的货物，一律不得进口和出口；对发现问题的进出口企业、生产加工企业以及报检、代理报检企业要依法严惩，存在违规问题的坚决列入"违规企业名单"上网公布，暂停出口，视情况严重程度直至取消其报检注册登记；对发现问题的免验企业和"绿色通道"企业，立即取消免验资格和"绿色通道"待遇。四要建立名优企业联系制度。要大力宣传和保护名牌产品、免检产品、免验产品和地理标志保护产品，积极探索更加有效的机制，加强与名优企业联手打假，保护名优企业合法权益，保护知识产权，坚决打击假冒名牌产品等违法行为。五要完善标准体系。总局要配合此次专项整治行动，集中制修订一批急需的农产品、食品卫生、食品质量、食品安全和食品检测技术等方面的标准，清理淘汰一批落后标准。各地方局也要围绕此次专项整治的重点，结合当地特色农产品、特色食品，以及针对当地突出的食品质量安全问题，制订一批地方标准（规程）。要采取有效措施，鼓励引导企业积极采用国际标准或国外先进标准，制订具有竞争力、高于国家现行标准的企业标准。大力推进农业标准化示范县、示范区（场）和出口产品生产基地建设。

（三）严惩违法行为，确保特别规定落实到位。各地方局要深入贯彻落实《国务院关于加强食品等产品安全监督管理的特别规定》，充分行使《特别规定》赋予的进入生产场所实施现场检查，查阅、复制、查封、扣押有关合同、票据、账簿以及其他有关资料，查封、扣押不符合法定要求的产品，违法使用的原料、辅料、添加剂、农业投入品以及用于违法生产的工具、设备，查封存在危害人体健康和生命安全重大隐患的生产经营场所等监管职权。坚决铲除制假窝点，彻底摧毁其制假能力。在专项整治行动期间，对各类违法行为依法从重从快查处。对已售出的产品，坚决责令企业召回。对假冒伪劣严重的重点地区，要集中时间，集中力量，进行地毯式的打击查处；对发现的有证有照企业造假、该吊销证照的坚决依据有关程序予以吊销。狠抓大案要案，切实做到“五不放过”，加强与公安机关的配合，坚决按照《行政执法机关移送涉嫌犯罪案件的规定》及时移送公安机关处理。对跨地区的制假售假案件，要及时报上级部门组织协查。

（四）加强宣传报道，形成强势舆论氛围。总局将组织新闻媒体组成6路采访组分赴东北、西北、华东、西南、华中、华南等6大区开展质量安全行活动，及时采访、报道各地专项整治行动。各省级局、各直属局要制定专门的宣传报道方案，充分利用各种新闻媒体，加大对各地开展专项整治行动的宣传力度，通过举办新闻发布会，典型案例的公开曝光，重要问题的深度报道等形式，形成对制假售假违法行为和逃避检验检疫行为的强大震撼力、威慑力；要广泛宣传优质产品、优良品牌和优秀企业，质量管理先进典型，进出口和区域性质量安全问题整治工作经验，广泛宣传电子监管网的作用，引导消费，鼓励先进。

（五）细化职责分工，严格责任追究。各地方局、各直属局要结合此次专项整治行动重点，细化职责分工，将任务分解到最基层，将压力传递到最终端，将责任落实到每个人，严格落实过错责任追究制度，严格禁止执法不作为、越权乱作为及执法扰民等行为。对没有按要求对辖区内企业和小作坊普查建档的；对不符合法定条件而予以许可的；对未按法定职责实施检查的；对玩忽职守，对应当予以制止和处罚的违法行为不予制止和处罚的；对擅自降低处罚幅度和种类，以罚款代替其他处罚的；对应当依法移交司法机关追究刑事责任而不移交，以行政处罚代替刑罚的；对重点地区没有开展区域整治或整治效果不明显的；对出口产品不检验就出证的；对该查验不查验就放行，造成重大质量安全事故的；对接到举报不及时受理和调查的；对瞒报、迟报、谎报监管信息的等行为，根据情节轻重、损害后果和影响大小，分别给予有关责任人相应的组织处理或行政处分，构成渎职犯罪的，依法追究刑事责任。总局将适时组织对地方两局开展专项整治行动的情况进行督查。各省级局、直属局要对本地区的重点区域、重点案件进行挂牌督办，及时发现问题，限期整改，做到件件有落实、事事有结果。

（六）加强信息沟通，确保信息畅通。行动期间，总局将加强对全国质检系统专项整治行动信息的收集、汇总、分析、使用等工作，编印专项整治行动专刊，随时向有关领导、有关部门、各地方局报送、通报各地工作进展情况和新闻媒体采访报道情况。同时还将及时对各地工作情况进行分析总结。要求各省级质监局和各直属检验检疫局于 8 月 28 日前将各地行动方案分别报送执法司和通关司。要求各地方局、各地检验检疫机构每周报一次动态信息，随时报送重要信息，每周报送所查处的货值较大或有较大社会影响的典型案件。各省级质监局将信息报执法司，各直属检验检疫局报通关司。

关于《国务院关于加强食品等产品安全监督管理的特别规定》若干问题的实施意见

（2007 年 9 月 30 日国质检法[2007]454 号发布）

各直属检验检疫局，各省、自治区、直辖市及新疆生产建设兵团质量技术监督局，认监委、标准委，总局各司（局），各直属单位、挂靠单位：

国务院于 2007 年 7 月 26 日发布了《国务院关于加强食品等产品安全监督管理的特别规定》（以下简称特别规定）。该规定对进一步明确生产经营者、监督管理部门和地方人民政府的责任，加强各监督管理部门的协调、配合，保障人体健康和生命安全具有十分重要的意义。为保证该规定的正确贯彻实施，切实落实质检部门的监管职责，解决质检部门在行政执法工作中带有普遍性的具体问题，现提出以下实施意见，请各级质检部门认真贯彻执行。

一、关于特别规定适用的产品范围

特别规定适用的产品范围是食品、食用农产品以及药品等与人体健康和生命安全有关的产品。结合国务院产品质量和食品安全专项整治行动，特别规定适用的产品范围包括以下与人体健康和生命安全有关的产品：

1. 食品、食品添加剂及食品相关产品；

2. 食用农产品；

3. 化妆品；

4. 医疗器械、药品；

5. 家用电器、儿童玩具、劳动防护用品、汽车配件、低压电器、建筑钢材、人造板、扣件、电线电缆、燃气器具；

6. 特种设备；

7. 危险化学品及其包装物、容器；

8. 其他与人体健康和生命安全有关的产品。

二、关于特别规定的法律效力

特别规定的法律效力低于法律，高于一般性行政法规。

产品质量法、食品卫生法、标准化法、进出口商品检验法、进出境动植物检疫法、国境卫生检疫法等法律有规定的，适用法律规定；没有规定或者规定不明确的，适用特别规定。如产品质量法对缺陷产品的管理没有规定召回制度，但特别规定第九条规定了召回制度，对此应当适用特别规定。

《工业产品生产许可证管理条例》、《工业产品质量责任条例》、认证认可条例、标准化法实施条例、进出口商品检验法实施条例、进出境动植物检疫法实施条例、国境卫生检疫法实施细则等行政法规与特别规定有关内容不一致的，适用特别规定。如对企业的无证生产行为，《工业产品生产许可证管理条例》和特别规定都作出了规定，但二者不一致，应当依照特别规定第三条第四款有关规定进行处罚。

三、关于特别规定中的法定要求和法定条件

（一）特别规定规定，生产经营者不得生产、销售不符合法定要求的产品。其中的法定要求，是指法律、法规、规章以及强制性标准等安全技术规范规定的涉及人体健康和生命安全的强制性要求，如产品质量法第二十六条有关规定。

（二）特别规定规定，依照法律、行政法规规定生产、销售产品需要取得许可证照或者需要经过认证的，应当按照法定条件、要求从事生产经营活动。其中的法定条件、要求，是指法律、行政法规及其授权的国务院有关部门依法以规章等规范性文件形式规定的取得许可的条件和通过认证的条件，以及法律、行政法规及其授权的国务院有关部门依法以规章等规范性文件形式规定的生产经营过程控制要求，包括强制性卫生要求、安全工艺要求等，如《工业产品生产许可证管理条例》第九条有关规定。

四、关于原辅材料、添加剂和农业投入品的使用要求

（一）特别规定第四条规定的“违法使用”的“违法”，是指违反法律、行政法规和国家强制性标准。

（二）根据有关法律法规规定，农业投入品是指农药、兽药、饲料和饲料添加剂、肥料等产品。

五、关于原发证部门吊销许可证照

特别规定所规定的原发证部门吊销许可证照，是指农业、卫生、质检、商务、工商、药监等部门实施行政处罚需要吊销许可证照时，由原发证部门执行。各级质检部门在实施吊销生产许可证行政处罚时，应当按照行政执法办案程序以及生产许可证注销程序管理规定等有关要求执行。

六、关于符合法定条件的检验机构出具的检验报告

特别规定第五条规定的符合法定条件的检验机构出具的检验报告，可以包括以下三种检验报告：

1. 依法设置或授权的检验机构出具的检验报告；

2. 依法取得资质认定或许可的向社会出具公证数据的中介性检验机构出具的检验报告；

3. 符合法律法规规定并具有相应检验能力的企业内部检验机构，依法为本企业生产的产品出具的出厂检验报告。

七、关于出口商品的检验依据

根据商检法的规定，出口产品的检验依据是国家技术规范的强制性要求，其中国家技术规范的强制性要求又包括法律、行政法规、部门规章、强制性标准和具有强制执行力的规范性文件。特别规定规定出口商品应当符合进口国(地区)的标准或者合同的要求,即属于行政法规中设定的国家技术规范的强制性要求,是对商检法的明确和补充。

八、关于出口产品的生产经营者逃避产品检验应当承担的法律责任

出口产品的生产经营者逃避产品检验,包括逃避法定检验、抽查检验和实行验证管理三种情形。法定检验是出入境检验检疫机构对列入目录的进出口产品以及法律、行政法规规定须经出入境检验检疫机构检验的其他进出口产品实施的检验;抽查检验是指出入境检验检疫机构对法定检验以外的进出口产品,根据质检总局规定,按照统一的内容、程序、方法、标准等进行抽查并实施检验的一种方式;验证管理,是指出入境检验检疫机构对国家实行许可制度和国家规定必须经过认证的进出口产品,在进出口时,核查其是否取得必需的证明文件、标志等,核对证货是否相符,并对获证的进出口产品进行必要的抽查检验。实施验证管理的商品范围,一是国家实施许可制度的出口产品,包括质检总局签发或者由其他部门签发许可证的出口产品。二是必须经过认证的出口商品。

根据商检法与特别规定的法律效力,逃避产品检验行为符合商检法第三十三条规定的,应当按照商检法第三十三条规定处罚,即由出入境检验检疫机构没收违法所得,并处货值金额百分之五以上百分之二十以下的罚款;构成犯罪的,依法追究刑事责任。

九、关于出口产品的生产经营者弄虚作假应当承担的法律责任

(一)出口产品的生产经营者弄虚作假的行为符合商检法第三十五条、第三十六条规定的情形的,检验检疫机构应当按照商检法的规定进行处罚。

(二)出口产品的生产经营者有其他弄虚作假行为的,检验检疫机构应当按照特别规定的规定进行处罚,主要包括:

1. 出口产品的收货人、发货人、代理报检企业或者出入境快件运营企业、报检人员不如实向检验检疫机构提供出口产品的真实情况的;

2. 出口产品的收货人或者发货人委托代理报检企业、出入境快件运营企业办理报检手续,不按照规定向代理报检企业、出入境快件运营企业提供所委托报检事项的真实情况的;

3. 代理报检企业、出入境快件运营企业、报检人员对委托人所提供情况的真实性未进行合理审查或者因工作疏忽，导致骗取出入境检验检疫机构有关证单的结果的；

4. 使用伪造、变造的检验证单、印章、标志、封识、货物通关单的；

5. 擅自调换出入境检验检疫机构抽取的样品或者出入境检验检疫机构检验合格的出口产品的；

6. 擅自调换、损毁出入境检验检疫机构加施的商检标志、封识的；

7. 其他弄虚作假的行为。

十、关于对进口产品的进货人、销售者弄虚作假行为的处罚

（一）进口产品的进货人、销售者弄虚作假的行为符合商检法第三十五条、第三十六条规定的情形的，检验检疫机构应当按照商检法的规定进行处罚。

（二）进口产品的进货人、销售者有其他弄虚作假行为的，检验检疫机构应当按照特别规定的规定进行处罚，主要包括：

1. 进口商品的收货人不如实提供进口产品的真实情况的；

2. 进口商品的收货人委托代理报检企业、出入境快件运营企业办理报检手续，不按照规定向代理报检企业、出入境快件运营企业提供所委托报检事项的真实情况的；

3. 使用伪造、变造的检验证单、印章、标志、封识、货物通关单的；

4. 擅自调换出入境检验检疫机构抽取的样品或者出入境检验检疫机构检验合格的进口产品的；

5. 擅自调换、损毁出入境检验检疫机构加施的商检标志、封识的；

6. 其他弄虚作假的行为。

十一、关于对进口产品的报检人、代理人弄虚作假行为的处罚

（一）进口产品的报检人、代理人弄虚作假的行为符合商检法第三十五条、第三十六条规定的情形的，检验检疫机构应当按照商检法的规定进行处罚。

（二）进口产品的报检人、代理人有其他弄虚作假行为的，检验检疫机构应当按照特别规定的规定进行处罚，主要包括：

1. 进口产品的代理报检企业或者出入境快件运营企业、报检人员不如实提供进口产品的真实情况的；

2. 代理报检企业、出入境快件运营企业、报检人员对委托人所提供情况的真实性未进行合理审查或者因工作疏忽，导致取得出入境检验检疫机构有关证单的结果的；

3. 使用伪造、变造的检验证单、印章、标志、封识、货物通关单的；

4. 擅自调换出入境检验检疫机构抽取的样品或者出入境检验检疫机构检验合格的进口产品的；

5. 擅自调换、损毁出入境检验检疫机构加施的商检标志、封识的；

6. 其他弄虚作假的行为。

十二、关于生产企业的召回义务

（一）特别规定第九条所规定的应当实施召回的产品，是指存在安全隐患、可能对人体健康和生命安全造成损害的产品。召回的义务主体是产品的生产企业。

（二）生产企业通过以下途径发现产品存在安全隐患，可能对人体健康和生命安全造成损害的，应当履行召回等相关义务：

1. 生产企业自行发现；

2. 生产企业接到销售者通知；

3. 生产企业接到消费者举报或投诉；

4. 生产企业接到监管部门通知。

（三）汽车、儿童玩具、食品的召回应当依照质检总局有关规定执行。其他有关产品的生产企业发现产品存在安全隐患，可能对人体健康和生命安全造成损害的，应当依据有关规定及时履行召回等相关义务。

（四）有以下情形之一的，质检部门应当责令生产企业实施召回：

1. 生产企业故意隐瞒产品安全危害，或者应当主动召回而不实施召回的；

2. 因生产企业过错造成产品安全危害扩大或再度发生的；

3. 国家监督抽查中发现生产者生产的产品存在安全隐患，经确认该产品可能对人体健康和生命安全造成损害的。

十三、关于涉嫌犯罪案件的移送

（一）对涉嫌犯罪案件的移送，应当遵守《中华人民共和国刑法》第三章及第二百二十五条、《最高人民法院、最高人民检察院关于办理生产、销售伪劣商品刑事案件具体应用法律若干问题的解释》等有关规定。

（二）质检部门发现监管范围内有关违法行为涉嫌构成犯罪的，应当根据《行政执法机关移送涉嫌犯罪案件的规定》，由行政机关正职负责人或者主持工作的负责人自接到报告之日起 3 日内作出批准移送或者不批准移送的决定。决定批准的，应当在 24 小时内向同级公安机关移送，并移交有关案卷材料；决定不批准的，应当将不予批准的理由记录在案。质检部门认为涉嫌构成犯罪进行移送、公安机关认为不构成犯罪不接收案件的，应当做好相应的交接记录以便备查。

（三）对涉嫌构成犯罪案件的行政处罚和刑事处罚的适用，应当遵守《行政执法机关移送涉嫌犯罪案件的规定》。行政执法机关向公安机关移送涉嫌犯罪案件前已经作出的警告，责令停产停业，暂扣或吊销许可证、暂扣或者吊销执照的行政处罚决定，不停止执行；已经依法给予当事人罚款的，人民法院判处罚金时，依法折抵相应罚金。

十四、关于监管部门之间的案件移交

（一）质检部门发现违反本规定的行为，属于其他监督管理部门职责的，应当立即书面通知并移交有权处理的监督管理部门处理。质检部门收到其他部门移交的属于质检部门监管范围内的案件，应当立即处理，不得推诿。

（二）质检部门办理案件移交的时限，可以参照本意见第十三条有关要求执行。

十五、关于渎职违法犯罪的法律责任

（一）根据特别规定，质检部门对以下渎职行为承担法律责任：一是对生产经营者的违法行为未采取措施、纠正违法行为，防止或减少危害发生，并依照特别规定对违法行为予以查处，造成后果的；二是滥用职权或者有其他渎职行为的。

（二）监管部门在查处生产经营者违反特别规定以外相关法律、行政法规规定的违法行为时，工作人员有渎职行为并造成后果的，监察机关或者任免机关同样可以根据特别规定追究监管部门工作人员的行政责任或刑事责任。

（三）对渎职罪的认定，应当严格依照《中华人民共和国刑法》、《全国人民代表大会常务委员会关于〈中华人民共和国刑法〉第九章渎职罪主体适用问题的解释》以及《最高人民检察院关于渎职侵权犯罪案件立案标准的规定》等有关规定。

十六、关于行政强制措施权的行使

（一）对涉及本规定中所适用的涉及产品安全的违法行为，应当按照本条规定实施行政强制措施；对于不属于本规定所调整范围的，按照相关法律、法规实施行政强制措施权。

（二）特别规定对查封扣押权的适用范围进行了扩展，其对象不仅限于有根据认为不符合保障人体健康和人身、财产安全的国家标准、行业标准的产品或者有其他严重质量问题的产品，以及直接用于生产该产品的原辅材料、包装物、生产工具，还包括不符合法定要求的产品，违法使用的原料、辅料、添加剂、农业投入品与用于违法生产的工具、设备，以及有关合同、票据、账簿与其他有资料，并且监管部门还可以查封存在危害人体健康和生命安全重大隐患的生产场所。

（三）在实施行政强制措施时，应当符合以下要求：

1. 有违法嫌疑的证据或者举报；

2. 实施的程序必须合法。

（四）查封扣押的期限应当符合有关规定；查封扣押与企业正常生产有重大关系的有关合同、票据、账簿与其他有关资料的期限应当尽量缩短。对于产品有安全使用期或者失效期的，查封、扣押后的处理不超过产品的安全使用期或者失效期。因案情复杂等原因，需要延长查封、扣押期限的，应当报上一级质检部门批准。

（五）危害人体健康和生命安全重大隐患，是指有证据证明，在一定条件下具有对人体健康和生命安全造成重大事故的可能性。查封生产经营场所的期限应当严格控制；在行使查封危害人体健康和生命安全重大隐患的生产场所的强制措施权时，如果查封部分生产车间等生产单元能够有效消除该隐患，不得将该生产者的所有生产单元全部查封。

关于印发《全国质检系统产品质量和食品安全专项整治工作检查方案》的通知

（2007 年 12 月 7 日国质检执[2007]599 号发布）

各直属检验检疫局，各省、自治区、直辖市质量技术监督局：

根据全国产品质量和食品安全专项整治行动工作部署，总局制订了

《全国质检系统产品质量和食品安全专项整治工作检查方案》,现印发给你们,请结合各自实际认真实施。执行中如有问题,请及时反馈总局通关业务司和执法督查司。

全国质检系统产品质量和食品安全专项整治工作检查方案

一、指导思想

坚持以学习贯彻党的十七大精神为指导,深入推进专项整治工作。组织开展检查工作是专项整治行动的一个重要环节,是促进专项整治行动巩固深入的一个重要步骤。检查不是最终目的,通过检查,要达到三个促进:一是促进各项任务的落实,巩固专项整治行动已取得的成果;二是促进回头看,把专项整治行动进一步引向深入;三是促进长效机制建设。

二、检查重点

(一) 检查组织领导和部署发动情况;

(二) 检查三个专项整治任务、"6 个 100%"整治目标完成情况和"查、治、管、扶、建"五项措施执行情况;

(三) 检查"两个链条、两个制度、一个体系和一个网络"等长效机制建立情况;

(四) 检查总局、地方政府要求各直属局、各地方局完成的其他重点整治任务完成情况。

三、检查原则

(一) 此次检查以自查为主、抽查为辅的原则,由各直属检验检疫局和各省级质监局组织开展全面自查,总局对部分地方两局及其基层单位进行抽查。整治任务基本完成的单位,要普遍进行自查,重点是整治成果能否巩固,确保不反弹;各项制度和监管措施能否有效发挥作用,确保不滑坡;对发现的新问题及时整改,确保不出问题。在形成自查报告的同时,做好接受上级抽查的准备工作。

(二) 系统内上级对下级抽查,以直属局和省级局为主进行组织。要把整治前问题较多、整治任务较重、整治效果较好的基层单位作为重点,对抽查中发现的问题要及时提出整改意见,限期完成;对基层单位的好经验、好做法要认真总结,树立一些典型。

（三）系统内检查与各级政府检查验收相结合，并尽可能衔接一致，避免增加基层过多负担。各地直属局和省级局还可以适当方式听取和收集有关部门、企业和群众的意见。

（四）总局对部分地方两局的抽查重点内容是国务院和总局专项整治行动方案要求必须完成的重点任务和必须实现的工作目标。

四、时间安排

2007年12月10日～20日，各直属局和各省级局布置开展系统内自查工作，同时组织抽查工作。

五、总局抽查

（一）组成抽查组。总局组成5个组。每组6～7人，由总局党组成员带队，成员由两委和总局有关司（局）派人组成。每组赴2个省（区、市）进行检查。每组工作时间为5～7天。

（二）抽查方式。一是听取汇报。召开座谈会，全面听取被抽查的直属检验检疫局和省级质监局工作汇报。二是现场检查。选择1～2个分支局（办事处）、1～2个市（县）局、2～3个企业（含出口企业）进行实地检查。三是与地方政府交换意见。抽查结束后，与地方政府进行沟通，听取地方政府的意见和建议。四是形成评价结论。抽查组对被检查单位形成评价结论。

（三）抽查时间：2007年12月14日～20日

六、工作要求

（一）高度重视，扎实推进。各直属局和各省级局要高度重视专项整治检查工作，要围绕实现“三个促进”目标，全力以赴，毫不松懈，抓好专项整治工作的巩固、深入和提高，扎扎实实开展自查检查工作，确保不走过场。

（二）立即开展检查，抓好组织落实。各直属局、各地方局要紧紧按照本方案的要求，结合当地实际，认真组织，立即做出具体安排，在标准上严格对照本方案要求，在内容上既重结果，也重过程，确保各项工作要求落实到位。

（三）处理好自查与上级检查的关系。要扎扎实实开展全面自查工作，要对照检查方案逐项自查，做到横向到边，纵向到底，从严从细，不留死角。在做好自查工作同时，要认真做好各项迎检工作，要实事求是向上级报告自查结果，坚决杜绝回避问题、隐瞒实情现象发生。

（四）针对发现问题，及时整改到位。要做到边检查，边整治，边完善。在自查、抽查工作中发现未完成目标任务和工作不到位等问题，要采取相应措施，及时进行整改，直至符合要求。

各直属检验检疫局和各省级质监局要对检查情况进行全面总结，将取得成效、存在问题、经验体会、政策建议以及进一步巩固专项整治成果和建立长效机制的措施和打算，形成专题报告于 12 月底前报送总局。

附件：1. 检验检疫系统进出口产品质量和食品安全专项整治工作检查细则

2. 质量技术监督系统产品质量和食品安全专项整治工作检查细则

附件 1

检验检疫系统进出口产品质量和食品安全专项整治工作检查细则使用说明

1. 本细则适用于对检验检疫机构开展进出口产品质量和食品安全专项整治工作情况自查、抽查。

2. 本细则分为：组织领导和工作措施落实情况、工作任务完成情况 2 个部分，共 30 个要点。

3. 在 30 个要点中，有 3 个否决项，分别检查 3 个 100％完成情况，属于必须完成的任务，在表中加"★"表示。检查时，先检查 3 个否决项，只有 3 个否决项结论全部为"完成"时，才对其他检查要点进行检查。

4. 检查结论判定：

（1）检查结论为"未完成"的判定原则：符合以下任何一种情况，检查结论即为"未完成"。

a. 3 个否决项中任何一项结论为"未完成"；

b. "未完成"项＞9 个。

（2）检查结论为"完成"的判定原则：同时满足以下 2 种情况，检查结论为"完成"。

a. “未完成”项≤3 个;

b. “完成”项≥15 个。

(3) 检查结论为“基本完成”的判定原则:不符合判定为“未完成”和“完成”条件的,检查结论为“基本完成”。

(4) 对不涉及的项目不进行检查。在结论判定时按“完成”计。

检验检疫系统进出口产品质量和食品安全专项整治工作检查细则

项目	检查内容	检查要点	检查标准	结论	未完成原因
一、组织领导和工作措施落实情况	1.1 组织机构建立和工作机制运行情况	1.1.1 各级领导高度重视,召开会议研究、部署专项整治工作;将专项整治工作作为一把手工程,配备专门分管领导。	各级领导高度重视,召开会议研究、部署专项整治工作,将专项整治工作作为一把手工程,配备专门分管领导,完成;未作为一把手工程但有配备专门分管领导,基本完成;未召开会议研究、部署专项整治工作,未将专项整治工作作为一把手工程且未配备专门分管领导,未完成。	□完成 □基本完成 □未完成	
		1.1.2 成立领导小组和工作机构,专人负责,专人联络。	成立领导小组和工作机构,机构运转良好,有专人负责,专人联络,完成;机构运转一般,基本完成;未成立领导小组和工作机构,或无专人负责和专人联络,未完成。	□完成 □基本完成 □未完成	

续表

项目	检查内容	检查要点	检查标准	结论	未完成原因
一、组织领导和工作措施落实情况	1.1 组织机构建立和工作机制运行情况	1.1.3 落实人员、经费、技术装备等保障措施，基本保障工作需要。	人员、经费、技术装备等保障措施得到落实，完全满足工作需要，完成；人员、经费、技术装备等保障措施基本落实，基本满足工作需要，基本完成；未落实人员、经费、技术装备等保障措施，不能满足正常工作需要，未完成。	□完成 □基本完成 □未完成	
	1.2 结合实际，制定行动方案情况	1.2.1 结合辖区实际制定书面行动方案，明确整治重点、措施、目标和时限。	制订了书面行动方案，整治重点、措施、目标和时限明确，完成；制订了书面行动方案，整治重点、措施、目标和时限不很明确，基本完成；未制订书面行动方案，未完成。	□完成 □基本完成 □未完成	
		1.2.2 明确职责分工，将整治任务分解落实到具体单位。	职责分工明确，按要求分解整治任务并落实到具体单位，完成；将整治任务进行了分解，但未细化、落实到具体单位，基本完成；未将整治任务细化分解，未完成。	□完成 □基本完成 □未完成	

续表

项目	检查内容	检查要点	检查标准	结论	未完成原因
一、组织领导和工作措施落实情况	1.3 深入动员,部署专项整治工作情况	1.3.1 通过召开会议、印发文件等方式进行层层动员部署。	动员发动工作充分,各级检验检疫部门和工作人员掌握行动内容及要求,完成;动员发动工作比较充分,各级检验检疫部门和工作人员基本掌握行动内容及要求,基本完成;未进行动员发动,未完成。	□完成 □基本完成 □未完成	
		1.3.2 及时传达贯彻落实上级有关会议和文件精神,三次现场会议后,能迅速行动进行再动员、再部署。	及时传达贯彻落实上级有关会议和文件精神,三次现场会议后迅速行动进行再动员、再部署,完成;传达了上级有关会议和文件精神,三次现场会议后有进行传达和部署,但传达、部署比较迟缓,基本完成;未进行传达、部署,未完成。	□完成 □基本完成 □未完成	
	1.4 深入基层,督察督办情况	1.4.1 领导能深入基层一线,督促检查专项整治工作。	领导深入基层一线进行督促检查,完成;领导只深入个别的基层一线进行督促检查,基本完成;未深入基层一线进行督促检查,未完成。	□完成 □基本完成 □未完成	

续表

项目	检查内容	检查要点	检查标准	结论	未完成原因
一、组织领导和工作措施落实情况	1.4 深入基层，督察督办情况	1.4.2 对督查中发现的问题和困难积极整改解决。	对督查中发现的问题和困难积极整改解决，完成；发现问题积极整改，但不到位，基本完成；发现问题未督促整改，未完成。	□完成 □基本完成 □未完成	
	1.5 宣传报道情况	1.5 有专门的宣传工作方案，通过报刊、广播、电视、网络等方式，定期和不定期地宣传专项整治工作，积极营造良好的舆论氛围。	有专门的宣传工作方案，通过报刊、广播、电视、网络等方式，定期和不定期地宣传专项整治工作，完成；专项整治宣传报告进展一般，基本完成；没有专门的宣传工作方案，或没有对专项整治工作进行宣传报道，未完成。	□完成 □基本完成 □未完成	
	1.6 报表和信息报送情况	1.6 严格按照有关文件要求，专人负责信息报送，信息报送及时、准确，未发生重大错误和弄虚作假现象。	专人负责信息报送，信息报送及时、准确，完成；报表和信息报送基本及时和准确，但有发现不及时或不准确的情况，基本完成；无专人负责信息报送，信息报送很不及时或不准确，未完成。	□完成 □基本完成 □未完成	

续表

项目	检查内容	检查要点	检查标准	结论	未完成原因
一、组织领导和工作措施落实情况	1.7 争取地方政府支持和其他部门配合情况	1.7 及时将专项整治的有关文件、精神及安排部署向当地政府汇报,积极争取地方政府支持,积极与其他有关部门协调、沟通。	及时将专项整治的有关文件、精神及安排部署向当地政府汇报,积极争取地方政府支持,积极与其他有关部门协调、沟通,完成;汇报不及时或不全面,或与其他有关部门协调、沟通进展一般,基本完成;没有向地方政府汇报,或没有与其他有关部门协调、沟通,未完成。	□完成 □基本完成 □未完成	
二、工作任务完成情况	2.1 三个100%目标完成情况	★2.1.1 非法进口的肉类、水果、废物等敏感货物100%退货或销毁。	查获非法进口的肉类、水果、废物等敏感货物,100%退货或销毁,完成;查获非法进口的肉类、水果、废物等敏感货物,有1批以上(含1批)没有退货或销毁,未完成。	□完成 □未完成	
		★2.1.2 出口食品原料基地100%得到清查。	出口食品原料基地100%进行清查,完成;有一个以上(含1个)出口食品原料基地没有进行清查,未完成。	□完成 □未完成	

续表

项目	检查内容	检查要点	检查标准	结论	未完成原因
二、工作任务完成情况	2.1 三个100%目标完成情况	★2.1.3 出口食品运输包装100%加贴检验检疫标志。	应加贴检验检疫标志的出口食品运输包装100%加贴检验检疫标志，完成；有1批应加贴检验检疫标志的出口食品运输包装而没有加贴检验检疫标志，未完成。	□完成 □未完成	
	2.2 出口食品原料基地整治情况	2.2.1 全面清查出口食品原料基地，检查出口食品原料基地是否持续符合备案要求，是否存在违规使用农兽药和从非备案种植养殖场收购原料问题。	出口食品原料基地检查工作到位、内容全面的，完成；工作基本到位、内容比较全面的，基本完成；工作不到位或内容不全面的，未完成。	□完成 □基本完成 □未完成	
		2.2.2 对存在违规问题的种植、养殖场，吊销其备案资格。	对存在违规问题的种植、养殖场，吊销其备案资格，完成；工作基本到位的，基本完成；对存在违规问题的种植、养殖场，未吊销其备案资格，未完成。	□完成 □基本完成 □未完成	
	2.3 卫生注册登记企业整治情况	2.3.1 全面清查已获得卫生注册登记资格的出口食品生产企业。	获得卫生注册登记资格的出口食品生产企业100%清查，完成；获得卫生注册登记资格的出口食品生产企业有1家以上（含1家）没有进行清查，未完成。	□完成 □未完成	

续表

项目	检查内容	检查要点	检查标准	结论	未完成原因
二、工作任务完成情况	2.3 卫生注册登记企业整治情况	2.3.2 对不符合要求的企业限期进行整改，整改期间产品不得出口，经整改仍达不到要求的，吊销其卫生注册登记证书。	对不符合要求的企业处理到位的，完成；处理基本到位的，基本完成；处理不到位的，未完成。	□完成 □基本完成 □未完成	
	2.4 进出口农产品整治情况	2.4.1 严格出口农产品产地检验检疫责任制，出口产品严格执行在产地检验检疫；严格执行出口农产品产地疫病疫情和农残监测；完善农业投入品使用管理制度。	严格执行出口农产品产地疫病疫情和农残监测，农业投入品使用管理制度完善，出口产品严格执行产地检验检疫，完成；工作基本落实或基本完善的，基本完成；工作未落实或不完善的，未完成。	□完成 □基本完成 □未完成	
		2.4.2 全面实施对出口水果、饲料、饲料添加剂、种苗花卉和水生动物的注册登记。	10月1日起出口水生动物和稻草完全来自注册登记的出口水生动物养殖场、中转场和稻草加工热处理企业；10月15日起出口饲料、饲料添加剂、宠物食品完全来自注册登记的生产加工企业；11月1日起出口水果完全来自注册登记的果园、加工厂；12月1日起出口种苗花卉来自注册登记的生产企业，完成。出口未经注册登记的，未完成。	□完成 □未完成	

续表

项目	检查内容	检查要点	检查标准	结论	未完成原因
二、工作任务完成情况	2.4 进出口农产品整治情况	2.4.3 加强对出口农产品生产、加工、存放、运输过程的监管。加强检验检疫，防止有害生物和有毒有害物质传入传出。	出口农产品生产、加工、存放、运输等全过程监管到位；进口农产品查验到位，疫病疫情截获率和有毒有害物质检出率明显提高；严格检疫处理制度，对非法进口的水果、种苗和胚胎精液等动物遗传物质100%销毁处理的，完成。工作基本到位，基本完成。工作不到位，或非法进口的水果、种苗和胚胎精液等动物遗传物质没有100%销毁处理的，未完成。	□完成 □基本完成 □未完成	
	2.5 进出口玩具、灯具、小家电、摩托车、沙滩车等高风险敏感产品整治情况	2.5.1 强化玩具、灯具、小家电、摩托车、沙滩车等高风险敏感产品的进出口检验监管。全面清查出口玩具生产企业，全面建立企业监管档案；对首件产品安全项目鉴定全部实施备案制度；对企业所使用油漆等重要原料供货商全部实施备案；对外发代工企业实施备案登记制度。对出口灯具、小家电、摩托车、沙滩车企业，全面建立企业监管档案，在建立有效运行质量保证体系的基础上，有健全的生产管理制度和相应的生产技术规范；对涉及国外预警通报	进出口玩具、灯具、小家电、摩托车、沙滩车等高风险敏感产品的检验监管到位；全面清查出口玩具生产企业，对玩具首件产品安全项目鉴定全部实施备案制度，对玩具企业所使用油漆等重要原料供货商全部实施备案，基本完成对外发代工玩具企业备案登记制度；对出口玩具、灯具、小家电、摩托车、沙滩车企业，全面建立企业监管档案，对涉及国外预警通报或召回的企业立即组织调查并采取相应措施，在建立有效运行质量保证体系的基础上，有健全的生产管理制度和相应的生产技术规范，有在有效期内的涵盖该类出口产品的型式试验报告，进行出口企业分类管理，	□完成 □基本完成 □未完成	

续表

项目	检查内容	检查要点	检查标准	结论	未完成原因
二、工作任务完成情况	2.5 进出口玩具、灯具、小家电、摩托车、沙滩车等高风险敏感产品整治情况	或召回的企业立即组织调查并采取相应措施;有在有效期内的涵盖该类出口产品的型式试验报告;进行出口企业分类管理,一、二类企业的检验设施基本齐全,有经过检验检疫机构培训合格并经检验检疫机构备案的检验人员。	一、二类企业的检验设施基本齐全,有经过检验检疫机构培训合格并经检验检疫机构备案的检验人员,完成。检验监管基本到位,基本完成玩具产品油漆等重要原料供货商备案、玩具首件产品安全项目鉴定备案制度;开始实施外发代工玩具企业备案登记制度;基本建立出口企业监管档案,生产管理制度规范基本健全,检验设施基本齐全;出口产品有涵盖该类出口产品的型式试验报告;进行出口企业分类管理;对涉及国外预警通报或召回的企业,组织调查并采取相应措施,但不及时,基本完成。检验监管工作不到位的;对出口玩具生产企业的清查不全面、不到位;没有建立油漆等重要原料供货商备案、首件产品安全项目鉴定备案制度;没有开始实施外发代工企业备案登记制度;没有建立出口企业监管档案,生产管理制度规范不健全;出口产品没有涵盖该类产品的型式试验报告;未进行出口企业分类管理;对涉及国外预警通报或召回的企业,没有组织调查和采取相应措施,未完成。	□完成 □基本完成 □未完成	

续表

项目	检查内容	检查要点	检查标准	结论	未完成原因
二、工作任务完成情况	2.5 进出口玩具、灯具、小家电、摩托车、沙滩车等高风险敏感产品整治情况	2.5.2 对实施出口质量许可的商品，未获许可的不准出口；已获许可的发现企业质量管理及产品安全控制体系存在问题的，立即暂停出口质量许可证书，情节严重的吊销出口质量许可证书。	对实施出口质量许可的商品，管理到位的，完成；管理基本到位的，基本完成；管理不到位，或未获许可的准予出口，或发现有应暂停、吊销出口质量许可证书的情况而未暂停、吊销出口质量许可证书的，未完成。	□完成 □基本完成 □未完成	
	2.6 严厉打击逃漏检、买卖单证等违法行为情况	2.6 严厉打击出口食品逃检等逃避检验检疫行为，制止买卖单证，瞒报、调换、夹带食品等非法行为。充分行使《特别规定》赋予检验检疫部门制止、查处违法行为的多项权力，加大对违法违规行为的打击力度。	对逃漏检行为的查处到位，对出口食品逃检、瞒报、调换、夹带、买卖检验检疫单证等非法行为的打击落实到位，贯彻《特别规定》加大对违法违规行为的打击力度，完成；工作基本到位，基本完成；工作不到位，或发现有应查处而未查处的情况，未完成。	□完成 □基本完成 □未完成	
	2.7 边贸进出口商品整治情况	2.7 加强对边境贸易进出口商品的质量安全管理，严格按标准进行检验检疫，未经检验检疫和经检验检疫不合格的，不准进出口。	对边境贸易进出口商品检验检疫把关明显加强，完成；检验检疫把关略有加强但进展一般，基本完成；检验检疫把关没有得到加强，或发现有未经检验检疫和经检验检疫不合格而准予进出口，未完成。	□完成 □基本完成 □未完成	

续表

项目	检查内容	检查要点	检查标准	结论	未完成原因
二、工作任务完成情况	2.8　工业品质量安全监管链条建设情况	2.8　按照建立工业品质量安全监管链条的要求，进一步完善进出口工业品的源头管理、型式试验、强制认证、出口产品注册登记等制度。	建立工业品质量安全监管链条，完善进出口工业品的源头管理、型式试验、强制认证、出口产品注册登记等制度落实到位，完成；基本落实到位，基本完成；未建立工业品质量安全监管链条，或未完善进出口工业品的源头管理、型式试验、强制认证、出口产品注册登记等制度，未完成。	□完成 □基本完成 □未完成	
	2.9　食品农产品质量安全监管链条建设情况	2.9　按照建立食品农产品质量安全监管链条的要求，进一步完善进出口食品市场准入“一个模式、十项制度”等制度，形成环环相扣的监管链条。	建立食品农产品质量安全监管链条，完善进出口食品市场准入“一个模式、十项制度”等制度落实到位，完成；基本落实到位，基本完成；未建立食品农产品质量安全监管链条的要求，或未完善进出口食品市场准入“一个模式、十项制度”等制度，未完成。	□完成 □基本完成 □未完成	
	2.10　责任体系建设情况	2.10　建立健全预警通报、质量追溯、应急机制、责任追究制度，形成“四位一体”的责任体系。	建立健全预警通报、质量追溯、应急机制、责任追究制度，形成“四位一体”的责任体系落实到位，完成；基本落实到位，基本完成；未建立健全预警通报、质量追溯、应急机制、责任追究制度，未完成。	□完成 □基本完成 □未完成	

续表

项目	检查内容	检查要点	检查标准	结论	未完成原因
二、工作任务完成情况	2.11 完善制度、巩固成效情况	2.11 完善进出口产品质量和食品安全专项整治行动中的好办法、好措施，形成长期的政策、制度，长期予以坚持。	对进出口产品质量和食品安全专项整治行动中的好办法、好措施，进行完善并建立长期的政策、制度，完成；建立长期的政策、制度落实较好，基本完成；未落实，未完成。	□完成 □基本完成 □未完成	

附件 2

质量技术监督系统产品质量和食品安全专项整治工作检查细则使用说明

1. 本细则适用于对各级质量技术监督局组织开展产品质量和食品安全专项整治工作情况自查、抽查。

2. 本细则分为 3 个部分，即：组织领导和工作措施落实情况、生产加工食品专项整治工作任务完成情况、10 类产品专项整治工作任务完成情况。共有 39 个要点，有 3 个否决项，分别检查 3 个 100％完成情况，属于必须完成的任务，在表中加“★”表示；有 13 个重点项目，在表中加“★”表示。

3. 检查结论判定：检查时，先检查 3 个否决项，只有 3 个否决项结论全部为“完成”时，才对其他检查要点进行检查。

（1）检查结论为“未完成”的判定原则：符合以下任何一种情况，检查结论即为“未完成”。

a. 3 个否决项中任何一项结论为“未完成”；

b. 13 个重点项目中“未完成”项＞4 个；

c. 总的“未完成”项＞12 个。

（2）检查结论为“完成”的判定原则：同时满足以下 3 种情况，检查结论为“完成”。

a. 13 个重点项目中“未完成”项≤2 个；

b. 总的“未完成”项≤4 个；

c. 总的“基本完成”项≤15 个。

（3）检查结论为“基本完成”的判定原则：不符合判定为“未完成”和“完成”条件的，检查结论为“基本完成”。

质量技术监督系统产品质量和食品安全专项整治工作检查细则

项目	检查内容	检查要点	检查标准	结论	未完成原因
一、组织领导和工作措施落实情况	1.1 在地方政府领导下承担专项整治领导小组办公室工作，完成组织、协调工作情况	★1.1.1 按照地方政府要求，及时提出开展专项整治有关部署意见、形成文件、组织安排重大活动等实施的情况。	成立专门工作机构，及时提出并下发专项整治的有关文件，组织安排重要活动，确保整治行动顺利实施，完成；工作安排不及时或不全面，基本完成；组织协调不力，未完成。	□完成 □基本完成 □未完成	
		1.1.2 积极组织、协调、配合有关部门。	积极组织、协调、配合有关部门，建立了相应会议、沟通等制度，开展了统一行动，完成；组织、协调、配合其他部门不够有力，相应制度不完善，基本完成；组织、协调、配合不够积极主动，工作不力，未完成。	□完成 □基本完成 □未完成	

续表

项目	检查内容	检查要点	检查标准	结论	未完成原因
一、组织领导和工作措施落实情况	1.2 制定实施行动方案，建立组织机构	★1.2.1 结合辖区实际制定了书面行动方案，明确了整治重点、措施和目标。	制订了书面行动方案，整治重点、措施、目标明确，完成；制订了书面行动方案，整治重点、措施和目标不很明确，基本完成；未制订书面行动方案，未完成。	□完成 □基本完成 □未完成	
		1.2.2 把专项整治行动作为一把手工程，有专门分管领导。	是一把手工程，有专门分管领导，完成；未作为一把手工程，但有专门分管领导，基本完成；不是一把手工程，无专门分管领导，未完成。	□完成 □基本完成 □未完成	
		1.2.3 成立专门指挥机构，专人负责，专人联络。	成立专门指挥机构，专人负责、专人联络，完成；基本做到专人负责、专人联络，基本完成；未设专人负责、专人联络，未完成。	□完成 □基本完成 □未完成	
	1.3 人员、经费、技术装备等保障措施落实情况	1.3 落实了人员、经费、技术装备等保障措施，基本保障工作需要。	充分利用现有资源，合理调配，人员、经费、技术装备等保障措施得到落实，满足工作需要，完成；人员、经费、技术装备等保障措施基本落实，基本满足工作需要，基本完成；未落实人员、经费、技术装备等保障措施，不能满足正常工作需要，未完成。	□完成 □基本完成 □未完成	

续表

项目	检查内容	检查要点	检查标准	结论	未完成原因
一、组织领导和工作措施落实情况	1.4 挂牌督办情况	★1.4 建立实施重点区域、重点案件挂牌督办制度，严格落实国质检执［2007］416号、国质检执函［2007］759号等文件要求。	按要求建立了挂牌督办制度，对全部重点区域、重点案件挂牌督办到位，完成；建立了挂牌督办制度，对三分之二以上的重点区域、重点案件挂牌督办到位，基本完成；未建立挂牌督办制度，或对三分之二以上重点区域、重点案件未进行挂牌督办，未完成。	□完成 □基本完成 □未完成	
	1.5 信息报送情况	★1.5 严格按照质检办执函［2007］450号文件要求，专人负责信息报送，信息报送及时、准确。	专人负责信息报送，信息报送及时、准确，完成；略有不足，基本完成；信息报送很不及时，不准确，未完成。	□完成 □基本完成 □未完成	
	1.6 宣传报道情况	1.6.1 制定专门宣传报道方案。	有专门宣传报道方案，并很好贯彻实施，完成；有专门宣传报道方案，基本上贯彻实施，基本完成；无专门宣传报道方案，未完成。	□完成 □基本完成 □未完成	
		1.6.2 充分利用各种新闻媒体，宣传形式多样，宣传内容丰富，宣传效果好。	宣传形式多样，宣传内容丰富，宣传效果好，完成；能采取多种宣传形式，宣传效果比较好，基本完成；基本上未开展宣传工作，未完成。	□完成 □基本完成 □未完成	

续表

项目	检查内容	检查要点	检查标准	结论	未完成原因
二、生产加工食品专项整治工作任务完成情况	2.1 食品生产加工企业100%取得食品生产许可证，并在产品上加贴QS标志	★2.1.1 全面掌握辖区内食品生产加工企业底数和基本情况并建立企业档案。	全面掌握辖区内食品生产加工企业底数和基本情况并建立了企业档案，完成；基本掌握企业底数和基本情况，建立了企业档案，基本完成；未摸清企业底数，未建立企业档案，未完成。	□完成 □基本完成 □未完成	
		★2.1.2 食品生产加工企业100%取得生产许可证，并在产品上加贴QS标志。	完全符合要求，完成；不符合要求，未完成。	□完成 □未完成	
	2.2 小作坊100%签订质量安全承诺书	★2.2.1 全面掌握辖区内食品生产加工小作坊底数和基本情况并建立档案。	全面掌握辖区内食品生产加工小作坊底数和基本情况并建立了档案，完成；基本掌握底数和基本情况，建立了档案，基本完成；未摸清小作坊底数，未建立档案，未完成。	□完成 □基本完成 □未完成	
		2.2.2 严格落实食品安全区域监管责任制。	严格落实食品安全区域监管责任制，完成；基本落实食品安全区域监管责任制，基本完成；未落实食品安全区域监管责任制，无日常监管记录，未完成。	□完成 □基本完成 □未完成	

续表

项目	检查内容	检查要点	检查标准	结论	未完成原因
二、生产加工食品专项整治工作任务完成情况	2.2 小作坊 100% 签订质量安全承诺书	2.2.3 监督和引导小作坊执行限制区域销售制度。	限制区域销售制度得以有效落实，完成；基本落实，基本完成；未监督执行限制区域销售措施，未完成。	□完成 □基本完成 □未完成	
		★2.2.4 所有符合条件的小作坊100%签订质量安全承诺书。	完全符合要求，完成；未达到要求，未完成。	□完成 □未完成	
		2.2.5 促进小作坊基本条件改造。	建立了小作坊基本条件改造制度，完成；基本建立，基本完成；未建立相应制度，未完成。	□完成 □基本完成 □未完成	
		★2.2.6 严格检查食品小作坊建立使用原料台账制度。	严格检查食品小作坊建立使用原料台账制度，供销台账能做到可追溯，完成；检查督促小作坊基本建立原料使用台账制度，台账基本做到可追溯，基本完成；未检查小作坊建立原料使用台账制度，未完成。	□完成 □基本完成 □未完成	

续表

项目	检查内容	检查要点	检查标准	结论	未完成原因
二、生产加工食品专项整治工作任务完成情况	2.3 基本消除使用各种非食品原料和回收食品生产加工食品违法行为，基本遏止滥用防腐剂、色素等食品添加剂违法行为	★2.3.1 组织开展了打击制售假冒伪劣食品、使用非食品原料和回收食品生产加工食品以及滥用食品添加剂等食品执法打假工作，加强对食品添加剂、包装材料等食品相关产品生产加工违法行为查处，严格执行特别规定及有关法律法规，未发生办案不彻底、罚过放行等情况。	组织开展了食品执法打假行动，严格执行特别规定及有关法律法规，该移送的案件全部移送，完成；组织开展了食品执法打假行动，基本按照特别规定及有关法律法规开展执法检查，基本完成；未组织开展执法打假行动，或发现__起以上案件未按照特别规定和有关法律法规处罚到位，或发现__起以上案件该移送的未移送，未完成。	□完成 □基本完成 □未完成	
		2.3.2 强化食品生产加工企业使用添加剂备案制度。	加强了食品生产加工企业使用添加剂备案制度，备案内容详细、齐全、正确，完成；略有欠缺，基本完成；未强化建立备案制度或备案记录很差，未完成。	□完成 □基本完成 □未完成	
		2.3.3 基本消除使用非食品原料和回收食品生产加工食品违法行为。	基本消除使用非食品原料和回收食品生产加工食品违法行为，完成；对使用非食品原料和回收食品生产加工食品违法行为采取了一定措施，基本完成；本辖区经常发生使用非食品原料和回收食品生产加工食品违法行为，未完成。	□完成 □基本完成 □未完成	

续表

项目	检查内容	检查要点	检查标准	结论	未完成原因
二、生产加工食品专项整治工作任务完成情况	2.3 基本消除使用各种非食品原料和回收食品生产加工食品违法行为，基本遏止滥用防腐剂、色素等食品添加剂违法行为	2.3.4 严格食品市场准入，组织开展强制检验和监督抽查。	按要求开展了强制检验和监督抽查工作，监督抽查后处理措施严格落实到位，完成；组织开展了强制检验和监督抽查工作，基本落实监督抽查后处理措施，基本完成；未组织开展强制检验和监督抽查工作，或未落实监督抽查后处理措施，未完成。	□完成 □基本完成 □未完成	
	2.4 彻底解决县城以上城市、乡镇政府所在地和城乡结合部16类食品无证生产加工问题	★2.4 组织开展了无证查处工作，县城以上城市、乡镇政府所在地和城乡结合部婴幼儿配方乳粉等16类食品无证生产加工问题得到彻底解决。	组织开展了无证查处工作，16类食品无证查处工作完全符合要求，完成；略有欠缺，发现无证企业不足__家，基本完成；不符合工作要求，发现__家以上企业无证生产，未完成。	□完成 □基本完成 □未完成	
	2.5 建立不合格食品召回制度，实施食品召回	2.5 严格执行《食品召回管理规定》，对不合格食品及时采取召回措施。	对不合格食品及时采取召回措施，完成；略有欠缺，基本完成；未建立食品召回制度，未实施不合格食品召回，未完成。	□完成 □基本完成 □未完成	

续表

项目	检查内容	检查要点	检查标准	结论	未完成原因
二、生产加工食品专项整治工作任务完成情况	2.6 食品重点区域整治情况	2.6.1 确定了重点区域，针对每个重点区域制订专门整治方案，分解整治任务并落实到具体县市局。	确定了重点区域，并按要求开展整治工作，完成；确定了重点区域，基本按要求开展了整治工作，基本完成；未确定重点区域，或者有__个以上区域应该列为重点区域而未列入，未完成。	□完成 □基本完成 □未完成	
		★2.6.2 整治工作取得了当地政府支持，整治工作取得明显成效。	整治工作进展顺利，成效明显，完成；整治工作进展比较顺利，取得一定成效，基本完成；整治工作进展缓慢，无明显成效，未完成。	□完成 □基本完成 □未完成	
	2.7 标准化基础建设情况	2.7.1 结合当地食品质量安全问题，制订了一批地方标准（规程）。	结合当地实际制订了一批地方标准，完成；开展了标准制修订工作，基本完成；未开展标准制修订工作，未完成。	□完成 □基本完成 □未完成	
		2.7.2 推进农业标准化示范区建设。	农业标准化示范区建设工作取得良好成效，完成；效果一般，基本完成；未组织开展农业标准化示范区建设工作，未完成。	□完成 □基本完成 □未完成	

续表

项目	检查内容	检查要点	检查标准	结论	未完成原因
三、10类产品专项整治工作任务完成情况	3.1 10类产品生产企业100%建立质量档案	★3.1 全面普查辖区内10类产品生产企业情况，建立质量档案。	10类产品生产企业100%建立质量档案，完成；其他情况，未完成。	□完成 □未完成	
	3.2 基本解决无证生产的问题	3.2.1 坚决查处未取得生产许可证或3C认证进行生产、销售以及在经营活动中使用无证产品的违法行为。	组织开展查处无证生产行动，对无证企业处罚到位，完成；无证企业基本处罚到位，基本完成；未开展查处无证生产行动，未完成。	□完成 □基本完成 □未完成	
		3.2.2 基本解决无证生产问题。	基本解决无证生产问题，完成；略有欠缺，发现无证企业不足__家，基本完成；不符合工作要求，发现__家以上企业无证生产，未完成。	□完成 □基本完成 □未完成	
	3.3 10类产品获证企业产品抽查合格率提高到90%以上，其中大型企业达到95%以上	★3.3.1 加强对企业生产条件是否符合发证要求、所使用的原辅料是否符合相关规定以及是否存在制假售假违法行为的监督检查，严格监督检查后处理，严厉打击偷工减料、使用不合格原料生产及以假充真、以次充好、以不合格产品冒充合格产品的违法行为。	完全按要求开展了执法检查活动，严格执行特别规定及有关法律法规，该移送的案件全部移送，完成；组织开展了执法检查活动，基本按照特别规定及有关法律法规开展执法检查，基本完成；未组织开展执法检查活动，或发现__起以上案件未按照特别规定和有关法律法规处罚到位，或发现__起以上案件该移送的未移送，未完成。	□完成 □基本完成 □未完成	

续表

项目	检查内容	检查要点	检查标准	结论	未完成原因
三、10类产品专项整治工作任务完成情况	3.3 10类产品获证企业产品抽查合格率提高到90%以上，其中大型企业达到95%以上	3.3.2 加大对重点产品的产品质量监督抽查力度，扩大覆盖面，增加抽查频次。	按要求开展监督抽查工作，抽查不合格企业均有后处理，完成；开展了部分产品监督抽查，不足__件未按规定处理的，基本完成；未安排抽查，或__件以上未按规定处理的，未完成。	□完成 □基本完成 □未完成	
		★3.3.3 获证企业生产产品的抽查合格率提高到90%以上，其中大型企业达到95%以上。	获证企业产品抽查合格率达到90%以上，其中大型企业达到95%以上，完成；上述两指标分别达到85%以上和90%以上，基本完成；分别低于85%和90%，未完成。	□完成 □基本完成 □未完成	
	3.4 重点区域的制假售假重大违法活动基本得到杜绝	3.4.1 确定重点区域，开展了重点区域集中整治工作。	确定了重点区域，并按要求开展整治工作，完成；确定了重点区域，基本按要求开展了整治工作，基本完成；未确定重点区域，或者__个以上区域应该列为重点区域而未列入，未完成。	□完成 □基本完成 □未完成	

续表

项目	检查内容	检查要点	检查标准	结论	未完成原因
三、10类产品专项整治工作任务完成情况	3.4 重点区域的制假售假重大违法活动基本得到杜绝	★3.4.2 重点区域的制假违法重大违法活动基本得到杜绝。	重点区域整治效果明显，重大制假违法活动基本得到杜绝，完成；略有欠缺，基本完成；整治效果较差，区域内制假违法企业未被关停，未完成。	□完成 □基本完成 □未完成	
	3.5 电子监管网建设情况	3.5 加快10类产品的电子监管网入网建设。	成立了组织实施专门机构，有关工作扎实推进，完成；成立了专门机构，工作开展不够广泛深入，基本完成；尚未开展此项工作，未完成。	□完成 □基本完成 □未完成	
	3.6 建立完善名优企业联系制度	3.6 建立了名优企业联系制度，打假保名优工作经常化。	建立了名优企业联系制度，开展经常性的打假保名优专项行动，对名优企业的投诉全部及时处理，完成；建立了名优企业联系制度，开展了打假保名优专项行动，对名优企业的投诉处理不太及时，基本完成；未建立名优企业联系制度，未开展打假保名优工作，未完成。	□完成 □基本完成 □未完成	
	3.7 工作创新情况	3.7 执法打假、日常监管、专项整治和工作制度等方面有创新。	执法打假、日常监管、专项整治和工作制度等方面均有创新，完成；其中__方面以上有创新，基本完成；没有创新，未完成。	□完成 □基本完成 □未完成	

关于国务院决定取消和调整的国家质检总局行政审批项目后续监管措施的通知

(2007 年 12 月 7 日国质检法[2007]600 号发布)

各省、自治区、直辖市质量技术监督局、各直属检验检疫局：

按照国务院行政审批制度改革的要求，总局对现有行政审批项目进行了新一轮清理。根据《国务院关于第四批取消和调整行政审批项目的决定》(国发[2007]33 号)，总局共取消 21 项行政审批项目，合并同类事项 3 项。为做好取消和调整行政审批项目的落实和衔接工作，切实加强后续监管，总局研究制订了《国务院决定取消的国家质检总局行政审批项目(21 项)后续监管措施》(见附件 1)、《国务院决定调整的国家质检总局行政审批项目(3 项)后续监管措施》(见附件 2)，现印发给你们，自通知下发之日起执行。

请各局按照通知要求，严格执行后续监管措施，绝不能因为审批项目取消而放弃或削弱监管职能。对取消后能够通过市场机制解决的事项，要运用市场机制进行调节；对取消后由企业自主决定的事项，要努力实现对企业的间接监督管理；对取消后由统一的管理规范和强制性标准取代个案审批的事项，总局将抓紧制订相应的管理规范和标准，并组织实施；对取消后由事后备案管理取代审批的事项，总局将尽快建立和完善事后备案管理制度；对取消后转为日常监管的事项，要采取加大事中检查、事后稽查力度等办法，保证相关管理措施落实到位。要按照全面推进依法行政、建设法治政府的要求，把《全面推进依法行政实施纲要》提出的任务落到实处，贯彻落实《中华人民共和国行政许可法》，深化行政审批制度改革，进一步规范审批行为，全面提升质检部门的依法行政工作水平。

附件：1.《国务院决定取消的国家质检总局行政审批项目(21 项)后

续监管措施》

2.《国务院决定调整的国家质检总局行政审批项目(3 项)后续监管措施》

附件 1

国务院决定取消的国家质检总局行政审批项目(21 项)后续监管措施

序 号	项 目 名 称	后 续 监 管 措 施
1	外国检验机构境外评估认可	运用市场机制进行调节
2	出口货物原产地证明申请人注册登记	实施备案管理
3	国境口岸从业人员健康证签发	以行政执法监督检查方式管理
4	进出口食品、化妆品标签审核	由出入境检验检疫部门进行日常检验监管
5	棉花收购加工单位质量保证能力资格认定	加强日常监督检查
6	外国检验鉴定机构常驻代表机构的许可	运用市场机制进行调节
7	境外认证机构设立代表机构批准	认监委只进行备案管理
8	锅炉用无缝钢管生产许可	改由特种设备制造单位资格许可管理
9	锅炉压力容器用钢板生产许可	改由特种设备制造单位资格许可管理
10	螺旋焊缝钢管生产许可	改由特种设备制造单位资格许可管理

续表

序号	项目名称	后续监管措施
11	民用船舶生产许可	加强日常监督检查和监督抽查，督促企业严格执行产品标准
12	重要电子元器件生产许可	加强日常监督检查和监督抽查，督促企业严格执行产品标准
13	电子应用仪器及电源装置生产许可	加强日常监督检查和监督抽查，督促企业严格执行产品标准
14	教学用安全仪器生产许可	加强日常监督检查和监督抽查，督促企业严格执行产品标准
15	油锯生产许可	加强日常监督检查和监督抽查，督促企业严格执行产品标准
16	铁路车辆闸瓦生产许可	加强日常监督检查和监督抽查，督促企业严格执行产品标准
17	弹条扣件生产许可	加强日常监督检查和监督抽查，督促企业严格执行产品标准
18	带电作业工器具生产许可	加强日常监督检查和监督抽查，督促企业严格执行产品标准
19	轧钢辊生产许可	加强日常监督检查和监督抽查，督促企业严格执行产品标准
20	建筑幕墙生产许可	加强日常监督检查和监督抽查，督促企业严格执行产品标准
21	工业搪玻璃设备生产许可	对承压类工业搪玻璃设备纳入特种设备制造单位资格许可管理

附件 2

国务院决定调整的国家质检总局行政审批项目(3 项)后续监管措施

序号	项　目　名　称	合并后项目名称	后续监管措施
1	国境口岸食品生产经营单位卫生许可证核发	口岸卫生许可证核发	制定统一的口岸卫生许可证式样,制定统一的行政许可工作规范,加强对行政许可全过程的监督
2	国境口岸服务行业卫生许可证核发		
3	国境口岸储存场地卫生许可证核发		

第四部分

地方性法规　地方政府规章

(一) 计量

吉林省贸易计量监督条例

(2003 年 9 月 27 日吉林省第十届人民代表大会常务委员会第五次会议通过,根据 2006 年 5 月 26 日吉林省第十届人民代表大会常务委员会第二十七次会议《关于修改〈吉林省贸易计量监督条例〉的决定》修正).

第一章 总 则

第一条 为了加强贸易计量的监督,维护社会主义市场经济秩序,保护消费者和经营者的合法权益,根据本省实际,制定本条例。

第二条 在本省行政区域内进行贸易计量活动及监督工作,适用本条例。

第三条 经营者应当遵守公平和诚信的原则,使用法定计量单位,保证计量器具性能合格和贸易计量的合法性。

第四条 县级以上人民政府计量行政部门负责本行政区域内贸易计量监督工作。

县级以上人民政府有关行政部门,按照各自职责做好贸易计量监督工作。

第二章 贸易计量器具

第五条 经营者应当配备和使用符合国家规定,并与其经营项目相适应的计量器具。

第六条 经营者批量使用用于贸易结算的计量器具,其平均偏差应当趋于零,不得在单件允许的范围内,人为普遍调整为正偏差或者负偏差,损害消费者的利益。

第七条 经营者用于贸易结算的电话计时计费装置(含电信企业程控交换机中计时计费系统)、出租车计价器、加油(气)机、衡器、电能表、水表、燃气表、热(流)量表(均含其所配置的计量软件),安装使用前须经法定计量检定机构(含授权机构)进行检测,并加贴检测标记。

第八条　从事房产面积测量用的计量器具必须经法定计量检定机构(含授权机构)实施检定,并接受计量行政部门的监督。

第九条　集贸市场主办者应当设置符合规定标准、供消费者复测商品量的计量器具,并负责保管、维护,定期进行检定,保证其准确性。

第十条　经营者使用计量器具不得实施下列行为:

(一)破坏计量器具准确度或者破坏防作弊装置;

(二)使用不合格计量器具;

(三)伪造或者破坏计量器具检定标记、封缄;

(四)使用超过检定周期的计量器具;

(五)擅自改装计量器具,改变计量性能。

第三章　贸易计量量值

第十一条　经营者使用本条例第七条规定范围内的计量器具的,不得估量计费。

第十二条　经营者经营商品或者提供服务,应当保证商品量或者服务量的准确,计量允许误差必须在国家和省规定的范围内;不得伪造数据,损害消费者的合法权益。

第十三条　经营者向消费者提供商品或者服务后,消费者对量值结果提出异议时,经营者有责任向其明示计量和计算过程。

第十四条　大宗物料交易和政府采购需要计量的,可以委托经省计量行政部门批准的计量机构进行。

第十五条　供电、供水、供热、供气(含蒸汽)等经营者不得分摊户外管线或者其他设施的能源损耗,不得改变计量数据。

第四章　贸易计量检查

第十六条　对消费者和有关组织反映问题突出,用于贸易结算、且暂未列入国家强制检定目录的计量器具,经省人民政府批准后,县级以上人民政府计量行政部门实施监督管理。

第十七条 法定计量检定机构（含授权机构）不得伪造计量检定、检测数据；不得出具虚假检定证书和检测结果；不得擅自更改计量器具检定周期。

第十八条 法定计量检定机构（含授权机构）应当在20个工作日内完成计量检定工作（需要修理的时间除外）。逾期未完成检定的，受检方可依法要求检定方赔偿由此造成的经济损失。

第十九条 计量行政执法人员在执法中具有下列职权：

（一）对当事人、证人和有关单位进行调查；

（二）进入经营场地和产品、商品存放地检查，并可依法抽取样品；

（三）查阅、复制与被检查计量行为有关的票据、账本、合同、凭证、文件、业务函电等资料；

（四）使用录音、摄像等技术手段提取证据；

（五）法律、法规规定的其他职权。

第二十条 计量行政执法人员或者法定计量检定机构工作人员在执行公务时，应当出示行政执法或者计量检定员证件，并为当事人保守商业秘密。对不出示证件的，被检查者有权拒绝检查。

第二十一条 计量行政部门查处计量违法行为时，在违法物品、证据可能灭失或者以后难以取得的情况下，可以依法采取先行登记保存措施，其期限不得超过7个工作日。

第二十二条 经营者在接受计量行政部门检查和处理期间，不得隐匿、转移、变卖、损毁被计量行政部门依法责令停止使用或者登记保存的有关物品。

第二十三条 公民、法人或者其他组织有权向计量行政部门举报、投诉计量违法行为。计量行政部门应当在国家规定的期限内作出处理决定，并将处理决定及时告知当事人。

第二十四条 因商品量或者服务量发生计量纠纷时，当事人可以向计量行政部门申请仲裁检定、检测和计量调解，也可以向人民法院提起诉讼。

在争议处理期间，当事人不得改变与争议有关的计量器具和其他物品的状态。

第二十五条 县级以上人民政府计量行政部门在有贸易结算计量行为的单位中，按照自愿原则推行计量管理合格确认体系。

第五章 法律责任

第二十六条 有下列行为之一的，责令其停止使用计量器具或者限期改正；不停止使用或者逾期不改正的，可并处二百元以上一千元以下罚款：

（一）经营者未配备和使用与其经营项目相适应的计量器具的；

（二）集贸市场主办者未设置符合规定标准、供消费者复测商品量的计量器具的；

（三）使用超过检定周期的计量器具的。

第二十七条 违反本条例第六条规定，责令改正，没收违法所得，情节轻微的，处五千元以上一万元以下罚款；情节严重的，处一万元以上三万元以下罚款。

第二十八条 违反本条例第七条规定，责令改正，处每台（件）二百元罚款，罚款总额不得超过五万元。

第二十九条 违反本条例第十条第（一）项、第（二）项、第（三）项规定的，没收计量器具和违法所得，可并处二千元以下罚款，给消费者造成损失的，责令赔偿损失。

第三十条 违反本条例第十一条、第十五条规定的，责令改正，赔偿损失，没收违法所得，情节轻微的，处一千元以上五千元以下罚款；情节严重的，处五千元以上三万元以下罚款。

第三十一条 违反本条例第十条第（五）项、第十二条规定的，责令改正，赔偿损失，没收违法所得，情节轻微的，处二千元以上一万元以下罚款；情节严重的，处一万元以上五万元以下罚款。

第三十二条 违反本条例第二十二条规定，处物品货值金额等值以上三倍以下的罚款；有违法所得的，并处没收违法所得。

第三十三条 违反本条例第十七条规定，出具的检测结果无效，给当事人造成损失的，责令赔偿。情节轻微的，处一千元以上五千元以下罚款；情节严重的，处五千元以上二万元以下罚款，并可吊销相应的资质证书。

第三十四条 计量行政部门工作人员滥用职权、玩忽职守、徇私舞弊的，由其所在单位或上级机关给予行政处分；构成犯罪的，依法追究刑事责任。

第三十五条 本条例规定的行政处罚，由县级以上计量行政部门依法决定。第二十六条第（二）项、第二十九条中涉及第十条第（二）项的行政处罚，也可以由工商行政管理部门决定。

第六章 附 则

第三十六条 本条例自2003年11月1日起施行。

河南省计量监督管理条例

（2000年5月27日河南省第九届人民代表大会常务委员会第十六次会议通过，根据2005年3月31日河南省第十届人民代表大会常务委员会第十五次会议《关于修改〈河南省计量监督管理条例〉的决定》修正）

第一章 总 则

第一条 为了加强计量监督管理，保障国家计量单位制的统一和量值的准确可靠，保护消费者和经营者的合法权益，维护社会主义市场经济秩序，根据《中华人民共和国计量法》和有关法律、法规，结合本省实际，制定本条例。

第二条 凡在本省行政区域内使用计量单位，建立计量标准，开展计量认证，进行计量检定、校准、测试，制造（含组装）、修理（含改造、安装）、进口、销售、使用计量器具，出具计量公证数据，对产（商）品、服务量进行计量结算，实施计量监督管理等，必须遵守国家有关规定和本条例。

第三条 县级以上计量行政主管部门，在本行政区域内实施计量监督管理。

县级以上人民政府有关部门在各自职责范围内，做好计量监督管理工作。

第四条 县级以上人民政府应当将计量科技进步纳入国民经济和社

会发展计划，鼓励开展计量科学技术研究，推广使用先进的计量器具。

第二章 法定计量单位的使用

第五条 实行法定计量单位制度。法定计量单位的名称、符号的使用和非法定计量单位的废除，按照国务院有关规定执行。

第六条 进口商品、个别科学技术领域中仍需要使用非国家法定计量单位的，必须经省级以上计量行政主管部门批准。

第三章 计量器具的管理

第七条 制造计量器具新产品，必须经过定型鉴定或样机试验。

第八条 从事制造计量器具的单位和个人，应当依法取得《制造计量器具许可证》；从事修理计量器具的单位和个人，应当依法取得《修理计量器具许可证》。

任何单位和个人不得骗取、伪造、转让、租用或借用《制造计量器具许可证》、《修理计量器具许可证》。

第九条 制造、修理计量器具的单位和个人，应当按照许可证批准的项目、种类、测量范围、准确度等级进行制造、修理。

企业名称、地址发生变化的，应当自营业执照变更之日起三十日内到原发证机关办理许可证变更手续。计量行政主管部门应当在十日内办理完毕。

许可证批准的项目、种类、测量范围、准确度等级和制造、修理场所等内容发生变化的，应当重新办理许可证审批手续。

第十条 销售计量器具的单位和个人取得营业执照后，应当书面告知当地计量行政主管部门。

销售者应当执行进货检验制度，验明企业名称、地址及产品合格证，制造计量器具许可证和编号及其他标识，不得销售不合格计量器具。

第十一条 任何单位和个人进口列入《中华人民共和国进口计量器具型式审查目录》计量器具的，应当向国家计量行政主管部门申请办理型式批准。

进口的计量器具，在海关验放后，收货单位应当按照国家有关规定申请检定。

第十二条 任何单位或个人不得制造、销售下列计量器具(含标准物质):

(一) 国家明令淘汰或禁止使用的;

(二) 以旧充新、以次充好、以不合格冒充合格的;

(三) 无合格印、证,无《制造计量器具许可证》标志及编号,无产品标准代号,无生产厂名、地址的。

禁止伪造、冒用、转让、借用《制造计量器具许可证》标志及编号,禁止伪造、冒用生产厂名、地址。

修理计量器具不得使用不合格零配件。

第十三条 安装、出租的计量器具,依法应当实行强制检定的,未按照规定申请检定或者检定不合格的,不得使用、出租。

第十四条 使用计量器具涉及公共利益和他人利益的,不得有下列行为:

(一) 使用无检定合格印、证标记,超过检定周期的或者经检定不合格的计量器具;

(二) 使用国家明令淘汰或者已失去应有准确度的计量器具;

(三) 破坏计量器具准确度;

(四) 弄虚作假、伪造数据;

(五) 伪造或者破坏计量检定印、证标记。

第四章 商贸计量

第十五条 任何单位和个人在生产、销售、收购等经营活动中,必须保证商品量的量值准确。

商品交易市场和大型商场应当设置便于公众复验使用的计量器具。

第十六条 经营者应当配备示值清晰、准确度符合国家规定的计量器具。

经营者经销商品按计量单位结算的商品量或提供的服务量实际值与结算值应当相符,其计量偏差应符合国家和本省的有关规定,没有规定的,由供需双方合同约定。

按照规定应当计量计费的,不得估算计费。

第十七条 对生产定量包装商品的企业实施重点监督管理。

生产、分装、销售定量包装的商品，应当在包装物的显著位置按照规定的标注方式和项目标明内装商品的净含量，未标明净含量的定量包装商品不得出售。其净含量标注方法和计量偏差必须符合国家和省有关规定。

第十八条 现场计量交易的商品，应当明示计量操作过程和计量器具示值。对方有异议时，应当重新操作，并显示其示值。

第十九条 用于水、电、燃气、热力、燃油等贸易结算的计量器具，必须经强制检定合格后，方可投入使用。

强制检定由水、电、燃气、热力、燃油等供应方提出申请，由法定检定机构或者县级以上计量行政主管部门依法授权的检定机构检定。强制检定计量器具应当按规定限期使用，并由供应方按规定期限更换。

第二十条 经营者用于贸易结算的电话计时计费装置、里程计价表等各类计费计量器具，必须经强制检定合格后，方可使用。强制检定由法定检定机构或者县级以上计量行政主管部门依法授权的检定机构承担。

第二十一条 贸易计量数据经双方确认后为有效结算数据。对计量数据有异议的，供需双方任何一方均可向当地计量行政主管部门申请仲裁检定。

第二十二条 房产交易必须标注实际建筑面积和使用面积，并按照国家和省有关面积结算方式的规定结算。

县级以上计量行政主管部门对房产交易中的面积计量实施监督；房地产或者建设行政主管部门应当协助计量行政主管部门做好对房产交易面积计量的监督检查。

从事房产面积测量的单位，应当依据国家和省有关规定，取得相应资格。

第五章 计量检定、认证和确认

第二十三条 属于强制检定的工作计量器具，使用单位或个人必须按照国家和本省的有关规定到县级以上计量行政主管部门登记备案，并申请周期检定。

属于非强制检定管理的计量器具，使用单位可依法自主管理。

对反映强烈未列入强制检定管理目录的计量器具，县级以上计量行政主管部门应当进行监督检查。

第二十四条 计量检定机构应当在计量行政主管部门授权的项目及范围内按照计量检定规程进行检定。涉及被检定单位的商业秘密的，应当为其保密。

计量检定机构接到受检计量器具后，应当在二十日内完成计量检定、校准工作，确实需要延长的，由双方协商确定。

第二十五条 计量器具经检定合格的，由计量检定机构按照计量检定规程的规定，出具检定证书、检定合格证或加盖检定合格印记。

计量器具经检定不合格的，由计量检定机构出具检定结果通知书，注销原检定合格印记。

计量检定证书、检定结果通知书应当由检定、核验、主管人员签字，并加盖计量检定机构印章。

任何单位和个人不得伪造、盗用、倒卖计量检定合格印、证标记，不得擅自开启、损毁计量检定合格印证。

第二十六条 社会公用计量标准和企业、事业单位使用的最高计量标准，由省辖市以上计量行政主管部门主持考核。凡不具备考核能力的，应当报省计量行政主管部门组织考核，计量标准考核合格发证后，方可投入使用。

计量标准考核实行考评员考核制度。

第二十七条 县级以上计量行政主管部门可以根据需要设置计量检定机构或者授权其他计量检定机构执行强制检定和其他检定、校准、测试任务。

计量检定机构必须经省辖市以上计量行政主管部门考核合格，取得计量授权证书。

计量检定机构应建立完善的质量保证体系，接受计量行政主管部门的监督检查。

第二十八条 在本省内设置的计量中介服务机构应当具备下列条件：

（一）具有独立承担民事责任能力；

（二）具有经考核合格的、足够数量的专业技术人员；

（三）具有与开展业务相适应的技术设施和工作场所；

（四）具有完善的质量管理体系。

第二十九条　为社会提供公证数据的产品质量检验机构，应当经省级以上计量行政主管部门计量认证，并按国家有关规定申请复查。新增加项目必须申请单项计量认证。

第三十条　经计量认证合格的产品质量检验机构应当按照认证的项目范围开展工作，对出具的数据负责。

第三十一条　企业、事业单位应当配备与生产、科研、经营管理相适应的计量检测设施，需要对本单位计量检测体系或检测数据有效性进行评定的，可向省辖市以上计量行政主管部门申请计量确认。

第三十二条　法定计量检定机构和依法授权的计量检定机构的检定人员必须经县级以上计量行政主管部门考核合格，取得计量检定人员资格证件后，方可从事计量检定工作。

第六章　计量监督

第三十三条　计量监督实行经常监督和重点监督相结合的制度。对与国民经济和人民生活联系密切的贸易结算、医疗卫生、安全防护、环境监测等计量器具实施重点监督。

第三十四条　计量监督行政执法人员执行公务时，应当有两人以上参加，并出示行政执法证件，严格执行法定程序，公正、文明、廉洁执法。为被检查方保守技术秘密和商业秘密。

第三十五条　计量行政主管部门在进行计量监督检查时，有权采取下列措施：

（一）询问有关当事人和证人，调查与被监督计量行为有关的活动；

（二）进入生产、经营场地和产（商）品存放地检查、按规定抽取样品；

（三）查阅、复制与被监督计量行为有关的票据、账册、合同、凭证、文件、业务函件等资料；

（四）使用检测等技术手段取得所需的证据材料；

（五）依法封存涉嫌计量违法的计量器具，采取封存措施应当经县级以上计量行政主管部门负责人批准，封存期限不得超过三十日；特殊情况需要延长的，应当经上一级计量行政主管部门批准，但延长时间不得超过二十日；

（六）登记保存涉嫌计量违法的其他物品。

第三十六条 任何单位和个人不得拒绝、阻碍计量行政主管部门依法进行的监督检查，不得纵容、包庇计量违法行为；不得擅自处理、转移被计量行政主管部门依法封存和登记保存的物品。

第三十七条 任何单位和个人均有权对计量违法行为进行监督和举报。受理举报的部门应当为举报者保密。对举报有功者，可由计量行政主管部门给予奖励。对举报者，任何单位和个人不得进行打击报复。

第七章 法律责任

第三十八条 违反本条例规定的下列行为，按照以下规定处理：

（一）骗取、伪造、租用、借用、受让《制造计量器具许可证》、《修理计量器具许可证》从事制造、修理业务的，属于无证经营，收缴骗取、伪造的证件，并按照计量法律、行政法规的有关规定处罚；

（二）伪造、出让、出租、出借《制造计量器具许可证》、《修理计量器具许可证》的，收缴伪造的证件，给予警告，没收违法所得，对有关责任人处以五千元罚款；

（三）制造、修理计量器具的单位和个人超出许可证批准的项目、种类、测量范围、准确度等级等范围进行制造、修理的，超过范围部分视为无证经营，依照计量法律、行政法规的有关规定予以处罚；

（四）制造、销售计量器具以旧充新、以次充好、以不合格冒充合格的，依照产品质量法律、法规的有关规定处罚；

（五）修理计量器具使用不合格零配件的，责令改正，没收不合格零配件，并处以该项经营收入百分之三十的罚款。

第三十九条 违反本条例规定的下列行为，损害社会公共利益和他人利益的，责令改正，没收不合格计量器具，没收违法所得，并处违法所得一倍以上五倍以下的罚款：

（一）计量偏差超出国家和本省有关规定的；

（二）改变计量器具准确度的。

给用户和消费者造成损失的，责令补足商品数量，增加赔偿商品价款一倍的损失。

第四十条 违反本条例规定的下列行为，按照下列规定处理：

（一）属于强制检定管理的计量器具，未按照有关规定实施强制检定的，责令改正，没收违法所得，并处以每台（件）二百元以上五百元以下的罚款；

（二）未取得计量授权证书或超出授权的项目范围开展计量检定、校准的，责令停业，没收所收取的费用，并处以所收取费用一倍以上三倍以下的罚款；

（三）未取得计量认证合格证书的产品质量检验机构使用计量认证标记及编号为社会提供数据的，责令改正，没收所收取的费用，并处以所收取费用一倍以上三倍以下的罚款。

第四十一条 当事人擅自处理、转移被封存、登记保存的计量器具或物品的，责令改正，处以五百元以上五千元以下罚款。其中，属于正在使用的计量器具的，视为不合格计量器具，还应依照计量法律、法规的有关规定处罚；其他计量器具或物品确认属于违法物品的，依照有关法律、法规的规定处理。

拒绝、阻碍依法进行的计量监督检查的，责令改正，给予警告，拒不改正的，处以一千元以上二千元以下罚款。

第四十二条 为社会提供服务的计量检定机构伪造数据的，责令改正，没收所收取的费用，并处以所收取费用一倍以上三倍以下的罚款，情节严重的，撤销或吊销资格证件。给当事人造成损失的，依法承担赔偿责任。

为社会提供服务的计量检定机构出具错误数据，给当事人造成损失的，依法承担赔偿责任。

计量检定人员伪造数据的，给予行政处分，取销资格证书，三年内不得重新取得计量检定人员资格证书；构成犯罪的，依法追究刑事责任。

第四十三条 计量检定机构未按时完成计量检定工作的，免收计量检定费用。给送检单位造成损失的，依法承担赔偿责任；损坏送检计量器具的，应当予以修理或赔偿。泄露被检单位的商业秘密的，依法承担赔偿责任。

第四十四条 计量监督管理人员有下列行为之一的，给予行政处分，收缴行政执法证件；情节严重，构成犯罪的，依法追究刑事责任：

（一）玩忽职守、失职渎职的；

（二）徇私舞弊、索贿受贿的；

（三）违法办理许可证件的；

（四）违反规定收费、罚款的；

（五）有违反法律、法规规定的其他行为的。

第四十五条 本条例规定的行政处罚，由县级以上计量行政主管部门决定。法律、行政法规另有规定的，从其规定。

第四十六条 对持续性计量违法行为实施处罚，需要计算违法所得或违法经营额，当事人故意隐瞒事实真相或不提供真实账簿、记录等证据的，可按照计量器具最后检定日期扣除必要的安装维护时间，确定违法行为的持续期间；违法期间的经营额，可以按照同期的纳税额予以推定，并计算出违法所得。

第四十七条 当事人对行政处罚决定不服的，可依法申请行政复议或者提起诉讼。

当事人逾期不申请复议也不提起诉讼又不履行处罚决定的，由作出处罚决定的计量行政主管部门申请人民法院强制执行。

第八章 附 则

第四十八条 本条例自 2000 年 8 月 1 日起施行。

内蒙古自治区计量管理条例

（1999 年 9 月 24 日内蒙古自治区第九届人民代表大会常务委员会第十一次会议通过，根据 2004 年 11 月 26 日内蒙古自治区第十届人民代表大会常务委员会第十二次会议《关于修改〈内蒙古自治区计量管理条例〉的决定》修正）

第一章 总 则

第一条 为加强计量监督管理，保障国家计量单位制的统一和量值准确可靠，保护生产者、经营者、消费者的合法权益，根据《中华人民共和国计量法》等有关法律、法规，结合自治区实际，制定本条例。

第二条 在自治区行政区域内从事计量活动的单位和个人，应当遵守本条例。

第三条 自治区旗县级以上质量技术监督行政部门对本行政区域内的计量工作进行监督管理。

第四条 任何单位和个人对计量违法行为有权检举和控告。

第二章 计量单位

第五条 国际单位制计量单位和国家选定的其他计量单位,为国家法定计量单位。国家法定计量单位的名称、符号按照国务院的规定执行。

从事涉及计量的活动,应当使用国家法定计量单位。国家另有规定的除外。

第六条 凡从事下列活动必须使用国家法定计量单位:

(一)制发公文、公报、统计报表;

(二)编制播放广播、电视节目;

(三)发表报告、学术论文;

(四)制作、发布广告;

(五)出版发行图书、报刊及音像制品;

(六)印制票据、票证、账册;

(七)制定标准、检定规程、技术规范、产品使用说明书;

(八)出具检测、检验数据;

(九)生产、销售商品,标注商品标识;

(十)国家规定必须使用计量单位的其他活动。

第七条 进出口商品,出版古籍、文学书籍及其他需要使用非法定计量单位的,按照国家有关规定执行。

第三章 计量器具

第八条 从事制造、修理计量器具的,必须具备相应的生产技术条件,并依法取得《制造计量器具许可证》或者《修理计量器具许可证》后,方可办理营业执照。

第九条 变更《制造计量器具许可证》或者《修理计量器具许可证》范围的,应当经原发证机关审批。不再从事计量器具制造、修理的,应当将许可证交原发证机关注销。

禁止转让、租借、涂改、伪造《制造计量器具许可证》或者《修理计量器具许可证》。

第十条 制造计量器具新产品，必须依法经过型式批准或者样机试验。

不得利用他人样机申请型式批准或者样机试验，不得制造未取得型式批准或者样机试验合格证书的计量器具新产品。

第十一条 经营计量器具的单位和个人，必须向旗县级以上质量技术监督行政部门登记备案。不登记备案的，不得经营。

第十二条 禁止制造、修理、经营、安装下列计量器具：

（一）国家明令禁止的；

（二）无检定合格印、证的；

（三）无《制造计量器具许可证》标志及编号的；

（四）用残次零配件组装的。

第十三条 使用计量器具不得有下列行为：

（一）破坏计量器具准确度的；

（二）伪造计量数据的；

（三）破坏计量检定封印的；

（四）使用超过检定周期或者检定不合格的计量器具的；

（五）使用国家明令禁止的计量器具的。

第十四条 使用国家规定实行强制检定的计量器具的，应当向法定或者授权的计量检定机构申请周期检定。使用非强制检定计量器具的，应当保证定期检定。

计量检定机构应当定期将计量器具检定情况报质量技术监督行政部门备案。

第十五条 电子计时计费装置、出租汽车里程计价器、水表、电能表、燃气表、热量表等用于贸易结算的计量器具，未经法定或者授权的计量检定机构检定合格，不得安装使用。

第四章 计量行为

第十六条 经营商品或者提供服务按量结算的，应当使用计量器具，保证量值准确，不得估量计费。不具备计量条件并经贸易当事人同意的除外。

第十七条 在即时交易中，经营者应当向消费者明示计量单位、操作过程和量值。对方有异议的，应当重新操作并显示量值。

第十八条 经营者在农畜产品收购和农牧业生产资料销售过程中，应当正确使用计量器具，不得多收少计、缺斤短量。

第十九条 供水、供电、供气等经营者，应当按照消费者使用的终端计量器具显示的量值，作为到户结算的依据。

第二十条 销售商品房必须明示销售面积，并注明套内建筑面积及应当分摊的共有建筑面积。

商品房的销售面积与实际面积之差不得超过国家计量技术规范《商品房销售面积测量与计算》规定的商品房面积测量限差。

按套或者单元销售的商品房，各套或者各单元销售面积之和不得大于整幢商品房的实际总面积。

第二十一条 商品房销售者应当接受质量技术监督行政部门对商品房销售面积进行的计量监督检查，并如实提供与商品房面积计量有关的图纸、资料等，最终销售以实际测定的面积为准。

第五章 计量检定和计量认证

第二十二条 法定和授权的计量检定机构进行计量检定、校准和测试应当遵守下列规定：

（一）使用的计量标准具有旗县级以上质量技术监督行政部门颁发的有效期内的合格证；

（二）在旗县级以上质量技术监督行政部门规定的区域和项目范围内进行；

（三）执行现行的计量检定规程、校准规范和测试方法；

（四）从事计量检定、校准和测试人员应当持有相应的有效证件。

第二十三条 法定和授权的计量检定机构接到受检计量器具时，应当在 20 日内完成检定、校准、测试工作，因特殊情况需要延长时间的，由计量检定机构与送检方协商确定。

处理因计量数据引起的纠纷，以法定、授权的计量检定机构或者依法成立的计量公正服务机构出具的检测数据为准。

第二十四条 计量检定印、证和制造、修理计量器具许可证标志，按国家规定制作，由旗县级以上质量技术监督行政部门管理。任何单位和个人不得擅自制作和伪造、盗用、倒卖计量检定印、证和许可证标志。

第二十五条 产品质量检验机构、计量公正服务机构必须经国家或者自治区质量技术监督行政部门考核合格，取得计量认证合格证书。取得计量认证合格证书需新增检验、检定、测试项目的，应当按规定申请单项认证。

为社会提供公证数据的产品质量检验机构、计量公正服务机构不得出具虚假计量数据。

第二十六条 企事业单位需要对本单位的计量保证体系和提供数据的有效性进行评定的，可以向有关质量技术监督行政部门申请计量确认。

第六章 计量监督

第二十七条 计量监督实行日常监督与重点监督相结合。

质量技术监督行政部门应当对与国民经济及人民群众生产、生活密切相关的贸易结算、医疗卫生、安全防护、环境监测等计量活动进行重点监督。

第二十八条 质量技术监督行政部门对计量器具的产品质量和商品量实施的监督检查不得收取费用，被检查的单位和个人应当按规定提供样品。

质量技术监督行政部门开展商品房销售面积计量监督检查时，不得向被检查单位收取费用。

第二十九条 质量技术监督行政部门进行监督检查时，可以行使下列职权：

（一）询问有关当事人，调查与被监督的计量行为有关的活动；

（二）进入生产、经营场所或者被监督物品存放地进行现场勘验、检查，按照规定抽取样品；

（三）查阅、复制、摘录与计量有关的凭证、账册、票据、合同、文件或者图纸等资料；

（四）在证据可能灭失或者以后难以取得的情况下，可以依法先行登记保存，当事人或者有关人员不得转移、隐匿或者销毁。

第三十条 有关单位或者当事人不得拒绝、阻碍质量技术监督行政执法人员依法进行的监督检查。

第三十一条 质量技术监督工作人员不得泄露被检查单位或者个人的商业秘密。

质量技术监督行政执法人员在检查、抽取样品时必须严格执行国家有关规定,并妥善保管样品。监督检查结束后,除正常损耗和国家另有规定外,抽取的样品应当退还被检查者。

第三十二条 质量技术监督行政部门对法定、授权的计量检定机构和计量公正服务机构进行监督管理。

第三十三条 质量技术监督行政执法人员必须秉公执法、文明执法。进行监督检查时必须两人以上,并出示行政执法证件。

第七章 法律责任

第三十四条 违反本条例规定的,按照下列规定予以处罚:

(一)使用非法定计量单位的,责令改正;属出版物的,责令其停止销售,可以并处1 000元以下罚款;

(二)骗取、转让、租借、涂改、伪造《制造计量器具许可证》、《修理计量器具许可证》或者擅自变更计量器具制造、修理范围的,没收违法所得,可以并处5 000元以下罚款;

(三)违反本条例第十二条规定,经营、安装计量器具的,责令改正,没收违法所得,可以并处违法所得10%至50%的罚款;

(四)违反本条例第十四条第一款规定的,责令停止使用,可以并处1 000元以下罚款;

(五)不按规定使用计量器具经营商品或者提供服务的,责令改正,可以并处5 000元以下罚款;

(六)违反本条例第二十条规定销售商品房的,责令改正,并处以30 000元以下罚款。

前款规定的行政处罚,由旗县级以上质量技术监督行政部门依法实施。

第三十五条 当事人不服行政处罚的,可以依法申请行政复议或者向人民法院提起诉讼。逾期不申请复议、不提起诉讼,又不履行行政处罚决定的,由作出行政处罚决定的机关申请人民法院强制执行。

第三十六条 计量监督行政执法人员滥用职权、玩忽职守、徇私舞弊、索贿受贿的，由其所在单位或者上级主管部门给予行政处分；构成犯罪的，依法追究刑事责任。

第八章 附 则

第三十七条 本条例自公布之日起施行。

四川省计量监督管理条例

（1997年10月17日四川省第八届人民代表大会常务委员会第二十九次会议通过，根据2004年9月24日四川省第十届人民代表大会常务委员会第十一次会议《关于修改〈四川省计量监督管理条例〉的决定》修正）

第一章 总 则

第一条 为加强计量监督管理，保障国家计量单位制的统一和量值的准确可靠，有利于生产、贸易和科学技术的发展，保护消费者、生产者和经营者的合法权益，根据《中华人民共和国计量法》等有关法律、法规的规定，结合四川实际，制定本条例。

第二条 凡在四川省行政区域内建立计量标准器具，进行计量检定、校准、测试、制造、修理（含改装，下同）、安装、经营计量器具和使用计量单位，对商品服务进行计量结算，以及从事其他计量活动的单位和个人，应当遵守本条例。

第三条 省技术监督行政主管部门对全省计量工作实施统一监督和管理。

县级以上人民政府技术监督行政主管部门负责对本行区域内的计量工作进行监督管理。

第四条 各级人民政府应当将计量工作纳入国民经济社会发展计划，鼓励计量科学技术研究，推广先进的计量科学技术和管理方法。

对在计量工作中做出显著成绩的单位和个人，应当给予表彰或奖励。

第二章 计量单位

第五条 国际单位制计量单位和国家选定的其他计量单位为国家法定计量单位。国家法定计量单位的名称、符号国务院公布的执行。

凡从事涉及计量的活动,均应使用国家法定计量单位。

第六条 从事下列活动必须使用国家法定计量单位:

(一)制发公文、公报、统计报表;

(二)制作、播放广播、电视节目;

(三)发表报告、学术论文;

(四)制作发布广告;

(五)出版发行图书、报刊及音像制品;

(六)印制票据、票证、账册;

(七)制定标准、检定规程、技术规范、产品使用说明书;

(八)出具检测、检验数据;

(九)生产、经营商品,标注商品标识;

(十)其他面向社会标明计量单位的活动。

第七条 进出口商品、出版古籍、文学书籍及其他需要使用非法定计量单位的,按国家有关规定执行。

第三章 计量器具

第八条 制造、修理计量器具的单位或个人,必须具备相应的生产、技术条件,并依法取得《制造计量器具许可证》或《修理计量器具许可证》后,方可办理营业执照。

任何单位或个人不得利用他人的产品、生产设备和技术文件骗取《制造计量器具许可证》或《修理计量器具许可证》。

所制计量器具必须符合国家有关规定,方可销售。

第九条 取得《制造计量器具许可证》或《修理计量器具许可证》的单位或个人,需要变更许可范围的,应当向原发证机关申请变更;因故不再从事计量器具制造、修理的,应当将许可证交原发证机关注销。

禁止转让、买卖、涂改、伪造或与他人共用《制造计量器具许可证》或《修理计量器具许可证》。

第十条 计量器具新产品的定型鉴定，由国家技术监督行政主管部门授权的计量检定机构进行；计量器具新产品的型式，须经省技术监督行政主管部门批准；计量器具新产品的样机试验，由省技术监督行政主管部门授权的计量检定机构进行。

第十一条 进口的计量器具必须经国家、省技术监督行政主管部门指定的计量检定机构检定、校准后，方可销售或使用。

第十二条 禁止制造、经营、修理或安装下列计量器具：

（一）国家明令禁止生产使用的；

（二）无检定校准合格印、证的；

（三）无《制造计量器具许可证》标志及编号的；

（四）用残次零配件组装的。

第十三条 使用计量器具不得有下列行为：

（一）破坏计量器具准确度；

（二）弄虚作假；

（三）破坏计量检定封印；

（四）使用超过检定、校准周期或检定、校准不合格的计量器具；

（五）使用国家明令禁止使用的计量器具。

第四章 计量检定与计量认证

第十四条 各单位建立的最高计量标准器具，应当依法持有技术监督行政主管部门颁发的考核合格证。

第十五条 法定计量检定机构和县级以上人民政府技术监督行政主管部门授权的计量检定、校准机构（以下统称计量检定机构），对计量器具进行检定、校准、测试必须符合下列要求：

（一）使用的计量标准器具具有县级以上人民政府技术监督行政主管部门发给的考核合格证；

（二）在县级以上人民政府技术监督行政主管部门限定的区域和项目范围内进行；

（三）执行相应的计量检定规程和校检方法；

（四）计量检定、校准人员持有与检定、校准专业相符的资格证件。

第十六条 计量检定机构接到受检计量器具时，应当在20日内完成检定、校准工作，如因特殊情况需要延长检定、校准时间的，由计量检定机构与送检单位协商确定。

第十七条 计量器具检定、校准的印、证和许可证标志按国家规定印制，由县级以上人民政府技术监督行政主管部门负责管理。任何单位或个人不得擅自制作或者伪造、盗用、倒卖计量器具的印、证和许可证标志。

第十八条 使用国家规定执行强制检定的工作计量器具的单位或个人，每年必须将实行强制检定的工作计量器具的检定情况报技术监督行政主管部门审验，并向指定的计量检定机构申请周期检定。

计量检定机构应当定期将计量器具检定情况报技术监督行政主管部门备案。

第十九条 涉及人体健康、安全防护以及用于重要商品和大宗物料交接、判定法定责任或与消费者利益密切相关的新型计量器具，由省技术监督行政主管部门拟定目录并报经省人民政府批准后，可以纳入强制检定范围。

第二十条 质量检验机构、计量公正服务机构以及其他依法设置的为社会提供公证数据的检验机构，必须经国家或省技术监督行政主管部门计量认证。已经取得计量认证合格证书需新增检验、检测项目的，应按规定申请单项计量认证。

第二十一条 计量检定机构在计量考核有效期内，质量检验机构和计量公正服务机构以及其他依法设置的为社会提供公证数据的检验机构在计量考核、认证有效期内，必须符合考核、认证条件，有效期满后应按规定申请复查。

第二十二条 计量检定机构和计量公正服务机构不得对未作检定、校准、测试的项目出具检定、校准、测试数据，不得伪造检定、校准、测试数据。

第五章 工业、商贸计量

第二十三条 企、事业单位需要对本单位的计量保证体系和提供数据的有效性进行评定的，可以向县级以上人民政府技术监督行政主管部门申请计量确认。

计量确认证书可作为向需方提供计量保证和完善计量基础工作的证明。

第二十四条 企、事业单位应当配备与生产、科研、经营管理相适应的计量检测设备，建立计量检测设备管理目录。对检测设备、测试技术和测试数据以及测量、校准过程进行严格控制和管理。

第二十五条 以量值为结算单位的商品经营者或提供服务者，必须标明计量单位，配备和使用与其经营或服务项目相适应，并符合国家规定的计量器具。

现场计量交易时，应当明示计量操作过程和计量器具显示的量值。

第二十六条 用户使用的用能计量器具（如水表、电表等）应当经国家法定或授权的计量检定机构检定合格。经营者或提供服务者应当按用户使用的用能计量器具显示的量值作为用能计量结算的依据。

经营以计量单位结算的商品量，以及以时间计量单位提供的各种服务，其结算值必须与实际值相符。对必须计量收费的，不得估算计费与超量计费。

第二十七条 生产、经营定量包装的商品，包装物上必须用法定计量单位标明商品的净含量，其商品净含量的偏差应当符合有关的技术标准或国家定量包装商品计量监督规定。

第二十八条 商品交易市场和大型商场应当设置公平秤、尺等计量器具。有条件的地方，应建立社会公正计量行（站）中介服务机构，为社会提供公证数据。

第二十九条 房产交易必须标注实际建筑面积和使用面积，并按国家和省有关面积结算方式的规定结算。由县级以上人民政府技术监督行政主管部门提供的计量公证数据可作为房屋面积贸易结算的依据。

第六章 计量监督管理

第三十条 各企、事业单位应当开展计量年度自查，并将自查情况报技术监督行政主管部门登记备案。

第三十一条 技术监督行政主管部门实施监督检查所进行的检定和试验不收费，但被检查单位有提供样机和试验条件或规定数量的定量包装商品的义务。县级以上人民政府应当将实施计量监督提供技术保证所需经费列入同级财政预算。

第三十二条 下列涉及计量收费的活动应当按国家和省人民政府规定缴纳费用：

（一）建立计量标准器具申请考核的；

（二）使用计量器具申请检定的；

（三）制造计量器具新产品申请定型和样机试验的；

（四）制造、修理计量器具申请许可证的；

（五）申请计量认证和仲裁检定的；

（六）其他按国家和省人民政府规定应缴纳费用的。

第三十三条 技术监督行政主管部门执法人员在执行公务时，必须有两人以上参加，出示执法证件，行使下列职权：

（一）询问有关当事人和证人，对计量违法行为进行调查；

（二）进入生产、经营活动场地或计量器具存放地检查或抽取样品；

（三）查阅、复制与计量违法行为有关的凭证、账册等资料；

（四）依法封存、没收违法计量器具并依法对计量违法行为进行处罚。

第三十四条 任何单位或个人不得拒绝、阻碍技术监督行政主管部门执法人员依法进行的计量监督检查，不得擅自处理、转移封存的计量器具。

技术监督行政主管部门及其工作人员不得泄露被监督检查单位或个人的技术秘密和商业秘密。

第三十五条 技术监督行政主管部门对同级或下级依法设置的计量技术机构进行监督管理，对其违法行为依法进行纠正和查处。

第七章 法律责任

第三十六条 有下列行为之一的，由县级以上人民政府技术监督行政主管部门予以处罚：

（一）违反本条例第六条规定的，责令停止使用和改正，没收违法所得，可并处1 000元以下罚款；

（二）违反本条例第八条、第九条规定的，责令停止制造、修理，封存制造、修理的计量器具，限期补办《制造计量器具许可证》、《修理计量器具许可证》，没收违法所得，可并处相当于违法所得10%～50%的罚款；

（三）违反本条例第十二条第（二）、（三）项规定的，责令限期改正，没收违法所得；逾期不改正的，没收计量器具，可并处3 000元以下罚款；

（四）违反本条例第十二条第（四）项、第十三条第（三）项、（五）项和第二十二条规定的，没收计量器具和违法所得，可并处2 000元以下罚款，造成经济损失的，责令赔偿；

(五) 违反本条例第十七条规定的,没收非法印、证和违法所得,可并处 2 000 元以下罚款;

(六) 违反本条例第十五条第(二)项、第二十条和第二十一条规定的,责令停止检验,限期整改,可并处 1 000 元以下罚款;违反第二十一条规定情节严重的,吊销计量认证合格证书;

(七) 违反本条例第十八条规定的,责令限期改正,逾期不改正的,可处 2 000 元以下罚款;

(八) 违反本条例第二十五、二十六、二十七、二十九条规定的,责令改正,没收违法所得,可并处 5 000 元以下罚款,造成经济损失的,责令赔偿;

(九) 违反本条例规定,擅自处理、转移被依法封存的计量器具的,处以被封存计量器具价值 1～5 倍的罚款。

第三十七条 本条例规定的行政处罚,由县级以上人民政府技术监督行政主管部门依据法定的权限决定,罚款金额在个人 50 元以下,法人或其他组织 1 000 元以下,违法事实确凿并有法定依据,被处罚当事人对违法事实无异议的,可当场作出处罚决定。

第三十八条 罚没款的收缴办法依照国家有关法律、法规规定执行。

第三十九条 计量检定机构违反本条例第十六条规定,未按规定或协商的期限完成检定、校准工作的,应当及时完成检定、校准工作并免收检定费。造成经济损失的,应当赔偿。

第四十条 技术监督行政主管部门及其工作人员违法行使职权的,由有关机关给予行政处分。对公民、法人和其他组织的合法权益造成损害的,应当赔偿。

第四十一条 违反本条例规定,构成犯罪的,依法追究刑事责任。

第四十二条 当事人对行政处罚和行政强制措施不服的,可依法申请复议或提起行政诉讼。当事人逾期不申请复议、不起诉、又不履行处罚决定的,作出处罚决定的技术监督行政主管部门可以申请人民法院强制执行。

第八章 附 则

第四十三条 在本行政区域内的部队系统及军工国防企事业单位从事民品生产中的计量行为适用本条例。

第四十四条 本条例自 1998 年 1 月 1 日起施行。

海南省计量管理条例

（1997 年 5 月 28 日海南省第一届人民代表大会常务委员会第二十九次会议通过，根据 2004 年 8 月 6 日海南省第三届人民代表大会常务委员会第十一次会议《关于修改〈海南省计量管理条例〉的决定》第二次修正，自 2004 年 9 月 1 日起施行）

第一章 总 则

第一条 为了加强计量监督管理，保证国家计量单位制的统一和量值准确可靠，维护国家利益和消费者、经营者的合法权益，促进海南省经济和社会的发展，根据国家有关法律、法规的规定，结合本省实际，制定本条例。

第二条 在本省制造、修理、销售、安装、改造及使用计量器具，进行计量检定、认证、监督及有关计量行为，必须遵守本条例。

第三条 本省全面实行国家法定计量单位。

第四条 各级人民政府的技术监督部门是计量监督管理的行政主管部门。省技术监督部门负责全省计量监督的管理工作，各市、县、自治县技术监督部门负责本行政区域内的计量监督管理工作。

各级人民政府有关行政管理部门依照计量法律、法规及本条例，在各自职责范围内，协同做好计量监督管理工作。

第二章 计量器具的制造、修理、销售及使用

第五条 从事计量器具制造、修理的单位和个人，应当依法向县级以上技术监督部门申请，经考核合格，并取得制造、修理许可证后方可从事计量器具的制造、修理。

第六条 制造、修理、安装、改造的计量器具应当依法检定合格，方可交付使用。

第七条 经营者必须对其所销售计量器具的质量负责，下列计量器具不得销售：

（一）经检定不合格的；

（二）无制造许可证或者伪造许可证及标识的；

（三）无产品合格标识或者伪造、盗用产品合格标识的；

（四）无厂名、厂址或者伪造、冒用厂名、厂址的；

（五）法律、法规和规章禁止使用或者明令淘汰的；

（六）无正规供货发票的。

第八条 禁止在贸易、服务、公正计量、医疗卫生、安全防护、环境监测中使用有下列情形之一的计量器具：

（一）未按法律、法规规定进行检定的；

（二）本条例第七条所列情形之一的。

第九条 使用计量器具不得有下列行为：

（一）破坏计量器具的准确度、防作弊部件（装置）；

（二）擅自启开检定封印或者破坏检定封缄。

第三章 计量机构和计量检定

第十条 各级技术监督部门依法设立的计量检定机构，是国家法定计量检定机构，按国家有关规定考核合格后，所出具的检定数据具有法律效力。

县级以上技术监督部门按照国家计量授权管理办法的规定，可授权经考核合格的有关计量检定机构，面向社会从事相应的检定业务。经依法授权的检定机构出具的检定数据具有法律效力。

第十一条 为社会提供公正数据的计量检测机构和计量服务机构，必须按省级以上技术监督部门的规定考核合格后，方可对外开展检测业务；未经考核合格的，出具的检测结果无效。

第十二条 对社会公用计量标准器具，部门和企事业单位使用的最高计量标准器具，以及列入国家强制检定目录的工作计量器具，依法实行强制检定。

属于非强制检定范围的计量器具，应当依法定期检定。

第十三条 计量检定应当坚持就地就近、方便用户的原则。

当事人认为技术监督部门的定点检定不能满足其特殊要求的，可以提出申请，报技术监督部门备案后，依法选择其他检定机构检定。

第十四条 当事人对检定、计量结果有异议的，可向当地技术监督部门申请复检。

第四章 商业贸易计量

第十五条 从事商业贸易、服务的单位和个人，必须按配备规范配置能满足商业、贸易及服务要求的计量器量，保证量值的准确。

计量器具的配备规范，按国家规定执行，国家尚无规定而又确实急需的，可由省技术监督部门根据实际制定规范，报省人民政府批准后执行。

第十六条 经营者必须对其所经营的商品、提供的计时服务或用于计酬的量值负责，所提供的量的实际值必须与显示值（标注值）相符，计量偏差不得超过国家和省技术监督部门规定的允差标准。

第十七条 现场计量商品，经营者应当让顾客看清计量示值结果。顾客有异议的，应当重新显示，也可以经依法设立的公正计量器具复核。

第十八条 定量包装商品，包装者必须在包装物的显著位置正确、清晰地标明商品的净含量，并注明生产厂家及厂址，否则不得销售。

第十九条 市场管理者应当在生产资料和生活资料市场等有大宗物料计量的场所设置公正计量器具，加强计量监督。

第二十条 餐饮业中经营以量计价的商品，应当用符合规定的计量器具计量计价，不得估算计价。

第五章 计量监督

第二十一条 县级以上技术监督部门可根据需要，按国家有关规定设置计量监督员。计量监督员必须经省级技术监督部门培训考核合格，发给执法证件和执法标志后方可执法。

第二十二条 技术监督部门在行使计量监督检查职权时，必须出示有效证件；未出示有效证件的，管理相对人有权拒绝监督检查。

技术监督部门对计量器具和计量行为进行监督检查，必须有 2 名以上的计量监督员在场，并按省级以上技术监督部门的规定行使职权。

第二十三条 技术监督部门对制造、修理、销售、使用计量器具及计量行为，实行以抽查为主要方式的监督检查制度。

第二十四条 技术监督部门对计量器具的质量和商品、服务量值的监督检查依据是：

(一) 法律、法规、规章和技术规程的规定；

(二) 产品标准说明、合同、实物样品或其他方式所标明的符合法律、法规及规章规定的指标；

(三) 尚无抽样标准的，按省级以上技术监督部门的抽样规定执行。

前款第(二)项中同时以几种方式注明产品指标的，必须使用一致指标；指标不一致的，以其中最严格的指标为监督检查的依据。

第二十五条 技术监督部门在计量监督检查中，可以行使下列职权：

(一) 进入生产、经营场地和产品存放地检查；

(二) 要求被检查人提供有效的产品检验报告或者合格证明；

(三) 查阅、复制有关发票、账册、凭证、文件、业务电函和其他有关资料，使用照相、录像等手段取得所需的证明材料；

(四) 询问被检查的当事人、利害关系人、证明人，并要求其提供证明材料和有关资料；

(五) 封存、扣押违法计量器具及相关物品；

(六) 现场发现被检查人违法制造、销售计量器具的，有权责令其停止生产、销售，并提供生产、销售及库存产品的数量和其他有关情况。

第二十六条 技术监督部门在计量监督中发现有下列情形之一的，可以采取封存、扣押措施：

(一) 法律、法规和规章明令禁止生产、销售的计量器具；

(二) 对社会将产生危害的计量器具；

(三) 属于案件证据并可能灭失的物品。

第二十七条 采取封存、扣押措施必须经县级以上技术监督部门行政首长批准，制作封存、扣押决定书，并将封存、扣押决定书送达当事人，开具封存、扣押清单，由当事人签名；当事人不在场或拒绝签名的，应当有两个以上见证人签名。

封存、扣押的时间不得超过 30 日，遇特殊情况需要延长的，应当报省技术监督部门批准。属于前条第(三)项的，必须在 7 日内作出处理决定。

第二十八条 技术监督部门在行使职权时，不得损害当事人的合法权益，不得泄露当事人的商业秘密和技术秘密。

第二十九条 计量监督检查的结果应予公布，对生产质量不合格的计量器具的单位和个人，责令其限期整改。整改后的首批产品必须经技术监督部门抽样检定合格后方可销售。

对执法监督的检定结果不服的，应当在收到检定结果通知之日起15日内申请复检。

第三十条 计量监督工作由各级技术监督部门组织实施，监督检查的经费由同级财政列支。

第六章 法律责任

第三十一条 商品的生产者、经营者使用不合格计量器具或者进行不诚实计量侵犯消费者权益的，应当依法承担法律责任。

第三十二条 违反本条例第三条，使用非法定计量单位或符号的，责令其改正，处以1 000元的罚款。

第三十三条 违反本条例第五条规定，擅自制造、修理计量器具的，责令停止违法行为，没收违法所得，可并处违法所得50%的罚款。

第三十四条 违反本条例第六条规定，制造、修理、安装、改造的计量器具未经依法检定合格即交付使用的，责令其停止使用，处以3 000元的罚款。

第三十五条 违反本条例第七条规定销售计量器具的，责令其停止销售，没收全部违法所得，可并处3 000元的罚款。

第三十六条 有下列情形之一的，限期改正，处以2 000元的罚款：

（一）违反本条例第八条规定，使用禁止使用的计量器具的；

（二）违反本条例第十三条规定，未按规定备案的；

（三）违反本条例第十五条第一款规定，未按配备规范配置计量器具的；

（四）拒不提供不合格产品来源的。

第三十七条 违反本条例第九条规定，破坏计量器具的准确度、防作弊部件（装置），擅自启动检定封印或破坏检定封缄的，没收计量器具和全部违法所得，可并处2 000元的罚款。

第三十八条 伪造、涂改、冒用、倒卖检定合格印、证、标识和计量许可证标识的，没收非法印、证、标识和全部违法所得，可并处2 000元的罚款；构成犯罪的，依法追究刑事责任。

第三十九条 违反本条例第十一条规定,未经考核合格的公正计量服务机构、未取得计量认证合格证书的检测机构和未经考核合格、授权的计量检定机构,擅自对外营业的,责令其停止营业,可并处 1 000 元的罚款。

第四十条 违反本条例第十二条规定,未依法检定使用的计量器具或者经检定不合格继续使用的,责令其停止使用,处以 1 000 元的罚款。

第四十一条 违反本条例第十六条的规定,超出计量允差,属现场交易计量商品的,责令补足短缺量,处以短缺量价款总额 10 倍的罚款;属定量包装商品的,责令重新包装,处以该批商品短缺量价款总额 5 倍的罚款。

第四十二条 违反本条例第十八条规定,未按规定正确、清晰地标明商品净含量的,责令改正,处以 1 000 元的罚款。

第四十三条 检定、测试机构出具虚假检定数据或检定结论的,责令其改正,没收所收检定费,可并处所收检定费 10 倍的罚款;情节严重的,取消其检定资格。

第四十四条 违反本条例,有下列行为之一的,处以 3 000 元的罚款:

(一) 擅自转移、破坏已封存计量器具的;

(二) 擅自生产、销售已责令停止生产、销售的计量器具的。

违反前款第(二)项的,可并处没收计量器具。

第四十五条 计量监督管理人员、计量检定人员有下列情形之一的,视其情节取消执法、检定资格,给予行政处分;造成损失的,依法赔偿损失;构成犯罪的,由司法机关依法追究刑事责任:

(一) 违反本条例规定,失职、渎职的;

(二) 滥用职权,给当事人造成较大损失的;

(三) 违反本条例规定,擅自变更处罚标准的;

(四) 泄露当事人商业秘密或技术秘密,给当事人造成损失的;

(五) 提供虚假检定报告的;

(六) 收受贿赂的;

(七) 超限额索要送检样品的。

第四十六条 当事人对行政处罚决定不服的,可以自接到处罚决定书之日起60日内，向作出处罚决定机关的上一级机关申请复议；对复议决定不服的，可以在接到复议决定书之日起15日内向人民法院起诉。当事人也可以直接向人民法院起诉。对逾期不申请复议，也不向人民法院起诉，又不履行处罚决定的，由作出处罚决定的机关申请人民法院强制执行。

第七章 附 则

第四十七条 本条例所称的检定，是指省级以上技术监督部门制定的计量技术规范及国家标准中所称的检定、测试、校准、对比、确认等计量技术行为。

第四十八条 本条例具体应用中的问题，由省人民政府负责解释。

第四十九条 本条例自公布之日起施行。1988年11月15日省人民政府发布的《海南省计量监督管理暂行规定》同时废止。

湖北省计量监督管理条例

（1997年12月3日湖北省第八届人民代表大会常务委员会
第三十一次会议通过，2004年7月30日湖北省第十届
人民代表大会常务委员会第十次会议修正）

第一章 总 则

第一条 为加强计量监督管理，保障国家计量单位制的统一和量值的准确可靠，保护消费者和经营者的合法权益，维护社会主义市场经济秩序，根据《中华人民共和国计量法》和有关法律、法规、结合本省实际，制定本条例。

第二条 凡在本省行政区域内从事计量活动的单位和个人，必须遵守本条例。

本条例所称计量活动，是指建立计量标准，进行计量检定或者校准，使用计量单位，制造、修理、安装、进口、销售计量器具以及使用计量器具出具计量数据。

第三条 从事计量活动使用计量单位的，必须使用国家法定计量单

位。法律法规另有规定的,从其规定。

第四条 省人民政府技术监督部门负责全省的计量监督管理工作。市、州、县(区)人民政府技术监督部门负责本行政区域内的计量监督管理工作。

省、市、州、县(区)人民政府工商、公安等部门,按照各自的职责协助同级技术监督部门做好计量监督管理工作。

第二章 计量器具的制造和修理

第五条 从事制造、修理计量器具的,必须依法取得《制造计量器具许可证》或者《修理计量器具许可证》,并按规定接受发证单位年度审核。新增制造或者修理项目的,必须办理相应项目的许可证。《制造计量器具许可证》或者《修理计量器具许可证》不得转让。

第六条 制造计量器具新产品的,必须按规定向国务院或者省技术监督部门申请定型鉴定、型式批准或者样机试验。

不得利用他人样机申请定型鉴定或者样机试验,不得制造未取得型式批准证书或者样机试验合格证书的计量器具新产品。

承担计量器具新产品定型鉴定和样机试验的单位,应当对申请者提供的样机、技术文件和资料保守秘密。

第七条 制造计量器具,必须在产品铭牌、合格证和说明书上按规定标注许可证标志和编号,在计量器具或者其包装物上用中文标注制造企业名称和地址。

第八条 制造、修理计量器具不得有下列行为:

(一)制造、改装国家明令禁止使用的计量器具;

(二)使用残次零部件组装或者修理计量器具;

(三)出厂未经检定或者经检定不合格的计量器具。

第三章 计量器具的销售和使用

第九条 销售计量器具的单位和个人,应当向所在地人民政府技术监督部门登记备案。

第十条 不得销售下列计量器具:

(一)国家明令禁止使用或者淘汰的;

(二)无检定合格印证、《制造计量器具许可证》标志及编号、制造企业名称和地址的；

（三）伪造或者冒用《制造计量器具许可证》标志和编号、检定合格印证及制造企业名称和地址的；

（四）以旧计量器具冒充新计量器具的；

（五）可能危及人身、财产安全又无警示标志或者中文警示说明的。

第十一条 列入《中华人民共和国依法管理的计量器具目录》的进口计量器具，必须经省级技术监督部门检定合格后，方可销售。

列入《中华人民共和国进口计量器具型式审查目录》的进口计量器具，未取得国务院技术监督部门颁发的型式批准证书的，不得进口、销售。

第十二条 生产、经营中使用计量器具不得有下列行为：

（一）利用计量器具作弊；

（二）使用未经检定、经检定不合格或者超过检定有效期的计量器具；

（三）使用准确度不符合国家有关规定的计量器具；

（四）使用未经考核合格或者超过有效期的计量标准；

（五）违反国家有关规定，使用非法定计量单位的计量器具。

第四章 计量检定和计量认证

第十三条 使用国家和省规定的强制检定计量器具的单位和个人，必须向所在地人民政府技术监督部门指定的计量检定机构申请检定，并接受年度审核。

湖北省实施强制检定的计量器具目录，由省技术监督部门制定，报省人民政府批准后执行。

第十四条 为社会提供计量数据的公正计量行（站），必须经省技术监督部门审查批准。

第十五条 社会公正计量行（站）以及为社会提供公证数据或者为执法监督提供依据的产品质量检验机构和检测机构，必须取得国务院或者省技术监督部门颁发的计量认证合格证书，并按规定申请复查。新增检测项目的，必须申请单项认证。

第十六条 出具计量器具检定印证，必须按国家有关规定执行。任何单位和个人不得伪造、盗用、倒卖计量检定印证。

第十七条 处理因计量器具准确度和计量数据引起的纠纷，以法定计量检定机构依法出具的检测数据为准。

第十八条 企业、事业单位应当配备与生产、科研、经营管理相适应的计量检测设施。

需要对其计量保证体系和提供数据的有效性进行评定的，可以向省技术监督部门申请计量确认。

第五章 贸易计量

第十九条 经营商品或者提供服务以计量结算的，必须使用符合国家或者省规定的计量器具，不得估算计费。

第二十条 经营商品或者提供服务的量的实际值与结算值应当一致，其计量偏差不得超过国家或者省的有关规定。不得弄虚作假，伪造数据。

第二十一条 定量包装商品必须按规定的标注方式标明净含量，净含量实际值与标称值的计量偏差不得超过国家有关规定。

第二十二条 直接用于贸易结算的电能表、水表、煤气表、蒸气流量计、电子计费器等计量器具，安装或者使用前必须经技术监督部门指定的计量检定机构强制检定合格后，方可安装和投入使用。

第六章 监督检查

第二十三条 计量监督实行日常监督和重点监督相结合。

各级人民政府技术监督部门应当对与国民经济及人民群众生产、生活密切相关的医疗卫生、安全防护、环境监测和水、电、煤气、邮政、电信、商品房、土地出让转让、重点生产资料与生活资料等经营结算的计量活动和计量器具产品质量进行重点监督。

第二十四条 省技术监督部门负责组织计量器具产品质量监督检查和重点定量包装商品的定期跟踪检查。

第二十五条 计量监督执法人员必须秉公执法、文明执法。进行监督检查时，应有两人以上参加，并出示技术监督执法证件，使用统一的执法文书，有关单位和个人不得拒绝检查。

第二十六条 计量监督执法人员在依法执行公务时，有权询问当事人和证人，调查与被监督的计量行为有关的活动：有权进行现场勘查，检查、抽取样品；有权查阅、复制与被监督计量行为有关的账册、票据、凭证、合同、文件等资料，封存有关计量器具和登记保存与被监督的计量行为有关的其他物品。

计量监督执法人员在检查、抽取样品时，必须严格执行国家有关规定，并妥善保管样品。监督检查结束后，除正常损耗和国家另有规定外，抽取的样品应当退还被检查者。

计量监督执法人员应当保守被检查者的技术秘密和商业秘密。

第二十七条 任何单位和个人不得纵容、包庇计量违法行为。

不得擅自启封、转移、隐匿、销毁、变卖被技术监督部门封存的有关计量器具和登记保存的其他物品。

第七章 法律责任

第二十八条 违反本条例规定，制造、修理、销售或者进口计量器具的，责令其停止生产、营业、销售或者进口，封存计量器具，没收违法所得，并按以下规定处以罚款：

（一）违反本条例第五条、第六条第一款和第二款、第七条、第八条、第十一条第（一）项和第（二）项规定之一的，处以违法所得百分之十至百分之五十的罚款；

（二）违反本条例第十一条第（三）、（四）、（五）项规定之一的，处以违法所得一倍以上三倍以下的罚款；

（三）违反本条例第十二条规定的，处以销售额或者进口额百分之十至百分之五十的罚款。

第二十九条 有下列行为之一的，责令其停止生产、销售、营业或者服务，没收违法所得，并处以违法所得一倍以上三倍以下的罚款。对违法所得难以计算的，可处以二千元以上二万元以下罚款，其中对第（二）项的罚款不得超过二千元。

（一）利用计量器具作弊的；

（二）伪造、盗用、倒卖计量检定印证的；

（三）为社会提供公正计量服务和为执法监督提供检测数据，未经计量认证合格或者未按规定复查的；

（四）经营商品的量、提供服务的量及定量包装商品的净含量的实际值与结算值计量偏差超过国家或者省的有关规定的；

（五）定量包装商品未标明净含量的。

第三十条 违反本条例第十三条第（二）、（三）、（四）、（五）项，第十四条第一款和第二十条规定之一的，给予警告，责令限期改正；逾期不改的，停止使用、封存计量器具，并处以一千元以下罚款。

第三十一条 违反本条例第二十八条规定的，责令改正，并处以五千元以上二万元以下罚款。

第三十二条 本条例规定的行政处罚，由县级以上人民政府技术监督部门决定。法律、法规另有规定的，从其规定。

第三十三条 计量监督执法和计量检测人员玩忽职守，滥用职权、徇私舞弊，伪造检定、检测数据的，由其所在单位或者有关部门给予行政处分；构成犯罪的，依法追究刑事责任。

不按规定退还样品的，责令退还或者照价赔偿；情节严重的，按前款规定予以处罚。

第三十四条 当事人对行政处罚决定不服的、可依法申请行政复议或者向人民法院提起诉讼，逾期不申请复议也不起诉，又不履行处罚决定的，由作出处罚决定的行政机关申请人民法院强制执行。

第八章 附 则

第三十五条 本条例应用中的具体问题，由省人民政府技术监督部门负责解释。

第三十六条 本条例自 1998 年 1 月 1 日起施行。

安徽省计量监督管理条例

（1996 年 7 月 28 日安徽省第八届人民代表大会常务委员会第二十五次会议通过，根据 2004 年 6 月 26 日安徽省第十届人民代表大会常务委员会第十次会议通过的《关于修改〈安徽省计量监督管理条例〉的决定》修正）

第一章 总 则

第一条 为加强计量监督管理，保障国家计量单位制的统一和量值传递的准确可靠，保护消费者和经营者的合法权益，维护社会经济秩序，促进经济和社会发展，根据《中华人民共和国计量法》及其实施细则，结合本省实际，制定本条例。

第二条　凡在本省行政区域内建立计量标准器具，进行计量检定和认证，制造、修理、销售、使用计量器具，以及从事商业贸易计量活动的单位和个人，均应遵守本条例。

第三条　各级技术监督行政管理部门是同级人民政府负责计量监督管理工作的主管部门，对本行政区域内的计量活动实施监督管理。

有关行政管理部门，依照法律、法规的规定，按照各自的职责做好计量监督管理工作。

第二章　计量监督

第四条　各级技术监督行政管理部门负责计量监督工作的主要职责是：

（一）贯彻执行计量监督的法律、法规和规章；

（二）制定计量事业发展规划，推行国家法定计量单位，建立社会公用计量标准，组织量值传递；

（三）对制造、修理、销售和使用计量器具，以及商业贸易计量行为实施监督；

（四）进行计量认证，调解计量纠纷，组织仲裁检定；

（五）法律、法规和规章规定的其他职责。

第五条　计量监督实行日常监督和重点监督相结合的制度。

各级技术监督行政管理部门应当对与国民经济及人民群众生活联系密切的医疗卫生、安全防护、环境监测和水、电、煤气、通讯等贸易结算的计量活动进行重点监督。

第六条　技术监督行政管理部门的计量执法人员依法进行下列计量监督、检查：

（一）进入计量器具、商品存放地进行检查；

（二）使用录音、摄像、照相等手段进行现场勘验调查；

（三）查阅、复制有关的账册、凭证等材料。

对不符合《中华人民共和国计量法》及其实施细则和本条例规定的计

量器具,以及以量值结算的商品,其计量偏差不符合国家有关规定的,县级以上技术监督行政管理部门可以决定封存、扣押。但封存、扣押的期限不得超过 15 日,确因办案需要延期的,应报经上一级技术监督管理部门批准。特殊产品的封存、扣押期限,应根据产品的有效期决定,避免造成损失。

第七条 技术监督行政管理部门的计量执法人员在进行计量监督、检查时,应有两人以上参加,并出示行政执法证件和佩戴执法徽章,使用统一的执法文书,严格按规定程序执法。

技术监督行政管理部门的计量执法人员应当保守被检查者的技术秘密和商业秘密。

第八条 任何单位和个人不得拒绝技术监督行政管理部门的计量执法人员进行计量监督、检查,不得纵容、包庇计量违法行为;发现计量违法行为时,应及时向技术监督行政管理部门举报或投诉。技术监督行政管理部门对举报、投诉的计量违法案件应及时处理,并在 15 日内举报、投诉案件的处理情况答复举报人或投诉人。

第三章 计量单位的使用

第九条 国际单位制计量单位和国家选定的其他计量单位,为国家法定计量单位。

第十条 从事下列活动必须使用国家法定计量单位:

(一) 制发公文、公报、统计报表;

(二) 编播广播、电视节目;

(三) 发表报告、学术论文;

(四) 制作、发布广告;

(五) 制定各种技术标准、检定规程;

(六) 出版发行图书、报纸、刊物;

(七) 制发票据、票证、账册;

(八) 出具检测、检验数据;

(九) 制造、销售商品及标注商品标识;

(十) 国家和省规定须标明计量单位的其他活动。

第十一条 出口商品、出版古籍和文学书籍及其他需要使用非国家法定计量单位的，按照国家有关规定执行。

第四章 计量检定和认证

第十二条 各级技术监督行政管理部门监督管理本地区的计量检定工作。计量检定工作应按照经济合理的原则，就地就近进行。

第十三条 开展计量检定必须具备下列条件：

（一）计量标准器具经技术监督行政管理部门考核合格并取得相应的资格证书；

（二）在限定的检定范围内；

（三）执行相应的计量检定规程；

（四）计量检定人员持有与检定专业相符的计量检定证件。

第十四条 社会公用计量标准器具，企业、事业单位使用的最高计量标准器具，以及用于贸易结算、安全防护、医疗卫生、环境监测等国家规定实行强制检定的工作计量器具，实行强制检定。使用单位或者个人必须向所在地县级以上技术监督行政管理部门申报，按照规定到指定的计量检定机构进行周期检定，并实行年审制度。逾期未检定或者检定不合格的，不得继续使用。

强制检定的周期，按照国家规定执行。

第十五条 计量检定机构应当自接到受检计量器具之日起 15 日内完成检定工作，确需延长的，由计量检定机构与送检单位协商确定。

经检定合格的计量器具，计量检定机构应发给检定证书、检定合格证或加盖检定合格印；经检定不合格的计量器具，计量检定机构应发给检定结果通知书或注销原检定合格印、证。

第十六条 制作检定印、证，必须经县级以上技术监督行政管理部门批准。任何单位和个人不得擅自制作或者伪造、盗用、倒卖检定印、证。

第十七条 本条例第十四条规定以外的其他非强制检定的计量标准器具和工作计量器具，使用单位和个人应在保证量值准确、满足使用需要的条件下，自行定期检定或者送计量检定机构定期检定。

第十八条 取得相应资格证书的社会公用计量标准器具，停止使用时或停止使用后需重新启用的，必须经原发证技术监督行政管理部门批准。

第十九条 向社会提供公证数据的产品质量检验机构和计量公正服务机构，必须经省级以上技术监督行政管理部门计量认证。新增检验项目必须申请单项计量认证。

第二十条 计量检定机构、产品质量检验机构和计量公正服务机构，在计量考核、认证有效期内，必须符合考核、认证条件，并按照规定申请复查。

第二十一条 计量检定机构、产品质量检验机构和计量公正服务机构对其出具的检定、检测数据负责。严禁伪造检定、检测数据。

第五章 计量器具的制造和修理

第二十二条 从事制造、修理计量器具单位和个人，必须依法取得《制造计量器具许可证》或《修理计量器具许可证》，并按照规定接受年度审核；未取得许可证的，工商行政管理部门不予办理营业执照。

任何单位和个人不得转让、出借或者与他人共用《制造计量器具许可证》或《修理计量器具许可证》。

第二十三条 申请办理《制造计量器具许可证》或《修理计量器具许可证》，须具备下列条件：

（一）具备与所制造、修理的计量器具相适应的设备和工作环境；

（二）具有保证产品质量的检定条件，包括经考核合格的计量标准器具、工作计量器具和检测设备；

（三）工作人员的技术水平符合制造、修理业务的需要；

（四）具有完备的制造或者修理计量器具的质量保证制度。

第二十四条 从事制造或修理计量器具的单位和个人，应向所在地县级以上技术监督行政管理部门递交申请书和有关资料。技术监督行政管理部门应按照本条例第二十三条规定的条件，在30日内完成考核、评审工作；经考核合格的，发给《制造计量器具许可证》或《修理计量器具许可证》。

第二十五条 《制造计量器具许可证》或《修理计量器具许可证》只对批准的项目有效；新增制造、修理项目时，必须重新办证。

《制造计量器具许可证》或《修理计量器具许可证》的有效期按国家有

关规定执行。制造、修理计量器具的单位和个人在许可证有效期内,应当保持原考核发证条件。

第二十六条 任何单位和个人不得改装、制造国家明令禁止使用和以欺骗消费者为目的的计量器具,不得使用残次零部件组装和修理计量器具。

第二十七条 制造、修理计量器具的单位和个人,必须对制造、修理的计量器具进行检定;未经检定或检定不合格的,不得销售和使用。

第二十八条 制造计量器具、必须在计量器具或者包装物上如实标注许可证标志及编号、厂名、厂址。

第二十九条 制造计量器具新产品,必须按照国家技术监督行政管理部门的有关规定,申请定型鉴定、型式批准或者样机试验。

任何单位和个人不得利用他人样机申请试验,不得制造未经定型鉴定、型式批准或者未取得样机合格证书的计量器具。制造的计量器具,不得低于原批准型式的技术指标。

负责计量器具新产品定型鉴定、型式批准或者样机试验的单位,应当对申请单位提供的样机和技术文件、资料保密。

第六章 计量器具的销售和使用

第三十条 销售的计量器具必须符合下列条件:

(一)有计量检定合格印、证;

(二)有中文计量器具名称、生产厂厂名和厂址;

(三)有明确的型号、规格、量限和准确度等级;

(四)使用不当易造成计量器具损坏或可能危及人身、财产安全的,应有警示标志或中文警示说明;

(五)明确部位标有“CMC”标志和《制造计量器具许可证》编号;

(六)有明示采用的标准或计量检定规程。

第三十一条 销售计量器具应执行进货验收制度,验明《制造计量器具许可证》、检定合格证以及厂名、厂址和计量性能。发现标识不符合规定或有质量问题的,应向所在地县级以上技术监督行政管理部门报检。进口计量器具,必须经省级以上技术监督行政管理部门指定的计量检定机构检定合格后，方可销售。

第三十二条 禁止经销下列计量器具：

（一）国家明令禁止使用的；

（二）无合格印、证和制造计量器具许可证标志及编号、生产厂厂名、厂址的；

（三）进口计量器具无省级以上技术监督行政管理部门指定的计量检定机构出具检定合格证书的；

（四）使用残次计量器具零配件组装和修理的计量器具；

（五）前条第一款规定应当报检而未报检或经检定不合格的；

（六）其他以欺骗消费者为目的的。

第三十三条 使用计量器具不得有下列行为：

（一）破坏计量器具准确度；

（二）弄虚作假、伪造数据；

（三）伪造或者破坏计量检定印、证标记；

（四）使用超过检定周期或经检定不合格的计量器具；

（五）使用国家明令淘汰或失去应有准确度的计量器具；

（六）使用以欺骗消费者为目的的计量器具。

第七章 商业贸易计量的管理

第三十四条 经营者经营以量值结算的商品的，应当配备符合国家规定的计量器具，没有配备的不得从事经营活动。

第三十五条 经营者销售商品量的实际值与结算值应当相符，其计量偏差必须符合国家有关规定；按照规定必须计量计费的，不得估算计费。

生产、销售定量预包装的商品，必须标明内装商品的净量值，商品标识的计量偏差必须符合国家有关规定。

第三十六条 现场计量交易的商品，应当明示计量器具操作过程和计量器具显示值，对方有异议的，应当重新操作并显示其示值。

第三十七条 商品销售活动中，商品量短缺的，经营者必须给予补足缺量或者补偿损失。

前款规定的情形确属商品供货者责任的，经营者有权向商品供货者追偿。

第八章 法律责任

第三十八条 违反本条例的行为，由技术监督行政管理部门，依照《中华人民共和国计量法》及其实施细则和本条例的规定给予处罚；法律、法规对决定行政处罚机关另有规定的，依照有关法律、法规的规定执行；情节严重构成犯罪的，由司法机关依法追究刑事责任。

第三十九条 不符合规定条件开展计量检定或未经省级以上技术监督行政管理部门计量认证，向社会提供公证数据，以及在计量考核、认证有效期内，未保持原考核、认证条件的，责令停止检定、检测，没收检定、检测费，可并处检定、检测费1～3倍的罚款。

伪造检定、检测数据的，责令更正，并处所收检定、检测费1～5倍的罚款，对直接责任人和有关负责人由其主管部门给予行政处分；造成损失的，责令赔偿。

第四十条 取得相应资格证书的社会公用计量标准器具停止使用后，未经原发证技术监督行政管理部门重新考核、批准、擅自启用的，责令停止使用，并处200～1 000元的罚款。

第四十一条 违反本条例第十五条规定，逾期未检定给送检单位造成损失的，赔偿损失；情节严重的，处以损失赔偿费1～3倍的罚款。

第四十二条 违反本条例第二十八条规定的，责令改正；情节严重的，责令停止生产、销售，可并处货值金额15%～20%的罚款。

第四十三条 负责计量器具新产品定型鉴定、型式批准或者样机试验的单位，对申请单位提供的样机、资料失密，给申请单位造成损失的，责令赔偿损失；情节严重的，由原发证机关吊销其资格证，并处500～3 000元的罚款。

第四十四条 违反本条例第三十条、第三十二条规定的，责令停止销售，封存计量器具，没收全部违法所得，可并处违法所得10%～50%的罚款。

第四十五条 违反本条例第三十三条规定的，没收计量器具和全部违法所得，可并处500～2 000元的罚款。

第四十六条 违反本条例第三十四条规定的，责令停止营业，限期改正;逾期不改的,处 200～1 000 元的罚款。

第四十七条 违反本条例第三十五条规定的,封存销售的商品,并处违法所得 1～5 倍的罚款。

第四十八条 违反本条例规定,拒绝、阻碍技术监督行政执法人员依法执行公务的,由公安机关依据《中华人民共和国治安管理处罚条例》的规定予以处罚。

第四十九条 按照本条例规定,以违法所得为基数实施罚款,违法所得难以确认的,处 2 000～10 000 元罚款。

第五十条 违法事实确凿,对公民处以 50 元以下,对法人或者其他组织处 1 000 元以下罚款的行政处罚,技术监督行政执法人员可当场作出行政处罚决定。

执行罚没必须使用省财政部门统一印制的罚没票据,罚没款全部上缴国库。

第五十一条 当事人对行政处罚决定不服的,可依照《中华人民共和国计量法》第三十二条规定提起诉讼。当事人逾期不起诉又不履行处罚决定的,由作出行政处罚决定的机关申请人民法院强制执行。

第五十二条 技术监督行政执法人员玩忽职守、滥用职权、徇私舞弊的,由其所在单位或者上级行政主管部门给予行政处分;构成犯罪的,依法追究刑事责任。

第五十三条 计量检定人员有下列行为之一的,由其主管部门给予行政处分;构成犯罪的,依法追究刑事责任:

(一) 出具错误数据,给送检一方造成损失的;

(二) 违反计量检定规程进行计量检定的;

(三) 使用未经考核合格的计量标准开展检定的;

(四) 未取得计量检定证件执行计量检定的。

第九章 附 则

第五十四条 本条例应用中的具体问题,由省技术监督行政管理部门负责解释。

第五十五条 本条例自 1996 年 9 月 1 日起施行。

山东省计量条例

（2004 年 5 月 27 日山东省第十届人民代表大会常务委员会第八次会议通过）

第一章 总 则

第一条 为加强计量监督管理，保障国家计量单位制的统一和量值准确，保护消费者和经营者的合法权益，维护市场经济秩序，根据《中华人民共和国计量法》等法律、法规，结合本省实际，制定本条例。

第二条 在本省行政区域内从事计量活动和实施计量监督管理活动的，应当遵守本条例。

本条例所称计量活动，是指使用计量单位，制造、修理、销售、使用、安装、改装计量器具，建立计量标准器具，计量检定与计量校准，商品、服务计量，计量认证与计量中介服务。

第三条 从事计量活动，应当遵守职业道德，遵循科学规范、诚实信用、守法经营的原则，保障计量器具准确可靠，保证计量数据真实。

第四条 省质量技术监督部门主管全省的计量监督管理工作；市、县（市、区）质量技术监督部门主管本行政区域内的计量监督管理工作。

工商行政管理、卫生、建设、环境保护等部门应当按照各自职责，配合质量技术监督部门做好有关的计量监督管理工作。

第五条 各级人民政府应当有计划地发展计量事业，支持计量科学研究，推广先进的计量技术和管理方法，引导企事业单位建立健全计量检测体系，为经济和社会发展提供计量保障。

第二章 计量单位使用

第六条 国际单位制计量单位和国家选定的其他计量单位，为国家法定计量单位。国家法定计量单位的名称、符号按照国家有关规定执行。

第七条 从事下列活动的，应当使用国家法定计量单位：

（一）制发公文、公报、统计报表，发表学术论文和报告；

(二) 编播广播电视节目，出版发行图书、报刊、音像制品，制作发布广告、电子信息；

(三) 标注商品标识、价签，编制产品使用说明书；

(四) 印制票据、票证、账册、证书；

(五) 制定标准、检定规程、技术规范以及其他技术文件；

(六) 出具检定、校准、检验、测试等计量、检测数据；

(七) 制造、修理、使用计量器具；

(八) 国家规定应当使用国家法定计量单位的其他活动。

第八条 从事进出口贸易、出版古籍和文学书籍以及其他需要使用非国家法定计量单位的，按照国家有关规定执行。

第三章 计量器具管理

第九条 制造、修理、销售的计量器具的计量性能，应当符合计量检定规程和计量技术规范的要求；没有计量检定规程和计量技术规范的，其计量性能应当符合产品标准要求。

第十条 以销售为目的制造计量器具，或者对社会开展经营性修理计量器具业务的，应当向当地县级以上质量技术监督部门提出申请，并取得制造计量器具许可证或者修理计量器具许可证后方可从业。

质量技术监督部门接到申请后，应当依照国家有关行政许可的程序规定对申请人的生产条件组织考核。考核合格的，应当在三个工作日内颁发相应的许可证；考核不合格的，应当在五个工作日内书面说明理由。

制造、修理计量器具许可证只对许可的项目有效。

第十一条 制造计量器具新产品的，应当按照国家规定申请定型或者样机试验，并取得计量器具型式批准证书或者计量器具样机试验合格证书。

申请定型或者样机试验的，应当向省质量技术监督部门提出，并提供相应的技术资料。省质量技术监督部门应当在接到申请后五个工作日内完成对申请资料的初步审核，确定定型鉴定或者样机试验的技术机构，并告知申请人所需的技术鉴定时间。省质量技术监督部门接到技术鉴定报告后，应当在五个工作日内完成审查。审查合格的，应当在当日颁发型式批准证书或者样机试验合格证书；审查不合格的，应当书面说明理由。

第十二条 任何单位和个人不得伪造、冒用、骗取、转让、出租、出借或者受让、租用、借用制造计量器具许可证、修理计量器具许可证。

第十三条 制造的计量器具其标识应当真实，并符合下列要求：

（一）在产品明显部位（或者铭牌）和说明书、外包装上有国家统一规定的制造计量器具许可证标志和编号；

（二）有计量检定合格印、证；

（三）有产品型号、规格、量限和准确度等级；

（四）有中文标明的计量器具名称、生产厂厂名和厂址；

（五）有产品标准号、生产日期和出厂编号；

（六）对因使用不当容易造成计量器具损坏或者可能危及人身和财产安全的，应当有警示标志或者中文警示说明。

第十四条 制造、修理计量器具不得实施下列行为：

（一）制造国家明令淘汰的计量器具；

（二）以假充真、以次充好、使用残次零配件制造或者修理计量器具；

（三）为计量器具增加作弊装置或者作弊功能；

（四）伪造或者冒用厂名、厂址。

第十五条 下列计量器具不得销售：

（一）无制造计量器具许可证标志、编号和产品合格证明的；

（二）伪造、冒用制造计量器具许可证标志、编号或者厂名、厂址的；

（三）以假充真、以次充好、使用残次零配件制造的；

（四）国家明令禁止销售的。

第十六条 使用计量器具不得有下列行为：

（一）加装作弊装置或者利用计量器具作弊；

（二）破坏计量器具准确度；

（三）私自开启检定封印、破坏检定封缄或者防作弊装置；

（四）伪造计量器具检定、校准合格证明；

（五）使用未经检定、校准以及检定不合格或者超过检定周期的计量器具。

第十七条 从事计量器具安装业务和改装业务的，应当保证计量器具的准确可靠，不得为计量器具增加作弊装置或者功能。

从事大型、技术复杂的计量器具安装业务或者国家重点管理的计量器具改装业务的,应当具备相应的技术条件。大型、技术复杂的计量器具名录,由省质量技术监督部门确定并公布。

第四章　计量检定与校准

第十八条　省质量技术监督部门应当按照科学合理的原则建立健全全省量值传递体系。

社会公用计量标准器具应当有专人保管和维护,不得擅自停止使用。

第十九条　对社会开展计量检定和计量校准服务的计量技术机构,应当经省质量技术监督部门考核合格,并在核准的范围内从事计量检定或者校准活动。

计量技术机构应当按照有关计量检定规程、计量技术规范或者产品标准,客观、公正地出具计量检定或者校准结论。

第二十条　下列计量器具实行强制检定:

(一)社会公用计量标准器具;

(二)部门和单位使用的最高计量标准器具;

(三)行政监测、司法鉴定用计量器具;

(四)公正计量、工程质量监理用计量器具;

(五)用于贸易结算、安全防护、医疗卫生、环境监测方面列入国家强制检定目录的工作计量器具。

用于行政监测、司法鉴定、公正计量、工程质量监理方面实行强制检定的工作计量器具目录,由省质量技术监督部门会同有关部门确定,由省质量技术监督部门发布。

第二十一条　质量技术监督部门对计量器具检定、检测的结果,供其他有关部门在行政管理工作中共同使用。对经检定合格的计量器具,在检定合格证有效期内任何单位不得重复检定、检测。

第二十二条　建设单位安装住宅用水表、电能表、燃气表、热能表等计量器具的,应当向法定计量检定机构申请首次强制检定。未经检定或者检定不合格的,不得安装。

前款规定的计量器具使用期限届满的,应当由供水、供电、供气、供热的经营者负责换装经强制检定合格的计量器具。

第二十三条　使用本条例第二十条规定的计量器具的,应当将计量器具登记造册，报所在地县（市、区）质量技术监督部门备案，并按规定申请周期检定。

实行强制检定的计量器具经修理后需要再次投入使用的，应当申请重新检定。

第二十四条 使用非强制检定计量器具的，可以通过计量检定或者校准保证计量器具的量值准确。

第五章 贸易计量

第二十五条 以商品或者服务量值作为结算依据的，经营者应当标明法定计量单位，并配备和使用与其经营项目相适应的、符合国家规定的计量器具。

经营者应当保证商品或者服务计量的准确，结算量值与实际量值的偏差应当符合国家和本省的有关规定。

第二十六条 经营者应当明示计量操作过程和计量器具显示的量值。购买者对量值有异议的，有权要求经营者重新计量；具备重新计量条件的，经营者应当重新计量。

第二十七条 供水、供电、供气和供热的经营者，应当保证计量器具的准确，按照计量器具显示的实际量值结算，不得违反国家有关规定将管线损耗或者其他设施造成的损耗转嫁给用户。

第二十八条 生产定量包装商品的，应当在包装物的显著位置用中文、数字和法定计量单位清晰地标注商品的净含量。净含量偏差应当符合国家有关规定。经营者不得销售未标注净含量或者净含量不符合国家规定的定量包装商品。

第二十九条 从事农副产品收购和农业生产资料销售活动的，不得利用计量器具压低等级或者伪造数据。

第三十条 进行大宗物料交易的双方对计量结算方式有约定的，应当以约定的方式结算；双方无约定或者一方对量值有异议的，可以向社会公正计量行（站）申请公正计量。

第三十一条 商品交易市场主办者，应当在显著位置设置便于公众校验的计量器具，并保证计量器具的准确。

对前款规定的计量器具，县（市、区）质量技术监督部门应当指定计量技术机构实施定期检定。

第六章 计量监督

第三十二条 质量技术监督部门应当加强计量监督管理，及时查处计量违法行为，并组织对计量器具质量、定量包装商品和消费者反映的其他突出问题实施重点检查。

下级质量技术监督部门自上级质量技术监督部门实施检查之日起半年内，除消费者投诉的外，不得再对经检验合格的同一企业的同一产品进行重复检查。

第三十三条 计量监督执法人员进行计量监督检查时，应当有两名以上人员参加，并出示执法证件。不出示执法证件的，被检查者有权拒绝。

被检查者不得拒绝或者阻挠依法从事的检查活动。

第三十四条 计量监督执法人员实施计量监督检查或者查处计量违法行为时，可以采取下列措施：

（一）询问有关当事人和其他相关人员；

（二）进入生产经营场所或者被监督物品存放地进行现场检查，按照规定抽取样品；

（三）查阅、复制有关的账册、票据、凭证、合同等资料；

（四）封存、扣押涉嫌违法的计量器具、设备和零配件。

前款第四项规定的封存、扣押时限最长不得超过三个月。确需延长的，应当报上一级质量技术监督部门批准。

第三十五条 因实施计量监督检查或者查处计量违法行为需要抽取检验样品的，应当按照国家和省规定的标准确定抽样数量，并填写抽样单。所需检验样品由被检查者无偿提供。

除已合理损耗或者有关部门依法决定没收的产品外，检查者应当在检验结束并在被检查者无异议后十个工作日内返还检验样品。因检查者或者检验者的过错，对检验样品造成不应有的损坏或者丢失而不能返还的，责任单位应当进行相应赔偿。

第三十六条 计量检验结果应当及时告知被检查者。被检查者对检验结果有异议的，可以在接到检验结果之日起十五个工作日内，书面向实施检查的质量技术监督部门或者其上级质量技术监督部门提出复检申请。

质量技术监督部门应当自接到复检申请之日起十个工作日内组织调查。具备复检条件的，应当另行指定计量技术机构对原样品或者备用样品进行复检，并做出复检结论；不具备复检条件的，应当在复检报告中载明。复检费用由责任方承担。

第三十七条 向社会出具检测数据的各类检测机构和向社会出具计量公正数据的计量中介服务机构，应当经省级以上质量技术监督部门计量认证合格。未经计量认证或者经计量认证不合格的，不得向社会出具检测数据或者计量公正数据。

计量中介服务机构，不得与行政机关存在隶属关系。

第三十八条 任何单位和个人都有权向质量技术监督部门举报计量违法行为。质量技术监督部门应当在接到举报之日起三个工作日内决定是否受理；不予受理的，应当向举报人书面说明情况。

第三十九条 质量技术监督部门应当对举报人的情况和在计量监督检查、查处计量违法行为过程中获知的商业秘密，予以保密。

第七章 法律责任

第四十条 有下列情形之一的，由县级以上质量技术监督部门责令限期改正，情节严重的，没收违法制造、修理、销售的计量器具或者违法所得，并处三千元以上一万元以下罚款：

（一）制造、修理的计量器具，其计量性能不符合本条例规定的；

（二）转让、出租、出借制造、修理计量器具许可证的；

（三）销售无制造计量器具许可证标志、编号和合格证明或者伪造、冒用制造计量器具许可证标志、编号的计量器具的。

第四十一条 伪造、冒用、骗取或者受让、租用、借用制造、修理计量器具许可证的，由县级以上质量技术监督部门责令改正，没收违法制造、修理的计量器具和违法所得，并处货值金额百分之五十以上一倍以下罚款；对伪造、冒用、骗取的制造、修理计量器具许可证，予以收缴、销毁。

第四十二条 制造、修理、安装、改装计量器具过程中为计量器具增加作弊装置或者功能的，由县级以上质量技术监督部门责令改正，没收违法制造、修理、安装、改装的计量器具和违法所得，并处三万元以上五万元以下罚款；情节严重的，吊销其制造、修理计量器具许可证。

第四十三条 使用计量器具过程中为计量器具增加作弊装置或者功能的，由县级以上质量技术监督部门没收计量器具和违法所得，并处五百元以上二万元以下罚款。

第四十四条 属于本条例规定强制检定范围的计量器具，使用者未按规定申请强制检定或者经检定不合格继续使用的，由县级以上质量技术监督部门责令停止使用，可并处一千元以下罚款。

私自开启计量器具检定封印、破坏检定封缄或者防作弊装置的，责令改正，可并处五百元以上三千元以下罚款。

第四十五条 建设单位安装未经首次强制检定或者经检定不合格的住宅用水表、电能表、燃气表、热能表的，由县级以上质量技术监督部门责令限期改正；逾期仍未改正的，处一万元以上二万元以下罚款。

第四十六条 商品交易市场主办者未按规定设置便于公众校验的计量器具，或者经营者配备和使用的计量器具不符合国家规定要求的，由县级以上质量技术监督部门给予警告，责令限期改正；逾期仍未改正的，处一千元以上三千元以下罚款。

第四十七条 有下列情形之一的，由县级以上质量技术监督部门给予警告，责令改正，没收违法所得，可并处一千元以上二万元以下罚款；情节严重的，吊销其相应的资格证：

（一）未经考核合格擅自对社会开展计量检定、校准或者超越范围对社会开展计量检定、校准的；

（二）商品量或者服务量的结算量值与实际量值的计量偏差超出国家或者本省规定的；

（三）生产的定量包装商品其净含量偏差不符合国家有关规定的；

（四）供水、供电、供气和供热的经营者未按照计量器具显示的实际量值结算，或者违法转嫁户外管线或者其他设施所造成的损耗的；

（五）农副产品收购者和农业生产资料销售者利用计量器具压低等级或者伪造数据的；

（六）计量技术机构、检测机构、计量中介服务机构出具虚假计量检定、校准、检测、检验数据的；

（七）伪造计量器具检定、校准合格证明的。

第四十八条 计量检测机构、计量中介服务机构未经计量认证或者经计量认证不合格向社会出具检测数据或者计量公正数据的，由县级以上质量技术监督部门责令改正，可并处一千元以下罚款。

第四十九条 违反本条例其他规定，国家法律、法规有规定的，由县级以上质量技术监督部门或者其他有关行政管理部门依照其规定执行。

第五十条 违反本条例规定，给当事人造成损失的，依法承担赔偿责任；构成犯罪的，依法追究刑事责任。

第五十一条 质量技术监督部门及其工作人员有下列情形之一的，对负有直接责任的主管人员和其他直接责任人员依法给予行政处分；构成犯罪的，依法追究刑事责任：

（一）不按规定的条件、程序办理考核、批准事项的；

（二）对举报的计量违法行为不按规定及时处理的；

（三）在监督检查中超过规定数量抽取样品或者不按规定退还样品的；

（四）对经检验合格的同一企业的同一产品进行重复检查的；

（五）不按照国家或者省有关规定收取费用的；

（六）未依法履行其他职责并造成严重后果的。

第八章 附 则

第五十二条 本条例自2004年7月1日起施行。1990年7月6日山东省人民政府第7号令发布的《山东省加强计量监督管理工作的规定》，1991年4月20日山东省人民政府第17号令发布的《山东省强制检定的工作计量器具检定管理办法》，1995年8月30日山东省人民政府第62号令发布（1998年4月30日修订山东省人民政府第90号令发布，2002年4月12日修订山东省人民政府第139号令发布）的《山东省计量器具制造销售监督管理办法》同时废止。

贵州省计量监督管理条例

(2002 年 9 月 29 日贵州省人大常委会公告第 49 号公布，
自 2003 年 1 月 1 日起施行)

第一章 总 则

第一条 为了加强计量监督管理,保障国家计量单位制统一和量值准确可靠,有利于生产、贸易和科学技术的发展,维护社会经济秩序,保护用户、生产者和经营者合法权益,根据《中华人民共和国计量法》及有关法律、法规的规定,结合本省实际,制定本条例。

第二条 在本省行政区域内从事计量活动及其监督管理,应当遵守本条例。

第三条 省质量技术监督行政主管部门对全省计量活动实施统一监督管理。市(州、地)、县(市、区)质量技术监督行政主管部门对本行政区域内的计量活动进行监督管理。

第四条 各级人民政府应当将计量工作纳入国民经济和社会发展计划,鼓励计量科学技术研究,推广先进的计量科学技术和管理方法。

第二章 计量单位的使用

第五条 国际单位制计量单位和国家选定的其他计量单位,为国家法定计量单位。

第六条 从事下列活动必须使用国家法定计量单位:

(一) 制发公文、文件、公报、统计报表,发表学术论文和报告;

(二) 编制、播放广播电视节目,出版发行图书、报刊、音像制品,制作发布广告、电子信息;

(三) 生产、销售产品,标注标识,编制产品使用说明书;

(四) 印制票据、票证、账册、证书;

(五) 制定标准、检定规程、技术规范及其他技术文件;

(六) 出具产品质量检验、计量检定、计量测试、计量校准数据;

（七）国家规定应当使用法定计量单位的其他活动。

第七条 进出口商品，出版古籍、文学历史书籍、制作文学历史音像制品及其他需要使用非国家法定计量单位的，按照国家有关规定执行。

第三章 计量器具的管理

第八条 制造、修理计量器具的单位或者个人，应当经县级以上质量技术监督行政主管部门考核合格，取得《制造计量器具许可证》或者《修理计量器具许可证》，方可从事计量器具制造或者修理业务。

制造计量器具新产品，必须向省级以上质量技术监督行政主管部门申请定型鉴定、型式批准或样机试验。

第九条 大型、技术复杂的计量器具安装完成后必须经计量检定合格，方可投入使用。实施重点管理计量器具改装业务的，应当持有《制造计量器具许可证》或者《修理计量器具许可证》。

大型、技术复杂的计量器具目录，由省质量技术监督行政主管部门提出，报省人民政府批准后公布。国家另有规定的从其规定。

重点管理计量器具的范围按照国家规定执行。

第十条 禁止伪造、冒用、转让或者与他人共用《制造计量器具许可证》、《修理计量器具许可证》。

第十一条 质量技术监督行政主管部门接到制造、修理计量器具许可证申请，应当在10日内作出是否受理的决定。对决定受理的，考核工作应当在20日内完成；对决定不予受理的，应当书面告知理由。

第十二条 参加重点管理计量器具招标的投标单位和个人，必须提供产品生产企业取得的省级以上质量技术监督行政主管部门颁发的《制造计量器具许可证》或者复印件，其计量器具必须经强制检定合格，并接受质量技术监督行政主管部门的监督。

第十三条 禁止制造、销售、安装、使用下列计量器具或者计量器具零配件：

（一）国家明令淘汰或者禁止使用的；

（二）无制造计量器具许可证标志、编号，无企业名称、地址的；

（三）无合格印、合格证的；

（四）用残次零配件组装的；

（五）应当售前报验而未报验或者报验不合格的；

（六）失去应有准确度的；

（七）以假充真，以不合格品冒充合格品的。

第十四条 使用计量器具不得有下列行为：

（一）破坏计量器具准确度，改变计量器具的控制系统或者设置其他作弊装置；

（二）使用无检定合格印、合格证或者超检定周期的计量器具，伪造或者破坏计量检定印、检定证；

（三）利用计量器具损害国家、消费者或者相关者利益；

（四）伪造计量数据；

（五）其他违法使用计量器具的行为。

第四章 商贸计量管理

第十五条 生产、销售定量包装商品，应当按照规定的标注方式标明商品的净含量，其计量偏差必须符合国家规定。

禁止销售未标明净含量的定量包装商品。

第十六条 经营零售商品应当符合国家或者本省有关零售商品计量规定的要求。

经营者按照量值结算时，应当确保零售商品净含量的准确，不得将其他异物计入商品净含量。

第十七条 饮食或者服务业的经营者应当使用国家法定计量单位进行结算。

饮食或者服务业的经营者应当明示主要食品原料或者服务内容的结算量值，并配备和使用与其经营项目相适应的计量器具。

第十八条 集贸市场、商场等经营场所的主办者应当设置复测计量器具，供消费者无偿使用。并按照规定申请检定，进行维护和日常校验，保持其准确性。

第十九条 禁止以任何虚假量值欺骗消费者。商品交易现场计量的，应当明示计量器具操作过程和量值；消费者有异议时，可以要求重新操作并显示量值。

第五章 计量检定、认证和计量授权

第二十条 下列计量器具应当实行强制检定，未经检定合格的不得使用：

（一）社会公用计量标准器具；

（二）部门、企事业单位的最高计量标准器具；

（三）列入《中华人民共和国强制检定的工作计量器具目录》的工作计量器具。

为社会提供公证数据的产品质量检验机构、计量中介服务检测机构使用的计量器具，国家机关在执法活动中使用的计量器具，必须实行强制检定或者校准。

第二十一条 计量检定或者校准工作，由质量技术监督行政主管部门依法设置或者授权的计量检定机构、校准机构承担。

计量检定机构或者校准机构应当按照批准的项目和规定的区域开展计量检定、校准业务，不得对未经检定、校准的项目出具相关的证书、报告、结论和数据。

开展属于国家重点管理计量器具强制检定工作的计量检定机构，须经省级以上质量技术监督行政主管部门批准，并取得计量授权证书。

企业非强制检定计量器具的检定和校准按照国家有关规定执行。

第二十二条 县级以上质量技术监督行政主管部门根据需要，可以授权有关计量检定机构或者技术机构，在规定的范围内执行强制检定和其他检定、测试任务。

申请计量授权的单位应当具备下列条件：

（一）计量标准经质量技术监督行政主管部门考核合格；

（二）具有与开展业务相适应的计量保证体系和公正性保证措施；

（三）配备经考核合格的计量检定、测试人员。

第二十三条 企业、事业单位应当配备与生产、科研、经营管理相适应的计量检测设备，并进行相应的检定或者校准，保证量值准确可靠。

第二十四条 企业应当按照计量法律、法规的规定，建立与企业生产、经营、管理相适应的计量检测体系。对已取得计量检测体系合格证书的企业，质量技术监督行政主管部门在有效期内不再重复计量考核。

第二十五条 直接用于贸易结算的住宅水表、电能表、燃气表，应当按照国家规定经法定或者授权的计量检定机构首次强制检定合格，方可安装、使用。

水、电、燃气经营者与使用单位进行贸易结算的水表、电能表、燃气表，必须经法定或者授权的计量检定机构周期检定合格，并在检定证书规定的有效期内使用。

检定周期由检定机构依据计量检定规程确定。

第二十六条 用于贸易结算的电话计时计费系统装置、大型衡器、出租车计程计价器、燃油加油机等列入《中华人民共和国强制检定的工作计量器具目录》的强制检定计量器具，必须按照周期检定合格，方能使用。

第二十七条 配装眼镜应当配备相应的计量器具，计量器具必须按照周期检定，保证眼镜配装的各项指标合格。

第二十八条 计量检定机构或者校准机构应当在接到送检计量器具之日起15日内完成检定、校准工作；确需延长时间的，应当向送检者说明原因。

第二十九条 为社会提供公证数据的产品质量检验机构和计量中介服务检测机构，应当取得省级以上质量技术监督行政主管部门颁发的计量认证合格证书。

经计量认证合格的计量中介服务检测机构提供的计量公正数据，可作为贸易结算、仲裁裁决、执法监督的依据。

第三十条 质量技术监督行政主管部门接到计量认证申请，应当在10日内作出是否受理的决定。对决定受理的，应当在受理之日起20日内实施考核；对决定不予受理的，应当书面告知理由。

第六章 计量监督

第三十一条 计量监督检查由县级以上质量技术监督行政主管部门在规定的区域内组织实施。

第三十二条 质量技术监督行政主管部门根据已经取得的违法嫌疑证据或者举报，对涉嫌违反本条例的行为进行查处时，可以行使下列职权：

（一）向当事人的法定代表人、主要负责人和其他有关人员调查、了解与生产、销售活动有关的情况；

（二）进入生产、经营场地和产（商）品、原材料存放地进行现场检查、抽取样品；

（三）查阅、复印有关凭证及资料；

（四）使用录音、录像、照相等技术手段取得所需的证据材料；

（五）查封、扣押违法计量器具及其他有关物品。

对查封、扣押的计量器具及有计量问题的物品应当妥善保管，不得损坏。查封、扣押的时间不得超过产品的安全使用期或者失效期，最长不得超过 30 天；确需延长的，应当报上一级质量技术监督行政主管部门批准。

第三十三条 实施计量监督检查抽取样品时，应当执行国家有关规定，并妥善保管样品。除正常损耗外，监督检查结束后应当及时退还样品。

第三十四条 质量技术监督行政执法人员应当秉公执法、文明执法。实施监督检查时，应当有两人以上参加，并出示执法证件。

第三十五条 任何单位和个人不得拒绝、阻碍质量技术监督行政执法人员依法进行计量监督检查；不得拒绝提供有关的凭证及资料；不得擅自启封、转移、变卖、损毁封存的计量器具及其他有关物品。

质量技术监督行政主管部门实施监督检查所进行的计量检定和试验不收费。被检查单位必须按要求提供样品，并予以配合。

第三十六条 任何单位或者个人有权对计量违法行为举报、投诉。

质量技术监督行政主管部门应当在接到举报、投诉之日起 2 日内作出是否受理的决定，并通知举报、投诉者；不予受理的，应当向举报、投诉者说明原因，并为举报、投诉者保密。

第七章 法律责任

第三十七条 违反本条例第六条、第十八条规定的，责令限期改正，拒不改正的，可处 1 000 元以下罚款。

第三十八条 违反本条例第八条、第九条第一款、第十条规定的，责令停止违法行为，没收违法所得，可并处违法所得 1 倍以上 3 倍以下的罚款；无违法所得或者违法所得难以计算的，对个人可并处 2 000 元以上 1 万元以下罚款；对单位可并处 1 万元以上 3 万元以下罚款。情节严重的，对个人可并处 5 000 元以上 2 万元以下罚款;对单位可并处 3 万元以上 5 万元以下罚款。

第三十九条 违反本条例第十三条、第十四条规定的,责令停止违法行为,没收违法所得和违法制造、销售、安装、使用的计量器具,可并处 1 万元以上 5 万元以下罚款。

第四十条 违反本条例第十五条第一款、第十六条、第十九条规定的,责令改正,没收违法所得,对个人可并处 100 元以上 1 000 元以下罚款;对单位可并处 1 万元以上 3 万元以下罚款。情节严重的,对个人可并处 1 000 元以上 3 000 元以下罚款;对单位可并处 3 万元以上 5 万元以下罚款。给消费者或者利益相关者造成损失的,依法承担赔偿责任。

第四十一条 违反本条例第二十一条第二款、第二十五条、第二十九条第一款规定的,责令改正,没收违法所得,并处 5 000 元以上 3 万元以下罚款。

第四十二条 违反本条例第二十六条规定,出租车计程计价器未按规定周期检定或者超周期使用,责令停止使用,没收违法所得,可并处 500 元以上 2 000 元以下罚款;电话计时计费系统装置、大型衡器、燃油加油机等其他强制检定的计量器具未按规定周期检定或者超周期使用,责令停止使用,没收违法所得,并处 5 000 元以上 3 万元以下罚款。给消费者造成损失的,依法承担赔偿责任。

第四十三条 违反本条例第二十条、第二十七条规定,责令改正,没收违法所得,并处违法所得 1 倍以上 3 倍以下的罚款;无违法所得或违法所得无法计算的,处 500 元以上 5 000 元以下罚款。给消费者造成损失的,依法承担赔偿责任。

第四十四条 违反本条例第三十五条第一款规定,擅自启封、转移、变卖、损毁质量技术监督行政主管部门封存物品的,责令停止违法行为,并处被封存物品货值金额等值以上 3 倍以下的罚款。对拒不提供与案件有关的凭证及资料,使违法所得难以计算的,处 1 万元以上 3 万元以下罚款。

第四十五条 计量检定、校准机构或者计量中介服务检测机构及其工作人员伪造检测数据、出具虚假检测证明或者泄露申请人技术、商业秘密的,对直接责任人员处 5 000 元以上 1 万元以下罚款;对单位处以 2 万元以上5万元以下罚款；情节严重的，可依法取消计量检定、检测资格；给相关方面造成损失的，依法承担赔偿责任。

计量检定、校准机构未按期完成检定、校准任务的，委托方免交检定、校准费用。损坏、丢失送检计量器具或者给委托方造成其他损失的，依法承担赔偿责任；情节严重的，给予直接责任人员行政处分。

第四十六条 质量技术监督行政主管部门工作人员滥用职权、徇私舞弊、玩忽职守、索贿受贿，不构成犯罪的，依法给予行政处分。

第四十七条 本条例规定的行政处罚，由县以上质量技术监督行政主管部门决定。计量违法活动同时触犯其他法律、法规的，由有关部门在其职权范围内依法查处。

成都市计量管理监督条例

（1996年9月26日成都市第十二届人民代表大会常务委员会第二十次会议通过，1996年12月24日四川省第八届人民代表大会常务委员会第二十四次会议批准，根据2006年6月8日成都市第十四届人民代表大会常务委员会第二十五次会议通过，2006年9月28日四川省第十届人民代表大会常务委员会第二十三次会议批准的《成都市人民代表大会常务委员会关于修改〈成都市计量管理监督条例〉的决定》修正）

第一章 总 则

第一条 为加强计量管理监督，保障国家计量单位制的统一和量值的准确可靠，保护国家、人民的利益，维护社会经济秩序，根据《中华人民共和国计量法》等法律、法规，结合成都市实际，制定本条例。

第二条 凡在本市行政区域内制造、修理、销售、安装、改装、检定、使用计量器具以及从事计量活动的单位和个人，必须遵守本条例。

法律、法规另有规定的，从其规定。

第三条 本市全面实行国家法定计量单位。

第四条 市质量技术监督行政管理部门对全市计量工作实施统一管

理监督；区（市）县质量技术监督行政管理部门负责本行政区域内的计量管理监督工作。

市和区（市）县有关部门依照法律、法规、规章，按各自职责做好本系统、本行业的计量管理工作。

第五条 市和区（市）县人民政府应当将计量事业纳入当地经济社会发展规划：有计划地发展计量事业；鼓励、支持计量科学技术研究，采取先进的科学技术和管理方法，为国家法定计量检定机构配备先进的技术设备。

第六条 任何单位和个人对计量违法行为都有检举或控告的权利。

第七条 市和区（市）县人民政府或者质量技术监督行政管理部门对在计量工作中作出显著成绩的单位和个人给予表彰、奖励。

第二章 计量单位和计量器具

第八条 凡下列活动，都必须使用国家法定计量单位：

（一）制发公文、公报、统计报表；

（二）编制广播、电视节目；

（三）制定标准、技术规范、检定规程、产品使用说明书，签订合同；

（四）出版发行图书、教材、报纸、期刊、音像制品、电子出版物；

（五）制作、印发票据、票证、账册；

（六）生产、进口、销售商品，标注商品标识、标签、标价签；

（七）出具检定、测试、校准、检验、试验数据及凭证；

（八）发布广告；

（九）发表报告；

（十）法律、法规规定必须使用计量单位的其他活动。

再版、出版古藉、文学作品不适用本条前款规定。

出口产品使用的计量单位依据合同约定。

第九条 使用进口的计量器具或者进口为设备配套的计量器具，必须符合有关法律、法规规定。确定该计量器具的量值溯源地。

第十条 制造、修理计量器具实行许可证制度。

任何单位和个人都不得利用他人产品、生产设备和技术文件申办《制造计量器具许可证》，不得伪造、冒用、转让、出借或者与他人共用《制造计量器具许可证》、《修理计量器具许可证》。

第十一条 国家强制检定计量罪具目录之外的涉及人体健康、人身财产安全、生态环境，以及用于重要商品和大宗物料交易、判定法定责任的计量器具的目录，由市质量技术监督行政管理部门根据经济和社会发展需要制定，报市人民政府批准，并报省质量技术监督行政管理部门备案。

使用前款规定计量器具的单位和个人，应当向国家法定或授权的计量检定机构申请周期检定或者校准，检定、校准周期依照有关规定执行。

第十二条 任何单位和个人不得损坏使用中的计量器具检定或者校准封印、标记；不得使用无有效检定或者校准封印、证书、标记的计量器具。

第三章 计量管理

第十三条 收购、销售商品或者提供服务实行计量收费的，经营者必须标明计量单位，并配备和使用特合国家规定的计量界具。

实行现场计量收费的，经营者应当明示计量操作过程和计量器具显示的量值。

商品交易场所，其管理者或者经营者应当设置供消费者复核计量准确度的计量器具。

经营者不得少报瞒报计量数据、短秤少量。经营者不得违背消费者意愿估量计费，法律、法规另有规定的，从其规定。

第十四条 经营者收购、销售商品的量或者提供服务的量的实际值、标注值与结算值应当一致，其计量准确度必须将合国家的有关规定。

第十五条 商品交易无现行规定的计量方式和允差，由市质量技术监督行政管理都门制定。

第十六条 用户必须配备和保护用能计量器具，使用的计量器具应当经国家法定或者授权的计量检定机构检定合格。

经营者应当按用户使用的计量器具显示的量值作为用能计量结算的依据，其用能计量结算办法，由市人民政府另行规定。

第十七条 科技成果的计量单位和量值溯源的有效性，须经市以上质量技术监督行政管理部门进行审查。

第十八条 企业、事业单位应当对本单位的计量工作实行统一管理，全面使用国家法定计量单位，采取国际先进计量管理标准，推广先进计量技术，确保测量数据准确可靠。

第十九条 企业、事业单位必须配备与生产、科研、经营管理相适应的计量检测设施，方能从事生产、科研、经营活动。

新建、扩建生产项目，其设计方案中必须有相应的计量保证措施，方可施工。

生产过程中计量检测控制可靠、量值溯源有效的产品，方可认定为荣誉产品。

第二十条 企业、事业单位需要对本单位的计量监督保证体系和提供数据的有效性进行评定的，可以向县级以上质量技术监督行政管理部门申请计量确认。达到计量确认要求的，发给计量确认证书。

计量确认证书可作为向需方提供计量保证的证明和认定荣誉产品的基本条件。

第四章 计量监督

第二十一条 市质量技术监督行政管理部门负责组织计量器具产(商)品质量监督检验工作。

计量器具产(商)品质量监督检验费按国家有关规定执行。

第二十二条 本市各级质量技术监督行政管理部门应当对检定者检定的准确性和可靠性，实施监督。

第二十三条 计量监督执法人员执行职务进行检查时，必须有两人以上并出示执法证件，依照有关执法程序办理。对不出示执法证件的，被检查者有权拒绝检查。

第二十四条 计量监督执法人员有权向被检查者明示使用录音、录像、照相等手段进行调查；有权查阅、复制与被监督的计量行为相关的发票、账册、合同、凭证、文件、业务函电等资料。

任何单位和个人不得拒绝监督检查，不得纵容、包庇计量违法行为。

计量监督执法人员应当保守被检查者的商业秘密和技术秘密。

第二十五条 计量监督执法人员对被检查者使用的计量器具或者对定量包装商品的计量准确性进行监督检查时，被检查者应当给予配合，并无偿提供被查计量器具或者规定数量的定量包装商品。检查结束，被查计量器具或者定量包装商品合格的应当退还被检查者。

第二十六条　计量监督执法人员发现制造、销售违反计量法律、法规的计量器具，可予以封存。封存时，应当填写《封存通知书》，开列清单，由行政相对人签名或者押印，并作封存标记。

任何单位和个人不得擅自处理或者转移已被封存的计量器具。

第二十七条　本条例所涉及的有关证书在使用有效期内，质量技术监督行政管理部门应当进行年审或者抽查。

第五章　罚　　则

第二十八条　违反本条例第八条第一款之一项、第九务、第十七条、第十九条规定的，责令改正，予以警告；属从事经营性活动的，没收其计量器具，并处200元以上1 000元以下罚款。

第二十九条　违反本条例第十条第二款规定的，吊销或者暂扣《制造计量器具许可证》或者《修理计量器具许可证》，责令停止制造或者修理计量器具，没收其计量器具和违法所得，可并处违法所得10%以上50%以下的罚款。

第三十条　违反本亲例第十一条第二款、第十二条规定的，责令停止使用计量器具，责令改正，可并处200元以上5 000元以下罚款。

第三十一条　违反本条例第十三条、第十四条规定的，由有关行政主管部门责令改正，赔偿消费者损失，没收违法所得，视其情节，可并处200元以上5 000元以下罚款。

第三十二条　违反本条例第十六条第二款规定的，责令改正，赔偿用户损失，视其情节，可处200元以上10 000元以下罚款。

第三十三第　违反本条例第二十四条第二款规定的，处200元以上5 000元以下罚款。

第三十四条　违反本条例第二十四条第三款规定，计量监督执法人员泄露被检查者的商业秘密或技术秘密，给被检查者造成经济损失的，依法承担赔偿责任。

第三十五条　违反本条例第二十六条第二款规定的，处以被封存计量器具价值1倍以上3倍以下罚款。

第三十六条 罚没财物的管理和封存计量器具的处置，按有关法律、法规执行。

第三十七条 计量管理监督人员和执法人员应当遵纪守法，秉公执法。对滥用职权、徇私舞弊、玩忽职守或者收受贿赂的，由其所在单位或者上级主管部门给予行政处分；构成犯罪的，依法追究刑事责任。

第六章 附 则

第三十八条 本条例自公布之日起施行。

（二）标准化与条代码

辽宁省信息技术标准化监督管理条例

（1997年11月29日辽宁省第八届人民代表大会常务委员会第三十一次会议通过，根据2006年1月13日辽宁省第十届人民代表大会常务委员会第二十三次会议《关于修改〈辽宁省信息技术标准化监督管理条例〉的决定》第二次修正）

第一章 总 则

第一条 为加强信息技术标准化的监督和管理，推动我省信息化建设，引导、规范信息技术产业的发展，促进经济发展和社会进步，根据《中华人民共和国标准化法》及有关法律、法规规定，结合我省实际情况，制定本条例。

第二条 本条例所称的信息技术标准化，包括信息分类与编码、组织机构代码、商品条码、识别卡、公共标志图形符号、信息网络方面的标准化工作。其他方面信息技术标准化的监督管理，参照本条例执行。凡在本省行政区域内的单位和个人，从事上述信息技术活动，均应遵守本条例。

第三条 省、市、县（含县级市、区，下同）技术监督部门是同级人民政府信息技术标准化的行政主管部门，统一监督、管理和组织协调本行政区域内的信息技术标准化工作。技术监督部门可依法委托其所属的组织实施监督管理工作。行业主管部门负责本行业的信息技术标准化工作。

第四条 各级政府应当鼓励和支持对信息技术标准化工作进行社会监督。

第二章 信息分类与编码

第五条 信息分类是指具有共同属性或特征的信息，按科学的规律集合在一起并进行概念的划分，以区别和判断不同的信息。

信息编码是对分类的信息，科学地赋予代码或某种符号体系，作为有关信息系统进行处理和交换的共同语言。

第六条 地方信息分类与编码标准，由省技术监督部门批准，并发布实施。

第七条 没有国家标准、行业标准或地方标准的，企业可自行制定信息分类与编码标准，并在发布后30日内，按有关规定到下列部门办理备案手续：

（一）由省工商行政管理部门核准登记注册的企业，报省技术监督部门备案。

（二）由市、县工商行政管理部门核准登记注册的企业，报市技术监督部门备案。

第三章 组织机构代码

第八条 组织机构代码是指根据国家有关代码编制原则编制的，赋予依法成立的组织机构在全国机构范围内唯一的法定代码标识。

组织机构代码包括法人组织机构代码、非法人组织机构代码。

第九条 省技术监督行政部门负责组织、协调和指导全省的组织机构代码工作；省组织机构代码管理中心受省技术监督行政部门的委托，负责全省组织机构代码工作的统一管理。

第十条 国家机关、企业、事业单位、社会团体、中央和省外驻省内机构以及其他依法成立的组织机构，必须到该组织机构批准或登记注册机关的同级技术监督部门办理组织机构代码登记。军队、武警涉税单位到省技术监督部门办理组织机构代码登记。各级技术监督部门对组织机构提交的有关文件，经审核合格，赋予组织机构代码并颁发组织机构代码证书。

第十一条 组织机构代码证书分正本、副本（电子副本）。正本、副本（电子副本）具有同等法律效力。

第十二条 组织机构名称、地址、法定代表人或负责人发生变更，必须在变更后30日内，向技术监督部门申请变更登记，并交回原组织机构代码证书。组织机构依法终止，必须同时到技术监督部门办理组织机构代码注销登记。

第十三条 组织机构代码证书实行年检和定期复审制度。具体办法由省技术监督行政部门制定。

第十四条 任何单位和个人不得伪造、冒用、涂改、租借、转让、合用以及使用废止的组织机构代码证书。

第十五条 组织机构办理下列手续时,必须持有组织机构代码证书:

(一)银行开户;

(二)统计报表;

(三)税务登记;

(四)《工资总额使用手册》和《工资基金管理手册》;

(五)车辆牌照;

(六)基本建设投资立项;

(七)财政拨款、外汇业务;

(八)进出口海关、商检、检疫业务;

(九)保险业务;

(十)住房公积金;

(十一)国有资产产权登记、变动、注销;

(十二)其他需要组织机构代码的。

负责办理上述业务的部门或单位,必须查验组织机构代码证书。

第四章 商品条码

第十六条 商品条码是指商品流通领域中国际通用的由一组规则排列的条、空及其对应字符组成的专用条码,用来表示商品制造商、商品名称及特征的信息。

第十七条 省技术监督行政部门对生产、销售有预包装的商品分期分批公布采用商品条码目录。列入采用商品条码目录的预包装商品生产企业必须申办商品条码。

第十八条 鼓励超级市场、连锁店设置商品条码扫瞄系统,经销带有商品条码的商品。

第十九条 省或授权的市技术监督部门负责商品条码注册初审,报国家有关部门审批后,颁发《中国商品条码系统成员证书》。

第二十条 注册商品条码每二年复审一次,期满前三个月内,向省或授权的市技术监督部门提出复审申请。逾期未进行复审的商品条码视为自动注销。

第二十一条 中国商品条码系统成员终止使用商品条码的，必须在终止后30日内，向省或授权的市技术监督部门办理注销手续。

企业破产或被兼并同时终止使用商品条码。已注销和终止使用的商品条码，任何单位和个人不得擅自启用。还需使用商品条码的，使用单位应重新办理商品条码注册手续。

第二十二条 印制商品条码的企业，必须在取得或授权的市技术监督部门颁发的《商品条码准印企业证书》，方可承担商品条码的印制业务。印制商品条码必须执行商品条码的国家标准。印制企业不得承接无《中国商品条码系统成员证书》单位的商品条码印制业务。

第二十三条 《商品条码准印企业证书》的有效期为三年。期满需要保留印制资格的，应当在期满前30日内向原发证机关申请复审。合格的保留印刷资格；不合格或者逾期未复审的，收回《商品条码准印企业证书》。

第二十四条 任何单位和个人不得有下列行为：

（一）伪造、冒用商品条码；

（二）擅自印制商品条码；

（三）转让商品条码使用权；

（四）使用已注销或终止使用的商品条码；

（五）以其他种类的条码代替商品条码。

第五章 识 别 卡

第二十五条 识别卡是指用于标识持卡单位和个人的特征及相关信息的卡片式信息载体，包括磁卡、集成电路卡（IC卡）、光卡。

第二十六条 识别卡及其读写机具的引进、设计、制造必须经技术监督部门会同有关部门组织标准化审查。

第二十七条 向社会发行的非金融管理识别卡，应具有一卡多用的功能。由市以上的技术监督部门组织协调。识别卡必须采用全国组织机构代码数据库中已经统一的基本信息数据项。

第二十八条 向社会发行识别卡，由技术监督部门会同行业主管部门进行标准化审查，省政府主管信息化工作的部门审批，省或授权的市技术监督部门发放标识符。

第二十九条 任何单位和个人不得生产、销售无标准识别卡及其读写机具，不得伪造、冒用、涂改识别卡，不得使用不合格或报废的识别卡。

第六章 公共标志图形符号

第三十条 公共标志图形和符号是指以特定的图形和说明性文字为特征，给人以行为指示的视觉符号。

第三十一条 凡宾馆、饭店、车站、机场、码头、旅游景点等公共场所和其他需要公示的场合应设置公共标志图形符号。

印制、销售和设置公共标志图形符号必须符合国家标准。不得设置误导性的公共标志图形符号。

第三十二条 同一安装物上可以设置两种以上标志，但不得超过四种。

第三十三条 设置公共标志图形符号的单位，发现图形符号标志有破损、颜色污染或有变形、退色，不符合国家标准规定的，应及时修复或更换。

第三十四条 公共标志图形符号的设置和使用由行业主管部门负责管理，技术监督部门按国家有关标准组织监督检查。

第七章 信息网络

第三十五条 建设各种信息网络，由省政府实行统一规划，充分利用现有的国家公用通信网，促进信息资源的合理配置。

第三十六条 公用通信部门应当为组建信息传输网提供有关技术业务服务，保证网络规范、安全、保密和信息传输畅通。网络的开发建设项目实行行业主管部门会同技术监督部门标准化审查制度，审查合格的，准予立项和实施。

第三十七条 各种信息网络，必须执行国家标准或者行业标准，实行网络间的互联互通。

第三十八条 各种信息网络所采用的设备，必须符合国家标准或者行业标准。有特定标志的产品，其标志内容和标民方法应当符合国家标准规定。

第三十九条 数据库建设中涉及组织机构信息的，必须采用全国组织机构代码数据库中已经统一的基本信息数据项。

第八章 监督管理

第四十条 技术监督部门应为开发、利用信息资源，扩大信息市场贸易、信息交流和重点信息系统的建设提供标准化咨询，提供国内外最新标准，进行技术业务指导。技术监督部门应与有关部门合作，为信息技术产业的发展提供优质服务。

第四十一条 标准化执法监督人员必须按照规定的权限和程序执行职务。在监督检查时应出示行政执法证件。标准化执法监督人员必须按照规定的权限和程序执行职务。在监督检查时应出示行政执法证件。标准化执法监督人员有权使用录音、录像、摄影等手段进行现场勘查；有权查阅、复制与监督的信息技术标准化行为相关的票据、账册、合同、文件、业务函电、图纸等资料。标准化监督人员和检验人员，对涉及到行政管理相对人的权利、专有技术的有关资料，应当予以保密。

第四十二条 标准化执法监督人员在监督检查过程中，可以对违反本条例规定的标的物按照法定程序予以封存或登记保存。任何单位和个人不得擅自转移和处理被封存或登记保存的标的物。

第四十三条 任何单位和个人不得纵容、包庇、支持违反本条例的违法行为，不得干扰、抵制对违法行为的查处。

第四十四条 技术监督部门要加强对信息产品的质量监督，按有关规定组织对信息产品的监督检验，被检查者必须如实、无偿提供被检样品和有关资料，并为检查和检验工作提供方便。检验工作完结留样期满10日内，除损耗品和国家另有规定的以外，样品必须退还被检者。

第四十五条 被检者对产品检验结果有异议的，可在接到检验报告之日起15日内向下达检验报告的技术监督部门或上一级技术监督部门申请复验，复验结论为终局检验结论。

第四十六条 申办、复审商品条码，以及组织机构在办理申领、变更、补发、年检、换发代码证书时，应按照有关规定交纳费用。

第九章 罚 则

第四十七条 违反本条例规定有下列行为之一的，由技术监督行政部门责令限期改正；拒不改正的，通报批评，可处500元至5 000元罚款。

（一）未按有关规定办理组织机构代码登记和申办商品条码的；

（二）组织机构名称、地址、法定代表人或负责人发生变更，组织机构依法终止，未在规定的时间内办理变更注销登记的；

（三）组织机构未在规定的时间内办理组织机构代码证书年检和复审的；

（四）在商品的包装或标识上以其他种类条码代替商品条码的；

（五）使用不合格或报废识别卡的；

（六）应设置而未设置及设置误导性或不符合国家标准的共公标志图形符号的；

（七）公共图形符号标志有破损、颜色污染或有变形、退色，而未及时修复或更换的；

（八）数据库建设中应采用而未采用全国组织机构代码数据库中已经统一的基本信息数据项的。

第四十八条 违反本条例规定，有下列行为之一的，由技术监督行政部门责令停止使用，可没收违法标的物，并处1 000元至10 000元罚款；对有关负责人和直接责任者可处500元至1 000元罚款：

（一）未经批准和标准化审查及未取得标识符向社会发行识别卡的；

（二）信息网络的开发、建设、设计，未经标准化审查及审查不合格而立项、实施的；

（三）租、借、转让、合同组织机构代码证书及商品条码的；

（四）使用已注销和终止使用的组织机构代码证书及商品条码的；

（五）各种信息网络及采用的终端设备有特定标志的产品，其标志内容和标志方法不符合国家标准规定的。

第四十九条 违反本条例第十四条、第二十四条第（一）项、第二十九条规定，伪造、冒用、涂改组织机构代码证书、商品条码、识别卡，以及生产销售无标准识别卡的，由技术监督行政部门责令停止生产、销售，没收违法标的物，并处货值金额1倍以上3倍以下罚款；对有关负责人和直接责任者处 500 元至 5 000 元罚款；构成犯罪的，依法追究刑事责任。

第五十条 违反本条例第二十六条规定，引进、设计、制造识别卡或读写机具未进行标准化审查的，由技术监督行政部门责令进行标准化审查；拒不改正的，责令停止引进、设计、制造，没收其产品，没收其销售金额，并处该货值金额 1 倍以上 3 倍以下罚款；对有关负责人和直接责任者处 500 元至 5 000 元罚款。

第五十一条 违反本条例第二十二条、第二十三条、第二十四条第（二）项、第三十一条第二款规定，有下列行为之一的，由技术监督行政部门责令停止制造、印制，没收其违法标的物，没收其销售金额，并处该货值金额 1 倍以上 3 倍以下罚款；对有关负责人和直接责任者处 500 元至 5 000元罚款：

（一）擅自印制商品条码以及印制商品条码未执行国家标准的；

（二）《商品条码准印企业证书》有效期满未经复审或复审不合格继续印制商品条码的；

（三）印制的公共标志图形符号不符合国家标准规定的。

第五十二条 违反本条例第四十一条第二款规定，擅自转移和处理被封存或登记保存标的物的，由技术监督行政部门处以该标的物货值金额 1 倍以上 3 倍以下罚款；对有关负责人和直接责任者处 500 元至 5 000 元罚款。

第五十三条 标准化监督管理人员玩忽职守、违法失职、徇私舞弊的，由其主管部门或所在单位给予行政处分；构成犯罪的，依法追究刑事责任。

第十章 附 则

第五十四条 本条例自 1998 年 3 月 1 日起施行。

四川省标准化监督管理条例

（2005 年 11 月 25 日四川省第十届人民代表大会常务委员会第十八次会议修订通过，四川省人民代表大会常务委员会公告第 74 号发布）

第一章 总 则

第一条 为加强标准化工作的监督管理，促进技术进步、自主创新，保证产品、工程、服务的质量和安全，提高社会经济效益，根据《中华人民共和国标准化法》、《中华人民共和国标准化法实施条例》等法律、行政法规的规定，结合四川省实际，制定本条例。

第二条 凡在四川省行政区域内从事管理、科研、工农业生产、工程建设和服务活动的单位和个人，采用国际标准、国外先进标准，实施国家标准、行业标准，制定和实施地方标准、企业标准以及实施标准化监督管理，应当遵守本条例。

第三条 各级人民政府应当加强对标准化工作的领导，将标准化工作纳入国民经济和社会发展计划，建立由质量技术监督部门统一管理、有关部门分工负责的标准化工作机制，并将标准化工作经费纳入部门综合预算。

第四条 标准化工作的任务是制定标准、组织实施标准和对标准的实施进行监督。

第五条 省质量技术监督行政管理部门（以下称省标准化行政主管部门）统一管理全省的标准化工作。

市（州）、县（市、区）质量技术监督行政管理部门（以下称市（州）、县（市、区）标准化行政主管部门）按照职责管理本行政区域的标准化工作。

其他有关行政主管部门应当在各自职责范围内做好本部门、本行业的标准化管理工作。

第六条 标准化行政主管部门、有关行政主管部门、新闻单位和有关社会团体、企业、事业单位应当加强标准化宣传教育工作，提高全社会的标准化意识。

第七条 标准化行政主管部门应当组织建立标准化信息查询系统，向社会提供标准化法律、法规和标准化专业信息的服务。

第二章 标准的制定

第八条 对没有国家标准、行业标准而又需要在全省范围内统一的下列技术要求，可以制定在全省范围内实施的地方标准（含标准样品的制作）：

（一）工农业产品的品种、规格、质量、等级、包装、储存、运输使用方法和安全、卫生要求以及检验方法；

（二）有关环境保护的各项技术要求和检验方法；

（三）工农业生产、检验过程中的安全、卫生要求；

（四）公共服务信息标志的设计、施工、应用和安全、评估要求；

（五）建设工程的勘察、设计、施工、验收方法和安全要求；

（六）服务行业的管理、操作规范、安全卫生要求、服务质量和验收评估；

（七）信息、能源、资源、交通运输的技术要求；

（八）需要制定地方标准的其他技术要求。

市（州）、县（市、区）标准化行政主管部门根据当地经济发展及技术进步的需要，在没有省级地方标准的情况下，可以提出本行政区域内的地方标准草案，经省标准化行政主管部门征求有关方面意见审批后，在该行政区域内发布施行。

制定地方标准应当符合法律、法规的规定和国家强制性标准的要求，鼓励积极采用国际标准和国外先进标准。

第九条 地方标准包括强制性标准和推荐性标准。强制性地方标准的制定，应当限于保护人体健康和人身、财产安全，动物安全，环境安全，防止欺诈行为等范围。

第十条 四川省的地方标准由省标准化行政主管部门按照统一计划、统一审批、统一编号、统一发布的原则进行管理并按规定报国务院标准化行政主管部门备案。药品、兽药标准的制定、审批、编号、发布按照有关法律、法规规定执行。

四川省的地方标准制定的提出、审查、发布的具体程序和办法由省人民政府另行制定。

地方标准在相应的国家标准、行业标准实施后即行废止，但法律、法规另有规定的除外。

第十一条 没有国家标准、行业标准和地方标准的，企业应当制定企业标准，作为生产、经营和服务活动的依据。

制定企业标准应当符合法律、法规的规定。

有国家标准、行业标准、地方标准的，鼓励企业制定严于国家标准、行业标准和地方标准的企业标准。

第十二条 企业制定的企业产品标准，应当在该企业产品标准发布后30日内按规定向标准化行政主管部门申报备案。

标准化行政主管部门收到企业产品标准备案材料后应当进行审核，对违反国家法律法规、强制性的国家标准、行业标准、地方标准和危及人身、财产安全的企业标准，责令申报备案的企业停止实施，限期改正并重新备案。

第十三条 地方标准实施后，其标准制定者应当根据科学技术的发展和市场需要适时进行复审，地方标准复审周期不超过5年；地方标准复审后，应当按规定重新公布并向国务院标准化行政主管部门备案。

企业标准实施后，其标准制定者应当根据科学技术的发展和市场需要每3年复审一次；当相关国家标准、行业标准、地方标准发布或调整后，企业产品标准应当及时进行复审，企业产品标准复审或者修订后应当重新备案。

第三章 标准的实施

第十四条 下列标准必须执行：

（一）强制性的国家标准、行业标准和地方标准；

（二）法律、法规规定必须执行的其他标准；

（三）已备案的企业产品标准；

（四）企业产品已采用的国家、行业、地方推荐性标准。

第十五条 企业组织生产、检验时，应当按企业产品执行标准进行。企业对有国家标准、行业标准或者地方标准的产品，可以向标准化行政主管部门或者国务院标准化行政主管部门授权的部门申请产品质量认证。认证合格的，由认证部门授予认证证书，准许在产品或者其包装上使用规定的认证标志。

企业应当在产品、包装物、标志或者说明书上标注企业产品执行标准编号，国家另有规定的从其规定。

产品标志、标签、使用说明等标识内容、编码和信息类标志及其使用必须符合法律、法规规定和强制性标准的要求。

第十六条 任何单位和个人禁止从事下列行为：

（一）执行已废止的国家标准、行业标准、地方标准和企业产品标准；

（二）执行未备案或者到期未复审的企业产品标准；

（三）无标准生产或未按企业产品执行标准生产；

（四）伪造或者冒用企业产品执行标准编号。

第十七条 公共场所和公用设施应当按照国家和省的有关规定，设置统一的公共信息标志。

第十八条 企业产品采用国际标准和国外先进标准的，经标准化行政主管部门认可后，颁发《采用国际标准产品认可合格证书》和《采用国际标准产品标志证书》；获得《采用国际标准产品认可合格证书》的产品，企业可以按照国家有关规定在产品标志、标签、包装或者使用说明书上使用采用国际标准产品标志。

采用国际标准的具体管理办法按照国家和省有关规定执行。

第十九条 申请政府资助的发展项目或者高新技术项目，有国际标准、国外先进标准的，应当采用国际标准、国外先进标准。有关行政主管部门在各类计划项目的申报、立项工作中，对采用国际标准、国外先进标准的项目予以优先支持。

第二十条 标准化行政主管部门在进行标准实施情况监督检查时，可以查阅、复制标准文本以及有关标准的实施文件和原始资料并对被检查者的技术和商业秘密予以保密。

标准化行政主管部门及其工作人员应对已经备案存档的企业标准文本保密。

第四章 专业标准化技术委员会

第二十一条 省、市（州）标准化行政主管部门应当根据当地社会经济发展需要，统一规划分专业组建专业标准化技术委员会。

专业标准化技术委员会应当由管理、科研、教学、生产经营等方面的专家、技术人员组成，具体组成方案由标准化行政主管部门会同有关行政主管部门确定。

第二十二条 专业标准化技术委员会是在省、市（州）标准化行政主管部门的指导下，在一定专业领域从事标准化工作的技术组织。

第二十三条 专业标准化技术委员会的工作任务是：负责组织提出本专业领域标准化工作的建议；参与本专业国家标准、行业标准和地方标准的制定和修订；参与本专业地方标准、企业标准的审查工作。

第五章 法律责任

第二十四条 对在生产、销售和服务活动中违反《中华人民共和国标准化法》、《中华人民共和国标准化法实施条例》和本条件的单位和个人，由县级以上标准化行政主管部门或者有关行政主管部门在各自职责范围内依法处理。

第二十五条 对违反本条例第十四条规定生产、销售不符合强制性标准要求的产品的，由县级以上标准化行政主管部门或者有关行政主管部门责令停止生产、销售，没收违法生产、销售的产品，并处违法生产、销售产品货值金额等值以上 3 倍以下的罚款；有违法所得的，没收违法所得；对有关责任人处以 1 万元以上 3 万元以下罚款。

第二十六条 产品的标志、标签、使用说明、编码不符合强制性标准要求的，由县级以上标准化行政主管部门责令其限期改正并处以该批产品货值金额 10％以上 30％以下的罚款。

第二十七条 设置的公共信息标志不符合强制性标准的，由县级以上标准化行政主管部门责令限期改正，逾期不改正的，处以 500 元以上 2 000元以下罚款。

第二十八条 对违反本条例第十六条第(一)、(二)项规定的，由县级以上标准化行政主管部门或者有关行政主管部门没收违法生产、销售的产品，责令限期改正；逾期未改正的，责令停止生产、销售并处以 1 万元以上 5 万元以下的罚款；对有关责任人处以 5 000 元以上 1 万元以下罚款。

对违反本条例第十六条第(三)、(四)项规定的，由县级以上标准化行政主管部门或者有关行政主管部门责令停止生产、销售，没收违法生产、销售的产品及违法所得并处以 5 万元以上 10 万元以下的罚款；对有关责任人处以 1 万元以上 3 万元以下罚款。

第二十九条 拒绝、阻碍标准化行政主管部门和有关行政主管部门执法人员依法执行公务的，由公安机关依法处理；构成犯罪的，依法追究刑事责任。

第三十条 标准化工作的监督、检验、管理人员违法行使职权的，由有权机关给予行政处分；构成犯罪的，依法追究刑事责任。给公民、法人和其他组织的合法权益造成损害的，依法承担赔偿责任。

第六章　附　　则

第三十一条　本条例自2006年3月1日起施行。

黑龙江省标准化条例

（1998年8月15日黑龙江省第九届人民代表大会常务委员会第四次会议通过，根据2005年6月24日黑龙江省第十届人民代表大会常务委员会第十五次会议《关于修改〈黑龙江省标准化条例〉的决定》修正）

第一章　总　　则

第一条　为加强标准化工作，促进技术进步，提高产品质量，维护社会主义市场经济秩序，发展生产力，提高社会、经济效益，保护国家、公民、法人和其他组织的合法权益，根据《中华人民共和国标准化法》和《中华人民共和国标准化法实施条例》以及有关法律、法规规定，结合本省实际，制定本条例。

第二条　在本省辖区内的国家机关、社会团体和企业事业单位、个体经济组织及个人，应当遵守本条例。

第三条　各级人民政府应当将标准化工作纳入国民经济和社会发展计划，加强对标准化工作的领导，采取措施鼓励采用国际标准和国外先进标准。

第四条　各级人民政府标准化行政主管部门（以下简称标准化行政主管部门）负责本辖区内的标准化管理工作。

各级人民政府有关行政主管部门（以下简称有关行政主管部门）或者行业主管部门应当按照各自职责管理本部门、本行业的标准化工作。

第五条　标准化工作的任务是制定标准、组织实施标准和对标准实施进行监督。

第二章　标准的制定

第六条　制定地方标准和企业标准应当遵守下列规定：

（一）符合有关法律、法规规定；

（二）符合所涉及的强制性标准要求；

（三）有利于保障人身、财产安全，保护消费者和经营者的合法权益；

（四）有利于合理利用国家资源和保护环境；

（五）有利于推广科学技术成果，发展规模经济和集约化生产，提高经济效益；

（六）有利于产品通用互换，促进对外经济技术合作和对外贸易。

第七条 对下列尚无国家标准和行业标准，又需要在本省范围内统一技术要求的（含标准样品的制作），应当制定地方标准：

（一）工业产品的品种、规格、质量、等级或者安全、卫生要求；

（二）药品、兽药、农药、食品、消毒产品、饲料、农用生产资料等与人身、财产安全密切相关的产品质量、安全、卫生要求；

（三）农业（含林业、牧业、渔业，下同）产品（含种子、种苗、种畜、种禽，下同）的品种、规格、质量、等级、加工、检验、包装、储存、运输等的通用技术条件、农艺技术和管理技术的要求；

（四）环境保护的安全、技术要求；

（五）信息、节约能源、工程建设、交通运输、防伪技术及其产品的安全、技术要求；

（六）定量包装技术、公正计量技术要求；

（七）生产、经营活动中的管理技术、维修技术、服务质量要求；

（八）其他需要在地方统一的技术要求。

国家标准或者行业标准公布后，该项地方标准即行废止。

第八条 国家标准、行业标准、地方标准分为强制性标准和推荐性标准。

地方标准中涉及人体健康和人身、财产安全的以及本省需要控制的重要产品的质量标准为强制性标准，其他标准为推荐性标准。

第九条 地方标准的项目，由省有关行政主管部门或者行业主管部门以及省专业标准化技术委员会提出，省标准化行政主管部门确定。

地方标准由省标准化行政主管部门编制计划，组织制定，统一审批、编号、发布，并按照国家有关规定备案。国家对地方标准的制定、审批、编号、发布等另有规定的，从其规定。

第十条 企业生产的产品尚无国家标准、行业标准和地方标准的，应当制定企业标准，作为本企业组织生产、经营活动的依据。

对已有国家标准、行业标准或者地方标准的，鼓励企业制定严于国家标准、行业标准或者地方标准要求的企业标准。

第十一条 企业标准由企业自行制定或者联合制定，并由企业法定代表人批准、发布。

制定企业标准应当充分听取使用单位、科学技术研究机构的意见，可以委托专业标准化技术委员会审定。

第十二条 企业标准发布后30日内，企业应当按照下列规定办理备案手续：

（一）由国家、省工商行政管理部门核准登记注册的企业，报省标准化行政主管部门和有关行政主管部门备案；

（二）由市（行署）、县（市、区）工商行政管理部门核准登记注册的企业，报市标准化行政主管部门和有关行政主管部门备案。

第十三条 标准化行政主管部门接到企业标准备案材料后，应当组织审查，发现企业产品标准违反有关法律、法规规定和强制性标准，或者质量指标、验收方法不合理的，应当在20日内会同有关行政主管部门或者行业主管部门责令企业限期改正或者停止实施。

第十四条 企业标准应当定期复审，复审周期不得超过3年。经复审确定企业标准继续有效、修订或者废止的，应当及时向受理备案部门报告复审结果。到期不复审，该项企业标准即行废止。修订的企业标准，应当重新备案。

第十五条 企业标准可以有偿转让。转让后的企业标准由受让的企业按照规定重新备案。

第十六条 制定地方标准、企业标准时，在编写格式、结构和表述规则上应当符合国家《标准化工作导则》的要求。

第三章 标准的实施

第十七条 强制性标准应当严格执行。不符合强制性标准要求的产品，禁止生产、销售、进口。

已经明示采用的推荐性标准和已经备案的企业标准，企业应当严格执行。

第十八条 出口产品的技术要求按照合同的约定执行。出口产品在国内销售时，属于强制性标准管理范围的，应当符合强制性标准的要求。

第十九条 企业应当在产品或者其说明书、包装物上附有储运图形标志、产品标志和标签，其标志和标签应当符合相关标准的要求。

储运图形标志、产品标志和标签不得与包装物分开，但难以附加标志和标签的裸装产品除外。

第二十条 企业研制新产品、改进产品、进行技术改造和技术引进，应当符合标准化要求。

企业对需要进口的设备属于强制性标准范围的，应当按照有关规定报省标准化行政主管部门进行标准化管理的备案。

第二十一条 拟列入省重点产品目录、省重点新产品开发计划和省科技成果推广计划的产品，有高于我国标准的国际标准或者国外先进标准的，应当采用其标准；未采用的，有关部门不得将其产品列入目录或者计划。

第二十二条 鼓励企业积极采用国际标准和国外先进标准，省标准化行政主管部门对采用国际标准和国外先进标准的产品发放采标合格证书、采标标志证书。

第二十三条 推行质量体系认证、环境管理体系认证和产品质量认证制度。

企业可以依据国家标准、行业标准向国家依法设立的认证机构申请企业质量体系认证、环境管理体系认证和产品质量认证。

第二十四条 产品质量认证分为安全认证和合格认证。

实行安全认证的产品，企业应当申请安全认证。未取得安全认证证书的，不得生产、销售。

实行质量认证的产品不符合认证时采用标准的，不得使用认证标志出厂销售。

第二十五条 采用国际标准和国外先进标准验收合格证书、采标标志证书、认证证书以及采标标志、认证标志，不得伪造、冒用、出租和转让。

第二十六条 禁止无标准生产。

有下列情形之一的，视同无标准生产：

（一）企业产品标准未按照规定程序备案和复审的；

（二）无产品标准文本的；

（三）执行已废止的标准的；

（四）执行标准不完整的；

（五）产品明示的标准与产品实际执行的标准不一致的；

（六）未按照标准组织生产检验的；

（七）冒用其他企业标准的；

（八）在农业产品购销活动中，未按照规定制作与文字标准配合使用的实物标样的。

第二十七条 在购销活动中，以单方质量检验结论为结算依据的，应当符合有关标准或者标样的规定，不得提等提级、压等压级。

第四章 标准化的监督管理

第二十八条 县级以上标准化行政主管部门对本辖区内企业生产的产品所执行的标准实行登记备案制度。

企业应当按照本条例第十二条规定的管辖范围将其执行的产品标准报标准化行政主管部门登记备案。

第二十九条 标准化行政主管部门应当对信息分类、信息编码、组织机构代码、商品条码、识别卡、公共信息图形符号、信息网络等信息标准化工作进行统一监督和管理。

第三十条 标准化行政执法人员对标准的实施进行监督检查时，行使下列职权：

（一）对有关制定、实施标准的活动进行检查；

（二）对有关制定、实施标准的文件资料等进行查阅；

（三）对不符合强制性标准的产品和有关标准化的违法行为依法进行查处。

标准化行政执法人员应当保守被检查者的商业秘密。

第三十一条 县级以上标准化行政主管部门设立的检验机构或者经其授权的其他部门的检验机构，对产品是否符合标准进行检验；对农业产品质量、农用生产资料和农业生态环境进行标准化监测。

处理有关产品是否符合标准的争议，以前款规定的检验机构的检验数据为准。

第五章 法律责任

第三十二条 生产不符合强制性标准的产品的，应当责令其停止生产，没收产品，监督销毁或者作必要的技术处理，没收违法所得，并处以该批产品货值金额20%以上50%以下罚款，可以吊销营业执照；对法定代表人和直接责任者处以1 000元以上5 000元以下罚款。

销售不符合强制性标准的商品的，应当责令其停止销售，限期追回已售出的商品，监督销毁或者作必要的技术处理，没收违法所得，并处以该批商品货值金额10%以上20%以下罚款，可以吊销营业执照；对法定代表人和直接责任者处以1 000元以上3 000元以下罚款。

进口不符合强制性标准的产品的，应当封存、没收该产品，监督销毁或者作必要的技术处理，没收违法所得，并处以进口产品货值金额20%以上50%以下罚款；对有关责任者给予行政处分，对法定代表人和直接责任者处以1 000元以上5 000元以下罚款。

本条规定的责令停止生产、给予行政处分，由有关行政主管部门决定；其他行政处罚由标准化行政主管部门和工商行政管理部门依据职权决定。

第三十三条 无标准生产的，责令其停止生产经营，没收违法生产经营的产品和违法所得，并处以该批产品货值金额10%以上30%以下罚款；对法定代表人和直接责任者处以1 000元以上4 000元以下罚款。

第三十四条 获得认证证书的产品不符合认证标准而使用认证标志出厂销售的，责令停止销售，并处以违法所得1倍以上2倍以下罚款；情节严重的，由认证部门撤销其认证证书。

产品未经认证或者认证不合格而擅自使用认证标志出厂销售的，责令其停止销售，并处以违法所得1倍以上3倍以下罚款，对法定代表人和直接负责人处以1 000元以上4 000元以下罚款。

第三十五条 伪造、冒用、出租和转让采用国际标准和国外先进标准验收合格证书、采标标志证书和认证证书以及采标标志、认证标志的，没收违法所得和证书、标志，并处以违法所得 1 倍以上 3 倍以下罚款，对法定代表人和直接责任者处以 1 000 元以上 4 000 元以下罚款。

第三十六条 以单方质量检验结论为结算依据时，不符合有关标准或者标样的规定提等提级、压等压级的，没收违法所得，并处以违法所得 1 倍以上 5 倍以下罚款。

第三十七条 企业对需要进口应当备案的设备未报省标准化行政主管部门备案的，可以通报批评，或者给予法定代表人和直接责任者行政处分。

第三十八条 违反本条例的行为，法律、行政法规已规定由其他行政主管部门处罚的，从其规定；法律、行政法规未作规定的，由标准化行政主管部门按照本条例处罚。

第三十九条 标准化行政主管部门、有关行政主管部门或者行业主管部门及其检验机构的工作人员有下列情形之一的，由其所在单位或者其主管部门视其情节给予行政处分：

（一）不履行法定职责造成后果的；

（二）无法定依据或者超过法定种类、幅度实施行政处罚的；

（三）违反法律、法规、规章规定实施行政处罚的；

（四）违反国家规定私自处理罚没款、罚没物品的；

（五）利用职务的便利，索取或者收受他人财物，情节轻微的；

（六）法律、法规、规章规定应当给予行政处分的其他情形。

侵犯公民、法人和其他组织的合法权益造成损害的，依法予以赔偿。

第四十条 当事人对行政处罚决定不服的，可以依法申请行政复议或者向人民法院提起行政诉讼。逾期不申请行政复议也不向人民法院提起行政诉讼，又不履行行政处罚决定的，作出行政处罚决定的机关可以申请人民法院强制执行。

第四十一条 违反本条例规定构成犯罪的，由司法机关依法追究刑事责任。

第六章 附 则

第四十二条 本条例自 1998 年 10 月 1 日起施行。

安徽省实施《中华人民共和国标准化法》办法

（1995 年 4 月 24 日安徽省第八届人民代表大会常务委员会第十六次会议通过，根据 2004 年 6 月 26 日安徽省第十届人民代表大会常务委员会第十次会议关于修改《安徽省实施〈中华人民共和国标准化法〉办法》的决定第二次修正）

第一章　总　　则

第一条　为加强标准化工作，提高产品质量和经济效益，促进技术进步和对外经济贸易发展，维护国家和人民利益，根据《中华人民共和国标准化法》和《中华人民共和国标准化法实施条例》，结合本省实际，制定本办法。

第二条　标准化工作的任务是制定标准、组织实施标准和对标准的实施进行监督。

第三条　企业应执行标准化法律、法规，严格按标准组织生产和经销，禁止无标准生产。

第四条　各级人民政府应采取切实措施，鼓励企业采用国际标准和国外先进标准。

省人民政府对制定技术水平高、经济效益显著的地方标准和企业标准的，应当予以奖励。

第五条　县级以上各级人民政府标准化行政主管部门统一管理本行政区域的标准化工作。县级以上各级人民政府有关行政主管部门分工管理本行业、本部门的标准化工作。

第二章　标准的制定

第六条　对下列没有国家标准和行业标准而又需要在本省范围内统一的技术要求，应当制定地方标准（含标准样品的制作）：

（一）药品、兽药、食品等工业产品的要求；

（二）农业（含林业、牧业、渔业）产品及其生产、管理技术的要求；

（三）环境保护、节约能源的技术要求和检验方法；

（四）法律、法规规定需要制定地方标准的技术要求。

第七条 地方标准的项目，由省人民政府有关行政主管部门提出，省人民政府标准化行政主管部门确定。

地方标准的制定，由省人民政府有关行政主管部门组织草拟，省人民政府标准化行政主管部门统一审批、编号、发布。

第八条 地方标准分为强制性标准和推荐性标准。

省人民政府标准化行政主管部门制定的工业产品安全、卫生和环境保护的地方标准，在本省行政区域内是强制性标准，其他标准是推荐性标准。

地方标准在相应的强制性国家标准或行业标准实施后，自行废止。

第九条 省人民政府标准化行政主管部门应在地方标准发布后30日内，分别报国务院标准化行政主管部门和国务院有关行政主管部门备案。

第十条 没有国家标准、行业标准或地方标准的，企业应当制定本企业的产品标准，作为组织生产和经销活动的依据。

已有国家标准、行业标准或地方标准的，企业也可根据市场需要，制定本企业的产品标准。其中属于强制性标准管理范围的，必须符合强制性标准的要求。鼓励企业制定严于国家标准、行业标准或地方标准要求的企业产品标准，在企业内部适用。

第十一条 制定地方标准、企业产品标准，应当充分发挥有关专家、行业协会、科学研究机构和学术团体的作用。

企业产品标准的审查，应由用户、生产单位、科学研究机构及有关专家代表组成的企业产品标准审查委员会负责。

企业制定的标准在编写格式、结构和表述规则上应符合“GB/T 1 标准化工作导则”的要求。

第十二条 企业应在产品标准发布后30日内，持标准文本及有关材料，报当地人民政府标准化行政主管部门和有关行政主管部门备案。

中央在本省企业制定的产品标准，报省人民政府标准化行政主管部门和国务院有关行政主管部门备案。

第十三条 受理备案的部门收到企业按规定申报的备案材料后10日内予以登记，对违背国家法律、法规或与现行的强制性标准相抵触的，应责令企业停止实施并限期改正。

第十四条 地方标准和企业产品标准实施后，制定标准的部门和企业应根据科学技术的发展和市场需要，适时进行复审，复审周期一般为三年。当相应的国家标准、行业标准发布实施后，应及时对地方标准和企业产品标准进行复审，以确定现行标准继续有效或予以修订、废止。

地方标准和企业产品标准复审后，应及时向受理备案的部门报告复审结果，重新备案。

第三章 标准的实施和监督

第十五条 下列标准必须严格执行：

（一）国家标准、行业标准和地方标准中的强制性标准；

（二）产品标识上标注已采用的推荐性标准；

（三）已备案的企业产品标准。

第十六条 出口产品的技术要求由合同双方约定。出口产品在国内销售时，其技术指标属于强制性标准管理范围的，必须符合强制性标准的要求。

第十七条 企业研制新产品、改进产品、进行技术改造和技术引进，必须符合标准化要求，并应积极采用国际标准和国外先进标准。

第十八条 《企业产品执行标准证书》由省人民政府标准化行政主管部门统一印制，其他单位和个人不得自行印制。

第十九条 取得《企业产品执行标准证书》的企业，应当按规定在其产品或产品说明书、包装物上标注所执行标准的编号。

第二十条 企业生产的产品不符合企业产品执行标准证书上登记的标准，以及产品执行标准未经登记的，企业应停止生产、经销。

第四章 法律责任

第二十一条 有下列情形之一的，由标准化行政主管部门责令限期改正、通报批评或建议有关行政主管部门给予责任者行政处分：

（一）企业未按规定制定标准作为组织生产依据的；

（二）企业未按规定将产品标准上报备案的；

（三）企业的产品未按规定附有标识或与其标识不符的；

（四）企业研制新产品，改进产品，进行技术改造和技术引进，不符合标准化要求的；

（五）科研、设计、生产中违反有关强制性标准规定的。

第二十二条 企业生产、经销、进口的产品，不符合强制性标准的，按《中华人民共和国标准化法实施条例》第三十三条、第三十四条的规定处罚。

第二十三条 当事人对行政处罚决定不服的，可以在接到行政处罚通知之日起15日内，向作出处罚决定的机关的上级机关申请复议；对复议决定不服的，可以在接到复议决定之日起15日内，向人民法院起诉，当事人也可以在接到处罚通知之日起15日内，直接向人民法院起诉。

当事人逾期不申请复议或者不向人民法院起诉又不履行处罚决定的，由作出处罚决定的机关申请人民法院强制执行。

第二十四条 标准化工作的监督、检验、管理人员，必须严格执法。对徇私舞弊、滥用职权、索贿受贿的，由其主管部门给予行政处分；构成犯罪的，由司法机关依法追究刑事责任。

第五章 附 则

第二十五条 本办法具体应用中的问题由省技术监督局负责解释。

第二十六条 本办法自1995年9月1日起施行。

山东省实施《中华人民共和国标准化法》办法

（1995年12月14日山东省第八届人民代表大会常务委员会第十九次会议通过，根据2004年5月27日山东省第十届人民代表大会常务委员会第八次会议关于修改《山东省实施〈中华人民共和国标准化法〉办法》等五件地方性法规的决定第二次修正）

第一章 总 则

第一条 为了加强标准化工作的管理，促进技术进步，改进产品质量，提高经济效益，维护社会主义市场经济秩序，保护国家和人民的利益，根据《中华人民共和国标准化法》及国家有关规定，结合本省实际，制定本办法。

第二条 凡在本省境内从事标准的制定、实施、监督活动的单位和个人，必须遵守本办法。

第三条 标准化工作应当遵循统一管理、分工负责的原则，完善标准体系和确保标准的有效实施，鼓励采用国际标准和国外先进标准。

第四条 县级以上人民政府技术监督部门是标准化工作的行政主管部门，统一管理本行政区域内的标准化工作，依照法律、法规规定的职权制定标准、组织实施标准和对标准的实施进行监督；有关行政主管部门根据技术监督部门的要求，分工管理本部门、本行业的标准化工作。

第五条 各级人民政府应当加强对标准化工作的领导，将标准化工作纳入国民经济和社会发展计划。

第二章 标准的制定

第六条 制定标准应当符合法律、法规的规定，有利于保障人民生命财产的安全，保护消费者的权益，有利于合理利用国家资源和保护环境，有利于产品的通用互换和对外经济技术合作。

第七条 对下列各项中没有国家标准和行业标准而又需要在全省范围内统一技术标准要求的，应当制定山东省地方标准：

（一）工业产品的质量、安全、卫生要求和工业产品的设计、生产、检验、包装、储运、使用等过程中的安全、卫生要求；

（二）信息、能源、资源、交通运输、环境保护的安全卫生和技术要求；

（三）建设工程的质量、安全、卫生要求；

（四）生产、经营活动中的生产技术、管理技术、服务质量要求；

（五）农业（含林业、牧业、渔业，下同）产品的品种、规格、质量及生产技术、管理技术要求；

（六）法律、法规规定应当制定地方标准的其他技术要求。

第八条 地方标准由省技术监督部门组织制定、并负责统一审批、编号和发布。法律、法规对地方标准的制定，发布另有规定的，依照法律、法规的规定执行。

省技术监督部门组织制定地方标准，可以委托有关行业行政主管部门提出项目，草拟标准。

第九条 地方标准分为强制性标准和推荐性标准。

下列标准属于强制性标准：

（一）工业产品及工业产品设计、生产、检验、包装、储运和使用中的安全、卫生标准；

（二）环境保护的污染物排放和环境质量标准；

（三）建设工程的质量、安全、卫生标准；

（四）食品、药品、化肥、农药、兽药等与人民群众生命财产安全密切相关的重要工业产品标准；

（五）农业种子、种苗、种畜、种禽标准；

（六）法律、法规规定的其他应当强制执行的地方标准。

强制性标准以外的标准是推荐性标准。

第十条 地方标准应当报国务院标准化行政主管部门和有关行政主管部门备案。在公布国家标准、行业标准之后，该项地方标准即行废止。

第十一条 产品没有国家标准、行业标准或者地方标准的，其生产企业应当制定本企业的产品标准，作为组织生产和经销活动的依据，企业的产品标准应当报技术监督部门和有关行政主管部门备案。技术监督部门收到备案材料后应当严格审查，并于10日内决定是否予以备案。企业产品标准违反法律、法规和强制性标准，或者质量指标、检验方法不合理的，应当责令企业停止实施，并限期改正后再予备案。

已有国家标准、行业标准或地方标准的，鼓励企业根据市场需要，制定严于国家标准、行业标准或者地方标准的企业标准，在企业内部适用。

第十二条 地方标准和企业标准的制定者，应当根据科学技术发展和市场需要对标准进行复审，复审周期不得超过三年。

第三章 标准的实施

第十三条 强制性标准必须严格执行，凡不符合强制性标准要求的产品，禁止生产、销售和进口。

第十四条 企业应当按照产品所执行的标准组织生产、检验。

企业生产的产品，应当在产品标签或者其说明书、包装物上标注所执行标准的编号。

第十五条　出口产品的技术要求由合同双方约定。

出口产品在国内销售，必须符合法律、法规规定和强制性标准的要求。

第十六条　产品标签、使用说明等标识的内容，必须符合法律、法规规定和强制性标准的要求。

第十七条　企业研制新产品、改进产品、进行技术改造、引进技术和设备，应当自行审查或者报请标准化工作的行政主管部门进行审查，保证符合标准化要求。

第十八条　企业生产国家强制管理的安全认证产品的，其产品质量必须达到国家规定的认证标准要求，并取得国家安全认证证书。

第十九条　销售者不得销售下列产品：

（一）不符合强制性标准的；

（二）未注明标准编号或者技术质量指标的；

（三）标签、使用说明书等标识不符合规定的；

（四）实际质量指标与标明执行的标准或者质量指标不一致的；

（五）不符合安全认证标准，未取得国家安全认证证书的。

第二十条　在公共场所设置的公共信息图形符号必须符合强制性标准的要求。

第四章　监督管理

第二十一条　县级以上人民政府技术监督部门对企业产品所执行的标准实行登记管理制度。企业应当将产品所执行的标准报当地技术监督部门登记。

第二十二条　技术监督部门对消费者普遍反映涉及人体健康和人身财产安全及有其他突出问题的商品，应当及时进行标准化审查。审查的商品目录由省技术监督部门会同有关部门商定公布。

第二十三条　县级以上人民政府技术监督部门应当会同有关行政主管部门制定产品采用国际标准和国外先进标准计划，并组织企业实施。经省技术监督部门考核，产品达到采用国际标准和国外先进标准要求的，发给采用国际标准证书，准予使用“采用国际标准产品”标志。

第二十四条 县级以上人民政府技术监督部门实施监督检查,可以采取以下措施:

(一) 进入有关制定、实施标准活动的场所进行检查;

(二) 查阅有关制定、实施标准的文件、资料;

(三) 复制有关违反法律、法规和强制性标准要求的文件、资料;

(四) 封存、扣押违法标识、包装物和不符合强制性标准的产品;

(五) 对情节轻微的违法行为施行现场处罚。

技术监督部门和检查人员对被检查者正当的技术秘密和商业秘密应当保密。

第二十五条 技术监督部门工作人员实施标准化监督检查,必须向被检查者出示省级以上人民政府技术监督部门制发的执法证件。不出示证件的,被检查者有权拒绝。

第五章 罚 则

第二十六条 法律、法规对生产、销售、进口不符合强制性标准产品的违法行为的处罚已有规定的,依照法律、法规的规定执行。

第二十七条 有下列行为之一的,由县级以上技术监督部门或者有关行政部门在各自的职权范围内责令限期改正,并可通报批评或者给予责任者行政处分:

(一) 在科研、设计、生产中不执行强制性标准的;

(二) 企业未按规定制定标准作为组织生产依据的;

(三) 企业制定的产品标准未按规定报技术监督部门备案的;

(四) 企业的产品未按规定附有标识或者与其标识不符的;

(五) 企业研制新产品、改进产品、进行技术改造,不符合标准化要求的。

第二十八条 生产、销售的产品,其标签、使用说明等标识不符合强制性标准规定的,由县级以上技术监督部门责令停止生产、销售,限期改正,并根据情节可处该产品货值百分之十五至百分之二十的罚款,可处直接责任者五千元以下罚款。

第二十九条 技术监督部门和有关部门的工作人员玩忽职守、滥用职权、徇私舞弊、敲诈勒索以及收受贿赂的,由有关行政机关给予行政处分；构成犯罪的，由司法机关依法追究刑事责任。

技术监督部门和有关工作人员违法行使职权侵犯公民、法人和其他组织的合法权益造成损害的，依照法律规定予以赔偿。

第三十条　罚没财物必须使用财政部门统一印制的罚没款收据。罚没款和没收财物变价款应当全部缴同级财政。

第六章　附　则

第三十一条　本办法自公布之日起施行。

长沙市标准化管理条例

（2003年8月29日长沙市第十二届人大常委会第六次会议通过，2003年9月28日湖南省第十届人大常委会第五次会议批准）

第一条　为加强标准化管理工作，提高产品和服务质量，促进科学技术进步和经济发展，根据《中华人民共和国标准化法》和《中华人民共和国标准化法实施条例》等法律、法规的规定，结合本市实际，制定本条例。

第二条　在本市制定标准、实施标准及从事标准化监督管理的活动均适用本条例。法律法规另有规定的，从其规定。

第三条　市、县（市）标准化行政主管部门按照职责管理本行政区域内的标准化工作。市、县（区、市）有关行政主管部门按照各自职责分工管理本部门、本行业的标准化工作。

第四条　各级人民政府应当将标准化工作纳入国民经济和社会发展计划，引导、鼓励企业采用国际标准和国外先进标准，推广、普及农业标准化。

第五条　标准化行政主管部门和有关部门应当加强标准化法律、法规及标准的贯彻宣传工作，定期组织相关人员的培训，为社会提供标准化服务，提高本市标准化水平。

标准化行政主管部门应当建立标准化工作信息库，并及时向社会公布标准化法律、法规的执行情况。

第六条 国家标准、行业标准和地方标准分为强制性标准和推荐性标准。强制性标准必须执行；推荐性标准，鼓励自愿采用。禁止生产、销售和进口不符合强制性标准的产品。

生产、加工、销售的农产品必须符合安全、卫生等方面的强制性标准。禁止生产、加工、销售农药残留量及其他有害物质超过标准规定的农产品。

服务业经营者提供的服务，有强制性标准的必须符合强制性标准。禁止将不符合强制性标准的产品、设施用于经营性服务。

第七条 企业应当按照标准组织生产。企业生产的产品没有国家标准、行业标准和地方标准的，或者有推荐性标准而不采用的，应当制定企业标准，作为组织生产和判定产品质量的依据。禁止无标准生产。

市、县（市）农业、林业、畜牧水产等行政部门会同同级标准化行政主管部门，可制定辖区内的农业标准规范，推荐执行。

服务业的经营活动没有国家标准、行业标准或者地方标准的，鼓励经营者制定本单位服务活动的企业标准，作为经营活动的依据。

第八条 企业标准由企业自行制定，也可以按照自愿原则由相关企业联合制定，或者由行业协会组织会员企业共同制定。鼓励企业制定严于国家标准、行业标准和地方标准的企业标准，在企业内部适用。

第九条 企业标准必须符合下列要求：

（一）标准内容完整，技术指标、服务指标能反映产品或者服务的主要特征；

（二）试验和检验方法、判定规则等内容科学合理并且能够实施；

（三）保障人体健康和人身、财产安全，符合环境保护要求；

（四）法律、法规规定的其他要求。

第十条 鼓励企业建立并施行以技术标准为主体，包括管理标准和工作标准的企业标准体系。

鼓励建立农业标准化示范基地，引导农产品生产经营者按照农业标准和农业标准规范组织生产经营。

鼓励企业参与国家标准和国际标准的制定。企业标准被采纳吸收为国家标准或者国际标准的，由市人民政府给予奖励。

第十一条 执行企业标准的，企业应当在实施前将所执行的企业标准报当地标准化行政主管部门备案；执行国家标准、行来标准和地方标准的，企业应当在实施前将执行标准书面报告当地标准化行政主管部门和有关行政主管部门。

第十二条 标准化行政主管部门应当对报送备案的企业标准进行审查；发现备案的企业标准违反法律、法规和强制性标准要求的，应当通知企业停止实施。

第十三条 企业标准备案时，应当注明是否要求保密。符合法定保密要求的，受理部门及检测机构不得泄露或者扩散标准的内容和文本。

第十四条 企业标准实施后，制定者应当定期复审，复审周期不超过三年。当有相关国家标准、行业标准或者地方标准发布时，应及时复审，并确定其是否需要修订或者废止。

第十五条 接受委托定制的产品，可以按照合同约定的技术要求或者实物样品标准执行，有强制性标准的必须按照强制性标准执行。

出口产品的技术要求依照双方约定执行。出口产品在本市行政区域内销售的，应当符合法律、法规和本条例规定。

第十六条 重点工程项目、政府采购项目，在采购原（辅）材料、成（配）套设备、备品备件时，同等条件下应当优先采购采用国际标准或者国外先进标准的产品。

第十七条 企业不得有下列行为：

（一）没有标准组织生产；

（二）执行未备案的企业标准；

（三）伪造、冒用国家标准、行业标准、地方标准或者他人企业标准编号；

（四）执行废止标准；

（五）不按明示的标准组织生产、加工、检验。

第十八条 企业标准低于推荐性标准要求的，其主要质量指标应当在产品标识或者说明书中明示。

第十九条 生产、销售或者经营性使用的产品标识注应当符合下列要求：

（一）有中文标识或者中文说明书（裸装产品及其他难以附加产品标

识的产品除外）；

（二）标识标注内容真实；

（三）标识标注中有产品执行标准编号；

（四）法律、法规和强制性标准规定的其他要求。

第二十条 产品未明示执行标准的，监督检验部门可以按照同类产品的国家标准、行业标准、地方标准进行质量判定。

第二十一条 公共场所和公用设施应当按标准设置相应的公共信息标志。公共信息标志的设置单位应当经常对公共信息标志进行检查，及明更新或者修复损坏的公共信息标志。

第二十二条 生产、销售不符合强制性标准的产品的，由标准化行政主管部门或者有关行政主管部门责令改正，没收违法生产、销售的产品，并处违法生产销售产品货值金额等值以上3倍以下的罚款；有违法所得的，并处没收违法所得；对有关责任者处500元以上5 000元以下罚款。

提供的服务不符合强制性标准，以及将知道或者应当知道属于不符合强制性标准的产品、设施用于经营性服务的，依照前款规定处罚。

第二十三条 生产、销售或者经营性使用的产品标识标注不符合本条例要求的，依照《中华人民共和国产品质量法》第五十三条、第五十四条的规定进行处罚。

第二十四条 公共信息标志的设置不符合强制性标准的，由标准化行政主管部门责令限期改正；逾期不改正的，处1 000元以上5 000元以下罚款。

第二十五条 标准化工作监督、检验、管理人员有下列行为之一的，由有关部门按照规定权限给予行政处分；给公民、法人或者其他组织造成损失的，应当依法赔偿：

（一）不按规定办理企业标准备案手续的；

（二）发现违反标准化法律、法规、强制性标准的行为不依法处理的；

（三）伪造、篡改企业标准、检验数据的；

（四）违反本条例第十三条规定，泄露标准的内容或者文本的；

（五）滥用职权、徇私舞弊、索贿受贿、玩忽职守的。

第二十六条 本条例自2004年1月1日起施行。

黑龙江省信息技术标准化监督管理办法

(1999 年 8 月 25 日黑龙江省人民政府令第 4 号发布，
根据 2006 年 10 月 20 日黑龙江省人民政府令第 16 号修正)

第一章 总 则

第一条 为加强信息技术标准化监督管理，推动信息化建设，规范信息技术，根据《中华人民共和国标准化法》、《黑龙江省标准化条例》等有关法律、法规规定，结合本省实际，制定本办法。

第二条 本办法所称信息技术标准化，包括组织机构代码、商品条码等信息分类与编码技术以及公共信息图形符号、识别卡、信息网络等标准化工作。

第三条 本办法适用于本省辖区内的国家机关、社会团体、企事业单位、个体工商户和其他经济组织以及个人。

第四条 各级人民政府应当将信息技术标准化工作纳入国民经济和社会发展计划，加强对信息技术标准化工作的领导，采取措施鼓励采用国际标准和国外先进标准。

第五条 县级以上标准化行政主管部门负责统一监督管理本辖区内的信息技术标准化工作。

县级以上标准化行政主管部门，可以根据工作需要委托法定技术机构实施信息技术标准化监督检验工作。

行业主管部门负责管理本行业的信息技术标准化工作。

第二章 组织机构代码

第六条 组织机构代码是依据国家有关代码编制原则编制，赋予依法成立的组织机构在全国范围内唯一的、始终不变的法定代码。

第七条 组织机构办理下列事宜，应当使用组织机构代码证书：

(一) 设立银行账户、贷款；

(二) 统计登记；

(三) 税务登记；

（四）《工资总额使用手册》；

（五）车辆年检、车辆牌照；

（六）外资业务；

（七）进出口业务；

（八）保险业务；

（九）国有资产产权登记、变动、注销；

（十）产品标准备案、商品条码注册、质量认证；

（十一）其他需要使用组织机构代码证书的。

第三章　商品条码

第八条　商品条码是由一组规则排列的条、空及其对应字符组成的，用来表示一定信息的商品标记，并在国际流通领域中通用。

第九条　鼓励企业采用商品条码和相关的自动化管理系统。企业用于贸易结算的自动化计量器具，应当按照规定检定后使用。

第十条　省或者经授权的市标准化行政主管部门，应当按照职责范围受理商品条码注册申请，报国家有关机构审批后，颁发《中国商品条码系统成员证书》。

《中国商品条码系统成员证书》有效期 2 年。企业应当在期限届满前 3 个月内，向受理申请的标准化行政主管部门办理续展手续；逾期未办理续展手续的，注销其商品条码。

第十一条　企业被兼并或者依法终止，其商品条码终止使用，并办理注销手续。

第十二条　任何单位和个人不得有下列行为：

（一）伪造、冒用、转让商品条码；

（二）擅自印制商品条码；

（三）使用已经被注销的商品条码。

第四章　公共信息图形符号

第十三条　公共信息图形符号是指以特定图形和说明性文字为特征，给人的行为以指示的视觉符号。

第十四条　车站、码头、机场等公共场所和公路、城市道路以及其他需要公示公共信息图形符号的场所，应当在显著位置上设置符合国家标准的公共信息图形符号。

第十五条 设置公共信息图形符号的单位，对破损、变形、污染、褪色和不符合国家标准的公共信息图形符号，应当及时修复或者更换。

第五章 识 别 卡

第十六条 识别卡是指用于标识持卡者特定信息的卡片式信息载体，包括条码卡、磁卡、集成电路卡（IC 卡）、光卡等。

第十七条 生产、销售识别卡及其读写机具的，由省行业主管部门会同省标准化行政主管部门进行标准化审查，经省人民政府信息化主管部门批准后，方可生产、销售。

第十八条 生产、销售的识别卡及其读写机具，应当符合下列规定：

（一）符合国家标准、行业标准、地方标准或者企业标准；

（二）具有产品出厂合格证书；

（三）实施生产许可证的，应当标注生产许可证编号。

第十九条 任何单位和个人不得有下列行为：

（一）伪造识别卡；

（二）销售伪造的识别卡；

（三）销售不合格的识别卡及其读写机具；

（四）使用不合格或者报废的读写机具。

第六章 信 息 网 络

第二十条 建设信息网络，实行统筹规划和统一标准的原则，应当充分利用国家公用干线传送网，联合建设多种方式的接入网。

第二十一条 信息网络应当符合国家标准或者行业标准，实现网络间的互通互联。

信息网络应当由省行业主管部门会同省标准化行政主管部门进行标准化审查。

第二十二条 信息网络使用的设备，应当符合国家标准或者行业标准。有特定标志的产品，其标志内容和标志方法应当符合国家标准。

第二十三条 信息数据库建设和数据交换格式以及数据著录格式应

当符合国家标准或者行业标准。凡数据库建设中涉及组织机构代码信息的，应当采用全国组织机构代码数据库中已经统一的信息数据项。

第七章 监督管理

第二十四条 标准化行政执法人员应当按照规定的权限和程序执行职务，在进行监督检查时，应当出示行政执法证件。标准化行政执法人员有权使用各种合法手段进行现场勘查，有权查阅、复制与所监督的信息标准化行为有关的资料。标准化行政执法人员在执行职务中，对涉及专利、专有技术资料以及其他商业秘密的，应当予以保密。

第二十五条 县级以上标准化行政主管部门设立或者委托的法定技术机构，对信息技术产品是否符合标准进行检验。

第二十六条 被检单位对检验结果有异议的，可以在接到检验报告之日起15日内，向下达检验任务的标准化行政主管部门或者其上一级标准化行政主管部门提出书面复检申请，复检结论为终局检验结论。

第八章 法律责任

第二十七条 违反本办法规定，有下列行为之一的，由标准化行政主管部门责令限期改正，逾期未改正的，处以500元以上1 000元以下罚款：

（一）公共信息图形符号应当设置而未设置或者设置不符合国家标准的；

（二）信息数据库建设和数据交换格式以及数据著录格式不符合国家标准或者行业标准的。

第二十八条 违反本办法规定，有下列行为之一的，由标准化行政主管部门责令改正，没收违法所得和产品，处以1 000元以上5 000元以下罚款，并对有关负责人和直接责任者处以500元以上1 000元以下罚款：

（一）伪造、冒用、转让组织机构代码证书或者商品条码的；

（二）使用被注销的组织机构代码证书或者商品条码的；

（三）伪造识别卡，使用不合格或者报废的识别卡读写机具的。

第二十九条 违反本办法规定，有下列行为之一的，由标准化行政主管部门责令改正，没收违法所得，并处以违法所得1倍以下罚款：

（一）生产、销售的识别卡及其读写机具不符合国家标准、行业标准、地方标准、企业标准的；

（二）印制的商品条码不符合国家标准的；

（三）信息网络和信息网络使用的设备不符合国家标准或者行业标准以及有特定标志的产品，其标志内容和标志方法不符合国家标准的。

第三十条　违反本办法规定，无标准生产识别卡及其读写机具的，由标准化行政主管部门责令停止生产、销售，没收违法生产的识别卡及其读写机具和违法所得，并处以该批产品货值金额10%以上30%以下罚款；对法定代表人和直接责任者处以1 000元以上4 000元以下罚款。

第三十一条　违反本办法规定，有下列行为之一的，由标准化行政主管部门责令改正，没收违法所得；情节严重的，处以违法所得10%以上20%以下罚款：

（一）生产、销售的识别卡及其读写机具无出厂产品合格证书的；

（二）实施生产许可证的识别卡及其读写机具未标注生产许可证编号的。

第三十二条　标准化行政主管部门实施行政处罚时，应当按照《中华人民共和国行政处罚法》的规定执行。

第三十三条　标准化行政执法人员有下列行为之一的，由其所在单位或者其主管部门依法给予行政处分：

（一）不履行法定职责的失职行为；

（二）无法定依据或者超过法定种类、幅度实施行政处罚的行为；

（三）违反法定程序规定实施行政处罚的行为；

（四）违反法律、法规、规章规定实施行政检查或者行政强制措施的行为；

（五）违法处理罚没款、罚没物品的行为；

（六）利用职务的便利，索取或者收受他人财物，情节轻微的行为；

（七）法律、法规、规章规定应当给予行政处分的其他行为。

第九章　附　　则

第三十四条　本办法自1999年10月1日起施行。

上海市公共信息图形标志标准化管理办法

（2002年12月27日上海市人民政府令第131号发布）

第一条　（目的和依据）

为了加强对本市公共信息图形标志的标准化管理，提高城市文明程度和管理水平，方便人民生活，根据《中华人民共和国标准化法》、《中华人民共和国标准化法实施条例》等法律、法规的规定，结合本市的实际，制定本办法。

第二条　（适用范围）

本市行政区域内公共场所信息图形标志（以下简称公共信息图形标志）的制订、制作、销售和设置及其相应的监督管理活动，适用本办法。

第三条　（含义）

本办法所称的公共信息图形标志，是指以图形、色彩和必要的文字、字母等或者其组合，表示所在公共区域、公共设施的用途和方位，提示和指导人们行为的标志物。

本办法所称的公共信息图形标志的制订，是指按照特定程序，确定公共信息图形标志用图形符号，包括所需信息的收集、标志用图形符号方案的设计和测试。

本办法所称的公共信息图形标志的制作，是指按照国家、行业、地方标准规定的图形符号和色彩，设计、加工公共信息图形标志。

第四条　（管理部门）

上海市质量技术监督局（以下简称市质量技监局）是本市公共信息图形标志标准化的行政主管部门，负责全市公共信息图形标志标准化的管理工作。

各区、县质量技术监督局负责本行政区域内公共信息图形标志标准化的具体管理工作。

第五条　（相关部门职责）

城市交通、民航、铁路、建设、市政、旅游、商业、文化广播影视、体育、卫生、公安、消防、市容环卫、绿化等行政主管部门按照各自职责，组织本系统、本行业公共信息图形标志标准的实施，并接受质量技术监督部门的指导。

第六条 （制订标志的程序与要求）

公共信息图形标志应当按照制订标志图形符号的有关国家、行业、地方标准制订。

公共信息图形标志的设计应当规范、准确、简洁、醒目，中文表述应当符合国家通用语言文字的有关规定。

第七条 （标志标准的制定）

需要在本市公共场所普遍适用的公共信息图形标志，而国家、行业尚未制定标准的，市质量技监局应当制定地方标准。单位和个人可以向市质量技监局提出制定地方标准的建议。

第八条 （标志的制作和销售）

国家、行业、地方标准对公共信息图形标志的图形符号和色彩有规定的，公共信息图形标志的制作单位应当按照国家、行业、地方标准的规定制作公共信息图形标志。

不得制作和销售违反前款规定的公共信息图形标志。

第九条 （标志的设置）

公共场所内涉及人身、财产安全和市民基本需要的区域、设施，应当设置公共信息图形标志。

前款规定以外的公共场所，管理和使用单位可以根据需要，设置相应的公共信息图形标志。

公共信息图形标志的设置应当符合有关图形标志设置原则与要求的国家、行业标准的规定。各行业的具体设置方案由市质量技监局会同各有关行政主管部门另行制定，公共场所的管理和使用单位或者有关机构组织实施。

第十条 （城市基础设施项目中的标志设置）

符合本办法第九条第一款规定情形的城市基础设施项目，建设单位应当将公共信息图形标志的设置列入工程项目设计。建设单位组织设计、施工、工程监理等有关单位进行竣工验收时，应当将公共信息图形标志设置的标准化情况列入验收内容。

前款规定的城市基础设施项目中，为公共信息图形标志的预留位置应当优先于商业广告设施。设置商业广告设施的，不得影响公共信息图形标志的使用效果。

第十一条 （自行制订、制作、设置标志）

国家、行业、地方尚未制定有关标准，而公共场所的管理和使用单位又需要设置公共信息图形标志的，可以自行制订、制作和设置公共信息图形标志。

第十二条 （标志的维护）

公共信息图形标志的设置单位应当对本单位管理区域内的公共信息图形标志定期进行检查、维护，有损坏、脱落等情况的，应当及时修复和更新，以保持公共信息图形标志的完好、整洁。

第十三条 （标准的查询）

市质量技监局应当建立公共信息图形标志标准的查询制度，为单位和个人提供公共信息图形标志标准的查询服务。

第十四条 （违法行为的处罚）

制作、销售不符合强制性国家、行业、地方标准规定的公共信息图形标志的，由质量技监部门责令限期改正；逾期不改正的，依照《中华人民共和国标准化法实施条例》第三十三条的规定进行处罚。

设置不符合强制性国家、行业、地方标准规定的公共信息图形标志，或者设置公共信息图形标志不符合强制性国家、行业、地方标准的，由有关行政主管部门依据有关法律、法规和规章的规定责令改正或者实施处罚。质量技监部门发现上述违法行为，应当提请有关行政主管部门及时实施监督管理。

第十五条 （标准实施目录）

制订、制作、销售和设置公共信息图形标志的标准，按照本办法附录的《公共信息图形标志标准实施目录》执行。

市质量技监局可以根据国家、行业和本市有关公共信息图形标志标准的制定情况，对《公共信息图形标志标准实施目录》所列项目进行补充和调整，并在报市人民政府批准后，向社会公开发布。

第十六条 （施行日期）

本办法自 2003 年 4 月 1 日起施行。

成都市公共信息标志标准化管理办法

（2006 年 5 月 16 日成都市人民政府令第 125 号发布）

第一条 （目的依据）

为了加强对公共信息标志的标准化管理，提高城市文明程度，方便公众生活，根据《中华人民共和国标准化法》等法律、法规的规定，结合成都市实际，制定本办法。

第二条 （适用范围）

本市行政区域内公共信息标志的制作、销售、设置以及监督管理适用本办法。

第三条 （术语含义）

本办法所称公共信息标志，是指以图形、色彩和文字、字母等或者其组合，表示公共区域、公共设施的用途和方位，提示和指导人们行为的标志物。

第四条 （发展规划）

本市各级人民政府应当加强对公共信息标志标准化工作的领导，将其纳入城市建设和旅游发展规划。

第五条 （管理职责）

市质量技术监督部门（以下简称市质监部门）是本市公共信息标志标准化工作的行政主管部门，负责全市公共信息标志标准化的监督管理工作。

政府有关部门及本市行政区域内的民航、铁路、金融、电力、电信等单位，按照各自职责，组织国家、行业、地方公共信息标志标准的实施。

市质监部门可以委托管理公共事务的事业组织实施公共信息标志的监督检查工作。

第六条 （标志标准）

公共信息标志及设置原则，国家、行业已有标准的，按其标准执行。国家、行业尚未制定标准的，由市质监部门按照法律、法规规定的程序制定地方标准，单位和个人可以向市质监部门提出制定地方标准的建议。

第七条 （标准目录）

市质监部门根据国家、行业和地方标准的规定，结合本市实际情况，制定《成都市公共信息标志标准实施目录》，并向社会公布。《成都市公共信息标志标准实施目录》根据国家、行业和地方标准修订情况，及时修改并向社会公布。

第八条 （标准查询）

市质监部门应当按照《成都市政府信息公开规定》的要求，为单位和个人提供公共信息标志标准查询服务。

第九条 （制作销售）

公共信息标志的制作必须符合《成都市公共信息标志标准实施目录》所列标准的规定。

禁止制作和销售不符合《成都市公共信息标志标准实施目录》所列标准的公共信息标志产品。

第十条 （自订标志）

国家、行业、地方尚未制定有关标准，而公共场所的管理者需要设置公共信息标志的，可以自行制订标志。

第十一条 （标志设置）

宾馆（饭店）、医院、学校、公园、体育场（馆）、会议中心、办公楼、展览馆、博物馆、机场、车站、码头、停车场、娱乐场所、影剧院、商场、旅游景区（点）、建筑工地、城市道路、公共厕所等，以及其他需要设置公共信息标志的公共场所和公共设施，其管理者或者经营者应当设置公共信息标志。

前款规定范围内的建设项目，建设单位应当将公共信息标志作为附属设施纳入工程预算，并将公共信息标志设置的标准化情况纳入工程竣工验收内容。

第十二条 （设置要求）

设置公共信息标志，应当安全、醒目、便利、协调，符合《成都市公共信息标志标准实施目录》所列标准的规定；设置广告设施，不得影响公共信息标志的使用效果。

第十三条 （标志维护）

公共信息标志的设置或管理单位应当对本单位管理范围内的公共信息标志定期进行检查、维护，保持公共信息标志的完好、整洁。

第十四条 （行政处罚）

有下列行为之一的，由质监部门根据情节轻重给予处罚：

（一）未按规定设置公共信息标志，或者设置的公共信息标志不符合《成都市公共信息标志标准实施目录》所列标准的，责令限期改正；逾期不改正的，处500元以上2 000元以下的罚款。

（二）设置的公共信息标志有损坏、脱落等情况，未及时修复和更新的，责令限期改正；逾期不改正的，处200元以上1 000元以下的罚款。

（三）制作、销售不符合《成都市公共信息标志标准实施目录》所列标准的公共信息标志产品的，责令改正，可处500元以上5 000元以下的罚款。

第十五条 （责任追究）

标准化工作的监督、检验、管理人员滥用职权、徇私舞弊、玩忽职守的，给予行政处分；构成犯罪的，依法追究刑事责任。

第十六条 （复议诉讼）

当事人对行政处罚决定不服的，可依法申请行政复议或提起行政诉讼。

第十七条 （解释机关）

本办法具体应用中的问题由成都市人民政府法制办公室负责解释。

第十八条 （施行日期）

本办法自2006年8月1日起施行。

南京市农业标准化管理办法

（2003年12月26日南京市人民政府令第225号发布）

第一章 总 则

第一条 为加强农业标准化工作，提高农产品安全质量水平和市场竞争力，维护生产者、销售者和消费者的合法权益，促进农业增效和农民增收，根据《中华人民共和国标准化法》、《中华人民共和国农业法》等有关法律、法规规定，结合本市实际，制定本办法。

第二条 农业标准化是指农业、林业、畜牧业、渔业的标准化。

农业标准化工作包括制定和修订农业标准，组织实施农业标准，对农业标准的实施进行监督等。

第三条 在本市行政区域内从事农产品生产（含加工，下同）、销售、进出口等涉及农业标准化活动的单位和个人均应当遵守本办法。

第四条 市质量技术监督行政主管部门统一监督管理全市农业标准化工作。市农业行政主管部门负责本行业的农业标准化工作。

环保、科技、卫生、工商、商贸、出入境检验检疫等有关行政主管部门按照各自的职责，做好农业标准化工作。

第五条 各级人民政府应当将农业标准化工作纳入国民经济和社会发展计划，将制定标准、实施标准和对农业标准实施的监督等经费列入本级财政预算。

对农业标准化工作成绩突出的单位和个人，各级人民政府应当给予奖励。

第二章 农业标准的制定

第六条 农业标准体系包含国家标准、行业标准、地方标准和企业标准。

国家标准、行业标准分为强制性标准和推荐性标准。保障人体健康，人身、财产安全的标准和法律、行政法规规定强制执行的标准是强制性标准，其他标准是推荐性标准。

第七条 国家标准、行业标准和省地方标准没有涵盖，又需要在全市范围内统一农业生产和管理技术要求的，市质量技术监督行政主管部门可以组织制定农业地方标准：

（一）农产品的品种、规格、质量、等级和安全、卫生要求；

（二）农产品的试验、检验、包装、储存、运输、使用要求；

（三）农产品生产基地、农业示范区建设要求、管理规范；

（四）农产品生产技术操作规程；

（五）农产品批发、销售的管理要求；

（六）其他需要统一农业生产和管理技术要求的。

第八条 制定农业地方标准应当符合下列要求：

（一）符合 WTO/TBT、WTO/SPS 及我国有关法律、法规及国家标准、行业标准的要求，并贯彻执行国家标准、行业标准的强制性内容；

（二）坚持科学性、协调性、经济性、合理性和可操作性相结合，做到技术先进，经济合理，切实可行，有利于推动农业技术进步；

（三）有利于合理利用资源，保护生态环境，实现农业可持续发展；

（四）积极采用国际标准或国外先进标准，有利于促进对外经济技术合作和对外贸易；

（五）有利于发展地方名、特、优农产品生产；

（六）有利于相关标准相互协调配套，有利于建立科学合理的农业、林业、畜牧业、渔业标准体系；

（七）充分发挥行业协会、科学研究机构、学术团体和企业的作用。

第九条 农产品生产企业生产的产品没有国家标准、行业标准和地方标准的，必须制定企业标准，作为组织生产的依据。

鼓励农产品生产企业制定严于国家标准、行业标准、地方标准的企业标准，采用国际标准和国外先进标准。

农产品企业标准应当按照《中华人民共和国标准化法》、《江苏省标准监督管理办法》的有关规定办理备案手续。

第十条 市级农业地方标准由市质量技术监督行政主管部门发布，农产品企业标准由企业发布。

第十一条 在本市范围内多点生产的农产品，没有国家标准、行业标准和地方标准的，市质量技术监督行政主管部门可以会同农业行政主管部门组织制定农产品生产的指导性技术文件。企业可以将指导性技术文件转化为企业农产品标准。

第三章 农业标准的实施

第十二条 市、区、县人民政府应当建立农业标准化联席会议制度，通过建立农业标准化示范区、各类农产品生产基地和服务组织等形式，建立农业标准推广体系，推进农业产业化。

第十三条 农产品生产者必须按照国家标准、行业标准、地方标准或经备案的企业标准组织生产。

禁止农产品生产者无标准生产农产品。

农产品生产者应当对生产环境、生产过程、农业投入品控制、检验、包装、上市销售等全过程实施标准化管理。

第十四条 禁止生产、销售、进口农药残留量和有毒有害物质含量超过标准及其他不符合强制性标准规定的农产品。

第十五条 生产、销售、使用农业生产资料必须符合相关标准。

禁止生产、销售、使用下列农业投入品：

（一）国家明令淘汰的产品；

（二）国家禁止使用的农药、兽药、化肥、饲料及饲料添加剂等；

（三）不符合法律、法规和国家、行业、地方强制性标准规定的其他产品。

第十六条 包装上市的初级农产品应当标有中文标识，标明品名、生产者或销售者的名称和地址、采摘（捕捞、宰杀）日期、净含量等。

凡列入农业转基因生物标识管理目录的产品，必须严格按照农业转基因生物标识管理规定标注标识。

任何单位、个人不得伪造、擅自印刷、冒用农产品标识和篡改标识内容。

第十七条 进出口农产品的检验检疫按照《中华人民共和国进出境动植物检疫法》和《中华人民共和国进出口商品检验法》的有关规定执行。

出口农产品的技术要求及标识应当按照合同约定执行，并符合进口国的有关规定。

第十八条 农产品的包装材料必须符合安全、卫生标准，不得对农产品造成污染。

第十九条 收购农产品必须执行相应的产品标准，符合农产品质量安全标准。使用实物样品时，应当符合相应标准规定。

销售者销售的农产品必须符合相应的标准。

农产品生产、销售企业（批发市场、大型超市和封闭管理的农贸市场）应当建立农产品质量自检制度；不具备自检条件的，应当建立送检制度。

第二十条 各级人民政府应当确立发展名牌农产品的战略；将培育、发展无公害农产品、绿色食品、有机食品和原产地域产品等列入经济发展规划，制定鼓励政策。

各有关行政主管部门应积极创造条件，支持无公害农产品、绿色食品、有机食品、名牌农产品和原产地域产品进入国际、国内市场。

第二十一条 鼓励农业企业注册农产品商标，申报无公害农产品、绿色食品、有机食品、名牌农产品和原产地域产品。

鼓励农产品生产和销售企业建立质量控制体系，积极贯彻 ISO 9000 标准，取得质量体系认证证书。

鼓励农产品生产企业申请并通过 HACCP 认证。

第二十二条 鼓励各类市场、企业设立销售无公害农产品、绿色食品、有机食品、名牌农产品和原产地域产品的专店或专柜。

明示生产、销售无公害农产品、绿色食品、有机食品、名牌农产品和原产地域产品必须取得相应认定、认证证书并使用质量标志。

任何单位和个人不得伪造、擅自印刷、冒用农产品质量标志。

第四章 农业标准实施的监督

第二十三条 市有关行政主管部门必须按照法律、法规、规章、强制性标准和本办法的有关规定实施农业标准监督，保证农产品质量和食用安全。

第二十四条 质量技术监督行政主管部门统一负责全市农业标准实施的监督工作，定期组织法定检验机构对农产品实行以质量安全监督抽查（以下简称“农产品监督抽查”）为主要方式的标准实施监督工作。

农林等行政主管部门负责本行业农业标准实施的监督工作。

第二十五条 农产品监督抽查应依据强制性标准、产品明示采用的标准或技术指标要求进行检验和判定。监督抽查以产品中的农药残留、兽药残留、重金属元素和其他可能危及人体健康、人身安全等有毒有害物质限量指标为主要检验项目。

农产品监督抽查不得收费，所需经费纳入同级财政预算。

第二十六条 农产品监督抽查信息由组织实施的部门定期发布。

第二十七条 从事农产品质量安全监督检验的法定检验机构必须经依法授权并具备相应的检测能力，经省级以上质量技术监督行政主管部门或其授权的部门考核合格（通过计量认证和审查认可）。

第二十八条 对社会出具公正数据的农产品检验检测及中介检验机

构必须具备相应的检测条件和能力，经省级以上质量技术监督行政主管部门计量认证考核合格，取得证书并在规定的范围和有效期内依法对社会出具检验、测试数据或报告。

第二十九条 各类检验检测机构、企业应当遵守《中华人民共和国计量法》的规定，其进行农产品检验的仪器设备应当经法定计量检定机构检定或校准合格后方可投入使用。

第三十条 以国家强制性标准为依据，建立农产品市场准入制度。不符合保障人体健康、人身安全要求的农产品，不得进入市场，并由相关行政主管部门监督持有人进行无害化处理。

超市、农贸市场、农产品批发等市场对初检不合格的农产品不得上市，复检必须按国家强制性标准进行。

第五章 罚 则

第三十一条 违反本办法规定，有下列行为之一的，责令限期改正；逾期不改的，处以 1 000 元以下罚款：

（一）直接包装上市的农产品没有中文标识的；

（二）列入国家农业转基因生物标识管理目录的产品没有按规定标注标识的。

第三十二条 违反本办法规定，生产的农产品没有标准或企业标准没有备案的，责令限期改正；逾期不改的，处以 10 000 元以下罚款。

第三十三条 违反本办法规定，有下列行为之一的，责令限期改正，并可处以违法所得 1 倍以上 3 倍以下，但最高不超过 30 000 元的罚款；没有违法所得的，可处 10 000 元以下的罚款：

（一）在农产品生产中使用国家明令淘汰、禁止使用或不符合法律、法规规定和强制性标准的农业投入品；

（二）伪造、冒用农产品标识或篡改标识内容；

（三）农产品包装材料不符合安全、卫生标准，对产品造成污染的；

（四）伪造、冒用无公害农产品、绿色食品、有机食品质量标志或擅自印刷无公害农产品、绿色食品、有机食品、名牌农产品、原产地域产品质量标志的。

第三十四条 无正当理由拒绝农产品质量安全监督抽查的，责令限期改正；逾期不改的，处以 1 000 元以下罚款。

第三十五条 违反本办法规定，有下列行为之一的，依据《中华人民共和国产品质量法》、国务院《标准化法实施条例》有关规定给予处罚：

（一）伪造、冒用名牌农产品、原产地域产品等质量标志的；

（二）生产、销售、进口不符合强制性标准规定农产品的；

（三）检验机构伪造检验结果或出具虚假证明的。

第三十六条 质量技术监督行政部门和有关行政管理部门工作人员滥用职权、玩忽职守、徇私舞弊的，由所在单位或者上级主管部门给予行政处分；构成犯罪的，依法追究刑事责任。

第三十七条 本办法第三十一条至第三十四条规定的行政处罚，由质量技术监督行政部门决定；法律、法规对行使行政处罚权的机关另有规定的，从其规定。

第六章 附 则

第三十八条 本办法下列用语的含义：

（一）“农产品”是指种子（含种子、种苗、种畜、种禽、鱼苗、食用菌菌种和其他繁殖材料）、粮、油、水果、蔬菜、畜产品、水产品、林产品、食用菌、饲料（非农副产品加工制成的饲料除外）及饲料添加剂、棉花、烟叶、茶叶、糖料、花卉及其他农产品。

（二）“初级农产品”是指未经加工、制作的农产品。

（三）“农产品生产者”是指农业标准化示范区、各类农产品生产基地、农产品生产企业。

（四）“HACCP”是指危害分析与关键控制点。HACCP 体系是鉴别、评价和控制对食品安全至关重要的危害的一种体系。

（五）“WTO/TBT”是指世界贸易组织技术性贸易壁垒协定。

（六）“WTO/SPS”是指世界贸易组织实施卫生与植物卫生措施协定。

第三十九条 本办法自 2004 年 2 月 1 日施行。

浙江省商品条码管理办法

(2001 年 10 月 8 日浙江省人民政府令第 134 号发布，
根据 2007 年 4 月 29 日浙江省人民政府令第 230 号修正)

第一章 总 则

第一条 为加强和规范商品条码管理,保证商品条码质量,推广商品条码使用,促进商品条码的商业信息化应用,根据《中华人民共和国标准化法》等有关规定,结合本省实际,制定本办法。

第二条 本办法所称商品条码,是指由一组规则排列的条、空及其对应代码组成,表示特定信息的全球统一商品标识,包括零售商品代码、非零售商品代码、物流单元代码等。

第三条 本省行政区域内商品条码的注册、编码、印制、使用及其管理,适用本办法。

第四条 县级以上人民政府应当引导和支持商品生产者、销售者和服务提供者使用商品条码,并将推广应用商品条码纳入当地信息化建设内容。

第五条 省质量技术监督行政部门主管全省商品条码工作。市、县质量技术监督行政部门负责本行政区域内商品条码的监督检查工作。

县级以上人民政府质量技术监督行政部门应当加强对商品条码应用的宣传、推广工作,建立并实施有效的产品跟踪与追溯系统。

第六条 中国物品编码中心设在本省的分支机构(以下简称物品编码分支机构)按照其规定的职责范围开展工作,提供商品条码的技术服务。

第七条 鼓励商品生产者、销售者和服务提供者在生产、销售、运输、仓储和物流单元管理时使用商品条码;鼓励商品生产者、销售者在出口有预包装的产品上使用商品条码。

第二章 注册、变更、续展和注销

第八条 依法取得营业执照或者相关合法资质证明的生产者、销售者和服务提供者使用商品条码，应当申请注册厂商识别代码，经注册成为中国商品条码系统成员（以下简称系统成员）后，可以使用商品条码。

第九条 申请人申请注册厂商识别代码，应当向物品编码分支机构办理有关注册手续，填写厂商识别代码注册申请书，出示营业执照或者相关合法资质证明并提供复印件。

物品编码分支机构应当自受理之日起五个工作日内，将申请资料报送中国物品编码中心注册厂商识别代码。

第十条 申请人获准注册厂商识别代码的，由中国物品编码中心发给《中国商品条码系统成员证书》（以下简称《系统成员证书》）。

第十一条 系统成员变更名称、地址，应当自有关主管部门批准或者核准之日起三十日内，持变更证明文件和《系统成员证书》到物品编码分支机构办理变更手续。

第十二条 厂商识别代码的有效期为二年。

系统成员应当在厂商识别代码期满前三个月内，持《系统成员证书》、营业执照或者相关合法资质证明及其复印件到物品编码分支机构办理续展手续。逾期未办理续展手续的，由物品编码分支机构报请中国物品编码中心核准，注销其厂商识别代码和系统成员资格。

第十三条 系统成员停止使用商品条码的，应当自停止使用之日起三个月内，持《系统成员证书》到物品编码分支机构办理注销手续。

依法被撤销、解散、宣告破产或者其他原因终止的系统成员，应当同时停止使用商品条码，并依照前款规定办理注销手续。

第十四条 已被注销厂商识别代码的生产者、销售者和服务提供者，需要使用商品条码的，应当重新申请注册厂商识别代码。

第十五条 在本省行政区域内生产下列预包装产品，应当申请注册厂商识别代码，并在产品标识中标注商品条码：

（一）食品、卷烟、酒、饮料、保健品；

（二）化妆品、日用化学品、儿童玩具、家用电器；

（三）药品、医疗器械。

生产前款第（一）、（二）项预包装产品的企业，未在其产品标识中标注商品条码的，应当在2008年底前标注商品条码；生产前款第（三）项预包装产品的企业，未在其产品标识中标注商品条码的，应当在2009年底前标注商品条码。

第三章　编码、设计和印刷

第十六条　系统成员应当按照有关国家标准的规定，编制商品条码，并自编制之日起三十日内到物品编码分支机构办理备案手续。

第十七条　商品条码的印刷面积超过商品包装或者标签可印刷面积四分之一的，可以通过物品编码分支机构，向中国物品编码中心申请使用缩短版商品条码。

第十八条　商品条码的设计，包括尺寸、颜色及印刷位置应当执行有关国家标准。

第十九条　从事印制商品条码（包括制作商品条码原版胶片，下同）的企业，应当具有健全的商品条码印刷质量保证体系，并按照《印刷业管理条例》的规定取得印刷经营许可后，方可承揽商品条码印制业务。

第二十条　印制商品条码，应当查验、复印委托人的《系统成员证书》，登记证书号码。委托人不能提供证书的，不得承印。复印、登记资料应当保存二年以上。

从事印制商品条码的企业不得向非委托人提供商品条码。

第二十一条　商品条码的印刷及所需原版胶片的制作，应当执行有关商品条码印制的国家标准，不得向委托人提供质量不合格的商品条码。

第四章　使用和管理

第二十二条　任何单位和个人不得伪造、冒用商品条码或者将其他形式的条码冒充为商品条码。

第二十三条　系统成员不得擅自将其注册的厂商识别代码以及相应的商品条码转让、许可他人使用。

第二十四条　使用其他国家和地区商品条码的厂商，应当及时向物品编码分支机构备案。

第二十五条　经销企业采用与商品条码有关的自动化扫描销售系统，应当符合国家标准的要求。

经销企业对所经销商品使用的商品条码应当进行查验，发现违法使用商品条码的，应当拒绝销售。

第二十六条 经销企业不得以商品条码的名义向供货方收取进店费、上架费、信息处理费等费用，阻碍商品条码的推广应用。

经销企业需要在本单位内部对再加工、分装或者不规则包装的商品使用店内码的，应当根据国家标准编制。

已经标注合格商品条码的，销售企业应当直接采用商品条码，不得另行编制、使用店内码。

第二十七条 质量技术监督、食品药品监督管理、工商等部门应当利用商品条码，加强对产品质量的监督管理，并对本办法第十五条规定的预包装产品，逐步实施产品质量责任跟踪和追溯。

使用、印制商品条码的单位和个人应当接受有关管理部门依法对商品条码的检查和管理。

第二十八条 商品条码的质量监督检验机构应当依法设立，必要时也可以委托物品编码分支机构进行质量监督检验。

第五章 法律责任

第二十九条 质量技术监督行政部门、物品编码分支机构有下列情形之一的，由其上级行政机关或者行政监察机关按照管理权限，对直接负责的主管人员和其他直接责任人员给予行政或者纪律处分：

（一）未依照本办法规定办理厂商识别代码的注册、变更、续展的；

（二）在办理厂商识别代码注册、变更、续展时，违反国家有关规定收取费用的；

（三）在办理厂商识别代码注册、实施监督检查时，索取或者收受他人财物或者谋取其他利益的；

（四）有其他滥用职权、徇私舞弊行为的。

第三十条 违反本办法第十一条、第十六条、第十八条、第二十六条规定的，由县级以上人民政府质量技术监督行政部门责令改正；其中违反第十八条、第二十六条第一款规定的，可处三千元以下的罚款。

第三十一条 违反本办法第十五条规定的，由县级以上人民政府质量技术监督行政部门责令改正，可处一万元以下的罚款。

第三十二条 从事印制商品条码的企业违反本办法第二十条规定的，由县级以上人民政府质量技术监督行政部门依照《浙江省产品质量监督条例》第三十七条的有关规定处罚。

第三十三条 违反本办法第二十一条、第二十三条规定的,由县级以上人民政府质量技术监督行政部门责令改正,可处一万元以下的罚款。

第三十四条 违反本办法第二十二条规定的,由县级以上人民政府质量技术监督行政部门责令改正,可处三万元以下的罚款。

第六章 附 则

第三十五条 预包装产品,是指经预先定量包装或者装入、灌入容器内,向消费者直接提供的产品。

第三十六条 本办法自2002年1月1日起施行。

广东省商品条码管理办法

(2005年1月20日广东省人民政府令第96号发布)

第一条 为规范商品条码管理,加快商品条码推广应用,促进本省商品流通的信息化管理,根据《中华人民共和国标准化法》、《中华人民共和国产品质量法》等法律、法规,结合本省实际,制定本办法。

第二条 本办法所称商品条码,是指由一组规则排列的条、空及其对应代码组成的、表示特定信息的全球统一商品标识,包括零售商品条码、非零售商品条码和物流单元条码。

第三条 在本省行政区域内,从事商品条码的注册、编码、印制、管理、应用的单位和个人,应当遵守本办法。

第四条 省质量技术监督行政部门是全省商品条码工作的主管部门,负责本省商品条码工作的监督检查,并组织实施本办法;其下属的省标准化研究院具体负责本省商品条码管理、协调工作。

市、县质量技术监督行政部门负责本行政区域内商品条码的监督检查工作。

中国物品编码中心设在本省行政区域内的地方分支机构(以下简称编码分支机构)按照其规定的职责范围开展工作。

第五条 各级人民政府应当加强商品条码的宣传、推广工作，引导和鼓励商品生产者、销售者和服务提供者使用商品条码，采用全球统一标识系统，并逐步建立有效的产品跟踪与追溯系统。

第六条 在本省行政区域内生产下列预包装产品，应当在产品标识中标注商品条码：

（一）食品、卷烟、酒、饮料；

（二）药品、保健品、化妆品、医疗器械；

（三）日用化学品；

（四）儿童玩具；

（五）家用电器。

第七条 使用商品条码，应当注册厂商识别代码。

具有独立法人资格的企业分支机构，需要使用商品条码的，应当注册本分支机构的厂商识别代码。

已被注销厂商识别代码的，需要使用商品条码时，应当重新申请注册。

第八条 申请注册厂商识别代码，应当提交下列材料：

（一）商品条码注册申请书；

（二）出示营业执照并提交营业执照复印件；

（三）法律、法规、规章规定的其他材料。

申请人获准注册厂商识别代码，取得《中国商品条码系统成员证书》（以下简称《系统成员证书》）的，成为中国商品条码系统成员（以下简称系统成员）。

第九条 厂商识别代码的有效期为2年。

系统成员应当在厂商识别代码有效期满前3个月内，到所在地编码分支机构办理续展手续。逾期未办理续展手续的，注销其厂商识别代码和系统成员资格。

第十条 系统成员的名称、地址、法定代表人等信息发生变化时，应当自有关部门批准之日起30日内，持有关文件和《系统成员证书》到所在地编码分支机构办理变更手续。

第十一条 系统成员停止使用厂商识别代码的，应当在停止使用之日起3个月内到所在地编码分支机构办理注销手续。

第十二条 遗失《系统成员证书》的，应自发现遗失之日起 10 日内向原申办机构提交补发申请。

原申办机构接到申请后，应当在 5 个工作日内予以核查，确属遗失证书的，予以公告，并在公告期满后 10 个工作日内予以补发。

第十三条 在国内生产或代理销售商品使用境外注册商品条码的，生产者或代理者应当提供该商品条码的注册证明、授权委托书等相关文件，并到所在地编码分支机构备案，由编码分支机构将备案材料报送中国物品编码中心。

第十四条 系统成员应当按照有关的国家标准编制商品条码，并在编制完成之日起 30 日内报所在地编码分支机构备案；编码分支机构应在 30 日内将备案材料报送省标准化研究院。

第十五条 商品条码的设计应当符合有关的国家标准。

根据应用需要，系统成员可采用 EAN/UPC 商品条码、ITF-14 商品条码、UCC/EAN-128 商品条码。

第十六条 印制商品条码，应当符合有关的国家标准，保证质量。

印刷商品条码需要原版胶片的，应当向商品条码原版胶片制作者订制。商品条码原版胶片制作者应当按照有关的国家标准制作原版胶片，保证质量。

第十七条 印刷企业承接商品条码印刷业务，应当查验与商品条码对应的《系统成员证书》或者境外注册商品条码的备案文件，并复印存档备查，存档期限为 2 年。

委托人不能出具《系统成员证书》或者备案文件的，印刷企业不得承印。

第十八条 销售者在本单位内部对再加工、分装或者不规则包装的商品需要使用店内条码的，应当根据有关的国家标准编制。

已经标注合格商品条码的，销售者应当直接采用商品条码，不得另行编制、使用店内条码。

第十九条 系统成员不得擅自将其注册的厂商识别代码及相应的商品条码转让他人使用。

第二十条 委托他人生产的产品，需要标注商品条码的，应当标注委托者注册备案的商品条码。

第二十一条 任何单位和个人不得有下列行为：

（一）使用未经注册厂商识别代码及相应的商品条码；

（二）伪造或冒用他人商品条码；

（三）使用已经注销的厂商识别代码及相应的商品条码；

（四）其他违法使用商品条码的行为。

第二十二条 销售者不得以商品条码的名义向供货方收取进店费、上架费、信息处理费等费用，干扰商品条码的推广应用。

第二十三条 违反本办法第六条、第二十条、第二十一条规定的，由县级以上质量技术监督行政部门责令限期改正，可处1 000元以上10 000元以下罚款。

第二十四条 违反本办法第十九条规定的，由县级以上质量技术监督行政部门责令限期改正，可处3 000元罚款。

第二十五条 违反本办法第十条、第十一条、第十三条、第十四条、第十七条和第十八条规定的，由县级以上质量技术监督行政部门责令限期改正；逾期不改的，可处1 000元以上10 000元以下罚款。

第二十六条 违反本办法第二十二条规定的，由县级以上质量技术监督行政部门责令限期退回所收取的费用；逾期不退的，可处所收取费用一倍的罚款，但最高罚款不得超过30 000元。

第二十七条 从事商品条码管理和监督工作的国家工作人员玩忽职守、滥用职权、徇私舞弊的，由其主管部门予以行政处分；构成犯罪的，依法追究刑事责任。

第二十八条 本办法自2005年3月1日起施行。

吉林省商品条码管理办法

（2003年12月25日吉林省人民政府第9次常务会议审议通过，
2004年1月7日吉林省人民政府令第152号公布）

第一条 为了加强和规范商品条码管理，保证商品条码质量，促进商品条码在商贸流通领域信息化建设中的应用和经济发展，根据国家有关规定，结合本省实际，制定本办法。

第二条 商品条码是由一组规则排列的条、空及其对应字符组成的商品标识。

本办法所称商品条码包括标准版商品条码、缩短版商品条码、商品储运单元条码和物流单元条码。其中标准版商品条码、商品储运单元条码和物流单元条码主要由厂商识别代码、商品项目代码和校验码组成；缩短版商品条码由商品项目识别代码和校验码组成。

第三条 本省行政区域内商品条码的注册、编码、设计、印刷、应用、续展和管理，适用本办法。

第四条 省质量技术监督行政部门负责全省商品条码的监督管理工作，可以委托其所属的物品编码管理机构（以下简称编码管理机构）负责商品条码的日常监督管理工作。

市州、县（市）质量技术监督行政部门负责本行政区域内的商品条码监督检查工作。

第五条 各级人民政府及有关部门应当鼓励和引导商品生产者、销售者使用商品条码，提高商品生产者、销售者在生产、储运、配送、销售中的信息技术标准化管理水平。

商品条码管理部门和机构应当为商品生产者、销售者使用商品条码提供技术咨询和服务。

第六条 单位和个人使用商品条码应当在申请注册厂商识别代码后，按照国家标准编制、设计商品条码。

单位和个人申请注册厂商识别代码，应当向编码管理机构提交下列材料：

（一）厂商识别代码注册申请书；

（二）营业执照及其复印件；

（三）组织机构代码证书；

（四）产品执行标准；

（五）国家、省质量技术监督行政部门规定的其他相关材料。

第七条 编码管理机构应当自收到申请材料之日起 5 日内完成初审。初审合格的，报送国家编码中心核准；初审不合格的，应当将申请材料退回申请人并说明理由。

第八条 申请人获准注册厂商识别代码的，由国家编码中心发给《中国商品条码系统成员证书》(以下简称《系统成员证书》)，取得中国商品条码系统成员(以下简称系统成员)资格。

第九条 系统成员对其注册的厂商识别代码和相应的商品条码享有专用权。

第十条 系统成员的名称、经营场所发生变更的，应当自相关部门核准变更之日起30日内，持核准变更文件和《系统成员证书》到编码管理机构办理变更手续。

系统成员办理变更手续，其厂商识别代码不变。

第十一条 厂商识别代码的有效期为2年。

系统成员应当在厂商识别代码有效期满前90日内，持《系统成员证书》、营业执照及其复印件到编码管理机构办理续展手续。逾期30日未提出续展申请的，其厂商识别代码视为自动申请注销，由编码管理机构按照国家有关规定向国家编码中心申报，办理注销其厂商识别代码和系统成员资格手续。

系统成员不得超期使用注册的厂商识别代码。

第十二条 系统成员依法撤销、解散、宣告破产或者由于其他原因终止使用商品条码的，应当自终止使用之日起90日内，持《系统成员证书》办理注销手续。

第十三条 已被注销厂商识别代码的生产者、销售者，需要使用商品条码的，应当重新申请注册厂商识别代码。

任何单位或者个人不得使用已经注销的厂商识别代码和相应的商品条码。

第十四条 系统成员使用商品条码不得一码多用、多码混用。

系统成员应当在使用商品条码前30日内，到编码管理机构备案。

使用其他国家或地区商品条码的单位和个人，应当在使用商品条码前30日内到编码管理机构备案。

第十五条 商品条码的印刷面积超过商品包装表面面积或者标签可印刷面积四分之一的，系统成员应当向编码管理机构申请使用缩短版商品条码。

第十六条 从事商品条码印刷的企业应当具备下列条件，经资格认定后，方可承揽商品条码印刷业务：

（一）有保证商品条码印刷质量的生产设备和技术人员；

（二）有相应的质量检测设备和检测人员，或者已经委托具有检测资格的单位代为检测；

（三）有健全的质量管理制度；

（四）法律、法规规定的其他条件。

编码管理机构按照国家有关规定受理商品条码印刷企业资格认定申请，经初审合格后，报国家编码中心认定。

第十七条 系统成员应当委托取得商品条码印刷资格的企业印刷商品条码。

印刷企业承揽印刷商品条码业务，应当查验并复印委托人的《系统成员证书》或使用其他国家和地区商品条码的证明材料存档备查，存档备查期限为2年；委托人不能提供证书或证明材料的，不得承揽印刷。

第十八条 承揽印刷商品条码的印刷企业，应当保证商品条码的印刷质量。质量技术监督行政部门应当依照有关产品质量的法律、法规规定实施监督管理。

第十九条 任何单位和个人不得伪造、冒用、转让商品条码；不得将其他形式的条码冒充商品条码印在其产品的包装或者标签上。

第二十条 经销企业销售带有商品条码标识的商品应当查验生产企业的《系统成员证书》原件或者复印件；对超期使用商品条码或者伪造、冒用商品条码的商品不得销售。

经销企业使用店内商品条码应当符合国家标准。

第二十一条 违反本办法第十四条、第二十条第二款规定的，由县级以上质量技术监督行政部门责令限期改正，逾期未改正的，可处以500元以上1 000元以下罚款。

第二十二条 违反本办法第二十条第一款规定的，由县级以上质量技术监督行政部门责令改正，可并处500元以上1 000元以下罚款。

第二十三条 违反本办法第十一条第三款、第十七条规定的，由县级以上质量技术监督行政部门责令改正，可并处1 000元以上3 000元以下罚款。

第二十四条 违反本办法第十三条第二款、第十九条规定的，由县级以上质量技术监督行政部门责令改正，可并处 3 000 元以上 1 万元以下罚款。

第二十五条 当事人对行政处罚不服的，可以依法申请行政复议或者提起行政诉讼。

第二十六条 从事商品条码管理的国家工作人员玩忽职守、滥用职权、徇私舞弊的，由其所在单位或者上级机关给予行政处分；构成犯罪的，依法追究刑事责任。

第二十七条 本办法自 2004 年 2 月 1 日起施行。

天津市商品条码管理办法

（2003 年 6 月 25 日天津市人民政府令第 2 号发布）

第一条 为加强本市信息化基础建设，规范商品条码的管理，促进商品条码在国民经济和社会发展中的应用，根据国家有关规定，结合本市实际情况，制定本办法。

第二条 本办法所称商品条码是指由一组规则排列的条、空及其对应字符组成的表示一定信息的商品标识。

第三条 本市行政区域内从事商品条码印制、使用和管理的单位和个人，应遵守本办法。

国家对出版物等特殊商品的条码另有规定的，从其规定。

第四条 各级人民政府应积极推动商品条码的应用工作。鼓励、引导商品生产者、销售者使用商品条码，提高本市商业自动化管理水平。

第五条 市质量技术监督管理部门主管本市商品条码工作。履行以下职责：

（一）贯彻实施国家商品条码工作的方针、政策、法律、法规和标准；

（二）领导区、县质量技术监督管理部门开展商品条码工作；

（三）负责本市商品条码注册、变更、续展和注销的初审工作；

（四）负责本市条码技术培训，提供条码技术咨询与服务；

（五）管理商品条码信息数据管理系统；

（六）履行法律、法规、规章规定的其他职责。

第六条 使用商品条码的预包装商品，其商品条码标识应符合国家标准和有关规定。

裸装的食品和其他根据产品的特点难以附加标识的裸装产品，可不使用条码标识。

第七条 申请商品条码注册应具备：

（一）商品条码注册申请书；

（二）法人单位持法人营业执照和《中华人民共和国组织机构代码证》及法定代表人（负责人）的有效身份证件；

（三）个体经营者持营业执照和申请人的有效身份证件；

（四）非法人单位持营业执照、上级法人单位的证明材料和该非法人单位《中华人民共和国组织机构代码证》及负责人的有效身份证件。

第八条 市质量技术监督管理部门对申请人提交的申请商品条码注册材料应在10个工作日内完成初审工作。初审合格并经国家审批后，颁发证书。

对初审不合格的，及时告之理由。

第九条 商品条码持有人变更其名称、地址、法人代表（负责人）、企业类别、行业分类、经济类型的，应自有关主管部门批准之日起30日内，到市质量技术监督管理部门办理变更手续。

第十条 商品条码的有效期为2年。商品条码持有人，应在有效期满前3个月内向市质量技术监督管理部门提出申请，办理续展手续。逾期未办理续展手续的，注销其商品条码。

第十一条 商业企业不得要求供货商为已有商品条码的商品另行印制店内条码。

商业企业需要对商品印制店内条码的，应按照国家标准及有关规定进行编码和印制，并向市质量技术监督管理部门备案。

第十二条 使用境外注册商品条码的，应具备：

（一）使用者的营业执照和《中华人民共和国组织机构代码证》；

（二）境外商品条码注册证件或相关资料；

（三）使用者与注册者之间关系的证明材料。

第十三条 印刷企业承揽商品条码印刷业务时，应审核持有人有效的商品条码证书或合法使用证明文件。

第十四条 企业印制的商品条码必须符合国家标准和有关规定。任何单位或个人不得印制和使用不符合国家标准的商品条码。

第十五条 任何单位和个人不得有下列行为：

（一）伪造、冒用商品条码；

（二）使用已注销的商品条码；

（三）转让商品条码使用权；

（四）销售使用假冒商品条码的商品。

第十六条 违反本办法第九条、第十一条、第十三条规定的，责令改正，逾期不改的，可处以500元以上2 000元以下的罚款。

第十七条 违反本办法第十二条、第十四条规定的，责令改正，并处以1 000元以上3 000元以下的罚款。

第十八条 违反本办法第十五条规定的，责令改正，并处5 000元以上1万元以下罚款。

第十九条 阻碍质量技术监督管理部门依法执行公务的，由公安机关依照《中华人民共和国治安管理处罚条例》予以处罚；构成犯罪的，依法追究其刑事责任。

第二十条 从事商品条码管理工作的执法人员违法违纪的，由主管部门给予行政处分；构成犯罪的，依法追究刑事责任。

第二十一条 本办法自2003年7月10日起施行。

南京市商品条码管理办法

（2000年1月7日南京市人民政府令第178号发布，根据2005年5月11日南京市人民政府令第238号第三次修正）

第一章 总 则

第一条 为了规范商品条码管理，保证商品条码质量，加快商品条码推广应用，根据《中华人民共和国标准化法》和国家质量技术监督局《商品条码管理办法》等有关规定，结合本市实际，制定本办法。

第二条 本办法所称商品条码是由一组规则排列的条、空及其对应字符组成的表示一定信息的商品标识。

商品条码包括标准版商品条码和缩短版商品条码。标准版商品条码由厂商识别代码、商品项目代码和校验码组成。缩短版商品条码由商品项目识别代码和校验码组成。

第三条 本市行政区域内商品条码的注册、编码、应用、印刷和管理适用本办法。

第四条 南京市技术监督局是本市商品条码工作的行政主管部门、中国物品编码中心南京办事处（以下简称南京办事处）具体负责本市商品条码的日常管理工作。

第五条 任何单位和个人使用商品条码必须经核准注册。

第六条 鼓励和引导商品生产者、销售者使用商品条码，应用商品条码技术。

第二章 注册、变更、续展和注销

第七条 依法取得营业执照的单位和个人申请注册厂商识别代码应当到南京办事处办理有关申请注册手续。

申请人申请注册厂有识别代码，应当填写厂商识别代码注册申请书，并提供营业执照及其复印件。

第八条 申请人获准注册厂商识别代码的，由中国物品编码中心（以下简称编码中心）发给《中国商品条码系统成员证书》（以下简称《系统成员证书》），取得中国商品条码系统成员（以下简称系统成员）资格。

第九条 系统成员变更名称地址的应当自有关主管部门批准之日起30个工作日内，持有关文件、《系统成员证书》到南京办事处办理变更手续。

第十条 厂商识别代码的有效期为二年。

系统成员应当在厂协识别代码有效期满三个月内，持《系统成员证书》、营业执照及其复印件到南京办事处办理续展手续。逾期未办理续展手续的，由编码中心注销其厂商识别代码和系统成员资格。

第十一条 系统成员停止使用商品条码的，应当自停止使用之日起三个月内持《系统成员证书》到南京办事处办理注销手续。

系统成员由于依法被撤销、解散、宣告破产或者其他原因终止的，应当同时停止使用商品条码，并按照前款规定办理注销手续。

第十二条 已被注销厂商识别代码的生产者销售备需要使用商品条码的，应当重新申请注册厂商识别代码。

第十三条 任何单位或者个人不得擅自使用已经注销厂商识别代码。

第三章 编码、设计和印刷

第十四条 系统成员应当制定商品条码工作管理制度，建立商品条码管理台账，明确商品条码工作的管理部门或管理人员。管理人员应当掌握条码技术相关知识。

第十五条 系统成员应当按照有关国家标准编制商品项目代码和校验码。

系统成员编制的商品条码，应当自编制之日起 7 个有效工作日内到南京办事处办理备案手续。

第十六条 商品条码印刷面积超过商品包装表面面积或者标签可印刷面积四分之一的，系统成员们以申请使用缩短版商品条码。

缩短版商品条码由编码中心按照有关国家标准编制。

第十七条 系统成员应当按照有关国家标准对商品条码尺寸、颜色及印刷位置的要水设计商品条码。

系统成员不得使用印刷质量不合格的商品条码。

第十八条 印刷企业必须具备商品条码印刷、检验的设备和技术人员，方可承揽商品条码印刷业务。

系统成员应当委托具备商品条码印刷、检验的设备和技术人员的印刷企业印刷商品条码。

第十九条 系统成员印刷商品条码需要原版胶片的，应当向商品条码原版胶片制作者订制原版胶片。

商品条码原版胶片制作者应当按照有关国家标准制作原版胶片，保证商品条码原版胶片质量。

第二十条 商品条码印刷企业、原版胶片制作者不得向委托人、订制者提供质量不合格的商品条码；不得向非委托人非订制者提供商品条码。

第四章　应用和管理

第二十一条　市技术监督行政部门根据本市商品条码工作的发展规划和实施计划逐批规定必须使用商品条码的产(商)品目录,报市政府批准后发布施行。

对目录中规定的产(商)品,生产企业、供货企业必须使用商品条码。

第二十二条　系统成员对其注册的厂商识别代码和相应商品条码不得擅自转让他人使用。

第二十三条　任何单位或者个人不得伪造、冒用商品条码。

任何单位和个人不得将其他形式的条码冒充商品条码印在其产品的包装或标签上。

第二十四条　经销企业不得销售有下列情形之一的商品:

(一) 必须使用而未使用商品条码的;

(二) 不能提供《系统成员证书》的;

(三) 使用伪造、冒用或已注销商品条码的;

(四) 使用不合格商品条码的。

第二十五条　任何单位和个人不得拒绝商品条码管理人员对商品条码的检查。

第五章　罚　　则

第二十六条　违反本办法第二十五条规定的,由技术监督行政部门责令限期改正;逾期不改的,可处以 1 000 元以下罚款。

第二十七条　违反本办法第十七条第二款、第二十条、第二十一条第二款、第二十三条第二款、第二十四条规定的,由技术监督行政部门责令限期改正,并可处以 10 000 元以下罚款。

第二十八条　当事人对行政处罚决定不服的,可以依法申请行政复议或者提起行政诉讼。

当事人逾期不申请复议,不起诉,又不履行行政处罚决定的,作出处罚决定的机关可以依法申请人民法院强制执行。

第二十九条　商品条码管理工作人员滥用职权、玩忽职守、徇私舞弊的,由所在单位或上级主管部门给予行政处分;构成犯罪的,依法追究刑事责任。

第六章 附 则

第三十条 本办法由南京市技术监督局负责解释。

第三十一条 本办法自发布之日起施行。

厦门市商品条码管理办法

（1995 年 12 月 22 日厦门市人民政府令第 25 号发布，
根据 2004 年 6 月 28 日厦门市人民政府令第 111 号公布的
《厦门市人民政府关于废止、修订部分
市政府规章的决定》第二次修正）

第一章 总 则

第一条 为推动商品条码化，沟通商品生产销售信息，提高商品的竞争力，促进市场经济和贸易发展，根据国家有关规定，制定本办法。

第二条 凡在本市范围内使用商品条码以及制作、销售条码产品的单位和个人，必须遵守本办法。

第三条 本办法所称商品条码是指用于国际和国内流通领域的物品编码及相应的条码标识。商品条码包括国际物品编码（EAN 码）和北美商品条码（UPC 码）。

本办法所称条码产品包括条码印刷品、条码识读设备、制作设备和与之相关的软硬件。

第四条 政府支持和鼓励企业使用商品条码。出口商品、名优产品和执行国家强制性标准产品的生产企业应积极使用商品条码；商业企业应积极采用条码扫描自动化管理系统（POS 系统）。

第五条 厦门市技术监督行政管理部门是本市条码工作的行政主管部门（以下简称条码主管部门），负责统一组织、协调和管理本辖区条码工作，在条码管理中履行下列职责：

（一）贯彻、实施国家条码工作的方针政策和有关标准，推动商品的条码化和条码技术应用；

（二）受理商品条码的注册申请和商品条码备案；

（三）负责商品条码和条码产品的管理和监督；

（四）组织条码技术的交流和培训服务。

第二章 商品条码的注册、备案与使用

第六条 除第十五条、第十六条规定的情况外，在我国依法成立的企事业单位使用商品条码的、必须在中国申请商品条码注册。

第七条 申请商品条码注册应提供下列资料报条码主管部门初审：

（一）商品条码注册申请书；

（二）单位代码证书及营业执照影印件；

（三）在有注册商标的商品上使用商品条码的，还应提供商标注册证书。

条码主管部门对初审合格的申请应于5日内报国家条码主管部门复审。

第八条 企事业单位取得中国商品条码注册证书后，方可正式启用注册的商品条码，并同时成为中国商品条码系统成员（以下简称系统成员）。

条码主管部门应定期公告系统成员及其注册的商品条码。

第九条 需要使用北美商品条码的，可按本办法第七条有关规定申请注册。

在国内获得北美商品条码注册的，视同中国商品条码系统成员。

第十条 系统成员对其注册的商品条码享有专有使用权。

禁止任何单位和个人伪造或冒用他人的商品条码。

第十一条 使用商品条码应符合国家有关标准和规定。

注册的商品条码只能在本企业生产、经营的商品上使用，不得出租、转让或与其他企业共用。

第十二条 注册的商品条码有效期为2年，期满前3个月内由条码主管部门通知系统成员参加续展复审。逾期不参加复审的，注销其注册商品条码和系统成员资格，并予以公告。

第十三条 系统成员更改单位名称，应自更名之日起30日内持营业

执照或其他有关证明文件向条码主管部门办理更名手续。

系统成员与他人合资、合并，所成立的新单位需使用商品条码的，应另行办理商品条码的注册手续。

第十四条 系统成员终止使用商品条码的，应向条码主管部门书面申请注销其商品条码。需重新使用商品条码的，应按本办法注册新的商品条码。

对已注销的商品条码，任何单位和个人不得启用。

第十五条 境外公司在本市设立的子公司如使用境外公司注册的商品条码，应持下列资料向条码主管部门申报备案：

（一）境外公司的商品条码注册证书；

（二）使用境外注册商品条码的授权文件；

（三）子公司的单位代码证书及营业执照影印件。

第十六条 受委托加工产品并使用委托人注册的商品条码的，应自加工合同生效之日起15日内持下列资料向条码主管部门办理备案登记，领取备案证书：

（一）委托人的商品条码注册证书；

（二）加工合同；

（三）委托加工产品的条码标识。

第十七条 系统成员印制商品条码需要原版胶片的，应当向商品条码原版制作者订制原版胶片。

商品条码原版胶片制作者应当按照国家有关规定和标准制作原版胶片，保证原版胶片质量。

第十八条 申请、变更商品条码注册，应按国家规定交纳费用。

第三章 商品条码产品的监督管理

第十九条 生产、经营条码产品，应符合《中华人民共和国产品质量法》、《厦门市产品质量监督管理条例》等法律、法规规定，符合相关技术标准要求。

第二十条 印制商品条码，必须具备相应的印制能力，并按照国家有关规定开展商品条码的印制业务。

承接商品条码印制业务时，应查验付印方的商品条码注册证书并立档备查。

印制者不得印制和提供假冒的商品条码。

第二十一条 条码主管部门在实施监督检查中，可到生产经营和使用单位查验其商品条码注册证书，备案证书和准印证书，检查商品条码使用规范和条码产品制造质量。

对涉嫌假冒、伪造的前款证书和条码产品，可依法封存、扣押。

第四章 罚 则

第二十二条 违反本办法第十条第二款规定，在生产和销售的产品上伪造和冒用他人商品条码的，由条码主管部门责令其限期改正，没收未售出的产品，没收已售出产品的销货款，并可处以违法经营额1～5倍的罚款。

第二十三条 违反本办法第十一条第二款规定，出租、转让、共用商品条码的，由条码主管部门责令其限期改正，并可处违法所得1～3倍的罚款，但最高限额不得超过3万元；无违法所得的，处1 000元以上5 000元以下罚款。

第二十四条 违反本办法第十三条、第十五条、第十六条规定的，由条码主管部门责令其限期改正，销毁违法的条码标识，并可处以100元以上1 000元以下罚款。

第二十五条 违反本办法第十四条规定，使用已注销的商品条码的，由条码主管部门责令其限期改正，销毁违法的条码标识，并可处以3 000元以下罚款。

第二十六条 违反本办法第十七条第一款规定，由条码主管部门责令其限期改正，并可处以500元以上1 000元以下罚款。

违反本办法第十七条第二款规定，由条码主管部门责令其限期改正，并可处以违法所得1～3倍的罚款，但最高限额不得超过3万元。

第二十七条 违反本办法第二十条第一、第三款规定的，由条码主管部门责令其限期改正，没收违法印制品及没收违法所得，处以违法所得1～5倍的罚款。情节严重的，责令停业整顿，并可没收有关印制工具，设施和原材料。

第二十八条 条码主管部门工作人员滥用职权、玩忽职守、徇私舞弊的，给予行政处分；构成犯罪的，依法追究刑事责任。

第五章 附 则

第二十九条 本办法自发布之日起施行。

无锡市商品条码管理办法

（2004年4月22日无锡市人民政府令第72号发布）

第一条 为规范商品条码管理，保证商品条码质量，促进商品条码的推广应用，根据《中华人民共和国标准化法》，结合本市实际，制定本办法。

第二条 本办法所称商品条码是指一组规则排列的条、空及其对应字符组成的表示一定信息的商品标识。

商品条码包括标准版商品条码和缩短版商品条码。标准版商品条码由厂商识别代码、商品项目代码和校验码组成。缩短版商品条码由商品项目识别代码和校验码组成。

第三条 本市行政区域范围内商品条码的注册、编码、印刷、应用及其管理适用本办法。

法律法规对特殊商品的条码另有规定的，从其规定。

第四条 无锡质量技术监督行政管理部门（以下简称质量技术监督部门）负责商品条码的监督管理工作。市（县）质量技术监督部门负责本辖区范围内商品条码的监督管理工作。

质量技术监督部门物品编码机构负责商品条码的日常管理工作。

第五条 各级人民政府应当积极推动商品条码的应用工作。鼓励、引导商品生产者、销售者使用商品条码，提高商品的自动化管理水平。

第六条 商品生产者、销售者可以自愿申请注册商品条码。

第七条 依法取得营业执照的单位和个人，可以申请注册厂商识别代码，经核准注册成为中国商品条码系统成员后，方可在其生产、销售的商品上使用商品条码。

申请注册厂商识别代码的，申请人应到物品编码机构办理有关申请注册手续，填写厂商识别代码注册申请书，并提供营业执照、组织机构代码证书及其复印件。

申请人获准注册厂商识别代码的，由中国物品编码中心颁发《中国商品条码系统成员证书》，取得中国商品条码系统成员资格。

第八条 物品编码机构对申请人提交的申请商品条码注册材料应当在十个工作日内完成初审工作。初审合格并经国家批准后，颁发证书；初审不合格的，应当及时书面告知理由。

第九条 商品条码持有者首次使用商品条码的，应当自使用之日起三十日内到物品编码机构备存。

第十条 商品条码持有者变更其名称、地址的，应当自有关行政管理部门批准之日起三十日内，到物品编码机构办理变更手续。

第十一条 商品条码的有效期限为二年。商品条码持有者应当在有效期届满前三个月内向物品编码机构提出申请，办理续展手续；逾期未办理续展手续的，注销其商品条码。

第十二条 商品条码持有者停止使用商品条码的，应当在停止之日起三个月内，到物品编码机构办理注销手续。

商品条码持有者依法被撤销、解散、宣告破产或者其他原因终止的，同时停止使用商品条码，并按前款规定办理注销手续。

第十三条 已被注销商品条码的商品生产者、销售者，需要使用商品条码的，应当重新申请注册。

第十四条 使用境外注册商品条码的，应当具备下列证件和材料：

（一）使用者的营业执照及《中华人民共和国组织机构代码证》；

（二）境外商品条码注册证件或者相关资料；

（三）使用者与注册者之间关系的证明材料。

第十五条 印刷企业承揽商品条码印刷业务时，应当审核持有者有效的商品条码证书或者合法使用证明文件。

第十六条 企业印制商品条码时，必须符合国家标准和有关规定，不得印制不符合国家标准的商品条码。

第十七条 任何单位和个人不得有下列行为：

（一）伪造、冒用商品条码；

（二）使用已注销或者不符合标准的商品条码；

（三）转让商品条码使用权。

第十八条 违反本办法第十六条规定的，由质量技术监督部门责令改正，并可处以500元以上1 000元以下罚款。

第十九条 违反本办法第十七条规定的，由质量技术监督部门责令改正，并可处以1 000元以上5 000元以下罚款；情节严重的，可处以5 000元以上10 000元以下罚款。

第二十条 违反本办法其他规定的，依照有关法律法规的规定予以处罚。

第二十一条 当事人对行政处罚决定不服的，可以依法申请行政复议或者提起行政诉讼。

第二十二条 质量技术监督部门的管理人员以及有关工作人员玩忽职守、滥用职权、徇私舞弊的，由其所在单位或者上级主管部门依法给予行政处分；构成犯罪的，依法追究刑事责任。

第二十三条 本办法自2004年5月20日起施行。

淄博市商品条码管理办法

（2003年1月26日淄博市人民政府令第32号公布）

第一条 为规范商品条码管理，促进商品流通，根据《中华人民共和国标准化法》及有关规定，结合本市实际，制定本办法。

第二条 本办法所称商品条码，是指由一组规则排列的条、空及其对应字符组成的表示一定信息的商品标识。

商品条码包括标准版商品条码和缩短版商品条码。标准版商品条码由厂商识别代码、商品项目代码和校验码组成。缩短版商品条码由商品项目识别代码和校验码组成。

第三条 本市行政区域内商品条码的注册、编码、设计、制版、印刷、应用及其管理适用本办法。

第四条 市、县质量技术监督部门主管本行政区域内商品条码监督管理工作。

市技术标准情报所为商品条码工作机构，负责全市商品条码业务管理工作。

第五条 依法取得营业执照的生产者、销售者，均可申请注册厂商识别代码。

第六条 申请注册厂商识别代码应当提供以下材料：

（一）商品条码注册申请书；

（二）组织机构代码证书（代码 IC 卡）；

（三）营业执照及复印件；

（四）其他有关材料。

第七条 经核准注册的，由国家物品编码中心赋予厂商识别代码，发给《中国商品条码系统成员证书》（以下简称《系统成员证书》），取得中国商品条码系统成员（以下简称系统成员）资格。

第八条 市商品条码工作机构应当定期公告本市行政区域内系统成员名单及其注册的厂商识别代码。

第九条 系统成员应当按照国家标准编制商品项目代码和校验码，并报市商品条码工作机构备案。

第十条 商品条码印刷面积超过商品包装表面面积或者标签可印刷面积四分之一的，系统成员可以申请使用缩短版商品条码。

缩短版商品条码由国家物品编码中心按照有关国家标准编制。

第十一条 系统成员变更原注册事项的，应当自有关主管部门批准之日起 30 日内，持有关批准文件和《系统成员证书》到市商品条码工作机构办理变更手续。

第十二条 厂商识别代码的有效期为 2 年。系统成员需继续使用厂商识别代码的，应当在规定的期限内到市商品条码工作机构办理续展手续。逾期未办理续展手续的，依法注销其厂商识别代码和系统成员资格。

第十三条 系统成员停止使用商品条码或者由于依法被撤销、解散、宣告破产等原因而终止的，应当于停止使用或者终止之日起 30 日内，到市商品条码工作机构办理注销手续。

第十四条 已被注销厂商识别代码的生产者、销售者，需要使用商品条码的，应当重新申请注册厂商识别代码。

第十五条 系统成员应当按照有关国家标准设计商品条码。

第十六条 商品条码原版胶片制作者应当按照国家标准制作原版胶片，保证商品条码原版胶片的制作质量。

第十七条 系统成员应当委托由国家物品编码中心依据国家有关规定统一组织认定的印刷企业印刷商品条码。

第十八条 商品条码的制版、印刷单位应当按照国家有关标准进行制版、印刷，并保证商品条码的制版、印刷质量。

第十九条 系统成员对其注册的厂商识别代码和相应商品条码享有专用权。

系统成员不得将其注册的厂商识别代码和相应商品条码转让或者授权他人使用。

第二十条 系统成员应当遵守下列规定：

（一）不得在同一种商品上使用多个商品条码；

（二）不得在不同规格、品种、包装的商品上使用相同的商品条码；

（三）不得将商品条码肢解使用；

（四）不得用组织机构代码或者其他代码充当商品条码。

第二十一条 任何单位和个人不得伪造、冒用厂商识别代码和相应商品条码。

第二十二条 建立商品自动销售系统的销售者，应当加强对商品条码自动结算系统的管理。

不得销售商品条码系伪造、冒用、转让或者注销的商品。

第二十三条 质量技术监督部门应当定期对商品条码的设计、制版、印刷质量以及商品条码的应用进行监督检查。

第二十四条 商品条码的设计、制版、印刷不符合国家标准的，由质量技术监督部门依照《中华人民共和国标准化法》的有关规定予以处罚。

第二十五条 违反本办法规定，伪造、冒用或者使用已经注销的厂商识别代码和相应商品条码的，由质量技术监督部门责令改正，可处以5 000元以下罚款；情节严重的，可处以5 000元以上10 000元以下罚款。

第二十六条 违反本办法规定，有下列情形之一的，由质量技术监督部门责令限期改正，可处以1 000元以上5 000元以下罚款：

（一）在同一种商品上使用多个商品条码的；

（二）在不同规格、品种、包装的商品上使用相同商品条码的；

（三）将商品条码肢解使用的；

（四）用组织机构代码或者其他代码充当商品条码的。

第二十七条 违反本办法规定，系统成员将其注册的厂商识别代码和相应商品条码转让或者授权他人使用的，由质量技术监督部门责令改正，可处以3 000元罚款。

第二十八条 违反本办法规定，商品条码印刷企业未经国家物品编码中心认定，擅自承接商品条码印刷业务的，由质量技术监督部门责令改正，可处以2 000元以上10 000元以下罚款。

第二十九条 违反本办法规定，未按规定办理变更、续展、注销手续的，由质量技术监督部门责令改正，可处以2 000元以下罚款。

第三十条 当事人认为行政机关的具体行政行为侵犯其合法权益的，可以依法申请行政复议或者提起行政诉讼。

第三十一条 质量技术监督部门及商品条码工作机构的工作人员玩忽职守、滥用职权、徇私舞弊的，依法给予行政处分；构成犯罪的，依法追究刑事责任。

第三十二条 本办法自2003年3月1日起施行。

内蒙古自治区组织机构代码管理办法

（2003年7月30日内蒙古自治区人民政府令第128号发布）

第一条 为了加强自治区信息化基础建设，规范组织机构代码管理制度，发挥组织机构代码在促进社会进步和经济发展中的作用，制定本办法。

第二条 自治区行政区域内的组织机构，应当按照本办法规定办理组织机构代码登记，领取组织机构代码证书。

第三条 本办法所称组织机构，是指依法设立的机关、企业、事业单位、社会团体、民办非企业单位以及按照有关规定成立的其他组织机构。

本办法所称组织机构代码（以下简称代码），是指根据国家代码编制规则赋予每一个组织机构在全国范围内唯一的、始终不变的识别标识码。

第四条 自治区质量技术监督部门是代码工作的主管部门,其所属的自治区代码工作机构负责全区的代码管理工作。旗县级以上代码工作机构负责本行政区的代码工作。

旗县级以上人民政府有关部门在各自职责范围内负责代码的推广和应用工作。

第五条 组织机构应当自批准成立或者核准登记之日起30日内到批准成立或者核准登记部门所在地的同级代码工作机构办理代码登记,领取代码证书。

申领代码证书,应当提交下列相关文件或者资料:

(一)机关、事业单位批准成立的文件;

(二)企业营业执照;

(三)社会团体登记证书;

(四)民办非企业单位登记证书;

(五)其他组织机构成立的证明文件或者资料。

第六条 代码工作机构应当自接到组织机构证明文件或者资料之日起5个工作日内,赋予代码,颁发代码证书。

代码证书是代码的凭证,包括纸质证书和电子证书。

第七条 组织机构的代码登记事项发生变更时,应当自变更之日起30日内,持变更资料,到原代码颁证部门办理变更登记,颁证部门核准后,换发代码证书,其代码不变。

第八条 组织机构终止的,应当自终止之日起30日内,持有关部门核准的注销资料到原代码颁证部门办理代码注销手续,交回代码证书。被注销的代码,20年内不得再赋予其他组织机构。

第九条 代码工作机构根据应用部门的需要,提供代码信息服务,提供代码信息服务应当遵守国家信息管理和保密制度的规定。

第十条 任何单位和个人不得涂改、伪造、冒用、出借或转让代码证书。

代码证书损失或者毁坏,应当及时向代码证书颁发部门申请补办。

第十一条 代码证书的有效期最长为4年,具体期限由颁发部门核准。组织机构应当自代码证书有效期满之日前30日内,持代码证书和相关资料到原代码颁证部门办理换证手续。

第十二条 代码证书实行年检制度。组织机构应当在领取代码证书满一年之日起 30 日内，到原代码颁证部门年检。

第十三条 组织机构违反本办法第五条、第七条、第十一条、第十二条规定的，由质量技术监督部门责令限期改正，逾期不改正的处以 500 元以上 1 000 元以下罚款。

第十四条 违反本办法第十条第一款规定的，由质量技术监督部门收缴其代码证书并按照下列规定给予处罚：

（一）对非经营活动中的违法行为，处以 500 元以上 1 000 元以下的罚款。

（二）对经营活动中的违法行为，没有违法所得的，处以 1 000 元至 5 000元罚款。有违法所得的，处以 5 000 元以上 15 000 元以下罚款。

第十五条 代码管理工作人员在工作中玩忽职守、滥用职权、徇私舞弊，由所在单位或者上级主管部门给予行政处分，构成犯罪的，依法追究刑事责任。

第十六条 本办法自 2003 年 9 月 1 日起施行。

天津市组织机构代码管理办法

（2003 年 6 月 25 日天津市人民政府令第 1 号发布）

第一条 为了加强本市信息化基础建设，规范组织机构代码管理工作，准确、及时地反映本市组织机构的信息，根据国家有关法律、法规的规定，结合本市的实际情况，制定本办法。

第二条 本市行政区域内申办、应用和管理组织机构代码等活动，应当遵守本办法。

本办法所称组织机构是指依法设立的机关、企业、事业单位、社会团体、民办非企业单位、工会等组织和机构。

第三条 组织机构代码（以下简称代码）是国家赋予每个组织机构在全国范围内唯一的法定代码。

本市行政区域内的组织机构均应申办代码。

第四条 代码的载体是《中华人民共和国组织机构代码证》(以下简称《代码证》)。

《代码证》分为正本和副本。正本为纸介质,副本分为纸介质副本和电子副本。正本和副本具有同等的法律效力。

第五条 市质量技术监督管理部门主管本市代码工作。履行以下职责:

(一)贯彻实施代码工作的法律、法规、规章、标准和工作规范;

(二)领导区、县质量技术监督管理部门开展代码工作;

(三)指导有关部门的代码应用工作;

(四)核发代码及《代码证》;

(五)管理代码信息数据管理系统;

(六)向社会提供代码信息咨询服务;

(七)履行法律、法规、规章规定的其他职责。

第六条 组织机构应自被批准成立或核准登记之日起30日内,到质量技术监督管理部门申办代码。

第七条 组织机构申办代码时须具备:

(一)组织机构依法设立的文件或材料:机关提供机构编制管理部门批准成立的文件,企业提供企业登记机关颁发的营业执照,事业单位提供事业单位登记机关颁发的事业单位法人证书,社会团体提供民政部门颁发的社会团体登记证书,民办非企业单位提供民政部门颁发的民办非企业单位登记证书;

(二)组织机构法定代表人(负责人)的有效身份证件;

(三)组织机构应提供登记的机构名称、机构类型、行业、经济类型、注册资金、注册地址、通讯地址、业务范围、批准文号或注册号等事项的有关资料;

(四)组织机构需要提供的其他材料。

第八条 组织机构申办代码时,应保证所提供的各种材料和数据有效、合法,并按国家和本市的有关规定交纳费用。

第九条 质量技术监督管理部门应对申办单位所提交材料的有效性、合法性进行审查。经审查合格的,应自受理之日起10个工作日内颁发《代码证》。经审查不合格的,应及时告之理由。

第十条 组织机构的登记事项发生变更的，应自有关登记管理部门批准或核准变更之日起 30 日内，到质量技术监督管理部门办理变更登记。

第十一条 组织机构终止的，应自终止之日起 30 日内，到质量技术监督管理部门办理注销手续，经核准后注销其代码并收回《代码证》。

代码一经注销，不得使用。

第十二条 《代码证》遗失或损坏的，应自遗失或损坏之日起 15 日内，持有关证明材料到质量技术监督管理部门申请补办。

第十三条 《代码证》实行年检制度。组织机构应在其领取《代码证》的第二年起，每年 6 月 30 日前，到质量技术监督管理部门进行年检。

逾期经质量技术监督管理部门通告仍未进行年检的，视为自愿废止《代码证》。废止的《代码证》不得使用，质量技术监督管理部门应向有关部门通报。

第十四条 本市电子政务或电子商务活动中，应当使用代码。

本市在编制、人事、工商、民政、公安、统计、计划、劳动和社会保障、税务、财政、外经贸、质量技术监督等社会经济管理活动和信息化基础建设中应当使用代码，在其他经济和社会活动中逐步推广应用代码。

第十五条 代码应用部门在受理相关业务时应核查《代码证》的有效性，凡不符合本办法规定的，应不予办理。

第十六条 批准或核准组织机构成立的管理部门，应在组织机构发生变更、注销或撤销后及时通知质量技术监督管理部门。

第十七条 任何组织机构不得伪造、冒用、转让、租借、涂改《代码证》或使用废止的《代码证》。

第十八条 违反本办法第六条、第十条规定的，责令限期改正；逾期不改的，可处以 300 元以上 1 000 元以下的罚款。

第十九条 违反本办法第十三条第一款规定的，责令改正，并处以 500 元以上 1 000 元以下的罚款。

第二十条 违反本办法第十七条规定的，或者组织机构提供虚假材料的，责令改正，并处以 1 000 元以上 1 万元以下的罚款；构成犯罪的，依法追究其刑事责任。

第二十一条 阻碍质量技术监督管理部门依法执行公务的，由公安机关依照《中华人民共和国治安管理处罚条例》予以处罚；构成犯罪的，依法追究其刑事责任。

第二十二条 质量技术监督管理部门执法人员违法违纪的，由所在单位或上级主管部门，给予行政处分；构成犯罪的，依法追究其刑事责任。

第二十三条 本办法自 2003 年 7 月 10 日起施行。

河南省组织机构代码管理办法

（2003 年 2 月 8 日河南省人民政府令第 73 号发布）

第一条 为了实行组织机构代码标识制度，加强对组织机构代码的管理，完善社会管理、服务体系，根据国家有关规定，结合本省实际，制定本办法。

第二条 本办法所称组织机构代码（以下简称代码），是指根据国家有关代码编制规则编制、赋予本省行政区域内的组织机构在全国范围内使用的唯一的、始终不变的法定标识。

代码证是代码标识的法定凭证。代码证分为正本和副本，副本包括电子副本和其他信息载体副本。正本和副本具有同等法律效力。

第三条 省质量技术监督部门主管全省代码工作，履行下列职责：

（一）贯彻国家和本省有关代码管理的规定；

（二）组织、协调全省范围内有关代码的管理和应用工作；

（三）划分全省代码码段；

（四）承办省级机关和经省级有关主管部门批准成立或核准登记的组织机构的代码证颁发工作；

（五）建立省代码管理数据库，提供代码信息服务；

（六）对代码制度实施情况进行监督检查。

第四条 各省辖市、县（市）质量技术监督部门负责本行政区域内的代码证颁发、管理以及建立代码数据库，并对代码制度执行情况实施监督检查。

第五条 本省行政区域内的下列组织机构，应当申请代码登记，领取

代码证:

(一) 经企业登记部门登记注册的经营单位;

(二) 经机构编制部门批准成立或核准登记的机关、事业单位;

(三) 经民政部门核准登记的社会团体及民办非企业单位;

(四) 经有关部门批准设立的中央和外省、自治区、直辖市驻豫机构;

(五) 经外事部门或其他部门核准登记的国外或境外非政府组织驻豫机构。

第六条 组织机构应当自依法设立之日起30日内,持有关批准文件或登记证书等资料,到批准成立或核准登记部门的同级质量技术监督部门申领代码证。

第七条 质量技术监督部门应当自组织机构申请代码登记之日起5个工作日内,对符合规定条件的,赋予代码并颁发代码证;不符合规定条件的,不予颁发代码证并说明理由。

第八条 组织机构的名称、地址、法定代表人、机构类型等内容发生变更的,应当自有关部门批准或核准变更之日起30日内,持有关证明文件到原发证部门办理变更手续。

质量技术监督部门应当自组织机构申请变更代码登记之日起5个工作日内,对符合规定条件的,颁发新的代码证(代码号不变),同时收回原代码证。

第九条 组织机构依法终止,应当自终止之日起30日内到原发证部门办理代码注销手续,并将代码证交回。

质量技术监督部门对终止的组织机构应当及时注销代码。被注销的代码不得再赋予其他组织机构。

第十条 代码证遗失或者损毁的,应当及时向原发证部门申请补发。遗失的代码证应当在报刊上公告声明作废。

补发代码证应当使用原代码。

第十一条 代码证实行年度检验制度。组织机构应当按照有关规定,接受发证部门的年度检验。到期未年检的代码证不得在社会经济活动中继续使用。

第十二条 代码证申领、变更、补发、换证等应当按照国家规定标准缴纳统一代码证书费。

第十三条　组织机构应当根据国家和本省有关规定在社会和经济活动中使用代码证。

第十四条　鼓励行政机关和企事业单位在行政管理和经贸活动中推广应用代码。

第十五条　在电子商务活动中，应当以代码作为组织机构身份的认证依据。

第十六条　任何组织机构或者个人不得伪造、涂改、出租、出借、转让或者盗用代码证。

第十七条　任何单位和个人在使用代码信息时，应当遵守国家有关保密的规定，发现组织机构基本信息变更的，应当及时通知质量技术监督部门。

第十八条　对未按规定办理代码证申领、变更、补发、换发、年检、注销手续的组织机构，由县级以上质量技术监督部门责令限期改正。

第十九条　伪造、涂改、出租、出借、转让或者盗用组织机构代码证的，由县级以上质量技术监督部门收缴其代码证，并处以违法所得2～3倍的罚款，但最高不得超过2万元；构成犯罪的，依法追究刑事责任。

第二十条　质量技术监督部门及其工作人员不按照本办法规定办理代码证的颁证、变更、补发、换证、年检、注销等事项的，由所在单位或上级主管部门视情节轻重，依照有关规定给予主要负责人和直接责任人行政处分。构成犯罪的，由司法机关依法追究刑事责任。

第二十一条　本办法自2003年4月1日起施行。

山西省组织机构代码管理办法

（2002年12月31日山西省人民政府令第160号发布）

第一条　为了加强组织机构代码的管理，准确、及时反映组织机构的信息，加快本省信息化进程，根据国家有关规定，制定本办法。

第二条　本省行政区域内的党政机关、人民团体、社会团体、企业、事业单位、民办非企业单位和其他依法设立或者经有关部门核准登记的组织机构（以下统称组织机构），必须按照本办法规定申请办理组织机构代码登记并领取组织机构代码证书。

第三条 本办法所称组织机构代码，是指根据全国组织机构代码编制规则编制，赋予每一个组织机构在全国范围内唯一的、始终不变的法定代码标识。

第四条 组织机构代码证书是全国统一的、证明组织机构具有法定代码标识的凭证和组织机构信息的载体。

组织机构代码证书分正本和副本，副本包括纸质副本和电子副本。正本和副本具有同等法律效力。

第五条 县以上质量技术监督部门是本行政区域内组织机构代码工作的行政主管部门。

县级以上人民政府有关部门应当在各自的职责范围内，协助质量技术监督部门做好组织机构代码的登记、应用和管理工作。

第六条 县以上质量技术监督部门应当将相应组织机构代码码段分配给同级机构编制管理部门。县以上机构编制管理部门负责本行政区域内机关和事业单位组织机构代码的赋予工作。

第七条 组织机构应当在批准成立或者核准登记之日起 25 日内，持有关批准文件或者登记证书到批准成立或者核准登记的行政主管部门同级的质量技术监督部门申请办理组织机构代码登记。

办理组织机构代码登记的收费标准按照国家和本省的有关规定执行。

第八条 质量技术监督部门应当自受理组织机构代码登记申请之日起 15 日内，对组织机构提交的批准文件或者登记证书进行审核，符合规定的，予以登记并颁发组织机构代码证书；不符合规定的，不予登记并书面说明理由。

第九条 组织机构的名称、地址、机构类型发生变更时，应当自变更之日起 30 日内，持有关变更证明材料和组织机构代码证书向质量技术监督部门申请变更登记。

第十条 组织机构依法终止的，必须到质量技术监督部门办理组织机构代码注销手续，并交回组织机构代码证书。

质量技术监督部门应当根据有关部门发布的组织机构终止公告，及时注销其组织机构代码。

组织机构代码一经注销，不得再赋予其他组织机构。

第十一条 组织机构代码证书遗失的，组织机构应当及时在新闻媒体上公告声明作废，并向质量技术监督部门申请补领新证书。

组织机构代码证书损坏的，组织机构可以持原组织机构代码证书向质量技术监督部门申请换领新证书。

第十二条 组织机构代码证书实行年度审验制度。组织机构应当在质量技术监督部门规定的时间内，持代码证书及有关资料向原发证部门申请年度审验。

第十三条 组织机构代码证书自颁发之日起 4 年内有效，组织机构的身份资格证明文件有效期不足 4 年的，组织机构代码证书的有效期与身份资格证明文件的有效期相同。

组织机构应当自有效期届满前 30 日内，持组织机构代码证书到质量技术监督部门办理换证手续。

第十四条 县级以上人民政府有关部门和其他单位应当在有关表格上设置组织机构代码一栏。质量技术监督部门应当向本级人民政府有关部门提供代码信息。

第十五条 组织机构办理下列事项时，有关部门应当查验代码证书：

（一）事业单位年检及机构编制调整；

（二）社会团体、民办非企业单位及工商企业年检；

（三）开设银行账户、申请贷款；

（四）税务登记、变更及购买税务发票；

（五）统计报表；

（六）社会保障及社会保险；

（七）申领车辆牌照及车辆年检、刻制公章；

（八）国有资产登记、评估；

（九）海关进出口业务；

（十）收费许可证；

（十一）企业标准备案、质量认证、商品条码注册、申领许可证、产品质量检验及计量检定报告；

（十二）要求提交组织机构代码证书的其他事项。

第十六条 组织机构办理本办法第十五条规定的事项时，不能提供有效的组织机构代码证书的，有关部门应当要求其先行办理组织机构代码证书。

第十七条 组织机构或者个人不得出租、出借、冒用、转让、伪造、变造、买卖组织机构代码证书，不得使用失效的组织机构代码证书。

第十八条 组织机构违反本办法第七条、第九条、第十条、第十二条、第十三条规定有下列行为之一的，由县以上质量技术监督部门责令限期改正，逾期不改正的，处以200元以上1 000元以下的罚款：

（一）未按规定期限申请办理组织机构代码登记的；

（二）未按规定期限申请办理变更登记的；

（三）未按规定办理组织机构代码注销手续的；

（四）未按规定办理年度审验的；

（五）未按规定期限办理换证手续的。

第十九条 违反本办法第十七条规定，组织机构或者个人出租、出借、冒用、转让、伪造、变造、买卖组织机构代码证书的，由县以上质量技术监督部门收缴其组织机构代码证书，并处以1 000元以上3 000元以下的罚款，构成犯罪的，依法追究其刑事责任。

第二十条 从事组织机构代码管理的工作人员玩忽职守、滥用职权、徇私舞弊尚未构成犯罪的，依法给予行政处分；构成犯罪的，依法追究刑事责任。

第二十一条 县以上质量技术监督部门可以委托所属的代码管理机构行使本办法规定的行政处罚权。

第二十二条 有营业执照、有一定规模、有固定生产或者经营场所的个体工商户需要办理组织机构代码登记的，参照本办法规定执行。

第二十三条 本办法自2003年2月1日起施行。

深圳市组织机构代码管理办法

（1994年9月17日深圳市人民政府令第33号发布，
2005年4月28日深圳市人民政府令第141号修订）

第一条 为了加强深圳市组织机构代码管理，推进信息化基础建设，提高现代化管理水平，完善监督管理体系，根据国家有关规定，制定本办法。

第二条　本办法所称组织机构代码（以下简称代码），是指依据国家标准编制，赋予本市内组织机构在全国范围内使用的唯一的、始终不变的法定标识。

代码证书是代码标识的法定凭证。包括纸质证书和电子证书。纸质证书和电子证书具有同等效力。

第三条　市质量技术监督部门（以下简称主管部门）主管本市代码工作，履行下列职责：

（一）贯彻实施有关代码工作的法律、法规、规章、标准；

（二）组织协调代码管理和应用工作；

（三）核发代码及代码证书；

（四）建立代码管理数据库，提供代码信息服务；

（五）对代码制度实施情况进行定期监督检查，保证组织机构代码的唯一性和相关信息的准确性和时效性；

（六）法律、法规、规章规定的其他职责。

工商、民政、工会、机构编制等有关部门根据各自职责，协助主管部门做好代码管理工作。

第四条　下列组织机构应当依照本办法规定办理代码登记，领取代码证书：

（一）经机构编制部门批准成立的国家机关、事业单位；

（二）经企业登记主管部门登记的经营单位；

（三）经民间组织登记管理部门登记的社会团体和民办非企业单位；

（四）经有关部门核准登记的中央和外省市驻深机构；

（五）其他依法经有关部门批准成立的组织机构。

第五条　组织机构应自批准成立或核准登记之日起30日内，持相关批准或登记证书和《全国组织机构代码申请表》，到主管部门办理代码登记，领取代码证书。

第六条　组织机构申办代码时，应保证所提供的各种材料和数据有效、合法。

第七条　主管部门应当于3日内对组织机构提交的批准文件或核准

登记证书的合法性、有效性进行审核，符合条件的，赋予代码并颁发代码证书；不符合条件的，应退回申请并书面说明理由。

第八条 代码登记事项发生变更的，组织机构应当自批准或核准变更之日起10日内，持变更文件到原发证部门办理变更手续。主管部门应于3日内完成变更登记。

组织机构变更登记、更换代码证书的，其代码不变。

第九条 组织机构依法终止，原组织机构应当自批准或核准注销之日起10日内，持注销文件向原发证部门办理代码注销手续，交回代码证书。

被注销的代码，20年内不得再赋予其他组织机构。

第十条 代码证书自颁布之日起4年有效。组织机构的身份资格证明文件有效期不足4年的，代码证书的有效期以资格证明文件有效期为准。

组织机构应当在有效期届满前30日内，持代码证书及有关资料向原发证部门办理换证手续。

第十一条 代码证书遗失或者毁损的，组织机构应当及时向原发证部门申请补领新证。

第十二条 组织机构申请领取、变更、换发和补办代码证书的，应按国家有关规定，缴交代码证书费用。

第十三条 禁止伪造、涂改、买卖、出租、出借或者以其他方式转让代码证书。

禁止使用失效、作废的代码证书。

第十四条 税务、工商、人事、民政、发改、统计、金融、劳动和社会保障、财政、经贸、公安、海关、质量技术监督、检验检疫等部门在各自业务管理活动中，应当使用代码。

鼓励行政机关和企事业单位在行政管理和经贸活动中推广应用代码。

第十五条 批准和核准组织机构成立的管理部门，应在组织机构设立、变更和终止后及时向主管部门提供组织机构的设立、变更和终止等有关情况。

第十六条 主管部门应当建立和完善有关制度，推行电子政务，在主管部门网站上公布申办、变更、注销代码等事项，方便申请人采取数据电文等方式提出申请；应当与其他行政机关共享有关代码管理数据库信息，提高办事效率。

第十七条 违反本办法第五条、第八条、第九条、第十条规定，未在规定期限申领、变更、注销、换证的，由主管部门责令其限期改正，逾期不改的，处以 300 元以上 1 000 元以下罚款。

第十八条 违反本办法第十三条规定的，由主管部门没收代码证书，有违法所得的，没收其违法所得；情节严重的，并处以 5 000 元以上50 000 元以下的罚款；构成犯罪的，依法追究刑事责任。

第十九条 主管部门的工作人员滥用职权、徇私舞弊的，由所在单位或上级机关给予行政处分；情节严重，构成犯罪的，由司法机关依法追究刑事责任。

第二十条 当事人对主管部门的具体行政行为不服的，可依法申请行政复议或向人民法院提请行政诉讼。

第二十一条 个体工商户、合伙企业需要办理组织机构代码登记的，参照本办法执行。

第二十二条 本办法自公布之日起施行。

（三）产品质量

陕西省质量检验机构管理条例

（2007年7月28日陕西省第十届人民代表大会常务委员会第三十二次会议通过）

第一章 总 则

第一条 为了加强对质量检验机构和质量检验的监督管理，规范检验市场，提高检验服务水平，根据《中华人民共和国计量法》、《中华人民共和国标准化法》等法律法规，结合本省实际，制定本条例。

第二条 本条例所称的质量检验机构，是指通过检测、监测、测试等活动，经计量认证考核合格，可以向社会出具公证数据和结果的技术服务组织。

本条例所称的质量检验，是指质量检验机构按照规定的技术程序和方法，确定检验对象的特性、性能、状况或者其是否符合有关标准的活动。

第三条 在本省行政区域内从事质量检验以及进行监督管理的单位和个人，应当遵守本条例。

第四条 从事质量检验，应当遵循独立、客观、公正、诚信的原则。

任何单位和个人不得干涉质量检验机构和人员的正常检验活动。

第五条 县级以上人民政府质量技术监督部门负责本行政区域内质量检验的监督管理工作。

县级以上人民政府发展和改革、交通、建设、国土资源、农业、水利、卫生、公安、司法行政、食品药品监督、环境保护、气象等行政管理部门，在各自职责范围内，做好质量检验的相关监督管理工作。

第六条 省质量技术监督部门负责全省质量检验机构的计量认证工作。

省交通、建设、国土资源、农业、水利、卫生、公安、司法行政、质量技术监督、食品药品监督、环境保护、气象等行政管理部门，依照有关法律法规的规定，负责相关质量检验机构的资质确认工作。

第七条 鼓励质量检验机构采用先进技术，实行科学质量管理方法从事质量检验。

对在质量检验中做出显著成绩的质量检验机构和个人，有关行政管理部门应当给予表彰奖励。

第二章 质量检验机构

第八条 各行政管理部门设置、授权或者确认质量检验机构应当依据有关法律法规的规定。

从事质量检验的社会中介机构应当依照法定程序设立。

第九条 省质量技术监督部门会同有关行政管理部门应当按照统一规划、科学布局、充分利用现有检验资源、提高整体检验能力的原则，合理设置、授权或者确认质量检验机构。

有关行政管理部门依法设置、授权或者确认质量检验机构时，应当征求省质量技术监督部门的意见。

第十条 向社会出具公证数据和结果的质量检验机构，应当经省质量技术监督部门计量认证考核合格，取得《计量认证合格证书》。

未取得《计量认证合格证书》的检验机构，不得向社会出具公证数据和结果。

第十一条 申请计量认证的检验机构应当具备下列条件：

（一）有规范的名称和组织机构；

（二）有具备相应专业知识和技能的管理人员、检验人员；

（三）有与其从事的质量检验相适应的工作场所、工作环境、仪器设备和设施等；

（四）有完备的质量体系；

（五）能独立承担法律责任。

第十二条 申请计量认证的检验机构应当向省质量技术监督部门提出书面申请，省质量技术监督部门应当自收到申请后十五日内作出是否受理的决定。

对决定受理的计量认证申请，省质量技术监督部门应当自受理之日起十五日内组织考核评审工作；考核合格的，应当在评审报告完成后十五日内颁发《计量认证合格证书》；考核不合格的，应当书面通知申请人并说明理由。

省质量技术监督部门应当将计量认证合格的质量检验机构的名称、检验能力范围、检验项目范围、《计量认证合格证书》编号及有效期限向社会公告。

第十三条 质量检验机构适用的检验标准、设施和环境条件等发生实质性变化的，应当就其发生变化的事项申请计量认证。

质量检验机构新增向社会出具公证数据和结果的检验能力的，应当就其新增检验能力申请计量认证。

第十四条 质量检验机构可以设立代表处、办事处等形式的分支机构，从事与其质量检验相关的推广活动，但不得从事向社会出具公证数据和结果的检验活动。

第十五条 企业事业单位为本单位科研、生产、服务设立的实验室，取得《计量认证合格证书》后，方可向社会出具公证数据和结果。

第十六条 因发生公共卫生、环境污染、安全事故等突发性公共事件或者其他情况，确需检验机构立即进行未经计量认证的检验活动的，省质量技术监督部门可以实行一次性计量认证授权。

第十七条 质量检验机构应当在《计量认证合格证书》有效期届满前六个月向省质量技术监督部门提出复查申请，复查评审考核合格的，重新换发证书。

质量检验机构在《计量认证合格证书》有效期届满未提出复查申请的，由省质量技术监督部门注销其《计量认证合格证书》，并收回所发的证书、附表、印章、标志章等。

第十八条 各行政管理部门对质量检验机构进行资质确认应当依据法律法规的规定。

第十九条 各行政管理部门对质量检验机构进行资质确认时，资质确认的条件和计量认证的条件雷同的，可以简化资质确认程序，也可以与计量认证合并进行。

第二十条 国家计量认证合格的质量检验机构和省计量认证合格的质量检验机构所出具的数据和结果具有平等效力。

各行政管理部门设置、授权或者确认的质量检验机构以及从事质量检验的社会中介机构，依法享有平等的法律地位。

第二十一条 质量检验机构及其工作人员不得以行政管理部门设置、授权或者确认的质量检验机构名义实施下列行为：

（一）以各种方式向社会推荐产品；

（二）组织产品评比、排序、挂牌或者颁发优质标志等活动；

（三）以对产品进行监制、监销等方式参与产品经营活动。

第二十二条 质量检验机构的检验人员依法取得相应资格后，方可从事相关工作。

第三章 质量检验

第二十三条 质量检验机构应当在《计量认证合格证书》界定的质量检验能力范围内从事检验活动，并应当向委托方明示。

第二十四条 质量检验机构应当在行政管理部门颁发的资质确认证书界定的质量检验项目范围内从事检验活动，并应当向委托方明示。

第二十五条 质量检验机构应当与委托方约定合理的检验期限，按时完成质量检验，向委托方出具数据和结果。

第二十六条 质量检验机构收取检验费用应当遵守国家和省有关价格和收费管理的规定。

第二十七条 质量检验机构应当建立抽样与检验相分离的管理制度，保证检验活动的客观公正。

第二十八条 质量检验机构应当根据国家有关标准和技术规范制定抽样方案；国家未作规定的，应当制定科学合理的抽样方案。

第二十九条 质量检验机构抽样检验时抽取样品的数量不得超过检验活动的合理需要。

质量检验机构对质量检验结束后的样品应当按照与委托方的约定处置，未约定的按照质量检验机构的规定处置，但不得与国家规定相抵触。

第三十条 质量检验机构应当保存检验活动的相关记录。记录应当足以证明其数据和结果的真实性。

第三十一条 质量检验机构接受委托对送检样品进行质量检验时，其数据和结果只对送检样品负责，样品的代表性由委托方负责。

第三十二条 委托方对质量检验有异议的，可以自收到数据和结果之日起十五日内向质量检验机构提出，质量检验机构应当及时予以答复。

委托方对质量检验机构的答复仍有异议的，可以向当地有关行政管理部门提出，有关行政管理部门应当予以答复或者另行委托质量检验机构复检，但复检条件灭失的不予委托。

第三十三条 质量检验机构未经委托人同意不得擅自将检验服务转委托给其他质量检验机构。

质量检验机构不得将向社会出具公证数据和结果的检验服务转委托给未取得《计量认证合格证书》的检验机构。

第三十四条 质量检验机构不得有下列行为：

（一）对《计量认证合格证书》和资质确认证书界定的检验项目拒绝检验的；

（二）超出《计量认证合格证书》和资质确认证书界定的质量检验范围进行检验的；

（三）《计量认证合格证书》失效后仍然向社会出具公证数据和结果的；

（四）伪造数据、出具虚假结果的；

（五）未经委托方同意，泄露数据或者结果的；

（六）泄露或者非法利用在质量检验过程中知悉的国家秘密和商业秘密的。

第四章 监督管理

第三十五条 有关行政管理部门应当遵循综合协调、统一规划、统一考核、分级监管的原则，对质量检验机构和质量检验实施监督管理。

有关行政管理部门应当依照各自职责，加强对质量检验机构和质量检验的监督管理，并定期组织能力验证、实验室比对等技术校核工作。

第三十六条 有关行政管理部门在监督检查中发现质量检验机构已不符合计量认证条件或者资质确认条件的，应当责令其限期整改；在整改期内，该质量检验机构不得从事质量检验。

质量检验机构逾期未进行整改或者经整改后仍不符合计量认证条件或者资质确认条件的，有关行政管理部门应当依法撤销其《计量认证合格证书》或者资质确认证书，并向社会公示。

第三十七条 质量检验机构应当参加有关行政管理部门组织的技术

校核。

有关行政管理部门对技术校核数据超差的质量检验机构，应当责令其限期整改；在整改期内，质量检验机构不得从事相关项目的检验活动。质量检验机构整改完成后，应当经有关行政管理部门验证。

质量检验机构不参加技术校核或者经再次技术校核后数据仍然不符合计量认证项目考核要求的，有关行政管理部门应当依法取消其《计量认证合格证书》和资质确认证书中的相关项目，并向社会公示。

第三十八条 行政管理部门应当委托取得《计量认证合格证书》以及相应资质确认证书的质量检验机构承担质量检验任务。

违反前款规定委托检验所取得的数据和结果，不得作为行政管理的依据。

第三十九条 禁止涂改、倒卖、出租或者出借《计量认证合格证书》和资质确认证书。

第四十条 县级以上有关行政管理部门应当建立健全投诉举报制度，加强对质量检验机构和质量检验的监督管理。

第五章 法律责任

第四十一条 违反本条例第十条第二款、第三十四条第（二）、（三）项规定，有下列行为之一的，由县级以上质量技术监督部门或者有关行政管理部门责令改正，有违法所得的没收违法所得，并处一万元以上五万元以下罚款：

（一）未取得《计量认证合格证书》向社会出具公证数据和结果的；

（二）超出《计量认证合格证书》和资质确认证书界定的质量检验范围进行检验的；

（三）《计量认证合格证书》失效后仍然向社会出具公证数据和结果的。

第四十二条 违反本条例第二十一条第（一）项、第（三）项规定，以行政管理部门设置、授权或者确认的质量检验机构名义，向社会推荐产品或者以对产品进行监制、监销等方式参与产品经营活动的，由县级以上质量技术监督部门或者有关行政管理部门责令改正，有违法所得的没收违法所得，可以并处违法所得一倍以下的罚款；情节严重的，由发证机关吊销

《计量认证合格证书》、资质确认证书。

违反本条例第二十一条第（二）项规定，以行政管理部门设置、授权或者确认的质量检验机构名义组织产品评比、排序、挂牌或者颁发优质标志等活动的，由县级以上质量技术监督部门或者有关行政管理部门责令改正，有违法所得的没收违法所得，可以并处违法所得一倍以下的罚款。

第四十三条 违反本条例第二十九条第二款规定，未按与委托方约定或者有关规定处置样品的，由县级以上质量技术监督部门或者有关行政管理部门责令改正，可以处二千元以上一万元以下罚款；造成损失的，应当依法承担赔偿责任。

第四十四条 违反本条例第三十条规定，未保存质量检验的相关记录或者记录不足以证明其数据和结果的真实性的，由县级以上质量技术监督部门或者有关行政管理部门责令改正，可以处一万元以上五万元以下罚款。

第四十五条 违反本条例第三十三条第二款规定，将向社会出具公证数据和结果的检验服务转委托给未取得《计量认证合格证书》的检验机构的，由县级以上质量技术监督部门责令改正，有违法所得的没收违法所得，可以并处一万元以上五万元以下罚款。

第四十六条 违反本条例第三十四条第（四）项规定，伪造数据、出具虚假结果的，由县级以上质量技术监督部门责令改正，对质量检验机构处五万元以上十万元以下罚款，对直接负责的主管人员和其他直接责任人员处一万元以上五万元以下罚款；有违法所得的没收违法所得；情节严重的，由发证机关吊销其《计量认证合格证书》、资质确认证书；构成犯罪的，由司法机关依法追究刑事责任。

第四十七条 违反本条例第三十九条规定，涂改、出租或者出借《计量认证合格证书》和资质确认证书的，由县级以上质量技术监督部门或者有关行政管理部门责令改正，有违法所得的没收违法所得，可以并处一万元以上三万元以下罚款；构成犯罪的，由司法机关依法追究刑事责任。

第四十八条 违反本条例规定的行为，法律法规已有处罚规定的，从其规定。

第四十九条 行政管理部门依据本条例作出吊销《计量认证合格证书》、资质确认证书，以及对个人二万元以上罚款或者对法人、其他组织五万元以上罚款处罚决定的，应当告知当事人有要求听证的权利。

第五十条 国家机关工作人员在质量检验机构和质量检验的监督管理工作中滥用职权、玩忽职守、徇私舞弊等，由其所在单位或者上级主管部门依法给予行政处分；构成犯罪的，由司法机关依法追究刑事责任。

第六章 附 则

第五十一条 驻本省行政区域的中国人民解放军、武装警察部队和国防科技工业系统的质量检验机构从事军品研制、开发、生产的质量检验，不适用本条例。

第五十二条 产品质量鉴定检验和产品质量仲裁检验依照国家专门规定执行。

第五十三条 本条例第二条第二款所称的“标准”包括国家标准、企业标准、技术规范、实物样品、产品说明、合同约定等。

第五十四条 本条例自2007年10月1日起施行。

辽宁省商品质量监督条例

（1991年9月24日辽宁省第七届人民代表大会常务委员会第二十四次会议通过，根据2006年1月13日辽宁省第十届人民代表大会常务委员会第二十三次会议《关于修改〈辽宁省商品质量监督条例〉的决定》第三次修正）

第一章 总 则

第一条 为了加强对物质商品（以下简称商品）质量的监督，惩治生产、经销假冒伪劣商品的违法行为，保护用户和消费者的合法权益，维护国家利益和社会经济秩序，促进社会主义现代化建设，根据国家有关法律和法规的规定，结合我省实际情况，制定本条例。

第二条 本条例所称的商品质量，是指法律、法规、规章、标准、合同规定的对商品适用、安全和其他特性的要求。

本条例所称的商品质量监督，是指技术监督部门和其他有商品质量监督权限的部门，依据有关法律、法规、规章、标准、合同的规定，对商品质量实施的检查，对违反本条例行为的处理，对商品质量争议的调解。

第三条 凡在我省境内生产、经销商品的单位和个人（以下简称生产者、经销者），均应遵守本条例。

第四条 省、市、县（含县级市、区，下同）技术监督部门是同级人民政府商品质量监督工作的行政主管部门，统一管理和组织协调本行政区域内商品质量监督工作。

工商、商检、卫生、医药、劳动等行政管理部门依照有关法律、法规、规章规定的权限，负责有关商品质量的监督工作。

第五条 政府鼓励、支持一切组织和个人对商品质量进行社会监督。

保护消费者权益的社会组织可以就消费者反映的商品质量问题建议有关部门负责处理，支持消费者对因商品质量造成的损害向人民法院起诉。

大众传播媒介应依法对商品质量进行舆论监督。

第二章 商品质量责任

第六条 生产者、经销者应对其生产、经销的商品质量负责。

第七条 商品质量必须符合下列要求：

（一）符合国家标准、行业标准、地方标准、企业标准的规定，不存在危及人身、财产安全的不合理的危险；

（二）具备商品应具备的使用性能，但对商品存在使用性能瑕疵作出说明的除外；

（三）符合在商品或其包装物上注明采用的产品标准，符合以产品说明、实物样品等方式表明的质量状况。

第八条 商品标识必须符合下列要求：

（一）有检验机构或者检验人员签证的商品检验合格证；

（二）有中文标明的商品名称、生产厂名和厂址；

（三）按商品特点标明规格、等级、主要质量指标、标准编号、生产批号；

（四）有与商品质量特性相符的中文说明；

（五）实行许可证制度的商品，有许可证标记、编号、批准日期、有效期限；

（六）限期使用的商品，标明生产日期和安全使用期或失效日期；

（七）剧毒、危险、易碎、储运中不能倒置以及有其他特殊要求的商品，在包装物上有警示标志或中文警示说明；

（八）使用不当容易造成商品本身损坏或可能危及人身、财产安全的商品，有中文警示说明。

出口商品的标识按合同的规定标明。

第九条 达不到有关标准规定等级，仍有使用价值的商品，在销售时必须在商品和包装上标明显著的“处理品”（含副品、等外品）字样。

违反强制性标准和有关安全、卫生、环境保护、计量等法律法规要求的商品，不得以处理品进行销售。

第十条 商品的仓储、运输应保证质量。在仓储、运输过程中发生的质量问题，按法律、法规、规章、标准和合同的规定处理。

第十一条 禁止生产、经销下列商品：

（一）过期、失效、变质的；

（二）伪造、冒用认证、许可证、名优、条码、防伪、质量证明等标志和厂名、厂址的；

（三）掺杂使假、以次充好、以旧充新、以不合格商品冒充合格商品的；

（四）无标准的及国家明令淘汰的；

（五）未经检验或应检项目检验不全以及检验不合格的；

（六）标明的生产日期、安全使用期或失效日期不真实的；

（七）标明的指标与实际不符的；

（八）结构、性能复杂的商品，未附有安装、维修、保养及使用的中文说明书的。

任何单位和个人不得故意为前款所列商品的生产者、经销者提供场地、交通工具和其他方便条件。

第十二条 经销者应实行进货检查验收制度，验明产品合格证明和其他标识。

对涉及人身安全、健康或对工农业生产影响较大的商品，实行售前报验制度。报验办法由省人民政府制定，报验目录由省技术监督局公布。

第十三条 经销者销售商品，必须按有关规定或与用户、消费者的约定，负责包修、包换、包退。

第十四条 由于商品质量原因给用户或消费者造成人身损害和经济损失的，经销者应承担赔偿责任。

确属生产、储存、运输等方面原因造成商品质量问题的，由经销者先行赔偿。经销者有权向有关责任方追偿。

第十五条 在出租柜台、场地销售的商品，其质量责任由承租方承担，出租方承担连带责任。

以联销形式销售商品的，商品质量责任由提供场地方承担。提供场地方对联销方应承担的责任有追偿权。

第十六条 任何单位和个人不得用虚假商品广告欺骗、坑害用户和消费者。

任何单位和个人不得伪造他人商品，不得制作虚假商品标识或者向他人提供虚假商品标识。

第三章 商品质量监督

第十七条 商品质量监督检查实行监督抽查、统一监督检查、定期监督检查和日常监督检查制度。

技术监督部门对可能危及人体健康和人身、财产安全的食品、饮料、医疗器械、家用电器、建筑材料等商品，影响国计民生的重要工业产品以及用户、消费者和有关组织反映有严重质量问题的商品，应及时监督检查。

全省性商品质量监督检查计划，由省技术监督部门统一协调、下达，并组织实施；市、县商品质量监督检查计划，由市、县技术监督部门统一协调后，报上一级技术监督部门批准实施。

第十八条 商品质量监督抽查不得向被抽查者收取检验费用。监督抽查所需费用，由各级人民政府财政拨款。其他方式的监督检查所需费用，按国家和省物价、财政部门的有关规定执行。

第十九条 商品质量监督人员必须按规定的程序执行公务，在监督检查时应出示行政执法证件。

第二十条 商品质量监督人员执行公务时，有权查阅、复制与被检商品相关的支票、账册、凭证、文件、业务函电等资料。

第二十一条 被检者必须如实、无偿提供商品的样品和有关资料，并为检查和检验工作提供方便。

按合同规定或企业标准生产的商品，应同时提供合同规定的质量指标或企业标准文本。

检验工作完结留样期满后，除损耗品和国家另有规定的以外，样品必须退还被检者。

第二十二条 商品质量监督和检验，必须依据该商品所执行的标准、合同的规定以及商品说明书标明的质量指标。

第二十三条 商品质量监督和检验人员抽取样品的数量、技术方法按有关规定执行。检验后应及时将检验结果通知被检者。

对同一企业（含个体户）的同一种商品，上一级技术监督部门已实施监督检查的，在规定的时间内下级技术监督部门不得再进行检查，但季节性商品或特殊情况除外。

第二十四条 商品质量监督人员发现危及人身、财产安全和人体健康的商品，应及时封存、扣押。

任何单位和个人不得擅自处理或转移被封存的商品。

第二十五条 商品质量监督和检验人员，对涉及被检者的专利和专有技术的有关资料，应予以保密，不得泄露。

第二十六条 任何单位和个人不得纵容、包庇、支持生产、经销假冒伪劣商品的违法行为，不得干扰、抵制技术监督部门和其他有商品质量监督权的部门依据本条例对违法行为进行查处。

第二十七条 被检者对商品检验结果有异议的，可在接到检验报告之日起 15 日内，向下达检验报告的技术监督部门或上一级技术监督部门申请复验，复验结论为终局检验结论。

第四章 商品质量争议的调解和仲裁

第二十八条 因商品质量发生争议的，当事人可以通过协商或调解解决。当事人不愿通过协商、调解解决或协商、调解不成的，可以根据当事人各方的协议向仲裁机构申请仲裁；当事人各方没有达成仲裁协议的，可以向人民法院起诉。

第二十九条 商品质量争议的当事人必须如实提供有关商品质量争议的情况、资料。

第五章 奖励与处罚

第三十条 对执行本条例有下列成绩之一的单位或个人，由人民政府或有关部门给予表扬或奖励：

（一）在商品质量监督工作中有显著成绩的；

（二）协助技术监督部门做好商品质量监督工作事迹突出的；

（三）检举揭发利用假冒伪劣商品欺骗坑害消费者利益成绩突出的；

（四）在其他方面作出突出成绩的。

第三十一条 违反本条例第七条第（一）项、第八条第一款、第九条第二款和第十一条第一款第（一）项至第（四）项、第（八）项规定的，按照《中华人民共和国产品质量法》的有关规定实施处罚。

第三十二条 对违反本条例第十一条第一款第（六）项规定的，责令改正；情节严重的，责令停止生产、销售，并处违法生产、销售产品货值金额30%以下的罚款；有违法所得的，并处没收违法所得。

第三十三条 对违反本条例第十一条第二款规定的，没收违法所得，并处违法所得50%以上3倍以下的罚款；构成犯罪的，依法追究刑事责任。

第三十四条 对违反本条例第十六条第一款规定的，按《中华人民共和国广告法》的有关规定处理。

第三十五条 对违反本条例第二十四条第二款规定的，处该商品货值金额1倍以上3倍以下的罚款；有违法所得的，并处没收违法所得。

第三十六条 商品质量检验机构不按标准和国家有关规定抽取样品的，由上级产品质量监督部门或者监察机关责令退还；情节严重的，对直接负责的主管人员和其他直接责任人员依法给予行政处分。

伪造检验结论的，责令改正，对单位处5万元以上10万元以下的罚款；对直接负责的主管人员和其他直接责任人员处1万元以上5万元以下的罚款；有违法所得的，并处没收违法所得；情节严重的，取消其检验资格、认证资格；构成犯罪的，依法追究刑事责任。

第三十七条 对违反本条例第二十六条规定的，由其所在单位或上级主管部门给予行政处分；构成犯罪的，依法追究刑事责任。

第三十八条　本条例规定的行政处罚，除国家另有规定外，由技术监督部门依据法定的权限决定。

实施行政处罚的程序和罚没财物的处理，按《中华人民共和国行政处罚法》的有关规定执行。

第三十九条　当事人对行政处罚决定不服的，可在接到行政处罚决定书之日起15日内，向作出处罚决定机关的同级人民政府或上一级行政机关申请复议；对复议决定不服的，可在接到复议决定书之日起15日内，向人民法院起诉。当事人也可在接到行政处罚决定书之日起15日内，直接向人民法院起诉。

当事人逾期不申请复议、不起诉又不履行行政处罚决定的，由作出行政处罚决定的机关依法强制执行或申请人民法院强制执行。

第四十条　商品质量监督人员玩忽职守、违法失职、徇私舞弊的，由其主管部门或所在单位给予行政处分；构成犯罪的，依法追究刑事责任。

第六章　附　　则

第四十一条　本条例应用中的具体问题由省技术监督局负责解释。

第四十二条　本条例自公布之日起施行。

浙江省产品质量监督条例

（2005年9月30日浙江省第十届人民代表大会常务委员会公告第45号发布）

第一章　总　　则

第一条　为了加强对产品质量的监督，保护消费者的合法权益，维护社会经济秩序，根据《中华人民共和国产品质量法》（以下简称《产品质量法》）和其他有关法律、法规的规定，结合本省实际，制定本条例。

第二条　在本省行政区域内从事产品生产、销售及相关活动和对产品质量实施监督，应当遵守本条例。

第三条 县级以上人民政府应当加强对产品质量监督工作的领导，组织、协调有关部门以及乡镇人民政府、街道办事处做好产品质量监督工作，保障本条例的施行。

县级以上质量技术监督部门、工商行政管理部门应当依照法律、法规和国家、省规定的职责，做好本行政区域内的产品质量监督工作。其他有关部门在各自的职责范围内负责产品质量监督工作。

法律、法规对产品质量的监督部门另有规定的，依照有关法律、法规的规定执行。

第四条 鼓励生产者采用先进的科学技术和科学的质量管理方法，提高产品质量，创建著名品牌。

县级以上人民政府应当加强产品质量工作的规划，建立健全产品质量奖励制度和著名品牌保护制度，积极实施名牌发展战略。

第五条 鼓励、支持和保护一切组织和个人对产品质量进行社会监督和舆论监督。

对举报属实和协助查处违反产品质量法律、法规行为有功的单位和个人，县级以上人民政府或者产品质量的监督部门应当按照有关规定给予表彰和奖励。

第二章 产品质量责任和义务

第六条 生产者应当建立健全产品质量管理制度，依法对其生产的产品质量负责。

第七条 销售者应当建立并执行进货检查验收制度，验明产品合格证明和其他标识，索取并保存能够证明进货来源的原始发票等单证。

销售者应当采取措施，保持销售产品的质量，依法对销售的产品承担产品质量责任。

第八条 禁止生产、销售下列产品：

（一）《产品质量法》等有关产品质量的法律、行政法规禁止生产、销售的产品；

（二）不符合保障人体健康和人身、财产安全的地方标准的产品；

（三）超过安全使用期或者失效日期的产品；

（四）虚假标注生产日期、安全使用期或者失效日期的产品；

（五）伪造、冒用产品质量检验检测证明的产品；

（六）没有中文标明的产品名称、生产厂厂名和厂址的产品，专供出口的产品除外。

第九条 禁止任何单位和个人为生产、销售本条例第八条规定的产品提供生产场地、运输、保管、仓储等便利条件。

第十条 禁止服务业经营者将本条例第八条规定的产品用于经营性服务。

第十一条 禁止生产者、销售者和服务业经营者将本条例第八条规定的产品作为奖品或者赠品。

第十二条 生产者、销售者未经规定程序认定，不得使用国家和省的著名品牌标志。

第十三条 承印人承接印制认证标志等质量标志，生产许可证编号、标志，商品条码，产品标准编号，产品质量检验检测证明，产品质量免检证书、标志，国家和省的著名品牌标志，以及含有以上标志的包装物和其他物品，应当查验有关证明文件，并复印留存。委托人不能提供证明文件的，不得承印。

承印人印制的前款所列标志、包装物和其他物品，不得提供给非委托人。

第十四条 对产品质量有瑕疵但符合保障人体健康和人身、财产安全的标准或者要求的产品，必须在产品或者包装的明显部位清晰标明“处理品”、“残次品”、“等外品”等字样，并以产品说明书或者店堂、柜台告示等能为消费者知悉的方式如实说明产品的瑕疵或者实际质量状况后，方可出厂或者销售。

第十五条 生产者、销售者发现销售的产品因设计、制造等方面的原因，在某一批次、型号或者类别中存在着危及人体健康和人身、财产安全的不合理危险的，应当立即停止销售，报告县级以上质量技术监督部门、工商行政管理部门和告知消费者；产品已经售出的，应当采取修理、更换、退货等有效措施消除该缺陷。

县级以上质量技术监督部门、工商行政管理部门发现产品存在前款规定的缺陷，并且生产者、销售者没有履行前款规定义务的，应当责令生产者、销售者停止销售并告知消费者；产品已经售出的，应当责令生产者、销售者在规定的时限内采取有效措施消除该缺陷；生产者、销售者拒不采取措施或者采取的措施不足以防止危害发生的，经省质量技术监督部门、工商行政管理部门批准，可以发布公告。

第三章 监督检查

第十六条 对产品质量实行以监督抽查为主要方式的监督检查制度。

监督抽查的重点是：

（一）可能危及人体健康和人身、财产安全的产品；

（二）影响国计民生的重要工业产品；

（三）消费者、有关组织反映有质量问题的产品；

（四）用于评价产品质量指数的代表性产品。监督抽查由县级以上质量技术监督部门根据法律和国家有关规定组织实施。法律对产品质量的监督抽查另有规定的，依照有关法律的规定执行。

监督抽查的结果省质量技术监督部门应当在省主要媒体上公告。县级以上质量技术监督部门应当根据监督抽查的结果，建立产品质量指数分析评价、产品质量安全预警与整治制度。

第十七条 县级以上工商行政管理部门根据产品质量监督工作的需要，可以按照国家有关规定对流通领域可能危及人体健康和人身、财产安全的产品，以及消费者、有关组织反映强烈的产品实施质量监测。

第十八条 产品质量监督抽查工作与质量监测工作应当相互协调，避免重复。

监督抽查和质量监测的检验工作应当委托有资质的检验机构进行，不得向被检验人收取检验费用。

第十九条 县级以上质量技术监督部门、工商行政管理部门查处涉嫌违反本条例规定行为时，需要对产品进行检验的，应当按照规定合理抽取样品，送有资质的检验机构进行检验；涉嫌冒用他人厂名、厂址的产品，也可以送被侵权者协助鉴别。经检验，生产、销售的产品不符合《产品质量法》和本条例规定的，检验（含复检）费用及样品损耗费用由被检验人承担；符合《产品质量法》和本条例规定的，检验（含复检）费用及样品损耗费用由送检机关承担。国家另有规定的除外。

第二十条 检验、判定产品质量的依据是：

（一）国家标准、行业标准、地方标准和经依法备案的企业标准；

（二）产品标识、产品说明中明示的内容或者以实物样品等方式表明的质量状况；

（三）国家、省质量技术监督部门批准的产品质量检验方法或者质量评价规则；

（四）法律、法规的其他规定。

第二十一条 产品质量检验机构应当依法按照标准和有关规定，客观、公正、及时地出具检验结果，并对检验结果的真实性负责。

生产者、销售者对检验结果有异议的，可以自收到检验结果之日起十五日内向实施监督检查的机关或者其上级机关申请复检，由受理复检的机关作出复检结论。

第二十二条 县级以上质量技术监督部门、工商行政管理部门查处涉嫌违反本条例规定行为时，经本机关负责人批准，对有根据认为不符合保障人体健康和人身、财产安全的国家标准、行业标准、地方标准的产品或者有其他严重质量问题的产品，以及直接用于生产、销售该项产品的原辅材料、包装物、生产工具，可以予以查封、扣押。

查封、扣押的期限不得超过三十日，但按规定检验的期间不计算在内。

被查封、扣押的物品易腐烂、变质的，经本机关负责人批准，可以在留存证据后，依照本条例第四十三条的规定先行作出处理。

第二十三条 查封、扣押期限届满或者经调查核实没有违法行为的，采取查封、扣押措施的机关应当及时解除查封、扣押，并通知当事人在规定的期限内认领。

前款规定的物品已经根据本条例规定先行拍卖或者变卖的，应当返还拍卖或者变卖所得价款；已经监督销毁或者捐赠给公益事业的，应当补偿损失。

第二十四条 被查封、扣押物品的当事人经通知不认领的，采取查封、扣押措施的机关应当发布财物认领公告。自公告之日起超过三个月仍不认领的，被查封、扣押的物品依照本条例第四十三条规定处理。

第二十五条 采取查封、扣押措施的机关应当妥善保管被查封、扣押的物品，不得使用或者损毁。

第四章 法律责任

第二十六条 违反本条例规定，《产品质量法》等法律、行政法规已有处罚规定的，依照法律、行政法规的规定处罚。

第二十七条 违反本条例第八条第（二）项规定的，责令停止生产、销售，没收违法生产、销售的产品，并处违法生产、销售产品（包括已售出和未售出的产品，下同）货值金额等值以上三倍以下的罚款；有违法所得的，并处没收违法所得。

第二十八条 违反本条例第八条第（三）项规定的，依照《产品质量法》关于销售失效、变质的产品的处罚规定处罚。

第二十九条 违反本条例第八条第（四）项、第（五）项规定的，责令停止生产、销售，没收违法生产、销售的产品，并处违法生产、销售产品货值金额等值以下的罚款；有违法所得的，并处没收违法所得。

第三十条 违反本条例第八条第（六）项规定的，责令改正；拒不改正的，处违法生产、销售产品货值金额百分之三十以下的罚款；有违法所得的，并处没收违法所得。

第三十一条 对生产者专门用于生产本条例第八条第（二）项规定的产品的原辅材料、包装物、生产工具，应当予以没收。

第三十二条 销售者销售本条例第八条规定的产品，有充分证据证明其不知道该产品为禁止销售的产品并提供证明其进货来源的原始发票等单证或者如实说明进货来源的，可以从轻或者减轻处罚。

第三十三条 知道或者应当知道属于本条例第八条规定的产品而为其提供生产场地、运输、保管、仓储等便利条件的，责令改正，没收全部提供生产场地、运输、保管、仓储等收入，并处违法收入百分之五十以上三倍以下的罚款。

第三十四条 服务业的经营者知道或者应当知道属于本条例第八条规定的产品而将其用于经营性服务的，按照违法使用的产品（包括已使用和尚未使用的产品）的货值金额，依照本条例第二十七条至第三十条对销售者的处罚规定处罚。

第三十五条 违反本条例第十一条规定的，责令改正，没收违法的奖品或者赠品，并处奖品或者赠品货值金额百分之五十以下的罚款。

第三十六条 违反本条例第十二条规定的，责令改正，没收违法所得；拒不改正的，处违法生产、销售产品货值金额等值以下的罚款。

第三十七条 违反本条例第十三条规定的，没收违法承印的物品，可以并处五千元以上五万元以下的罚款；有违法所得的，并处没收违法所得。

第三十八条 隐匿、转移、变卖、损毁被依法查封、扣押物品的，处被隐匿、转移、变卖、损毁物品货值金额等值以上三倍以下的罚款；有违法所得的，并处没收违法所得。

第三十九条 本条例规定的行政处罚由县级以上质量技术监督部门、工商行政管理部门依照法律、法规及国家与省规定的职责实施。法律、法规对行使行政处罚权的机关另有规定的，依照有关法律、法规的规定执行。

第四十条 质量技术监督部门、工商行政管理部门及其工作人员违反本条例规定有下列情形之一的，对直接负责的主管人员和其他直接责任人员依法给予行政处分：

（一）违反规定发布公告、公告失实或者向新闻媒体提供失实信息的；

（二）违反规定采取查封、扣押措施或者不及时解除查封、扣押措施的；

（三）使用或者损毁被查封、扣押的物品的；

（四）在产品质量监督抽查和质量监测中，向被检验人收取检验费用或者违反规定索取样品的；

（五）包庇、放纵产品生产、销售中违反本条例规定行为的；

（六）向违法嫌疑人通风报信，帮助其逃避查处的；

（七）其他滥用职权、玩忽职守、徇私舞弊行为。

质量技术监督部门、工商行政管理部门及其工作人员有前款第（一）项至第（四）项规定情形之一，造成当事人经济损失的，应当依法承担赔偿责任；有前款第（一）项、第（二）项规定情形之一，造成当事人名誉权、荣誉权损害的，应当消除影响，恢复名誉，赔礼道歉。

第四十一条 各级人民政府工作人员和其他国家工作人员有本条例第四十条第（五）项、第（六）项规定情形之一，或者阻挠、干预质量技术监督部门、工商行政管理部门依法对产品生产、销售中违反本条例规定的行为进行查处的，依法给予行政处分。

第四十二条 违反本条例规定，构成犯罪的，依法追究刑事责任。

第四十三条 依照本条例没收的物品，属于可能危及人体健康和人身、财产安全的产品的，应当由作出行政处罚的机关监督销毁，所需费用由当事人承担。属于可以使用的产品的，应当在消除违法状态后予以变卖或者拍卖，变卖、拍卖所得应当上交国库；不宜变卖、拍卖或者变卖、拍卖未能成交的，经同级财政部门同意，可以捐赠给公益事业。

第五章 附 则

第四十四条 本条例自2005年12月1日起施行。1992年11月15日浙江省第七届人民代表大会常务委员会第三十一次会议通过的《浙江省查处生产和经销假冒伪劣商品行为条例》和1995年12月26日浙江省第八届人民代表大会常务委员会第二十五次会议通过的《浙江省产品质量监督管理条例》同时废止。

宁夏回族自治区产品质量监督管理条例

（1995年8月16日宁夏回族自治区第七届人民代表大会常务委员会第十四次会议通过，2005年3月25日宁夏回族自治区第九届人民代表大会常务委员会第十五次会议第二次修订）

第一章 总 则

第一条 为了加强对产品质量的监督管理，提高产品质量水平，明确产品质量责任，保护消费者的合法权益，维护社会经济秩序，根据《中华人民共和国产品质量法》和有关法律、行政法规的规定，结合自治区实际，制定本条例。

第二条 凡在自治区行政区域内从事产品生产、销售活动，必须遵守本条例。

本条例所称产品是指经过加工、制作，用于销售的产品。

建设工程不适用本条例规定；但是，建设工程使用的建筑材料、装饰装修材料和建筑构配件、设备，属于前款规定的产品范围的，适用本条例规定。

第三条 各级人民政府应当把提高产品质量纳入本行政区域国民经济和社会发展规划，加强对产品质量工作的统筹规划和组织实施，引导、督促生产者、销售者加强产品质量管理，提高产品质量，组织各有关部门依法采取措施，制止产品生产、销售中的违法行为。

各级人民政府和其他国家机关有包庇、放纵产品生产、销售中违反法律、法规行为的，依法追究其主要负责人的法律责任。

第四条 各级人民政府及有关部门应当积极推行产品质量奖励制度。对产品质量管理先进、产品质量达到或者超过国际先进水平的单位和个人，给予奖励。

第五条 自治区产品质量监督管理部门主管自治区产品质量监督管理工作；自治区产品质量监督管理部门所属市、县产品质量监督管理部门负责本行政区域内的产品质量监督管理工作。

工商、检验检疫、卫生、食品药品监督等行政管理部门和各行业主管部门应当依照有关法律、法规的规定，在各自的职责范围内，负责产品质量的监督管理工作。

法律、行政法规对产品质量的监督部门另有规定的，依照有关法律、行政法规的规定执行。

第六条 任何单位和个人有权对违反产品质量法律、法规的行为，向产品质量监督管理部门或者其他有关部门检举。接到举报的部门应当及时办理；不属于本部门职权范围的，应当及时移交有权受理的部门办理。

产品质量监督管理部门和其他有关部门应当为检举人保密，对举报或者协助查处违反产品质量法律、法规行为的，产品质量监督管理部门或者有关部门应当按照自治区人民政府的规定给予表彰奖励。

第二章 产品质量监督管理

第七条 推行企业质量体系认证和产品质量认证制度。企业根据自愿原则，可以申请企业质量体系认证和产品质量认证。

第八条 自治区对产品质量实行监督检查制度。

产品质量监督检查采用监督抽查、统一监督检查、定期监督检查和日常监督检查等方式：

（一）监督抽查是产品质量监督检查的主要方式，包括国家和地方的监督抽查，是有规划、有组织对重点产品质量进行较大规模的检查；

（二）统一监督检查是对某类产品质量进行全自治区范围的检查；

（三）定期监督检查是按照确定的产品检验目录和检验周期进行的检查；

（四）日常监督检查是对日常监督中发现的以及消费者和有关组织举报、反映质量问题较多的产品进行的检查。

监督抽查、统一监督检查、定期监督检查按照国家或者自治区产品质量监督部门批准的计划实行。

第九条 产品质量监督检查的重点是：

（一）可能危及人体健康和人身、财产安全的产品；

（二）影响国计民生的重要产品；

（三）消费者或者有关社会组织反映质量问题较多的产品；

（四）法律、法规规定应当重点检查的产品。

第十条 市、县产品质量监督管理部门在本行政区域内可以组织监督抽查。国家和自治区监督抽查的产品，不得重复抽查。同一产品的监督检验数据或者检验结论，在同一检验周期内，应当作为有关部门监督检查的共同依据。

下级产品质量监督管理部门在上级产品质量监督管理部门实施监督检查抽样之日起半年内，不得再对已检验合格的同一企业的同一产品实施监督检查。但是，因举报或者涉嫌产品质量违法行为的除外。

第十一条 监督抽查不得向被抽查者收费，所需检验费用由自治区财政部门核拨。统一监督检查、定期监督检查和日常监督检查所需的检验费用，按照国家和自治区有关规定执行。

第十二条 产品质量监督检验所需样品，由受检者提供。

产品质量监督检查人员必须持产品质量监督检验抽样通知单、产品质量监督检查执法证件等，才能向受检者抽取样品。

抽取的样品应当在市场上或者企业的待销产品中随机抽取，抽样的方法、程序和数量应当符合国家和自治区产品质量监督管理部门规定和确认的标准。抽样数量没有规定的，不得超过检验的合理需要。

监督检查人员不得泄露生产者、销售者的技术秘密和商业秘密。

第十三条 伪造、冒用他人厂名、厂址或者其他侵权行为的产品，产品质量监督管理部门可以将样品送交被侵权者进行鉴定和举证，被侵权者应当出具鉴定报告，并对报告的真实性负责。

被查封、扣押的产品，经检验或者鉴定不属于违法产品的，产品质量监督管理部门应当自接到检验或者鉴定结论之日起三日内解除查封、扣押，被查封、扣押的产品应当返还所有人。

第十四条 产品质量监督检查结果应当告知被检查者；监督抽查，统一监督检查、定期监督检查结果，应当向社会公布。

产品质量监督管理部门在监督检查中，经检验有严重质量问题的产品，应当查封或者扣押，并依法向社会及时公布企业名称和产品名称。

第十五条 对依法进行的产品质量监督检查，生产者、销售者应当如实提供产品货源、存放地点及其他情况和资料，不得弄虚作假，逃避或者拒绝、阻碍检查。

第十六条 违法产品的生产者、销售者被查处时下落不明的，产品质量监督管理部门可以发布公告，自公告之日起六十日内，当事人应当到指定地点接受处理；逾期不接受处理的，对违法产品依法没收、拍卖或者销毁。

第十七条 任何单位和个人不得为生产者、销售者的产品质量违法行为提供下列条件：

（一）技术、场地、设备、仓储、保管或者交通运输工具；

（二）票据、账户、合同文本；

（三）标识、包装物等。

第十八条 各部门、社会团体、新闻单位、企业事业单位及民间组织不得开展对企业产品质量的综合评价，以及带有评比、排序、推荐性质的企业和产品信息发布活动。国家和自治区人民政府另有规定的除外。

产品质量监督管理部门或者其他国家机关、产品质量检验机构不得向社会推荐生产者的产品；不得以对产品进行监制、监销等方式参与产品经销活动。

第十九条 自治区产品质量监督管理部门应当定期发布其监督抽查

的产品质量状况的公告。

第三章　产品质量监督检验

第二十条　产品质量检验机构，必须具备相应的检验条件和能力，经省级以上人民政府产品质量监督管理部门或者其授权的部门考核合格并颁发合格证书后，方可承担产品质量检验工作。

法律、行政法规对药品、食品卫生、特种设备、进出口商品等产品质量检验机构另有规定的，依照其规定执行。

第二十一条　产品质量检验机构受产品质量监督管理部门的委托进行产品质量监督检验时，必须按照国家规定的抽样方法、程序和数量抽取样品。

产品质量检验机构应当按照规定的期限，向下达检验任务的产品质量监督管理部门报送检验结果；产品质量监督管理部门应当自接到检验结果之日起七日内将检验结果告知被检验方。被检验方对检验结果有异议的，可以自接到检验结果通知之日起十五日内向下达检验任务的产品质量监督管理部门或者其上级主管部门申请复检。

受理复检申请的部门应当自收到复检申请之日起十五日内，另行指定检验机构对原样品或者备用样品重新进行检验，并作出复检结论。复检结果为终局结论，所需费用由责任方承担。对不具备复检条件的产品，受理复检申请的部门应当书面告知复检申请人。

检验样品在留样期满后，除检验损耗部分外，应当退还受检方。

第二十二条　产品质量检验机构应当出具真实、准确和公正的检验数据和结论，不得伪造检验数据和结论。

第二十三条　产品质量监督检查和检验的依据：

（一）法律、法规和规章的规定；

（二）国家标准、行业标准、地方标准或者经备案的企业标准；

（三）产品标识中明示的内容、实物样品、产品说明或者广告、合同中的质量约定与技术要求等：

（四）经批准的质量监督检验方法、质量检查细则和质量判定规则。

第四章　生产者、销售者的产品质量责任和义务

第二十四条　生产者、销售者应当对其生产、销售的产品质量和性能

指标负责。生产、销售的产品，其质量、标识、包装应当符合有关法律、法规的规定。

第二十五条 生产者应当建立和健全质量责任制度，实行严格质量检验制，保证生产的产品质量符合产品标准。

凡生产涉及人体健康和人身、财产安全的产品，必须严格执行国家强制性标准。

生产的产品应当经质量检验人员签发合格证明后，方可投入流通。产品质量检验人员应当对检验产品的质量负责，不得为未经检验或者检验不合格的产品签发合格证明。

裸装食品和其他难以在每一产品上附加合格证明的，应当有批量检验合格证明。

第二十六条 销售者应当加强质量管理工作，建立和健全质量责任制，严格执行进货检查验收制度。

销售者对产品进货质量、标识、包装应当进行严格检查，对没有质量检验合格证明或标识不符合规定或者质量可疑的产品有权拒收。

第二十七条 生产者、销售者或者服务业经营者不得生产、销售、使用下列产品：

（一）不符合保障人体健康和人身、财产安全的国家标准、行业标准的产品；

（二）掺杂、掺假，以假充真，以次充好，以不合格产品冒充合格产品；

（三）国家明令淘汰和禁止生产、销售的产品；

（四）过期、失效、变质的产品；

（五）伪造产品产地，伪造或者冒用他人厂名、厂址的产品；

（六）伪造、冒用认证标志、原产地产品专用标志和名优标志等质量标志以及生产许可证标记、条码标记、产品标准号的产品；

（七）未标明或者伪造、涂改生产日期、安全使用期、失效日期的限期使用产品；

（八）伪造、涂改产品质量合格证、质量检验报告等质量证明的产品；

（九）国家规定实施生产许可或者安全认证的，未取得许可证或者未经安全认证、认证不合格的产品。

第二十八条 生产者、销售者不得伪造、篡改或者冒用产品质量检验机构的检验结论以及其他质量证明。

生产者、销售者不得在广告发布活动中对产品质量作虚假宣传，欺骗和误导消费者。

第二十九条 产品质量达不到相应标准，但仍有使用价值并符合安全、卫生要求的产品，必须在产品或者包装的显著部位标明“次品”、“处理品”、“等外品”等字样后，方可降价销售。

对产品质量达不到强制性标准，失去使用价值或者有害人身健康和危及人身、财产安全的产品，应当予以销毁或者作必要的技术处理。

第三十条 以代销或者联营等形式销售产品的，代销者或者联营销售者应当承担与销售者同样的产品质量责任和义务。

展销会举办者、柜台出租者，对销售的产品质量承担连带责任。

第三十一条 印刷者承接印刷产品质量检验合格证、产品标识、名优标志、认证标志、条码等质量标志时，应当查验相关的证明，不得印刷虚假的质量标志，不得将印刷的质量标志提供给非委托单位和个人。

第三十二条 在规定或者承诺的产品质量保证期限内，售出的产品不具备产品应当具备的使用性能而事先未作说明或者不符合明示的产品标准或者不符合明示的产品质量状况的，销售者应当负责修理、更换、退货；给消费者造成损失的，销售者应当赔偿损失。属于生产者、供货方责任的，销售者可以依法追偿。

因产品缺陷造成人身伤害、财产损失的，受害人有权依法要求赔偿。

第五章 法律责任

第三十三条 本条例规定的行政处罚，由产品质量监督管理部门或者工商行政管理部门依照各自的职权范围决定。法律、法规规定由其他部门处罚的，依照法律、法规的规定执行。

日常监督检查中发现的产品质量违法行为，按照谁先发现谁查处的原则依法办理。有关执法部门对违法产品已经采取行政强制措施的，其他执法部门不得再行扣押或者封存。

第三十四条 违反本条例第二十七条规定，有（一）、（二）、（三）、（四）项违法行为之一的，依照产品质量法的有关规定处理。

第三十五条 知道或者应当知道属于法律规定禁止生产、销售的产品而为其提供运输、保管、仓储等便利条件的，或者为生产销售提供厂房、场地、设备的，或者为以假充真的产品提供制假生产技术的，没收全部运输、仓储、保管或者提供厂房、场地、设备和提供制假生产技术的收入，并处违法所得收入的百分之五十以上三倍以下的罚款；构成犯罪的，依法追究刑事责任。

第三十六条 生产者、销售者伪造、涂改产品质量合格证、质量检验报告等质量证明或者伪造、涂改产品生产日期、安全使用期、失效日期的，责令停止生产、销售，并处违法生产、销售产品货值金额二倍以下的罚款；有违法所得的，并处没收违法所得。情节严重的，由工商行政管理部门依法吊销营业执照；构成犯罪的，依法追究刑事责任。

产品属于次品、处理品、等外品而未在显著部位标明字样的，责令限期改正；逾期不改正的，处违法生产、销售产品货值金额百分之三十以下的罚款。

第三十七条 销售者不履行修理、更换、退货或者赔偿损失义务的，责令改正；拒不改正的，处以该产品销售价格一倍以上五倍以下罚款。

第三十八条 产品质量检验机构在产品质量监督抽查中超过规定的数量索取样品或者向被检查人收取检验费用的，由上级产品质量监督管理部门或者监察部门责令退还，对直接负责的主管人员和其他直接责任人员依法给予行政处分。

产品质量检验机构、认证机构出具伪造检验结果或者出具虚假证明的，责令改正，对单位处五万元以上十万元以下的罚款；对直接负责的主管人员和其他直接责任人员处一万元以上五万元以下的罚款；有违法所得的，并处没收违法所得；情节严重的，取消其检验资格、认证资格；构成犯罪的，依法追究其刑事责任。造成损失的，依法承担相应的赔偿责任。

第三十九条 行政执法部门对产品质量违法行为进行查处时，生产者、销售者不如实提供产品数量、价格情况，致使货值金额难以确认的，处以五千元以上五万元以下罚款。

第四十条 拒绝接受依法进行的产品质量监督检查的，给予警告，责令改正；拒不改正的，责令停业整顿；情节特别严重的，由工商行政管理部门依法吊销营业执照。

以暴力、威胁方法阻碍产品质量监督管理部门或者工商行政管理部门的工作人员依法执行职务，构成犯罪的，依法追究刑事责任；尚未构成犯罪的，由公安机关依法给予治安管理处罚。

第四十一条 违法对企业产品质量进行评比、排序或者举办带有推荐性的信息发布活动的或者以监制、监销等方式参与产品经营活动的，由其上级主管部门或者监察机关责令改正，消除影响，有违法收入的予以没收；情节严重的，对直接负责的主管人员和其他直接责任人员依法给予行政处分。

产品质量检验机构或者其他单位组织有前款所列违法行为的，由产品质量监督部门责令改正，消除影响，有违法收入的，予以没收，可以并处违法收入一倍以下的罚款；情节严重的，依法撤销其质量检验资格。

第四十二条 产品质量监督管理部门或者其他部门采取不当强制措施或者违反规定超期对封存、扣押产品作出鉴定结论，给生产者、销售者造成损失的，依法承担赔偿责任。

第四十三条 法律、行政法规对产品质量违法行为有处罚规定的，按照法律、行政法规的有关规定执行。

第四十四条 当事人认为行政执法部门的具体行政行为侵犯其合法权益的，可以依法申请行政复议或者提起行政诉讼。

第四十五条 产品质量监督管理部门或者工商行政管理部门的工作人员滥用职权、玩忽职守、徇私舞弊，由其所在单位或者上级主管部门给予行政处分；构成犯罪的，依法追究刑事责任。

第六章 附　　则

第四十六条 本条例自2005年5月1日起施行。

陕西省产品质量监督管理条例

（1994年9月5日陕西省第八届人民代表大会常务委员会第八次会议通过，2004年8月3日陕西省第十届人民代表大会常务委员会第十二次会议第二次修正）

第一章 总　　则

第一条 为了加强对产品质量的监督管理，明确产品质量责任，保护用户和消费者的合法权益，维护社会经济秩序，根据《中华人民共和国产品质量法》和有关法律、法规的规定，结合本省实际，制定本条例。

第二条 本条例适用于经过开采、加工、制作并用于销售的产品。

在本省行政区域内从事产品生产、销售（含安装、修理）活动的，必须遵守本条例。

法律、行政法规对产品质量监督管理另有规定的，依照有关的规定执行。

第三条 各级人民政府及有关部门应当推行产品质量奖励制度，鼓励和引导企业提高产品质量。

第四条 省技术监督行政主管部门负责组织协调全省的产品质量监督管理工作，规划、考核和认可产品质量监督检验机构，负责产品质量奖励和质量认证的有关工作，处理产品质量纠纷，查处重大产品质量违法案件。

市（地）、县（市、区）技术监督行政主管部门负责本行政区域内的产品质量监督管理工作，处理产品质量纠纷，查处产品质量违法案件。

第五条 各级工商、卫生等行政管理部门和各行业主管部门应当依照有关法律、法规的规定，在各自的职责范围内做好产品质量监督管理工作。

第六条 用户、消费者以及用户、消费者组织和新闻媒介，对产品质量实行社会监督。

第二章 产品质量监督管理

第七条 产品的生产者应当采用先进的科学技术和科学的质量管理方法，建立质量管理制度，提高产品质量。企业可以按照国家的有关规定，自愿申请企业质量体系认证或产品质量认证。获准认证的产品依法免受检查和检验。

第八条 各级技术监督行政主管部门和各行业主管部门有权对产品质量进行监督检查。监督检查以监督抽查为主要方式。

全省性的产品质量监督检查计划，由省技术监督行政主管部门统一协调下达并组织实施。市（地）、县（市、区）的产品质量监督检查计划，需经上一级技术监督行政主管部门协调审批。各级行业主管部门组织产品质量监督检查，需经同级技术监督行政主管部门协调后方可实施。在规定的检验周期内，不得重复检查，并不得抽取样品。

违反规定抽样或在同一检验周期内重复检查的，被检查方有权拒绝。

监督检查的结果应当及时公布。

第九条 监督抽查不得向被抽查者收费。技术监督行政主管部门组织的监督抽查所需的检验费用由同级财政拨款。

统一监督检查、定期监督检查和其他形式的监督检查所需检验费用，按照国家和省有关规定收取。

第十条 县级以上技术监督行政主管部门产品质量行政执法人员的主要职责是：

（一）查阅、复制有关的票据、账册、凭证、业务函电和其他资料，用照相、录音、录像等手段取得所需的证明材料；

（二）进入产品存放地检查；

（三）对有严重质量问题或有重大质量嫌疑的产品，在证据可能灭失或者以后难以取得的情况下，经本部门负责人批准，可以先行登记保存；

（四）对违法事实确凿并有法定依据，对公民处以五十元以下，对法人或者其他组织处以一千元以下罚款或者警告的行政处罚的，可以当场作出处罚决定，并填写预定格式、编有号码的行政处罚决定书，当场交付当事人；

（五）法律、法规规定的其他职责。

产品质量行政执法人员在行使前款规定的职责时，必须有两人以上同时参与，并向当事人出示技术监督行政执法证件。

第十一条 技术监督行政主管部门对登记保存的产品，应当从登记保存之日起七日内作出处理决定。

因产品检验技术要求在七日内不能作出处理决定的，必须报经上一级技术监督行政主管部门批准，实施封存。封存期限不得超过三十日，并作出处理决定。

第三章 产品质量监督检验

第十二条 技术监督行政主管部门设置和授权承担产品质量检验工作的机构，以及其他向社会提供产品质量公证检验结果的产品质量检验机构，必须经国家和省技术监督行政主管部门考核合格，发给合格证书和标志。

处理产品质量争议，应以依法设置和授权的产品质量检验机构的检验数据为准。

第十三条 产品质量检验机构进行产品质量监督检验时，必须持有技术监督行政主管部门批准的监督检查计划和有关凭证，并按照国家规定的抽样方法和数量抽取样品。检验所需的样品由被检验方提供。被检验方对检验结果无异议的，留样期满后，除检验损耗部分外，样品应退还被检验方。

第十四条 产品质量监督检验的依据是：

（一）有关的国家标准、行业标准、地方标准、按国家规定制定的企业标准；

（二）合同、产品说明中的质量约定和技术条件；

（三）国家和省技术监督行政主管部门批准的产品质量评价规则。

第十五条 产品质量检验机构必须对其出具的检验报告负责，不得伪造检验数据和检验结论。

被检验方对检验结果有异议的，可在接到检验结果通知之日起十五日内申请复验，由下达检验任务的产品质量监督管理部门受理并另行指定产品质量检验机构复验。复验结论为终局结论，所需费用由责任方承担。

第四章 生产、销售者的产品质量责任

第十六条 生产、销售的产品应当符合下列要求：

（一）质量、标识、包装应符合产品质量法第十四条、第十五条、第十六条的规定；

（二）产品标识标注按法律、法规和有关规定执行；

（三）食品、饮料、药品、农药、化肥、化妆品以及其他有规定要求的产品，在产品或包装上应标明产品标准编号、主要成分、生产和失效日期，并附中文使用说明书；

（四）机器、设备、仪器仪表，结构性能复杂的耐用消费品，应有安装调试、使用维修方法和保养条件的中文使用说明书；

（五）用购进产品组装或分装的产品，其标识应符合本款（一）、（二）、（三）项的规定；

（六）质量达不到规定标准，但仍有使用价值并符合安全、卫生要求的产品，应在产品或包装的显著部位标明处理品字样。

失去使用价值的产品和质量达不到规定标准影响人体健康，危及人身、财产安全的产品，由技术监督行政主管部门会同有关部门监督销毁或作必要的技术处理。

第十七条 禁止生产、销售下列产品：

（一）不符合保障人体健康，人身、财产安全标准的；

（二）失效、变质的；

（三）伪造或者冒用认证标志、名优标志、条码标志、生产许可证标志、产品标准代号、产品质量证明的；

（四）伪造、冒用或者隐匿产地、厂名、厂址或冒用产品监制单位的；

（五）伪造生产或失效日期的；

（六）以不足含量冒充明示含量或以不合格品冒充合格品的；

（七）掺杂使假、以假充真、以次充好、以旧充新的；

（八）国家明令淘汰和有关法律、法规禁止的。

第十八条 有下列情形之一的产品，必须经改正符合规定后，方可生产、销售：

（一）无检验合格证或产品质量监督机构准销证明的；

（二）与明示标准、产品说明、实物样品等表明的质量状况不符，以及属于处理品而未标明的；

（三）标识、包装不符合规定的；

（四）未按规定标明许可证编号、产品标准代号、报验标识的。

第十九条 国家对产品质量保证期限有明确规定的，应按照国家有关规定执行；国家未规定质量保证期限的，生产者或销售者应当根据产品特性，以书面文字明示质量保证期限。

在规定或明示的质量保证期限内，产品不具备应当具备的使用性能或不符合明示的质量状况的，销售者应当负责修理、更换、退货。给购买产品的用户、消费者造成直接经济损失的，销售者应当给予相应的赔偿。属于生产、供货方责任的，销售者可以依法追偿。

销售者明示销售的处理品，不适用前款规定。

因产品存在缺陷造成人身、他人财产损害的，受害人可以依照产品质量法的规定要求赔偿。

第二十条 因产品质量发生纠纷，当事人可以通过协商或申请技术监督行政主管部门、工商行政管理部门以及消费者协会调解解决；不愿通过协商、调解解决或协商、调解无效的，可以申请仲裁，也可以直接向人民法院起诉。

第二十一条 出租场地或设备者发现承租人生产、销售本条例禁止生产、销售的产品，应立即向主管部门或其他有关部门举报。

第二十二条 产品生产者印制名优标志、认证标志和其他含有产品质量指标的印刷品时，应当提供相关的证明文件。生产者不能提供的，印制者不得承接印制。

印制者不得将印制的标志、包装物等提供给非产品生产者。

第二十三条 生产者、销售者申请刊播、设置、张贴广告时，应当提供相关的质量证明文件；广告经营者和报刊、广播电台、电视台应当依照有关法律、法规的规定查验，没有质量证明文件或广告内容不实的，不得代理、设计、制作和发布。

第二十四条 产品的监制者应对所监制的产品质量负责。各级行政机关及其依法设置的承担公正检验任务的检验机构，不得承办产品的监制、监检、监销活动。

法律、法规另有规定的除外。

第五章 法律责任

第二十五条 违反本条例规定，生产、销售下列产品的，责令停止生产、销售，没收违法生产、销售的产品或监督对产品作技术处理。有销售所得的，没收其违法销售所得；并处以违法销售所得一倍以上五倍以下的罚款。情节严重的，吊销其营业执照：

（一）不符合保障人体健康和人身、财产安全标准的；

（二）掺杂、掺假，以假充真，以次充好，或以不合格品冒充合格品，以不足含量冒充明示含量的；

（三）失效、变质的；

（四）国家明令淘汰的。

执行前款规定的处罚时，对于无销售收入或生产、销售者拒绝提供发票、账册及有关资料使销售收入难以确认的，可处以二万元以下罚款。

第二十六条 伪造产地，标注虚假生产、失效日期，伪造、冒用或不标明厂名、厂址，伪造或冒用认证标志、名优标志、条码标志、质量证明、产品监制等质量标志和生产许可证的，没收其违法销售所得，并处以违法销售所得一倍以上三倍以下的罚款；情节严重的，还可没收其销售的产品。

第二十七条 属于处理品未予显著标明而销售的，责令改正；拒不改正的，没收违法销售所得，可以并处违法销售所得一倍以下的罚款。

第二十八条 生产、销售产品的包装、标识不符合本条例规定的，限期改正；拒不改正或重犯者，责令停止生产、销售，并处以该批产品总值百分之十五至百分之二十的罚款。

第二十九条 已销售的产品存在质量问题，销售者不予修理、更换、退货和赔偿损失的，可处以该产品价格一倍以上二倍以下的罚款，并责令改正。

第三十条 产品质量检验机构违反本条例规定，有下列行为之一的，责令限期改正；拒不改正的，可处以所收检验费或样品价值一倍以上三倍以下的罚款；造成损失的，责令赔偿，情节严重的，取消考核认可的质量检验资格：

（一）未经考核合格或不按统一计划和授权范围，擅自进行产品质量检验并出具数据的；

（二）不按标准和国家有关规定抽取样品或返还样品的；

（三）伪造检验数据或结论的。

第三十一条 出租场地或设备者明知承租人生产、销售本条例禁止生产、销售的产品不举报的，可对出租人处一千元以上五千元以下的罚款。

第三十二条 擅自转移、销毁、销售被登记保存的产品的，处以被登记保存产品总值一倍以上三倍以下的罚款；转移产品的，责令追回；销售产品的，没收违法所得。

第三十三条 本条例规定的吊销营业执照的行政处罚，由工商行政管理部门决定。其他行政处罚由技术监督行政主管部门或者工商行政管理部门按照国务院规定的职权范围决定。对同一违法行为,不得重复处罚。

法律、行政法规对行政处罚另有规定的,从其规定。

违反本条例规定,构成犯罪的,由司法机关依法追究刑事责任。

第三十四条 依照本条例,责令停产停业、吊销许可证或者执照、处以二万元以上罚款的,当事人有要求举行听证的权利。

第三十五条 当事人对行政处罚决定不服的,可以依法申请复议或向人民法院起诉。当事人逾期不申请、不起诉又不履行处罚决定的,作出处罚决定的机关可以申请人民法院强制执行。

第三十六条 产品质量行政执法人员滥用职权、玩忽职守、徇私舞弊、包庇违法行为的,由其主管部门给予行政处分;给当事人造成损失的,依法予以赔偿;构成犯罪的,由司法机关依法追究刑事责任。

第六章 附 则

第三十七条 军工企业生产的民用产品适用本条例。

第三十八条 本条例自公布之日起施行。

青海省实施《中华人民共和国产品质量法》办法

(2004 年 7 月 31 日青海省人大常委会公告第 13 号公布)

第一章 总 则

第一条 为了实施《中华人民共和国产品质量法》,结合本省实际,制定本办法。

第二条 本办法适用于本省行政区域内的产品生产、销售活动。

本办法所称产品是指经过加工、制作,用于销售的产品。

建设工程不适用本办法规定;但是,建设工程使用的建筑材料、建筑构配件和设备,属于前款规定的产品范围的,适用本办法规定。

第三条 各级人民政府应当加强对产品质量工作的统筹规划和组织领导,引导、督促生产者、销售者加强产品质量管理,提高产品质量。

第四条 县级以上质量技术监督部门主管本行政区域内的产品质量监督工作。县级以上工商行政管理等部门在各自的职责范围内负责产品质量监督工作。

法律、行政法规对产品质量的监督部门另有规定的，依照其规定执行。

第五条 任何单位和个人不得开展带有排序、评比、推荐性质的产品质量信息发布等影响公平竞争的活动。

第六条 县级以上人民政府应当鼓励企业推行科学的质量管理方法，开展质量体系认证和产品质量认证。对产品质量管理先进、产品质量达到国际或者国内先进水平的单位和个人，给予表彰奖励。

第七条 任何单位和个人有权检举产品质量问题。

产品质量监督部门或者有关部门接到检举后应当及时处理，为检举人保密，并按照国家和省有关规定给予奖励。

第二章 产品质量监督

第八条 产品质量监督检查以监督抽查为主，根据需要进行专项检查、定期检查、跟踪检查和日常检查。

第九条 全省性产品质量监督抽查工作，由省质量技术监督部门依据国家产品质量监督抽查工作规划，会同有关部门研究提出方案，经省人民政府批准后统一部署实施。

县级以上质量技术监督部门可以根据本地实际，组织产品质量监督抽查。

第十条 产品质量监督等部门对同一生产者、销售者的同一种产品，在同一检查周期内已经抽查的，一般不得重复抽查。

被检查者应当配合产品质量监督等部门依法进行的监督抽查工作。

第十一条 产品质量监督工作人员在监督检查时必须出具有效的执法证件，使用统一的执法文书和省财政部门印制的罚没票据。需要抽取样品的，应当填写抽样单，并按照国家或者省规定的抽样标准确定抽样数量。

被抽取的样品除合理损耗和国家另有规定外，检查者应当在检验工作结束后十五日内，将样品退还被检查者；非合理损耗的，检查者应当予以赔偿。

第十二条 检查产品质量应当依据国家标准、行业标准、地方标准、经备案的企业标准、合同约定的技术指标以及产品包装、说明、广告、实物样品标明的指标。未注明或者不提供产品采用的标准的，按照国家和省质量技术监督部门制定或者批准的产品质量评价规则判定。

第十三条 产品质量检验机构应当对其检验结果负责，公正地出具产品质量检验结果，不得泄露被检查者提供的保密技术资料。

第十四条 被检查者对产品质量的检验结果有异议的，可以自收到检验结果之日起十五日内向实施监督抽查的部门或者其上级部门申请复检，由受理复检的部门作出复检结论。

复检费由申请人预付，责任方承担。

第十五条 省质量技术监督部门应当定期在《青海日报》等媒体上发布其抽查的产品的质量状况公告。

第十六条 产品质量监督抽查，不得向被检查者收取费用。监督抽查所需的检验费用按照国家和省有关规定列支。

第十七条 产品质量监督部门及有关部门对产品质量问题的投诉，应当在收到投诉的五日内作出受理或者不受理的决定，并告知投诉者。

第十八条 涉嫌产品质量违法的生产者，销售者应当接受产品质量监督部门或者有关部门的检查和调查，提供有关的实物和资料。

涉嫌质量违法被查封、扣押的产品，其生产者、销售者不得擅自启封、转移、隐匿、损毁、经检验、鉴定符合产品质量要求或者产品生产者、销售者能够证明其产品质量不属于质量违法的，应当立即解除查封、扣押。

第十九条 产品质量监督部门或者有关部门对查封、扣押的产品必须妥善保管。有下列情形之一的，实施查封、扣押的部门可以决定先行处理，并报上一级部门备案：

（一）易腐烂、变质的；

（二）已经或者即将超过保质（保存）期、安全期或者失效日期的；

（三）有毒、有害、易燃、易爆、有腐蚀性、放射性污染必须及时处理的。

产品质量监督部门或者有关部门先行处理错误，给生产者、销售者造成损失的,应当依法予以赔偿。

第二十条 产品质量违法行为经查证核实后,实施查处的产品质量监督部门或者有关部门应当责令违法生产者或者销售者停止违法行为,限期改正;违法生产者或者销售者逃匿的,有关部门应当发布公告,责令其到指定地点接受处理。逾期不到的,其违法产品予以没收,并承担相应的法律责任。

第三章 生产者、销售者的产品质量责任和义务

第二十一条 生产者、销售者应当对产品质量负责。生产、销售的产品应当符合产品质量法律、行政法规的要求。

禁止生产、销售下列产品:

(一) 国家明令淘汰并停止销售的;

(二) 过期、失效、变质的;

(三) 掺杂、掺假、以旧充新、以假充真、以次充好、以不合格产品冒充合格产品的;

(四) 伪造产地、伪造或者冒用他人厂名、厂址、商品条码、组织机构代码的;

(五) 伪造或者冒用认证标志、生产许可证标志、名牌产品标志、市场准入标志、免检标志、国际标准标志、质检机构检验合格证明、原产地域标志等质量标志的;

(六) 伪造或者篡改产品生产日期、安全使用期或者失效日期的;

(七) 其他不符合质量要求的产品。

第二十二条 生产者应当按照产品质量标准组织生产。鼓励生产者制定并实施具有竞争力或者高于国家标准、行业标准的企业内控产品质量标准。

属于国家强制标准管理的产品,其生产者应当按照国家强制标准组织生产。

第二十三条 生产者应当严格执行产品质量出厂检验制度。产品出厂前必须进行检验,质量合格的,方可签发质量检验合格证明。未经产品质量检验或者产品质量不合格的不得出厂。

第二十四条 销售者应当建立并严格执行进货检查验收制度,对进

货质量、标识、包装进行检查。对没有质量检验合格证或者标识不符合规定的产品应当拒收。

第二十五条　售出的产品发现有不符合产品质量标准或者合同标明的质量状况的，销售者应当承担包修、包换、包退或者赔偿责任。其中属于生产者或者其他销售者责任的，销售者可以向生产者或者其他销售者追偿。

第二十六条　以联营、代销等形式生产、销售产品的，承担与生产者、销售者同等的产品质量义务。

第四章　法律责任

第二十七条　生产者、销售者违反本办法规定的行为，由县级以上质量技术监督部门或者工商行政管理部门按照各自的职权范围责令其停止违法行为，依照《中华人民共和国产品质量法》及有关法律、法规的规定予以处罚；构成犯罪的，依法追究刑事责任。生产者、销售者的违法行为给消费者造成损失的，依法承担赔偿责任。

法律、行政法规对行使处罚权的机关另有规定的，依照有关法律、行政法规的规定执行。

第二十八条　产品质量检验机构违反本办法规定的行为，由省质量技术监督部门责令停止违法行为，依照《中华人民共和国产品质量法》及有关法律、法规的规定处罚；构成犯罪的，依法追究刑事责任。

第二十九条　产品质量监督部门或者工商行政管理部门的工作人员滥用职权、玩忽职守、徇私舞弊，构成犯罪的，依法追究刑事责任；尚不构成犯罪的，依法给予行政处分。

第三十条　以暴力、威胁方法阻碍产品质量监督部门或者工商行政管理等部门的工作人员依法执行职务的，依法追究刑事责任；未使用暴力、威胁方法的，由公安机关依法予以处罚。

第五章　附　　则

第三十一条　本办法应用中的具体问题，由省人民政府产品质量监督部门负责解释。

第三十二条　本办法自2004年10月1日起施行。1996年7月31

日青海省第八届人民代表大会常务委员会第二十五次会议通过的《青海省产品质量监督管理条例》同时废止。

贵州省产品质量监督条例

（1993 年 9 月 29 日贵州省第八届人民代表大会常务委员会第四次会议通过，根据 2004 年 5 月 28 日贵州省第十届人民代表大会常务委员会第八次会议通过的《贵州省部分地方性法规条款修改案》第二次修正）

第一章　总　　则

第一条　为加强产品质量监督管理，提高我省产品质量，保护用户、消费者的合法权益，维护社会经济秩序，促进社会主义市场经济发展，根据《中华人民共和国产品质量法》（以下简称《产品质量法》），结合本省实际，制定本条例。

第二条　本条例所称产品是指经过开采、加工、制作，用于销售的产品。

在本省行政区域内从事产品生产、销售活动的单位和个人（以下简称生产者、销售者），必须遵守本条例。

第三条　产品质量应符合有关标准，经检验合格。

禁止下列行为：

（一）伪造或者冒用认证、名优标志及生产许可证标记、条形码等；

（二）隐匿、伪造或者冒用产品的产地、厂名、厂址；

（三）伪造产品质量证明材料、生产日期；

（四）在生产、销售的产品中掺杂、掺假，以假充真、以次充好，以不足含量冒充明示含量，以不合格产品冒充合格产品。

第四条　鼓励推行科学的质量管理方法，采用先进的科学技术，鼓励企业产品质量达到并且超过行业标准、国家标准和国际标准。对产品质量管理先进和产品质量达到国际先进水平、成绩显著的单位和个人，给予奖励。

第二章 产品质量的监督管理

第五条 县级以上人民政府应当加强对产品质量监督工作的领导。

县级以上人民政府技术监督行政管理部门或产品质量监督管理部门(以下简称产品质量监督管理部门)负责管理本行政区域内的产品质量监督工作,主要职责是:

(一) 贯彻实施产品质量的法律、法规、规章;

(二) 协调各有关部门的产品质量监督工作;

(三) 规划和管理法定产品质量监督检验机构;

(四) 负责产品质量公证评价和质量认证有关工作;

(五) 受理质量问题投诉,负责质量纠纷调解,查处质量违法行为;

(六) 管理产品质量监督和质量监督检验人员。

第六条 工商行政、卫生、医药、商检等管理部门按有关法律、法规规定的职权范围负责产品质量监督工作。

第七条 行业、企业主管部门负责本行业、本部门内的产品质量监督工作。

第八条 用户、消费者以及消费者协会、用户委员会、行业协会、个体劳动者协会等社会团体和新闻舆论机构,对产品质量实行社会监督。

第九条 生产者、销售者按《产品质量法》和本条例的规定承担产品质量责任并履行义务。

第十条 积极推行企业质量体系认证和产品质量认证制度,由省人民政府产品质量监督管理部门组织协调。

第十一条 实施产品质量监督的依据是:

(一) 国家和省有关质量的法律、法规及规章;

(二) 国家标准或行业标准、地方标准、按国家规定制定的企业标准;

(三) 经济合同、产品说明中的质量约定和技术条件;

(四) 省级以上产品质量监督管理部门批准的产品质量检验方法或质量评价规则。

第十二条 本省产品质量监督检查的重点是:农用生产资料、建筑材料、烟、酒、药品、食品、家用电器、汽车等可能危及人体健康和人身、财产安全的产品,影响国计民生的重要工业产品以及用户、消费者、有关社会团体反映有质量问题的产品。

产品质量监督检查目录由省人民政府产品质量监督管理部门会同有关部门制定，经省人民政府批准发布。

第十三条 产品质量监督检查实行监督抽查、定期监督检验等制度。

对生产领域中列入产品质量监督检查目录的重点产品按规定实行产品质量监督抽查；

对某些重要生产资料、关系国计民生及人身健康、安全的产品按规定实行定期监督检验；

对流通领域中可能导致严重后果的种子、农药、农膜、化肥等重要生产资料实行必要的监督管理措施。

第三章 产品质量的监督检验

第十四条 经省级以上人民政府产品质量监督管理部门进行计量认证、审查认可并颁发证书的检验机构为我省法定产品质量监督检验机构。

第十五条 法定产品质量监督检验机构承担产品质量的监督检验、公证性评价检验，其在授权范围内为社会出具的检验数据和结论具备法律效力。

法定产品质量监督检验机构对其检验结果负责，并承担法律责任。

第十六条 产品质量监督检验所需样品，由质量监督或监督检验人员持产品质量监督检验凭证按规定数量向受检单位随机抽取。检验后的样品除已损耗或者国家另有规定的以外，均应返还受检单位。

第十七条 产品质量监督检查中发生的检验费用按下列规定处理：

（一）监督抽查检验费用由同级财政列支；

（二）定期监督检验按国家有关规定收取检验成本费；

（三）售前报验以及监督检查中不合格产品复查检验费用由受检单位承担；

（四）复验费用由责任方承担；

（五）委托检验费用由委托方承担。

第十八条 法定产品质量监督检验机构必须依据法定的方法、程序和期限进行检验，并将检验报告送达交办的产品质量监督管理部门、委托单位和受检单位。

受检单位对检验报告有异议的，应在收到检验报告之日起十五日内（特殊产品在规定的时间内，下同），向交办的或其上一级产品质量监督管理部门书面申请复验。收到复验申请书的部门应在十日内，指定有关法定产品质量监督检验机构进行复验。复验结论为终局检验结论，应书面通知复验申请人。

第四章 产品质量的纠纷处理

第十九条 用户、消费者有权就产品质量问题向产品的生产者、销售者查询，向产品质量监督管理、工商行政管理及其他有关部门申诉、举报；有权就因产品质量造成的人身伤害、财产损失，按《产品质量法》有关损害赔偿的规定向生产者、销售者提出赔偿要求。

第二十条 因产品质量发生民事纠纷，当事人应协商解决；协商不成的，可以申请产品质量监督管理、工商行政管理等部门及用户委员会、消费者协会等社会团体调解解决。

第二十一条 当事人不愿通过协商、调解解决或者协商、调解无效的，可以向仲裁机构申请产品质量仲裁。

第二十二条 当事人各方没有达成仲裁协议的，可以依法向人民法院提起诉讼。

第五章 罚 则

第二十三条 对产品质量违法行为，依据《产品质量法》罚则和本条例的规定处罚；构成犯罪的，由司法机关依据《刑法》和《全国人大常委会关于惩治生产、销售伪劣商品犯罪的决定》追究刑事责任。

第二十四条 生产不符合保障人体健康，人身、财产安全的地方标准、企业标准的产品或销售明知属上述产品的，责令停止生产、销售，没收违法生产、销售的产品和违法所得，并处违法所得一倍以上五倍以下的罚款，依法可以吊销营业执照。

第二十五条 销售国家明令淘汰产品的，责令停止销售，没收违法所得，并处违法所得一倍以上五倍以下的罚款。

第二十六条 生产者、销售者违反本条例第三条第（一）、（二）、（三）项规定的，责令公开更正，没收违法所得，并处违法所得一倍以上五倍以下的罚款。

生产者、销售者违反本条例第三条第（四）项规定的，按《产品质量法》第三十八条处罚。

第二十七条 对已被查处而又重复同一违法行为的责任者，除按有关条款的规定处罚外，并处原罚款金额一倍以上三倍以下的罚款。

第二十八条 生产者、销售者伪造产品质量证明材料或者利用广告和其他方法，对产品的质量、制作成分、性能、用途等作引人误解的虚假宣传的，依据《中华人民共和国反不正当竞争法》承担法律责任。

第二十九条 对以行贿、受贿或其他非法手段推销、采购《产品质量法》第三十七条至第四十条和本条例第二十四条至第二十七条所列产品的主要责任者，视情节给予行政处分，没收违法所得，并处违法所得一倍以上五倍以下罚款；构成犯罪的，由司法机关依法追究刑事责任。

第三十条 在生产、流通领域中，凡属产品质量责任问题，由产品质量监督管理部门负责查处；在市场管理和商标管理中发现生产、销售掺假产品、冒牌产品的，由工商行政管理部门负责查处；在市场上非法倒卖、骗卖劣质产品的，按照“谁先发现谁处理”的原则，分别由产品质量监督管理部门或工商行政管理部门查处。

产品质量监督管理部门和工商行政管理部门在按上款规定执行分工职责时，应互相配合、协助，但对同一违法行为不得重复处罚。

法律、法规对行使行政处罚权的机关另有规定的，从其规定。

第三十一条 产品质量监督管理、工商行政管理等部门在查处产品质量违法行为的过程中，有权向有关单位和个人调查与违法行为有关的活动，查阅、复制有关的发票、账册、凭证、文件、业务函电等材料。

在违法嫌疑产品或证据可能灭失或者以后难以取得的情况下，可以对实物进行暂扣、封存，但应填写暂扣、封存通知书，并规定时限，在此时限内作出处理决定。

第三十二条 生产者、销售者以及有关人员应接受产品质量监督管理等部门的产品质量监督检查，提供样品、有关材料及必要的工作条件，不得拒绝检查，不得隐匿产品和有关材料。

对确有生产、销售《产品质量法》第三十七条至第四十条和本条例第二十四条至第二十七条所列产品的违法行为拒不提供有关违法产品数量、金额等材料的责任者,视情节处一万元以下罚款,并继续追究其法律责任。

生产者、销售者对监督检查的手段和方法有异议的,可以向实施检查部门的上一级机关反映;对重复检查,有权拒绝。

第三十三条 当事人对行政处罚决定不服的,可以在接到处罚通知之日起十五日内向作出处罚决定机关的上一级机关申请复议;当事人也可以在接到处罚通知之日起十五日内直接向人民法院起诉。

复议机关应当在接到复议申请之日起六十日内作出复议决定。当事人对复议决定不服的,可以在接到复议决定之日起十五日内向人民法院起诉。复议机关逾期不作复议决定的,当事人可以在复议期满之日起十五日内向人民法院起诉。

当事人逾期不申请复议也不向人民法院起诉、又不履行处罚决定的,作出处罚决定的机关可以依法强制执行或申请人民法院强制执行。

第三十四条 依据本条例收缴的罚、没款和没收物品变价款,上缴同级财政。

第三十五条 从事产品质量监督管理的国家工作人员滥用职权、玩忽职守、徇私舞弊的,视情节给予行政处分;构成犯罪的,由司法机关依法追究刑事责任。

第三十六条 国家工作人员利用职权,对违反本条例规定构成犯罪的单位或者个人故意包庇、纵容使其不受追诉的,由司法机关依法追究刑事责任。

第六章 附 则

第三十七条 建设工程和军工产品不适用本条例。

军工企业生产的民用产品适用本条例。

第三十八条 省人民政府可根据本条例制定实施办法。

第三十九条 本条例具体运用中的问题,由省人民政府产品质量监督管理部门负责解释。

第四十条 本条例于1994年1月1日起施行。

河南省产品质量监督管理条例

（2003年5月29日，河南省人民代表大会
常务委员会公告第2号发布）

第一章 总 则

第一条 为了加强对产品质量的监督管理，提高产品质量水平，明确产品质量责任，保护消费者的合法权益，维护社会经济秩序，根据《中华人民共和国产品质量法》和国家有关法律、法规的规定，结合我省实际，制定本条例。

第二条 在本省行政区域内从事产品生产、销售活动，必须遵守本条例。

本条例所称产品是指经过加工、制作，用于销售的产品。

建设工程不适用本条例。建设工程使用的建筑材料、建筑构配件和设备，属于前款规定的产品范围的，适用本条例。

第三条 县级以上产品质量监督部门主管本行政区域内的产品质量监督管理工作。

县级以上产品质量监督部门负责本行政区域内生产领域产品质量的监督管理。县级以上工商行政管理部门负责本行政区域内流通领域商品质量的监督管理。

县级以上地方人民政府有关部门在各自的职责范围内负责产品质量监督管理工作。

法律、法规对产品质量监督部门另有规定的，依照有关法律、法规的规定执行。

第四条 各级人民政府应当加强产品质量监督管理的领导工作，协调、支持有关部门做好产品质量监督管理工作，为产品质量监督管理提供必要的条件。

第五条 任何单位和个人有权对违反本条例规定的行为，向产品质量监督部门或者其他有关部门检举。

产品质量监督部门和有关部门应当为检举人保密，并按照省人民政府的规定给予奖励。

第六条 任何单位和个人不得对企业产品及其服务质量进行综合评价，不得开展带有排序、评比、推荐性质的企业或者商品信息发布活动；不得违法设立产品的报验、准产、准销、准用、登记制度。国家和省人民政府另有规定的，按照有关规定执行。

第二章 产品质量监督管理

第七条 产品质量监督部门应按国家规定，加强对可能危及人体健康和人身、财产安全的产品，影响国计民生的重要工业产品以及消费者、有关组织反映有质量问题的产品的质量监督管理工作。

第八条 产品质量监督检查包括监督抽查、定期监督检查、日常监督检查、跟踪监督检查等形式。

（一）监督抽查，是产品质量监督检查的主要方式，是由县级以上产品质量监督部门统一组织，按照批准的检查计划对产品质量进行的检查。

（二）定期监督检查，是由县级以上产品质量监督部门根据本地的实际，对本条例第七条所规定的产品，按照批准的计划，对生产企业进行的检查，不适用于流通领域。

（三）日常监督检查，是指产品质量监督部门按照其职责分工，根据用户、消费者和有关组织举报、反映和已取得的涉嫌质量违法的证据，对特定产品、特定企业进行的检查。

（四）跟踪监督检查，是指对于监督抽查、定期监督检查、日常监督检查中的不合格产品，责令生产者整改后，对其产品质量进行的跟踪检查。

除依照前款规定进行的监督检查外，产品质量监督部门及其工作人员不得进行任何其他形式的检查。

第九条 产品质量监督抽查和定期监督检查必须有计划进行。全省性的产品质量监督抽查和定期监督检查计划，由省产品质量监督部门统一协调、下达，并组织实施。省辖市、县(市、区)产品质量监督抽查和定期监督检查计划，逐级报省产品质量监督部门批准后实施。

第十条 产品质量监督抽查、日常监督检查不得向被抽查者收取检验费用，所需检验费用由省财政根据检查计划统一列支。

产品质量定期监督检查、跟踪监督检查中所需检验费用，按照国家和省有关规定执行。

第十一条 产品质量的判定依据，是产品的强制性标准以及企业明示的标准或质量承诺；没有强制性标准、企业明示的标准或质量承诺的，以相应的推荐性标准作为质量判定依据。

第十二条 下级产品质量监督部门自上级产品质量监督部门监督检查抽样之日起半年内，不得对经检验合格的产品进行重复检查。国家另有规定的除外。

对涉嫌产品质量违法行为进行的日常监督检查和对经检查不合格产品进行的跟踪监督检查，不受前款规定限制。

第十三条 产品质量监督部门在产品质量监督检查中，对需要抽样检验的产品，应当按照国家和省产品质量监督部门规定的抽样方法和样品数量抽取样品，并填写抽样单。抽样前，抽样人员应当出示有关该产品的抽样方法、抽样数量的规定。样品应交法定产品质量检验机构检验。

产品质量监督部门可以委托法定产品质量检验机构人员按规定抽取样品。产品质量检验机构人员抽取样品时，除应遵守前款规定外，还应出示有效的身份证明和产品质量监督部门的委托书。

不按本条第一款、第二款规定出示有关证件和数量规定的，被抽取样品的企业和个人有权拒绝。

第十四条 产品质量监督检查所需样品由被检验方按照国家和省有关规定提供。

产品质量监督部门应当自检验报告作出或收到之日起五个工作日内通知被检验方，也可以委托质量检验机构通知被检验方，并告知其申请复检的权利。

被检验方对检验结果有异议的，可在收到检验结果之日起十五日内，向实施监督检查的产品质量监督部门或者其上级部门申请复检。受理申请的部门可以指定原产品质量检验机构复检，申请人要求更换检验机构的，受理申请的部门应当指定其他法定产品质量检验机构复检。复检使用原抽样备用样品，复检结论为终局检验结论。所需费用由申请人预付，最终由责任方承担。

对检验结果如无异议，样品除检验损耗部分外，应当在前款规定的异议期满之日起七日内通知被检验方取回。

第十五条 产品质量检验机构必须具备相应的检测条件和能力，具有与检验任务相适应的检验人员、仪器设备、工作环境，有相应的检验程序规定，并建立健全样品保管、检验报告审查、检验资料立卷归档等制度。

产品质量检验机构经省产品质量监督部门或其授权的部门考核合格的，发给合格证书，准许使用考核合格标志。

第十六条 进行产品质量监督检查，处理产品质量争议，以法定产品质量检验机构出具的检验报告为依据。产品质量检验机构应当对检验报告负责。

第十七条 县级以上产品质量监督部门依照《中华人民共和国产品质量法》第十八条的规定进行查封、扣押的，查封、扣押的期限不超过二个月。确需延长查封、扣押期限的，应当报上一级产品质量监督部门批准，延长时间不得超过一个月。产品安全使用期或者失效日期不足三个月的，查封、扣押后的处理不得超过产品的安全使用期或者失效日期。

产品质量监督部门应当在查封、扣押期间作出处理决定。逾期未作出处理决定的，视为自动解除查封、扣押。

被查封、扣押的产品经检验或者鉴定不属于依法应当没收的产品的，应当自收到检验、鉴定结论之日立即解除查封、扣押，并于三日内通知当事人。

第十八条 产品质量监督部门在查处涉嫌冒用他人厂名、厂址等侵权行为时，可以将产品送交被假冒的企业进行识别，被假冒企业应当予以配合。产品质量监督部门经过查证，可以将被假冒企业提供的有关证明材料作为认定产品真伪的依据。

第十九条 有关部门对产品质量依法进行监督检查时，被检查者不得拒绝，并应当如实反映情况，提供有关资料。

第二十条 生产者、销售者违反《中华人民共和国产品质量法》和本条例规定，产品有严重质量问题的，产品质量监督部门和有关部门可以公布该企业及其产品名称、违法事实和处理结果。

第二十一条 产品质量监督部门及其工作人员，对消费者、有关组织举报、投诉中反映的产品质量问题，应当依法及时调查处理。

第二十二条 对生产企业产品质量保证体系健全、产品质量长期稳定、企业标准达到或严于国家有关标准的，以及国家或省质量技术监督部门连续三次以上检查合格的产品，实行产品质量免检制度。具体办法由省产品质量监督部门根据国家和省有关规定制定。

第三章 生产者、销售者的产品质量责任和义务

第二十三条 生产者、销售者应当按照《中华人民共和国产品质量法》和本条例的规定承担产品质量责任和义务。

第二十四条 生产者不得使用不符合强制性标准的原材料、零部件，生产、组装产品。

不得使用不符合强制性标准的包装物包装产品。

第二十五条 生产者应当建立并执行产品质量检验制度，配备专门的检验人员及与生产任务相适应的质量检验设备，建立完善的检验规程以及检验人员责任追究制度等。

第二十六条 生产者应当严格执行产品出厂检验制度。产品未经检验，不得附加合格标识，不得以合格产品出售。

生产者对不能检验的项目，应当委托具有相应检验能力的机构检验。接受委托检验的机构不得为未经检验或者检验不合格的产品出具合格证明。

第二十七条 生产者、销售者不得伪造、涂改或者冒用产品质量检验机构的检验报告。

第二十八条 产品或其包装上的标识应当符合国家的有关规定。

生产者按照合同为用户特制的产品，在不违反有关法律、法规规定的情况下，其标识可以根据合同的约定标注。

第二十九条 生产者、销售者不得伪造或者冒用认证标志、原产地域产品专用标志、免检标志、名牌产品标志等质量标志。

第三十条 销售者及服务业的经营者应当建立进货检查验收制度，验明产品合格证明和法律、法规、规章规定的其他标识。对没有产品合格证明，产品标识不符合法律、法规、规章规定的，可以拒收。

第四章 法律责任

第三十一条 法律、行政法规对产品质量违法行为有处罚规定的，按

照法律、行政法规的有关规定执行。

第三十二条 生产者违反本条例第二十四条第二款规定，使用不符合强制性标准的包装物的，责令改正，处一千元以上三千元以下罚款；给人体健康、人身财产安全造成危害的，依法承担赔偿责任。

第三十三条 生产者违反本条例第二十六条第一款规定，对产品未经检验附加合格标识的，责令改正，处一千元以上三千元以下罚款；产品不合格的，依照《中华人民共和国产品质量法》第五十条的规定处罚。

第三十四条 生产者、销售者违反本条例第二十七条规定的，责令改正，处三千元以上一万元以下罚款；伪造、涂改或者冒用产品质量检验机构的检验报告，以次充好、以不合格产品冒充合格产品的，依照《中华人民共和国产品质量法》第五十条的规定处罚。

第三十五条 生产者、销售者违反本条例第二十九条规定的，责令改正，没收违法生产、销售的产品，并处违法生产、销售产品货值金额等值以下的罚款；有违法所得的，并处没收违法所得；情节严重的，依照《中华人民共和国产品质量法》第五十三条的规定吊销营业执照。

第三十六条 产品质量检验机构未经考核合格或者超出考核的范围，使用考核合格标志的，责令改正，没收所收费用，并处所收费用一倍以上三倍以下罚款。

第三十七条 从事产品质量监督的部门及其工作人员违反本条例第八条第二款规定，擅自对产品质量进行检查，违反本条例第十二条第一款规定，对产品质量进行重复检查的，由主管部门责令改正，给予通报批评；情节严重的，给予直接负责的主管人员和其他直接责任人员行政处分；给当事人造成损失的，应当依法赔偿。

第三十八条 违反本条例规定，不按规定退还样品的，由主管部门责令限期改正，给予通报批评；情节严重的，给予直接负责的主管人员和其他直接责任人员行政处分；给当事人造成损失的，应当依法赔偿。

第三十九条 从事产品质量监督管理的工作人员滥用职权，玩忽职守，徇私舞弊，包庇违法行为的，由其主管部门给予行政处分；构成犯罪的，依法追究刑事责任。

第四十条 本条例规定的行政处罚由产品质量监督部门或者工商行政管理部门按照职责权限实施。

第五章 附 则

第四十一条 本条例自2003年8月1日起施行。1993年10月22日河南省第八届人民代表大会常务委员会第四次会议通过的《河南省产品质量监督管理条例》同时废止。

湖北省实施《中华人民共和国产品质量法》办 法

（2002年12月1日湖北省人民代表大会常务委员会公告第28号发布）

第一条 为了实施《中华人民共和国产品质量法》(以下简称《产品质量法》)，结合本省实际，制定本办法。

第二条 在本省行政区域内从事产品生产、销售和与产品生产、销售相关的活动，必须遵守本办法。

第三条 县级以上质量技术监督部门主管本行政区域内的产品质量监督工作。

县级以上人民政府有关部门在各自的职责范围内负责产品质量监督工作。

第四条 产品质量监督检查包括监督抽查、专项监督检查、定期监督检查和日常监督检查。

监督抽查是对可能危及人体健康和人身、财产安全的产品，影响国计民生的重要工业产品进行的检查。

专项监督检查是根据国家需要和社会要求，对特定产品进行的全省范围的检查。

定期监督检查是按照确定的定期检查计划、产品目录和检验周期进行的检查。

日常监督检查是对日常执法发现的、举报投诉的有质量问题的产品直接实施的检查。

第五条 省人民政府统一领导、组织和协调全省产品质量监督检查工作，省质量技术监督部门具体规划组织产品质量监督检查工作。法律对产品质量的监督检查另有规定的，依照有关法律的规定执行。

第六条　省质量技术监督部门和其他依法开展产品质量监督检查的部门应当加强对产品质量监督检查工作的监督，避免重复检查。对同一生产者、销售者的同一种产品质量，上级部门已按统一规划安排监督检查的，下级部门不得另行组织重复检查。消费者举报投诉有质量问题的产品，一个部门已经实施监督检查的，其他部门不得重复检查。

被检查者对重复进行的产品质量监督检查有权拒绝，并可以向检查者的上一级部门举报，上级部门应当及时予以查处纠正。

第七条　依法进行产品质量检验所需的样品，应当在市场上或者企业成品仓库内的待销产品中随机抽取，由被检查者提供。抽样的方法、数量应当符合国家有关规定。抽样数量没有规定的，不得超过检验的合理需要。

抽取的样品必须当场封样并妥善保管，除合理损耗品和国家另有规定的以外，检验工作结束且无异议后 15 日内，检查者应当将样品退还被检查者。抽取的样品发生非合理损耗的，被检查者有权要求赔偿。

抽取样品时，必须持质量技术监督抽样单、质量技术监督检验任务书等有效凭证。

第八条　产品质量检验机构必须依法设立，并具备相应的检测条件和能力。非经省以上质量技术监督部门或者其授权的部门考核合格，任何机构都不得承担产品质量检验工作。法律、行政法规对产品质量检验机构另有规定的，依照有关法律、行政法规的规定执行。

产品质量监督检验机构的检验人员，应当按规定考核合格并取得检验员证书后，方可从事相应的产品质量监督检验工作。

第九条　判定产品质量是否符合要求，应当以强制性标准为依据；没有强制性标准的，以产品或者产品包装上注明采用的标准或者以产品说明、实物样品等方式表明的质量指标为依据；不注明、不提供产品采用的标准以及产品采用的标准、质量指标不合法或者不合理的，其质量判定依据由省质量技术监督部门确定。

第十条　产品质量监督检查的检验结果应当告知被检查者。被检查者对检验结果有异议的，可以自收到检验结果之日起 15 日内向实施监督检查的质量技术监督部门或者其上级质量技术监督部门申请复检，由受理复检的产品质量监督部门作出复检结论。

第十一条 产品质量监督抽查和日常监督检查，不得向被检查者收取检验费。其他监督检查的检验费用按照国家和省的有关规定执行。

对检验结果有异议的复检费由申请人预付，责任方承担。

第十二条 产品质量监督部门行政执法人员在查处产品质量违法行为时，应当出示行政执法证件，严格按照法定的职责和程序行使职权。

产品质量监督部门对生产、销售、运输、储存、使用国家禁止生产、销售的产品可依法采取查封、扣押等措施。但不得在道路上设卡检查。

产品质量行政执法人员应当保守被检查者的商业、技术等秘密。

第十三条 查封、扣押的物品有下列情形之一的，经决定查封、扣押的行政执法机关主要负责人批准，可以先行处理：

（一）易燃、易爆、有腐蚀性、有放射性必须及时处理的；

（二）易腐烂、变质的；

（三）已经超过保质（保存）期、安全使用期或者失效日期的。

第十四条 被查获的违法产品的生产者、销售者下落不明或者拒不接受处理的，产品质量监督部门应当发布公告，责令其自公告之日起60日内到指定地点接受处理；逾期不到的，可以将所查获的产品连同涉案财物予以没收，并追究违法生产者、销售者或者相关责任者的法律责任。

第十五条 涉嫌产品质量违法的当事人应当接受行政执法机关依法进行的检查和调查，提供有关的物品和资料，不得擅自启封、转移、隐匿、损毁被查封或者扣押的有关证据及物品；其他相关人员应当配合行政执法机关开展监督检查工作。

第十六条 县以上产品质量监督部门及其他行政执法机关应当严格执行国家规定的产品质量免于监督检查制度，做好免检产品的查询、信息发布等服务工作。获得免检资格的产品，在规定免检有效期内，各地区、各部门不得进行任何形式的产品质量监督检查。用户、消费者对免检产品质量提出申诉、举报的，由省质量技术监督部门按照国家规定进行调查处理。

第十七条 对涉及人体健康、人身财产安全和关系国计民生的产品，质量技术监督部门应当通过严格生产许可证、强制性产品认证、强制检验制度和试行开业审查，加强监督管理。

第十八条 除国家和省明确规定外，严禁各地区、各部门、社会团体、新闻单位、企业事业单位及其他组织开展对企业质量信誉、产品质量等级评价，以及带有排序、评比性质的企业和产品质量信息发布活动。

第十九条 在本省范围内从事与质量有关的认证活动，应当接受质量技术监督部门的监督。

未经国家认证认可管理部门或者机构批准认可的机构、人员，一律不得从事质量认证及其相关的活动。

认证机构在认证活动中，不得与认证咨询机构有任何利益关系，不得开展与认证有关的任何咨询业务，不得从事虚假认证、买证、卖证活动。

第二十条 生产、销售产品的质量、标识及包装，应当符合《产品质量法》的规定。

禁止生产、销售下列产品：

（一）可能危及人体健康和人身、财产安全的；

（二）国家明令淘汰并停止销售的；

（三）失效、变质的；

（四）伪造产地、伪造或者冒用他人的厂名、厂址、条形编码、企业代码的；

（五）伪造或者冒用认证标志、生产许可证标志和编号、免检标志、采用国际标准标志、质量合格证明、原产地域标志等质量标志的；

（六）伪造或者篡改产品生产日期、安全使用期或者失效日期的；

（七）掺杂、掺假、以假充真、以次充好、以不合格冒充合格的；

（八）国家禁止生产、销售的其他产品。

前款规定禁止生产、销售的产品不得在经营性活动或者建设工程中使用。

第二十一条 产品存在不符合所注明采用的产品标准，或者不符合以产品说明、实物样品等方式表明的质量状况，但不危及人体健康和人身、财产安全仍具有使用价值的，生产者、销售者应当在产品或者其包装的显著位置或者采用其他明示方法标明“处理品”等字样后，方可出厂、销售。不得用处理品生产和组装用于销售的产品。

第二十二条 生产者应当具备相应的检验能力和条件，满足质量检验要求。产品出厂前必须进行检验，质量合格的方可签发质量检验合格证。不得为不合格产品和未经检验的产品签发合格证明。

销售者应当执行进货质量检查验收制度，验明产品合格证明和其他标识。销售者应当采取措施，保持销售产品的质量。

第二十三条 质量技术监督部门应当对生产者的检验能力和条件进行监督。生产者没有检验能力或者销售者对进货产品不能确定其质量的，应当委托具有相应能力的产品质量检验机构检验。

第二十四条 生产者、销售者不得伪造、篡改检验数据和检验结论及其他产品的质量证明材料。

第二十五条 知道或者应当知道属于国家禁止生产、销售的产品，而以代销、租赁、联营等形式生产、销售该产品或者为生产者、销售者提供标识、标志及附有标识、标志的包装物、铭牌以及传授、提供生产方法、生产技术和资料等便利条件的，承担本办法规定的生产者、销售者的产品质量责任。

持有、储存本办法禁止销售的产品数量超过合理自用数一倍以上、拒不如实提供其来源及有关情况的，按违法销售处理。

第二十六条 用户、消费者有权就产品质量问题向产品的生产者、销售者查询；向产品质量监督部门及有关部门申诉。对消费者的申诉，有关部门应当按照各自的职责依法处理。

第二十七条 产品质量违法行为，《产品质量法》及有关法律法规已作出行政处罚规定的，从其规定。

第二十八条 生产、销售不符合保障人体健康和人身、财产安全的地方标准的产品的，责令停止生产、销售，没收违法生产、销售的产品，并处违法生产、销售产品（包括已售出的和未售出的产品，下同）货值金额等值以上三倍以下的罚款；有违法所得的，并处没收违法所得。

第二十九条 生产、销售国家明令禁止生产、销售的产品的，责令停止生产、销售，没收违法生产、销售的产品，并处违法生产、销售产品货值金额等值以下的罚款；有违法所得的，并处没收违法所得。

第三十条　生产者、销售者伪造、篡改生产日期、安全使用期、失效日期、检验数据、检验结论及其他产品质量证明材料以及伪造、冒用条形编码、企业代码的，责令停止生产、销售，没收违法生产、销售的产品，并处违法生产、销售产品货值金额等值以下的罚款；有违法所得的，并处没收违法所得；情节严重的，责令停产停业。

第三十一条　建设工程中使用本办法规定禁止生产、销售的产品，能够向查处机关提供产品的生产者或者供货者的，给予警告并没收违法产品；拒不提供生产者、供货者的，处违法产品货值金额等值以上三倍以下的罚款；有违法所得的，并处没收违法所得；情节严重的，责令停产停业。

第三十二条　生产者不具备检验能力和条件或者对未经检验的产品签发合格证的，责令改正，停止该产品的生产、销售，处违法生产、销售产品货值金额等值以下的罚款。

第三十三条　销售者销售的产品存在质量问题，不按规定履行修理、更换、退货等义务或者不向消费者赔偿经济损失的，责令限期改正；拒不改正的，处以销售该产品货值金额等值以上五倍以下的罚款。

第三十四条　违反本办法规定，擅自从事产品质量检验或者从事与产品质量认证有关的经营性活动的，责令改正，处1万元以上3万元以下的罚款，并处没收违法所得。

第三十五条　本办法第二十八条至第三十四条规定的行政处罚由质量技术监督部门或者工商行政管理部门依照国务院规定的职权范围决定。

第三十六条　产品质量监督部门在产品质量监督检查中重复检查、违法索取样品或者收取检验费的，以及对举报投诉的问题不予处理的，由上级产品质量监督部门或者行政监察机关责令改正；情节严重的，对直接负责的主管人员和其他直接责任人员给予行政处分。

第三十七条　本办法所规定的产品货值金额，以违法生产、销售产品的标价计算；没有标价的，按同类产品的市场价格计算。

第三十八条　本办法自2003年1月1日起施行。1995年7月28日湖北省第八届人民代表大会常务委员会第十五次会议通过的《湖北省产品质量监督管理条例》同时废止。

长春市产品质量监督管理条例

（1995年7月28日吉林省长春市第十届人民代表大会常务委员会第十九次会议通过，1995年8月18日吉林省第八届人民代表大会常务委员会第十八次会议批准，1995年9月7日公布施行，根据2004年7月28日吉林省第十届人民代表大会常务委员会第十二次会议批准的《长春市人民代表大会常务委员会关于废止和修改部分地方性法规的决定》第二次修正）

第一章　总　　则

第一条　为了加强对产品质量的监督管理，明确产品质量责任，保护用户和消费者的合法权益，维护社会经济秩序，根据《中华人民共和国产品质量法》等有关法律、法规规定，结合本市实际，制定本条例。

第二条　凡在本市行政区域从事产品生产、销售及其相关活动的单位和个人，必须遵守本条例。

本条例所称产品，是指经过加工、制作，用于销售的产品。

建筑工程质量不适用本条例规定。但是用于工程中的建筑、装饰材料以及在建筑物内使用的、能保持原有特性或者用途的产品适用本条例规定。

第三条　长春市技术监督局是本市产品质量监督管理工作的行政主管部门，负责组织、协调本市的产品质量监督管理工作。

县（市）、区技术监督局按照职责分工，负责本辖区产品质量监督管理工作。

工商、卫生、劳动等有关行政管理部门，在各自职责范围内，依照有关法律、法规对产品质量进行监督管理。

各行业主管部门负责本系统的产品质量管理工作。

第四条　各级人民政府应当鼓励推行科学的质量管理方法，采用先进的科学技术，使企业产品质量达到并且超过行业标准、国家标准和国际标准，对产品质量管理先进和产品质量达到国际先进水平、成绩显著的单位和个人，给予奖励。

第二章 生产者、销售者的产品质量责任和义务

第一节 生产者的产品质量责任和义务

第五条 生产者应当对其生产的产品质量负责。产品质量应当符合下列要求：

（一）不存在危及人身、财产安全的不合理的危险，有保障人体健康和人身、财产安全的国家标准的、行业标准、地方标准的，应当符合该标准；

（二）具备产品应当具备的使用性能，但对产品存在使用性能的瑕疵作出说明的除外；

（三）符合在产品或者其包装上注明采用的产品标准，符合以产品说明、实物样品等方式表明的质量状况。

第六条 产品或者其包装上的标识应当符合下列要求：

（一）有产品质量检验合格证明；

（二）有中文标明的产品名称、生产厂厂名和厂址；

（三）根据产品的特点和使用要求，需要标明产品规格、等级、所含主要成分的名称和含量的，应用中文相应予以标明；

（四）限期使用的产品，标明生产日期和安全使用期或者失效日期；

（五）使用不当，容易造成产品本身损坏或者可能危及人身、财产安全的产品，有警示标志或者中文警示说明；

（六）实施生产许可证的产品，有许可证证号；

（七）带有条形码的产品，应当符合条形码的有关规定。

第七条 企业生产的产品没有国家标准，行业标准和地方标准的，应当制定企业标准。生产企业的产品标准管理办法由市人民政府制定。

第八条 生产者应当按照产品标准组织生产和检验，未经检验或者检验不合格的产品，不得出厂。

第九条 国家规定实行安全认证的产品，未经安全认证或者安全认证不合格的，不得出厂。

第十条 产品质量达不到规定标准，但仍具备使用性能并且符合安全、卫生要求的，应当在产品或者包装最小出售单位的显著位置标明“处理品”、“残次品”、“等外品”等字样，方可出厂。法律、法规另有规定的除外。

第十一条 下列产品应当附有安装、使用、维修和保养的中文说明书：

（一）机器、设备、仪器、仪表；

（二）家用电器；

（三）医疗器械；

（四）化妆品；

（五）其他应当附有安装、使用、维修和保养说明书的。

第十二条 剧毒、危险、易碎、防潮、储运中不能倒置以及其他有特殊要求的产品，其包装必须符合相应要求；应当有警示标志或者中文警示说明并标明储运注意事项。

第十三条 严禁生产下列产品：

（一）伪造或者冒用产品名优标志、认证标志或者批准文号、产品原产地、企业名称或者他人字号、地址、条形码的；

（二）掺杂、掺假、以假充真、以次充好的；

（三）不符合有关保障人体健康、人身财产安全的国家标准和行业标准，或者存在危及人体健康、人身或财产安全的不合理危险的；

（四）国家明令淘汰或者禁止生产的；

（五）标明的技术指标与实际不符的；

（六）实施生产许可证管理而未标明许可证编号和有效期的，或无证生产的。

第二节 销售者的产品质量责任和义务

第十四条 销售者应当执行进货检查验收制度。对质量问题多、群众意见大和涉及人体健康，人身、财产安全的产品实行售前报检制度。

对列入售前报检目录的产品，应当有报检合格的标志。

第十五条 销售者对其售出的产品的质量实行先行负责制，对售出的不合格产品应当负责修理、更换、退货，因产品存在缺陷给消费者造成损失的，应当赔偿损失。

属于产品生产者（供货者）的责任，产品的销售者有权向产品生产者（供货者）追偿。

第十六条 禁止销售下列产品：

（一）无检验合格证或者无单位允许销售证明的；

（二）限期使用而未标明生产日期和失效日期的；

（三）实施生产（制造）许可证管理而未标明许可证编号和有效期的，或者无证销售的；

（四）伪造或者冒用产品名优标志，认证标志或者批准文号，产品原产地、企业名称或者他人字号、地址、条形码的；

（五）掺杂、掺假、以假充真、以次充好的；

（六）不符合有关保障人体健康、人身财产安全的国家标准、行业标准、地方标准和备案的企业标准，或者存在危及人体健康、人身财产安全不合理危险的；

（七）过期、失效或者变质的；

（八）国家明令淘汰或者禁止销售的；

（九）标明的技术指标与实际不符的；

（十）国家规定实行安全认证的产品，未经安全认证或者安全认证不合格的；

（十一）带有他人产品标识、名优标志、认证标志、防伪标志的包装物和铭牌的。

第十七条 销售下列产品，经指出不改正的，即视为销售假冒伪劣产品：

（一）未用中文标明产品名称、生产者和产地、厂址的；

（二）按有关规定应当用中文标明规格、等级、主要技术指标或者成分、含量等而未标明的；

（三）高档耐用消费品无中文使用说明的；

（四）进口产品、出口转内销产品无中文标识和中文使用说明书的；

（五）属处理品（含次品、等外品）而未在商品或者包装的显著部位标明“处理品”字样的。

第十八条 任何单位和个人不得为销售假冒伪劣产品提供场地、设备、条件和服务。

第十九条 专业市场和展销会的举办者、柜台出租者对销售者的产品质量承担连带责任。

第二十条 仓储保管者和运输者保管、承运产品时，发现假冒伪劣产品的，应当拒绝提供保管或者运输服务，并向技术监督行政管理部门或者其他有关部门举报。

第三章 行政监督

第二十一条 产品质量监督检查实行监督抽查、统一监督检查、定期监督检查和日常监督检查的制度。

第二十二条 产品质量监督抽查、统一监督检查、定期监督检查和日常监督检查由市技术监督行政管理部门按有关法律、法规规定执行。法律、法规另有规定的除外。

产品质量监督检验数据在同一检查周期内，应当作为有关部门监督检查的共同依据。监督检查结果应当公布或者告知被检查者。产品质量监督检查应当防止重复。

第二十三条 监督检查及检验产品质量的依据：

（一）法律、法规和规章的规定；

（二）国家标准、行业标准、地方标准、备案的企业标准；

（三）产品标识中明示的内容、实物样品、产品说明和经济合同中的质量规定等；

（四）国家和省级以上产品质量技术监督行政管理部门批准的产品质量检验方法或者质量评价规则。

第二十四条 产品质量监督检查中发生的检验费用按照下列规定处理：

（一）监督抽查的检验费用由同级财政列支；

（二）统一监督检查、定期监督检查的检验费用按照国家规定的项目和标准收取；

（三）日常监督检查中合格产品的检验费用，由财政列支；不合格产品的检验费用由被检查的生产或者销售者承担。

第二十五条 产品质量监督检查所需样品，由产品质量监督检查人员，持产品质量监督检查有关凭证；按照规定的数量和方法向被检查者抽取。被检查者应当按有关规定提供样品。检查工作完结留样期满后，按有关规定将样品退还受检者。

第二十六条 产品质量检验机构应当按照规定的程序、检验方法和期限检验产品，出具真实、准确、公正的检验数据和检验结论。

第二十七条 承担监督检验任务的检验机构应按技术监督行政管理部门下达的文件或者委托书规定的期限，上报检验结果。下达监督检验任务的技术监督行政管理部门，应当在接到检验结果之日起 7 日内将检验结果通知被检验者。

被检验者对检验结果有异议的，可在接到检验结果通知之日起 15 日内向下达通知的技术监督行政管理部门申请复验。由技术监督行政管理部门重新指定产品质量检验机构进行复验。复验结论为最终结论，所需费用由责任方承担。

第二十八条 技术监督行政执法人员在查处产品质量违法行为时，可以行使下列职权：

（一）查阅、复制有关的协议、账册、单据、文件、记录、业务函电和其他资料；

（二）进入产品存放地和仓库检查产品质量。

第二十九条 对产品质量进行监督检查时，应当有两名以上的行政执法人员参加，并出示统一制发的执法证件，使用规定的执法文书、罚没收据，按照规定的程序执法。

行政执法人员应当为生产者、销售者保守技术秘密和商业秘密。

第四章 社会监督

第三十条 用户和消费者就产品质量问题向产品的生产者、销售者查询时，生产者、销售者应当在接到来信、来访之日起 5 日内答复；用户、消费者因产品质量问题受到损害时，有权要求生产者或者销售者按规定负责修理、更换、退货或者赔偿损失。交涉无效的，可以向技术监督行政管理部门及有关管理部门申诉，技术监督行政管理部门及有关管理部门应当在 15 日内给予答复。

第三十一条 任何单位和个人发现生产、销售假冒伪劣产品的，有权向技术监督行政管理部门及有关管理部门举报。

对举报有功的单位或者个人，技术监督行政管理部门及有关管理部门应当予以奖励。奖励资金由同级财政部门解决。

技术监督行政管理部门及有关管理部门应当为举报人保密，必要时，公安机关应当采取措施保护举报人的安全。

第三十二条 行业协会等同业组织应当对本行业产品质量进行监督，督促生产者、销售者依法生产、销售，保证产品质量。

第三十三条 新闻单位对生产、销售假冒伪劣产品的违法行为，可以通过下列方式进行监督：

（一）根据技术监督行政管理部门及有关管理部门的委托，公布假冒伪劣产品的生产者、销售者的姓名、字号、地址、企业法定代表人或者主要负责人的姓名、假冒伪劣产品名称或者检验结果；

（二）揭露有关生产、销售假冒伪劣产品的违法行为；

（三）为用户、消费者提供识别假冒伪劣产品的方法和保护用户、消费者权益的咨询服务。

第三十四条 保护消费者权益的社会组织，可以就消费者反映的产品质量问题建议有关部门进行处理，支持消费者对因产品质量造成的损害向人民法院起诉。

第五章 法律责任

第三十五条 依照本条例进行的处罚，违法事实确凿并有法定依据，对公民处以 50 元以下，对法人或者其他组织处以 1 000 元以下罚款或者警告的行政处罚的，可以当场作出行政处罚决定；处以 1 000 元以上 10 000 元以下罚款的，由市、县（市）、区技术监督行政管理部门审批，处以 10 000 元以上 100 000 元以下罚款的，由市技术监督行政管理部门审批。

第三十六条 违反本条例第五条第（一）项、第十三条第（三）项、第十六条第（六）项规定，生产不符合保障人体健康，人身、财产安全的国家标准、行业标准的产品的，责令停止生产，没收违法生产的产品和违法所得，并处违法所得 1 倍以上 5 倍以下的罚款。可以吊销营业执照。构成犯罪的，依法追究刑事责任；销售不符合保障人体健康，人身、财产安全的国家标准、行业标准的产品的，责令停止销售。销售明知是不符合保障人体健康，人身、财产安全的国家标准、行业标准的产品的，没收违法销售的产品和违法所得，并处违法所得1倍以上5倍以下的罚款。可以吊销营业执照。构成犯罪的，依法追究刑事责任；生产不符合保障人体健康，人身、财产安全的地方标准的产品的，责令停止生产，并没收产品，处以该批产品货值金额20%～50%的罚款。构成犯罪的，依法追究刑事责任；销售不符合保障人体健康，人身、财产安全的地方标准的商品的，责令停止销售，没收违法所得，处以该批商品货值金额10%～20%的罚款。

违反本条例第六条第(四)项、第(五)项，第十六条第(二)项规定，情节严重的，可以责令停止生产、销售，并可处违法所得15%～20%的罚款。

第三十七条 违反本条例第十三条第(一)项、第(二)项、第(四)项，第十六条第(四)项、第(五)项、第(七)项、第(八)项规定，生产者、销售者伪造产品的产地的，伪造或者冒用他人的厂名、厂址的，伪造或者冒用认证标志、名优标志等质量标志的，责令公开更正，没收违法所得，并处违法所得1倍以上5倍以下的罚款。违法所得难以计算的，处以50 000元以下的罚款；生产者、销售者在产品中掺杂、掺假，以假充真，以次充好，或者以不合格产品冒充合格产品的，责令停止生产、销售，没收违法所得，并处违法所得1倍以上5倍以下的罚款。可以吊销营业执照。构成犯罪的，依法追究刑事责任；生产国家明令淘汰的产品的，责令停止生产，没收违法生产的产品和违法所得，并处违法所得1倍以上5倍以下的罚款。可以吊销营业执照；销售失效、变质产品的，责令停止销售，没收违法销售的产品和违法所得，并处违法所得1倍以上5倍以下的罚款。可以吊销营业执照。构成犯罪的，依法追究刑事责任。

第三十八条 违反本条例第十五条规定的，生产者、销售者不履行修理、更换、退货的由工商行政管理部门责令改正，可以根据情节单处或者并处警告、没收违法所得、处以该产品销售额1倍以上5倍以下的罚款，没有违法所得的，处以10 000元以下的罚款，情节严重的，责令停业整顿，吊销营业执照。

造成受害人人身伤害的，侵害人应当支付医疗费、治疗期内的护理费、因误工减少的收入等费用；造成残疾的，还应当支付残疾者生活补助费、残疾赔偿金以及由其扶养的人所必需的生活费等费用；造成受害人死亡的，应当支付丧葬费、抚恤费以及死者生前扶养人的必要生活费用等；构成犯罪的，依法追究刑事责任。

第三十九条 违反本条例第二十六条规定的，责令更正，可以处以所收检验费1倍以上3倍以下的罚款；情节严重的，吊销营业执照。

第四十条 技术监督行政执法人员有下列情形之一者，由其所在单位给予行政处分，并由发证机关收回行政执法证件和执法徽章。

（一）利用职权包庇本条例所列违法行为的单位或者个人的；

（二）对本条例所列违法行为的单位或者个人不履行法律规定的职责的；

（三）对举报人进行报复，陷害的；

（四）利用职权、职务之便，妨碍、干扰查处假冒伪劣产品的；

（五）违反本条例第二十九条规定的。

行政执法人员滥用职权，使生产者或者销售者合法权益受到损害的依法承担赔偿责任。构成犯罪的，依法追究刑事责任。

第四十一条 当事人对行政处罚决定不服的，可以在接到处罚通知之日起15日内，向做出处罚的机关的上一级机关申请复议，当事人也可以在接到处罚通知之日起15日内，直接向人民法院起诉。复议机关应当在接到复议申请之日起60日内做出复议决定。当事人对复议决定不服的，可以在接到复议决定之日起15日内向人民法院起诉。复议机关逾期不做出复议决定的，当事人可以在复议期满之日起15日内向人民法院起诉。当事人逾期不申请复议也不向人民法院起诉，又不履行处罚决定的，做出处罚决定的机关可以申请人民法院强制执行。

第六章 附 则

第四十二条 食品质量的监督管理，依照《长春市食品质量监督管理条例》的规定执行。

第四十三条 本条例由长春市人民代表大会常务委员会负责解释。执行中的具体问题，由长春市技术监督局负责解释。

第四十四条 本条例自公布之日起施行。

苏州市产品质量监督管理规定

（1997 年 8 月 29 日江苏省第八届人民代表大会常务委员会第三十次会议批准，根据 2004 年 5 月 27 日苏州市第十三届人民代表大会常务委员会第十次会议通过，2004 年 6 月 17 日江苏省第十届人民代表大会常务委员会第十次会议批准的《苏州市人民代表大会常务委员会关于修改〈苏州市产品质量监督管理规定〉的决定》修正）

第一章 总 则

第一条 为了加强对产品质量的监督管理，提高产品质量，明确产品质量责任，保护用户、消费者的合法权益，维护社会经济秩序，根据《中华人民共和国产品质量法》、《中华人民共和国标准化法》等有关法律、法规的规定，结合本市实际，制定本规定。

第二条 在本市行政区域内从事产品生产、销售活动的，必须遵守本规定。

本规定所称产品是指经过加工、制作，用于销售的产品。

建设工程、药品、压力容器等产品质量以及食品卫生的监督管理，依照有关法律、法规执行。

第三条 苏州市技术监督局（以下简称市技术监督局）是本市产品质量监督管理的行政主管部门，负责本行政区域内的产品质量监督管理工作。

县级市技术监督部门负责本行政区域内的产品质量监督管理工作。各区负责技术监督管理工作的部门，按照职责分工，负责本行政区域内的产品质量监督管理工作。

工商、商检、卫生以及政府其他有关部门和各行业主管部门在各自职责范围内，负责有关的产品质量监督管理工作。

第四条 对违反产品质量法律、法规的行为，任何单位和个人都有权举报，接受举报的单位应当认真处理。

第二章 监督管理

第五条 企业生产的产品，没有国家标准、行业标准和地方标准的，应当制定企业标准。企业标准应当报技术监督部门和行业主管部门备案。

无质量标准的产品，不得生产、销售。

第六条 各级技术监督部门负责管理质量认证（包括产品认证和质量体系认证）工作，对质量认证服务机构和人员的资质、工作质量及公正性等实施监督，对取得质量认证的企业实行登记备案。

获得质量认证的产品除接受法律、法规规定的检查外，免于其他检查。

获得市级以上名优称号的产品，除国家和省规定的检查外，经市技术监督局公告，可以在两年内免除质量检查。

第七条 鼓励企业采用国际标准和国内外先进标准，对产品质量达到国内、国际先进水平，成绩显著的单位和个人，给予奖励。奖励办法由苏州市人民政府制定。

第八条 对产品质量实行定期检查和抽查，并定期公布检查结果。

定期检查按照统一管理的原则，制定统一的产品质量监督检查年度计划，报省技术监督局批准后执行，各地、各部门不得自行安排计划外的定期检查。

对季节性产品或者经国家、省、市确定的特殊检查项目，以及用户和消费者反映质量问题较多的产品，由技术监督部门统一安排抽查。

定期检查和抽查所需检验费用严格按照国家和省有关规定执行。

第九条 技术监督部门在进行产品质量监督检查时，发现有产品质量违法行为的，可以要求被检查者提供有关的资料，可以进入有关现场查看，被检查者不得拒绝。

技术监督部门对可能有严重质量问题的产品可以进行登记保存，并在七天内作出处理。被检查者不得擅自处理、隐匿、转移、毁灭被登记保存的受检产品。

第十条 对市场监督检查中发现的涉及人体健康和人身、财产安全的不合格产品，必须按照有关规定处理。

第十一条 技术监督部门工作人员行使职权时，应当出示检查证件，对履行公务而获知的企业商业秘密，应当负保密责任。

监督检查产品质量时，应当严格按照实际需要和规定的程序、数量向受检者抽取样品，出具抽样单。检查工作完结或者留样期满后，除正常的损耗外，样品应当退还受检者。因失误损坏样品的，或者无故不能退还样品的，应当按原价赔偿。

第三章 质量责任

第十二条 任何单位和个人不得生产、销售国家法律、法规明令禁止的产品。

产品或者其包装上的标识应当符合国家法律、法规的规定。

第十三条 达不到有关标准规定等级、不危害人体健康或者人身、财产安全，具有使用价值的产品，经主管部门批准后可以降价销售；出售时应当在产品或者其包装的显著位置上标明“处理品”字样，并附有明示产品质量缺陷的说明。

违反国家有关安全、卫生、环境保护、计量等法律、法规要求的产品，必须及时销毁或者作必要的技术处理，不得以“处理品”流入市场。

第十四条 销售的进口产品，应当附有商检检验证书，并用中文标明产品名称、产地、进口商或者总经销者的名称、地址；关系人体健康和人身、财产安全或者对使用、维护有特殊要求的产品，应当附有中文说明书；限期使用的产品，应当有中文注明的失效日期；组装或者分装的产品，应当在产品或者包装上用中文注明组装或者分装厂的厂名、厂址。不符合上述规定的产品，不得销售。

第十五条 生产者、销售者不得要求印刷单位印制或者提供虚假的产品标识。印制者在承印、制作产品或者其包装上的标识时，必须查验委托人的有关证明，不得印制虚假的标识，不得向非委托人提供标识。

第十六条 产品监制者应当与生产者签订监制生产合同，明确双方产品质量责任，保证被监制产品的质量符合规定要求，并承担相应的法律责任。

第十七条 生产企业应当严格执行产品质量标准，健全内部的质量监督管理制度，具备相应的检测条件和能力，满足产品质量检验要求。

生产企业对生产的产品必须进行质量检验，未经检验和检验不合格的产品不得签发合格证，不得以不合格产品冒充合格产品出厂销售。

第四章 罚 则

第十八条 违反本规定的，由技术监督部门和有关行政主管部门依法给予行政处罚；构成犯罪的，依法追究刑事责任。

第十九条 当事人对行政处罚决定不服的，可以依法申请复议或者提起诉讼。

当事人逾期不申请复议，也不提起诉讼、又不履行行政处罚决定的，由作出处罚决定的机关申请人民法院强制执行。

第二十条 从事技术监督的国家工作人员应当依法行政，文明执法，对滥用职权、玩忽职守、徇私舞弊、泄漏商业秘密的，依法给予行政处分；构成犯罪的，依法追究刑事责任。

第五章 附 则

第二十一条 本规定自 1997 年 10 月 1 日起施行。

无锡市产品质量监督管理条例

（2001 年 4 月 13 日江苏省第九届人民代表大会常务委员会第二十三次会议批准，根据 2004 年 6 月 17 日江苏省第十届人民代表大会常务委员会第十次会议批准的《关于修改〈无锡市产品质量监督管理条例〉的决定》修正）

第一章 总 则

第一条 为了加强对产品质量的监督管理，提高产品质量水平，明确产品质量责任，保护消费者的合法权益，维护社会经济秩序，根据《中华人民共和国产品质量法》和有关法律、行政法规，结合本市实际，制定本条例。

第二条 在本市行政区域内从事产品生产、销售活动，必须遵守本条例。法律、法规另有规定的，从其规定。

本条例所称的产品是指经过加工、制作，用于销售的产品。提供产品用于经营性服务的，视为销售活动。

第三条 市产品质量监督部门主管本市产品质量监督管理工作。不设区的市产品质量监督部门主管本行政区域内的产品质量监督管理工作。

各有关部门在各自的职责范围内负责产品质量监督管理工作。

第四条 鼓励、支持和保护公民、法人或者其他组织对产品质量进行社会监督。

第二章 行政监督管理

第五条 市产品质量监督部门负责对企业质量体系认证和产品质量认证工作实施监督管理。

承担质量认证的机构必须经依法认可。

开展质量认证咨询的机构应当向产品质量监督部门备案。

与进出口有关的质量认证认可工作，按有关规定执行。

第六条 产品质量监督检查实行监督抽查和定期检查相结合，以监督抽查为主的制度。

对同一企业的产品质量进行监督抽查，除质量抽查不合格的外，每年不得超过两次。

检查结果应当定期公告并告知被检查者。

第七条 质量监督检查的重点产品是：

（一）可能危及人体健康和人身、财产安全的产品；

（二）关系国计民生的重要产品；

（三）消费者及有关组织反映质量问题较多的产品。

第八条 监督检查、检验产品质量的依据是：

（一）法律、法规和规章的规定；

（二）国家标准、行业标准、地方标准和经依法备案的企业标准；

（三）以质量明示、实物样品和合同约定等方式表明的产品质量状况；

（四）国家和省产品质量监督部门认定的质量检验方法和质量评价

规则。

第九条 市、不设区的市产品质量监督部门根据已经取得的违法嫌疑证据或者举报，对涉嫌违反本条例规定的行为进行查处时，可以行使下列职权：

（一）对当事人涉嫌从事违反本条例的生产、销售活动的场所实施现场检查；

（二）向当事人的法定代表人、主要负责人和其他有关人员调查、了解与涉嫌从事违反本条例的生产、销售活动有关的情况；

（三）查阅、复制当事人有关的合同、发票、账簿以及其他有关资料；

（四）对有根据认为不符合保障人体健康和人身、财产安全的国家标准、行业标准的产品或者有其他严重质量问题的产品，以及直接用于生产、销售该项产品的原辅材料、包装物、生产工具，予以查封或者扣押。

工商行政管理部门按照国家规定的职责范围，对涉嫌违反本条例规定的行为进行查处时，可以行使前款规定的职权。

第十条 产品质量监督行政执法人员，必须经培训考核合格，取得行政执法资格。对产品质量进行监督检查时，应当有两名以上的行政执法人员参加，并出示有效的执法证件，按照规定的程序行使监督检查权。

对不符合前款规定的监督检查，被检查者有权拒绝。

第十一条 监督检查所需样品，应当按照国家和省有关规定向被检查者抽取。除国家另有规定的外，样品应当及时退还。

第十二条 产品质量检验机构必须具备相应的检测条件和能力，并按照有关法律、法规的规定经考核合格后，方可承担产品质量检验工作。

第十三条 产品质量监督检验应当按照规定的程序、方法和期限进行，不得伪造检验数据和检验结论。

产品质量检验机构应当及时将检验结果通知被检查者并报送检验任务下达部门。

第十四条 被检查者对监督检验结果有异议的，可以在接到检验结果通知之日起十五日内，向检验任务下达部门或者其上级主管部门提出复检申请，逾期未提出异议的，视为认可检验结果。

复检申请受理部门应当指定产品质量检验机构进行复检，并作出复检结论。

第十五条 行政执法人员和检验人员必须为当事人保守商业秘密。

产品质量监督检查、检验的程序和其他有关规定应当公示。

第三章 社会监督

第十六条 消费者就产品质量问题向产品的生产者、销售者查询时，生产者、销售者应当在五日内作出答复。

消费者因产品质量问题受到损害时，可以要求生产者、销售者按照法律、法规的规定或者约定，负责修理、更换、退货，并赔偿所造成的损失；也可以向产品质量监督部门、工商行政管理部门及有关部门申诉，或向人民法院提起诉讼。

第十七条 保护消费者权益的社会组织依法对产品生产、销售进行监督，受理消费者就产品质量问题的投诉，参与有关行政管理部门对产品质量的监督检查。

第十八条 新闻单位应当运用舆论工具对产品质量违法行为进行监督，向社会介绍产品质量知识，宣传产品质量监督管理的法律、法规和其他有关规定。

第十九条 公民、法人或者其他组织发现产品质量违法行为的，有权向产品质量监督部门、工商行政管理部门及有关部门举报。受理举报的部门，应当为举报人保密。

对举报有功的单位和个人，有关部门应当给予奖励。

第四章 产品质量责任

第二十条 生产者、销售者应当对其生产、销售的产品质量负责，任何单位和个人不得生产和销售法律、法规明令禁止的产品。

产品及其包装上的标识应当符合法律、法规的规定。

第二十一条 生产者、销售者不得伪造或者冒用认证标志、采用国际标准产品标志、许可证标记、商品条码、防伪标志或者其他表明产品质量状况的标志。

生产者、销售者不得伪造或者篡改限期使用产品的生产日期、安全使用期、失效日期；不得伪造或者篡改检验数据、检验结论等产品质量证明材料。

第二十二条 销售的进口产品，应当用中文标明产品名称、产地以及进口商或者总经销者名称、地址；可能危及人体健康和人身、财产安全或者对使用、维护有特殊要求的产品，应当附有中文说明书；限期使用的产品，应当有中文注明的失效日期；用进口散件组装或者分装的产品，应当在产品或者包装上用中文注明组装或者分装厂的厂名、厂址。

第二十三条 机器设备、仪器仪表、高档耐用消费品等结构复杂的产品，应当附有安装、使用、维修和保养等内容的说明书。

第二十四条 生产者应当具备相应的检测条件和能力，按照标准进行产品质量检验，质量合格的方可发放质量检验合格证，不得为不合格产品和未经检验的产品签发合格证。

第二十五条 产品质量达不到规定标准等级，仍具有使用价值并符合保障人体健康和人身、财产安全要求的，除国家另有规定的外应当在产品或者其包装的显著位置标明"处理品"字样，方可出厂或者销售。

第二十六条 销售者应当建立并执行进货检查验收制度，验明产品合格的证明和规定的其他标识。

第二十七条 以联营、代销等形式生产、销售产品的，承担与生产者、销售者同等的产品质量责任。

任何单位和个人不得为生产、销售法律和法规明令禁止的产品提供场地、设施和运输等便利条件。

第二十八条 生产者、销售者不得拒绝依法进行的产品质量监督检查，并应当如实提供样品和有关资料。

被查封、扣押的产品，任何单位和个人不得擅自启封、转移、变卖、隐匿或者损毁。

第二十九条 印制者在承印、制作产品标识时，应当查验有关证明，并复印留存备查。

印制者对不能提供证明文件的，不得承印、制作和提供虚假的标识；不得向非委托人提供印刷的标识。

第五章 法律责任

第三十条 本条例规定的行政处罚，由产品质量监督部门或者工商行政管理部门按照各自的职权范围决定；法律、行政法规对行使行政处罚权的机关另有规定的，从其规定。

有违反本条例规定的行为，法律、行政法规已作出处罚规定的，按其规定执行。

第三十一条 违反本条例第五条第二款、第十三条规定的，责令限期改正，并处以一万元以上三万元以下的罚款。

第三十二条 违反本条例第二十二条第一款规定的，责令改正，处违法生产、销售产品货值金额百分之十以上等值以下的罚款；有违法所得的，并处没收违法所得；情节严重的，吊销营业执照。

第三十三条 违反本条例第二十三条、第二十四条规定的，责令改正；逾期不改、情节严重的，责令停止销售，处违法销售产品货值金额百分之三十以下的罚款；有违法所得的，并处没收违法所得。

第三十四条 违反本条例第二十八条第二款规定的，没收违法所得，并处违法所得百分之五十以上三倍以下的罚款。

第三十五条 违反本条例第二十九条第二款规定的，处该批产品货值金额等值以上三倍以下的罚款；有违法所得的，并处没收违法所得。

第三十六条 违反本条例第三十条第二款规定的，责令改正，没收违法生产的标识，可以并处违法承印、制作、提供标识货值金额等值以上三倍以下的罚款；有违法所得的，并处没收违法所得。

第三十七条 对按照本条例第三十二条至第三十七条规定，受到行政处罚的单位的负责人和直接责任人员，可以根据情节轻重，处以五百元以上五千元以下的罚款。

第三十八条 因采取的行政处罚和行政强制措施违法，给生产者、销售者造成直接经济损失的，由作出行政处罚和行政强制措施的部门依法承担赔偿责任。

第三十九条 从事产品质量监督管理和检验的工作人员滥用职权、玩忽职守、徇私舞弊，或者泄露当事人商业秘密的，由其所在部门或者上级主管部门给予批评教育、行政处分；构成犯罪的，依法追究刑事责任。

第四十条 当事人对具体行政行为不服的，可以依法申请行政复议或者提起行政诉讼。

当事人逾期不申请行政复议也不提起行政诉讼、又不履行行政处罚决定的，由作出具体行政行为的机关申请人民法院强制执行。

第六章　附　　则

第四十一条　本条例自 2001 年 7 月 1 日起施行。

厦门市产品质量监督管理条例

（1995 年 11 月 1 日厦门市第十届人民代表大会常务委员会
第十九次会议通过，根据 2004 年 6 月 4 日厦门市
第十二届人民代表大会常务委员会第十二次会议
通过的《关于修改〈厦门象屿保税区条例〉等十二件
法规的决定》第三次修正）

第一章　总　　则

第一条　为加强对产品质量的管理，明确产品质量责任，保护用户、消费者合法权益，维护社会经济秩序，根据《中华人民共和国产品质量法》等法律、行政法规的基本原则，结合厦门市实际情况，制定本条例。

第二条　凡在本市从事产品的生产、销售活动，必须遵守本条例。

本条例所称的产品，是指用于销售的产品。

第三条　市质量技术监督部门是市人民政府的产品质量监督管理行政主管部门，统一管理、组织协调并指导本市的产品质量监督管理工作。

各级质量技术监督部门按照职责分工，在市质量技术监督部门的指导下开展产品质量监督管理工作。

市工商行政管理部门按国家有关规定，负责产品质量监督管理工作。

商检、卫生医药、船舶、动植检、卫检、劳动安全、公安消防等行政管理部门依照法律、行政法规的规定，在各自职责范围内负责产品质量监督管理工作。

第四条　企业应当积极推行科学的质量管理方法，采用先进的科学技术。政府对产品质量管理和产品质量达到或超过国内、国际先进水平成绩显著的单位和个人，给予奖励。

第五条　用户、消费者有权就产品质量问题向产品的生产、销售者查

询，有权向有关行政监督管理部门和保护消费者权益的社会组织投诉、举报违反本条例的行为，有关部门和社会组织应当负责处理。

用户、消费者对因产品质量造成的损害，有权直接向人民法院起诉。

社会组织、团体、新闻舆论机构有权对产品质量进行社会监督。

第六条 本条例第三条规定的负有产品质量监督管理职能的有关行政管理部门（以下统称产品质量有关行政管理部门），依法开展产品质量监督检查时，对同一生产销售者的同一批次或同一检查周期内的产品，不得重复检查。对重复检查的，受检者持有效凭证有权拒绝。

第二章 生产者、销售者的产品质量义务

第七条 生产者应对其生产的产品质量负责，保证产品符合国家有关法律、法规、标准的要求。

不得用假冒伪劣或不符合保障人体健康、人身和财产安全标准的原材料、零部件生产和组装产品。

第八条 产品生产者应当制定或明确采用产品质量标准。

制定或修订的企业产品质量标准应于发布之日或修订之日起三十日内，将该标准报市质量技术监督部门备案。

第九条 产品或者其包装上的标识应当符合下列要求：

（一）有产品质量检验合格证明；

（二）有中文标明的产品名称、生产厂（分装厂、组装厂）厂名和厂址；

（三）根据产品的特点和使用要求，需要标明产品规格、等级、所含主要成分的名称和含量、使用方法的，相应予以中文标明；

（四）实行生产许可证管理的产品，应在其包装的显著位置上标明许可证编号；

（五）按规定标明产品标准编号；

（六）限期使用的产品，应在显著位置标明生产日期和安全使用期或者失效日期；

（七）使用不当，容易造成产品本身损坏或者可能危及人身、财产安全的产品，必须有显著的警示标志或者中文警示说明。

裸装的食品和其他根据产品的特点难以附加标识的裸装产品，可以不附加产品标识。

剧毒、危险、易碎、储运中不能倒置以及有其他特殊要求的产品，其包装必须符合相应要求，有警示标志或者中文警示说明标明储运注意事项。

使用废旧材料和零部件组装、加工或翻新的产品，应该在产品或者产品包装、产品说明书上说明。

国家法律、法规另有规定的，从其规定。

第十条 产品的监制者视为共同生产者，应对所监制的产品质量负连带责任。

各级行政机关、其他负有行政执法职能的单位和产品质量检验机构不得从事产品监制，但国家法律、法规另有规定的除外。

第十一条 生产单位的质量检验机构及其质量检验人员，或受生产单位委托代行出厂检验的质量检验机构及其质量检验人员，应当对产品质量检验报告负责，不得为不合格产品签发合格证。

任何部门或个人，不得指使质量检验机构及其检验人员为不合格产品签发合格证。

第十二条 销售者应当实行进货检查验收制度，验明产品合格证明和其他产品标识，以确保销售产品的质量。

销售者不能确定进货产品质量时，应当委托产品质量检验机构检验。

第十三条 严禁生产、销售下列产品：

（一）危及人体健康、人身和财产安全的；

（二）国家明令淘汰或禁止生产、销售的，省、市规定禁止生产、销售的；

（三）不符合强制性标准要求的；

（四）失效、变质的；

（五）国家实施安全认证而未取得安全认证的；

（六）掺杂、掺假，以假充真，以次充好，以不足含量冒充明示含量，以旧充新，或以不合格品冒充合格品的；

（七）所明示的质量、功能状况与实际不符，或属处理品而未在产品或包装的显著位置标明的；

（八）伪造或冒用厂名、厂址、产地、条形码、产品标准代号，伪造或冒用优质标志、认证标志、采标标志、生产许可证标志、质量保险标志等质量标志和防伪标识的；

（九）实行生产许可证管理，而未取得生产许可证的；

（十）伪造或擅自签改生产日期、安全使用期或失效日期的。

国家有关法律、法规规定禁止生产、销售的产品，不得生产、销售。

第十四条 产品的承储、承运、装卸者应严格按有关规定进行储存、运输和装卸，严格交接验收，明确质量责任。

对明知属本条例第十三条规定的产品不得承储、承运。

第十五条 印制者在承印、制作产品标识时，应当查验有关证明，并立档备查。

印制者不得印制和提供虚假的产品标识。未经产品标识所有权人书面授权，印制者不得向他人提供产品标识。

产品防伪标识或条形码的承印者、制作者应按国家有关规定取得资质，方可开展相应业务。

第十六条 生产者、销售者接受产品质量检查时，应如实提供产品货源、存放点及其他有关情况和资料，不得弄虚作假，逃避或拒绝检查。

第十七条 任何单位和个人不得教唆、纵容、包庇他人从事违反本条例规定的活动，不得为其提供场所、设施、资金或其他条件。

第三章 监督管理

第十八条 产品质量监督检查实行抽查、定期检查、日常检查等制度，以抽查为主。

（一）抽查，是国家和地方对重点产品质量进行较大规模的检查。

（二）定期检查，是根据本市实际，对需要定期监控质量的重要产品，按规定检查周期实施的检查。

（三）日常检查，是根据本市生产、流通领域产品质量状况，对日常监督中发现的突出问题和用户、消费者反映、投诉、举报的产品实施的检查。

抽查和定期检查，由市质量技术监督部门会同有关部门编制计划后实施。检查结果应通知受检者并可向社会公布。

第十九条 下列产品应列入受检目录，进行抽查或定期检查：

（一）可能危及人体健康和人身、财产安全的产品；

（二）影响国计民生的重要产品；

（三）用户、消费者或有关组织反映质量问题较多的产品。

受检目录由市质量技术监督部门会同其他有关部门拟定报市政府批准后发布公告。

列入受检目录的产品的生产者，应于受检目录公告后三十日内向市质量技术监督部门登记备案。登记事项变更时，应于变更之日起十五日内办理变更手续。

第二十条 产品质量监督检查可以委托产品质量检验机构进行检验。

产品质量检验的依据是：

（一）有关的法律、法规和规章；

（二）强制性的国家标准、行业标准、地方标准；

（三）企业明示采用的标准，经备案的企业标准，合同中有关质量的约定和以产品说明、实物样品方式等表明的产品质量状况。

第二十一条 产品质量检验机构，必须具备规定的检测条件和能力，经市质量技术监督部门考核合格后，方可从事产品质量检验工作。

法律、行政法规对产品质量检验机构另有规定的，依照规定执行。

第二十二条 产品质量检验机构应按规定的期限出具检验报告，并对检验报告负责。

受检者对检验报告有异议的，可以在接到检验报告之日起十五日内，向下达检验任务的产品质量有关行政管理部门或其上一级主管部门申请复验。逾期未提出书面申请的，视为对检验报告无异议。

第二十三条 监督检查产品质量时，根据需要可按规定的程序、数量向受检者无偿抽取样品，检查工作完结或留样期满后，除损耗品外，样品应退还受检者。因失误损坏样品的，应按原价赔偿。

第二十四条 产品质量监督检查中所需的检验费用按下列规定处理：

（一）日常检查合格的和抽查、定期检查所需费用由同级财政列支，不得向受检者收取；

（二）日常检查不合格的，检验费用由受检者承担；

（三）对检验报告有异议而要求复验，复验维持原结论的，复验费用由要求复验者承担。

受检者承担检验费用的，应当自收到检验收费通知之日起十五日内向承检单位缴纳检验费。

第二十五条 技术监督和工商行政管理部门的行政执法人员进行产品质量监督检查时，应当有两人以上参加，出示行政执法证件，佩戴执法标志。否则，企业可以拒绝检查。

第二十六条 技术监督和工商行政管理部门在进行产品质量监督检查时，可以行使下列职权：

（一）询问被检查的当事人、利害关系人、证明人，并要求提供证明材料和有关资料；

（二）进入生产经营场所、产品存放场所进行检查；

（三）查阅、复制与查处违法活动有关的凭证、资料。

技术监督和工商行政管理部门及其工作人员，对履行公务而获知的企业的商业秘密，应负保密责任。

第二十七条 技术监督和工商行政管理部门在进行产品质量监督检查中发现有下列情形之一的，依法可以采取封存、扣押强制措施：

（一）法律、法规、规章明令禁止生产、销售的产品；

（二）可能被转移、灭失的物证；

（三）不封存、扣押将明显产生社会危害的产品。

对封存、扣押的产品，应在封存、扣押之日起三十日内作出鉴定结论。因检验条件限制或检验时间有特殊规定的，经批准，可以延长十五日。有保质期限的，应在保质期内作出鉴定结论。

第二十八条 对产品质量监督检查不合格的生产者、销售者，市质量技术监督部门可责令限期整改，情节严重的，可责令暂停生产、销售。整改期间对生产者可实行产品监督出厂制度。

第二十九条 实行强制性产品质量认证管理的产品未经认证不得出厂、销售。

获得质量体系认证和产品质量认证的企业，应将被认证的情况报市质量技术监督部门备案。

第三十条 获得企业质量体系认证、产品质量认证或质量长期合格稳定的产品，经市质量技术监督部门确认，可在一定期限内免除质量监督检查。上述产品由市质量技术监督部门予以公告。

第三十一条 市质量技术监督部门和工商行政管理部门应当对质量

信誉的评价活动进行监督检查，对名不符实的质量信誉性称号，有权撤销或建议有关部门予以撤销。

第四章 法律责任

第三十二条 售出的产品在保质期限内，非因用户、消费者使用或保管不当而出现质量问题的，用户、消费者有权要求销售者予以修理、更换、退货或赔偿，销售者不得拒绝。

属于生产、储运或其他供货方的责任的，销售者有权向责任方追偿。

第三十三条 因产品存在缺陷造成他人财产损害、人身伤害或死亡的，依照有关损害赔偿的法律规定处理。

第三十四条 因产品质量发生纠纷的，当事人可自愿协商或调解解决，也可依法向仲裁机构申请仲裁或直接向人民法院起诉。

第三十五条 违反本条例第二十九条第二款规定的，责令限期改正。

违反本条例第十九条第三款规定的，责令限期改正，逾期未改正的，处一千元至五千元罚款。

第三十六条 违反本条例第九条规定的，责令改正，并可处五百元至五千元罚款。逾期不改或情节严重的，没收已售出部分的销货款，处以该批产品货值百分之十至百分之五十的罚款，未售出部分的产品禁止销售。

第三十七条 违反本条例第七条第二款或第十三条规定的，没收未出厂、未售出部分的零部件、原材料或产品，没收已出厂、已售出部分产品销货款，并可处以该批产品货值一至五倍的罚款；违反本条例第十三条第（一）、（二）、（三）、（四）、（六）项规定的，依法吊销营业执照；构成犯罪的，依法追究刑事责任。

第三十八条 违反本条例第十四条第二款或第十七条规定的，没收违法所得，并处以违法所得一至五倍罚款。没有违法所得的，处一万元以下罚款。

传授他人生产、销售本条例第十三条规定的产品，没收违法所得，并处一万元至五万元罚款。

第三十九条 违反本条例第十五条第二款规定的，责令停止印制或者提供，没收违法印制或提供的产品标识，没收违法所得，处以违法所得一至五倍罚款。情节严重的，责令停业整顿，并可没收有关印制工具、设施和原材料。

第四十条 私自拆除被封存产品的封条或擅自转移被封存产品的，责令公开检讨，并可处该批产品货值一至五倍的罚款。

第四十一条 违反本条例第二十九条第一款规定的，责令停止销售、出厂，没收已售出部分的销货款，并可处以该批产品货值一倍以下的罚款。

第四十二条 违反本条例第十条第二款规定的，责令改正，没收监制者违法所得，可处违法所得一至三倍的罚款。

第四十三条 违反本条例第十六条规定的，责令改正并公开检讨，可处二千元至五万元罚款。

有本条例所列违法行为，无违法所得或因不如实提供有关资料，致使违法所得或货值难以确认的，处十万元以下罚款。

第四十四条 违反本条例规定，对主要负责人和直接责任人可处二千元以下罚款，情节严重的，可处二千元至二万元罚款。构成犯罪的，依法追究刑事责任。

第四十五条 产品质量检验机构不按规定的程序、期限检验产品，伪造数据或检验结论，不按规定退还检验样品，因过失造成检验数据或检验结论失误的，责令改正，并可处所收检验费用二至十倍罚款；情节严重的，责令停止检验活动，暂扣或吊销其检验资格证书；伪造数据或检验结论，情节严重的，依法吊销其营业执照。

检验人员伪造检验数据、结论或因重大过失而出具错误检验数据、结论的，由其所在单位或上一级主管部门给予行政处分，情节严重的，取消其从事检验工作的资格。构成犯罪的，依法追究刑事责任。

第四十六条 产品质量有关行政管理部门、产品质量检验机构及其工作人员，泄露执行公务时所获知的商业秘密，或利用该商业秘密牟利的，由其主管部门给予行政处分，并依法赔偿生产、销售者由此造成的损失。构成犯罪的，依法追究刑事责任。

第四十七条 产品质量有关行政管理部门采取不当强制措施或违反规定超期对封存、扣押产品作出鉴定结论，给生产、销售者造成损失的，依照《中华人民共和国国家赔偿法》有关规定承担责任。

第四十八条 产品质量有关行政管理部门的工作人员滥用职权、玩忽职守、徇私舞弊的，给予行政处分。构成犯罪的，依法追究刑事责任。

第四十九条 本条例规定吊销营业执照的行政处罚由工商行政管理部门决定，其他行政处罚由质量技术监督部门或者工商行政管理部门按照国务院规定的职权范围决定。

第五十条 当事人对行政处罚决定不服的，可以依法申请行政复议或向人民法院起诉。

当事人对行政处罚决定逾期不申请复议，也不向人民法院起诉，又不履行行政处罚决定的，作出处罚决定的行政机关可向人民法院申请强制执行。

第五章 附 则

第五十一条 建设工程不适用本条例，使用于建设工程的建筑材料、装饰材料和其他能独立保持其原特性和用途的产品适用本条例。

军工企业生产的民用产品适用本条例。

第五十二条 本条例的具体应用问题由厦门市人民政府负责解释。

第五十三条 本条例自 1996 年 1 月 1 日起施行。

昆明市禁止生产和销售假冒伪劣商品条例

（1998 年 7 月 31 日昆明市第十届人民代表大会常务委员会第十四次会议通过，1998 年 11 月 27 日云南省第九届人民代表大会常务委员会第六次会议批准，根据 2002 年 9 月 18 日昆明市第十一届人民代表大会常务委员会第九次会议《昆明市人民代表大会常务委员会关于修改〈昆明市禁止生产和销售假冒伪劣商品条例〉的决定》修正，2003 年 3 月 28 日云南省第十届人民代表大会常务委员会第二次会议批准）

第一章 总 则

第一条 为禁止生产和销售假冒伪劣商品，保护消费者、生产者和销售者的合法权益，维护社会经济秩序，促进经济发展，根据《中华人民共和国产品质量法》、《中华人民共和国消费者权益保护法》等有关法律、法规的规定，结合本市实际，制定本条例。

第二条 凡在本市行政区域内从事商品生产、销售活动的生产者、销售者以及为商品生产、销售提供条件和方便的相关者必须遵守本条例。

本条例所称生产者是指制作、加工产品或者委托他人制作加工产品以及对制作加工产品进行监制的单位和个人；销售者是指销售商品或者委托他人销售商品的单位和个人；相关者是指为商品生产、销售提供条件和方便的单位和个人。

第三条 本条例由昆明市技术监督行政管理部门、工商行政管理部门负责组织实施；县（市）区技术监督行政管理部门、工商行政管理部门负责本条例在本行政区域内实施。

卫生、公安等有关行政管理部门应当积极配合，密切协作，依法履行禁止生产和销售假冒伪劣商品的职责。

第四条 任何单位和个人有权向有关行政管理部门举报生产、销售假冒伪劣商品的违法行为。有关行政管理部门应当为其保密，对举报有功人员，受理部门应当按照有关规定给予奖励。

第二章 生产者、销售者、相关者的责任

第五条 生产者、销售者应当对其生产、销售的商品质量负责。有下列行为之一的，属于生产和销售假冒伪劣商品：

（一）冒用他人注册商标或者侵犯他人注册商标专用权的；

（二）伪造商品的产地、厂名、厂址，冒用他人厂名、厂址，以及无商品厂名、厂址、检验合格证明的；

（三）伪造或者冒用许可证标志、名优标志、认证标志、免检标志的；

（四）销售过期、失效、变质的商品，或者有使用期限规定但未标注或者未如实标注的；

（五）生产销售不符合保障人体健康和人身、财产安全标准的商品；

（六）掺杂、掺假、以假充真、以次充好、以旧充新或者以不合格商品冒充合格商品；

（七）生产、销售国家明令淘汰的商品；

（八）用不合格原材料配制或者用不合格配件组装的；

（九）标明的技术指标、采用的产品标准、产品说明、实物样品与相关标准或实际状况明显不符的；

（十）剧毒、易燃等危险品未标明警示标志的。

第六条 凡国家实行生产（制造）许可证制度的产品，未取得生产（制造）许可证的，生产者不得生产，销售者不得销售。

第七条 禁止传授生产、销售假冒伪劣商品的方法。

第八条 禁止伪造、篡改或者冒用产品质量检验机构的检验、鉴定结论及其他质量证明。

第九条 生产者必须对产品进行检验，不得为不合格产品签发合格证，或者冒充产品质量检验机构签发合格证。不合格产品不得出厂、销售。

第十条 对未列入国家生产许可证目录的重要产品和涉及人体健康、人身、财产安全的产品，实行准产证制度。具体办法由市技术监督部门、工商行政管理部门会同有关部门拟定，报昆明市人民政府批准后公布执行。

第十一条 销售者必须执行进货检查验收制度，无检查、检验能力的，尤其对有假冒伪劣嫌疑的商品，应当送法定产品质量监督检验机构进行检验，发现假冒伪劣商品，应当及时向有关管理部门举报。

第十二条 任何单位和个人不得为生产、销售假冒伪劣商品者提供场地、设备、技术、资金、发票、证明、原辅材料、包装物、运输工具及其他便利条件。

第十三条 仓储保管者和运输者不得储存、运输假冒伪劣商品，发现假冒伪劣商品时，应当拒绝保管和运输，并向有关部门举报。

第十四条 任何单位和个人不得印制和销售假冒伪劣商品的标识或标志。

对印制注册商标标识、名优标志、认证标志、免检标志或者含上述内容的包装物和铭牌的，承印者应当查验有关证明文件，并建立档案。委托人不能提供有效证明文件的，承印者不得承印。

第十五条 在服务业经营中不得使用假冒伪劣商品。

第三章 监督与管理

第十六条 技术监督部门、工商行政管理部门应当以抽查方式对商品质量进行监督检查，并定期公布检查结果。

第十七条 产品质量检验机构依法对商品进行抽样检验时，除检验损耗外，应当将抽取的样品退还受检单位。

对同一生产、销售单位的同一商品，在规定检验期限内，各级有关行政管理部门和各级产品质量检验机构不得重复抽样检验。

第十八条 行政执法人员查处假冒伪劣商品时，必须两人以上参加，并出示行政执法证；否则，被检查者有权拒绝查处。

行政执法人员应当为被检查者保守正当的技术秘密和商业秘密。

第十九条 技术监督、工商行政管理部门根据取得的违法嫌疑证据或者举报，对涉嫌违反本条例规定的行为进行查处时，可以行使下列职权：

（一）对涉嫌生产、销售活动的场所实施现场检查；

（二）对涉嫌生产、销售假冒伪劣商品的单位和个人以及相关者进行询问和调查；

（三）查封或扣押涉嫌生产、销售的假冒伪劣商品；

（四）查封或扣押有根据认为与生产、销售假冒伪劣商品行为有关的场所、货款、设备、原辅材料、包装物、工具等；

（五）查阅、复制、扣押、封存与涉嫌生产、销售假冒伪劣商品行为有关的合同、发票、账册、文件和其他资料。

查封、扣押的期限不得超过三个月，产品的安全使用期或失效日期不足三个月的，查封、扣押后的处理不得超过产品的安全使用期或失效日期。因案情复杂等情况，确需延长查封、扣押期限的，应当按技术监督、工商行政管理部门各自规定经批准后方可延期，延长期限不得超过一个月。

第二十条 生产者、销售者、相关者应当接受有关行政管理部门的监督检查，如实反映情况，提供样品和有关书证、物证。任何单位和个人不得拒绝、阻碍技术监督、工商行政管理部门依法进行的监督检查，不得隐瞒情况，提供伪证，转移或者毁灭证据。

第四章 法律责任

第二十一条 生产、销售本条例第五条第（一）项所指的假冒伪劣商品的，违反本条例第六条规定的，分别按照《中华人民共和国商标法》、《中华人民共和国商标法实施条例》和国务院《严禁生产和销售无证产品的规定》处罚。

第二十二条 本条例第五条第（二）、（三）、（七）项所指行为之一的，责令停止生产、销售，没收违法生产、销售的商品，并处以违法生产、销售商品（包括已售出和未售出的，下同）货值金额等值以下罚款；有违法所得的，并处没收违法所得。

生产、销售本条例第五条第（四）项所指的假冒伪劣商品的，责令停止生产、销售，没收违法生产销售的商品，并处以违法销售商品货值金额二倍以下罚款；有违法所得的，并处没收违法所得。

生产、销售本条例第五条第（五）项所指的假冒伪劣商品的，责令停止生产、销售，没收违法生产、销售的商品，并处以违法生产、销售商品货值金额等值以上三倍以下罚款；有违法所得的，并处没收违法所得。

生产、销售本条例第五条第（六）、（八）、（九）项所指的假冒伪劣商品的，责令停止生产、销售，没收违法生产、销售的产品，并处以违法生产、销售商品货值金额百分之五十以上三倍以下罚款；有违法所得的，并处没收违法所得。

生产、销售本条例第五条第（十）项所指的假冒伪劣商品的，责令停止生产、销售，并处以违法生产、销售商品货值金额百分之三十以下罚款；有违法所得的，并处没收违法所得。

对生产、销售假冒伪劣商品的直接责任人和主管负责人分别处以一千元以上三千元以下罚款。对生产、销售涉及人体健康、人身、财产安全的假冒伪劣商品的直接责任人和主管负责人分别处以五千元以上三万元以下罚款。

第二十三条 违反本条例第七条规定的，没收违法所得，并对传授者处以五千元以上一万元以下罚款，危害人体健康、人身财产安全的，没收违法所得并处以一万元以上三万元以下罚款。

第二十四条 违反本条例第八条规定的，没收伪造、篡改或者冒用产品质量机构的检验、鉴定结论及其他质量证明，并对直接责任人或主管负责人处以三千元以上五千元以下罚款。

第二十五条 知道或者应当知道属于本条例禁止生产、销售的假冒伪劣商品而为其提供场地、设备、技术、资金、发票、证明、原辅材料、包装物、运输工具及其他便利条件的，没收其违法收入和提供的原辅材料、包装物，处以违法收入百分之五十以上三倍以下罚款，违法收入无法认定的，处以五千元以上三万元以下罚款，情节严重的，并没收其提供的资金、设备，处以违法收入一倍以上三倍以下罚款，违法收入无法认定的，处以三万元以上十万元以下罚款。

第二十六条 知道或者应当知道属于本条例禁止生产、销售的假冒伪劣商品而为其提供储存、运输的，没收违法收入和储存、运输的假冒伪劣商品，处以违法收入百分之五十以上三倍以下的罚款。

第二十七条 违反本条例第十四条规定的，责令停止印制和销售，没收非法承印、销售的违法收入、物品和印刷模具，处以五千元以上三万元以下罚款，情节严重的，处以三万元以上十万元以下罚款。

第二十八条 服务业的经营者将本条例禁止销售的假冒伪劣商品用于经营性服务的，责令停止使用；对知道或者应当知道所使用的商品属于本条例禁止销售的假冒伪劣商品，按照违法使用的商品（包括已使用和尚未使用的商品）的货值金额，依照本条例对销售者的处罚规定处罚。

第二十九条 违反本条例第十七条第一款的，责令退还抽取的样品；拒不退还的，视情节轻重，对责任人给予行政处分，对责任单位处以样品货值总金额一倍以上五倍以下罚款。

第三十条 隐匿、转移、变卖、损毁被技术监督行政管理部门或者工商行政管理部门查封、扣押的物品的，处以被隐匿、转移、变卖、损毁物品货值金额等值以上三倍以下罚款，有违法所得的，并处没收违法所得。

第三十一条 经查实违法行为人拒不提供或者不如实提供有关材料，致使不能确定假冒伪劣商品总量的，按查获的假冒伪劣商品数量的三倍以上五倍以下确认假冒伪劣商品总量。

第三十二条 实行罚缴分离的原则，罚没款一律上缴国库。

第三十三条　违法者有下列情形之一的，可从轻、减轻或者免除处罚：

（一）如实提供与查处案件的有关假冒伪劣商品的生产地、生产者、销售者及其他相关者等情况的；

（二）检举其他违法行为，有立功表现的；

（三）积极采取有效措施，防止或者减轻假冒伪劣商品损害的。

第三十四条　违反国家法律、法规和本条例规定生产、销售假冒伪劣商品的单位，工商行政管理部门可视情节依法吊销其营业执照。

第三十五条　生产者、销售者、相关者违反本条例规定，给他人造成人身或者财产损害的，应当依照有关法律、法规承担民事责任；构成犯罪的，依法追究刑事责任。

拒绝、阻碍执法人员依法执行公务的，由公安机关依照《中华人民共和国治安管理处罚条例》的有关规定处理，以暴力、威胁方法阻碍执法人员依法执行公务，构成犯罪的，依法追究刑事责任。

第三十六条　对依照本条例作出的行政处罚不服的，依照《中华人民共和国行政复议法》和《中华人民共和国行政诉讼法》的有关规定申请复议或者提起诉讼。

第三十七条　行政管理部门和产品质量检验机构滥用职权、徇私舞弊，给被检查者造成损失的，应当依法承担赔偿责任。行政管理部门和产品质量检验机构的工作人员，在工作中玩忽职守、滥用职权、徇私舞弊、伪造质量检验证明、泄露被检查者正当技术秘密和商业秘密的，由有关部门按照规定权限给予行政处分；构成犯罪的，依法追究刑事责任。

第三十八条　国家工作人员利用职权支持、纵容、包庇单位或者个人生产、销售假冒伪劣商品的，由所在单位或者有关主管机关给予行政处分；构成犯罪的，依法追究刑事责任。

第五章　附　　则

第三十九条　本条例不适用建筑工程，但用于建设工程中的建筑材料、装饰材料，以及建筑物内使用的能保持其原有特性和用途的商品，适用本条例的规定。

第四十条　本条例自 1999 年 1 月 1 日起施行。

江苏省产品质量监督管理办法

（1999年8月30日江苏省人民政府第三十次常务会议通过，
1999年9月15日江苏省人民政府令第163号发布，
根据2004年7月1日起施行的《江苏省人民政府
关于修改〈江苏省盐业管理条例实施办法〉等
二十件规章的决定》进行第二次修正）

第一章 总 则

第一条 为了加强产品质量的监督管理，明确产品质量责任，保护用户、消费者和经营者的合法权益，维护社会经济秩序，根据《中华人民共和国产品质量法》等有关法律、法规，结合本省实际，制定本办法。

第二条 在本省行政区域内从事产品经营活动的，必须遵守本办法。法律、法规另有规定的，从其规定。

本办法所称产品，是指经过加工、制作用于销售以及服务过程中使用的产品。

第三条 各级人民政府应当加强对产品质量工作的领导和管理，把产品质量工作纳入国民经济和社会发展计划。

第四条 县级以上产品质量监督管理部门（以下称产品质量监督管理部门）负责本行政区域内的产品质量监督管理工作；其他有关部门在各自的职责范围内负责产品质量监督管理工作。

第五条 用户、消费者有权就产品质量问题，向经营者查询。

消费者协会、质量管理协会、质量监督检验协会以及其他社会团体、新闻舆论机构，有权对产品质量进行社会监督。

第二章 产品质量监督

第六条 鼓励经营者推行科学的质量管理方法，申请质量体系认证和产品质量认证。对产品质量管理先进、产品质量达到国际先进水平、成绩显著的单位和个人，应当给予奖励；对名牌产品应当采取措施给予保护。

第七条 产品质量监督管理部门对下列产品实施重点监督检查：

（一）有关人体健康和人身、财产安全的产品；

（二）关系国计民生的重要产品；

（三）实行生产许可证制度的产品；

（四）与群众关系密切的产品；

（五）用户、消费者反映有质量问题的产品。

第八条 产品质量监督管理部门在进行质量监督检查时，可以行使下列职权：

（一）询问有关当事人和证人，调查涉嫌质量违法行为的有关活动；

（二）查阅、复制有关的发票、收据、账册、凭证、文件、记录、业务函电和其他资料；

（三）进入产品存放地和仓库检查产品质量；

（四）在监督检查中，对有可能被转移、隐匿、销毁的违法生产、销售的产品，依法予以登记保存或者封存；

（五）对立案查处的质量违法案件，在收集证据时，可以采取抽样取证的方法。

工商行政管理部门在查处质量违法行为时，按照其职责范围行使有关职权。

第九条 国家对产品质量实行以抽查为主要方式的监督检查制度。对流通领域质量问题反映较多的商品，产品质量监督管理部门应当及时组织检查。

第十条 省产品质量监督管理部门按照统一管理、分工负责的原则，会同有关部门制定全省统一的产品质量监督检验计划。在制定统一计划时，应当防止重复检验。

监督检验应当按照全省统一计划组织实施，任何部门不得超出计划组织实施监督检验。

凡已经监督检验合格的产品，自抽样之日起 6 个月内，下级部门和产品质量检验机构都不得对该企业同种产品实施重复监督检验。

第十一条 违反统一计划的监督检验，受检者有权拒绝。

监督检验所需费用，按照国家和省财政、物价部门的有关规定执行。

第十二条　凡经监督检验不合格的产品，产品质量监督管理部门应当责令经营者限期整改；经复查产品质量仍不合格的，视情节轻重，依法处理，直至由工商行政管理部门吊销其营业执照。

不合格产品不得销售和用于经营性服务。

第十三条　产品质量监督检验的依据是：

（一）国家标准、行业标准、地方标准以及经备案的企业标准；

（二）经济合同、产品标识、广告宣传中明示的或者以实物样品等方式表明的质量状况；

（三）有关产品质量的法律、法规和规章。

第十四条　经省级以上产品质量监督管理部门计量认证和考核合格认可的产品质量检验机构为法定检验机构。产品质量监督检验应当由法定检验机构承担。法律、行政法规对产品质量检验机构另有规定的，按照有关规定执行。

第十五条　监督检验所需样品，由产品质量检验人员向受检者随机抽取。产品质量检验人员在抽样时，应当出示产品质量监督管理部门下达的监督检验任务书；抽取样品的方法和数量，按照国家和省有关规定执行。

监督检验所需样品按照国家有关规定执行，检验后的样品，除检验损耗或者另有规定的以外，均应当退还或者按照受检者意见妥善处理。

第十六条　监督检验必须按照规定的检验程序、方法和期限进行，检验结束后，产品质量检验机构应当及时将检验结果通知受检者并报送任务下达部门。受检者对检验结果有异议的，应当从接到检验结果之日起15日内申请复检；逾期未提出异议的，视为认可检验结果。

第十七条　产品质量检验机构应当对其检验结果负责。产品质量检验机构对同一批次产品质量检验结果不一致的，由产品质量监督管理部门指定的产品质量检验机构复检。

为产品加附表明其质量状况的标识的产品质量检验机构及其他有关单位，应当对产品质量承担相应的法律责任。

产品质量监督管理部门及其行政执法人员和产品质量检验人员，应当为当事人保守技术秘密和商业秘密。

第十八条　产品质量监督管理部门的行政执法人员必须经过培训考

核合格，取得行政执法资格。

对产品质量违法行为进行调查或者检查时，应当有2名以上行政执法人员参加，并出示统一制发的行政执法证件。

第十九条 用户、消费者有权就产品质量问题向产品质量监督管理部门、工商行政管理部门及其他有关部门或者组织提出申诉，有关部门或者组织应当及时受理。用户、消费者在提出申诉时，应当提供必要的证据。

处理产品质量争议，以法定检验机构出具的仲裁检验报告或者省级以上质量监督管理部门指定的鉴定组织单位出具的质量鉴定报告为准。

第三章 经营者的产品质量义务

第二十条 经营者应当对其生产、销售的产品质量负责。

第二十一条 销售者应当执行进货检查验收制度，对进货产品的标识进行查验。对没有质量检验合格证明、标识不符合规定或者有明显质量问题的产品应当拒收；必要时，应当报送当地产品质量监督管理部门或者其他有关部门处理。

销售者对所销售的产品应当采取措施，保持其产品质量。

第二十二条 经营者不得生产或者销售下列产品：

（一）危及人体健康，人身、财产安全的；

（二）掺杂、掺假、以假充真、以次充好、以不合格产品冒充合格产品的；

（三）伪造产品的产地，伪造或者冒用他人厂名、厂址的；

（四）伪造或者冒用名优标志、认证标志、生产许可证标识、采标标志、防伪标志、条码标识或者其他表明产品质量状况标志的；

（五）国家已明令淘汰的；

（六）国家实行生产许可证制度而到期未取得生产许可证的；

（七）未经出厂检验、应检项目检验不全、出厂检验不合格以及没有产品检验合格证的；

（八）使用不当，容易造成产品本身损坏或者可能危及人身、财产安全的产品，没有警示标志或者中文警示说明的；

（九）限期使用的产品，未标明生产日期、安全使用期或者失效日期以及标注不真实的。

第二十三条 对国家规定实施强制管理的安全认证产品，未经认证或者认证不合格的，不得销售、进口和使用。

第二十四条 产品质量达不到有关规定要求，但不存在危及人体健康和人身、财产安全的不合理危险，仍有使用价值的，应当在产品或者产品包装上标明“处理品”字样明示销售。

第二十五条 产品或者其包装上的标识应当符合国家产品标识标注规定的要求。

对在国内市场销售的进口产品，销售时应当有中文标识，包括提供中文说明书和用中文标明产品的原产地以及代理商、进口商或者销售商在国内依法登记注册的名称和地址等内容。

第二十六条 任何单位和个人不得为生产或者销售伪劣产品者提供场地、物资、资金、设施等条件。

产品标识的印制者对委托人不能提供有关证明文件的，不得承印、制作；不得将为委托人制作的产品标识转让给非委托人。

第二十七条 以联营或者代销等形式生产、销售产品的，应当承担与本办法规定的生产者、销售者同样的产品质量责任。

第二十八条 经营者应当接受产品质量监督管理部门依法对其产品的质量监督检查，如实提供样品和有关资料，不得拒绝检查；不得擅自启封、隐匿、转移、销毁或者销售依法登记保存、封存的产品。

任何人不得篡改、伪造法定检验机构的检验结果或者检验报告。

第二十九条 建筑施工、医疗卫生、宾馆饭店、美容美发、产品维修等经营活动中，不得使用已经知道或者应当知道是本办法第二十二条规定的不得销售的产品。

第三十条 销售者对售出的产品存在瑕疵的，应当负责修理、更换、退货；给用户、消费者造成损失的，应当予以赔偿。

对属于产品生产者或者供货者责任的，销售者在修理、更换、退货或者赔偿损失后，有权向生产者或者供货者追偿。

经营者对产品的售后服务有严于国家和省有关规定的承诺的，应当按照其承诺执行。

第四章 罚 则

第三十一条 本办法规定的行政处罚由产品质量监督管理部门或者工商行政管理部门按照各自的职权范围决定。法律、行政法规对行政处罚权另有规定的，按照有关规定执行。

第三十二条 违反本办法第二十二条、第二十五条规定，《中华人民共和国产品质量法》等有关法律、法规已有规定的，按照有关规定予以处罚。

违反本办法第二十二条规定，没有违法所得或者隐匿违法事实致使违法所得难以确认的，可处以10 000元以下罚款。

第三十三条 违反本办法第二十三条规定，销售未经安全认证或者安全认证不合格的产品的，责令停止销售，可处以30 000元以下罚款，对有关责任者可处以5 000元以下罚款；对在经营活动中使用未经安全认证或者安全认证不合格的产品的，责令停止使用，监督销毁或者作必要的技术处理，对有关责任者可处以5 000元以下罚款。

第三十四条 违反本办法第二十六条第一款规定的，责令限期改正，逾期不改的，可处以10 000元以下罚款。

第三十五条 违反本办法第二十六条第二款、第二十九条规定的，责令限期改正，可处以10 000元以下罚款；有违法所得的，可处以30 000元以下罚款。

第三十六条 违反本办法第二十八条第一款规定，无正当理由拒绝质量监督检查的，责令限期改正，可处以10 000元以下罚款，对有关责任者可处以5 000元以下罚款。

擅自启封、隐匿、转移、销毁、销售被依法登记保存或者封存产品的，可处以30 000元以下罚款，对有关责任者可处以5 000元以下罚款。

违反本办法第二十八条第二款规定，产品质量检验机构伪造检验数据或者检验结论的，责令更正，可处以所收检验费一倍以上三倍以下的罚款；情节严重的，吊销营业执照；构成犯罪的，依法追究直接责任人员的刑事责任。其他单位和个人篡改、伪造法定检验机构的检验结果、报告的，对非经营性的违法行为，可处以1 000元以下罚款；对经营性的违法行为，可处以10 000元以下罚款。

第三十七条 违反本办法第三十条第一款规定的，责令限期改正；故意拖延或者无理拒绝、拒不改正的，可根据情节单处或者并处警告、没收违法所得、处以违法所得一倍以上五倍以下的罚款；没有违法所得的，处以 10 000 元以下的罚款。

第三十八条 违反本办法规定，超出统一计划实施监督检验或者变相实施监督检验的，责令限期改正，可处以 10 000 元以下罚款；有关部门超出统一计划下达监督检验任务的，对有关责任者由其主管部门给予行政处分。

第三十九条 违反本办法规定，造成样品非正常损坏或者不按规定抽取、返还样品的，产品质量检验机构应当向受检者赔偿损失；产品质量监督管理部门对有关责任者可处以 1 000 元以下罚款。

第四十条 由于产品质量检验机构工作失误，造成检验结果差错的，有关主管部门可以对有关责任者给以行政处分；产品质量检验机构的工作有严重失误的，省产品质量监督管理部门可以取消其法定检验机构的资格，收回证书和印章。

第四十一条 行政机关在实施行政处罚时，必须使用省财政部门统一印制或者监制的罚没票据，罚没收入应当及时上缴国库。

第四十二条 当事人对行政处罚决定不服的，可以依法申请行政复议或者提起行政诉讼。逾期不申请复议也不向人民法院起诉又不履行处罚决定的，作出处罚决定的机关可以申请人民法院强制执行。

第五章 附 则

第四十三条 本办法的具体应用问题由省产品质量监督管理部门负责解释。

第四十四条 本办法自 1999 年 10 月 1 日起施行。

东莞市商品质量监督抽查暂行规定

（2004 年 3 月 29 日东府[2004]22 号发布）

第一章 总 则

第一条 为加强流通领域商品质量的监督管理，打击制售假冒伪劣商品的违法行为，提高我市商品质量水平，保护消费者合法权益，依据国务院赋予工商行政管理机关流通领域商品质量监督管理的职能和《中华人民共和国消费者权益保护法》、《中华人民共和国产品质量法》、《商品质量监督抽查暂行办法》和其他有关法律法规，制定本规定。

第二条 本规定所称的商品质量监督抽查，是指工商行政管理部门，依据国家法律法规的有关规定，委托法定的产品质量检验机构，对我市各类商品交易场所经销的商品质量进行抽查，将抽查结果如实向社会公布，并对抽查中发现的违法行为，依法进行处理。

第三条 我市的商品质量监督抽查，由东莞市工商行政管理局(以下称市工商局)统一组织。

国家工商行政管理总局、广东省工商行政管理局组织的涉及到我市的商品质量监督抽查，由市工商局协助实施。

第四条 市工商局定期组织常规的商品质量监督抽查；遇突发特殊事件或群众投诉热点进行临时性抽查。

第二章 抽查的范围和内容

第五条 范围包括：

(一) 可能危害人体健康和人身、财产安全的商品；

(二) 与人民群众衣、食、住、行密切相关的商品；

(三) 消费者、有关组织投诉问题比较集中的商品；

(四) 法律法规规定的其他需要抽查的商品。

第六条 场所包括：

(一) 有固定场地、设施，进行商品交易活动的各类场所；

(二) 提供商品的各类服务消费场所。

第七条 内容包括：

(一) 商品进货凭证是否合法有效；

(二) 商品名称、包装、装潢是否仿冒知名商品特有的名称、包装、装潢，是否侵犯他人的注册商标专用权；

(三) 商品标识是否符合有关规定，是否在商品上作引人误解的虚假表示；

(四) 说明书及其他宣传资料是否符合商品的实际状况，是否作引人误解的虚假宣传；

（五）是否在商品中掺杂、掺假、以假充真、以次充好或者以不合格商品冒充合格商品，是否销售失效、变质的商品；

（六）是否采取虚假或者其他不正当手段使销售的商品份量不足；

（七）是否销售国家明令淘汰的商品；

（八）法律法规规定的其他情况。

前款所指的商品标识包括：

（一）商品检验或检疫合格证明；

（二）中文标明的、真实的商品名称、生产厂名和厂址；

（三）需要标明商品规格、等级、所含主要成分的名称和含量的，用中文相应予以标明；需要事先让消费者知晓的，应当在外包装上表明，或者预先向消费者提供有关资料；

（四）限期使用的商品，在显著位置清晰地标明生产日期和安全使用期或者失效日期；

（五）使用不当，容易造成商品本身损坏或者可能危及人身、财产安全的商品，有警示标志或者中文警示说明；

（六）易碎、易燃、易爆、有毒、有腐蚀性、有放射性等危险物品以及储运中不能倒置和其他有特殊要求的商品，其包装质量符合相应要求，依照国家有关规定作出警示标志或者中文警示说明，标明储运注意事项；

（七）认证标志、名优标志等质量标志；

（八）法律法规规定的其他标示标注要求。

第三章 抽查的程序

第八条 市工商局根据市场状况和监管工作需要，以及市消委会、行业组织、有关主管部门和检验机构的建议，制定抽查计划，并委托承检单位制定具体抽查方案。

第九条 承检单位根据抽查计划制定具体抽查方案，包括：明确检验项目、检验标准、检验方式、合格界限和综合判定原则；确定抽样数量、地点、方法、封样和运送方式；时间安排和经费预算等。

第十条 市工商局对承检单位的具体抽查方案进行审定，并向承检单位下达《商品质量监督抽查委托书》和《商品质量监督抽查通知书》。

第十一条 承检单位依据《商品质量监督抽查委托书》和经审定的抽查方案组织实施抽查。承检单位抽查人员持《商品质量监督抽查通知书》及相应资格或身份证明证件，到商品经销单位以购买的方式抽取送检样品；抽样过程要有详细记录，抽查人员和被抽查单位应当在《商品质量监督抽查工作单》上签字、盖章；被抽查单位是市场的，市场主办单位负责人也应在抽查工作单上签字、盖章。

第十二条 被抽查单位拒绝或拖延抽查的，抽查人员可持抽查委托书，请求被抽查单位所在地工商分局予以协助；被抽查单位仍然拒绝或拖延抽查的，抽查人员应在抽查工作单上如实记录。

拒绝监督抽查的单位，应在媒体上予以曝光，由市工商局依法对其进行处罚，并对其实施强制监督抽查，所需费用由该单位承担。

第十三条 抽查的商品应当在商品经销单位经营场所或仓库内随机抽取。抽样数量除要保证满足检验之需外，还要保留足够备份样品。

第十四条 承检单位在抽样结束后，应将《商品质量监督抽查工作单》留给经销单位1份，寄生产（供货）企业1份，寄经销单位所在地工商分局1份，寄市工商局1份。生产（供货）企业认为样品不是本企业生产（供货）的，应在15日内提供足够的证据；商品经销单位应提供该样品的进货凭证及供货单位真实的名称、地址。

第十五条 商品抽查不向被抽查单位收取检验费，法律法规另有规定的从其规定。

第十六条 承检单位应严格遵照有关标准进行检验判定，出具检验报告，对检验结果进行综合汇总，对不合格项目要分析原因，按要求写出抽查工作总结，并将检验报告和工作总结上报市工商局。

被抽查单位是否存在违法行为，由市工商局依法予以认定。

第十七条 承检单位在检验过程中不得受理相关单位或个人对检验情况的询问，在向市工商局报送检验报告和工作总结之前，不得向被抽查单位和生产（供货）企业泄露检验结果。

第十八条 市工商局收到检验报告后，对检验结果进行分类，将《检验报告》和《商品监督抽查检验结果送达书》分送有关被抽查的单位，包括商品经销单位和生产（供货）企业。检验结果不合格的，市工商局应责令商品经销单位限期停止销售有关商品，待后处理。被抽查的单位对抽查结果有异议的，可在接到《商品监督抽查检验结果送达书》之日起 15 日内，向市工商局书面提出申请复检；逾期未提出的，视为承认检验结果。

第四章 复检和再检的程序

第十九条 商品经销单位或生产(供货)企业对检验结果有异议并申请复检的，应向抽样地工商分局提交《商品复检申请书》，抽样地工商分局签署意见后，送市工商局审定，市工商局依据国家检验标准的复检条件和有关规定安排复检。

第二十条 市工商局安排复检的，应及时向原承检单位下发《复检委托书》，承检单位复检的样品应为原来抽检时的备份样品；复检项目与原检验项目相同。

第二十一条 承检单位复检完毕后，应出具复检报告。经复检证实原检验结果有误的，应即改正并免收复检的检验费；原检验结果正确的，应予维持并由申请复检者支付复检的检验费。

第二十二条 承检单位将复检报告上报市工商局，由市工商局根据检验结果和有关情况作出复检结论，并书面通知申请复检者和承检单位。

第二十三条 商品质量抽查不合格，商品经销单位承认检验报告的结果，并予以整改后要求再次检验的，应在提交整改报告的同时提交《商品再次检验申请书》，经抽样地工商分局签署意见后，报市工商局审定。市工商局根据实际情况委托原检验单位进行再次抽查，检验样品和检验费用由商品经销单位支付。

第五章 抽查结果的处理

第二十四条 市工商局根据承检单位的检验报告和工作总结，作出商品质量监督抽查通报和说明，并通过媒体向社会公布。

未经市工商局批准，任何单位和个人不得向外界透露抽查情况。

第二十五条 销售不合格商品的，由市工商局依照《中华人民共和国消费者权益保护法》、《中华人民共和国产品质量法》、《广东省查处生产销售假冒伪劣商品违法行为条例》及其他有关法律法规的规定进行处罚；销售严重危害人民群众生命、财产安全的不合格商品的，依法从重处罚。

在流通领域抽查发现的商品质量问题，属生产企业的商标、广告违法行为、商标侵权行为和不正当竞争行为所致的，由工商行政管理部门依法查处；商品质量问题属于生产环节所致的，移交质量技术监督部门依法查处。

第二十六条 不合格商品经销单位应向市工商局提交整改报告。

第六章 附 则

第二十七条 商品质量监督抽查应严格依据法律法规对产品质量的规定和产品所执行的标准进行，保证抽查结果真实、可靠。

第二十八条 相关单位和人员应严格遵守商品质量监督抽查的纪律和规定。参与抽查的工作人员，对抽查目录和被抽查单位要严守秘密，不徇私情。对于抽查人员玩忽职守、滥用职权、徇私舞弊的，要严肃处理。检验机构应及时、如实地上报抽查情况；对虚报、瞒报商品质量监督抽查结果的，在媒体上通报批评；情节严重的，追究有关责任。

第二十九条 被抽查单位要积极配合抽查工作，不得以任何理由和形式设置障碍。对影响抽查工作正常进行的单位和个人，依法追究责任。

第三十条 被抽查单位不得利用抽查结果进行商品广告宣传。

第三十一条 本规定由市工商局负责解释。

第三十二条 本规定自发布之日起实施。

陕西省地理标志产品保护办法

（陕西省政府2006年第二十八次常务会议通过，
2006年11月2日陕西省人民政府令第113号发布）

第一章 总 则

第一条 为了促进我省地理标志产品的发展，保证地理标志产品的质量特色，维护经营者、消费者的合法权益，根据《中华人民共和国产品质量法》等法律、法规，结合本省实际，制定本办法。

第二条 本办法所称地理标志产品，是指产自特定地域，所具有的质量、声誉或者其他特性本质上取决于该产地的自然因素和人文因素，经审核批准以地理名称命名的产品。地理标志产品包括：

（一）来自本地区的种植、养殖产品；

（二）原材料全部或者部分来自本地区，并在本地区按照特定工艺生产和加工的产品。

第三条 本省行政区域内从事地理标志产品的生产经营、监督管理以及其他相关活动的单位和个人，应当遵守本办法。

第四条 地理标志产品保护遵循公开、公正、公平和自愿、诚信的原则。

第五条 县级以上人民政府统一领导本行政区域内的地理标志产品保护工作，协调和督促有关部门履行地理标志产品保护职责，促进地理标志产品行业协会以及专业合作经济组织的发展。

县级以上人民政府产品质量监督等有关行政主管部门分别依照各自职责，共同做好地理标志产品保护工作。

第二章 工作机构与职责

第六条 省人民政府成立地理标志产品保护委员会，市、县（市、区）人民政府根据工作需要成立地理标志产品保护委员会（以下统称保护机构），具体负责本行政区域内的地理标志产品保护工作。保护机构的办事机构设在本级产品质量监督行政主管部门。

第七条 保护机构由有关行政（行业）主管部门、行业协会、技术专家以及地理标志产品的生产经营者代表组成。

第八条 省保护机构履行以下职责：

（一）负责全省地理标志产品的保护和监督管理工作；

（二）负责地理标志产品申请的初审以及申报工作；

（三）负责地理标志产品专用标志使用申请的初审以及申报工作；

（四）指导地理标志产品的申请人制定该产品的相关标准或者管理规范；

（五）法律、法规规定的其他职责。

第九条 市、县（市、区）保护机构负责本行政区域内地理标志产品的保护和日常监督管理工作，并履行法律、法规规定的其他职责。

第三章　申请与审查

第十条　申请地理标志保护的产品，应当符合安全、卫生和环保的要求。对人身健康、环境、生态、资源等可能产生危害的产品，不予受理和保护。

第十一条　地理标志产品保护的申请，应当由当地人民政府指定的地理标志产品保护申请机构或者认定的协会、企业以及专业合作经济组织（以下简称申请人）征求相关部门意见后提出。

第十二条　拟保护的地理标志产品，应当根据产品的类别、范围、知名度、产品的生产销售等方面的因素，分别制定相应的国家标准、地方标准或者管理规范。

地理标志产品的地方标准由省标准化行政主管部门组织制定并发布；管理规范由申请人组织制定。

第十三条　申请地理标志保护的产品在县域范围内的，由县级人民政府提出产地范围的建议；跨县域范围的，由设区市人民政府提出产地范围的建议；跨设区市范围的，由省人民政府提出产地范围的建议。

第十四条　申请人申请地理标志产品保护时应提交下列资料：

（一）当地人民政府关于划定地理标志产品产地范围的建议；

（二）当地人民政府成立地理标志产品申请机构或者认定协会、企业、专业合作经济组织作为申请人的文件；

（三）拟申请的地理标志产品的国家（地方）标准或者管理规范；

（四）地理标志产品的证明材料，包括：

1. 地理标志产品保护申请书；

2. 产品的名称、类别、产地范围以及地理特征的说明；

3. 产品的理化、感官等质量特色及其与产地的自然因素和人文因素之间关系的说明；

4. 产品生产技术规范（包括产品加工工艺、安全卫生要求、加工设备的技术要求等）；

5. 产品的知名度，产品生产、销售情况以及历史渊源的说明。

第十五条　省保护机构接到申请人的申请资料后，应当对产品是否符合地理标志产品的要求以及申请资料是否真实、完备进行初审。

初审合格的，省保护机构出具初审意见并将相关文件资料报国家产品质量监督行政主管部门；申请资料不完备的，应当告知申请人补正；初审不合格的，应当书面通知申请人并说明理由。

第四章 专用标志使用

第十六条 生产经营者需要使用地理标志产品专用标志的，应当经设区市或者县（市、区）保护机构同意后，向省保护机构提出申请，并提交以下资料：

（一）地理标志产品专用标志使用申请书；

（二）申请使用专用标志的生产经营者制定的该产品专用标志使用管理办法；

（三）当地行政主管部门出具的该产品产自地理标志产品保护范围内的证明；

（四）产品质量检验机构出具的近期检验报告；

（五）企业营业执照、社团登记证或者其他证明材料。

第十七条 省保护机构对上述申请进行审核，合格的报国家产品质量监督行政主管部门；不合格的，应当书面通知申请人并说明理由。

国家产品质量监督行政主管部门审查合格注册公告后，生产经营者即可在该产品上使用地理标志产品专用标志并获得地理标志产品保护。

第十八条 鼓励有关行业协会、专业合作经济组织申请使用地理标志产品专用标志，提供给其组织成员使用。

第十九条 凡使用地理标志产品专用标志的生产经营者，应当保证使用专用标志产品的溯源性。

第二十条 地理标志产品专用标志应当采用防伪技术制作，印制质量应当符合国家标准。

第五章 保护和监督

第二十一条 地理标志产品专用标志属于质量标志，任何单位和个人不得伪造或者冒用。

使用地理标志产品专用标志的生产经营者承担相应的产品质量责任。

第二十二条 地理标志产品的生产经营者应当建立健全质量管理体系，严格依照标准、管理规范和保护措施的要求组织生产经营，保证其产品质量。

第二十三条 对分散于农户中种植、养殖、加工的地理标志产品，有关行业协会以及专业合作经济组织应当按照地理标志产品的标准、管理规范和保护措施中的其他要求，进行生产指导和技术服务。

第二十四条 保护机构应当制定被保护产品的生产管理细则，并采取措施保证地理标志产品的独特性，维护其优良品质和声誉。

第二十五条 保护机构应当对地理标志产品的产地范围，产品名称，原辅材料，生产技术工艺，质量特色，质量等级、数量、包装、标识，产品专用标志的印刷、发放、数量、使用情况，产品生产环境、生产设备，产品的标准符合性等方面进行监督管理，督促地理标志产品的生产者、销售者严格按照标准和管理规范进行生产经营活动。

第二十六条 获准使用地理标志产品专用标志资格的生产者，未按相应标准和管理规范组织生产的，或者在2年内未在受保护的地理标志产品上使用专用标志的，当地保护机构应当督促生产经营者采取措施进行整改；逾期不改的，由省保护机构报国家产品质量监督行政主管部门注销其地理标志产品专用标志使用注册登记，停止其使用地理标志产品专用标志并对外公告。

第二十七条 任何单位和个人有权对违反本办法规定的行为向产品质量监督行政主管部门或者其他有关部门检举。

产品质量监督行政主管部门和有关部门应当为检举人保密，并按照国家有关规定予以奖励。

第六章　法律责任

第二十八条 伪造、冒用地理标志产品的名称或者专用标志的，由有关行政主管部门按照《中华人民共和国产品质量法》的规定进行处罚。

第二十九条 使用与地理标志产品专用标志相近的标识或者可能误导消费者的文字或者图案标志的，由县级以上人民政府产品质量监督行政主管部门责令改正；逾期不改正的，处以违法所得1倍以上3倍以下罚款，但最高不得超过3万元。

第三十条 擅自印刷地理标志产品专用标志或者使用地理标志产品专用标志包装的，由县级以上人民政府产品质量监督行政主管部门处以1万元以上3万元以下罚款。

第三十一条 扩大地理标志产品专用标志的使用范围或者将专用标志转让他人的，由县级以上人民政府产品质量监督行政主管部门处以5 000元以上2万元以下罚款。

第三十二条 从事地理标志产品保护工作的国家机关工作人员有下列行为的，对直接负责的主管人员和其他责任人员依法给予行政处分；涉嫌犯罪的，移送司法机关依法查处：

（一）在审查、申报地理标志产品的申请资料时弄虚作假；

（二）参与地理标志产品的生产经营活动或者利用职权谋取不正当利益；

（三）泄露地理标志产品生产经营者的技术秘密或者商业秘密；

（四）其他滥用职权、玩忽职守、徇私舞弊行为。

第三十三条 依照本办法对单位处以1万元以上罚款，对个人处以2 000元以上罚款的，应当告知当事人有要求举行听证的权利。

第七章 附 则

第三十四条 本办法自2006年12月10日起施行。

陕西省名牌产品认定办法

（陕西省政府2003年第二十四次常务会议通过，
2004年2月14日陕西省人民政府令第93号发布）

第一条 为了引导和推动企业提高产品质量，增强产品市场竞争能力，提高本省产品知名度，依据国家有关法律、法规规定，结合本省实际，制定本办法。

第二条 本办法所称的陕西省名牌产品（以下简称名牌产品）是指产品质量、质量管理、市场占有率、顾客满意程度等有关指标达到规定标准，并依照本办法予以认定的产品。

第三条 本省名牌产品的申请、认定适用本办法。

第四条 省人民政府质量技术监督部门负责本省名牌产品认定的组织实施工作。其他有关行政管理部门协助质量技术监督部门做好名牌产品的认定工作。

第五条 省、设区市人民政府应设立名牌战略指导委员会（以下简称为名牌委员会）负责本辖区省名牌产品申报、认定和管理的协调工作。名牌委员会由政府有关部门、社会团体、专家和顾客代表组成。

省质量技术监督局负责省名牌委员会的日常工作。

第六条 名牌产品的认定，坚持科学、公正、公开的原则，公平竞争，优胜劣汰。

第七条 工业产品申请名牌产品应当符合下列条件：

（一）质量达到国内同类产品的先进水平；

（二）相关的服务符合要求，具有良好信誉，顾客满意程度高；

（三）具有较高知名度，市场占有率、年销售额、产品销售率在全省同行业中位居前列；

（四）生产达到适度规模；

（五）有完善的标准体系，符合有关国家标准、行业标准或地方标准，具备有效运行的质量管理体系以及完善的计量检测体系和检测设施；

（六）生产工艺、装备水平先进，具有良好的发展前景（或者陕西独特工艺）；

（七）申请之日前连续三年在省级以上人民政府质量监督机构检查检验中被认定为合格产品；

（八）具有合法有效的国内注册商标；

（九）产品及其生产过程符合国家有关法律、法规和产业政策的规定。

第八条 农产品申请名牌产品应当符合下列条件：

（一）有稳定的生产条件，具有合法有效的国内注册商标；

（二）产品质量水平居省内或国内同类产品先进水平，年销售额、品牌认知度居国内或其他国家（地区）同类产品前列；

（三）实行产品化经营，批量生产两年以上；

（四）符合有关国家标准、行业标准或地方标准；

（五）申请之日前连续三年在省级以上人民政府质量监督机构检查检验中被认定为合格产品；

（六）农作物有产前、产中、产后的标准综合体；

（七）符合国家有关法律、法规和产业政策的规定。

第九条 申请名牌产品的企业，应当提供申请认定产品的下列资料：

（一）合法有效的商标注册证书；

（二）国家法定管理部门核发的生产许可证书；

（三）省级以上人民政府质量监督机构近期（食品半年内，其他产品一年内）产品质量检测合格报告；

（四）省级以上行业管理部门或行业协会出具的市场占有率、行业排序的证明。

第十条 有下列情况之一的产品，不得申请名牌产品：

（一）在申请年度前，连续两年原市场占有率明显下降的；

（二）近三年内省级以上人民政府质量监督机构检查检验中被判定为不合格的；

（三）近三年内发生质量事故，或者有重大质量投诉的；

（四）无本产品注册商标的（农产品由地方人民政府组织申报的除外）；

（五）存在知识产权纠纷的；

（六）不符合法律、法规规定的。

第十一条 产品的生产企业根据自愿的原则，按照下列程序申请：

（一）向所在设区市人民政府质量技术监督部门提出申请，并提供有关资料；

（二）设区市人民政府质量技术监督部门对企业提供资料的真实性进行审核，并提出审核意见，报设区市名牌委员会审议；

（三）设区市名牌委员会通过联席会议形式征求计划、经贸、财政、外经贸、税务、乡企、供销社等部门及消费者协会和有关商业银行对申请企业的意见后，提出推荐意见，报省人民政府质量技术监督部门，并附申请企业的相关资料。

设区市人民政府质量技术监督部门应在 30 天内完成材料的审核上报工作。

第十二条 认定程序：

（一）省人民政府质量技术监督部门对上报的资料的真实性进行审核，组织专家进行评审，根据申请企业质量管理、产品质量、市场消费信息等相关指标提出名牌产品预选名单，并向社会公示，采取多种方式，征求社会各界意见；

（二）省人民政府质量技术监督部门对反馈信息综合评价，提出名牌产品初审建议，报省名牌委员会审议；

（三）省名牌委员会认定的名牌产品，由省人民政府颁发名牌产品标志，并在本省主要媒体上予以公告；

（四）对未通过认定的产品申请应由省人民政府质量技术监督部门做出书面说明。

第十三条 名牌产品标志有效期为三年。在有效期内，获得名牌产品的生产企业可以在该产品的包装、装潢、说明书和广告宣传等方面使用名牌产品标志。法律法规另有规定的除外。

名牌产品的认定及其标志不得收取任何费用。

第十四条 名牌产品享受下列保护：

（一）按照有关免检产品的规定免除省以下质量监督机构检查检验；

（二）法律、法规规定的其他保护和扶持措施；

（三）优先成为中国名牌产品的预储产品。

第十五条 质量技术监督部门按照下列程序对获得名牌产品的生产企业进行监测：

（一）生产企业有义务在规定时间内向所在市质量技术监督部门提供企业产品的基本情况统计资料；

（二）设区市人民政府质量技术监督部门对企业所报统计资料的真实性进行审核，提出监测意见，在监测年度次年 3 月 31 日前书面报告省人民政府质量技术监督部门；

（三）省人民政府质量技术监督部门对设区市人民政府质量技术监督部门提供的监测意见进行综合评价，提出建议，报省名牌委员会审议；

（四）省名牌委员会审定的监测意见，由省人民政府质量技术监督部门送达名牌产品生产企业。

第十六条 名牌产品生产企业变更企业名称、注册商标或实施股份制改造（改制）等，应自变更或股份制改造（改制）之日起30日内报省人民政府质量技术监督部门备案。

第十七条 获得名牌产品的产品有下列情况之一的，经省名牌委员会审核同意后，由省人民政府质量技术监督部门暂停或撤销该产品名牌产品称号，收回名牌产品标志，并通过媒体予以公告：

（一）产品质量发生重大变化、市场反映强烈，经质量技术监督机构提出警告后，仍不能达到规定标准的；

（二）年度监测不合格的；

（三）提供虚假申报、监测材料的；

（四）转让、滥用名牌产品标志的；

（五）不符合有关法律、法规、规章规定的。

第十八条 未获得名牌产品称号、被暂停或者取消名牌产品称号、超过有效期未重新申请或重新申请未获通过的产品，不得使用或者继续使用名牌产品标志。

被取消名牌产品称号的企业，从名牌产品称号被取消之日起三年内不得重新申请认定。

第十九条 违反本办法，在商务活动中非法使用名牌产品标志的，由质量技术监督部门依照《中华人民共和国产品质量法》的规定予以处罚。需要吊销营业执照的，由工商行政管理部门依法处理。

第二十条 违反本办法规定，擅自开展或变相开展名牌、品牌产品认定或评比活动的单位和组织，由设区市以上人民政府质量技术监督部门责令改正、限期退还向企业收取的费用，并根据情节给予警告或者处3 000元以上30 000元以下的罚款、对直接负责的主管人员和其他直接责任人员由其主管部门或监察机关给予行政处分。

第二十一条 有关行政主管部门违反本规定，在认定和管理工作中玩忽职守、滥用职权、徇私舞弊的，由上级主管部门责令改正，对直接责任人员和其他责任人员由其主管部门或监察机关给予行政处分。涉嫌犯罪的，移送司法机关依法查处。

第二十二条 依照本办法规定，对个人处500元以上、对单位处20 000元以上罚款或给予没收违法生产、销售产品，吊销营业执照的，当事人有要求举行听证的权利。

第二十三条 当事人对行政处罚不服的，可以依法申请行政复议或者提起行政诉讼。

第二十四条 本办法自2004年4月1日起施行。

辽宁省名牌产品认定和保护办法

（2003年12月18日辽宁省第九届人民政府第一百一十六次常务会议通过，2003年1月12日辽宁省人民政府令第153号发布）

第一条 为了加强名牌产品的培育、保护和管理，提高产品的质量和市场竞争能力，根据国家有关规定，结合我省实际，制定本办法。

第二条 本办法所称辽宁名牌产品，是指产品实物质量在省内同类产品中处于领先地位或者达到国内、国际同类产品先进水平，市场占有率和知名度居同行业前列，用户满意度高，具有较强市场竞争能力的产品。

第三条 辽宁名牌产品的认定和保护适用本办法。

第四条 省质量技术监督行政主管部门负责对辽宁名牌产品实施监督管理。

授权辽宁省名牌战略推进委员会负责辽宁名牌产品的认定工作。

辽宁省名牌战略推进委员会由省质量技术监督、经贸、工商、科技等行政主管部门和行业组织、新闻单位的专业人员及有关专家组成，办公室设在省质量技术监督行政主管部门。

第五条 申请辽宁名牌产品称号，应当具备下列条件：

（一）产品生产者在我省行政区域内依法注册登记；

（二）具有先进可靠的生产和技术条件，技术水平和创新能力居全省同行业前列；

（三）具有完善的计量检测体系和计量保证能力；

（四）产品质量管理体系健全，通过质量体系认证或者产品质量认证，未发生过重大质量责任事故；

（五）产品符合有关法律、法规、规章和产业政策的规定，产品实物质量达到国内、国际同类产品先进水平或者在省内同类产品中处于领先地位；

（六）产品在市场上具有较高的信誉，为相关公众所熟知；

（七）产品的销售额、利税、市场占有率等经济指标在全省同行业中名列前茅；

（八）具有完善的售后服务体系，用户满意度高。

第六条 有下列情形之一的，不得申请辽宁名牌产品称号：

（一）未经加工的工业产品；

（二）使用国（境）外商标的；

（三）不符合环境保护要求的产品；

（四）近3年内产品有被省以上质量技术监督行政主管部门监督抽查不合格记录的；

（五）近3年内产品有出口检验不合格记录或者由于产品质量的原因遭到国外索赔的；

（六）近3年内产品发生过重大质量责任事故的；

（七）有商标侵权，在产品中掺杂、掺假，以假充真，以次充好或者以不合格产品冒充合格产品等违法记录的；

（八）其他违反法律、法规和规章行为的。

第七条 辽宁名牌产品认定工作每年进行一次。申请辽宁名牌产品称号，申请人应当在每年3月31日前向所在市质量技术监督行政主管部门提供符合本办法第五条规定条件的证明材料。

市质量技术监督行政主管部门应当自收到前款规定证明材料之日起15日内进行初审。对符合条件的，签署推荐意见后报辽宁省名牌战备推进委员会；对不符合条件的，应当将审查结果书面通知申请人并说明理由，同时将该申请材料和意见报辽宁省名牌战备推进委员会备案。

对前款规定的备案申请材料，辽宁省名牌战备推进委员会经审查认为符合条件的，可以按照本办法直接受理。

第八条 辽宁省名牌战备推进委员会应当自接到上报的有关材料之日起30日内组织评审，经评审对符合本办法第五条规定的，初步认定为辽宁名牌产品，并向社会公示；对不符合本办法第五条规定的，退回申请材料并书面说明理由。

初步认定的辽宁名牌产品，任何单位和个人可以自公示之日起30日内，向辽宁省名牌战备推进委员会提出书面异议。无异议或者经省质量技术监督行政主管部门裁定异议不能成立的，由辽宁省名牌战备推进委员会正式认定为辽宁名牌产品；经省质量技术监督行政主管部门裁定异议成立的，不予认定为辽宁名牌产品。

第九条 辽宁名牌产品认定工作应当遵循公正、公平、公开和科学的原则。认定工作的具体办法，由省质量技术监督行政主管部门另行制定。

第十条 辽宁名牌产品认定工作人员，不得违反规定认定辽宁名牌产品；不得收受申请人的财物。

第十一条 对认定的辽宁名牌产品，由省质量技术监督行政主管部门授予辽宁名牌产品称号，颁发《辽宁名牌产品证书》和标志，并在全省主要媒体上公告。

《辽宁名牌产品证书》和标志，由省质量技术监督行政主管部门统一制作。

第十二条 辽宁名牌产品称号自公告之日起有效期为3年。有效期届满前3个月内，辽宁名牌产品所有者可以向辽宁省名牌战备推进委员会申请续展，经审查，符合本办法第五条规定条件的，准予续展，每次续展有效期为3年；逾期未提出续展申请的，视为放弃续展。

第十三条 辽宁名牌产品所有者享有下列权利：

（一）优先申报中国名牌产品；

（二）在该产品包装、装潢、说明书、交易文书上或者在广告宣传、展览以及其他经营活动中使用辽宁名牌产品称号和标志；

（三）除法律、法规另有规定外，产品在有效期内免于省内有关行政部门组织的质量监督检查；

（四）要求质量技术监督行政主管部门就辽宁名牌产品保护提供咨询、指导和协调；

（五）申报辽宁省质量管理奖；

（六）法律、法规和规章规定的其他权利。

第十四条 辽宁名牌产品所有者应当履行下列义务：

（一）加强产品质量管理，维护辽宁名牌产品信誉；

（二）辽宁名牌产品称号和标志，只能在认定的辽宁名牌产品上使用，不得扩大使用范围；

（三）不得伪造、出借、出租、转让《辽宁名牌产品证书》和标志；

（四）使用《辽宁名牌产品证书》和标志，必须标注获得辽宁名牌产品称号的年份和有效期；

（五）法律、法规和规章规定的其他义务。

第十五条 辽宁名牌产品所有者有下列行为之一的，由辽宁省名牌战备推进委员会提出申请，经省质量技术监督行政主管部门审核，撤销其辽宁名牌产品称号，在3年内不得申请辽宁名牌产品称号，并予以公告：

（一）以提供虚假证明材料等欺骗手段骗取辽宁名牌产品称号的；

（二）在产品中掺杂、掺假，以假充真，以次充好或者以不合格产品冒充合格产品，损害消费者合法权益的；

（三）擅自扩大辽宁名牌产品称号和标志使用范围的；

（四）伪造、出借、出租、转让《辽宁名牌产品证书》和标志；

（五）发生重大质量责任事故的；

（六）其他违反法律、法规和规章规定的。

第十六条 除本办法规定外，任何单位和个人不得组织评审、认定或者采取其他方式变相组织评审、认定辽宁名牌产品，颁发《辽宁名牌产品证书》和标志以及与其相近似证书、标志。

第十七条 禁止实施下列行为：

（一）将与辽宁名牌产品相同或者相近的文字作为自己的名称使用；

（二）用与辽宁名牌产品相同或者相似的文字、图形作为产品名称、包装、装潢的；

（三）在产品上使用与辽宁名牌产品相同或者相似，并足以造成误认的标志的。

第十八条 省质量技术监督行政主管部门应当建立辽宁名牌产品档案，对其进行定期考核和动态管理。

辽宁名牌产品所有者，应当按照规定定期填报辽宁名牌产品统计考核报表，及时反馈辽宁名牌产品的质量、生产和经营情况。

第十九条 参与辽宁名牌产品认定工作的人员，应当为辽宁名牌产品所有者保守商业和技术秘密。

第二十条 违反本办法规定，辽宁名牌产品认定工作人员有下列行为之一的，由质量技术监督行政主管部门给予警告，情节严重的，取消认定资格；构成犯罪的，依法追究刑事责任：

（一）违反规定认定辽宁名牌产品的；

（二）收受申请人财物的。

第二十一条 违反本办法的其他行为，由有关部门按照有关法律、法规和规章的规定实施处罚；构成犯罪的，依法追究刑事责任。

第二十二条 质量技术监督行政管理人员滥用职权、玩忽职守、徇私舞弊的，由所在单位或者上级主管部门给予行政处分；构成犯罪的，依法追究刑事责任。

第二十三条 本办法自2003年3月1日起施行。

广东省机动车安全技术检验机构行政许可实施办法

（2006年1月5日广东省人民政府令第102号发布）

第一条 为规范本省机动车安全技术检验机构的行政许可，根据《中华人民共和国道路交通安全法》、《中华人民共和国道路交通安全法实施条例》、《中华人民共和国行政许可法》，结合本省实际，制定本实施办法。

第二条 在本省行政区域内设立机动车安全技术检验机构适用本实施办法。

第三条 省质量技术监督部门负责本省机动车安全技术检验机构的行政许可。

第四条 申请设立机动车安全技术检验机构应当具备以下条件：

（一）具备法人资格；

（二）有固定场所，有布局合理的停车场地、行车通道和检验驻车制动的坡道（只设摩托车检测线的机动车安全技术检验机构不需设置此坡道），并按要求设置交通标志、标线，不防碍交通；

（三）检验厂房宽敞，通风、照明、排水、防雨、防火、防雷和安全防护等措施良好，检验厂房应与业务大厅分开，各工位有相应的检验场所，检测线布置合理；

（四）有符合申报承担的检验项目要求的检验设备及有关检验设备

的校验设备；

（五）每条检测线至少应配备1名具有工程师或者技师技术职称的主任检验员、3名具有一定的机动车理论知识和修理经验，并能熟练地运用检验设备对机动车的安全性能做出正确评价的检验人员、1名设备维护人员以及1名计算机操作员；承担肇事车辆、改装车辆和报废车辆安全技术检验的，还应配备1～2名具有1年以上机动车安全技术检验经验的工程师或者技师；

（六）配备适应机动车安全技术检验业务需要的计算机管理系统，并与地级以上市质量技术监督部门、公安机关交通管理部门实现计算机联网；

（七）法律、法规规定的其他条件。

第五条 申请设立机动车安全技术检验机构必须提交以下材料：

（一）申请书；

（二）设立机动车安全技术检验机构的可行性、必要性报告；

（三）营业执照、组织机构代码证；

（四）固定场所所有权或者使用权证明以及固定场所详细设计图；

（五）设备清单；

（六）检验人员的资格证书或者接受专业知识培训的证明；

（七）法律、法规规定的其他材料。

第六条 申请机动车安全技术检验机构行政许可的程序：

（一）申请人应当向地级以上市质量技术监督部门提出申请，地级以上市质量技术监督部门应当自受理行政许可申请之日起10个工作日内审查完毕，并将初步审查意见和全部申请材料直接报送省质量技术监督部门；

（二）省质量技术监督部门应当自收到初步审查意见和全部申请材料之日起20个工作日内作出行政许可决定；

（三）申请人的申请符合法定条件、标准的，省质量技术监督部门应当依法作出准予行政许可的书面决定，并自作出决定之日起10个工作日内向申请人颁发、送达统一编号的机动车安全技术检验机构资格证书；省质量技术监督部门依法作出补予行政许可决定的，应当书面通知申请人并说明理由，同时告知申请人享有依法申请行政复议或者提起行政诉讼的权利。

省质量技术监督部门在对申请材料进行审查时，需要对申请材料的实质内容进行核实的，应当指派两名以上工作人员进行核查，并将所需时间书面告知申请人。

第七条 搬迁机动车安全技术检验机构、搬迁或者增设检验线必须提交以下材料，并按本实施办法第六条第一款第（一）、（二）项的程序办理审批手续：

（一）申请书；

（二）搬迁机动车安全技术检验机构、搬迁或者增设检验线的可行性、必要性报告；

（三）机动车安全技术检验机构资格证书；

（四）检验人员及设备变更情况说明；

（五）固定场所所有权或者使用权证明以及固定场所详细设计图（在原场所搬迁或者增设检测线不需提交固定场所所有权或者使用权证明）。

第八条 有下列情况之一的，机动车安全技术检验机构应当向省质量技术监督部门办理备案登记手续：

（一）变更法人；

（二）变更法人名称、法定代表人；

（三）变更设备；

（四）变更检验人员；

（五）暂停检验工作。

第九条 机动车安全技术检验机构停止从事机动车安全技术检验工作，应当向省质量技术监督部门申请办理注销手续。

第十条 机动车安全技术检验机构资格证书有效期为 5 年。

机动车安全技术检验机构资格证书有效期届满，机动车安全技术检验机构需要继续从事机动车安全技术检验工作的，应当于资格证书有效期届满 30 日前向省质量技术监督部门提出延续申请。

省质量技术监督部门应当根据申请，在资格证书有效期届满前作出是否准予延续的决定；逾期未作决定的，视为准予延续。

第十一条 地级以上市公安机关交通管理部门应每半年将行政区域内的机动车保有量通报同级质量技术监督部门；地级以上市质量技术监

督部门应每半年将行政区域内机动车安全技术检验机构的设立、变更情况通报同级公安机关交通管理部门。

省质量技术监督部门应每半年向社会公布全省各地机动车保有量的增长情况和机动车安全技术检验机构的设立情况。

第十二条 质量技术监督部门及其工作人员违反本实施办法规定的，按照行政许可法的有关规定追究其法律责任。

第十三条 拖拉机安全技术检验机构行政许可规定另行制定。

第十四条 本实施办法自 2006 年 2 月 1 日起施行。在国家相关规定颁布实施后，省质量技术监督部门应当及时提请省政府修订或者废止本实施办法。

（四）食品安全与生产监管

江苏省食品卫生条例

（2001年10月26日江苏省第九届人民代表大会常务委员会第二十六次会议通过，根据2004年8月20日江苏省第十届人民代表大会常务委员会第十一次会议《关于修改〈江苏省食品卫生条例〉的决定》修正）

第一章 总 则

第一条 为保证食品卫生，防止食品污染和有害因素对人体的危害，保障人民群众的身体健康，根据《中华人民共和国食品卫生法》（以下简称《食品卫生法》）及有关法律、法规，结合本省实际，制定本条例。

第二条 凡在本省行政区域内从事食品生产经营的单位和个人，都必须遵守本条例。

本条例适用于一切食品，食品添加剂，食品容器、包装材料和食品用工具设备、洗涤剂、消毒剂以及食品的生产经营场所、设施和有关环境。

第三条 县级以上地方各级人民政府应当加强对食品卫生工作的领导。

县级以上地方各级人民政府卫生行政部门主管本行政区域内的食品卫生监督管理工作。

各级工商、质量技术监督、经贸、铁道、交通、民航、农林、水产、盐业、药品监督、出入境检验检疫等有关部门和单位，在其职责范围内做好食品卫生管理工作。

第四条 鼓励单位和个人对违反《食品卫生法》和本条例的行为进行检举、控告。

对被举报的行为，卫生行政部门和其他有关部门应当及时调查处理，将调查结果反馈举报人，并为举报人保密。举报经查证属实的，由有关部门给予举报人适当奖励。

第二章 食品卫生的基本要求

第五条 食品、食品添加剂、食品容器、食品包装材料和食品用工具设备的生产经营及其原材料等，应当符合国家和省卫生标准和卫生管理办法的规定，符合食品卫生的基本要求。

第六条 食品生产经营过程除应当符合法律、法规的有关规定外，还必须符合下列要求：

（一）食品生产经营企业应当有与产品品种、数量相适应的食品原料处理、加工、包装、贮存等厂房或者场所；

（二）食品生产经营场所周围二十五米内无可能对食品造成污染的非水冲式厕所、垃圾场（堆）等污染源，场地应当平整、坚实，便于清扫、冲洗；

（三）在生产经营场所内不得存放与食品生产经营无关的物品，不得生产、贮存或者兼营有毒有害产品；

（四）在烹饪后至食用前需要较长时间存放的食品，应当在 10 ℃以下或者 60 ℃以上的温度条件下储存；

（五）保健食品的生产必须达到保健食品良好生产规范的要求，生产片剂、胶囊、丸剂以及不能在最后容器中灭菌的口服液等产品应当采用十万级洁净厂房。

第七条 餐饮业加工场所应当符合下列要求：

（一）厨房应当布局合理，使用面积应当符合国务院卫生行政部门规定的要求；

（二）有符合卫生和环保要求的给水、排水、排油烟系统，墙壁应当有一点五米以上的墙裙，地面应当有一定坡度，墙裙和地面应当用防水、防潮、可清洗的材料制成；

（三）凉菜间应当配有与加工量相适应的专用冷藏、洗涤、消毒设施和符合要求的更衣场所；必须配备降温设施，室内温度不得高于 25 ℃；

（四）从事送餐经营活动的单位，应当设有专用配餐间、送餐车，并保证清洁卫生，防止食品污染。

第八条 食品生产经营人员必须进行健康检查，取得健康证明后方可从事生产经营活动。食品生产经营人员每年必须进行健康检查。

第九条 禁止生产经营下列食品：

（一）使用非食品用化学品处理的粮食、油料、水产品、肉类、蔬菜等食品；

（二）使用非食用酒精兑制的酒类；

（三）使用变质、超过保质期限的食品原料加工生产的食品；

（四）注水、掺水、使用非食用色素的肉类等食品；

（五）混装有可能影响食品卫生质量的非食用物品的食品；

（六）违反法律、法规规定加入药物的食品；

（七）有毒有害物质残留量不符合国家规定的食品原料及其制品；

（八）已经死亡的黄鳝、甲鱼、乌龟、贝类、淡水蟹等水产品，可能造成食物中毒或者其他食源性疾患的食品；

（九）病死、毒死或者死因不明的禽、畜、兽等及其制品；

（十）未按照规定取得卫生许可证生产经营的食品或者未经检验检疫以及检验检疫不合格的食品；

（十一）未按照规定索取检验合格证或者化验单的食品；

（十二）未经依法批准的新资源食品、保健食品；

（十三）《食品卫生法》禁止生产经营的其他食品。

第十条 生产、经营和使用食品添加剂、食品容器、食品包装材料和食品用工具设备，不得有下列行为：

（一）生产经营的食品添加剂未经批准、受污染、变质或者超过保质期限的；

（二）以掩盖食品腐败或者以掺杂、掺假、伪造为目的而使用食品添加剂，使用未经批准的食品添加剂，扩大食品添加剂的使用范围和使用量的；

（三）原材料、助剂超出规定使用的品种、范围和使用量的；

（四）使用有毒有害物质生产食品容器、包装材料和食品用工具设备、洗涤剂、消毒剂造成食品污染的；

（五）其他不符合国家和省卫生标准和卫生管理办法规定的。

第十一条 食品不得与有毒、有害的物品混放或者与有毒、有害的物品用同一货箱、货柜装运。

运输和装卸食品的工具容器和与食品直接接触的包装设备应当符合

食品卫生要求。长途运输的食品应当有外包装。运输易腐食品应当使用专用容器和运输工具，并定期清洁消毒。

第十二条 用于与食品直接接触的纸张、塑料、橡胶、涂料、金属材料等及其制品，必须符合国家和省卫生标准和卫生管理办法的规定，其产品说明书或者产品标识应当标明食品用字样。

严禁用废旧塑料、酚醛树脂以及国家规定不允许使用的其他原料生产食品容器、包装材料和食品用工具设备等。

第十三条 定型包装食品和食品添加剂，必须在包装标识或者产品说明书上根据不同产品分别按照规定标出品名、产地、厂名、生产日期、批号或者代号、规格、配方或者主要成分、保质期限、食用或者使用方法等。食品、食品添加剂的产品说明书，不得有夸大或者虚假的宣传内容。

食品包装标识必须清楚，容易辨识。在国内市场销售的食品，必须有中文标识。

第十四条 地方各级人民政府及其农业行政主管部门应当依照法律、法规的规定加强动物产品检疫的监督管理；制定加快无公害蔬菜基地建设的规划并组织实施，使蔬菜生产达到国家和省规定的无公害标准。

第三章 食品摊贩和城乡集市贸易的食品卫生

第十五条 城乡集市贸易的一般性食品卫生管理，即对个人卫生、环境卫生和对食品进行感官检查及查验证照等，由工商行政管理部门负责；食品卫生的监督检验和技术指导，由卫生行政部门负责。

第十六条 食品摊贩和城乡集市贸易的食品生产经营者应当符合下列要求：

（一）有相对固定的场所，并设置相应的亭、棚或者车；

（二）营业时必须在明显位置张挂卫生许可证、营业执照、健康证，人员与证、照应当相符；

（三）生产经营的食品应当新鲜、无毒无害，直接入口食品的感官性状应当良好；

（四）从业人员工作时，必须按照食品卫生要求穿戴清洁的工作衣、帽，必须将手洗净，不得留长指甲、涂指甲油或者戴戒指，不得在食品加工经营场所内吸烟；

（五）从事直接入口食品加工销售的，应当设置防蝇、防尘、防雨、防晒等设施，并使用卫生工具销售食品，钱款和食品应当分开放置；

（六）加工过程中应当将生、熟食品分开。

第十七条 餐（饮）具应当符合食品卫生和环境保护要求。

非一次性使用的餐（饮）具必须经消毒合格后方可使用。有条件的集市贸易，应当设置消毒场所；对不具备自行消毒条件的餐（饮）具进行集中消毒。

一次性使用的餐（饮）具不得重复使用。禁止使用一次性发泡塑料餐（饮）具。

第十八条 县级以上农业行政主管部门应当做好蔬菜农药残留量的监测工作，城乡集市贸易市场的经营者应当配合有关部门进行初步检测。工商、卫生等行政管理部门应当在各自的职责范围内，加强蔬菜销售中农药残留量的管理和监督。

第十九条 从事食品生产经营的城乡集市贸易市场的经营者，负责市场内公用卫生设施的配备、日常维护以及对场（院）内食品摊贩和其他食品生产经营者的布局、划行归市等卫生管理工作；负责对食品生产经营者进行食品卫生的宣传培训，组织从业人员进行健康检查；配合有关部门做好出售食品的感官检查。

第二十条 从事食品生产经营的城乡集市贸易市场周围环境应当整洁卫生，其选址和设计布局应当符合食品卫生要求：

（一）有完善的给水、排水设施，防鼠设施应当完好；

（二）应当配备数量足够的公用垃圾箱（筒），并保持密闭；

（三）在场（院）内设置的厕所必须为水冲式并符合无害化要求；

（四）应当有足够的人工照明和通风设施。

第二十一条 对于不能集中设摊的食品摊贩，由工商行政管理部门或者其他有权部门指定地点、指定时间设摊，符合条件的发给设摊证明。卫生行政部门凭设摊证明，进行食品卫生审核，对符合条件和要求的核发卫生许可证。工商行政管理部门对已经领取卫生许可证的食品摊贩按照规定核发营业执照。

对无照经营的食品摊贩，工商行政管理部门应当依法予以取缔。

第四章 食品卫生的管理与监督

第二十二条 申请领取卫生许可证的食品生产经营者，必须符合《食品卫生法》和省有关食品卫生许可证发放管理办法的规定。

食品卫生许可证发放管理办法由省卫生行政管理部门制定。

第二十三条 申请领取卫生许可证，应当向负责发证的卫生行政部门提交相应的申报资料。卫生行政部门收到申请书及申报资料后，应当在五个工作日内进行形式审核，对不符合要求的通知其补正。

接受申请的卫生行政部门在申请人资料符合要求之日起一个月内完成审查。符合条件的，发给卫生许可证；对不符合条件的，应当书面告知申请人不予发给卫生许可证的原因。

第二十四条 卫生许可证应当每年进行一次年度审核。

第二十五条 食品生产经营者应当在卫生许可证核定的范围内从事食品生产经营活动，不得擅自变更。需要变更生产经营范围的，应当向发证的卫生行政部门重新申请；未申请办理的，视为无证经营。

同一生产经营者在登记的场所以外从事食品生产经营的，应当依法重新申领卫生许可证。

第二十六条 食品、食品容器、食品包装材料和食品用工具设备、洗涤剂、消毒剂的生产企业，应当建立检验机构或者配备专职检验人员，并按照有关标准对其产品实施检验。

食品生产企业应当按照食品卫生规范和管理办法等规定的要求组织生产，并有完整的生产和检验记录，记录保存时间与产品保质期相同。

第二十七条 建筑工地的集体用餐必须依法接受食品卫生监督，食堂的基本卫生设施应当符合食品卫生要求。

工程施工单位负责施工工地食堂的食品卫生管理工作，对建筑用亚硝酸盐等有害物品应当严格管理，防止误食。

第二十八条 食品广告内容必须合法、真实、健康、科学，不得作夸大或者虚假的宣传，不得使用医疗用语或者有涉及药品的宣传，非保健食品不得宣传保健功能。

食品生产经营者发布保健食品广告，应当以国务院卫生行政部门批准的说明书和标签为准。

第二十九条 举办食品博览会、展示会、食品节等大型食品展销活动的组织者，应当向参加食品展销活动的单位索取卫生许可证、食品检验报告和其他有关证明，并接受所在地卫生行政部门的监督检查。

第三十条 发生食物中毒或者疑似食物中毒事故的单位和对食物中毒病人进行治疗的医疗卫生单位，应当按照国家规定的时间和程序，向所在地人民政府卫生行政部门报告食物中毒发生的单位、地址、时间、中毒人数、可疑食物等。

学校发生食物中毒的，学校、负责治疗的医疗卫生单位除向所在地人民政府卫生行政部门报告外，还应当向所在地人民政府教育行政部门报告。

第三十一条 县级以上地方人民政府卫生行政部门对已造成食物中毒事故或者有证据证明可能导致食物中毒的食品生产经营者，应当依法采取临时控制措施，责令食品生产经营者公告，收回已售出的食品。

第三十二条 县级以上地方人民政府卫生行政部门应当根据食品生产经营状况，制定和组织实施年度食品卫生抽样监测计划，并将抽样监测结果向社会公布。下级卫生行政部门的抽样监测计划不得与上级卫生行政部门的计划重复。对同一批次产品不得进行重复监测。

除出现或者可能出现食物中毒、重大疫情等特殊情况外，卫生行政部门不得在年度抽样监测计划外另行组织临时抽样监测。经监测合格的，自合格之日起三个月内，未经上级卫生行政部门批准，不得重复抽样。

抽样监测所需费用按照国家和省有关规定执行。

第三十三条 境外进口的食品、食品添加剂、食品容器、食品包装材料和食品用工具设备、洗涤剂、消毒剂等必须符合国家卫生标准和卫生管理办法的规定；尚无国家卫生标准的，进口单位必须提供输出国（地区）卫生部门或者组织出具的卫生评价资料，经口岸进口食品卫生监督检验机构审查检验并报国务院有关部门批准。

进出口食品的卫生监督管理，按照国家规定执行。

第五章 法律责任

第三十四条 违反本条例规定，食品生产经营过程不符合食品卫生要求的，责令改正，给予警告，并可以视情节轻重处以二百元以上五千元以下的罚款；拒不改正或者有其他严重情节的，吊销卫生许可证。

第三十五条 违反本条例规定，生产经营禁止生产经营的食品或者不符合营养、卫生标准的专供婴幼儿的主、辅食品的，责令停止生产经营，公告收回已售出的食品，销毁该食品，没收违法所得，并处以违法所得一倍以上五倍以下的罚款；没有违法所得的，处以一千元以上五万元以下的罚款。情节严重的，吊销卫生许可证。

第三十六条 违反本条例的第十条、第十二条规定的，责令停止生产或者使用，没收违法所得，并处以违法所得一倍以上三倍以下的罚款；没有违法所得的，处以五百元以上五千元以下的罚款。

第三十七条 违反本条例规定，生产经营不符合卫生标准、卫生要求的食品，造成食物中毒事故或者其他食源性疾患的，责令停止生产经营，销毁导致食物中毒或者其他食源性疾患的食品；没有违法所得的，处以一千元以上五万元以下的罚款；有违法所得的，没收违法所得，并按照下列规定处以罚款：

（一）造成食物中毒或者其他食源性疾患人数在十人以下的，处以违法所得一倍以上五倍以下的罚款；

（二）造成食物中毒或者其他食源性疾患人数在十一人至三十人之间的，处以违法所得二倍以上五倍以下的罚款；

（三）造成食物中毒或者其他食源性疾患人数在三十一人至一百人之间的，处以违法所得三倍以上五倍以下的罚款；

（四）造成食物中毒或者其他食源性疾患人数在一百零一人以上或者人员死亡的，处以违法所得四倍以上五倍以下的罚款。

生产经营不符合卫生标准的食品，造成严重食物中毒事故或者其他严重食源性疾患，对人体健康造成严重危害，或者在生产经营的食品中掺入有毒有害的非食品原料，构成犯罪的，依法追究刑事责任；给他人造成损害的，应当依法承担民事赔偿责任。

有本条所列行为之一的，吊销卫生许可证。

第三十八条 违反本条例规定，定型包装食品和食品添加剂的包装标识或者产品说明书上不标明或者虚假标注生产日期、保质期限等规定事项的，或者违反规定不标注中文标识的，责令改正，可以处以五百元以上一万元以下的罚款。

第三十九条 违反本条例规定，食品生产经营人员未取得健康证明而从事食品生产经营的，责令改正，可以对食品摊贩处以五十元以上五百元以下的罚款，对单位处以一千元以上五千元以下的罚款。

第四十条 违反本条例第十六条、第十七条规定的，应当予以警告，责令改正，并处以二十元以上五百元以下的罚款。

第四十一条 本条例规定的行政处罚由县级以上地方人民政府卫生行政部门决定；属于其他行政机关职权范围的，由其他行政机关依照本条例和有关法律、法规的规定决定。

本条例规定的违法行为，国家法律、法规另有规定的，依照有关法律、法规的规定执行。

卫生行政部门依法吊销食品生产经营者卫生许可证的，应当同时告知为其发放营业执照的工商行政管理部门。

第四十二条 拒绝、阻碍食品卫生执法人员依法执行职务，属于违反治安管理处罚条例规定的行为的，由公安机关依法查处；构成犯罪的，依法追究刑事责任。

第四十三条 食品卫生监督管理人员违反《食品卫生法》及本条例的规定，滥用职权、玩忽职守、收受贿赂、徇私舞弊的，依法给予行政处分；构成犯罪的，依法追究刑事责任。

第四十四条 当事人对行政机关及其工作人员作出的具体行政行为不服的，可以依法申请行政复议或者提起行政诉讼。

第六章 附　　则

第四十五条 本条例自 2001 年 12 月 1 日起施行。

北京市食品安全监督管理规定

（2002 年 12 月 31 日北京市人民政府第 57 次常务会议审议通过）

第一条 为保障人民群众身体健康和人身安全，加强食品安全监督管理工作，根据有关法律、法规，结合本市实际情况，制定本规定。

第二条 本市行政区域内从事食品生产经营的单位和个人应当遵守本规定。

第三条 本市对食品实行市场准入制度。

第四条 市人民政府统一协调食品安全监督管理工作。

市工商行政管理、卫生、质量技术监督、商业、农业等行政管理部门在各自职责范围内，按照市人民政府的统一规划和部署，依法履行职责，共同做好食品安全监督管理工作。

第五条 本市对食品安全实行区、县人民政府责任制。区、县人民政府应当统一协调本区（县）有关行政主管部门做好食品安全监督管理工作。

第六条 本市建立食品安全专家评估制度。

第七条 在本市生产、加工、销售的食品应当符合安全标准。不符合安全标准的食品，不得生产、加工和销售。

本规定所称食品安全标准是指国家标准、行业标准或者本市地方标准中涉及人体健康和人身安全的强制性标准。

任何单位和个人不得限制符合安全标准的食品进入本市。

第八条 市人民政府根据本市食品安全管理的需要，公布实施重点监督管理的食品名录（以下简称重点名录）。

本市对列入重点名录的食品制定统一的抽查计划，统一向社会发布检测结果。

第九条 本市实行向社会公布畜禽和畜禽产品、蔬菜等食品生产企业推荐名单的制度。列入推荐名单的条件和程序，分别由市商业、农业等行政主管部门按照职责分工规定并公布。

推荐名单中公布的企业违反本规定，生产、加工、销售的食品不符合安全标准的，公布部门应当将该企业的违法情况通知企业所在地的政府和有关主管部门，并将该企业从推荐名单中取消，通报与上述企业签订定向供货合同的单位，建议其解除合同。

第十条 本市食用农产品市场的开办者应当与定点屠宰厂、蔬菜生产基地、水产品养殖场建立规范的定向进货渠道，并对进货情况进行查验。

第十一条 列入本市重点名录的食品及其生产者的下列信息，由市工商行政管理部门统一汇集和公布：

（一）品名、品种、规格、商标；

（二）生产者的名称、地址、联系方式；

（三）生产者获得生产许可证、卫生许可证及其他专项许可的情况。

列入重点名录食品的生产经营者已依法向有关行政主管部门备案的，由有关行政主管部门向市工商行政管理部门提供前款规定的信息；未向有关行政主管部门备案的，由生产经营者直接向市工商行政管理部门申报备案，提供前款规定的信息。

第十二条 本市建立食品安全信用监督管理系统，记载并向社会公示下列信息：

（一）列入重点名录的食品名单；

（二）定点屠宰厂、蔬菜生产基地、水产品养殖场名单；

（三）获得驰名商标或者省级以上安全食品、无公害食品、绿色食品、有机食品、名牌产品称号的食品名单；

（四）生产经营的食品不符合食品安全标准，受到有关部门查处、限期追回的情况；

（五）责令暂停购进或者禁止销售的食品名单。

第十三条 有关行政管理部门在对销售的食品进行监督检查时，可以对食品进行简易或者快速检测，检测应当使用经检定合格的检测设备和列入国家标准的测定方法，依据检测结果可对认为不符合安全标准的食品实施临时控制措施；实施临时控制措施后，应当及时将被控制的食品交由国家认证的检测机构复测，并依据复测结果作出处理。

第十四条 豆制品、熟肉制品、调味品等以散装形式销售的食品，自2003年7月1日起，在出厂时和零售前，应当具有符合安全卫生要求的包装。

销售散装食品应当向消费者明示品名、产地、生产企业、出厂日期和保质期。

预包装食品标签应当符合国家法律、法规和强制性标准的规定。

第十五条 蔬菜在本市零售市场销售前，应当有包装。包装可以采用大宗简易包装、小包装或者其他包装。

包装应当附着标签。标签应当标明品名、生产基地或者经销单位的名称和地址、采摘或者包装日期、净重等。有商标的可以标明商标。

第十六条 生产经营的鲜、冻畜禽产品应当使用冷藏车冷藏运输。蔬菜应当封闭运输，使用敞篷车辆的应当采用遮盖和保护措施。

第十七条 鲜、冻畜禽产品进入市场时，应当出具检疫合格证明，猪、牛、羊胴体应当加盖检疫合格章和货源基地编号章，按不同供货人、不同批量分别签封。直接进入各类食品市场销售时，应当经动物防疫监督员或者市场内的监督检验人员启封、验证、验章。

外地畜禽和畜禽产品进入本市销售的，应当经由市人民政府公布的检疫通道，经动物防疫监督机构启封、验证合格，重新签封后方可进入本市。用汽车运输的，车辆应当经检疫消毒，取得北京市动物防疫监督机构的消毒证明。

第十八条 经营列入重点名录食品的，应当建立进货检查验收制度。经营者应当向初次交易的供货人索取、查验相应的营业执照、生产许可证、卫生许可证、商标注册证并保存复印件，以后每年核对一次。对购进的货物应当按批次向供货人索取食品质量检验证明、检疫证明、销售凭证、外地畜禽产品进京车辆消毒证明等与食品安全有关的证明并保存复印件。经营者对购进的食品应当记载产地、加工厂家、进货渠道、购进日期和数量、供货人等事项，查验供货人备案公示情况。

第十九条 经营食品的市场开办者应当做到：

（一）引导市场内的商户经营列入推荐名单的企业、基地生产的食品；

（二）指导并督促经营者执行进货检查验收、索证索票等与保障食品安全有关的制度；

（三）制止不符合本规定第十四条、第十五条规定的食品、非定点屠宰厂加工、生产和未经检验、检疫的畜禽产品以及没有取得北京市动物防疫监督机构消毒证明的车辆进入市场；

（四）协助有关行政管理部门执行临时控制措施、对不合格食品实施无害化处理或者予以销毁；

（五）在市场显著位置设立警示牌，公示场内食品经营者的良好和违法行为。

食用农产品批发市场应当配置与其经营品种、数量相适应的设施和检测设备，对经营的蔬菜、鲜活畜禽产品进行自检。

第二十条 食用农产品生产基地应当具备保证产品质量的生产环境、生产设备和相关辅助设备以及生产、加工、贮存的场所，规范生产工艺，严格按照标准组织生产。

第二十一条 食用农产品生产过程中应当采取下列措施：

（一）建立投入品使用以及防疫、检疫和无害化处理等生产记录；

（二）畜禽实行计划免疫后，佩带免疫标识；

（三）建立畜禽检验检疫制度，提供产品合格证明。

第二十二条 本市实行安全食用农产品标志制度，向符合条件的单位和个人核发《安全食用农产品标志使用证书》。具体办法由市食用农产品安全生产体系建设办公室另行制定。

第二十三条 食品经营活动中禁止下列行为：

（一）加工注水或者注入其他物质的畜禽和畜禽产品；

（二）销售注水或者注入其他物质的水果、蔬菜、畜禽和畜禽产品或者非定点屠宰厂生产、加工的畜禽产品；

（三）加工、销售无法追溯来源的动物及其产品；

（四）收购不符合安全标准的产品。

第二十四条 食用农产品生产活动中使用农药、兽药、饲料添加剂应当符合国家规定，不得超限量使用允许使用的农药、兽药、饲料添加剂，不得违反农药使用安全间隔期、动物用药休药期的规定。

第二十五条 有关行政管理部门对经检测确定为不符合安全标准的食品，应当责令生产经营者停止生产经营，立即公告追回。未销售或者已追回的食品，应当根据其不同属性进行无害化处理或者予以销毁。

生产经营者发现自己生产经营的食品不符合安全标准，应当立即主动采取有效措施追回或者收回。生产经营者主动追回或者收回的，可以减轻或者免予行政处罚。

第二十六条 有关行政管理部门在市场上发现对人体健康和人身安全造成严重危害或者具有潜在严重危害的食品，应当实施临时控制措施，责令停止购进、销售。实施影响较大的临时控制措施应当按照食品安全专家评估制度组织评估。

具有潜在严重危害的食品在潜在危害消除后，应当及时解除临时控制措施。

第二十七条 鼓励社会公众举报生产经营不符合安全标准食品的行为。

有关行政主管部门收到关于食品安全问题的举报，属于本部门职权范围的，应当及时依法调查处理；不属于本部门职权范围的，应当及时移交有管辖权的行政主管部门，并通知举报人。

第二十八条 食品生产经营者有下列行为之一的，给予以下行政处罚：

（一）违反第十四条、第十五条规定，未对食品进行包装或者包装不符合安全卫生要求的，未附着标签或者标签标示内容不真实的，销售散装食品未向消费者明示或者明示内容不真实的，由卫生行政管理部门或者工商行政管理部门责令限期改正，逾期不改的，处3 000元以下罚款。

（二）违反第十八条规定，未建立进货检查验收制度的，由工商行政管理部门责令限期改正，逾期不改的，处1 000元以下罚款；不执行已建立的检查验收制度的，由工商行政管理部门责令改正，并处200元罚款。

（三）违反第二十一条第一款第（一）项规定，未建立生产记录的，由市农业行政管理部门予以警告，责令改正。

（四）违反第二十三条规定的，由工商行政管理、商业、农业行政管理部门予以警告，并处3 000元以下罚款。

（五）违反第二十四条规定的，由市农业行政管理部门处1 000元以上1万元以下罚款。

（六）违反第二十五条规定，对不符合安全标准的食品应当追回而不追回的，由卫生、工商行政管理或者质量技术监督部门处5 000元以下罚款。

第二十九条 违反第十六条规定，鲜、冻畜禽产品未使用冷藏车冷藏运输的，由工商行政管理部门处1 000元罚款。蔬菜未封闭运输的，由工商行政管理部门处500元罚款。

第三十条 违反第十七条第二款规定，外地运输车辆未经市人民政府公布的检疫通道进入本市的，由农业或者工商行政管理部门责令补检，并对承运人按每辆车 1 000 元处以罚款。

第三十一条 违反第十九条规定的，由工商行政管理部门对市场开办者予以警告，并在市场显著位置挂牌公示；其中违反第一款第（三）项、第（四）项规定的，并处 1 万元以上 3 万元以下罚款；违反第（五）项规定的，责令限期改正，逾期不改的，处 1 000 元罚款。

第三十二条 食品生产经营者不执行有关行政管理部门依据第二十六条实施的临时控制措施的，由工商行政管理部门予以警告，责令改正，并处 1 000 元以上 5 000 元以下罚款。

第三十三条 从事食品生产经营的单位和个人违反《中华人民共和国食品卫生法》、《中华人民共和国产品质量法》、《中华人民共和国动物防疫法》等法律、法规规定的，由有关行政主管部门依法处理。

第三十四条 本市各级人民政府及其工作部门应当采取措施，维护食品生产经营者的合法权益，引导食品生产经营者提高产品质量，生产经营合格食品。

第三十五条 工商行政管理、卫生、质量技术监督、商业、农业等行政管理部门的工作人员不履行法定职责，侵害食品生产经营者的合法权益，造成不良后果的，对直接负责的主管人员和其他直接责任人员依法给予行政处分。

第三十六条 本规定自 2003 年 2 月 1 日起施行。

广州市食品安全监督管理办法

（2004 年 1 月 5 日广州市政府第 12 届 24 次常务会议通过，
2004 年 2 月 28 日广州市人民政府令第 1 号发布）

第一章 总 则

第一条 为加强食品生产经营的安全监督管理，保障人民身体健康和生命安全，根据《中华人民共和国食品卫生法》、《中华人民共和国产品质量法》等有关法律、法规，结合本市实际情况，制定本办法。

第二条 本市行政区域内食品生产经营的安全监督管理，适用本办法。进出口食品的检验检疫及监督管理按照国家有关规定执行。

第三条 本办法所称食品是指各种供人食用或者饮用的成品和原料以及按照传统既是食品又是药品的物品，包括种植、养殖形成的未经加工或者经过初级加工的粮食、蔬菜、奶类、水产品、禽畜产品等农产品，以及经过工业加工、制作的供人食用或者饮用的制品，但不包括以治疗为目的的物品。

第四条 本市实行食品市场准入制度。

本办法所称市场准入，是指在本市经营的食品应当经过检验、检测，禽畜产品应当经过检疫，符合国家、省、市质量卫生安全要求，未经检验、检测、检疫或经检验、检测、检疫不合格的食品不得经营的管理制度。

政府鼓励和引导企业生产经营优质食品。对取得无公害农产品、绿色食品、有机食品、名牌产品等称号或认证并以品牌经营的食品，在称号或者认证的有效期内可以免检。

第五条 本市建立食品生产者自检、行业自律、政府监管相结合的检验检测监督体系。

食品生产者应当对生产经营的食品进行自检或者委托具备相应资质的机构检验、检测。

行业协会应当加强本行业的监督、自律。

市、区、县级市人民政府有关行政主管部门应当建立和完善食品安全检验、检测制度；定期对各类食品实施检验、检测；指导、规范、监督食品生产者自检和行业自律行为。

第六条 市人民政府成立食品安全监督管理领导小组，统一协调食品安全监督管理工作。

各区、县级市人民政府依照本办法负责本辖区的食品安全监督管理工作。

第七条 政府有关行政主管部门应当按照下列规定，做好食品安全监督管理工作：

（一）商业行政主管部门负责食品流通领域的行业指导和管理；整顿和规范食品流通秩序，推进食品流通体制改革，建立健全食品安全检验检测体系；负责禽畜产品屠宰加工的监督和管理，以及禽畜屠宰加工厂（场）设立的审核；负责全市食品经营网点规划及其调整；协同有关部门对食品批发、零售市场进行监督管理。

（二）农业行政主管部门负责食用农产品生产基地的规划和组织建设；实施农产品质量安全监测制度；负责动植物及其产品的防疫、检疫和质量安全监测；负责种子（种禽、种畜）、肥料、农药、兽药等生产、经营、使用的监督管理；市饲料管理部门负责饲料、饲料添加剂等生产、经营、使用的监督管理。

（三）质量技术监督部门负责食品生产加工企业的监督管理和食品质量的监测；负责食品质量安全市场准入制度的组织实施和监督管理；负责组织农产品等农业标准规范的制定和监督实施；负责食品质量认证认可的监督管理工作。

（四）卫生行政主管部门负责食品生产加工和流通领域内食品卫生的监督管理；审核发放食品卫生许可证；推行食品卫生监督量化分级管理制度；完善食物污染物监测网络。

（五）工商行政管理部门负责食品经营行为的监督管理；负责食品生产经营企业及个体工商户的登记注册；监督检查流通领域食品质量；查处违法经营行为以及无证、无照加工和经营食品的违法行为。

（六）环境保护行政主管部门负责食品加工厂（场）、食用农产品生产基地和经营场地环境状况及污染防治的监督管理。

（七）公安、规划、药监等有关行政管理部门在各自的职责范围内，协助做好食品的安全监督管理工作。

第八条 行业协会可以制定并推行食品生产经营的行业规范，为食品生产经营企业提供信息、技术指导和服务。

第二章 食品生产加工管理

第一节 食用农产品生产基地管理

第九条 市、区、县级市人民政府应当根据本地区实际，制定符合卫生、质量、环境、安全标准的农产品种植、养殖基地规划；扶持农产品种植、养殖基地的设立和发展。

市农业、环境保护等行政主管部门应当按照各自的职责，对农产品种植、养殖基地的建设进行指导和监督。

第十条 农产品种植、养殖基地应当实行农产品安全跟踪制度。制定生产技术规程,建立生产记录档案,记载农药、肥料、兽药、鱼药、饲料和饲料添加剂的使用以及防疫、检疫等情况。

其他农产品种植、养殖业户应当参照生产基地的管理方式,记录农药、肥料、兽药、鱼药、饲料和饲料添加剂等使用情况。

市农业行政主管部门按照职责制定农产品安全跟踪制度的实施方案并组织实施。

第十一条 农产品种植、养殖基地应当建立农产品安全检验制度,提供农产品检验合格证明。

牲畜屠宰厂(场)屠宰的牲畜应当具有产地县以上动物防疫检疫监督机构出具的检疫合格证明;出厂(场)的肉品应当加盖定点屠宰厂(场)的肉品检验合格章及本市动物防疫监督机构的兽医检疫合格章,并具有本市动物防疫监督机构出具的动物产品检疫合格证明和定点屠宰厂(场)出具的牲畜产品检验合格证明。

经过加工、有包装的农产品,应当在产品包装物上附具标签。标签应当以中文标明产品标准代号、产品名称、净重、生产基地、加工单位、生产日期、保质期等。

第十二条 农产品种植、养殖基地应当建立农产品安全承诺制度。

农产品种植、养殖基地在产品投放市场之前,应当就其产品的安全状况向农业、卫生行政主管部门和经营者作出承诺。

农产品种植养殖基地安全承诺制度,由市农业、卫生行政主管部门按照各自职责,制定实施方案并组织实施。

第十三条 本市实行无公害农产品及无公害农产品生产基地认证制度。

农产品生产者可以按照《无公害农产品认证程序》和《无公害农产品生产基地认证程序》的规定,申请无公害农产品和无公害农产品生产基地的认证。

通过国家或省认证的,可以在生产基地和农产品及其包装上标注相应的认证标识;未通过国家或省认证的,不得使用无公害农产品和无公害农产品生产基地的认证标识。

第十四条 农产品种植、养殖基地以及其他种植、养殖业户对有毒有害物质超标的农产品，应当及时进行无害化处理，不得上市销售。

屠宰场、禽畜饲养基地（场）以及其他场所对经检疫不合格或者病死、死因不明的禽畜及其产品，染疫的禽畜的排泄物，应当及时按照有关规定进行无害化处理，不得随意丢弃。

第二节 食品生产加工企业管理

第十五条 从事食品生产加工的，应当按照有关规定取得食品卫生许可证和食品生产许可证，按照食品卫生和质量管理的有关规定生产加工食品。

第十六条 食品生产加工企业应当建立食品安全跟踪制度。

食品生产加工企业采购食品及其原料应当按照国家规定索取检验合格证明，保留原材料、半成品和出厂前成品的检验记录，并留有样品。所留样品应当按照品种、批号分类存放于专设的留样库内。

市卫生、质量技术监督行政主管部门按照各自职责制定食品安全跟踪制度的实施方案并组织实施。

第十七条 食品生产加工企业应当建立检验制度，设立与生产规模相适应的卫生和质量检验室，对其生产加工的食品进行检验。

第十八条 食品生产加工企业应当按照卫生标准和卫生管理规定对本企业生产加工的食品进行卫生检验或者委托具有相应资质的检验机构代检，出具卫生检验合格证书。

第十九条 食品生产加工企业应当按照产品标准和质量管理规定对本企业生产加工的食品实施检验。

食品生产加工企业应当具备产品出厂检验能力，具有与所生产产品相适应的质量检验和计量检测手段。不具备出厂检验能力的企业，应当委托国家质量监督检验检疫总局统一公布的、具有相应资质的检验机构进行产品出厂检验。

取得食品生产许可证并具有产品出厂检验能力的企业，可以自行检验其生产加工的属于食品生产许可证许可范围内的食品质量。国家对于某些特殊食品的检验另有规定的，按照国家有关规定办理。

第二十条 实施食品质量安全市场准入制度的食品，出厂前必须加印(贴)食品质量安全市场准入“QS”标志:“QS”标志应当在最小销售单位的食品包装或者标签加印(贴)。

第三章 食品经营管理

第一节 食品经营者的管理

第二十一条 食品经营者应当建立进货查验制度,索取所进货物的检验、检疫合格证明,并建立台账。

第二十二条 食品市场经营者应当对未经检验、检测的农产品进行检测,不得经营未经检测或检测不合格的食品。

本市宾馆、酒家、医院、学校、幼儿园、机关和其他企事业等集体用餐单位应当采购经政府认证的食用农产品生产基地的产品或经检验、检测、检疫合格的食品。采购不合格食品造成食物中毒事件的,追究单位及其主要领导和直接责任人员的责任。

第二十三条 市、区、县级市有关职能部门应当加强对食品安全的监控,定期对各类食品实施检验并指导、监督企业和行业的检测活动,建立食品安全快速检测处理机制,配置流动食品安全监测设施。发现不符合强制性标准等质量卫生安全要求的食品可以进行现场监控和封存处理,并及时送产品质量检测机构复检,复检合格的,应当立即解除行政强制措施。

市、区、县级市人民政府应当组织有关职能部门对农产品生产基地、食品生产加工企业和食品市场进行联合抽查,并将抽查及依法处理结果定期公布。

第二十四条 本市实行食品安全信息通报制度。市政府应当建立食品安全信息服务平台,定期发布食品安全信息,并为消费者提供举报和信息查询服务。

第二节 食品市场的管理

第二十五条 本办法所称食品市场是指食品批发市场、肉菜(农贸)市场、食品超级市场。

政府扶持、鼓励生鲜超市的设立和发展,鼓励现有肉菜(农贸)市场进行升级或超市化改造。

肉菜（农贸）市场的改造条件和要求由市商业行政主管部门会同工商、规划、卫生、环保部门另行制定。

第二十六条 设立肉菜（农贸）市场、食品批发市场应当符合本市城市规划、商业网点发展规划和设立条件。

肉菜（农贸）市场、食品批发市场的设立条件，由商业行政主管部门会同规划、工商、农业、卫生、环保等行政主管部门制定。

第二十七条 本市实行食品市场经营者责任制度。市场经营者对其市场内经营食品的安全负有管理的责任。

第二十八条 市场经营者具有以下责任：

（一）配备与食品市场规模和食品经营品种、数量相适应的设施设备和专职食品卫生安全质量监督管理人员；

（二）配置与食品市场规模相适应的检验设施；对市场内经营食品进行抽查、检测，并按有关规定送检；

（三）配合行政监督管理部门督促市场内经营业户合法经营，督促市场内经营业户销售检验、检疫合格的食品；

（四）组织有关食品经营业户定期进行健康检查；配合有关行政执法部门执行临时控制措施；

（五）核验、登记场内营业户的营业执照、税务登记证和各类经营许可证；

（六）与进场经营业户签订食品安全协议，明确双方责任，就其场内销售的食品安全向顾客作出承诺；

（七）市场经营者应当在市场显著位置设立警示牌，对市场内经营业户的不良记录定期予以公布。

第三节 废弃食用油脂的管理

第二十九条 禁止将废弃食用油脂用于食品加工。

本办法所指废弃食用油脂，包括食品生产经营过程中产生的不符合食品卫生标准的动植物油脂、从“潲水”中提炼的油以及含油脂废水，经油水分离器或者隔油池分离处理后产生的油脂。

第三十条 产生废弃食用油脂的单位应当按照规定向所在区、县级市环境保护主管部门如实申报产生废弃食用油脂的种类、数量、回收单位。

第三十一条 废弃食用油脂应当由符合本办法第三十二条、三十三条规定条件的单位回收、加工,禁止擅自处理。

第三十二条 废弃食用油脂回收单位应当符合以下条件:

(一)有掌握防止废弃食用油脂污染环境知识的收集人员;

(二)有符合环境、卫生和公安交通管理等方面要求的运输工具;

(三)转运废弃食用油脂的储存场地及其设施符合环境保护要求。

回收单位应当与所在区、县级市环境保护行政主管部门签订废弃食用油脂回收环保责任协议书,以及与废弃食用油脂加工单位签订废弃食用油脂处理协议书。

第三十三条 废弃食用油脂加工单位应当符合下列条件:

(一)经营地点符合城市规划和环保规划;

(二)具有掌握废弃食用油脂加工技术的专业人员;

(三)具有符合环境保护要求的污染防治设施。

废弃食用油脂加工单位应当与所在区、县级市环境保护行政主管部门签订废弃食用油脂加工环保责任协议书,以及与废弃食用油脂回收单位签订废弃食用油脂处理协议书。

第三十四条 废弃食用油脂回收、加工单位应当遵守下列规定:

(一)建立废弃食用油脂来源、数量和去向的台账制度;

(二)实行废弃食用油脂转移联单制度;

(三)建立、健全操作人员的培训和持证上岗制度;

(四)按照规定的标准治理产生的污染物。

第四章 法律责任

第三十五条 生产加工食品有下列行为的,给予以下行政处罚:

(一)违反本办法第十一条第一款规定的,由农业行政主管部门责令改正,并处以一千元以上五万元以下罚款;违反第十一条第二款规定,屠宰厂(场)出厂(场)的肉品未加盖肉品检验合格章、兽医检疫合格章,或者不具有动物产品检疫合格证明和牲畜产品检验合格证明的,由商业行政主管部门没收肉品和违法所得,可以并处违法经营额三倍以下罚款;违反第十一条第三款规定的,由质量技术监督部门予以警告,并责令改正。

（二）违反本办法第十三条第三款规定的，由农业行政主管部门责令改正，收缴其标志，没收违法所得，并处以违法所得一至二倍罚款。

（三）违反本办法第十四条规定的，由动物防疫监督机构给予警告；拒不改正的，由动物防疫监督机构依法代作处理，处理所需费用由违法行为人承担。

（四）违反本办法第十五条规定，未取得食品卫生许可证从事食品生产经营活动的，由卫生行政主管部门予以取缔，没收违法所得，并处以违法所得三倍以上五倍以下罚款，没有违法所得的，处以一千元以上三万元以下罚款；未取得食品生产许可证而擅自生产的，由质量技术监督部门责令其停止生产销售，限期取得食品生产许可证，并处违法生产销售产品货值金额百分之十五至百分之二十的罚款，有违法所得的，没收违法所得；造成损失的，依法追究责任。

（五）违反本办法第十六条规定，由卫生行政主管部门和质量技术监督部门依照各自职能予以警告，责令改正。

（六）违反本办法第十八条规定，食品生产加工企业未对生产加工的食品进行卫生检验，或未提供卫生检验合格证书的，由卫生行政主管部门处以一千元以上三万元以下罚款。

（七）违反本办法第十九条规定，食品生产企业不具备产品出厂质量检验能力且未按规定进行委托出厂检验而擅自出厂销售的，或者食品生产企业具备产品出厂检验能力而未按照规定实施产品出厂检验的，由质量技术监督部门责令限期改正；逾期不改的或者情节严重的，处三万元以下罚款；情节严重的，吊销食品生产许可证。

（八）违反本办法第二十条规定，取得食品生产许可证的企业，未按规定在食品包装上加印（贴）“QS”标志的，由质量技术监督部门责令改正；情节严重的，可处三万元以下罚款，吊销食品生产许可证。

第三十六条 食品经营有下列行为之一的，给予以下行政处罚：

（一）违反本办法第二十一条规定，未建立进货查验制度或者台账的，由工商行政管理部门责令限期改正，逾期不改的，处一千元以下罚款；不执行已建立的检查验收制度的，由工商行政管理部门责令改正，并处二百元以下罚款。

（二）违反本办法第二十二条规定的，由农业行政主管部门处以五千元以上二万元以下罚款。

（三）违反本办法第二十九条第一款规定的，由卫生行政主管部门责令停止生产经营，没收违法所得，并处以违法所得一倍以上五倍以下的罚款；没有违法所得的，处以一千元以上五万元以下罚款。情节严重的，吊销卫生许可证。

（四）违反本办法第三十条规定的，由市、区、县级市环境保护行政主管部门责令限期改正，并处一万元以下罚款。

（五）违反本办法第三十一条规定，将废弃食用油脂交由不符合本办法第三十二条、三十三条规定条件的单位回收、加工的，由区、县级市环境保护部门处以三万元以下罚款。

（六）违反本办法第三十二条、三十三条规定条件，擅自从事废弃食用油脂回收、加工活动的，由区、县级市环境保护部门责令停止违法行为，没收非法所得，可以并处一万元以下罚款。

（七）违反本办法第三十四条规定，未建立台账制度，未实行废弃食用油脂转移联单制度的，由区、县级市环境保护部门处以三万元以下罚款。

第三十七条 市场经营者违反本办法第二十八条第（一）、（五）、（六）、（七）项规定的，由工商行政管理部门责令限期改正，逾期不改的，处三千元罚款；违反第二十八条第（二）、（三）、（四）项规定的，由工商行政管理部门处以二万元以下罚款。

第三十八条 生产者、销售者在食品中掺杂、掺假，以假充真，以次充好或者以不合格产品冒充合格产品，构成犯罪的，由司法机关根据《中华人民共和国刑法》第一百四十条规定追究刑事责任。

第三十九条 违反本办法，拒绝、阻碍国家工作人员依法执行职务的，由公安部门依照《治安管理处罚条例》处理；使用暴力、威胁方法，构成犯罪的，由司法机关依照《中华人民共和国刑法》处理。

第四十条 市商业、农业、质监、卫生、工商、环保等行政管理部门的工作人员在食品安全监督管理活动中，不履行本办法规定的相应职责或者滥用职权、玩忽职守、徇私舞弊、索贿受贿，依法给予行政处分；构成犯罪的，依法追究刑事责任。

第五章　附　　则

第四十一条　本办法自 2004 年 4 月 1 日起施行。

（五）特种设备安全监察

黑龙江省特种设备安全监察条例

（2007 年 6 月 22 日黑龙江省第十一届人民代表大会常务委员会第二十七次会议通过）

第一条 为确保特种设备安全运行，预防和减少事故发生，保障国家和人民财产、生命安全，根据国务院《特种设备安全监察条例》和有关法律、行政法规规定，结合本省实际，制定本条例。

第二条 本条例所称特种设备是指国务院确定的涉及生命安全、危险性较大的设备设施及其安全附件。

第三条 本省行政区域内特种设备设计、制造、安装、改造、维修、销售、使用、检验检测以及为保证特种设备安全运行而进行的水质处理、水质监测及其监督检查，适用本条例。

厂（场）内机动车辆按照特种设备管理，其使用、维修、检验检测和监督检查适用本条例。

房屋建筑工地和市政工程工地用起重机械的安装、使用的监督管理，由建设行政主管部门依据有关法律、法规的规定执行。

第四条 省特种设备安全监督管理部门负责全省特种设备的安全监察工作，并组织实施本条例；市（行署）、县（市、区）特种设备安全监督管理部门负责本行政区域内特种设备的安全监察工作。

省农垦总局、省森林工业总局的特种设备安全监督管理机构，负责本系统的特种设备安全监察工作，业务上接受省特种设备安全监督管理部门的指导和监督。

各级安全生产监督管理、公安、工商、建设等有关行政管理部门，应当在法定职责范围内，共同做好特种设备安全监督管理工作。

第五条 从事特种设备检验检测、鉴定评审工作的机构，应当具备法定资质，遵守有关法律、法规和执业准则，接受特种设备安全监督部门的监督管理，按照国家和省有关规定收取技术服务费用。

第六条 鼓励推行科学的管理方法，采用先进技术，提高特种设备安全性能和管理水平，增强特种设备生产、使用单位防范事故的能力，对取得显著成绩的单位和个人，给予奖励。

任何单位和个人对违反本条例规定的行为，有权向特种设备安全监督管理部门和行政监察等有关部门举报。特种设备安全监督管理部门和行政监察等有关部门应当为举报人保密，并按照规定给予奖励。

第七条 特种设备的设计、制造、安装、改造、维修、使用、检验检测等活动，应当符合相应的国家标准、行业标准、安全技术规范的要求。

第八条 从事锅炉、压力容器、电梯、起重机械、客运索道、大型游乐设施、厂（场）内机动车辆维修的单位，应当具备下列条件，并取得省特种设备安全监督管理部门颁发的许可证后，方可从事相应的维修活动：

（一）工商行政管理部门出具的企业营业执照或者企业名称预先核准通知书；

（二）具有与特种设备维修相适应的专业技术人员和技术工人；

（三）具有与特种设备维修相适应的设备和检测手段；

（四）具有完善的管理制度和安全操作规程。

从事锅炉化学清洗的单位，还应当具有与从事相应活动相适应的清洗设备和分析手段。

第九条 销售特种设备的单位和个人应当执行特种设备进货检查验收制度，验明产品质量证明以及其他国家规定应当提供的文件；不得销售国家明令淘汰、禁止制造、强制报废和没有质量证明等文件的特种设备。

第十条 特种设备在投入使用前或者投入使用后三十日内，特种设备使用单位应当按照有关规定，向特种设备安全监督管理部门登记。

特种设备使用单位购入已经使用的特种设备的，在投入使用前应当经有资质的特种设备检验检测机构检验检测或者安全技术鉴定合格，符合安全使用要求。

第十一条 特种设备使用单位（含租赁、借用）应当建立健全安全使用的规章制度。

第十二条 特种设备使用单位不得有下列行为：

（一）委托没有合法资质的单位安装、维修和改造特种设备；

（二）将非承压设备作为承压设备使用。

特种设备停用一年以上重新启用的，应当经检验检测机构检验检测合格。

第十三条 特种设备作业人员及其相关管理人员应当按照国家有关规定经特种设备安全监督管理部门考核合格，取得国家统一格式的特种设备作业人员证书，方可从事相应的作业或者管理工作。

第十四条 在用特种设备有下列情况之一的，应当报废：

（一）超过国家标准、行业标准或者技术规范规定的使用时限的；

（二）经检验检测发现存在严重事故隐患，又无改造、维修价值的；

（三）使用单位自愿报废的。

检验检测机构经检验检测确认特种设备应当报废的，应当以书面形式告知特种设备使用单位，并向特种设备安全监督管理部门报告。

特种设备使用单位应当按照有关规定对报废的特种设备进行破坏性处理，并自报废之日起三十日内向原登记的特种设备安全监督管理部门办理注销手续。对未按规定进行破坏性处理或者有继续使用嫌疑的，特种设备安全监督管理部门应当现场监督使用单位进行破坏性处理。

特种设备使用单位不得继续使用已报废的特种设备。

第十五条 气瓶充装单位应当经省特种设备安全监督管理部门许可后，方可从事气瓶充装活动。

气瓶充装单位应当对其充装的气瓶及其销售网点的安全负责，并不得有下列行为：

（一）充装没有本单位永久标识的气瓶，但车用气瓶、灭火用气瓶除外；

（二）充装违法制造、未经检验、超过检验周期、检验不合格或者报废的气瓶；

（三）超量充装或者错装气瓶。禁止由汽车罐车向气瓶充装、气瓶向气瓶充装以及其他违反安全技术规范的充装行为。

气瓶充装单位应当对气瓶使用者安全使用气瓶进行指导，提供服务。

第十六条 气瓶充装单位及其销售网点发现未经检验或者超过检验周期的气瓶，应当按照规定送检验机构检验；发现检验不合格或者违法制造、报废的气瓶，应当送市（行署）以上特种设备安全监督管理部门指定的检验检测机构进行破坏性处理。

第十七条 从事压力管道设计、安装的单位，应当经特种设备安全监督管理部门审查批准，取得设计、安装许可证后，方可从事设计、安装活动。

从事公用压力管道和二级、三级工业压力管道设计、安装的单位，应当经省特种设备安全监督管理部门审查批准，取得管道设计、安装许可证后，方可从事设计、安装活动。

不跨省的长输压力管道，由使用单位到省特种设备安全监督管理部门办理使用登记；公用压力管道和工业压力管道，由使用单位到当地市（行署）特种设备安全监督管理部门办理使用登记。

第十八条 锅炉房一般应单独建造，不得设在公众聚集场所或者在其上面、下面或者贴邻主要疏散口两旁。新建锅炉房不得与住宅相连。

受条件限制不能单独设立锅炉房的，锅炉设置、锅炉参数以及锅炉安全附件、安全措施应当符合有关特种设备安全技术规范的要求。

锅炉的使用单位应当采取安全、有效的锅炉水处理措施，按照国家规定的标准对锅炉水质定期监测。

第十九条 厂（场）内机动车辆应当经市（行署）特种设备安全监督管理部门注册登记、核发厂（场）内机动车辆牌照后，方可使用。

第二十条 特种设备检验检测机构不得超出国家批准的项目和范围进行检验检测，不得在检验周期内对同一特种设备重复进行检验检测。

第二十一条 特种设备的受检单位对检验数据和检验结论有异议的，可以在收到检验报告之日起十五日内向特种设备安全监督管理部门提出书面复检申请。受理复检申请的特种设备安全监督管理部门应当在收到申请之日起十五日内组织复检。

复检所需费用，由提出异议的单位支付。原检验检测数据和检验结论错误的，该费用由出具原检验检测数据和检验结论的检验检测机构承担。

第二十二条 特种设备安全监督管理部门应当对下列情形进行重点监督检查：

（一）应当申请特种设备许可而未申请的；

（二）不按规定检验检测的；

（三）特种设备存在严重事故隐患的；

（四）使用单位曾经发生严重事故，或者重复发生一般事故的；

（五）使用场所人员密集或者在使用场所开展重大活动的；

（六）多次违反特种设备安全监督管理法律、法规或者有关安全技术规范的。

第二十三条 特种设备使用单位有下列情形之一的，视为存在严重事故隐患：

（一）使用非法生产的特种设备的；

（二）超过特种设备规定参数范围使用的；

（三）缺少安全附件、安全装置，或者安全附件、安全装置失灵而继续使用的；

（四）使用应当报废、应当检验检测而未经检验检测或者经检验检测不合格的特种设备的；

（五）使用有明显故障、异常情况的特种设备的。

对前款所列情形，特种设备安全监督管理部门可以对有关特种设备或者其主要部件予以查封或者扣押。

第二十四条 特种设备安全监督管理部门及其工作人员对涉及特种设备安全的事项实施许可审查以及监督检查时，不得收取费用。

特种设备安全监督管理部门的工作人员与许可申请人、被监督检查的相对人存在利害关系时，应当依法回避。

第二十五条 特种设备安全监督管理部门负责特种设备事故的调查处理。事故调查的具体程序，按照国家有关规定执行。

第二十六条 伪造、变造、买卖特种设备许可证的，由公安机关依照《中华人民共和国治安管理处罚法》依法予以处罚。

取得特种设备许可证的单位涂改、出租、出借或者非法转让特种设备许可证的，由特种设备安全监督管理部门责令改正，并处五千元以上二万元以下罚款；情节严重的，处二万元以上五万元以下罚款，并依法撤销其已经取得的许可。

换证时不提供许可证原件的，由特种设备安全监督管理部门责令限期改正；证件丢失的，责令其登报声明作废。

第二十七条 未经许可，擅自从事锅炉、压力容器、电梯、起重机械、客运索道、大型游乐设施、厂（场）内机动车辆维修的，由特种设备安全监督管理部门予以取缔，处一万元以上二万元以下罚款；造成严重事故隐患的，处二万元以上四万元以下罚款；造成事故的，处四万元以上五万元以下罚款；有违法所得的，没收违法所得。

第二十八条 未按照安全技术规范要求从事锅炉、压力容器、电梯、起重机械、客运索道、大型游乐设施、厂（场）内机动车辆维修的，由特种设备安全监督管理部门处五千元以上二万元以下罚款；造成严重事故隐患的，处二万元以上三万元以下罚款；造成事故的，处三万元以上五万元以下罚款，并依法撤销其已经取得的许可。

第二十九条 违反本条例第九条规定违法销售特种设备的，由特种设备安全监督管理部门责令改正，并处违法销售特种设备货值金额等值以上三倍以下罚款；有违法所得的，没收违法所得。销售国家明令淘汰、禁止制造、强制报废或者不具备相应资质的单位制造的特种设备的，并处没收违法销售的特种设备。

第三十条 违反本条例第十条、第十一条、第十二条第一款第一项、第十二条第二款、第十三条规定的，由特种设备安全监督管理部门责令限期改正；逾期未改正的，对单位或者个人处二千元以上二万元以下罚款。

违反本条例第十二条第一款第二项规定的，由特种设备安全监督管理部门责令限期改正；逾期未改正的，处二千元以上二万元以下罚款，并处没收违法设备。

特种设备作业人员违反特种设备操作规程，由特种设备安全监督管理部门责令所在单位对违规操作人员批评教育；违规操作行为情节严重造成后果的，对特种设备作业人员所在单位处二千元以上二万元以下罚款。

第三十一条 违反本条例第十四条第二款规定的，由特种设备安全监督管理部门处二万元以上五万元以下罚款。

违反本条例第十四条第三款、第四款规定的，由特种设备安全监督管理部门责令限期改正；逾期未改正的，处五万元以上二十万元以下罚款。

第三十二条 未经许可，擅自从事气瓶充装活动的，由特种设备安全监督管理部门予以取缔，没收违法充装的气瓶，处五万元以上十万元以下罚款；造成严重事故隐患的，处十万元以上十五万元以下罚款；有违法所得的，没收违法所得。

第三十三条 违反本条例第十五条第二款第一项规定的，由特种设备安全监督管理部门处一千元以上二千元以下罚款；有违法所得的，没收违法所得。

违反本条例第十五条第二款第二项、第三项和第三款规定的，由特种设备安全监督管理部门处二千元以上一万元以下罚款；造成事故的，处一万元以上五万元以下罚款，并依法撤销其已经取得的许可；有违法所得的，没收违法所得。

第三十四条 违反本条例第十七条规定，未经许可，擅自从事压力管道设计、安装活动的，由特种设备安全监督管理部门予以取缔，处一万元以上五万元以下罚款；造成严重事故隐患的，处五万元以上十万元以下罚款；有违法所得的，没收违法所得。

第三十五条 违反本条例第十八条第一款规定的，由建设行政主管部门责令限期改正，并可以依法进行处罚；逾期不改正的，责令停止使用。违反本条例第十八条第二款、第三款规定的，由特种设备安全监督管理部门责令限期改正；逾期未改正的，处五千元以上一万元以下罚款；情节严重的，责令停止使用。

第三十六条 违反本条例第十九条规定，未经许可，擅自使用厂(场)内机动车辆的，由特种设备安全监督管理部门责令限期改正，拒不改正的，予以取缔；造成严重事故隐患的，处二千元以上五千元以下罚款；造成重大事故的，处五千元以上二万元以下罚款。

第三十七条 违反本条例第二十条规定的，由特种设备安全监督管理部门责令改正，消除影响，退还违法收取的检验检测费用，并处一万元以上五万元以下罚款。

第三十八条 隐匿、转移、变卖、损毁被查封、扣押的特种设备及其主要部件的，由特种设备安全监督管理部门处被隐匿、转移、变卖、损毁物品货值金额等值以上三倍以下罚款；有违法所得的，没收违法所得。

第三十九条 特种设备安全监督管理部门以及特种设备安全监察人员，有下列情形之一的，对直接负责的主管人员和其他直接责任人员，依法给予降级或者撤职的行政处分；触犯刑律的，依照刑法关于受贿罪、滥用职权罪、玩忽职守罪或者其他罪的规定，依法追究刑事责任：

(一) 有国务院《特种设备安全监察条例》第八十六条所列违法行

为的；

（二）未取得特种设备安全监察人员证书，擅自从事特种设备安全监察活动的；

（三）超范围许可、超级别审批的；

（四）进行地方保护和地区封锁的。

第四十条 本条例设定的行政许可的条件，由省特种设备安全监督管理部门制定具体的技术性要求，报省人民政府批准并向社会公布后实施。

第四十一条 本条例自2007年8月1日施行。

江苏省特种设备安全监察条例

（2002年12月17日江苏省第九届人民代表大会常务委员会第三十三次会议通过，根据2004年4月16日江苏省第十届人民代表大会常务委员会第九次会议《关于修改〈江苏省特种设备安全监察条例〉的决定》修正）

第一章 总 则

第一条 为了确保特种设备的安全运行，保障人民生命、财产安全，有效防范事故发生，根据《中华人民共和国安全生产法》等有关法律、行政法规的规定，结合本省实际，制定本条例。

第二条 在本省行政区域内从事特种设备设计、制造、销售、安装、使用、检验、维修、改造等活动的安全监察，适用本条例。

第三条 本条例所称的特种设备，是指各类锅炉、压力0.1兆帕以上的压力容器、输送介质为有毒有害和可燃易爆气体或者液体的压力管道、电梯、起重机械、厂（场）内机动车辆、游乐设施、客运索道等容易发生事故、造成人身伤亡和重大财产损失的危险性较大的设备。实施安全监察的具体特种设备按照国务院批准的目录执行。

法律、法规对建筑施工现场的起重机械、城市公用燃气压力管道等特种设备的安全监察另有规定的，从其规定。

第四条 地方各级人民政府应当加强对特种设备安全工作的领导，督促各有关部门依法履行特种设备安全监督管理职责，协调、解决特种设备安全工作中的重大问题，防止事故发生。

第五条 省特种设备安全监察部门负责全省特种设备安全监察工作，设区的市、县（市、区）特种设备安全监察部门在其职责范围内负责本地区特种设备安全监察工作。

经贸、建设、旅游、交通、公安等有关部门按照各自职责做好特种设备的安全监督管理工作。

第六条 从事特种设备各项活动的单位，应当建立并严格执行安全生产管理和岗位安全责任制度，单位的主要负责人是本单位特种设备安全的第一责任人。

第七条 任何单位和个人有权对违反本条例规定的行为向特种设备安全监察部门和有关部门投诉和举报。接受投诉和举报的部门应当为检举人保密，对检举有功人员，应当按照国家和省有关规定给予奖励。

第二章 安全要求

第八条 特种设备的产品设计、制造、安装、使用、检验、维修、改造等活动应当符合相应的国家标准、行业标准和技术规范。没有相应的国家标准、行业标准和技术规范的，应当符合保障人体健康、人身财产安全的要求。

禁止设计、制造、销售、安装、使用、检验、维修、改造国家明令淘汰、禁止制造或者强制报废的特种设备。

第九条 特种设备的设计、制造、安装、检验、维修、改造和气瓶充装的单位，应当按照国家规定取得相应资质，并在资质范围内从事相关活动。

禁止无资质或者超越资质范围从事特种设备的相关活动。

第十条 特种设备的设计单位应当对其设计的特种设备的安全性能负责。

锅炉、气瓶、医用氧舱、客运索道、危险性较大的游乐设施等特种设备的设计文件，应当经国务院特种设备安全监察部门核准的检验检测机构鉴定，方可用于制造。

第十一条 特种设备的制造单位应当对其制造的特种设备的安全性能负责。制造活动应当符合下列要求：

（一）具备保证产品安全性能所需的制造能力、技术力量和检验手段，建立质量保证体系和各项规章制度；

（二）按照经鉴定的设计文件进行制造；

（三）按照国家规定接受监督检验；

（四）制造特种设备及其安全附件、保护装置的新产品，应当按照国家规定经过型式试验合格后，方可批量生产；

（五）制造单位变更生产场地生产，应当经原审批部门审查同意。

第十二条 特种设备的销售单位应当对其销售的特种设备的合法性负责。销售活动应当符合下列要求：

（一）销售具有相应资质单位制造的特种设备；

（二）执行特种设备进货检查验收制度，验明产品的质量证明及其他按照国家规定应当提供的文件。

第十三条 特种设备的安装、维修、改造单位应当对其施工的特种设备的安全性能负责。安装、维修、改造活动应当符合下列要求：

（一）具备保证安装、维修、改造质量所需的能力、技术力量和检测手段，建立质量保证体系和各项规章制度；

（二）特种设备安装、改造、维修的施工单位应当在施工前将拟进行的特种设备安装、改造、维修情况书面告知当地特种设备安全监察部门，告知后即可施工；

（三）安装、维修、改造过程，应当经国务院特种设备安全监察部门核准的检验检测机构进行监督检验，未经监督检验或者监督检验不合格的，不得交付使用；

（四）检验合格后，应当将全部竣工资料移交使用单位。

第十四条 特种设备的使用单位应当对其特种设备的使用安全负责。使用特种设备应当符合下列要求：

（一）使用具有相应资质单位制造的特种设备和委托有资质的单位安装、维修和改造特种设备；

（二）特种设备在投入使用前或者投入使用后三十日内，特种设备使用单位应当向当地特种设备安全监察部门登记。登记标志应当置于或者附着于该特种设备的显著位置；

（三）建立特种设备安全管理和维修保养制度，对设备进行经常性维修、保养和定期检测，及时消除事故隐患，制定事故应急防范措施；

（四）对在用特种设备，使用单位应当按照国家规定在规定期限内向具有法定资质的检验机构申请定期检验，未经检验或者检验不合格的，不得继续使用。

特种设备出现故障或者发生异常情况，使用单位应当对其进行全面检查，消除安全隐患后，方可重新投入使用。

第十五条　客运索道、游乐设施使用单位在客运索道、游乐设施每日投入使用前，应当进行试运行和例行安全检查。每次使用前，客运索道、游乐设施操作人员应当向游客讲解安全注意事项，并对安全装置进行检查确认。

客运索道、游乐设施使用单位应当将客运索道、游乐设施的安全注意事项和警示标志张贴于游客易于注意的明显位置。

第十六条　特种设备使用单位在机场、车站、码头、商场、学校、幼儿园、体育场馆、娱乐场所、旅游风景区等公共聚集场所进行作业，可能危及公众安全的，应当配备专职人员进行现场安全管理，设置安全隔离区和明显的安全标志，并应当采取必要的防范措施，防止事故发生。

第十七条　特种设备过户使用应当由原使用单位到原登记机构办理注销手续后，由过户后的使用单位到当地特种设备安全监察部门进行登记。

特种设备跨地区使用的，使用单位在使用前应当到使用地特种设备安全监察部门备案。对达到使用检验周期的特种设备，使用单位应当提前向使用地特种设备检验机构申请检验。

第十八条　特种设备因故暂停使用半年以上，使用单位应当到当地特种设备安全监察部门办理备案手续。

启用停用一年以上的特种设备，使用单位应当按照国家规定进行检验，检验合格后，方可继续使用。

第十九条　气瓶的充装单位应当对其自有和托管气瓶的安全状况负责。

不得充装非法制造、未经检验以及超过检验周期的气瓶，不得充装非本单位自有或者托管的气瓶，不得由槽车直接向气瓶充装。

车用气瓶的充装按照国家规定执行。

第二十条 锅炉、压力容器化学清洗，应当按照安全技术规范进行施工。

第二十一条 在用特种设备有下列情形之一的，应当报废：

（一）超过国家标准、行业标准或者技术规范规定的寿命期限要求的；

（二）经检验不能保证安全运行又无维修价值的。

使用单位应当按照国家规定对报废的特种设备进行破坏性处理，并向特种设备安全监察部门办理有关注销手续，对未进行破坏性处理的，特种设备安全监察部门应当现场监督其进行破坏性处理。

第二十二条 特种设备的作业人员应当具备相应的专业知识和技能，经特种设备安全监察部门考核合格后，取得相应的资格证书。特种设备的作业人员在作业中应当严格执行特种设备的操作规程和有关的安全规章制度。特种设备的作业人员在作业过程中发现事故隐患或者其他不安全因素，应当立即向现场安全管理人员和单位有关负责人报告。

第三章 监督检查

第二十三条 特种设备安全监察部门依法进行安全监察时，应当至少有两名安全监察人员参加，并出示执法证件。

从事特种设备安全监察工作的人员应当经省级以上特种设备安全监察部门考核合格，取得安全监察员证书。

第二十四条 对涉及特种设备相关活动的行政许可申请，特种设备安全监察部门应当严格按照有关法律、法规和国家有关标准、技术规范规定的条件和程序进行审查。符合条件的，应当在国家规定期限内办结手续；不符合条件的，不得批准或者验收通过。

对未依法取得许可或者验收合格的单位擅自从事相关活动的，特种设备安全监察部门发现或者接到举报后应当依法予以查处。对已经依法取得许可或者验收合格的单位，负责许可的部门发现其不再具备条件的，应当撤销原许可。

第二十五条 特种设备安全监察部门对下列情形有权进行现场检查：

（一）接到举报、投诉或者已取得违法证据的；

（二）使用单位发生严重事故或者事故频发的；

（三）使用场所人员密集或者在使用场所开展重大活动的；

（四）已取得特种设备许可，需要进行跟踪检查的；

（五）特种设备应当实施检验而超期未检的；

（六）上级特种设备安全监察部门或者当地人民政府布置的安全检查活动。

第二十六条 特种设备安全监察部门依法对特种设备进行监督检查时，可以行使下列职权：

（一）进入生产、经营场所进行检查，查阅、复制有关的发票、合同、文件等资料，向有关单位和人员了解情况；

（二）对检查中发现的违法行为，当场予以纠正或者要求限期改正；对依法应当给予行政处罚的行为，依照本条例和有关法律、法规的规定进行处罚；

（三）对检查中发现的安全事故隐患，应当发出《安全监察意见通知书》，责令其限期排除事故隐患；重大事故隐患排除前或者排除过程中无法保证安全的，应当责令从危险区域内撤出作业人员，责令停止使用特种设备；重大事故隐患排除后，经审查同意，方可恢复使用。

监督检查不得影响被检查单位的正常生产经营活动。

第二十七条 有下列情形之一的，特种设备安全监察部门可以决定对有关特种设备予以查封、扣押，并在查封、扣押后十五日内依法作出处理决定：

（一）法律、法规、规章禁止生产、销售、使用的；

（二）存在重大安全事故隐患的；

（三）收到《安全监察意见通知书》后，逾期未排除安全事故隐患的。

查封、扣押的设备属于本条第一款第（一）项规定情形的，特种设备安全监察部门应当责令生产或者销售、使用单位进行破坏性处理。

第二十八条 工商行政管理部门对特种设备销售进行质量监督检查时，可以行使本条例第二十六条、第二十七条规定的相关职权。

第二十九条 特种设备安全监察部门以及其他负有特种设备安全监督管理职责的部门对涉及特种设备的事项进行检查、验收，不得收取费用，不得要求生产经营单位购买指定的产品。

第三十条 对特种设备制造、使用、安装、维修和改造中影响安全性能的项目应当按照国家规定实施下列检验：

（一）对锅炉、气瓶、压力容器、大型压力管道元件、大型起重机械、大型游乐设施、电梯等特种设备及其安全附件、保护装置的制造过程进行安全性能监督检验；

（二）对现场安装、重大维修及改造的特种设备进行安全性能监督检验；

（三）对在用特种设备进行定期检验；

（四）对新型设备和有关安全附件、保护装置进行型式试验。

有关单位和个人应当为检验工作提供必要的现场条件，不得拒绝检验。

第三十一条 特种设备检验机构应当按照有关标准、检验规范开展检验工作，客观、公正地出具检验报告，对检验数据和检验结论负责，并接受当地特种设备安全监察部门的监督。

特种设备检验机构进行特种设备检验，发现重大安全问题，应当告知被检查单位并及时报告负责特种设备注册登记的部门。

从事特种设备检验的检验人员必须经考核合格，取得特种设备安全监察部门颁发的相应资格证书，持证上岗。

检验机构应当按照国家和省财政、物价部门规定的标准收取检验费用，不得重复收费，对同一特种设备不得重复检验。

第三十二条 特种设备的受检单位对检验数据和检验结论有异议的，可以在收到检验报告之日起十五日内向特种设备安全监察部门申请复检。受理复检申请的特种设备安全监察部门应当在十五日内指定检验机构进行复检。

第三十三条 特种设备事故发生后，当地政府、有关部门和事故单位应当按照国家和省有关规定保护好现场，采取措施组织抢救，防止事故扩大，减少人员伤亡和财产损失。特种设备事故的上报、调查和处理按照国家和省有关规定执行。

第四章 法律责任

第三十四条 对违反本条例规定的行为，国务院《特种设备安全监察条例》已有处罚规定的，按照其规定执行。

第三十五条 违反本条例第八条第二款规定，有下列行为之一的，责令改正，没收非法图纸、文件和非法设备，并处以五千元以上五万元以下的罚款；有违法所得的，并处没收违法所得：

（一）设计、制造、安装、使用、检验、维修、改造国家明令淘汰或者禁止制造的特种设备的；

（二）销售、安装、使用、检验、维修、改造国家强制报废的特种设备的。

第三十六条 违反本条例第十一条第（五）项规定，特种设备的制造单位擅自变更生产场地制造特种设备的，责令改正，没收非法制造的特种设备，并处以非法制造的特种设备货值金额等值以上三倍以下的罚款；有违反所得的，并处没收违法所得；情节严重的，撤销或者建议撤销制造资质。

第三十七条 违反本条例第十二条规定，销售单位销售未取得相应资质单位制造的特种设备的，责令改正，没收所销售的特种设备，并处以货值金额百分之五十以上三倍以下的罚款；有违法所得的，并处没收违法所得。

第三十八条 违反本条例第十七条第一款、第十八条、第二十一条规定，未办理过户、停用、报废手续的，责令限期改正；逾期未改正的，处以五百元以上二千元以下的罚款。

第三十九条 违反本条例第十九条第二款规定，气瓶充装单位不按照规定进行充装的，责令改正，处以五千元以上五万元以下的罚款；有违法所得的，并处没收违法所得；情节严重的，撤销充装资质。

第四十条 擅自解封、隐匿、转移、使用、变卖、损毁被查封、扣押的特种设备的，处以被查封、扣押特种设备货值金额等值以上三倍以下的罚款；有违法所得的，并处没收违法所得。

第四十一条 有下列行为之一的，没收虚假的证书、证明、证件、报告，有资质证书的，撤销或者建议撤销其相应的资质，并处以五千元以上五万元以下的罚款；有违法所得的，并处没收违法所得；构成犯罪的，依法追究刑事责任：

（一）盗用、伪造、涂改、转借特种设备资质证书的；

（二）转让资质证书，或者给无资质的单位出具虚假证明的；

（三）盗用、伪造、涂改、转借作业人员证件的；

（四）盗用、伪造、涂改检验报告、检测结果的。

第四十二条 本条例规定的行政处罚由县级以上特种设备安全监察部门实施。法律、法规另有规定的，从其规定。

撤销资质的行政处罚由发证机关实施。

第四十三条 特种设备安全监察部门以及其他负有特种设备安全监督管理职责的部门违反本条例第二十九条规定的，由其上级机关或者监察机关责令改正，退还收取的费用；情节严重的，对直接负责的主管人员和其他直接责任人员依法给予行政处分。

特种设备安全监察部门应当依法履行职责而未履行，或者未按照规定的职责和程序履行，发生重大、特大安全事故的，对直接负责的主管人员和其他直接责任人员依法给予行政处分；构成犯罪的，依法追究刑事责任。特种设备安全监察部门的工作人员滥用职权、徇私舞弊、泄露或者剽窃商业秘密，不构成犯罪的，依法给予行政处分；构成犯罪的，依法追究刑事责任。

第五章 附　　则

第四十四条 本条例自2003年3月1日起施行。

浙江省特种设备安全管理条例

（2003年6月27日浙江省第十届人民代表大会常务委员会第四次会议通过）

第一条 为了加强特种设备的安全管理，防止和减少事故，保障人民群众生命和财产安全，促进经济发展，根据《中华人民共和国安全生产法》、《中华人民共和国产品质量法》、《特种设备安全监察条例》等法律、行政法规的规定，结合本省实际，制定本条例。

第二条 本省行政区域内特种设备的生产（含设计、制造、安装、改造、维修，下同）、销售、使用、检验检测和监督管理，应当遵守本条例。

本条例所称特种设备，是指涉及生命安全、危险性较大的锅炉、压力容器（含气瓶，下同）、压力管道、电梯、起重机械、客运索道、大型游乐设施，包括特种设备附属的安全附件、安全保护装置和与安全保护装置相关的设施。

军事装备、核设施、航空航天器、铁路机车、海上设施和船舶以及煤矿矿井使用的特种设备的安全管理，房屋建筑工地和市政工程工地用起重机械的安装、使用的监督管理，压力管道设计、安装、使用的安全监督管理，依照有关法律、法规的规定执行。

第三条 县级以上人民政府应当加强对本行政区域内特种设备安全管理工作的领导，督促特种设备安全监督管理部门履行职责，保障特种设备安全监督管理必需的经费，对特种设备安全管理中存在的重大问题及时予以协调、解决。

乡（镇）人民政府、街道办事处应当配合、协助特种设备安全监督管理部门和其他有关部门做好特种设备安全监督管理工作。

第四条 县级以上质量技术监督部门是负责特种设备安全监督管理的部门（以下简称特种设备安全监督管理部门），负责本行政区域内特种设备安全监督管理工作。

安全生产监督管理、建设、财政、价格、工商行政、监察等有关部门按照各自职责，共同做好特种设备的安全监督管理工作。

第五条 有关行业协会应当加强对本行业内特种设备安全工作的自律管理，配合、协助特种设备安全监督管理部门和其他有关部门做好特种设备安全监督管理工作。

第六条 特种设备的生产单位，应当依法报经国务院或者省特种设备安全监督管理部门许可；特种设备的使用单位，应当依法向设区的市特种设备安全监督管理部门办理登记；特种设备的检验检测机构，应当依法报经国务院特种设备安全监督管理部门核准。

特种设备作业人员、检验检测人员，应当按照国家有关规定经特种设备安全监督管理部门考核合格，取得特种作业人员证书、检验检测人员证书。

第七条 特种设备的生产、使用单位，应当严格按照有关特种设备安全生产的法律、法规、规章的规定和安全技术规范的要求进行生产、使用，保证特种设备的产品质量和安全使用。

特种设备生产、使用单位的主要负责人，依法对本单位特种设备的安全全面负责。

提倡特种设备使用单位办理第三者责任保险。

第八条 特种设备的销售者应当建立并执行进货检查验收制度，验明特种设备出厂时应当附有的符合安全技术规范要求的设计文件、产品质量检验合格证明、安装及使用维修说明、监督检验证明等文件。

第九条 销售、转让二手特种设备，应当向设区的市特种设备安全监督管理部门办理登记。

二手特种设备在销售、转让前，应当经检验检测机构检验检测或者安全技术鉴定合格，符合安全使用要求。

使用二手特种设备，使用单位应当在二手特种设备投入使用前向设区的市特种设备监督管理部门办理登记。

鼓励二手特种设备进入特种设备专业市场进行交易。

第十条 禁止销售、转让、出租、出借和使用下列特种设备：

（一）非法生产的特种设备；

（二）未附有本条例第八条规定相关文件的特种设备；

（三）未附有本条例第九条第二款规定相关文件的二手特种设备；

（四）国家明令淘汰的特种设备；

（五）依照国家规定应当报废的特种设备。

第十一条 气瓶充装单位、瓶装气体销售者在气体充装、销售前，应当按照安全技术规范的要求对气瓶进行安全检查。

禁止使用下列气瓶充装、销售气体：

（一）没有检验检测标识的；

（二）超过定期检验周期的；

（三）经检验检测不合格的；

（四）超过安全使用年限的。

气瓶充装单位、瓶装气体销售者发现有前款第(一)、(二)项规定的气瓶，应当按规定送检验检测机构检验检测；发现有前款第(三)、(四)项规定的气瓶，应当作出回收处理。

气瓶的回收处理办法由省人民政府制定。

第十二条 锅炉房的建造设计方案，应当符合安全技术规范的要求。

依法不需要向建设行政主管部门申领施工许可证的小型锅炉房建筑工程，其锅炉房的建造设计方案应当报经市、县特种设备安全监督管理部门核准后，方可施工。

锅炉房的竣工验收报告及标明与相邻建筑距离的图纸，应当在锅炉安装前报市、县特种设备安全监督管理部门备案。

第十三条 锅炉用水的水质、锅炉的化学清洗和停炉保养，应当符合安全技术规范的要求。

锅炉停用一年以上重新启用的，应当经检验检测机构检验检测合格。

第十四条 特种设备生产、使用单位履行法定的检验检测义务时，有权自主选择委托有资质的特种设备检验检测机构。有关部门不得对其选择委托权进行限定。

特种设备使用单位应当在十日内将法定的检验检测结果、鉴定结论，报县(市、区)特种设备安全监督管理部门备案。

第十五条 特种设备检验检测机构进行检验检测，应当客观、公正，符合安全技术规范的要求。

特种设备检验检测机构，依法对检验检测结果、鉴定结论承担法律责任。

第十六条 禁止伪造、冒用、转让、出租和出借下列证书、文件或者标识：

(一)特种设备生产许可证书、使用登记证书、检验检测机构核准证书；

(二)特种作业人员证书、检验检测人员证书；

(三)检验检测机构的检验检测结果、鉴定结论、检验检测标识。

第十七条 禁止生产、销售和使用用油桶等容器改装或者采用其他类似材质卷制、焊接的可以输出蒸汽、产生压力的简易设备。

第十八条 特种设备安全监督管理部门应当建立健全投诉举报、执法责任等特种设备安全监督管理制度，加强特种设备安全监察执法队伍建设，切实履行特种设备安全监督管理职责。

第十九条 违反本条例规定的行为，《中华人民共和国安全生产法》、《中华人民共和国产品质量法》、《特种设备安全监察条例》等法律、行政法规已经有处罚规定的，从其规定。

第二十条 违反本条例第九条第一、三款、第十一条第一、三款、第十四条第二款规定的，由县级以上特种设备安全监督管理部门责令限期改正；逾期未改正的，处二百元以上五千元以下罚款。

第二十一条 违反本条例第十条规定的，由县级以上特种设备安全监督管理部门按照下列规定予以处罚：

（一）违法销售的，责令改正，没收违法销售的特种设备，并处特种设备货值金额等值以上三倍以下罚款；有违法所得的，没收违法所得；

（二）违法转让、出租、出借、使用的，责令改正，没收违法转让、出租、出借、使用的特种设备，并可以处二千元以上二万元以下罚款；情节严重的，责令停产停业整顿，并处二万元以上二十万元以下罚款；有违法所得的，没收违法所得。

第二十二条 违反本条例第十一条第二款规定的，由县级以上特种设备安全监督管理部门责令改正，没收气瓶充装单位、瓶装气体销售者的气瓶，并可以处二千元以上二万元以下罚款；情节严重的，责令停产停业整顿，并处二万元以上五万元以下罚款；有违法所得的，没收违法所得。

第二十三条 违反本条例第十二条、第十三条规定的，由县级以上特种设备安全监督管理部门责令限期改正；逾期未改正的，责令停止使用，并处二千元以上二万元以下罚款。

第二十四条 违反本条例第十六条第（一）、（三）项规定的，由县级以上特种设备安全监督管理部门责令改正，处二千元以上二万元以下罚款；有违法所得的，没收违法所得。

违反本条例第十六条第（二）项规定的，由县级以上特种设备安全监督管理部门责令改正，处二百元以上二千元以下罚款。

第二十五条 违反本条例第十七条规定的，由县级以上特种设备安全监督管理部门按照下列规定予以处罚：

（一）违法生产、销售简易设备的，责令限期改正，没收违法生产、销售的简易设备，可以并处简易设备货值金额等值以上三倍以下罚款或者二百元以上五千元以下罚款；逾期未改正的，处五千元以上一万元以下罚款；有违法所得的，没收违法所得；

（二）违法使用简易设备的，责令停止使用，限期拆除、销毁；逾期未改正的，予以没收或者强制拆除、销毁，并处二百元以上五千元以下罚款。

第二十六条 特种设备安全监督管理部门及其工作人员在特种设备安全监督管理工作中玩忽职守、徇私舞弊、滥用职权的，依法追究行政、刑事等法律责任。

第二十七条 本条例自2003年9月1日起施行。

广东省特种设备安全监察规定

（2003年5月28日广东省第十届人民代表大会常务委员会第三次会议通过）

第一章 总 则

第一条 为加强特种设备的安全管理与监察，根据《特种设备安全监察条例》，结合本省实际，制定本规定。

第二条 本省行政区域内的特种设备的生产（含设计、制造、安装、改造、维修、气瓶充装，下同）、销售、使用、检验检测（以下简称特种设备活动）及其监督检查，应当遵守本规定。

特种设备具体范围依照国务院批准公布的特种设备目录确定。

第三条 特种设备安全管理与监察坚持“安全第一，预防为主”的方针。

第四条 县以上负责特种设备安全监督管理的部门（以下简称特种设备安全监督管理部门）负责本行政区域内特种设备的安全监察工作。

县级以上人民政府有关部门应当按照职责分工，协同做好特种设备的安全管理工作。乡（镇）人民政府应当协助做好特种设备安全监督管理工作。

第二章 安全责任

第五条 国家对从事特种设备活动实行许可、核准、登记制度的,任何单位和个人未依法取得相应许可、核准、登记,不得从事特种设备活动。

第六条 申请从事特种设备设计、制造、安装、改造、维修、检验检测活动的单位和个人,应当将有关申请文件报送所在地地级市特种设备安全监督管理部门,按照国家有关规定,办理批准或者核准手续。

特种设备在投入使用前或者投入使用后三十日内,使用单位应当向地级以上市特种设备安全监督管理部门登记。

第七条 从事特种设备活动的单位,应当对本单位作业人员进行安全教育、培训。

特种设备作业人员应当按照国家规定经地级市以上特种设备安全监督管理部门考核合格,取得相应的特种设备作业人员证书后,方可上岗作业或者从事相应的管理工作。

特种设备作业人员证书应当按照国家规定办理年审。

第八条 从事特种设备及涉及安全性能的部件、元件、附(配)件(以下简称特种设备及相关产品)制造的单位,应当具备保证产品质量和安全性能所必需的制造能力、技术力量、检测手段和质量保证体系,对其所制造的特种设备及相关产品的安全性能和产品质量负责。

制造单位不得制造国家明令淘汰、禁止制造的特种设备及相关产品;不得超越许可范围制造特种设备。

特种设备及相关产品的制造单位制造场所发生变更的,必须按照规定重新取得许可后方可继续从事制造活动。

对确认因设计、工艺、材料等原因致使特种设备存在危及人身、财产安全的质量缺陷的,制造单位有义务及时通知销售者、使用者,并负责进行处理。

第九条 特种设备安装、改造、维修的施工单位,应当具备保证施工质量和安全性能所必需的能力、技术力量和检测手段,对其安装、改造、维修施工安全负责。施工单位不得为使用单位安装国家明令淘汰、禁止制造、强制报废的特种设备及相关产品;不得使用不符合安全技术规范要求或者假冒伪劣的材料、部件、元件、附(配)件。

第十条 气瓶充装单位应当具备保证充装安全所必需的能力、技术力量和检测手段,对充装活动的安全负责。

充装单位充装前后应当对充装的气瓶的安全状况进行检查,对过期未检验、检验不合格或者不能保证充装和使用安全的气瓶,不得给予充装。

充装单位只能充装自有气瓶和托管的气瓶,不得为其他单位和个人气瓶予以充装(车用气瓶除外);不得超量充装。

第十一条 特种设备及相关产品的销售者应当建立产品验收制度,验明产品的质量证明和按规定提供的文件,对销售产品的合法性负责。

销售单位不得销售未取得制造许可的特种设备及相关产品;不得销售国家明令淘汰、禁止制造、强制报废的特种设备及相关产品。

销售单位有义务协助制造单位对存在危及人身、财产安全质量缺陷的特种设备进行处理。

第十二条 特种设备的使用单位应当保证特种设备的安全使用。

使用单位需要委托安装、改造或者维修特种设备的,应当委托已依法取得相应许可的单位进行。

特种设备因故停用半年以上,应当向原登记的特种设备安全监督管理部门备案;启用已停用的特种设备,应当到原登记的特种设备安全监督管理部门重新办理登记手续;启用已停用一年以上的特种设备,还应当向特种设备检验检测机构申报检验。

使用单位不得将非承压设备作为承压设备使用。

国家对特种设备的使用实行第三者责任强制保险制度的,使用前办理保险手续。

第十三条 客运索道、大型游乐设施的经营管理者应当熟悉客运索道、大型游乐设施的相关安全知识,组织制定本单位各项安全管理、操作规程等规章制度,按照国家规定,定期对设备进行检查和维修保养,及时消除安全事故隐患。

第十四条 从事客运索道、大型游乐设施的经营单位应当建立健全设备和设施的购置、安装、验收、运行、维修、年检等情况的技术档案。

技术档案内容应当包括:运行情况记录,管理、操作、维修人员培训记录，出厂合格证、施工的技术文件和资料、设备操作维修说明书、安装、调试、检修等情况记录和检验记录，设备故障与事故记录以及《特种设备注册登记表》。

第十五条 从事客运索道、大型游乐设施的经营单位，必须配备有与所开设的游乐项目相适应的救护和抢救设施、设备和人员，并应当根据所开设的游乐项目对安全影响的程度，组织必要的演练，以确保所配置的救护和抢救措施、设备和人员在发生安全事故时能够迅速有效地发挥作用。

第十六条 从事特种设备活动的单位，其法定代表人或者主要负责人变更的，必须报原发证部门备案；单位名称变更的，必须向原发证部门申请换发证书。

特种设备过户使用的，原使用单位应当向原登记机关办理注销，过户后的使用单位应当向所在地地级以上市特种设备安全监督管理部门登记。

第三章 检验检测

第十七条 特种设备的检验检测应当由依法经核准的特种设备检验检测机构进行。

特种设备检验检测机构和检验检测人员应当按照国家标准、有关技术规程和经核准的检验范围，独立进行检验检测工作，客观、公正、及时地出具检验检测结果、鉴定结论，并对检验检测结果、鉴定结论负责。

第十八条 特种设备检验检测机构依法实施下列检验检测工作：

（一）对锅炉、压力容器、压力管道元件、起重机械、大型游乐设施的制造过程进行监督检验；

（二）对现场安装、重大维修和改造的特种设备进行监督检验和验收检验；

（三）对在用特种设备进行定期检验；

（四）对特种设备及相关产品进行型式试验。

第十九条 检验检测机构应当自收到检验检测申请之日起十日内受理申请，并在规定或者约定时间内完成检验检测工作，检验检测报告完成后应当在十日内送达申请人。

第二十条 受检单位对检验检测结果有异议时，可以在收到检验检测报告之日起十五日内，以书面形式向检验检测机构提出。检验检测机构必须在收到书面异议之日起十五日内对受检单位提出的异议予以书面答复。

受检单位对检验检测机构的答复仍有异议时，可以在收到答复之日起十五日内，以书面形式向所在地县级以上特种设备安全监督管理部门提出。接到异议的特种设备安全监督管理部门应当在三十日内委托由国家特种设备安全监督管理部门授权的特种设备检验检测机构或者组织专家对被提出异议的检验检测结果进行鉴定或者确认。鉴定或者确认的结论为最终结论。

上述鉴定或者确认所需费用，由提出异议的单位先行支付。鉴定或者确认结论证明原检验检测结果是错误的，该费用由出具原检验检测结果的检验检测机构承担。

第四章　安全监察

第二十一条　特种设备安全监督管理部门依法对特种设备生产、销售、使用单位和检验检测机构实施安全监察。

实施安全监察时，应当有两名以上安全监察人员参加，并向当事人出示有效的监督执法证件。特种设备安全监察员应当具有大专以上学历、相关的专业知识和管理经验，并按国家有关规定，经专门培训和考核，取得监督执法证件。

第二十二条　对特种设备安全监督管理部门依法实施的安全监察和委托检验检测机构实施的检验检测、鉴定，当事人应当予以配合，不得拒绝、阻挠。

第二十三条　特种设备安全监督管理部门实施安全监察，对违反特种设备法规的行为进行查处时，可以依法行使下列职权：

（一）向从事特种设备活动单位的法定代表人、主要负责人和其他有关人员调查了解与涉嫌从事违法生产、使用、检验检测有关的情况；

（二）查阅、复制从事特种设备活动的单位的有关合同、票据、工艺文件及其他资料；

（三）对有证据表明不符合安全技术规范要求或者有其他明显严重事故隐患的特种设备或者主要部件进行查封、扣押。

任何单位和个人不得擅自启封、隐匿、转移、使用、变卖、损毁被查封、扣押的特种设备和相关物品。

第二十四条 特种设备安全监督管理部门应当建立安全监察情况记录制度，对每次安全监察的内容、发现的问题及处理情况作出记录。对有违反有关法律法规和技术标准、规程的违法行为或者有其他不安全因素的，应当以书面形式发出特种设备安全监察指令，责令有关单位及时采取措施，予以改正或者消除事故安全隐患。

第二十五条 特种设备安全监督管理部门办理许可、登记事项，必须按照国家规定、相关标准确定的条件和程序对有关事项进行审查，不符合规定条件的，不得许可、登记；对已经依法取得许可、登记的单位和个人，发现其不再具备相应条件和安全技术规范要求的，应当依法撤销原许可、登记。

第二十六条 特种设备安全监督管理部门在办理有关许可、登记的事项时，其受理、审查许可、登记的依据、条件、程序，以及申请人需要提交的全部材料，应当在办公场所公开，并应当自受理申请之日起三十日内作出许可、登记或者不予许可、登记的决定；不予许可、登记的，应当书面向申请人说明理由。

第二十七条 特种设备安全监督管理部门及其工作人员对涉及特种设备安全的事项实施许可、登记审查及监督检查时，不得收取费用。

特种设备安全监督管理部门的工作人员与许可、登记申请人，被监督检查的相对人存在利益关系时，应当回避。

第二十八条 特种设备安全监督管理部门不得对依法已在其他地方取得许可从事特种设备活动的单位重复进行许可，也不得要求对依法已在其他地方检验检测合格的特种设备重复进行检验检测，不得限制本行政区域外依法已取得有关资格的单位和个人进入本行政区域从事相应活动。

第二十九条 特种设备安全监督管理部门及其工作人员不得从事特种设备的设计、制造、安装、销售、维修、改造等经营性活动；不得要求接受许可、登记审查的当事人购买其指定品牌或者指定生产、销售单位的特种设备、材料或其他产品；不得泄露被检查、检验单位的商业秘密。

第三十条 特种设备发生事故的，按照国家有关规定进行事故调查，追究责任。

经调查确定为责任事故的，除了应当查明事故单位的责任并依法予以追究外，还应当查明对该特种设备安全负有许可、登记审查、监察职责的有关部门和负有检验检测职责的检验检测机构的责任，对有失职、渎职行为的，依照法律、法规的有关规定追究法律责任。

第五章 法律责任

第三十一条 特种设备生产、使用、检验检测活动违反《特种设备安全监察条例》规定的，由特种设备安全监督管理部门按照《特种设备安全监察条例》的规定给予行政处罚；构成犯罪的，依法追究刑事责任。

第三十二条 特种设备作业人员未取得相应特种设备作业人员证书上岗作业或者从事相应管理工作的，责令用人单位限期改正；逾期未改正的，责令停产停业整顿，对用人单位处二千元以上二万元以下罚款。

特种设备作业人员证书未按照国家规定办理年审的，由特种设备安全监督管理部门责令用人单位限期改正；逾期未改正的，处二千元以下罚款。

第三十三条 特种设备制造单位制造国家明令淘汰、禁止制造的特种设备及相关产品或者超越许可范围制造的，责令停止制造，没收违法制造的特种设备，并处五万元以上二十万元以下罚款；擅自变更制造场所制造特种设备的，责令限期改正，并处一万元以上五万元以下罚款；对已确认存在危及人身、财产安全质量缺陷的特种设备及相关产品不及时通知销售者、使用者并进行处理的，责令限期处理，逾期未处理的，处五万元以下罚款。

制造单位有前款规定的行为，有违法所得的，没收违法所得；情节严重的，吊销其许可证；构成犯罪的，追究刑事责任。

第三十四条 特种设备的安装者安装国家明令淘汰、禁止制造、强制报废的特种设备及相关产品的，责令限期改正，并处五万元以上十万元以下罚款；情节严重的，吊销相应许可证。

特种设备改造、维修者使用不符合安全技术规范要求或者假冒伪劣的材料、部件、元件、附(配)件的，责令停止使用，没收违法使用的产品，并处违法使用的产品的货值金额等值以上三倍以下罚款。

第三十五条 气瓶充装者擅自对非自有气瓶和非托管气瓶充装的，或者给非法制造、检验不合格或者超期未检的气瓶进行充装的，或者超量充装的，责令限期改正，并处一千元以上一万元以下罚款；有违法所得的，没收违法所得；情节严重的，吊销充装许可证。

第三十六条 特种设备销售者销售未取得制造许可的特种设备及相关产品的，或者销售国家明令淘汰、禁止制造、强制报废的特种设备及相关产品的，责令停止销售，没收违法销售的特种设备，并处违法销售特种设备货值金额等值以下罚款；有违法所得的，没收违法所得；构成犯罪的，依法追究刑事责任。

销售者销售前款规定禁止销售的特种设备及相关产品，有充分证据证明其不知道该产品为禁止销售的产品并如实说明其进货来源的，可以从轻或者减轻处罚。

第三十七条 特种设备的使用者有下列行为之一的，责令限期改正，并可处二千元以上二万元以下罚款；情节严重的，责令停止使用或者停产停业整顿：

（一）委托未取得许可的单位或者个人进行安装、改造、维修、检验检测；

（二）未按规定办理特种设备停用、启用手续的；

（三）将非承压设备作为承压设备使用的。

第三十八条 从事特种设备活动的单位，其法定代表人或者主要负责人发生变更未向原发证部门备案，或者其单位名称发生变更未向原发证部门申请换发证书的，或者特种设备过户使用，原使用单位未向原登记机构办理注销的，责令限期改正，并可处一千元以上五千元以下罚款。

第三十九条 取得从事特种设备活动许可的单位擅自允许他人以本单位的名义从事特种设备活动的，责令限期改正，并处一万元以上五万元以下罚款；个人转借特种设备作业人员证件的，责令限期改正，并处一千元以上五千元以下罚款。

前款规定的行为，有违法所得的，没收违法所得；情节严重的，吊销相应许可证书、证件。

第四十条 擅自启封、使用被查封的特种设备及相关物品的，责令限期改正，并处被启封、使用的特种设备及相关物品等值以下罚款。

转移、隐匿、变卖、损毁被查封、扣押的特种设备及相关物品的，处被转移、隐匿、变卖、损毁的特种设备及相关物品等值以上二倍以下罚款；有违法所得的，没收违法所得。

第四十一条 特种设备检验检测机构不依法受理检验检测申请，或者不按期出具检验检测报告的，责令限期改正，逾期未改正的，可处五千元以上五万元以下罚款；严重延误检验检测，造成损害的，应当承担赔偿责任。

第四十二条 特种设备安全监督管理部门的工作人员有下列行为之一的，由任免机关或者行政监察部门依法给予行政处分；构成犯罪的，依法追究刑事责任：

（一）不按照国家规定的条件和安全技术规范要求，实施许可、核准、登记的；

（二）发现未经许可、核准、登记擅自从事特种设备的生产、使用或者检验检测活动不予取缔或者不依法予以处理的；

（三）发现特种设备生产、使用单位不再具备有关的条件而不撤销其原许可，或者发现特种设备生产、销售、使用违法行为不予查处的；

（四）发现特种设备检验检测机构不再具备相应的条件而不撤销其原核准，或者对其出具虚假的检验检测结果、鉴定结论或者检验检测结果、鉴定结论严重失实的行为不予查处的；

（五）对依法在其他地方取得许可的特种设备生产单位重复进行许可，或者对依法已在其他地方检验合格的特种设备，重复进行检验检测的；参与特种设备经营活动的；

（六）发现有违法和违反安全技术规范的行为或者在用的特种设备存在严重事故隐患，不立即处理的；

（七）发现重大的违法行为或者严重事故隐患，未及时向上级特种设备安全监督管理部门报告，或者接到报告的特种设备安全监督管理部门不立即处理的；

（八）泄露被检查、检测单位商业秘密，造成经济损失的。

第四十三条 特种设备安全监督管理部门及其工作人员要求接受许

可、登记审查的单位或者个人购买其指定的特种设备、材料或者其他产品的，在审查许可、登记的过程中收取费用的，由其上级机关或者行政监察机关责令限期改正，责令其退还收取的费用；情节严重的，对直接负责的主管人员和其他直接责任人员依法给予行政处分。

第四十四条 本规定所规定的行政处罚，由负责特种设备安全监督管理的部门决定。有关法律、行政法规对行政处罚的决定机关另有规定的，依照其规定。

第六章 附 则

第四十五条 用于核设施、航天航空器、军事装备、铁路机车、海上设施和船舶上的特种设备不适用本规定。

房屋建筑工地和市政工程工地用起重机械的安装、使用的监督管理，由建设行政主管部门依照有关法律、法规的规定执行。

第四十六条 本规定自2003年9月1日起施行。

鞍山市特种设备安全监察条例

（2006年4月20日鞍山市第十三届人民代表大会常务委员会第二十五次会议通过，2006年5月26日辽宁省第十届人民代表大会常务委员会第二十五次会议批准）

第一条 为了加强特种设备的安全监察，防止和减少事故，保障人民群众生命和财产安全，促进经济发展，根据《中华人民共和国安全生产法》、《特种设备安全监察条例》等法律、法规的规定，结合我市实际，制定本条例。

第二条 本条例所称特种设备是指涉及生命安全、危险性较大的锅炉、压力容器（含气瓶，下同）、压力管道、电梯、起重机械、客运索道、大型游乐设施、场（厂）内机动车辆及其附属的安全附件、安全保护装置和与安全保护装置相关的设施。

第三条 本行政区域内特种设备的生产（含设计、制造、安装、改造、维修，下同）、销售（包括二手特种设备的销售）、使用、检验检测及其监督检查，应当遵守本条例，但法律、法规另有规定的除外。

第四条 市质量技术监督局是本市的特种设备安全监督管理部门，负责本行政区域内特种设备的安全监察工作；县（市）、区质量技术监督局按各自职责负责本辖区的特种设备安全监察工作。

各级人民政府有关部门按各自职责共同做好特种设备安全监督管理工作。

第五条 市、县（市）、区人民政府应当加强对本行政区域内特种设备安全工作的领导，及时协调、解决特种设备安全工作中的重大问题，防止事故发生。乡（镇）人民政府、街道办事处应当配合、协助特种设备安全监督管理部门和其他有关部门做好特种设备安全监督管理工作。

第六条 特种设备的生产、使用、检验检测等活动应当符合有关法律、法规的规定和相应的国家标准、行业标准、安全技术规范的要求。

第七条 特种设备的生产单位应当依法取得相应许可，禁止无资质或者超越资质范围从事特种设备的设计、制造、安装、改造、维修等活动。

禁止伪造、涂改、转借特种设备生产许可资格证书、证明文件和特种设备作业人员证书。

第八条 特种设备的销售者应当对其销售的特种设备的产品质量负责。销售活动应当符合下列要求：

（一）销售取得特种设备制造许可证的单位生产的合格特种设备；

（二）建立并执行特种设备进货检查验收制度，并向用户提供特种设备产品出厂时应当附有的符合安全技术规范要求的设计文件、产品质量合格证明、安装及使用维修说明、监督检验证明等文件。

第九条 二手特种设备在销售前，应当经依法核准的机构检验检测或者安全技术鉴定，取得合格证书后，方可销售。

第十条 禁止销售下列特种设备：

（一）非法设计、制造、改造的；

（二）伪造、冒用许可证、质量证明和厂名的；

（三）未附有安全技术规范要求的技术资料的；

（四）二手特种设备未取得合格证书的；

（五）国家明令淘汰的；

（六）依照国家规定应当强制报废的；

（七）国家规定不允许销售的其他特种设备。

第十一条 特种设备的安装、改造、维修的施工单位应当在施工前将拟进行的特种设备安装、改造、维修情况书面告知市或者其委托的特种设备安全监督管理部门，并应当提供如下资料：

（一）特种设备安装维修改造告知书；

（二）施工单位的特种设备安装、改造、维修许可证；

（三）施工合同；

（四）特种设备出厂资料；

（五）施工方案或者施工组织计划及相关安全技术措施；

（六）施工人员的作业资格证书。

第十二条 特种设备使用单位应当在特种设备（包括二手特种设备）投入使用前或者投入使用后30日内，向市或者其授权的特种设备安全监督管理部门申请办理注册登记，场（厂）内机动车辆还应当办理场（厂）内机动车辆牌照。

使用单位申请办理特种设备注册登记应当提供下列资料：

（一）安全技术规范要求的设计文件、产品质量合格证明、安装及使用维修说明、制造质量监督检验证明；

（二）特种设备安装质量监督检验证明或者场（厂）内机动车辆的验收检验证明；

（三）特种设备安全管理的有关规章制度和操作规程；

（四）特种设备作业人员证书；

（五）进口设备的产品质量监督检验证书。

第十三条 场（厂）内机动车辆使用单位应当结合本单位生产作业区或者施工现场的实际情况，按照国家有关标准的要求，在生产作业区或者施工现场设置交通安全标志和进行交通安全管理。

第十四条 特种设备产权单位应当在承包合同、租赁合同中，明确约定双方在特种设备的定期检验和日常维护等方面的安全职责。

特种设备产权单位对承包单位、承租单位的特种设备安全生产工作统一协调、管理。

第十五条 下列人员应当按照国家有关规定经特种设备安全监督管理部门考核合格，取得特种设备作业人员证书，方可从事相应的作业或者管理工作：

（一）锅炉操作、水处理作业；

（二）压力容器操作、气瓶充装、氧舱维护；

（三）压力管道操作；

（四）电梯安装、维修、司机；

（五）起重机械安装、维修、司索、指挥、司机；

（六）客运索道安装、维修、司机、编索；

（七）大型游乐设施安装、维修、操作；

（八）场（厂）内机动车辆维修、司机；

（九）特种设备焊接；

（十）安全阀维修；

（十一）锅炉、压力容器、气瓶充装、压力管道、电梯、起重机械、客运索道、大型游乐设施安全管理。

第十六条 特种设备使用单位在接到特种设备安全监督管理部门发出的特种设备安全监察指令后，应当立即整改，消除特种设备安全隐患；隐患未消除前不得投入使用。

第十七条 特种设备安全监督管理部门及其特种设备安全监察人员，有下列违法行为之一的，对直接负责的主管人员和其他直接责任人员，依法给予降级或者撤职的行政处分；构成犯罪的，依法追究刑事责任：

（一）不按照规定的条件和安全技术规范要求，实施许可、登记的；

（二）发现未经许可、核准、登记，擅自从事特种设备的生产、使用或者检验检测活动不依法予以处理的；

（三）发现特种设备生产、使用违法行为不予查处的；

（四）发现特种设备检验检测机构出具虚假的检验检测结果、鉴定结论或者检验检测结果、鉴定结论严重失实的行为不予查处的；

（五）发现在用的特种设备存在严重事故隐患，不立即处理的；

（六）发现重大的违法行为或者严重事故隐患，未及时向上级特种设备安全监督管理部门报告，或者接到报告的特种设备安全监督管理部门不立即处理的。

第十八条 特种设备生产单位用伪造、涂改、借用的特种设备生产许可资格证书从事特种设备及其安全保护装置的制造、安装、改造、修理活动的，由特种设备安全监督管理部门予以取缔，没收非法制造的产品，已经实施安装、改造的，责令恢复原状或者责令限期由取得许可的单位重新安装、改造，处5万元以上20万元以下罚款。对出借资质证书的，撤销或者建议撤销其相应的资质。

第十九条 特种设备销售者违反本条例第八条和第十条规定的，由工商行政管理部门按照《中华人民共和国产品质量法》等法律的规定执行。

第二十条 特种设备使用单位在特种设备投入使用前或者投入使用后30日内，未向特种设备安全监督管理部门登记，擅自将其投入使用的，由特种设备安全监督管理部门责令限期改正，逾期未改正的，处2 000元以上2万元以下罚款；情节严重的，责令停止使用或者停产停业整顿。

第二十一条 特种设备使用单位未按照国家有关标准要求在场（厂）内机动车辆生产作业区或者施工现场设置安全标志的，由特种设备安全监督管理部门责令限期改正，逾期未改正的，处1 000元以上3 000元以下罚款。

第二十二条 特种设备使用单位使用有严重安全隐患的特种设备，导致发生安全事故的，依法追究特种设备使用单位主要负责人的法律责任，构成犯罪的，依法追究刑事责任；尚不够追究刑事责任的，对特种设备使用单位的主要负责人给予撤职处分或者处2万元以上20万元以下的罚款。

第二十三条 本条例下列用语含义：

场（厂）内机动车辆，是指限于企业厂区范围内（含码头、货场等生产作业区域或施工现场）行驶及作业的机动车辆，包括内燃牵引车和推顶车、蓄电池牵引车和推顶车、全液压式牵引车、内燃固定平台搬运车、蓄电池固定平台搬运车、平台堆垛车、托盘搬运车、拣选车、轮胎式装载机、履带式装载机、轮胎式挖掘机、履带式挖掘机、挖掘装载机、自行式铲运机、拖式铲运机。二手特种设备，是指从办理完特种设备注册登记手续到其报废之前转移所有权的特种设备。特种设备维修，是指更换、修理锅炉、压力容器、压力管道的受压元件和更换、修理电梯、起重机械、客运索道、大型游乐设备影响强度的部件、安全装置的。

第二十四条 本条例自2006年9月1日起施行。

上海市禁止制造销售使用简陋锅炉和非法改装常压锅炉的规定

（2004年11月17日上海市人民政府令第37号发布）

第一条 （目的）

为了消除非法制造、销售、使用简陋锅炉和将常压锅炉改为承压使用产生的事故隐患，保障人民生命财产安全，根据国家有关规定，结合本市实际情况，制定本规定。

第二条 （含义）

本规定所称的简陋锅炉，是指不按照国家标准设计、不采用标准材质或者不按照规定工艺制造的产生蒸汽或者热水的承压设备（以下简称土锅炉）。

本规定所称的常压锅炉，是指锅炉本体开孔或者用连通管与大气相通，在任何情况下锅炉本体顶部表压为零的热水锅炉。

第三条 （遵守有关法律、法规、规章的规定）

生产者和经营者应当依照有关法律、法规和规章的规定，制造、销售符合国家质量标准的锅炉。

本市豆制品、食品、木材、服装等加工场（厂）以及洗衣、理发、浴室、建筑工地等场所使用的锅炉，应当符合国家和本市的有关规定。

第四条 （禁止制造、销售、使用土锅炉的情形）

任何单位和个人不得用油桶、柏油桶或者其他容器改装、用劣质材料卷制焊接或者制造筒型、非筒型结构的土锅炉。

任何单位和个人不得销售和使用土锅炉。

任何单位和个人不得为制造、销售土锅炉提供场地、设施。

第五条 （禁止将常压锅炉改为承压使用）

任何单位和个人不得将常压锅炉承压使用或者通过改变锅炉结构和安装系统管路、阀门等方式，将常压锅炉改装成承压锅炉。

第六条 （房屋出租者的提示义务）

房屋所有者将房屋出租给承租者用于豆制品、食品、木材、服装等加工场（厂）以及洗衣、理发、浴室、建筑工地等场所使用或者用于居住的，应当告诫承租者不得使用土锅炉、不得将常压锅炉改为承压使用。

房屋出租者发现承租者有违反第四条、第五条规定情况的，应当予以制止，并向质量技术监督部门或消防部门报告。

第七条 （社区监管）

各街道办事处、乡镇人民政府应当将本社区内豆制品、食品、木材、服装等加工场（厂）以及洗衣、理发、浴室、建筑工地等场所使用锅炉的情况，列入重点监控事项，并配置协管人员，加强日常检查和巡查。

街道办事处、乡镇人民政府发现有违反本规定的行为，应当告知停止使用，并及时向质量技术监督部门、安全生产监管部门和消防部门报告。

第八条 （告知）

在对豆制品、食品、木材、服装等加工场（厂）以及洗衣、理发、浴室等场所经营者办理登记注册时，工商行政管理部门应当告知其使用符合国家和本市规定的锅炉。

第九条 （执法信息的沟通）

质量技术监督部门应当及时将查处豆制品、食品、木材、服装等加工场（厂）以及洗衣、理发、浴室等场所使用土锅炉和将常压锅炉改为承压使用的情况，通知工商行政管理部门。

第十条 （举报和奖励）

鼓励对制造、销售、使用土锅炉和将常压锅炉改为承压使用的违法行为进行举报。

质量技术监督部门对举报的违法行为，经查实应当给予举报者适当奖励。

第十一条 （执法检查）

质量技术监督部门应当加强对锅炉使用情况的抽查，并根据需要开展专项检查。

质量技术监督、安全生产监管、工商行政管理、公安、消防等部门应当根据有关法律、法规、规章的规定，各司其职，加强对制造、销售、使用锅炉的行政执法的协调和沟通，并组织联合执法。对发生重大安全事故和整改不力的区域，应当予以通报。

第十二条 （行政处罚和行政强制措施）

制造、销售土锅炉的，按照《中华人民共和国产品质量法》第四十九条的规定，由质量技术监督部门责令停止制造、销售，没收制造、销售的土锅炉，并处制造、销售土锅炉(包括已销售和未销售的)金额等值以上三倍以下的罚款；有违法所得的，并处没收违法所得；情节严重的，由工商行政管理部门吊销营业执照。

对使用的土锅炉，由质量技术监督部门监督使用者拆除和销毁，并根据情节轻重对使用者处以1万元以上3万元以下的罚款。

为制造、销售土锅炉提供场地、设施的，按照《上海市产品质量监督条例》第四十二条规定，由质量技术监督部门没收其提供场地、设施所取得的非法收入，并可处非法收入一倍以上五倍以下的罚款；对责任人，可处500元以上5 000元以下的罚款。

将常压锅炉承压使用，或者通过改变锅炉结构和安装系统管路、阀门等方式将常压锅炉改装成承压锅炉的，由质量技术监督部门责令改正，并处以5 000元以上3万元以下的罚款。

房屋出租者不履行治安责任，发现承租者有利用所租居住房使用土锅炉和将常压锅炉改为承压使用等违法行为不制止、不报告的，由公安部门依法予以行政处罚。

第十三条 (民事和刑事责任)

对制造、销售、使用土锅炉和将常压锅炉改为承压使用，造成他人人身、财产损害的，依法承担赔偿责任；构成犯罪的，依法追究刑事责任。

第十四条 (实施日期)

本规定自发布之日起施行。2002年3月5日上海市人民政府颁布的《上海市禁止非法制造销售使用简陋锅炉的若干规定》同时废止。

上海市电梯安全监察办法

(2004年5月15日上海市人民政府令第22号发布)

第一章 总 则

第一条 (目的和依据)

为了加强本市电梯的安全监察，防止和减少事故，保障人民群众生命、财产安全，根据《特种设备安全监察条例》和国家有关规定，制定本办法。

第二条 （适用范围）

在本市行政区域内从事电梯生产（含制造、安装、改造、维修，下同）、销售、使用、日常维护保养、检验检测以及相关管理活动，应当遵守本办法。

第三条 （主管与协管部门）

上海市质量技术监督局（以下简称市质量技监局）是本市电梯安全监察的行政主管部门。区（县）质量技术监督局［以下简称区（县）质量技监局］负责本行政区域内电梯的安全监察工作。

本市建设、公安、安全监察、工商、房地资源等行政管理部门应当根据各自职责，共同做好本市电梯的安全监察工作。

第四条 （区县政府职责）

区（县）人民政府应当支持、督促区（县）质量技监局依法履行安全监察职责，对本行政区域内电梯安全监察中存在的重大问题及时予以协调、解决。

第五条 （许可管理）

电梯的生产单位、日常维护保养单位和电梯检验检测机构（以下简称检验机构）应当依法取得许可，方可从事相关活动。

从事电梯安装、改造、维修、日常维护保养的作业人员以及检验检测人员应当依法取得相应的许可证书。

第六条 （电梯保险）

鼓励电梯生产、使用单位参加电梯安全责任的相关保险，以保障乘客的合法权益，降低电梯生产、使用单位的损失程度。

第二章 生产和销售

第七条 （生产单位的质量要求）

电梯的生产质量应当符合国家强制性标准和安全技术规范的要求。

禁止制造、安装存在产品缺陷、可能危及人身和财产安全的电梯。

第八条 （电梯出厂的证明文件）

电梯制造单位对出厂的电梯，应当提供国家规定的产品质量合格证等证明文件以及有关安全使用的警示说明或者警示标志。

第九条 （制造单位的技术指导和服务）

电梯制造单位应当向使用单位提供下列技术指导和服务：

（一）指导制定电梯排险救援应急预案；

（二）提供急需的电梯备品备件；

（三）提供专业排险救援等技能培训。

第十条 （禁止转借证书）

电梯生产单位不得向其他单位转借从事电梯制造、安装、改造和维修活动的资质证书。

第十一条 （销售单位的质量责任）

电梯销售单位应当对销售的电梯产品验明产品质量合格证等证明文件和其他标识，并将销售的电梯产品目录报市质量技监局备案。

电梯销售单位销售进口电梯的，应当持制造商委托代理的证明材料以及中国境内注册的证明材料，向市质量技监局备案。

第十二条 （禁止销售的产品）

禁止销售下列电梯产品：

（一）无电梯制造许可证的；

（二）不符合国家强制性标准和安全技术规范要求的；

（三）制造单位不能提供技术资料的；

（四）产品存在缺陷，可能危及人身和财产安全的；

（五）利用废旧零部件拼装的；

（六）法律、法规规定禁止销售的其他电梯产品。

第十三条 （施工前的告知）

从事电梯安装、改造、维修活动的单位应当将拟进行活动的时间、地点和内容等情况，于施工前3个工作日书面告知施工所在地的区（县）质量技监局。

第十四条 （质量自检和监督检验）

从事电梯安装、改造和重大维修活动的单位应当安排相应等级的专业技术人员，对电梯安装、改造和重大维修活动的全过程实行质量自检，并经检验机构监督检验检测合格。

第十五条 （电梯安装、改造和重大维修的售后服务）

电梯安装、改造和重大维修单位应当向使用单位提供电梯安装、改造和重大维修的质量合格书，并提供不少于一年的售后服务。

第十六条 （日常维护保养的规范）

电梯安装、改造和维修单位承担电梯的日常维护保养，应当达到国家强制性标准的要求。所需更换的零部件，应当具有产品质量合格证书，安全部件应当有合格的型式试验报告。

电梯产品的维修零部件不得以假充真，以次充好。

第十七条 （改造、重大维修的规范）

电梯的改造、重大维修，应当遵循科学性、先进性原则，符合国家强制性标准和安全技术规范的要求。

电梯改造技术规范，由市质量技监局另行制定。

第三章 使 用

第十八条 （安全责任）

建设单位在选购、安装、交付电梯时，应当履行下列职责：

（一）选购的电梯产品系由有资质的生产厂家生产，具有产品合格证书，并且其选型、配置及备用电源的配备与建筑结构、使用需求相适应；

（二）电梯的安装由取得国家规定资格的单位承担，并保证安装的电梯经检验机构检验检测合格；

（三）向使用单位提交完整的技术档案，并附有齐全的各项证书，提供有关安全使用的警示说明或者警示标志。

第十九条 （电梯运行基本条件）

电梯使用单位应当确保电梯在使用过程中符合下列运行条件：

（一）在电梯轿厢显著位置标明有效的安全检验合格标志；

（二）有电梯安全使用的警示说明或者警示标志；

（三）使用于防爆场所以及建设工程等特殊环境下的电梯能够满足相应的安全使用管理要求。

第二十条 （电梯使用单位安全责任）

电梯使用单位应当对电梯的安全使用履行下列职责：

（一）配备电梯专职安全管理员；

（二）根据产品特点和公共场所安全需要，配备电梯驾驶员；

（三）制订电梯安全使用管理制度，保证电梯安全运行符合本办法第十九条的规定；

（四）对存有严重故障、继续使用有可能发生事故的电梯，立即停止使用，并及时组织整改；

（五）变更日常维护保养单位的，书面确认被交接的电梯处于安全状态；

（六）在电梯发生事故时，按抢险救援预案组织排险、抢救，保护事故现场，并立即报告所在地的区（县）质量技监局。

第二十一条 （在用电梯的年检）

电梯使用单位应当在电梯安全检验合格有效期届满前的30日内向检验机构提出定期检验申请。

在用电梯的定期检验周期为一年。

第二十二条 （电梯专职安全管理员的责任）

电梯专职安全管理员应当履行下列职责：

（一）做好电梯运行和管理记录，督促电梯日常维护保养单位做好质量检查和相关保养记录；

（二）妥善保管电梯层门三角钥匙、机房钥匙；

（三）监督电梯日常维护保养单位定期检修、保养电梯；

（四）发现电梯运行安全隐患、需要停止使用的，作出暂停使用的建议，并报告本单位负责人。

第二十三条 （乘客的行为规范）

电梯乘客不得实施下列行为：

（一）违反电梯安全使用警示操作电梯；

（二）乘坐明示处于非安全状态下的电梯；

（三）采用非安全手段开启电梯层门；

（四）拆除、破坏电梯安全警示、标志或者报警装置和安全控制回路等电梯安全部件；

（五）运载超重货物乘坐电梯；

（六）其他危及电梯安全运行或者他人安全乘坐的行为。

第二十四条 （安全技术论证的申请）

有下列情况之一的，电梯使用单位可以向检验机构申请安全技术论证：

（一）在用电梯因建筑结构或者国家强制性标准变更等客观条件限制，市、区（县）质量技监局认为未达到国家强制性标准和安全技术规范要求，可能产生安全隐患的；

（二）电梯改造单位认为在用电梯涉及主参数改变的；

（三）电梯维修单位认为在用电梯需要进行重大维修的。

第二十五条 （报废）

经检验机构论证，电梯确实存在严重事故隐患或者已无改造、维修价值的，使用单位应当及时予以报废。

第二十六条 （登记、变更和注销）

电梯投入使用前或者投入使用后30日内，电梯使用单位应当向所在地的区（县）质量技监局办理登记手续。

电梯使用单位变更或者电梯报废的，原使用单位应当在变更或者报废的30日前，向所在地的区（县）质量技监局办理相关手续。

第四章 日常维护保养

第二十七条 （日常维护保养单位的制度建设）

电梯的日常维护保养单位应当建立健全以下管理制度：

（一）安全质量保证体系；

（二）管理人员安全质量责任制；

（三）安全操作规程；

（四）安全质量检查考核制度。

第二十八条 （日常维护保养的要求）

日常维护保养单位应当按照保养说明书提供的保养项目、方法和周期要求，制定日常维护保养计划，并做好保存期不低于3年的保养记录。

日常维护保养计划应当包括下列内容：

（一）至少每15日对电梯及安全设施进行一次预防性保养；

（二）每月不少于1次对安全装置、钢丝绳、制动器、接触器和其他运转部件的外观和运转情况进行检查；

（三）每半年对安全装置、限速器、缓冲器进行1次安全试验；

（四）每年进行1次机械制动器的制动能力试验；

（五）每年不少于1次对电梯运行情况进行全面检查。

第二十九条 （日常维护保养单位的告知）

日常维护保养单位应当在所承担日常维护保养的电梯轿厢的显著位置，标明本单位的名称、急修和投诉电话。

第三十条 （日常维护保养单位的安全义务）

电梯日常维护保养单位应当履行下列安全义务：

（一）发现电梯故障及时予以排除；

（二）在接到电梯关人故障报告后的30分钟内赶到现场完成排险救援；

（三）对故障难以消除的，书面通知使用单位暂停使用电梯，故障排除前不将电梯交付使用。

对使用单位接到暂停使用电梯的书面通知后，无正当理由拒绝配合的，电梯日常维护保养单位应当及时向所在地的区（县）质量技监局报告。

第三十一条 （特殊情形的保养）

对原制造单位被注销、原品牌型号已改变或者品牌难以确认的电梯的日常维护保养，应当委托取得国家规定资格的其他电梯生产单位进行。

第五章 检验机构管理

第三十二条 （机构的职责）

检验机构可以接受委托，从事电梯的监督检验、定期检验、型式试验、技术鉴定和安全技术论证等活动。

第三十三条 （检验责任）

检验机构应当履行下列职责：

（一）确保其从事检验检测活动的人员具有国家规定的资格；

（二）检验检测活动符合国家规定的规程要求；

（三）在国家规定期限内出具检验检测报告，并对出具的检验检测报告负责；

（四）为电梯使用单位提供便利的检验检测服务，对涉及商业秘密的履行保密义务。

第三十四条 （安全技术论证的程序）

检验机构受理使用单位提出的涉及本办法第二十四条规定的安全技术论证申请后，应当组成不少于3人的专家评审组，对电梯的安全情况予以论证。专家组作出评审意见后，检验机构应当进行复核，签发安全技术论证结果报告书，并抄报申请人所在地的区（县）质量技监局。

电梯经论证可以采取安全、技术措施达到安全运行要求的，检验机构应当作出可以继续使用的技术鉴定；经论证无法采取安全、技术措施达到安全运行要求的，应当作出停止使用、予以报废的技术鉴定意见。

第三十五条 （监督检验和检验的费用）

检验机构应当对电梯安装、改造和重大维修的全过程实施监督检验。

检验机构应当按照国家和本市物价部门核定的标准收取检验检测费用。

第三十六条 （隐患的告知和报告）

检验机构在实施检验检测活动中发现安全隐患的，应当书面告知被检验单位。

检验机构在定期检验中发现电梯安全运行的严重事故隐患时，除告知电梯使用单位和日常维护保养单位及时采取措施外，有权先行通知电梯使用单位暂停使用，并报告电梯所在地的区（县）质量技监局。

第六章 监督检查

第三十七条 （安全监察）

市、区（县）质量技监局应当加强对电梯的日常安全监察，具体包括：

（一）督促电梯使用单位落实电梯安全运行的基本要求；

（二）督促电梯使用单位落实安全管理责任制。

市、区（县）质量技监局应当根据需要，对电梯实施专项安全监察，具体包括：

（一）对电梯产品的主要安全部件实施安全质量抽查；

（二）对检验机构的检验检测结果、鉴定结论进行监督抽查。

第三十八条 （安全监察指令）

市、区（县）质量技监局进行现场安全监察时，发现电梯存在安全隐患的，应当责令电梯使用单位改正，必要时可向其发出特种设备安全监察指令，并督促及时整改。

第三十九条 （严重隐患的处置）

区(县)质量技监局接到电梯暂停使用报告后,应当在 2 小时内到达现场,会同实施该项检验检测活动的检验机构予以处理,并视情况作出取消暂停使用的指令、停止使用的指令,或者作出需要作进一步技术鉴定的决定。

第四十条 (电梯事故的处理)

市、区(县)质量技监局在接到电梯事故的报告后,应当立即赴现场组织查处。涉及人员伤亡的,质量技监、安全监察、公安等部门应当组成联合调查组,按照职责分工依法作出处理。

电梯事故处理中需要区(县)人民政府支持配合的,市、区(县)质量技监局应当及时与区(县)人民政府联系。

第四十一条 (相关部门配合依法查处的责任)

市、区(县)质量技监局在进行安全监察时发现有下列情形之一的,应当提请工商、房地资源、建设等行政管理部门依法查处,有关部门应当予以配合:

(一) 电梯生产单位、检验机构不符合国家规定的条件和安全技术规范要求,需要撤销相关证照或者核准内容的;

(二) 电梯维修、日常维护保养单位不符合本办法规定条件被撤销许可后,需要提请责令办理企业变更登记或者注销登记的;

(三) 物业管理企业未落实电梯管理安全责任,经发出安全监察指令拒不改正,需要追究当事人责任或者对物业管理企业资质作出处理的;

(四) 建设单位和电梯使用单位未履行安全管理职责,需要追究有关当事人责任的;

(五) 电梯井道建筑工程质量影响电梯安装,电梯安装单位不遵守施工总承包单位安全管理要求,需要追究当事人责任的。

第七章 法律责任

第四十二条 (对销售禁止销售产品的电梯单位的处罚)

电梯销售单位销售无电梯制造许可证或者无技术资料的电梯的,市或者区(县)质量技监局应当责令其停止销售,并处以 1 万元以上 3 万元以下的罚款。

第四十三条 (对销售单位未备案的处罚)

电梯销售单位未将销售的电梯产品目录备案或者销售进口电梯未备

案的，市或者区（县）质量技监局应当责令其限期改正；逾期不改正的，处以 5 000 元以上 2 万元以下的罚款。

第四十四条　（对电梯日常维护保养单位未履行职责的处罚）

电梯日常维护保养单位有下列情形之一的，市或者区（县）质量技监局应当责令其限期改正，并可处以 2 000 元以上 2 万元以下的罚款：

（一）未按照本办法规定制定日常保养计划的；

（二）未落实日常保养计划，做好保养记录的；

（三）未在轿厢显著位置标明本单位名称、急修和投诉电话的；

（四）电梯发生关人故障时，未在接报后 30 分钟内赶到现场完成排险救援的；

（五）将故障未排除的电梯交付使用的。

第四十五条　（对转借证书的处罚）

电梯生产单位向其他单位转借资格证书的，市或者区（县）质量技监局应当责令其改正，并处以 1 万元以上 3 万元以下的罚款。

第四十六条　（依照有关法律、法规进行的处罚）

电梯生产、使用单位和检验机构违反《中华人民共和国产品质量法》、《特种设备安全监察条例》等有关法律、法规的，按照相关法律、法规予以处理。

第八章　附　　则

第四十七条　（有关用语含义）

本办法所称电梯使用单位，包括电梯所有权人以及受电梯所有权人委托行使电梯管理的责任人。

第四十八条　（实施日期）

本办法自 2004 年 8 月 1 日起施行。

北京市电梯安全监察办法

（2003 年 6 月 10 日北京市人民政府令第 125 号发布）

第一条　为了加强电梯的安全监察，保障人民群众生命和财产安全，根据《中华人民共和国产品质量法》、《中华人民共和国安全生产法》和国务院《特种设备安全监察条例》,结合本市实际情况,制定本办法。

第二条 本市行政区域内电梯的设计、制造、安装、改造、维修、使用、日常维护保养和检验检测,应当遵守本办法。

第三条 市质量技术监督行政部门负责全市的电梯安全监察工作。

区、县质量技术监督行政部门按照职责规定,负责本行政区域内的电梯安全监察工作。

第四条 设计、制造电梯及其部件的,应当执行国家安全技术规范。

制造电梯及其安全保护装置的,应当按照国家规定取得相应的制造许可。

第五条 电梯制造单位应当按照国家规定提供相应的随机文件,并保证产品配件的供应。

第六条 销售电梯及其部件的,应当执行进货检查验收制度,验明相关制造许可证明、产品合格证明和产品标识。

销售境外制造的电梯及其部件的,应当符合国家有关规定。

未取得国家制造许可、未按国家规定予以标识或者未作出标识的电梯及其部件,不得销售和投入使用。

第七条 电梯的安装、改造、维修单位应当按照国家规定取得质量技术监督行政部门许可,方可从事相应活动;电梯的日常维护保养,应当由取得许可的电梯维修单位承担。

电梯制造单位依照《特种设备安全监察条例》第十七条规定委托、同意其他取得电梯安装、改造、维修许可的单位对自己制造的电梯进行安装、改造、维修的,应当与施工单位、电梯使用单位签订三方合同。电梯制造单位应当对施工单位的电梯安装、改造、维修活动进行安全指导和监督。

未取得电梯安装许可的,不得从事电梯拆梯活动。

第八条 从事电梯安装、改造、维修、日常维护保养业务及其相关管理工作的人员,应当经市质量技术监督行政部门考核合格,取得特种作业人员证书。

未取得特种作业人员证书的,不得从事电梯相关作业或者管理工作。

第九条 电梯安装、改造、维修的施工单位应当在施工前将拟进行的电梯安装、改造、维修情况书面告知质量技术监督行政部门，告知后即可施工。

安装、改造电梯完毕，施工单位应当在电梯明显位置设置标明电梯安装、改造单位的永久性铭牌。

第十条 电梯安装、改造、重大维修完毕并经施工单位自检后，电梯使用单位应当持《电梯自检报告》向电梯检验检测机构申请检验。

经电梯检验检测机构检验合格的电梯，施工单位应当在30日内将技术资料移交电梯使用单位。

第十一条 电梯检验检测机构应当经国务院特种设备安全监督管理部门核准，方可从事电梯检验检测工作。

电梯检验检测人员应当经国务院特种设备安全监督管理部门考核合格，取得检验检测人员证书，方可从事电梯检验检测工作。

本市的电梯检验检测机构名录由市质量技术监督行政部门公布。

第十二条 在用的电梯应当进行定期检验，检验周期为一年。

未经检验、超过检验周期或者检验不合格的电梯，不得投入使用。

第十三条 电梯检验检测机构应当自接到检验申请之日起10个工作日内安排检验。检验完毕后，电梯检验检测机构应当在10个工作日内出具《电梯检验报告》。其中检验合格的，应当一并发放《安全检验合格》标志。

任何检验检测机构不得对经检验合格并在有效期内的电梯进行强制性重复检验和收费。

第十四条 电梯安装、改造完毕并经检验合格后，电梯使用单位应当持《电梯检验报告》和《安全检验合格》标志到当地质量技术监督行政部门办理注册登记。

电梯注册登记后，方可投入使用。

第十五条 受检单位对电梯检验结果有异议的，可以在收到检验报告之日起15日内，以书面形式向电梯检验检测机构提出。电梯检验检测机构应当在15日内，向受检单位作出书面答复。

受检单位对电梯检验检测机构的书面答复仍有异议的，可以在收到答复之日起15日内，向当地质量技术监督行政部门申请复验。受理复验申请的质量技术监督行政部门，应当在30日内作出复验结论。

第十六条 电梯日常维护保养单位应当与电梯使用单位签订日常维护保养合同。电梯日常维护保养合同应当约定维护保养期限、标准和双方权利义务等内容。

电梯安装、改造、维修单位的质量保证不能替代电梯的日常维护保养。

第十七条 电梯日常维护保养单位应当至少每 15 日按照国家安全技术规范的要求对电梯进行一次维护保养。

电梯发生故障后，电梯日常维护保养单位应当立即赶赴现场，并采取必要的救援措施。

第十八条 电梯的安装、改造、维修和日常维护保养单位应当具有与其业务开展相适应的专业技术人员和技术工人以及检测手段，执行相关安全技术规范，并对其施工和日常维护保养电梯的质量与安全负责。

电梯的安装、改造、维修和日常维护保养单位不得将其承揽的业务进行转包或者分包。

第十九条 电梯使用单位应当做到：

（一）建立电梯安全运行管理制度，配备专门人员负责电梯的日常安全管理，保证电梯技术档案的完整，保证电梯的用电、消防、防雷、通风、通道、通讯和报警装置等系统安全可靠；

（二）在电梯轿箱内或者出入口的明显位置张贴《安全检验合格》标志和《乘梯注意事项》；

（三）《安全检验合格》标志的有效期届满前 1 个月，向电梯检验检测机构提出检验要求；

（四）及时消除电梯事故隐患，保证电梯正常运行；

（五）制订电梯事故应急防范措施和救援预案。

第二十条 电梯乘客应当遵守乘梯规定，正确使用电梯。学龄前儿童及其他无民事行为能力人搭乘无人值守电梯的，应当有成年人陪同。

第二十一条 电梯事故发生后，电梯使用单位应当采取措施保护事故现场及有关物证，抢救受伤人员和防止扩大损害后果。

事故电梯应当经质量技术监督行政部门组织电梯检验检测机构进行安全检验，检验合格后，方可重新投入使用。

第二十二条 电梯事故发生后，当地人民政府负有安全监督管理职能的部门应当组成事故调查组，对电梯事故进行调查，制作调查报告。

第二十三条 违反本办法规定的行为，法律、法规已有规定的，依照其规定追究责任；法律、法规没有规定的，适用本办法。

第二十四条 违反本办法规定，有下列行为之一的，由质量技术监督行政部门予以处罚：

（一）违反本办法第六条第三款的规定，销售、使用未取得制造许可的电梯及其安全保护装置的，责令停止销售和使用，依法予以查封或者扣押，并对责任单位处3万元以下罚款；

（二）违反本办法第七条第三款的规定，电梯使用单位自行或者委托没有取得安装许可的单位从事电梯拆梯活动的，责令改正，并处5 000元以上3万元以下罚款；

（三）违反本办法第十二条第二款的规定，使用未经检验、超过检验周期或者检验不合格的电梯的，责令停止使用，并对电梯使用单位处2 000元以上2万元以下罚款；

（四）违反本办法第十六条第二款的规定，电梯使用单位以电梯安装、改造、维修单位的质量保证替代日常维护保养的，责令限期改正；逾期未改正的，处500元以上1 000元以下罚款；

（五）违反本办法第十八条第一款的规定，电梯安装、改造、维修或者日常维护保养单位不具有相应条件或者未执行有关安全技术规范导致电梯存在质量问题或者安全事故隐患的，责令改正，并处3万元以下罚款；

（六）违反本办法第十八条第二款的规定，电梯的安装、改造、维修和日常维护保养单位将其承揽的业务进行转包或者分包的，责令改正，并处1万元以上3万元以下罚款；

（七）电梯使用单位未按照本办法第十九条第（一）项、第（二）项规定的要求建立电梯安全运行管理制度、张贴《安全检验合格》标志和《乘梯注意事项》的，责令限期改正；逾期未改正的，处1万元以下罚款；

（八）隐匿、转移、变卖、损毁被查封、扣押电梯及其部件的，处3万元以下罚款。

第二十五条 违反本办法第十三条的规定，电梯检验检测机构未按规定期限安排检验检测、出具检验报告或者发放《安全检验合格》标志的，由质量技术监督行政部门责令改正，并处5 000元以下罚款。

未经核准，对外开展电梯检验检测或者超范围开展检验检测活动的，责令停止检验检测活动，并处3万元以下罚款。

第二十六条 发生电梯事故的，责令停止使用事故电梯。

电梯的设计、制造、销售、安装、改造、维修、使用和日常维护保养单位对电梯事故发生负有责任的，应当承担相应责任。

第二十七条 本办法自2003年8月1日起施行。